РУССКО-АНГЛИЙСКИЙ ВНЕШНЕТОРГОВЫЙ И ВНЕШНЕЭКОНОМИЧЕСКИЙ СЛОВАРЬ

RUSSIAN-ENGLISH FOREIGN TRADE AND FOREIGN ECONOMIC DICTIONARY

под редакцией И. Ф. Ждановой

Москва
«Русский язык»
1991

ББК 65.5
Р 89

Авторы: **И. Н. Браслова, Н. П. Васильева, И. Ф. Жданова, Н. А. Лещинская, Л. А. Лясецкая, З. Г. Рей, М. А. Романовская, Л. Л. Семова, М. В. Скворцова, И. С. Снисаренко, З. И. Сочилина, Т. И. Ушакова, Е. Г. Чопорова**

Рецензенты: С. С. Дмитриев, А. А. Михалев, А. М. Сулим

Русско-английский внешнеторговый и внешне-
Р 89 экономический словарь / Жданова И. Ф., Браслова И. Н., Васильева Н. П. и др.— М.: Рус. яз., 1991.— 1019 с.— ISBN 5-200-01097-7

Словарь рассчитан на широкий круг специалистов различных отраслей народного хозяйства, работающих в области внешней торговли: внешнеторговых и внешнеэкономических работников, преподавателей и студентов экономических вузов и факультетов, а также для лиц, занимающихся переводом внешнеторговых текстов, торговых и транспортных документов и ведущих деловую переписку и переговоры на английском языке.

Словарь содержит около 4,5 тысяч лексических единиц по внешнеторговой тематике, а также ряд слов и выражений, часто встречающихся в деловых текстах и документах. Отбор словосочетаний проводился по специальной литературе.

Р $\frac{4602030000-205}{015(01)-91}$ 216—90 **ББК 65.5+81.2 Англ.**

ISBN 5-200-01097-7

ПРЕДИСЛОВИЕ

Активная внешнеэкономическая деятельность, связанная с перестройкой системы управления внешнеэкономическими связями СССР, потребовала расширения круга организаций, сотрудничающих с иностранными фирмами. Советским предприятиям предоставлены широкие права и самостоятельность в осуществлении внешнеэкономических и научно-технических связей с фирмами зарубежных стран. Возникла новая для советской экономики форма деятельности иностранных организаций и фирм на территории СССР — совместная производственная и предпринимательская деятельность, создание совместных предприятий по выпуску товаров и предоставлению услуг. Все это вызывает необходимость издания специальных двуязычных словарей внешнеэкономической и внешнеторговой лексики.

Предлагаемый Словарь является первой попыткой создания подобного тематического словаря. Словарь адресован широкому кругу специалистов различного профиля, так или иначе связанных с организацией и практическим осуществлением внешнеэкономической деятельности. Он может быть также использован студентами, аспирантами и преподавателями вузов и университетов, имеющих экономические факультеты. Собранный в Словаре материал может быть полезен и переводчикам, поскольку авторы старались по возможности широко представить английскую синонимику, дающую возможность выбора наиболее подходящего эквивалента при переводе русских текстов.

В Словаре представлено около 4500 словарных статей (около 35 000 словосочетаний), включающих внешнеторговые и внешнеэкономические термины, а также лексику, употребляемую в деловых переговорах и корреспонденции. При отборе словника авторы старались охватить различные стороны внешнеторговой и внешнеэкономической деятельности, а именно: развитие внешнеэкономических связей СССР, оформление внешнеторговых сделок (запрос, предложение, заключение и выполнение контракта), торгово-посреднические операции, транспортные операции, страхование внешнеторговых грузов, финансирование и кредитование внешнеэкономических связей, рекламации, арбитраж, патентование и лицензирование, продажа услуг, рекламная деятельность, международные выставки, ярмарки, торги, аукционы, биржи, совместные предприятия, таможенный режим.

В Приложении к Словарю дается список сокращений, наиболее часто встречающихся в специальной литературе и деловой переписке, список банковских учреждений и валют стран, с которыми Советский Союз имеет деловые контакты, а также список единиц измерения.

Словарь составлен на основе современной специальной литературы, справочных и лексикографических изданий, коммерческой документации, периодики и корреспонденции.

В основу организации словарной статьи положен принцип сочетаемости слов, т. е. в гнездо словарной единицы включены свободные и устойчивые словосочетания, связанные с внешнеторговой и внешнеэкономической тематикой. Детальная разработка словарной статьи в словосочетаниях играет ключевую роль в обеспечении адекватного перевода.

Учитывая, что наибольшую трудность при пользовании двуязычным словарем представляет выбор корректных словосочетаний, как свободных, так и устойчивых, отражающих существующие в данное время нормы употребления языковых единиц (узус), авторы стремились облегчить работу со Словарем соответствующей его организацией:

1) систематизированный тематический материал дается в алфавитном порядке;

2) словосочетания, входящие в словарную статью, даются в определенной структурной последовательности (см. ниже «О пользовании Словарем»). Внутри каждой структурной подгруппы словосочетания даны в алфавитном порядке безотносительно к их семантической соотнесенности с разными значениями английских эквивалентов русского заголовочного слова.

3) для именных словосочетаний (сущ. + сущ.) использован «перекрестный» принцип, в соответствии с которым данное сочетание может быть найдено в Словаре по любому его элементу.

Авторы выражают искреннюю благодарность за помощь в работе над словарем доктору экономических наук, профессору Левинцеву Н. Н., а также преподавателям Высших курсов иностранных языков МВЭС Дарской В. Г., Жиряковой Е. В., Кузнецовой Г. А., Пуковой М. И. и Шевелевой С. А.

Все замечания и пожелания к Словарю просьба направлять по адресу: 103012, Москва, Старопанский пер., 1/5, издательство «Русский язык».

Авторы

О ПОЛЬЗОВАНИИ СЛОВАРЕМ

В качестве заголовочных слов в Словаре выступают различные части речи. Если заголовочное слово употребляется только в одном сочетании (в пределах данного микроязыка), то в качестве заголовочной словарной единицы выступает целое словосочетание, включенное в алфавитном порядке по первому элементу сочетания. Например:

дисбурсме́нтский счёт, дру́жеский ве́ксель

В Словаре выдерживается строгая система организации словарной статьи.

1. Словарная статья существительного (например, **«валю́та»**) включает заголовочное слово и свободные и устойчивые словосочетания в следующем порядке:

а) атрибутивные и именные словосочетания, в которых заголовочное слово является главным. Например:

валю́та, конверти́руемая hard (convertible) currency
валю́та платежа́ currency of payment
валю́та, привя́занная к до́ллару currency pegged to dollar

В указанных словосочетаниях в случае инверсии определение отделяется от определяемого слова запятой.

б) именные словосочетания, в которых заголовочное слово является зависимым. Например:

парите́т валю́ты parity of currency
спрос на валю́ту demand for currency
цена́ в валю́те price in foreign exchange

в) глагольно-именные сочетания. Например:

обме́нивать валю́ту exchange currency

г) в конце словарной статьи приводятся отдельные сочетания, не вошедшие в вышеуказанную структуру, а именно: сочетания прилагательных или причастий в предикативном употреблении с заголовочным существительным, предложные сочетания, клише и отдельные фразы, иллюстрирующие контекстуальное употребление заголовочного слова. Например:

колеба́ние: подве́рженный колеба́ниям liable to fluctuations (variations)
с попра́вкой на сезо́нные колеба́ния seasonally adjusted
цена́: в сопостави́мых це́нах in comparable prices
по цене́ at the price of
це́ны остаю́тся без измене́ний prices are (remain) unchanged (stable, steady)

це́ны подлежа́т пересмо́тру в сто́рону увеличе́ния prices are subject to review for escalation

2. Словосочетания прилагательных и глаголов, за небольшими исключениями, даются при соответствующих существительных. Исключения составляют устойчивые словосочетания, находящиеся на грани сложного термина или включающие элементы, не представленные в словаре в качестве заголовочных слов. Например:

досма́тривать бага́ж examine (inspect) luggage
покупа́ть в ро́зницу buy [by] retail (in retail trade)
вводи́ть в строй put into operation (service, operating condition), commission

3. Все заголовочные слова выделены полужирным шрифтом.

4. В словосочетаниях заголовочное слово заменяется тильдой (~), если оно употреблено в заголовочной форме. В измененной форме тильда заменяет неизменяемую часть слова, которая отделяется косой чертой. Например:

цен/а́: ~ подлежи́т измене́нию price is subject to adjustment (alteration)
~ы подлежа́т измене́нию без предупрежде́ния prices are subject to change without notice

5. Существительные даются в форме именительного падежа единственного числа. Если отдельные значения заголовочного слова реализуются в форме множественного числа, то эта форма дается через ~ с окончанием множественного числа. Например:

сре́дство 1. means, facilities, medium **2. ~а** (*капитал*) funds, assets, resources

6. Прилагательные даются в форме единственного числа мужского рода.

7. Глаголы, как правило, представлены в форме несовершенного вида. Приставочные глаголы совершенного вида даются на своем алфавитном месте со ссылкой на соответствующий глагол несовершенного вида. Например:

забракова́ть *см.* **бракова́ть**

8. Возвратные глаголы с частицей **-ся**, как правило, не выделяются в самостоятельную словарную статью, а даются в одной статье с переходным глаголом. Например:

обесце́нивать, ~ся depreciate

9. Различные значения русского заголовочного слова обозначаются арабскими цифрами. Эти значения могут иметь пояснения или специальные пометы, выделенные курсивом. Если первое значение совпадает с основным общесловарным значением, то пояснение при нем может не даваться. Например:

реви́зия 1. *бухг.* audit, auditing **2.** (*обследование*) inspection, check-up **3.** (*пересмотр*) revision, reconsideration

10. Во всех многосложных русских словах, выделенных полужирным шрифтом, указывается ударение.

Английская часть Словаря организована следующим образом:

1. Синонимы разделяются запятой. Например:

разгру́зка unloading, discharge, discharging, off-loading

2. При наличии более существенных различий между эквивалентами ставится точка с запятой. Например:

э́кспорт export, exporting; exports

3. Факультативная часть словосочетания ставится в квадратные скобки. Например:

платёжеспосо́бность [business, financial] solvency

4. При наличии двух и более взаимозаменяемых словосочетаний заменяемая часть подчеркивается светлой линейкой, а синонимы даются в круглых скобках. Например:

платёж в рассро́чку payment by (in) instal[l]ments
расширя́ть прода́жу expand (extend, increase, develop) sales

5. Существительные даются с неопределенным артиклем, кроме случаев обязательного отсутствия артикля или обязательного (грамматического или контекстуального) употребления определенного артикля. Например:

прода́жа по образцу́ sale by (on) sample
совпада́ть с образцо́м tally with the sample

6. При наличии сокращенных вариантов английских слов и словосочетаний эти сокращения даются с пометой *сокр.* Например:

коносаме́нт bill of lading, *сокр.* B/L

7. Нерегулярные формы множественного числа английских существительных приводятся при переводе заголовочного слова с пометой *мн. ч.* Например:

показа́тель index, *мн. ч.* indeces, indexes

8. При переводе русских заголовочных слов и словосочетаний представлены эквиваленты, которые были зафиксированы в использованных источниках.

УСЛОВНЫЕ СОКРАЩЕНИЯ

Русские

ав. — авиация
авто — автомобильное дело
амер. — американизм
англ. — английский вариант
банк. — банковское дело
бирж. — биржевой термин
бухг. — бухгалтерский термин
дип. — дипломатический термин
ед. ч. — единственное число
ж.-д. — железнодорожное дело
инд. — употребительно в Индии
и т. п. — и тому подобное
какой-л. — какой-либо
кан. — употребительно в Канаде
кого-л. — кого-либо
кто-л. — кто-либо
лат. — латинский
мат. — математика
мн. ч. — множественное число
мор. — морское дело
напр. — например
перен. — в переносном значении
прил. — имя прилагательное
прич.— причастие
см. — смотри
сокр. — сокращение
страх. — страховой термин
сущ. — имя существительное
с.-х. — сельское хозяйство
США — Соединенные Штаты Америки
тех. — технический термин
трансп. — транспорт
фин. — финансовый термин
ф. ст. — фунт стерлингов
что-л. — что-либо
юр. — юридический термин

Английские

attr. — attribute, атрибутивное употребление существительного
B/L — bill of lading, коносамент
excl. — exclusive of, за исключением
L/C — letter of credit, аккредитив
smb — somebody, кто-либо
smth — something, что-либо
TV — television, телевидение

А

абандóн (*отказ страхователя от прав на застрахованное имущество в пользу страховщика*) abandonment
заявлéние об ~е notice of abandonment
авали́ст (*банк, выдающий аваль*) guarantor [of a bill], surety on a bill
авáль (*поручительство по векселю*) guarantee, security; surety for a bill; collateral acceptance
авáнс advance, payment in advance, advance payment, prepayment; initial (first) instal[l]ment, deposit, part payment
~ в счёт векселéй advance against promissory notes (bills)
~ в счёт платежéй payment on account; advance against payments
~ в счёт тратт advance against bills [of exchange] (drafts)
~, дéнежный cash advance
~, достáточный sufficient advance [payment]
~ нали́чными cash [payment] in advance, down payment in cash
~ы, полýченные от закáзчиков advances, prepayments
~ поставщикáм payment in advance
~, согласóванный agreed prepayment
~ фрáхта advance [of] freight, freight advance
внесéние ~а advance payment
вы́дача ~а payment of an advance
вы́плата ~а payment of an advance
платёж ~ом payment in advance, advance payment, prepayment
выдавáть ~ make (pay) an advance
плати́ть ~ advance; leave an amount as deposit
плати́ть ~ом pay in advance, advance, prepay
погашáть ~ repay an advance
получáть ~ receive (obtain) an advance [of money]
предоставля́ть ~ make (grant) an advance, advance
~ом in (by way of) advance, as an advance
~ в ... % при вы́даче закáза ... % deposit with the order
в ви́де ~а in (by way of) advance, as an advance
под ~ against advance [payment]
аванси́рование advance, advancing
аванси́ровать advance, make (pay) an advance; pay on account; leave an amount as deposit
авари́йн/ый 1. (*запасный, на случай аварии*) emergency *attr.* **2.** *страх.* average *attr.*
авáри/я 1. (*несчастный случай*) accident, casualty; (*поломка*) breakdown; (*об автомобиле*) crash; (*повреждение*) damage; (*о судне*) shipwreck, wrecking **2.** *мор. страх.* (*убытки, причинённые судну, грузу*) average

~, кру́пная big casualty
~, ма́лая petty average
~, о́бщая general (gross) average
~, ча́стная particular (partial) average
взнос по о́бщей ~и general average deposit
взнос по о́бщей ~и, долево́й general average contribution
огово́рка об ~ях average clause
протоко́л ~и statement of damage
расхо́ды по о́бщей ~и general average expenses (expenditure[s])
су́мма, возмеща́емая по о́бщей ~и amount to be allowed for as general average
убы́ток от о́бщей ~и general average losses
установле́ние фа́кта о́бщей ~и establishment of the fact of general average
нести́ расхо́ды по о́бщей ~и incur general average expenses
опла́чивать расхо́ды по о́бщей ~и и спасе́нию pay general average and salvage charges
предотвраща́ть ~ю prevent an accident
распределя́ть о́бщую ~ю ме́жду су́дном, гру́зом и фра́хтом adjust general average between ship, cargo and freight
терпе́ть ~ю meet with an accident
свобо́дно от вся́кой ~и free of all average
свобо́дно от ча́стной ~и free of (from) particular average
в слу́чае ~и in an emergency, in case of emergency
с отве́тственностью за по́лную ~ю with average, *сокр.* WA
с отве́тственностью за ча́стную ~ю with particular average, *сокр.* WPA

авиали́ния 1. (*организация*) airline, air carrier **2.** (*маршрут*) air-route
~, регуля́рная scheduled airline

авианакладна́я air waybill, *сокр.* A. W. B., a. w. b., airway (air) bill, air (aircraft) bill of lading, air consignment note, air freight bill, *сокр.* A. F. B.

авиаперево́зка carriage by air, air transport[ation]; **~и** air transportation, transportation by air

авиапо́чт/а airmail
доставля́ть ~ой deliver by airmail
посыла́ть ~ой send (dispatch, forward) by air[mail], *амер.* airship
обра́тной ~ой by return airmail

авиатра́нспорт air transport (carriage)
перевози́ть ~ом carry (dispatch) by air

авиатра́нспортный air transport *attr.*

авиафра́хт airfreight
сто́имость ~а airfreight cost
расхо́ды по ~у опла́чены зара́нее airfreight charges prepaid

ави́зо (*извещение*) [letter of] advice, [advice] note
~, входя́щее incoming advice
~, дебето́вое debit advice (note)
~, железнодоро́жное railway advice
~, инка́ссовое advice of collection, collection advice
~, исходя́щее outgoing advice
~, кре́дитовое credit advice (note)

~ об акцéпте advice of acceptance
~ об откры́тии аккредити́ва advice of a L/C
~ о неакцéпте advice of non-acceptance
~ о неплатежé advice of non-payment
~ о платежé advice of payment
~ о страховáнии letter of insurance
~, предвари́тельное preliminary advice
~, соотвéтствующее due (relative) advice
~, срóчное express advice
коми́ссия за ~ advising commission
аннули́ровать ~ cancel the advice
высылáть ~ send an advice [note]

авизовáни/е advice
~ аккредити́ва бенефициáру бáнком advice of the credit to the beneficiary by a bank
дáта ~я date on (of) the advice
распоряжéние об ~и instruction to advise

авизовáть advise, announce
~ аккредити́в на 1 мéсяц advise a credit for one month

авизу́ющий advising, notifying

автодорóжный road *attr.*

автоматизáци/я automation, automatization, automatic control
~, кóмплексная comprehensive automation
~, пóлная full (complete) automation
~ проéктных, констру́кторских, изыскáтельских и нау́чно-техни́ческих рабóт automation of designing, research and development
~ произвóдства automation of production
применéние ~и application of automation
стéпень ~и degree (level) of automation
внедря́ть ~ю introduce automation

автомоби́л/ь [motor] vehicle, [motor]car, autocar, automobile
~, грузовóй [motor] lorry, commercial vehicle, goods car, freight car, *амер.* truck
~, легковóй car
~, подéржанный used (second-hand) car
~ техни́ческой пóмощи, передвижнóй first-aid service van
парк грузовы́х ~ей truck fleet
ры́нок ~ей car market
перевози́ть на ~е carry (take, move, transport) by road, carry in vans; *амер.* truck
разгружáть ~ discharge an automobile, unload a truck

автоперевóзки transport (carriage) by road, road transport (haulage, freightage), transport by truck, trucking, motor transportation

автопогру́зчик truck loader, lift truck; (*с боковым нагружением*) side loader; (*с вилочным захватом*) fork-lift truck, fork-lifter

áвтор author
~ изобретéния author of invention, inventor

áвторский author's, inventor's

авуáры (*денежные средства*) assets; holdings; deposits [of creditors]
~, блоки́рованные frozen assets
~ в дóлларах dollar holdings

~ в иностра́нной валю́те foreign [exchange] holdings
~, госуда́рственные за грани́цей government assets abroad
~, иностра́нные foreign assets
~, ликви́дные liquid (quick) assets
~, свобо́дные available assets
заморо́зить ~ freeze assets
разморо́зить ~ unfreeze assets

аге́нт agent, broker
~ арендода́теля lessor's agent
~ бюро́ путеше́ствий travel agent
~, генера́льный general agent
~, де́йствующий active agent
~, еди́нственный sole agent
~, комме́рческий commercial agent
~, консигнацио́нный consignment agent, agent carrying stocks
~, кредитоспосо́бный trustworthy agent
~ Лло́йда (*страхового объединения Ллойда*) Lloyd's agent
~, ме́стный по сбы́ту local distributor
~, монопо́льный monopoly (sole, exclusive) agent
~, морско́й marine agent
~, надёжный reliable agent
~ определённой о́трасли хозя́йства specialized agent
~, официа́льный official agent
~ по автоперево́зке road haulage agent
~ по заку́пкам purchasing agent
~ по и́мпорту import (buying) agent
~ по погру́зке и отпра́вке това́ров forwarding (shipping) agent, forwarder
~ по прода́же sales (distributing) agent, agent for the sale of, distributor
~ по прода́же недви́жимости real estate broker (agent), *амер.* realtor
~ по прода́же пате́нтов patent agent
~ по разгруппиро́вке гру́за break bulk agent
~ по сбы́ту sales (marketing, distributing) agent, distributor
~ по тра́нспортной обрабо́тке гру́за cargo handling agent
~, сбытово́й sales (marketing, distributing) agent, distributor
~ с исключи́тельными права́ми exclusive (sole, monopoly) agent, agent with exclusive rights
~, специа́льный special agent
~, страхово́й insurance agent
~ судовладе́льца shipowner's agent
~, судово́й ship (ship's, steamship) agent, shipbroker
~, тамо́женный customs agent, *амер.* custom-house broker
~, торго́вый commercial (sales) agent, dealer
~, тра́нспортный carrier agent
~ фрахтова́теля agent for the charterer, charterer's agent
~, фрахто́вый freight (chartering) agent (broker)
~, э́кспортный export agent
вознагражде́ние ~а [agent's] commission (fee), agency fee
де́ятельность ~а agent's activities
квалифика́ция ~а agent's skill
обя́занности ~а duties (obligations) of an agent, agent's duties (obligations)
отчёт ~а report (account) of an agent
полномо́чия ~а agent's authority
права́ ~а rights of an agent, agent's rights
репута́ция ~а agent's reputation

сотру́дничество че́рез ~ов cooperation through agents
торго́вля че́рез ~ов business (trade) through agents
услу́ги ~а services of an agent, agent's services
фу́нкции ~а agent's functions
брать на себя́ пра́во быть монопо́льным ~ом undertake the exclusive agency
выступа́ть в ка́честве ~а act (operate) as an agent
награжда́ть ~а reward an agent
назнача́ть ~а appoint an agent (as agent)
нанима́ть ~а employ an agent
нужда́ться в ~е require an agent
обуча́ть торго́вых ~ов train dealers
получа́ть ~а secure an agent
по́льзоваться ~ом make use of an agent
предоставля́ть ~у де́нежное вознагражде́ние в разме́ре ... % комиссио́нных reward an agent by a ... % commission
предоставля́ть права́ ~у grant rights to an agent
торгова́ть че́рез ~ов do business through agents
уполномо́чивать *кого-л.* **выступа́ть в ка́честве ~а** authorize *smb* to act as an agent

агенти́рование, морско́е ships' agency service, agency service for ships

аге́нтский agency *attr.*, agent's

аге́нтств/о agency, distributorship
~, госуда́рственное government agency
~, иму́щественное estate agency
~, информацио́нное news agency
~ креди́тной информа́ции credit agency
~, монопо́льное sole agency
~ по изуче́нию ры́нка market research agency
~ по свя́зи с обще́ственностью public relations agency
~ по стимули́рованию сбы́та sales promotion agency
~, рекла́мное advertising (publicity) agency
~ с исключи́тельными пра́вами exclusive agency
~ с по́лным ци́клом услу́г full service agency
~, страхово́е insurance agency
~, судово́е ship's agency
~, тамо́женное customs agency
~, техни́ческое technical agency
~, торго́вое trade (mercantile) agency
~, тра́нспортное carrier, transport agency, cargo agents
~, тра́нспортно-экспедицио́нное forwarder, forwarding agents
~, туристи́ческое travel (tourist) agency
~, экспеди́торское shipping agency (agents), [freight] forwarding agents, [freight] forwarder
услу́ги ~а services of an agency
руководи́ть ~ом run an agency
создава́ть ~ establish an agency

ад вало́рем (*в соответствии со стоимостью*) ad valorem

адвало́рный (*стоимостной*) ad valorem *attr.*

адвока́т attorney, lawyer, counsel
колле́гия ~ов the Bar
консульти́роваться у ~а take the counsel's opinion

адде́ндум (*дополнение*) addendum, *мн. ч.* addenda
адеква́тный adequate, sufficient, equal to
администрати́вный administrative; (*относящийся к управлению*) managerial
администра́ци/я administration, [operative (operating, operational)] management, authorities
~ вы́ставки management of an exhibition, exhibition authorities (committee)
~ по́рта port (harbour) authorities
~, тамо́женная customs authorities (administration)
~ я́рмарки management (administration) of a fair, fair administration (authorities)
отчёт ~и management report
расхо́ды по содержа́нию ~и administration (office, management, administrative) expenses, costs of administration, administration (administrative) costs
а́дрес address
~ в нача́ле письма́ heading (head) address
~, вну́тренний inside address
~, непо́лный incomplete address
~, непра́вильный incorrect address
~, обра́тный return address
~ пересы́лки forwarding address
~, по́лный complete (full) address
~, почто́вый postal address
~, пра́вильный proper (correct) address
~ предприя́тия business (office) address
~, телегра́фный cable (telegraphic) address
~, те́лексный telex number
~, то́чный exact address
~, усло́вный cover (code) address
~, юриди́ческий legal address
записа́ть ~ take down an address
направля́ть по ~у dispatch (send) at (to) the address
адреса́нт (*грузоотправитель*) consignor
адреса́т addressee; (*грузополучатель*) consignee
а́дресный address *attr.*
адресо́вывать address, direct
~ су́дно address a vessel
а́жио (*приплата к установленному курсу или нарицательной цене*) agio, exchange premium
аккредита́ци/я accreditation
~ организа́ций accreditation of agencies
получи́ть ~ю obtain accreditation
продлева́ть ~ю prolong accreditation
аккредити́в letter of credit, *сокр.* L/C, credit, bill of credit
~, авизо́ванный specially advised (straight) L/C
~, автомати́чески возобновля́емый revolving L/C
~, безотзы́вный irrevocable L/C, *амер.* straight L/C
~, бессро́чный unlimited L/C
~, бла́нковый (*без указания суммы*) blank credit
~ в ви́де учёта ба́нком тратт, вы́ставленных экспортёром на покупа́теля negotiation L/C
~, вы́ставленный на L/C drawn on
~, действи́тельный valid L/C
~, дели́мый divisible L/C
~, де́нежный cash L/C
~, документа́рный documentary L/C
~, долгосро́чный long-term (long-dated) L/C

~, дро́бный fractional (fractionable) L/C
~, и́мпортный import L/C
~, компенсацио́нный back-to-back L/C
~, недели́мый indivisible L/C
~, непerevо́дный untransferable L/C
~, неподтверждённый non-confirmed (unconfirmed) L/C
~, непокры́тый unpaid L/C
~, отзывно́й revocable L/C
~, перево́дный transferable L/C
~, подтверждённый confirmed (*амер.* straight) L/C
~, покры́тый paid L/C
~, просро́ченный overdue L/C
~, ра́зовый single L/C
~, револьве́рный revolving L/C
~, резе́рвный standby L/C
~ с гара́нтией опла́ты guaranteed L/C
~ с опла́той тра́ттами на предъяви́теля sight L/C
~ с платежо́м в рассро́чку instal[l]ment L/C
~ с платежо́м в свобо́дно конверти́руемой валю́те L/C payable in freely convertible currency
~ с предъявле́нием сро́чной тра́тты time L/C
~ сро́ком де́йствия на L/C valid for
~, това́рный commercial L/C
~, трансфера́бельный transferable L/C
~, циркуля́рный circular (circulating) L/C
~, чи́стый clean L/C
~, э́кспортный export L/C
ави́зо ~а advice of a L/C
аннули́рование ~а cancellation of a L/C
вид ~а form of a L/C
владе́лец ~а holder of a L/C
возобновле́ние ~а renewal (reopening) of a L/C
вы́дача ~а issue (issuance) of a L/C
выставле́ние ~а opening (issue, issuance) of a L/C
действи́тельность ~а validity of a L/C
заявле́ние на откры́тие ~а application for opening a L/C
измене́ние ~а modification of (amendments to) a L/C
истече́ние сро́ка де́йствия ~а expiry of the validity of a L/C
комиссио́нные за ~ commission charges for a L/C
неоткры́тие ~а failure to open a L/C
но́мер ~а credit number
оригина́л ~а original [of a] L/C
откры́тие ~а opening of a L/C
перево́д ~а transfer of a L/C
платёж про́тив ~а payment against a L/C
платёж с ~а payment by (out of, from, through) a L/C, letter of credit payment
покры́тие ~а cover of a L/C
поруче́ние на откры́тие ~а instruction to open a L/C
преде́льный срок де́йствия ~а expiry date of a L/C
приказода́тель ~а applicant for the credit
продле́ние (пролонга́ция) ~а extension (prolongation) of a L/C
расхо́ды, свя́занные с откры́тием ~а charges for the opening of a L/C, charges relating to the establishment of a L/C
срок де́йствия ~а [period of] validity of a L/C

су́мма ~а amount (sum) of a L/C; amount of the drawing under a L/C
уведомле́ние об ~е notification (advice) of a L/C
усло́вия ~а conditions (terms) of a L/C, credit terms
авизова́ть ~ advise a L/C
аннули́ровать ~ cancel (annul) a L/C
вноси́ть измене́ния в ~ make (put) amendments in a L/C, introduce alterations into a L/C
возобновля́ть ~ renew (reopen) a L/C
выдава́ть ~ issue a L/C, furnish *smb* with a L/C
выставля́ть ~ issue (open, establish) a L/C
изменя́ть ~ modify a L/C
отзыва́ть ~ revoke (withdraw) a L/C
открыва́ть ~ open (establish, issue, lodge) a L/C
открыва́ть ~ в ба́нке open (establish) a L/C with a bank, place a L/C on a bank
открыва́ть ~ в по́льзу *кого-л.* open (establish) a L/C in favour of (for) *smb*
открыва́ть ~ на и́мя open a L/C in the name of
открыва́ть ~ на су́мму open a L/C for the amount (sum) of
открыва́ть ~ прика́зу open a L/C by order (to the order)
оформля́ть ~ process (issue, open) a L/C
переводи́ть ~ transfer a L/C
плати́ть с ~а pay by (out of, through) a L/C
подтвержда́ть ~ confirm a L/C
получа́ть де́ньги с ~а get (draw) money from (under) a L/C
представля́ть докуме́нты по ~у present documents under a L/C
продлева́ть срок де́йствия ~а (пролонги́ровать ~) extend (prolong) the [period of] validity of a L/C
реализо́вывать ~ путём негоциа́ции тратт make a credit available by negotiation of drafts
увели́чивать ~ increase a L/C
упроща́ть ~ simplify a L/C
утвержда́ть фо́рму ~а approve the form of a L/C
платёж произво́дится по подтверждённому безотзы́вному ~у payment is through a confirmed irrevocable L/C

аккумули́рованный accumulated, accrued

аккумули́ровать accumulate, accrue

акт 1. (*документ*) certificate, statement, report; *юр.* deed **2.** (*закон*) act **3.** (*действие*) act, action
~, авари́йный *страх.* [general] average act (statement)
~, администрати́вный administrator's deed
~ ве́ксельного проте́ста act (deed) of protest
~, генера́льный (*о результатах выгрузки*) general statement
~ госуда́рственной вла́сти act of state
~ дефекта́ции fault detection report
~, доброво́льный voluntary act
~, заводско́й manufacturer's statement
~, законода́тельный legislative act
~ заме́ра record of measurement

~, ипоте́чный mortgage deed
~ испыта́ний (*на заводе поставщика*) works' (mill's) test report (certificate), [inspection] test protocol
~, комме́рческий commercial act; (*об обнаружении дефектов или недостачи груза в пункте назначения*) carrier's statement, statement of damage
~ ку́пли act of purchase
~, незако́нный wrongful act
~, неправоме́рный illegal act
~, нормати́вный standard (normative) act
~ об усту́пке deed of cession
~ об учрежде́нии компа́нии foundation deed
~ о конфиска́ции гру́за тамо́жней seizure note
~ оконча́тельных испыта́ний acceptance test report
~ о недоста́че statement of shortage, shortage report
~ о переда́че transfer deed, deed of assignment; handing-over record
~ о переда́че правово́го ти́тула deed of conveyance
~ о поло́мке failure report
~ о проте́сте act (deed) of protest
~ осмо́тра inspection certificate (report)
~ о суброга́ции subrogation form
~ отка́за страхова́теля от прав на застрахо́ванное иму́щество в по́льзу страхо́вщика (*абандон*) abandonment
~ о це́ссии deed of cession
~ парла́мента act of Parliament
~, переда́точный transfer deed; deed of assignment; handing-over record
~, переда́точный по приорите́ту priority assignment deed
~ переда́чи на хране́ние *или* **в опе́ку** deed of trust
~, правово́й legal act
~ приёмки (*чаще всего в стране покупателя*) report of acceptance, acceptance report (certificate, protocol); (*на заводе-изготовителе*) inspection report (certificate); (*свидетельство о поставке*) delivery record
~ распоряже́ния иму́ществом в *чью-л.* **по́льзу** deed of settlement
~, рекламацио́нный claim [report], damage claim (statement), certificate of damage
~ сда́чи-приёмки acceptance certificate, record of acceptance
~, страхово́й official survey
~ сюрве́йера *мор. страх.* survey (surveyor's) report
~ тамо́женного досмо́тра customs surveyor report, search note
~ техни́ческого испыта́ния test report
~ техни́ческого осмо́тра technical inspection report (certificate)
~, ча́стный private deed
~ эксперти́зы examiners' (experts', expert's) statement (report, certificate), examination report, act (report, certificate) of [experts'] examination
~, юриди́ческий legal act
оформля́ть ~ испыта́ний draw up (issue) a test report
подпи́сывать ~ sign a certificate
представля́ть ~ эксперти́зы submit (present) an experts' report
составля́ть ~ draw up (make) a protocol

удостоверя́ть ~ certify a report

акти́в 1. (*актив баланса*) assets **2. ~ы** (*средства, фонды*) assets, holdings, resources

~ы, амортизи́руемые depreciable assets

~ы, госуда́рственные за грани́цей government assets abroad

~ы, заграни́чные foreign assets

~ы, зало́женные hypothecated assets

~ы, заморо́женные frozen (blocked) assets

~ы, име́ющие материа́льную фо́рму tangible assets

~ы комме́рческих предприя́тий business assets

~ы, краткосро́чные short-term assets

~ы, легкореализу́емые liquid (quick, current) assets

~ы, ликви́дные liquid (quick, current, available, fluid) assets

~ы, мёртвые dead assets

~ы, неликви́дные non-liquid (high-risk) assets

~ы, ра́зные miscellaneous assets

~ы, резе́рвные reserve assets

~ы, труднореализу́емые sticky assets

~ы, усло́вные nominal assets

~ы, чи́стые net assets

ликви́дность ~ов liquidity of assets

о́бщая су́мма ~а gross assets

статья́ ~а asset

акти́в и пасси́в (*баланса*) assets and liabilities; credit and debit

акти́вност/ь activity

~, делова́я business (economic) activity, business performance

наруше́ние делово́й ~и business disturbance

акти́вный active

акт-извеще́ние statement notice

акт-реклама́ция damage claim

акце́пт (*принятие*) acceptance

~, ба́нковский bank (banker's) acceptance

~, безусло́вный absolute (general, unconditional, clean, unqualified) acceptance

~, бла́нковый acceptance in blank, blank acceptance

~ ве́кселя acceptance of a bill

~, гаранти́йный acceptance for honour; collateral acceptance

~, го́дный для переучёта eligible acceptance

~, дру́жеский accommodation acceptance

~ комме́рческих докуме́нтов acceptance of commercial papers

~, креди́тный credit acceptance

~, молчали́вый tacit acceptance

~, непо́лный partial acceptance

~, о́бщий general acceptance

~, ограни́ченный qualified acceptance

~, по́лный full acceptance

~, после́дующий subsequent acceptance

~, предвари́тельный preliminary acceptance

~ про́тив докуме́нтов acceptance against documents

~ счёта acceptance of a bill

~ тра́тты acceptance of a draft (bill [of exchange]), draft acceptance

~, усло́вный conditional (qualified, special) acceptance

~, части́чный partial acceptance

вы́дача докуме́нтов про́тив ~а documents against acceptance

да́та ~а date of acceptance, acceptance date
коми́ссия за ~ acceptance commission
отка́з от ~а refusal of acceptance, non-acceptance, rejection, dishonour
платёж ~ом payment by acceptance
предъявле́ние к ~у presentation for acceptance
запра́шивать ~ call for acceptance
отказа́ть в ~е (*о чеке, векселе*) refuse acceptance; dishonour by non-acceptance
подпи́сывать ~ sign acceptance
получа́ть ~ obtain acceptance
представля́ть докуме́нты к ~у present documents for acceptance
учи́тывать ба́нковский ~ discount a banker's acceptance
це́ны досту́пны для ~а вплоть до ... (*дата*) prices are current for acceptance up to ...

акцепта́нт acceptor
отве́тственность ~а liability of an acceptor

акце́птно-гаранти́йный acceptance and guarantee *attr.*

акце́птно-ра́мбурсный reimbursement *attr.*

акце́птный acceptance *attr.*

акцептова́ни/е acceptance, accepting; protection
~ ве́кселя acceptance of a bill
~ опротесто́ванной тра́тты тре́тьим лицо́м acceptance for honour, payment supra protest
~ покупа́телем consumer acceptance
~ това́рного зна́ка allowance of a trademark
~ тра́тты без *каких-л.* **огово́рок** general acceptance
~ тра́тты с огово́рками qualified (special) acceptance
отка́з от ~я non-acceptance, refusal of acceptance, dishonour
отка́зываться от ~я ве́кселя refuse [acceptance of] a bill
представля́ть к ~ю present for acceptance
по ~и on acceptance

акцепто́ванны/й accepted
быть ~м be accepted, receive acceptance; (*о векселе*) meet due honour; (*о тратте*) meet due protection

акцептова́ть accept, honour, protect, provide with an acceptance, signify *one's* acceptance
~ це́ну accept a price
~ це́ны, согласо́ванные honour the agreed prices
отказа́ться ~ ве́ксель dishonour a bill [by non-acceptance], fail to accept a bill when due

акци́з (*косвенный налог на товары, реализуемые на внутреннем рынке частными фирмами*) excise, excise duty (tax), indirect tax
не подлежа́щий ~у exempt (free) from excise duty (tax)
облага́емый ~ом subject (liable) to an excise duty (tax)
взима́ть ~ excise

акци́зный excise *attr.*
~ чино́вник revenue officer

акционе́р shareholder, *амер.* stockholder, stock-owner, holder of stocks
~ы, кру́пные major (chief, principal) shareholders (stockholders)
до́ля ~а в сре́дствах предприя́тия equity [in business]
собра́ние ~ов shareholders' (stockholders') meeting, meet-

ing of shareholders (stockholders)

акционе́рный joint-stock *attr.*

а́кци/я share, *амер.* stock

~и, ба́нковские bank shares

~и без нарица́тельной цены́ (без номина́ла) no par value shares (stocks), shares without par value

~и, беспла́тные bonus stocks

~и, дире́кторские management stocks

~и, железнодоро́жные railway shares

~и, именны́е registered (inscribed) stocks

~и, иностра́нные foreign stocks

~и, коти́рующиеся в ежедне́вных газе́тах active stocks

~и, кумуляти́вные cumulative shares (stocks)

~и, могу́щие быть обменёнными на други́е ~и convertible stocks

~и на предъяви́теля bearer shares (stocks), shares [payable] to bearer

~и, некумуляти́вные noncumulative shares (stocks)

~и, обыкнове́нные ordinary shares, ordinaries, equities, equity shares, ordinary (*амер.* common, general) stocks

~и, по́длинные original shares

~и, по́лностью опла́ченные fully paid (paid-up) shares (stocks)

~и, предъяви́тельские bearer shares (stocks), shares [payable] to bearer

~и, привилегиро́ванные preference (preferred) shares (stocks)

~и промы́шленных предприя́тий industrial shares (stocks)

~и, разрешённые к прода́же transferable shares

~и страховы́х компа́ний insurance companies' stocks

~и, учреди́тельские founders' shares, *амер.* promoters' stocks

~и, части́чно опла́ченные partly paid (part-paid) shares (stocks)

владе́лец ~й shareholder, stockholder, stock-owner

вы́куп ~й redemption of shares (stocks)

вы́пуск ~й issue (issuance) of shares (stocks), share (stock) issue

дивиде́нд по ~ям share dividend, dividend yield, share earnings, dividend on shares

дохо́д на ~ю dividend yield

контро́льный паке́т ~й controlling block (parcel) of shares, controlling stake (interest)

котиро́вка ~й quotation of shares (stocks), share (stock) quotation

курс ~й share (stock) price, quotation

обме́н ~й exchange of shares (stocks)

переда́ча ~й transfer (assignment) of shares (stocks), stock transfer

размеще́ние ~й share placing, placing of shares

размеще́ние ~й за грани́цей overseas share placing

распределе́ние ~й allocation (allotment) of shares (stocks)

свиде́тельство на ~ю share (stock) certificate

торго́вля ~ями dealing in shares, stock trade

владе́ть ~ями hold shares

выпуска́ть ~и issue (float) shares (stocks)

изыма́ть ~и recall shares (stocks)

обме́нивать ста́рые ~и на но́вые convert shares, exchange old shares for new ones
опла́чивать ~и [по́лностью] pay up shares [in full]
погаша́ть ~и pay off shares (stocks)
подпи́сываться на ~и subscribe (apply) for shares (stocks)
продава́ть ~и dispose of shares (stocks)
размеща́ть ~и place shares with
распределя́ть ~и (*по подписке*) allot shares (stocks)

алло́нж (*полоска бумаги, приклеиваемая к векселю в случае отсутствия на обороте места для передаточных надписей*) allonge

амортизацио́нный amortization *attr.*, depreciation *attr.*

амортиза́ци/я amortization, depreciation
~ обору́дования depreciation of equipment
~, ускóренная emergency (accelerated) depreciation
но́рма ~и depreciation norm, rate of depreciation, amortization quota
резе́рв на ~ю reserve for depreciation (amortization), depreciation reserve
ски́дка за ~ю allowance for depreciation
фонд ~и amortization (depreciation) fund
спи́сывать по ~и write off for depreciation

амортизи́ровать amortize, depreciate

ана́лиз analysis, *мн. ч.* analyses
~ безубы́точности break-even analysis
~ взаимоде́йствия interaction analysis
~ возмо́жности сбы́та sales analysis
~, вы́борочный sampling analysis
~, графи́ческий graphical analysis
~ да́нных data analysis
~, дета́льный detailed analysis
~ де́ятельности (*предприятия*) activity analysis
~, долгосро́чный long-run analysis
~ дохо́дов и расхо́дов income-expenditure analysis
~ дохо́дов от прода́жи това́ра examination of the product proceeds
~ затра́т и техни́ческих характери́стик cost-performance analysis
~ изде́ржек (*производства*) cost analysis
~ изде́ржек вследе́ствие бра́ка scrap-cost analysis
~ измене́ния затра́т cost-sensitivity analysis
~ измене́ния надёжности reliability variation analysis
~ исполне́ния фина́нсового пла́на *или* **сме́ты** budget analysis
~ ито́гов analysis of results
~ ка́чества обору́дования equipment quality analysis
~ ка́чества проду́кции product quality analysis
~, ка́чественный qualitative analysis
~, классификацио́нный ranging analysis
~, коли́чественный quantitative analysis
~ коне́чных результа́тов end-point analysis
~ констру́кции design analysis
~ констру́кции с це́лью сни-

же́ния её сто́имости value engineering analysis
~, **контро́льный** check analysis
~, **лаборато́рный** laboratory analysis
~, **механи́ческий** mechanical analysis
~ **надёжности** reliability analysis
~ **накладны́х расхо́дов** overhead analysis
~, **непреры́вный** continuous analysis
~, **нормати́вный** normative analysis
~, **о́бщий** global analysis
~ **осуществи́мости** feasibility analysis
~ **отка́зов** failure analysis
~ **па́ртии** lot (batch) analysis
~, **периоди́ческий** periodic analysis
~, **подро́бный** detailed analysis
~, **по́лный** complete analysis
~, **после́довательный** sequential analysis
~ **потреби́теля** consumer analysis
~ **потре́бностей** needs analysis
~, **предвари́тельный** preliminary (pilot) analysis
~ **при́быльности** analysis of profitability
~ **приорите́та (первоочерёдности)** priority analysis
~ **ремонтоприго́дности** maintainability analysis
~ **рента́бельности** cost-benefit analysis
~ **слу́чаев возвра́та изде́лий** field return analysis
~, **сокращённый** short-cut analysis
~, **сопостави́тельный** contrastive (comparative) analysis
~ **состоя́ния запа́сов** stock analysis
~ **спро́са** demand analysis
~, **сравни́тельный** comparative analysis
~, **статисти́ческий** statistical analysis
~ **сто́имости** value (cost) analysis
~, **структу́рный** structural analysis
~, **субъекти́вный** subjective analysis
~ **табли́чных да́нных** tabular analysis
~ **тенде́нций ры́нка** market trend analysis
~, **те́хнико-экономи́ческий** engineering-economic analysis
~ **техни́ческих характери́стик** performance analysis
~ **техни́ческого обслу́живания** maintenance analysis
~ **то́чности** accuracy analysis
~, **тре́ндовый** trend analysis
~ **убы́тков** loss analysis
~, **уско́ренный** quick (rapid, express) analysis
~ **усло́вий окружа́ющей среды́** environmental analysis
~ **ухудше́ния техни́ческих характери́стик** performance degradation analysis
~ **фина́нсового отчёта** statement analysis
~ **фина́нсового состоя́ния** financial analysis
~, **форма́льный** formal analysis
~, **функциона́льно-сто́имостный** functional-cost analysis
~ **хозя́йственной де́ятельности** analysis of economic activity, operating (business) analysis
~, **це́нностно-сто́имостный** value analysis
~, **части́чный** partial analysis
~, **экономи́ческий** economic analysis

~ **экономи́ческой эффекти́вности** cost-effectiveness analysis

~ **эксплуатацио́нной безопа́сности** safety analysis

~ **эксплуатацио́нных реклама́ций** field return analysis

расхожде́ние в ~ах divergency (divergence) in the analyses

свиде́тельство о проведённом ~е certificate of analysis

производи́ть ~ make (carry out) analysis, analyze

аналити́ческий analytical

ана́лог analogue

~**и, междунаро́дные** international standards

~**и, мировы́е** world analogues

аналоги́чный analogous, similar

ана́логовый analogue *attr.*

аннуите́т (*ежегодная рента*) annuity

~**, ве́чный (пожи́зненный)** life annuity, perpetual annuity

~**, термини́рованный** (*предусматривающий выплату ежегодного дохода в течение определенного числа лет*) terminable (redeemable) annuity

аннули́ровани/е (*контракта, предложения*) cancellation, termination, annulment, nullification, rescission; (*отмена*) abrogation, abolition; (*объявление о недействительности*) nullification, invalidation, annulment; notice of legal extinction; (*расформирование*) dissolution

~ **а́вторского свиде́тельства** (*на изобретение*) revocation of an inventor's certificate

~ **аккредити́ва** cancellation of a L/C

~ **догово́ра** cancellation (termination, nullification, annulment, rescission, discontinuance) of a contract (an agreement); cancellation of a treaty

~ **догово́ра страхова́ния** cancellation of a policy

~ **зака́за** cancellation (withdrawal, countermand) of an order

~ **контра́кта** cancellation (termination, annulment, nullification, rescission, repudiation) of a contract

~ **лице́нзии** cancellation (revocation) of a license

~ **пате́нта** cancellation (annulment, abatement, nullification, revocation) of a patent

~ **регистра́ции** annulment of registration

~ **това́рного зна́ка** invalidation (cancellation) of a trademark

~**, части́чное** partial cancellation

да́та ~я cancellation (cancelling) date

заявле́ние об ~и declaration of cancellation

иск об ~и lawsuit for cancellation

иск об ~и пате́нта revocation (nullity) suit

начисле́ние за ~ cancellation charge

огово́рка об ~и cancellation (cancelling) clause

процеду́ра ~я cancellation procedure

усло́вия ~я terms of cancellation

согласи́ться с ~ем контра́кта accept contract termination

~ **всту́пит в си́лу** termination shall become effective

аннули́ровать cancel, annul, nullify, terminate, repudiate, rescind, avoid, abrogate, re-

peal, abolish, dissolve, revoke; *бухг.* reverse
це́ны мо́гут быть аннули́рованы и́ли изменены́ без предупрежде́ния prices are subject to withdrawal or change without notice
ано́нс announcement
анонси́ровать announce
антиде́мпинговый antidumping
антиинфляцио́нный antiinflationary
апелля́нт appellant
апелля́ци/я appeal, notice of appeal
исте́ц по ~и appellant
отве́тчик по ~и appellee
реше́ние по ~и decision on appeal
срок для пода́чи ~и time [prescribed] for appeal, period allowed for appealing
отклоня́ть ~ю dismiss an appeal
подава́ть ~ю lodge (hand in, *амер.* file) an appeal, give notice of appeal, appeal against (from) a decision
продлева́ть срок пода́чи ~и extend the term for appeal
рассма́тривать ~ю consider an appeal
удовлетворя́ть ~ю allow an appeal, satisfy an appeal
аппара́т 1. (*прибор*) apparatus **2.** (*штат*) staff, personnel
~, вычисли́тельный computer
~, госуда́рственный state machinery, machinery of the state
~, загрgalи́чный foreign staff (personnel)
~, консультати́вный advisory staff
~, управле́нческий managerial (executive) staff, executive personnel
апроба́ци/я (*одобрение*) approbation, approval
пройти́ ~ю receive practical approval
апроби́ровать (*одобрять*) approbate, approve
арби́тр arbitrator, arbiter
~, беспристра́стный impartial (unbiased) arbitrator
~, единоли́чный sole (single) arbitrator
~, запасно́й reserve arbitrator
~, и́збранный chosen (selected) arbitrator
~, квалифици́рованный qualified arbitrator
~, нейтра́льный neutral arbitrator
~, предполага́емый prospective arbitrator
~, председа́тельствующий presiding arbitrator
гонора́р ~а arbitrator's fee
дисквалифика́ция ~а disqualification of an arbitrator
заме́на ~а replacement of an arbitrator
извеще́ние ~у о его назначе́нии notice to an arbitrator of his appointment
квалифика́ция ~а qualification of an arbitrator
назначе́ние ~а nomination (appointment) of an arbitrator
обя́занности ~а functions (duties) of an arbitrator
отво́д ~а challenge to an arbitrator
спи́сок ~ов list (panel) of arbitrators
заменя́ть ~а replace an arbitrator
избира́ть ~а choose (elect, select) an arbitrator
назнача́ть ~а appoint an arbitrator

называ́ть ~а name (nominate) an arbitrator
отводи́ть ~а challenge an arbitrator
согласо́вывать кандидату́ру ~а agree on (upon) an arbitrator
на усмотре́ние ~а at the discretion of the arbitrator
е́сли ~ы не реша́т ина́че unless the arbitrators determine otherwise

арбитра́ж 1. (*третейский суд*) arbitration, court of arbitration, arbitration tribunal, arbitrage **2.** *фин.* (*операции по покупке и продаже валюты, проводимые с целью получения прибыли*) arbitrage, arbitration
~, биржево́й arbitrage business [in stocks]
~, валю́тный arbitrage (arbitration) of exchange, currency arbitrage
~, ве́ксельный arbitrage of exchange
~, внешнеторго́вый International Commercial Arbitration
~, госуда́рственный State Arbitration
~, двусторо́нний валю́тный simple (direct) arbitrage (arbitration) of exchange
~, изоли́рованный isolated arbitration
~, междунаро́дный international arbitration
~, междунаро́дный торго́вый international commercial arbitration
~, многосторо́нний валю́тный compound arbitration of exchange
~ по вопро́су о ка́честве arbitration on quality
~, принуди́тельный compulsory arbitration
~, промы́шленный industrial arbitration
~, просто́й валю́тный simple arbitrage (arbitration)
~, проце́нтный interest arbitrage
~, сме́шанный mixed arbitration
~, соотве́тствующий appropriate arbitration
~, специа́льный ad hoc arbitration
~, това́рный arbitrage in goods
~, трёхсторо́нний tripartite arbitration
~, фо́ндовый arbitrage in funds (securities)
зако́н об ~е arbitration act
заседа́ние ~а sitting of arbitration; arbitration proceedings
касса́ция в ~ appeal to arbitration
коми́ссия ~а arbitration commission
компете́нция ~а competence of arbitration
ме́сто ~а place (site, residence) of arbitration
обраще́ние в ~ application (resort, recourse) to arbitration
огово́рка об ~е arbitration clause
пра́вила ~а arbitration rules
пра́вила примире́ния и ~а the Rules for Conciliation and Arbitration
прецеде́нты ~а arbitration cases
расхо́ды по ~у arbitration expenses (феес), costs of arbitration
реше́ние ~а [arbitration (arbitrator's, arbitral)] award (decision), award (decision) of

arbitration (the Arbitration Commission)
срок назначе́ния ~а date of appointing arbitration
сто́имость ~а cost of arbitration, arbitration fee[s]
урегули́рование спо́ра че́рез ~ settlement of a dispute through arbitration
фо́рум ~а arbitration forum
обраща́ться в ~ apply (turn, resort, recourse) to arbitration
откла́дывать ~ suspend arbitration
передава́ть де́ло в ~ refer a matter (dispute) to (for, for the settlement of) arbitration, refer a claim for the arbitration of a third party, submit a dispute to arbitration
прибега́ть к ~у have a recourse to arbitration
прибега́ть к ~у тре́тьей стороны́ resort to third party arbitration
проводи́ть ~ administer (conduct, hold) arbitration
урегули́ровать спор че́рез ~ settle a dispute through arbitration
явля́ться в ~ appear before arbitration
без обраще́ния в ~ without recourse to arbitration
посре́дством ~а through arbitration
в соотве́тствии с положе́ниями зако́на об ~е subject to the provisions of the Arbitration Act

арбитра́жный 1. arbitral **2.** *фин.* arbitrage *attr.*

аре́нд/а (*предоставление имущества во временное пользование за вознаграждение*) lease, leasing, rent[ing]
~ вы́ставочного помеще́ния leasing of exhibition grounds
~ до́ка dock rent
~, долгосро́чная long lease (rent), leasing
~, краткосро́чная short lease (rent)
~ обору́дования rent[ing] (leasing) of equipment
~ пло́щади rent of space
~, пожи́зненная life leasehold
владе́ние на права́х ~ы leasehold, tenure by lease, tenancy
догово́р о сда́че в ~у leasing (lease, rental) agreement, rent (lease) contract, contract of tenancy
переусту́пка ~ы transfer of tenancy
план ~ы lease plan
пла́та за ~у rent (lease) payment, rental
пла́та за ~у сте́нда stand rent
по́льзование на права́х ~ы leasehold
расхо́ды на ~у rent charges
соглаше́ние об ~е leasing (lease) agreement
сто́имость ~ы cost of renting, rent price
сто́имость ~ы, высо́кая heavy rental charges
брать в ~у (*оборудование*) lease, take (have, hold) on lease, take a lease of; (*дом, квартиру*) rent; (*судно*) charter
отка́зываться от ~ы surrender a lease
плати́ть ~у pay a rent (for the rental)
сдава́ть в ~у lease, let [out] (grant) on lease; give in rent, rent
финанси́ровать ~у демза́ла finance the rent of a showroom
на усло́виях ~ы on a rental basis
предоста́вленный в ~у беспла́тно rent-free

арендатор (*оборудования*) leaseholder, lessee, leaser; (*дома, квартиры и т. д.*) tenant
~, долгосрочный long-lease tenant
~, основной principal lessee
~, пожизненный life tenant
~ стенда lessee (principal, occupant) of a stand
ответственность ~а lessee's responsibility
взимать с ~ов чрезвычайно высокую плату rack tenants

арендный rental, lease, leasing

арендовать (*оборудование*) lease, take (have, hold) on lease; (*дом, квартиру*) rent; (*судно*) charter

арендодател/ь lessor
~ стенда stand lessor
агент ~я lessor's agent

арест (*судна*) arrest; (*товара и имущества*) arrest; *юр.* attachment; (*конфискация*) confiscation, seizure; *юр.* (*секвестр*) sequestration
~ на груз arrest of cargo
~ на имущество seizure of property; attachment
~ на судно arrest of a ship (vessel)
~ судна по судебному иску arrest of a vessel under legal process
наложение ~а на имущество seizure of property; [levying an] attachment; award of sequestration
наложение ~а на товар confiscation (seizure) of goods
ордер на ~ warrant of arrest
отмена ~а lifting (withdrawal) of an attachment; lifting the seizure
наложить ~ levy an attachment order, attach; order the seizure of, seize, confiscate, arrest; lay embargo (*о судне*)
снять ~ release the goods, lift (discharge, withdraw) an attachment; lift the seizure

арестовывать seize, confiscate, lay embargo (*о судне*)

арматор (*судовладелец*) shipowner

артикул [running] code number; nomenclature article

ассигновани/е 1. (*действие*) appropriation, allocation, assignment **2.** (*средства*) appropriations, allocations, provisions
~я, бюджетные financial (budget, budgetary) appropriations (allocations), appropriations of funds
~я, дополнительные supplementary (additional) appropriations (allocations)
~я на капиталовложения capital appropriations
~я на рекламу advertising appropriations (allocations)
~я на статьи расходов expenditure appropriations
~я, неиспользованные undrawn allocations
~я, общие consolidated appropriations
~я, отсроченные на будущие годы deferred appropriations
~я, первоначальные original appropriations
~я, разовые nonrecurring provisions
~я, специальные special appropriations
~я, централизованные centralized allocations
возмещение ~й reimbursement of expenditures
общая сумма ~й overall appropriation
отсрочка ~й appropriations deferment

размéр ~й funding level
распределéние ~й apportionment of appropriations
сокращéние ~й reduction (cutting) of allocations
финанси́рование ~й financing of appropriations
ограни́чивать ~я restrict expenditures
сокращáть ~я reduce (cut) allocations
увели́чивать ~я increase allocations

ассигнóвывать appropriate, allocate, assign

ассортимéнт range, assortment
~, богáтый rich (wide, varied) assortment, wide choice (range), large variety
~, весéнний spring range
~, выпускáемый range (assortment) produced
~ издéлий assortment of products
~, многообрáзный diversified assortment
~, обши́рный comprehensive range
~, отвечáющий спрóсу range meeting the demand
~, пóлный full (complete) range
~, предлагáемый offered (suggested) assortment
~ продýкции range of production, range (assortment) of products (commodities), product range, catalogue of products
~, промы́шленный production range
~, соотвéтствующий спрóсу range of goods according to requirements
~, товáрный commercial range (variety) of goods
~, универсáльный universal assortment (range)
~, ширóкий wide range, great variety
~ экспонáтов range of exhibits
~, э́кспортный range of export goods
многообрáзие ~а variety of goods
обновлéние ~а renewal of assortment
ограничéние ~а limitation of assortment
определéние ~а choice of assortment
постáвка в согласóванном ~е delivery in the agreed assortment
расхождéние в ~е difference in assortment
расширéние ~а expansion (extension) of the assortment (range of goods), diversification
спецификáция ~а specification of the range of goods
широтá ~а scope (range) of goods offered (produced)
изменя́ть ~ change the assortment
имéть большóй ~ have a wide range (large variety)
оговáривать ~ (*в контракте*) stipulate (specify) the range (assortment)
представля́ть ширóкий ~ present a wide range of goods
расширя́ть ~ expand the assortment
согласовáть ~ agree upon (finalize) the assortment
согласóвывать ~ discuss the assortment
улучшáть ~ improve the assortment

ассортимéнтный according to the range [of goods] stipulated

ассоциáция association

~, **арбитра́жная** arbitration association
~, **ба́нковская** banking association
~ **по вопро́сам стандартиза́ции** standards association
~, **торго́вая** trade association
ассоции́рованный associated
атташе́ attaché
~, **торго́вый** commercial attaché
аттеста́т certificate
~, **выпускно́й** certificate
~ **ка́чества** quality certificate
аттеста́ци/я attestation
~, **госуда́рственная** state attestation
~ **на вы́сшую катего́рию ка́чества** attesting for the highest quality
~ **проду́кции** certification (attestation) of products, attestation of output, quality assessment of products
поря́док ~**и** certification (attestation, assessment) procedure
пройти́ ~**ю** be attested
ауди́тор auditor, certified public accountant, chartered accountant
заключе́ние ~**а по фина́нсовому отчёту** audit, auditor's report
аукцио́н auction, public sale
~, **«голла́ндский»** (*публичная продажа, при которой аукционист называет цену, постепенно снижая её до тех пор, пока не найдётся покупатель*) Dutch auction
~, **ежего́дный** annual auction
~, **лесно́й** timber auction
~, **междунаро́дный** international auction
~, **откры́тый** open auction
~, **пушно́й** fur auction
~, **това́рный** goods (commodity) auction
~, **фикти́вный** mock auction
демонстра́ция това́ров на ~**е** demonstration of goods at an auction
закры́тие ~**а** closing of an auction
зая́вка на уча́стие в ~**е** application for participation in an auction
извеще́ние об ~**е** notification (notice) about an auction
ката́лог ~**а** auction bill, catalogue of sale
откры́тие ~**а** opening of an auction
пра́вила ~**а** regulations of an auction
приглаше́ние на ~ invitation to an auction
проведе́ние ~**а** holding of an auction
прода́жа с ~**а** auction (public) sale, sale by (*амер.* at) an auction
прода́жа това́ра на ~**е** selling goods at an auction
срок рабо́ты ~**а** duration of an auction
усло́вия ~**а** terms and conditions of an auction
уча́стие в ~**е** participation in an auction
уча́стник ~**а** participant of an auction, bidder
выставля́ть на ~**е** put up for (to, on, at) an auction
закрыва́ть ~ close an auction
объявля́ть ~ notify the sale by auction
открыва́ть ~ open an auction
покупа́ть на ~**е** buy by (*амер.* at) an auction
проводи́ть ~ hold an auction
продава́ть с ~**а** sell by (at) an auction, auction, auctioneer
уча́ствовать в ~**е** participate in an auction

аукциони́ст auctioneer
аукцио́нный auction *attr.*
а́утрайт (*срочная валютная операция*) outright
аутса́йдер (*компания в торговом мореплавании, не являющаяся членом конференции; предприятие, не входящее в монополистическое объединение*) outsider
аэропо́рт airport
~, **вну́тренний** domestic airport
~, **запасно́й** alternate airport
~, **комме́рческий** commercial airport
~ **междунаро́дный** international airport
~ **назначе́ния** airport of destination
~, **пассажи́рский** passenger terminal
~, **тамо́женный** customs airport, airport of entry
~, **транзи́тный** transfer airport

Б

ба́з/а basis, *мн. ч.* bases, base; (*склад*) depot
~, **вое́нная** military base
~, **вы́ставочная** exhibition base
~ **для исчисле́ния тари́фа** rate base
~ **для оказа́ния услу́г** servicing base
~, **заводска́я** plant storage facilities
~, **золота́я** gold basis
~, **конте́йнерная** container base (depot)
~, **материа́льная** resource base
~, **материа́льно-техни́ческая** material and technical base (basis)
~, **о́пытно-эксперимента́льная** experimental base of science (research)
~, **перева́лочная** storage terminal, transhipment warehouse
~, **плаву́чая** depot ship
~ **прогнози́рования** forecasting base
~, **прое́ктно-констру́кторская** designing facilities
~, **произво́дственная** production base (facilities)
~, **произво́дственно-техни́ческая** production and technical facilities
~, **ремо́нтная** repair base (depot)
~, **сбытова́я** sales depot
~, **складска́я** storage facilities warehouse
~, **сырьева́я** source of raw materials, raw materials source (base)
~, **тамо́женная** customs warehouse
~ **техни́ческого обслу́живания и теку́щего ремо́нта** maintenance base (depot)
~, **торго́вая** supply depot
~ **[у́ровня] цен** price [level] base, basis of prices
~, **фина́нсовая** financial base
~, **э́кспортная** export base
диверсифика́ция э́кспортной ~ы diversification of the [country's] export base; diversifying the [country's] export base
разви́тие э́кспортной ~ы development of the [country's] export base
укрепле́ние материа́льно-техни́ческой ~ы strengthening of the material and technical base (basis)

создава́ть ~у create (set up) a base
укрепля́ть произво́дственную ~у strengthen production facilities
на ~е контра́кта on a contract basis
на ~е твёрдой цены́ on a firm (fixed) price basis

бази́ровать base
~ це́ну на base the price on
цена́ бази́руется на the price is based on

ба́зис basis, *мн. ч.* bases
~ поста́вки delivery basis, basis of delivery
~ ста́вки, фрахто́вой basis of freight
~ цены́ price basis
~, экономи́ческий economic basis

ба́зисный base *attr.*, baseline *attr.*, basic

бак tank, vat, cistern
налива́ть в ~ pour into a tank (vat), tank, vat
храни́ть в ~е store in a tank

бала́нс 1. balance 2. *бухг.* balance sheet, financial statement, *амер.* statement of assets and liabilities
~, акти́вный active (favourable, positive) balance
~, ба́нковский bank balance sheet
~, благоприя́тный favourable balance
~, бухга́лтерский accounting balance sheet
~, бюдже́тный budgetary balance [sheet]
~, валю́тный balance of foreign exchange, foreign exchange balance
~, внешнеторго́вый external (foreign) trade balance, balance of foreign trade
~, годово́й annual balance
~ движе́ния капита́лов и креди́тов capital and credit balance
~, дебето́вый debit balance
~, заключи́тельный summary account
~, ито́говый overall balance
~, кре́дитовый credit balance
~, ликвидацио́нный liquidation balance sheet
~, материа́льный material balance
~, межотраслево́й intersectoral balance
~ наро́дного хозя́йства national economy balance
~ национа́льного дохо́да balance of national income
~ «неви́димой» торго́вли invisible balance
~, отрица́тельный unfavourable balance
~, отчётный report (performance) balance
~, пасси́вный adverse (negative, passive, unfavourable, red) balance
~, платёжный balance of payments, foreign (external) balance, external payments account
~, платёжный, акти́вный active (positive, favourable, export) balance of payments
~, платёжный, пасси́вный adverse (negative, unfavourable, import) balance of payments
~, подро́бный detailed statement, detailed balance sheet
~, предвари́тельный (про́бный) gross (preliminary, trial) balance
~, расчётный balance of claims and liabilities
~, сво́дный summary balance, composite (consolidated) bal-

ance sheet, master balance sheet

~, сжа́тый (сокращённый) condensed balance sheet

~ теку́щих расчётов balance of accounts

~ това́рной торго́вли commodity balance

~, торго́вый balance of trade, trade balance

~, торго́вый, акти́вный active (positive, favourable, export) balance of [foreign] trade (trade balance), export surplus

~, торго́вый, пасси́вный adverse (negative, import, passive, unfavourable) balance of [foreign] trade (trade balance), import surplus

~ услу́г и некомме́рческих платеже́й invisible balance

акти́в[ы] ~а assets

дефици́т платёжного ~а deficit of the balance of payments, [balance of] payments deficit

дефици́т торго́вого ~а deficit of the balance of trade, balance of trade deficit, trade deficit (gap)

исправле́ние ~а adjustment of the balance sheet

пасси́вная часть ~а liabilities

предприя́тия, состоя́щие на самостоя́тельном ~е self-supporting enterprises

реви́зия ~а [balance sheet] audit

составле́ние ~а making-up a balance

статья́ ~а balance sheet item

су́мма ~а total assets

подводи́ть ~ strike (draw up, arrive at) the balance, balance the accounts

предоставля́ть ~ render a statement

ревизова́ть ~ audit a balance

своди́ть ~ offset a balance

составля́ть ~ draw up (make up, produce) a balance [sheet]

по́сле сведе́ния ~а on balance

баланси́рование balancing

баланси́ровать balance

балансиро́вка balancing

бала́нсовый balance *attr.*

ба́лкер (*судно, предназначенное для перевозки массовых грузов*) bulk carrier

балла́ст ballast

в ~е (*без груза*) in ballast

брать ~ ballast a ship, take on ballast

идти́ в ~е be (sail, make a voyage) in ballast

балла́стный ballast *attr.*

балло́н bottle, cylinder, container, drum, flask, vessel

~, стально́й steel cylinder

заполня́ть ~ fill (charge) a cylinder

бандеро́ль parcel post, printed matter, book-post, postal packet

~, заказна́я registered parcel post

~, почто́вая printed matter, book-post

~, проста́я non-registered parcel post

посыла́ть ~ю send by book-post (as printed matter)

банк bank, banker, bankers

~, авизу́ющий advising (notifying) bank

~, акце́птный acceptance bank (house), merchant banker

~, акционе́рный joint stock (*амер.* incorporated) bank

~и, ассоции́рованные associated banks

~, веду́щий leading bank

~, внешнеторго́вый bank for foreign trade, foreign trade bank
~ внешнеэкономи́ческой де́ятельности СССР Bank for Foreign Economic Affairs of the USSR
~, второстепе́нный secondary bank
~, выдаю́щий аккредити́в originating (opening) bank
~, выпуска́ющий креди́тные ка́рточки card issuing bank
~, госуда́рственный national (state) bank
~, депози́тный deposit bank, bank of deposit
~ импортёра importer's bank
~, инвестицио́нный investment bank, bond house; securities company
~, иностра́нный overseas (foreign) bank
~, ипоте́чный mortgage bank (company)
~, кли́ринговый clearing bank (house), clearer
~, комме́рческий commercial (trading, business) bank
~, кооперати́вный cooperative bank
~, кру́пный big (large) bank
~ и, межгосуда́рственные interstate banks
~, междунаро́дный international (multinational) bank
~ междунаро́дных расчётов Bank for International Settlements
~, ме́стный local bank
~, национа́льный national bank
~, одо́бренный approved bank
~, основно́й primary bank
~, открыва́ющий аккредити́в credit-issuing bank
~, первокла́ссный first class (prime) bank
~, подтвержда́ющий аккредити́в confirming bank
~, по́льзующийся соли́дной репута́цией bank of good standing
~ по обме́ну валю́ты exchange bank
~, производя́щий приём и опла́ту докуме́нтов negotiating bank
~, промы́шленный industrial bank
~, разме́нный exchange bank (office)
~, резе́рвный reserve bank
~, сберега́тельный savings bank, *сокр.* SB
~ со сме́шанным капита́лом bank with mixed capital
~, ссу́дный loan (credit) bank
~, торго́вый mercantile (*англ.* merchant) bank
~ тре́тьей страны́ third country bank
~, уполномо́ченный authorized bank
~, учётный discount bank, bank of discount
~, финанси́рующий фо́ндовые опера́ции stock exchange bank
~, центра́льный central bank
~, ча́стный private bank
~ экспортёра exporter's bank
~, э́кспортно-и́мпортный eximbank
~, эмиссио́нный issuing (issue, emitting) bank, bank of issue
акционе́рный капита́л ~а bank stock
банкро́тство ~а banking failure, bankruptcy (collapse) of a bank
вклад в ~ bank deposit, deposit with a bank
гара́нтия ~а bank (banker's) guarantee; bank's letter of guarantee

задо́лженность ~у overdraft; bank debt (indebtedness), indebtedness due to a bank
извеще́ние ~а bank's (banker's) advice, advice by a bank
интерве́нция ~а banking support
квита́нция ~а banker's (bank) receipt
клие́нты ~а customers
комиссио́нные ~у bank commission, bank charges, commission charged by a bank
консо́рциум ~ов banking syndicate
ликви́дный фонд ~а bank's liquid assets
опера́ции ~а bank operations (transactions)
отделе́ние ~а branch [bank]
пересы́лка че́рез ~ (*денег, документов*) remittance (transmission) through a bank (banking channels)
представи́тель ~а bank representative
прове́рка отчётности ~а bank auditing (examination)
сертифика́т ~а bank's certificate
слия́ние ~ов consolidation (merger, merging) of banks
слу́жащий ~а bank employee (official, clerk), officer of a bank
сове́т ~а board of directors
счёт в ~е bank (banking) account
уведомле́ние ~а bank's (banker's) advice
управля́ющий ~ом bank manager
услу́ги ~а banking facilities
филиа́л ~а banking affiliate (subsidiary), branch of a bank, affiliate (branch) bank
брать де́ньги из ~а draw on a bank
взять вклад из ~а withdraw a deposit from a bank
вноси́ть де́ньги в ~ deposit money with (in) a bank, put (place) money into a bank
дава́ть указа́ния ~у instruct bankers (a bank)
держа́ть де́ньги в ~е bank, have a bank[ing] account
закла́дывать това́р в ~е pledge goods with a bank
име́ть счёт в ~е have (keep) an account with (in, at) a bank, have a bank[ing] account
класть де́ньги в ~ deposit money with (in) a bank, put (place) money into a bank
открыва́ть аккредити́в в ~е open (establish) a letter of credit with a bank, place a letter of credit on a bank
открыва́ть счёт в ~е open an account with (in) a bank
перевести́ на счёт в ~е transfer to the account with (in) a bank
плати́ть че́рез ~ pay through a bank
получа́ть докуме́нты из ~а clear documents
помеща́ть су́мму в ~ deposit an amount
помеща́ть це́нные бума́ги в ~ lodge securities with a bank
поруча́ть ~у instruct bankers (a bank)
представля́ть докуме́нты че́рез ~ present documents through a bank (bankers)
уполномо́чивать ~ instruct a bank
управля́ть ~ом run a bank

ба́нк/а (*стеклянная*) jar; (*металлическая*) tin, can, pot
~, взду́вшаяся swollen tin
~, гермети́ческая hermetically sealed can

~, **запеча́танная** sealed jar (can, tin)
упако́вывать в ~и pack in jars (cans, tins)
банк-акцепта́нт acceptance bank (house), merchant banker
банк-инкасса́тор collecting bank
банки́р banker
~, **первокла́ссный** first class banker
рекоменда́ции ~а banker's (bank) references
банк-корреспонде́нт corresponding (correspondent) bank
банк-кредито́р creditor bank
банкно́т/а banknote, *сокр.* BN, bank (banker's) bill, *амер.* bill; **~ы** paper, soft money
~ы в обраще́нии circulating banknotes
~ в 1 до́ллар dollar bill
~ в 1 фунт стерлингов pound note
~ досто́инством banknote in the denomination of
~ы, не име́ющие специа́льного обеспе́чения general asset currency
~ы по купю́рам banknotes by denominations
~, резе́рвная reserve banknote
~, фальши́вая counterfeit (raised, forged) banknote (bill)
вы́пуск банкно́т issue of banknotes, note issue (issuing)
изъя́тие банкно́т withdrawal of banknotes
обеспе́чение банкно́т backing of banknotes
обраще́ние банкно́т circulation of banknotes
эми́ссия банкно́т issue of banknotes, note issue (issuing)
выпуска́ть ~ы в обраще́ние issue banknotes
ба́нковский, ба́нковый bank *attr.*, banker's *attr.*

банк-плате́льщик paying (payer's) bank
банк-ремите́нт remitting bank
банкро́т bankrupt, defaulter, insolvent
объявля́ть ~ом declare bankrupt
стать ~ом go (become) bankrupt
банкро́тств/о bankruptcy, insolvency, failure
~ ба́нка banking failure, bankruptcy (collapse) of a bank
доводи́ть до ~а make bankrupt
объявля́ть ~ declare bankrupt, file a petition in bankruptcy
банк-учреди́тель parent bank
банк-эмите́нт issuing (issue) bank (house), bank of issue (*амер.* circulation), emitting bank
бараба́н (*упаковка*) drum; (*бочка*) barrel
~, деревя́нный wood[en] drum
~, доща́тый board drum
~ ёмкостью в ... drum of ... capacity
~, желе́зный iron drum
~, карто́нный cardboard drum
~, металли́ческий metal drum
~, фане́рный plywood drum
~, фи́бровый fibre drum
бара́три/я (*намеренные действия капитана или команды в ущерб грузовладельцу или судовладельцу*) barratry
вино́вный в ~и barrator
ба́рж/а barge, towed boat
~, глубоково́дная deep-sea barge
~, грузова́я cargo barge
~, наливна́я tank barge
~, несамохо́дная dumb (non-[self-]propelled, non-propelling) barge
~, океа́нская ocean[-going] barge

~, **порто́вая** utility barge
~, **речна́я** river barge
~, **саморазгружа́ющаяся** dump (dumping) barge
~, **самохо́дная** self-propelled barge
цена́ с ~и price ex lighter
доставля́ть на ~е deliver by barge (via barge)
обеспе́чить поста́вку ~и provide a barge
разгружа́ть [че́рез борт] на ~у discharge [overside] to barge
фра́нко ~ free into barge

ба́ртерный (*товарообменный*) barter *attr.*

барье́р barrier, obstacle
~**ы, дискриминацио́нные** discriminatory barriers
~, **нетари́фный** non-tariff barrier, *сокр.* NTB
~**ы, протекциони́стские** protectionist barriers
~, **тамо́женный** customs barrier
~, **тари́фный** tariff barrier
~, **торго́вый** trade barrier, barrier to trade
обходи́ть тамо́женные ~ы sidestep customs barriers
преодолева́ть тари́фные ~ы overcome tariff barriers
создава́ть ~ы raise barriers
устраня́ть ~ы eliminate (remove) barriers

безавари́йный trouble (accident, fault)-free, faultless, troubleproof

безвозме́здно free of charge, on a gratis basis, gratis, without compensation
передава́ть ~ transfer (hand over) without compensation

безвозме́здный 1. (*без обязательства возмещения ущерба*) uncompensated, without compensation **2.** (*бесплатный*) free [of charge], gratuitous, gratis

бездефе́ктность zero defects

бездефе́ктный without defects, faultless

безлицензио́нный license-free

безнали́чный non-cash *attr.*

безогово́рочный unconditional, unqualified, without reservation

безопа́сност/ь safety, security
~ **де́йствия** safety in operation
~ **морепла́вания** safety [of] navigation
~ **персона́ла** personnel safety
~, **пожа́рная** fire safety
~, **технологи́ческая** process safety
инстру́кции по те́хнике ~и safety rules (regulations, instructions)
ме́ры для обеспе́чения ~и safety (security) measures
наруше́ние пра́вил те́хники ~и violation (neglect) of safety regulations, safety hazard
но́рмы те́хники ~и safety standards
те́хника ~и safety conditions, industrial safety rules, accident prevention, [industrial] safety precautions (measures, regulations, engineering)
обеспе́чивать ~ secure safety

безотзы́вный irrevocable, beyond (past) recall

безотлага́тельность urgency

безотлага́тельный immediate, instant, urgent, pressing

безубы́точный without [any] loss

безусло́вный unconditional

бенефициа́р (*получатель денег по аккредитиву или страховому полису*) beneficiary
~, **второ́й** second beneficiary
наименова́ние ~а name of a beneficiary

бесконкуре́нтный competition-free

беспате́нтный unpatented
беспербо́йный trouble-free, smooth, continuous, faultless
беспла́тно free of cost (charge, payment), free, at no charge (cost), without charge
поставля́ть ~ supply free of charge (on a free of charge basis, at no charge)
беспла́тный free, free of charge (cost), gratuitous, without (at no) charge (cost)
беспо́шлинный duty (custom[s]) free, free of duty (tariff), exempt from duty
беспри́быльный 1. (*нерентабельный*) unprofitable, uneconomical, profitless **2.** (*некоммерческий*) nonprofit *attr.*
беспроце́нтный interest-free, non-interest bearing, bearing no interest, without interest
бессро́чный permanent, unlimited
би́знес business
~, большо́й big business
~, вя́лый slack business
~, ма́лый small business
~, при́быльный profitable business
билатера́льный bilateral
биле́т ticket, card; *банк.* note
~, ба́нковский banknote
~, вкладно́й deposit slip, certificate of deposit
~ второ́го кла́сса *ав.* economy ticket
~, железнодоро́жный railway ticket
~ы, казначе́йские Treasury notes, *амер.* legal tender notes, US notes
~ на самолёт plane ticket
~, обра́тный return ticket
~, пригласи́тельный invitation card
биметалли́зм double standard, bimetallism
биметалли́ческий bimetallic
биотехноло́гия biotechnology, bioengineering
би́рж/а exchange, market
~, валю́тная exchange (currency, money) market
~, зернова́я corn market, *амер.* grain market
~, лесна́я wood yard, *амер.* lumber exchange
~ лесоматериа́лов timber yard
~, междунаро́дная това́рная international commodity exchange
~ мета́ллов metal exchange
~, неофициа́льная outside market, street [market]
~, официа́льная recognized exchange
~ по ше́рсти wool exchange
~ сельскохозя́йственных това́ров produce exchange
~, специализи́рованная specialized exchange
~, това́рная commodity (goods) exchange
~, фо́ндовая stock exchange (market)
~, фрахто́вая shipping (freight) market (exchange)
~, хле́бная grain (*англ.* corn) exchange
~, хло́пковая cotton exchange
~ це́нных бума́г stock exchange
цена́ при закры́тии ~и closing price
цена́ при откры́тии ~и opening price
игра́ть на ~е speculate
на ~е on the exchange
при закры́тии ~и at the close (closing) of the exchange
при откры́тии ~и at the opening of the exchange
коти́рующийся на ~е quoted (negotiable, listed) on the ex-

change, admitted to the exchange
биржеви́к dealer
биржево́й exchange *attr.*
би́рк/а tag, label, tally, ticket
~, бага́жная luggage (baggage) tag
~, бума́жная paper tag
~, металли́ческая metal tag
~, специа́льная special tag
~ с указа́нием цены́ price ticket
маркиро́вка на ~е marking on a tag
прикрепля́ть ~у tag, label, attach a tag (label)
благоприя́тствовани/е preference, preferential (favoured) treatment
оговóрка о наибóльшем ~и most favoured nation clause
режи́м наибóльшего ~я most favoured nation treatment, *сокр.* MFN
тари́ф на основе наибóльшего ~я most favoured nation tariff
предоставля́ть режи́м наибóльшего ~я grant (accord) MFN treatment
благоприя́тствовать favour, be favourable for
бланк [printed] form, slip, *амер.* blank
~, ба́нковский bank form
~, ве́ксельный draft form (slip)
~ деклара́ции declaration form
~ для вкла́да deposit (paying-in) slip
~ для письма́ со штáмпом фи́рмы letter-head
~ для регистра́ции поку́пки charge slip
~ для све́рки депози́тного счёта reconcilement (reconciliation) blank
~ докуме́нта document form
~ зака́за order blank (форм)
~ зая́вки application (requisition) form, reservation card
~ заявле́ния application form
~ инка́ссового поруче́ния по документа́рной тра́тте documentary bill lodgement form
~ квита́нции receipt form
~ контра́кта contract form
~, отчётный report card
~ перево́да remittance slip; form for postal order, postal order form
~, печа́тный printed order form
~ письма́ letter form
~ предвари́тельной регистра́ции pre-registration form
~ телегра́ммы cable form
~, телегра́фный telegraph (cable) form
~, типогра́фский printed form
~, фи́рменный form of a company
~ че́ка cheque form
~, чи́стый form in blank, clean form
~,ште́мпельный form with a stamp
дублика́т ~а о взно́се депози́та duplicate deposit slip
заполне́ние ~а completion of a form
образе́ц ~а sample form
заполня́ть ~ fill in (*амер.* out) a form, complete a slip (form)
бла́нков/ый (*незаполненный*) blank *attr.*
~ая на́дпись blank (general) endorsement
де́лать ~ую на́дпись endorse in blank
бланкоподписа́тель blank endorser
блок (*объединение*) bloc
~, валю́тный currency bloc
~, вое́нный military bloc

~, **до́лларовый** dollar bloc
~, **закры́тый экономи́ческий** restricted (exclusive) economic bloc
~, **сте́рлинговый** sterling bloc
блока́д/а blockade, embargo, ban
~, **креди́тная** credit blockade
~, **морска́я** naval blockade
~, **неэффекти́вная** ineffective (paper) blockade
~, **тамо́женная** customs blockade
~, **технологи́ческая** technological blockade
~, **торго́вая** trade blockade, embargo
~, **экономи́ческая** economic embargo (blockade)
проры́в ~ы breaking of a blockade
ввести́ (объяви́ть) ~у impose (establish, set up) a blockade
снять ~у lift (raise, call off) a blockade
установи́ть ~у impose (establish, set up) a blockade
блоки́рованный 1. blocked, blockaded 2. (*замороженный*) frozen
блоки́ровать 1. block, blockade 2. (*заморозить счёт, кредиты и т. д.*) freeze
блок-по́лис block policy
бодме́р letter of bottomry
бодмере́я (*ссуда под залог судна или судна и груза*) bottomry
бой (*стекла и т. д.*) breakage; scrap
~ **при перева́лке** breakage in handling
~ **при транспортиро́вке** breakage in transport
бойко́т boycott
~, **фина́нсовый** financial boycott
~, **экономи́ческий** economic boycott
объявле́ние ~а declaration of a boycott
отме́на ~а lifting the boycott
поли́тика ~а policy of boycott
объяви́ть ~ boycott, impose (set up, declare) a boycott against
отмени́ть ~ lift the boycott
бойкоти́ровать boycott
большегру́зный high capacity, supersize
бо́на фи́де bona fide
держа́тель ~ bona fide holder
бонд (*залог, гарантия*) bond
~, **авари́йный** [general] average bond
бо́ндовый (*находящийся в залоге на таможенном складе*) bonded
бонитéт (*платёжеспособность*) credit solvency
бонифика́ци/я (*надбавка к цене за более высокое качество товара*) [price] bonification, bonus allowance
~, **обра́тная** reimbursement (repayment, refund) of bonification, counter bonification, discount from the price
~, **э́кспортная** export bonification
разме́р ~и amount of price bonification
бо́нус (*премия*) [cash] bonus
борт board
выбра́сывание гру́за за ~ jettison [of cargo]
выбра́сывать за ~ throw overboard, jettison
доста́вить к ~у deliver alongside a vessel (ship)
погрузи́ть на ~ get (load, place, put) on [board] a vessel (ship), take (get) aboard

принимáть на ~ take aboard, take on board, receive goods on board, accept cargo on board
разгружáть чéрез ~ discharge overside
размещáть на ~ý place on board [a vessel]
вдоль ~а alongside ship (vessel)
за ~ом overboard, overside
на ~ý on board [the] ship (vessel, steamship], aboard
от ~а from alongside ship
у ~а alongside
чéрез ~ overside
свобóдно на ~ý (франко-~) free on board, *сокр.* FOB
фрáнко-~ грузовóго автомобиля free on board truck
свобóдно (фрáнко) вдоль ~а сýдна free alongside ship (vessel], *сокр.* FAS
фрáнко-~ и штúвка free on board (free in) and [free] stowed
фрáнко-~ самолёта free on board airplane (airport)

бортовóй board *attr.*, overside

борьб/á 1. struggle, fight **2.** (*кампания*) drive
~ за высóкое кáчество high-quality drive
~ за максимáльные прúбыли struggle for maximum profits
~ за рынки struggle for markets
~, конкурéнтная competitive struggle
~, решúтельная decisive struggle
усилéние ~ы intensification of struggle

бот boat
~, лóцманский pilot boat

бóчк/а barrel, cask
~, деревянная wooden barrel
~, желéзная steel drum
наливáть в ~у fill a barrel (cask)
уклáдывать в ~у barrel
~и пустые barrels empty
~и текýт barrels leaking

бочóнок keg, small barrel (cask)

брак 1. (*испорченная продукция*) defective goods, faulty production, rejected material, rejects, wastage, waste, spoilage **2.** (*дефект в продукции*) defect, flaw
~, произвóдственный reject
дóпуск ~а (*боя*) breakage rate
процéнт ~а reject (scrap) frequency [rate]
обнарýжить ~ detect (discover, find, notice, single out) defective goods

бракерáж inspection, sorting, grading

бракóванный defective, faulty, rejected, non-acceptable, discarded

бракoвáть reject

бракóвк/а rejection, repudiation; (*в лесоторговле*) bracking; (*сортировка*) sorting out
~ товáра rejection of goods (defective articles), goods rejection, sorting out of articles
критéрий ~и rejection criterion

браковщúк [quality] inspector, examiner, sorter

брезéнт tarpaulin, canvas
покрывáть ~ом cover with canvas (by tarpaulin)

брезéнтовый tarpaulin *attr.*, canvas *attr.*

бригáда team, crew, gang
~, аварúйная emergency [repair] team
~ грýзчиков stevedore gang, gang of longshoremen
~, ремóнтная repair gang, maintenance (repair) team

~ техни́ческого обслу́живания maintenance crew

бро́кер broker

~, **аукцио́нный** broker

~, **биржево́й** stockbroker, exchange broker

~, **ве́ксельный** bill broker

~ **делькре́дере** del credere agent

~ **по поку́пкам** buying broker

~ **по поку́пке и прода́же зерна́** grain broker

~ **по прода́же** selling broker

~ **по фрахтова́нию** shipping (ship) broker, chartering (charter) broker

~, **страхово́й** insurance broker

~ **судовладе́льца** shipowner's broker

~, **судово́й** shipbroker

~ **фо́ндовой би́ржи** stock [exchange] broker

~ **фрахтова́теля** charterer's broker

~, **фрахто́вый** chartering (charter, ship) broker

брокера́ж brokerage, broker's commission

бро́кер-комиссионе́р commission broker

бро́керский broker's *attr.*

брони́рование booking, reservation

брони́ровать book, reserve

брошю́ра, рекла́мная advertising brochure (circular, leaflet), promotional booklet (brochure)

бру́тто gross, *сокр.* gr.

~ **бала́нс** rough balance

~ **за не́тто** gross [weight] for net

~ **региcтровый тонна́ж** gross register tonnage

~ **то́нна** gross ton, *сокр.* g. t.

~ **то́нна, реги́стровая** gross register ton

~ **тонна́ж** gross tonnage

~ **фрахт** gross freight

вес ~ gross (packed) weight

вес ~, **факти́ческий** actual gross weight

ма́сса ~ gross mass

ра́зница ме́жду ве́сом това́ров ~ **и не́тто** allowance

брутто-ста́вка gross premium

букинглúст (*перечень забукированных грузов*) booking list

бу́кинг-но́т (*документ, подтверждающий фрахтование судна*) booking note (letter)

буки́ровать (*размещать заказы на перевозку грузов*) book

букиро́вк/а booking

~ **гру́за** booking of cargo

пла́та за ~**у** booking commission

букле́т booklet

~, **иллюстри́рованный** illustrated booklet

~, **рекла́мный** advertising booklet

~, **фи́рменный** booklet of a firm

букси́р tug, tug-boat, tow, tow-boat

~, **порто́вый** tow-boat, tug-boat

обслу́живание ~**ами** towage service

букси́рный tow *attr.*, towing, towage *attr.*, tug *attr.*, tuggage *attr.*

букси́ровать tow, tug, have in tow; haul

буксиро́вк/а tow, towing, towage, tug, tugging, tuggage; haul, haulage

~, **морска́я** sea towing

догово́р морско́й ~**и** towing contract

пла́та за ~**у** towing [charges], towage, tug-boat dues, tuggage; haulage [charges], cost of haulage

спла́чивать ~**у** pay tugs

бум boom

~, **биржевой** stock market boom
~, **инфляционный** inflationary boom
~ **капиталовложений** investment boom
~, **спекулятивный** speculative boom
~, **экономический** economic boom
бумаг/а 1. (*для упаковки*) paper **2. ~и** (*ценные*) paper, securities, stock
~**и, аннулированные** called bonds
~, **водонепроницаемая** waterproof (water-tight, impervious to water, damp-resisting) paper
~, **газетная** newsprint
~, **гербовая** stamped paper, inscribed stock
~**и, именные ценные** registered stock (securities)
~**и, иностранные ценные** foreign securities
~**и, коммерческие** commercial papers
~**и, легкореализуемые ценные** marketable securities
~, **обёрточная** brown paper
бункер 1. (*топливная цистерна*) bunker, bin **2.** (*топливо*) [fuel] oil, bunker fuel
~, **запасной** spare bunker
~, **нефтяной** fuel bunker
~ **низкого качества** inferior quality bunker
вместимость ~а bunker capacity
оплата ~а payment for bunker
поставка ~а supply of bunker
стоимость ~а cost of bunker
франко-~ free [into] bunker, *сокр.* f.i.b., free on board and trimmed
бункерный bunker *attr.*, bunkering
бункеровать bunker
бункеровка bunkering, fueling
бутыл/ка bottle
~, **пластмассовая** plastic bottle
упаковать (*количество*) ... ~**ок в ящик** pack ... bottles to a case
бутыл/ь bottle, flask
~, **большая, оплетённая** demijohn; (*для кислот*) carboy
упаковывать в ~и bottle
буферный buffer *attr.*
бухгалтер accountant, book-keeper
~, **главный** chief accountant, accountant general (in charge), head book-keeper
~, **старший** senior accountant
бухгалтер-аналитик managerial accountant, controller
бухгалтер-калькулятор cost accountant (analyzer)
бухгалтер-контролёр (*по смете*) budget accountant
бухгалтер-ревизор auditor
бухгалтерский book-keeping *attr.*, account *attr.*, accounting *attr.*
бухт/а *мор.* bay
входить в ~у enter a bay
выходить из ~ы leave (clear) a bay
быстрореализуемы/й quick-selling
~**е активы** quick assets
бьющийся fragile
бэрбоут (*судно, зафрахтованное без экипажа*) bare-boat
~ **чартер** bare-boat (hull, pole) charter
бюджет budget, *сокр.* bdgt
~, **годовой** annual budget
~, **государственный** state (government) budget
~, **дополнительный** additional budget
~, **доходный** (*доходная часть*) revenue

~, **жёсткий** fixed budget
~ **капиталовложе́ний** capital budget
~, **ме́стный** local budget
~, **национа́льный** national budget
~, **небольшо́й** low budget
~, **несбаланси́рованный** unbalanced budget
~, **расхо́дный** (*расходная часть*) budget of expenditure
~ **рекла́мы** ad budget
~, **сбаланси́рованный** balanced budget
~, **сво́дный** unified budget
~, **теку́щий** operating budget
взно́сы в ~ instal[l]ments to the budget, budget contributions
исполне́ние ~**а** budget implementation (performance), administration of budget; financial results for the year
подгото́вка ~**а** budget preparation
прое́кт ~**а** budget estimates (statement), draft budget
разме́р ~**а** budget size (volume)
сокраще́ние ~**а** budget cut, cuts in the budget
составле́ние ~**а** budget making
одо́брить ~ approve (pass) a budget
перечисля́ть су́мму в ~ transfer an amount to the budget
представля́ть ~ **на рассмотре́ние** submit a budget for consideration
предусма́тривать в ~**е** budget for
сокраща́ть ~ cut (reduce, decrease) a budget
увели́чивать ~ increase a budget
утверди́ть ~ approve (pass) a budget

бюдже́тный budgetary, fiscal, budget *attr.*
бюллете́нь bulletin; (*отчёт*) report; (*циркуляр*) circular
~, **биржево́й** exchange (market, money) report, exchange list
~, **ежего́дный** annual bulletin
~, **ежеме́сячный** monthly bulletin
~, **информацио́нный** information circular; information bulletin
~, **комме́рческий** commercial (trade) bulletin
~ **ку́рса валю́ты (курсово́й)** stock exchange (rate of exchange) list, stock market report
~ **ку́рса це́нных бума́г на би́рже** stock exchange list
~ **о перемеще́нии гру́зов** material handling bulletin
~, **пате́нтный** patent bulletin
~, **прейскура́нтный** price list bulletin
~, **торго́вый** trade (market) report
~, **экономи́ческий** economic bulletin
издава́ть ~ issue (publish) a bulletin
бюро́ bureau, office, desk
~ **диспашёров** bureau of general average adjusters, average adjusters' bureau
~, **инжене́рно-консультати́вное** engineering consultation bureau
~, **информацио́нное** information bureau (service); enquiry office
~, **констру́кторское** design department (bureau)
~ **обслу́живания** service bureau
~ **объявле́ний** advertising office (agency)

~, **патéнтное** patent office (bureau)
~ **по вы́даче паспортóв и виз** passport and visa office
~ **по свя́зи** liaison office
~ **по свя́зи с общéственностью** public relations office
~ **прокáта** rental service
~ **путешéствий** travel bureau (agency), tourist agency
~ **регистрáции áвторских прав** copyright office
~ **регистрáции акционéрных компáний** registrar of companies
~, **регистрациóнное** register office, registrar
~, **реклáмное** advertising agency, publicity bureau
~, **спрáвочное** information bureau (office, desk)
~ **техни́ческого надзóра** technical inspection bureau
~, **техни́ческое** technical office
~, **трáнспортное контрóльное** inspection bureau
~, **трáнспортно-экспеди́торское** shipping agency
~, **туристи́ческое** travel bureau (agency), tourist agency
~ **услу́г** (*на выставке*) service centre

В

вагóн 1. van, *амер.* car; (*грузовой*) waggon, *амер.* wagon (*пассажирский*) carriage, coach **2.** (*объём или вес груза*) carload, waggon-load
~, **автонóмный** self-propelled car
~, **багáжный** luggage van, *амер.* baggage car (van)
~, **баллáстный** ballast (*амер.* gravel) car
~, **большегру́зный** high capacity (supersize) railway waggon, large capacity car
~, **грузовóй** van, waggon, goods van (waggon), goods (box-, freight) car
~, **железнодорóжный** rail [-way] (*амер.* railroad) car, van, waggon; (*пассажирский*) carriage, coach; vehicle
~, **жёсткий** hard-seated carriage
~, **закры́тый** closed waggon
~, **кры́тый** box-car
~, **кры́тый, вентили́руемый** ventilated box-car
~, **купи́рованный** compartment carriage, coach
~, **мотóрный** motor car (coach)
~, **недогру́женный** underloaded car
~, **облегчённый** (*узкой колеи*) light railway car
~, **пассажи́рский** [passenger] carriage (coach), *амер.* passenger car
~, **порóжний** empty waggon (car)
~, **почтóвый** mail (parcel, postal) van, *амер.* mail car
~, **прицепнóй** trailer car
~ **прямóго сообщéния** through carriage (car)
~, **прямóй сбóрный** consolidated car
~, **рефрижерáторный** refrigerator car (waggon, van)
~, **саморазгружáющийся** tipping (self-clearing) car
~ **с боковóй разгру́зкой** side-dump car
~, **сбóрный** ferry car; merchandise car

~, **служе́бный** business (railway service) car
~ **сме́шанного кла́сса** composite carriage
~, **спа́льный** sleeping car (carriage), *амер.* sleeper
~, **това́рный** [goods] van (waggon), goods (box-, freight) car
вмести́мость ~а capacity of a car
нали́чие ~ов availability of waggons
недогру́зка ~а underloading of a car
перегру́зка в ~ reloading onto a [railway] waggon
погру́зка в ~ loading (delivery) [of goods] on board car (in a car, onto a [railway] waggon)
поста́вка в ~е delivery by waggon
просто́й ~а demurrage of a car
цена́ фра́нко-~ free on rail, *сокр.* FOR price, price FOR
грузи́ть в ~ put (place, deliver, send) in a railway (*амер.* railroad) car, load onto a freight (goods) waggon, *амер.* deliver (put) on board car
загружа́ть ~ load a car
разгружа́ть железнодоро́жные ~ы unload (off-load) rail cars
~ами by the carload (waggonload)
фра́нко ~ free on rail, *сокр.* FOR, free on truck, *сокр.* FOT, free on car, *сокр.* FOC, free on waggon, *сокр.* FOW, free waggon (railway car)

ваго́н-весы́ scale car
ваго́н-лесово́з timber carriage
ваго́н-мастерска́я repair car
ваго́н-платфо́рма waggon, flat car
ваго́н-холоди́льник refrigerator car (waggon)
ваго́н-цисте́рна [oil] tank car (waggon)
валово́й gross
валориза́ция valorization
валю́т/а currency, exchange
~, **блоки́рованная** blocked currency
~, **бума́жная** paper currency
~ **ве́кселя** currency of a bill [of exchange]
~ **в обраще́нии** currency in circulation
~, **девальви́рованная** devalued currency
~, **дефици́тная** hard (scarce) currency
~ **догово́ра** currency of the contract
~, **еди́ная** common currency
~, **име́ющая ни́зкую покупа́тельную си́лу** cheap currency
~, **ина́я, чем ~ страны́ платежа́** currency other than that of the country of payment
~, **иностра́нная** foreign currency (exchange)
~, **кли́ринговая** clearing (agreement) currency
~, **ключева́я** key (vehicle) currency
~, **колеблю́щаяся** fluctuating currency
~, **коллекти́вная** collective currency
~, **конверти́руемая** hard (convertible) currency
~ **контра́кта** currency of a contract
~ **креди́та** credit currency, currency of credit
~, **ме́стная** local (home, domestic, national) currency
~, **национа́льная** national currency

~, **неконверти́руемая (необрати́мая)** inconvertible (non-convertible, soft) currency
~, **неусто́йчивая** unstable (shaky) currency
~, **обесце́ненная** depreciated (devalued) currency
~, **обрати́мая** hard (convertible) currency
~, **обрати́мая в зо́лото** currency convertible (redeemable) in[to] gold
~ **огово́рки** currency of exchange clause
~, **оте́чественная** domestic (home) currency
~, **па́дающая** falling (shaky) currency
~ **платежа́** currency of payment
~, **подде́льная** counterfeit currency
~, **полноце́нная** currency of full value
~, **привя́занная к ~е друго́й страны́** pegged currency
~, **привя́занная к до́ллару** currency pegged to dollar
~ **расчёта (расчётная)** transactions currency; currency of payment, accounting (clearing) currency
~, **ревальви́рованная** revalued (appreciated) currency
~, **регули́руемая** controlled (regulated, pegged, managed) currency
~, **резе́рвная** reserve currency
~ **с завы́шенным ку́рсом** overvalued (appreciated) currency
~, **свобо́дная** free exchange (currency)
~, **свобо́дно конверти́руемая** hard (free, freely convertible, fully convertible) currency
~, **свобо́дно пла́вающая** freely floating currency
~ **сде́лки** agreed (transaction) currency
~, **сове́тская** Soviet currency
~, **согласо́ванная** agreed currency
~, **соотве́тствующая** relative (corresponding) currency
~, **стаби́льная** stable currency (money)
~ **страны́-импортёра** importer's currency
~ **страны́-экспортёра** exporter's currency
~ **счёта** currency of an account
~, **твёрдая** hard (sound) currency
~ **тре́тьей страны́** third-country currency
~, **усто́йчивая** stable currency (money)
~ **цены́** currency of price
вычисле́ние ку́рса ~ы calculation of exchange
девальва́ция ~ы devaluation of currency (exchange), currency devaluation
дефици́т ~ы deficit in [foreign] exchange, [foreign] exchange deficit
едини́ца ~ы monetary unit, unit of currency
запа́сы ~ы currency reserves
запреще́ние вы́воза иностра́нной ~ы ban on the export of foreign exchange (currency)
зачисле́ние ~ы на счёт transfer of currency in[to] an account
изли́шки ~ы surplus of currency
квоти́рование иностра́нной ~ы currency (foreign exchange) allocation, allocation of currency
колеба́ние ку́рса ~ы, свобо́дное float
колеба́ния [ку́рса] ~ы currency (exchange [rate]) fluc-

tuations, fluctuations of exchange [rate] (in the rate of exchange, in the parity of the currency)

колеба́ния ку́рса ~ы к рублю́ fluctuations of the rate of currency to the rouble

колеба́ние ря́да ку́рсов валю́т, совме́стное joint float

конверти́руемость ~ы convertibility (exchangeability) of currency

«корзи́на» валю́т basket of currencies, currency package (basket)

котиро́вка иностра́нной ~ы foreign exchange (currency) quotation, quotation for a foreign currency

крах ~ы collapse of currency

креди́т в иностра́нной ~е credit in foreign currency

креди́т в сове́тской ~е credit in Soviet currency

курс [иностра́нной] ~ы currency (exchange) rate, rate of currency (exchange)

неусто́йчивость ~ы instability of currency

нехва́тка ~ы shortage of currency (exchange)

обеспе́чение ~ы backing of currency

обесце́нение ~ы devaluation (depreciation) of currency (exchange), currency (exchange) depreciation

обме́н ~ами currency swap

обме́н ~ы [ex]change (conversion) of currency

обрати́мость ~ы currency convertibility (exchangeability), convertibility (exchangeability) of currency

обрати́мость национа́льных валю́т в перево́дные рубли́ convertibility of national currencies into transferable roubles

обрати́мость национа́льных валю́т в свобо́дно конверти́руемые ~ы convertibility of national currencies into hard currencies

ограниче́ния в перево́де ~ы exchange restrictions

опера́ции в ~е exchange transactions

опера́ции с ~ой (*на бирже*) exchange business

оце́нка ~ы, завы́шенная overvaluation of currency

парите́т ~ы par (parity) of exchange

перево́д ~ы 1. transfer (remittance) of currency **2.** (*пересчёт*) conversion of currency, currency conversion

пересчёт ~ы в ~у платежа́ conversion (recalculation) of currency into the currency of payment

пересчёт ~ы по ку́рсу conversion of currency at the rate of exchange

пересчёт ~ы по парите́ту conversion of currency at par [value]

платёж в ~е кли́ринга payment (settlement) in clearing currency

платёж в национа́льной ~е payment (settlement) in national currency

покупа́тельная спосо́бность ~ы purchasing (purchase, spending) power of currency

пониже́ние ку́рса ~ы (*официальное*) devalorization [of currency]

поступле́ния ~ы currency (foreign exchange) earnings (receipts, proceeds, incomings), inflow of foreign currency, currency supply

потéри на рáзнице кýрсов валю́т exchange losses, losses of exchange
распределéние ~ы currency (foreign exchange) allocation, allocation of currency
расчёт в инострáнной ~е settlement in foreign currency
ревалоризáция (ревальвáция) ~ы [re]valorization (revaluation) of currency
сдéлка в ~е transaction in foreign exchange, foreign exchange transaction
содержáние ~ы, золотóе gold content of [a unit of] currency
соотношéние валю́т parity of currencies
спрос на ~у demand for currency
стабилизáция ~ы stabilization of currency, currency stabilization
стóимость ~ы value of currency
сýмма ~ы sum (amount) of currency
устóйчивость ~ы stability of currency
ценá ~ы price of currency
ценá в ~е price in foreign currency
выражáть в ~е express in currency
девалоризи́ровать ~у devalorize currency
девальви́ровать ~у devalue (devaluate) currency
зарабáтывать ~у earn currency
зачисля́ть ~у на счёт transfer currency [in]to an account
исчисля́ть в ~е compute in currency
конверти́ровать в ~у convert into currency
обеспéчивать ~у back currency
обесцéнивать ~у depreciate (devalue, debase) currency
обмéнивать ~у exchange currency, exchange one currency for (into) another
переводи́ть в другу́ю ~у convert into another currency
переводи́ть ~у на счёт remit (transfer) currency [in]to an account
переводи́ть ~у с одногó счёта на другóй transfer currency from one account [in]to another
плати́ть ~ой pay in currency
повышáть курс ~ы appreciate currency
приобретáть ~у purchase currency
реализовáть на ~у sell (realize) for [foreign] currency
ревальви́ровать (ревалоризи́ровать) ~у revalue (revalorize) currency
регули́ровать ~у control (regulate) currency
по сравнéнию с други́ми ~ами against other currencies

валю́тно-финáнсовый monetary

валю́тн/ый currency *attr.*, exchange *attr.*, monetary
~ая «змея́» currency snake

вариáнт, сери́йный production version

варрáнт (*удостоверение, свидетельство, расписка*) warrant, *сокр.* War., war.
~, дóковый dock warrant, *сокр.* D/W
~, складскóй warehouse warrant, *сокр.* W. W., w. w.
~, складскóй, вы́данный товáрной при́станью wharfinger's warrant
~, тамóженный customs warrant
оплáчивать ~ pay warranty credits

введéние 1. (*обложение*) imposition, levy **2.** (*пуск*) commissioning
~ во владéние vesting
~ в эксплуатáцию putting into operation (service, operating condition), bringing into service, commissioning [and putting into operation], breaking-in
~ закóна в сúлу implementation of a law, putting a law in force, carrying a law into effect, enactment of a law; (*принудительным путём*) enforcement of a law
~ квот introduction of quotas
~ налóга imposition of a tax
~ поправки application of correction
~ пóшлины imposition of a tax (duty)
~ пóшлины, úмпортной imposition of an import duty (a custom[s] duty on imports)

ввод putting into operation, commissioning
~ в дéйствие предприя́тия putting into operation (commissioning) of an enterprise
~ в эксплуатáцию завóда commissioning of a plant
~, досрóчный commissioning ahead of time
прогрáмма ~а в эксплуатáцию commissioning programme (*амер.* program)
срок ~а в дéйствие (*завода, комплектного оборудования*) commissioning period

вводúть introduce, impose, levy
~ в дéйствие put into effect (force), carry into (give) effect, become effective; enforce; bring (put) in[to] operation (service), put to use, commission
~ в строй (в эксплуатáцию) put (place) into [productive] operation (service, operating condition), commission; (*постепенно*) phase in

ввоз 1. import[ation] **2.** (*совокупность ввозимых товаров*) import[s]
~, беспóшлинный duty-free import[ation]
~, беспóшлинный, услóвно conditional duty-free import[ation]
~, дополнúтельный (добáвочный) additional imports
~, óбщий total imports
~ рáнее вы́везенных товáров reimport[ation]
~ товáра import[ation] of goods
запрéт на ~ ban (embargo) on imports, import prohibition, prohibition of imports
затруднéние с ~ом import difficulties, impediment to imports, import squeezing
контингентúрование ~а quantitative regulation of imports, fixing quotas for imports, imposition of import quotas
облегчéние ~а easing of imports
порт беспóшлинного ~а и вы́воза free port
превышéние ~а над вы́возом import surplus, surplus of imports, excess of imports over exports, import balance of trade
предмéты ~а imports, import goods (articles, items), articles of importation
пункт ~а point of entry
разрешéние на ~ (*в страну*) import license (permit), permit for import, entry permit, import approval, admittance

разрешение на ~ в порт customs release (clearance, permit), permit to deliver goods to the port

статьи́ ~а imports, import articles (items), articles of importation

сто́имость ~а value of imports, import value

тамо́женное свиде́тельство о вре́менном беспо́шлинном ~е temporary customs certificate

запреща́ть ~ ban (prohibit) imports, embargo

облегча́ть ~ ease imports

оформля́ть ~ това́ра в порт obtain customs release (permit), provide customs clearance, obtain permit to deliver the goods to the port

получи́ть разреше́ние на ~ obtain customs release (clearance, permit)

разреша́ть беспо́шлинный ~ това́ра admit goods free of duty

~ и вы́воз imports and exports

свобо́дно для ~а free for import

ввози́ть (*в страну*) bring to, import into, carry [goods] inwards; (*из страны*) import from

ввозно́й import *attr.*, entrance *attr.*

ве́домост/ь list, bill, sheet, statement, register, journal

~ бухга́лтерского учёта account bill

~, весова́я weighsheet

~, вспомога́тельная supporting schedule (record)

~ вы́груженного това́ра outturn [report (statement)]

~, грузова́я cargo sheet

~, дефе́ктная list of damaged goods, damage report, statement of damage, list of defects; repair request form, repairs bill

~, дополни́тельная supporting schedule (record)

~, ежедне́вная daily time sheet

~, ежеме́сячная monthly time sheet

~ зака́занных материа́лов schedule of materials on order

~ запасны́х часте́й list of spare parts

~ запасны́х часте́й за отде́льную пла́ту list of spare parts furnished as optional extra, list of optional extra spares

~ затра́т на рабо́чую си́лу payroll recapitulation

~ изде́ржек cost sheet, bill of costs

~, инвента́рная inventory [sheet], statement of equipment

~, ито́говая final report

~, калькуляцио́нная cost sheet (record)

~ компле́кта эксплуатацио́нных докуме́нтов list of technical papers

~, комплекто́вочная delivery list

~ материа́лов bill (schedule) of materials

~ монта́жных рабо́т register of erection work

~ на дополни́тельное обору́дование и материа́лы list of extra equipment and materials

~ нали́чия на скла́де stock status report

~ осмо́тра, прове́рок и ремо́нта inspection, test and repair record

~, отчётная balance sheet

~, переда́точная transmission list

~, платёжная payroll, paylist, pay-sheet

~, **прове́рочная** verification sheet
~ **рабо́т** bill of work
~ **рабо́т, монта́жных** register of erection work
~, **рабо́чая** work-sheet
~, **рассы́лочная** mailing list
~, **расце́ночная** price breakdown; price-list
~, **расчётная** payroll, pay-sheet
~, **ремо́нтная** repair record
~, **сво́дная** consolidated statement
~ **това́ра, нали́чного** statement of goods
~ **учёта вре́мени, затра́ченного на погру́зку и вы́грузку су́дна** time sheet
включа́ть в платёжную ~ place on a payroll
выпи́сывать ~ **ежедне́вного учёта вре́мени** make out daily time sheet
опла́чивать платёжную ~ meet a payroll
составля́ть ~ make up (draw up) a list (sheet, statement)
уточня́ть ~ verify the accuracy of a statement
согла́сно прилага́емой ~**и** according to statement enclosed
с приложе́нием ~**и** with a register enclosed, enclosing a register

ве́домств/о department, office, administration
~, **авиацио́нное** aviation administration
~, **железнодоро́жное** railway administration
~, **занима́ющееся вопро́сами опла́ты труда́** salary and wage administration
~, **нало́говое** tax administration, inland revenue service
~**а, отраслевы́е** branch departments
~, **пате́нтное** patent office
~, **тамо́женное** customs office

ве́домство-гара́нт guarantor

векселеда́тель drawer [of a bill], giver of a bill, maker of a promissory note, accommodation maker, promisor

векселедержа́тель holder (bearer) of a bill, holder for value; (*простого векселя*) promisee

векселеобя́занный bill debtor

векселеполуча́тель drawee of a bill

векселепредъяви́тель bearer (holder) of a bill, holder for value

ве́ксел/ь bill [of exchange], paper, note, promissory note
~, **ава́нсовый** advance bill
~, **акцепто́ванный** [bill of] acceptance, acceptance (accepted) bill
~, **акцепто́ванный ба́нком** banker's acceptance (accepted bill)
~, **акцепто́ванный без покры́тия** uncovered acceptance
~, **акцепто́ванный, вы́писанный в валю́те да́нной страны́** domestic acceptance
~, **акцепто́ванный торго́вый** trade acceptance
~, **ба́нковский** bank bill (paper), banker's bill
~, **безде́нежный** accommodation bill (note, paper)
~, **беспроце́нтный** non-interest bearing note
~, **бла́нковый** blank bill, bill of exchange in blank
~, **внешнеторго́вый** usance bill of exchange
~**я, возвращённые** returns, returned bills
~, **вре́менный** interim (provisional) bill
~, **встре́чный** counter bill

~, **вы́писанный в инвалю́те** currency bill

~, **вы́писанный в компле́кте** bill drawn in a set

~, **вы́писанный в фу́нтах сте́рлингов** sterling bill of exchange

~, **вы́писанный до отправле́ния гру́за** advance bill

~, **вы́писанный на несуществу́ющее лицо́** bill drawn on non-existing person

~, **вы́писанный про́тив откры́того аккредити́ва** credit bill

~, **вы́ставленный в одно́м экземпля́ре** single (sole) bill

~, **вы́ставленный на первокла́ссный банк** fine bank bill

~, **гаранти́рованный** guaranteed bill of exchange

~, **дебето́вый** in-clearing bill

~, **депони́рованный** collateral bill, bill given as security

~ **для инкасси́рования** bill for collection

~ **для сальди́рования** balance bill

~, **документи́рованный** documentary bill, bill with documents attached

~, **документи́рованный, по кото́рому докуме́нты вруча́ются получа́телю про́тив его́ акце́пта тра́тты** D/A documentary usance bill

~, **документи́рованный, по кото́рому докуме́нты вруча́ются про́тив опла́ты** D/P documentary usance bill

~, **долгосро́чный** time bill, long[-dated, -term, -sighted] bill, long-term note

~, **домицили́рованный** domiciled (addressed) bill

~, **дру́жеский** accommodation bill (note, paper), proforma bill

~, **заграни́чный** foreign bill (note), bill in foreign currency, outland bill

~, **зало́женный** pawned bill [of exchange]

~, **именно́й** inscribed bill

~, **индосси́рованный** endorsed bill

~, **иностра́нный** foreign bill (note), bill in foreign currency, outland bill

~я́, казначе́йские *англ.* Treasury bills

~, **комме́рческий** commercial (trade, mercantile, ordinary) bill, business paper

~ **к опла́те** payment bill, bill (note) for payment; **~я́ к опла́те** bills (*амер.* notes) payable

~я́ к получе́нию bills (*амер.* notes) receivable

~, **краткосро́чный** short [-dated, -term, -termed] bill, bill (paper) at short date, short exchange, short-term note

~, **краткосро́чный комме́рческий** commercial paper

~, **ку́пленный** (*в отличие от учтённого*) purchased paper

~, **ме́стный** local bill

~, **могу́щий быть акцепто́ванным** acceptance bill

~, **могу́щий быть учтённым в ба́нке** discountable (eligible, bankable) bill

~ **на инка́ссо** bill for collection

~ **на предъяви́теля** bearer bill (note), bill (promissory note) [made out] to bearer

~ **на срок** time (term) bill

~ **на срок, устано́вленный торго́вым обы́чаем** usance bill, bill at usance

~, **недокументи́рованный** clean bill of exchange

~, **не могу́щий быть пе́реданным** non-negotiable bill

~, необеспе́ченный unsecured (uncovered) bill (note)

~, неопла́ченный (непога́шенный) outstanding (dishonoured, unpaid) bill

~, непокры́тый unsecured (uncovered) bill (note)

~, непросро́ченный undue bill

~, обеспе́ченный (*товарными документами или ценными бумагами*) security (secured) bill, collateral (secured) note

~, оборо́тный negotiable bill

~, обра́тный bill with recourse

~, обра́тный перево́дный redraft, return draft, cross bill

~, опла́ченный paid (honoured) bill

~, опла́чиваемый в ме́стной валю́те inland bill

~, опротесто́ванный protested bill (note), noted (dishonoured) bill

~, о́рдерный order bill

~, первокла́ссный fine (first-rate, prime) bill, first-class (white, bank, prime, bankable, best) paper

~, первокла́ссный, акцепто́ванный ба́нком prime banker's acceptance

~, первокла́ссный ба́нковский fine bank (prime) bill (paper)

~, перево́дный bill [of exchange], [foreign] exchange, draft, transfer note

~, передава́емый negotiable bill

~, переучтённый rediscounted bill

~, погаша́емый зо́лотом gold note

~, пога́шенный (покры́тый) paid (honoured) bill

~, подде́льный forged bill (note)

~я, подлежа́щие взыска́нию bills (notes) receivable

~, подлежа́щий опла́те bill (note) for payment, payment bill

~, подло́жный forged bill (note)

~, подтова́рный (*выданный под товар*) business (trade, commodity) paper, bill drawn against commodity

~, предвари́тельный interim (provisional) bill

~, предъяви́тельский demand bill (*амер.* note), sight bill of exchange, bill at sight

~, прие́млемый для переучёта bill eligible for rediscount, discountable (eligible) bill

~, пролонги́рованный (продлённый) extended (prolonged, renewal) bill (*амер.* note)

~, просро́ченный overdue (past-due) bill

~, просто́й [promissory] note, note in (of) hand

~, просто́й, краткосро́чный short-term note

~, просто́й, с двумя́ и́ли бо́лее по́дписями joint note

~, просто́й, с заме́ной кредито́ра други́м лицо́м subrogated note

~, просто́й, с одно́й по́дписью one-name (single-name) paper

~, проце́нтный interest bearing note

~ с двумя́ по́дписями two-name paper

~ с нотариа́льной отме́ткой об отка́зе трасса́та от его́ акцептова́ния noted bill

~ со́бственному прика́зу bill to own order

~ с опла́той по предъявле́нии sight (demand) bill (note), bill at sight, note payable on demand, call note

~ с опла́той по́сле предъявле́ния after sight bill
~ со сро́ком платежа́, исчисля́емым со дня вы́дачи after date bill, bill after date
~ с переда́точной на́дписью endorsed bill
~, срок платежа́ по кото́рому истека́ет upcoming bill
~, срок платежа́ по кото́рому наступи́л expired (matured) bill
~, срок платежа́ по кото́рому не истёк unexpired bill
~, сро́чный (*с оплатой через определённый срок после предъявления*) time (term) bill
~, сро́чный по предъявле́нии sight (demand) bill (note), bill at sight, note payable on demand, call note
~, сро́чный, че́рез ... дней по́сле предъявле́ния bill at ... days' sight
~, торго́вый trade (ordinary, commercial) bill (paper)
~, трасси́рованный ба́нком на друго́й банк bank bill, bank draft
~, трёхме́сячный long exchange, three months' paper
~, учтённый discounted bill
~, фикти́вный fictitious bill
~, фина́нсовый finance bill, office paper
~ чужо́му прика́зу bill to order of a third party
авали́ст по ~ю guarantor (backer) [of a bill]
ава́ль ~я bank (banker's) guarantee of a bill
акце́пт ~я acceptance of a bill
валю́та ~я currency of a bill
взыска́ние де́нег по ~ю collection of a bill
вы́дача ~я issue of a bill
вы́плата по ~ю negotiation of a bill
гара́нт по ~ю guarantor of a bill
ге́рбовый сбор по ~ю stamp duty on a bill
да́та вы́пуска ~я date of issue of a bill
держа́тель ~я holder (bearer) of a bill, holder for value
диско́нт (дисконти́рование) ~я discount[ing] (negotiation) of a bill, bill discount
докуме́нт об опротестова́нии ~я protest certificate
должни́к по ~ю bill debtor
дублика́т ~я copy of a bill, duplicate of exchange
задо́лженность по ~ю debt on a bill
изде́ржки по опротестова́нию ~я expenses for protesting a bill
индосса́нт по ~ю backer
инкасси́рование ~я collection of a bill
иск по ~ю action on (arising out of) a bill
кни́га ~е́й bill book
ко́пия ~я copy of a bill
кредито́р по ~ю bill creditor
курс ~я rate of [foreign] exchange, exchange rate
курс ~я, краткосро́чный short rate
курс ~я, ука́занный на оборо́те exchange as per endorsement
лицо́, выпи́сывающее ~ drawer of a bill
льго́тные дни для упла́ты по ~я́м days of grace, grace days
на́дпись на ~е endorsement
неопла́та ~я failure to honour a bill
обраще́ние ~е́й circulation of bills
обяза́тельства по ~я́м liabilities on bills
опера́ции с ~я́ми bill business

опла́та ~я settlement (payment) of a bill (note), meeting a bill
опротестова́ние ~я protest[ation] of a bill
отка́з от акце́пта ~я refusal of acceptance
отка́з от проте́ста ~я waiver of demand (notice, protest)
переда́ча (переусту́пка) ~я negotiation of a bill, transfer of a bill
переучёт ~я rediscount of a bill
пе́речень ~е́й, пе́реданных на инка́ссо list of bills for collection
платёж по ~ю settlement (payment) of a bill (note), meeting a bill
погаше́ние ~я settlement (payment) of a bill (note)
по́дпись на ~е signature on a bill
получе́ние де́нег по ~ю collection of a bill
портфе́ль ~е́й bills in hand, bill holdings, portfolio of bills
поручи́тель по ~ю guarantor of a bill, backer for a bill, surety on a bill
поручи́тельство по ~ю surety for a bill, backing for a bill, aval
пра́во вы́писки ~е́й drawing authorization
предъяви́тель ~я bearer of a bill, payee
предъявле́ние ~я presentation of a bill
пролонга́ция (продле́ние) ~я prolongation (renewal) of a bill
проте́ст ~я protest of a bill
проте́ст ~я из-за неакце́пта protest for non-acceptance
проте́ст ~я из-за неплатежа́ protest for non-payment
расхо́ды по обра́тному перево́ду ~я redraft charge
срок ~я term (maturity, tenor) of a bill (note), term of a promissory note
срок ~я, устано́вленный обы́чаем usance of a bill
срок платежа́ по ~ю due date of a bill, day on which a bill becomes (falls) due
су́мма ~я amount of a bill
су́мма ~я, обра́тного перево́дного reexchange
су́мма ~я, перево́дного amount of a draft (bill of exchange)
счёт ~е́й bills account
торго́вля ~я́ми note brokerage
учёт ~я discount[ing] (negotiation) of a bill, bill discount[ing] (negotiation)
учёт ~я в ба́нке bank discounting
фо́рма ~я form of a bill
экземпля́р ~я copy of a bill
экземпля́р ~я, второ́й second bill [of exchange]
экземпля́р ~я, пе́рвый first bill [of exchange]
авизова́ть ~ advise a bill
акцептова́ть ~ accept (honour, protect) a bill, meet a bill with due protection, give acceptance (protection) to a bill
аннули́ровать ~ cancel a bill
возвраща́ть ~ неопла́ченным return a bill unpaid
возвраща́ть ~ с проте́стом return a bill protested (under protest)
возобновля́ть ~ renew (prolong) a bill
выдава́ть ~ draw (issue) a bill
выкупа́ть ~ pay (meet, discharge, retire) a bill
выпи́сывать ~ draw (make out, write out, issue) a bill

выпи́сывать долгосро́чный ~ draw a long-term (dated) bill, draw at a long date
выпи́сывать краткосро́чный ~ draw a short-term (dated) bill, draw at a short date
выпи́сывать обра́тный переводный ~ redraw a bill
выпи́сывать о́рдерный ~ make a bill payable to order
выпи́сывать ~ прика́зу make out a bill to order
выпи́сывать ~ сро́ком на draw a note for
выставля́ть ~ draw (make out, write out, issue) a bill
гаранти́ровать опла́ту ~я (дава́ть поручи́тельство по ~ю) guarantee (back) a bill
де́лать на ~е бла́нковую переда́точную на́дпись endorse a bill in blank
де́лать на ~е нотариа́льную отме́тку об отка́зе трасса́та от акце́пта *или* **упла́ты** note a bill
домицили́ровать ~ domicile a bill
индосси́ровать ~ endorse a bill
индосси́ровать ~ в по́льзу endorse a bill to
инкасси́ровать ~ collect a bill (note)
направля́ть ~ для акце́пта send a bill for acceptance
негоции́ровать ~ negotiate a bill
не опла́чивать ~ dishonour a bill
опла́чивать ~ pay a bill (note), honour (meet, protect, settle, take up, retire) a bill
опла́чивать ~ в срок meet the due date of a bill
опротесто́вывать ~ protest (dishonour) a bill (note)
отзыва́ть ~ withdraw a bill
отка́зываться акцептова́ть ~ dishonour a bill [by non-acceptance], fail to accept a bill when due, refuse [acceptance of] a bill
переводи́ть ~ на endorse a bill to
передава́ть (переуступа́ть) ~ negotiate a bill
передава́ть ~ на́дписью endorse a bill
передава́ть ~ на инка́ссо remit a bill for collection
переучи́тывать ~ rediscount a bill
плати́ть ~я́ми pay in notes (by means of bills)
погаша́ть ~ pay a bill (note), honour (meet, protect, settle, take up, retire) a bill
подде́лывать ~ forge a bill
покупа́ть ~ discount a bill
получа́ть де́ньги по ~ю cash (collect) a bill, get a bill cashed, collect the amount of a bill
предъявля́ть ~ для опла́ты present a bill for payment
предъявля́ть ~ для проте́ста present a bill for protest
предъявля́ть ~ к учёту present a bill for discount, give a bill on discount
принима́ть ~ к учёту discount a bill
продава́ть ~ negotiate (sell) a bill
продлева́ть ~ renew (prolong, extend) a bill
производи́ть акце́пт ~я make (effect) acceptance of a bill
производи́ть учёт ~я discount (negotiate) a bill, take a bill on discount, have a bill discounted
пролонги́ровать ~ renew (prolong, extend) a bill

просро́чивать ~ have (get) a bill expired
протестова́ть по по́воду неопла́ты ~я protest a bill for non-payment, protest against the fact that the note has been dishonoured
пуска́ть ~ в обраще́ние negotiate a bill
пуска́ть ~ в обраще́ние с оборо́том negotiate a bill with recourse
сдава́ть ~ на учёт present a bill for discount, give a bill on discount
учи́тывать ~ discount (negotiate) a bill, take a bill on discount, have a bill discounted
учи́тывать ~ в ба́нке negotiate a bill to a bank
~ просро́чен the bill is overdue
срок платежа́ по ~ю истека́ет the bill matures
~, срок платежа́ по кото́рому наступа́ет че́рез ... ме́сяцев the bill will fall due after ... months

ве́ксельный bill *attr.*

величин/а́ size
~, наме́ченная target figure
~, натура́льная actual size
~ ски́дки rate (size, amount) of a discount, discount rate; (*с первоначально установленной цены*) markdown
~, сре́дняя average [magnitude, value]; measure of average; mean quantity
~ы, сре́дней middle-size
определя́ть ~у size up

верёвк/а cord, line; (*толстая*) rope; (*тонкая*) string
~ для крепле́ния гру́за cargo lashing
~ для подве́ски pendant cord
~ для подъёма гру́за sling
~, пенько́вая hemp rope
~, шнуро́вочная packing cord
крепи́ть ~ой secure lashing
свя́зывать ~ой cord, rope, bind (tie up) with rope (cord), lash [together]

верфь dockyard, shipyard, yard

верх top, head
«верх» (*надпись на таре*) "this way (side, end) up"
положи́ть на ~ put on [the] top

ве́рхний top, upper

вес weight
~ багажа́ luggage weight
~ бру́тто gross weight, *сокр.* gr. wt., g. w., packed weight
~ бру́тто за не́тто gross weight for net
~ бру́тто, факти́ческий actual gross weight
~ во вла́жном состоя́нии wet weight
~ в сухо́м состоя́нии dry weight
~, вы́груженный landed (landing, outturn) weight
~ гру́за weight of load (cargo), cargo weight, weight loaded
~ до отгру́зки pre-shipment weight
~, допусти́мый allowable weight
~, доста́вленный landed weight
~ едини́цы одного́ изде́лия unit weight, weight of a unit
~, живо́й *с.-х.* body (live) weight
~, за́данный weight specified
~, избы́точный (изли́шний) excess (extra) weight, overweight
~, коносаме́нтный Bill of Lading, *сокр.* B/L weight
~, контро́льный check weight
~, максима́льный maximum weight
~ ме́ста, грузово́го package weight, weight of a unit

~, **насыпно́й** bulk weight
~, **нату́рный** (*зерна*) natural weight
~, **недостаю́щий (непо́лный)** short (missing) weight, underweight
~, **нестанда́ртный** underweight
~ **не́тто** net weight, *сокр.* nt. wt.
~ **не́тто лега́льный** legal net weight
~ **не́тто реа́льный** actual net weight
~, **норма́льный** standard weight
~, **о́бщий** gross (total) weight, gross weight measurement
~, **объёмный**, volume weight
~, **ориентиро́вочный** approximate (rough) weight
~, **отгру́женный** shipped weight, weight shipped
~, **отгру́зочный** shipping weight, weight to be shipped
~, **оце́ночный** estimated weight
~, **первонача́льный** starting weight
~, **погру́женный** shipped weight, weight shipped
~, **подлежа́щий опла́те** chargeable weight
~ **по заявле́нию отправи́теля** weight unknown
~, **поле́зный** useful (service) load, payload
~, **поро́жний** (*тары*) empty (basic) weight, tare
~, **преде́льный** maximum weight
~, **приблизи́тельный** approximate (rough) weight
~ **при вы́грузке** landed (landing) weight, weight at discharge
~ **при́нятого на склад това́ра** storage (warehousing) weight, weight at the time of putting goods at store
~ **при погру́зке** shipped (shipping) weight
~ **при разгру́зке** landed (landing) weight, weight at discharge
~, **прода́жный** market[able] weight
~, **расчётный** calculated (design) weight
~ **сверх устано́вленного в догово́ре** excess weight, overweight
~, **со́бственный** own (sole, empty) weight
~, **сре́дний** average weight
~, **станда́ртный** standard weight
~ **с упако́вкой** packed weight
~, **сухо́й** dry weight
~, **тари́фный** estimated weight
~ **та́ры** tare [weight]
~ **та́ры, действи́тельный** real (actual) tare
~ **та́ры, обы́чный** customary tare
~ **та́ры по та́ра-тари́фу** customs (legal, schedule) tare
~ **та́ры, превыша́ющий норма́льный** super tare
~ **та́ры, предполага́емый** computed (estimated) tare
~ **та́ры, сре́дний** average tare
~ **та́ры, устано́вленный до отгру́зки това́ра** original tare
~ **та́ры, устано́вленный обы́чаем** customary (usual, uso) tare
~ **та́ры, факту́рный** invoice tare
~ **това́ра** weight of goods, goods weight
~, **убо́йный** deadweight
~, **уде́льный** specific (unit) weight

~ упако́вки tare [weight], weight of packing
~ упако́вки, ука́занный в счёте invoice tare
~, факти́ческий actual weight, *сокр.* a. w., a/w
~, факту́рный weight stated in an invoice
~, чи́стый net weight
~, эксплуатацио́нный weight in running order
~ я́щика weight of a case, case weight
до́пуск по ~у weight allowance
едини́ца ~а unit of weight
засвиде́тельствование ~а certification of weight
изли́шек ~а excess weight, overweight
недоста́ча в ~е shortage (deficiency) in weight, short weight, underweight
несоотве́тствие по ~у discrepancy in weight
ограниче́ние ~а weight limitation, limit of weight
определе́ние ~а weighing, weight measurement
определе́ние ~а не́тто net weighing
отме́тка о ~е indication of weight
поте́ря ~а loss in weight, deficiency in weight, short weight
пра́вила определе́ния ~а та́ры taring regulations
превыше́ние ~а excess weight, overweight
преде́л ~а weight limit
прове́рка ~а checking of weight, check-weighing, weight check
прода́жа на ~ sale by weight
ра́зница в ~е difference in weight
ра́зница ме́жду ~ом бру́тто и не́тто allowance
сертифика́т ~а certificate of weight, weight certificate (note, account)
ски́дка с ~а на та́ру weight (tare) allowance
счёт вы́груженного ~а ship outturn tally
у́быль в ~е shortage, short delivery, loss of weight
увеличе́ние ~а increase in weight
уменьше́ние в ~е reduction in weight
ште́мпель о ~е weight stamp
заявля́ть ~ declare (state) the weight
корректи́ровать ~ adjust the weight
определя́ть ~ weigh
покупа́ть по ~у buy by weight (*англ.* the pound)
превосходи́ть в ~е outweigh, overbalance
проверя́ть ~ check [the] weight
продава́ть на ~ sell by weight
распределя́ть ~ distribute the weight
на осно́ве ку́пленного ~а on a purchased weight basis
на осно́ве сухо́го ~а on a dry weight basis
~ на отве́тственности грузоотправи́теля said to weigh

весово́й weight *attr.*

весовщи́к weigher
~, официа́льный official weigher
~, прися́жный sworn weigher

вес/ы́ balance, weigher, weighing machine, [a pair of] scales
~, бу́нкерные hopper scales
~, десяти́чные decimal balance
~ для автомати́ческой упако́вки в мешки́ bagging scale
~, испыта́тельные testing scale

~, **мостовы́е** weigh-bridge
~, **то́чные** precision balance, accurate scales
~, **электри́ческие** electric[al] balance
~, **электро́нные** electronic balance
прове́рка ~о́в scale test
ча́шка ~о́в scale pan

весы́-автома́т automatic scales

ветерина́рный veterinary *attr.*

ве́то veto
пра́во ~ right of veto, veto [right (power)]
налага́ть ~ veto, put a veto
налага́ть ~ на прода́жу veto the sale

взаи́мно mutually, reciprocally
~ **обме́ниваться** reciprocate
реша́ть ~ decide mutually

взаи́мност/ь reciprocity
догово́р на осно́ве ~и reciprocal treaty
соглаше́ние на осно́ве ~и reciprocal (reciprocity) agreement
торго́вля на осно́ве ~и reciprocal trade

взаи́мный mutual, reciprocal

взаимовы́годный mutually advantageous (profitable, beneficial), of mutual benefit (advantage)

взаимоде́йствие interaction, cooperation
~, **инвестицио́нное** investment interaction
~ **ме́жду стра́нами** cooperation (interaction) between nations
~ **спро́са и предложе́ния** interaction of supply and demand
~, **те́сное** close cooperation
~, **хозя́йственное** economic cooperation

взаимоде́йствовать interact, cooperate

взаимозаменя́емость interchangeability

взаимозаменя́емый replaceable, interchangeable

взаимоотноше́ния mutual relations, relationship
~, **догово́рные** [stipulated (agreed)] contract relations
~, **межгосуда́рственные** inter-state relations
~, **поле́зные** profitable relations
~ **сторо́н** relations (relationship) between the parties
~, **торго́вые** trade relations
~, **юриди́ческие** legal relations

взаимопоставля́емый mutually supplied (exchanged)

взаимоприе́млем/ый mutually acceptable
на ~ой осно́ве on a mutually acceptable basis

взаимосогласо́ванный mutually agreed

взаймы́:
брать ~ borrow
дава́ть ~ loan [out], lend [out], accommodate with money (a loan)

взве́шивани/е weighing [out]
~, **контро́льное** check (control) weighing
обору́дование для ~я weighing equipment
пла́та за ~ weighing charges, weighage
пла́та за ~ на мостовы́х веса́х weighbridge charges
прибо́р для ~я weighing device
спра́вка о ~и weight note
производи́ть ~ weigh
производи́ть контро́льное ~ check weigh

взве́шивать weigh [out], do weighing, check weigh, scale

~ **в пусто́м ви́де** balance empty

~ **втори́чно** re-weigh

~ **за́ново** re-weigh, weigh again

взви́нчивать:

~ **ку́рсы а́кций** balloon [rates of shares]

~ **це́ны** send up (inflate, force up) prices

вздорожа́ние increase in (of) prices

вздорожа́ть rise (increase) in price

взима́ние collection, levy; charge

~ **аре́нды** rental charge

~ **нало́гов** tax collection, taxation, levy[ing] of taxes

~ **пла́ты** collection; charge

~ **по́шлин** collection (levying) of duties

~ **проце́нтов** collection of interest

~ **ро́ялти** charging of royalty

~ **сбо́ров** collection of fees (duties, charges); charging (imposition) of fees

взима́ть collect, levy; charge

взнос 1. (*вклад*) contribution, deposit **2.** (*платёж*) fee, payment **3.** (*при уплате частями*) instal[l]ment

~, **ава́нсовый** advance instal[l]ment

~, **авари́йный, страхово́й** average payment

~, **арбитра́жный** arbitration fee

~**ы в бюдже́т** instal[l]ments to the budget, budget contributions

~ **вкла́да** placing a deposit

~, **возмеща́емый** refundable deposit

~ **в ... % ...** % deposit, deposit of ... %

~ **в разме́ре** instal[l]ment of

~**ы в сове́тской и иностра́нной валю́те** contributions in Soviet and foreign currencies

~, **вступи́тельный** admission (entrance) fee

~ **в счёт погаше́ния до́лга** instal[l]ment to repay a debt

~ **в уста́вный фонд** contribution to the authorized fund

~, **годово́й** annual (yearly) instal[l]ment

~**ами, годовы́ми** by annual instal[l]ments, in annual payments

~**ы, де́нежные и материа́льные** monetary and materials contributions

~, **де́нежный** cash deposit

~ **де́нежных средств** monetary investment

~, **доброво́льный** voluntary contribution

~, **долево́й** contribution

~, **долево́й, по о́бщей ава́рии** general average contribution

~, **дополни́тельный** additional payment (premium)

~, **единовре́менный** lumpsum payment, contribution in one lump

~, **ежего́дный** annual (yearly) instal[l]ment

~, **ежеме́сячный** monthly instal[l]ment

~**ами, ежеме́сячными** by monthly instal[l]ments

~, **еженеде́льный** weekly instal[l]ment

~**ами, еженеде́льными** by weekly instal[l]ments

~, **кварта́льный** quarterly instal[l]ment

~, **минима́льный** minimum payment

~ **нали́чными деньга́ми** cash [down] payment; cash deposit

~ **нало́га в госбюдже́т** tax

payment [in]to the state budget, payment of a tax [in]to the state budget
~, обяза́тельный mandatory contribution
~, очередно́й due (next) instal[l]ment
~, паево́й share [of the common stock]
~, паралле́льный counterpart contribution
~, пате́нтный, ежего́дный patent annuity
~, пауша́льный lumpsum payment
~, первонача́льный initial [cash] deposit (fee, instal[l]ment); (*при покупке в кредит*) cash deposit on the price, first (down) payment
~, полугодово́й semi-annual instal[l]ment
~ по о́бщей ава́рии general average deposit
~, после́дний last instal[l]ment
~, после́дующий subsequent instal[l]ment
~, предвари́тельный first instal[l]ment, payment on account, deposit, part payment
~ при заявле́нии пате́нта registration fee
~, пропорциона́льный *страх.* contribution
~, просро́ченный overdue (past-due) instal[l]ment
~, прямо́й direct payment
~ы, ра́вные equal instal[l]ments
~ами, ра́вными in equal instal[l]ments
~, регистрацио́нный registration fee
~, страхово́й insurance premium (contribution)
~, страхово́й, возвраща́емый return premium
~, страхово́й, возвращённый premium refund
~, страхово́й, в постоя́нном разме́ре fixed premium
~, страхово́й, годи́чный annual premium
~, страхово́й, единовре́менный single premium
~, страхово́й, очередно́й instal[l]ment premium
~, страхово́й, сре́дний average premium
~, страхово́й, упла́ченный premium paid
~, упла́чиваемый периоди́чески annuity
~, части́чный instal[l]ment, part (partial) payment
~, чле́нский membership fee (dues)
бланк для ~а депози́та deposit slip
освобожде́ние от упла́ты ~ов exemption from payment
разме́р ~а amount of a deposit
тре́бование гаранти́йного ~а margin call (notice)
упла́та первонача́льного ~а payment of the initial fee, making the initial deposit (instal[l]ment), making first (down) payment
упла́та страхово́го ~а payment of a[n] [insurance] premium
выпла́чивать ~ами pay by (in) instal[l]ments
де́лать ~ make a contribution
плати́ть ~ pay a fee (sum), make a contribution (a deposit, an instal[l]ment)
плати́ть первонача́льный ~ pay the initial fee, make the initial [cash] deposit (instal[l]ment), make first (down) payment

плати́ть страхово́й ~ pay a premium, pay premium dues for the insurance
подлежа́ть опла́те ежего́дными ~ами be payable in annual instal[l]ments (payments)
производи́ть pay a fee (sum), make a contribution (a deposit, an instal[l]ment)

взыска́ни/е 1. recovery, recovering payment, collection **2.** (*наказание*) penalty, exaction
~ де́мереджа charging demurrage
~ де́нег recovery of money, charge; penalty
~ де́нег по ве́кселю collection of a bill
~ долго́в collection of debts, debt collection
~ изде́ржек cost recovery
~ на иму́щество claim to property
~ нало́гов tax collection
~ неусто́йки recovery of damages
~ пе́ни exaction of a fine
~ по́шлин collection of duties
~, принуди́тельное recovery by enforcement
~ су́ммы recovery of a sum
~ убы́тков recovery of damages
~ фра́хта collection of freight
~ штра́фа exaction of a penalty
наложе́ние ~я imposition of a penalty
разме́р ~я amount of recovery
су́мма ~я sum of recovery
наложи́ть ~ impose (exact) a penalty
обраща́ть ~ на *юр.* make a claim to, take recourse against
обраща́ть ~ на обеспе́чение *юр.* enforce a security
пода́ть к ~ю на proceed against
подве́ргнуть ~ю incur a penalty
подлежа́ть ~ю be subject to recovery
производи́ть ~ recover, exact
подлежа́щий ~ю callable

взы́скивать 1. recover, collect, charge **2.** exact; *юр.* enforce

взя́тк/а bribe
брать ~у take a bribe
дава́ть ~у bribe
осуди́ть за ~у convict for bribery
предлага́ть ~у offer a bribe

вид 1. (*род, сорт*) kind, type, sort, style **2.** (*форма*) form, shape, mode **3.** (*состояние*) condition, state
~ това́ра nature (kind) of goods
~, това́рный marketable state (style)
~ тра́нспорта type (kind, form, method, mode, means) of transport[ation] (transporting), transportation means
~ транспортиро́вки type (mode) of conveyance (transport, transportation)
придава́ть това́рный ~ render marketable style
в ~е ава́нса by way of advance
в веще́ственном ~е in kind
в ~е гара́нтии as a safeguard against
в ~е компенса́ции as an offset against
в натура́льном ~е in kind
в него́дном ~е in an improper state; in a useless state
в нетова́рном ~е in a nonmarketable state
в пи́сьменном ~е in writing, in written form

в разо́бранном ~е loose, in non-assembled state
в това́рном ~е in a marketable state

ви́з/а visa, visé
~, ввозна́я import permit
~, вывозна́я export permit
~, въездна́я entry (entrance) visa
~, выездна́я exit visa
~ для делово́й пое́здки business visa
~, ко́нсульская consular visa
~, многокра́тная multiple visa
~, обыкнове́нная ordinary visa
~, постоя́нная permanent visa
~, привилегиро́ванная (*свободная от ограничений по времени пребывания и территории передвижения в стране*) exempt visa
~, транзи́тная transit visa
~, тури́стская tourist visa
вы́дача ~ы issue (issuance, issuing, granting) of a visa
да́та ~ы date of a visa
заявле́ние на вы́дачу ~ы (обраще́ние за ~ой) application for a visa, visa application
отде́л виз visa bureau (department, office)
отка́з в ~е refusal to grant a visa, refusal of a visa
подтвержде́ние ~ы confirmation of a visa
получе́ние ~ы receipt of a visa
продле́ние ~ы extension of a visa
срок де́йствия ~ы validity of a visa
форма́льности, свя́занные с получе́нием ~ы visa arrangements (formalities)
выдава́ть ~у give (issue, grant) a visa
запра́шивать ~у (обраща́ться за ~ой) apply for a visa
отказа́ть в вы́даче ~ы refuse [to grant] a visa
подде́рживать про́сьбу о предоставле́нии ~ы support visa application
подтвержда́ть ~у confirm a visa
получа́ть ~у obtain (get, secure) a visa
получа́ть ~у на па́спорт have (get) *one's* passport endorsed (visaed, viséd)
посыла́ть па́спорт на ~у send a passport to be viséd
продлева́ть ~у extend a visa
проставля́ть ~у в па́спорте endorse (visé) a passport

ви́за-приглаше́ние visa-invitation

визи́ровать visa

визи́т visit, call
~ ве́жливости courtesy visit (call)
~, делово́й business visit
~, дли́тельный long visit
~ для установле́ния конта́ктов visit to establish contacts
~, дру́жеский friendly (goodwill) visit
~, ежего́дный annual visit
~, заплани́рованный planned visit
~, инспекцио́нный visit of inspection
~, коро́ткий brief (quick) visit
~ на ме́сто строи́тельства site visit
~, неуда́чный wasted visit (call)
~, ознакоми́тельный fact-finding visit (mission)
~, отве́тный return visit (call)
~, официа́льный official visit, duty call

~, **очередно́й** regular visit
~, **плани́руемый** proposed visit
~, **после́дующий** further visit
~, **предло́женный** proposed visit
~, **предстоя́щий** forthcoming visit
~, **предше́ствующий устано́вке обору́дования** pre-installation visit
~**ы, регуля́рные** regular visits
~ **с це́лью организа́ции послепрода́жного обслу́живания** follow-up service visit
~, **ча́стный** private visit
возмо́жность ~**а** opportunity of (for) a visit
вре́мя ~**а** time of a visit
заверше́ние ~**а** end of a visit
отсро́чка ~**а** postponement of a visit
програ́мма ~**а** programme (schedule, itinerary) of a visit
продолжи́тельность ~**а** length of a visit, visitation period
результа́ты ~**а** outcome (results) of a visit
срок ~**а** duration of a visit, visitation period
цель ~**а** purpose of a visit
договори́ться о ~**е** arrange for a visit
заплани́ровать ~ plan a visit
координи́ровать ~**ы** coordinate visits
наноси́ть ~ visit, make (pay) a visit (call)
наноси́ть отве́тный ~ return a visit
откла́дывать ~ postpone (put off, defer, adjourn) a visit
отменя́ть ~ cancel a visit
подгото́вить програ́мму ~**а** prepare an itinerary
прибыва́ть с ~**ом** come (arrive) on a visit
ускоря́ть ~ expedite a visit
до сле́дующего ~**а** until the next visit

вино́вник party at (in) fault; responsible party

витри́н/а shop (show)-window; (*небольшая*) show-case, window-case; window space
~, **вы́ставочная** stand
оформле́ние ~**ы** window dressing, show-case decoration
экспози́ция ~**ы** window display
оформля́ть ~**у** decorate a shop-window

ви́це-ко́нсул vice-consul

вклад 1. (*в банке*) deposit, holdings **2.** contribution
~, **ба́нковский** cash in bank, bank deposit
~, **беспроце́нтный** non-interest bearing deposit
~, **бессро́чный** demand (sight) deposit, deposit at (on) call, *амер.* on-call deposit
~, **благотвори́тельный** donation
~, **ва́жный** important contribution
~ **в ба́нке** deposit with a bank, bank deposit
~, **возвра́тный** returnable deposit
~ **в де́нежной фо́рме** share in the form of money, monetary contribution
~ **в това́рной фо́рме** share in the form of commodities
~ **в уста́вный фонд** contribution to the authorized fund
~, **де́нежный 1.** money on deposit, deposit of money, cash deposit, lodg[e]ment **2.** monetary contribution
~, **доброво́льный** voluntary deposit
~ **до востре́бования** demand

(call, non-fixed, sight) deposit; deposit at short notice
~, долгосро́чный long-time (term) deposit
~ы, до́лларовые dollar holdings
~, дополни́тельный additional (fresh) contribution
~, значи́тельный significant contribution
~ капита́ла [capital] investment; investment (tying up, sinking, placement) of capital
~, краткосро́чный short [-term] deposit
~, кру́пный major contribution
~ на срок time (term, fixed) deposit, deposit with a fixed period
~ на теку́щем счёте deposit on current account, current (*амер.* on-call) account deposit
~, натура́льно-веще́ственный material contribution
~, первонача́льный initial deposit
~ по контокорре́нту deposit on current account, current (*амер.* on-call) account deposit
~, проце́нтный interest bearing deposit
~, сберега́тельный savings deposit
~ с дли́тельным уведомле́нием deposit at long notice
~ с краткосро́чным уведомле́нием deposit at short notice
~, специа́льный specific deposit
~, сро́чный time (term, fixed) deposit, deposit with a fixed period
~ с уведомле́нием deposit at notice
владе́лец ~а depositor
изъя́тие ~а withdrawal of a deposit
квита́нция ба́нка о приня́тии ~а bank deposit receipt
обесце́нение ~ов depreciation of deposits
оста́ток на ~е balance on deposit
оце́нка ~ов assessment of contributions
приём ~ов reception (acceptance) of deposits
проце́нты по ~ам interest on deposits (savings); deposit rate
проце́нты по бессро́чному ~у service charge on a demand deposit account
разме́р проце́нта по ~ам deposit rate, rate of interest on deposits
срок ~а length of deposit
ста́вка проце́нта по ~ам deposit rate, rate of interest on deposits
су́мма ~а amount of a deposit
та́йна ~ов privacy of deposits
увеличе́ние ~ов expansion of deposits
брать ~ из ба́нка withdraw a deposit
вноси́ть ~ 1. make a deposit, place money on deposit **2.** make a contribution to, contribute to
де́лать ~ 1. make a deposit, deposit money **2.** make a contribution, contribute to
име́ть ~ hold a deposit
име́ть на ~е have on deposit
отзыва́ть ~ withdraw a deposit
принима́ть ~ receive (take) a deposit [of money]
принима́ть ~ под проце́нт receive a deposit at interest
принима́ть де́ньги на ~ receive money on deposit

вкладно́й 1. deposited, deposit *attr.* 2. (*дополнительный*) supplementary

вкла́дчик 1. depositor 2. (*инвестор*) investor

~, **иностра́нный** foreign investor

~, **кру́пный** large investor

вкла́дывать 1. enclose with, insert in 2. (*о деньгах*) deposit, invest, put

влагонепроница́емый waterproof, water-resisting

влагосто́йкий water-resistant (resisting)

владе́л/ец owner, proprietor, holder

~ **а́вторского пра́ва** copyright owner

~ **аккредити́ва** holder of a letter of credit

~ **а́кций** shareholder, stockholder, stock-owner

~ **а́кций, именны́х** registered shareholder

~ **а́кций, обыкнове́нных** ordinary shareholder

~ **а́кций, привилегиро́ванных** preference shareholder

~ **бума́г, це́нных** investor, placement owner

~ **вкла́да** depositor

~ **гру́за** proprietor (owner) of goods (cargo), cargo owner

~, **добросо́вестный** bona fide holder

~ **долгово́го обяза́тельства** debenture holder

~, **единоли́чный** sole owner (proprietor)

~ **заво́да** owner of a plant (factory), plant (factory) owner

~, **зако́нный** legal (rightful) owner, legal holder, holder in due course

~ **зна́ка, това́рного** trademark holder, holder (proprietor, owner) of a trademark, grantee of a trademark

~ **лице́нзии** licensee, license holder (possessor), holder (grantee) of a license

~ **недви́жимости** owner of real estate; *юр.* tenant

~ **но́у-ха́у** know-how owner

~ **пате́нта** patent holder (owner), holder (owner, proprietor) of a patent, patentee, owner of patent rights

~ **пате́нтов, продаю́щий лице́нзии на них** patent owner and lessor

~, **после́дующий** subsequent holder

~ **предприя́тия** owner (proprietor) of an enterprise

~ **регистра́ции това́рного зна́ка** registered owner

~ **скла́да** warehouseman, *сокр.* whsmn, warehouse keeper

~ **со́бственности** owner of property

~, **совме́стный** co-owner, joint (part) owner (proprietor)

~ **сте́нда** owner of a stand, stand holder

~ **су́дна** shipowner, owner of a ship (vessel)

~ **су́дна, букси́рного** tower

~ **счёта** holder of an account, account holder

~ **счёта, ба́нковского** depositor, owner of an account

~ **това́ра** owner of goods (commodity)

~ **това́рной при́стани** wharfinger

~ **фо́ндовых це́нностей** fundholder

~, **ча́стный** private owner

поруче́ние ~ьца пате́нта patent owner's charge

пра́во ~ьца right of owner

быть ~ьцем ча́ртер-па́ртии hold a charter party

на риск ~ьца at owner's risk

владе́ни/е 1. (*обладание*) proprietorship, ownership, possession; *юр.* (*о недвижимости*) tenancy **2.** (*собственность*) property

~ а́кциями shareholding[s]

~, бесcро́чное perpetuity

~, долево́е tenancy in common; part ownership

~, единоли́чное sole proprietorship

~я, иностра́нные foreign possessions

~ на осно́ве (на права́х) аре́нды leasehold [tenure], tenure by lease, [contract of] tenancy

~ недви́жимостью tenancy, tenure

~, совме́стное 1. joint ownership; joint tenancy **2.** joint property

введе́ние во ~ vesting

вступле́ние во ~ taking [into] possession

пра́во ~я right of ownership (possession), ownership right

срок ~я tenure

вводи́ть во ~ give possession, vest

вступа́ть во ~ take (enter into, assume) possession

находи́ться во ~и be in possession

передава́ть во ~ give possession, vest

переходи́ть во ~ pass into possession

получи́ть во ~ obtain possession

владе́ть have, own, possess, be in possession

~ совме́стно own (possess) jointly

вла́жност/ь humidity, moisture, moisture (water) content, dampness

~ во́здуха air humidity

~ древеси́ны moisture content of timber

~, максима́льная maximum humidity

~, относи́тельная relative humidity (moisture)

~, повы́шенная excess of moisture

контро́ль за ~ью humidity control

огово́рка о ~и moisture clause

сертифика́т о ~и moisture certificate

ски́дка за ~ allowance for moisture

поврежда́ть повы́шенной ~ью damage by humidity

предохраня́ть от ~и keep dry, protect from dampness (against wetness), ensure protection from damp

вла́жный damp, humid, moist

власт/ь 1. authority, administration, power, control, command **2.** (*администрация*) authorities, administration

~и, вое́нные military authorities

~, госуда́рственная state power; public authorities

~, гражда́нская civil authorities

~, зако́нная lawful (constituted) authority

~, законода́тельная legislative power (authority)

~, исполни́тельная executive power (authority)

~и, компете́нтные appropriate authorities

~и, ме́стные local (municipal) authorities (administration)

~, монопо́льная monopoly power; rule of a monopoly

~и, муниципа́льные municipal authorities

~и, **официа́льные** official powers (authorities)
~и, **порто́вые** port (harbour) authority (authorities)
~и, **соотве́тствующие** appropriate authorities
~, **суде́бная** judicial power (authority)
~и, **тамо́женные** the Customs, customs authorities
~, **централизо́ванная** centralized authority
~, **экономи́ческая** economic power
злоупотребле́ние ~**ью** abuse (misuse) of power (authority)
о́рганы ~**и** authorities; organs of government, bodies (organs) of power
о́рганы ~**и, госуда́рственной** government (state) bodies, governmental (public) authorities
о́рганы ~**и, зако́нные** statutory authorities
о́рганы ~**и, ме́стные** local authorities (administration); local bodies (organs)
переда́ча ~**и** delegation of power
распоряже́ния порто́вых ~**е́й** port authority regulations
быть в *чьей-л.* ~**и** be in *one's* power
быть вне *чьей-л.* ~**и** be beyond *one's* power
име́ть ~ **над** have power over
осуществля́ть ~ exercise *one's* power
осуществля́ть монопо́льную ~ **на ры́нке** exercise monopoly power
в преде́лах предоста́вленной ~**и** within [discretionary] power

вложе́ни/е 1. (*денег, капитала*) investment (investing, tying up, placement, employment) of capital **2.** (*инвестиции*) investments
~**я, капита́льные** [capital] investments
~**я, креди́тные** provision of crediting
рента́бельность ~**й** profitability of investments

вмести́мост/ь capacity, size, volume, content; (*о судне*) tonnage
~ **бу́нкера** bunker capacity
~ **ваго́на** capacity of a car
~, **валова́я** gross tonnage
~, **грузова́я** cargo capacity
~, **объёмная** (*вагона*) cubic [-al] capacity
~, **реги́стровая** register[ed] tonnage
~ **складски́х помеще́ний** warehousing capacity
~ **су́дна** tonnage, capacity
~ **трю́ма** [cargo] capacity of a hold
~, **чи́стая** net capacity
план ~**и** capacity plan
то́нна ~**и** ton burden
шкала́ ~**и** tonnage scale
регистри́ровать ~ register tonnage

вмести́тельный capacious, spacious

внаём, внаймы́:
брать ~ hire, lease, take on lease, take a lease of
брать ~ **кварти́ру** rent a flat
брать ~ **су́дно по ча́ртеру** charter a vessel
сдава́ть ~ lease, hire out, let
сдава́ть ~ **су́дно по ча́ртеру** charter a vessel
могу́щий быть сда́нным ~ rentable

внедогово́рный non-contractual, extra-contractual

внедре́ни/е implementation, introduction
~ **в наро́дное хозя́йство**

application in the economy
~ изобрете́ния use of an invention
~ маши́н introduction of machines (equipment)
~ но́вых ви́дов проду́кции introduction of new types of products
~ но́вой те́хники и техноло́гии introduction of the latest machinery and technology
~ нормати́вов introduction of norms
~ прогресси́вных техноло́гий introduction of progressive processes
~ проду́кции introduction of products, product introduction
~, промы́шленное industrial (commercial) introduction
~ техноло́гии introduction of technology
пери́од ~я implementation (introduction) period
уси́лия по ~ю introduction efforts
эта́п ~я introduction phase

внедря́ть introduce

внешнеторго́вый foreign (external) trade *attr.*

внешнеэкономи́ческий foreign (external) economic, relating to external economy

вне́шний 1. (*наружный*) external, outer, outward **2.** (*поверхностный*) outer, visual; superficial, surface *attr.* **3.** (*иностранный*) foreign, external

Внешэкономба́нк Bank for Foreign Economic Affairs of the USSR

вну́тренний 1. inner, inside, internal, interior **2.** (*присущий*) inherent, intrinsic **3.** (*в пределах одного государства*) home, inland, domestic

внутризаводско́й [inside] factory *attr.*, intra-factory *attr.*

внутриотраслево́й intrasectoral, intra-branch

вод/а́ 1. water **2.** (*море, океан*) waters
~ы, вну́тренние inland (internal, enclosed) waters
~, высо́кая high tide, high (full) water, high flood
~ для промы́шленного потребле́ния industrial water
~, морска́я salt (sea) water
~ы, нейтра́льные neutral waters
~, откры́тая open water
~, по́лная deep water, high water (tide)
~ы, порто́вые port waters
~ы, прибре́жные coastal waters
~ы, погрannи́чные boundary waters
~ы, территориа́льные territorial (national) waters
~ы, сто́чные waste (sewage) water
~ы, сто́чные, промы́шленные industrial waste water
запа́с ~ы́ water supply
поврежде́ние ~о́й damage by water, water damage
подмо́чка ~о́й wetting by water
проникнове́ние морско́й ~ы́ ingress of sea water
снабже́ние ~о́й supply of water, water supply
быть повреждённым морско́й ~о́й be sea-damaged
держа́ться на ~е́ float
непроница́емый для ~ы́ impervious (impermeable) to water
охлажда́емый ~о́й water-cooled
по ~е́ via water
повреждённый ~о́й damaged by water

пропита́вшийся **~о́й** waterlogged

водоизмеще́ни/е displacement, *сокр.* displ.

~, весово́е weight displacement, displacement tonnage

~ при по́лном гру́зе full-load displacement

~, станда́ртное standard displacement

~ су́дна displacement tonnage

шкала́ ~я displacement scale

су́дно ~ем в ... тонн vessel of ... tons displacement

водонепроница́емый waterproof, watertight, water-resisting (resistant)

водоотта́лкивающий water-repellent

водопроница́емый non-water-tight

водосто́йкий waterproof, water-resisting (resistant)

водоупо́рный waterproof

возбужда́ть:

~ де́ло initiate proceedings

~ иск prosecute a claim

возвра́т return, call-back; (*о деньгах*) [re]payment, refund, redemption; (*о расходах*) reimburse[ment]

~ ава́нса return of an advance

~ брако́ванного това́ра return of rejected goods

~ взно́са, страхово́го return of a premium

~ вознагражде́ния, вы́плаченного return of commission

~ гру́за return of cargo (goods)

~ де́нег, инвести́рованных recovery of money invested

~ докуме́нтов return of documents

~ до́лга repayment (return) of a debt, quittance

~ за́йма loan repayment, repayment (redemption, liquidation) of a loan

~ зафрахто́ванного су́дна redelivery

~ из депози́та refund of a deposit

~ к пре́жним це́нам roll back in price levels

~ креди́та repayment of a credit

~ нало́га tax refund (reimbursement)

~ нало́гов, взы́сканных по оши́бке return of taxes unduly collected

~ обеспе́чения return of security

~ перепла́ты rebate, return of an amount overpaid

~, после́дующий subsequent return

~ поста́вки return of shipment, redelivery

~ по́шлины refund (reimbursement) of a duty (fee); drawback

~, рекламацио́нный, испо́льзуемого изде́лия field warranty return

~ сбо́ров reimbursement (return) of charges

~ ссу́ды repayment of a loan, loan repayment

~ су́ммы refund (return, reimbursement) of payment (a sum)

~ су́ммы, гаранти́йной warranty reimbursement

~ су́ммы, оши́бочно перепла́ченной return of an amount overpaid

~ това́ра return of goods (commodity, products)

~ цены́, упла́ченной refund of a purchase price

~, части́чный partial return; partial reimbursement

задéржка в ~е delay in returning (the return)
прáво ~а right of return
срок ~а дéнег period of repayment, time of redemption
трéбование о ~е reclamation, demand for a return; demand for a refund
организóвывать ~ arrange for return
подлежáть ~у (*о суммах*) be returnable (refundable)
подлежáть ~у по пéрвому трéбованию be subject to call
трéбовать ~а зáйма call [in (on, for)] a loan
трéбовать ~а сýммы call in a sum, ask (require) to refund an amount (a sum), demand a refund
продáжа или ~ sale or return
подлежáщий ~у returnable; (*о сумме*) refundable, subject to call, repayable

возврáтный returnable

возвращáть return, give back; (*посылать обратно*) send back; (*о деньгах*) repay, pay back; (*о расходах*) refund, reimburse

возвращéние *см.* **возврáт**

воздухонепроницáемый airproof, airtight, insulated, sealed, impervious to air

возмещáть compensate for, give (make) compensation for, recompense for, make up for, recover, offset, remunerate; (*ущерб, убытки*) indemnify for, restitute, make good; (*сумму*) reimburse for, make (effect) reimbursement for, refund, repay

возмещéни/е compensation, recompense, recovery, offset, remuneration; (*ущерба, убытков*) damages, indemnity, restitution; (*суммы*) reimbursement, refund, repayment
~ ассигновáний reimbursement of expenditures
~ в натýре recovery in kind
~, дéнежное damages, cash indemnity
~ дóлга repayment (return) of a debt, quittance
~ за задéржку сýдна сверх срóка detention
~ за полóмку compensation for breakage
~ затрáт reimbursement of expenses
~ затрáт, прямóе direct refund
~ издéржек reimbursement of expenses (expenditures, costs, outlay), compensation for expenses (costs)
~ капитáла replacement of capital
~ кредúта repayment of a credit
~ недостáчи compensation for shortage
~, однокрáтное (*убытков*) non-recurring compensation
~, пóлное compensation in full, full recovery
~ потéрь recovery for losses, loss recovery (replacement)
~ расхóдов reimbursement for expenses (expenditures, costs, outlay), compensation for expenses (costs)
~ стóимости compensation (indemnification, replacement) of value
~, страховóе insurance indemnity (compensation), insurance money; amount of indemnity
~ сýммы reimbursement of payment (an amount)
~ убы́тков compensation for (reparation of) damages (losses), reimbursement of damages, indemnity, indemnifica-

tion, damages, restitution, recompense
~ ущерба compensation for (reparation of) damage (losses), indemnity, damages, restitution, recompense
~, частичное partial compensation (reimbursement, recovery)
выплата ~я payment of compensation (damages)
выплата страхового ~я payment of insurance indemnity
график ~я долгов debt repayment schedule
заявление о выплате страхового ~я insurance claim, claim for indemnification
заявление о ~и убытка notification of claim
иск о ~и claim (action) for damages (compensation), compensation claim
обязательства по ~ю ущерба liability to compensate for damage
оговорка о ~и compensation clause
оговорка о ~и убытков, причинённых небрежностью negligence clause
определение страхового ~я loss assessment
отказ от ~я refusal to compensate, abandonment of indemnity
отказ от права на ~ waiver of damages
право на ~ right to compensation (indemnity), right to be reimbursed, right to claim (recover) damages; compensation claim
право на ~ убытков по общей аварии right to contribution in general average
предел ~я indemnity limit
работа по ~ю убытков remedial work
размер ~я убытков amount of compensation, measure of damages
решение суда о ~и убытков award of damages
своевременность ~я кредита accuracy (timeliness) of repayment of a credit
способ ~я method of reimbursement
сумма ~я убытков damages
требование о ~и убытков claim (action) for damages (compensation), compensation claim
требование о ~и убытков грузоотправителя freight claim
ходатайство о ~и убытков application for compensation
гарантировать ~ guarantee repayment
гарантировать ~ убытков guarantee against loss
настаивать на ~и insist on compensation
определять сумму денежного ~я assess damages
платить ~ pay off compensation (reimbursement), compensate
платить денежное ~ pay damages
платить страховое ~ pay (settle) the insurance indemnity
получать денежное ~ receive damages (indemnity)
получать ~ за убытки recover damages (losses)
получать ~ от receive reimbursement (compensation) from, reimburse *oneself* on
получать ~ платежей reimburse *oneself* for payments
получать ~ расходов recover

expenses, reimburse *oneself* for charges
предлагáть ~ offer compensation
предоставля́ть ~ reimburse, indemnify
трéбовать вы́платы страховóго ~я claim indemnification
трéбовать ~я убы́тков claim damages, claim (demand) compensation for losses
без обязáтельства ~я ущéрба uncompensated, without compensation
в ~ in refund (reimbursement) of, as a recompense for
в поря́дке ~я расхóдов по óбщей авáрии in contribution to the general average expenditure
в поря́дке ~я убы́тков by way of damages
подлежáщий ~ю liable to compensation, recoverable, repayable

вознаграждéни/е reward, payment, remuneration, bonus; (*за труды*) recompense; (*гонорар*) fee; (*комиссионные*) commission; (*компенсация*) consideration, compensation; (*зачёт*) offset; (*плата или отчисление за право пользования патентом, авторским трудом и т. п.*) royalty
~, áвторское [author's] royalties
~, агéнтское [agent's] commission (fee), agency fee
~ аукциони́сту (*за проданную партию*) lot money
~, брóкерское brokerage, broker's commission (charges)
~ брýтто gross remuneration
~, дéнежное remuneration in money, monetary (pecuniary) reward
~ диспашéру fee of (to) an average adjuster
~, дополни́тельное bonus, allowance
~, единоврéменное lumpsum remuneration
~ за вы́дачу лицéнзии consideration for a license
~ за делькрéдере del credere commission
~ за досрóчное завершéние рабóты bonus for completion of work ahead of time
~ за инкáссо collection charge
~ за консультациóнные услýги fee for a consultant's services
~ за ожидáние reward of waiting
~ за провóдку сýдна pilot (pilotage) fee, pilotage
~ за сверхурóчную рабóту over-time money, remuneration for over-time
~ за спасéние salvage money (remuneration, award)
~ за спасéние грýза salvage on cargo
~ за спасéние сýдна salvage on ship
~ капитáну с фрáхта primage
~, комиссиóнное commission [charge], agent's (broker's) commission, brokerage
~, лицензиóнное license fee (remuneration), royalty
~, лицензиóнное, рáзовое non-recurring royalty
~, лицензиóнное, текýщее running royalty
~, максимáльное maximum commission (remuneration)
~, материáльное material remuneration
~, мéсячное monthly rate of remuneration
~, минимáльное minimum commission (remuneration)

~ **натурой** remuneration (compensation) in kind
~, **неизменное** fixed fee
~, **ожидаемое** expected remuneration
~ **подрядчику** contractor fee
~, **поощрительное** incentive[s] fee
~, **премиальное** bonus, premium pay
~, **соответствующее** appropriate remuneration
~, **чистое** net remuneration
гарантированный минимум ~я guaranteed pay minimum
право на [получение] ~[я] right to (of) remuneration, right to receive remuneration
размер ~я amount (rate, size, extent) of commission (remuneration)
распределение ~я за спасение salvage statement
способ ~я way of compensation (remuneration, reward)
ставка ~я rate (amount, size, extent) of commission (remuneration)
сумма ~я amount of remuneration; amount of commission
шкала комиссионного ~я scale of commission
выплачивать ~ pay remuneration (commission)
иметь право на ~ be entitled to a remuneration
исчислять ~ calculate (estimate) commission (fee, royalty)
отказывать в ~и refuse remuneration
получать ~ в размере be remunerated with a fee in the amount of
сокращать ~ reduce (cut) remuneration
уточнять ~ determine (specify, elaborate on) the remuneration
в виде ~я as a recompense for, as offset against
за ~ for a remuneration (consideration)
на базе комиссионного ~я on a commission basis
с номинальным ~ем at a nominal fee

возобновление renewal, resumption, reopening
~ **аккредитива** renewal (reopening) of a L/C
~ **аренды** renewal of a lease
~ **деятельности** renewal (resumption) of activities, resuming activities, reactivation
~ **договора** renewal of an agreement
~ **запасов** restocking, replenishment of stocks (inventories)
~ **иска** resumption of legal action
~ **контракта** renewal of a contract
~ **переговоров** resumption of negotiations; resuming negotiations
~ **поставок** resumption of deliveries
~ **соглашения** renewal of an agreement
~ **сотрудничества** resumption of (return to) cooperation
~ **страхового полиса** renewal of an insurance policy
право на ~ option on renewal

возобновля/ть renew, resume, reopen, recommence
~ **полностью** fully proceed with
период, на который ~ется соглашение renewal period

возросший increased

войн/а war
~, **валютная** currency war

~, валю́тно-фина́нсовая monetary and financial war
~, креди́тная credit war
~, тамо́женная (тари́фная) tariff war
~, торго́вая trade war
~ цен price war (warfare)
~, экономи́ческая economic war
вести́ ~у́ wage (make) a war
втяну́ть в ~у́ drag (plunge) into a war
нача́ть ~у́ start a war

вопро́с question, point; (*дело*) matter; (*предмет обсуждения, спора*) problem, issue
~, делово́й matter of business
~, неразрешённый unresolved (insettled, outstanding) problem (question, issue)
~, представля́ющий взаи́мный интере́с issue (matter) of common interest
~, принципиа́льный matter (question) of principle
~, рассма́триваемый matter under consideration; case in point
рассмотре́ние ~а consideration of a matter (problem)
реше́ние по ~у decision on a matter
внести́ я́сность в ~ clear [up] (clarify) the matter
поднима́ть ~ raise (bring up, open) a question (point, problem), broach a subject (point)
рассма́тривать ~ look into (consider, examine, study) a matter (question), deal with a problem, give a problem (matter) *one's* consideration
реша́ть ~ settle (decide) a question (point, matter)

воспламеня́ющийся inflammable

восстана́вливать 1. restore, reconstruct, rebuild, renovate, recover 2. (*возобновлять*) renew, revive

восстановле́ние restoration, reconstruction, rebuilding, renovation, recovery; (*возобновление*) renewal, revival
~ во владе́нии repossession
~ в права́х restoration to *one's* rights, reinstatement, rehabilitation, restitution
~ дета́лей repair (reconditioning) of parts
~ зая́вки revival (renewal) of an application
~ пате́нта, срок де́йствия кото́рого истёк restoration of a lapsed patent
~ промы́шленности reconstruction (restoration, rehabilitation) of industry
~ торго́вли recovery (revival) of business
~ у́ровня запа́сов replenishment of supplies (inventories)
~, экономи́ческое economic recovery

востре́бовани/е claiming; call; demand
~ гру́за claiming the goods
до ~я poste restante

вре́менный temporary, interim; (*о мероприятии*) provisional; (*о должностном лице*) acting

вре́м/я time; period; date; hour
~ вступле́ния в си́лу date of entering into force (coming into effect), effective date
~ выполне́ния execution time (period), time of execution
~ де́йствия лице́нзии license period
~ доста́вки time of delivery, delivery time
~, контрстали́йное demurrage [time]
~, ме́стное local time
~ оборо́та су́дна в порту́ turn-round time

~, отведённое для погру́зки time allowed for loading
~ отправле́ния time of departure, departure time
~ перехо́да к вы́пуску но́вой проду́кции change-over time
~ погру́зочное time of loading, loading time
~, поте́рянное при погру́зке и вы́грузке time lost in loading and discharging
~ прибы́тия time of arrival, arrival time
~ проведе́ния вы́ставки exhibition time (period), time of holding an exhibition
~ продолжи́тельности погру́зки time of loading, loading time
~ просто́я downtime; idle (bad, dead, lie, lost, outage, standby, standing) time; shutdown period; (*судна*) demurrage [time]
~, рабо́чее working hours; (*машины*) time of operation, operating (working, running) time [of a machine]; (*служащих*) office hours
~, расчётное estimated time
~, сверхпросто́йное (сверхстали́йное) detention [time]
~, сверхуро́чное overtime
~, стали́йное lay days (time) *см.* **стали́йное вре́мя**
~ стоя́нки су́дна, разрешённое allowed lay time
~ стоя́нки у прича́ла berthing time
~, стоя́ночное lay days (time)
~ транспортиро́вки period of transportation
~, устано́вочное (*наладочное*) setup time
~, факти́ческое actual (effective) time
~ эксплуата́ции operation (usable, usage) time, operating (operation) period, period of operation
но́рма ~ени base time, time standard (allowance, rate)
промежу́ток ~ени time interval (span), period (length, space, stretch) of time; term
эконо́мия ~ени saving of time
занима́ть ~ take [up] time
теря́ть ~ waste time
эконо́мить ~ save time
в назна́ченное ~ at the appointed (fixed) time

вруче́ние delivery; handing [in]
~ докуме́нтов handing [in] (delivery) of documents
~ но́тисов handing (presentation) of notices

вскрыва́ть 1. (*распечатывать*) open, unseal, tear **2.** (*обнаружить*) reveal, disclose, bring to light

вспомога́тельный auxiliary, ancillary; (*дополнительный*) accessory

встре́чный counter

вступа́ть enter, join
~ в си́лу come into force (operation, effect), enter into force, be (become) effective (operative), take effect
~ в соглаше́ние make (enter into) an agreement
~ в строй come into commission, go (come) into operation (production, service), become operational; go (come) on stream (line)

вступи́тельный entrance *attr.*; introductory, opening

второстепе́нн/ый 1. secondary **2.** (*менее существенный*) minor
име́ть ~ое значе́ние be of secondary importance, be secondary in importance

входи́ть в де́йствие (в си́лу) come into force (effect), become effective

въезд entrance, entry
пра́во ~а right of entry
разреше́ние на ~ (*в страну*) entry visa (permit)
запреща́ть ~ ban the entry, forbid *smb* the country
разреша́ть ~ permit the entry
разреша́ть ~ на террито́рию стройплоща́дки permit the entry to the site

въездно́й entrance *attr.*

выбива́ть маркиро́вку emboss marking

вы́бор 1. choice, pick, assortment; (*отбор*) selection **2.** (*право выбора*) option
~ аге́нта choice of an agent
~ акти́вов asset choice
~ альтернати́вы choosing an alternative
~, бе́дный poor choice
~, большо́й (бога́тый) wide (great) choice, rich (large) selection, rich assortment
~, бу́дущий further option
~ зна́ка selection of a mark
~ образцо́в drawing of samples
~, оптима́льный optimal (optimum) choice
~, оши́бочный wrong choice
~ по ассортиме́нту selection out of a range of goods
~, повто́рный repeated sampling
~ покупа́теля choice of a buyer; buyer's option
~ по образца́м choice [based] on samples
~ поставщика́ choice of a supplier
~, потреби́тельский consumer choice
~, предвари́тельный prior option
~ продавца́ choice of a seller; seller's option
~ прое́ктного реше́ния choice of a design decision, design selection
~, разнообра́зный rich (varied) selection
~ реше́ния decision
~, свобо́дный free choice
~, случа́йный random choice
~ това́ра assortment (range) of goods; selection of goods
~ това́ра, широ́кий large (rich) assortment (range) of goods
~, широ́кий wide choice (range, variety)
отсу́тствие ~а absence of choice
пра́во ~а [right of] option
пра́во пе́рвого ~а first refusal
при́нцип ~а principle of choice
де́лать ~ make a choice, choose
де́лать предвари́тельный ~ choose provisionally
име́ть ~ have [a] choice
име́ть пра́во ~а have the option [of doing (to do) *smth*]
име́ть пра́во ~а това́ра have an option on goods
не име́ть ~а have no choice, have no [other] alternative
предоставля́ть ~ leave *smth* to *smb's* choice
предоставля́ть пра́во ~а provide options
на ~ at choice
по ~у at *smb's* choice (option), of *smb's* choice
поставля́емый по ~у зака́зчика available at option

вы́борочный sample *attr.*, sampling *attr.*, selective

выбрако́вывать reject

выбра́сывание throwing away (out); (*браковка*) rejection
~ гру́за за́ борт jettison

выбра́сывать throw out, discard; reject
~ **това́р на ры́нок** throw (launch) goods on the market
выбыва́ть из стро́я fail, break down
вы́вод 1. (*удаление*) removal, withdrawal **2.** (*заключение*) conclusion
~ **из эксплуата́ции** removal from service
~**ы коми́ссии** findings
~, **ло́жный** false conclusion
~, **необосно́ванный** unfounded (groundless) conclusion
~, **непра́вильный** wrong conclusion
~, **обосно́ванный** well-founded (grounded) conclusion
~, **оконча́тельный** final conclusion
~, **организацио́нный** practical conclusion
~, **поспе́шный** hasty conclusion
~ **су́дна ло́цманом** pilotage outwards
~, **то́чный** precise conclusion
~, **удовлетвори́тельный** satisfactory conclusion
де́лать ~ draw (make) a conclusion
поспеши́ть с ~**ом** jump to (at) a conclusion
прийти́ к ~**у** come to the conclusion, arrive at (reach) a conclusion
выводи́ть 1. remove, take out **2.** (*делать вывод*) conclude
вы́воз taking out, pick-up, removal **2.** (*экспорт*) export[ation]
~, **беспо́шлинный** duty-free export[ation]
~, **бро́совый** dumping
~, **вре́менный** temporary export
~ **зо́лота** export (withdrawal[s]) of gold, gold export
~ **капита́ла** export of capital
~ **продово́льствия** food export
~ **проду́кции се́льского хозя́йства** agricultural export[s]
~ **с пи́рса** pier pick-up
~ **та́ры** removal of empties
~ **това́ров** export[ation] of goods
~ **това́ров по бро́совым це́нам** dumping
~ **упако́вки** removal of packing
~ **экспона́тов** removal of exhibits
запре́т ~**а инвалю́ты** ban on the export of foreign exchange
запре́т на ~ export prohibition, prohibition of export, ban (embargo) on exports
затрудне́ние ~**а** export difficulties, impediment to export
ме́сто ~**а** location of pick-up, pick-up location
объём ~**а** export volume, total exports
ограниче́ние ~**а** export restrictions
план ~**а** export plan (project)
пла́та за ~ pick-up fees
превыше́ние ~**а над вво́зом** surplus of exports, export surplus, excess of exports [over imports], export balance [of trade], overbalance of export[s]
предме́ты ~**а** exports, export goods (articles, items), articles of export
пункт ~**а** point of exit
разреше́ние на ~ (*покупателя*) release [note (certificate)] for shipment; (*экспортная лицензия*) export license (permit), permit for export[ation]; (*таможни*) certificate of clearance, removal permit

разреше́ние на ~ со скла́да dock pass
разреше́ние на ~ с тамо́женного скла́да bond note
расхо́ды по ~у removal expenses (costs)
срок ~а time for removal
услу́ги по ~у гру́за services for the picking up (pick-up) of cargo
запреща́ть ~ ban (prohibit) export, embargo
оформля́ть ~ arrange for exportation, arrange for an export permit, provide a permit for export[s]
оформля́ть ~ с тамо́жни obtain a bond note, receive a certificate of clearance
получа́ть разреше́ние на ~ (*властей*) obtain (receive) an export license (permit); (*покупателя*) obtain (receive) a release [note] for shipment; (*таможни*) obtain (receive) a certificate of clearance
сокраща́ть ~ reduce (decrease) exports
увели́чивать ~ increase exports
ввоз и ~ imports and exports
~ и доста́вка гру́зов pick-up and delivery
груз гото́в к ~у cargo is available for pick-up
цена́ включа́ет ~ rates include pick-up

вывози́ть 1. remove, take out **2.** (*за границу*) export, handle the exports, carry out outwards

выга́дывать 1. (*получать выгоду*) gain **2.** (*сберегать*) economize, save

вы́год/а (*преимущество*) advantage, benefit; (*прибыль*) gain[s], profit; (*интерес*) interest
~, взаи́мная mutual advantage
~, ли́чная self-profit, self-advantage
~, о́бщая common advantage
~, обще́ственная social benefit
~, побо́чная incidental benefit
~, потенциа́льная potential benefit
~, ра́вная equal advantage
~ы, свя́занные с ма́ссовым произво́дством gains of mass production
~, сумма́рная benefits
~, упу́щенная lost profit (opportunity), loss of profit (opportunity), missed profit; failure to secure profit
~, фина́нсовая financial advantage
~, хозя́йственная economic gain
~, я́вная recognized benefit
при́нцип ра́вной ~ы principle of equal advantage
страхова́ние упу́щенной ~ы loss of profit insurance
убы́тки за упу́щенную ~у losses for lost profit
извлека́ть ~у benefit (profit) by, derive (obtain) benefit (profit, advantage) from, have the benefit of, get (gain) profit, turn to advantage
извлека́ть наибо́льшую ~у obtain (derive) maximum benefit
испо́льзовать с ~ой use (utilize) to advantage (profitably)
получа́ть ~у benefit (profit) by, derive (obtain) benefit (profit, advantage) from, get (gain) profit
представля́ть взаи́мную ~у be of mutual advantage (benefit, interest)

признава́ть ~у recognize the benefit
приноси́ть ~у profit, bring (yield) profit, be profitable (favourable, remunerative, of advantage, lucrative)
для ~ы to the benefit
для взаи́мной ~ы for mutual benefit (advantage)
к взаи́мной ~е to the mutual benefit (advantage)
на осно́ве взаи́мной ~ы on the basis of mutual advantage (benefit)
с ~ой profitably, to the benefit
ра́ди ~ы for the sake of profit

вы́годны/й advantageous, profitable, beneficial, gainful, remunerative, lucrative
доста́точно ~ reasonably profitable
экономи́чески ~ economically sound
быть ~м be advantageous (beneficial, profitable, gainful, remunerative, lucrative), be of advantage (benefit); admit of a profit
оказа́ться ~м turn [out] to advantage, prove beneficial (profitable, etc.)

выгружа́ть unload, discharge, handle
~ из трю́ма remove from the ship's hold

вы́грузк/а unloading, discharging, discharge, offloading, landing, outturn
~, беспла́тная free discharge
~, вы́нужденная forced discharging
~, гре́йферная grab discharge
~ из трю́ма за счёт фрахтова́теля free out
~ на склад warehouse discharge
~ с су́дна в ж.-д. ваго́н discharge (unloading) of a ship to railcars
ме́сто ~и place of discharge, discharging (unloading) place (point)
но́рмы ~и rates of discharge (discharging), unloading standards
оконча́ние ~и completion of discharge
опцио́н ~и optional discharge (unloading, landing)
отме́тчик при погру́зке и ~е tallyman
о́чередь на ~у line for unloading
поря́док ~и procedure of discharging
рабо́ты по погру́зке и ~е loading and unloading (discharging) operations, cargo (stevedoring, handling) operations, stevedorage
тари́фные ста́вки по ~е scale of discharge
усло́вия погру́зки и ~и у сте́нки quay terms
цена́ с ~ой на бе́рег landed price
заде́рживать ~у delay (postpone) discharge (unloading, landing)
зака́нчивать ~у complete discharge
организо́вывать ~у provide (arrange [for]) unloading
плати́ть расхо́ды по ~е pay landing charges
производи́ть ~у effect discharge, do the discharging
в порту́ погру́зки и в порту ~и both ends
на усло́виях с ~ой на бе́рег landed terms
погру́зка и ~а за счёт фрахтова́теля free in and out

свобо́дно от расхо́дов по ~е free out, free discharge

выдава́ть give, grant, issue, deliver, supply, furnish

вы́дач/а delivery, grant, issue, issuance; (*выплата*) payment

~ **ава́нса** payment of an advance

~ **а́вторского свиде́тельства** issue of an author's certificate

~ **аккредити́ва** issue (issuance) of a L/C

~ **а́кций** issue (issuance) of shares (stocks)

~ **ве́кселя** issue of a bill

~ **ви́зы** issue (issuance, issuing, granting) of a visa

~ **гара́нтии** issue of a guarantee

~ **гру́за** delivery (handing over) of cargo

~ **гру́за у бо́рта су́дна** cargo delivered [at the port of destination] free alongside ship

~ **де́нег нали́чными** cash payment

~ **докуме́нта** issue (issuance) of a document

~ **докуме́нта о регистра́ции това́рного зна́ка** grant of registration

~ **докуме́нтов про́тив акце́пта** documents against acceptance

~ **зака́за** placing (issuing) of an order, contract award

~ **каранти́нного свиде́тельства** granting [free] pratique

~ **креди́та** granting (creation) of a credit

~ **лице́нзии** grant (issue, issuance) of a license, license grant, licensing

~ **лице́нзии на това́р** licensing products

~ **накладно́й** making out an invoice

~ **но́у-ха́у** furnishing of know-how

~ **пате́нта** delivery (grant, issue, issuance) of a patent, patent issue

~ **про́тив акце́пта** delivery against acceptance

~ **про́тив обяза́тельственного письма́** delivery against a letter of commitment

~ **про́тив платежа́** delivery of documents against payment

~ **про́тив сохра́нной распи́ски** delivery against trust receipt

~ **распи́ски** issue of a receipt

~ **свиде́тельства** issue of a certificate, certification

~ **ссу́ды** crediting, credit accommodation, lending (advancing) money, granting a loan

~ **субподря́да** subcontracting

~ **това́ра** delivery of cargo

~ **тра́нспортной накладно́й** billing

да́та ~и date of grant (issue, issuance)

зая́вка на ~у application for a grant

ме́сто ~и place of issue (issuance)

ме́сяц ~и month of grant (issue, issuance)

о́рдер на ~у това́ра delivery order

отка́з в ~е пате́нта refusal (rejection) of a patent [application]

поря́док ~и э́кспортных лице́нзий procedure for granting export licenses

поступле́ния от ~и лице́нзий licensing income

по́шлина за ~у пате́нта issue fee

пра́вила ~и пате́нтов patent rules

прекраще́ние ~и нали́чных де́нег stop of cash payment

препя́тствие к ~е пате́нта bar to patentability
разреше́ние на ~у гру́за freight release
разреше́ние на ~у това́ра со скла́да delivery order (*амер.* permit), warehouse order (release)
хода́тайство о ~е пате́нта application for grant of a patent
заде́рживать ~у delay issuing
оспа́ривать ~у пате́нта contest the issue of a patent
отка́зывать в ~е ви́зы refuse a visa
отка́зывать в ~е креди́та refuse (reject) credit
при ~е зака́за with order

выдвига́ть 1. (*предлагать*) advance, put (bring) forward **2.** (*на более ответственную работу*) promote

выделе́ни/е (*средств*) appropriation, assignment, allocation, allotment
~ ассигнова́ний allocation of funds
~ пло́щади space allotment, assignment of space
~ средств, де́нежных allocation (appropriation) of funds
~ средств, дополни́тельных additional finance
извеще́ние о ~и това́ра для исполне́ния догово́ра notice of appropriation

выделя́ть 1. (*средства*) allocate, appropriate, assign **2.** (*отбирать*) pick out, choose, single out **3.** (*отличать*) mark out

выде́рживать 1. bear, stand, sustain, hold out **2.** (*о товарах*) keep (lay) to mature

вы́держка (*товара на складе*) **1.** (*для достижения определённого качества*) keeping to mature **2.** (*до подходящей конъюнктуры рынка*) holding back on sales

вы́езд departure; (*из страны*) exit
да́та ~а date of departure, departure date
день ~а day of departure, departure day
разреше́ние на ~ (*из страны*) exit visa (permit)

выездно́й exit *attr.*

вызыва́ть 1. call, send for, summon **2.** (*причинять*) cause, occasion **3.** (*возбуждать*) provoke, call forth, give rise to

вы́игрывать win, gain; take advantage of; benefit from
~ конфли́ктное де́ло win the dispute (disputed matter, matter in dispute)

вы́кладка:
~ това́ра display of goods, goods layout, laying out (open) of goods
~ в магази́не in-store (interior) display
~, откры́тая open display

вы́куп (*погашение*) repayment, amortization, redemption; (*покупка ранее проданного товара*) repurchase; (*изъятие из обращения*) retirement
~ а́кций redemption of shares (stocks)
~ докуме́нтов redemption of documents
~, досро́чный prior redemption
~ закладно́й redemption of a mortgage
~ облига́ций retirement of bonds
возмо́жность ~а redeemability
лише́ние пра́ва ~а закладно́й foreclosure
объявле́ние о ~е redemption notice

пра́во ~а right of redemption
резе́рв для ~а и́ли погаше́ния redemption reserve
подлежа́щий ~у callable, repayable
выкупа́ть buy out, repay, pay back (out), redeem; repurchase
вы́лет take-off, start, departure
~, заплани́рованный scheduled departure
~, факти́ческий actual departure
вылета́ть take off, start
вы́писк/а 1. (*тратты, чека*) making out, drawing, issue 2. (*товаров*) ordering 3. (*отрывок*) extract, excerpt, abstract
~, заве́ренная certified account
~ из контра́кта contract extract
~ из протоко́ла extract from the protocol
~ из реше́ния extract from a decision
~ из счёта statement of account, abstract (extract) of an account
~ квита́нции making out a receipt
~ о состоя́нии депози́тного счёта statement of deposit
~ счёта billing, invoicing
~ счёта, представля́емая ба́нком вкла́дчика bank statement
~ тра́тты drawing [of a draft], issue of a draft (bill [of exchange])
да́та ~и счёта issue date of an invoice, invoice date
платёж про́тив ~и счёта payment against statement
пра́во ~и векселе́й drawing authorization
де́лать ~у из счёта draw out an account, make up a statement of account
представля́ть ~у из счёта render a statement
пригото́вить ~у счёта draw up a statement of account
выпи́сывать (*тратту, чек*) make out, draw, issue
вы́плат/а payment, pay; discharge, disbursement
~ ава́нсовых платеже́й нали́чными cash payments in advance
~ ава́нсом prepayment, payment in advance
~ в до́лларах payment in dollars
~ возмеще́ния payment of compensation
~ возмеще́ния, страхово́го payment of insurance indemnity
~ вознагражде́ния за вы́слугу лет seniority benefits payment
~ вознагражде́ния, комиссио́нного commission payment
~ в рассро́чку payment by (in) instal[l]ments
~, гаранти́йная guarantee payment
~ гаранти́йной су́ммы payment of a guarantee sum (amount), payment of retention money
~, де́нежная cash payment
~ дивиде́ндов dividend payment, payments on dividends
~ до́лга repayment (payment, liquidation) of a debt
~, дополни́тельная additional payment
~ы, дополни́тельные (*льготные*) fringe benefits
~, единовре́менная grant; (*премии, пособия*) gratuity; (*погашение нескольких платежей*) lumpsum payment
~ жа́лования payroll payment

~ **за ... дней болезни** payment for ... days of illness
~ **займа** loan repayment, repayment (redemption, liquidation) of a loan
~ **за сверхурочную работу** overtime payment
~, **квартальная** quarterly disbursement
~, **компенсационная** compensation (compensatory, entitlement) payment
~ **наличными, дополнительная** cash bonus (allowance)
~ **основной суммы займа** repayment of principal of a loan
~ **по векселю** negotiation of a bill
~ **по депозиту** payment of a deposit
~ **по доверенности** getting money by proxy (power of attorney)
~**ы по контракту** contract[ual] payments
~**ы по кредитам** payments for credits
~**ы по патентной лицензии** patent license payments
~**ы по социальному обеспечению** social security payments
~**ы по социальному страхованию** social insurance benefits
~ **по чеку** negotiation of a cheque
~**ы, поэтапные** progress payments
~, **премиальная** incentive payment
~ **премии** payment of a bonus (an award)
~ **премии, страховой** payment of a premium
~ **прибыли** payment of profits
~ **процентов** payment of interest, interest payment
~ **процентов по долговым обязательствам** bond service
~ **роялти** payment of royalty
~ **с аккредитива** payment by (out of) a L/C
~ **субсидии** subsidy payment (payout)
~ **суммы** payment of an amount (a sum)
~ **частями** payment by (in) instal[l]ments
время ~ы pay-off time
договорённость о ~е денег в день предъявления счёта same-day payment arrangement
заявление о ~е страхового возмещения insurance claim
обязательства по ~е роялти royalty obligations
период ~ы pay-out period
приказ о ~е денег payment order; withdrawal order
размер ~ы за сверхурочную работу overtime rate
иметь право на ~у процентов have the right to payment of interest
подлежать ~е be payable, mature
производить ~у make (effect) payment
разрешать ~у approve (*амер.* authorize) payment (disbursement)
требовать ~ы страхового возмещения claim for insurance indemnity
утверждать ~у approve (*амер.* authorize) payment

выплачивать pay, repay, pay back (out, off, over), disburse, meet financial obligations
~ **в рублях** pay in roubles
~ **ежемесячно** pay out on a monthly basis
~ **сполна (полностью)** pay in full, pay up

~ **частя́ми** pay by (in) instal[l]ments

выполне́ни/е execution, implementation, fulfilment, carrying out; (*обязанностей*) performance; (*осуществление*) realization, accomplishment

~, **высокока́чественное** sound (high-quality) execution

~, **доброка́чественное** execution in good quality, sound execution

~ **догово́ра** execution (fulfilment, implementation, performance) of a contract (an agreement), observance of an agreement

~, **до́лжное** proper execution

~ **зака́за** execution (fulfilment) of an order

~ **инстру́кций** execution of instructions

~ **контра́кта** execution (fulfilment, implementation, performance) of a contract

~ **норм вы́работки** efficiency

~ **обя́занностей** discharge of duties

~ **обя́занностей, ненадлежа́щее** improper discharge of duties

~ **обяза́тельств** fulfilment (performance, carrying out, discharge) of obligations (engagements, commitments), discharge of duties

~ **обяза́тельств, догово́рных** (*по контракту*) fulfilment (performance) of contract[ual] obligations (commitments)

~ **обяза́тельств по взаи́мным поста́вкам** meeting commitments in mutual trade

~ **обяза́тельств, своевре́менное** execution of commitments in good (due) time

~ **пла́на** execution (fulfilment, implementation, realization, accomplishment) of a plan (programme)

~ **пла́на, досро́чное** fulfilment of a plan ahead of time

~ **по осо́бому зака́зу** special (single order) execution

~ **поруче́ния** execution of an order

~ **произво́дственной програ́ммы** schedule performance

~ **рабо́т** execution (fulfilment, carrying out, performance) of work

~, **своевре́менное** timely execution, execution in (on) time

~ **соглаше́ния** implementation (execution, fulfilment) of an agreement

~ **тамо́женных форма́льностей** attendance to (fulfilment of) customs formalities

~, **техни́ческое** technical execution

~ **тре́бований** fulfilment (carrying out) of requirements

~, **тща́тельное** careful execution

~ **указа́ний** execution of instructions

~, **успе́шное** good progress

~ **форма́льностей** execution (fulfilment) of formalities (regulations)

~, **части́чное** part[ial] performance (completion)

~, **че́стное** faithful performance

~, **эффекти́вное** efficient implementation

вре́мя ~я execution time (period), time of execution

заде́ржка в ~и delay in executing (the execution of) work

ме́тод ~я рабо́т technique

надзо́р за ~ем рабо́т supervision of the execution (fulfilment) of work
поря́док ~я procedure
програ́мма ~я рабо́т по контра́кту programme of the duties to be carried out under a contract
срок ~я period of execution
сто́имость ~я зака́за ordering cost
указа́ния по ~ю рабо́т instructions in carrying out work
ход ~я progress of execution (implementation)
ход ~я зака́за progress (position) of an order
ход ~я контра́кта progress of a contract, course of execution (implementation) of a contract
ход ~я програ́ммы progress of a programme
ход ~я прое́кта progress of a project
ход ~я рабо́т на строи́тельной площа́дке progress at the site
ход ~я соглаше́ния progress of implementation of an agreement
эта́п ~я пла́на phase of a programme
гаранти́ровать ~ guarantee the execution
гаранти́ровать ~ монта́жных рабо́т guarantee the execution of erection work
держа́ть *кого-л.* **в ку́рсе хо́да ~я** *чего-л.* keep *smb* informed (notified) of the progress of *smth*
добива́ться ~я тре́бований enforce demands
заверша́ть ~ контра́кта complete contractual obligations
задержа́ться в ~и *чего-л.* be delayed in doing *smth*
заде́рживать ~ delay the accomplishment (fulfilment)
наста́ивать на ~и усло́вий hold to terms, insist on the observance of conditions
начина́ть рабо́ты по ~ю програ́ммы start work[ing] on a programme
обеспе́чивать ~ implement, ensure the fulfilment
отка́зываться от ~я обяза́тельств waive obligations
помеша́ть ~ю prevent fulfilment
помеша́ть ~ю програ́ммы prevent the fulfilment of a programme, prevent the programme [from] being maintained (accomplished)
поруча́ть ~ пла́на commit to a programme
принима́ть к ~ю take on for execution
приступа́ть к ~ю зака́за start (proceed with) the execution of an order
приступа́ть к ~ю програ́ммы launch a programme
продолжа́ть ~ програ́ммы continue [with] a programme
регистри́ровать ход ~я record the progress
сотру́дничать в ~и пла́на cooperate in a programme
во вре́мя ~я рабо́т during the execution of the work
по хо́ду ~я контра́кта during the course of a contract

вы́полненный executed, fulfilled, carried out
~ до́лжным о́бразом duly executed (fulfilled, carried out)

выполня́ть execute, implement, fulfil, carry out; perform; realize, accomplish, carry into effect

вы́пуск 1. (*о деньгах, акциях и т. д.*) issue, emission **2.** (*про-*

изводственный) output **3.** (*публикация*) publication
~ а́кций issue (issuance) of shares (stocks), share (stock) issue
~ банкно́т issue of banknotes, note issue (issuing)
~, вну́тренний internal issue
~ в прода́жу release
~ высококачественных това́ров production of high quality goods
~ де́нег в обраще́ние currency issue
~, дневно́й 1. daily output **2.** daily publication
~, еженеде́льный weekly publication
~ за́йма issue of a loan
~ из печа́ти publication, release
~ но́вого проду́кта (*процесс внедрения*) launching process; (*запуск в производство*) launching of a product
~ облига́ций issue of bonds (debentures), bond issue
~, повто́рный reissue
~ проду́кции [production] output, output of products, production turnout
~ проду́кции, высокока́чественной manufacturing high-quality products
~ проду́кции за год annual output
~ проду́кции на ры́нок commercial manufacture
~ проду́кции, побо́чной output of by-products
~ проду́кции, сверхпла́новой output of production exceeding the target
~ проду́кции, учи́тываемый recorded output
~, сери́йный batch (serial) production
~, су́точный daily output
~ това́ра на ры́нок putting goods on the market, market introduction
да́та ~а (*продукции*) date of manufacture, release date
да́та ~а це́нных бума́г date of issue
курс ~а rate of issue
ме́сто ~а place of issue
план ~а проду́кции production plan, output plan (programme)
плани́рование ~а и сбы́та проду́кции business planning
гаранти́ровать ~ проду́кции guarantee the output
нара́щивать ~ проду́кции increase manufacture
нача́ть ~ проду́кции launch a product
ограни́чивать ~ проду́кции limit output
осва́ивать ~ проду́кции master manufacture, organize (cope with) production
плани́ровать специа́льный ~ plan a special issue
согласо́вывать годово́й ~ проду́кции discuss (determine) the yearly production, coordinate the annual production
сокраща́ть ~ reduce (decrease) the output
увели́чивать ~ increase (expand) the output
ускоря́ть ~ speed up production
разрешённое к ~у коли́чество sanction quantity

выпуска́ть 1. (*производить*) manufacture, produce, make **2.** (*о деньгах, акциях и т. д.*) emit, issue

выра́внивание levelling[-off], evening up (out)

выраже́ни/е:
в натура́льном ~и in kind

в реа́льном ~и in real terms
в сто́имостном ~и in terms of value
в цифрово́м ~и in figures

выруча́ть 1. (*получать прибыль*) make, gain, net, clear **2.** (*приходить на помощь*) come to *smb's* help (aid, assistance)
~ затра́ченное recover one's expenses

вы́ручк/а 1. gain; (*от торговли*) receipts, returns, proceeds **2.** (*помощь*) help, aid, assistance
~, валова́я gross proceeds (receipts), earnings
~, валова́я от прода́жи gross sales, gross operating income
~, валю́тная currency (foreign exchange) earnings (receipts)
~в рубля́х returns in roubles
~, годова́я annual receipts
~, де́нежная receipts
~, дневна́я daily receipts
~, до́лларовая dollar earnings
~ за рабо́ты, вы́полненные по контра́кту contract receipts
~ не́тто net avails (yields, proceeds)
~, о́бщая total compiled receipts
~ от прода́жи (от реализа́ции) sales (product) proceeds, proceeds of sales
~ от торго́вли receipts from trade
~ от учтённого ве́кселя net avails
~ от э́кспорта export proceeds (receipts, earnings)
~ по догово́рным рабо́там contract receipts
~, предполага́емая estimated proceeds
~, су́точная daily receipts
~, торго́вая receipts from trade
~, чи́стая net proceeds (avails)
~, э́кспортная export proceeds (receipts, earnings)
зада́ния по валю́тной ~е currency earning targets
но́рма ~и earning rate
перево́д ~и от прода́жи remittance of sale proceeds
выпла́чивать ~у pay proceeds
пересчи́тывать ~у в рубли́ convert receipts to roubles
получа́ть ~у от прода́жи receive the proceeds of sale
расхо́довать ~у expend the proceeds
сдава́ть ~у от э́кспорта това́ров surrender export proceeds

высокодохо́дный [highly] profitable, highly remunerative

высокока́чественный [of] high (superior) quality, fine, extra-fine, high-class (grade, quality)

высококвалифици́рованный highly qualified (skilled, trained)

высокорента́бельный highly profitable (remunerative)

высокосо́ртный high-grade (class, quality) *attr.*, of superior quality

высокоспециализи́рованный highly specialized

высокотехнологи́чный high technology *attr.*, *сокр.* high-tech

вы́ставк/а exhibition, show, exposition, display, fair
~ в витри́не window display
~, всеми́рная world exhibition
~, горизонта́льная horizontal fair
~ достиже́ний нау́ки и те́хники exhibition of achievements in science and technology
~ достиже́ний промы́шленного произво́дства demonstration of industrial achievements
~, ежего́дная annual exhibition
~, загранич́ная foreign exhibition

~, закры́тая private exhibition, exhibition with limited admission
~, коллекти́вная collective show (display)
~, кру́пная major exhibition
~, междунаро́дная international exhibition
~, ме́стная country show
~ на двусторо́нней *или* **многосторо́нней осно́ве** bilateral *or* multilateral exhibition, exhibition under joint venture arrangement (on joint venture terms)
~ на откры́том во́здухе outdoor display
~ на по́лках shelf display
~, национа́льная national exhibition
~ нови́нок novelties fair
~ нови́нок э́кспорта display of new export items (articles)
~ образцо́в sample show (display, exhibition), show (display, exhibition) of samples
~, отраслева́я branch (specialized, trade) exhibition, trade fair, industry show
~, передвижна́я rotating (mobile, travelling) exhibition
~, постоя́нная permanent display, standing exhibition
~, предстоя́щая forthcoming exhibition
~, промы́шленная industrial exhibition
~, рекла́мная advertising exhibition
~, сельскохозя́йственная agricultural exhibition
~, совме́стная collective show (display)
~, специализи́рованная special[ized] exhibition
~, техни́ческая technical (engineering) exhibition
~ техни́ческих средств и обору́дования hardware exhibition
~, това́рная goods fair (show)
~ това́ров широ́кого потребле́ния consumer goods exhibition
~, торго́во-промы́шленная trade and industrial exhibition
~, универса́льная general-purpose (universal) exhibition
~, юбиле́йная jubilee exhibition
администра́ция ~и management of an exhibition, exhibition authorities (committee)
аре́нда помеще́ния для ~и tenancy of a site, rent of space
возмо́жность уча́стия в ~е possibility to participate in an exhibition, demonstration possibilities
вре́мя проведе́ния ~и exhibition time (period), time of holding an exhibition
демонта́ж ~и dismantling (dismantlement) of an exhibition
дире́ктор ~и exhibition manager
закры́тие ~и closing (closure) of an exhibition
зая́вка на ме́сто на ~е application for [exhibit] space
зая́вка на уча́стие в ~е application for [participation in] an exhibition
ме́сто на ~е exhibition space (place)
ме́сто проведе́ния ~и site (place, location) of an exhibition, exhibition site (location)
монта́ж ~и installation (mounting) of an exhibition (exhibits)
обме́н ~ами exchange of exhibitions

организа́тор ~и sponsor of an exhibition, exhibition organizer, promoter of an exhibition
осмо́тр ~и tour of an exhibition; (*до открытия*) exhibition preview
отбо́р экспона́тов для ~и choice (selection) of exhibits for an exhibition
отка́з экспоне́нта от уча́стия в ~е withdrawal of an exhibitor
откры́тие ~и opening of an exhibition (a show, an exposition, a fair)
откры́тие ~и, торже́ственное inauguration (ceremonial opening) of an exhibition, opening ceremonies
оформи́тельский день на ~е dressing day
оформле́ние ~и design of an exhibition; decoration (dressing) of an exhibition
пло́щадь ~и display area (space); exhibition area (space), area of an exhibition, exhibition grounds
пло́щадь ~и, зарезерви́рованная booked space
пло́щадь ~и, откры́тая open air (outdoor) exhibition area (space)
помеще́ние ~и premises of an exhibition (a display)
посети́тель ~и visitor to (of) an exhibition
посеще́ние ~и visit to an exhibition
проведе́ние ~и holding of an exhibition
програ́мма ~и exhibition programme
продолжи́тельность проведе́ния ~и duration of an exhibition, exhibition period
путеводи́тель по ~е exhibition guide
рабо́та ~и work (operation, functioning) of an exhibition
разде́л ~и display section, section of an exhibition
речь на откры́тии ~и inaugural address
сотру́дник ~и exhibition staff member
срок проведе́ния ~и exhibition time
стенд на ~е booth, stand
страна́-уча́стник ~и participant, participator, participating country
террито́рия ~и exhibition area (site, grounds, premises), ground area, show grounds
террито́рия ~и под откры́тым не́бом outdoor exhibit space
усло́вия уча́стия в ~е conditions of participation in (at) an exhibition
устрои́тель ~и sponsor of an exhibition
уча́стие в ~е participation in (at) an exhibition (a show)
уча́стник ~и exhibitor, exhibitioner, participant in an exhibition
церемо́ния откры́тия ~и ceremonial opening (inauguration) of an exhibition
часы́ рабо́ты ~и hours of operation
экспона́т на ~е exhibit, display unit, sample on display
арендова́ть ме́сто на ~е rent space (a site)
выделя́ть ме́сто на ~е allocate a site
выставля́ть экспона́ты на ~е display (feature) exhibits, put exhibits on display (view)
дава́ть оце́нку ~е assess an exhibition

демонстри́ровать на ~е demonstrate at an exhibition
демонти́ровать ~у dismount (dismantle) an exhibition
закрыва́ть ~у close an exhibition
изменя́ть расположе́ние това́ров на ~е rearrange the display
организо́вывать ~у arrange (organize) an exhibition (an exposition, a show)
осма́тривать ~у tour (see) an exhibition
откла́дывать откры́тие ~и postpone an exhibition
открыва́ть ~у open (inaugurate) an exhibition (a show, a fair)
оформля́ть ~у decorate (dress) an exhibition
плани́ровать ~у plan an exhibition
пополня́ть ~у това́рами refill the display
посеща́ть ~у attend (visit) an exhibition
проводи́ть ~у hold (arrange, run) an exhibition
реклами́ровать това́ры на ~е advertise goods at an exhibition
составля́ть гра́фик рабо́ты ~и schedule an exhibition
устра́ивать ~у arrange (organize) an exhibition
уча́ствовать в ~е participate (take part) in an exhibition, exhibit, show
финанси́ровать ~у sponsor an exhibition
экспони́ровать на ~е exhibit at a display
для ~и for exhibition purposes
на вре́мя рабо́ты ~и for the duration of an exhibition
фра́нко-~а free exhibition

вы́ставка-прода́жа selling exhibition
вы́ставка-я́рмарка fair, show
выставля́ть 1. (*требование*) put forward **2.** (*товар*) display, exhibit, set out, show **3.** (*выписывать*) write out, make out, draw up, issue
вы́ставочный exhibition *attr.*
вы́чет deduction, *амер.* check[-]off
~, автомати́ческий automatic check[-]off
~, еди́ный block deduction
~ из зарпла́ты deduction from wages (salary), *амер.* check[-]off
~ из при́были income deduction, deduction from income
~, нало́говый deduction of tax, tax deduction
~, неразрешённый unauthorized deduction
~, принуди́тельный compulsory deduction
~ проце́нтов deduction of interest, rebate
~ расхо́дов deduction of expenses (charges)
возмо́жность ~а deductibility
платёж без ~ов payment without deductions
при́быль за ~ом нало́га after-tax profit
цена́ за ~ом ски́дки price less discount
производи́ть ~ deduct
увели́чивать ~ increase deduction
без ~ов net
до ~а нало́га before tax
за ~ом less, minus, deducting, allowing for, with the deduction of
за ~ом амортиза́ции net of amortization (depreciation)
подлежа́щий ~у deductible

вычита́ть deduct from, take from (away), recoup
вя́зкость (*о жидкости, газе*) viscosity; (*о металле*) toughness, tenacity
вя́лость:
~ **ры́нка** depression (stagnation, dullness, heaviness, slackness) of the market
~ **хозя́йственной де́ятельности** stagnation (dullness, heaviness, slackness, sluggishness) of economic activity

Г

габари́т dimension[s], measurements, size
~ **гру́за** overall dimensions of cargo
~, **нестанда́ртный** greater than standard size
~**ы обору́дования** dimensions of equipment
~, **о́бщий** overall dimensions (measurements)
~ **погру́зки** loading gauge
~, **соотве́тствующий** appropriate dimensions
~, **станда́ртный**, standard size
~ **та́ры** size of a container
~ **я́щика** case dimensions, size (dimensions) of a case
га́вань harbour, *сокр.* hbr, hr, h, port, haven
~, **во́льная** free harbour (port)
~, **нало́говая** tax haven
входи́ть в ~ enter (call at, put into) a harbour
фра́нко- ~ free harbour
газово́з liquified gas carrier
газопрово́д [gas] pipeline
прокла́дывать ~ lay a gas pipeline
гара́нт guarantor, guarantee, sponsor; backer
~ **за́йма** sponsor (guarantor, guarantee) for a loan
~ **по ве́кселю** guarantor of a bill
~, **совме́стный** joint surety
гаранти́йный guarantee *attr.*, guaranteed, warranty *attr.*
гаранти́рование backing, support
~ **цен** support of prices
гаранти́рованный guaranteed
гаранти́ровать guarantee, guaranty, give (furnish) a guarantee, warrant, give warranty; (*финансировать*) sponsor; (*обеспечивать*) secure
гаранти́руемый guaranteed; warranty-covered
гара́нти/я guarantee, guaranty, warranty; (*поручительство*) surety; (*обязательство*) undertaking; (*от убытков*) indemnity; (*обеспечение*) security; (*охрана*) safeguard
~, **авари́йная** [general] average bond
~, **ба́нковская** bank (banker's) guarantee; bank's letter of guarantee
~, **безотзы́вная** irrevocable guarantee
~, **безусло́вная** unconditional guarantee
~ **возвра́та пла́ты за това́р** (*в случае возвращения его покупателем*) money-back guarantee
~, **вывозна́я** export guarantee
~ **го́дности това́ра** warranty of the fitness of goods
~, **действи́тельная до** guarantee valid till
~, **действи́тельная на** guarantee valid for
~, **доба́вочная** additional guarantee
~**и, догово́рные** contractual guarantees

~, долгосро́чная long-term guarantee (warranty)
~, иму́щественная guarantee of property
~ ка́чества quality guarantee (warranty, assurance), guarantee (warranty, assurance) of quality
~, краткосро́чная short-term guarantee (warranty)
~ креди́та credit guarantee, guarantee of (for) credit
~ кредитоспосо́бности guarantee of solvency
~, ли́чная (*поручительство*) personal security
~, надёжная reliable guarantee
~, обеспе́чиваемая guaranteed warranty
~, о́бщая general guarantee
~ опла́ты guarantee of payment
~, основна́я basic (baseline) warranty
~, основны́х показа́телей performance guarantee
~, отзыва́я revocable guarantee
~ от убы́тков indemnity, security for losses
~, пи́сьменная written guarantee
~ платежа́ guarantee (security) of payment
~, подразумева́емая implied guarantee (warranty)
~ по показа́телям потребле́ния guarantees of consumption
~и, правовы́е legal guarantees
~ приго́дности для торго́вли guarantee of merchantability
~ продавца́ seller's (vendor's) guarantee (warranty)
~ продавца́ о техни́ческом обслу́живании seller's maintenance guarantee
~, продлённая extended guarantee
~, произво́дственная performance guarantee, warranty of production
~ рабо́ты (*машины*) guarantee of operation, warranty of performance
~, распространя́ющаяся на guarantee applied to (covering)
~ ри́ска, э́кспортного export risk guarantee
~, совме́стная joint surety
~ сохране́ния гру́за guarantee of safe-keeping the goods
~, специа́льная specific guarantee
~ станда́ртная standard warranty
~, страхова́я insurance guarantee
~ страхо́вщика insurer's security, underwriter's guarantee
~, усло́вная conditional guarantee
~, у́стная oral warranty
~ цены́ price warranty
~ э́кспортных креди́тов export credit guarantee
бланк ~и guarantee form
вы́дача ~и issue of a guarantee
да́та оконча́ния сро́ка ~и expiry date of the guarantee period
де́йствие ~и validity of a guarantee
догово́р ~и от убы́тков contract of indemnity
заме́на по ~и warranty replacement
знак ~и guarantee mark
истече́ние сро́ка ~и expiration (expiry [date]) of the guarantee period
лицо́, даю́щее ~ю guarantor, warrantor

нарушéние ~и breach of warranty
ответственность по ~и warranty responsibility
подтверждéние ~и confirmation of guarantee, guarantee confirmation
прáвила оформлéния ~и guarantee procedure
предоставлéние ~и giving (granting, furnishing) of a guarantee
продлéние срóка ~и extension (prolongation) of a guarantee
пункт договóра о ~ях guarantee (warranty) clause
срок ~и guarantee period (time), period (length) of a guarantee
срок дéйствия ~и validity of a guarantee
ссýда под ~ю loan against a guarantee
услóвия ~и terms (conditions, provisions) of a guarantee (warranty), warranty provisions, guarantee terms
аннулúровать ~ю annual a guarantee
входúть в ~ю be covered by a guarantee
выполнять обязáтельства по ~и пéред покупáтелем maintain guarantee with customers
давáть ~ю give a guarantee, make warranty
имéть ~ю have a guarantee
имéть ~ю, отдéльную be separately guaranteed (warranted)
исчислять срок ~и count a guarantee period
находúться на ~и be under warranty
отправлять ~ю forward a guarantee
оформлять ~ю issue a guarantee
подтверждáть ~ю confirm a guarantee
покрывáться ~ей be covered by a guarantee
получáть ~ю obtain (receive) a guarantee
пóльзоваться услóвиями ~и enjoy warranty provisions
предлагáть ~ю в ... мéсяцев offer a ... months' guarantee
предоставлять ~ю give (furnish, grant; *амер.* extend) a guarantee
представлять ~ю present (provide, produce) a guarantee
применять ~ю к apply guarantee to
продлевáть срок ~и extend (prolong) a guarantee period (the period of guarantee), extend warranty
соответствовать услóвиям ~и be in conformity with (conform to) guarantee provisions
без ущéрба своúх прав по ~и without prejudice to *one's* rights under the guarantee
в вúде ~и as a safeguard against
в кáчестве ~и as surety for
по ~и under the guarantee (warranty)
по истечéнии срóка ~и upon expiration of the guarantee period
с ~ей на ... мéсяцев with a ... months' guarantee
дáнная гарáнтия вмéсто всех остальных this warranty is in lieu of all other warranties

генерáльный general
гéрбовый stamp[ed]
герметúческий, герметúчный sealed, water (air, dust)-proof, [air-]tight
гúбел/ь loss
~, абсолютная пóлная *страх.* absolute total loss

~ гру́за loss of cargo
~, действи́тельная по́лная *страх.* actual total loss
~ иму́щества loss of property
~, конструкти́вная по́лная *страх.* constructive total loss
~ корабля́ [ship]wreck, loss of a ship
~, по́лная *страх.* total loss
~ това́ра perishing of goods
~, факти́ческая actual loss
~, части́чная partial loss
заявле́ние о ~и застрахо́ванного иму́щества notification of the loss of insured goods
страхова́ние от по́лной ~и insurance against total loss

глоба́льный global; (*комплексный, аккордный*) blanket

глубоково́дный deep-water (sea) *attr.*

гниль decay; rot

год year
~, ба́зисный basal (base) year
~, бала́нсовый balance year
~, бюдже́тный budget year
~, догово́рный contract year
~ изготовле́ния year of manufacture
~ изда́ния publication date, date of publication
~, календа́рный calendar year
~, отчётный accounting year, year of account, year under review
~, произво́дственный working year
~, теку́щий current year
~, фина́нсовый financial (fiscal, business) year
~, хозя́йственный economic (business, production, working) year

го́дны/й (*подходящий*) fit, suitable, good, proper; (*действительный*) valid
~ для good (fit) for; valid for
~ для перево́зки зерна́ suitable for [the transportation of] grain
счита́ть ~м consider (deem) fit

годово́й annual, yearly, year's *attr.*

го́лод (*острая нехватка чего-л.*) famine, shortage
~, бума́жный paper famine
~, валю́тный currency famine (shortage)
~, де́нежный money scarcity (squeeze, stringency), money famine, pressure on the money supply
~, до́лларовый dollar famine (shortage)
~, о́стрый acute shortage
~, това́рный goods famine

гонора́р (*врача, юриста*) fee[s], honorarium; (*автора*) royalty
~, аге́нта agent's fee
~, аге́нтский agency fee
~ арби́тра arbitrator's fee
~ ревизо́ра auditor's honorarium
су́мма ~а amount of a fee
взима́ть ~ charge fees
догова́риваться об опла́те ~а negotiate payment of fees
плати́ть ~ pay fees
плати́ть в фо́рме ~а pay in the form of a fee

горизонта́льный horisontal, lateral

горю́чий combustible; inflammable

госзака́з state order

госконтро́ль state control service
~ по ка́честву state quality control service

госприёмка 1. state inspection 2. (*организация*) state inspection agency

госуда́рственный national, public, state, government; (*принадлежащий государству*) state (government)-owned

гото́вност/ь readiness

~ к приёмке readiness for acceptance; readiness for inspection
~ това́ра к отгру́зке readiness of goods for shipment
извеще́ние о ~и notice (notification, advice) of readiness, *сокр.* N.O.R.
извеще́ние о ~и обору́дования к испыта́ниям notice (notification) of the readiness of the equipment for tests
извеще́ние о ~и су́дна к вы́грузке notice of readiness to discharge (unload)
извеще́ние о ~и су́дна к погру́зке notice of readiness to load (for loading)
извеще́ние о ~и това́ра к осмо́тру notification of the readiness of the goods for inspection
извеще́ние о ~и това́ра к отгру́зке notice (notification) of the readiness of the goods for shipment
протоко́л о ~и обору́дования к пу́ску в эксплуата́цию protocol of (on) the readiness of equipment for commissioning (putting into operation)
сертифика́т о ~и certificate of readiness

грани́ц/а border, frontier
~, госуда́рственная state border (frontier)
~ страны́ покупа́теля border of a buyer's country
~ страны́ продавца́ border of a seller's country
доста́вка гру́за до ~ы delivery of goods to the border
перева́лка гру́за на ~е transhipment of goods at the border
поста́вка на усло́виях фра́нко-ваго́н сове́тская ~ delivery FOR Soviet border
цена́ фра́нко-~ free frontier (free at border) price
доставля́ть това́р до ~ы deliver goods to the border
пересека́ть ~у cross the frontier (border)
с поста́вкой на ~е (*условие поставки*) delivered at frontier

гра́фик schedule, timetable
~ возмеще́ния долго́в debt repayment schedule
~ выполне́ния рабо́т schedule of work, work schedule, progress chart
~ выполне́ния рабо́т, монта́жных schedule of erection [work]
~ выполне́ния рабо́т, строи́тельных construction schedule
~ вы́ставок exhibition schedule
~, дета́льный detailed schedule
~, календа́рный schedule
~, контро́льный master schedule
~ лине́йный linear schedule
~ мероприя́тий, рекла́мных schedule of advertising
~, ме́сячный monthly schedule
~ монтажа́ schedule of erection [work], erection schedule
~, напряжённый tight [time] schedule
~, о́бщий joint schedule
~, оконча́тельный final schedule
~, оптима́льный optimal schedule
~, основно́й master schedule
~, осуществи́мый feasible schedule
~ отгру́зок shipping schedule
~, пересмо́тренный revised schedule
~ платеже́й payment schedule, schedule of payments
~, пло́тный busy schedule

~ поста́вок delivery schedule, schedule of deliveries
~, предвари́тельный tentative schedule
~ проведе́ния [шеф-]монта́жных рабо́т erection schedule, schedule of erection [work]
~, произво́дственный production schedule
~ рабо́т schedule of work, operation (operating, operative) schedule
~ рабо́т, прое́ктных project schedule
~ рабо́т, строи́тельных construction schedule
~ рабо́чего дня working day time schedule
~, расчётный design chart
~, сво́дный comprehensive schedule
~, согласо́ванный agreed (adjusted) schedule
~, твёрдый firm timetable
~ теку́щего ремо́нта maintenance schedule (timetable)
~ услу́г schedule of services
~ хо́да строи́тельства schedule of construction, construction schedule
выполне́ние ~а fulfilment of a schedule
корректиро́вка ~а adjustment of a schedule
наруше́ние ~а disruption (breach) of a schedule
несоблюде́ние ~а non-observance of a schedule
отклоне́ние от ~а departure from a schedule
рабо́та по ~у schedule[d] work
соотве́тствие ~у compliance with a schedule
составле́ние ~а рабо́т scheduling of a programme
включа́ть в ~ specify in the schedule
выде́рживать ~ maintain a schedule, operate to schedule
выполня́ть ~ поста́вок meet delivery dates
догова́риваться о ~е arrange a schedule
наруша́ть ~ break a schedule
одобря́ть ~ approve a schedule
опережа́ть ~ be ahead of schedule
отстава́ть от ~а be behind schedule
пересма́тривать ~ поста́вок revise the delivery schedule
подгота́вливать ~ prepare a schedule
предлага́ть ~ propose a timetable (schedule)
представля́ть ~ платеже́й submit (present) a payment schedule
представля́ть ~ поста́вок provide a delivery schedule
приде́рживаться ~а abide by (adhere to) the schedule
рабо́тать по ~у run on [a] schedule, work to schedule
рабо́тать с опереже́нием ~а meet a schedule at an earlier date
сказа́ться на выполне́нии ~а affect the schedule
соблюда́ть ~ keep to schedule, maintain the schedule
согласова́ть ~ agree upon (finalize) a schedule
согласо́вывать ~ discuss (consider, coordinate) a schedule
составля́ть ~ work out (draw up) a schedule, compile a schedule, schedule
составля́ть ежедне́вные временны́е ~и make out daily time sheets
ука́зывать в ~е specify in the schedule (sheet)
устана́вливать ~ рабо́т es

tablish a production schedule
утверждать ~ approve a schedule
вне ~а out of schedule
в соответствии с ~ом in accordance with the schedule
на основании ~а on a scheduled basis
точно по ~у on schedule, according to schedule

груз cargo, freight, *сокр.* fr., goods, load; (*партия*) consignment, shipment, *сокр.* ship., sh.
~, адресованный directed cargo (freight)
~, автомобильный (автотранспортный) motor freight
~, бездокументный cargo without documents, undocumented cargo
~ без порта назначения optional cargo
~ без упаковки unpacked (unpackaged, uncovered, unwrapped, unprotected) goods (cargo); bulk cargo, cargo (goods) in bulk, loose goods
~, бестарный bulk commodities, loose goods, goods in bulk
~ большой скорости express goods (cargo, freight), fast cargo (freight)
~, бочковый cargo in barrels
~, бьющийся fragile cargo (freight)
~, взрывчатый explosive goods, goods of an explosive nature
~ в кипах bale[d] goods
~ в коробках cartonised cargo (freight)
~ в мешках bagged cargo, cargo in bags
~ в обрешётке crated cargo (goods)
~, воздушный air cargo, air freight (shipment)
~ в пакетах packeted goods
~ в упаковке packed (packaged) goods (cargo), package of cargo
~, выброшенный за борт jettison, jettisoned cargo
~, выброшенный на берег stranded goods (cargo)
~, выставочный exhibition goods
~, габаритный cargo (freight) within loading gauge (range)
~, генеральный general cargo, *сокр.* G.C.
~, годный к транспортировке transportable goods
~, готовый к вывозу cargo available for pick-up
~, громоздкий bulky goods
~, длинномерный [super]long goods
~, добавочный additional cargo, cargo to be added to the consignment
~, дозволенный legal cargo, lawful merchandise
~, доставленный delivered goods
~, железнодорожный railway cargo, rail shipment
~, жидкий liquid (wet) goods
~, засланный misdirected cargo, astray freight
~, застрахованный insured shipments
~, импортный (импортируемый) import[ed] (inward, inbound) goods (cargo, freight), freight inward; imports
~, испорченный damaged cargo (goods), spoiled goods
~, коммерческий commercial cargo (freight)
~, конвенциональный conventional cargo (freight)
~, контейнеризованный (контейнерный) container[ized] cargo (freight)

~, **контра́ктный** contract cargo (freight)
~, **корабе́льный** shipload
~, **лёгкий** (*по весу*) light cargo (goods), goods light in weight
~, **легковоспламеня́ющийся** inflammable cargo, goods of an inflammable nature
~, **малогабари́тный** small [-size] cargo (freight)
~ **ма́лой ско́рости** slow cargo (freight), low speed cargo
~, **мешко́вый** bagged cargo
~, **морско́й** floating cargo
~, **нава́лочный** bulk cargo, *сокр.* B.C., bulk goods (freight), cargo in bulk
~, **на кото́рый нало́жен аре́ст** goods under arrest
~, **наливно́й** fluid cargo, liquids, bulk cargo, *сокр.* B.C., bulk goods (freight), cargo in bulk, tanker cargo
~ **на палле́тах (поддо́нах)** palletized (palleted) cargo (goods), pallet load
~ **на плаву́** cargo afloat
~, **насыпно́й** loose goods (cargo), bulk cargo, *сокр.* B.C., bulk goods (freight), cargo in bulk
~, **неадресо́ванный** unaddressed goods (cargo)
~, **невостре́бованный** unclaimed goods
~, **невы́груженный** short-landed cargo
~, **негабари́тный** oversized (over-dimensioned) cargo (goods), off-gauge goods (load)
~, **недостаю́щий** missing cargo (freight)
~, **незакреплённый** loose cargo
~, **незапеча́танный** unsealed cargo
~, **незастрахо́ванный** uninsured cargo (goods)
~, **незата́ренный** unpacked cargo, loose cargo (goods)
~, **незая́вленный** undeclared goods (freight)
~, **не облага́емый по́шлиной** free goods (freight)
~, **необъя́вленный** (*не включённый в таможенную декларацию*) undeclared goods
~, **не опла́ченный по́шлиной** bonded goods, goods in bond, goods under customs bond
~, **непоста́вленный** non-delivered cargo (freight)
~, **непра́вильно адресо́ванный** misdirected cargo (freight)
~, **непра́вильно ука́занный в тамо́женной деклара́ции** wrongfully declared goods
~, **неупако́ванный** loose cargo (goods), bulk cargo, cargo in bulk
~, **обме́рный** measurement goods (cargo)
~, **обра́тный** homeward (homebound, return) cargo (freight)
~, **объёмный** measurement cargo (goods), bulky goods, voluminous goods
~, **обы́чный** conventional cargo
~, **огнеопа́сный** inflammable (hazardous) cargo (goods)
~, **одноро́дный** uniform cargo
~, **опа́сный** dangerous goods (cargo, materials), goods of dangerous nature, damaging goods
~, **опцио́нный** optional cargo
~, **пакети́рованный (пакетизи́рованный)** packaged (cartonised) cargo (freight), palletized cargo (freight)
~, **па́лубный** deck cargo (load)
~, **па́рцельный** parcels
~, **первонача́льный** original cargo (freight)

~, перевози́мый автотра́нспортом motor freight

~, перевози́мый в соотве́тствии с пра́вилами и обы́чаями торго́вого морепла́вания cargo carried in accordance with the rules and customs of merchant shipping

~, перевози́мый на да́льние расстоя́ния long-haul traffic, long-distance freight

~, перевози́мый на су́дне cargo carried on a ship, ship's cargo, load of a ship

~, перевози́мый самолётом air freight

~, перемеша́вшийся bulk pile

~, пла́вающий (*при аварии*) flotsam

~, пла́тный payload

~, поваго́нный carload

~, повреждённый damaged cargo (goods), spoiled goods

~, поги́бший lost cargo (freight)

~, погру́женный нава́лом goods loaded in bulk

~, подгото́вленный к отпра́вке goods to be moved (shipped, dispatched), goods ready for shipment (dispatch)

~, подмо́ченный wet cargo

~, поимено́ванный в коносаме́нте goods specified (denominated, indicated) in the bill of lading

~, по́лный full (complete) cargo

~, полу́ченный received cargo (goods)

~, попу́тный additional (chance, way) cargo (freight)

~, поста́вленный delivered goods

~, почто́вый goods conveyed by post (mail)

~, прибы́вший на су́дне goods which arrived by vessel

~, при́нятый intaken weight

~, при́нятый в хоро́шем состоя́нии (*по внешнему виду*) goods in apparent good order and condition

~, при́нятый для отпра́вки на су́дно goods received for shipment

~, при́нятый на склад goods received into a warehouse (shed)

~, просро́ченный delayed goods

~, разноро́дный mixed (assorted) cargo

~, рефрижера́торный refrigerated goods

~ы, ро́дственные analogous articles (goods)

~ ро́ссыпью loose (bulk) cargo, goods in bulk

~, сбо́рный general cargo, groupage goods

~, сда́нный на хране́ние goods placed in storage

~, складско́й goods in store, warehouse goods

~, скоропо́ртящийся perishable goods (cargo, freight, load), perishables

~, сме́шанный mixed cargo (freight)

~, спасённый salvaged (saved) goods, salvage

~, сро́чный time (priority) cargo (freight), high priority shipment

~ су́дна, те́рпящего бе́дствие distress cargo

~, сухо́й dry cargo

~, сыпу́чий bulk goods, bulk-break cargo

~, та́рный packed (packaged) goods

~, торго́вый commercial cargo (freight)

~, транзи́тный transit goods (cargo), goods in transit

~, трю́мный under-deck (hold) cargo
~, тяжелове́сный (тяжёлый) heavy cargo (goods, lifts), heavyweight cargo, heavy-lift cargo, cargo of a heavyweight nature, extra weights
~, упако́ванный packed (packaged) goods (cargo), package of cargo
~, части́чно недопоста́вленный по сравне́нию с коносаме́нтом cargo shortage as against the bill of lading
~, це́нный valuable (high-value) cargo (consignment, commodity, items)
~, штабели́рованный stacked goods (cargo)
~, шту́чный packaged (piece) goods, package freight, parcel shipment (goods), parcels, packages
~, э́кспортный export[ed] (outward, outbound) cargo (goods, freight), freight outward, exports
~, я́щичный boxes, cases
аре́ст на ~ arrest of cargo
букиро́вка ~а booking of cargo, canvassing
вес ~а weight of cargo (load), cargo weight, weight loaded
весь ~ total cargo
владе́лец ~а proprietor (owner) of goods (cargo), cargo owner
возвра́т ~а return of goods (cargo)
вы́воз ~а pick-up (picking up) of cargo (goods)
вы́грузка ~а unloading (discharge, discharging) of cargo (goods)
вы́дача ~а delivery (handing over) of cargo (goods)
габари́т ~а overall dimensions of cargo
ги́бель ~а loss of cargo
гото́вность ~а readiness of cargo
дезинфе́кция ~а disinfection of cargo
деклара́ция о ~ах, подлежа́щих хране́нию в приписны́х скла́дах entry for warehousing, warehouse entry
деклара́ция судово́го ~а ship's manifest
досмо́тр ~а inspection of cargo
доста́вка ~а delivery of cargo (goods), cargo delivery
едини́ца ~а parcel, piece, package
задержа́ние ~а arrest of cargo; detention of cargo
закрепле́ние ~а fastening of cargo
закрю́чивание ~а hooking of cargo
заме́на ~а replacement of cargo
запро́с о местонахожде́нии ~а cargo tracer
засы́лка ~а (*в неправильный адрес*) misdirection of cargo (freight)
зата́ривание ~а packing (casing) of goods
защи́та ~а cargo protection
изде́ржки по ~у expenses on the goods
ка́чество ~а quality of cargo
коли́чество ~а quantity of cargo
коли́чество мест ~а [total] number of packages (pieces)
конфиска́ция ~а тамо́жней seizure [of cargo]
крепле́ние ~а load fastening (securing), fastening (securing) of goods (cargo)
маркиро́вка ~а cargo marking
маркиро́вка мест ~а marking of packages

ме́сто ~а [shipping] package
наименова́ние ~а description of cargo (freight)
накладна́я на ~ consignment note
накопле́ние ~ов в порту́ stockpiles of cargo
недоста́вка ~а non-delivery of goods
недоста́ча ~а short delivery, *сокр.* s.d., shortage of cargo, cargo shortage
непра́вильная сда́ча ~а misdelivery of cargo
непредъявле́ние ~а к перево́зке failure to deliver the goods for shipment
обесце́нение ~а depreciation of cargo
оборо́т ~ов cargo (freight) turnover
обрабо́тка ~а (*транспортная*) handling of cargo (goods), handling service, loading and discharging operations, cargo stevedoring
обраще́ние с ~ом handling of cargo (goods), cargo handling
объём ~а load volume, volume of goods
переда́ча пра́ва на ~ transfer of the ownership of goods
передвиже́ние ~ов movement of cargoes
перекла́дка ~а на борту́ handling of cargo on board [a ship]
перемеще́ние ~ов transfer of cargo; (*в пределах предприятия*) materials handling
перерабо́тка ~а (*транспортная*) handling of cargo (goods), handling service, loading and discharging operations, cargo stevedoring
перерабо́тка ~ов на поддо́нах palleted materials handling
пе́речень забуки́рованных ~ов booking list
пе́речень ~ов, ука́занных в коносаме́нте summary of bills of lading
поврежде́ние ~а damage to cargo
погру́зка ~а loading of cargo
подво́зка ~а delivery (haulage) of goods
подмо́чка ~а wetting of cargo
подсчёт мест ~а tally of cargo
подъём ~а load lifting (hoisting), lifting (hoisting) of cargo
получа́тель ~а consignee
получе́ние ~а receipt of cargo (goods)
получе́ние ~а из тамо́жни clearance of goods
по́рча ~а damage to cargo (goods)
пра́во на ~ right to cargo
пра́во на ~, зало́говое lien on cargo
предъявле́ние ~а к перево́зке delivery of goods for shipment (carriage)
прибы́тие ~а arrival of goods
приём ~а receipt (reception, acceptance) of goods (cargo), taking delivery of cargo (goods)
разгру́зка ~а unloading (discharge, discharging, off-loading) of cargo (goods)
разме́р ~а size of goods, measurements of cargo; (*отдельного места*) size of a package
размеще́ние ~а stowage, disposition of cargo
размеще́ние ~а в трю́ме (*надлежащим образом*) trim (trimming) of the hold
разреше́ние тамо́жни на вы́дачу ~а со скла́да warehouse-keeper's order

распи́ска о приня́тии ~а для отпра́вки dock receipt; wharfinger's receipt
расположе́ние ~а cargo position; disposition of cargo
растру́ска ~а strewing of cargo
самовозгора́ние ~а spontaneous combustion of cargo
свиде́тельство о происхожде́нии ~а certificate of origin of cargo
сво́йства ~а cargo properties
сда́ча ~а на склад delivery of goods to a warehouse
сепара́ция ~а separation of cargo (goods)
складиро́вание ~ов storage of goods (cargoes)
скопле́ние ~ов congestion of cargo
содержа́ние ~а contents of a parcel (package)
состоя́ние ~а state (condition) of goods (cargo); (*отдельных мест*) state (condition) of packages
сохране́ние ~а preservation of cargo (goods)
сохра́нность ~а safety of cargo
спасе́ние ~а salvage of cargo
специфика́ция ~а specification of cargo, freight note
спи́сок ~ов cargo sheet (list), freight list
спи́сок ~ов к погру́зке loading list
срок пода́чи ~а для погру́зки time for delivery of goods to load
сто́имость ~а value of cargo (goods), cargo value
сто́имость ~а, действи́тельная real value of goods
сто́имость ~а, объя́вленная declared value of goods
страхова́ние ~а insurance of cargo (goods), cargo insurance
су́дно без ~а ship in ballast
тамо́женные по́шлины на ~ duties on cargo
тари́ф для ма́ссовых ~ов volume rate
тари́ф на генера́льные ~ы general cargo rates
тари́ф на транзи́тные ~ы transit tariff (rates), tariff for the transit
тип ~а type of cargo
транспортиро́вка ~ов carriage (transport[ation], conveyance, shipment) of cargo, carriage (transport) of freight, freight [transport], freightage, freight (goods) traffic
укла́дка ~а (*на судне*) stowage (stowing) of cargo, stowage; placing (laying) of cargo; stevedoring; trimming
укла́дка ~а на палле́ты palletization of cargo
укла́дчик ~а stower
упако́вка ~а packing of goods
усу́шка ~а drying up (shrinkage) of cargo
уте́чка ~а leakage of cargo
утра́та ~а loss of cargo
утру́ска ~а scattering (dissipation) of cargo
хара́ктер ~а nature of cargo (goods)
хране́ние ~а storage of cargo (goods)
часть ~а portion (part) of cargo, parcel
часть ~а, не при́нятая на су́дно short shipment
число́ мест ~а number of packages (cases)
экспеди́рование ~ов freight forwarding
экспеди́тор ~а freight forwarder

экспéрт по перевóзке ~ов traffic expert
брать ~ take in cargo (freight)
взвéшивать ~ weigh cargo, do weighing of cargo
возвращáть ~ return cargo (goods)
востребовать ~ claim goods
выбрáсывать ~ (*за борт*) jettison cargo
вывозúть ~ collect (pick up) cargo (goods), arrange for the pick-up of cargo
выгружáть ~ unload (discharge) cargo (goods), land goods
выдавáть ~ deliver (hand over) cargo (goods)
выдавáть ~ со склáда release cargo (goods)
доставлять ~ deliver cargo (goods)
доставлять ~ к сýдну supply (deliver) cargo (goods) to a ship
забирáть ~ collect (pick up) cargo (goods), arrange for the pick-up of cargo (goods)
задéрживать ~ delay (detain) cargo (goods)
занумерóвывать ~ number goods
засылáть ~ misdirect cargo (freight)
зацеплять ~ стрóпом sling cargo
защищáть ~ protect (safeguard) cargo (goods, packages)
крепúть ~ fasten cargo
наносúть ущéрб ~у damage cargo, do damage to cargo
направлять ~ы direct (route) consignments
неправильно адресовáть ~ misdirect cargo
осмáтривать ~ inspect (examine, survey) cargo (goods)
оставлять ~ (*за собой*) retain cargo (goods)
осуществлять перевáлку ~а tranship (reload) goods (cargo)
отгружáть ~ в вагóн put in (load on to, deliver on board, put on board) a waggon (car)
отправлять ~ send (dispatch, forward) cargo (goods)
отправлять ~ мóрем send goods by sea
отправлять ~ самолётом send goods by air freight
очистить ~ы чéрез тамóжню clear goods through the customs
переадресóвывать ~ readdress (reconsign) goods (cargo)
перевозúть ~ы на поддóнах palletize goods
перевозúть ~ на склад transfer goods to warehouse
передавáть ~ turn goods over to, deliver goods at the disposal of
перекладывать ~ы handle goods; *мор.* rummage
перемещáть ~ transfer (shift) cargo
перемещáть ~ со склáда к бóрту сýдна move goods from a warehouse to ship side
получáть ~ receive goods (cargo)
предотвращáть падéние ~а prevent the load from dropping
предохранять ~ protect (safeguard) cargo (goods, packages)
принимáть ~ accept (take, receive) cargo (goods), take delivery of cargo (goods)
принимáть ~ к перевóзке accept (receive) goods for carriage (shipment, shipping)
принимáть ~ на строп сýдна take goods on the ship's tackle

принима́ть поста́вку ~а take delivery of goods (cargo)
проводи́ть сепара́цию ~а separate goods (cargo)
производи́ть тра́нспортную обрабо́тку ~а handle goods (cargo, freight)
разгружа́ть ~ unload (discharge, off-load, take out, remove) goods (cargo)
размеща́ть ~ в трю́ме load in[to] (stow [in]) the hold, stow down; (*надлежащим образом*) trim the hold
размеща́ть ~ на скла́де store, warehouse, put cargo in storage
размеща́ть ~ на су́дне place (put, load, stow) goods on [board] a vessel
рассортиро́вывать ~ы sort out packages
сдава́ть ~ в порту́ deliver goods at a port
снять ~ с су́дна land goods from a ship
спаса́ть ~ salvage goods (cargo)
укла́дывать ~ (*на судне*) stow; trim
упако́вывать ~ pack goods
храни́ть ~ store goods (cargo)
штабели́ровать ~ stack [up] goods
без ~а empty; *мор.* in ballast
с больши́м ~ом heavily loaded
с по́лным ~ом fully loaded
~ затону́л the cargo has sunk

грузи́ть load

грузови́к lorry, *амер.* truck
~ большо́й грузоподъёмности heavy[-duty] truck
~, кры́тый closed truck
~ ма́лой грузоподъёмности light[-duty] truck
~ с прице́пом trailer
~, тяжёлый heavy[-duty] truck
перево́зка на ~а́х truckage, trucking
грузи́ть на ~ truck, place on trucks
перевози́ть на ~а́х truck, carry (transport, move) by road
перегружа́ть на ~ transfer to a truck
разгружа́ть ~ discharge (unload) a truck (lorry)
за перево́зку на ~е́ упла́чено truck prepaid
фра́нко-~ free on [board] truck (lorry)

грузовладе́лец cargo owner, owner of cargo

грузовмести́мость cargo[-carrying] capacity, freightage, cargo (freight) space
~, гаранти́рованная guaranteed cargo-carrying capacity, guaranteed cargo (freight) space
~, ки́повая bale space (capacity), bale cargo capacity
~, максима́льная maximum cargo capacity
~, по́лная full cargo capacity
~ су́дна freight space
~ су́дна для насыпно́го гру́за grain space (capacity), capacity in grain
~, чи́стая net capacity

грузово́й cargo *attr.*, cargo-carrying, freight *attr.*

грузооборо́т cargo (goods, freight) turnover, goods (freight) traffic

грузоотправи́тел/ь consignor, shipper, sender of freight
деклара́ция ~я shipper's declaration
интере́сы ~я consignor's interests
отме́тка ~я shipping mark

счёт ~я shipper's invoice
грузоперевóзка cargo carriage (transportation), cargo (freight) traffic
грузоподъёмник load-lifter
грузоподъёмность (*о наземном транспорте*) load[-carrying] capacity; (*о самолёте*) loadlifting capacity; (*судна*) freight-carrying capacity, tonnage
~ в ... тонн ...-ton capacity
~, гарантúрованная *мор.* guaranteed deadweight [capacity]
~ крáна lifting power
~ машúны load capacity, maximum load
~ подъёмного механúзма hoisting capacity
~, полéзная cargo payload, payload capacity
~ сýдна freight-carrying capacity, tonnage, carrying capacity of a ship, burden
~ сýдна, пóлная deadweight, *сокр.* D., D/W, d/w, deadweight capacity (tonnage)
пóлная грузовместúмость и ~ full reach and burden
сýдно ~ю в ... тонн ship of ... tons (burden), ... tonner
грузоподъёмный lifting, hoisting
грузополучáтел/ь consignee, receiver
платёжеспосóбность ~я consignee's solvency
склад ~я consignee's warehouse

Д

давáльческ/ий give and take *attr.*
на ~ой оснóве on a give and take basis
давлéние pressure
~, инфляциóнное inflationary pressure
~ конкурéнции pressure of competition
~ товáрных запáсов inventory pressure
~ цен price pressure
выдéрживать ~ withstand pressure
испытывать ~ be under (subjected to) pressure
окáзывать ~ на put (apply, exert, impose) pressure on (upon)
окáзывать ~ чéрез put (apply, exert, impose) pressure through
усúливать ~ step up pressure
под ~м under pressure
дáвност/ь:
~, исковáя limitation [of actions], legal limitation
~, приобретáтельная *юр.* prescription
закóн об исковóй ~и statute of limitation[s]
прáво ~и *юр.* prescriptive right
срок ~и *юр.* period (term) of limitation
дáнны/е data, *ед. ч.* datum, information, facts, figures, targets
~, анкéтные biographical data (particulars)
~, бухгáлтерские book-keeping data
~, вы́борочные sample data
~, гарантúйные guarantee figures
~, дополнúтельные supplementary data
~ изготовлéния manufacturing data
~ испытáний test data (results)
~, исхóдные basic (initial, original, primary) data, input data

~, **исче́рпывающие** comprehensive data
~, **ито́говые** summarizing, summarized data
~ **контро́льных измере́ний** results of check measurements
~ **контро́льных испыта́ний** test results
~, **малодостове́рные** not well-founded data
~, **недостаю́щие** missing data
~, **необрабо́танные** raw data
~, **необходи́мые** necessary data
~, **неопровержи́мые** irrefutable evidence
~, **непо́лные** incomplete data
~, **непра́вильные** incorrect data
~, **обрабо́танные** processed information
~, **о́бщие** overall figures
~, **оконча́тельные** final data
~, **опознава́тельные** identification data
~ **о рабо́те** operation record
~ **о ремо́нте** repair record
~, **основны́е** main (basic, principal) data
~, **официа́льные** official data (information, figures)
~ **о це́нах** pricing data
~, **первонача́льные** initial (original) data
~, **пла́новые** planned targets
~, **по́лные** complete data
~, **полу́ченные** findings
~, **пра́вильные** correct data
~, **предвари́тельные** preliminary (provisional, tentative) data, advance figures
~ **приёмо-сда́точных испыта́ний (приёмки)** acceptance-test data
~, **прилага́емые** enclosed data
~, **приорите́тные** priority data (information)
~, **прогнози́руемые** predicted data
~, **прое́ктные** design data
~ **протоко́льные (протоко́ла испыта́ний)** performance-test data
~, **рабо́чие** operational (working) data
~, **расчётные** design (calculated, rated) data, rating, estimates
~, **сво́дные** summary (cumulative) data
~, **систематизи́рованные** regular (systematical) data
~, **сме́тные** estimated data, estimates
~, **спра́вочные** reference data
~, **сравни́тельные** comparative data
~, **статисти́ческие** statistic[al] data
~ **сте́ндовых испыта́ний** stand-test data
~, **сто́имостные** declaration (statement) of value
~, **техни́ческие** technical data (characteristics, specifications)
~, **факти́ческие** actual data, fact sheet
~, **цифровы́е** numerical data, figures
~, **экономи́ческие** economic data
~, **эксплуатацио́нные** operational (operating, service) data
ана́лиз ~х data analysis
обрабо́тка ~х data (information) processing (handling)
оце́нка техни́ческих ~х technical data assessment
представле́ние ~х provision (submission) of data
расположе́ние ~х в ви́де табли́цы tabulation
включа́ть ~ include data
выдава́ть ~ furnish (turn out) data

изучáть технúческие ~ examine technical data
обмéниваться ~ми exchange (share) data
обновля́ть ~ update data
обрабáтывать ~ process (handle) data (information)
предоставля́ть ~ provide (furnish) data
представля́ть ~ provide (furnish, submit) data
проверя́ть ~ check data
собирáть ~ collect data
по непóлным ~м according to preliminary data (information)
по официáльным ~м according to official data (figures, statistics)
по предварúтельным ~м according to preliminary data (information)

дáт/а date
~ аккредитúва, авизóванная date on the advice of a L/C
~ акцéпта date of acceptance, acceptance date
~ аннулúрования cancellation date
~ вступлéния в сúлу effective date
~ вступлéния в сúлу соглашéния date of an agreement
~ вы́дачи (*документа*) date of grant (issue, issuance)
~ вы́дачи патéнта patent date
~ вы́дачи пóлиса date of an insurance policy
~ вы́езда date of departure, departure date
~ вы́писки вéкселя date of issue of a bill
~ вы́писки счёта issue date of an invoice, invoice date
~ вы́пуска (*продукции*) date of manufacture, release date
~ вы́хода сýдна в мóре sailing date
~ готóвности к отгрýзке date of readiness to ship (for shipment)
~ заявки application date
~ изготовлéния date of manufacture
~ испытáния date of test
~ монтáжных рабóт erection works date, date of erection works
~ наступлéния срóка date of maturity
~ начáла гарантúйного перúода starting date of a guarantee period
~ начáла монтáжных рабóт date of the beginning (commencement) of erection works
~ начáла рабóты date of commencement of work
~, начáльная initial date
~, обознáченная штéмпелем date indicated in the reception stamp
~ окончáния срóка end (expiry) date
~ опубликовáния date of issue (publication), publication date
~ отгрýзки date of (for) shipment, shipment (shipping) date
~, от котóрой исчисля́ется срок date from which the time is to run
~ отпрáвки date of dispatch (shipment), shipping date
~ отпрáвки корреспондéнции mailing date
~ отправлéния (отхóда) сýдна ship's sailing date, sailing date of a ship
~ перехóда границы border crossing date
~ письмá date of a letter
~ платежá due date, date of payment
~ погрýзки loading date, date of loading (shipment)

~ пода́чи зая́вки date of application (filing), application (filing) date; (*на участие в торгах*) bid date
~ подписа́ния контра́кта date of a contract
~ подписа́ния протоко́ла date of a protocol
~ получе́ния date of receipt
~, после́дняя latest date
~ поста́вки date of delivery, delivery date
~ поступле́ния date of receipt (arrival)
~ почто́вого ште́мпеля date of a postmark (post office stamp)
~ предложе́ния date of an offer (a proposal)
~, предполага́емая expected date (time)
~ представле́ния лице́нзии date of licensing
~ предъявле́ния и́ска date of bringing an action, date of a claim
~ прекраще́ния де́йствия контра́кта termination date of a contract
~ прете́нзии date of a claim
~, приблизи́тельная estimated (rough) date
~ прибы́тия (*груза, судна*) date of arrival, arrival date
~ прибы́тия, предполага́емая expected time of arrival, *сокр.* ETA
~ приёмки date of acceptance
~ приня́тия това́ра к отгру́зке date of taking goods for shipment (in charge)
~, приорите́тная [convention] priority date
~ прове́рки date of check (inspection)
~ публика́ции date of publication, publication date
~ пу́ска в эксплуата́цию operational (start-up, commissioning) date
~ расторже́ния date of cancellation
~, с кото́рой начина́ется пода́ча гру́зов к бо́рту су́дна для погру́зки alongside date
~, удо́бная convenient date
~, устано́вленная fixed (designated) date
~ шефмонтажа́ date of supervision of erection works
расхожде́ние в ~ах пла́новой и факти́ческой доста́вок delivery variance
изменя́ть ~у отгрузки modify a dispatch date
определя́ть ~у fix (stipulate) a date
определя́ть после́днюю ~у отгру́зки stipulate the latest date for shipment
помеча́ть ~ой date
предлага́ть другу́ю ~у propose an alternative date
проставля́ть ~у date
ука́зывать ~ы отгру́зки show shipping dates
в тече́ние ... дней с ~ы получе́ния within ... days of the date of receipt

да́та-ве́ксель time bill

дати́рованный dated, bearing a date
~ бо́лее по́здним число́м post-dated
~ за́дним число́м ante-dated

дати́ровать date

датиро́вка dating

движе́ни/е movement; (*о транспорте*) traffic
~ вверх upward trend
~, возду́шное air traffic
~, грузово́е freight (goods) traffic
~ де́нег movement of money, monetary movement

~, **железнодоро́жное** railway traffic
~, **интенси́вное** heavy traffic
~ **капита́ла** capital movement, movement of capital
~, **пассажи́рское** passenger traffic
~, **профсою́зное** labour movement
~, **равноме́рное** uniform motion
~, **това́рное** freight (goods) traffic
~, **транзи́тное** transit traffic, traffic in transit
~ **фо́ндов** movement of funds
~ **цен** price movement[s] (development, range), behaviour of prices
направле́ние ~я цен trend in (of) prices
расписа́ние ~я поездо́в railway (train) time table (time-bill, schedule)
расписа́ние ~я судо́в ship schedule (time table), sailings, *сокр.* slgs, vessel's times and movements
усло́вия ~я traffic conditions
подде́рживать регуля́рное ~ maintain regular service
прекрати́ть ~ stop traffic
двойно́й double, twofold
двусторо́нний bilateral
двухколо́нный double, double-column *attr.*
двухпа́лубный double-decker *attr.*
двухцелево́й dual-purpose *attr.*
дебенту́ра (*таможенное удостоверение на возврат таможенных пошлин*) [customs] debenture
де́бет debit
~ **и кре́дит** debit and credit
~ **счёта** debit of an account
занесе́ние в ~ debit entry
записа́ть в ~ debit, charge
записа́ть дополни́тельные расхо́ды в ~ счёта debit *smb* with additional costs, debit additional charges to *smb's* account
записа́ть су́мму в ~ счёта place (pass, charge) an amount to the debit of an account
де́бет-но́т/а debit note
~ **за услу́ги** debit note for services
~ **на ...** (*сумма*) debit note for ...
~, **неопла́ченная** outstanding debit note
~, **подро́бная** detailed debit note
эквивале́нт ~ы в фу́нтах сте́рлингов sterling equivalent of a debit note
отзыва́ть ~у recall a debit note
дебетова́ние счёта debit entry, debiting
дебетова́ть debit, charge
дебето́вый debit *attr.*
дебито́р debtor
счета́ ~ов (*в балансе*) accounts receivable
девальва́ци/я devaluation
~ **валю́ты** devaluation of currency (exchange), currency devaluation
~ **до́ллара** devaluation of the dollar
~, **предстоя́щая** impending devaluation
~ **фу́нта сте́рлингов** devaluation of the pound [sterling]
разме́р ~и extent of devaluation
проводи́ть ~ю devalue, devaluate
девальви́рованный devalued
девальви́ровать devalue, devaluate
деви́зы (*долговые требования и обязательства, выраженные в*

инвалюте) exchange, [piece of] foreign exchange
~ **в до́лларах** dollar exchange
дегуста́ция tasting
~, **беспла́тная** free tasting
дегусти́ровать taste
де́двейт (*полная грузоподъёмность судна*) deadweight [capacity]
дееспосо́бность *юр.* competence; (*о контракте*) legal capacity
~, **о́бщая** general legal capacity
~, **ограни́ченная** limited legal capacity
~ **сторо́н** competence of the parties
дееспосо́бный *юр.* competent
де́йственный effective
де́йстви/е (*о машине*) operation; (*о документе*) effect, validity, action; (*о мероприятии*) act, action
~ **аккредити́ва** validity of a L/C
~, **вре́дное** ill effect
~, **ги́бельное** disastrous effect
~, **зако́нное** legal action
~**я, многокра́тные** repeated actions
~, **нанося́щее уще́рб** prejudicial action
~, **незако́нное (неправоме́рное)** wrongful (illegal) act
~ **обстоя́тельств** operation (effect) of circumstances
~, **односторо́ннее** one-way action
~, **оспори́мое** voidable (disputable, questionable) act
~, **официа́льное** official action
~ **пате́нта** effect of a patent; patent life
~, **правоме́рное** lawful act
~**я, предвари́тельные** preliminaries
~**я, принуди́тельные** enforcement actions
~**я, противопра́вные** illegal actions
~, **санкциони́рованное** authorized action
~**я, совме́стные** joint actions, cooperation
~, **сро́чное** urgent action
~, **сумма́рное** summary action
~, **юриди́ческое** legal (juristic, juridic [al]) act, subject of legal protest, act in law
вре́мя ~**я лице́нзии** license period
пери́од ~**я** operating (running, working) time (period); service life
прекраще́ние ~**я** termination
прекраще́ние ~**я догово́ра** termination (discontinuance) of a contract, contract termination
прекраще́ние ~**я лице́нзии** termination of a license
прекраще́ние ~**я пате́нта** termination of a patent; (*вследствие какого-л. нарушения одной из сторон*) lapse of a patent
продле́ние сро́ка ~**я** extension in validity
срок ~**я** duration; term (period) of validity, validity (effective) period
срок ~**я, преде́льный** expiry date
вводи́ть в ~ put into effect (force), carry into (give) effect, become effective; enforce; bring (put) in[to] operation (service), put to use, commission
вводи́ть в ~ **зако́н** put a law in force, implement a law, carry a law into effect; enforce a law

вводи́ть в ~ соглаше́ние bring an agreement into force
возбужда́ть ~ про́тив *кого-л.* take (institute) proceedings against *smb*, bring (enter, lay, put) an action against *smb*
вступа́ть в ~ *тех.* come into operation, go on stream; (*о документах*) come into force (effect), become effective
ока́зывать ~ have effect
предпринима́ть ~я take action
предупрежда́ть ~я prevent [any] action
прекраща́ть ~ cease operation, put out of operation
прекраща́ть ~ контра́кта terminate a contract
приводи́ть в ~ put into effect, give effect
продлева́ть ~ extend (prolong) the validy
продлева́ть ~ пате́нта renew a patent
руководи́ть ~ями direct activities
тре́бовать ~й require actions
до нача́ла ~й prior to action
подве́рженный ~ю exposed to
срок ~я истёк the validity has expired

действи́тельност/ь 1. (*реальность*) reality **2.** (*действенность*) validity
~ докуме́нта validity of a document
~ лице́нзии validity of a license
~, объекти́вная objective reality
~ пате́нта validity of a patent
~ прав validity of rights
~ предложе́ния validity of an offer
~, совреме́нная present-day reality
~ това́рного зна́ка validity of a trademark
оспа́ривать ~ contest validity
признава́ть ~ лице́нзии acknowledge the validity of a license
признава́ть ~ пате́нта acknowledge the validity of a patent
признава́ть ~ прав recognize the validity of rights
проверя́ть ~ пате́нта search for validity of a patent
соотве́тствовать ~и be true, correspond to the facts
в ~и in reality, in fact, as a matter of fact

действи́тельный (*имеющий силу*) valid; (*фактический*) actual, real; (*дающий результат*) effective
юриди́чески ~ legally valid

де́йствовать act, operate

де́йствующий (*существующий, господствующий*) ruling; (*о машине*) working; (*о законе*) in force, operating

деклара́ци/я declaration; (*таможенная*) declaration, entry
~, валю́тная currency declaration
~ грузоотправи́теля declaration of a shipper (consignor), shipper's declaration
~ капита́на master's (captain's) declaration
~, нало́говая tax declaration, tax return
~ о гру́зах, не облага́емых по́шлиной entry for free goods (for free importation, for free exportation)
~ о гру́зах, подлежа́щих хране́нию в приписны́х скла́дах entry for warehousing, warehouse entry
~ о заку́пке purchase declaration

~ **о не облага́емых по́шлиной транзи́тных гру́зах** transit entry, entry for free transit
~ **продавца́** *бирж.* docket
~ **судово́го гру́за** ship's manifest
~, **тамо́женная** customs declaration (entry)
~, **тари́фная** rates (tariff) declaration
~, **э́кспортная** export declaration
бланк ~**и** declaration form
заполня́ть ~**ю** fill in a declaration

деклари́ровать (*товар на таможне*) declare [goods]

делега́т delegate
~ **конфере́нции** delegate to a conference
~ **от Сове́тского Сою́за** Soviet delegate
избира́ть ~**ом** elect as delegate
посыла́ть в ка́честве ~**а** send as a delegate

делега́ци/я delegation
~, **больша́я** large (sizable) delegation
~, **иностра́нная** foreign delegation
~, **прави́тельственная** government delegation
~ **представи́тельная** representative delegation
~, **прибы́вшая для проведе́ния перегово́ров** negotiating team
~ **руководя́щих де́ятелей** top[-level] delegation
~, **торго́вая** trade delegation
руководи́тель (глава́) ~**и** head (leader) of a delegation
соста́в ~**и** make-up (composition) of a delegation
член ~**и** member of a delegation
возглавля́ть ~**ю** head a delegation
принима́ть ~**ю** receive a delegation

дел/е́ц businessman
~, **биржево́й** operator
~**ьцы́ чёрного ры́нка** black marketeers

дели́вери-о́рдер (*распоряжение о выдаче товара со склада или о выдаче части груза по коносаменту*) delivery order, *сокр.* d/o

дели́мый divisible

дели́ть divide; share

де́л/о **1.** (*занятие*) business, affair, undertaking; (*проблема*) matter; (*операция*) transaction **2.** (*судебное*) case, action, [law]suit **3.** (*подшитые документы*) file
~, **арбитра́жное** arbitration case
~, **ба́нковское** banking
~ **большо́й ва́жности** matter of great significance (importance, value)
~, **бро́керское** broking
~**а́, вну́тренние** home affairs
~, **вы́годное** profitable (good, paying, advantageous) business
~, **изда́тельское** publishing [trade]
~, **конфли́ктное** disputed matter
~, **ло́цманское** pilotage
~, **ма́клерское** broker's business
~, **неотло́жное** urgent business
~ **о я́вном наруше́нии** clear-cut infringement case
~ **первостепе́нной ва́жности** matter of prime (paramount, primary) importance
~**а́, посторо́нние** outside matters

~, прибыльное profitable business
~, спорное dispute
~, срочное urgent matter
~á, текущие current affairs, routine (everyday) matters
~á, торговые dealings
~, транспортное carrying trade
~, финансовое finance; **~á, финансовые** financial matters
~, экспедиторское forwarding (shipping) business
ведение ~а 1. transaction; doing (carrying on, conducting) business 2. conducting a case
ведение ~а, безубыточное breaking even
ведение дел, хозяйственных administration operation
возобновление ~а resumption (renewal) of business, revivor
застой в ~áх stagnation of business
исход ~а issue of a suit, outcome of proceedings
опыт в ~áх business experience, experience in business
передача ~а в арбитраж submission of a matter (dispute) to (for settlement by) arbitration
положение дел state of things (affairs)
правопреемник в ~е successor in business
прекращение ~а dismissal of a case, stopping legal proceedings
рассмотрение ~а о нарушении infringement investigation (consideration)
расходы по ~у expenses in a case
сборы по ~у fees in a case
слушание ~а hearing of a case
ход ~а course of business
вводить в ~ commit to work
вести ~ conduct (plead) a case
вести ~á transact (do, carry on, conduct) business
вести ~ в арбитражной комиссии conduct a case in the arbitration commission
вести ~á через банк transact business through a bank
возбуждать ~ initiate (institute) proceedings, bring (enter, lay, put, take) [legal] action
выигрывать ~ win *one's* case, gain a suit, win (recover) an action
делать ~ do business
заниматься рассмотрением ~а look into a matter
иметь ~ с deal with
ликвидировать ~ wind up (sell out) a business (company)
направлять ~ в арбитраж refer (submit) a matter (dispute) to (for settlement by) arbitration
начать ~ (*торговое*) set up (start) a business
начать ~ против bring (enter, lay, put, take) [legal] action against
передавать ~ burn over a business to
передавать ~ в арбитраж refer (submit) a matter (dispute) to (for settlement by) arbitration
передавать ~ в суд take legal steps, institute proceedings
прекращать ~ в суде dismiss a case, stop legal proceedings in the court
преуспевать в ~áх succeed in business
приводить ~á в порядок arrange business (affairs)

принима́ть ~ для реше́ния в поря́дке арбитра́жа accept a dispute for arbitration
принима́ть реше́ние по ~у make an award
приобща́ть к ~у (*записывать*) enter upon the record
приступа́ть к ~у set to work
проигра́ть ~ lose an action
разбира́ть ~ hold a plea
рассма́тривать ~ consider (investigate) a matter
расширя́ть ~ enlarge a business
реша́ть ~ *в чью-л.* **по́льзу** decide a matter in *smb's* favour
слу́шать ~ hear a case
создава́ть ~ set up (establish, build up) a business
ула́живать ~ settle a matter (business, an affair)
урегули́ровать ~ put matters right
учрежда́ть ~ set up (establish, build up) a business
финанси́ровать ~ finance a business
на ~е in practice
по ~у on business
по ли́чному ~у on private business
о́пытный в ~а́х experienced in business
относя́щийся к ~у relevant

делово́й business *attr.*, businesslike

делькре́дере (*поручительство комиссионера за выполнение покупателем финансовых обязательств*) del credere
комиссионе́р, беру́щий на себя́ ~ del credere agent
коми́ссия за ~ del credere commission
приня́ть на себя́ ~ assume (stand) del credere

де́мерредж (*плата за простой судна, вагона*) demurrage
калькуля́ция ~а calculation of demurrage, demurrage calculation
опла́та ~а demurrage payment
прете́нзия в связи́ с ~ем demurrage claim
расчёт ~а calculation of demurrage, demurrage calculation
ста́вка ~а demurrage rate, rate of demurrage
взима́ть ~ charge demurrage
выпла́чивать ~ pay demurrage

демза́л showroom
открыва́ть ~ open a showroom

демонстрацио́нный demonstration *attr.*, display *attr.*, show *attr.*

демонстра́ци/я demonstration, display, [sales] presentation, show[ing]
~ изобрете́ния display of an invention
~ обору́дования demonstration of equipment
~ образцо́в show (display) of samples, sample show
~, основна́я major display
~ полёта flight demonstration
~, практи́ческая practical demonstration
~, публи́чная public event
маши́ны для ~и на вы́ставке machines for display
обору́дование для ~и equipment for demonstration
програ́мма ~и (*товара*) programme of demonstration, demonstration programme
сто́имость ~и cost of demonstration
устра́ивать ~ю arrange demonstration

демонстри́ровать show, exhibit, demonstrate, display, put on display, present

демонта́ж dismantling, dismantlement, dismounting
~ вы́ставки dismantling (dismantlement) of an exhibition
~ обору́дования dismantling of equipment
~ сте́ндов dismounting (dismantling) of stands
~ устано́вки dismantling (dismantlement) of an installation
сро́ки ~а dismantling period
демонти́ровать dismantle, dismount
де́мпинг dumping
~, валю́тный currency dumping
~, това́рный (*бросовый экспорт*) dumping
зако́ны по борьбе́ с ~ом antidumping legislation
де́мпинговый dumping *attr.*
денационализа́ци/я denationalization, [re]privatization
проводи́ть ~ю denationalize, reprivatize
денационализи́ровать denationalize, reprivatize
де́нежный monetary, money *attr.*, pecuniary
деномина́ция (*1. купюра 2. достоинство*) denomination
денонса́ция denunciation, denouncement
~ догово́ра denunciation of a treaty
~, односторо́нняя unilateral denunciation
денонси́ровать denounce
день day
~, выходно́й day off, free day
дни де́мерреджа days on demurrage
дни ди́спача dispatch days
~ закры́тия вы́ставки closing day
~, календа́рный calendar day
дни, контрстали́йные demurrage days
~, коро́ткий (*рабочий*) short hours
дни, кумуля́тивные cumulative days
дни, льго́тные grace days (period), days of respite
дни на разгру́зку days allowed for unloading
~ неплатежа́ day of nonpayment
~, непо́лный short hours, part time
~, непосре́дственно предше́ствующий дню платежа́ day immediately preceding the day of payment
~, нерабо́чий non-working (non-payment) day, day off, off-day, day of rest
~ откры́тия (*выставки*) opening day
~ отправле́ния date of departure
~ отхо́да су́дна date of sailing
~, оформи́тельский (*на выставке*) dressing day
~ платежа́ day of payment, settlement day, prompt [date]
~, пого́жий рабо́чий weather working day
дни погру́зки и разгру́зки судо́в lay days
~, по́лный full day
дни, после́довательные consecutive (running) days
~, пра́здничный holiday
~ прибы́тия date of arrival
~ приёмки date of acceptance
~, приёмный reception day
дни просто́я су́дна days on demurrage
~, рабо́чий working (business, active) day, weekday

~ расчёта settling (settlement) day, day of payment
~, реверси́вный reversible day
дни, сбережённые days saved
дни, сплошны́е *мор.* running days, *сокр.* r. d.
дни, сталийные (стоя́ночные) lay days
дни, сэконо́мленные days saved
курс дня quotation (rate, exchange) of the day, current rate of exchange
опла́та за ~ payment per day (diem)
опозда́ние на ... дней delay of ... days
распоря́док дня order of the day, daily proceedings (routine)
назнача́ть ~ fix (appoint) a day
приходи́ться на ~ fall on a day
устана́вливать дни о́тдыха establish days off
в ~ per day (diem), a day
в конце́ дня at the close (end) of the day
в тече́ние ... дней со дня́ получе́ния within ... days of receipt
за ~ per day (diem)
на ~ предложе́ния at date of tender
по цене́ дня at value
со дня́ вы́дачи from the date of issue
че́рез ... дней по́сле акцептова́ния ... days after acceptance
че́рез ... дней по́сле предъявле́ния at ... days' sight, ... days after sight

де́н/ьги money, currency, funds
~, бума́жные paper money (currency), soft money
~, взя́тые взаймы́ borrowed money
~ в обраще́нии money in circulation, current money
~, всеми́рные universal (world) money
~, «горя́чие» hot money
~, да́нные взаймы́ на срок time money
~, дешёвые cheap money
~, дороги́е expensive money
~, контрсталийные demurrage
~, креди́тные credit currency (money), debt money
~, ме́лкие [small] change, small (metallic) money
~, ме́стные local money
~, металли́ческие coinage, hard (metallic) money
~, мировы́е world money
~, нали́чные cash, ready (hard) cash, ready money, money in cash (in hand)
~ на поку́пку purchase money
~, неизрасхо́дованные unspent (unexpended) money
~, необеспе́ченные uncovered paper money
~, не обеспе́ченные зо́лотом money unbacked by gold
~, неразме́нные irredeemable (inconvertible, fiat) money (currency)
~, обеспе́ченные secured paper money
~, обесце́ненные depreciated money
~, обесце́нивающиеся cheap money
~ обраща́ющиеся circulating money
~, отступны́е compensation for termination of a contract, smart money
~, пластма́ссовые (*кредитные карточки*) plastic money

~, подъёмные travelling expenses
~, полу́ченные received money
~, призовы́е prize money (bounty)
~, разме́нные small money (change), change, subsidiary money
~, реа́льные real money
~, сверхконтрстали́йные detention
~, символи́ческие symbolic (token) money
~, су́точные daily allowance
~, фальши́вые counterfeit (bad, forged, bogus) money
взнос нали́чными ~ьга́ми cash [down] payment; cash deposit
взыска́ние ~ег по ве́кселю collection of a bill
вы́дача ~ег нали́чными cash payment
вы́плата ~ег disbursement of money, paying out
вы́пуск бума́жных ~ег emission, issue of money (currency), currency issue
движе́ние ~ег movement of money, monetary movement
заём ~ег money loan
замени́тель ~ег money substitute
запа́с ~ег monetary (money, cash) stock
изъя́тие ~ег из обраще́ния withdrawal of money from circulation
нали́чие ~ег availability of money [in cash]
недоста́ток ~ег lack (want, scarcity, tightness) of money, cash shortage, shortage of [ready] cash, stringency of (in) money, money pressure (stringency, scarcity, squeeze)
необрати́мость бума́жных ~ег inconvertibility of paper money
обесце́нение ~ег depreciation of money
оборо́т нали́чных ~ег cash turnover
обраще́ние ~ег circulation (currency) of money, currency (money, monetary) circulation
обраще́ние бума́жных ~ег paper circulation
оста́ток ~ег balance of money
перево́д ~ег transfer (remittance) of money, money transfer (remittance), transmission of money; money (postal) order
пересы́лка ~ег remittance (transmission) of money
пересы́лка ~ег в фо́рме че́ка remittance in the form of a cheque
перечисле́ние ~ег transfer of money
покупа́тельная си́ла ~ег purchasing power of money
получа́тель ~ег payee
получе́ние ~ег receipt of money (funds); (*по векселям и другим документам*) collection
поступле́ния ~ег receipts, payments received, incomings, inpayments
разблоки́рование уде́ржанных ~ег release of holdback monies
разме́н ~ег exchange, changing of money
расхо́дование ~ег spending of money
сня́тие ~ег со счёта drawing from an account, cash withdrawal
тра́та ~ег spending [of money]; expense

тра́та ~ег, непроизводи́тельная waste of money, waste expenditure
тре́бование ~ег call for funds
тре́бование нали́чных ~ег cash demand, demand for currency
цена́ за нали́чные ~ cash price
эми́ссия ~ег emission, issue of money (currency), currency issue
ассигнова́ть ~ appropriate (allocate) money
брать ~ из ба́нка draw on (from) a bank
брать ~ со счёта draw on (from) an account, draw money out, withdraw a deposit
вкла́дывать ~ в банк invest money, put money in[to] a bank
вкла́дывать ~ из определённого проце́нта invest money at interest
вноси́ть ~ pay in
вноси́ть ~ в банк put (pay) money in[to] a bank, place money in a bank, deposit money (funds) with (at, in) a bank, bank
вноси́ть ~ в депози́т place money on deposit, deposit (lodge) money
вноси́ть ~ на счёт pay money into an account
вноси́ть ~ на усло́вный счёт place money in escrow
возвраща́ть ~, взя́тые взаймы́ repay money, replace borrowed money, pay back
возмеща́ть ~ refund
возмеща́ть израсхо́дованные ~ provide reimbursement
выпла́чивать ~ pay out money; (*долг*) pay back money
выпла́чивать ~ по депози́ту pay a deposit
выпуска́ть ~ issue money (currency)
высвобожда́ть ~ release funds
держа́ть ~ в ба́нке keep money in (with) a bank
достава́ть ~ get (raise) money (funds), take up money
занима́ть ~ borrow (raise) money
занима́ть ~ без проце́нтов borrow money flat
занима́ть ~ до определённой су́ммы borrow up to a specific amount
занима́ть ~ под [больши́е] проце́нты borrow at [high] interest
занима́ть ~ под закладну́ю borrow on mortgage
занима́ть ~ под страхово́й по́лис borrow money on a policy
запи́сывать (зачисля́ть) ~ в резе́рв put money to reserve
зараба́тывать ~ make money
изыма́ть ~ из обраще́ния withdraw money from circulation
испы́тывать недоста́ток в ~ьга́х be short of cash
класть ~ в банк deposit money with (at, in) a bank, place money in a bank, bank
класть ~ в банк на сро́чный вклад put money on term deposit
копи́ть ~ save [up] money, hoard money
меня́ть ~ change money
переводи́ть ~ transfer (remit) money
переводи́ть ~ по по́чте transfer (remit) money by post
переводи́ть ~ по телегра́фу transfer (remit) money by telegraph (cable, wire)

пересыла́ть ~ transfer (remit) money
получа́ть ~ в ба́нке draw money from a bank, draw on a bank
получа́ть ~ в погаше́ние до́лга collect debts
получа́ть ~ в фу́нтах сте́рлингов draw in sterling
получа́ть ~ за това́р receive money for goods
получа́ть ~ обра́тно recover *one's* money, get *one's* money back
получа́ть ~ по ве́кселю collect [the amount of] a bill, cash a bill, get a bill cashed
получа́ть ~ по че́ку cash (collect, change, negotiate) a cheque, get a cheque cashed
предоставля́ть ~ provide with funds
принима́ть ~ на вклад receive money on deposit
принима́ть ~ на сро́чный вклад receive time deposit
разме́нивать ~ change money
расхо́довать ~ spend (expend) money
резерви́ровать ~ reserve (put aside, set aside) money, make provision
снима́ть ~ со счёта withdraw (draw) money from (out of) an account, draw on an account
ссужа́ть ~ под проце́нты lend money at [an agreed rate of] interest
тра́тить ~ spend (expend) money
тре́бовать ~ че́рез суд claim money via court action
храни́ть ~ в ба́нке keep money in (with) a bank
эконо́мить ~ save money, save up
без нали́чных ~ег out of cash
за неиме́нием ~ег for want of money

депо́ depot
~, конте́йнерное container depot

депози́т deposit
~, ба́нковский bank deposit
~, бессро́чный demand (sight) deposit
~, гаранти́йный guarantee deposit
~, де́нежный cash deposit
~ до востре́бования call (demand) deposit, deposit at short notice
~, до́лларовый dollar [denominated] deposit
~, застрахо́ванный insured deposit
~, краткосро́чный short-term deposit
~, неиспо́льзуемый idle deposit
~, обы́чный general deposit
~, перви́чный primary deposit
~, прави́тельственный government deposit
~, резе́рвный reserve deposit
~ы, свобо́дно переводи́мые transferable deposits
~, специа́льный special deposit
~, сро́чный time (fixed) deposit
~, сро́чный с фикси́рованным сро́ком deposit with a fixed period
~, усло́вный deposit in escrow
бланк для взно́са ~а deposit slip
изъя́тие ~ов withdrawal of deposits
перево́д де́нег на ~ transfer of money on deposit
перечисле́ние де́нег с ~а transfer of money from deposit
ста́вка по ~ам deposit rate

вноси́ть де́ньги в ~ place money on deposit, deposit (lodge) money
выпла́чивать де́ньги по ~у pay a deposit
име́ть ~ в ба́нке have a deposit at the bank
переводи́ть де́ньги на ~ transfer money on deposit
перечисля́ть де́ньги с ~а transfer money from deposit
разблоки́ровать ~ release a deposit
снять ~ extinguish a deposit
уде́рживать ~ retain a deposit

депозита́рий depositary, deposit-taker

депози́тный deposit *attr.*

депоне́нт depositor

депони́рование depositing, deposition
~ де́нежной су́ммы depositing (lodgement) of an amount

депони́рованный deposited

депони́ровать deposit, lodge

депо́рт *англ. бирж.* (*скидка с обусловленного курса*) deport

депре́ссия (*застой*) depression, dull (inactive) market
~, экономи́ческая economic depression

держа́тель (*документа*) holder
~ аккредити́ва holder of a L/C
~ а́кций shareholder, *амер.* stockholder; debenture holder
~ ве́кселя holder (bearer) of a bill, holder for value
~, добросо́вестный bona fide holder
~ докуме́нтов holder of documents
~, зако́нный holder in due course
~ зало́га holder of a pledge; owner of a mortgage
~ коносаме́нта holder of a bill of lading, bill of lading holder
~ лице́нзии holder of a license
~ облига́ций bondholder, debenture holder
~, после́дующий subsequent holder
~, предыду́щий previous holder
~ страхово́го по́лиса policy holder
~ счёта holder of an account
~ тра́тты holder of a draft (bill [of exchange])

держа́ть (*иметь*) hold; (*хранить*) keep

дестабилиза́ция destabilization
~, эконо́мики destabilization of economy, economic desta bilization

детализи́рованный detailed

дета́л/ь 1. (*машины*) part, component, detail **2.** (*частность*) detail
~, брако́ванная rejected part
~, быстроизна́шивающаяся quickly (fast, rapid) wearing part, rapid wearable part, rapidly wearing out part
~, ва́жная important (key) part
~и, взаимозаменя́емые interchangeable parts
~, вспомога́тельная ancillary (auxiliary) part
~и, второстепе́нные non-essential elements, minor parts
~, гото́вая finished (made up) component (part, piece)
~, запасна́я spare part, spare, inventory part, repair part
~и к маши́нам parts for machines
~и, комплекту́ющие accessory (associated, completing, complementary) parts (components)
~ маши́ны machine component (part), part for a machine, machinery part, component of a machine
~, недостаю́щая missing part

~, **неиспра́вная** faulty part
~, **основна́я** key (principal, chief, main) component
~, **отде́льная** individual part
~, **повреждённая** damaged part
~**и, расхо́дуемые** expendable parts
~**и расце́нки** price details
~, **ремо́нтная** repair part (piece)
~, **сме́нная** replacement (changing) part
~, **станда́ртная** standard part
~**и, техни́ческие** technical details
~, **улу́чшенная** updated detail (part)
~**и, характе́рные** specific details
но́мер ~**и** part number
унифика́ция ~**ей** unification of parts
заменя́ть ~**и** replace parts
име́ть ~**и на скла́де** stock parts
представля́ть ~**и** present details

дета́льно in detail, thoroughly
бо́лее ~ in more (greater) detail
разраба́тывать ~ elaborate

дета́льный (*подробный*) detailed; (*исчерпывающий, всесторонний*) comprehensive

детёншен (*1. задержка, простой судна 2. возмещение за задержку судна сверх срока — сверхконтрсталийные деньги*) detention

дефе́кт defect, fault, imperfection
~ **в констру́кции** defect in design, design fault
~, **вне́шний** outer (outside, visual) defect
~, **вну́тренний** internal (inherent) defect
~, **возни́кший в результа́те** *чего-л.* defect arising from (out of) *smth*
~, **второстепе́нный** minor defect
~, **вы́званный** *чем-л.* defect caused by *smth*
~, **есте́ственный** natural defect
~ **заво́да-изготови́теля** defect of the manufacturer (manufacturing works), manufacturing defect
~, **зая́вленный** claimed (stated) defect
~, **значи́тельный (кру́пный)** major (serious) defect
~, **ме́лкий** minor (slight, petty) defect
~, **находя́щийся под пове́рхностью** subsurface defect
~, **незначи́тельный** slight (small) defect
~, **необнару́женный** undetected defect
~, **несуще́ственный** slight defect
~, **обнару́женный** discovered (detected) defect
~, **опа́сный** critical defect
~, **основно́й** major defect
~, **первонача́льный** initial defect
~, **пове́рхностный** surface defect
~, **предполага́емый** alleged defect
~ **произво́дства** manufacturing defect
~, **серьёзный** serious (grave) defect
~, **скры́тый** latent (hidden) defect
~, **случа́йный** incidental defect
~ **това́ра** defect in goods
~ **упако́вки** defect in packing

~, устрани́мый repairable defect
~, я́вный visible (obvious) defect
исправле́ние ~а elimination (correction) of a defect
обнаруже́ние ~а discovery (detection) of a defect
описа́ние ~ов discription of defects
причи́на ~а cause of (reason for) a defect (an error, trouble)
устране́ние ~а elimination (correction) of a defect
хара́ктер ~а nature of a defect
быть отве́тственным за ~ be liable (responsible) for a defect
заявля́ть о ~е notify a defect
име́ть ~ы have defects
исправля́ть ~ eliminate (remedy, make good, correct, rectify) a defect
не име́ть ~ов be free from (of) defects
обнару́живать ~ find (detect, discover) a defect
скрыва́ть ~ conceal a defect
ука́зывать ~ point out a defect
устраня́ть ~ eliminate (correct, rectify, remedy) a defect
устраня́ть ~ без ущемле́ния прав друго́й стороны́ eliminate a defect without prejudice to the rights of the other side
устраня́ть ~ за свой счёт eliminate a defect at *one's* expense (for *one's* account)
устраня́ть ~ по согла́сию сторо́н eliminate a defect by agreement

дефе́ктный defective, faulty, imperfect

дефектоскопи́я flaw (fault) detection

дефици́т deficit, deficiency, shortage
~, бюдже́тный budget deficit
~ валю́ты deficit in [foreign] exchange, [foreign] exchange deficit
~, внешнеторго́вый foreign trade deficit
~, вне́шний external deficit
~, до́лларовый dollar deficit (gap)
~, ка́ссовый cash deficit
~, краткосро́чный short-term deficit
~, незначи́тельный minor deficit
~, непокры́тый outstanding deficit
~ платёжного бала́нса deficit of the balance of payments, balance of payments deficit, payments deficit
~ рабо́чей си́лы shortage of manpower
~, существу́ющий existing deficit
~ теку́щего счёта deficit on current account, current account deficit
~, теку́щий current deficit
~ това́ров lack (scarcity, shortage) of goods, commodity deficiency
~ торго́вого бала́нса deficit of the balance of trade, balance of trade deficit, trade deficit (gap)
~, фина́нсовый financial deficit
~, хрони́ческий chronic (persistant) deficit
покры́тие ~а covering a deficit
разме́р ~а size of a deficit
рост ~а growth of deficit, widening of deficit
сбаланси́рование ~а making good a deficit

вызыва́ть ~ cause deficit
име́ть ~ run (incur) a deficit
исчисля́ть ~ compute a deficit
компенси́ровать ~ offset a deficit
покрыва́ть ~ cover (compensate for, meet, make good, correct) a deficit
сальди́ровать ~ balance a deficit
сократи́ть ~ reduce the deficit

дефици́тность deficit, lack

дефици́тный (*недостающий, неполный*) deficient; (*о товарах*) scarce, in short supply, *амер.* critical

дефляцио́нный deflationary, disinflationary

дефля́ция deflation, disinflation

деформа́ци/я deformation, distortion
избега́ть ~и avoid distortion

дешёвый cheap, inexpensive; (*о ценах*) low

де́ятельност/ь activity, activities
~ **аге́нта** agent's activities
~, **акти́вная** vigorous activity
~, **взаимосвя́занная, предприя́тий и организа́ций** interconnected activities of enterprises and organizations
~, **внешнеторго́вая** foreign trade activity
~, **внешнеэкономи́ческая** external (foreign) economic activity
~, **делова́я** business (trade, commercial) activity
~, **заку́почная** procurement activities
~, **индивидуа́льная трудова́я** individual labour
~, **интеграцио́нная** integration activities
~, **комме́рческая** commercial activity (activities)
~ **компа́нии** company's operations
~ **лицензиа́ра** licensor's operations (activity)
~ **лицензиа́та** licensee's operations (activity)
~, **лицензио́нная** license trade
~, **многообра́зная** multiform (diversified) activities
~ **на догово́рной осно́ве** activity on a contractual basis
~ **на осно́ве хозя́йственного расчёта** operation on a self-supporting basis
~, **напра́вленная на стимули́рование сбы́та** promotional activity (efforts)
~, **нау́чно-произво́дственная** scientific-production activity
~, **операти́вная** operating performance
~, **основна́я** primary activity
~, **относя́щаяся к** activity related to
~ **по обслу́живанию** service activities
~, **практи́ческая** practice (practical) activity
~, **произво́дственная** production (productive) activities
~, **пропаганди́стская** propagandistic activities
~, **про́шлая** past activity
~, **рационализа́торская** rationalization activity
~, **рекла́мная** advertising (promotional, publicity) activity, promotion
~, **совме́стная** joint activity, cooperation
~, **тво́рческая** creative activity
~, **торго́вая** trading activities
~, **торго́во-промы́шленная** business activity
~, **торго́во-сбытова́я** trade and marketing

~, **трудовáя** labour activity
~, **финáнсовая** financial activities
~, **финáнсово-хозя́йственная** financial and economic activity
~, **хозрасчётная** cost accounting
~, **хозя́йственная** economic activities
~, **экономи́ческая** economic activities
возобновлéние ~и renewal (resumption) of activities, resuming activities, reactivation
диверсификáция ~и diversification of activity
мéсто ~и place of performance
нарушéние торгóвой ~и business disturbance
обзóр хозя́йственной ~и business survey
отчёт о ~и агéнта report on the agent's activity
род ~и line in (of) business
харáктер ~и nature of activity
э́кспорт и и́мпорт результáтов твóрческой ~и export and import of the results of creative activities
активизи́ровать ~ increase activities
возобновля́ть ~ renew (resume) activities, reactivate
координи́ровать ~ co-ordinate activity
кури́ровать ~ supervise activities (operations)
обсуждáть ~ discuss activities
приостанáвливать ~ suspend activities
расширя́ть ~ extend (expand) activities
диагности́ческий diagnostic
диагрáмма diagram, chart, graph, pattern, plot
~, **временнáя** time chart
~, **функционáльная** block diagram
диверсификáци/я diversification
~ **внешнеэкономи́ческих отношéний (свя́зей)** diversification of foreign economic relations (ties)
~ **дéятельности** diversification of activity
~ **продýкта** diversification of a product
~ **промы́шленного произвóдства** diversification of industrial production
~ **товарооборóта, взаи́много** diversification of mutual trade
~ **торгóвли** diversification of trade
~ **экономи́ки** diversification of the economy
~ **э́кспорта** diversification of export[s]
~ **э́кспортных возмóжностей** diversification of export capabilities
план ~и plan of diversification
прогрáмма ~и diversification programme
дивидéнд dividend
~, **вы́плаченный áкциями** stock dividend
~, **вы́плаченный нали́чными** cash dividend
~, **годовóй** annual dividend
~, **дéнежный** cash dividend
~, **квартáльный** quarterly dividend
~ **к оплáте** dividend payable
~**ы на влóженный капитáл** dividends on investments
~**ы, накóпленные** accumulated (accrued) dividends

~, накопля́ющийся cumulative dividend, *сокр.* cum. d., cum. div.

~, невостре́бованный unclaimed dividend

~, объя́вленный declared dividend

~ы, отсро́ченные deferred dividends

~ по а́кциям share dividend, dividend yield, share earnings, dividend on shares

~, предвари́тельный dividend on account, interim dividend

вы́плата ~ов (по ~ам) dividend payment, payments on dividends

опла́та ~а dividend payment

разме́р ~а size (amount) of a dividend

выпла́чивать ~ pay a dividend

не выпла́чивать ~ pass a dividend

объявля́ть о вы́плате ~ов declare dividends

диза́жио (*вычет из установленного курса или нарицательной цены*) disagio

диза́йн design; designing

~, запатенто́ванный patented (registered) design

~ рекла́много объявле́ния advertising design

консульта́нт по ~у design consultant

улучше́ние ~а improvement of designing

диза́йнер designer

ди́лер dealer

~, биржево́й dealer in stocks, exchange dealer

~, осуществля́ющий сде́лки с пре́мией option dealer

~ по опера́циям с це́нными бума́гами dealer in securities

~ по прода́же поде́ржанного иму́щества second-hand dealer

~ с лице́нзией licensed dealer

ски́дка ~ам dealer discount

дима́йз-ча́ртер (*договор на фрахтование судна на срок, в течение которого фрахтователь становится фактически владельцем судна*) demise charter, charter by demise

диплома́т diplomat, diplomatist

~ы, за́падные Western diplomats

~, иностра́нный foreign diplomat

~, профессиона́льный career diplomat

директи́в/а direction, directive, instructions, guideline

~, администрати́вная administrative directive

~ы, внешнеторго́вые trade-policy guidelines

сле́довать ~ам follow directives (instructions)

устана́вливать ~ы lay down directives (instructions)

дире́ктор director, manager

~ вы́ставки exhibition manager

~, генера́льный general director, director general, managing director

~, генера́льный по сбы́ту general director (manager) of sales, general sales manager

~ заво́да plant (works, factory) manager, director of a plant (works, factory)

~, исполни́тельный managing (executive) director

~, комме́рческий sales manager, business (commercial) director

~ павильо́на director of a pavilion, pavilion manager

~ по снабже́нию director of supplies
~ предприя́тия director (manager) of an enterprise
~, техни́ческий technical director
~, фина́нсовый finance (financial) director, director of finance
замести́тель ~а assistant (deputy) director, vice director, deputy manager; acting director
замести́тель генера́льного ~а deputy managing director, deputy director general
сове́т ~о́в board of directors
дире́ктор-администра́тор managing (inside) director
директора́т *см.* **дире́кция**
дире́ктор-распоряди́тель managing (executive) director; chief executive
дире́кторский management *attr.*, managerial
дире́кция directorate, management, board of directors, managerial board
~, генера́льная general directorate
~ по́рта harbour board
~, техни́ческая technical management
~ я́рмарки fair office
дисбала́нс imbalance, unbalance
~ во вне́шней торго́вле unbalance (imbalance) in foreign trade
диско́нт *фин.* discount
~, ба́нковский bank (banker's) discount, discount of a bank; bank discounting
~ векселе́й discount[ing] (negotiation) of bills, bill discount[ing]
~ в разме́ре discount of (in the amount of)
проце́нт ~а percentage of a discount
разме́р ~а amount of a discount
ста́вка ~а discount rate, rate of discount
дисконтёр discount house
дисконти́рование discounting, negotiation
~ ве́кселя discount[ing] (negotiation) of a bill, bill discount[ing]
дисконти́ровать discount
диско́нтный discount *attr.*
дискредити́ровать discredit, compromise, libel, bring discredit on (upon)
дискриминацио́нный discriminatory
дискримина́ци/я discrimination
~ в торго́вле discrimination in trade
~ в экономи́ческих отноше́ниях discrimination in economic relations
~, креди́тная credit discrimination
~, торго́вая trade discrimination, discrimination in trade
~, ценова́я price discrimination
~, экономи́ческая economic discrimination
ликвиди́ровать ~ю eliminate discrimination
ди́спач (*премия за более быструю погрузку или выгрузку*) dispatch [money]
вы́плата ~а payment of dispatch [money]
получе́ние ~а receipt of dispatch [money]
разме́р ~а amount of dispatch [money]
ста́вка ~а dispatch rate, rate of dispatch [money]
выпла́чивать ~ pay dispatch [money]

получа́ть ~ receive dispatch [money]
свобо́ден от ~а free of dispatch
~ то́лько за досро́чную погру́зку dispatch loading only
диспа́ш/а *страх.* (*расчёт убытков по общей аварии и их распределение между участниками рейса*) average statement, average adjustment
~, авари́йная average statement
~ в разме́ре average adjustment in the amount of
~ по о́бщей ава́рии general average adjustment
подгото́вка ~и preparing (preparation of) an average statement
прое́кт ~и draft average statement
рее́стр ~и register of general average statements
составле́ние ~и adjusting (making up) the average, adjustment of the average, execution of the average adjustment
оспа́ривать ~у contest an average statement
отменя́ть ~у annul a general average statement (adjustment)
подгота́вливать ~у prepare an average statement (adjustment)
регистри́ровать ~у register an average statement
составля́ть ~у adjust (make up) the average, make (draw up, carry out) an adjustment, draw up an average statement
диспаше́р *страх. (специалист по оценке убытков по общей аварии и их распределению между участниками рейса)* average adjuster, average stater
~, авари́йный average adjuster (stater)
~, иностра́нный foreign average adjuster
~, ста́рший senior average adjuster
бюро́ ~ов bureau of general average adjusters, average adjusters' bureau
назнача́ть ~а appoint an adjuster
диспашрасчёт *см.* **диспа́ша**
диспле́й [visual] display
~ вычисли́тельной маши́ны computer display
дистри́бьютер distributor
дифференциа́льный differential, special
дифференциа́ция differentiation
~ за́работной пла́ты wage differentiation
~ цен price differentiation
дифференци́ровать differentiate
длина́, габари́тная overall length
дли́тельность duration
~ обрабо́тки processing (machining, operating) time
~ рабо́ты (*машины, станка*) running time
~ рекла́мы duration of an advertisement
~ хране́ния duration of storage
~ эксплуата́ции working life
дли́тельный long, prolonged, protracted, long-term, long-run, long-standing
дн/о bottom
вверх ~ом upside down
укла́дка вверх ~ом stacking upside down
до ~а to the bottom
на ~е at the bottom
доба́вочный additional, supplementary, extra

доброка́чественность perfect condition, high quality
доброка́чественный of high (good, sound) quality
дове́ренност/ь proxy, power (letter, warrant) of attorney, warrant, procuration
~ **на и́мя** warrant in the name of
~ **на получе́ние** warrant for receipt
~, **о́бщая** general (full) power of attorney
срок де́йствия ~и period (term) of a warrant
аннули́ровать ~ cancel a power of attorney
выдава́ть ~ give (grant) a power of attorney, invest a person with a power of attorney, give a procuration
име́ть ~ hold power of attorney
отменя́ть ~ revoke (withdraw) a power of attorney
оформля́ть ~ draw up a warrant
подпи́сывать по ~и sign by proxy (per procuration)
предъявля́ть ~ produce a power of attorney, present a warrant
по ~и by proxy, by (per) procuration, by attorney
~ **действи́тельна на ... дней** the letter of attorney is valid for ... days
дове́ри/е confidence, trust
~, **взаи́мное** mutual confidence (trust)
~, **по́лное** full credit, complete trust
~, **расту́щее** growing confidence
злоупотребле́ние ~ем abuse (breach) of confidence, breach of trust
наруше́ние ока́занного ~я breach of confidence (trust)
укрепле́ние ~я confidence-building measures
установле́ние ~я establishment of confidence (trust)
утра́та ~я loss of confidence (trust)
входи́ть в ~ win confidence
завоёвывать ~ win (gain) confidence
злоупотребля́ть ~ем abuse confidence
опра́вдывать ~ justify confidence
подрыва́ть ~ к shake faith in
поколеба́ть ~ impair credibility, shatter *smb's* confidence
по́льзоваться ~ем enjoy confidence
потеря́ть ~ lose *smb's* confidence (trust)
довери́тель principal; trustee
до́вод argument
~, **ве́ский** weighty argument
~, **малоубеди́тельный** unconvincing (flimsy) argument
~, **неопровержи́мый** irrefutable argument
~, **неубеди́тельный** unconvincing argument
~ы, опроверга́ющие *юр.* rebuttal arguments, refuting arguments
~, **убеди́тельный** convincing argument
выдвига́ть ~ы put (set) forward (forth) arguments
опроверга́ть ~ы refute arguments
подтвержда́ть ~ы reinforce arguments
согласи́ться с ~ами agree with (to) [the] arguments
householdsдово́дка operational development; omologation
~ **образцо́в проду́кции до её ма́ссового произво́дства** pre-

paration of specimens prior to their mass production

~ **о́пытного образца́** engineering development

догова́риваться negotiate, discuss, make arrangements

догова́ривающийся contracting

догово́р agreement, contract; (*между государствами*) treaty

~, **аге́нтский** agency agreement, *амер.* broker's contract

~, **бессро́чный** treaty of unlimited duration

~, **бодмере́йный** bottomry bond (contract)

~, **внешнеэкономи́ческий** foreign economic agreement

~ **возду́шной перево́зки** contract of air transportation

~, **вы́годный то́лько для одно́й стороны́** Dutch agreement (bargain)

~ **гара́нтии от убы́тков** contract of indemnity

~, **гражда́нско-правово́й** civil law contract (treaty)

~, **двусторо́нний** bilateral agreement (treaty)

~, **долгосро́чный** long-term agreement, period contract

~, **заключённый** signed (concluded) agreement

~, **коллекти́вный** collective agreement

~ **консигна́ции** contract of consignment

~ **ку́пли-прода́жи** contract of purchase (sale), sale (purchase) contract, bargain and sale

~, **лицензио́нный** license (licensing) contract (agreement)

~ **ме́ны** barter agreement

~, **многосторо́нний** multilateral agreement (treaty)

~, **монопо́льный** monopoly contract

~ **морско́го страхова́ния** contract of marine insurance, marine insurance contract

~ **морско́й буксиро́вки** towing contract

~ **морско́й перево́зки** contract of carriage by sea, maritime contract, contract of affreightment

~ **на инжини́ринг** engineering agreement

~ **на́йма** contract of employment (service)

~ **на осно́ве взаи́мности** reciprocal (reciprocity) contract (agreement, treaty)

~ **на отгру́зку** loading contract

~ **на перево́зку** contract of carriage, freight contract

~ **на переда́чу но́у-ха́у** agreement on the transfer of knowhow

~ **на поста́вку** contract for delivery, delivery contract, supply agreement

~ **на реа́льный това́р** *бирж.* spot contract

~ **на эксплуата́цию** operating agreement

~, **недействи́тельный** void contract

~, **незавершённый** uncompleted (executory) contract

~, **незако́нный** illegal contract

~, **неравнопра́вный** inequitable (unequal) treaty

~ **об агенти́ровании су́дна** ship's agency service agreement

~ **об аре́нде** lease [agreement], rental agreement

~ **об аре́нде вы́ставочной пло́щади** agreement for stand space

~ **об аре́нде помеще́ния** contract of tenancy, tenancy agreement

~ **об исключи́тельном пра́ве на прода́жу** exclusive sale (selling) contract

~, **обя́зывающий** binding contract

~ **о взаимопо́мощи** treaty of mutual assistance, mutual assistance pact

~, **односторо́нний** unilateral agreement

~ **о долгосро́чной аре́нде** permanent rent contract

~ **о на́йме** contract of employment

~ **о пате́нтах** patent contract (agreement)

~ **о пате́нтном сотру́дничестве** patent cooperation treaty

~ **о переда́че** agreement on transfer

~ **о переусту́пке прав** assignment agreement

~ **о поку́пке** contract of purchase, purchase contract

~ **о поручи́тельстве** contract of guarantee

~ **о прода́же в креди́т** credit (instal[l]ment) trading agreement

~ **о сда́че в аре́нду** leasing (lease) agreement

~ **о сотру́дничестве** treaty (agreement) on cooperation

~ **о сотру́дничестве, безвозме́здном** agreement on gratuitous cooperation

~ **о спасе́нии** salvage agreement (contract)

~, **оспори́мый** voidable contract

~ **о строи́тельстве объе́кта** contract for construction of a project

~ **о това́рных зна́ках** trademark agreement

~ **о торго́вле** treaty on commerce

~ **о фрахтова́нии су́дна** charter[-party], freight contract

~ **о фрахтова́нии су́дна без экипа́жа** bare boat charter

~ **о фрахтова́нии су́дна, генера́льный** general freight contract

~, **пате́нтный** patent contract (agreement)

~ **перестрахова́ния** contract of reinsurance

~ **подря́да** turnkey contract

~ **поруче́ния** contract of agency (commission), agency contract

~ **прода́жи** contract of sale, sale[s] contract, agreement to sell

~, **равнопра́вный** equitable (equal) treaty

~, **ра́зовый** one-time agreement

~ **с пра́вом продле́ния** agreement with the option to prolong it

~ **с субподря́дчиком** subcontract

~ **страхова́ния** contract of insurance, insurance contract (policy)

~ **субфрахтова́ния** sub-charter

~, **торго́вый** trade agreement, commercial (trade) treaty

~, **трудово́й** labour (work) contract

~, **у́стный** parol (verbal) contract

~, **хозя́йственный** economic treaty (agreement)

аннули́рование ~а cancellation (termination, annulment, revocation, repudiation, rescission) of an agreement (a treaty, a contract)

возобновле́ние ~а о страхова́нии renewal of an insurance contract

вступле́ние ~а в си́лу coming

of the treaty (agreement) into force
выполне́ние ~а performance (fulfilment, execution, implementation) of a contract
денонса́ция ~а denunciation of a treaty
заключе́ние ~а conclusion of a contract (an agreement, a treaty)
иск из ~а action in contract
исполне́ние ~а performance (fulfilment, execution, implementation) of a contract
истече́ние сро́ка де́йствия ~а expiry (expiration) of a contract
мемора́ндум о ~е memorandum of agreement
наруше́ние ~а breach (infringement, violation) of a contract (an agreement, a treaty)
невыполне́ние ~а non-execution (non-fulfilment, non-observance) of an agreement, default of (on) a treaty (an agreement)
недействи́тельность ~а invalidity (nullity) of a contract (treaty)
обяза́тельства по ~у obligations under a contract (an agreement)
предме́т ~а subject (object) of a contract (an agreement)
продле́ние сро́ка де́йствия ~а prolongation of a treaty
прое́кт ~а draft treaty, draft [of a] contract, draft (frame) agreement
пункт ~а clause (item) of a contract (an agreement)
пункт ~а о гара́нтиях guarantee (warranty) clause
пункт ~а о монопо́льном пра́ве monopoly clause
рабо́та по трудово́му ~у jobs (work) on a contract basis
расторже́ние ~а cancellation (termination) of an agreement (a treaty)
расторже́ние ~а страхова́ния cancellation of a policy
реализа́ция ~а fulfilment (execution, implementation, performance) of a contract
срок де́йствия ~а term of validity of a contract
срок исполне́ния ~а term (time) [of the performance (fulfilment)] of a contract
статья́ ~а article of a contract (an agreement, a treaty)
сторона́ в ~е party to a contract
су́мма ~а amount (sum) of a contract
тре́бования ~а contractual requirements
усло́вия ~а terms and conditions of a contract; terms of a treaty
усло́вия ~а, аре́ндного provisions of a lease
уча́стник ~а contractor, party to an agreement
штраф за невыполне́ние ~а penalty for non-performance of a contract
аннули́ровать ~ cancel (terminate, annul, revoke, repudiate, rescind) an agreement (a treaty, a contract)
быть свя́занным ~ом be bound by a contract, be liable under a contract
возобновля́ть ~ renew an agreement
возобновля́ть аре́ндный ~ renew a lease
вступа́ть в ~ enter into an agreement (a contract, a treaty)
выполня́ть ~ perform (fulfil, implement, execute) a contract

выходи́ть из ~а withdraw from a treaty
денонси́ровать ~ denounce a treaty
заключа́ть ~ make (conclude) a contract (an agreement, a treaty), contract, enter into a contract (an agreement, a treaty)
исполня́ть ~ perform (fulfil, execute, implement) a contract
наруша́ть ~ break (infringe, violate) a contract (an agreement, a treaty)
обусло́вливать ~ом stipulate by a contract (an agreement)
освобожда́ться от обяза́тельств по ~у contract out of an agreement
отка́зываться от ~а renounce a treaty
оформля́ть ~ draw up a contract
парафи́ровать ~ initial a treaty (an agreement)
подпи́сывать ~ sign an agreement (a treaty)
прекраща́ть де́йствие ~а terminate an agreement (a treaty)
присоединя́ться к ~у join (accede to) a treaty (an agreement)
продлева́ть ~ prolong an agreement (a treaty)
расторга́ть ~ cancel (terminate) an agreement (a treaty)
ратифици́ровать ~ ratify (confirm) a treaty (an agreement)
соблюда́ть ~ keep (observe) an agreement (a treaty)
составля́ть ~ draw up a contract
по ~у according to a contract, under a contract
согла́сно ~у as per contract

договорённост/ь arrangement, agreement, understanding
~, взаи́мная mutual agreement
~, оконча́тельная final arrangement
~ по контра́кту contractual agreement
~, по́лная complete agreement
~, предвари́тельная tentative agreement, preliminary arrangement (agreement)
~, у́стная verbal arrangement (understanding)
~, фина́нсовая financing arrangement
~, ча́стная private understanding
дости́чь ~и reach (achieve, attain) agreement, come to an understanding
офо́рмить ~ пи́сьменно reach understanding (make an arrangement) in writing
в соотве́тствии с дости́гнутой ~ью in accordance with the achieved agreement
по ~и by agreement, as agreed (arranged)
согла́сно на́шей ~и as arranged between us
договори́ться arrange about (for), agree on, make (come to) an agreement
~ оконча́тельно finalize
догово́рный contracting, contractual
догружа́ть (*судно*) complete cargo (loading)
догру́зка completing cargo, additional (supplementary) cargo (loading)
доде́лка finish[ing], putting the finishing touch
дозво́ленный legal, lawful
док dock, dockage facilities
~ для ремо́нта судо́в repairing (graving) dock

~, **коммерческий** commercial dock
~, **крытый** dock shed
~, **мокрый** wet (flooding) dock
~, **плавучий** floating dock
~**и, портовые** harbour docks
~, **ремонтный** repairing (graving) dock
~, **сухой** dry dock
аренда ~**а** dock rent
плата за стоянку в ~**е** dock dues (charges), dockage
разрешение на выход судна из ~**а** dock pass
стоянка в ~**е** dockage
вводить судно в ~ dock a vessel, bring (put) a vessel into a dock
входить в ~ enter (go into) a dock, dock
выходить из ~**а** leave a dock
доставлять в ~ deliver to a dock
находиться в сухом ~**е** undergo dry-docking
ставить судно в ~ dock a vessel, put (place) a vessel in a dock
ставить судно в сухой ~ dry-dock
стоять в ~**е** lie-up, lie (be) in a dock
франко-~ free dock, *сокр.* f/d

доказательств/о proof, evidence
~, **вещественное** material evidence
~, **документальное** documentary evidence (proof)
~, **дополнительное** additional evidence
~ **заинтересованности** proof of interest
~ **качества** proof of quality
~, **неоспоримое (неопровержимое)** conclusive evidence
~ **новизны** proof of novelty
~, **письменное** written evidence
~ **реэкспорта товара** evidence of reexport of goods
~, **убедительное** convincing evidence
~ **ущерба** proof of loss
проверка ~**а** verification of evidence
представлять ~**а** give (afford, offer, show, produce, furnish, bring forward) proof[s], present evidence

докер docker

доковать dock, bring [a vessel] into a dock; dry-dock

доковый dock *attr.*

документ document, act, paper
~, **банковский** bank document
~, **бессрочный** undated document
~, **ведомственный** department document
~**ы, грузовые** shipping (transportation, freight) documents
~, **данный** present document
~**ы, директивные** directive documents, executive directives
~**ы для оплаты** documents for payment
~**ы, договорно-правовые** treaty and legal documents
~, **залоговый** documentary pledge
~**ы за наличный расчёт** documents against payment, *сокр.* D/P
~, **заявочный** application document
~**ы, инкассируемые** collection items
~, **итоговый** final (concluding) document
~, **кредитный** credit instrument
~**ы, межведомственные** interdepartmental documents
~**ы на инкассо** documents for collection

~ы на отгру́зку documents for shipment
~ на отпра́вленный това́р documents covering goods
~ на предъяви́теля document to bearer, bearer document
~, недостаю́щий missing document
~ы, нормати́вно-правовы́е legal documents
~ы, нормати́вно-техни́ческие standard technical documentation
~, нормати́вный normative (standardized, regulatory) document
~ об опротестова́нии ве́кселя protest certificate
~, оборо́тный negotiable document
~, обусло́вленный stipulated document
~, оправда́тельный source document
~, о́рдерный order instrument (paper), instrument to order
~, основно́й main document
~ы, отгру́зочные shipping documents
~, оце́ночный appraisal
~, пате́нтный patent document (paper)
~, первичный basic (source) document
~ы, перево́зочные shipping documents, documents of carriage
~, передава́емый, де́нежный negotiable document
~ы, погру́зочные shipping documents
~ы, погру́зочные, чи́стые clean shipping documents
~, подде́льный forged document
~, по́длинный authentic document
~, подло́жный forged document
~, подпи́санный signed document
~, подтвержда́ющий support[ing] document; [supporting] voucher
~, подтвержда́ющий пра́во со́бственности title deed
~, правово́й legal document
~ы, прилага́емые enclosed (attached) documents
~, приорите́тный priority document
~ы про́тив акце́пта documents against acceptance, *сокр.* D/A
~, рабо́чий working document
~, расхо́дный account of charges (expenses, expenditures)
~ы, расчётные accounting (settlement, budgetary, book) documents (records), accounts and records
~ы, руководя́щие guidance documents, guidelines
~, складско́й warehouse document
~, соотве́тствующий appropriate (relevant) document
~ы, сопровожда́ющие (сопроводи́тельные) accompanying documents
~ы, страховы́е insurance documents
~, суде́бный writ
~ы су́дна на гото́вность к пла́ванию ship's papers for readiness to sail
~ы, судовы́е ship's (vessel's) documents (papers)
~ы, тамо́женные customs documents
~ы, техни́ческие technical documents (papers)
~, това́рный trade document
~ы, товарораспоряди́тельные documents of title [to the goods]

~ы, товаросопроводи́тельные transportation (shipping) documents
~, тра́нспортный transport document
~, тре́буемый required document
~ы, удостоверя́ющие отгру́зку или отпра́вку documents evidencing shipment or dispatch
~, удостоверя́ющий certifying document
~, ука́занный designated document
~ы, уста́вные statutory documents
~ы, учреди́тельные documents of association, foundation documents, constituent documents (instruments)
~ы фина́нсовой отчётности (*фирмы*) statement of accounts
~, фина́нсовый financial document
~ы, э́кспортные export documents
~, юриди́ческий legal document
акце́пт комме́рческих ~ов acceptance of commercial papers
возвра́т ~ов return of documents
вруче́ние ~ов handing in (delivery) of documents
вы́дача ~а issue (issuance, delivery, release) of a document
вы́куп ~ов redemption of documents
вы́писка из ~а extract, excerpt
держа́тель ~ов holder of documents
доста́точность ~а sufficiency of a document
зало́г в ви́де ~ов documentary pledge
инкасси́рование ~ов collection of [commercial] papers
компле́кт ~ов set of documents
ко́пия ~а copy of a document
нето́чность в ~е discrepancy in a document
обме́н ~ов renewal of papers
опла́та ~ов payment (paying) for documents
оригина́лы ~ов original documents
оформле́ние ~ов issuance (preparation, execution, drawing up, making out, completion) of documents
переда́ча ~ов release (delivery, handing over, surrender) of documents
пе́речень ~ов list of documents
платёж про́тив ~ов payment against documents
платёж про́тив представле́ния ~ов payment against presentation (delivery) of documents
пода́ча ~ов presentation (filing) of documents
подгото́вка ~ов preparation of documents
подде́лка ~ов falsification of documents; forgery
по́длинность ~ов genuineness of documents
полнота́ ~ов completeness (sufficiency) of documents
получе́ние ~ов на инка́ссо receipt of documents for collection
пра́вильность ~ов accuracy of documents; regularity of documents (records)
представле́ние ~ов presentation (production, delivery, submission, handing in, filing) of documents
предъявле́ние ~ов к опла́те

presentation of documents for payment
принятие ~ов на инкассо acceptance of documents for collection
проверка ~ов examination (checking, verification) of documents
проект ~а draft of a document
разработка заявочного ~а elaboration of an application document
распространение ~ов distribution of documents
регистрация ~ов registration of documents (papers)
содержание ~а contents of a document
соответствие ~ов conformity (correspondence) of documents
ссуда под платёжные ~ы loan against payment documents
точность ~ов accuracy of documents (records)
форма ~ов form of documents
экземпляр ~а copy of a document
визировать ~ initial a document
вносить в ~ enter in a document
возвращать ~ы return documents
вручать ~ы hand in (deliver) documents
выдавать ~ы issue (deliver, release) documents
выдавать ~ы бесплатно deliver documents free
выдавать ~ы против расписки deliver documents against a [trust] receipt
выдавать ссуду под залог ~ов lend money on documents
выписывать ~ы make out (issue) documents
заверять ~ attest a document
засвидетельствовать ~ witness a document
направлять ~ы forward (send) documents
не принимать ~ы reject (refuse) documents
оплачивать ~ы pay for documents; (*о банках*) honour (retire) documents
оформлять ~ы issue (prepare, draw up, make out, execute, complete, compile) documents; put papers in order
передавать ~ы release (surrender, pass, deliver, hand over) documents
передавать ~ы по индоссаменту transfer documents by endorsement
передавать ~ы против акцепта release (deliver, hand over, surrender) documents against acceptance
передавать ~ы против платежа release (deliver, hand over, surrender) documents against payment
пересылать ~ы forward (send) documents
перечислять ~ы list documents
подготавливать ~ prepare a document
подделывать ~ falsify a document
подписывать ~ sign a document, set *one's* hand on a document
посылать ~ send (forward) a document
предоставлять ~ы furnish (provide) documents
представлять ~ы present (produce, deliver, submit, give, hand in file, tender) documents
представлять ~ы в арбитраж submit documents to arbitration

представля́ть ~ы в банк на инка́ссо give documents to the bank for collection
представля́ть ~ы для негоциа́ции (*для учёта или покупки*) present documents for negotiation
представля́ть ~ы к акцептова́нию present documents for acceptance
представля́ть ~ы к платежу́ present documents for payment
представля́ть ~ы по аккредити́ву present documents under a L/C
представля́ть ~ы че́рез банк present documents through a bank
предъявля́ть ~ы present (show) documents
препровожда́ть ~ы deliver documents
прилага́ть ~ы к attach documents to, enclose documents with
принима́ть ~ы accept (take up) documents, accept presentation of documents
проверя́ть ~ы examine (check, verify, scrutinize) documents
противоре́чить ~ам be inconsistent with documents
размножа́ть ~ copy (duplicate) a document
распи́сываться на оборо́те ~а endorse
распоряжа́ться ~ами dispose of documents
рассма́тривать ~ consider (study, examine) a document
регистри́ровать ~ register a document (paper)
составля́ть ~ draw up (make up) a document
толкова́ть ~ interpret (construe) a document
тре́бовать ~ require a document
удостоверя́ть ~ы attest documents
узако́нивать ~ legalize a document
про́тив ~ов against documents
про́тив представле́ния ~ов against presentation (delivery, surrender) of documents
на ~е проста́влен ште́мпель the document bears the stamp

документа́льный, документа́рный documentary

документа́ци/я documentation, documents, paperwork
~, входна́я и выходна́я "in" and "out" documents
~, монта́жная assembly (erection) documents
~, оконча́тельная final documentation
~, пате́нтная patent documentation
~, пи́сьменная written (textual) documentation
~, платёжная payment documents
~, по́лная full (complete) documentation
~, поступа́ющая incoming documents
~, пра́вильная correct documentation
~, прое́ктная project (design, construction) documentation, design documents, design plans and specifications
~, прое́ктно-сме́тная designing estimates
~, прое́ктно-техни́ческая technical documentation
~, расчётная calculation documents
~, сме́тная estimate documentation
~, страхова́я insurance documents
~, тамо́женная customs documentation

~, **те́ндерная** tender documents
~, **техни́ческая** technical documentation
~, **технологи́ческая** technological know-how
~, **товарораспоряди́тельная** documents of title
~, **товаросопроводи́тельная** transportation (shipping) documents (documentation)
~, **тра́нспортная** transport documentation
~, **учётно-регистрацио́нная** records
компле́ктность техни́ческой ~и completeness of technical documentation
нали́чие ~и availability of documentation
обме́н ~ей exchange of documentation
объём ~и scope (volume) of documentation
оформле́ние ~и issuance (preparation, drawing up, making out, execution, completion) of documents (documentation)
переда́ча техни́ческой ~и transfer of technical documentation (documents)
разрабо́тка прое́ктной ~и elaboration (working out) of design documents (documentation)
расхо́ды по оформле́нию ~и documentation charges
комплектова́ть ~ю complete documentation
оформля́ть ~ю issue (prepare, draw up, make out, execute, complete, compile) documents (documentation)
перепроверя́ть ~ю recheck documentation
подгота́вливать ~ю complete documentation (paperwork)
предоставля́ть ~ю provide (furnish) documentation
предоставля́ть ~ю в *чьё-л.* **распоряже́ние** place documentation at the disposal of *smb*
представля́ть ~ю present (produce, deliver, submit, hand in) documentation
разраба́тывать ~ю elaborate (work out) documentation
составля́ть прое́ктно-техни́ческую ~ю draw up (make up) technical documentation

документи́рованный documentary

документи́ровать document

долг debt, liability, arrear[s]
~ **ба́нку** bank debt
~, **безвозвра́тный** non-recoverable (non-repayable) debt
~, **безнадёжный** bad debt
~, **большо́й** heavy debt
~, **вне́шний** foreign (external) debt
~, **госуда́рственный** national (public, state, government) debt
~, **де́нежный** money debt
~, **долгосро́чный** long-term debt
~, **заморо́женный** frozen debt
~, **консолиди́рованный** permanent (consolidated, funded, bonded, unified) debt
~, **краткосро́чный** short-term (floating) debt
~, **нако́пленный** accumulated debt
~, **неконсолиди́рованный** unfunded (floating) debt
~, **непога́шенный** outstanding (active, undischarged) debt
~, **неупла́ченный** unpaid (outstanding) debt
~, **обеспе́ченный** secured debt
~, **о́бщий** gross debt
~, **отсро́ченный** deferred debt
~, **погаша́емый ежего́дными взно́сами** debt repayable by annual instal[l]ments

~, **погашенный** paid debt
~, **подлежащий оплате** matured (due) debt
~**и по займам** debts on loans
~, **присуждённый** judgement debt
~, **просроченный** stale (past) debt
~, **прямой** plain debt
~, **сомнительный** doubtful (dubious) debt
~, **старый** old debt
~, **текущий** current debt
~, **уплаченный** paid debt
~, **условный** contingent liability
~, **фундированный** permanent (consolidated, funded, bonded, unified) debt
взыскание ~**ов** collection (recovery) of debts, debt collection
возврат (возмещение) ~**а** repayment (return, reimbursement, quittance) of a debt
выплата ~**а** repayment (payment, settlement) of a debt
график возмещения ~**ов** debt repayment schedule
инкассация (инкассирование) ~**ов** collection of debts, debt collection
ликвидация ~**ов** liquidation (settlement) of debts
обеспечение ~**а** security for a debt
оплата ~**а** repayment (settlement, quittance) of a debt
освобождение от уплаты ~**а** remission (acquittance) of a debt
остаток ~**а** remainder (balance) of a debt, balance owed, residual debt
отказ от уплаты ~**а** repudiation of a debt
погашение ~**а** payment (repayment, settlement, redemption, cancellation, extinguishment, discharge, liquidation, acquittance) of a debt, debt repayment; debt service
погашение ~**а в рассрочку** amortization of a debt
подтверждение ~**а** acknowledgement of a debt
покрытие ~**а** settlement (repayment) of a debt, debt service; cover for a debt
сумма ~**а** amount of a debt, [amount of] indebtedness
уплата ~**а** repayment (payment, settlement, redemption) of a debt, debt repayment
урегулирование ~**ов** settlement of debts
аннулировать ~ cancel (write off) a debt
брать в ~ borrow, incur debts
быть в ~**у** be in debt (indebted), owe
взыскивать ~**и** recover (collect) debts
влезать в ~**и** run (get) into debts, incur debts
возмещать (возвращать) ~ repay (pay off, reimburse) a debt
выплачивать ~ repay (pay, settle, redeem) a debt
давать в ~ lend [money], accommodate with money (a loan)
делать ~**и** run (get) into debts
зачитывать в уплату ~**а** count as payment of a debt
иметь ~**и** be in debts, have debts
инкассировать ~**и** collect debts
ликвидировать ~ liquidate (settle) a debt
находиться в ~**у** be in debt (indebted), owe
оплачивать ~ repay (settle, pay, redeem) a debt

освобождáть от уплáты ~а remit a debt, release (free) from a debt, acquit of a debt
откáзываться от уплáты ~а refuse to pay (repudiate) a debt
переводи́ть ~ remit a loan
погашáть ~ repay (settle, pay [off], redeem, cancel, discharge, extinguish, liquidate, acquit, sink) a debt
погашáть ~ в рассрóчку amortize a debt
покрывáть ~ cover (meet, pay off, settle) a debt
признавáть ~ acknowledge a debt
продлевáть срок вы́платы ~óв stretch out the repayment of debts
прощáть ~ remit a debt
расплáчиваться с ~áми pay off *one's* debts
спи́сывать ~ write off a debt
трéбовать уплáты ~а call [in] a debt
удéрживать ~ deduct a debt
удовлетворя́ть ~ satisfy a debt
уплáчивать ~ repay (settle, pay, redeem) a debt

долговáя распи́ска promissory note

долговéчность longevity; (*прочность*) durability
~, гаранти́рованная guaranteed (specified) longevity
~, номинáльная rated life
~ при хранéнии shelf longevity
~, расчётная design longevity
~, эксплуатациóнная operating longevity, normal operating period

долгосрóчный long-term, long, long-range, long-time, long-dated

долевó/й share *attr.*, participation *attr.*
~е учáстие individual share

должни́к debtor
~, глáвный principal debtor
~, нарýшивший обязáтельство defaulting debtor
~, некредитоспосóбный (несостоя́тельный) insolvent (poor) debtor, bankrupt
~, основнóй (первоочереднóй) primary debtor
~ по вéкселю bill debtor
~ по закладнóй mortgager
~ по и́ску claim debtor
несостоя́тельность ~á insolvency of a debtor

дóлжност/ь post; job
~, врéменная temporary (provisional) post (job)
~ штáтная established post, regular appointment
вступи́ть в ~ assume office
выдвигáть на ~ nominate to an office
занимáть ~ hold a post
зачисля́ть *кого-л.* **на ~** take *smb* on as
понижáть в ~и downgrade

дóллар dollar
банкнóта в 1 ~ dollar bill
заём в ~ах dollar loan
курс ~а dollar rate
нехвáтка ~ов dollar shortage
пересчёт ~ов в валю́ту платежá recalculation of dollars into the currency of payment
платёж в ~ах payment in dollars
поступлéния ~ов dollar earnings
продáжа на ~ы sales for dollars
размéн ~ов на зóлото conversion of dollars in[to] gold
стоимость ~а dollar value
сýмма в ~ах dollar amount

утéчка ~ов dollar drain, flow of dollars out of the country
эквивалéнт в ~ах dollar equivalent
конвертúровать ~ы в другýю валюту convert dollars into another currency
обмéнивать ~ы на зóлото convert dollars in[to] gold
платúть в ~ах pay in dollars

дóл/я share, allotment, contribution, part, portion, proportion, stake
~ акционéра в срéдствах предприя́тия equity [in business]
~ в акционéрной компáнии [respective] stake in a company
~ в капитáле share in capital
~ в постáвках share in deliveries, share of supplies
~ в устáвном фóнде share in the authorized fund
~, достáточная sufficient share
~, значúтельная sizable proportion
~, комиссиóнная share of commission
~, максимáльная maximum share
~, мáлая small share
~, минимáльная minimum share
~ мировóго ры́нка share of the world market
~, оговорённая agreed share
~ постáвок share of supplies (deliveries)
~ постáвок по кооперáции share of deliveries under cooperation agreements
~ прúбыли share of the profits
~, причитáющаяся по óбщей авáрии general average contribution due from one party to the other
~, пропорционáльная pro rata share
~, рáвная equal share
~, соответ́ствующая respective stake
~ услýг share of services
~ учáстия contribution
вносúть ~ю contribute to
входúть в ~ю go shares
определя́ть ~ю establish (determine) a share
рáвными ~я́ми in equal shares
на ~ю прихóдится ... % the share accounts for ... %

дом, торгóвый trading house

доминúрование domination

доминúровать dominate, prevail

доминúрующий dominant, prevailing

домицúлий (*1. юридический адрес лица 2. фин. место платежа по векселю*) domicile
~, торгóвый commercial domicile

домицилúрованный domiciled

домицилúровать domicile, domiciliate

доплáт/а additional (extra) charge; extra payment; after-payment
~ за сверхурóчную рабóту extra charges for overtime [work]
без дополнúтельной ~ы without extra charge
за осóбую ~у at extra cost
письмó с ~ой unstamped letter, letter chargeable on delivery, *амер.* collect letter

дополнéни/е addition; addendum, *мн. ч.* addenda, supplement; *амер.* amendment
~ к контрáкту addendum (supplement) to a contract, contract appendix
~ к протокóлу supplementary protocol

~, **предлага́емое** proposed addition (amendment)
пода́ча ~й presentation (filing) of addenda (additions, supplements)
издава́ть ~ publish a supplement
подпи́сывать ~ sign an addendum
в ви́де ~я in the form of addendum
в ~ к письму́ in addition to (further to) a letter
дополни́тельно additionally, in addition
закупа́ть ~ purchase additionally
поставля́ть ~ supply in addition (subsequently)
дополни́тельный additional, extra, supplementary
допоста́вк/а 1. additional delivery, delivery of additional goods **2.** delivery of the balance of goods
заказа́ть ~у утра́ченного гру́за order additional goods to replace those lost
допоставля́ть 1. deliver additionally **2.** deliver the balance of goods
до́пуск 1. (*право входа*) admission, admittance; access **2.** *тех.* tolerance, allowance
~ к регистра́ции на би́рже (*ценных бумаг*) admission to quotation
~ на изготовле́ние manufacturing (fabrication) tolerance
~ на изно́с wear tolerance
~ проду́кции на ры́нок access to the market for products
выде́рживать ~и adhere to assigned (specified) tolerances
име́ть ~ к have access to
получи́ть ~ к gain (obtain) access to
допуска́ть:
~ к перево́зке permit for transportation
~ овердра́фт overdraw an account
~ оши́бку make (commit) an error, make a mistake
допусти́мый admissible, allowable, acceptable, permissible, tolerable
доработ́ка completion, finalization; omologation; polishing up; (*в производстве*) finishing; (*оборудования на месте эксплуатации*) field change[s]
до́рого:
обходи́ться ~ be (come) expensive (dearly), run into money
плати́ть ~ pay dearly
дорогови́зн/а high prices, dearness
надба́вка на ~у dearness allowance
дорого́й expensive, dear, costly, high-priced
дорогосто́ящий expensive
дорожа́ть rise in price
доро́жно-строи́тельный road-building
доро́жный road *attr*; travelling
досма́тривать examine, inspect
~ бага́ж examine (inspect) baggage
досмо́тр examination, inspection
~ багажа́ luggage inspection (examination)
~ гру́зов inspection of cargo
~ иму́щества customs inspection of property
~, санита́рно-каранти́нный quarantine and sanitary examination (inspection)
~ су́дна examination of a ship
~, тамо́женный customs examination (inspection)
освобожда́ть от ~а exempt from [customs] examination (inspection)

проводи́ть ~ carry out examination (inspection)
проходи́ть тамо́женный ~ pass (get through) the customs
досмо́тровый customs *attr.*
досмо́трщик (*таможенный*) customs inspector (surveyor)
досро́чно ahead of schedule, in advance
досро́чный prior, advance, early, pre-schedule
доста́вк/а delivery; conveyance, haulage
~, бы́страя express (special, prompt) delivery
~ в срок punctual delivery
~ гру́за delivery of cargo, cargo delivery
~ гру́за на усло́виях «от две́ри до две́ри» door-to-door cargo delivery
~, досро́чная prior delivery
~, запозда́вшая late delivery
~, неме́дленная immediate (prompt) delivery
~ непо́лного коли́чества short delivery
~, опла́ченная paid delivery
~ порожняка́ back-haul
~, сохра́нная safe delivery
~, сро́чная special delivery, *сокр.* sp.d., express delivery
~ фра́нко free (franco) delivery, free delivered
заде́ржка в ~е delay in delivery
изде́ржки по ~е delivery costs (expenses), delivery charges
ме́сто ~и delivery place, place (point) of delivery
опла́та при ~е collect (cash) on delivery, *сокр.* C.O.D. payable on delivery
пла́та за ~у charge for delivery, delivery charge; cost of haulage
сре́дства ~и means of delivery
срок ~и time (date, period) of delivery, delivery time (date, period)
сто́имость ~и cost of delivery
усло́вия ~и terms of delivery
цена́ с ~ой delivered price
задержа́ться во вре́мя ~и be delayed in delivery
заде́рживать ~у delay delivery
опла́чивать ~у pay for delivery
осуществля́ть ~у effect (make) delivery
осуществля́ть ~у в срок keep the delivery date
отсро́чивать ~у postpone [the] delivery [date]
плати́ть при ~е pay on delivery
приостана́вливать ~у suspend (stop) delivery
производи́ть ~у make (effect) delivery
не включа́я сто́имость ~и on an ex-works basis
подлежа́щий ~е deliverable
со сро́чной ~ой (*надпись на конверте*) express delivery
с упла́той при ~е payable on delivery
доставля́емый delivered, furnished
доставля́ть deliver, furnish
доста́точность sufficiency
~ докуме́нтов sufficiency of documents
~ маркиро́вки sufficiency of marking
~ упако́вки sufficiency of packing
определя́ть ~ упако́вки determine [the] sufficiency of packing
доста́точный adequate, sufficient, fair

достига́ть reach; achieve, obtain, gain, attain; (*соглашения*) agree

дости́гнутый achieved, obtained, gained; (*о соглашении*) agreed

достиже́ни/е achievement; **~я** (*успехи*) achievements, gains

~я в о́бласти технологи́и technological progress (achievements, advances)

~я нау́ки и те́хники achievements in (of) science and technology, scientific and technological achievements

~я, нове́йшие (после́дние) latest achievements

~я, техни́ческие technical (engineering) achievements

~я, экономи́ческие economic achievements

у́ровень ~й level of achievement[s]

обеспе́чивать ~ гаранти́рованной производи́тельности secure the guaranteed capacity

отража́ть ~я reflect achievements

популяризи́ровать ~я нау́ки и те́хники spread the progress (popularize the achievements) of science and industry

досто́инство (*о денежных знаках*) denomination

~м в in [the] denomination of

до́ступ access

~, беспрепя́тственный free (unobstructed) access

~ в павильо́н access to the pavilion

~ к исто́чникам сырья́ access to resources

~ к ры́нкам access to markets

~, по́лный full access

~, свобо́дный free access

име́ть ~ have access

получа́ть ~ gain (obtain) access

досту́пный accessible; (*о цене*) reasonable, moderate

досье́ file

~, зая́вочное file wrapper, application file

составля́ть ~ form records, file documents

дота́ци/я subsidy, grant

~, бюдже́тная budgetary subsidy

дава́ть ~ю subsidize

дохо́д income, revenue, earnings, return[s], yield, proceeds, receipts, profit, incomings, gain[s]

~ бу́дущих лет deferred income

~ы, бюдже́тные budget receipts (revenue)

~, валово́й gross income (receipts, earnings, return[s], yield)

~, валово́й национа́льный gross national income

~, вменённый imputed earnings (income)

~, высо́кий large income

~, годово́й annual (yearly) income (receipts, returns)

~ы, госуда́рственные public revenues (receipts)

~, де́нежный cash (money) income

~, дополни́тельный supplementary (additional) income

~, ежего́дный annual revenue

~, маржина́льный marginal income

~ на а́кцию dividend yield

~ на ду́шу населе́ния per capita (head) income

~, нако́пленный accrued (accumulated) income

~, национа́льный national income

~, начи́сленный accrued income

~, **непроизво́дственный** unearned income
~, **нетрудово́й** unearned income
~, **ни́зкий** low money income, poor returns
~, **облага́емый нало́гами** taxable (assessable) income, income liable to tax
~, **о́бщий** total gain
~, **ожида́емый** expected income
~, **остаю́щийся по́сле упла́ты нало́гов** disposable (after-tax) income
~ **от вне́шней торго́вли** foreign trade earnings
~ **от запрода́ж** sales revenue
~ **от капиталовложе́ний** returns on investments, investment incomes (profits)
~ **от комме́рческой де́ятельности** trading income
~ **от краткосро́чных вложе́ний** short interest; overnight interest
~ **от нало́гов** tax revenues (proceeds)
~ **от неви́димых стате́й э́кспорта и и́мпорта** invisible income
~, **основно́й** primary income
~ **от опера́ций** income from operations, operating profit (income)
~ **от предпринима́тельства** income from business
~ **от ро́ялти** royalty earnings
~ **от фра́хта** freight revenues
~ **от э́кспорта** export earnings
~, **перви́чный** primary income
~, **постоя́нный** fixed (constant) income
~, **преде́льный** marginal revenue (return, yield)
~ **предприя́тия** income of an enterprise
~, **проце́нтный** interest income (yield, return)
~, **реа́льный** real income (earnings), effective yield
~, **регуля́рный** regular income
~, **ре́нтный** rental income
~, **среднегодово́й** average annual income
~, **сре́дний** average income
~, **твёрдый** fixed income
~, **теку́щий** current income
~, **торго́вый** trade profits (returns)
~, **трудово́й** wage and salary (earned) income
~, **факти́ческий** actual income
~, **чи́стый** net income (earnings, profit), after-tax income
~, **э́кспортный** export earnings
вы́чет из облага́емого ~а income deduction
заниже́ние ~ов underdeclaration of income
исто́чники ~а sources of revenue
нало́г с ~ов акционе́рных компа́ний company income tax
о́бщая су́мма ~а total income
приро́ст национа́льного ~а national income increment
прито́к ~ов inflow of earnings
разме́р ~а level of income
распределе́ние ~ов distribution (division) of income
регули́рование ~ов income adjustment
репатриа́ция ~ов repatriation of profits
рост ~а growth of income
сокры́тие ~ов concealment (defrauding) of revenue (income)
счёт ~ов revenue (income) account
у́ровень ~а income level
гаранти́ровать ~ ensure income

извлека́ть ~ draw income, derive a profit
обеспе́чивать ~ ensure income
получа́ть ~ draw (gain) income, receive revenue
приноси́ть ~ yield (produce) a profit, bring [in] an income
приноси́ть ма́лый ~ bring [in] (yield) a poor return
приноси́ть проце́нтный ~ yield interest
приноси́ть хоро́ший ~ bring [in] (yield) a fair return, pay well
репатрии́ровать ~ы repatriate profits
~ы и расхо́ды income and expenditure

дохо́дность profitability, profitableness
дохо́дный paying, profitable, remunerative
доче́рний affiliated, subsidiary, associated, branch *attr.*
дро́бный fractional
дру́жественный friendly
дублика́т duplicate, [second] copy
~ бла́нка о взно́се депози́та duplicate deposit slip
~ ве́кселя duplicate of exchange, copy of a bill
~ лице́нзии copy of a license
~ сертифика́та duplicate of a certificate, certificate duplicate
~ тра́нспортной накладно́й duplicate of a waybill, waybill duplicate

дубли́ровани/е:
~ обору́дования duplication of equipment
без ~я unduplicated

дубли́рующий duplicating

Е

еврова́лю́та Eurocurrency
еврова́лю́тный Eurocurrency *attr.*
евродо́ллары Eurodollars
еврокреди́т Eurocredit
евроры́нок European market, Euromarket
евроче́ки Eurocheques
едини́ц/а unit
~, валю́тная currency unit, unit of currency
~ ве́са unit of weight
~ вре́мени time unit
~, де́нежная monetary (money) unit, unit of currency
~, де́нежная, основна́я basic monetary unit
~, Европе́йская валю́тная European currency unit
~ изде́ржек произво́дства unit of production cost
~ измере́ния unit of measure[ment]
~ измере́ния, контра́ктная contract unit of measure
~ы, междунаро́дные international units
~ы, метри́ческие metric units
~ обору́дования unit (item) of equipment
~, отде́льная separate unit
~ проду́кции unit [of production]
~, расчётная unit (money) of account, payment unit
~ сто́имости unit of value
~ това́ра unit, piece
~, тра́нспортная transport unit
~, усло́вная standard (conventional) unit
себесто́имость ~ы проду́кции unit cost
цена́ за ~у това́ра unit price, price per unit of goods

на ~у per unit
единовре́менный lumpsum
еди́ный (*общий*) common; (*совместный*) joint; (*неделимый*) indivisible, single; (*один*) united, uniform
ежего́дный annual, yearly
ежедне́вный daily
ежекварта́льный quarterly
ежеме́сячный monthly
ёмкост/ь 1. (*вместимость*) capacity 2. (*объём*) space, volume 3. (*сосуд*) vessel, tank
~ для перево́зки жи́дких гру́зов на корабле́ ship's tank
~ для хране́ния storage capacity
~ ры́нка market capacity (volume), capacity (absorption) of a market)
~, складска́я store capacity
~, тра́нспортная transport capacity
~ цисте́рны tank capacity
ме́ры ~и measures of capacity
конте́йнер ~ью в ... куб.м. the container capacity is ... cu.m.

Ж

жа́лоб/а complaint; (*апелляционная*) appeal
~ заяви́теля на applicant's appeal against
~ы, многочи́сленные numerous complaints
~ы на реше́ние экспе́ртов applicant's appeal against official action
~, неразрешённая outstanding complaint
~, несуще́ственная minor complaint
~, пи́сьменная letter of complaint
обосно́ванность ~ы validity of a complaint
основа́ние для ~ы cause (ground) for complaint
отде́л жа́лоб appeals department
суть ~ы nature of a complaint
име́ть ~у на *кого-л.* have a complaint against *smb*
име́ть ~у на *что-л.* have a complaint about *smth*
обраща́ться с ~ой make (lodge) a complaint
подава́ть ~у make (lodge, formulate) a complaint (claim)
подава́ть ~у на take (bring) an action against
получа́ть ~ы receive complaints
рассма́тривать ~у заяви́теля examine (consider) an applicant's complaint
жа́ловаться complain, make complaints
железнодоро́жный railway, *амер.* railroad, rail *attr.*
жи́дкий liquid; (*текучий*) fluid
жира́нт (*индоссант*) endorser
жира́т (*индоссатор*) endorsee
жи́ро (*передаточная надпись на обороте чека, векселя, индоссамент*) endorsement
журна́л 1. (*периодическое издание*) journal, magazine, periodical 2. (*книга для записи*) book, diary, note-book 3. (*для регистрации*) register 4. (*технической документации*) log [book], register
~, ва́хтенный log book
~, иллюстри́рованный illustrated magazine
~, информацио́нный information magazine
~, ка́ссовый cash journal

~, **коммерческий** business magazine
~, **машинный** log book of machine performance
~, **медицинский** medical journal
~, **монтажный** log [book], log sheet
~, **периодический** periodical
~ **по торговле** business magazine
~ **регистрации приёма груза** tally book
~, **регистрационный** log book
~, **санитарный** sanitary journal
~, **специализированный** specialized magazine
~, **судовой** log [book], sea log, ship's journal
~, **технический** technical magazine (journal)
~ **учёта закупок** purchase journal
~ **учёта работ** operation log, working journal
выписка из судового ~а log
записи в монтажном ~е records (entries) in the log book (erection journal)
вести ~ keep a register, keep (execute) a log
заносить в ~ register, log
записывать в ~ учёта journalize

З

забастов/ка strike, walk-out
~, **всеобщая** general strike
~, **длительная** protracted strike
~, **кратковременная** stoppage
~, **общенациональная** national (nation-wide) strike
~ **портовых рабочих** dock strike
~, **экономическая** economic strike
оговорка о ~ке strike clause
страхование от ~ок strike insurance
объявлять ~ку go on strike, call a strike
прекращать ~ку call off a strike

заблаговременно in advance, in good (sufficient) time, early

заблаговременный advance, early *attr.*; *амер.* done in good time, done early

забракованный defective, spoilt; rejected, discarded

забраковать *см.* **браковать**

забронировать *см.* **бронировать**

забукировать *см.* **букировать**

заведующ/ий chief, [managing] head, manager, superintendent
~ **доком** dock manager (master), superintendent of a dock
~ **канцелярией** head clerk
~ **отделением** branch manager
~ **отделом найма** employment manager
~ **отделом рекламы** advertising manager
~ **отделом сбыта** sales manager (director), marketing manager
~ **отделом статистической информации** statistics manager
~ **отделом субподрядов** subcontracts department manager
~ **отделом, транспортным** traffic manager
~ **отделом экспорта** export [sales] manager
заместитель ~его assistant (deputy) manager

завершать complete, accomplish, finalize

завершени/е completion, accomplishment, finalization

~ **выполнения заказа** completion of an order

~ **закупок** completion of purchases

~ **контракта** completion of a contract

~ **курса** (*обучения*) completion of a course

~ **монтажа** completion of erection work

~ **переговоров** completion of negotiations (talks)

~ **плана** completion (fulfilment) of a plan (programme)

~ **поставки** completion of delivery

~ **работ** completion (accomplishment) of work

~ **работ в установленные сроки** completion of work within the fixed time-limit

~ **рейса** completion of a voyage

~, **удовлетворительное** satisfactory completion

~, **успешное** successful completion (conclusion)

~ **шефмонтажа** accomplishment of the supervision of erection work

заверять 1. assure, give assurance 2. (*удостоверять подлинность*) certify, attest, authenticate

завёртывать (*упаковывать*) wrap

завес weighing

~, **контрольный** control (check) weighing

завизировать *см.* **визировать**

зависеть от depend on (upon), be dependent on (upon)

зависимост/ь dependence

~, **взаимная** interdependence

~, **личная** personal dependence

~, **полная** complete dependence

~, **растущая** increasing dependence

~, **финансовая** financial dependence

~, **частичная** partial dependence

находиться в ~и от depend on (upon), be dependent on (upon), be conditional on

сокращать ~ reduce dependence

в ~и от subject to

в ~и от обстоятельств depending on the circumstances

в ~и от того, что depending on the fact that

завод plant, works, factory, mill, enterprise; manufacturing facilities

~, **авиационный** aircraft factory (works)

~, **автомобильный** motor (automobile) works (plant)

~ **грузовых машин** lorry works

~, **действующий** going plant, plant in action

~ **для производства** *чего-л.* plant for the production of *smth*

~ **изготовителя** manufacturer's (maker's) works (plant)

~, **консервный** canning plant (factory), cannery

~, **крупный** major plant

~, **лесопильный** saw mill

~, **литейный** foundry

~ **лицензиата** licensee's plant

~, **машиностроительный** engineering plant (works)

~, **медеплавильный** copper smelting works, copper smeltery

~, **металлургический** metallurgical (iron and steel) works

~, **механический** mechanical plant

~, моло́чный dairy plant
~, нефтеочисти́тельный oil (petroleum) refinery
~, нефтеперераба́тывающий oil-processing plant, refiner
~, нефтехими́ческий petrochemical plant
~, о́пытный pilot (experimental) plant, pilot-production plant
~ы, отде́льные individual plants
~ подря́дчика contractor's plant (works)
~ поставщико́в обору́дования equipment suppliers' plant
~, ремо́нтный overhaul factory
~ с автомати́ческим управле́нием computer-controlled plant
~, совреме́нный modern plant
~, станкострои́тельный machine-tool plant
~, субподря́дчика subcontractor's plant (works)
~, судострои́тельный shipyard, ship-building yard
~, типово́й representative plant
~ тяжёлого машинострое́ния heavy engineering factory (works), heavy machine-building plant
~, хими́ческий chemical plant (factory)
~, центра́льный central factory
~, эксперимента́льный experimental (pilot[-production]) plant
владе́лец ~а owner of a plant (factory), factory (plant) owner
дире́ктор ~а plant (works, factory) manager, director of a plant (works, factory)
инжене́р ~а plant (factory) engineer
местонахожде́ние ~а location of a plant, plant site
монта́ж ~а plant (factory) installation (erection)
мо́щность ~а capacity of a plant
обуче́ние на ~е training at a plant, in-plant training
планиро́вка ~а lay-out of a plant, plant lay-out
площа́дка ~а plant site
посеще́ние ~а visit to a plant, plant visit
приёмка ~а taking over of a plant
произво́дственные мо́щности ~а production capacity of a plant, plant capacity
пуск ~а start-up (starting up) of a plant, plant start-up, commissioning of a plant, plant commissioning
реконстру́кция ~а reconstruction (renovation) of a plant (factory)
строи́тельство ~а construction of a plant, plant construction
эксплуата́ция ~а maintenance of a plant
вводи́ть ~ в строй commission a plant, get (put) a plant into operation, start a plant
закрыва́ть ~ close (shut) down a plant (factory)
посеща́ть ~ visit a plant
расширя́ть ~ expand a plant
реконструи́ровать ~ reconstruct (renovate) a plant
руководи́ть ~ом direct (run) a plant
сооружа́ть ~ erect a plant
~ начина́ет вы́пуск проду́кции the plant goes on stream
~ рабо́тает the plant is running

~ **рабо́тает на по́лную мо́щность** the plant is on full production (works at full capacity)
с ~а (*условие контракта*) ex works
с ~а продавца́ ex vendor's works
смонти́рованный на ~е plant-mounted
фра́нко-~ ex mill (factory, works), free factory
фра́нко-~ продавца́ ex vendor's mill (factory, works), free factory

заво́д-изготови́тель manufacturing (manufacturer's) plant (works), producing plant, producer factory, manufacturer, factory of origin

заво́д-поставщи́к supplier[s], supplier (supplier's) factory (plant)

заводско́й factory *attr.*, works *attr.*

завози́ть bring, deliver

завыша́ть overstate; (*о цене*) overcharge; (*об оценке*) overestimate, overrate

завыше́ние overstatement; (*о цене*) overcharge; (*об оценке*) overestimate, overrating

завы́шенный overestimated, overstated

заголо́вок heading, title; (*о газете*) headline
~, **газе́тный** newspaper headline
~ **пара́графа** clause heading
под ~ом under the heading

загота́вливать 1. prepare, have *smth* ready **2.** (*закупать*) build up stocks, procure **3.** (*запасать*) store

заготови́тельный procuring, procurement *attr.*

заграни́чный foreign

загружа́ть 1. load; charge **2.** (*обеспечивать работой*) keep busy

загру́зк/а 1. (*действие*) loading, filling; charging **2.** (*загруженность*) amount of work to be done; (*машин и т. д.*) load **3.** (*обеспеченность работой*) utilization
~ **мо́щностей, произво́дственных** use (utilization) of production capacities
~, **непо́лная** underutilization, working below capacity
~ **обору́дования** machine load (loading); utilization of equipment
~, **по́лная** (*о судне*) loading to a full draft, full-draft loading
~ **предприя́тия зака́зами** work load
~ **тра́нспорта в обра́тном направле́нии** provision of return loads
~, **части́чная** partial loading
~ **че́рез борт су́дна** side loading
~, **эксплуатацио́нная** operating load
реги́стр ~и loading record
сте́пень ~и degree of utilization
заво́д име́ет по́лную ~у the factory is working to full capacity

загрязне́ни/е (*примесь, постороннее вещество*) impurities, foreign matter; *хим.* contamination; (*окружающей среды*) pollution, contamination
~ **атмосфе́ры** atmospheric pollution
~, **бактериа́льное** bacterial pollution
~ **воды́** water pollution
~ **во́здуха** air pollution
~ **не́фтью** oil spill[age]

~ **образцо́в** sample contamination
~ **окружа́ющей среды́** environmental pollution (contamination)
~, **промы́шленное** industrial pollution
~, **радиоакти́вное** radioactive contamination
~ **рек** river (stream) pollution
~, **си́льное** severe contamination
~, **сла́бое** mild contamination
~ **сто́чными во́дами** sewage pollution
исто́чник ~я source of pollution
контро́ль над ~ем окружа́ющей среды́ pollution control
пробле́мы ~я окружа́ющей среды́ problems of pollution
избега́ть ~я avoid contamination (pollution)
предохраня́ть от ~я protect from contamination (pollution)

зада́ни/е task, assignment; target
~, **выполни́мое** feasible task
~, **госуда́рственное** state assignment
~, **да́нное** allotted task
~, **коли́чественное** quantitative target
~, **командиро́вочное** business-trip assignment
~ **на обеспе́чение ка́чества** quality task
~ **на проекти́рование** design assignment, project statement
~ **на техни́ческое обслу́живание** maintenance task
~я, обяза́тельные obligatory tasks
~, **основно́е** key task (target)
~, **пла́новое** plan (production) target, target figure, planning figures
~я, пла́новые, ориентиро́вочные indicative planning figures
~, **пла́новое по реализа́ции проду́кции** sales target
~, **пла́новое, утверждённое** plan endorsed
~, **прое́ктное** project specifications; design job
~, **произво́дственное** production target (plan), output programme
~, **рабо́чее** work target
~, **техни́ческое** technical assignment
выполне́ние ~я fulfilment of an assignment
невыполне́ние ~я non-fulfilment of an assignment
описа́ние рабо́чего ~я job (task) description
перевыполне́ние ~я overfulfilment of targets
выполня́ть ~ perform (fulfil) a task
выполня́ть ~ операти́вно handle an assignment expeditiously
дава́ть ~ give (assign) a task
определя́ть ~ determine (define) a target
перевы́полнить ~ overfulfil (beat) the target
согласова́ть ~я agree [on] the targets

за́данный designated, given, specified, prescribed

зада́т/ок deposit, earnest [money], caution money
су́мма ~ка amount (sum) of earnest money, amount of deposit
внести́ ~ deposit, pay (furnish) a deposit, leave an amount as deposit; pay on account
возвраща́ть ~ return earnest money
дава́ть ~ deposit; bind a bargain

дава́ть в ~ give as deposit

зада́ч/а task, problem; (*цель*) objective, target, aim

~, больша́я great task

~ иссле́дования research task

~, конкре́тная specific target

~, настоя́щая present task

~, неотло́жная pressing (urgent) task

~, основна́я major task

~, осо́бая particular task

~, очередна́я immediate task, next task in turn

~и, первоочередны́е priorities, priority measures

~, практи́ческая practical task

~и, произво́дственные production objectives (tasks)

~и, теку́щие present-day problems

~, техни́ческая technical problem (task)

~, тра́нспортная transportation problem

~, тру́дная difficult task

уклоне́ние от зада́ч avoidance of problems

подходи́ть к реше́нию ~и approach a problem

поста́вить ~у set a task

стоя́ть пе́ред лицо́м зада́ч face problems

задержа́ние detention, arrest

~, вре́менное temporary detention

~ гру́за arrest (detention) of cargo

~, зако́нное legal detention

~ су́дна arrest (detention) of a vessel (ship)

~ това́ра detention of goods

заде́ржанный delayed, late

заде́рживать delay, detain, hold up; (*о росте, развитии*) keep down; (*замедлять*) slow down

заде́рживаться be delayed

заде́ржк/а delay

~, больша́я long (extensive, protracted, major) delay

~ в возвра́те подпи́санного докуме́нта delay in returning a signed copy

~ в достиже́нии соглаше́ния delay in reaching agreement

~ в исполне́нии контра́кта delay in the performance (execution) of a contract

~, возмо́жная possible delay

~ в осуществле́нии шефмонтажа́ delay in supervision of erection work

~ в отве́те delay in answering

~ в отгру́зке delay in shipment (forwarding), shipping delay

~ в откры́тии аккредити́ва delay in opening a L/C

~ в перево́зке delay in transportation

~ в переда́че соглаше́ния delay in transmitting an agreement

~ в погру́зке delay in loading (shipment), shipping delay

~ в получе́нии delay in receipt, late receipt

~ в поста́вке delay in delivery, lateness of delivery; arrears of delivery; delay in supplying

~ в предъявле́нии докуме́нтов delay in presentation (presentment) of documents

~ в приёмке това́ра delay in accepting goods

~ в пу́ске маши́ны delay in putting a machine into operation

~ в разгру́зке delay in discharge (unloading)

~, вре́менная temporary (time) delay

~ в сда́че (*товара*) delay in delivery; (*в эксплуатацию*) delay in putting into operation (in action)

~, **вы́нужденная** forced (induced) delay
~, **дли́тельная** long (extensive, protracted) delay
~, **дополни́тельная** additional delay, extra period of detaining
~, **значи́тельная** considerable delay
~, **компенси́рующая** balancing delay
~, **кратковре́менная** short delay
~ **монтажа́** delay in erection work
~, **неизбе́жная** unavoidable delay
~, **неопра́вданная** unnecessary (needless, unjustified) delay
~ **отгру́зки** delay in shipment, shipping delay
~ **перево́зчика** detention of the carrier
~ **платежа́** delay in payment; default [in payment]; arrears of (in) payment
~ **по вине́** delay through the fault of
~ **по вне́шним причи́нам** external delay
~ **по вну́тренним причи́нам** internal delay
~, **после́дующая** successive delay
~ **ре́йса** delay in (of) a voyage (*ав.* flight)
~ **с проте́стом** delay in protesting
~ **су́дна сверх сро́ка** detention of a vessel [over the time allowed]
~, **части́чная** partial delay, partial hold back
~, **факти́ческая** actual delay
величина́ ~и amount of delay
после́дствия ~и consequences of delay
причи́на ~и cause of (reason for) delay
штраф за ~у penalty for delay, delay penalty
вызыва́ть ~у cause (create, entail) a delay
вызыва́ть дальне́йшую ~у отгру́зки add a further delay in shipment, contribute to the delay in shipment
избега́ть ~и avoid delay
извиня́ться за ~у apologize for a delay
предотвраща́ть ~у prevent a delay
приводи́ть к ~е lead to a delay
сократи́ть ~у до ми́нимума minimize a delay
устрани́ть ~у eliminate a delay
без ~и without delay
без дальне́йшей ~и without further delay
вследствие ~и owing to delay
в слу́чае ~и (при ~е) in case of delay
с минима́льной ~ой with the minimum of delay
с учётом ~ек to accommodate delays, with accommodation to delays

задолжа́ть be in debt (arrear), get into debt
~ **за ... кварта́лов** be ... quarters in arrear

задо́лженност/ь debt[s], indebtedness, liability, arrears; (*по выполнению заказов*) backlog
~ **ба́нку** overdraft; bank debt (indebtedness), indebtedness due to a bank
~, **больша́я** high indebtedness
~, **бухга́лтерская** ordinary debts
~, **вне́шняя** foreign (external) debt (indebtedness)
~, **вну́тренняя** internal debt (indebtedness)
~ **в разме́ре** debt (indebtedness) in the amount of

~, **дебито́рская** debt receivable, accounts receivable, receivables; debit indebtedness
~, **госуда́рственная** public debt
~, **ипоте́чная** hypothecary (mortgage) debt
~, **кредито́рская** trade liabilities, accounts payable, payables; credit indebtedness
~, **ликви́дная** liquid debt (liabilities)
~, **накопи́вшаяся** accumulated debts, backlog of debts
~ **на су́мму** indebtedness (debt) in the amount (sum) of
~, **необеспе́ченная** unsecured debt, debt without security
~, **о́бщая** total debt
~ **по ба́нковской ссу́де** bank debt
~ **по валю́тной опера́ции** indebtedness under a currency transaction
~ **по ве́кселю** debt on a bill
~ **по зарпла́те** arrears of wages
~ **по кли́рингу** clearing debt
~ **по креди́там** indebtedness under credits
~ **по пла́ну** arrears of a plan
~ **по рабо́те** arrears (backlog) of work
~ **по су́ммам** backlog of (in) outstanding payments
~ **по счёту** indebtedness against an invoice
~ **по торго́вым опера́циям** commercial backlog
~ **по тра́ттам** backlog of outstanding drafts
~ **предприя́тия** debt[s] of an enterprise
~, **теку́щая** current (floating) debt (indebtedness, liability)
~ **фи́рмы** indebtedness of a firm
~, **чи́стая** net debt (indebtedness)
~, **чрезме́рная** excessive (heavy) indebtedness
неупла́та ~и по креди́ту credit default, default of credit
объём ~и size of indebtedness
объём ~и, о́бщий total arrears
опла́та ~и payment (repayment) of debts, settlement of arrears
погаше́ние ~и payment (repayment, settlement, redemption, cancellation, discharge, extinguishment, liquidation, acquittance) of a debt, debt repayment, debt service payment
погаше́ние ~и по креди́ту repayment of credit
преде́л ~и debt limit
рефинанси́рование ~и debt refunding
рост ~и growth of indebtedness
име́ть ~ be in arrears (*амер.* in red), be involved in debt
име́ть ~ по платежа́м be in arrears in the payment
ликвиди́ровать ~ liquidate a debt, *амер.* pull oneself out of red; (*банку*) clear an overdraft
нака́пливать ~ accrue liabilities
погаша́ть (покрыва́ть) ~ repay (pay [off], settle, redeem, cancel, discharge, extinguish, liquidate, service) debts
покрыва́ть ~ по счёту settle balances, clear the current liability
уменьша́ть ~ work off the backlog
не име́ющий ~и without debts

заём loan, borrowing
~, **ба́нковский** bank loan (borrowing)
~, **беспроце́нтный** interest-free loan, loan without interest

~, бодмере́йный bottomry loan (bond)
~, большо́й large (big) loan
~, валю́тный currency loan
~ в до́лларах dollar loan
~ в европе́йской валю́те Euro-currency loan
~, вне́шний foreign (*амер.* external) loan (borrowing)
~, вну́тренний domestic (*амер.* internal) loan (borrowing)
~ в ф. ст. sterling loan, loan in sterling
~, вы́данный под векселя́ receivable loan, loan on bills of exchange
~, вы́данный под това́рные запа́сы inventory loan
~, госуда́рственный public (state, government) loan
~, де́нежный loan of money, money (cash) loan
~ до востре́бования money at (on) call, demand (call) money, demand loan
~, долгосро́чный long-term (long-sighted, long-dated, long) loan, long-term borrowing
~, иностра́нный external (*амер.* foreign) loan
~, ипоте́чный mortgage loan
~, испо́льзованный utilized (disbursed) loan
~, комме́рческий commercial loan
~, краткосро́чный short-term (short-sighted, short-dated, short) loan, short-term borrowing
~, кру́пный large (big) loan
~, льго́тный (на льго́тных усло́виях) low-interest loan, loan on easy (favourable) terms, soft loan
~, невозвращённый outstanding loan
~, неиспо́льзованный undisbursed loan
~, необеспе́ченный unsecured (fiduciary) loan
~, обеспе́ченный secured loan, loan against security, loan on collateral
~, облигацио́нный funded loan
~, под двойно́е обеспе́чение loan on collateral, collateral loan
~ под зало́г loan against a pledge (on mortgage, on pawn)
~ под ни́зкие проце́нты low-interest loan
~, прави́тельственный government (*амер.* federal) loan
~, предоставля́емый ря́дом ба́нков participation loan
~, принуди́тельный forced loan
~, просро́ченный overdue loan
~, проце́нтный (под проце́нты) interest bearing loan, loan at interest
~, размещённый floated loan
~ с опла́той в тече́ние ... лет loan payable over ... years
~, среднесро́чный medium-term loan
~, сро́чный term (time) loan
~, стабилизацио́нный stabilization loan
возвра́т (вы́плата) за́йма loan repayment, redemption (repayment, liquidation) of a loan
вы́пуск за́йма issue of a loan
гара́нт за́йма sponsor (guarantor, guarantee) for a loan
долг по за́йму debt on a loan
заключе́ние за́йма contraction of a loan
испо́льзование за́йма utilization of a loan
конве́рсия за́йма conversion of a loan
начисле́ние проце́нтов по за́ймам service charges on loans
обеспе́чение за́йма security for

a loan, collateral on a loan
облигация выигрышного займа premium bond
платежи по займам payments on loans, loan repayments
подписчик на ~ subscriber to a loan
получение займа obtaining (getting, raising) of a loan, borrowing
потери по займу credit losses
предоставление займа granting (giving, extension) of a loan, lending
предоставление займа банком bank loan allotment
проценты по займам loan interest, interest (service charge) on loans, cost of borrowing, borrowing cost
размер займа size (amount) of a loan
размещение займов floating (placing) loans; floatation of loans
расчёты по займам payments under loans
спрос на займы loan demand
срок займа term (life) of a loan, expiry date for a loan, maturity of a loan
стоимость займа cost of borrowing, loan value (rate, cost)
сумма займа amount of a loan, loan value; principal amount
уплата займа repayment (redemption) of a loan
уплата процентов по займам payment of interest on loans, current service (servicing) on (of) loans
выплачивать ~ repay (redeem) a loan
выпускать ~ issue a loan
гарантировать ~ guarantee (back, secure, warrant) a loan
заключить соглашение о займе contract (negotiate, take up) a loan
оформить ~ complete a loan
погашать ~ repay (redeem, liquidate, sink, pay) [off] a loan
подписываться на ~ subscribe to a loan
получать ~ obtain (get, raise, take up) a loan, borrow
получать ~ под залог ценных бумаг borrow on (against) securities; loan on collateral (stock[s])
предоставлять ~ grant (give, extend, make) a loan, arrange loan facilities
предоставлять ~ без условий grant a loan without strings [attached]
прибегать к займу resort to borrowing
продлевать ~ renew a loan
размещать ~ place (float) a loan

заёмщик borrower, loan-subscriber, [loan] debtor
~, заграничный foreign borrower
~, крупный heavy borrower
~, окончательный end-use borrower
~ по ипотеке mortgage borrower
~ по облигационному займу bond debtor

заимодавец creditor, lender, loan sponsor

заимствовани/е borrowing; drawings
~я, чистые net drawings
общая сумма ~я total borrowing
права ~я drawing rights

заинтересованност/ь interest; (*стимул*) incentive
~, большая keen interest
~, взаимная interest on both sides, mutual interest

~ **в поку́пке** interest in buying
~, **дальне́йшая** further interest
~, **ли́чная** personal interest
~, **материа́льная** financial (material) incentive
~, **экономи́ческая** economic interest
доказа́тельство ~и proof of interest

заинтересо́ванный в interested in, concerned with
материа́льно ~ materially interested

заинтересова́ть interest

заинтересова́ться get interested

займодержа́тель loan-holder

займополуча́тель borrower, debtor

зака́з order, ordering, letter of indent
~ **биле́та на самолёт** plane [ticket] reservation
~, **большо́й** substantial (large, big, heavy) order
~, **бу́нкерного то́плива** ordering of fuel oil (bunker)
~, **госуда́рственный** state order
~**ы, дальне́йшие** further orders
~, **дополни́тельный** additional order
~, **заграни́чный** foreign order, order from abroad
~, **и́мпортный** import order
~, **индивидуа́льный** individual order
~, **малоце́нный** order of little value
~, **минима́льный** minimum order
~ **на выполне́ние прое́ктных рабо́т** order for design work
~ **на ко́нкурсной осно́ве** order on a competition basis
~ **на обору́дование** order for equipment
~ **на образцы́** order for samples
~ **на пополне́ние запа́сов** replenishment order
~ **на поста́вку** delivery (purchase) order
~ **на публика́цию** insertion order
~ **на рабо́ты** order for work
~ **на това́р с доста́вкой по по́чте** mail order
~ **на това́ры** order for goods; ordering of goods; indent
~ **на това́ры со сда́чей в определённый срок** forward ordering
~, **невы́полненный** outstanding (unfilled, unfulfilled, backlog) order, backlog[s], backlog of [unfilled] orders
~, **но́вый** repeat (fresh) order
~, **о́бщий** blanket order (authorization)
~, **обяза́тельный** rated order
~, **однотова́рный** single-component order
~, **о́пытный** pilot order
~, **от кото́рого мо́жно отказа́ться** revocable order
~, **офо́рмленный** official (formal) order
~, **первонача́льный** original order
~, **первоочередно́й** priority order
~, **повто́рный** repeat [order], re-order[ing]
~ **по образцу́** sample order, order for (on, as per) sample
~**ы, поступа́ющие** incoming orders
~, **прави́тельственный** order for government account, government order
~, **предвари́тельный** proforma (preliminary) order
~, **про́бный** trial order
~, **произво́дственный** production order

~, размещённый placed order
~, ра́зовый nonrepeat (single) order
~, слове́сный verbal order
~, соотве́тствующий relevant order
~ со скла́да stock order
~, специа́льный special order
~, сро́чный rush (pressing, urgent, express) order
~, стandáртного объёма standard order
~ сто́имостью order valued at (in the value of)
~, твёрдый firm order
~ы фи́рмы company orders
~, це́нный valuable order
~, э́кспортный export order
ана́лиз ~ов order analysis
аннули́рование ~а cancellation (withdrawal, countermand) of an order
бланк ~а order blank (form)
вы́дача ~а placing (giving, issuing) [of] an order, contract award
вы́дача ~а на [сери́йное] произво́дство follow-up production award
выполне́ние ~а execution (fulfilment) of an order
заверше́ние выполне́ния ~а completion of an order
зада́лживание ~ов back ordering
кни́га ~ов order book
наплы́в ~ов inflow of orders
невыполне́ние ~а non-performance of an order
но́мер ~а job (order) number
объём ~а volume (size) of an order
оста́ток по ~у balance of an order
отде́л ~ов [sales] order department
оформле́ние ~а making up of an order
повторе́ние ~а repeat of an order
пода́ча ~ов па́ртиями batch ordering
пода́ча ~ов, совме́стных joint ordering
подтвержде́ние ~а order confirmation, confirmation of an order; booking confirmation
получе́ние ~а receipt of an order
портфе́ль ~ов order book; orders on hand
портфе́ль ~ов, большо́й long order book
поступле́ние ~ов receipt (intake) of orders, incoming orders
разме́р ~а size (amount, volume) of an order, order quantity
размеще́ние ~ов placing (placement of) orders, ordering; booking
реги́стр ~ов order book
сбор ~ов canvassing
сокраще́ние числа́ ~ов falling off of orders, drop in the number of orders
сто́имость ~а value (cost) of an order, order value
сто́имость повто́рного ~а reorder cost
су́мма ~а sum of an order
тре́бования ~а specifications of an order
ход выполне́ния ~а progress (position) of an order
акцептова́ть ~ accept an order
аннули́ровать ~ cancel (withdraw, countermand) an order
возобновля́ть ~ repeat an order
выдава́ть ~ place (give, issue, entrust with) an order; (*на изготовление продукции*) dispatch (award) an order
выдава́ть ~ на заку́пку issue a purchase order

выполнить ~ complete an order
выполня́ть ~ execute (fulfil) an order
выполня́ть ~ы в поря́дке очерёдности execute (carry out) orders in turn (rotation)
выполня́ть ~ в срок execute (fulfil, complete, carry out) an order on time
выполня́ть ~ сро́чно rush an order
зарегистри́ровать ~ book (file) an order
изменя́ть ~ alter an order
име́ть ~ have an order
исполня́ть ~ execute (fulfil) an order
опла́чивать ~ pay for an order
отменя́ть ~ cancel an order
передоверя́ть (передава́ть) ~ subcontract an order
пересма́тривать ~ revise (reconsider) an order
подтвержда́ть ~ confirm an order
подтвержда́ть получе́ние ~а acknowledge an order
получа́ть ~ obtain (secure, get, receive, procure) an order, be favoured with an order
посыла́ть ~ send an order
потеря́ть ~ lose an order
принима́ть ~ accept (take) an order, make acceptance of an order
размеща́ть ~ place an order (business), give an order, have *smth* on order, place an indent for buying, honour with an order; book
размеща́ть ~ы за грани́цей place orders abroad
сокраща́ть коли́чество невы́полненных ~ов work off backlog
в слу́чае [получе́ния] ~а in the event of an order
в счёт ~а against order
на ~ to order
по ~у under (on) order
по получе́нии ~а upon receipt of an order
сде́ланный на ~ custom made, made to order
пока́ не бу́дет вы́полнен ~ until the execution of the order

зака́занный ordered, on order

зака́з-наря́д order, [order] narjad, job ticket
~, генера́льный general order
~, заводско́й factory order
~ на регуля́рное произво́дство и поста́вку изде́лия standing order
~, сро́чный pressing (rush, urgent) order
~, строи́тельный construction order
выдава́ть ~ issue (make out) an order
оформля́ть ~ draw up (prepare) an order

заказ-специфика́ция specification of an order

зака́зчик customer, client, buyer
~, возмо́жный prospective customer
~, гла́вный major (head) customer
~и, индивидуа́льные individual customers
~, ме́стный domestic customer
~, постоя́нный traditional (permanent, regular) customer
~, потенциа́льный potential customer
обуче́ние ~а customer training
спи́сок ~ов list of customers
тре́бования ~а customer's requirements (requests)

зака́зывать 1. order **2.** (*резервировать*) book; reserve

зака́нчивать finish, end, complete; finalize

закла́д *см.* **зало́г**

заклади/áя bond, mortgage [deed], bill of sale; pledge
~, именнáя registered mortgage
~ на максимáльно допусти́мую сýмму maximum mortgage
~ на товáр pledge on goods
~, не ограни́ченная определённой сýммой unlimited mortgage
~, непогáшенная [в срок] defaulted mortgage
~, ограни́ченная определённой сýммой limited mortgage
~ под недви́жимость real estate mortgage
~, предшéствующая prior mortgage
~, складскáя warehouse bond
~, тамóженная [customs] bond
вы́куп ~óй redemption of a mortgage
должни́к по ~óй mortgager
кредитóр по ~óй mortgagee, mortgage creditor
брать дéньги под ~ýю borrow on mortgage
выкупáть ~ýю redeem (pay off) a mortgage
закладодержáтель mortgagee
заклáдчик (*должник по закладной*) mortgager
заклáдывать (*отдавать в залог*) mortgage, pledge as security, put in pledge, pledge, [put in] pawn
заключáть 1. (*о договоре, контракте*) make, conclude, contract, negotiate, sign **2.** (*делать вывод*) conclude
заключéни/е 1. (*договора, контракта*) conclusion **2.** (*вывод*) opinion, decision, conclusion; advisory action
~ агéнтского соглашéния signing an agency agreement
~ договóра conclusion of an agreement (a treaty)
~ контрáкта conclusion (signing) of a contract, contract award
~, необоснóванное unfounded inference
~, непрáвильное wrong conclusion
~, окончáтельное final conclusion
~ о патентоспосóбности opinion as to patentability
~, предвари́тельное preliminary conclusion
~ сдéлки conclusion of a contract (transaction)
~ экспéрта opinion of an expert, expert's report (opinion, conclusion)
~ эксперти́зы opinion (conclusion, decision) of a commission of experts, expert evidence (findings)
возмóжность ~я агéнтского соглашéния possibility of an agency agreement
приходи́ть к ~ю come to the conclusion
в ~е in conclusion
заключи́тельный final, closing, concluding
закóн law; *юр.* act; statute
~, дéйствующий law in force
~, дéйствующий внутри́ страны́ domestic law
~, запрети́тельный prohibitory law
~ы, инострáнные foreign laws
~ об арбитрáже arbitration act
~ об исковóй дáвности statute of limitation[s]
~ об ответственности за кáчество выпускáемой продýкции products liability
~ы обы́чного прáва common law statute
~, обя́зывающий mandatory law

~, ограни́чивающий величину́ креди́та lending limitation law
~ о нало́говом обложе́нии fiscal law
~ о промы́шленных образца́х design law (act)
~ основно́й fundamental (basic) law
~ о судохо́дстве shipping act
~ о това́рных зна́ках trademark law (act)
~, пате́нтный patent act (law, statute)
~, примени́мый applicable law
~, спро́са и предложе́ния law of supply and demand
~ сто́имости law of value
~, стро́гий stringent law
~, существу́ющий existing law
~, тамо́женный customs law
~, тари́фный tariff law
~, чрезвыча́йный emergency law
~, экономи́ческий economic[al] law
введе́ние ~а в си́лу implementation (enactment) of a law; putting a law in force (in effect, into operation), carrying a law into effect, law enforcement
защи́та ~ом legal protection, protection by law
измене́ния, предпи́санные ~ом statutory modifications
наруше́ние (несоблюде́ние) ~а violation (infringement, transgression) of a law, law violation (infringement), law-breaking
обхо́д ~а evasion of a law
обяза́тельства, предпи́санные ~ом statutory obligations
охра́на, предпи́санная ~ом statutory protection
свод ~ов code of laws
тари́ф, устано́вленный ~ом statutory tariff [rate]
вводи́ть ~ в си́лу (в де́йствие) put a law into operation (effect, force), effect (implement, enact) a law, enact a law (statute), give effect to a law
наруша́ть ~ break (violate, infringe, transgress) a law, offend against a law
обраща́ться к ~у go (resort) to [the] law
обходи́ть ~ evade (go beyond) a law
отменя́ть ~ repeal (abrogate, annul) a law
подпада́ть под де́йствие ~а об исково́й да́вности fall within the statute of limitation
подчиня́ться ~у abide by the law
применя́ть ~ apply a law
приня́ть ~ pass (adopt) a law
приобрета́ть си́лу ~а acquire the force of a law
руково́дствоваться ~ами be governed by laws
соблюда́ть ~ observe (keep [within]) a law, comply with (abide by) a law
уважа́ть ~ respect a law
устана́вливать ~ lay down a law
без наруше́ния ~а without violation of law
вопреки́ ~у against (in spite of, contrary to) a law, unlawfully
в соотве́тствии с ~ом according to the law, under the law, in accordance (compliance) with the law
по ~у in law
под защи́той ~а under the protection of law

зако́нно lawfully, legally
зако́нность lawfulness, legality, legitimacy; validity

~ докуме́нта legality of a document; validity of a document
признава́ть ~ прете́нзии acknowledge the legality of a claim
устана́вливать ~ determine the legality
зако́нный legal, lawful, legitimate, rightful; valid
законода́тельный legislative
законода́тельств/о legislation; laws
~, администрати́вное administrative legislation
~, антиде́мпинговое anti-dumping legislation
~, ба́нковское banking legislation
~, валю́тное currency law
~, ве́ксельное Bills of Exchange Act
~, гражда́нское civil legislation
~, де́йствующее current (active) legislation, laws in force (action)
~ де́нежное monetary legislation
~, исключи́тельное exceptional legislation
~, междунаро́дное international legislation
~, ме́стное local (domestic) legislation
~, морско́е maritime laws (legislation)
~, нало́говое tax (fiscal) legislation
~, национа́льное national legislation
~, ограничи́тельное restrictive legislation
~ о принуди́тельном лицензи́ровании compulsory licensing legislation
~, пате́нтное patent legislation
~ по охра́не интере́сов потреби́теля consumer protection legislation
~ по охра́не промы́шленной со́бственности industrial property legislation
~, примени́мое applicable law
~, промы́шленное industrial legislation
~, профсою́зное trade union legislation
~, тамо́женное customs law
~, торго́вое mercantile (commercial) law
~, трудово́е labour legislation
~, хозя́йственное economy legislation
подчиня́ться ~у comply with legislation
в соотве́тствии с ~ом in accordance (compliance) with the legislation (laws), under present law
закрепле́ние fastening
~ гру́за fastening of cargo
закрепля́ть 1. fasten, secure **2.** (*предназначать*) allot, appoint, assign
закрыва́ть close; shut down
закрыва́ться be closed down; be shut down
закры́ти/е closing, closure; shutdown
~ аукцио́на closing of an auction
~ бухга́лтерских книг closing of books
~, вре́менное temporary shutdown
~ вы́ставки closure (closing) of an exhibition
~ задо́лженности по счета́м settlement of accounts
~ опера́ций на би́рже closing of stock
~, преждевре́менное premature closing

~ **промышленного предприятия** closure (closing down) of an industrial enterprise
~ **сезона** end (close) of a season
~ **счетов** closing of accounts
~ **ярмарки** closure (closing) of a fair
дата ~я closing date
при ~и биржи at the close (closing) of the exchange

закрытый 1. closed, locked **2.** (*неофициальный*) private, closed

закупать 1. (*скупать*) buy up **2.** (*делать покупки*) buy, purchase

закуп/ка purchase, purchasing, buying [up]; procurement
~ки в других странах foreign purchases
~, возможная eventual (possible) purchase
~ки, встречные counter-purchases
~, годовая yearly purchase
~ки, государственные state (government) purchase[s] (procurement)
~ки, дополнительные additional purchases
~ки, ежегодные annual purchases
~ки за границей purchases abroad
~ки, запланированные intended purchases
~ки, значительные substantial purchases
~ки импортных товаров foreign purchases
~ки, массовые bulk purchases (purchasing, buying)
~, минимальная minimum purchase
~, оборудования purchase of equipment
~, оптовая wholesale purchase
~ки, прямые direct purchases
~ товаров purchase (purchasing, buying) of goods (products, commodities)
агент по ~кам purchasing (buying) agent
готовность осуществить ~ки preparedness to buy
декларация о ~ке purchase declaration
договор на ~ку contract for the purchase
завершение ~ок completion of purchases
мотив ~ки buying motivation
отдел ~ок purchasing department (office)
план ~ок purchase (procurement) plan
поручение на ~ку purchase (purchasing) order, order to buy (purchase)
программа ~ок purchasing programme, programme of purchases
решение о ~ке purchase decision
скидка при оптовых ~ах discount for bulk purchases
стоимость ~ок cost (value) of purchases
требование на ~ку purchase (procurement) request
цена ~ки purchase price
заниматься ~ками handle purchases (procurement)
начинать ~ки go forward with purchases (procurement)
обсуждать ~ки negotiate purchases
одобрить ~ку approve a purchase
организовать ~ку arrange purchasing
прекратить ~ки discontinue purchases
производить ~ки make purchases, be on the buy

распределя́ть ~ки че́рез посре́дническую организа́цию channel purchases through an intermediary
финанси́ровать ~ку finance purchasing (a purchase)

заку́почный purchasing, purchase *attr.*

заку́пщик purchasing agent

зал hall
~, вы́ставочный exhibition hall
~, демонстрацио́нный demonstration hall
~, транзи́тный transit hall

зало́г deposit, pledge, security, caution money, hypothecation, mortgage, pawn
~ в ви́де докуме́нтов documentary pledge
~, дли́тельный про́тив всех аккредити́вов continuing lien against all Ls/C
~ иму́щества pawning of property
~, невы́купленный unredeemed pledge
~ това́рного зна́ка mortgage of a trademark
держа́тель ~а holder of a pledge; owner of a mortgage
заём под ~ loan against a pledge (on mortgage, on pawn)
ссу́да под ~ векселе́й loan on the security of bills
ссу́да под ~ това́ра loan (advance) against pledge (hypothecation) of goods
быть в ~е be in pledge
внести́ ~ furnish a deposit, put up a bond, deposit a pledge
выкупа́ть това́р из ~а redeem (take) goods out of pledge, redeem a pledge
выпла́чивать ~ discharge a pledge
оставля́ть в ~е leave as a deposit
отдава́ть в ~ pledge [as security], put in pledge (pawn), pawn
погаша́ть ссу́ду, полу́ченную под ~ това́ра take goods out of pledge
получа́ть де́ньги под ~ borrow money on pledge
уде́рживать в ка́честве ~а retain as security
в ~ in security for
под ~ on the security of

зало́говый mortgage *attr.*

замаркиро́ванный marked

замедля́ть slow [down], slacken; delay

заме́н/а replacement, substitution; change
~ арби́тра replacement of an arbitrator
~ гру́за replacement of cargo
~ дефе́ктного обору́дования replacement of the defective (faulty) equipment
~ материа́ла substitution of material
~ неиспра́вных дета́лей replacement of defective parts
~ нека́чественных изде́лий replacement of substandard items
~ обеспе́чения substitution of (in) collateral
~ обору́дования replacement of equipment
~ пате́нта reissue of a patent
~ площа́дки change of site
~ повреждённых дета́лей и узло́в replacement of the damaged parts and units
~ по гара́нтии warranty replacement
~ рекламиру́емого това́ра replacement of rejected goods
~ специали́ста replacement of a specialist (an expert)
~ това́ра replacement of goods
~ устаре́вшего обору́дова-

ния replacement of outdated equipment (machinery)

~ частей replacement (replacing) of parts

порядок ~ы арбитра procedure (method) of replacement of an arbitrator

право ~ы right of option

право ~ы судна right to substitution

согласие на ~у consent (agreement) to replace

обеспечить ~у provide replacement

отказываться от ~ы refuse to replace

производить ~у effect replacement, replace

требовать ~у специалистов demand the replacement of specialists

заменитель substitute

~ вздорожавших видов сырья cheaper substitute for expensive materials

~ денег money substitute

~, дешёвый cheap substitute

~ товара substitute of goods

заменять replace *smth* by (with), substitute *smth* for

замер measurement

производить ~ы take measurements

производить ~ площади measure a piece of ground

производить ~ы танков take measurements of tanks

делать ~ жидкости в танках dip the tanks

заместитель deputy

~ директора assistant (deputy) director, vice director, deputy manager; (*исполняющий обязанности директора*) acting director

~ казначея deputy treasurer

~ министра deputy minister, under-secretary

~ начальника отдела deputy chief

~ председателя deputy chairman, vice-chairman (president)

~ председателя правления vice-president (deputy chairman) of the board

замечани/е remark, comment, observation; (*в коносаменте*) clause

~, дополнительное further comment

~, заключительное final observation

~, критическое critical remark

~, незначительное insignificant remark, minor comment

~я, общие general observations

~я, отрицательные adverse comments

~я, первоначальные initial observations

~, серьёзное serious remark

~я технического характера technical remarks

~я, уместные proper comments

~ эксперта examiner's observation

вносить ~я make remarks

изложить ~я put forward comments

делать ~я make remarks (comments, observations)

учитывать ~я take remarks into account

замещать act for *smb*, replace *smb*, substitute for *smth*

замораживани/е freeze, freezing

~ заработной платы wage freeze (restraint)

~ капитала freezing of capital

~ патента suppression of a patent

~ пищевых продуктов food (product) freezing

~ **средств** freezing of funds
~ **цен** price freeze, freezing of prices
правительственная политика ~я цен government freeze policy

замораживать freeze

замороженный frozen

занесение на счёт charging to an account; paying into an account

занижать understate, set too low; (*цены*) undercut

занижение understatement; (*о ценах*) undercutting
~ **доходов** underdeclaration of income
~ **ставки** underrating
~ **цены** undercharge

занимать 1. (*брать взаймы*) borrow 2. (*место*) occupy 3. (*должность*) hold

заносить (*записывать*) enter, put down; (*в список*) enlist; (*в счёт*) charge; pay, pass, place

занятост/ь 1. employment 2. (*перегруженность работой*) pressure of work
~ **в течение полного рабочего дня** full-time employment (work)
~, **неполная** underemployment, part-time (partial) employment (work)
~, **нерегулярная** irregular employment
~, **общая** total employment
~, **полная** full employment
~, **сезонная** seasonal employment
~, **случайная** casual employment
~, **фактическая** actual employment
~, **частичная** partial (part-time) employment
объём ~и employment volume
сокращение ~и drop in (reduction of) employment
обеспечивать ~ give employment to, secure (insure) employment of

заокеанский overseas, transatlantic

запаздывани/е delay
~, **необоснованное** undue delay
поставка с ~ем lagged delivery, delay in delivery
представлять с ~ем present with [undue] delay

запаздывать be late, be behind schedule

запас supply, stock, store, stockpile; (*резерв*) reserve
~, **аварийный** emergency store
~, **базовый** basic stock
~**ы, большие** heavy (large, major, substantial, vast) stocks
~**ы, буферные** buffer stocks
~**ы, валютные** [foreign] currency (external) reserves
~**ы, выгруженные** landed stocks
~**ы, гарантийные** security stocks
~**ы, государственные** government reserves, national stock (*амер.* stockpile)
~ **готовой продукции** finished stock, stock of finished products
~ **денег** monetary (money, cash) stock
~, **дополнительный** extra stock
~, **достаточный** ample (fair, adequate) supply
~, **заводской** factory stock
~, **залоговый** loan stock
~ **запчастей** stock of spare parts, spare parts inventory (pool), spares holdings
~, **золотой** gold reserve stock (holdings), gold reserves
~, **избыточный (излишний)**

surplus (excess[ive]) stock, overstock
~ы, **имеющиеся в наличии у дилеров и агентов** inventories by dealers and distributors
~ы, **исчерпанные** exhausted stocks
~ы, **конечные** final stocks; closing inventories
~ы, **малые** low stocks
~ы, **материальные** stocks
~ы, **минеральные** mineral deposits
~ы, **мировые** world reserves; world deposits
~ы, **накопившиеся** accumulated stocks
~ы, **наличные** supplies on hand, available supplies
~, **наличный золотой** available supply of gold
~, **начальный** initial (opening) stock
~, **недостаточный** deficient (short) supply
~ы, **незначительные** low stocks
~ы, **неизрасходованные** free stocks
~, **неиспользуемый** dead stock
~, **неприкосновенный** emergency store (stock)
~, **нерегулируемый** unregulated stock
~, **нормальный** basic stock
~ **оборудования** stock of equipment
~ы, **общие** pool [stock]
~ **обычных видов продукции** standard inventory stock
~ы, **объединённые** pool [stock]
~, **остаточный** remnant stock
~ы, **оставшиеся** remaining stocks
~, **переходный** transit stock
~ы, **переходящие** *бухг.* carry over stocks
~, **плановый** planned stock
~, **потребляемый** consumed (consumable) stock (inventory)
~ **продуктов** stock of products
~ы, **производственные** stores [and supplies]
~ **промежуточных продуктов** semiprocessed stock
~ы, **промышленные** commercial reserves
~, **реальный** physical stock
~, **резервный** reserve supplies, reserve (buffer, protective, cushion, safety) stock
~, **резервный для компенсации случайных колебаний спроса** fluctuation stock
~, **резервный на случай непредвиденных обстоятельств** contingency stock
~, **резервный, обеспечивающий ритмичную работу предприятия** line balancing stock
~ы, **сверхплановые** stocks above the plan (limit)
~ **серебра** silver stock
~, **страховой** reserve stock
~ы, **судовые** ship's stores
~, **суммарный** total stock
~ы, **существующие** existing stocks
~ы **сырья** stocks of raw materials
~, **текущий** working stock, inventory
~ы, **товарные (товаров)** stocks of commodities, commodity stocks
~ы, **товарные, имеющиеся в наличии на заводе** inventories [on hand] at the plant
~ы, **товарные, наличные** inventory, inventories [on hand]
~ы, **товарно-материальные** inventory holdings, inventories
~ **товаров, не пользующихся спросом** dead stock
~, **учтённый** accounting stock

ана́лиз состоя́ния ~ов stock analysis
вид ~ов stock category
возобновле́ние ~ов re-stocking, replenishment of stocks (inventories)
изъя́тие ~ов withdrawal of stocks
истоще́ние ~ов валю́ты depletion of foreign exchange
ликвида́ция ~ов inventory liquidation; withdrawal of stocks
накопле́ние това́рных ~ов accumulation of commodities, stock-building, stocking, stock-piling, build-up of stocks
нехва́тка (недоста́ток) ~ов shortage of stocks
обора́чиваемость това́рных ~ов stockturn, stock turnover
образова́ние ~а formation of supply; stockpiling
объём ~ов volume of stocks
отде́л материа́льных ~ов stores department
отсу́тствие ~ов lack of stocks, stockout
созда́ние резе́рвных ~ов safety stock investment
созда́ние това́рных ~ов accumulation (building up) of commodity stocks, stockpiling
сокраще́ние ~ов decline of (in) reserves
состоя́ние ~ов stock (inventory) status (position)
спи́сок судовы́х ~ов ship's stores list, list of ship's stores
сто́имость ~ов stock value, stocking cost
управле́ние ~ами storekeeping
у́ровень ~ов, крити́ческий critical supplies
у́ровень ~ов, станда́ртный standard inventory stock
хране́ние ~ов storekeeping, inventory (stock) holding
хране́ние ~ов промежу́точных това́ров in-process storage
эконо́мия ~ов saving in inventory
де́лать ~ы lay in stores (a store), store [up]; (*дефицитных материалов*) stockpile
держа́ть ~ това́ра hold (keep) a stock
держа́ть про ~ keep in store
изыма́ть ~ы withdraw stock[s]
име́ть ~ы have (hold) stocks
име́ть в запа́се have in stock
истоща́ть ~ы run short of (exhaust) supplies, deplete stocks
перемеща́ть ~ы remove the stock
пополня́ть ~ы renew (replenish) supplies (stock)
предохраня́ть ~ы protect stores (stocks)
распродава́ть ~ы unload (clear) the stock[s]
реализова́ть ~ dispose of the stocks
создава́ть ~ lay in (accumulate, build up) stocks (supplies); stockpile
сокраща́ть золото́й ~ reduce the gold stock
уменьша́ть ~ы diminish stocks
про ~ in store
~ы увели́чиваются supplies are rising (increasing, growing)
~ы уменьша́ются supplies are falling (diminishing)
нали́чные ~ы сократи́лись availability has diminished

запасно́й spare, standby, reserve *attr.*; alternate
запатенто́ванный patented
запатентова́ть *см.* **патентова́ть**
запеча́танный sealed
запеча́тывание sealing
запеча́тывать seal

запи́ск/а note; memorandum, *мн. ч.* memoranda, memorandums
~, бро́керская broker's note (*амер.* ticket)
~, бро́керская, о соверш[ё]нной сде́лке, посыла́емая покупа́телю bought note
~, бро́керская, о соверш[ё]нной сде́лке, посыла́емая продавцу́ sale (sold) note
~, догово́рная contract note
~, лю́ковая hatch list
~, объясни́тельная explanatory comment (note)
~, па́мятная memorandum, memo
~, па́мятная о сро́ке платежа́ prompt note
~, служе́бная memorandum
~, сопроводи́тельная covering note
подгота́вливать ~у prepare a note
запи́сывать write down, put down, record; (*поспешно*) jot down; (*со слов*) take down; (*систематически*) keep a record
за́пис/ь entry, record
~, бухга́лтерская entry
~и в бухга́лтерской кни́ге book records
~и в монта́жном журна́ле records (entries) in the log book (erection journal)
~ в счёте entry on an account
~, дебето́вая debit entry
~, доба́вочная subsequent entry
~, догово́рная contract note
~, корректи́рующая adjusting entry
~, подро́бная detailed record
веде́ние ~ей учёта record keeping
вы́писка из ~и abstract of a record
исправле́ние ~и adjustment (correction, rectification) of a record
пра́вильность ~ей accuracy of records
аннули́ровать ~ cancel (revoke) an entry
вести́ ~ keep (maintain) a record
вноси́ть ~и make entries, enter
вноси́ть ~и в дневни́к make diary entries
исправля́ть ~и adjust (correct, rectify) entries
проверя́ть ~и examine records
производи́ть ~ в монта́жном журна́ле record in the log book
проводи́ть ~ *бухг.* pass an entry
соста́вить ~ бесе́ды keep a record of a conversation
заплани́рованный planned, projected
заплани́ровать *см.* **плани́ровать**
заплати́ть pay
заполня́ть (*о документе*) fill in, *амер.* fill out, complete
запра́вк/а:
~ то́пливом bunkering, refuelling
~ автомаши́ны refuelling (filling up) of an automobile (a car)
заправля́ть fuel, refuel, fill up
запра́шивать 1. call for **2.** (*осведомляться*) inquire, send an inquiry **3.** (*называть высокую цену*) charge up
~ компете́нтное учрежде́ние address an inquiry to the appropriate institution, inquire with competent authorities
запре́т, запреще́ние ban, banning, prohibition; (*на экспорт, импорт, заход судов*) embargo
~ ввоза import prohibition, prohibition of import, ban (embargo) on imports

~, вре́менный temporary ban; temporary embargo
~ вы́воза export prohibition, prohibition of export, ban (embargo) on exports
~ на и́мпорт import prohibition, prohibition of import, ban (embargo) on imports
~ на отгру́зку ban on shipment
~ на э́кспорт export prohibition, prohibition of export, ban (embargo) on exports
~, прави́тельственный government ban; government embargo
~ реэ́кспорта prohibition of reexport
~, суде́бный injunction
быть под ~ом be under an embargo; be under a ban
налага́ть ~ ban, place (impose) a ban on, put under a ban; lay (place) an embargo [up]on
снима́ть ~ lift (remove) a ban; lift (remove, take off) an embargo
сохраня́ть ~ maintain a ban

запрети́тельный prohibitive
запреща́ть ban, put under a ban, prohibit, forbid, suppress
запрещённый banned, prohibited, forbidden
запрода́ж/а sale
~и, взаи́мные mutual sales
~и, ко́свенные indirect sales
~и, крупномасшта́бные large volume sales
~и на су́мму свы́ше sales of over
~и, плани́руемые projected sales
~и, прямы́е direct sales
аге́нт по ~ам agent for sales
монопо́льное пра́во запрода́ж exclusive sales
объём запрода́ж volume of sales
перспекти́вы запрода́ж selling possibilities
су́мма запрода́ж amount of sales
у́ровень запрода́ж level of sales, sales level
усло́вия ~и terms of sale
соде́йствовать увеличе́нию запрода́ж promote sales
сохрани́ть объём запрода́ж maintain [the volume of] sales
стимули́ровать ~и stimulate (promote) sales

запрода́жный sale *attr.*, selling
запроекти́рованный designed
запроекти́ровать project, plan, design
запро́с 1. inquiry, request **2.** (*потребность*) requirements, demands, needs
~, дополни́тельный additional inquiry
~ на проведе́ние эксперти́зы request for examination
~, ожида́емый expected (anticipated, forecast) request
~ о местонахожде́нии гру́за cargo-tracer
~, определённый definite inquiry
~, основно́й key inquiry
~ о фина́нсовом положе́нии фи́рмы status inquiry
~, официа́льный official inquiry
~, первонача́льный original inquiry
~, пе́реданный по те́лексу telexed inquiry
~, пи́сьменный letter of inquiry
~, подро́бный detailed inquiry
~ по телефо́ну telephone inquiry
~, прило́женный enclosed (attached) inquiry
~ы потреби́телей (*потребно-*

сти) customers' (buyers') needs
~, **специа́льный** specific inquiry
~, **сро́чный** urgent inquiry
~, **телегра́фный** inquiry by telegraph
~, **факти́ческий** actual inquiry
~ **экспе́рту** status letter
получе́ние ~а receipt of an inquiry
рассмотре́ние ~а examination (consideration, study) of an inquiry
де́лать ~ make an inquiry
де́лать ~ компете́нтному учрежде́нию address an inquiry to the appropriate institution
име́ть де́ло с ~ами deal with inquiries
направля́ть ~ *кому-л.* forward (direct, address) an inquiry to, place an inquiry with
отвеча́ть на ~ы reply to inquiries
оформля́ть ~ issue an inquiry
передава́ть ~ pass [on] (refer, submit) an inquiry
пересма́тривать ~ reconsider (re-examine) an inquiry
подтвержда́ть ~ confirm (*амер.* warrant) an inquiry
получа́ть ~ receive an inquiry
посыла́ть ~ send (forward, issue) an inquiry
посыла́ть ~ по телефо́ну telephone an inquiry
рассма́тривать ~ consider (examine, study, pursue) an inquiry
рассыла́ть ~ы send out inquiries
формули́ровать ~ы lay down requirements
учи́тывать ~ consider (take into consideration) an inquiry

запротоколи́ровать *см.* **протоколи́ровать**

запча́ст/и spare (replacement) parts, spares, replacements
~, **быстроизна́шивающиеся** quick-wearing (rapid-wearing, rapidly wearing) spare parts
~, **взаимозаменя́емые** interchangeable spare parts
~, **гаранти́йные** warranty parts
~, **доста́точные** sufficient spare parts
~, **заменя́ющие** alternative spare parts (spares)
~ **к станку́** spare parts for a machine-tool
~, **обы́чные** customary spare parts (spares)
~, **поставля́емые по́сле истече́ния гаранти́йного пери́ода** after-guarantee spare parts (spares)
~, **рекоменду́емые** recommended spare parts
ассортиме́нт ~е́й range of spare parts
запа́сы ~е́й stock of spare parts, spare parts, spare parts inventory (pool), spares holdings
ката́лог ~е́й parts catalogue
компле́кт ~е́й set of spare parts
пе́речень ~е́й list of spare parts, itemized spares list
положе́ние с ~я́ми spare parts situation
расце́нка на ~ prices for spares
склад ~е́й [spare] parts depot (store), warehouse of spare parts, spare parts pool
специфика́ция на ~ spare parts specification
хране́ние ~е́й parts storage, storage of spare parts
держа́ть ~ на скла́де stock spare parts
име́ть ~ hold spare parts
име́ть склад ~е́й stock (keep)

spare parts, maintain a spares depot
пополня́ть ~ replenish [the stock of] spares
снабжа́ть ~я́ми supply with spares
храни́ть ~ на скла́де store spare parts

зараба́тывать earn

за́работок earnings, wage[s], pay
~, мизе́рный scanty earnings
~, реа́льный real earnings
~, среднечасово́й average hourly earnings
~, сре́дний average wages (pay, earnings)

зарегистри́рованный registered; incorporated

зарегистри́ровать *см.* **регистри́ровать**

зарезерви́ровать *см.* **резерви́ровать**

зарпла́т/а pay, earnings; (*рабочим*) wage[s]; (*служащим*) salary
~, акко́рдная accord wage[s]
~ в де́нежном выраже́нии money (cash) wage[s]
~, выпла́чиваемая нали́чными cash wages
~, гаранти́рованная годова́я guaranteed annual wage
~, ежеме́сячная monthly (month's) wages
~, еженеде́льная weekly (week's) wages (earnings, pay)
~, заде́ржанная back pay
~, максима́льная wage ceiling
~, номина́льная nominal wages
~, основна́я base pay, basic wage[s]
~, повреме́нная time wages, time-rates
~, подённая time (day) wage[s]
~, почасова́я hourly wage[s] (earnings), wage (earnings, pay) per hour, pay by the hour
~, пошту́чная piece wage[s]
~, реа́льная actual (real) wages, take-home pay
~, сде́льная piece wages, piece rates, piecework earnings
~, среднеме́сячная average monthly wage[s] (earnings)
~, сре́дняя average wage (earnings, pay)
~, тари́фная base pay
~, твёрдая fixed (set) wage
~, усло́вно начисля́емая implicit wage
~, устано́вленная зако́ном statutory wage
вы́плата ~ы payment of salary (wage[s])
замора́живание ~ы wage freeze (restraint)
ми́нимум ~ы minimum wage
надба́вка к ~е allowance
нало́г на ~у wage tax
повыше́ние ~ы pay (wage) increase (rise), increase (rise, *амер.* raise) in wage[s] (salary, pay), advance of wage[s] (salary)
разме́р ~ы wage rate, rate of wage[s]
рост ~ы wage rise (increase, hike), rise of wages
сниже́ние ~ы wage cut (reduction)
соглаше́ние о ста́вках ~ы wage settlement
ста́вки ~ы wage (pay, labour) rates
тре́бование повыше́ния ~ы wage demand, wage (pay) claim, claim for higher wage[s]
увеличе́ние ~ы pay (wage) increase (rise), increase (rise, *амер.* raise) in wage[s] (salary, pay), advance of wage[s] (salary)
у́ровень ~ы level of wages

фонд ~ы wage[s] (pay-roll) fund, wage bill
выпла́чивать ~у pay a salary (wage[s])
замора́живать ~у freeze wage[s], impose (introduce) wage restraint
повыша́ть ~у raise wages (a salary)
получа́ть ~у draw a salary (pay), get wage[s]
снижа́ть ~у cut (lower, reduce) wages (a salary)
зарубе́жный foreign
засвиде́тельствовать:
~ в ко́нсульстве certify at a consulate
~ нотариа́льно attest notarially, notarize
~ по́длинность authenticate
~ по́дпись attest (witness, authenticate) a signature
~ това́р certify goods
заседа́ни/е conference, meeting; (*суда, парламента и т. д.*) session, sitting
~, заключи́тельное final meeting; final sitting, closing session
~, закры́тое private (closed) meeting
~ коми́ссии meeting of a commission
~, откры́тое public (open) meeting; public session
~, официа́льное official meeting
~, очередно́е regular session
~, посвящённое откры́тию вы́ставки inaugural meeting
~ правле́ния board meeting (session)
~ при закры́тых дверя́х meeting in camera
~ сове́та board meeting (session)
~, совме́стное joint sitting
журна́л ~й minutes
протоко́л ~й record of hearings, minutes [of proceedings], protocol of a session
возобновля́ть ~ resume a meeting
закрыва́ть ~ close a meeting, declare a meeting closed
открыва́ть ~ open a meeting, declare a meeting open
переноси́ть ~ postpone a meeting
прерыва́ть ~ suspend a sitting
проводи́ть ~ hold a meeting
уча́ствовать в ~и take part in a meeting
засто́й stagnation, depression
~ в делово́й акти́вности business depression, stagnation of business
засто́йный stagnant, depressed
застрахо́ванный insured
застрахова́ть insure, indemnify
засчи́тывать (*сумму*) set off
засыла́ть (*неправильно направлять груз*) misdirect
зата́ривание packing
~ гру́за packing (casing) of goods
зата́ривать pack
затеря́ться be lost
затова́ривание oversupply of goods, dead stock, overstock
затова́ривать overstock
затону́ть (*о судне*) sink
кора́бль затону́л the ship has sunk
затра́т/ы costs, expenses, expenditure[s], outlay
~, авари́йные accident costs
~, аккумули́рованные accrued expenditure[s] (expenses)
~, больши́е heavy (considerable, high) costs (expenses)
~, внепла́новые unscheduled costs
~, возмеща́емые reimbursable expenses

~, **годовы́е** annual costs (expenses)

~, **де́нежные** cash expenditure[s]

~, **дополни́тельные** extra costs (expenses, expenditure[s]), additional (supplementary) costs (expenses)

~ **капита́ла** (*инвестиционные*) capital expenditures (outlay)

~, **капита́льные** (*основного капитала*) capital costs

~, **ко́свенные** indirect costs (expenses, charges, expenditure)

~, **ма́лые** low costs

~, **материа́льные** investments; costs of material; material costs (expenses)

~**ы на ремо́нт** expenses on (cost of) repairs, repair costs (expenses)

~ **на ли́чное потребле́ние** personal consumption expenses

~ **нали́чных средств** current outlay costs

~ **на материа́льно-техни́ческое снабже́ние** procurement costs

~ **на монта́жные рабо́ты** costs of installation

~ **на обеспе́чение ка́чества** quality costs

~ **на обеспе́чение надёжности** costs of reliability

~ **на обуче́ние** training costs

~ **на подготови́тельные опера́ции** preparation expenses

~ **на приобрете́ние** purchase (acquisition) costs, costs to buy

~ **на прове́рку ка́чества** quality-inspection costs

~ **на произво́дство в расчёте на едини́цу производи́тельности обору́дования** production costs per unit of the efficiency of machines

~ **на разрабо́тку но́вого проду́кта** project costs

~ **на рекла́му** advertising costs (expenses, outlay), charges of advertising

~ **на сверхуро́чную рабо́ту** overtime costs

~ **на складско́е хране́ние** warehousing costs

~ **на стимули́рование сбы́та** promotional expenses (input)

~ **на строи́тельные рабо́ты** erection costs

~ **на транспортиро́вку** transportation (shipping) costs, costs of transportation

~ **на устано́вку** (*оборудования*) costs of installation, installation costs

~ **на хране́ние** storage costs (expenses)

~, **нача́льные** initial costs

~, **непроизводи́тельные** waste of capital

~, **о́бщие** total costs (expenses), total input

~ **определённого пери́ода** period costs

~ **основно́го капита́ла** capital costs

~, **первонача́льные** initial outlay (costs), original costs

~, **пла́новые** planned costs (expenditure[s], expenses)

~ **по организа́ции сбы́та** expenses on selling [efforts]

~, **постоя́нные** fixed (constant) costs (charges)

~, **почасовы́е** hourly costs

~, **произведённые** incurred charges

~, **прямы́е** direct costs

~, **свя́занные с отпра́вкой** expenses connected with the dispatch

~, **скры́тые** shadow (hidden) costs

~, совме́стные joint costs
~ труда́ labour input
~, факти́ческие actual costs (expenses)
~, эксплуатацио́нные working costs
ве́домость затра́т на рабо́чую си́лу payroll recapitulation
вид затра́т expense item, type of costs
но́рмы затра́т cost standards
определе́ние затра́т determination (assessment) of costs, cost finding
осуществле́ние затра́т cost outlay
оце́нка затра́т на произво́дство production estimate
пе́речень затра́т list of expenses
плани́рование затра́т cost planning (estimating, budgeting)
преде́л затра́т cost limit
распределе́ние затра́т distribution of costs, cost sharing
расчёт затра́т estimate of costs
рента́бельность затра́т profitability of spending
рост капита́льных затра́т increase in investments
сниже́ние затра́т cost cutting (reduction)
соотноше́ние затра́т relation of costs
сопоставле́ние затра́т comparison of costs (expenses)
су́мма затра́т amount of expenses
табли́ца затра́т cost table
увеличе́ние материа́льных затра́т larger investments
учёт затра́т, произво́дственных determination (assessment) of costs, cost accounting
возмеща́ть ~ы offset the costs (expenses)
избега́ть дополни́тельных затра́т avoid extra costs (expenses)
подсчи́тывать ~ы calculate costs (expenses)
разделя́ть ~ы share costs (expenses)

затрудне́ни/е difficulty
~я, больши́е huge difficulties, severe hardships
~ вво́за import difficulties, impediment to imports, import squeezing
~ в поста́вках difficulties in deliveries
~ в сбы́те marketing difficulty
~ вы́воза export difficulties, difficulties in exporting
~я, де́нежные difficulties for money, pecuniary difficulties, financial pressure
~я из-за нехва́тки произво́дственных мо́щностей capacity difficulties
~я, материа́льные financial difficulties
~я с вы́возом export restrictions; impediment to exportation
~я, фина́нсовые financial (fiscal) difficulties, financial pressure (hardships, problems)
~я, экономи́ческие economic difficulties
гла́вная о́бласть ~й main area of difficulties
быть в ~и have difficulties, be [involved] in difficulties
испы́тывать ~я experience (encounter, meet with) difficulties (trouble)
испы́тывать де́нежные ~я be pressed for money (funds)
не име́ть ~й have no trouble[s] (difficulties)
создава́ть ~я make (create) difficulties

затрудни́тельный difficult; (*неудобный*) inconvenient

затрудня́ть make difficult, hinder, hamper

зафикси́ровать put on record

зафрахто́ванный chartered

зафрахтова́ть *см.* **фрахтова́ть**

захва́т seizure

 ~ су́дна seizure of a ship

 риск ~а *страх.* risk of seizure

захва́тывать capture, seize; take possession of

захо́д call

 ~ в порт call[ing] at a port

 порт ~а port of call, *сокр.* P.O.C., call port

 порт вы́нужденного ~а port of distress (refuge), harbour of refuge

 порт ~а, коне́чный final port

 порт ~а, основно́й principle port of call

 порт ~а, факультати́вный optional port

 после́довательность ~ов (*судна в порты*) rotation

 расхо́ды по ~у в порт expenses on entering a port

 с ~ом в по́рты Балти́йского мо́ря via Baltic ports

заходи́ть (*в порт*) call, make a call

зачёт offset

 ~ встре́чных и́сков offsetting of counter-claims

 в ~ пла́ты in payment

зачётный (*подлежащий оплате*) chargeable

зачисле́ние:

 ~ в кре́дит счёта crediting an amount to an account, crediting an account with an amount

 ~ на счёт placing to (passing to, entering in) an account

 ~ средств по валю́тным счета́м crediting currency accounts

зачисля́ть 1. (*на счёт*) place, pass, enter; (*в счёт платы и т. д.*) include **2.** (*вносить в список*) enter, put on the list

защи́т/а protection, prevention; defence, *амер.* defense

 ~, антикоррозио́нная corrosion protection, protection against corrosion

 ~, арбитра́жная arbitration protection

 ~, вне́шняя external protection (wrapping)

 ~, вну́тренняя internal protection, protection of the interior

 ~ гру́за cargo protection

 ~, двойна́я double protection

 ~, доста́точная adequate protection

 ~ зако́ном legal protection, protection by law

 ~, индивидуа́льная individual protection

 ~ интере́сов protection of interests

 ~ лиц protection of persons

 ~ лицензио́нного пра́ва defence of a licensed right

 ~ монопо́льных прав protection of exclusive rights

 ~ окружа́ющей среды́ protection of environment, environmental protection

 ~ от за́морозков frost protection

 ~ от и́мпортной конкуре́нции protection against importation, protection from import competition

 ~ от неблагоприя́тных пого́дных усло́вий weather protection

 ~ от поврежде́ния protection against damage

 ~ от притяза́ний defence from claims

~ **от ржа́вчины** rust prevention

~ **пра́ва** protection of the right

~, **правова́я** legal protection

~ **про́тив** protection against

~ **про́тив обвине́ния** defence to a charge

~, **противопожа́рная** fire protection

~ **со́бственности** protection of property

~, **совме́стная** joint protection

~, **соотве́тствующая** adequate protection

~, **специа́льная** specialized protection [and preservation]

~, **станда́ртная** standard protection

~ **това́ра** protection of goods

~ **торго́вых ма́рок** trademark protection

~ **экспона́тов на вы́ставке** protection of exhibits

~, **эффекти́вная** efficient protection

пра́во на ~у right of (to) defence (protection)

сре́дства ~ы това́ра от повреждения protection devices

выступа́ть в ~у take up the cause of, stand up for

обеспе́чивать ~у secure protection

предоставля́ть ~у afford protection

под ~ой зако́на under the protection of law

защи́тник (*в суде*) defence counsel, counsel for the defence, counsel for the defendant, defence lawyer, *амер.* counsellor

защи́тный protective, protection *attr.*

защища́ть protect, defend

заяви́тел/ь applicant

~, **иностра́нный** foreign applicant

~ **пате́нта** patent applicant, applicant for a patent

~ **регистра́ции това́рного зна́ка** trademark applicant

~ **с бо́лее по́здним приорите́том** junior party (applicant)

~ **с бо́лее ра́нним приорите́том** senior party (applicant)

пове́ренный ~я representative of an applicant, applicant's attorney

указа́тель ~ей index of applicants

проверя́ть ~ей check (screen) applicants

зая́в/ка application; (*на торгах*) tender; (*на аукционе*) bid

~, **действи́тельная** valid application

~, **дополни́тельная** additional application

~, **зарегистри́рованная** application on file

~, **индивидуа́льная** single application

~, **конвенцио́нная** convention application

~ **на аре́нду сте́нда** application for [a] stand

~ **на ви́зу** application for a visa, visa application

~ **на вы́ставочное ме́сто** application for exhibit (exhibition) space

~ **на документа́рный аккредити́в** application for a documentary L/C

~ **на изобрете́ние** application (claim) for invention rights

~ **на креди́т** request for credit

~ **на пате́нт** patent application, application (claim) for a patent

~ **на патентова́ние промы́шленного образца́** design application

~ на перево́зку гру́зов application for freight transportation
~ на переизда́ние пате́нта application for reissue of a patent
~ на вы́ставочную пло́щадь application (demand) for space
~ на получе́ние ссу́ды loan application
~ на поста́вку това́ра на э́кспорт application for a license for the export of goods
~ на регистра́цию това́рного зна́ка trademark application
~ на страхова́ние insurance application
~ на уча́стие application (request) for participation
~ на уча́стие в вы́ставке application (request) for participation in an exhibition
~ на уча́стие в торга́х application for participation in tenders, offer for a tender
~, находя́щаяся на рассмотре́нии application under consideration; pending application
~ на эксперти́зу application for expertise
~ на э́кспорт application for exportation, export application
~, недостаю́щая missing application
~, незави́симая independent application
~, оценённая evaluated application
~, пате́нтная patent application, application (claim) for a patent
~, первичная parent application
~, пи́сьменная written application, application in written form
~, по́данная filed application
~, по́лная complete application
~ки, поступа́ющие incoming applications
~, предвари́тельная preliminary (prior) application
~, приорите́тная application establishing priority
~, разделённая divisional application
~, ро́дственная related (cognate, companion) application
~ с бо́лее по́здним приорите́том junior application
~ с бо́лее ра́нним приорите́том senior application
~, совме́стная joint application
~, специфици́рованная specific application
~, тамо́женная customs application
~, удовлетворя́ющая тре́бованиям acceptable application
акцепта́ция ~ки на пате́нт acceptance of a patent application
бланк ~ки application (requisition) form, reservation card
восстановле́ние ~ки renewal (revival) of an application
да́та пода́чи ~ки date of application (filing), application (filing) date
да́та представле́ния ~ки на уча́стие в торга́х date of submission of tender, bid date
дефе́кты ~ки defects of an application
досье́ ~ок application file
катало́г ~ок catalogue of applications
классифика́ция ~ок classification of applications
ко́пия ~ки copy of an application

материа́лы ~ки application papers (documents)
но́мер ~ки number of an application
обрабо́тка ~ки handling (processing) of an application
ограниче́ние ~ки restriction of an application
отка́з от ~ки abandonment of an application
отклоне́ние ~ки rejection (nonacceptance) of an application
оформле́ние ~ки preparation (drawing up, execution) of an application
оце́нка ~ки evaluation of a bid
пода́тель ~ки applicant
пода́ча ~ки filing of an application
портфе́ль ~ок application file
поступле́ние ~ок inflow of applications
предме́т ~ки subject of an application
представле́ние ~ки submission of an application
представле́ние ~ки на уча́стие в то́ргах submission of a tender
приорите́т ~ки priority of an application, application priority
продолже́ние ~ки continuation of an application
рассмотре́ние ~ки examination of an application; pendency of an application
регистра́ция ~ок record[ing] of applications
реше́ние по ~ке decision on an application
составле́ние ~ки application writing
срок де́йствия ~ки lifetime of an application
срок для пода́чи ~ки term of (period for) application
сто́имость пода́чи ~ки cost of filing
указа́тель ~ок index of applications
формуля́р ~ки на уча́стие в я́рмарке entry form
акцептова́ть ~ку accept an application
возобновля́ть ~ку renew the application
де́лать ~ку effect (file, make, lodge) an application; apply, proceed with an application
заполня́ть ~ку fill in a[n] [application] form
изменя́ть ~ку change an application
изуча́ть ~ку examine an application
отзыва́ть ~ку withdraw an application
отклоня́ть ~ку refuse (reject) an application
оформля́ть ~ку prepare (draw up, execute) an application, finalize requisitions
подава́ть ~ку effect (file, make, lodge) an application; apply for, proceed with an application
подава́ть ~ку в пи́сьменном ви́де make an application in writing
подава́ть ~ку на пате́нт apply (file an application) for a patent, file (proceed with) a patent application, apply for patent rights
подава́ть ~ку на уча́стие submit an application [form] for participation
подава́ть ~ку на уча́стие в то́ргах submit (send) a tender, tender
подпи́сывать ~ку по дове́ренности sign an application by proxy

подтверждать ~ку uphold an application
получать ~ку receive an application
проводить экспертизу ~ки на патент examine a patent application
рассматривать ~ку consider an application
рассматривать ~ку на патент process a patent application
ставить ~ку на очередь put an application in order
по ~ке on inquiry (request)

заявлéни/е 1. notice, notification; statement, declaration 2. (*объявление*) announcement 3. (*заявка*) application, claim
~, ввозное (*о прибывшем импортном товаре*) import entry
~ для печати statement for the press
~, исковое statement of claim; petition to sue
~ морского протеста noting sea protest
~ на открытие аккредитива application for opening a L/C
~ на открытие счёта request for a bank account
~ на получение разрешения на ввоз application for an import permit, license application
~, неправильное incorrect statement
~ об аннулировании declaration of cancellation
~ об апелляции notice of appeal
~ об отказе notice of rejection; notice of abandonment
~ об убытках report (notice) of damage, damage report, notice of losses; notice of claim
~ об установлении приоритета claim of priority
~ о возмещении убытка notification of claim
~ о выплате страхового возмещения insurance claim
~ о предоставлении визы application for a visa
~ о предоставлении разрешения application for a permit (approval)
~ о претензии statement (notice) of a claim, complaint, objection, filing a claim
~ о продлении срока request for renewal
~ о стоимости груза certificate of valuation
~, официальное official (formal) statement, formal notice
~, письменное 1. written statement (declaration) 2. written application
~, предварительное advance notice, prior application, preliminary statement
~, совместное joint statement
бланк ~я application form
заполнение ~я filling in (completion of) an application
податель ~я applicant
подача ~я submission (presentation) of an application
подача искового ~я filing of a statement of claim
рассмотрение ~я examination of an application
вручать ~ hand in an application
делать ~ make a statement
[за]регистрировать ~ file a statement of claim
обосновывать ~ substantiate a statement
оформлять ~ execute an application
подавать ~ submit (present, hand in, file) an application
принимать ~ receive an application

публикова́ть ~ issue (publish) a statement
рассма́тривать ~ consider (examine) an application
составля́ть исково́е ~ draw up a statement of claim
по ~ю стороны́ upon application of a party

заявля́ть declare, state, proclaim; (*объявлять*) announce
~ **тре́бование** present a demand

зая́вочный application *attr.*

зда́ни/е building; premises
~ **администра́ции** administration building
~, **вре́менное** temporary building
~, **принадлежа́щее зака́зчику** customer's premises
~, **центра́льное** central office
строи́тельство ~й building construction
сдава́ть ~ в аре́нду lease (rent) the premises

зерново́з grain-bulker, grain-carrier

злоупотребле́ние abuse, misuse
~ **вла́стью** abuse (misuse) of power (authority)
~ **дове́рием** abuse (breach) of confidence, breach of trust
~ **изобрете́нием** abuse of invention
~ **исключи́тельным пра́вом** abuse of exclusive rights
~ **креди́том** abuse (misuse) of credit
~ **нало́говым обложе́нием** abuse of taxation
~ **пра́вом на пате́нт** abuse (misuse) of a patent
~ **това́рным зна́ком** abuse (misuse) of a trademark

злоупотребля́ть abuse, misuse

знак sign, mark; (*условное обозначение*) symbol
~, **бу́квенный ко́довый** letter code
~, **водяно́й** water mark
~, **всеми́рно изве́стный** world-wide known mark
~ **гара́нтии** guarantee mark
~, **действи́тельный** valid mark
~**и, де́нежные** banknotes, paper currency
~, **десяти́чный** decimal mark
~, **запрещённый** prohibited mark
~, **зарегистри́рованный** registered mark
~, **идентификацио́нный** identifying code, identification mark (sign)
~, **изобрази́тельный** sign, design mark
~, **испра́вленный** amended mark
~**и, комбини́рованные** combination marks
~, **незарегистри́рованный** non-registered mark
~, **обма́нный** fraudulent mark
~, **обновлённый това́рный** updated mark
~ **обслу́живания** service mark
~, **опознава́тельный** identification mark (sign), identifying code, tally
~, **отличи́тельный** distinctive mark, distinguishing sign
~**и отправи́теля** shipper's marks; brand name
~, **официа́льный** official sign
~, **охраноспосо́бный** mark eligible for registration
~, **пограни́чный** border mark[er]
~, **подде́льный** imitated (bogus) mark
~**и получа́теля** consignee's marks
~**и, предупреди́тельные** (*на ящике*) conditions marked on

a case, special directions and warnings

~, различи́тельный distinguishing mark

~, резе́рвный reserve mark

~, сертификацио́нный certification mark

~и, соотве́тствующие appropriate markings

~и, специа́льные special marks (signs)

~, тамо́женный customs label

~, това́рный trademark, trade name, merchandise mark, brand

~, това́рный, аннули́рованный annuled trademark

~, това́рный, европе́йский European trademark

~, това́рный, изве́стный well-known brand name

~, това́рный, коллекти́вный collective trademark

~и, това́рные, конфликту́ющие conflicting trademarks

~, това́рный, незави́симый independent trademark

~, това́рный, общеизве́стный commonplace trademark

~, това́рный, промы́шленный industrial trademark

~, това́рный, утра́тивший си́лу void trademark

~, торго́вый trademark, trade name, merchandise mark, brand

~ тре́тьего лица́ third party mark

~, фабри́чный brand [name], manufacturing mark

~ филиа́ла фи́рмы subsidiary mark

~, фи́рменный trademark

~, усло́вный symbol, conventional sign

~, утра́тивший си́лу invalid (void) mark

акцептова́ние това́рного ~а allowance of a trademark

аннули́рование това́рного ~а invalidation of a trademark

владе́лец това́рного ~а owner (holder, proprietor) of a trademark, trademark holder, grantee of a trademark

восстановле́ние сро́ка де́йствия това́рных ~ов renewal of trademarks

вы́бор ~а selection of a mark

изде́лие с това́рным ~ом trademark commodity

зако́н о това́рных ~ах trademark law (act)

злоупотребле́ние това́рным ~ом abuse (misuse) of a trademark

информа́ция о това́рных ~ах trademark information

истече́ние сро́ка де́йствия това́рного ~а lapse of a trademark

конфли́кт това́рных ~ов trademark conflict

лице́нзия на това́рный ~ trademark license

наруше́ние това́рного ~а infringement (violation) of a trademark

недействи́тельность това́рного ~а invalidity of a trademark

несоотве́тствие маркиро́вочных ~ов inadequacy of marks

образе́ц това́рного ~а specimen of a trademark

отде́л това́рных ~ов trademark department

о́ттиск ~а print of a mark

охра́на това́рных ~ов protection of trademarks

пра́во това́рных ~ов trademark right

приорите́т това́рного ~а priority of a trademark

регистра́ция това́рного ~а record (registration) of a trademark

реéстр товáрных ~ов register (record) of trademarks, trademark register (docket, roll)
указáтель товáрных ~ов index of trademarks
откáзываться от товáрного ~а abandon a trademark
проставля́ть товáрный ~ на упакóвке put a trademark on the wrapping
приня́ть ~ adopt a mark
реклами́ровать ~ advertise a mark
снабжáть отличи́тельными ~ами provide with distinct marks
в ~ заключéния контрáкта to bind a contract

знак-пóдпись signature mark

зóлот/о gold
~, «бумáжное» paper gold
~ в монéтах gold in coins
~ в сли́тках bar (ingot) gold, gold in bullions (bars)
~, высокопрóбное pure (fine) gold
~, леги́рованное alloyed gold
~, листовóе gold leaf
~, монетáрное monetary gold
~, монéтное standard (coined) gold
~, немонетáрное non-monetary gold
~ установлéнной прóбы standard (sterling) gold
~, чи́стое pure (fine) gold
арбитрáжные операции с ~ом arbitrage in bullion
демонетизáция ~а gold demonetization
запáс ~а gold reserves
курс ~а gold parity (standard)
лаж на ~ premium on gold
обесцéнение ~а depreciation of gold
обмéн ~а gold conversion
отли́в ~а outflow (drain) of gold
прили́в ~а inflow of gold
ры́нок ~а gold market
сли́ток ~а [standard] bullion, gold bar, bar of gold, ingot of gold
спрос на ~ demand for gold
стóимость ~а value of gold
уплáта ~ом payment in gold
ценá ~а price of gold
ценá в ~е price in gold
эквивалéнт ~у equivalent of gold
э́кспорт ~а gold export
обмéнивать на ~ convert in[to] gold
плати́ть ~ом pay in gold
продавáть на ~ sell for gold
экономить ~ economize on gold
конверти́руемый на ~ convertible in gold
обмéниваемый на ~ redeemable in gold

зóлото-валю́тный gold-value *attr.*

зóн/а zone, area, territory
~, беспóшлинная duty-free zone
~, валю́тная currency (monetary) area (zone)
~ дéйствия товáрного знáка territorial scope of trademark
~, дóлларовая dollar area (zone)
~, запрéтная blockaded zone
~ исключи́тельного прáва zone of exclusive rights
~ испóльзования area of use
~ неисключи́тельного прáва zone of non-exclusive rights
~ обслу́живания (*о сбыте*) sales territory
~, пограни́чная frontier zone
~, преференциáльных тари́фов preferential tariff zone
~, прибрéжная offshore area (zone), coastal zone
~, портóвая port area

~ **произво́дства** [major] producing area
~, **рабо́чая** working area
~ **сбы́та** area of marketing, marketing area
~, **свобо́дная от тамо́женного обложе́ния** unbonded area
~, **свобо́дная экономи́ческая** free economic zone
~ **свобо́дной торго́вли** free trade area (zone)
~, **складска́я** storage area
~ **совме́стного предпринима́тельства** zone of joint enterprise
~, **сте́рлинговая** sterling area
~, **тамо́женная** customs area
~, **тари́фная** rate area
~, **тари́фная для почто́во-посы́лочных перево́зок** parcel post zone
~, **тари́фная экспре́сс-перево́зок** express area
~ **термина́ла** terminal area
~ **фра́нка** franc area (zone)
~ **фра́нко** unbonded area
~, **экономи́ческая** trading (trade, economic) area (zone)
~ **э́кспорта** export zone
определя́ть ~у обслу́живания determine the sales territory

зона́льный zone *attr.*

И

игр/а́ game
~ **на би́рже** stock exchange speculation, stock jobbing
~ **на ра́знице** *бирж.* speculation in differences
выбыва́ть из ~ы́ be out of the game

идентификацио́нный identifying, identification *attr.*

идентифика́ци/я (*распознавание, установление подлинности*) identification
~ **това́ра** identification of goods
~ **я́щиков** identification of cases
но́мер ~и identification number

иденти́чност/ь identity
~ **оригина́лу** identity to the original
зна́ки ~и identity marks

иденти́чный identical

избы́т/ок excess, surplus, redundancy
~ **вла́ги** excess of moisture
~ **капита́ла** capital surplus
~ **предложе́ния това́ра на ры́нке** excess of supply
~ **рабо́чей си́лы** redundancy of manpower
име́ться в ~ке be in excess supply (surplus)

избы́точный surplus *attr.*, over, redundant

извеща́ть advise, inform, notify, let *smb* know, give advice, file (give) a notice, announce

извеще́ни/е advice [note], letter of advice, notification, notice
~ **арби́тру о его назначе́нии** notice to an arbitrator of his appointment
~ **ба́нка** bank's (banker's) advice, advice by the bank
~, **заблаговре́менное** early (advance) advice
~ **капита́на об оконча́нии погру́зки** master's advice of the completion of loading
~, **несвоевре́менное** undue notification
~ **об аннули́ровании контра́кта** notice of cancellation (termination) of a contract
~ **об инка́ссо** advice of collection, collection advice

~ **об отгру́зке** advice (notification) of shipment, shipping advice
~ **об отпра́вке** advice (notification) of dispatch, dispatch note
~ **о выделе́нии това́ра для исполне́ния догово́ра** notice of appropriation
~ **о выставле́нии тра́тты** advice of a draft, draft advice
~ **о гото́вности обору́дования к испыта́ниям** notice (notification) of the readiness of the equipment for tests
~ **о гото́вности су́дна к вы́грузке** notice (notification) of readiness to discharge (unload)
~ **о гото́вности су́дна к погру́зке** notice (notification) of readiness to load (for loading)
~ **о гото́вности това́ра к осмо́тру** notice (notification) of the readiness of the goods for inspection
~ **о гото́вности това́ра к отгру́зке** notice (notification) of the readiness of the goods for shipment
~ **о доста́вке** delivery note, advice of delivery
~ **о платеже́** advice of payment, payment advice
~ **о погру́зке** advice (notification) of shipment, shipping advice
~ **о предполага́емом подхо́де су́дна** notice of expected arrival
~ **о прете́нзии** notice of claim
~ **о прибы́тии су́дна** arrival notice, notice of a vessel's arrival
~ **о регистра́ции зая́вки** notice of filing an application
~ **о торга́х** announcement about (of) tenders
~, **официа́льное** formal notice
~ **о фрахтова́нии** notice of fixture
~, **пи́сьменное** notice (notification) in writing
~ **по по́чте** notice (notification) [sent] by post
~ **по те́лексу** notice (notification) [sent] by telex
~, **предвари́тельное** prior notice
~, **предше́ствующее** previous notice
~, **сро́чное** prompt notice (advice), urgent notice
~, **тра́нспортное** transport advice
~, **экспеди́торов** forwarding (shipping) agents' notice
~ **экспортёров** exporters' notice
ко́пия ~я copy of an advice
получе́ние ~я receipt of a notification (an advice, a notice)
получа́ть ~ receive a notification (an advice, a notice)
посыла́ть ~ send (forward) a notice (notification)
без [дальне́йшего] ~я without [further] notice

изгота́вливать make, manufacture, produce, fabricate

изготови́тел/ь manufacturer, producer, maker
~, **гла́вный** main (major) manufacturer
~, **зарубе́жный** outside manufacturer
~, **крупне́йший** largest manufacturer
~, **основно́й** leading manufacturer
~ **това́ра** manufacturer of goods
заво́д ~я manufacturer's (maker's) works (plant)
и́мя ~я maker's name
на террито́рии ~я at the manufacturer's premises

реклáма ~я ad (advertisement) of a producer (manufacturer)
фи́рменная мáрка ~я nameplate
изготови́тель-лицензиáр manufacturer-licensor
изготовлéни/е manufacture, manufacturing, production, making, fabrication
~ **взаимопоставля́емой продýкции** manufacturing of mutually supplied (exchanged) articles
~ **детáлей** part production
~, **мáссовое** large scale (mass, quantity, high-volume) production
~ **образцá** manufacture of a specimen
~ **пéрвого образцá продýкции по лицéнзии** manufacture of the first specimen of the licensed product
~ **по лицéнзии** manufacture under license
~ **продýкции по закáзам** manufacturing to [special] order, job order production
~, **промы́шленное** manufacture, manufacturing, commercial-scale production
~, **ремéсленное** manual manufacture
~, **сери́йное** full-scale (lot, serial) production
~, **техни́ческое** technical manufacture
дáта ~я date of manufacture
инстрýкции по ~ю manufacturing instructions
кáчество ~я workmanship, quality of manufacture
мéсто ~я place of manufacture (fabrication)
мéтод ~я продýкции пáртиями batch method of production
надёжность ~я fabrication reliability
оши́бка ~я manufacturing (fabrication) error
провéрка хóда ~я (*оборудования*) inspection of the progress of manufacture (manufacturing)
процéсс ~я process of manufacturing
странá ~я country of manufacture (manufacturing)
техноло́гия ~я manufacturing methods, products technology; fabrication practice
ход ~я товáра progress of manufacture
завершáть ~ продýкции complete manufacture of production
контроли́ровать ход ~я check the progress of manufacture (manufacturing)
изготóвленный manufactured, produced
издавáть publish, issue
издáни/е 1. (*публикация*) publication, publishing, issue **2.** (*произведение*) publication **3.** (*род издания*) edition
~, **бесплáтное** free publication, publication gratis
~, **вéдомственное** departmental press
~, **выходя́щее 2 рáза в мéсяц** bimonthly publication
~, **выходя́щее 2 рáза в недéлю** half-weekly publication
~**я, делoвы́е** business publications (press)
~ **для служéбного пóльзования** restricted publication
~, **ежекварти́льное** quarterly [publication]
~, **ежемéсячное** monthly [publication]
~, **еженедéльное** weekly [publication]

~я, конъюнкту́рные market publications
~, лимити́рованное limited edition
~, ма́ссовое mass publication; popular edition
~, междунаро́дное international publication
~, ограни́ченное (*для служебного пользования*) restricted publication
~, отде́льное separate publication
~, отраслево́е trade (business) paper (publication), professional magazine
~, официа́льное official publication
~, периоди́ческое periodical publication
~, печа́тное publication, printing, *амер.* print; **~я, печа́тные** printed matter, publications
~, пла́тное paid publication
~, подписно́е subscription edition (publication)
~я, после́дние recent publications
~, предыду́щее previous edition (issue)
~, специализи́рованное specialized publication
~, специа́льное special edition
~, спра́вочное reference book
~, техни́ческое technical publication
~, фи́рменное company magazine; (*внутреннее, для служащих предприятия*) staff magazine
год ~я publication date, date of publication
организова́ть ~ arrange publication
печа́тать периоди́ческие ~я publish periodicals

изда́тел/ь publisher
~и, веду́щие leading publishers

изда́тельство publishing house (office), publishers

изде́ли/е article, product, unit, workpiece; (*в спецификации*) item; **~я** goods, articles, products
~я, брако́ванные spoiled (rejected) products
~я, взаимопоставля́емые reciprocal deliveries, mutually supplied (exchanged) articles
~, возвращённое returned product
~, высококачественное high (good) quality product, high grade product
~ вы́сшего ка́чества superior product, product of superior quality, product superior in quality
~, гото́вое finished (manufactured, ready-made) product (article); **~я, гото́вые** finished goods (products, manufactures)
~, дешёвое low-priced product
~, изгото́вленное по зака́зу made-to-order product, custom-made (manufactured) product
~я, комплекту́ющие associated items, completing (complementary) articles
~, кондицио́нное quality product; qualified product
~я, коопери́рованные cooperative articles
~я, ма́рочные branded articles (goods), top-quality goods, goods of the best brands
~я ма́ссового произво́дства mass production (produced) articles
~я машинострое́ния engineering products

∼я, находя́щиеся в эксплуата́ции operational articles

∼, некондицио́нное sub-standard (off-standard) product

∼, непатентоспосо́бное non-patentable product

∼, нестанда́ртное non-standard product

∼, облада́ющее высо́кой надёжностью high-reliability product

∼ однокра́тного примене́ния (однора́зового по́льзования) single-use product

∼, отде́льное separate article

∼, охраня́емое пате́нтом patented article

∼, патентоспосо́бное patentable article (product)

∼, патенточи́стое non-infringing article

∼, покупно́е purchased product

∼, полуобрабо́танное semi-manufactured (finished, processed) product, semi-product

∼я, поста́вленные delivered products

∼я, поставля́емые по контра́ктам goods (products, articles) supplied under contracts

∼я, промы́шленные industrial (manufactured, industrialized) products (goods)

∼я, разли́чные various (different) articles (products)

∼я, сери́йные batch components, stock-produced articles

∼я, сло́жные sophisticated products

∼я, совмести́мые с products compatible with

∼я с ограни́ченным сро́ком слу́жбы limited life articles

∼я, сопу́тствующие related products

∼я, соотве́тствующие respective products

∼я, специализи́рованные special-purpose (specialized) articles

∼я, специа́льные special articles

∼я, станда́ртные standard[ized] articles

∼ с това́рным зна́ком trademark commodity

∼, труднореализу́емое hard-to-sell (move) product, slow-moving product

∼, устаре́вшее obsolescent product

∼я, фабри́чные factory-made goods (products, articles)

ассортиме́нт ∼й assortment of products

брошю́ра с описа́нием ∼й products leaflet

вес ∼я weight of a unit

вы́борка из сери́йных ∼й production sample

испыта́ние ∼я testing of a product

ка́чество ∼й quality of products, product quality

констру́кция ∼я product design, design of a workpiece

ма́рки но́вых ∼й brands of new products

номенклату́ра ∼й range of products, nomenclature, listed products, systematic classification of products

образе́ц ∼я product sample, sample of a product (an article)

описа́ние ∼й description of products

осмо́тр ∼й inspection of products

отбо́р ∼й selection of products

па́ртия ∼й lot of products, production lot

портфе́ль ~й portfolio of products
представле́ние ~я product presentation
прове́рка ~й представи́телем зака́зчика на заво́де поставщика́ inspection at the manufacturing works (plant)
проекти́рование ~я product designing
произво́дство высококаче́ственных ~й quality production
происхожде́ние ~я origin of a product
разме́ры ~я product size (dimensions)
разрабо́тка ~я product development, development of a product
сери́йный но́мер ~я product batch number
се́рия ~й production batch
соотве́тствие ~й product compliance
спи́сок ~й sheet (list) of products
унифика́ция ~й unification of goods (products)
характери́стика ~я product (item) characteristics, product capabilities, nature of a product
шифр ~я designation index, code
выпуска́ть ~я turn out goods
маркирова́ть ~я label products
опи́сывать ~я describe products
оце́нивать ~ assess (evaluate) a product
специализи́роваться на произво́дстве определённых ~й specialize in certain products (lines of production)
упако́вывать гото́вое ~ pack (box) a finished product

изде́рж/ки costs, expenses, expenditures, outlay[s], charges, disbursement[s]
~, авари́йные average disbursement; accident costs
~, валовы́е total costs
~, вменённые implicit (imputed) costs
~, возраста́ющие increasing costs
~ в связи́ с просто́ем су́дна demurrage charges
~, дополни́тельные extra (supplementary) costs
~, допусти́мые allowable costs
~ из-за просто́я downtime costs
~, капита́льные capital costs
~, ко́свенные indirect costs (expenses)
~, материа́льные cost of material, material costs
~ на вы́нужденную заде́ржку detention charges
~ на разрабо́тку development costs
~ на техни́ческое обслу́живание и теку́щий ремо́нт maintenance costs
~, непроизво́дственные nonmanufacturing costs
~, нормати́вные standard costs
~ обраще́ния distribution costs, expenses of circulation
~, о́бщие total costs (expenses, outlay)
~ освое́ния но́вого произво́дства start-up costs
~, первонача́льные original costs
~, пла́новые planned costs
~ по арбитра́жу arbitration costs (expenses), costs of (expenses on) arbitration
~ по гру́зу expenses on the goods

~ по доста́вке delivery costs (expenses)
~, понесённые incurred charges (expenses, costs), cost outlay
~ по обслу́живанию су́дна disbursement[s]
~ по опера́циям, ба́нковским bank charges
~ по опротестова́нию ве́кселя expenses for protesting a bill
~ по отпра́вке forwarding (shipping, transport) charges
~ по пересы́лке де́нег remittance charges
~ по проекти́рованию designing costs (charges)
~, постоя́нные fixed costs (charges), constant expenses
~ по това́ру expenses on the goods
~ по хране́нию storage costs (expenses), costs (expenses) on storage
~ произво́дства costs (expenses) of production (manufacturing), production (manufacturing, operating, operation[al]) costs
~ проте́ста protest expenses (fees, charges), costs (expenses) of protest, charges for noting
~, прямы́е direct costs (outlay)
~, путевы́е travelling expenses, travel costs, cost for (payment of) travel
~ сбы́та selling costs, marketing (merchandizing, selling, distribution) costs, distribution expenses
~, сме́тные budget[ed] (estimated) costs
~, совоку́пные combined (cumulative, aggregate) costs
~ сторо́н costs (expenses) of the parties
~, суде́бные law (legal) expenses, legal costs
~, теку́щие current (carrying) costs
~, торго́вые commercial (selling) expenses, costs of marketing
~, тра́нспортные transport (transportation) costs (expenses, charges), carriage, costs (expenses) of transportation, shipping costs
~, фина́нсовые finance charges (burden)
ана́лиз ~ек (*производства*) cost analysis
ве́домость ~ек cost sheet; bill of costs
возмеще́ние ~ек reimbursement of costs (expenditures, expenses, outlay), compensation for costs (expenses)
возмеще́ние ~ек произво́дства cost recovery, recovery (recoupment) of production (manufacturing, operating, operation[al]) costs, return of production expenses
калькуля́ция ~ек произво́дства costing, cost accounting
оце́нка ~ек произво́дства cost estimate
ра́зница в ~ках difference in costs
расчёт ~ек calculation of costs (charges); (*документ*) statement of costs (charges)
рост ~ек increase in costs
су́мма ~ек, о́бщая total of expenses
счёт ~ек cost account, account of charges
взы́скивать ~ recover costs
возмеща́ть (компенси́ровать) ~ recover (recoup) costs
понести́ ~ incur costs, bear expenses

сокращать ~ reduce costs (expenses)
за вычетом ~ек less (minus) costs (expenses)

излиш/ек excess, surplus
~ багажа excess baggage (luggage), luggage in excess
~ки, бюджетные budget surpluses
~ки валюты surplus of currency
~ки веса excess weight, overweight
~ средств surplus funds
~ки, товарные excessive amounts of goods, surplus of goods, marketable surpluses, surplus commodities (goods)
накапливать ~ки accumulate surpluses

излишн/ий excess
без ~ей задержки without undue delay

изменени/е change, alteration, modification, development; (*исправление*) amendment; (*пересмотр*) revision; (*улучшение*) improvement
~ аккредитива modification of (amendments to) a L/C
~ в валютных курсах changes in the exchange rate, turn in currencies
~ в конструкции modification (alteration) in the design, design modification, re-design
~я в налогообложении changes in taxation
~ в объёме change in volume, volumetric change
~, возможное possible modification
~я в программе changes in (to) the programme
~ в характере торговли changes in the pattern of trade
~ в цене alteration (changes) in the price
~, долгосрочное long-term change
~я, желательные desirable changes
~, законное statutory modification
~я, значительные significant alterations (changes)
~ индекса change in the index
~ качества change in quality, modification of quality
~, качественное quality (qualitative) change
~ к контракту alteration (modification) to (in) a contract
~, количественное quantitative change
~я, коренные radical (fundamental) changes
~ надёжности reliability variation
~ нарастающее progressive change
~я на рынке market movements; market changes
~ настроения рынка change of the market sentiment (in the sentiment of the market)
~я, незапатентованные unpatented improvements and modifications
~я, незначительные marginal (slight, insignificant, small) changes (alterations)
~я норм alterations of norms
~ обстоятельств change in (discontinuance of) circumstances
~я, односторонние one-sided (unilateral) changes
~я, основные major changes
~я, перспективные prospective changes
~ плана modification of a plan
~я, последние the latest modifications
~я, последующие subsequent amendments (changes)

~, **предпи́санное** prescribed change
~**я, прое́ктные** design changes
~, **пропорциона́льное** proportional change
~, **радика́льное** radical change
~ **разме́ра** dimensional change
~, **ре́зкое** sharp (pronounced) change
~ **ре́йса** change in (of) a voyage (*ав.* flight)
~, **случа́йное** random change
~ **ста́вки за́работной пла́ты** rate change
~ **сто́имости** cost variation, change in the cost
~ **структу́ры** structural change
~, **суще́ственное** essential (substantial) modification
~**я, техни́ческие** technical changes
~**я, технологи́ческие** technological changes
~ **усло́вий** modification of terms and conditions
~ **цен** price change (alteration, modification, revision), changes (alteration, modification, revision) of prices, price adjustment
~, **части́чное** partial change
внесе́ние ~й introduction of changes
внесе́ние ~й в контра́кт introduction of alterations (changes, modifications) to (in) a contract, contract modifications, making amendments in a contract
возмо́жность ~я possibility of modifying
заверше́ние ~й completion of modifications
масшта́б ~й extent of modifications
попра́вка на ~ цен adjustment for price [changes], price level adjustment
пункт об ~и цены́ price variation clause
риск ~я ку́рса валю́ты foreign exchange risk
хара́ктер ~й nature of changes
эффекти́вность ~й effectiveness of modifications
включа́ть ~я include modifications, incorporate alterations
вноси́ть ~я (*в контракт*) make (introduce) alterations (changes, modifications) to (in) a contract, make (insert) amendments in a contract; (*в конструкцию машины*) make alterations (introduce changes) in the design of a machine; (*в описание*) alter a specification
вызыва́ть ~я entail (involve) changes
договори́ться об ~ях (*окончательно*) finalize modifications
остава́ться без ~й remain unchanged (unaltered)
оставля́ть без ~я leave unchanged (unaltered)
осуществля́ть ~я carry out modifications
плати́ть за ~я pay for alterations (modifications, variations, amendments)
подлежа́ть ~ю be subject to change (adjustment, variation)
предлага́ть ~ propose a modification
претерпева́ть ~я undergo changes
приводи́ть к ~ям bring about (lead to, result in) changes
рассма́тривать ~я consider modifications

сообща́ть *кому-л.* **об ~ях** advise *smb* of modifications
тре́бовать ~й require modifications
без ~я unaltered, without change, unchanged
до ~я pending modification

изменя́ть change, alter, modify; (*исправлять*) amend; (*пересматривать*) revise; (*улучшать*) improve

изменя́ющийся changing; changeable

измере́ни/е 1. measurement, measuring, sizing **2.** (*проверка результатов испытаний*) test[ing]
~ производи́тельности productivity measurement, capacity sizing
~ разме́ров measurement
~ техни́ческих характери́стик engineering measurement[s]
~я, то́чные accurate (precision) measurements
едини́ца ~я unit of measure[ment]
оши́бка ~я measuring error, error of measurement
производи́ть ~ make (do, take) measurements

измери́тельный measuring

измеря́ть measure, make (do, take) measurements

изна́шиваемость wearability, wearing property

изна́шивание *см.* **изно́с**

изно́с wear, wear and tear, wearout, deterioration; (*снашивание*) depreciation
~, есте́ственный natural wear
~, материа́льный physical depreciation
~, механи́ческий, в проце́ссе эксплуата́ции mechanical wear, depreciation due to usage
~, мора́льный (*оборудования*) obsolescence
~, норма́льный normal (fair) wear and tear
~ обору́дования wear [and tear] (wearing, deterioration) of equipment
~, физи́ческий wear and tear
~, эксплуатацио́нный service wear
но́рмы ~а wear rates
сте́пень ~а degree of wear and tear (depreciation)
проявля́ть при́знаки ~а show signs of wear
подве́рженный ~у subject to wear

изобрета́тел/ь inventor
~, пе́рвый first inventor
охра́на прав ~я protection of inventor (inventor's rights)
пове́ренный ~я agent for an inventor
пра́во ~я right of the author of an invention, inventor's right

изобрета́ть invent

изобрете́ни/е invention; (*открытие*) discovery
~, действи́тельное genuine invention
~, дополни́тельное additional invention
~, зави́симое dependent invention
~, запатенто́ванное patented invention
~, зарегистри́рованное registered invention
~, непатентоспосо́бное unpatentable invention
~, патентоспосо́бное patentable invention; patentable discovery
а́втор ~я author of an invention, inventor
а́вторское свиде́тельство на ~ inventor's certificate

а́вторство на ~ authorship to an invention, inventorship
вид ~я type of invention
демонстра́ция ~я display (demonstration) of an invention
зая́вка на ~ application (claim) for invention rights
злоупотребле́ние ~ем abuse of an invention
исключи́тельное пра́во на ~ exclusive right to an invention
испо́льзование ~я use (utilization) of an invention
Междунаро́дная классифика́ция ~й International Patent Classification
назва́ние ~я title (name) of an invention
объе́кт ~я subject of an invention
описа́ние ~я description (specification) of an invention
описа́ние ~я к а́вторскому свиде́тельству specification of the author's certificate
описа́ние ~я к пате́нту patent specification
охра́на ~я protection of an invention; protection of a discovery
оце́нка ~я evaluation of an invention
пате́нт на ~ patent for (on, of) an invention
патентова́ние ~я patenting of an invention
переда́ча (переусту́пка) ~я assignment (transfer) of invention [rights]
права́ на ~ rights to an invention, inventor's rights
предме́т ~я subject[-matter] of an invention
приорите́т ~я priority of an invention
прода́жа ~я sale (vending) of an invention
регистра́ция ~я record of an invention
реда́кция фо́рмулы ~я wording of a claim
рекла́ма ~я advertising of an invention
ры́нок ~й market of inventions
су́щность ~я essence of an invention
фо́рмула [предме́та] ~я [patent] claim, formula of an invention
эксперти́за на новизну́ ~я examination for novelty
эффекти́вность ~я efficiency of invention
внедря́ть ~ introduce (promote) an invention, reduce an invention to practice
выдава́ть а́вторское свиде́тельство на ~ grant an inventor's certificate
выдава́ть разреше́ние на испо́льзование ~я grant permission to use an invention
демонстри́ровать ~ exhibit (display, demonstrate) an invention
запатентова́ть ~ patent an invention
опи́сывать ~ describe an invention
оспа́ривать а́вторское свиде́тельство на ~ contest (dispute) an inventor's certificate
осуществля́ть ~ put an invention into effect
охраня́ть ~ protect an invention; protect a discovery
переуступа́ть ~ assign (transfer) an invention
признава́ть а́вторское свиде́тельство на ~ недействи́тельным invalidate an inventor's certificate
приня́ть описа́ние ~я accept a specification of an invention

разраба́тывать ~ develop invention
реклами́ровать ~ advertise an invention
изоли́рованный isolated; *тех.* insulated
изоли́ровать isolate; *тех.* insulate
изоля́ция isolation; *тех.* insulation
израсхо́довать *см.* **расхо́довать**
изуча́ть study; (*овладевать*) master, learn
изуче́ни/е study, research
~ возмо́жностей выполне́ния feasibility study
~, дальне́йшее further examination
~ зарубе́жного о́пыта study of foreign experience (know-how)
~ ме́тодов рекла́мы advertising research
~ на ме́сте on-the-spot study
~ ры́нка market research (investigation, exploration, analysis, survey, study)
~ спро́са market research, consumption forecast
~ спро́са, потреби́тельского consumer study
~ торго́вой конъюнкту́ры sales (market) research
аге́нтство по ~ю ры́нка market research agency
проводи́ть ~ *чего-л.* conduct a study on *smth*
изыма́ть withdraw
изыска́ни/е exploration, investigation, research
~ резе́рвов tracing (opening up) of reserves
проводи́ть ~я carry out investigations (research [work])
изъя́н flaw, defect
без ~а without a flaw, flawless
с ~ом with a flaw, defective
изъя́ти/е withdrawal; (*конфискация*) seizure, confiscation
~ депози́тов withdrawal of deposits
~ из ба́нка withdrawal from a bank
~ из обраще́ния (*банкнот*) withdrawal from circulation
~ контраба́нды seizure of contraband
~ средств exaction of resources; recovery of sums
уведомле́ние об ~и вкла́да notice of withdrawal of funds
иллюстра́ци/я illustration, picture
~, вмонти́рованная в текст cut-in illustration
в ка́честве ~и by way of illustration
иллюстри́рованный illustrated
именно́й nominal; *фин.* registered
и́мидж image
~ това́ра image of a product
и́мпорт 1. import, importation, import trade **2.** (*стоимость или количество ввозимых товаров*) imports
~, бы́стро расту́щий rapidly rising import
~, вре́менный temporary importation (import)
~, запрещённый prohibited import
~, значи́тельный heavy imports
~, ко́свенный indirect import
~ лице́нзий import of licenses
~ маши́н и обору́дования import (importation) of machinery and equipment
~, неви́димый invisible imports
~, недоста́точный underimporting
~, нерациона́льный irrational (unpractical) import

~, о́бщий total imports
~ продово́льственных това́ров import (importation) of foodstuffs
~ результа́тов тво́рческой де́ятельности import of the results of creative activities
~ сырья́ import (importation) of raw materials
~ това́ров import (importation) of goods
~ това́ров, не опла́ченных по́шлиной imports in bond
возмо́жность ~а possibility of importing (importation)
запре́т на ~ (запреще́ние ~а) import prohibition, prohibition of import, ban (embargo) on import[s]
креди́т для ~а import credit
нало́г на ~ import charge (surcharge, tax)
оборо́т ~а import turnover
объём ~а volume of imports, total imports, import volume
ограниче́ние ~а import restrictions, restrictions on imports, import squeeze (curtailment)
потре́бности в ~е import requirements (needs)
превыше́ние ~а над э́кспортом surplus of imports, import surplus, excess of imports over exports, import balance of trade
предме́т ~а import[ed] article (item), article of importation
програ́мма ~а import programme
расшире́ние ~а expansion of imports
сокраще́ние ~а decrease (reduction) in imports
статьи́ ~а imports, items (articles) of import
статьи́ ~а, основны́е major (principal) imports
сто́имость ~а value of imports, import value
структу́ра ~а structure of imports, import structure (composition)
увеличе́ние ~а increase in imports
увеличе́ние ~а, ре́зкое jump in imports
финанси́рование ~а financing for import (of imports), import financing
эмба́рго на ~ import embargo, embargo on import[s]
вводи́ть ограниче́ние ~а introduce (impose) restrictions on imports
занима́ться ~ом това́ров be engaged in the import of goods, handle import matters
запреща́ть ~ това́ров ban (prohibit) import of goods
прекраща́ть ~ stop imports
расширя́ть ~ expand imports
регули́ровать ~ regulate imports
сокраща́ть ~ reduce imports
финанси́ровать ~ finance import
~ сни́зился imports have fallen (declined)
~ соста́вил су́мму imports amounted to
~ увели́чился с ... до ... imports have increased (climbed) from ... to ...

импортёр importer
~ биржевы́х това́ров importer of stock exchange goods
~, исключи́тельный sole importer
~, непосре́дственный direct importer
~, основно́й major importer
~ продово́льственных това́ров importer of foodstuffs

~ **промы́шленных това́ров** importer of manufactured (industrial) products
~ **сырья́** importer of raw materials
импорти́ровать import
и́мпортный import *attr.*, imported
иму́щественный вклад property deposit
иму́ществ/о property, assets, estate
~, **аре́ндное** leased property
~, **вы́ставочное** exhibition property (items)
~, **госуда́рственное** state property
~, **дви́жимое** personal property (estate), movable property, movables
~, **зало́женное** pledged assets, mortgaged property
~, **ли́чное** personal property (assets, estate, wealth, possessions, belongings)
~, **недви́жимое** real estate, *сокр.* R. E., real property (assets), realty, immovable property, immovables
~, **обще́ственное** public property
~, **расхо́дуемое** wasting assets
~, **спи́санное** discarded property
аре́ст на ~ seizure of property; *юр.* attachment
взыска́ние на ~ claim to property
ги́бель ~**а** loss of property
досмо́тр ~**а** customs inspection of property
нало́г на ли́чное ~ personal property tax
переда́ча ~**а** transfer of property
поврежде́ние ~**а** damage to property
пра́во на ~ title, legal title of ownership, property right
прода́жа [зало́женного] ~**а** realization of [pledged] property
разде́л ~**а** division of property
владе́ть ~**ом** possess property
закла́дывать ~ mortgage property, bond a stock
оприхо́довать ~ register property
инвалю́тный currency *attr.*
инвентариза́ция inventory, stock-taking
инвента́рный inventory *attr.*
инвести́рование investment, investing
~, **при́быльное** profitable investment
инвести́рованный vested, invested
инвести́ровать invest
инвести́ци/и [capital] investment
~, **валовы́е** total investment
~, **вну́тренние** domestic investment
~, **долгосро́чные** long-term (long-range, permanent) investment
~, **зарубе́жные (загранѝчные)** foreign investment
~, **краткосро́чные** short-term (range) investment
~, **первокла́ссные** prime investment
~, **портфе́льные** portfolio investment
~, **прямы́е** direct investment
~, **прямы́е де́нежные** direct cash investment
~, **прямы́е зарубе́жные** direct foreign investment
~, **совме́стные** joint investments
~, **ча́стные** private investment

недоста́ток ~й underinvestment
привлече́ние иностра́нных ~й attraction of foreign investments
рост ~й growth of (increase in) investments
инвестицио́нный investment *attr.*
инве́стор (*вкладчик капитала*) investor
и́ндекс (*числовой показатель*) index, *мн. ч.* indices, indexes, index mark, index number, code, symbol
~, бу́квенный letter code
~ ку́рсов а́кций index of stocks (share price)
~ ку́рсов це́нных бума́г index of securities
~ объёма произво́дства production index
~, опознава́тельный identifying index
~ покупа́тельной спосо́бности purchasing power index
~, почто́вый postal index
~ произво́дства index of production
~, телегра́фный telegraph code
~ ры́нка market index
~ы, соотве́тствующие applicable indexes
~ сто́имости value index
~ усло́вий торго́вли terms of trade (trade terms) index
~ фо́ндовой би́ржи stock exchange index
~, фрахто́вый freight index
~ цен price index [number]
~ цен на това́ры ма́ссового потребле́ния consumer price index
~ цен, опто́вых wholesale price index
~ цен, потреби́тельских consumer price index
~ цен, ро́зничных retail price index
индекса́ция indexation
и́ндексный index *attr.*
инде́нт (*заказ на товар, посылаемый комиссионеру из-за границы*) indent
индивидуа́льный individual
индикати́вный indicative
индоссаме́нт (*передаточная надпись на обороте чека, векселя*) endorsement
~, безоборо́тный endorsement without recourse
~, бла́нковый blank (general) endorsement, endorsement in blank
~, ве́ксельный bill endorsement, endorsement of a bill [of exchange]
~, дру́жеский accommodation endorsement
~, именно́й special endorsement
~, инка́ссовый endorsement for collection
~, непо́лный incomplete endorsement
~, не содержа́щий определённого усло́вия unconditional endorsement
~, ограни́ченный limited (restrictive) endorsement
~, по́лный endorsement in full
~, после́дующий subsequent endorsement
~, препоручи́тельный endorsement
~, совме́стный joint endorsement
~, специа́льный qualified endorsement
~, усло́вный conditional endorsement
име́ть ~ bear an endorsement
переда́ть (*документ*) **по ~у** transfer by endorsement

поста́вить ~ place an endorsement
соверша́ть ~ endorse
с бла́нковым ~ом endorsed in blank
индосса́нт (*лицо, сделавшее передаточную надпись*) endorser, transferor
~ по ве́кселю backer
~, после́дующий subsequent endorser
обраще́ние к ~у recourse to the endorser
индосса́т[ор] (*лицо, в пользу которого сделана передаточная надпись*) endorsee
индосси́ровать (*делать передаточную надпись*) endorse
индустриа́льный industrial
инду́стрия industry
~ тури́зма travel industry
~, тяжёлая heavy industry
~ рекла́мы advertising industry
инжене́р engineer
~, гла́вный chief engineer
~ заво́да plant (factory) engineer
~, компете́нтный competent engineer
~ по обслу́живанию service engineer
~ по шефмонтажу́ engineer-supervisor
~ прое́кта, веду́щий leading engineer of the project
~ прое́кта, гла́вный project manager
гру́ппа ~ов team of engineers
инжене́р-испыта́тель test[ing]-engineer
инжене́р-констру́ктор design engineer
инжене́р-консульта́нт consulting engineer
инжене́р-меха́ник mechanical (machine) engineer
инжене́рно - консультати́вный consulting engineering *attr.*
инжене́рно-строи́тельный construction engineering *attr.*
инжене́рный engineering *attr.*
инжене́р-строи́тель civil engineer, construction (erecting) engineer
инжене́р-техно́лог industrial (production, processing) engineer
инжене́р - эксплуатацио́нник maintenance (field) engineer
инжини́ринг engineering
~, догово́рный contracting engineering
~, ко́мплексный general engineering
~, консультати́вный consultative (consulting) engineering
догово́р на ~ agreement on engineering
оказа́ние услу́г ти́па ~а engineering services
прода́жа услу́г ~а sale of engineering services
ока́зывать услу́ги ти́па ~а render services in the form of engineering (engineering services)
инициати́в/а initiative
выступа́ть с ~ой advance (put forward) an initiative
поддержа́ть ~у support (back) the initiative
подхвати́ть ~у take up the initiative
проявля́ть ~у initiate, take (show, display) initiative
по *чьей-л.* **~е** on *smb's* initiative
инициати́вный initiative *attr.*
инициа́тор initiator, originator, initiating party
инкасса́тор collector
инкасса́ци/я (*получение денег по документам*) collection,

encashment; (*о долгах*) recovery
~ **вéкселя** collection of a bill
~ **докумéнтов, коммéрческих** collection of commercial papers
~ **долгóв** collection of debts
~ **платежéй** collection of payments
~ **счёта** collection of a bill; collection of an invoice
~ **чéка по номинáлу** par collection of a cheque
оперáция по ~и operation of collection
перúод ~и collection period
прáвила ~и collection procedure; terms of collection
расхóды по ~и collection (collecting, recovery, encashment) charges (expenses)

инкассúрование *см.* **инкассáция**

инкассúровать collect, encash; (*долги*) recover

инкáссо collection, collection of payments, encashment
~, **документáрное** documented collection
~ **коммéрческих докумéнтов** collection of commercial papers
~ **по заграничным оперáциям** foreign collection
~, **простóе** clean remittance
~ **прóтив докумéнтов** collection of documents
~ **с немéдленной оплáтой** collection with immediate payment
~ **с послéдующим акцéптом** collection with subsequent acceptance
~ **с предварúтельным акцéптом** collection with prior acceptance
~, **телегрáфное** collection against bank cable notification
~ **товáрных докумéнтов** collection of shipping documents
~ **трáтты** draft collection, collection of a draft (bill [of exchange])
~ **чéрез посыльного** collection by messenger
вексел́я на ~ bills for collection
вознаграждéние за ~ collection charge
докумéнты на ~ documents for collection
извещéние об ~ advice of collection, collection advice
комúссия за ~ collection charges, commission for collecting (cashing), collecting commission
нóмер ~ number of collection
оплáта ~ payment of [a] collection
платёж в фóрме ~ payment on the collection basis, collection payment, payment for collection
получéние докумéнтов на ~ receipt of documents for collection
получéние платежá по ~ receipt of payment of clean remittance
поручéние на ~ order for collection, collection order, letter of collection (encashment), collection (encashment) letter
прáвила по ~ коммéрческих докумéнтов rules for the collection of commercial papers
расхóды по ~ collection (collecting, encashment, recovery) charges (expenses), expenses of collection
расчёт в фóрме ~ payment for collection, payment on the collection basis
сбор за ~ collection charge
сýмма ~ amount (sum) of collection

усло́вия ~ collection terms, terms of collection
выдава́ть ~ плате́льщику release a clean remittance to the drawee
плати́ть на ~ pay for collection
направля́ть ~ ба́нку direct commercial papers (bills) to a bank, remit bills for collecting
опротестова́ть комме́рческое инка́ссо в неакце́пте protest the commercial papers for non-acceptance, have the commercial papers protested for non-acceptance
опротестова́ть комме́рческое ~ в неплатеже́ protest the commercial papers for non-payment, have the commercial papers protested for non-payment
посыла́ть комме́рческое ~ про́тив платежа́ *или* **акце́пта** deliver commercial papers against payment *or* acceptance
посыла́ть докуме́нты на ~ send (forward) documents for collection
представля́ть комме́рческое ~ present commercial papers
предъявля́ть ~ к платежу́ present the collection for payment
принима́ть докуме́нты на ~ undertake the collection of documents, accept (receive) documents for collection
проверя́ть комме́рческое ~ examine commercial papers
на ~ for collection

инка́ссовый collection *attr.*
иностра́нный foreign, overseas
инспекти́ровани/е inspection
~ в проце́ссе изготовле́ния това́ра inspection during manufacture of goods, in-process inspection
~ на ме́сте on-site inspection
~, о́бщее overall inspection
~ по оконча́нии изготовле́ния това́ра inspection of the goods at the conclusion of manufacture
вре́мя ~я time of inspection
програ́мма о́бщего ~я overall inspection programme
сре́дства для ~я facilities for inspection
оговори́ть пра́во на ~ reserve the right for inspection
осуществля́ть ~ carry out (conduct, make) inspection, inspect

инспекти́ровать inspect, conduct inspection
инспе́ктор inspector; surveyor
~, гла́вный chief inspector
~, нало́говый tax collector; tax inspector
~, порто́вый surveyor of the port
~, страхово́й insurance surveyor, inspector of an insurance company
~, тамо́женный customs inspector, surveyor of customs
назнача́ть ~а appoint (designate) an inspection representative
направля́ть ~а send an inspector

инспе́кци/я (*осмотр*) inspection
~ материа́лов material inspection
~ на заво́де-изготови́теле inspection at the manufacturing works
~ на строи́тельной площа́дке (на ме́сте) inspection on the site, on-site inspection
~ оборудова́ния equipment inspection

~ **по ка́честву** quality inspection
отка́зываться от ~и waive inspection
проводи́ть ~ю inspect, perform inspection
по проведе́нии ~и upon inspection
гото́вый к ~и ready for inspection

институ́т institute, institution
~, **креди́тный** credit institution
~, **нау́чно-иссле́довательский** [scientific] researsh institute
~, **юриди́ческий** law school (institute)

инструкта́ж instruction, briefing

инструкти́вный instructive

инстру́кци/я *обычно мн. ч.* instruction[s], directions; (*руководство*) manual; regulations
~ **ба́нку** instruction to a bank
~ **ба́нку о приостано́вке платежа́** (*по чеку, векселю*) stop[-payment] order
~**и, безотзы́вные** irrevocable instructions
~**и, ве́домственные** departmental regulations (instructions)
~**и, де́йствующие** standing instructions
~, **должностна́я** duty regulations
~, **заводска́я** manufacturer's instructions
~**и, министе́рские** ministerial regulations
~**и, надлежа́щие** proper instructions
~**и, непо́лные** incomplete instructions
~**и, нето́чные** unclear instructions
~**и об акце́пте** instructions (provisions) for acceptance
~**и, оконча́тельные** final instructions
~**и о негоциа́ции** provisions for negotiation
~**и о платеже́** instructions (provisions) for payment
~, **оши́бочная** faulty (incorrect) instruction
~**и, пи́сьменные** written instructions (briefs)
~**и по аккредити́ву** credit instructions
~**и по ба́нковскому перево́ду** seller's (buyer's) banking instructions
~**и, погру́зочные** shipping (forwarding) instructions
~**и по изготовле́нию** manufacturing instructions
~**и, подро́бные** detailed (explicit) instructions
~**и, по́лные** complete instructions
~**и по монтажу́** erection (assembly, installation) instructions, instructions on (for) erection (assembly, installation), erection manual
~**и по нала́дке** setting[-up] instructions
~**и по обраще́нию с това́ром** handling instructions
~**и по обслу́живанию** operation and maintenance instructions, instruction manual
~**и по отпра́вке гру́за** shipping (forwarding) instructions
~**и по поста́вке** delivery instructions
~**и по приёмке** acceptance instructions
~**и по примене́нию** instructions for use, manual
~**и по пу́ску** start-up instructions
~**и по ремо́нту** repair manual, instructions for repairs; overhaul manual

~и по сбо́рке instructions for assembly (erection), assembly (erection) instructions
~и, постоя́нные standing instructions (orders)
~и по те́хнике безопа́сности safety rules (regulations, instructions)
~и по техни́ческому ухо́ду maintenance manual
~и по укла́дке гру́за на су́дне stowage instructions
~и по упако́вке packing instructions, instructions regarding packing
~и по устано́вке installation directions
~и по ухо́ду и ремо́нту maintenance instructions (manual)
~и по ухо́ду и эксплуата́ции operation and maintenance instructions, instructions for operation and maintenance
~и по эксплуата́ции operation (operating) instructions, performance manual, instruction manual
~и, путевы́е routing instructions
~и, рабо́чие working instructions
~и, сло́жные complicated instructions
~и, тамо́женные customs regulations, customs clearance instructions
~и, твёрдые firm instructions
~и, техни́ческие technical instructions
~и, то́чные precise (specific) instructions
~и, упако́вочные packing instructions
~и, у́стные oral instructions
игнори́рование ~й disregard of instructions
несоблюде́ние ~й non-observance of instructions, non-compliance with regulations
соблюде́ние ~й observance of instructions, compliance with regulations
выполня́ть ~и execute (carry out) instructions, fulfil provisions
дава́ть ~и give (provide) instructions
де́йствовать в наруше́ние ~й act contrary to instructions, contravene instructions
де́йствовать согла́сно ~ям act on instructions
игнори́ровать ~и disregard instructions
наруша́ть ~и violate (depart from) instructions
передава́ть ~и transfer instructions
пересма́тривать ~и reconsider (revise) instructions
подтвержда́ть ~и confirm instructions
получа́ть ~и receive instructions
представля́ть ~и present (submit) instructions
пренебрега́ть ~ями disregard instructions
соблюда́ть ~и follow (observe, obey, comply with) instructions
в соотве́тствии с ~ями in conformity with instructions, according to instructions, in accordance with (as per) instructions
согла́сно ~ям as prescribed (directed) by instructions

инструме́нт tool, instrument
~, авари́йный damage control instrument
~ для ремо́нта maintenance tools

~, **контро́льно-измери́тельный (мери́тельный)** control and measuring instrument
~**ы, монта́жные** installation (erection, erecting) tools
компле́кт ~ов tool kit, set of tools; (*для ремонта*) repair kit
пе́речень необходи́мых ~ов list of necessary tools
поста́вка ~ов shipment of tools
су́мка для ~а tool bag, instrument case
обеспе́чить необходи́мым ~ом provide with necessary tools

интегра́ци/я integration
~, **агропромы́шленная** agro-industrial integration
~, **капиталисти́ческая** capitalist integration
~, **«кругова́я»** circular integration
~, **прогресси́рующая** progressive integration
~, **региона́льная** regional integration
~, **экономи́ческая** economic[al] integration
осуществля́ть ~ю effect integration

интенси́вност/ь intensity
~ **рабо́ты** intensity (high rate) of work
~ **труда́** labour (work) intensity
оце́нка ~и труда́ pace (performance) rating

интенси́вный intensive

интерва́л interval, space
~, **временно́й** time span
~ **ме́жду пополне́ниями запа́сов** replenishment (resupply) interval
~ **ме́жду после́довательными зака́зами** order interval
~ **ме́жду прове́рками** inspection interval

интерве́нция (*валютная*) intervention
~, **ба́нковская** banking support
~, **валю́тная** currency intervention
~ **с испо́льзованием не́скольких валю́т** multicurrency intervention
~, **экономи́ческая** economic intervention

интервью́ interview
~ **корреспонде́нтам пре́ссы** press interview
взять ~ obtain an interview
дава́ть ~ give (grant) an interview
организо́вывать ~ arrange an interview

интервьюи́ровать interview

интере́с interest; (*потребности*) interests
~**ы, взаи́мные** mutual interests
~, **гла́вный** primary interest
~, **глубо́кий** deep interest
~**ы, госуда́рственные** state interests, interests of the state
~**ы, жи́зненные** fundamental (vital, basic) interests
~, **застрахо́ванный** insured interest
~, **значи́тельный** considerable interest
~**ы, иму́щественные** property interests
~, **инвестицио́нный** investment interest
~**ы, общегосуда́рственные** national interests, interests of the state
~, **обще́ственный** public interest
~**ы, о́бщие** common (mutual) interests

~, **основно́й** main (major) interest
~, **осо́бый** particular (specific) interest
~, **повы́шенный** keen interest
~, **постоя́нный** continued interest
~, **потенциа́льный** potential interest
~**ы принципа́ла** principal's interests
~, **прямо́й** direct interest
~**ы страны́** national interest[s]
~, **страху́емый (страхово́й)** insurable interest; (*при страховании жизни*) assurable interest
~**ы, торго́вые** trading (commercial) interests
~**ы, экономи́ческие** economic interests
~, **я́вный** apparent interest
возмо́жная сфе́ра ~ов possible area of interests
вопро́сы, представля́ющие взаи́мный ~ matters of common (mutual) interest
охра́на зако́нных ~ов protection of lawful interests
охра́на ~ов потреби́телей consumer protection
столкнове́ние ~ов clash of interests
вреди́ть ~ам damage (prejudice) the interests
вызыва́ть ~ arouse interest
выража́ть ~ express interest
де́йствовать в *чьих-л.* **~ах** act in smb's interests
затра́гивать ~ы affect the interests
защища́ть ~ы protect (safeguard) the interests
испо́льзовать ~ exploit interest
представля́ть ~ be of interest
представля́ть ~ы represent the interests
противоре́чить ~ам run counter to the interests
проявля́ть ~ take (develop) interest; display (show) interest
соблюда́ть ~ы observe the interests
учи́тывать ~ы take into account the interests
в ~ах обе́их сторо́н in the interests of both parties
в ва́ших ~ах in your interests, to the best of your interests
в на́ших о́бщих ~ах in our mutual interests
в о́бщих ~ах in common interest
с [огро́мным] ~ом with [the keenest] interest

интересова́ться be interested in, have (take) an interest in

интернациона́льный international

инфляцио́нный inflationary

инфля́ци/я inflation
~, **скры́тая** hidden inflation
~, **стреми́тельная** runaway (galloping, uncontrollable, uncontrolled) inflation
~, **усто́йчивая** persistent (steady) inflation
влия́ние ~и inflationary pressure
волна́ ~и surge (wave) of inflation
ослабле́ние ~и easing of inflation
разме́ры ~и magnitude of inflation
темп ~и rate of inflation, inflation rate
заме́длить (затормози́ть) ~ю slow [down] inflation
ограни́чивать ~ю restrain inflation

предотвращáть ~ю avert inflation
приостановить ~ю halt inflation
информатúвный informative, informational
информáтика science of information, information science
информáци/я information, data
~, **благоприятная** favourable information
~, **вáжная** important (significant, critical) information
~, **взаимная** mutual (reciprocal) information
~, **визуáльная** visual information
~, **дальнéйшая** further information
~, **деловáя** business information
~, **детáльная** detailed (comprehensive) information
~, **дополнúтельная** additional (supplementary) information (data)
~, **достáточная** sufficient (adequate) information
~, **достовéрная** adequate information
~, **жизненно вáжная** vital information
~, **запоздáвшая** delayed information
~, **запрáшиваемая** requested (required) information
~, **засекрéченная** classified information, strictly confidential information
~, **имéющая отношéние к** information pertaining to
~, **исхóдная** source (background) information
~, **исчéрпывающая** exhaustive (complete, full, comprehensive) information
~, **коммéрческая** commercial information
~, **конфиденциáльная** confidential information
~, **малодостовéрная** not-well-founded information
~, **малоцéнная** information of little value
~, **надёжная** reliable (solid) information
~, **накóпленная** collected information
~, **наýчно-технúческая** scientific and technical information (data)
~, **недостáточная** insufficient information
~, **недостовéрная** inadequate information
~, **ненадёжная** unreliable information
~, **непóлная** incomplete information
~, **нетóчная** inadequate information
~ **о** *чём-л.* information on *smth*
~, **óбщая** general information
~ **о калькуляции цен** pricing information
~ **о кредитоспосóбности** credit information
~ **о нóу-хáу** know-how information
~ **о промышленных образцáх** design information
~ **о состоянии конъюнктýры рынка** report on market conditions (situation)
~ **о состоянии рынка** market information
~ **о товáре** product information, information on product
~ **о товáрных знáках** trademark information
~ **о хóде выполнéния контрáкта** information about contract fulfilment, information about the progress (fulfilment) of a contract

~, **патéнтная** patent information
~, **печáтная** printed information
~, **подрóбная** detailed (comprehensive) information
~, **полéзная** useful (helpful) information
~, **пóлная** full (complete, exact, perfect) information, full particulars
~, **получáемая из первоистóчника** first-hand information
~, **полýченная** received (obtained, acquired) information
~ **по постáвке** delivery information
~, **поставля́емая** supplied data
~ **по существý вопрóса** pertinent (relevant) data (information)
~, **практи́ческая** practical information
~, **предвари́тельная** preliminary information
~, **секрéтная** secret (confidential, classified) information
~, **соотвéтствующая** appropriate information
~, **субъекти́вная** subjective information
~, **текýщая** current data
~, **техни́ческая** technical (engineering) data (information)
~, **техни́ческая, уточня́ющая** technical back-up information
~, **технологи́ческая** technological data (information)
~, **тóчная** exact (precise, accurate) data (information)
~, **трéбуемая** required information
~, **факти́ческая** factual information
~, **упрощённая** simplified information
~, **учётно-бухгáлтерская** accounting information
~, **цéнная** valuable information
~, **экономи́ческая** economic information
~, **юриди́ческая** legal information
изложéние ~**и** summary of data
истóчник ~**и** source of information
коли́чество ~**и** amount of information
обмéн ~**ей** exchange (interchange, sharing) of information
обмéн наýчно-техни́ческой ~**ей** exchange of scientific and technical data (information)
обрабóтка ~**и** data processing, processing of information
объём ~**и** volume of information
отдéл ~**и** information section
отсýтствие ~**и** lack (unavailability) of information, null information
передáча ~**и** transfer of information (data), information (data) transfer
потреби́тель ~**и** information user
предоставлéние ~**и** delivery of data (information)
представлéние ~**и** presentation of information
разглашéние ~**и** disclosure of information
систéма ~**и** system of information
срéдства ~**и** means of information
срéдства мáссовой ~**и** mass (news) media
старéние ~**и** deterioration

(ageing) of information (data), data deterioration
утёчка ~и leakage of information, information leakage
ясность ~и clarity of information
запрашивать ~ю ask (request) information
искать ~ю seek information
обеспечивать ~ей provide information
обмениваться ~ей exchange (share) information
обобщать ~ю sum up information
обрабатывать ~ю process information
обсуждать ~ю discuss information
оценивать ~ю assess (evaluate, estimate) information
передавать ~ю pass (give, transfer, transmit, furnish, supply) information, make information available
пересылать ~ю send (forward) information
подготавливать техническую ~ю prepare technical information
получать ~ю receive (obtain, acquire, get) information
предоставлять ~ю provide (deliver, furnish, supply) information
предотвращать разглашение ~и prevent disclosure of information
проанализировать полученную ~ю analyse the received information
разглашать ~ю disclose information
распространять ~ю spread (disseminate) information
снабжать ~ей provide with information
собирать ~ю compile (collect) information
содержать ~ю contain information
в порядке ~и as a matter of information

информировать inform, keep informed, put into the situation (picture)

инфраструктура infrastructure
~, производственная production infrastructure
~, развитая well-developed infrastructure

ипотек/а (*залог; закладная*) mortgage

ипотечн/ый hypothecary, mortgage *attr.*

иск 1. *юр.* (*исковое требование*) action, suit, claim **2.** (*судебный процесс*) suit **3.** (*претензия, рекламация*) claim
~, вещный action in rem, real action
~, встречный counter-claim (action), claim in return
~, гражданский civil (civic) action (suit)
~ за причинённый ущерб claim for damage (lossess)
~ из договора action in contract
~, имущественный claim of ownership
~ об аннулировании revocation suit
~ об убытках, причинённых несдачей товара action for non-delivery of goods
~ об уплате мёртвого фрахта claim demanding a dead freight
~ о возмещении недопоставленного груза claim concerning compensation for a cargo shortage
~ о возмещении убытков action (claim) for damages

~ о нарушéнии (*права*) action (claim) for infringement, infringement action, default claim
~ о нарушéнии патéнта suit for infringement of a patent, patent infringement suit
~ о ненадлежáщем исполнéнии default claim
~ о пересмóтре решéния судá bill of review
~ о признáнии прав action for declaration of rights
~ о признáнии недействи́тельным action for nullity (annulment, invalidation), nullity action (suit)
~, основнóй original suit
~, патéнтный patent action
~, первоначáльный principal claim
~ по вéкселю action on (arising out of) a bill
~, регрéссный recourse action, action over
~, совмéстный joint action
~, судéбный action at law, legal action, lawsuit
дáта предъявлéния ~а 1. date of bringing an action **2.** date of a claim
должни́к по ~у claim debtor
зачёт встрéчных ~ов offsetting of counter-claims
обеспéчение ~а security for a claim
обосновáние ~а justification of an action (a claim)
оснoвáние для предъявлéния ~а cause (ground) for an action, reasons for a claim
ответственность по ~у amenability in respect of a suit
ответчик по ~у defendant in a law suit (case), respondent
откáз в ~е dismissal (nonsuit) of a claim (an action)
отклонéние ~а dismissal (rejection) of a claim
прáво предъявля́ть ~ right of action (suit)
предмéт ~а subject of a case
предъявлéние ~а 1. bringing of a suit (an action) **2.** lodging (filing) of a claim
расхóды по ~у expenses connected with a suit
стóимость ~а cost of a suit
сýмма ~а amount of a claim, amount claimed, claim amount
существó ~а substance of a claim (an action)
уведомлéние об ~е statement (notice) of claim
удовлетворéние ~а 1. pronouncing judgement for (in favour of) the plaintiff **2.** satisfaction (settlement) of a claim
фóрма ~а form of action
фóрма обеспéчения ~а form of security for a claim
цель ~а object of action
возбуждáть ~ bring (prosecute, make) a claim; claim
возбуждáть ~ о взыскáнии сýммы take legal steps to recover an amount
возбуждáть ~ об убы́тках sue for damages
возбуждáть ~ прóтив *кого-л.* bring (institute, enter, lay, put) a suit (an action) on (against) *smb*, sue *smb*, claim on (against) *smb*
заяви́ть встрéчный ~ file a counter-claim
защищáть от ~ов defend from claims
обоснóвывать ~ justify a claim (an action)
оспáривать ~ contest (dispute) a claim, defend a case

определя́ть су́мму ~а determine the amount of a claim
отзыва́ть ~ из Арбитра́жа revoke (withdraw) a claim from arbitration; withdraw a suit from the Arbitration tribunal
отказа́ть в ~е dismiss a claim (an action), disallow a claim
отка́зываться от ~а 1. disclaim (withdraw) an action **2.** waive (abandon, withdraw, give up) a claim
отклоня́ть ~ 1. dismiss an action (a case) **2.** dismiss (reject, decline) a claim
подава́ть ~ file an action
предъявля́ть ~ 1. bring (file, enter, lay, put) an action (a suit) against **2.** institute a suit against, sue **3.** make (file, lodge, put in, send, raise) a claim on (against), claim on (against)
предъявля́ть ~ о взыска́нии до́лга sue for a debt
предъявля́ть ~ о взыска́нии штра́фа sue for a penalty
предъявля́ть встре́чный ~ make a counter-claim
признава́ть ~ admit (acknowledge, allow) a claim; plead no defence
рассма́тривать ~ 1. consider a suit **2.** consider a claim
удовлетворя́ть ~ 1. pronounce judgement for (in favour of) the plaintiff **2.** satisfy (meet) a claim

исключа́ть exclude, eliminate
исключе́ни/е exception, exclusion, elimination
~, вре́менное temporary exception
~ из классифика́ции exception to classification
~ из пра́ктики exclusion from practice
огово́рка об ~и и конкуре́нции competitive (competition) clause
огово́рка (*в чартере*) **об ~ях** exception clause
предусма́тривать ~я stipulate exceptions
без ~я without exception
в ви́де ~я as an exception, by way of exception
за ~ем except, with the exception of

исключи́тельност/ь exclusiveness
~ пра́ва exclusiveness of a right
наруше́ние ~и violation of exclusiveness

исключи́тельный exclusive, sole, exceptional

иску́сственный artificial

иску́сств/о art
предме́ты (произведе́ния) ~а works of art

испа́чканный soiled, stained

испа́чкать soil, dirty, stain

исполне́ни/е 1. execution, fulfilment; (*долга, обязанностей*) discharge, performance **2.** (*соблюдение*) observance
~, бло́чно-компле́ктное block-sets
~ бюдже́та budget implementation (performance), administration of a budget; financial results for the year
~ в нату́ре (*о договоре*) specific performance
~ догово́ра 1. fulfilment (execution, implementation) of an agreement **2.** observance of an agreement
~, досро́чное early (prior) fulfilment (execution), execution ahead of time
~ зака́за execution (fulfilment) of an order

~ контра́кта performance (fulfilment, execution, implementation) of a contract

~, небре́жное defective (negligent) execution

~, ненадлежа́щее improper execution

~ обя́занностей observance of obligations; execution of obligations

~ обяза́тельства discharge (execution, fulfilment) of an obligation

~ перево́да (*денежного*) remittance

~ пла́на execution (fulfilment, implementation, realization, accomplishment) of a plan (programme)

~ платеже́й effecting payments

~, по́лное complete performance

~ прика́за execution of an order

~ прое́кта execution (implementation) of a project, project execution (implementation)

~ реше́ния execution of a decision; (*арбитражного*) execution of an award

~, то́чное correct (exact, precise) execution

~, тропи́ческое tropical execution (version)

~, э́кспортное export version (modification)

невозмо́жность ~я impossibility of performance

отве́тственность за ~ responsibility for execution (fulfilment)

отчёт об ~и сме́ты performance (budgetary control) report

приведе́ние в ~ enforcement

прове́рка ~я control of execution

срок ~я догово́ра term (time) of [the performance (fulfilment)] of a contract

находи́ться при ~и обя́занностей be on duty (in the execution of *one's* duties)

приводи́ть в ~ carry out, carry into effect, implement, execute, enforce

во вре́мя ~я контра́кта at the time of the execution of a contract

в оконча́тельное ~ контра́кта in final execution of a contract

в специа́льном морозосто́йком ~и in special non-freezing (coldresistant) execution

к ~ю for execution

исполни́тель executive, executor

~, непосре́дственный actual performer

~, суде́бный law enforcement officer, officer of justice

исполни́тельный executive

испо́льзовани/е use, utilization, usage, employment

~ аккредити́ва utilization of a L/C

~, безлицензио́нное unlicensed use

~ валю́тных средств use of currency

~, вну́треннее internal use

~, возмо́жное possible use

~, вре́менное temporary use

~ за́йма utilization of a loan

~, значи́тельное considerable use

~ изобрете́ния use (utilization) of an invention

~, комме́рческое commercial use

~ креди́та use (utilization) of credit

~ **лице́нзии** use (exploitation) of a license
~, **максима́льное** maximum use
~ **материа́льных ресу́рсов** use of material resources
~ **маши́н** usage of machines
~, **ме́стное** local usage
~, **минима́льное** minimum use
~, **многокра́тное** repeated use
~, **непра́вильное** misuse
~, **нерациона́льное** irrational use (utilization)
~ **обору́дования** utilization of equipment
~, **обы́чное** ordinary use
~ **о́пыта** [making] use (utilization) of experience
~ **отхо́дов** waste (refuse, scrap) utilization
~ **пате́нта** use (employment, working) of a patent
~ **пате́нтной лице́нзии** use of a patent license
~, **повто́рное** re-usability
~, **пра́вильное** proper usage (use)
~ **произво́дственных мо́щностей** utilization of production capacities
~, **промы́шленное** industrial use
~ **рабо́чей си́лы** employment of labour
~, **рациона́льное** rational use (utilization)
~ **резе́рвов** utilization of (draft on) reserves, employment of resources
~ **специали́стов** use of specialists
~ **су́дна** utilization of a vessel
~ **трудовы́х ресу́рсов** use of manpower (labour) resources
~ **фина́нсовых ресу́рсов** use of financial resources
~, **хозя́йственное** practical use
~, **целево́е** stipulated (intended) use
~, **эконо́мное** economical (thrifty) use
~, **эффекти́вное** efficient (effective) use (utilization)
вре́мя ~я usage time
доведе́ние до промы́шленного ~я introduction into industry
коэффицие́нт ~я произво́дственных мо́щностей capacity (operation) ratio, operating rate
гаранти́ровать для ~я warrant for use
разреша́ть ~ authorize the use
неприго́дный для ~я unfit for use
при норма́льном ~и under normal use
при пра́вильном ~и under proper use

испо́льзовать use, make use of, utilize
~ **в по́лной ме́ре** make a full use
~ **по́лностью** utilize fully
~ **по-хозя́йски** utilize rationally
~ **эффекти́вно** make effective use of

исправле́ни/е correction, rectification, amendment, adjustment; elimination
~ **дефе́кта** elimination of a defect
~, **минима́льное** minimum correction
~, **незначи́тельное** minor adjustment
~ **оши́бки** correction of an error
~, **соотве́тствующее** appropriate adjustment
~, **сро́чное** prompt correction
~ **счёта** adjustment of an account
~ **те́кста** alteration of a text

ме́ры по ~ю corrective measures
рабо́та по ~ю дефе́ктов remedial work
регистра́ция ~й filing of amendments
вноси́ть ~ amend, enter (insert, introduce) an amendment into, make an amendment (adjustment) in (to), correct, apply a correction to, remove a mistake (an error) from

исправля́ть correct, remedy, put right, rectify, amend, adjust; eliminate

испра́вный (*о приборах*) sound, serviceable

испыта́ни/е test, trial
~я, аттестацио́нные certification tests
~ в рабо́чих усло́виях performance test
~, всесторо́ннее comprehensive (full) test
~, вы́борочное sample (random) test
~, гаранти́йное guarantee (warranty) test
~я, госуда́рственные state testing, government tests
~, заводско́е factory (production, shop) test (trial), test at the manufacturing (manufacturer's) works
~ изде́лия testing of a product, product testing
~я, исче́рпывающие exhaustive trials
~я, ко́мплексные comprehensive (overall) tests
~, контро́льное routine test; (*проверочное*) check (proof, proving) test (trial), test trial
~, лаборато́рное laboratory test
~ материа́лов material[s] tests (testing)
~, механи́ческое mechanical testing
~я, многокра́тные repeated tests
~ на ме́сте устано́вки [on] site test[ing]
~ на надёжность reliability test
~, неуда́чное unsuccessful test
~ обка́ткой running test
~ обору́дования equipment test
~я образцо́в trial of samples
~я, обши́рные extensive test[ing]s
~я, одновреме́нные simultaneous tests
~, оконча́тельное final test
~ о́пытного образца́ pilot unit test, preproduction (prototype) test
~я, основны́е main tests
~, отде́льное separate test
~, официа́льное official (formal) test
~я, пла́новые planned tests
~, повто́рное repeat[ed] (repetition, doubling, duplicate) test (trial)
~ под нагру́зкой load test
~я по контро́лю ка́чества quality control testing
~, полево́е field test (trial)
~я, по́лные full depth tests
~, после́дующее subsequent test
~, предвари́тельное preliminary test (trial)
~, предпусково́е preoperational test
~, предыду́щее previous test
~я, приёмочные acceptance (inspection) tests (trials), taking-over tests
~я, приёмо-сда́точные approval tests
~я, про́бные (прове́рочные)

check (proof, proving) tests (trials), test trials
~, произво́дственное production testing (trial), operating test
~я, промы́шленные commercial (production) tests
~я, пусковы́е commissioning trials (tests)
~я, рабо́чие running tests
~, станда́ртное routine (standard) test
~, теку́щее routine test
~я, техни́ческие engineering (technical) tests
~я, удовлетвори́тельные satisfactory tests
~я, успе́шные successful tests
~я, ходовы́е speed trial; (*авто*) road test; (*о судне*) trial trip, sea trial
~я, эксплуатацио́нные performance (running, maintenance, service) tests, field trials
акт ~й works' (mill's) test report (certificate), [inspection] test protocol
акт ~я, гаранти́йного guarantee test report
вре́мя ~й test time, time of tests
гото́вность обору́дования к ~ям readiness of equipment for tests
да́нные ~й test data (results)
ме́тоды проведе́ния ~й test[s] methods
обору́дование для ~й test equipment (facilities), facilities for tests
оконча́ние ~й completion of tests
проведе́ние ~й carrying out (running, performance) of tests, test performance
програ́мма ~й test[ing] programme
продолжи́тельность ~й duration of tests
протоко́л ~й test report (protocol, record), report on a test
результа́ты ~й results of a test, test results, inspection results (findings)
свиде́тельство об ~и test certificate
сертифика́т ~й test certificate
срок ~й time of tests, dates (period) of testing
ста́дия проведе́ния ~я phase of a test
усло́вия ~й test conditions
уча́стие в ~ях participation in tests (test performance)
ход проведе́ния ~я progress of a test
выдава́ть акт ~й issue a test report (certificate)
выде́рживать ~ pass (stand, withstand, satisfy) a test
заверша́ть ~я complete tests (trials)
заде́рживать ~я delay tests
закупа́ть для ~й buy for trials
извеща́ть о проведе́нии ~й notify of tests
наблюда́ть за проведе́нием ~я witness a test
назнача́ть вре́мя ~й appoint the time of tests
начина́ть ~я commence (begin, start) tests
не вы́держать ~я fail a test
организо́вывать ~я arrange tests; sponsor tests
отка́зываться от ~й waive tests
переноси́ть ~я put off tests
плани́ровать ~я plan tests

подвергáть ~ю put on trial ([on]to a test), submit for trial, subject to (apply) a test, test, try out, give a trial
подвергáться ~ю be subjected to a test, be under test
присýтствовать на ~ях be present at the tests
проводи́ть ~я test, make (perform, carry out, effect, operate, conduct, run) tests, carry out (do) trials
проводи́ть ~я по согласóванной прогрáмме carry out tests in accordance with an agreed schedule
пройти́ ~ pass a test
пройти́ ~я в лаборатóрных услóвиях be laboratory proved
пройти́ ~я успéшно pass tests successfully (to satisfaction)
проходи́ть ~ undergo a test
руководи́ть ~ями supervise tests
согласовáть прогрáмму ~й agree upon the programme of tests
согласóвывать прогрáмму ~й discuss (consider) the programme of tests
составля́ть протокóл ~й draw up (issue) a test protocol, make a test report
для ~й for testing purposes
на оснóве ~я on a test basis

исслéдовани/е 1. research 2. (*изучение*) investigation, study 3. (*анализ*) examination
~ в óбласти мáркетинга marketing research
~, всесторóннее thorough examination
~, втори́чное secondary research
~я, дальнéйшие further research
~ канáлов сбы́та merchandising research
~ кáчества (*изделий*) quality research
~ конъюнктýры ры́нка research (analysis, study) of the market, market research (analysis, study)
~, лаборатóрное laboratory research
~, мáркетинговое marketing research
~, наýчное scientific research
~ мéтодов research of methods
~, перви́чное primary research
~, подрóбное detailed investigation
~, предвари́тельное 1. prior research 2. preliminary investigation
~я, совмéстные joint research
~, техни́ческое engineering research
~, ширóкое extensive investigation
~, экспериментáльное experimental investigation
задáча ~я research task
оборýдование для проведéния ~й research facilities
отдéл ~й research department
прогрáмма ~я programme for research (investigation), research (investigation) programme
расхóды на ~ research (investigation) costs
стáдия ~я research (investigation) phase
осуществля́ть ~я research, investigate, study

истекáть expire, lapse; (*о сроке векселя, долга*) fall in

ист/éц claimant, plaintiff
~ по апелля́ции appellant
адвокáт со стороны́ ~цá counsel for the plaintiff
прáво ~цá claimant's right

решéние в пóльзу ~цá judgement given for the plaintiff
трéбования ~цá plaintiff's (claimant's) demands
возмещáть ~цý понесённые убы́тки reimburse a claimant for the loss
отклони́ть трéбования ~цá decline a claimant's demands
согласи́ться с дóводами ~цá agree to a claimant's arguments (proofs)

истечéни/е (*о сроке*) expiration, expiry
~ **срóка** expiration (expiry) of a period (term), lapse of time
~ **срóка арéнды** expiration of lease
~ **срóка дéйствия договóра** expiry (expiration, termination) of a contract [term]
~ **срóка дéйствия патéнта** expiry (expiration) of a patent
~ **срóка дéйствия товáрного знáка** lapse of a trademark
~ **срóка исковóй дáвности** expiry of the period of limitation
~ **срóка страховáния** expiration of insurance
~ **укáзанного врéмени** expiration of time-limit
день ~я срóка termination date
до ~я срóка дéйствия prior to the expiration of
по ~и at the expiration of, on expiry of
по ~и гаранти́йного перио́да upon expiration (on expiry) of a guarantee period
пóсле ~я гаранти́йного перио́да after the expiration of the guarantee period

истóчник source
~, **вéрный** reliable source
~**и, внéшние** external sources
~ **дéнежных фóндов** source of funds
~ **загрязнéния** source of pollution
~ **информáции** source of information
~ **креди́та** source of credit
~**и накоплéния** sources of accumulation
~, **основнóй** major source
~ **оши́бки** source of error
~**и, разли́чные** different (various) sources
~**и сырья́** sources of raw materials
~**и финанси́рования** sources of finance (financing), financial sources
~**и, чáстные** private sources
из достовéрного ~а on good authority, from reliable sources

исчислéни/е calculation
~ **фрáхта** freight calculation
в дóлларовом ~и in dollar terms
в золотóм ~и in terms of gold
в процéнтном ~и in percentage terms
в реáльном ~и in real terms

итóг the total [amount]; (*результат*) result
~, **конéчный** ultimate total
~, **óбщий** grand (sum[mary]) total
~**и переговóров** results of negotiations (talks)
~ **по смéте** estimated total
~, **промежýточный** subtotal
подведéние ~ов summing-up, making-up, accounting, summation
подводи́ть ~ total [up], totalize, sum up, summarize, balance; sum up the results
состáвить в ~е total
в ~е as a result; on balance

итóговый final, closing, concluding
~ протокóл final protocol

К

кáбель cable
~, глáвный (магистрáльный) main cable
~, металли́ческий wire cable
каботáж (*перевозка грузов и пассажиров между портами одной страны*) coastal trade (traffic, navigation), coasting [trade], cabotage
каботáжный coastal, coastwise, coasting, intercoastal
кáдр/ы personnel, staff, manpower
~, высококвалифици́рованные highly skilled (highly qualified) personnel
~, квалифици́рованные experienced (qualified) personnel
~, наýчно-техни́ческие scientific and technical personnel
~, наýчные scientific personnel
~, óпытные experienced personnel
~, профессионáльные professional personnel
~, руководя́щие management, managing (managerial) staff (personnel), top officials
квалификáция ~ов qualifications of personnel
набóр ~ов personnel (staff) recruitment
нехвáтка ~ов shortage (lack) of personnel
обучéние руководя́щих ~ов management training
отдéл ~ов personnel (staff, employees') department, employment office (department)
отдéл подготóвки ~ов staff training department
подбóр ~ов selection of personnel
подбóр и расстанóвка ~ов manpower deployment
подготóвка ~ов training of specialists (personnel)
подготóвка руководя́щих ~ов management training
рабóта с ~ами personnel development (training)
руковóдство ~ами personnel (staff) management
управлéние ~ов administration for personnel, personnel department
управля́ющий по ~ам personnel (staff) manager (director)
учёт ~ов personnel records
обеспéчивать ~ами furnish (provide) personnel
подбирáть ~ select personnel
подготáвливать ~ train personnel
сохраня́ть ~ retain personnel
укрепля́ть квалифици́рованными ~ами reinforce (replenish) with skilled personnel
казнá treasury, public purse
казначé/й treasurer, *англ.* Chancellor of Exchequer
~ корпорáции treasurer
замести́тель ~я deputy treasurer
помóщник ~я assistant treasurer
казначéй-бухгáлтер bookkeeper
казначéйство exchequer, treasury, treasure house, treasurer's office
календáрь calendar
~ мероприя́тий calendar (timetable) of activities
калькули́ровать calculate
калькуля́тор calculator, comptometer

калькуля́ци/я accounting, calculation, estimation, estimate
~ де́мерреджа calculation of demurrage, demurrage calculation
~ изде́ржек произво́дства cost accounting, costing, cost estimation (estimate)
~, оконча́тельная final calculation
~ расхо́дов calculation (estimate) of costs (expenses, charges), cost estimation (accounting)
~ себесто́имости [проду́кта] costing, cost accounting, calculation of cost
~ сто́имости calculation of the cost, cost estimating (computing)
~ сто́имости, сме́тная cost estimating
~ цен calculation (determination) of prices, price [rate] calculation, pricing
вопро́сы ~и цен pricing matters
информа́ция о ~и цен pricing information
ме́тод ~и method of calculation, costing method
ме́тод ~и цен pricing method
оши́бка в ~и error in calculation
проце́сс ~и цен price calculating (calculation) process
подтверди́ть ~ю endorse calculations

камби́ст (*специалист по валютным операциям*) cambist

ка́мера chamber
~, морози́льная freezing chamber
~, рефрижера́торная cold-storage chamber
~, холоди́льная refrigerating (cooling) chamber
~ хране́ния багажа́ cloak (check)-room
ме́сто в холоди́льных ~х су́дна refrigerating space

кампа́ни/я campaign; *амер.* drive
~, интернациона́льная international campaign
~, напра́вленная на освеще́ние де́ятельности фи́рмы public relations campaign
~ по организа́ции и стимули́рованию сбы́та sales (selling) campaign, sales promotion
~ по продвиже́нию това́ра на ры́нок promotion[al] campaign
~ по увеличе́нию э́кспорта export drive
~, рекла́мная ad[vertising] (publicity) campaign (venture); (*в печати*) press advertising campaign
~, совме́стная joint (combined) campaign
~, теку́щая current campaign
~, телевизио́нная TV campaign
~, торго́вая в пре́ссе trade press campaign
~, широ́кая big (extensive) campaign
план рекла́мной ~и plan (schedule) of an ad[vertising] campaign, ad schedule
програ́мма рекла́мной ~и advertising programme
цель ~и purpose of a campaign
аннули́ровать ~ю cancel a campaign
вести́ ~ю carry on (conduct, wage) a campaign
зако́нчить ~ю finish a campaign
нача́ть ~ю launch (start, begin, open, enter upon) a campaign (drive)
организова́ть рекла́мную ~ю

arrange a publicity campaign (venture)
планировать ~ю plan a campaign
планировать ~ю по прода́же plan a sales campaign
подде́рживать ~ю support a campaign
предприня́ть рекла́мную ~ю undertake a publicity campaign
проводи́ть ~ю conduct (carry on) a campaign
сорва́ть ~ю wreck a campaign

кана́л 1. (*путь, средство*) channel **2.** (*пролив*) canal; channel
~ы, ба́нковские banking channels
~ы, [не]официа́льные [un]official channels
~ы распределе́ния distribution channels (lines)
~ы сбы́та sales (trade) channels, channels of marketing (distribution)
~ы свя́зи channels of communication, liaison channels
~, судохо́дный shipping canal, ship-canal
~ы, торго́вые trade channels
иссле́дование ~ов сбы́та merchandising research
сбор за прохо́д че́рез ~ canal toll, canal (channel) dues
де́йствовать по *чьим-л.* **~ам** act through *smb's* channels
определи́ть ~ы сбы́та define channels of marketing (distribution)
проходи́ть ~ pass along (through) a canal
установи́ть ~ы сбы́та define channels of marketing (distribution)
установи́ть торго́вые ~ы establish trade channels

кана́т rope; cable
~, ги́бкий flexible cable
~, грузово́й load (lift) rope
~, грузоподъёмный hoisting (lifting) rope
~ для подъёма гру́за sling
~, про́волочный wire rope
~, стально́й steel[-wire] rope

кани́стра canister

кантова́ть (*наклонять, опрокидывать*) tilt; (*переворачивать*) turn over
«не кантова́ть» (*надпись*) "Do not turn over", "Not to be turned", "Not to be tipped"

ка́нцеллинг 1. (*аннулирование*) cancelling; *банк.* nulling, nullification **2.** (*крайний срок прибытия зафрахтованного судна в порт*) cancelling date
пра́во ~а right to cancelling

канцеля́ри/я office
заве́дующий ~ей head clerk

канцеля́рский clerical

капита́л 1. capital, stock; funds **2.** (*сумма, на которую начисляются проценты*) principal **3.** (*капиталисты*) the capital
~, аванси́рованный advanced capital
~, акти́вный active capital
~, акционе́рный joint stock, share (stock) capital, *амер.* capital stock, shareholder (stockholder) equity
~, акционе́рный, вы́пущенный issued capital, share capital issued
~, акционе́рный, вы́пущенный по подпи́ске subscribed capital
~, акционе́рный, разводнённый watered capital (stock)
~, акционе́рный, разрешённый к вы́пуску authorized (nominal) capital
~, ассоции́рованный associated capital
~, ба́нковский bank (banking) capital

~, **блоки́рованный** frozen (tied up, immobilized) capital
~, **валово́й оборо́тный** gross working capital
~ **в ликви́дной фо́рме** liquid (account, available) capital
~, **госуда́рственный** official (state) capital
~, **действи́тельный** actual capital
~, **де́нежный** money capital; disposable capital
~, **долгосро́чный** long-term capital
~, **заёмный** borrowed (loan, debenture) capital
~, **заморо́женный** frozen (tied up, immobilized) capital
~, **запа́сный** reserve funds (capital), funded reserve
~, **зарегистри́рованный** registered capital
~, **избы́точный** redundant (surplus) capital
~, **инвести́рованный** invested (vested) capital
~, **иностра́нный** foreign capital
~, **испо́льзуемый** employed capital
~, **краткосро́чный** short-term capital (funds)
~, **кру́пный** big business
~, **ликви́дный** liquid (account, available) capital
~, **междунаро́дный** international capital
~, **мёртвый** idle (dead) capital (money), unapplied (unappropriated) funds, unrealized (dormant) capital
~, **монополисти́ческий** monopoly capital
~, **нако́пленный** accumulated capital
~, **нали́чный** available capital (funds), cash funds
~, **неиспо́льзуемый** unemployed capital
~, **непроизводи́тельный** unproductive capital
~, **оборо́тный** circulating (floating, current, live, fluid, trading, working) capital, current assets, floating stock
~ **обраще́ния** capital of circulation
~, **объя́вленный** stated capital
~, **основно́й** fixed capital [stock]
~, **первонача́льный** original (initial) capital
~, **переме́нный** variable (wage) capital
~, **постоя́нный** constant capital
~ **предприя́тия, со́бственный** net worth
~, **привлечённый** debt capital
~, **принося́щий проце́нты** interest bearing capital
~, **производи́тельный** productive capital
~, **промы́шленный** industrial capital
~, **разрешённый к вы́пуску** registered capital
~, **реа́льный** real capital
~, **резе́рвный** reserve funds (capital), funded reserve
~, **ростовщи́ческий** capital of usurer, usury (money lender's) capital
~, **свобо́дный** spare (available, account) capital
~, **со́бственный, акционе́рной компа́нии** shareholder (stockholder) ownership capital
~, **совоку́пный** aggregate capital
~, **ссу́дный** loan (borrowed) capital
~, **това́рный** commodity capital

~, **торго́вый** commercial (trading, mercantile, merchant's) capital
~, **тре́буемый** required (requisite) capital
~, **уста́вный** (*компании, банка*) authorized (registered, nominal) capital [stock]
~, **факти́ческий** actual capital
~, **фикти́вный** fictitious capital
~, **фина́нсовый** financial capital
~, **фина́нсовый, кру́пный** high finance
~, **ча́стный** private (privately owned) capital
«бе́гство» ~ов flight of capital
вложе́ние ~а [capital] investment; investment (tying up, sinking, placement) of capital
возмеще́ние ~а replacement of capital
возраста́ние ~а increase of capital
вы́воз ~а export of capital
высвобожде́ние ~а release (liberation) of capital (funds)
движе́ние ~а capital movement, movement of capital
до́ля в ~е share in capital
замора́живание ~а freezing of capital
затра́ты ~а capital expenditures (outlay, costs)
избы́ток ~а capital surplus
накопле́ние ~а accumulation of capital, capital accumulation
нало́г на ~ capital levy (tax)
нехва́тка ~а shortage (lack, scarcity) of capital, capital scarcity
обесце́нение ~а depreciation of capital
обора́чиваемость ~а turnover of capital, capital turnover
отли́в (отто́к) ~а capital outflow, outflow (reflux) of capital
перево́д ~а за грани́цу transfer of capital abroad
помеще́ние ~а [capital] investment, investment (tying up, sinking, placement) of capital
прито́к ~а inflow (influx) of capital, capital inflow
разблоки́рование ~а release of capital (funds)
размеще́ние ~а investment (allocation) of capital (money)
расхо́ды ~а capital expenditures (outlay, costs)
ры́нок ~а capital market
спрос на ~ capital requirements, demand for capital
упла́та ~а и проце́нтов payment of principal and interest
уте́чка ~а capital outflow, outflow (reflux, flight) of capital
уча́стие в акционе́рном ~е shareholding[s]
фонд основно́го ~а capital fund
взять ~ обра́тно recall the capital
вкла́дывать ~ в invest (sink, commit) capital in, tie capital in (to)
вкла́дывать ~ в торго́влю invest for marketing, engage capital in a business
востре́бовать ~ make a call for capital
добыва́ть ~ raise capital
изыма́ть ~ withdraw funds
инвести́ровать ~ invest, make investments
испо́льзовать ~ use (tie up) capital
подде́рживать ~ом support with capital
получи́ть обра́тно ~ recover capital

помещáть ~ invest, make investments
предоставля́ть ~ furnish (provide) capital
привлекáть ~ attract capital (money)
расхóдовать ~ spend (expend) capital
~ и процéнты principal and interest

капитализи́рованный:
недостáточно ~ undercapitalized

капитали́зм capitalism

капитали́ст capitalist

капиталисти́ческий capitalist, capitalistic

капиталовложéни/я [capital] investments (expenditure[s]), investment (expenditure) of capital, outlay
~, больши́е high (heavy) [capital] investments
~, валовы́е gross investments
~, вну́тренние domestic investments
~ в проéкт investments in a project; capital requirement of a project
~ в произвóдство investments in production
~, государ́ственные public (state) investments
~, загрáничные foreign investments
~, кру́пные high (heavy) [capital] investments
~, малопри́быльные investments bringing little profit
~, надёжные secure investments
~, неудáчные investment failure, misinvestment
~, отéчественные domestic investments
~, первоначáльные initial investments
~, плáновые plan[ned] investments
~, прави́тельственные government investments
~, продукти́вные capital-productive investments
~, совмéстные joint capital investments
ассигновáния на ~ capital appropriations
бюджéт ~й capital budget
возмóжности для ~й scope for investments
дохóды от ~й return on investments, investment incomes (profits)
óбщая су́мма ~й total investments
план ~й capital investment (spending) plan
при́быль от ~й profits from (return on) investments
прогрáмма ~й capital project
сти́мулы для ~й investment incentives
увеличéние ~й increase in capital investments
эффекти́вность ~й efficiency of investments
ограни́чивать ~я check (restrict) investments
осуществля́ть, производи́ть ~я invest, carry out investments
сокращáть ~я curtail investments
увели́чивать ~я increase (promote) investments, invest heavily

капитáн captain; (*торгового судна*) master [of a vessel (ship)], ship (ship's, vessel's) master
~ пóрта harbour (port) master, *амер.* captain of the port
вознаграждéние ~у с фрáхта primage
декларáция ~а master's (captain's) declaration

извеще́ние ~а об оконча́нии погру́зки master's advice of the completion of loading
но́тис ~а captain's notice
помо́щник ~а mate
помо́щник ~а, второ́й second mate
помо́щник ~а, ста́рший first (chief, master's) mate
распи́ска ~а master's receipt
распи́ска помо́щника ~а о приёме гру́за mate's receipt

капита́нский captain's *attr.*

каранти́н quarantine
законоположе́ние по ~у расте́ний, де́йствующее в СССР Plant Quarantine Statute in force in the USSR
сня́тие ~а raising the quarantine, pratique
свиде́тельство о сня́тии ~а quarantine certificate, certificate of free pratique
слу́жба по ~у расте́ний plant quarantine service
слу́жба сельскохозя́йственного ~а agricultural quarantine service
вводи́ть ~ introduce a quarantine
вы́пустить из ~а liberate (release) from the quarantine, raise the quarantine
задержа́ть в ~е detain in quarantine
объяви́ть ~ announce quarantine
подве́ргнуть ~у put in (place under, subject to) quarantine, quarantine
снять ~ raise the quarantine; admit to pratique
в ~е in quarantine

каранти́нный quarantine

кара́тельный retaliatory; punitive

ка́рго (*груз*) cargo
страхова́ние ~ cargo insurance

каргопла́н cargo (capacity, stowage) plan

ка́рго-тре́йлер (*грузовой трейлер*) cargo trailer

картелиза́ция (*объединение в картель*) cartelization

картели́рование *см.* **картелиза́ция**

картели́ровать (*объединять в картель*) cartelize

карте́ль cartel
~, сбытово́й sales cartel
~ судовладе́льцев shipping conference
~, э́кспортный export cartel
объедине́ние в ~ cartelization

карте́льный cartel *attr.*

картоте́к/а records, file; card index file
спра́виться по ~е consult files

ка́рточк/а card
~, а́дресная mailing card
~, визи́тная visiting (*амер.* calling) card
~, идентификацио́нная identification card
~, креди́тная credit card
~ образцо́в pattern (show, sample) card
~, почто́вая post-card
~, регистрацио́нная registration form, register card
~, че́ковая cheque card
заполня́ть ~у fill in a card

ка́сс/а (*в банке*) cash department; *в магазине* cashier's desk, cashdesk, *амер.* cash register
~, биле́тная booking (ticket)-office
~, ликвидацио́нная, *бирж.* clearing house
~, расхо́дная paying counter
~, сберега́тельная savings bank

~, **страховая** social insurance office
вклад в сберегательную ~у savings deposit
деньги в ~е cash on hand
наличность ~ы balance (cash) in (on) hand, cash balance, money in cash; (*в банке*) cash in vault
остаток ~ы cash balance; cash position
ревизия ~ы cash audit (revision), check of cash, checking of the cash account
счёт ~ы cash account
проводить ревизию ~ы check (audit) cash, make a cash audit

кассаци/я *юр.* **1.** (*аннулирование, отмена*) cassation, reversal, annulment **2.** (*жалоба*) appeal, cassation
~ **в арбитраж** appeal to arbitration
~ **в кассационный суд** appeal to a court of cassation
~ **судебного решения** reversal of a judgement
подача ~и submission of a cassation
отклонение ~и rejection of a cassation
удовлетворение ~и allowance of a cassation
отклонять ~ю reject (dismiss) a cassation
подавать ~ю submit (file) a cassation, lodge an appeal, appeal to a court of cassation
подавать на ~ю appeal for cassation
удовлетворять ~ю allow a cassation

кассир cashier, paymaster; (*в банке*) teller, *амер.* treasurer
~, **второй** second (receiving) teller
~, **отвечающий за инкассо векселей и тратт** note teller
~, **первый** first (paying) teller
~ **приходной кассы** second (receiving) teller
~ **расходной кассы** first (paying) teller
помощник ~а assistant cashier, second (receiving) teller

кассировать *юр.* annul, reverse, rescind
~ **решение суда** annul (reverse) a judgement

кассовый cash *attr.*

каталог catalog[ue]
~, **авторский** author's catalogue
~ **аукциона** auction bill, catalogue of sale
~, **выставочный** exhibition catalogue
~, **детальный** comprehensive (detailed) catalogue
~ **запчастей** parts catalogue
~ **заявок** catalogue of applications
~, **иллюстрированный** illustrated catalogue
~ **образцов товара** catalogue of samples [of goods]
~, **общий** general catalogue
~, **полный** comprehensive (complete) catalogue
~ **по машинному оборудованию** machinery catalogue
~, **последний** the latest catalogue
~ **продукции** product catalogue
~ **с ценами** priced catalogue
~, **типичный** typical catalogue
~, **типовой** standard catalogue
~, **фирменный (фирмы)** firm catalogue, catalogue of a firm
издатель ~а publisher of a catalogue
вносить в ~ catalogue

выпускáть ~ issue (produce) a catalogue
получáть ~ receive a catalogue
предостáвить ~и give (furnish) catalogues
раздавáть ~и distribute (give away) catalogues
составлять ~ compile a catalogue
~ бýдет вы́слан отдéльной посы́лкой the catalogue will be sent under separate cover (by separate mail)
~и высылáются по трéбованию catalogues are sent on request

кáчественный qualitative

кáчеств/о quality; sort, grade; (*достоинство*) merit
~, бáзисное basis quality
~, безупрéчное perfect quality
~ вы́груженного товáра landed quality, quality landed
~, высóкое high quality (grade); high quality workmanship
~а, вы́сшего superior in quality, of superior quality
~, вы́сшее superior (top, first [-rate], extra, fancy[-grade], prime) quality, highest grade
~, гарантúрованное guaranteed quality
~а, деловы́е business qualities
~, дешёвое cheap quality
~, допустúмое tolerance quality
~, желáемое desired quality
~, зáданное programme quality
~ изготовлéния workmanship, quality of manufacture
~ изготовлéния, высóкое high workmanship
~ изготовлéния, плохóе bad workmanship
~ издéлия quality of an item (a product), product quality
~, коммéрческое merchantable (marketable) quality
~, лýчшее best quality
~ материáла quality of material, material quality
~ монтажá quality of erection work
~, надлежáщее appropriate (proper) quality
~а, невысóкого of low quality, not highgrade, undergrade
~, невысóкое low quality (grade)
~, ненадлежáщее inferior (low, poor) quality (grade)
~, непревзойдённое second to none quality
~, нестандáртное non-standard (substandard) quality
~, неудовлетворúтельное unsatisfactory quality
~а, нúзкого low-grade (off-grade) quality, of inferior (low, poor) quality
~, нúзкое inferior (low, poor) quality (grade)
~, норматúвное standard quality
~ оборýдования quality of equipment
~ обслýживания quality of service, service quality
~, обуслóвленное договóром specified quality
~, óбщее (*продукции*) overall quality
~, оговóренное контрáктом contract quality
~, однорóдное uniform (consistent) quality
~, ожидáемое expected quality
~, оптимáльное optimal (optimum) quality

~, **отли́чное** excellent quality
~, **первокла́ссное** first-class (rate) quality
~, **первонача́льное** initial quality
~, **плохо́е** bad (poor) quality
~, **полу́ченное в результа́те** resultant quality
~, **пони́женное** inferior (lower, substandard) quality
~ **поставля́емой проду́кции** delivery quality
~, **превосхо́дное** fine (top) quality
~, **приго́дное для торго́вли** merchantable quality
~, **прие́млемое** acceptable (suitable) quality
~ **при погру́зке** shipped quality, quality shipped
~, **прису́щее да́нному изде́лию** inherent quality
~ **проду́кции** quality of production (products, goods)
~, **промежу́точное** intermediate quality
~ **рабо́ты** quality of work (operation), performance quality; workmanship
~**а, равноце́нного** of equal (equivalent) quality, equal in quality
~, **равноце́нное** equal (equivalent) quality
~, **са́мое лу́чшее** the very best quality
~, **сре́днее** average (medium, middling, mean) quality
~, **сре́днее, огово́ренное в специфика́ции** midspecification quality
~, **сре́днее, справедли́вое** fair average quality
~, **станда́ртное** standard quality
~, **техни́ческое** technical quality
~ **това́ра** quality of goods
~, **торго́вое** merchantable (marketable) quality
~, **тре́буемое** required quality, quality required
~, **удовлетвори́тельное** satisfactory quality
~, **уника́льное** unique feature
~ **упако́вки** quality of packaging (packing)
~, **устано́вленное при сда́че** outturn quality
~**а, хоро́шего** of good (high) quality
~, **хоро́шее** good (high) quality
~ **хране́ния това́ров** quality of storage of goods, storage (keeping) quality of goods
~**а, ху́дшего** inferior in quality, of inferior quality
~**а, эксплуатацио́нные** functional qualities; performance
~ **э́кспорта** quality of exports
~, **э́кспортное** shipping (export) quality
ана́лиз ~а оборудования equipment quality analysis
ана́лиз ~а проду́кции product quality analysis
арбитра́ж по вопро́су о ~е arbitration on quality
аттеста́т ~а certificate of quality; quality clearance
гара́нтия ~а guarantee (warranty, assurance) of quality, quality guarantee (warranty, assurance)
доказа́тельство ~а proof of quality
зада́ние на обеспе́чение ~а quality task
затра́ты на прове́рку ~а quality-inspection costs
затра́ты по обеспе́чению ~а quality expenses (costs)
изде́лия вы́сшего ~а superior products, products of superior

quality, products superior in quality
изменéние ∼а modification of quality, change in quality
инспéкция по ∼у quality inspection
исслéдование ∼а (*изделий*) quality research
контрóль ∼а check up (control) of quality, quality control
нарушéние стандáрта ∼а violation of the quality standard
несоответствие ∼а inadequacy (disparity) in quality, nonconformity of quality
нóрма ∼а standard
нóрма по ∼у specification standard, classification description
образéц продýкта для оцéнки ∼а quality sample
одобрéние ∼а approval of quality, quality approval
определéние ∼а definition of quality; determination (assessment, ascertainment) of quality, quality measurement
определéние ∼а рабóты performance measurement
ответственность за ∼ выпускáемой продýкции products liability, responsibility for the quality of products
отклонéние ∼а (*от стандарта*) quality deviation (divergence), run of quality, violation of the quality standard
отклонéние в ∼е inadequacy in quality
охрáна ∼а quality protection
оцéнка ∼а assessment (evaluation) of quality, quality assessment (evaluation, rating); grade estimation
план по обеспéчению ∼а quality assurance plan
повышéние ∼а improvement of quality
показáтель ∼а quality (qualitative) index (indicator); (*о работе*) performance index
понижéние ∼а drop in quality, deterioration of quality, quality deterioration
порóк ∼а quality defect
прéмия за ∼ quality bonus, bonus based on quality
претéнзия по ∼у quality claim
провéрка ∼а checking of quality; quality check (inspection, examination, test), check on quality
рáзница (расхождéние) в ∼е difference (inadequacy) in quality
рекламáция в отношéнии ∼а quality claim (complaint), notice (complaint) because of defects
свидéтельство о ∼е (сертификáт ∼а) quality certificate, certificate of quality; (*о металлах*) assay certificate
слýжба провéрки ∼а quality control
снижéние ∼а deterioration (decrease) in quality
соответствие ∼а adequacy in quality; conformity of quality
сохрáнность ∼а safety of quality, quality safety
спецификáция ∼а quality specification
стандáрт ∼ quality standard
стандáрт ∼а рабóты workmanship standard
таблúца контрóля ∼а quality control table
товáр высóкого ∼а [high (top)] quality goods, goods of high quality
товáры вы́сшего ∼а goods of superior (highest) quality, firsts, superior (the highest quality) goods

тре́бования к ~у изде́лий product quality requirements
улучше́ние ~а improvement in (of) quality
у́ровень ~а, экономи́чески обосно́ванный economic quality
ухудше́ние ~а обору́дования deterioration of the quality of equipment
характери́стика ~а quality characteristics
эксперти́за по ~у quality inspection
этало́н ~а standard of quality
быть бо́лее высо́кого ~а be superior in quality (of superior quality)
быть плохо́го ~а be of poor quality
гаранти́ровать высо́кое ~ guarantee high quality
гаранти́ровать ~ изде́лий guarantee (assure) products
изменя́ть ~ modify (change) quality; (*улучшать*) improve quality
контроли́ровать ~ check (control, monitor) quality
обеспе́чивать ~ assure (guarantee) quality
обусло́вить (оговори́ть) specify (stipulate) quality
одобря́ть ~ approve (give one's approval of) quality
определя́ть ~ define quality; determine (assess, ascertain) quality
определя́ть ~ това́ра в специфика́ции specify quality
определя́ть эксплуатацио́нные ~а [маши́ны] measure performance [of a machine]
отлича́ться по ~у differ in quality
оце́нивать ~ assess (evaluate) quality
повыша́ть ~ improve (upgrade) quality
подде́рживать ~ maintain (support) quality
подтвержда́ть ~ confirm (prove) quality
показа́ть ~ demonstrate quality
принима́ть това́р по ~у accept goods in respect of quality
проверя́ть ~ check (inspect, examine, test) quality, check for quality
сказа́ться на ~е affect quality
снижа́ть ~ lower [the standard of] quality
соотве́тствовать ~у conform with (to) the quality
удовлетворя́ть тре́бования в отноше́нии ~а meet (satisfy) quality requirements
удостоверя́ть ~ certify quality
улучша́ть ~ improve (upgrade) quality
ухудша́ть ~ lower the [standard of] quality
ближа́йший по ~у next best
в ~е as, in the capacity of
в ~е возмеще́ния по о́бщей ава́рии за поврежде́ние су́дна as general average for damage caused to the ship
в ~е гара́нтии as surety for
в ~е компроми́ссного предложе́ния as a compromise proposal
в ~е обеспе́чения as collateral, as security
в ~е оконча́тельного доказа́тельства ~а as final proof of quality
в ~е покры́тия as cover, in cover of
в ~е поручи́теля за as surety for
включа́ть *кого-л.* **в ~е уча́ст-**

ника [предприятия] include *smb's* participation [in a venture]

выступа́ть в ~е аге́нта act (operate) as an agent

испо́льзовать в ~е защи́ты use for protection of

откла́дывать в ~е резе́рва put aside as a reserve

предоставля́ть в ~е обеспе́чения give as security

подо́бный по ~у similar in quality

ра́вный по ~у equal in quality

~ должно́ соотве́тствовать но́рмам, ука́занным в специфика́циях the quality is to conform with the specified standards

~ определя́ет це́ну the quality governs the price

~ оставля́ет жела́ть мно́го лу́чшего the quality leaves much to be desired

квалификацио́нный qualifying

квалифика́ци/я qualification; skill; efficiency

~ аге́нта agent's skill

~ арбитра́жа qualification of an arbitration

~, высо́кая профессиона́льная high professional qualification

~ ка́дров qualification of personnel

~, необходи́мая necessary qualification

~, произво́дственная professional skill

~ рабо́чего skill of a worker

повыше́ние ~и training and development, advanced training, professional improvement, improvement in (of) one's [professional] skill (qualification), raising one's qualification, development of vocational competence

рабо́чий сре́дней ~и average worker

специали́ст высо́кой ~и highly skilled specialist

повыша́ть ~ю improve one's [professional] skill (qualification), raise one's qualification, develop (increase) one's competence

получа́ть произво́дственную ~ю acquire professional skill

квалифици́рованный qualified; skilled, trained; efficient

квалифици́ровать qualify

кварта́л 1. (*года*) quarter **2.** (*города*) block

~ы, жилы́е residential districts

~, теку́щий current quarter

счёт за ~ quarterly invoice (bill); quarterly account

задолжа́ть за не́сколько ~ов be several quarters in arrear[s]

кварта́льный quarterly

квита́нци/я receipt, slip, ticket, voucher

~ авиапочто́вого отправле́ния air mail receipt

~, бага́жная luggage (baggage) ticket (receipt, slip, cheque)

~ ба́нка bankers' (bank) receipt

~ ба́нка о приня́тии вкла́да bank deposit receipt

~ возду́шного тра́нспорта air waybill (consignment note)

~, вре́менная provisional (interim) receipt

~, грузова́я consignment note, goods receipt

~, грузова́я возду́шная air waybill (consignment note)

~, депози́тная deposit receipt (ticket), receipted deposit slip, receipt for depositor

~, железнодоро́жная railway receipt (bill)

~, зало́говая pawn ticket

~, **ло́цманская** pilot's bill
~ **на ме́лкие па́ртии гру́за** parcel receipt (ticket)
~ **на почто́вую посы́лку** parcel post receipt
~ **об упла́те страхово́го взно́са** premium receipt, receipt for the premium
~ **о подпи́ске** subscription receipt
~ **о приня́тии зая́вки** filing receipt
~, **почто́вая** postal (post, post-office) receipt
~, **складска́я** warehouse receipt
~, **сохра́нная** deposit receipt
~ **тамо́жни об упла́те по́шлины** customs receipt, clearance bill (note), docket
~, **това́рная** warehouse receipt
~, **товаросопроводи́тельная** freight warrant
бланк ~и receipt form
вы́писка ~и making out (issuing) a receipt
ко́пия ~и copy of a receipt
фо́рма ~и receipt form
выдава́ть (выпи́сывать) ~ю make out (issue) a receipt
оформля́ть ~ю make out a receipt (voucher)
представля́ть (предъявля́ть) ~ю present (produce, submit) a receipt

кво́т/а quota
~ **в Междунаро́дном валю́тном фо́нде** International Monetary Fund, *сокр.* IMF quota
~, **иммиграцио́нная** immigration quota
~, **и́мпортная** import quota
~, **коли́чественная** quantitative quota
~, **максима́льная** maximum quota
~, **минима́льная** minimum quota
~ **морско́го фра́хта** sea freight quota
~, **нало́говая** tax quota
~**ы, не облага́емые по́шлиной** duty-free quotas
~, **о́бщая** global quota
~, **ры́ночная** marketing quota
~, **тари́фная** tariff quota
~, **устано́вленная** established quota
~, **э́кспортная** export quota
введе́ние квот introduction of quotas
отме́на ~ы abolition of a quota
увеличе́ние ~ы enlargement of a quota
вы́брать (испо́льзовать) ~у take up a quota
получи́ть ~ы, свобо́дные от по́шлины secure duty-free quotas
применя́ть систе́му квот operate quotas
устана́вливать ~ы fix quotas

квоти́рование (*распределение*):
~ **валю́ты** allocation of currency, currency (foreign exchange) allocation
~ **иностра́нной валю́ты** foreign exchange allocation

киноаппарату́ра cine[matographic] (*амер.* movie) equipment

киноза́л cinema hall

киноле́нта film

киноматериа́л[ы] clips

кинооборудование cine[matographic] equipment

кинорекла́ма film (screen) advertising

киноустано́вка [film] projector, motion-picture installation
~, **передвижна́я** portable film projector
~, **присте́ндовая** display stand [film] projector

кинофи́льм film, motion picture, *амер.* movie

~, рекла́мный commercial [film]
демонстра́ция ~ов film show
рекла́ма с по́мощью ~ов film advertising

ки́п/а pack; [packed] bale; (*пакет, пачка, связка, тюк*) pack, package, pile; (*штабель*) stack
~, ли́шняя odd bale
~ хло́пка cotton bale, bale of cotton
~ целлюло́зы bale of pulp, pulp bale
~ ше́рсти pack (bale) of wool
полови́на ~ы half a bale
това́р в ~ах bale goods, goods in bales
быть упако́ванным в ~ы be packed in bales
обтя́гивать ~у strap a bale
обшива́ть ~у clothe a bale
увя́зывать в ~ы pack in bales
укла́дывать в ~ы pile; stack; heap
упако́вывать в ~ы bale, put up (pack) in bales, make up into bales; stack

клари́ровать (*производить очистку судна на таможне*) clear a ship

класс class, sort
~, второ́й (*на железной дороге и судах*) second class; (*на международных авиалиниях*) economy class; (*на океанском пароходе*) tourist class
~, пе́рвый first class
~ су́дна class of a vessel, ship's class
~ това́ра class of goods
пассажи́р второ́го ~а economy passenger

классифика́ция 1. (*группировка*) classification, rating **2.** (*номенклатура, перечень*) classification, list
~, вре́менная tentative classification
~ гру́зов (*для расчёта тарифных ставок*) freight classification
~ зая́вок classification of applications
~ изобрете́ний, междунаро́дная international patent classification
~ и́мпортных и э́кспортных това́ров import and export list (classification)
~, официа́льная official list (classification)
~ судо́в classification of ships, vessel rating (classification)
~, тамо́женная customs classification
~ това́ров classification of goods
~ услу́г service classification

классифици́рованный classified, classed

классифици́ровать classify, class

кла́ссный class *attr.*

клейми́ть brand, stamp

клеймо́ (*фабричная марка, торговый знак*) brand [name]; (*знак, надпись на таре*) mark; (*печать, штемпель*) stamp
~, заводско́е brand, manufacturer's (trade) mark
~ изготови́теля stamp of a maker
~, ли́чное personal stamp
~, маркиро́вочное на изде́лии product identification
~, опознава́тельное identification mark
~, приёмочное acceptance stamp
~, фабри́чное brand, manufacturer's mark
това́ры, име́ющие фабри́чное ~ branded goods
ста́вить ~ brand, stamp

клет/ь crate
~, деревя́нная wooden crate
~, упако́вочная crate

~, упако́вочная, громо́здкая bulky crate

това́р в упако́вочной ~и crated goods

клие́нт client, customer

~ ба́нка bank['s] customers (clients)

~ы, возмо́жные potential (prospective) clients

~, кру́пный [very] large client

~, неиспра́вный defaulting customer

~ы, основны́е major clients

~, соли́дный substantial client

клиенту́р/а clientele, clients, customers

распределе́ние среди́ ~ы distribution among clients (customers, clientele)

кли́мат climate, atmosphere

~, делово́й business climate (atmosphere)

~, жа́ркий hot climate

~, междунаро́дный international climate

~, суро́вый rigorous climate

клип clip

кли́ринг clearing

~, ба́нковский bank clearing

~, валю́тный currency clearing

~, двусторо́нний bilateral clearing

~, многосторо́нний multilateral clearing

~, односторо́нний unilateral clearing

~ по систе́ме двух счето́в clearing on a double account system

~ по систе́ме одного́ счёта clearing on a single account system

~, принуди́тельный compulsory clearing

~ с безусло́вной конве́рсией clearing with unconditional conversion

~ с конверти́руемым са́льдо clearing with convertible balance

~ с неконверти́руемым са́льдо clearing with non-convertible balance

~ с ограни́ченной конве́рсией clearing with limited conversion

~ с усло́вной конве́рсией clearing with conditional conversion

валю́та ~а clearing currency

задо́лженность по ~у clearing debt

платёж по ~у clearing payment, payment through clearing

расчёты по ~у clearings, clearing payments (transactions)

са́льдо ~а clearing balance

систе́ма ~а currency clearing system, clearing

соглаше́ние о ~е clearing agreement

счёт по ~у clearing account

производи́ть расчёт по ~у make clearing payment

кли́ринг-банк clearing bank

кли́ринговый clearing *attr.*

ключ key

~ к ши́фру cipher-key, key to a cipher

контра́кт «под ~» turn-key contract

прое́кт «под ~» turn-key project

сотру́дничество на усло́виях «под ~» cooperation on a turn-key basis

кни́г/а book

~, а́дресная directory

~, ба́нковская bank book

~, бухга́лтерская account book, ledger

~, бухга́лтерская, бала́нсовая balance book

~ векселе́й (ве́ксельная) bill book
~, грузова́я cargo book
~ для регистра́ции трансфе́ртов transfer book
~ зака́зов order book
~, ка́ссовая cash (till) book
~ образцо́в sample book
~ о́тзывов visitors' book
~ платеже́й paying book
~ посети́телей visitors' book
~, прихо́дная receipt book
~, прихо́дно-расхо́дная account book, cash receipts and payments book
~, расхо́дная cash (cheque, voucher) register, book of charges
~, расчётная pay (wage-and-payment, employment) book
~, спра́вочная reference book
~, счетово́дная book of accounts, account book
~, телефо́нная telephone directory, *англ.* yellow pages, *амер.* white pages
~, това́рная stock book
~, торго́вая business book
веде́ние бухга́лтерских книг book keeping
вы́ход ~и publication of a book
за́пись в ~е book entry
кредито́р по расчётной ~е book creditor
обло́жка ~и jacket of a book
па́чка книг pack (pile) of books
перено́с в бухга́лтерскую ~у posting
вести́ бухга́лтерские ~и keep the books
вноси́ть в ~у enter in a register (ledger)
переноси́ть в бухга́лтерскую ~у post into a ledger
подпи́сываться на ~у subscribe for a book
проверя́ть бухга́лтерские ~и audit books
сверя́ть бухга́лтерские ~и с вы́писками счето́в check books with statements

кни́жка:
~, расчётная ба́нковская passbook
~, че́ковая cheque book

коверно́т (*временное свидетельство о страховании*) cover (covering) note
~, техни́ческий technical cover note
выпи́сывать ~ issue a cover note
принима́ть ~ accept a cover note

код code
~, междунаро́дный international code
~ подря́дчика vendor code
~, почто́вый postal code
~ прое́кта project code
~ това́ра в катало́ге index (code) of goods in a catalogue
~, шифро́ванный ciphered code

ко́декс code
~, антиде́мпинговый antidumping code
~, гражда́нский civil code
~ междунаро́дного пра́ва code of international law
~ поведе́ния по переда́че техноло́гии code of conduct on technology transfer
~ торго́вого морепла́вания merchant shipping (marine) code, code of marine navigation

коди́рование coding
коди́ровать codify
колеба́ни/е fluctuation, variation; (*диапазон*) range
~я, больши́е major fluctuations
~я, валю́тные currency

(foreign exchange) fluctuations
~я, вре́менные temporary fluctuations
~я инвести́ций investment fluctuations
~я, конъюнкту́рные market fluctuations, fluctuations of the market (business)
~я, кратковре́менные short-term fluctuations
~я ку́рса [валю́ты] currency (exchange [rate]) fluctuations, fluctuations in exchange [rate] (in the rate of exchange, in the parity of currency)
~ ку́рсов валю́т к рублю́ fluctuations of rates of currencies to the rouble
~ ку́рсов валю́т, свобо́дное joint float
~я, ме́стные local fluctuations
~я, небольши́е minor variations
~я, нерегуля́рные irregular fluctuations
~я оборо́та fluctuations in turnover
~я, периоди́ческие periodic fluctuations
~ платёжного бала́нса swing in the balance of payments
~я, постоя́нные constant fluctuations
~, ре́зкое swing, acute fluctuation
~я ры́нка fluctuations (highs and lows) of the market
~я сбы́та sales fluctuations
~я, сезо́нные seasonal fluctuations (variations)
~я, скачкообра́зные leaping fluctuations
~я случа́йного хара́ктера accidental (chance, erratic[al], random) fluctuations
~я спро́са demand fluctuations, swings of demand
~я спро́са и предложе́ния fluctuations of supply and demand
~я сто́имости fluctuations in the cost
~я, усто́йчивые sustained fluctuations
~ цен fluctuations (variations) of (in) prices, price fluctuations (variations)
~я, цикли́ческие cyclical fluctuations
~я, чрезме́рные excessive fluctuations
~ экономи́ческой акти́вности swing in activity, economic fluctuations
влия́ние сезо́нных ~й seasonal influence
popра́вка на сезо́нные ~я adjustment for seasonal variations, seasonal adjustment (correction)
преде́лы ~я margins of fluctuation, fluctuation limits
пункт о ~и цен [price] fluctuation (variation) clause
разма́х ~й валю́тного ку́рса fluctuation band
разма́х ~й цен price range, range of prices
выра́внивать ~я level up fluctuations
това́р, не подве́рженный конъюнкту́рным ~ям non-sensitive commodities
с попра́вкой на сезо́нные ~я seasonally adjusted
с устране́нием сезо́нных ~й seasonally adjusted, adjusted for seasonal variations
подве́рженный ~ям liable to fluctuations (variations)

колеба́ться (*о ценах, спросе*) fluctuate, vary; (*в пределах*) range; (*резко*) swing
коле́блющийся variable, fluctuating

колúчественный quantitative

колúчеств/о quantity, number, amount

~ арбúтров number of arbitrators

~, бесчúсленное innumerable (incalculable) quantity

~, большóе ample (great) quantity, a great number (deal) of, a great many, bulk (large) quantity, large (high) amount

~, вы́груженное outturn, quantity delivered

~, вы́деленное allocation

~ вы́пущенной продýкции output quantity

~, годовóе annual (yearly) quantity

~ грýза quantity of cargo

~ грýза, прúнятое к перевóзке intaken quantity

~ дней number of days

~, добáвочное (дополнúтельное) additional (supplementary, further) quantity

~, допустúмое tolerance (admissible) quantity

~, ежегóдное annual (yearly) quantity

~, заказнóе ordered quantity

~а, запродáж, фактúческие actual sales quantities

~, значúтельное substantial (fair, significant, considerable) quantity (amount)

~, имéющееся в налúчии available quantity

~, имéющееся на рукáх quantity on hand

~ информáции quantity (amount) of information, information quantity

~, контрáктное contract quantity

~а, максимáльно возмóжные maximum quantities possible

~, максимáльное maximum quantity (amount)

~, мáлое small amount

~ мест грýза [total] number of packages, number of cases (pieces)

~, мéсячное monthly quantity

~, минимáльное minimum quantity (amount)

~, налúчное available quantity

~, начáльное initial quantity

~, недостáточное insufficient (poor) quantity

~, недостаю́щее missing quantity, wantage

~, незначúтельное meaningless (minute, negligible) quantity

~, нéкоторое some quantity

~, необходúмое necessary (required) quantity (amount)

~ неотпрáвленного материáла amount of unshipped material

~, непрóданных товáров outstanding goods (inventories)

~, неуточнённое unspecified quantity

~, обуслóвленное specified quantity

~, óбщее full (total, whole) quantity, gross amount, total number; (*товара на рынке*) supply

~, огранúченное limited quantity

~, огрóмное tremendous (immense, huge) amount, massive quantities

~а, однорóдные homogeneous quantities

~, определённое definite quantity

~, основнóе bulk

~, отгрýженное shipped quantity

~, ощутúмое appreciable quantity

~, **первонача́льное** original (initial) quantity

~ **по ве́су** quantity by weight

~, **погру́женное** intake (intaken) quantity, quantity loaded

~**а, подсчи́танные** estimated quantities

~ **пози́ций** number of items

~ **посети́телей** attendance figure

~ **поте́рянных челове́ко-часо́в** man-hours lost

~, **предвари́тельное** tentative quantity, preliminary figures, pilot quantity

~, **при́нятое к перево́зке** (*о грузе*) intaken quantity

~, **про́бное** trial quantity

~ **проду́кции** product quantity

~ **прорабо́танных дней** number of days worked

~ **рабо́ты** amount (quantity) of work

~ **рабо́чей си́лы, минима́льное** minimum labour

~ **рабо́чих** number of workers

~, **ра́вное** equal quantity (number)

~, **реко́рдное** record number

~, **согласо́ванное** agreed quantity

~, **су́точное** daily quantity

~ **това́ра** quantity of products (goods)

~, **ука́занное в контра́кте** contracted (contract) quantity, quantity indicated in the contract

~ **услу́г, минима́льное** minimum services

~, **устано́вленное** fixed amount

~ **челове́ко-дней** number (quantity) of man-days

~ **челове́ко-ме́сяцев** number (quantity) of man-months

~ **челове́ко-часо́в** number (quantity) of man-hours

~ **шта́тных едини́ц, необходи́мое** necessary personnel

~ **штук** number of pieces

доста́вка непо́лного ~**а** short delivery

определе́ние ~**а** determination of an amount (a quantity, a number), quantification, quantity measurement

отклоне́ние по ~**у и ассорти́менту** discrepancy in quantity and assortment

прете́нзия по ~**у** quantity claim (complaint)

прове́рка ~**а** quantity check (inspection)

прода́жа больши́х коли́честв volume sales

ра́зница в ~**ах** difference (discrepancy, variation) in quantities

расхожде́ние в ~**е** difference (discrepancy, variation) in quantity

реклама́ция в отноше́нии ~**а** quantity claim (complaint), complaint on deficiency

ски́дка за ~ quantity discount (rebate)

стаби́льность в ~**ах** (*товаров*) consistency in quantities

тре́бования в отноше́нии ~**а** quantitative requirements

указа́ние ~**а** indication of quantity

определя́ть ~ determine the quantity, determine (define) the number, quantify

отсчи́тывать (подсчи́тывать) ~ **гру́за** (*при погрузке и выгрузке*) tally

покупа́ть определённое ~ purchase an amount (a certain amount)

поступа́ть в доста́точном ~**е** be in supply (sufficiency)

поступа́ть в недоста́точном (ограни́ченном) ~е be in short (limited) supply
проверя́ть ~ check the quantity (number)
сверя́ть ~ това́ров tally goods
согласи́ться на ~ accept the quantity
согласо́вывать ~ специали́стов agree the number of specialists
увели́чивать ~ increase the quantity (number)
ука́зывать ~ specify the quantity (number)
уменьша́ть ~ reduce (decrease) the quantity (number)
уменьша́ть ~ невы́полненных зака́зов work off backlog
учи́тывать ~ гру́за (*при погрузке и выгрузке*) tally
в большо́м ~е in quantity (quantities)
в небольшо́м ~е in small number (quantity)
в ограни́ченном ~е in a limited scope, in limited quantities
в ука́занных вы́ше ~ах in the quantities as outlined above
зави́сящий от ~а dependent upon quantity
име́ющийся в доста́точном ~е available in sufficiency
сверх заплани́рованного ~а in excess of the planned (projected) quantity
~ составля́ет the quantity amounts to
~ това́ра не должно́ увели́чиваться the quantity of the goods must not be exceeded
~ това́ра не должно́ уменьша́ться the quantity of the goods must not be reduced

колле́ги/я board; collegium
~, апелляцио́нная board of appeals
~, арбитра́жная arbitration board, arbitrators
~ в соста́ве двух арби́тров tribunal composed of two arbitrators
~, суде́бная judicial board
член ~и collegium member, member of a board (collegium)

коллекти́в collective, collective body
~, произво́дственный production collective
~, трудово́й work collective

коллекти́вный collective

колле́кци/я collection, range
~ образцо́в collection (set, selection) of samples, range of patterns (samples), set of samples
осма́тривать ~ю view a collection

коло́нка column

«кольцо́», биржево́е ring

кома́нд/а crew, team, company
~, авари́йная crash crew
~, досмотро́вая boarding party
~, судова́я crew, ship's company, hands
~, управле́нческая management team
обуче́ние ~ы training of a crew

командирова́ни/е sending [on business], business trip
~ специали́стов sending of specialists
истече́ние сро́ка ~я expiration of the term of service
расхо́ды, свя́занные с ~ем специали́стов expenses connected with sending (dispatch, a business trip) of specialists, expenses on sending specialists
усло́вия ~я специали́стов terms of sending specialists
продлева́ть срок ~я prolong (extend) the term of service

(duration of a business trip)
согласо́вывать усло́вия ~я специали́стов agree on the terms of sending specialists

командирова́ть send, send on business (on a mission), delegate

командиро́вк/а business trip, mission
~, дли́тельная long-term business trip
~, зарубе́жная business trip (mission) abroad
~, краткосро́чная short-term business trip
~, служе́бная business trip
расхо́ды, свя́занные с ~ой специали́стов expenses connected with sending (dispatch, a business trip) of specialists, expenses on sending specialists
срок ~и period of a business trip
быть в ~е be [away] on business (on a business trip, on a mission)
е́здить в ~у make a business trip, go [away] on business (on a mission)

командиро́вочные travelling expenses

комбина́т integrated works (plant)
~ы, произво́дственные sets of production enterprises
~, промы́шленный integrated industrial plant
~, учёбный training centre

комбина́ция combination
~, возмо́жная possible combination

комбини́рованный combination *attr.*

комисса́р:
~, авари́йный average (insurance) surveyor, average commissioner (agent)
~ы тамо́женного управле́ния commissioners of the Customs
вы́звать авари́йного ~а call in a surveyor

комиссионе́р agent, commission (mercantile, merchandise) agent, broker, middleman, *амер.* jobber
~, беру́щий на себя́ делькре́дере del credere agent

комиссио́нны/е comission
~ ба́нку bank commission (charges), commission charged by the bank
~ за заку́пку buying commission
~ за откры́тие креди́та commission for opening (passing on) credit
~ за прода́жу selling (sales) commission, commission on sales
~, перестрахо́вочные reinsurance commission
проце́нт ~х commission rate, percentage of commission, commission percentage
разме́р ~х amount (rate, percentage, extent) of commission
взима́ть ...% ~х charge ...% commission
вы́честь ба́нковские ~ из де́нежного перево́да deduct bank commission from the remittance
плати́ть ~ pay commission (charges), make commission payments
плати́ть ~ за обяза́тельство ба́нка pay a bank commitment fee
получа́ть ~ receive a commission
рассчи́тывать с учётом ...% ~х за прода́жу calculate at ...% sales commission
ула́дить вопро́с о ~х settle the commission

комиссио́нный commission *attr.*

коми́сси/я 1. (*группа лиц или орган*) commission, committee, panel **2.** (*комиссионное вознаграждение*) commission, [commission] charges, fee

~, **аге́нтская** agency commission, commission to agents, commission allowed to an agent

~, **а́дресная** address commission

~, **акце́птная** acceptance commission

~, **арбитра́жная** arbitration commission (committee, panel)

~, **аттестацио́нная** certifying commission

~, **ба́нковская** bank (banking) charges, bank (banker's) commission

~, **бро́керская** brokerage, broker's charges (commission)

~, **бюдже́тная** budget commission

~, **Внешнеторго́вая арбитра́жная** Foreign Trade Arbitration Commission

~, **вре́менная** interim commission (committee)

~, **госуда́рственная** state (government) commission (committee, panel)

~, **госуда́рственная пла́новая** state planning committee

~ **за ави́зо** advising commission

~ **за аккредити́в** commission charges for a L/C

~ **за акце́пт** acceptance commission

~ **за гара́нтию** commission for a guarantee

~ **за делькре́дере** del credere commission

~ **за заключе́ние но́вых догово́ров страхова́ния** acquisition commission

~ **за заку́пку** buying commission

~ **за инка́ссо** collection charges, commission for collecting (cashing), collecting commission

~, **заку́почная** purchasing commission

~ **за обяза́тельство** commission for an obligation

~ **за обяза́тельство предоста́вить креди́т** commitment fee

~ **за овердра́фт** overdraft commission

~ **за откры́тие аккредити́ва** opening commission

~ **за оформле́ние проте́ста** protest charge

~ **за перево́д** (*конвертирование*) exchange commission

~ **за перево́д по по́чте** remittance charge (fee)

~ **за перепрода́жу** resale commission

~ **за платёж** payment commission

~ **за подтвержде́ние аккредити́ва** confirmation (confirming) commission

~ **за предоставле́ние ра́зового креди́та** overdraft commission

~ **за прода́жу** selling (sales) commission, commission on sales

~ **за сбор страховы́х взно́сов** collection commission

~ **за соде́йствие в организа́ции сбы́та** commission for promotion efforts

~ **за услу́ги** commission for services

~, **консультати́вная** consultative commission (committee)

~, **контро́льная** control commission (committee)

~, **координацио́нная** coordinating commission

~, **ликвидацио́нная** liquidation commission
~, **Морска́я арбитра́жная** Maritime Arbitration Commission
~, **объединённая** joint commission
~, **операцио́нная** management commission
~, **отраслева́я** sectoral commission
~, **оце́ночная** evaluating commission
~, **пла́новая** planning committee
~ **по зака́зам** commission on orders
~ **по рассмотре́нию апелля́ций** board of appeals
~, **постоя́нная** standing commission (committee)
~, **прави́тельственная** government commission (committee, panel)
~, **проце́нтная** percentage commission
~, **рабо́чая** working party
~, **расце́ночно-конфли́ктная** rates and disputes commission
~, **ревизио́нная** auditing committee (commission)
~, **сме́шанная** joint commission
~, **согласо́ванная** agreed commission
~ **с поступле́ний** commission on earnings
~ **с фра́хта** freight commission
~, **твёрдая** fixed commission
~, **торго́вая** trade commission
~, **тра́нспортно-экспеди́торская** transport commission
~, **трёхсторонняя** tripartite panel (commission)
~, **фрахто́вая** brokerage
~, **экономи́ческая** economic commission
~, **экспе́ртная** expert commission, commission of experts
вы́воды ~и findings
вы́плата ~и payment of a commission
де́ятельность ~и commission's activities, activities of a commission
компете́нция арбитра́жной ~и competence of the arbitration commission
наименова́ние ~и name of a commission
опла́та ~и payment of a commission, commission payment
проце́нт за ~ю commission percentage (rate)
рабо́та ~и work of a commission
разме́р ~и amount (rate, percentage, extent) of commission
реше́ние арбитра́жной ~и arbitration award
сда́ча на ~ю delivery on commission (consignment)
ста́вка ~и commission rate, rate of commission
ста́вка ~и, единообра́зная flat commission
упла́та ~и payment of a commission, commission payment
упла́та ~и и проце́нтов по за́йму current service of (on) a loan, service charge on a loan
член ~и member of a commission
брать това́р на ~ю take goods on sale
взима́ть ~ю charge a commission, collect charges
выпла́чивать ~ю pay a commission
заседа́ть в ~и sit on a commission
назнача́ть ~ю 1. (*организо-*

вывать) set up (appoint) a commission **2.** (*устанавливать вознаграждение*) fix a commission
начислять ~ю calculate (compute) a commission
образовывать ~ю set up (form, organize, appoint, establish) a commission (committee)
оплачивать ~ю pay a commission (charges), make commission payments
относить ~ю на счёт charge a commission to
платить банковскую ~ю pay a bank commission, bear a bank commission (charges)
предоставлять ~ю allow a commission
создавать ~ю set up (establish) a commission
за вычетом ~и less (minus, deducting, with the deduction of) commission, commission deducted

комитент client, customer; principal

комитет committee
~, биржевой stock exchange committee
~, временный interim committee
~, выставочный exhibition committee
~, исполнительный executive committee
~, консультативный consultative (advisory) committee
~, координационный coordinating committee
~, межправительственный intergovernmental committee
~, организационный organizing committee
~ по валютному контролю *англ.* Foreign Exchange Control Committee
~, подготовительный preparatory committee
~ по науке и технике Committee for science and technology
~, постоянный standing (permanent) committee
~ по технике безопасности safety committee
~, рабочий working committee
~, редакционный drafting committee
~, руководящий managing (steering) committee
~, тендерный tender committee
~, управленческий managerial (administrative) committee
~, финансовый finance (financial) committee
~, ярмарочный fair committee
учреждать ~ constitute (set up) a committee

коммерсант businessman, tradesman, merchant

коммерциализация commercialization

коммерци/я commerce, trade, trading
заниматься ~ей do (handle, conduct, run) business

коммерческий commercial, mercantile

коммюнике communiqué
~, совместное joint communiqué
опубликовать ~ release (issue, publish) a press communiqué

компани/я company
~, авиационная air carrier
~, акционерная [joint] stock company
~, ассоциированная associated (affiliated) company
~, ведущая leading company
~ воздушного транспорта air carrier
~ воздушных перевозок грузов air cargo carrier

~, **госуда́рственная** public (state) company
~ **грузовы́х перево́зок** carrier of freight, carrying company, *амер.* carrier of property
~ **гру́зо-пассажи́рских возду́шных перево́зок** combination carrier
~, **доче́рняя** subsidiary (affiliated, allied, associate[d]) company, subsidiary
~, **железнодоро́жная** railway company
~, **занима́ющаяся** company dealing (concerned with, handling)
~, **заокеа́нская** overseas company
~, **име́ющая хоро́шую репута́цию** well-established company
~, **инвестицио́нная** investment company
~, **иностра́нная** foreign company
~, **конкуре́нтная** competitive company
~, **контроли́рующая** parent (holding) company
~, **кру́пная** large (major) company
~**и, крупне́йшие** biggest (principal) firms
~, **ли́зинговая** leasing company
~, **лине́йная** liner company
~, **матери́нская** parent company
~, **машинострои́тельная** engineering company
~, **междунаро́дная** international (multinational) company
~, **монополисти́ческая** monopoly
~ **назе́много тра́нспорта** surface carrier
~, **национализи́рованная** nationalized company
~, **нефтяна́я** oil (petroleum) company
~, **объединённая** incorporated company
~, **отде́льная** separate company
~, **подконтро́льная** subsidiary (affiliated, allied, associate[d]) company, subsidiary
~ **по обслу́живанию** service company
~ **по сбы́ту това́ров** export agency
~, **посы́лочная** mail-order company
~ **по упако́вке** packing company, packers
~ **по финанси́рованию прода́ж в рассро́чку** instal[l]ment credit company, *амер.* sales finance company
~, **промы́шленная** industrial company
~, **распредели́тельная** distributing company
~ **регуля́рного судохо́дства** common carrier
~, **рекла́мная** publicity venture
~, **се́стринская** sister company
~, **сме́шанная** mixed company, joint venture (company)
~ **с неограни́ченной отве́тственностью** unlimited company
~ **с ограни́ченной отве́тственностью** limited liability company, *сокр.* Ltd
~ **с ограни́ченной отве́тственностью, госуда́рственная** public limited company, *сокр.* plc
~, **специализи́рованная** specialized company

~, стивидо́рная stevedoring company
~, страхова́я insurance (assurance) company
~, строи́тельная building company
~, судохо́дная shipping company, steamship (navigation) company
~, торго́вая trading company
~, тра́нспортная carrier, transport (carrying) company
~, тра́нспортная, транзи́тного сообще́ния intermediate carrier
~, тра́нспортно-экспедицио́нная forwarding company
~, фикти́вная bogus (bubble) company
~, фина́нсовая finance company
~, хо́лдинговая holding company
~, ча́стная private company
акт об учрежде́нии ~и foundation deed
ликвида́ция ~и liquidation (closing down, winding up) of a company
монопо́лия одно́й тра́нспортной ~и single carrier monopoly
нало́г с дохо́дов акционе́рных ~й company income tax
образова́ние ~и setting up (establishment, formation, promotion) of a company
репута́ция ~и company image
ро́спуск ~и dissolution of a company
слия́ние ~й merger (amalgamation) of companies (business)
филиа́л ~и branch office (subsidiary) of a company (firm), sister company
име́ть де́ло с ~ей deal with a company
ликвиди́ровать ~ю liquidate (close down, wind up) a company
осно́вывать ~ю set up (establish, start, form, promote, constitute) a company
представля́ть ~ю 1. (*знакомить*) introduce a company **2.** (*быть представителем*) represent a company
создава́ть ~ю set up (create) a company
учрежда́ть ~ю set up (establish, start, form, promote, constitute) a company

компа́ния-держа́тель (*владеющая контрольными пакетами акций других компаний*) holding company

компа́ния-изготови́тель обору́дования equipment manufacturer

компа́ния-поставщи́к supplier (vendor) company (agent)

компа́ния-проектиро́вщик designing company

компаньо́н partner
~, гла́вный senior partner
~, иностра́нный foreign partner
~, мла́дший junior partner
~, не принима́ющий акти́вного уча́стия в веде́нии де́ла dormant partner
вы́ход ~а withdrawal of a partner

компенсацио́нн/ый compensation *attr.*, compensatory, back-to-back, buy[ing]-back
на ~ой осно́ве on a compensation basis

компенса́ци/я compensation, remuneration, recoupment, offset, recompense; (*убытков*) indemnity, indemnification; damages
~ в разме́ре compensation of
~, де́нежная refund, cash

indemnity, money (monetary, pecuniary) compensation
~, **достáточная** adequate (fair, sufficient) compensation
~, **закóнная** legal (legitimate) compensation
~ **за повреждéние** compensation for damage
~ **за ущéрб** damages; compensation for (reparation of) damages (losses)
~, **имýщественно-товáрная** compensation in kind
~ **кредúта постáвками продýкции** compensation of the credit through supplies of products
~, **нарóсшая** accrued indemnity
~, **недостáточная** inadequate (insufficient) compensation
~, **пóлная** full compensation
~ **потéрь** compensation for losses
~, **причитáющаяся** compensation due
~ **рабóчим за увéчье в связú с несчáстным слýчаем на произвóдстве** workmen's compensation
~ **расхóдов** compensation for (of) the costs (expenses)
~, **страховáя** insurance indemnity
~, **товáрная** compensation in kind
~ **убы́тков** [recovery of] damages, compensation for damage (losses), indemnity, reparation of losses, indemnification, restitution
~, **частúчная** partial compensation
вы́плата ~и payment of a remuneration (a compensation, an indemnity)
ответственность за ~ю liability for compensation
прáво на ~ю right to compensation
присуждéние ~и award of compensation
размéр ~и rate (size, extent) of compensation
размéр ~и, предéльный indemnity limit
скúдка для ~и затрáт на реклáму advertising allowance
сýмма ~и amount (sum) of compensation (indemnity)
выплáчивать ~ю pay a remuneration (a compensation, an indemnity), pay damages
давáть ~ю give compensation
имéть прáво на ~ю have the right (be entitled) to compensation
назначáть ~ю set compensation
платúть ~ю pay a remuneration (a compensation, an indemnity), pay damages
получáть ~ю receive (get) compensation (indemnity)
получáть ~ю за убы́тки recover damages
получáть ~ю от страховóй компáнии get compensation from an insurance company
предлагáть ~ю offer compensation
предусмотрéть ~ю provide for compensation
трéбовать ~ю за claim (demand) compensation (recompense) for
уплатúть ~ю за pay compensation (indemnity) for, pay damages
в ~ю in compensation of
в кáчестве ~и as compensation
подлежáщий ~и liable to indemnity

компенси́ровать compensate, pay compensation, make good, offset, refund, effect reimbursement, recompense; indemnify
компете́нтный competent
компете́нци/я competence; jurisdiction
~ **арбитра́жа** competence of arbitration
~ **арбитра́жной коми́ссии** competence of an arbitration commission
~ **внешнеторго́вой арбитра́жной коми́ссии** the jurisdiction of the Foreign Trade Arbitration Commission
~ **суда́** court jurisdiction
входи́ть в ~ю come (be, fall) within competence, fall under competence
выходи́ть за преде́лы ~и be beyond competence
находи́ться в ~и be under the jurisdiction
вне ~и out of *smb's* line
в преде́лах ~и within competence
ко́мплекс complex
~, **а́гро-промы́шленный** agro-industrial complex
~, **внешнеэкономи́ческий** foreign economic complex
~, **вы́ставочный** exhibition complex
~, **гости́ничный** hotel complex
~ **ма́ркетинга** marketing mix
~, **машинострои́тельный** machine-building complex
~, **межотраслево́й нау́чно-техни́ческий** intersectoral scientific and technical complex
~ **мероприя́тий** package (complex) of measures
~ **мероприя́тий по финанси́рованию** financing package
~, **нефтехими́ческий** petrochemical complex
~ **но́у-ха́у** know-how package
~ **обору́дования** outfit of equipment
~, **паро́мный** ferry complex
~, **порто́вый** port complex
~ **потребле́ния** complex of consumption
~, **произво́дственный** manufacturing complex
~, **промы́шленный** industrial complex
~ **услу́г** package (complex) of services
ко́мплексный comprehensive, all-round, complex
компле́кт set
~, **двойно́й** duplicate set
~ **докуме́нтов** set of documents
~ **запчасте́й** set of spare parts
~ **из не́скольких я́щиков** set of cases
~, **индивидуа́льный** individual set
~ **инструме́нтов** tool kit, set of tools; (*для ремонта*) repair kit
~ **коносаме́нтов, по́лный** complete (full) set of bills of lading
~ **материа́лов зая́вки** application file
~ **обору́дования** set of equipment
~ **образцо́в** set (range) of samples
~, **по́лный** full (complete) set (package)
~ **прибо́ров** set of instruments
~, **резе́рвный** stand-by set
~ **упако́вочных листо́в** set of packing lists
~ **экземпля́ров перево́дного ве́кселя (тра́тты)** set of bills [of exchange]

образцы́ ~ов (*инструментов*) model kits

платёж про́тив вруче́ния ~а това́рных докуме́нтов payment against delivery of shipping documents

цена́ за ~ price per set

вы́писать ~ упако́вочных листо́в make out a set of packing lists

поставля́ть в ~е provide as a package

предоставля́ть по́лный ~ provide a complete set

в ~е complete with

комплекта́ция 1. (*действие*) making (packing) up a set; completing units **2.** (*перечень, документ*) list of equipment (units, parts) of a single order

компле́ктность completeness

~ обору́дования completeness of equipment

~ техни́ческой документа́ции completeness of technical documentation

гаранти́ровать ~ обору́дования guarantee [the] completeness of equipment

компле́ктный complete

комплектова́ние:

~ обору́дования completion of equipment

~ рабо́чей си́лой manning

комплектова́ть complete; make up (pack) a set

комплекто́вочная ве́домость delivery list

комплекту́ющий completing

компоне́нт component; ingredient, constituent

~ы, высокока́чественные high quality components

~ы, многочи́сленные numerous components

~ы, отде́льные separate components

~ы, специа́льные (специфи́ческие) specific components

компроми́сс compromise

договори́ться о ~е arrange (agree to) a compromise

достига́ть ~а reach (arrive at) a compromise

пойти́ на ~ compromise, make a compromise

компроми́ссный compromise *attr.*

компью́тер computer

конвенцио́нный convention *attr.*, conventional

конве́нци/я convention

~, ко́нсульская consular convention

~, междунаро́дная international convention

~ по возду́шным перево́зкам air navigation convention

~ по де́нежным вопро́сам monetary convention

~, тамо́женная convention on tariffs

ратифика́ция ~и ratification of a convention

заключа́ть ~ю conclude a convention

подпи́сывать ~ю sign a convention

ратифици́ровать ~ю ratify a convention

конве́рсия conversion

~ за́йма conversion of a loan

~ са́льдо в свобо́дно конверти́руемую валю́ту conversion of the balance into convertible (hard) currency

конве́рт envelope, cover

~, водонепроница́емый waterproof envelope

~ запеча́танный sealed envelope

~, запеча́танный полиэтиле́новый heat sealed polythene (*амер.* polyethylene) envelope

~ с ма́ркой stamped envelope

вкла́дыш в ~ (*рекламный*) stuffer
вложи́ть в ~ с письмо́м enclose with a letter, attach to a letter
вскрыва́ть ~ open an envelope
закрыва́ть ~ cover an envelope
запеча́тывать ~ seal an envelope
надпи́сывать ~ address an envelope
в отде́льном ~е under separate cover
в том же ~е under the same cover

конверти́ровать convert

конверти́руемость (*обратимость*) convertibility, exchangeability, ready interchangeability
~ валю́ты convertibility (exchangeability) of a currency, currency convertibility (exchangeability)

конверти́руемый convertible
свобо́дно ~ readily (freely) convertible

конгре́сс congress
~, всеми́рный world congress
~, междунаро́дный international congress
~, нау́чный scientific congress
проводи́ть ~ hold a congress
на ~е at the congress

коне́чный final, ultimate, terminal

конкуре́нт competitor, [business] rival
~ы, важне́йшие (гла́вные) major competitors
~ы, иностра́нные foreign competitors
~ы, ме́стные domestic competitors
~, основно́й main competitor
~ы, потенциа́льные would-be competitors
~, торго́вый commercial rival
воспрепя́тствовать проникнове́нию ~ов forestall (preclude) the entry of competitors
не допуска́ть ~ов на ры́нок keep competitors out of the market

конкуре́нтный competitive, competition *attr.*

конкурентоспосо́бност/ь competitiveness, competitive power (strength, position)
~ това́ров и услу́г competitiveness of goods and services
показа́тель ~и index of competitiveness
повыша́ть ~ това́ров raise competitive capacity of goods

конкурентоспосо́бный competitive

конкуре́нци/я competition, rivalry
~, акти́вная active (animated, spirited) competition
~, внутриотраслева́я intrabranch (intraindustry) competition
~ в о́бласти организа́ции и стимули́рования сбы́та competition in selling effort
~, глоба́льная global competition
~, жесто́кая severe (fierce, stiff, ruthless) competition
~ за ка́чество competition in quality
~, и́мпортная import competition
~, ко́свенная indirect competition
~, межотраслева́я interindustry competition
~, монополисти́ческая monopolistic competition (rivalry)

~ **на мировы́х ры́нках** competition on the world markets
~, **недобросо́вестная** unfair competition
~, **неограни́ченная** unrestrained competition
~, **нече́стная** unfair competition
~, **неэффекти́вная** unworkable competition
~, **ожесточённая** fierce (cutthroat, rigorous) competition
~, **оживлённая** active (animated, spirited) competition
~, **о́страя** keen competition
~ **по це́нам** price competition
~, **прямая** direct competition
~, **разруши́тельная** destructive competition
~, **реа́льно существу́ющая** actual competition
~, **ры́ночная** market competition (rivalry)
~, **свобо́дная** free competition
~, **си́льная** keen (fierce) competition
~, **скры́тая** latent competition
~ **[среди́] покупа́телей** buyers' competition
~ **[среди́] продавцо́в** sellers' (interseller) competition
~, **торго́вая** commercial competition (rivalry)
~, **хи́щническая** predatory competition
~, **ценова́я** price competition; price cutting, underselling, dumping
~, **че́стная** fair (bona fide) competition
~, **чи́стая** pure competition
~, **эффекти́вная** workable competition
давле́ние ~и pressure of competition
механи́зм ~и competitive mechanism
обостре́ние ~и aggravation (sharpening) of competition
ограниче́ние ~и limitation of competition
сте́пень ~и degree (extent, level) of competition
быть втя́нутым в ~ю be drawn into competition
включа́ться в ~ю enter a competition
выде́рживать ~ю stand (sustain, withstand, defy, meet) competition
выи́грывать ~ю win the competition
избега́ть ~и avoid competition
ликвиди́ровать существу́ющую ~ю eliminate existing competition
ната́лкиваться на ~ю encounter (meet with, face) competition
ограни́чивать ~ю limit competition
смягча́ть ~ю mitigate competition
создава́ть серьёзную ~ю по це́нам provoke a strong price competition
ста́лкиваться с ~ей encounter (meet with, face) competition
уси́ливать ~ю strengthen (step up) competition

конкури́ровать compete, rival
~ **с успе́хом** defy competition

конкури́рующий competitive, rival
непосре́дственно ~ с directly competitive with

ко́нкурс contest, competition
~, **междунаро́дный** international contest
~ **откры́тый** open competition (contest)

объяви́ть ~ announce a contest
уча́ствовать в ~е contest, compete, take part in a contest

коносаме́нт (*транспортная накладная*) bill of lading, *сокр.* B/L; (*в телеграммах*) blading, B/Lading
~ без пра́ва переда́чи non-negotiable bill of lading
~, бортово́й shipped (on board) bill of lading
~, вне́шний outward bill of lading
~, вну́тренний inland bill of lading
~, вы́данный на определённое лицо́ straight bill of lading
~, группово́й groupage bill of lading
~, дати́рованный бо́лее по́здним число́м post-dated bill of lading
~, запо́лненный completed bill of lading
~, именно́й straight bill of lading
~, кра́ткий short form bill of lading
~, лине́йный liner bill of lading
~, лока́льный local bill of lading
~, морско́й ocean (ship, steamer, steamship) bill of lading
~ на груз, ввози́мый на вы́ставку inward bill of lading
~ на груз, вывози́мый с вы́ставки outward bill of lading
~ на груз, ме́лкий шту́чный omnibus bill of lading
~на груз, при́нятый для погру́зки alongside (received for shipment) bill of lading
~ на груз, при́нятый для погру́зки на су́дно, ещё не прибы́вшее в порт custody (port) bill of lading
~ на предъяви́теля bearer (blank) bill of lading, bill of lading to bearer
~, необоро́тный non-negotiable bill of lading
~, нечи́стый claused (dirty, foul, qualified, unclean) bill of lading
~, о́рдерный order bill of lading, bill of lading [made out] to order
~, о́рдерный с бла́нковой переда́точной на́дписью bill of lading made out to order and endorsed in blank
~, оригина́льный (по́длинный) original bill of lading
~ при возду́шных перево́зках air bill of lading
~ «при́нято на борт» "Received-on-Board" bill of lading
~, прямо́й direct bill of lading
~, речно́й river bill of lading
~, сбо́рный groupage bill of lading
~, сквозно́й through (transhipment) bill of lading
~, складско́й custody bill of lading
~, служе́бный service bill of lading
~ с огово́рками claused (foul, qualified) bill of lading
~ с отме́ткой «фрахт подлежи́т упла́те грузополуча́телем» "Freight Collect" bill of lading
~ с отме́ткой «фрахт упла́чен» "Freight Paid" bill of lading
~ с поме́тками claused (foul, qualified) bill of lading
~, тра́нспортный consignment (delivery) note, bill of lading,

way bill, *сокр.* W.B., w.b.
~, чи́стый clean bill of lading
~, чи́стый бортово́й clean on board bill of lading
да́та ~а date of a bill of lading, bill of lading date
да́та подписа́ния ~а date of the signing of a bill of lading
держа́тель ~а holder of a bill of lading, bill of lading holder
компле́кт ~ов set of bills of lading
ко́пия ~а copy (duplicate) of a bill of lading, copy bill of lading
но́мер ~а bill of lading number
оригина́л ~а original bill of lading
отме́тка (поме́тка) в ~е remark (reservation, [detrimental] clause) in a bill of lading
предъяви́тель ~а bearer of a bill of lading
предъявле́ние ~а presentation (production) of a bill of lading
профо́рма ~а proforma bill of lading
усло́вия ~а bill of lading terms, terms (conditions) of a bill of lading
фо́рма ~а bill of lading form, form of a bill of lading
фотоко́пия ~а photocopy of a bill of lading
экземпля́р ~а copy [of a] bill of lading
вруча́ть ~ hand [over] a bill of lading
выдава́ть ~ issue (give) a bill of lading
выдава́ть не́сколько ~ов на одну́ па́ртию split a parcel on different bills of lading
выпи́сывать ~ make out (draw up, prepare, compile) a bill of lading
заде́рживать вы́дачу ~а delay issuing a bill of lading
передава́ть ~ hand [over] a bill of lading
подпи́сывать ~ sign a bill of lading
предъявля́ть ~ present (produce) a bill of lading
сде́лать ко́пии ~а make bills of lading copies
составля́ть ~ make out (draw up, prepare, compile) a bill of lading
по ~у against (under) a bill of lading
в соотве́тствии с ~ом under a bill of lading

консервати́вный conservative

консигна́нт (*отправитель груза*) consignor

консигна́тор (*грузополучатель*) consignee

консигнацио́нный consignment *attr.*

консигна́ци/я consignment
~, безвозвра́тная unreturnable consignment
~, возвра́тная returnable consignment
догово́р ~и contract of consignment
срок ~и consignment period, period of consignment
усло́вия ~и terms of consignment (consignation), consignment terms
находи́ться на ~и be on consignment
отправля́ть на ~ю consign, send on consignment
передава́ть това́р на ~ю give (place) goods on consignment
поставля́ть това́р на ~ю deliver goods on consignment
посыла́ть на ~ю consign, send on consignment

торговáть на услóвиях ~и trade (do business) on [a] consignment basis

на услóвиях ~и on [a] consignment basis

консолидáция (*объединение*) consolidation

~ бáнков consolidation of banks

консолиди́рованный (*объединённый*) consolidated

консолиди́ровать consolidate

консóрциум syndicate, consortium

~, бáнковский banking syndicate, consortium of banks

~, междунарóдный international consortium

~ подря́дчиков consortium of contractors

ликвидáция ~а liquidation (winding up) of a consortium

регистрáция ~а registration of a consortium

соглашéние об организáции ~а syndicate agreement

вступáть в ~ enter [into] a consortium

выходи́ть из ~а withdraw (retire) from a consortium

образовáть ~ form (establish) a consortium (syndicate)

рабóтать на оснóве ~а work on a consortium basis

конструи́рование designing; engineering; development

конструи́ровать 1. (*сооружать*) construct; **2.** (*проектировать*) design, make designs; engineer

конструкти́вный constructive

констрýктор designer, design engineer, constructor

~, ведýщий leading designer, design project leader

~, генерáльный principal designer

~, глáвный chief designer

замести́тель глáвного ~а deputy chief designer

констрýкторский design *attr.*

констрýкторско-технологи́ческий engineering

констрýкци/я 1. (*проект, устройство*) design **2.** (*сооружение, строение*) construction, structure

~ дли́тельного пóльзования durable construction

~ издéлия product design, design of a workpiece

~ маши́ны design of a machine

~ многокрáтного испóльзования durable construction

~, надёжная reliable design

~, ненадёжная unreliable design

~, неправи́льная faulty design

~, нóвая new design, model development, redesign

~и, новéйшей of the latest (recent) design

~ оборýдования design of equipment, equipment design

~, опóрная supporting framework

~, оптимáльная optimum design

~, осóбая distinct design

~, оши́бочная faulty design

~и, послéдней of the latest (recent) design

~, совремéнная current (advanced) design

~, стандáртная (типовáя) standard design

~, уникáльная unique design

~, унифици́рованная standard elements

~, функциони́рующая operative construction (structure)

анáлиз ~и design analysis

вы́бор вариáнта ~и design selection

дефе́кт в ~и defect in design, design fault
измене́ние в ~и modification of (alteration in) the design, design modification, redesign
лице́нзия на ~ю license for design
надёжность ~и design reliability
наруше́ние ~и infringement of design
одобре́ние ~и design approval
пара́метры ~и design parameters
пересмо́тр ~и design review
погре́шность ~и design fault
пра́вильность ~и proper design
предложе́ние ~и design proposal
разрабо́тка но́вой ~и new design, model development
улучше́ние существу́ющей ~и improvement to a current design
упроще́ние ~и simplification of design
вноси́ть измене́ния в ~ю маши́ны make alterations (introduce changes) in the design of a machine
обсуди́ть ~ю negotiate a design
оптимизи́ровать оконча́тельную ~ю optimize the final design
переде́лывать ~ю redesign
применя́ть ~ю apply a design
проверя́ть ~ю check a design
разраба́тывать ~ю design, develop (work out) a design
улучша́ть ~ю improve (refine) a design

ко́нсул consul
~, генера́льный consul-general

консульта́нт consultant, adviser
~, гла́вный prime consultant
~, дополни́тельный additional adviser
~ морско́й арбитра́жной коми́ссии consultant of the Maritime Arbitration Commission
~, нау́чный scientific consultant
~, пла́тный paid adviser
~ по вопро́сам управле́ния management consultant
~ по диза́йну design consultant
~ по инжене́рно-техни́ческим вопро́сам engineering consultant
~ по иссле́дованиям exploration consultant
~ по монтажу́ erection adviser
~ по нало́гам taxation adviser
~ по организа́ции сбы́та marketing consultant
~ по рекла́ме advertising consultant, publicity adviser
~ по фина́нсовым вопро́сам financial adviser (consultant)
~ по юриди́ческим вопро́сам legal adviser (consultant)
~, техни́ческий technical adviser
~, экономи́ческий economic[al] adviser

консультати́вный advisory, consultative

консультацио́нный consulting, advisory

консульта́ци/я 1. (*действие*) consultation **2.** (*совет*) advice, expert opinion **3.** (*учреждение*) consultation office (bureau)
~и, взаи́мные mutual (reciprocal) consultations
~ по произво́дственным вопро́сам advice on production

~ по торгóво-экономи́ческим вопрóсам consultation on trade and economic matters
~, техни́ческая technical consultation
~, юриди́ческая legal consultation (advice) office (bureau)
~ юри́ста legal advice
давáть ~ю give a consultation
предостáвить техни́ческую ~ю provide technical consultation (counsel)

консульти́роваться consult, have (hold) a consultation, ask for advice

контáкт contact, communication, touch
~ы, внéшние external communications
~ы, внýтренние internal communications
~ы, дальнéйшие further contacts
~ы, двусторóнние bilateral contacts
~ы, деловы́е business contacts
~ы, кóсвенные indirect contacts
~ы, ли́чные personal contacts (communications)
~ы, начáльные initial contacts
~ы, неофициáльные unofficial (informal) contacts
~ы, непосрéдственные (прямы́е) direct contacts
~, тéсный close contact
~ы, техни́ческие technical contacts
~ы, торгóвые trade (commercial) contacts
разви́тие ~ов development of contacts
установлéние ~ов establishing of contacts
быть в ~е be (keep) in touch (contact)
быть в постоя́нном ~е be in constant touch
вступи́ть в ~ get in touch, make contact, contact
вступи́ть в ~ впервы́е make initial contact
входи́ть в ~ make contact, come into contact, contact
имéть ~ы have contacts
имéть ~ы во всём ми́ре have world-wide contacts
налáдить ли́чные ~ы develop (form, make) personal contacts
налáдить прямы́е ~ы develop direct contacts
находи́ться в ~е be (keep) in touch (contact)
не быть в ~е be out of touch
поддéрживать ~ keep in touch, maintain contact
поддéрживать ли́чный ~ keep (maintain) personal contact
развивáть (расширя́ть) ~ы develop (promote, expand, extend) contacts, make further contacts
укрепля́ть ~ы consolidate (strengthen) contacts
устанáвливать ~ы get in contact (in touch), establish contacts, make contacts
устанáвливать ли́чные ~ы make (form) personal contacts

контáнго *бирж.* (*надбавка к цене наличного товара при заключении сделки на более отдалённый срок*) contango
размéр ~ size of contango

контéйнер container, *сокр.* cntr
~, большегрýзный high-capacity (supersize) container
~, влагонепроницáемый moisture-proof container

~, **грузово́й** cargo (shipping, freight) container
~, **20-фу́товый** 20-foot container, 20-footer
~ **для морско́й транспортиро́вки гру́за** marine cargo container
~ **для перево́зки сыпу́чих гру́зов** bulk carriage container
~ **для прямы́х перево́зок** container for direct transportation
~ **для сме́шанных автомоби́льно-во́дно-железнодоро́жных перево́зок** container for combined road-water-rail transportation
~ **для упако́ванных гру́зов** packaged-freight container
~, **железнодоро́жный** railway container
~, **крупнотонна́жный** large-tonnage container
~, **неохлажда́емый** unrefrigerated container
~, **опеча́танный** sealed container
~, **охлажда́емый** refrigerated container
~, **полногру́зный** fully loaded container
~, **пусто́й** empty container
~, **рефрижера́торный** refrigerated container
~ **с непо́лной загру́зкой** less than container load, *сокр.* LCL
~, **40-фу́товый** 40-foot container, 40-footer
~ **с откры́тым ве́рхом** open-top container
~, **специализи́рованный (специа́льный)** special container
~, **транзи́тный** transit container
~, **транспортиро́вочный** cargo (shipping, freight) container
~, **универса́льный** universal (general-purpose) container
~**ы, упако́ванные поставщико́м** merchant-packed containers
~, **уси́ленный** reinforced container
~, **эласти́чный** flexitainer
вну́тренняя пове́рхность ~**а** the inside of a container
обрабо́тка ~**ов** handling of containers
отгру́зка в ~**ах** containerized shipment
пла́та за по́льзование ~**ом** container charge[s]
поро́жние пробе́ги ~**ов** empty container trips
прока́т ~**ов** container leasing
просто́й ~**а** demurrage of a container
вывози́ть ~ pick up a container
загружа́ть (заполня́ть) ~ fill (stuff, stow, load) a container
опеча́тывать (пломбирова́ть) ~ seal a container, secure a container with a seal
предоста́вить ~**ы** provide containers
разгружа́ть ~ unload (unstuff) a container
распакова́ть ~ unpack a container
укла́дывать в ~**ы** pack in[to] containers

контейнериза́ция containerization
конте́йнеризованный containerized
конте́йнерный container *attr.*
контейнерово́з container carrier, container vessel (ship), containerized vessel (ship)
~ **с вертика́льной погру́зкой** lift-on/lift-off (lo-lo) container carrier

~, **ячéистый** cellular container carrier
контейнеровóз-рóлкер ro-ro container carrier
контéйнер-прицéп container-trailer
контéйнер-холоди́льник refrigerated container
контéйнер-цистéрна tank-container
контингéнт (*квота*) quota, contingent
~**ы, ввозны́е** quota of imports, import quotas
~, **глобáльный** global contingent
~**ы, и́мпортные** quota of imports, import quotas
~**ы, индивидуáльные** individual contingents
~**ы, установленные с цéлью получéния торгóвых устýпок** bargaining quotas
~**ы, э́кспортные** quotas of exports, export quotas
~, **я́рмарочный** fair contingency
отмéна ~**а** abolition of a quota
систéма и́мпортных ~**ов** import quota system
увеличéние ~**а** enlargement of a quota
контингенти́рование quantitative restrictions
~ **ввóза** quantitative regulation of imports, fixing quotas for imports, imposition of import quotas
~ **ввóза и вы́воза товáров капиталисти́ческих госудáрств** quantitative regulation of imports and exports of capitalist states
~ **товарооборóта** quantitative regulation of trade turnover
континентáльный continental
контокоррéнт (*текущий счёт*) current account, account current; book account
вклад по ~**у** deposit on current account, current account deposit
вы́писка из ~**а** statement (abstract) of account
оперáция по ~**у** current account operation
контокоррéнтный current account *attr.*
контóр/а office
~, **банки́рская** bank
~, **глáвная** head (principal, central, main) office
~, **головнáя** main office
~, **грузовáя** freight office
~, **зарегистри́рованная** registered office
~, **и́мпортная** import office
~, **нотариáльная** notary (notarial) office
~, **почтóвая** mail dispatching office
~, **приёмочная** receiving office
~, **проéктная** design office
~, **размéнная** (*пункт по обмену иностранной валюты*) exchange office
~, **ревизиóнная** audit office
~, **страховáя** insurance office
~, **трáнспортная** transport company
~, **фрахтóвая** freight office
~, **э́кспортная** export office
дирéктор ~**ы** director, office manager
замести́тель дирéктора ~**ы** deputy director
сеть контóр network of offices
откры́ть ~**у** start an office
укомплектовáть ~**у персонáлом** man an office by personnel

конторский office *attr.*

контрабанд/а 1. smuggling, contraband, illegal (illicit) traffic **2.** (*товары*) contraband
изъятие ~ы seizure of contraband
заниматься ~ой run contraband, smuggle, practise smuggling
конфисковать ~у seize (confiscate) contraband [goods]
провозить ~ой (*в страну*) smuggle in; (*из страны*) smuggle out

контрабандный illicit, contraband *attr.*

контрагент contracting party, counterpart, foreign partner
~ы, возможные potential counterparts (partners)

контракт contract, agreement
~, аккордный blanket contract, package deal
~«амбрелла» "umbrella" contract
~ без оговорённого срока действия open-end contract
~ без оговорённого срока поставки indefinite delivery type contract
~ы, будущие future contracts
~, большой large contract
~, взаимовыгодный mutually beneficial contract
~, всеобъемлющий total package procurement contract
~, выгодный profitable contract
~, генеральный general contract
~, глобальный global contract
~, данный referenced (present) contract
~, действительный valid contract
~, действующий operating contract
~, долгосрочный long-term (period) contract
~ы, ежегодные yearly contracts
~, заключённый signed (concluded) contract
~, засекреченный classified contract
~ инженерного проектирования design engineering contract
~, исключающий exclusive contract
~, краткосрочный short-term (period) contract
~ купли-продажи sale[s] and purchase contract, contract of purchase (sale), purchase (sale) contract
~ на аренду выставочной площади contract for space
~ на выполнение проектно-изыскательских работ contract for carrying out design and survey work[s]
~ на командирование специалистов contract for the sending of specialists
~ на компенсационных условиях compensation contract, contract on a compensatory (compensation) basis; production sharing contract
~ на обслуживание service contract
~ на обучение персонала contract for training personnel
~ на общую сумму contract for the total amount
~ на перевозку contract of carriage, freight contract
~ на поставку комплектного оборудования contract for the supply of complete equipment
~ на продажу contract of sale, sale contract

~ на прода́жу лице́нзий но́у-ха́у contract for the sale of know-how

~ на ра́зовую поста́вку contract for a single shipment

~ на разрабо́тку development[al] contract

~ на реа́льный това́р *бирж.* spot contract

~, настоя́щий referenced (present) contract

~ на строи́тельство «под ключ» turn-key contract

~ на техни́ческое обслу́живание contract for technical service

~ на това́р commodity contract

~ на тра́мповую перево́зку single-trip charter

~ на упако́вку това́ра packing contract

~ на усло́виях «под ключ» turn-key contract

~ на усло́виях ри́ска risk contract

~ на фрахтова́ние су́дна contract for freight, freight contract

~, недействи́тельный void contract

~, невы́полненный outstanding (unfulfilled) contract

~ о рабо́те по на́йму contract of employment

~, основно́й prime contract

~, оспори́мый voidable contract

~, откры́тый open-end contract

~, официа́льный official (formal) contract

~, офо́рмленный formal contract

~, первонача́льный original (initial) contract

~, подпи́санный до́лжным о́бразом duly signed contract, contract duly signed

~ подря́да construction contract

~, пожи́зненный life contract

~ «по́лу-под-клю́ч» semi-turn-key contract

~, поощри́тельный incentive contract

~, прави́тельственный government contract

~, предлага́емый proposed contract

~, предше́ствующий (преды-ду́щий) previous contract

~, прие́млемый acceptable contract

~ «прода́кшн шэ́ринг» production sharing contract

~ с зара́нее устано́вленной цено́й flat fee contract

~, слове́сный verbal contract

~, соли́дный substantial contract

~, соотве́тствующий appropriate contract

~, сро́чный terminal (future, fixed-term) contract

~ с субподря́дчиком subcontract

~ с твёрдой цено́й fixed-price contract

~, типово́й contract form, standard form of contract, model (standard, typical) contract

~, торго́вый trade (commercial) contract

~, фрахто́вый contract for freight, freight contract

~, фью́черсный *бирж.* futures contract

аннули́рование ~а cancellation (termination, annulment, nullification, rescission, repudiation) of a contract

аннули́рование часте́й ~а partial cancellation of a contract
бланк ~а contract form
валю́та ~а currency of a contract
внесе́ние измене́ний в ~ introduction of alterations (changes, modifications) to (in) a contract, contract modifications, making amendments in a contract
возобновле́ние ~а renewal of a contract
вы́держка из ~а contract extract
вы́платы по ~у contract[ual] payments
выполне́ние ~а performance (fulfilment, execution, implementation) of a contract
выполне́ние ~а, надлежа́щее proper performance of a contract
вы́писка из ~а contract extract
ге́рбовый сбор с ~а stamp duty on a contract
да́та вступле́ния ~а в си́лу effective date of a contract, date of a contract coming into force
да́та подписа́ния ~а date of signing a contract
дета́ли ~а contract details
договорённость по ~у contractual arrangement
дополне́ние к ~у addendum (supplement) to a contract, contract appendix
заверше́ние ~а completion of a contract (contractual obligations)
заключе́ние ~а conclusion (signing) of a contract, contract award
заключе́ние ~ов с субподрядчиками subcontracting
измене́ние к ~у alteration (modification) to (in) a contract
исполне́ние ~а performance (fulfilment, execution, implementation) of a contract
наруше́ние ~а infringement (violation, breach) of [the terms of] a contract
невыполне́ние ~а non-performance (non-fulfilment, non-execution) of a contract, failure to perform a contract, default of (on) a contract
неотъе́млемая часть ~а integral part of a contract
но́мер ~а contract number
образе́ц ~а contract form
обсужде́ние усло́вий ~а contract negotiation
о́бщая сто́имость ~а total value of a contract, total contract value
о́бщие усло́вия ~а general conditions of a contract
обяза́тельства по ~у contract commitments (obligations, liabilities), contractual obligations, obligations (commitments, liabilities) under a contract
огово́рка в ~е clause in a contract
оригина́л ~а original contract
пара́графы ~а clauses (provisions) of a contract
перево́зка по ~у transportation under a contract, contract hauling
перегово́ры по ~у contract negotiations
перепи́ска по ~у contract correspondence, correspondence under a contract
платёж при подписа́нии ~а payment to initiate a contract
подписа́ние ~а signing (signature) of a contract

попра́вка к ~у amendment to a contract
поста́вки по ~у contractual deliveries (supplies), deliveries (supplies) under a contract
преде́лы ~а limits of a contract
предме́т ~а subject (object) of a contract
прекраще́ние выполне́ния ~а suspension of contractual obligations [to perform]
прекраще́ние де́йствия ~а termination (discontinuance) of a contract
прете́нзия по ~у claim based on (in connection with) a contract
приложе́ние к ~у supplement (appendix, addendum) to a contract, contract supplement (appendix, addendum)
програ́мма выполне́ния рабо́т по ~у programme of the duties to be carried out under a contract
прое́кт ~а draft [of a] contract
пункт ~а clause (item, provision) of a contract
рабо́та по ~у contractual employment, contract work, work on a contract
размеще́ние ~ов placement (placing) of contracts
расторже́ние ~а cancellation (termination, rescission, avoidance, repudiation) of a contract
расхо́ды по ~ам contract[ual] costs (expenses)
расчёты по ~у contract payments (settlements)
спор по ~у contractual dispute
срок выполне́ния ~а period (term) of execution of a contract
срок де́йствия ~а validity (duration, period, term) of a contract, contract[ual] period
статья́ ~а contract clause (article), clause (article) of a contract
сто́имость ~а value (cost) of a contract, contract value (cost); value of a deal
су́мма ~а amount of a contract, contract sum
су́ммы по ~у contract sums
су́щность ~а essence of a contract
текст ~а text of a contract
толкова́ние ~а contract interpretation
упако́вка гру́за по ~у packing on a contract
усло́вия ~а terms and conditions (terms, provisions, conditions) of a contract
ход выполне́ния ~а progress (fulfilment) of a contract, course of the implementation of a contract
фо́рма ~а contract form, form of a contract
цена́ и о́бщая су́мма ~а price and the total amount (sum, value) of a contract
цена́ по ~у contract price
часть ~а part of a contract, contract part
аннули́ровать ~ cancel (terminate, annul, nullify, rescind, avoid, void, repudiate) a contract, declare a contract null and void
вводи́ть ~ в си́лу put a contract in force (into effect), constitute a contract
включа́ть (вноси́ть) в ~ усло́вия и пу́нкты insert terms and clauses in a contract

вноси́ть измене́ния в ~ make (introduce) alterations (modifications) in[to] a contract
вноси́ть попра́вки в ~ amend a contract, make amendments in (to) a contract
вноси́ть я́сность в обя́занности по ~у clarify contractual obligations
возобновля́ть ~ renew a contract
выполня́ть ~ perform (execute, fulfil, carry out, implement, honour) a contract
выполня́ть ~ к удовлетворе́нию всех уча́ствующих сторо́н fulfil a contract to the satisfaction of all concerned
выходи́ть за преде́лы усло́вий ~а be outside the scope (field of agreement) of a contract
дать обоснова́ние ~а propose a basis for a contract
заве́рить ~ certify a contract
заверши́ть выполне́ние ~а complete contractual obligations
задержа́ть подписа́ние ~а delay contract signing
заключа́ть ~ conclude (make, enter into, negotiate, place, establish) a contract, contract; win a contract; award a contract
заключа́ть ~ на поста́вку sign a contract for the supply (delivery) of, sign a contract to supply
заключа́ть ~ непосре́дственно с make a contract directly with
изменя́ть усло́вия ~а alter (modify) provisions of a contract
име́ть ~ hold a contract
исключи́ть из ~а delete from a contract
испо́лнить обяза́тельства по ~у fulfil (execute) engagements (obligations) under a contract
канцели́ровать часть ~а cancel a contract partially
кассировать ~ rescind (annul) a contract
направля́ть ~ forward a contract
наруша́ть ~ infringe (break, violate) a contract
не входи́ть в усло́вия ~а fall outside the terms and conditions of a contract
облага́ть ~ нало́гом levy a contract
обсужда́ть ~ negotiate a contract
определи́ть предме́т ~а define the subject (object) of a contract
отвеча́ть усло́виям ~а conform to (comply with) the contract, meet contract requirements (criteria)
отступа́ть от [усло́вий] ~а depart from a contract, back out of a contract
оформля́ть ~ execute a contract
парафи́ровать ~ initial a contract
переда́ть ~ в субаре́нду sublet a contract
пересма́тривать ~ revise a contract
печа́тать ~ type a contract
подгото́вить ~ prepare a contract
подпи́сывать ~ sign a contract
подтвержда́ть ~ confirm (evidence) a contract
подписа́ть дополне́ние к ~у sign an addendum to the contract
получа́ть ~ win (obtain, be awarded) a contract

поставлять по ~у deliver (supply) against (under, on) a contract
представлять ~ на рассмотрение present a contract for consideration
предусматривать ~ом stipulate (provide for) by a contract
предусматривать расторжение ~а provide for (stipulate) termination of a contract
прекращать действие ~а terminate (discontinue) a contract
принимать ~ accept a contract
проверять выполнение ~а check the performance of a contract
противоречить ~у be in conflict with a contract
рассматривать ~ consider a contract
расторгать ~ cancel (terminate, rescind, avoid, repudiate) a contract
расторгать ~ полностью cancel a contract in whole
сделать оговорку к ~у make a clause on a contract
соблюдать условия ~а observe the terms and conditions of a contract
согласиться с аннулированием ~а accept the cancellation (annulment, nullification, rescission, repudiation) of a contract, accept contract termination
согласовать ~ agree on a contract
согласовать статьи ~а agree [on] articles of a contract
соглашаться на ~ accept a contract
соответствовать условиям ~а meet the contract conditions
составлять ~ draw up (make up, frame) a contract
считать ~ потерявшим силу consider a contract null and void
финансировать ~ finance a contract
в исполнение ~а in execution (fulfilment) of a contract
во время выполнения ~а during the performance (fulfilment, execution) of a contract
во время обсуждения ~а during contract negotiations
в пределах ~а within the contract limit
в соответствии с ~ом in accordance (conformity, compliance) with a contract, as per contract, as contracted
в счёт ~а against a contract
в ходе выполнения ~а during the course of a contract
до завершения ~а previous to the completion of a contract
до подписания ~а prior to signing a contract
на базе ~а on a contract basis
на условиях, предусмотренных в ~е on the terms stipulated (provided for) in the contract
не предусмотренный условиями ~а outside the terms and conditions of a contract
обязанный по ~у bound by a contract
по окончании срока ~а on termination of a contract
по условиям ~а under the terms [and conditions] of a contract
при подписании ~а while (when) signing a contract, during the signing (signature) of a contract, at the time of signing a contract, upon [the] signing [of] a contract

согла́сно ~у under (against, on) a contract, as per contract

согла́сно тре́бованию ~а as per contract requirement

~ вступа́ет в си́лу the contract comes into effect (force)

~ действи́телен до the contract is valid up to

контракта́ция contracting

контра́ктный contract *attr.*

контрактова́ть contract

контракту́ющий contracting

контрассигна́нт *юр.* countersignatory

контрассигна́ция *юр.* countersign

контрассигнова́ть *юр.* countersign

контре́йлер piggiback, trailer (container) on a flat car

контре́йлерный piggiback *attr.*

контрме́ра counter-measure

контролёр inspector, supervisor, controller, *амер.* comptroller

~, веду́щий leading supervisor

~, генера́льный general controller

~, заводско́й factory controller

~ корпора́ции controller of a company

~ отчётности auditor

~ при погру́зке и вы́грузке tallyman, surveyor

~, тамо́женный customs inspector

контроли́рование control; monitoring

~ проце́сса process monitoring

контроли́ровать control, supervise; monitor; check, verify; inspect; be in control of, have (exercise) control over

контроли́руемый controlled, supervised

контроли́рующий control *attr.*, supervisory; monitoring

контро́л/ь control, supervision; (*непрерывный*) monitoring; (*проверка*) check, verification; (*осмотр, проверка*) inspection

~, автомати́ческий automatic check

~, администрати́вный administrative control

~, бухга́лтерский accounting control

~, валю́тный [foreign] exchange control [regulations], currency regulations, monetary control

~, вне́шний outside control

~, вну́тренний internal control

~, вы́борочный random inspection (check), percentage (sampling) inspection (control), selective control

~, госуда́рственный government (state) control

~, единообра́зный uniform control

~, жёсткий tight control

~ за движе́нием зака́зов order control

~ за погру́зкой supervision of loading

~ за поста́вками shipping control; monitoring of shipments

~ за поступле́нием зака́зов order intake control

~ за рабо́той supervision of work

~ за соблюде́нием догово́ра verification of compliance with an agreement

~ за состоя́нием окружа́ющей среды́ environmental control

~ за страховы́ми опера́циями insurance control
~ за хо́дом рабо́т progress control
~ за э́кспортом и и́мпортом control over export and import
~ и регули́рование де́нежных опера́ций cash (monetary) management
~ и регули́рование долговы́х отноше́ний debt management
~ и регули́рование спро́са demand management
~ ка́чества и коли́чества quality and quantity check (control, inspection)
~ ка́чества материа́лов material quality control
~ ка́чества проду́кции product quality control, product inspection
~, креди́тный credit control
~, ли́чный individual control
~, межпроизво́дственный interindustrial supervision
~ монопо́лий monopoly control
~ над ба́нковской де́ятельностью bank supervision
~ над загрязне́нием окружа́ющей среды́ pollution control
~ над потреби́тельским креди́том consumer credit control
~ над це́нами (*со стороны государства*) price control, control over prices
~ над це́нами и за́работной пла́той wage-price control
~ над *чем-л.* control over *smth*
~, наро́дный popular control
~, непосре́дственный direct control
~, непостоя́нный variable control
~, непреры́вный continuous control
~, норма́льный standard control
~, обще́ственный public (social) control
~, операти́вный operational (effective) control
~, па́спортный passport control
~, периоди́ческий cycle (periodic) control
~, пограни́чный passport control
~, подро́бный detailed verification
~, по́лный overall control
~, после́довательный sequential control
~ поставщика́ supplier control
~, постоя́нный constant control
~ приёмочный (при приёмке) acceptance sampling; acceptance inspection (testing)
~, прямо́й direct control
~, рабо́чий workers' control
~, разу́мный reasonable control
~, регуля́рный regular control
~ состоя́ния проду́кции product status control
~, специа́льный special control
~, сплошно́й total inspection (check), complete control
~, стро́гий close check, strick control
~, счётный accounting control
~, тамо́женный customs inspection, examination by customs officers
~, теку́щий running (routine, current) control
~, техни́ческий technical control
~, фина́нсовый fiscal (financial) control
~ цен control over prices

~, части́чный partial inspection
~, эксплуатацио́нный field inspection
~, э́кспортный export control
акт ~я certificate of inspection
знак ~я control sign
ме́тод ~я inspection (control) method
ме́тод ~я ка́чества quality control method
мето́дика ~я ка́чества quality control procedure (technique)
о́рган ~я control authority (authorities)
о́рган ~я над це́нами price control authority (authorities)
отде́л ~я ка́чества quality control department
отде́л техни́ческого ~я, *сокр.* **ОТК** technical control department
отсу́тствие ~я lack of control
отчёт о приёмочном ~е на предприя́тии factory inspection report
персона́л, осуществля́ющий ~ технологи́ческого проце́сса process control staff
план приёмочного ~я inspection plan
пра́вила ~я control regulations
процеду́ра ~я control procedure
систе́ма ~я inspection (control) system
табли́ца ~я ка́чества quality control table
брать под ~ bring (put) under control
вводи́ть ~ adopt control
взять на себя́ ~ assume control
восстана́вливать ~ restore control
вы́йти из-под ~я get (pass) out of control, get beyond control
обеспе́чивать ~ assure control
осуществля́ть ~ exercise (carry out, perform, maintain, effect, have) control, supervise, handle
отменя́ть ~ drop control
перегружа́ть гру́зы, находя́щиеся под тамо́женным ~ем tranship goods under bond
передава́ть под ~ place under control
проходи́ть па́спортный ~ pass through passport control
рабо́тать при минима́льном ~е work with minimum supervision
сохраня́ть ~ retain control
ста́вить под ~ bring (put) under control
уси́ливать ~ strengthen control
устана́вливать ~ set up (establish) control
устана́вливать поря́док ~я ка́чества set up (establish) quality control procedures

контро́льный control *attr.*, controlling

контроффе́рта (*встречное предложение*) counteroffer, counter-proposal, alternative proposal

контрпредложе́ни/е counteroffer
представле́ние ~я presentation of a counteroffer
вы́ступить с ~ем advance (move) a counter-proposal
дать ~ propose (suggest) an alternative proposal

контрстали́йный demurrage *attr.*

контрстали́/я (*1. простой судна или вагона 2. плата за простой судна, вагона*) demurrage
опла́чивать ~ю pay demurrage

перейти́ на ~ю go on demurrage

контртре́бование (*встречное требование, иск*) counter-claim

выдвига́ть ~ make (advance) a counter-claim

оспа́ривать ~ contest (dispute) a counter-claim

отверга́ть (отклоня́ть) ~ reject (repudiate) a counter-claim

предъявля́ть ~ make a counter-claim

удовлетворя́ть ~ meet (satisfy) a counter-claim

конфере́нц-зал conference room

конференциа́льный conference *attr.*

конфере́нци/я (*1. совещание, обмен мнениями 2. картельное соглашение между судовладельцами*) conference

~, лине́йная liner (freight) conference

~, представи́тельная representative conference

~, региона́льная regional conference

~, специализи́рованная specialized conference

~ специали́стов professional conference

бюллете́нь ~и journal of a conference

материа́лы ~и materials of a conference

отчёт о ~и report about a conference

приглаше́ние на ~ю invitation to a conference

проведе́ние ~и holding a conference

созы́в ~и convocation (calling) of a conference

уча́стник ~и participant in a conference

проводи́ть ~ю hold a conference

созыва́ть ~ю convene (call, convoke) a conference

срыва́ть ~ю disrupt (torpedo, wreck) a conference

уча́ствовать в ~и participate (take part) in a conference

конфиденциа́льност/ь confidentiality

обеспе́чение ~и guarantee of confidentiality

обеспе́чить ~ guarantee confidentiality

соблюда́ть ~ keep *smth* confidential

конфиденциа́льны/й confidential, private

счита́ть ~м consider (treat as) confidential

конфиска́ци/я confiscation, seizure, forfeit[ure]

акт о ~и гру́за тамо́жней seizure note

подлежа́ть ~и be subject to confiscation, be liable to forfeit

конфиско́ванный forfeit *attr.*, seized

конфискова́ть confiscate, seize

конфли́кт conflict; dispute

~, возника́ющий ме́жду dispute arising between

~ из-за разногла́сий dispute of differences

~ интере́сов conflict of interests

~, трудово́й industrial (trade, labour) dispute

нали́чие ~а existence of dispute

разреше́ние (урегули́рование) ~ов settlement (resolution) of disputes

избега́ть ~ов avoid conflicts

разреша́ть (урегули́ровать) ~ ми́рным путём settle (resolve) a dispute (conflict) peacefully (amicably, in an amicable way)

конфли́ктный disputed, dispute *attr.*
конфликту́ющий conflicting
концентра́ция concentration
~ ба́нков banking concentration
~, допусти́мая maximum permissible concentration
~ капита́ла concentration of capital
~ материа́льных ресу́рсов concentration of material resources
~ произво́дства concentration of production
~ промы́шленности concentration of industry
~, ры́ночная market concentration
~ фина́нсовых ресу́рсов concentration of financial resources
концентри́ровать concentrate
конце́пци/я conception, concept
~, дока́занная proven concept
~ ма́ркетинга marketing concept
~, принадлежа́щая *кому-л.* concept proprietary (originated) by *smb.*
~ рекла́мы conception of advertising
развива́ть ~ю develop a concept
конце́рн concern
~, ба́нковский banking concern
~, занима́ющийся размеще́нием це́нных бума́г investment banking concern
~, кру́пный major concern
~, междунаро́дный international concern
~, многонациона́льный multinational [concern]
~, промы́шленный industrial concern
концессионе́р concessioner, concessionaire
концессио́нный concessionary, concessionaire *attr.*
конце́сси/я concession
~, иностра́нная foreign concession
предоставле́ние ~й granting (awarding) concessions
возобновля́ть ~ю renew a concession
получа́ть ~ю obtain a concession
предоставля́ть ~ю grant (award) a concession
сдава́ть в ~ю lease concession
конъюнкту́р/а economic situation (conditions, trends), conjuncture
~, благоприя́тная favourable situation
~, бу́дущая экономи́ческая business outlooks
~, высо́кая boom, business prosperity
~, вя́лая dullness
~, делова́я business conditions
~, засто́йная stagnation
~, инфляцио́нная inflationary conditions (trends)
~, общехозя́йственная general economic (macroeconomic) situation
~ отраслевы́х ры́нков present conditions of sectoral markets
~ региона́льных ры́нков present conditions of regional markets
~ ры́нка market condition[s] (situation), state of the market, sales opportunities, supply and demand position on the market, conjuncture on the market
~ ры́нка, вы́годная для покупа́теля buyer's market

~ ры́нка, вы́годная для продавца́ seller's market
~ ры́нка, госпо́дствующая prevalent market conditions
~ ры́нка, изменя́ющаяся changing market opportunities
~ ры́нка, неусто́йчивая unstable market conditions
~ ры́нка, повыша́тельная gaining market
~ ры́нка, понижа́тельная falling market
~ ры́нка, хоро́шая good market prospects
~ спро́са на мировы́х ры́нках world market demand
~, това́рная market conditions for goods
~, хозя́йственная economic (business) conditions
иссле́дование ~ы ры́нка research of the market, market research (analysis, study)
колеба́ние ~ы market fluctuations, fluctuations of the market (business)
оживле́ние ~ы, делово́й business revival (recovery)
оживле́ние ~ы, хозя́йственной business revival (recovery)
перенапряже́ние ~ы overheating of the boom, overheated boom
подъём ~ы business revival (recovery), economic boom, upturn
пониже́ние ~ы downturn
прогно́з ~ы forecast of business conditions, outlook for the conjuncture, business cycle forecast
прогно́з ~ы, ры́ночной marketing forecast
прогнози́рование ~ы business (marketing) forecasting
разви́тие ~ы movement tendency, development of the conjuncture
спад ~ы downward business trends, slowing down of economic activity
улучше́ние ~ы improvement of the economic situation
ухудше́ние ~ы deterioration (worsening) of the economic situation
выра́внивать экономи́ческую ~у straighten out economic conditions
изуча́ть ~у ры́нка study market conditions
изуча́ть ~у спро́са study demand conditions
определи́ть возмо́жную ~у ры́нка на определённый това́р test a market

коопера́нт cooperant, copartner

кооперати́в cooperative [society]
~, потреби́тельский consumers' cooperative
~, произво́дственный production cooperative
учреди́ть ~ set up a cooperative

кооперати́вный cooperative

кооперацио́нный cooperated

коопера́ци/я cooperation, collaboration
~, внутриотраслева́я intrasectoral (intrabranch) cooperation
~, крупномасшта́бная extensive cooperation
~, междунаро́дная international cooperation
~, межфи́рменная interfirm cooperation
~, нау́чно-произво́дственная scientific-industrial (research-and-production) cooperation
~, нау́чно-техни́ческая scientific and technical (technological) cooperation
~, плодотво́рная effective cooperation

~, **подета́льная** cooperation in turning out parts
~, **потреби́тельская** consumer[s'] cooperative [society]
~, **поузлова́я** cooperation in turning out assemblies
~, **произво́дственная** production (industrial) cooperation, cooperation in production
~, **промысло́вая** producers' cooperative society
~, **промы́шленная** industrial cooperation
~, **снабже́нческо-сбытова́я** marketing cooperation
~ **с фи́рмой** cooperation with a firm
~, **экономи́ческая** economic cooperation
партнёр по ~и partner under a cooperation agreement
поста́вки по ~и cooperation shipments (deliveries)
соглаше́ние о произво́дственной ~и agreement on production cooperation (coproduction)

коопери́рование cooperation
~, **взаимовы́годное** mutually advantageous cooperation
~, **межгосуда́рственное** interstate cooperation
~, **многосторо́ннее** multilateral cooperation
~, **произво́дственное** production cooperation
~ **промы́шленных предприя́тий** cooperation of industrial enterprises

коопери́рованный cooperated, cooperative

коопери́ровать cooperate

координа́тор coordinator
~, **прое́ктный** project coordinator
~ **э́кспортных прода́ж** export sales coordinator

координацио́нный coordination *attr.*

координа́ци/я coordination
~ **запрода́ж** export sales coordination
~, **о́бщая** overall coordination
~ **пла́нов** coordination of plans, plan coordination
~ **пла́нов, наро́дно-хозя́йственных** coordination of economic plans
лицо́, занима́ющееся ~ей запрода́ж export sales coordinator
отсу́тствие ~и lack of coordination
персона́л по ~и рабо́т work-coordinating staff
обеспе́чить ~ю програ́ммы provide coordination of a programme
обеспе́чить ~ю прое́кта ensure coordination of a design
с це́лью ~и for coordination purposes

координи́ровать coordinate

ко́пи/я copy, **~и,** *сокр.* c. c., duplicate, counterpart
~ **ве́кселя** copy of a bill
~, **ве́рная** true (faithful) copy
~ **докуме́нта** copy of a document
~**и, дополни́тельные** further (additional) copies
~, **заве́ренная (засвиде́тельствованная)** certified (legalized, attested, authenticated) copy
~ **зая́вки** copy of an application
~ **извеще́ния** copy of an advice
~ **квита́нции** copy of a receipt
~ **коносаме́нта** copy (duplicate) of a bill of lading, copy bill of lading
~ **контра́кта** copy of a contract

~, **ксе́роксная** Xerox copy
~, **легализо́ванная** legalized copy
~**и, многочи́сленные** numerous (manifold) copies
~, **но́вая** fresh copy
~, **остаю́щаяся в дела́х** office copy
~, **отме́ченная** marked-up copy
~, **официа́льная** official copy
~ **пате́нта** copy of a patent
~, **печа́тная** printed copy
~ **письма́** copy of a letter
~ **предложе́ния** copy of a proposal
~, **прилага́емая** enclosed (attached, annexed) copy
~ **прилага́емого протоко́ла** copy of the attached protocol
~ **протоко́ла собра́ния** copy of the minutes of a meeting
~ **[рекла́много] кинофи́льма** print
~, **светопи́сная** (*синька*) blue print
~ **счёта (счёта-факту́ры)** copy of an invoice, invoice copy
~, **то́чная** exact copy
~ **уведомле́ния** copy of an advice
~, **фотостати́ческая** photostat copy
~ **че́рез копи́рку** carbon copy
~ **чертежа́** print of a drawing
~, **чистова́я** fair copy
засвиде́тельствование ~**и** certification of a copy
по́лностью офо́рмленные ~**и** fully executed copies
сня́тие ~**й** duplication
экземпля́р ~**и** copy
выдава́ть ~**и** issue (give) copies
де́лать ~**ю** duplicate, copy, reproduce, make (take) a copy
заве́рить ~**ю** certify (attest, legalize) a copy
предста́вить светопи́сные ~**и чертеже́й** submit the blue prints of drawings
приложи́ть ~**ю** attach (append) a copy
приобрести́ ~**ю** acquire a copy
сверя́ть ~**ю с по́длинником** collate with the original
снима́ть ~**ю** duplicate, copy, reproduce, make (take) a copy
снима́ть ~**ю с докуме́нтов** copy documents
снима́ть ~**ю с оригина́лов** duplicate originals
уничто́жить ~**и** destroy copies
в ... ~**ях** (*количество*) in ... copies
согла́сно прилага́емой ~**и** as per copy enclosed

корзи́на basket
~ **валю́т** currency basket (package), basket of currencies
~, **втора́я** second basket
~, **плетёная** wicker cage
~ **СДР** (*специальных прав заимствования*) SDR (Special Drawing Rights) basket
~, **упако́вочная** crate

корм fodder

кормово́й fodder *attr.*

коро́бк/а box; (*картонная*) carton; (*ящик, футляр*) case
~, **деревя́нная** wood[en] case (box)
~, **жестяна́я** tin box
~, **карто́нная** [cardboard] carton
~, **пода́рочная** gift carton
~, **поде́ржанная** second-hand carton
~, **про́чная** strong (heavy-duty) carton
~, **складна́я** collapsible (folding) carton
~, **станда́ртная** ordinary (standard) carton

~, э́кспортная export carton (box)
груз в ~ах cartonized cargo
упако́вывать в ~и pack in cartons (boxes)
за ~у per carton
корпорати́вный corporate *attr.*, corporative
корпора́ци/я corporation, corporate body
~, **акционе́рная** stock corporation
~, **госуда́рственная** public corporation, state-owned (run) corporation
~, **единоли́чная** sole corporation, corporation sole
~, **иностра́нная** foreign corporation
~, **междунаро́дная** international (multinational) corporation
~, **оте́чественная** domestic corporation
~, **промы́шленная** industrial corporation
~, **торго́вая** trading corporation
~, **транснациона́льная**, *сокр.* **ТНК** transnational (multinational) corporation, *сокр.* TNC
~, **ча́стная** private (privately-owned) corporation
дире́кция ~и board of directors
капита́л ~и, акционе́рный corporation stock
нало́г на ~ю corporate (corporation) tax, tax on corporation
нало́г с дохо́дов ~й corporation income tax
печа́ть ~и corporation seal
секрета́рь ~и company secretary
уста́в ~и articles of incorporation, corporation by-laws
осно́вывать ~ю establish (set up) a corporation
создава́ть ~ю create a corporation
учрежда́ть ~ю establish (set up) a corporation
корректи́вы corrective amendments
корректи́ровать (*исправлять*) correct; (*регулировать, приспосабливать*) adjust
~ **це́ны** adjust prices
корректиро́вк/а (*поправка*) correction; (*регулирование, подгонка*) adjustment
~ **на сезо́нные колеба́ния** seasonal correction (adjustment)
~ **пла́на** plan correction, correction of a plan
~, **статисти́ческая** statistical correction, adjustment for discrepancies
~ **счёта** adjustment of an account
~ **цен** adjustment of prices, price adjustment
~ **чертеже́й** up-dating of drawings
подлежа́ть ~е be subject to adjustments
корректиро́вочный adjustment *attr.*
корректи́рующий adjusting
корреляцио́нный correlation *attr.*
корреспонде́нт correspondent
~ **газе́ты** newspaper correspondent
~, **иностра́нный** foreign correspondent
~, **специа́льный** special correspondent
корреспонде́нтский correspondent's, correspondent *attr.*
корреспонде́нци/я **1.** (*переписка*) correspondence **2.** (*почта*) mail, correspondence
~, **входя́щая** incoming mail

~, **заказная** registered mail (post)
~, **исходящая** outgoing mail
~, **коммерческая** commercial (business) correspondence
~, **почтовая** post
~, **предварительная** preliminary correspondence
~, **предыдущая** previous correspondence
ведение ~и conducting correspondence
обмен ~ей exchange of correspondence
вести ~ю correspond, carry on correspondence
отправлять ~ю mail one's correspondence
получать ~ю receive correspondence
представить ~ю produce correspondence
путём ~и by correspondence

коррупция corruption, venality, corrupt (venal) practices

котирование quoting
~ **цен** quoting prices

котировать quote, price

котироваться be quoted

котировк/а [price (cost)] quotation
~ **акций** share (stock) quotation, quotation of shares (stocks)
~, **биржевая** exchange (market, marketing) quotation
~, **валютная (валюты)** foreign exchange (currency) quotation, quotation for a foreign currency
~ **валюты, косвенная** indirect quotation
~ **валюты, прямая** direct quotation
~ **в фунтах стерлингов** quotation in sterling
~, **дополнительная** further (additional) quotation
~ **курсов** price (market) quotations
~ **курса без учёта процентов** flat quotation
~ **на товары с немедленной сдачей** spot quotation
~, **начальная** first quotation
~, **номинальная** nominal quotation
~, **окончательная** final (last) quotation
~, **ориентировочная** proforma (specimen) quotation
~, **отправленная по телексу** telexed quotation
~, **официальная** formal quotation
~, **пересмотренная** revised quotation
~, **пересчёта** conversion coefficient
~, **подробная** detailed quotation
~, **позиционная** itemized quotation
~, **предварительная** proforma quotation
~, **предыдущая** previous quotation
~ **при закрытии биржи** closing quotation
~, **приложенная** enclosed (attached) quotation
~, **примерная** proforma (specimen) quotation
~ **при открытии биржи** opening quotation
~, **рыночная** marketing (market) quotation
~, **твёрдая** firm quotation
~, **хорошо документированная** well-documented quotation
~ **цен** price quotation
номер ~и quotation number
образец ~и specimen quotation

тру́дность в ~е difficulty in quoting
дава́ть ~у provide a quotation
пересмотре́ть ~у revise (update) a quotation
подгото́вить ~у prepare a quotation
получа́ть ~у receive a quotation
предоставля́ть ~у provide a quotation
предста́вить ~у submit a quotation
рассмотре́ть ~у examine (consider) a quotation
скорректи́ровать ~у up-date a quotation

котиро́вочный quoted

коэффицие́нт coefficient, factor, ratio, rate
~, безопа́сности safety factor (coefficient), margin of safety
~ валово́й при́были gross profit ratio
~, весово́й weigh[ing] coefficient
~ вы́работки output factor
~ гото́вности availability ratio, availability [factor]
~ дохо́дности earning ratio
~ загру́зки coefficient of loading
~ затра́т cost (input) coefficient
~ испо́льзования rate of use, utilization ratio
~ испо́льзования произво́дственных мо́щностей capacity (operation) ratio, operating rate
~ ликви́дности liquidity ratio
~ мо́щности capacity rate
~ надёжности reliability index
~ обора́чиваемости гото́вой проду́кции finished goods turnover
~ обора́чиваемости оборо́тного капита́ла working capital turnover
~ обора́чиваемости основно́го капита́ла [gross] plant turnover
~, о́бщий general (crude, total) rate
~ окупа́емости rate of return, return ratio
~ отда́чи output factor
~ поле́зного де́йствия efficiency [coefficient], output-input ratio, performance factor, coefficient of performance
~ поте́рь loss factor
~ при́быльности margin of profit
~ продукти́вности coefficient of performance
~ просто́я downtime rate (ratio)
~, расчётный design ratio
~ рента́бельности net profit ratio
~ эффекти́вности effectiveness ratio
~ эффекти́вности затра́т cost-effectiveness ratio

кра́ж/а theft; (*мелкая*) pilferage; (*со взломом*) burglary
страхова́ние от ~и theft insurance
страхова́ние от ~и со взло́мом insurance against burglary, burglary insurance

кран (*подъёмно-транспортный механизм*) crane
~, авари́йный break-down (wrecking, emergency) crane
~, берегово́й harbour (quay, shore) crane
~, грузоподъёмный lifting crane
~ до́ковый dock (quay) crane
~, загру́зочный charging (loading) crane

~, **контейнерный** container crane, transtainer
~, **монтажный** erecting crane
~, **мостовой** [overhead] travelling (bridge) crane
~, **набережный** dock (quay) crane
~, **палубный** deck-[mounted] crane
~, **передвижной** travelling (mobile) crane
~, **плавучий** floating (pontoon) crane
~, **подъёмный** [hoisting] crane
~, **портальный** gantry (frame, portal) crane
~, **строительный** building crane
плата (сбор) за пользование ~ом cranage, crane costs

крас/ка paint; (*краситель*) dye, dye-stuff
~, **антикоррозионная** rustproof (anticorrosive, antirusting) paint
~, **быстровысыхающая** quickly drying paint
~, **водоотталкивающая** water-repellent (repelling) paint
~, **водостойкая** waterproof (insoluble) paint
~ки, имеющиеся в наличии type of paints available
~, **несмываемая** indelible (unwashable) paint
~, **противокоррозионная** rustproof (anticorrosive, antirusting) paint
~, **прочная** (*не поддающаяся влиянию погоды*) weatherproof paint
~, **светостойкая** light-resistant paint
образцы ~ок sample paints, paint samples
маркировать ~кой mark with (in) paint (ink, dyes)
наносить защитный слой ~ки protect by paint
покрывать ~кой coat with paint, paint
~ **легко сходит** the paint easily peels off

кратковременный (краткосрочный) short; (*до 6 м-цев*) short (near)-term, short-dated, short-run

крах collapse, crash, bankruptcy; breakdown
~ **валюты** collapse of currency
~ **кредитной системы** collapse of credit system
~, **финансовый** financial collapse, bankruptcy
~ **фирмы** bankruptcy of a firm
~ **фондовой биржи** stock market crash

кредит credit
~ **счёта** credit [side] of an account
дебет и ~ debit and credit

кредит credit, credit accommodation (facilities), lending, trust, financial (financing) package
~, **автоматически возобновляемый** revolving credit
~, **акцептно-рамбурсный** reimbursement credit
~, **акцептный** acceptance credit
~ **банковский** bank (banker's) credit (lending), banking accommodation
~ **без обеспечения** unsecured credit
~ **без рассрочки** non-instal[l]ment credit
~, **беспроцентный** non-interest bearing credit
~, **бессрочный** unlimited credit
~, **бланковый** blank (clean, open) credit

~, **блоки́рованный** blocked (frozen) credit
~, **валю́тный** currency credit
~ **в валю́те, иностра́нной** credit in foreign exchange (currency)
~ **в валю́те, свобо́дно конверти́руемой** credit in hard (convertible) currency
~ **в валю́те, сове́тской** credit in Soviet currency (roubles)
~ **в до́лларах** dollar credit (lending)
~, **ве́ксельный** paper credit
~, **взаи́мный** mutual (reciprocal) credit, reciprocal credit facilities
~ **в нали́чной фо́рме** cash credit
~, **внешнеторго́вый (вне́шний)** external (foreign trade) credit
~ **в су́мме** credit in the amount of (amounting to), credit of
~ **в фо́рме тра́тты** draft (drawing) credit
~ **в фу́нтах сте́рлингов** sterling credit (lending)
~, **гаранти́йный** guarantee credit, credit by way of guarantee
~, **госуда́рственный** government (public, state) credit
~, **де́нежный** monetary (financial) credit
~, **дешёвый** low-interest credit
~, **диско́нтный** discount credit
~, **дли́тельный** long credit
~ **для и́мпорта** import credit
~, **долгосро́чный** long[-term] credit (credit facilities)
~, **заморо́женный** frozen credit
~, **значи́тельный** substantial credit
~ **импортёра** importer's credit
~ **импортёру** credit to an importer
~, **инвестицио́нный** investment credit
~, **иностра́нный** external (foreign) credit
~, **ипоте́чный** credit on mortgage
~, **испо́льзованный** used (utilized) credit
~, **испо́льзуемый в слу́чае необходи́мости** stand-by credit
~, **исче́рпанный** exhausted credit
~, **комме́рческий** commercial (trade, company) credit
~, **компенсацио́нный** back-to-back credit
~, **контокорре́нтный** current account credit
~, **краткосро́чный** short[-term] credit
~, **ломба́рдный** collateral (lombard) loan (credit), loan on securities, stock market loan, secured advance
~, **льго́тный** preferential (low interest, soft) credit
~, **максима́льный** credit ceiling, maximum credit
~, **межгосуда́рственный** interstate (intergovernmental) credit
~, **междунаро́дный** international lending
~ **на вре́менные ну́жды** bridging credit
~, **нали́чный** cash credit
~ **на льго́тных усло́виях** credit on easy (favourable) terms
~ **на поку́пку** facilities for credit buying
~ **на су́мму ...** credit of (in the amount of, amounting to)

~, **нача́льный** starting credit
~, **неиспо́льзованный** unused (unutilized) credit
~, **необеспе́ченный** unsecured (uncovered) credit
~, **неограни́ченный** unlimited (open) credit
~, **обеспе́ченный** secured credit
~, **обеспе́ченный ба́нковскими гара́нтиями** credit secured against bank guarantees
~, **онко́льный** on-call credit
~, **откры́тый** open credit
~ **под зало́г** mortgage credit
~ **под невысо́кий проце́нт** low interest credit
~, **подтова́рный** credit against (on) goods, commercial (commodity) credit
~ **под це́нные бума́ги** credit against securities
~ **по контокорре́нтному счёту** current account credit, advance on current account
~ **покупа́телю** buyer credit, credit to a buyer
~ **по опера́циям с ма́ржей** margin credit
~ **по откры́тому счёту** open account credit; (*в магазине*) charge account
~ **по пони́женной ста́вке** credit granted at reduced rate of interest, reduced rate credit
~ **поставщика́** supplier's credit, credit granted by a supplier
~ **поставщику́** supplier credit, credit granted to a supplier
~, **потреби́тельский** consumer credit
~ **по усреднённой ста́вке** averaged rate credit
~, **прави́тельственный** government credit
~, **превыша́ющий су́мму** credit in excess of an amount
~, **преде́льный** marginal credit
~, **предоста́вленный** credit given (granted, extended)
~, **предоставля́емый для соде́йствия и́мпорту** import promotion credit
~, **предоставля́емый для соде́йствия э́кспорту** export promotion credit
~, **предоста́вленный по межправи́тельственному соглаше́нию** credit extended under an intergovernmental agreement
~, **пролонги́рованный** extended credit
~, **промы́шленный** industrial credit
~, **просро́ченный** overdue credit
~, **прямо́й** direct credit
~, **ра́зовый** non-instal[l]ment credit
~, **ра́мбурсный** reimbursement credit
~, **резе́рвный** stand-by credit [facilities], reserve credit
~ **ро́зничной торго́вле** retail credit
~, **самоликвиди́рующийся** self-liquidating credit
~ **сверх устано́вленного лими́та** supermarginal credit
~, **сви́нговый** swing credit
~, **свя́занный** tied credit
~ **с единовре́менным погаше́нием** non-instal[l]ment credit
~, **сме́шанный** mixed credit
~ **с погаше́нием в рассрочку (с рассро́чкой платеже́й)** instal[l]ment credit
~, **среднесро́чный** medium (intermediate)-term credit
~, **сро́чный** term credit
~, **стеснённый** credit stringency, stringency in (of) credit, tight credit (money)

~, това́рный credit against goods
~, торго́вый trade (mercantile) credit
~, фина́нсовый financial credit
~, фи́рменный commercial (trade, company) credit
~ экспортёра exporter's credit
~ экспортёру credit to an exporter
~, э́кспортный export credit
~ эмиссио́нного ба́нка credit granted by a bank of issue
валю́та ~а credit currency, currency of credit
возвраще́ние (возмеще́ние) ~а repayment of a credit
вы́дача ~а granting (creation) of credit
вы́платы по ~ам payments for credits
гара́нтия ~а credit guarantee, guarantee of (for) a credit
задо́лженность по ~ам indebtedness under credits
задо́лженность по краткосро́чным ~ам short-term indebtedness
закры́тие ~а withdrawal of credit
зая́вка на ~ request for credit
злоупотребле́ние ~ом abuse of credit
информа́ция о ~е credit information
испо́льзование ~а use (utilization) of credit
исто́чник ~а source of credit
комиссио́нные за откры́тие ~а commission for opening (passing on) credit
компенса́ция ~а поста́вками проду́кции compensation of the credit through supplies of products
лише́ние ~а withdrawal of credit
ма́ржа по ~у credit margin
механи́зм вы́дачи ~а credit-granting mechanism
назначе́ние ~а purposes of credit
недоста́ток ~а lack of credit
нехва́тка ~а credit stringency, tight credit
обеспе́чение ~а security for credit, credit security
о́бщество взаи́много ~а credit union
объём ~а volume of credit
ограниче́ние ~а credit (money) squeeze, restriction of credit, credit restrictions (restraint)
опла́та ~а repayment of credit
опла́та ~а в тече́ние 5 лет десятью тра́ттами, выставля́емыми ка́ждые 6 ме́сяцев a 5 year payback of 10 equal six-month notes
оста́ток ~а balance of credits, credit balance
пла́та за ~ loan charge
платежи́ по ~у credit payments
погаше́ние ~а repayment (reimbursement, redemption) of a credit, credit repayment (reimbursement, redemption)
погаше́ние ~а за счёт валю́тной вы́ручки от э́кспорта repayment of a credit by currency earnings from export of products
поку́пка в ~ purchase (buying) on credit, credit (instal[l]ment) buying
получа́тель ~а beneficiary of credit, credit recipient, borrower
получе́ние ~а receipt (obtaining) of credit; drawings
по́льзование ~ом use of credit
посре́дник в ~е loan broker
поста́вка в ~ delivery (supply)

[of goods] on credit terms
прáвила оформлéния ~а credit procedure
превышéние ~а (*в банке*) overdraft
предéл ~а credit ceiling, limit of credit
предоставлéние ~а granting (provision, extension, allocation, allowance) of credit (credit facilities), lending, financing, credit arrangements
предоставлéние государственных ~ов, взаи́мное reciprocal availability of government credits
предоставлéние льгот по ~у credit relaxation, easing of credit
прогрáмма ~ов credits programme
продáжа в ~ credit sale, sale on credit
продлéние (пролонгáция) ~а extension of credit (credit facilities), renewal (prolongation) of credit [term]
процéнт за пóльзование ~ом interest on the credit (for the credit granted)
размéр ~а amount (extent) of credit
разрешéние на ~ authorization for credit
распределéние бáнковских ~ов bank loan allotment
расширéние ~а credit expansion
расхóды на оформлéние ~а charges for the opening of credit
расчёты по ~у credit payments
рационúрование ~а credit rationing
риск неплатежá при предоставлéнии ~а credit risk, risk on credit
риск при продáже в ~ credit risk
ры́нок ~а credit market
соглашéние о ~е credit agreement
сокращéние ~а credit reduction (cutback, cutting)
спрос на ~ demand for credit
срок ~а term (period, duration, length) of credit, credit period
стáвки по ~ам, процéнтные credit rates, rates on credits
стеснéние ~ов credit (money) squeeze, strain on credit, tight credit (money)
стóимость ~а cost (value) of credit
стóимость ~а, долгосрóчного cost of granting extended (long [-term]) credit
стóимость ~а на вну́тренних ры́нках капитáла («прайм рэйт») cost of credits on home capital markets, prime rate
страховáние ~а credit insurance, insurance of credit
су́мма ~а amount (sum) of credit, credit amount
су́мма ~а, предéльная credit line, line of credit
трéбование погашéния ~а withdrawal of credit
услóвия ~а credit (financing) terms (conditions) terms of credit
часть ~а, неиспóльзованная unused part of credit
блокúровать ~ы block (freeze) credits
брать в ~ take on credit
возобновля́ть ~ renew credit
выполня́ть услóвия ~а honour terms of credit
выставля́ть трáтты на основáнии ~а draw drafts under credit

гаранти́ровать ~ guarantee credit
дава́ть в ~ give on credit (trust)
договори́ться о ~е для *кого-л.* arrange to credit *smb*
договори́ться с ба́нком о предоставле́нии ~а arrange credit with a bank
закрыва́ть ~ withdraw credit
испо́льзовать ~ draw (use, utilize) credit
обраща́ться за ~ом apply for credit
отказа́ться от ~а refuse to use credit
отка́зывать в ~е refuse (reject) credit
открыва́ть ~ open (establish, lodge) a credit
открыва́ть ~ в ба́нке open (establish, lodge) a credit with a bank
открыва́ть ~ в по́льзу open (establish, lodge) a credit in favour of
погаша́ть ~ repay (reimburse, redeem) a credit, meet credit obligations, call in (cancel) a credit
погаша́ть ~ ежего́дными доля́ми repay a credit by annual instal[l]ments
погаша́ть ~ поста́вками гото́вых изде́лий repay a credit by deliveries of finished articles
погаша́ть ~ ра́вными доля́ми repay a credit by equal instal[l]ments
подде́рживать ~ом support with credit
покупа́ть в ~ buy (purchase) on credit
получа́ть ~ obtain (get, receive) credit
по́льзоваться ~ом possess credit, enjoy credit facilities; use credit; run a credit line
поставля́ть това́ры в ~ deliver (supply) goods on credit (trust)
поставля́ться на усло́виях ~а be supplied on credit terms
потеря́ть ~ lose credit
потре́бовать погаше́ния ~а withdraw credit
превыша́ть ~ (*в банке*) exceed credit (credit terms); overdraw [an account]
превыша́ть ~ на exceed credit by, overdraw [an account] by the sum of
предлага́ть ~ offer credit facilities
предоставля́ть ~ grant (advance, allow, allot, extend, furnish, give, lend, render, supply, provide) credit, allow (extend) credit terms, make credit [terms] available, grant credit facilities, render credit services, supply with credits, accommodate, give trust
предоставля́ть *кому-л.* **~ в разме́ре** accommodate *smb* to the extent of
предоставля́ть ~ы на льго́тных усло́виях provide (extend, grant, give) credits on easy (favourable) terms
предоставля́ть *кому-л.* **~ на су́мму ...** accommodate *smb* for an amount of ..., grant (provide with) a ... credit (a credit of ...), grant credit for ..., open a credit of ..., trust *smb* for ...
предоставля́ть ~ по ста́вкам provide credit at rates
предоставля́ть ~, сро́чный provide term credits
продава́ть в ~ sell on credit (account), make a credit sale, credit with
продлева́ть срок де́йствия ~а extend (prolong) credit, extend the period (term) of credit

производи́ть расчёт по ~у clear the credit
пролонги́ровать ~ extend (prolong) credit
разреша́ть ~ до ... (*сумма*) trust *smb* up to ...
распределя́ть ~ы allot credits
расширя́ть ~ expand the credit limit
регули́ровать усло́вия ~а regulate credit terms
сде́рживать рост ~ов tighten credits
сокраща́ть преде́льный разме́р ~а reduce (curtail) the credit limit, tighten credit
удорожа́ть ~ tighten credit
в ~ on credit
в счёт ~а against credit
за счёт ~а on account of credit, out of [the proceeds of] credit
на основа́нии ~а under credit
нужда́ющийся в ~е in need of credit
наблюда́ется стесне́ние ~а money is tight
срок ~а истека́ет the credit expires

креди́т-ави́зо (*уведомление о кредитовании*) credit advice

креди́тно-де́нежный [credit and] monetary

кре́дит-но́та (*обратный коммерческий счёт*) credit-note
~ на су́мму ... credit-note for the amount of ...

креди́тно-фина́нсовый credit and financial

креди́тный credit *attr.*

кредитова́ни/е crediting, granting of credits, lending
~, ба́нковское bank crediting, banker's advance
~, валю́тное currency crediting
~, взаи́мное mutual (reciprocal) crediting, reciprocal credit arrangements
~ вне́шней торго́вли foreign trade crediting
~ внешнеторго́вых сде́лок credits to finance foreign trade transactions
~, долгосро́чное long-term crediting
~, краткосро́чное short-term crediting
~ опера́ций crediting of operations
~ опера́ций, внешнеторго́вых crediting of foreign trade operations
~ промы́шленности crediting of industry
~, прямо́е direct crediting
~, среднесро́чное medium-term crediting
~, сро́чное fixed-date credit
~ торго́вли crediting of trade
~, целево́е purpose (target)-oriented crediting
~ э́кспорта export credit, crediting of export
исто́чники ~я credit sources, credit facilities
план ~я finance (financing) plan
преде́л взаи́много ~я swing [credit]
систе́ма ~я credit[ing] system
срок ~я credit period
уведомле́ние о ~и credit advice (note), advice of a credit
усло́вия ~я terms and conditions of crediting
ограни́чивать ~ restrict credits
прекрати́ть ~ suspend crediting

кредитова́ть credit, grant (advance, extend, give, supply, provide) credits

кре́дитовый *бухг.* credit *attr.*

кредито́р creditor, lender
~, гла́вный principal creditor
~, генера́льный general creditor
~, необеспе́ченный unsecured creditor
~, обы́чный ordinary creditor
~ по ве́кселю bill creditor
~ по догово́ру promisee
~ по долгово́му *или* **де́нежному обяза́тельству** bond creditor
~ по закладно́й mortgage creditor, mortgagee
~ по ипоте́ке mortgage creditor
~, получи́вший обеспе́чение secured creditor
~ по расчётной кни́ге book creditor
~, предоставля́ющий долгосро́чный креди́т long[-term] creditor
~, предоставля́ющий комме́рческий креди́т trade creditor
~, предоставля́ющий краткосро́чный креди́т short[-term] creditor
~, привилегиро́ванный preferential (preferred, privileged) creditor
~, совоку́пный joint creditor
~ с предпочти́тельным пра́вом тре́бования preferential (preferred, privileged) creditor
~, ча́стный private lender
соглаше́ние с ~ами arrangement (agreement) with creditors, deed of arrangement
счета́ ~ов accounts payable
удовлетворе́ние ~а satisfaction of a creditor
рассчи́тываться с ~ами square accounts with creditors, square (pay off, repay) creditors

кредитоспосо́бност/ь [credit] solvency, credit standing (rating), creditability, credit worthiness, trustworthiness
гара́нтия ~и guarantee of solvency
информа́ция о ~и credit information
обсле́дование ~и credit investigation
оце́нка ~и credit rating
прове́рка ~и verification of credit standing
све́дения о ~и credit information
оце́нивать ~ evaluate credit worthiness, establish credit rating

кредитоспосо́бный solvent, good, trustworthy

крепи́ть (*прикреплять любым средством*) fasten, fix; (*привязывать*) bind; (*соединять скобой, скрепкой*) brace; (*скреплять ремнями*) strap
~ болта́ми bolt
~ верёвками bind (fasten) with ropes, secure lashings
~ винта́ми screw, fasten with screws
~ гвоздя́ми nail
~ металли́ческой ле́нтой band (fasten, strap) with iron (metal) bands (belt)
~ про́волокой fasten with wire
~ ре́йками batten, cleat, secure with strips
~ тро́сом fasten with cables

крепле́ни/е fastening; (*связывание*) binding; (*распорками, скобами*) bracing; (*ремнями*) strapping
~ гру́за load fastening (securing), fastening (securing) of goods (cargo)
ме́сто ~я верёвкой lashing point

ме́сто ~я стро́пов lifting point, slinging point (position)

кри́зис crisis, *мн. ч.* crises; slump, depression

~, валю́тно-фина́нсовый monetary and financial crisis

~, валю́тный monetary (currency) crisis, [foreign] exchange crisis

~, де́нежно-креди́тный monetary and credit crisis

~, де́нежный monetary crisis

~, до́лларовый dollar crisis

~, затяжно́й protracted crisis

~, креди́тный credit crisis

~, междунаро́дный international crisis

~, мирово́й world [-wide] crisis

~, о́стрый acute crisis

~ы, периоди́ческие periodical (recurrent) economic crises

~ перепроизво́дства overproduction crisis, crisis of overproduction

~ платёжного бала́нса balance of payment crisis

~, промы́шленный industrial crisis

~ сбы́та sales crisis

~, фина́нсовый financial crisis

~, цикли́ческий cyclical crisis

~, экономи́ческий economic (commercial) crisis

ход ~а course of crisis

вызыва́ть ~ bring about a crisis

испы́тывать ~ undergo (go through, pass) a crisis

предотвраща́ть ~ avert a crisis

крите́ри/й criterion, *мн. ч.* criteria

~ брако́вки rejection criterion

~, еди́нственный sole criterion

~и ка́чества quality criteria

~и надёжности reliability criteria

~, о́бщий general criterion

~и, основны́е main (prime) criteria

~, оце́ночный value indicator, estimation criterion

~ патентоспосо́бности requisite of patentability

~ результа́тов де́ятельности performance criterion

~и, соотве́тствующие applicable criteria

~, экономи́ческий economic criterion

~ экономи́ческой эффекти́вности economic effectiveness criterion

служи́ть ~ем serve as a criterion

крити́ческий critical

кросси́рование че́ка (*перечёркивание*) crossing of a cheque

кросси́рованный crossed

кросси́ровать чек (*перечёркивать*) cross a cheque

круги́ (*группа людей*) circles, quarters

~, деловы́е business circles (quarters)

~, комме́рческие business circles (quarters), the world of commerce

~, монополисти́ческие monopoly interests

~, официа́льные official circles

круг покупа́телей circles of customers; clientèle

~, руководя́щие leading circles (quarters)

~, торго́вые business circles (quarters)

~, фина́нсовые banking circles

~, широ́кие wide circles, broad sections

крупногабари́тный oversize[d]

крупномасшта́бный large-scale
крупносери́йный large-scale
крупноформа́тный large-scale, large-size
кру́пный big, large, major; heavy
круше́ние wreck, wreckage; collapse, crash
  ~ по́езда railway accident
  ~ су́дна shipwreck
  потерпе́ть ~ suffer a wreck, be wrecked
кры́шка lid, cover
  ~ лю́ка hatch [cover]
  ~, металли́ческая metal lid
  ~, пластма́ссовая plastic lid
  ~ трю́ма hold hatch
крюк hook
  ~, грузово́й load hook
  поврежде́ние ~а́ми damage by hooks
  зацепля́ть ~о́м hook
  «Крюка́ми непосре́дственно не брать» (*надпись на упаковке*) "Use no hooks"
  «Поднима́ть цепя́ми, а не крюка́ми» (*надпись на упаковке*) "Hold with chain, not with hooks"
ксе́рокс Xerox
кубату́ра cubic capacity (volume, measurements)
  ~, о́бщая total cubic measurements
кул/ь sack
  грузи́ть в ~я́х ship in sacks
  ссыпа́ть в ~и́ put in sacks
кумуляти́вный (*нарастающий*) cumulative
кумуля́ция (*накопление*) cumulation
купе́ц (*коммерсант*) merchant; (*торговец*) trader
купи́ть buy, purchase
ку́пленный purchased, bought
ку́пл/я purchase
  акт ~и act of purchase
ку́пля-прода́жа purchase and sale
  догово́р ку́пли-прода́жи contract of purchase (sale), purchase (sale) contract, bargain and sale
купо́н coupon; (*облигации, акции*) warrant
  ~ на получе́ние дивиде́нда dividend coupon
  ~, проце́нтный interest warrant (coupon)
  отрыва́ть (отреза́ть) ~ detach (cut off) a coupon
  получа́ть де́ньги по ~у cash a warrant (coupon)
  предъявля́ть ~ к платежу́ present a coupon for payment
ку́пчая bill of sale, conveyance
купю́ра denomination
  банкно́ты по ~м banknotes by denominations
  выпуска́ть бума́жные де́ньги ~ми в issue paper currency in denominations of
курс 1. (*валютный*) rate, rate (par, course) of exchange (currency), exchange (currency) rate; (*иностранной валюты*) [foreign] exchange; (*на фондовой бирже*) quotation **2.** (*направление движения*) course, line **3.** (*обучение*) course
  ~ а́кций share (stock) price, quotation
  ~, биржево́й share price; rate of exchange, market (exchange) rate, rate on the exchange
  ~, благоприя́тный fair (favourable) rate of exchange
  ~ бума́г, це́нных security price
  ~, валю́тный (валю́ты) currency ([foreign] exchange) rate, rate of [foreign] exchange (currency)
  ~, валю́тный, по предъяви́тельским тра́ттам и че́кам sight rate

~ валю́ты в фо́рме телегра́фного перево́да cable rate, cables
~ валю́ты, ги́бкий flexible exchange rate
~ валю́ты, иностра́нной [foreign] exchange rate
~ валю́ты, иску́сственно подде́рживаемый pegged exchange
~ валю́т к рублю́ rates of currencies to the rouble
~ валю́ты, льго́тный fair rate of exchange
~ валю́ты, маловы́годный not profitable rate of exchange (exchange rate)
~ы валю́ты, мно́жественные multiple exchange rates
~ валю́ты, основно́й basic rate of exchange (exchange rate)
~ валю́ты, пла́вающий floating (free) rate of exchange (exchange rate)
~ валю́ты по сро́чным сде́лкам time rate [of exchange], forward rate
~ валю́ты, принуди́тельный forced rate of exchange
~ валю́ты, прямо́й direct exchange rate
~ валю́ты, регули́руемый managed exchange rate
~ валю́ты, свобо́дно коле́блющийся floating (fluctuating, free, variable) exchange rate (rate of exchange)
~ валю́ты, твёрдый (фикси́рованный) fixed exchange rate (rate of exchange)
~ в до́лларах dollar rate
~, ве́ксельный rate of [foreign] exchange, exchange rate
~, взаи́мный reciprocal rate
~, вну́тренний inland rate of exchange (exchange rate)
~ в фу́нтах сте́рлингов sterling rate
~, вы́годный favourable (profitable) rate [of exchange]
~, выкупно́й redemption price
~ вы́пуска rate of issue
~, высо́кий top course (price), high rate of exchange
~, двойно́й double exchange rate, two-tie rate of exchange
~, де́йствующий в пери́од поста́вки това́ра rate of exchange ruling at the time of delivery
~, де́йствующий при наступле́нии сро́ка платежа́ rate of exchange ruling on the day (at the time) of payment
~, де́нежный monetary exchange [rate], money rate
~ для вычисле́ния су́ммы ретра́тты reexchange
~ для краткосро́чных платеже́й short rate
~ дня quotation (exchange, rate) of the day, current rate of exchange
~ дня факти́ческого платежа́ rate of exchange on the day of payment
~ до́ллара dollar rate
~, дополни́тельный supplementary course
~, еди́ный flat (uniform, unitary) rate
~, жёсткий tough policy
~, заключи́тельный closing rate
~, коле́блющийся variable rate (price), fluctuating exchange rate
~ корабля́ course of a ship
~, максима́льный maximum rate
~, меня́ющийся varying rate
~, минима́льный minimum rate
~ на день закры́тия би́ржи closing rate (price, quotation)

~ на день платежá rate on the day of payment
~, наивы́сший (*ценных бумаг*) the highest price, *сокр.* H
~ наилу́чший the finest exchange rate
~ неусто́йчивый variable (unsteady) exchange, fluctuating (fluctuant) exchange rate
~, номинáльный nominal exchange; nominal quotation
~ обмéна фу́нта на рубль rate of exchange of the pound to the rouble
~, обмéнный rate of exchange, exchange (conversion) rate
~ обучéния course of training, training course
~ обучéния, начáльный initial training [course]
~ обучéния, по́лный full (complete) course of training
~ обучéния, программи́рованный programmed instruction course
~ обучéния, продолжáющийся on-going course of training
~ обучéния торго́вых агéнтов sales training
~ обучéния, ускo ́ренный crash course
~, обязáтельный compulsory (required) course
~, официáльный official quotation, official exchange rate (rate of exchange)
~, паритéтный parity rate (price), exchange at par
~ перево́да rate of exchange (conversion), exchange (conversion) rate
~ы, перекрéщивающиеся cross rates
~, перерасчётный rate of conversion
~, повы́шенный higher rate
~ покупáтелей buyer's (buying) rate; bid price (quotation)
~ поку́пки краткосро́чных векселéй (*в иностранной валюте*) short rate
~ поку́пки чéков cheque rate
~, полноцéнный rate of full value
~, пони́женный reduced rate
~ по сдéлкам «спот» spot rate
~, послéдовательный consistent course
~ почто́вых перево́дов rate for mail transfers
~ практи́ческого обучéния practical training [course]
~ прéмий *бирж.* option rate
~, привя́занный (*к другой валюте*) pegged rate
~, при́нятый на ... (*число*) rate adopted as of...
~ при откры́тии би́ржи opening rate (price)
~ продавцо́в seller's (selling) rate [of exchange]; asked price (quotation)
~, расчётный settlement rate
~ рубля́ exchange rate of the rouble, rate of exchange of the rouble, rouble rate
~, ры́ночный market rate (price)
~, ры́ночный, срéдний market average
~, свобо́дный free rate
~, согласо́ванный agreed [upon] rate
~, сокращённый short course
~, спрáвочный posted rate
~, срéдний mean (average) rate of exchange
~, стандáртный standard rate
~ су́дна ship's course
~, существу́ющий present (going) rate
~, теку́щий, ры́ночный going market rate
~ телегрáфных перево́дов cable rate, rate for telegraphic transfers

~ тра́тты сро́чной по предъявле́нию sight rate
~, ука́занный на оборо́те ве́кселя exchange as per endorsement
~, усло́вленный (усло́вный) conventional rate
~, усто́йчивый stable (steady) exchange rate (rate of exchange)
~, учётный discount rate, rate of discount
~, фикси́рованный fixed rate [of exchange]
~ фу́нта стéрлингов sterling rate
~ це́нных бума́г security prices, rate of securities
~, центра́льный central rate
~ че́ков (че́ковый) sight rate, cheque rate, rate for a cheque, cash rate
~ чёрного ры́нка curb rate
~, экономи́ческий economic policy
~, эмиссио́нный rate of issue
бюллете́нь ~а це́нных бума́г на би́рже stock exchange list
введе́ние в ~ (*обучения*) introduction to a course
вы́пуск по ~у вы́ше номина́ла (*об акциях*) above par emission
выра́внивание валю́тных ~ов exchange rates adjustments
вы́чет из устано́вленного ~а *или* **нарица́тельной цены́** disagio
вычисле́ние ~а валю́ты calculation of exchange
заверше́ние ~а (*обучения*) completion of a course
измене́ние ~а change in exchange [rate]
колеба́ние ~а валю́ты exchange [rate] (currency) fluctuations, fluctuations in the rate of exchange
колеба́ние ~ов валю́т к рублю́ fluctuations of rates of currencies to the rouble
колеба́ние ~ов валю́т, свобо́дное joint float
котиро́вка ~ов price (market) quotations
механи́зм валю́тных ~ов exchange rate mechanism
мно́жественность валю́тных ~ов multiple rates of exchange
неусто́йчивость валю́тного ~а exchange rate instability
обме́н по ~у exchange at the rate of
отклоне́ние су́дна от ~а deviation of a ship from the course (route)
паде́ние ~а fall in exchange [rate]; *бирж.* drop in prices
паде́ние ~а це́нных бума́г slump of security prices
повыше́ние ~а rise in exchange [rate], appreciation of the currency, currency appreciation, improvement in exchange; *бирж.* rise in quotation
поддержа́ние ~ов (*ценных бумаг*) support of prices
пониже́ние ~а decline in rates, price drop (weakness)
пониже́ние ~а валю́ты, официа́льное (*девальвация*) devalorization of currency
пониже́ние ~а фу́нта сте́рлингов weakness in sterling
ра́венство ~а parity
разли́чие в валю́тных ~ах difference in rates [of exchange] (quotations), difference in prices
ра́зница ме́жду ~ами покупа́телей и продавцо́в difference between purchase (purchasing) and selling prices; spread
рост ~а *бирж.* rise in quotation
сниже́ние ~а [фу́нта сте́рлингов] [the pound's] decline

снижéние ~а [фýнта стéрлингов] по сравнéнию с другѝми валю́тами weak position of [the pound sterling] against other currencies
соотношéние валю́тных ~ов exchange rate correlation (relationship)
стабилизáция ~а валю́ты stabilization of exchange [rate]
урегулѝрование валю́тного ~а currency realignment, realignment of exchange rate
устóйчивость ~а rate stability, stability of exchange rate
вводѝть плáвающий *или* **свобóдно колéблющийся ~ валю́ты** effect a floating *or* fluctuating exchange rate, float
закáнчивать ~ (*обучение*) complete a course
зафиксѝровать ~ fix the rate
обмéнивать по ~у convert at an exchange rate, exchange at the rate of
обмéнивать по официáльному ~у exchange at the official rate
организовáть ~ы обучéния run training courses
отклоня́ться от ~а deviate from the route (course)
переводѝть по ~у convert at an exchange rate
повышáть ~ бумáжных дéнег upvalue the current rate of banknotes
повышáть ~ валю́ты appreciate a currency, upvalue the exchange rate of a currency
повышáть ~ валю́ты искýсственно force up the exchange
поддéрживать ~ искýсственно peg the price
предостáвить ~ обучéния give (provide) training
проходѝть ~ обучéния take (get) a course of training
пройтѝ специáльный ~ обучéния get (participate in) a special training course
рассчѝтывать по ~у calculate at the rate of
спекулѝровать на рáзнице в ~ах цéнных бумáг speculate on margin
устанáвливать ~ fix a rate
по ~у at the rate of
по номинáльному ~у at face (nominal, par) value, at par
~ пáдает exchange is falling
~ повышáется exchange is rising
застрахóван по ~у вы́ше номинáла held covered at a premium

куртáж (*комиссионное вознаграждение брокеру*) courtage, brokerage
~ за посрéдничество brokerage for mediation

курьéр courier, messenger
~, дипломатѝческий diplomatic courier (messenger)

кустáрный handicraft, cottage *attr.*

Л

лабораторúя laboratory
~, исслéдовательская research laboratory
~, совмéстная joint laboratory
~, [специáльно] оборýдованная [specially] equipped laboratory

лабораторный laboratory *attr.*

лаж (*приплата к установленному курсу или нарицательной цене*) agio, premium
~ на зóлото premium on gold
~ на серебрó silver agio

ла́йнер (*рейсовое судно*) liner; (*самолёт*) airliner
легализа́ция legalization, certi fication
~, ко́нсульская consular certification (legalization)
легализо́ванный legalized
лега́льный legal
легко́:
~ находи́ть сбыт command (find) a ready market
~ продава́ться sell readily
легкове́сный light
легковоспламеня́ющийся [highly] inflammable
легкоповрежда́емый fragile, breakable
легкопо́ртящийся perishable, damageable
легкореализу́емый marketable
лежа́лый stale, not fresh, old
ле́йде́йс (*стояночное время судна*) lay days
ле́нт/а band, tape, strip, ribbon, belt
~, бума́жная paper band (ribbon)
~, кле́йкая adhesive tape, scotch, strip of adhesive paper
~, магни́тная [magnetic] tape
~, металли́ческая iron (metal) band, iron belt, strip of iron
~, нейло́новая nylon band
~, упако́вочная packing (package) band, packing strip, tape
крепи́ть металли́ческой ~ой band, fasten (strap) with iron (metal) band (belt)
лесово́з timber (lumber) carrier, timber carrying vessel, wood cargo vessel, log transporter
лёгкий light
либерализа́ция (*снятие ограничений*) liberalization
~ внешнеэкономи́ческих свя́зей liberalization of foreign economic ties
~ и́мпорта liberalization of imports
~ торго́вли liberalization of trade
~ эконо́мики economic liberalization
ли́бор (*ставка лондонских банков по краткосрочным кредитам*) libor
ли́зинг (*долгосрочная аренда*) leasing
ли́зинговый leasing
ликвидацио́нный liquidation *attr.*
ликвида́ци/я liquidation, winding up, closing down; (*устранение*) elimination; (*отмена*) abolition; (*о долгах*) settlement
~ аге́нтства dissolution of an agency
~, вы́нужденная forced liquidation
~, доброво́льная voluntary liquidation (winding up)
~ долго́в settlement of debts
~ запа́сов inventory liquidation, withdrawal of stocks
~ компа́нии liquidation (winding up, closing down, dissolution) of a company
~ обору́дования retirement
~, по́лная complete liquidation
~, принуди́тельная (*по постановлению суда*) compulsory liquidation, winding-up by court
~ сде́лок stock exchange set tlement
~ совме́стного предприя́тия liquidation (closing down) of a joint venture
~ това́рищества dissolution of partnership
~ убы́тков settlement of losses
~, факти́ческая actual liquidation

~ **фи́рмы** liquidation (winding up, closing down, dissolution) of a firm (company)
~, **части́чная** partial liquidation
огово́рка о ~и liquidation clause
приступа́ть к ~и go into liquidation
проводи́ть ~ю dissolve
ликвиди́рованный liquidated
ликвиди́ровать liquidate, wind up, close down; abolish; eliminate; **~ся** go into (be in) liquidation
ликви́дност/ь (*возможность быстрой реализации материальных ценностей и ценных бумаг*) liquidity, cash position
~ **акти́вов** liquidity of assets
~, **избы́точная** excess liquidity
~, **междунаро́дная** international liquidity
~, **о́бщая** overall liquidity
~, **ограни́ченная** tight liquidity
~, **официа́льная** official liquidity
коэффицие́нт ~и liquidity ratio
сте́пень ~и degree of liquidity
на ба́зе ~и on the [net] liquidity basis
ликви́дный (*легкореализуемый — о ценностях, векселях и т. п.*) liquid; fluid
ликви́ды (*деньги и другие активы, дающие возможность их владельцам бесперебойно совершать платежи по текущим и кредитным обязательствам*) liquid assets (funds)
~, **валю́тные** liquid foreign exchange funds
~, **междунаро́дные** international liquid assets

лими́т limit, line
~ **акцептова́ния** (*векселей*) acceptance line
~, **валю́тный** foreign exchange quota
~, **гаранти́йный** line of guarantee
~, **креди́тный** line of credit, credit line
~ **скольже́ния** limit of escalation
~ **цен** price ceiling (limit)
превыше́ние креди́тного ~а overdraft of the credit
превыша́ть ~ exceed (go beyond) the limit
устана́вливать ~ fix a limit
лимити́ровать limit, restrict
лимити́руемый limited
лими́тный limit *attr.*
лине́йный line *attr.*; liner *attr.*; linear
ли́ни/я 1. (*на производстве, поточная, конвейерная*) line **2.** (*линия связи*) line, service; (*транспортная*) line, service, carrier **3.** (*вид деятельности*) line, service
~, **авто́бусная** [motor] bus line
~, **автомати́ческая** automatic (automated) [transfer] line
~, **берегова́я** coast (shore) line, water-front
~, **возду́шная** airline, airway, *сокр.* a.w.
~, **возду́шная, вну́тренняя** scheduled domestic carrier
~ **возду́шного тра́нспорта** air carrier, airline
~ **возду́шного тра́нспорта о́бщего по́льзования** air common carrier
~ **возду́шного тра́нспорта, регуля́рная** [certified] route, [scheduled] air carrier
~, **грузова́я** traffic (truck, trunk, freight) line (route)

~, **грузова́я судохо́дная** freight line
~, **грузова́я судохо́дная, обслу́живаемая чле́нами фрахто́вой конфере́нции** freight conference line
~ **грузопочто́вых и пассажи́рских перево́зок** mixed service
~, **железнодоро́жная** railway line
~, **конте́йнерная** container line
~, **конференциа́льная** conference line
~, **кругосве́тная конте́йнерная** round-the-world container line
~, **магистра́льная** main line
~, **междугоро́дная авто́бусная** intercity bus line
~ **ме́жду порта́ми** shipping line
~, **о́пытная** pilot line
~, **парохо́дная** [steam]ship line
~, **пото́чная** flow (production) line
~, **пото́чная, быстроперена́лаживаемая** rapidly readjustable flow (production) line
~, **прича́льная** berthage
~, **регуля́рная** regular line (service)
~ **сбо́рки** assembly line
~ **ско́рых перево́зок** express line
~, **сме́шанная** integrated line; (*в морском транспорте*) joint line
~, **судохо́дная** shipping (navigation) line
~, **телефо́нная** telephone line
~, **тра́мповая** [cargo] tramp service
~, **транзи́тная** transit route; intermediate carrier
~, **тра́нспортная** transport service, [terminal] carrier
~, **тра́нспортная, малозагру́женная** low density service
~, **тра́нспортная, нерегуля́рная** irregular (nonscheduled) service
~, **тра́нспортная, регуля́рная** scheduled (regular) service
~ **тра́нспортная, с челно́чным движе́нием** shuttle (turnabout) service
~, **тра́нспортная, ча́стная** private carrier
~, **эксперимента́льная** pilot line

лист list, sheet, slip
~, **вкладно́й** supplementary sheet (leaf)
~, **загла́вный** title page (leaf)
~, **закладно́й** mortgage bond (deed)
~, **исполни́тельный** writ of execution
~, **калькуляцио́нный** cost sheet
~, **обёрточный** wrapper sheet
~, **рабо́чий** work sheet
~, **расчётный** pay sheet, payroll, work sheet
~, **та́льманский** tally[ing] sheet
~, **ти́тульный** title page (leaf)
~, **упако́вочный** packing list (sheet, slip, note)
~, **упако́вочный в двух экземпля́рах** duplicate packing list
~, **учётный** tally[ing] sheet

листо́в/ка (*рекламная*) leaflet; handbill
~**ки, раздава́емые на у́лице** throw-away leaflets
распростране́ние ~**ок** distribution (give-away) of leaflets
распространя́ть ~**ки** distribute (spread) leaflets

ли́хтер lighter, *амер.* stevedore barge
пла́та за по́льзование ~ом lighterage, *сокр.* ltg
погру́зка и разгру́зка посре́дством ~ов lighterage
выгружа́ть на ~ lighter
доставля́ть на ~е deliver by lighter
опла́чивать ~ pay lighterage
перевози́ть на ~е lighter
подава́ть ~ place a lighter
на ~е in a lighter
с ~а ex lighter
фра́нко-~ ex lighter

ли́хтерный lighter *attr.*

лихтеро́вк/а (*погрузка и разгрузка посредством лихтеров*) lighterage
расхо́ды по ~е lighterage, *сокр.* ltg

лихтерово́з lighter carrier, lighter aboard ship, *сокр.* LASH

лицево́й 1. (*наружный, верхний*) obverse **2.** *бухг.* personal

лицензиа́р (*фирма, продающая лицензию*) licensor, grantor of a license
~ проце́сса process licensor
де́ятельность ~а licensor's operations (activity)
отве́тственность ~а licensor's liability; *юр.* licensor's amenability
персона́л ~а licensor's personnel
пра́во со́бственности ~а licensor's ownership right
счёт ~а licensor's invoice
та́ктика ~а licensor's tactics

лицензиа́т (*обладатель, получатель разрешения, патента, лицензии*) licensee, holder of a license, license-holder, licentiate, grantee of a license
~, бу́дущий prospective licensee
~ исключи́тельной лице́нзии exclusive licensee
~ неисключи́тельной лице́нзии non-exclusive licensee
де́ятельность ~а licensee's operations (activity)
обяза́тельства ~а licensee's liabilities
персона́л ~а licensee's (licensed) personnel
та́ктика ~а licensee's tactics

лицензио́нный license *attr.*, licensing

лицензи́ровани/е license trade, trade of licenses, licensing
~, взаи́мное mutual licensing
~, догово́рное contractual licensing
~, зарубе́жное foreign (overseas) licensing
~ но́у-ха́у know-how licensing
~, оте́чественное domestic licensing
~, паке́тное package licensing
~ пате́нта licensing of a patent
~, перекрёстное cross licensing, interchange of licenses
~, принуди́тельное compulsory (mandatory) licensing
~ промы́шленного образца́ licensing of a design
~ технологи́ческой информа́ции licensing of technological information
~ това́рного зна́ка licensing of a trademark
законода́тельство о принуди́тельном ~и compulsory licensing legislation
ме́ры по ~ю licensing arrangements
объём ~я scope of licensing
програ́мма ~я licensing programme
прое́кт ~я license project
та́ктика ~я licensing tactics

эффекти́вность ~я effectiveness of licensing

приостана́вливать ~ suspend licensing

лицензи́рованный licensed

лицензи́ровать license

лице́нзи/я license

~, **акти́вная** active license

~ **без пра́ва переда́чи** nontransferable license

~ **без упла́ты ро́ялти** royalty-free license

~, **безусло́вная** flat license

~, **беспате́нтная** nonpatent license

~, **взаи́мная** reciprocal license

~, **генера́льная** general (bloc) license

~, **глоба́льная** global license

~, **действи́тельная** valid license

~, **де́йствующая на определённой террито́рии** territorially limited license

~, **доброво́льная** voluntary license

~, **догово́рная** contractual license

~, **и́мпортная** import license

~, **и́мпортная, специа́льная,** specific import license

~, **исключи́тельная** exclusive (sole) license

~, **ко́мплексная** package license

~ **на ввоз** import license

~ **на вы́воз** export license

~ **на зарубе́жное патентова́ние** license for foreign filing

~ **на изобрете́ние** license for an invention

~ **на испо́льзование** operating license

~ **на испо́льзование изобрете́ния** license to use an invention

~ **на но́у-ха́у** know-how license

~ **на обору́дование** license for equipment

~ **на пате́нт** license for a patent

~ **на перегру́зку това́ра** transhipment license

~ **на пра́во испо́льзования технологи́ческого проце́сса** license for the right to use technological process

~ **на пра́во прода́жи** selling license

~ **на пра́во произво́дства** manufacturing license, license to manufacture

~ **на проце́сс** process license-license on a process

~ **на сбыт** selling license

~ **на техноло́гию произво́дства** license for industrial technology

~ **на това́рный знак** trade mark license

~ **на эксплуата́цию** operating license

~ **на этике́тку** label license

~, **недели́мая** indivisible license

~, **неисключи́тельная** nonexclusive license

~, **не подлежа́щая переда́че** nonassignable (nontransferable) license

~, **обра́тная** feedback license

~, **о́бщая** general (blanket) license

~, **ограни́ченная** limited (restrictive) license

~, **ограни́ченного по́льзования** field-of-use license

~, **откры́тая о́бщая** open general license, *сокр.* O.G.L.

~, **паке́тная** package license

~, **пасси́вная** passive license

~, **пате́нтная** patent license, license under a patent

~, **перекрёстная** cross (reciprocal) license

~, по кото́рой вознагражде́ние выпла́чивается с едини́цы проду́кции per unit license
~, по́лная exclusive license
~, предусма́тривающая ограниче́ния прода́жной цены́ price fixing license
~, предусма́тривающая упла́ту ро́ялти royalty-bearing license
~, при́знанная действи́тельной validated license
~, принуди́тельная compulsory (forced) license
~, продава́емая active license
~, проста́я ordinary (nonexclusive, simple, open) license
~, ретроакти́вная retroactive license
~, свобо́дная free license
~ с пра́вом переда́чи assignable license
~ с пра́вом переусту́пки transferable license
~, тамо́женная customs license
~, э́кспортная export license
аннули́рование ~и cancellation (revocation) of a license
владе́лец ~и possessor of a license, licensor
вы́дача ~и grant (issue, issuance) of a license, license grant, licensing
вы́пуск проду́кции по ~и production under a license
да́та предоставле́ния ~и date of licensing
действи́тельность ~и validity of a license
держа́тель ~и holder of a license
ди́лер с ~ей licensed dealer
дублика́т ~и copy of a license
заку́пка ~и purchase of a license
зая́вка на ~ю application for a license, license application
изготовле́ние по ~и manufacture under a license
испо́льзование ~и use (exploitation) of a license
объём ~и scope (extent, volume) of a license
ограниче́ние ~и license limitation (restriction)
отде́л ~й license department
отка́з в предоставле́нии ~и refusal of a license
отсро́чка в предоставле́нии ~и postponement of a license
пла́та за ~ю license fee
поку́пка ~и purchase of a license
получа́тель ~и licensee
получе́ние ~и obtaining (acquisition) of a license; receipt of a license
предме́т ~и object (subject) of a license, license matter
предоставле́ние ~и licensing, concession (granting) of a license
прекраще́ние де́йствия ~и termination of a license
примене́ние ~и application of a license, license application
приобрете́ние ~и obtaining (acquisition) of a license
прода́жа ~и sale (vending) of a license
проду́кция по ~и licensed product
регистра́ция ~и registration of a license
ры́нок ~й license market
соглаше́ние об обме́не ~ями cross-licensing agreement
срок владе́ния ~ей tenure of a license
срок де́йствия ~и validity (duration, term, period) of a license, term of license validity
сто́имость ~и license value, cost of a license

торго́вля ~ями trade in licenses
э́кспорт ~й export of licenses
аннули́ровать ~ю cancel (revoke) a license
выдава́ть ~ю grant (issue, give) a license
име́ть ~ю have (hold, possess) a license
отзыва́ть ~ю revoke a license
покупа́ть ~ю buy (purchase) a license
получа́ть ~ю secure (obtain, acquire, take up, take out) a license
предоставля́ть ~ю license, grant a license
предоставля́ть ~ю на произво́дство license a process
предоставля́ть ~ю на техноло́гию license technology
признава́ть ~ю недействи́тельной renounce [validity of] a license
приобрета́ть ~ю obtain (acquire, take up, take out) a license
продава́ть ~ю sell (market) a license
продлева́ть ~ю extend a license
производи́ть по ~и make (manufacture, produce) under a license
по ~и under [a] license

лиц/о́ person, party
~, ва́жное very important person, *сокр.* VIP
~, ве́дающее распределе́нием allocator
~, в чью по́льзу откры́т аккредити́в beneficiary
~, в чью по́льзу произведён трансфе́рт transferee
~, в чью по́льзу сде́лана переда́точная на́дпись на ве́кселе endorsee
~, вы́ставившее инка́ссо drawer
~, гаранти́рующее опла́ту ве́кселя backer, guarantor
~, даю́щее гара́нтию guarantor, warrantor
~, даю́щее объявле́ние advertiser
~, даю́щее обяза́тельство *юр.* obligor, obligator
~, дове́ренное authorized person (agent), trustee, fiduciary, proxy
~, должностно́е official, office holder, executive officer, functionary
~, заинтересо́ванное interested (concerned) party (person), person (party) concerned
~, застрахо́ванное insured person
~, име́ющее пра́во по́дписи person having the right of signature
~, име́ющее сертифика́т holder of a certificate
~, кото́рое де́лает предложе́ние offerer
~, кото́рому даётся гара́нтия warantee, guarantee
~, кото́рому даётся обяза́тельство obligee
~, кото́рому де́лается предложе́ние offeree
~, кото́рому предоста́влено пра́во grantee
~, наделённое права́ми authorized person
~, назна́ченное nominee, assignee
~, на кото́рое вы́ставлено инка́ссо drawee
~, не выполня́ющее свои́х обяза́тельств defaulter
~, ока́зывающее фина́нсовую по́мощь backer, sponsor

~, **отве́тственное** responsible person
~, **отве́тственное за обслу́живание потреби́теля** service manager
~, **официа́льное** official [person (representative)]
~, **передаю́щее пра́во на иму́щество** grantor
~, **переуступа́ющее пра́во** assignor
~, **подписа́вшее** signatory, signer
~, **подставно́е** dummy, figurehead
~, **получа́ющее платёж** payee
~, **предлага́ющее са́мую высо́кую це́ну** highest bidder
~, **предлага́ющее са́мую ни́зкую це́ну** lowest bidder
~, **предлага́ющее це́ну** bidder, tenderer
~, **предоставля́ющее креди́т** creditor
~, **продаю́щее това́р в рассро́чку** *или* **по образца́м** tallyman
~, **производя́щее прода́жи на аукцио́не** auctioneer
~, **сде́лавшее переда́точную на́дпись на ве́кселе** endorser
~, **соде́йствующее** *какому-л.* **мероприя́тию** promotor
~, **соотве́тствующее** appropriate person
~, **субсиди́руемое** recipient of a grant
~, **тре́тье** third person (party)
~, **уполномо́ченное** authorized person
~**а**, **уча́ствующие** parties concerned
~, **физи́ческое** natural person
~, **финанси́рующее** sponsor
~, **ча́стное** private person
~, **юриди́ческое** legal (juridical, juristic) person, legal counsel, corporate body
спи́сок лиц panel, list, roll
стоя́ть пе́ред ~**о́м** face
че́рез тре́тье ~ through a third party

ли́чност/ь individual; personality
удостовере́ние ~**и** identification (identity) card, credentials

ли́чный personal; private

лише́ни/е deprivation; ~**я** (*нужда*) hardships
~ **креди́та** withdrawl of credit
~ **со́бственности** dispossession
~ **э́кспортных привиле́гий** denial of export privileges

лока́льный local

лока́ут lock-out
объяви́ть ~ lock out

ло́ко (*на месте нахождения*) loco
цена́ ~ (*цена товара, определённая по месту его нахождения*) loco price

ло́мкий fragile, breakable, brittle, brash
«Ло́мкое» (*надпись на упаковке*) "Fragile", "With care"

ло́ро:
счёт ~ (*счёт, открытый банком для своего корреспондента*) loro account

лот lot

лото́к pallet

ло́цман pilot
~, **морско́й** sea pilot
~, **прибре́жный** coasting pilot
~, **речно́й** river pilot
~, **ста́рший** chief pilot
обслу́живание ~**ом** pilotage service
вызыва́ть ~**а** apply to a pilot
направля́ть ~**а** assign a pilot
отпуска́ть ~**а** drop a pilot
пла́вать без ~**а** sail without a pilot

принима́ть ~а take a pilot [aboard a ship]

ло́цманский pilot *attr.*

лу́мпсум-фра́хт (*твёрдая сумма фрахта вне зависимости от количества груза*) lumpsum [freight]

лу́мпсум-ча́ртер (*чартер, в котором обусловлена твёрдая сумма фрахта*) lumpsum charter

льго́т/а (*привилегия*) privilege, franchise, immunity; **~ы** benefits; (*скидка*) concession; (*услуга*) facility; (*преимущество*) advantage, privilege

~ы, дополни́тельные fringe (additional, side) benefits

~ы, многочи́сленные numerous concessions

~ы, нало́говые tax exemption[s] (allowance, concessions, remissions, privileges)

~ на остано́вку в пути́ сле́дования stop-off privilege

~ы, преференциа́льные preferential advantages

~ы, тамо́женные preferential treatment, preferential tariffs (duties), preferences, customs facilities, facilities granted by the customs

~ы, тари́фные tariff preferences, preferential tariffs

~, транзи́тная transit privilege

~, фина́нсовая cost benefit

~, фрахто́вая freight reduction

предоставле́ние льгот по креди́ту credit relaxation, easing of credit

добива́ться льгот secure privileges

предоставля́ть ~ы make allowances, grant privileges (preferential treatment); grant discounts

устана́вливать дополни́тельные ~ы establish additional benefits

льго́тный privileged, preferential, preference *attr.*, favourable

лэ́ндинг (*стоимость выгрузки в порту*) landing charges

люк hatch, hatchway

~, гла́вный main hatch

~, грузово́й (загру́зочный) cargo (loading, freight) hatch

~, рабо́чий workable hatch

кры́шка ~а hatch cover

задра́ивать (закрыва́ть) ~ cover (batten down) a hatch (hatchway)

открыва́ть ~ пе́ред разгру́зкой open a hatch, break bulk

разгружа́ть ~ unload a hatch

лю́ковый hatch *attr.*

ля́мка strap

М

магази́н shop, store

~ы, одноти́пные (*одной фирмы*) chain stores

~, ро́зничный retail shop

~ самообслу́живания self-service shop

~, специализи́рованный specialized shop

~, универса́льный department store

~, фи́рменный company (specialized) shop

владе́лец ~а shopkeeper, shopman

размеще́ние ~ов location of shops

часы́ торго́вли ~ов shop hours

держа́ть ~ keep a shop

маке́т mock-up; model

~ в натура́льную величину́ full-scale (size) mock-up

~, **действующий** working (service) model
~, **технологический** engineering mock-up
~ **экспозиции** floor-plan layout

маклер (*лицо, занимающееся куплей-продажей товаров или ценных бумаг на бирже*) broker, agent
~, **биржевой** stock (share) broker, agent, trader
~, **вексельный** bill (discount, *амер.* note) broker
~, **занимающийся учётными операциями** discount broker
~, **корабельный** ship broker
~ **на денежном рынке** money broker
~, **официальный биржевой** inside broker
~ **по фрахтованию судов** ship[ping] (freight) broker (agent)
~, **страховой** insurance broker
вознаграждение ~у brokerage
посредничество ~а agency of a broker

маклерский broker *attr.*

маклерство (*маклерское дело или маклерские операции*) broking, brokerage

максимально at most, at a maximum

максимальный maximum *attr.*, maximal, peak *attr.*, top *attr.*, ceiling *attr.*

маловероятный unlikely, not well-founded

малодоходный bringing little profit, of small profit, not remunerative

малоёмкий of little capacity

малоопытный inexperienced, with (of) little experience

малоприбыльный bringing little profit, of small profit

малопригодный of little use

малорентабельный not sufficiently profitable (remunerative), of little profit (remuneration)

малотоннажный of small tonnage

малоценный of little (small) value, not valuable

манифест (*акт*) manifest, *сокр.* mfst
~, **грузовой** (*декларация судового груза*) manifest of cargo, shipping (cargo) manifest
~, **заверенный консулом** certified manifest
~, **судовой** ship's manifest, summary of bills of lading

марджин *см.* **маржа**

марж/а 1. *бирж.* (*разница, остаток*) margin 2. (*разница между рыночной стоимостью товара или ценных бумаг и размером полученной под них ссуды*) equity, margin 3. (*разница между рыночной стоимостью товара и фактически вырученной суммой за его реализацию*) margin
~, **банковская** (*разница между процентными ставками по кредитам и по вкладам*) bank margin
~, **большая** wide margin
~, **недостаточная** shoestring (thin) margin
~, **обычная** usual margin
~ **по кредиту** credit margin
~, **предписываемая законом** margin requirement
кредит по операциям с ~ей margin credit
оговорка о ~е margin provision
сделки с ~ей margin business

ма́р/ка 1. (*сорт, качество, тип*) brand, make, model; (*знак, клеймо*) brand, mark **2.** (*почтовая*) [postage] stamp
~, вы́сшая best brand
~ки, вы́сшей top quality, of the best brands
~, гаранти́йная guarantee mark
~, ге́рбовая [revenue] stamp
~ грузово́го су́дна model (make) of a freighter
~, группова́я family of brands
~, заводска́я trademark, manufacturer's mark, brand name
~ изде́лия brand of a product
~, наибо́лее хо́дкая top-selling mark; top-selling make
~, одо́бренная approved model
~, отличи́тельная distinction mark
~, официа́льно зарегистри́рованная registered trademark
~ производи́теля manufacturer's brand
~ това́ра (*сорт, вид*) brand; (*модель*) model, make
~, това́рная trademark
~ торго́вого посре́дника private (dealer's, distributor's house) brand
~, фабри́чная trademark, manufacturer's mark, brand name
вы́бор ~ки това́ра brand selection
вы́борщик ~ки това́ра brand decider
конве́рт с ~кой stamped envelope
назва́ние ~ки (*товара*) brand name
снабже́ние това́ра торго́вой ~кой branding
това́р вы́сшей ~ки top-quality goods
усло́вные обозначе́ния ~ок code of trademarks (designations)
накле́ить ~ку affix (attach) a stamp
наноси́ть ~ку mark
носи́ть фабри́чную ~ку bear a trademark
ста́вить ~ку mark

ма́ркетинг marketing
грани́цы ~а scope of market
иссле́дования в о́бласти ~а marketing research
ко́мплекс ~а marketing mix
конце́пция ~а marketing concept
мероприя́тия ~а marketing efforts
о́пыт в о́бласти ~а experience of marketing
план ~а marketing plan
пра́ктика ~а marketing practice
програ́мма ~а marketing programme
систе́ма ~а system of marketing, marketing system
слу́жба ~а marketing (sales) department
совеща́ние по ~у conference on marketing
соглаше́ние о ~е marketing agreement
сто́имость мероприя́тий ~а marketing expenditures (costs)
страте́гия ~а marketing strategy
структу́ра ~а marketing structure (mix)
управле́ние ~ом marketing management (control)
управля́ющий ~ом marketing manager, manager of marketing
услу́ги ~а marketing services
занима́ться ~ом deal with marketing
изуча́ть ~ study marketing

исслéдовать ~ do marketing research
мáркетинг-дирéктор marketing manager
маркировáть mark, make marks, label
маркирóвк/а marking, labelling
~, **вúдимая** visible marking
~, **внéшняя** external (exterior) marking
~, **вы́цветшая** faded colour marking
~ **грýза** cargo marking
~, **грузовáя** shipping marks
~, **двойнáя** duplication of markings
~, **дополнúтельная** additional marking
~ **запатентóванных издéлий** marking of patented articles
~, **запáчканная** stained marking
~ **контéйнера** marking on a container
~ **мешкá** marking on a bag
~, **недостáточная** insufficient marking
~, **неправúльная** improper (incorrect, wrong) marking
~ **несмывáемой крáской** marking in indelible paint (ink)
~, **неясная** unclear (indistinct) marking
~, **основнáя** leading marks
~, **отгрýзочная** shipping marks
~ **отправúтеля** shipping marks
~, **отчётливая** distinct (clear, legible) marking
~, **патéнтная** patent notice
~, **прáвильная** proper (correct) marking
~, **специáльная** special marking
~ **тáры** marking of packing (packaging); marking of (on) a packing container
~ **товáра** marking of goods
~ **товáрных мест** marking of packages
~, **трáнспортная** transport marking
~ **упакóвки** marking of packing (packaging); marking of (on) a packing container
~ **цен** price marking
~, **чёткая** clear (legible) marking
~, **э́кспортная** export marking
~ **я́щиков** marking of cases (boxes)
достáточность ~**и** sufficiency of marking
нанесéние ~**и** marking
недостáточность ~**и** insufficiency of marking
прáвила ~**и** marking regulations (rules, provisions)
прáвильность ~**и** correctness of marking, adequacy of marks
систéма ~**и** system of marking
состоя́ние ~**и** condition of markings
спóсоб ~**и** method of marking
стóимость ~**и** cost of marking
указáния относúтельно ~**и** marking instructions
выбивáть ~**у на металлúческой пластúне** emboss marking on a metal plate
имéть ~**у** be marked, bear marks (marking)
наносúть ~**у** do (make) marking, mark
наносúть ~**у водостóйкой крáской** mark by water insoluble paint
наносúть ~**у выжигáнием** mark by burned impressions
наносúть ~**у крáской** mark by paint (ink, dyes)
наносúть ~**у несмывáемой крáской** mark in indelible paint
наносúть ~**у погодоустóйчи-**

вой кра́ской mark by weatherproof paint
наноси́ть ~у по трафаре́ту mark (make marks) through a stencil
без ~и (*о грузовых местах*) no marks, not marked, *сокр.* n/m
~ де́лается на ... языке́ marking is made in the ... language
маркиро́вщик marker
ма́рочный branded, mark *attr.*
маршру́т route; itinerary
~ движе́ния посети́телей (*по ярмарке, выставке*) flow of visitors; footpath for visitors
~, кратча́йший the shortest route
~, магистра́льный trunk route
~, обходно́й detour (emergency) route
~, оптима́льный optimal route
~ перево́зки haul route
~, протяжённый long route
~, прямо́й direct (standard) route
~, регуля́рный regular route
~, речно́й river route
~, сквозно́й through route
~, торго́вый trading (trade) route
~ тра́нспортной ли́нии linear route
отклоне́ние от ~а deviation from the route
составле́ние ~а routing; planning an itinerary
устана́вливать ~ route
по са́мому бы́строму ~у by the fastest route
по са́мому дешёвому ~у by the cheapest route
обы́чным ~ом by normal route, by ordinary (usual) route
маршру́тный route *attr.*
ма́сс/а bulk, mass, gross
~ бру́тто gross mass
~ грузово́го ме́ста package mass
~, де́нежная money supply
~ не́тто net mass
~, о́бщая bulk mass
~ при́были mass of profit
~, станда́ртная standard mass
~, това́рная mass of commodities
едини́ца ~ы unit of mass
в ~е in the bulk
ма́ссовый bulk *attr.*, mass *attr.*
ма́стер foreman; (*специалист*) expert, master
~ по теку́щему ремо́нту maintenance foreman
~, сме́нный shift foreman
~, ста́рший head (senior) foreman
мастерск/а́я shop, workshop, working shop
~ бытово́го обслу́живания personal service shop
~, ремо́нтная repair shop; (*в цехе*) repair station
обору́довать ~у́ю equip a workshop
мастерство́ experience, skill[s], mastership, mastery
~, высо́кое профессиона́льное high professional skill
~, рабо́чее operating skills
~, техни́ческое technical skills
масшта́б scale, measure, scope
~, большо́й large scale
~ в ме́трах metric scale
~ вре́мени time scale
~, глоба́льный globe scale
~ инфля́ции inflation magnitude
~, кру́пный vast (large) scale
~, норма́льный standard scale
~ы, общенациона́льные national scales
~ опера́ций scale of operations
~ прое́кта scope of a project

~ **произво́дства** scale of production, production (industrial) scale
~ **рабо́т** scope (range) of work
~, **увели́ченный** enlarged scale
~, **уме́ньшенный** reduced scale
~ **уча́стия** scope (scale) of participation
~ **цен** scale (measure) of prices, standard of prices
~, **экономи́чески эффекти́вный** efficient scale
измене́ние ~а rescaling
моде́ль в уме́ньшенном ~е reduced scale model
опера́ция произво́дственного ~а production-scale operation
произво́дство большо́го ~а volume production
расшире́ние ~а произво́дственной де́ятельности expansion of operations
в ~ах всего́ ры́нка marketwide
в большо́м ~е on a large scale
в значи́тельном ~е on a considerable scale
в междунаро́дном ~е on an international scale, internationally
в ме́ньшем ~е on a smaller (reduced) scale
в мирово́м ~е on a worldwide (an international, a world) scale
в ограни́ченных ~ах on a limited scale
в промы́шленных ~ах in production quantities, on an industrial (commercial) scale
в увели́ченном ~е on an enlarged scale, scaled up
в уме́ньшенном ~е on a reduced scale, scaled down
в широ́ком ~е on a broad (wide) scale

масшта́бный large-scale
материа́л material, stuff
~, **аналоги́чный** similar material
~, **бо́лее дешёвый** cheaper (less costly) material
~, **водонепроница́емый** waterproof material
~**ы, вспомога́тельные** auxiliary (indirect) materials
~, **высокока́чественный** high quality (high grade, superior) material, material of high quality
~, **вы́ставочный** display material
~**ы, горю́чие** combustibles
~, **демонстрацио́нный** display material
~, **де́нежный** money stuff
~, **дефе́ктный** defective material
~, **дефици́тный** scarce material, material in short supply
~ **для компа́ктной укла́дки** dunnage
~ **для обёртки** wrapping material (paper), outerwrap material
~ **для упако́вки** packing (packaging) material (paper)
~, **документа́льный** documentary material
~, **дополни́тельный** additional (supplementary) material
~**ы зака́зчика** customer's materials
~**ы, заку́пленные** materials on order; purchased materials
~, **защи́тный** covering (protective) material
~**ы, зая́вочные** application papers (documents)
~, **иллюстри́рованный** illustrated material
~, **информацио́нный** information material

~ы, искýсственные man-made (artificial) materials
~, испóльзованный used material
~, исхóдный original (source, initial, base, starting) material
~, классифицúрованный classified material
~, коммéрческий commercial material
~, конкурéнтный competitive material (literature)
~ы, конструкциóнные structural (construction) materials
~, конъюнктýрный conjuncture material
~, массúвный bulky material
~, мéстный local material[s]
~, нагля́дный descriptive material
~ы, налúчные materials on hand, available materials
~, недоброкáчественный faulty (defective) material
~, недостаю́щий missing material
~, неиспóльзованный unused (surplus) material
~, некондициóнный substandard material
~, необходúмый necessary (required) material
~, не[при]гóдный improper (useless, unfit) material
~, нестандáртный non-standard material
~, низкосóртный low-grade material
~, обёрточный wrapping material (paper), outerwrap material
~, описáтельный descriptive material (matter)
~, основнóй basic (base, key, primary) material
~, отдéлочный finishing material
~, охраня́емый áвторским прáвом copyright material
~, первоклáссный first-class (grade) material
~, печáтный printed matter (material), publications
~, пúсьменный written material
~, подстúлочный dunnage
~, подходя́щий suitable material
~ы, потребля́емые consumable materials
~, представлéнный submitted material
~, прилагáемый enclosed (attached) material
~, проклáдочный sealing (packing, leak-proof[ing]) material
~, прóчный durable material
~, рабóчий working material
~, расхóдный expendable material
~ы, расхóдуемые consumable materials
~, реклáмный advertising (publicity, promotion[al], display) material (matter)
~, сепарациóнный separation material
~, соответствующий adequate material
~, стандáртный standard material
~, стратегúческий strategic material
~, строúтельный building (construction) material
~ы, сырьевы́е raw materials, primary goods
~, тáрный container (tare, packing) material
~, текстовóй textual (written) material
~, упакóвочный packing (packaging) material (paper)

~, учёбный educational material
~ы, худóжественно-оформи́тельские display materials
~ы, эксплуатациóнные operational materials
ввоз и вы́воз ~ов entry and exit of materials
вéдомость ~ов bill (schedule) of materials
вид упакóвочного ~а kind of packing material
дефéкты ~а defects in material
достáвка ~ов delivery of materials
закýпка ~ов procurement (purchase) of materials
затрáта ~а amount of material used (required)
испóльзование ~ов use (utilization, application) of materials
испытáние ~ов material[s] tests (testing)
кáчество ~а material quality, quality of material
накоплéние ~ов accumulation (piling up) of materials
недостáток ~ов lack of materials
нóрмы расхóда ~а material consumption rates, norms for consumption of material
описáние ~а description of material
пéречень ~ов list of materials
печáтание ~ов printing of materials
подбóр ~а selection of material
постáвка ~ов delivery of materials
потрéбность в ~е material needs (requirements), need for materials
провéрка ~ов check (examination, testing, inspection) of materials
распространéние реклáмных ~ов distribution (give-away) of advertising materials
рассы́лка реклáмных ~ов mailing of advertising materials
рассы́лка реклáмных ~ов, рáзовая mailing "shot"
расхóд ~а material consumption, consumption (usage) of material, amount of material used
создáние нóвых ~ов creation of new materials
спецификáция ~ов material specification, bill (list) of materials
спи́сок ~ов list (bill) of materials
стóимость ~ов cost (value) of materials
транспортирóвка ~ов transportation of materials
трéбование на ~ы requisition for materials (supplies)
употреблéние ~а material usage
экономия ~а saving of (in) material, economizing on material
браковáть ~ы reject materials
ввози́ть ~ы import materials
испóльзовать ~ use (apply, employ) material
направля́ть ~ forward material
нуждáться в ~е require (need) material
обрабáтывать ~ process material
оцéнивать ~ evaluate material
подбирáть ~ choose (select) material
поставля́ть ~ supply (deliver) material

предоставля́ть ~ provide material
предъявля́ть ~ present material
приобрета́ть ~ы obtain (purchase, procure) materials
проверя́ть ~ check (examine, test, inspect) material
распространя́ть ~ы distribute materials
рассыла́ть ~ы send out (distribute; circulate) materials
соста́вить спи́сок ~ов list materials
укла́дывать ~ в ки́пы stack material
храни́ть ~ store material
эконо́мить ~ save (economize) material
эконо́мить на ~е save (economize) on material

материалоёмкий (*о производстве*) [raw] material intensive

материалоёмкост/ь specific consumption of materials, material input per unit of production
снижа́ть ~ произво́дства reduce (decrease) material input per unit of production
сниже́ние ~и reduction in [specific] consumption of materials (inputs of materials)

материа́льно-техни́ческий material and technical

материа́льный material *attr.*

маши́н/а machine, **~ы** machinery
~, авари́йная break-down lorry
~ы, аренду́емые leased (borrowed) machines
~, безде́йствующая idle machine
~, вычисли́тельная computer
~, вычисли́тельная, ана́логовая analogue computer
~, вычисли́тельная, цифрова́я digital computer
~, гото́вая к эксплуата́ции operational machine
~, грузова́я lorry, cargo (freight) vehicle, goods (freight) car, *амер.* truck
~ы, грузоподъёмные hoisting machinery
~, де́йствующая working machine
~ для расфасо́вки и упако́вки packing (packaging) machine
~, испра́вная sound machine
~, повреждённая damaged (defective) machine
~, проста́я ordinary (simple) machine
~, совреме́нная modern (up-to-date) machine
~, счётная calculating machine, calculator
~, счётно-аналити́ческая tabulating machine
~, устаре́вшая outdated machine
ассортиме́нт маши́н range of machines
грузоподъёмность ~ы load capacity, maximum load
демонстра́ция маши́н в де́йствии machinery in motion
дета́ли маши́н machine components (parts), parts for machines, machinery parts
дли́тельность эксплуата́ции ~ы service (working, mechanical) life of a machine
испо́льзование ~ы usage of a machine
констру́кция ~ы design of a machine
металлоёмкость ~ы per unit metal content of a machine
надёжность рабо́ты ~ы reliability of machine operation
но́рма вы́работки ~ы standard machine capacity
обслу́живание маши́н machine maintenance

отде́лка ~ы (*техническая чистота*) workmanship of a machine; (*внешняя*) finish of a machine
па́спорт ~ы machine certificate
поколе́ние маши́н generation of machines
преиму́щества ~ы advantages of a machine
примене́ние маши́н use (employment) of machinery
производи́тельность ~ы capacity (performance) of a machine, machine capacity (performance)
просто́й ~ы idle time of a machine, machine idle time
пуск ~ы putting a machine into action (operation), setting a machine in action
рабо́та ~ы operation (performance) of a machine
режи́м ~ы, рабо́чий machine operating conditions
срок слу́жбы ~ы lifetime (service life) of a machine
демонстри́ровать ~у demonstrate (show) a machine
демонти́ровать ~у dismount (dismantle) a machine
изгото́вить ~у по лице́нзии produce a machine under a license
испо́льзовать ~у use a machine
наблюда́ть за рабо́той ~ы witness (see) a machine in operation
назна́чить це́ну за ~у quote on a machine
обслу́живать ~у service a machine
переде́лывать констру́кцию ~ы redesign a machine
управля́ть ~ой operate a machine

маши́нный machine *attr.*
машинострое́ни/е machine building (manufacturing), engineering industry, mechanical engineering
~, сельскохозя́йственное agricultural engineering, agricultural machinery industry
~, то́чное precision engineering
~, тра́нспортное transport engineering
~, тяжёлое heavy engineering [industry]
~, хими́ческое chemical engineering
~, энергети́ческое power engineering
заво́д тяжёлого ~я heavy engineering works (plant)
проду́кция ~я engineering products
машинострои́тель engineering worker
машинострои́тельный engineering, machine-building *attr.*
межба́нковский interbank
межгосуда́рственный interstate
меж[ду]ве́домственный interdepartmental
междугоро́дный long-distance *attr.*
междунаро́дный international
межотраслево́й interindustry *attr.*, intersectoral, interbranch
межправи́тельственный intergovernmental
межпроизво́дственный interindustrial, interproduction *attr.*
межфи́рменный intercorporation *attr.*
межцехово́й interdepartmental
мелкомасшта́бный small-scale
мемора́ндум memorandum
~, аукцио́нный (*брокерская записка*) broker's note, *амер.* broker's ticket

~ **о договоре** memorandum of agreement
~ **о намерении** memorandum of intent
~ **о соглашении** memorandum of understanding
~ **страховой** insurance memorandum

мен/а (*товарообмен*) barter, exchange of goods
договор ~ы barter agreement

менеджер manager

менять 1. (*изменять*) change, alter, vary **2.** (*обменивать*) exchange

меняющийся varying, changing, fluctuating

мер/а 1. (*измерение*) measure, measurement **2.** (*мероприятие*) measure, step; arrangement
~ы, антиинфляционные anti-inflationary measures
~ы безопасности security (safety) measures
~ы, безотлагательные immediate (urgent) measures (steps)
~ы веса measures of weight
~ы, взаимоприемлемые mutually satisfactory (accepted) arrangements
~ы, временные temporary (interim) measures
~ы, действенные effective measures
~ы, дискриминационные торгово-экономические discriminating (discriminatory) trade and economic measures
~ы длины linear measures
~ы, дополнительные further measures
~ы, достаточные sufficient measures
~ы ёмкости measures of capacity
~ы жидкости liquid measures
~ы, законодательные legislative measures
~ы, защитные protective measures, precautions
~ы, корректировочные adjustment measures; corrective measures
~ы, крайние extreme (drastic) measures
~ы, метрические metric measures
~ы надёжности measures of reliability
~ы, надлежащие proper measures
~ы, немедленные immediate (urgent) measures (steps)
~ы, неэффективные inefficient measures
~ы, объёма volume measures
~ы, ограничительные restrictive (rationing) measures
~ы, ответные counter-measures, reprisals, retaliatory measures
~ы переходного характера transitional arrangements
~ы площади measures of area, square measures
~ы, подготовительные preparatory measures
~ы, подобные similar measures
~ы по исправлению corrective measures
~ы по организации рекламы publicity efforts
~ы по охране труда measures on labour protection
~ы по повышению сбыта measures for sales promotion
~ы по реализации товара sales efforts
~ы по сдерживанию импорта measures for import restraint
~ы по сдерживанию экспорта measures for export restraint
~ы по устранению недостатков measures to eliminate defects, corrective measures

~ы, практи́ческие practical measures
~ы, предвари́тельные provisional measures
~ы предосторо́жности [safety] precautions, safety (security, precautionary) measures
~ы, предохрани́тельные protective measures, precautions
~ы, предупреди́тельные preventive measures
~ы, принуди́тельные compulsory measures, measures of compulsion, enforcement measures
~ы, протекциони́стские protectionist (protective) measures
~ы, противопожа́рные fire resistance measures (arrangements)
~ы, своевре́менные timely measures
~ы, соотве́тствующие appropriate measures
~ы, сро́чные prompt steps (actions)
~ сто́имости measure of value
~ы сыпу́чих тел dry measures
~ы то́чности measures of precision
~ы, чрезвыча́йные emergency (extreme) measures
~ы, эконо́мии economy measures
~ы, э́кстренные urgent (emergency) measures
~ы эффекти́вности measures of effectiveness
~ы, эффекти́вные effective (effectual) measures
едини́ца ~ы unit of measure
систе́ма мер system of measures
уторго́вывание встре́чных протекциони́стских мер agreement upon counter-protectionist measures
вводи́ть ограничи́тельные ~ы impose restrictions
выраба́тывать ~ы work out measures
испо́льзовать в ка́честве ~ы use as a measure
принима́ть ~ы take measures (steps), make arrangements
согласо́вывать ~ы discuss measures

мери́тельный measuring
ме́рить measure, take measurements
ме́рка measure
мероприя́ти/е 1. action, event **2.** (*мера*) measure, step; arrangement
~, ва́жное important event
~, вре́менное temporary arrangement
~я, вспомога́тельные рекла́мные auxiliary advertising arrangements
~я, вы́ставочные exhibition events, exhibition arrangements
~, ежего́дное annual event
~я по девальва́ции devaluation measures
~я по контра́кту contract arrangements
~, поле́зное useful measure
~я по ма́ркетингу market research exercise
~я, после́дующие follow-up measures
~я по спасе́нию гру́за measures for the salvage of cargo
~, протоко́льное protocol event (action)
~я, протоко́льные на вы́ставке social functions, hospitality events
~, рекла́мное advertising activity, publicity event

~, **соотве́тствующее** respective measure
~**я стимули́рования сбы́та** promotional activity
~**я экономи́ческой поли́тики** economic policy measures
календа́рь ~**й** calendar (timetable) of activities
ко́мплекс ~**й** package (complex) of measures
организа́ция вы́ставочных ~**й** holding exhibitions
паке́т ~**й** package of measures, package plan
план ~**й** plan (schedule) of measures
план ~**й по стимули́рованию сбы́та** promotional plan
план рекла́мных ~**й** advertising plan
после́довательность ~**й** sequence of events
прое́кт организа́ции ~**й по сбы́ту** promotional project
разрабо́тка ~**й** elaboration of measures
рекла́ма ~**й по стимули́рованию сбы́та** promotional advertising
координи́ровать ~**я по стимули́рованию э́кспорта** coordinate promotional export activities
осуществля́ть ~**я** put measures into effect
разраба́тывать ~**я** work out measures
рассма́тривать ~**я** consider measures

ме́стный local, domestic, home *attr.*

ме́ст/о 1. place, space, site; *трансп.* seat **2.** (*о грузе, о багаже*) piece, case, package
~ **арбитра́жа** place of (for) arbitration
~ **большо́го разме́ра** oversize[d] package
~ **вво́за** (*груза*) entry location
~ **в газе́те** space in a paper
~ **вы́воза** (*груза*) location of pick-up, pick-up location
~ **вы́грузки** place of discharge, discharging (unloading) place (point)
~ **вы́дачи** (*документов*) place of issue (issuance)
~ **вы́пуска** place of issue
~ **вы́ставки** site (place, location) of an exhibition, exhibition site
~ **вы́ставки, основно́й** site of major display
~ **вы́ставки, постоя́нной** permanent exhibition site
~, **грузово́е 1.** cargo (shipping) space **2.** [shipping] package, piece [of cargo]
~, **грузово́е, ото́бранное для определе́ния ве́са та́ры** *или* **для её почи́нки** *мор.* tarer
~**á, грузовы́е, ме́лкие, испо́льзуемые для заполне́ния свобо́дного простра́нства в трю́ме** broken stowage
~ **де́ятельности** place of performance
~ **для вы́грузки у прича́ла** discharging berth
~ **для погру́зки** shipping (cargo) space
~ **для публика́ции рекла́мы** advertising space
~ **для сбо́рки и нала́дки обору́дования** fitting and assembly bay
~ **для строи́тельства** site
~ **для устано́вки рекла́много щита́** *или* **пане́ли** advertising site
~ **для хране́ния** storage (warehouse) space; (*на судне*) stowage
~ **для экспона́тов** exhibit space

~ **доста́вки** delivery place, place (point) of delivery
~ **жи́тельства** place of residence, residential address
~ **заключе́ния контра́кта** place of contract
~ **изготовле́ния** place of manufacture (fabrication)
~ **испыта́ний** test site
~ **крепле́ния верёвкой** lashing point
~ **крепле́ния стро́пов** lifting point, slinging point (position)
~, **маркиро́ванное** marked package
~ **монтажа́** erection (installation) site, place of installation
~ **на вы́ставке** exhibition space (place)
~ **назначе́ния** [final] destination, place (point) of destination; (*внутри страны*) inland destination
~ **назначе́ния, коне́чное** final destination
~ **назначе́ния, тре́буемое** required destination
~ **назначе́ния э́кспортного гру́за** export destination
~ **нанесе́ния маркиро́вки** placing of marks
~ **на су́дне** space on (in, within) a vessel
~ **нахожде́ния** (*фирмы*) location (seat) of a company, business address, place of performance
~, **неудо́бное** inconvenient place
~ **опротестова́ния** place of protest
~ **отгру́зки** shipping point, place of shipment
~, **отде́льное** individual (single) package
~ **отправле́ния** place of departure (dispatch); port of shipment
~ **перева́лки гру́за** place of transhipment
~ **платежа́** place of payment (paying); (*по векселю*) domicile
~, **повреждённое** damaged package (piece, case)
~ **погру́зки** loading place (point, berth), place (port) of loading, shipment point
~, **подходя́щее** appropriate place
~ **поста́вки** place (port) of delivery, delivery destination
~, **потерянное** lost package
~ **пребыва́ния** place of residence, dwelling place
~ **предъявле́ния** place of presentation
~ **прибы́тия** place of arrival
~ **приёмки** place of acceptance; receiving point
~ **прича́ла** moorage
~ **прича́ла для разгру́зочных рабо́т** discharging berth
~ **проведе́ния вы́ставки** site (place, location) of an exhibition, exhibition site (location)
~ **проведе́ния вы́ставки, постоя́нное** permanent exhibition site
~ **происхожде́ния** place of origin
~ **рабо́ты** place of work, working place, job site
~, **рабо́чее** working place
~ **разгру́зки** place of discharge, discharging (unloading) place (point)
~ **регистра́ции** registration office; place of registration
~, **свобо́дное** open place (space); blank space
~ **сда́чи** (*товара*) point (place) of delivery
~ **складирования** place of storage

~, скла́дочное stowage
~ стоя́нки (*судов*) siding place, moorage
~ стропо́вки lifting point, slinging point (position)
~, сухо́е dry place
~, у́зкое narrow space
~, ука́занное (*в документе*) designated place (space)
~ устано́вки (*оборудования*) installation site, place (point) of installation
брони́рование ~а booking of seats; booking of space
вес грузово́го ~а package weight, weight of a unit
зая́вка на вы́ставочное ~ application for exhibit space
изуче́ние на ~е on-the-spot study, on-site study
коли́чество мест (*груза*) number of packages (cases, pieces)
маркиро́вка мест (*груза*) marking of packages (cases, pieces), package (case) marking
недоста́ча мест shortage of pieces
но́мер ~а number of a package (case), package (case) number
обслу́живание на ~е field service
обуче́ние по ~у рабо́ты on-the-job training, shop training
подсчёт коли́чества мест гру́за tally of cargo
поку́пка рекла́много ~а buying space [for advertising]
поте́ря ~а гру́за non-delivery (loss) of a package
примене́ние на ~е рабо́ты on-the-job application
прове́рка на ~е check (inspection) at the manufacturer's works (plant), field check, on-site (on-the-spot) inspection
рабо́чие на ~а́х on-site workers (workmen)
разме́ры ~а (*груза*) size of a package, package dimensions
реви́зия на ~е field audit
регулиро́вка на ~е site adjustment, adjustment on site
содержа́ние ~а (*груза*) contents of a package
состоя́ние мест (*груза*) condition of packages
сохра́нность ~а (*груза*) package safety
спра́вка о результа́тах обме́ра грузовы́х мест measurement account
сто́имость ~а cost of space
число́ мест гру́за number of packages (cases)
эконо́мия ~а space saving
арендова́ть ~ (*на выставке*) rent space
вы́делить ~ allocate a site, provide space
доставля́ть до ~а назначе́ния deliver to destination
достига́ть ~а назначе́ния reach destination
заказа́ть ~ (*в газете*) book space
закрепля́ть ~ за собо́й secure a place
занима́ть ~ take up (utilize) space, occupy room (space)
занима́ть веду́щее ~ occupy a leading position
занима́ть пе́рвое ~ take (hold, gain) the first place
занима́ть про́чное ~ hold a firm place
зарезерви́ровать ~ на рейс reserve a seat on the flight
зафрахтова́ть ~ charter (hire) space
испо́льзовать ~ use space
маркирова́ть ~ mark a package

назна́чить ~ nominate (name) a place
обеспе́чить ~ (*на судне*) arrange lhipping space
обеспе́чить надёжное ~ у прича́ла assure safe berth
определи́ть ~ fix a place
получи́ть ~ на су́дне get freight (cargo) space
помести́ть на ви́дном ~е place in an easily visible position
предоста́вить ~ на су́дне provide freight space, allocate shipping space on a vessel
проверя́ть коли́чество мест check the number of packages
проверя́ть на ~е check on the spot (at the place)
резерви́ровать ~ на вы́ставке reserve exhibition space
сдава́ть ~ в аре́нду lease space
транспорти́ровать до ~а transport to site
транспорти́ровать до ~а назначе́ния transport to destination
уде́рживать на ~е hold in place
ука́зывать ~ designate a place
ука́зывать коли́чество мест state the number of packages
устана́вливать маши́ны на ~ lay down machines in place
храни́ть в сухо́м ~е keep in dry place
эконо́мить ~ save space
установ́ленный на ~е field erected
в одно́м ~е in one place
в ука́занном ~е in the indicated place
до ~а монта́жных рабо́т to the erection site
до ~а назначе́ния to destination
на ~е (*проведения работ*) at (on) site
«Ме́сто подъёма теле́жкой» (*надпись*) "Lift here with the tiering truck"
«Храни́ть в сухо́м ме́сте» (*надпись*) "Keep Dry"

местонахожде́ни/е site, location, localty, position
~ заво́да location of a plant, plant site
~ средств нару́жной рекла́мы poster site
~ террито́рии, вы́ставочной location of exhibition space
~ фи́рмы location (seat) of a company, business address, place of performance

местоположе́ние site, location, locality, position
~, предпочти́тельное preferred position
~ сте́нда stand location

месторожде́ние deposit, occurrence
~, бога́тое rich deposit
~ га́за gas field (deposit)
~ не́фти oil field (deposit)
~ поле́зных ископа́емых mineral deposit
~ руды́ ore deposit (occurrence)
~ угля́ coal field (deposit)

ме́сячный monthly

металлоёмкость metal consumption, specific quntity (content, amount) of metal, input of metals
~, уде́льная specific (per unit) metal content

металлурги́ческий metallurgic[al]

металлурги́я metallurgy [industry]
~, чёрная ferrous [metal] metallurgy
~, цветна́я non-ferrous metallurgy

метеорологи́ческий meteorologic[al]

ме́тк/а mark, marker, label, sign, tag
~, **контро́льная** check mark
~, **монта́жная** matchmark
ста́вить ~у mark, label

ме́тод method, process, procedure, way
~ **веде́ния торго́вли** method of trade transactions (trading)
~ **возмеще́ния** method of reimbursement
~**ы ге́нной инжене́рии** genetic engineering methods
~ **изготовле́ния** method of production
~ **изготовле́ния проду́кции па́ртиями** batch method of production
~, **индустриа́льный** industrial method
~ **испыта́ний** test[ing] method (way, technique)
~ **калькуля́ции** method of calculation, costing method
~ **калькуля́ции цен** pricing method
~ **контро́ля** inspection (control) method
~ **контро́ля ка́чества** quality control method
~ **контро́ля ка́чества проду́кции** production quality control method
~ **ко́свенного и́мпорта** method of indirect import
~ **ко́свенного э́кспорта** method of indirect export
~, **надёжный** safe method
~, **нау́чный** scientific method
~**ы, нормати́вные** norm-based methods
~, **обобщённый** generalized method
~ **обрабо́тки** processing method
~**ы обуче́ния** methods of training, teaching methods
~, **о́бщий** general method
~, **обы́чный** normal method
~, **одо́бренный** approved method
~ **описа́ния** description method
~ **определе́ния ка́чества** method of quality determination (assessment, measurement)
~, **определённый** clear-cut procedure
~, **осо́бый** special method
~ **отбо́ра проб** sample (sampling) method
~ **оце́нивания** estimating (evaluation, assessment) method, method of estimation (evaluation, assessment)
~ **оце́нки** cost[ing] method
~ **оце́нки по факти́ческим затра́там** actual cost method
~**ы перево́зки** transport techniques
~, **передово́й** advanced method
~ **печа́ти** printing method
~ **плани́рования** method of planning
~ **платежа́** method of payment, payment method
~ **подсчёта** method of calculation, accounting method
~, **подходя́щий** adequate method
~ **поста́вки** method of delivery
~, **пото́чный** line production, straight-line flow method
~**ы, практи́ческие** practical methods
~ **проведе́ния испыта́ний** test[ing] method (way, technique)
~**ы проведе́ния опера́ций, внешнеторго́вых** foreign trade operation methods (techniques)

~ы прове́рки inspection (checking) methods
~ы прогнози́рования forecasting (prediction) methods
~ы, прогресси́вные progressive methods
~ы проекти́рования design methods
~ произво́дства production (manufacturing) method
~ прямо́го и́мпорта method of direct import
~ прямо́го э́кспорта method of direct export
~ рабо́ты operating method, method of operation
~ распределе́ния distributing method, method of distribution
~ расчёта design method
~ рекламиро́вания advertising method
~ реше́ния method of solution
~ы сбы́та, ма́ссового mass distribution methods
~ы сбы́та, совреме́нные modern distribution methods
~, скоростно́й fast technique
~ сниже́ния расхо́дов cost-saving method
~ сотру́дничества method of cooperation (collaboration)
~ сравне́ния method of comparison
~, станда́ртный standard method
~ы строи́тельства methods of (for) construction
~, технологи́ческий technological method
~, традицио́нный conventional method
~ транспортиро́вки method of transportation
~, удовлетвори́тельный satisfactory method
~ы упако́вки packing (packaging) methods (techniques)
~ы управле́ния methods of management
~ы учёта, бухга́лтерского accounting methods
~ы финанси́рования methods of finance; credit terms
~, экономи́чный economical method
~ эксплуата́ции method of operation
~, эффекти́вный effective method
рационализа́ция ~ов рабо́ты work simplification, labour saving
внедря́ть ~ introduce (adopt) a method
вводи́ть но́вые ~ы обрабо́тки pioneer processing methods
испо́льзовать ~ employ a method
осва́ивать ~ master techniques
осуществля́ть ~ realize a method
пересмотре́ть ~ revise a method, review a procedure
предлага́ть ~ propose a method (procedure)
приде́рживаться ~а follow a method
применя́ть ~ practise a method
разрабо́тать ~ develop (work out) a method

мето́дик/а procedure
~ испыта́ний test[ing] procedure (methods)
~ контро́ля ка́чества quality control procedure (technique)
~, надлежа́щая proper procedure
~ обсле́дования survey procedure
~, обы́чная conventional procedure
~, осо́бая special procedure

~ **оце́нки** estimation procedure
~, **пересмо́тренная** revised procedure
~, **пра́вильная** correct procedure
~ **проведе́ния испыта́ний** test[ing] procedure (methods)
~ **прове́рки** test[ing] procedure (methods)
~ **проекти́рования** design procedure
~ **рабо́ты** operating procedure, procedure of work
~, **рекоменду́емая** recommended procedure
~, **стандáртная** standard procedure
~ **ценообразова́ния** methods of price formation
оце́нка ~и procedure (policy) evaluation
приде́рживаться ~и adhere to a procedure
приня́ть ~у adopt a procedure

метра́ж metric area

метри́ческий metric

механиза́ция mechanization
~, **ко́мплексная** comprehensive (complex, all-round, system) mechanization
~, **по́лная** full mechanization
~ **произво́дства** mechanization of production
~, **рациона́льная** rational mechanization
~ **се́льского хозя́йства** farm mechanization, mechanization of agriculture
~ **трудоёмких проце́ссов** mechanization of labour-intensive (labour-consuming) processes
~ **трудоёмких рабо́т** mechanization of labour-intensive operations

механизи́рованный mechanized

механи́зм mechanism; (*приспособление*) device
~ **валю́тных ку́рсов** exchange rate mechanism
~ **валю́тных отчисле́ний** mechanism regulating currency allocations
~ **вы́дачи креди́та** credit-granting mechanism
~, **де́нежно-валю́тный** money and currency mechanism
~ **конкуре́нции** competitive mechanism
~, **организацио́нный** organization mechanism
~ **перечисле́ния де́нежных средств** money transfer mechanism
~**ы**, **погру́зочно-разгру́зочные** material-handling equipment
~, **подъёмный** lifting (hoisting) device
~, **рабо́чий** (*договорённость о порядке работы*) working arrangements
~, **разгру́зочный** unloading device (mechanism)
~, **ры́ночный** market mechanism
~ **управле́ния вне́шне-экономи́ческими свя́зями** foreign economic relations control
~, **хозя́йственный** economic mechanism
~ **хозя́йствования** mechanism of economic management
~ **цен** price mechanism

меха́ник mechanic, operator
~, **гла́вный** plant (works) engineer, chief mechanical engineer
~ **по обору́дованию** maintenance mechanic

механи́ческий mechanical

мешкови́н/а sacking, sackcloth, burlap
обшива́ть ~ой wrap in sacking

мешкота́ра sack tare

меш/о́к sack, bag

~ки́, застро́плённые pre-slung bags
~ки́, повреждённые damaged (defective) bags
~, складно́й collapsible (folding) bag
груз в ~ка́х bagged cargo, cargo in bags
зата́ривание в ~ки́ sack filling
хране́ние в ~ка́х storage in bags
насыпа́ть в ~ки́ fill in (put in) sacks (bags), sack
отгружа́ть в ~ка́х ship in sacks (bags)
поставля́ть в ~ка́х deliver in bags (sacks)
расфасо́вывать в ~ки́ fill in sacks (bags)

минима́льн/ый minimum *attr.*, minimal

министе́рство ministry, *амер.* department, *англ.* board
Министе́рство вне́шних экономи́ческих свя́зей СССР USSR Ministry for Foreign Economic Relations
~ здравоохране́ния Ministry of Public Health
~ иностра́нных дел Foreign Ministry, Ministry for (of) Foreign Affairs, *амер.* State Department, Department of State, *англ.* Foreign Office, *кан., инд.* Ministry for External Affairs
~ морско́го фло́та Ministry of Merchant Marine
~, общесою́зное All-Union ministry
~, отраслево́е branch (sectoral) ministry
~а, промы́шленные industrial ministries
~ путе́й сообще́ния Ministry of Communications
~ речно́го фло́та Ministry of Inland Water Transport
~ снабже́ния Ministry of Supply
~ торго́вли Ministry of Trade, *амер.* Department (Ministry) of Commerce, *англ.* Board of Trade
~ фина́нсов Ministry of Finance, *англ.* the Exchequer, the Treasury, Board of Exchequer, Board of Treasury, *амер.* the Treasury Department, Department of the Treasury
~ юсти́ции Ministry of Justice, *амер.* Department of Justice

мини́стр Minister, *амер.* Secretary
~ вне́шних экономи́ческих свя́зей СССР Minister of Foreign Economic Relations of the USSR
~ здравоохране́ния Minister of Public Health
~ иностра́нных дел Minister for (of) Foreign Affairs, Foreign Minister, *амер.* State Secretary, *кан., инд.* Minister for External Affairs
~ торго́вли Minister of (for) Trade, *амер.* Secretary of Commerce, *англ.* President of the Board of Trade
~ фина́нсов Minister of Finance, *англ.* Chancellor of the Exchequer, *амер.* Secretary of the Treasury
~ юсти́ции Minister of Justice, *англ., амер.* Attorney-General
замести́тель ~а deputy minister, *англ., амер.* under-secretary
помо́щник ~а assistant to a minister

мир:
~, делово́й business world
~, торго́вый world of commerce

ми́рны/й peaceful

~м путём in a peaceful (friendly, amicable) way, amicably
в ~х це́лях for peaceful purposes

миров́ой world *attr.*, world-wide, global, universal

ми́ссия (*представительство*) mission, legation
~, торго́вая trade mission

многоколо́нный multilinear

многокра́тный frequent, numerous, repeated

многоле́тний of many years, long-term

многообеща́ющий promising, hopeful

многоотраслево́й diversified

многосторо́нний multilateral, many-sided

многочи́сленный frequent, numerous

мно́жественный multiple

мно́жество multitude, a great number, a great deal
~ спо́собов примене́ния multitude of applications

мобилиза́ция mobilization
~ нали́чности cash (money) mobilization
~ промы́шленности industrial mobilization
~ ресу́рсов resource mobilization
~ средств, фина́нсовых mobilization of funds

мо́д/а style, fashion, vogue
~ на *что-л. smth* is in fashion
быть в ~е be in (be the) fashion
ввести́ в ~у set the fashion
входи́ть в ~у come into fashion, become fashionable
вы́йти из ~ы be (go) out of fashion
по после́дней ~е in the latest fashion

моде́л/ь model, make, pattern
~ в разре́зе cut-away model
~ в уме́ньшенном разме́ре reduced-scale model
~, де́йствующая working model
~, зарегистри́рованная registered model
~, конкури́рующая competitive model
~, но́вая new model
~, ото́бранная selected model
~, предыду́щая previous model
~, рабо́чая working model
~и, разли́чные different models, various makes
~, сери́йная production model
~, совреме́нная modern (up-to-date) model
~ существу́ющих ти́пов model of existing types
~, упрощённая reduced model
~, устаре́вшая out-of-date (obsolete) model
~, фина́нсовая financial model
~ экономи́ческого ро́ста economic growth model
демонстра́ция ~ей show
защи́та ~ей protection of registered designs
назва́ние ~и model name
образе́ц ~и sample of a model, pattern
изменя́ть ~ change (alter) a model
испы́тывать ~ test a model
модифици́ровать ~ modify a model
упроща́ть ~ simplify a model

модерниза́ция modernization, updating
~ де́йствующего предприя́тия modernization of an operating enterprise
~ заво́да renovation of a plant
~, коренна́я fundamental modernization

~ **экономики** modernization of the economy

модернизировать modernize, update

модификаци/я modification, alteration

~, **запатентованная** patented modification

~, **технико-экономическая** technical and economic modification

предусматривать ~и envisage modifications

разрабатывать ~и develop modifications

модифицированный modified

модифицировать modify

модный fashionable, fancy

мокнуть become wet, get soaked

мокрый wet

момент 1. (*время*) moment, time **2.** (*точка зрения*) aspect, factor

~, **важный** important factor

~ **вступления в силу** (*документа*) effective date, time of coming into force (becoming valid)

~, **критический** critical (crucial) moment

~ **пересечения границы** time (moment) of crossing the border, border crossing time

~ **перехода риска случайной гибели** *или* **повреждения товара** time of (for) the transition (passage) of risks of commodity loss *or* damage (commodity loss *or* damage risks)

монет/а coin

~**ы, золотые** gold coins, coined gold, *англ.* sovereign gold

~**ы крупного достоинства** large denominations

~**ы мелкого достоинства** small denominations

~**ы, разменные** [small, loose] change, small coins, fractional currency (money, coins), *амер.* base coins

~**ы разного достоинства** coins of different denominations

~, **серебряная** silver coin

размен монет changing of coins

монетарный monetary

монетный monetary

монометаллизм single standard, monometallism

монометаллический monometallic

монополизация monopolization

монополизировать monopolize

монополистический monopoly *attr.*, monopolistic

монополи/я monopoly

~, **банковская** bank (banking) monopoly

~, **валютная** foreign exchange (currency) monopoly

~ **внешней торговли** foreign trade monopoly, monopoly of foreign trade

~, **временная** temporary monopoly

~, **всеобъемлющая** all-round monopoly

~, **государственная** government (state) monopoly

~, **групповая** group (shared) monopoly

~, **двусторонняя** bilateral monopoly

~, **международная** international monopoly

~ **на новый продукт** new-product monopoly

~ **на технологию** technological monopoly

~, **патентная** patent monopoly

~ **покупателя** buyer's monopoly

~, **полная** complete monopoly

~ **продавца** seller's monopoly

~, **промышленная** industrial monopoly
~, **регулируемая** regulated monopoly
~, **случайная** accidental monopoly
~, **торговая** commercial (trade) monopoly
~, **транснациональная** multinational [monopoly]
~, **финансовая** financial monopoly
~, **фискальная** fiscal monopoly
~, **частная** private monopoly
~, **экспортная** export monopoly
власть ~й monopoly rule
господство ~й monopoly domination
слияние ~й monopoly merger
обладать ~ей have a monopoly

монопольный sole, exclusive, monopoly *attr.*

монтаж 1. (*сборка*) assembly, mounting **2.** (*строительных конструкций*) erection, erecting **3.** (*оборудования*) mounting, installation
~, **быстрый** rapid erection
~ **выставки** installation (mounting) of exhibits (an exhibition)
~ **завода** plant (factory) installation (erection)
~ **на строительной площадке** site erection
~ **оборудования 1.** assembling (assembly, mounting) of equipment **2.** erection of equipment **3.** installation of equipment
~, **полный** overall erection
~, **правильный** correct (proper) erection
~, **своевременный** timely erection
~ **стенда** installation of a stand, stand installation (construction)
выполнение ~а execution of erection
график ~а schedule of erection, erection schedule
дата ~а date of erection
завершение ~а completion of erection work
задержка ~а delay in erection
инструкция по ~у erection (assembly) instructions, instructions on (for) erection (assembly), erection manual
качество ~а quality of erection
консультант по ~у erection adviser
место ~а erection (installation) site, place of installation
начало ~а start of erection
окончание ~а completion of erection
период ~а period of erection work (installation), erection (installation) period
персонал, занимающийся ~ом erection personnel
план ~а erection schedule (plan)
программа ~а erection programme
продолжительность ~а duration of erection work
работы по ~у erection work
расходы по ~у erection costs (expenses), costs of mounting (erection), expenses on erection
руководитель ~а erection (installation) supervisor
руководитель ~а на площадке field erection supervisor
руководство ~ом supervision of erection
руководство по ~у erection manual

специали́ст по ~у́ erection specialist
спо́собы ~а́ erection methods
сто́имость ~а́ assembly (erection, mounting, installation) cost[s], cost of assembling (erection, mounting, installation)
усло́вия ~а́, о́бщие general conditions of (for) erection
заде́рживать ~ delay erection (installation)
зако́нчить ~ complete erection (installation)
обеспе́чить пра́вильность ~а́ ensure correctness of erection
проводи́ть ~ carry out (perform, do) erection, effect installation
руководи́ть ~о́м supervise erection
~ и эксплуата́ция assembly and operation
во вре́мя ~а́ during erection
в проце́ссе ~а́ in the course (in the process, within the period) of erection
до нача́ла ~а́ prior to installation, before the commencement (beginning) of erection
на ме́сте ~а́ on (at) erection site
по оконча́нии ~а́ after (on, upon) the completion of erection
исключа́я ~ exclusive of erection

монта́жник assembler, erector, mounter, installer; **~и** erection gang

монта́жный assembly *attr.*, erection *attr.*

монтёр adjuster, repairman, fitter
~, авари́йный trouble shooter

монти́ровать erect, install, mount, assemble

морато́ри/й moratorium
~, двухгоди́чный two-year moratorium
продле́ние ~я extension of moratorium
установле́ние ~я imposition of moratorium
вводи́ть ~ на impose (put) moratorium on
объяви́ть ~ proclaim (declare, announce) moratorium
присоедини́ться к ~ю join moratorium
продли́ть ~ extend moratorium

мо́р/е sea
~, бу́рное stormy (heavy) sea
~, вну́треннее inland (landlocked, continental) sea
~, закры́тое closed sea
~, мелково́дное shallow sea
~, откры́тое the open sea; the high seas; main (deep) sea
~, свобо́дное free sea
вы́ход в ~ sailing; access to the sea
перехо́д ~ем sea passage
поврежде́ние на ~ sea damage, damage by sea water
путеше́ствие по ~ю voyage
транспортиро́вка ~ем transportation by sea
транспортиро́вка ~ем в трю́мах transport in holds by sea
выходи́ть в ~ sail, leave harbour
не име́ть вы́хода в ~е have no access to the sea
отгружа́ть ~ем ship (dispatch) by sea
путеше́ствовать по ~ю travel by sea, voyage
перевози́мый ~ем sea-borne
в ~ at sea

морепла́вани/е navigation, shipping
~, междунаро́дное торго́вое international shipping
~, торго́вое merchant shipping

безопа́сность ~я safety of navigation
приго́дность к ~ю seaworthiness
приго́дный к ~ю seaworthy

морехо́дност/ь seaworthiness
~, абсолю́тная absolute seaworthiness
~ су́дна seaworthiness of a vessel
сертифика́т о ~и certificate of seaworthiness

морехо́дный seaworthy, seagoing

морозосто́йкий cold-resistant, frost-resistant, frostproof, nonfreezing

морско́й seagoing, marine, maritime

мо́щност/ь 1. capacity, power, output, rating **2. ~и** (*производственные объекты*) capacities
~, акти́вная active power
~, больша́я high power, heavy (high) duty
~, гаранти́рованная guaranteed capacity
~, годова́я annual capacity (output)
~, дви́гателя engine power
~и, де́йствующие operating (operational) capacities, capacities in service
~, дли́тельная continuous capacity
~, загру́зочная load capacity
~, запасна́я spare capacity
~, избы́точная excess (surplus) capacity
~, максима́льная peak power, maximum capacity (output, performance)
~, ма́лая low power (duty)
~ на едини́цу ве́са horsepower per unit of weight
~ на едини́цу, произво́дственную capacity per unit
~, недоста́точная reduced output, undercapacity
~, неиспо́льзованная underemployed (idle, unused) capacity
~, но́вая fresh capacity
~, номина́льная nominal (indicated, rated) capacity, rated output (power), rating
~, о́бщая total capacity
~, поле́зная useful (net) power
~, по́лная full (gross) power, aggregate (ultimate) capacity
~, потребля́емая power consumption
~, потре́бная required power
~ предприя́тия enterprise capacity
~, прое́ктная estimated (rated, projected, planned) capacity, design[ed] capacity (output, power, rating)
~, произво́дственная production (productive, manufacturing) capacity
~, пускова́я starting power
~, рабо́чая operating power
~, расчётная rated capacity
~, резе́рвная idle (reserve, spare) capacity, stand-by power
~, сре́дняя standard capacity, average capacity (efficiency, performance), average (mean) power
~, сумма́рная total (aggregate) capacity
~, уде́льная specific capacity
~, устано́вленная installed capacity
~, факти́ческая actual power
~, эксплуатацио́нная service power
~, эффекти́вная effective power
ввод в де́йствие но́вых ~ей putting into operation (com-

missioning) of new capacities
загру́зка ~ей use (utilization) of production capacities
коэффицие́нт ~и capacity rate
недоста́ток ~ей lack (shortage) of capacities
недоста́точность произво́дственной ~и undercapacity
определе́ние ~и determination of output (capacity)
освое́ние произво́дственных ~ей bringing output (production) to the design figures, plant development
рабо́та на по́лную ~ capacity operations, working to capacity
расшире́ние ~ей extension of [manufacturing] capacities, capacity extension
резе́рв устано́вленной ~и margin of reserve
созда́ние но́вых произво́дственных ~ей construction (setting up) of new capacities
сокраще́ние произво́дственных ~ей shrinkage in capacities
сниже́ние ~ей decline in capacities (output, performance)
вводи́ть ~и в де́йствие put capacities into operation, commission capacities
достига́ть прое́ктной ~и reach the designed (projected, planned) capacity
осва́ивать произво́дственные ~и bring output (production) to the design figures
рабо́тать на по́лную ~ work at (to) capacity, operate with (at) full power (capacity, efficiency); be in full operation
рабо́тать на полови́нной ~и work at half capacity
увели́чивать произво́дственную ~ expand production

мо́щный powerful, heavy duty *attr.*, high-capacity *attr.*
мультивалю́тный multicurrency *attr.*

Н

набавля́ть add; (*увеличивать*) increase
на́бережн/ая 1. (*для причала судов*) quay **2.** (*товарная пристань*) wharf
~, разгру́зочная discharging quay
скла́дывать на ~ой quay, discharge (unload) on (to) the quay
фра́нко-~ ex quay, free on [the] quay, *сокр.* FOQ, free alongside quay, *сокр.* FAQ
набо́р assortment; (*комплект*) set, collection
~ инструме́нтов tool kit, set of tools
~ мер возде́йствия wide basket of measures
~, по́лный complete set
~ това́ров *или* **валю́т, станда́ртный** standard basket
нава́лом in bulk, unpacked, loose
перево́зка ~ bulk carriage (transportation, haulage, shipment)
погру́зка ~ bulk stowage, loading (shipment) in bulk
хране́ние ~ storage (storing) in bulk
грузи́ть ~ load (ship) in bulk
перевози́ть ~ carry (transport, ship) in bulk, transport unpacked (loose) goods
храни́ть ~ store in bulk
нава́лочный груз bulk cargo, *сокр.* B. C., bulk goods (freight), loose goods

навигацио́нный navigating
навига́ци/я navigation
~, **возду́шная** air navigation
~, **морска́я** marine navigation
откры́тие ~и opening of navigation
открыва́ть ~ю open navigation
закры́тый для ~и closed to navigation
откры́тый для ~и open for navigation
нагружа́ть load, pile; (*о морском грузе*) freight
~ **чрезме́рно** overload
нагру́зк/а load; (*действие*) loading
~, **безопа́сная** permissible load
~, **вре́менная** temporary load
~, **доба́вочная** additional load
~, **допуска́емая** safe (permissible) load
~, **испыта́тельная** trial (test) load
~, **комме́рческая** payload
~, **ма́лая** light duty, minor load
~, **минима́льная** minimum load
~, **наибо́льшая** peak (maximum) load
~, **непо́лная** underload[ing]
~, **номина́льная** rated load
~, **нормати́вная** prescribed (standard, proof) load
~, **поле́зная** payload; useful (service) load
~, **по́лная** full load
~, **постоя́нная** permanent (fixed) load
~, **про́бная** trial (test) load
~, **прое́ктная** design load
~, **рабо́чая** working load, workload
~, **расчётная** design load
~, **сре́дняя** average load
~, **чрезме́рная** overloading
испыта́ние под ~ой load test
прода́жа с ~ой tie-in sale
выде́рживать ~у endure a load
под ~ой under (at) load
надба́в/ка increase; surcharge; bonus; (*к цене*) additional (extra) charge, markup; (*премиальная*) premium; (*на аукционе*) bid
~, **акко́рдная** piece-work bonus
~, **де́нежная** premium
~, **дополни́тельная** additional increase
~, **ежего́дная** (*к зарплате*) annual increment
~ **за вы́слугу лет** long service bonus
~ **за повы́шенное ка́чество** quality bonus
~ **за риск** risk premium
~ **за техни́ческое обслу́живание** additional charge for technical services
~ **за тяжелове́сный груз** extra charge on heavy lifts
~ **за э́кспортное и тропи́ческое исполне́ние** increments fixed for the export and tropical versions of output (production)
~ **к зарпла́те** allowance
~ **к провозно́й пла́те** extra payment in addition to freight charges
~ **к сбо́ру (к тари́фу)** rate charge
~ **к фра́хту** surcharge on the freight
~ **к цене́** additional (extra) charge, addition to a price; [price] mark-up
~, **поощри́тельная** encouragement payment
~, **премиа́льная** premium, bonus
~, **проце́нтная** rated increase

~, **сезо́нная** seasonal surcharge
~, **стимули́рующая** additional incentive
увеличе́ние ~ки к цене́ (*на аукционе*) increase of a bid
цена́ с ~кой price plus markup; premium price
шкала́ ~ок и ски́док escalation
включа́ть ~ку в разме́ре ... % bear a surcharge of ... %
де́лать ~ку к цене́ add (charge extra, increase the price
плати́ть ~ку pay extra charges
продава́ть с ~кой sell at a profit (premium)
продава́ться с ~кой command (fetch) a premium

надёжност/ь reliability, dependability, safety, security, serviceability
~ **изготовле́ния** fabrication reliability
~ **констру́кции** design reliability
~ **по́сле ремо́нта** reliability after repairs
~, **расчётная** design reliability
~ **тамо́женного обеспе́чения** customs reliability
~, **те́хнико-эксплуатацио́нная** technical and operational (operating) reliability
~, **эксплуатацио́нная** operational (operating) reliability, reliability of operation, serviceability, working safety
ана́лиз ~и reliability analysis
измене́ние ~и reliability variation
ме́ры ~и measures of reliability
обеспе́чение ~и assurance of reliability
~ **и долгове́чность** reliability and long service life

надёжный reliable, safe, dependable

надзо́р inspection, supervision, surveillance
~, **госуда́рственный** state surveillance (supervision)
~ **за выполне́нием рабо́т** supervision of the execution (fulfilment) of work
~ **за выполне́нием рабо́т, монта́жных** supervision of erection
~ **за испыта́ниями** supervision of tests
~ **за техни́ческим обслу́живанием** supervision of maintenance
~, **каранти́нный** quarantine inspection
~, **санита́рный** medical (sanitary) inspection
~, **строи́тельный** building inspection
~, **те́хнико-эксплуатацио́нный** operational supervision
~, **техни́ческий** engineering (technical) supervision
осуществля́ть ~ supervise

надлежа́щи/й appropriate, fitting, proper, right
~м о́бразом duly, properly, in a proper way

надпи́сывать inscribe, superscribe

на́дпис/ь 1. caption, inscription; (*в верхней части конверта*) superscription **2.** (*передаточная, на чеке, векселе*) endorsement
~, **безоборо́тная** endorsement without recourse
~, **бла́нковая** blank (general) endorsement, endorsement in blank
~ **для инка́ссо** endorsement for collection
~, **имення́я** special endorsement, endorsement in full

~ об акцепте acceptance endorsement
~ об уплате payment endorsement
~, передаточная endorsement
~, передаточная, бланковая blank endorsement
~, полная endorsement in full
~и, последовательные successive endorsements
~, содержащая определённые условия conditional endorsement
делать ~ endorse, place an endorsement
делать ~, бланковую передаточную endorse in blank
с бланковой передаточной ~ю endorsed in blank

наём (*на работу*) employment, hire, hiring; (*в аренду*) lease; (*помещения*) renting; (*прокат*) rent
~ персонала hiring (employment) of personnel (staff)
~ рабочей силы hiring of labour
агент по найму employment agent
договор найма contract of employment (service)
перевозки по найму for-hire transportation
работа по найму employment, wage work, work for hire, hired work
сдача в ~ lease, leasing, letting [out], letting on lease, hiring out
условия найма в аренду lease conditions
работать по найму work by (for) hire, be employed
по истечении срока найма off-hire

название name, title
~ изобретения title (name) of an invention
~ марки brand name
~ модели model name
~ судна name of a ship, ship's name
~ товара name (denomination) of goods
~ товара, торговое trade name
~ упаковочной фирмы name of a packer (packers)
изменить ~ change the name

назначать 1. (*ассигновывать, распределять ассигнования*) allocate, allot, appropriate 2. (*на пост, на должность*) appoint, assign, commission, nominate 3. (*о цене, скидке, ставках*) quote, fix 4. (*о судах*) place, nominate

назначени/е 1. (*ассигнование*) allocation, allotment, appropriation 2. (*на пост, на должность*) appointment, assignment, nomination 3. (*о цене, скидке, ставках*) quotation, fixation 4. (*о судах*) nomination 5. (*прибора, станка*) application, purpose
~ арбитра nomination (appointment) of an arbitrator
~ документов disposition of documents
~ на пост appointment to a post
~ судна nomination of a vessel
~ цен pricing, charge, indication of prices; quotation of prices
~ цены, завышенной overcharge
~ цены, заниженной undercharge
~ цены нетто net pricing
~ цены с надбавкой cost plus pricing
вклад специального ~я specific deposit

груз без по́рта ~я optional cargo
ме́сто ~я [final] destination, place (point) of destination; (*внутри страны*) inland destination
порт ~я port of destination (entry)
порт оконча́тельного ~я final port
порт первонача́льного ~я original port of destination
предоставле́ние ресу́рсов с целевы́м ~ем purpose-oriented granting of resources
пункт ~я point (place) of destination
пункт ~я, коне́чный ultimate destination
ста́нция ~я station of destination
страна́ ~я country of destination, receiving country
това́ры культу́рно-бытово́го ~я cultural and welfare goods
получи́ть ~е receive (get, obtain) an appointment
производи́ть ~ арби́тра nominate an arbitrator

назна́ченный appointed
вновь ~ newly appointed

называ́ть name, entitle

наименова́ни/е name
~ бенефициа́ра name of a beneficiary
~ гру́за description of cargo (freight)
~ заво́да-изготови́теля manufacturer's name
~ заяви́теля denomination of an applicant
~ изде́лия description (name) of an article
~ изобрете́ния title (name) of an invention
~ су́дна ship's name
~ това́ра description (name) of goods
~, торго́вое trade name
~, усло́вное conditional name
~, фи́рменное firm's name, name of a firm

нака́пливать accumulate; stockpile, pile up, build up; save up;
~ся accumulate, accrue

нака́пливающийся accumulative, cumulative

нака́тка (*горизонтальная погрузка*) roll-on

наки́дка *см.* **надба́вка**

накладн/а́я bill of lading, *сокр.* B/L, bill of parcels, *сокр.* B/P, consignment note, waybill, *сокр.* W.B.
~, авиагрузова́я (*на груз, перевозимый самолётом*) air (aircraft) bill of lading, air waybill, airway bill, *сокр.* A.W.B., air freight bill, *сокр.* A.F.B., air consignment note
~, автодоро́жная road consignment note (waybill), *амер.* truck bill of lading
~, грузова́я consignment note
~, железнодоро́жная railway (*амер.* railroad) waybill, bill of freight, consignment note
~, междунаро́дная international consignment note
~, речна́я river bill of lading
~, сквозна́я through (transhipment) bill of lading
~, сопроводи́тельная accompanying note
~, товаросопроводи́тельная consignment note
~, тра́нспортная waybill, consignment note
~, тра́нспортная, на груз, при́нятый для погру́зки received for shipment bill of lading
дублика́т тра́нспортной ~о́й duplicate of a waybill, waybill duplicate

ко́пия ~о́й copy of a waybill, waybill copy
корешо́к ~о́й counterfoil waybill
оформле́ние ~о́й drawing up (making out) a waybill
предъявле́ние тра́нспортной ~о́й presentation (production) of a waybill
оформля́ть ~у́ю draw up (make out) a waybill
предста́вить ~у́ю submit a waybill
предъявля́ть ~у́ю present (produce) a waybill
по ~о́й against (under) a waybill

накладны́е расхо́ды overhead expenses (charges, costs), overheads, indirect (supplementary) costs, *англ.* oncost
~, общезаводски́е factory overheads
~, произво́дственные factory (manufacturing) overheads (costs, burden)
ана́лиз накладны́х расхо́дов overhead analysis
покры́тие накладны́х расхо́дов reimbursement of overhead costs
распределе́ние накладны́х расхо́дов overhead allocation
опла́чивать ~ pay overhead charges (overheads)

накла́дывать:
~ ограниче́ния impose restrictions (limitations)
~ печа́ть apply a seal
~ пло́мбу seal, affix a seal
~ штраф penalize

накле́ивать paste, stick

накле́йк/а label
~, бума́жная paper label
~ с арти́кулом label bearing a code number
прикрепля́ть ~у apply (attach) a label

накопи́вшийся, нако́пленный cumulative, accumulated; accrued

накопле́ни/е accumulation, accrual; build-up, stocking, piling-up
~ де́нежных средств accumulation of funds; accumulated money
~ капита́ла accumulation of capital, capital accumulation
~ нало́говых сумм tax accrual
~, непроизво́дственное non-productive accumulation
~, произво́дственное productive (production) accumulation
~ проце́нтов accrual of interest
~я, суще́ственные substantial savings
~ това́рных запа́сов accumulation (build-up) of commodities, stockpiling, stockbuilding
~, уско́ренное accelerated accumulation
~, чрезме́рное hoarding
исто́чники ~я sources of accumulation
те́мпы ~я rates of accumulation

налага́ть impose, inflict
~ ве́то veto, put a veto

нала́дк/а (*регулировка*) adjustment, setting up
~ обору́дования adjustment (setting up) of equipment
~, ручна́я manual setting
~, эксплуатацио́нная field adjustment
инстру́кции по ~е adjustment instructions
пери́од ~и adjustment period, period of adjustment
руково́дство ~ой supervision of adjustment (setting up)

проводи́ть ~у provide adjustment (setting up)
руководи́ть ~ой supervise adjustment (adjusting, setting up)

нала́живать (*регулировать*) adjust, set up; (*организовывать*) organize

налива́ть pour, fill

нали́вом in bulk, in tanks
перево́зка гру́за ~ bulk carriage (transportation, shipment)
погру́зка ~ loading (shipment) in bulk
грузи́ть ~ load (ship) in bulk
перевози́ть ~ transport (carry, ship) in bulk, transport unpacked goods, transport in tanks
покупа́ть ~ buy in bulk
продава́ть ~ sell in bulk

нали́чи/е availability
~ де́нег availability of money [in cash]
~ документа́ции availability of documentation
~ обору́дования availability of equipment
~ полномо́чий authority
~ скры́того дефе́кта presence of a latent defect
~ средств availability of funds (means)
~ това́ров availability of goods, stock
~ э́кспортных това́ров export availabilities
коли́чество, име́ющееся в ~и available quantity
отсу́тствие ~я unavailability
това́рные запа́сы, име́ющиеся в ~и inventories [on hand]
това́рные запа́сы, име́ющиеся в ~и у аге́нтов inventories by dealers and distributors
быть в ~и be [readily (immediately)] available, be on hand
име́ть *что-л.* **в ~и** have *smth* available, stock
не име́ться в ~и be unavailable
остава́ться в ~и remain on hand
подтвержда́ть ~ това́ра confirm availability of goods
при усло́вии ~я subject to availability

нали́чност/ь cash, cash (amount) on (in) hand
~, де́нежная cash, balance of cash, balance in hand
~, де́нежная в ба́нках cash at bankers, cash in (with) a bank, cash holdings [in banks]
~, до́лларовая dollar holdings
~, инвалю́тная foreign exchange holdings
~, ка́ссовая 1. cash balance, cash in (on) hand, money in cash, balance in hand **2.** (*в банке*) till [cash]
~, резе́рвная reserve cash
~, сверхпла́новая stock exceeding the level planned
~, свобо́дная spare cash, hand-to-hand currency
~, това́рная stock in (on) hand, stock, *сокр.* stk, stock-in-trade
мобилиза́ция ~и money (cash) mobilization
отсу́тствие ~и lack of cash
проверя́ть ка́ссовую ~ check the cash [balance]
ревизова́ть ~ inspect cash holdings, carry out (conduct) cash audit

нали́чны/е [ready] cash, ready money, money in cash (in hand)
ава́нс ~ми cash (payment) in advance, down payment in cash

дополни́тельная вы́плата ~ми cash bonus (allowance)
зарпла́та, выпла́чиваемая ~ми cash wage[s]
платёж ~ми payment in (by) cash; cash terms
платёж ~ми без ски́дки net cash
платёж ~ми до сда́чи това́ра cash before delivery, *сокр.* C.B.D.
платёж ~ми, неме́дленный prompt (spot) cash, immediate payment in cash
платёж ~ми по получе́нии това́ра cash on receipt of merchandise, *сокр.* C.R.M.
платёж ~ми при вы́даче зака́за cash with order
платёж ~ми при доста́вке гру́за cash on delivery, *сокр.* C.O.D.
платёж ~ми про́тив докуме́нтов payment in (by) cash against documents
поку́пка за ~ cash purchase (buying), purchase for cash; (*с немедленной поставкой*) spot buying
пре́мия, выпла́чиваемая ~ми cash bonus
прода́жа за ~ sale for cash, cash sale; (*с немедленной поставкой*) spot sale
упла́та ~ми cash payment, payment in (by) cash
цена́ при упла́те ~ми cash price
переводи́ть в ~ convert into cash
плати́ть ~ми pay [in (by)] cash, pay hard cash, make [a] cash payment
плати́ть ~ми без ски́дки pay net cash
покупа́ть за ~ buy for cash, *амер.* buy outright
превраща́ть в ~ cash
продава́ть за ~ sell for cash
распла́чиваться ~ми pay cash (ready money)
реализо́вывать за ~ sell for cash
... % ~ми ... % down
... % ~ми в тече́ние ... дней ... % down payment within ... days
за ~ for cash, for ready money
подлежа́щий опла́те ~ми payable in cash

нали́чный available; (*существующий*) existent, present, ready; (*реальный*) physical

нало́г tax, charge, levy; **~и** *также* dues
~, адвало́рный ad valorem tax
~, акко́рдный lumpsum tax
~, большо́й heavy tax
~, взима́емый chargeable tax
~, взима́емый по еди́ной ста́вке flat-rate tax
~, высо́кий heavy tax
~, госуда́рственный national (state, government) tax
~, де́нежный money tax
~, дискриминацио́нный discriminatory tax
~, дополни́тельный tax surcharge, surtax, super tax
~, доро́жный (*за проезд автомобиля*) highway-user tax, *амер.* toll
~, еди́ный single tax
~ за по́льзование use tax
~, земе́льный land tax, tax on land
~и, коммуна́льные rates
~, ко́свенный indirect (hidden) tax
~, ме́стный local tax
~ на ли́чное иму́щество personal property tax
~ на доба́вленную сто́имость *англ.* value-added tax, *сокр.* VAT

~ на зарпла́ту payroll (wages) tax
~ на и́мпорт import charge (surcharge, tax)
~ на капита́л capital levy (tax)
~ на контра́кт tax on a contract
~ на корпора́цию corporate (corporation) tax, tax on corporation
~ на монопо́льные права́ и привиле́гии franchise tax
~ на недви́жимость real estate tax
~ на оборо́т tax on turnover
~ на перево́д за грани́цу, де́нежный transfer tax
~ на поку́пку purchase tax
~ на предме́ты ро́скоши luxury tax
~ на предпринима́теля business (employment) tax
~ на при́быль tax on profits, profit tax
~ на прода́жу и́мпортных това́ров import tax
~ на сверхпри́быль excess profits tax, *сокр.* E.P.T., excess profits, duty, *сокр.* E.P.D.
~, натура́льный tax in kind
~ на фрахт tax on freight, freight tax
~, непоме́рный (непоси́льный) crippling tax
~, неупла́ченный unpaid (*амер.* delinquent) tax
~, односторо́нний one-sided tax
~, одноступе́нчатый single-stage tax
~, подохо́дный income (revenue) tax, tax on income (profits)
~, подохо́дный, доба́вочный supertax, surtax
~, поиму́щественный property tax (levy)
~, прогресси́вный progressive tax
~, промысло́вый tax on trade, fiscal license tax
~, пропорциона́льный proportional tax
~, прямо́й direct tax; assessed tax
~ с дохо́дов акционе́рных компа́ний company income tax
~ с дохо́дов корпора́ций corporation income tax
~ с оборо́та sales (transaction, receipts, turnover) tax
~ с оборо́та и́мпортных това́ров import turnover tax
~ с оборо́та, ро́зничного retail sales tax
~ с ро́ялти income tax for a license
~, специфи́ческий specific tax
~, уравни́тельный equalization tax
~, федера́льный federal tax
введе́ние ~а imposition of a tax
введе́ние дополни́тельного ~а на и́мпорт imposition of surcharge on imports
взима́ние ~ов tax collection; taxation, levy[ing] of taxes
взнос ~а в госбюдже́т tax-payment [in]to the state budget, payment of a tax [in]to the state budget
возвра́т ~а tax refund (reimbursement)
дохо́д от ~ов tax revenues
льго́ты на ~ tax exemptions (allowances, concessions, remissions, privileges)
неупла́та ~а non-payment of a tax

обложе́ние ~ом imposition (levying) of taxes, taxation, rating
обяза́тельство плати́ть ~и liability to pay taxes
освобожде́ние от ~ов exemption from taxes (taxation), tax exemption, immunity from taxation, tax release
отме́на ~а abolition (cancellation) of a tax
отсро́чка ~а tax deferment
повыше́ние ~а tax increase
поступле́ния от ~ов tax revenue (proceeds)
рост ~ов growth (increase) of taxes, tax increase (hike)
сбор ~ов tax collection, collection of taxes
систе́ма ~ов system of taxes (taxation), fiscal system
ски́дка с ~а tax allowance (abatement, rebate, relief)
сниже́ние ~ов tax cuts, cuts (reduction) in taxes
сня́тие ~а на и́мпорт removal of import surcharge
сокраще́ние ~ов reduction in (of) taxes, cuts in taxes, tax cuts
ста́вка ~а tax (taxation) rate
удержа́ние ~ов deduction of taxes, tax deduction (withholding)
упла́та ~а payment of a tax
шкала́ ~ов tax schedule
быть освобождённым от упла́ты ~ов be exempt from paying taxes
вводи́ть ~ на impose (levy) a tax on
взима́ть ~ collect (charge, levy) a tax
выпла́чивать ~и pay (make payment of) taxes
исключа́ть ~и exclude taxes
облага́ть ~ом tax, impose (lay, levy) a tax
облага́ть дополни́тельным ~ом surcharge, surtax
облага́ть чрезме́рным ~ом overtax
освобожда́ть от ~ов exempt from taxes
отмени́ть ~ abolish a tax
плати́ть ~и pay (make payment of) taxes
повыша́ть ~и increase (raise) taxes
подлежа́ть обложе́нию ~ом be liable to tax (taxable, dutiable, assessable)
приобрета́ть това́р с упла́той ~ов obtain duty-paid goods
приобрета́ть това́р без упла́ты ~ов obtain goods free of tax
снижа́ть ~и reduce (cut down, abate) taxes
собира́ть ~и collect (raise) taxes
уде́рживать ~и deduct (withhold) taxes
уклоня́ться от упла́ты ~ов dodge (evade) taxes
до вы́чета ~а before tax, pretax
за вы́четом ~а after tax
необлага́емый ~ом (не подлежа́щий обложе́нию ~ом) free of tax, non-taxable, non liable (subject) to tax (duty)
подлежа́щий обложе́нию ~ом liable to tax (duty), taxable, subject to taxation, leviable, ratable
свобо́дный от упла́ты ~ов tax-exempt

нало́говый tax *attr.*, taxation *attr.*

налогообложе́ни/е taxation, tax assessment
~, двойно́е double taxation
~, льго́тное concessional taxation
~, прогресси́вное progressive taxation

~, **пропорциона́льное** proportional taxation
~, **тяжёлое** great levy, heavy taxation
систе́ма ~**я** taxation system
уменьша́ть ~ reduce taxation
налогоплате́льщик tax bearer, tax payer
наложе́ние imposition
~ **аре́ста на иму́щество** seizure of property; an attachment; award of sequestration
~ **аре́ста на това́ры** confiscation (seizure) of goods
~ **запреще́ния на су́дно и груз** action in rem
~ **штра́фа** imposition of a penalty (fine), penalizing
наме́рени/е intention, purpose
протоко́л о ~**ях** protocol of intentions
соглаше́ние о ~**ях** intent [agreement], agreement of intent
нанесе́ние:
~ **маркиро́вки** marking
~ **уще́рба** damaging, prejudice
нанима́тель employer
~ **су́дна** charterer, affreighter
нанима́ть hire; (*помещение*) rent; (*на работу*) hire, employ, engage; (*судно*) charter
наноси́ть 1. (*обозначать*) mark **2.** (*причинять*) inflict, cause
напеча́танный (*на машинке*) typewritten; (*типографским способом*) printed
напи́санный *см.* **пи́сьменный**
наплы́в inflow
~ **зака́зов** inflow of orders
~ **покупа́телей** rush of customers
~ **посети́телей** inflow of visitors
~ **предложе́ний на прода́жу** selling pressure
часы́ ~**а покупа́телей** rush hours
наполне́ние резервуа́ра tankage
наполня́ть fill
напомина́ни/е reminder
~, **дальне́йшее** further reminder
~**я, многокра́тные** numerous (repeated) reminders
~ **об истече́нии сро́ка** reminder of due date
~ **о платеже́** reminder [of payment]
~, **официа́льное** official reminder
~, **повто́рное** second reminder
направля́ть ~ send a reminder
письмо́ с ~**ем** (*о платеже*) [letter of] reminder
напра́вленный forwarded, *сокр.* fwdd
направля́ть 1. (*адресовывать*) address **2.** (*отсылать*) refer **3.** (*посылать*) send, forward **4.** (*по определённому маршруту*) route **5.** (*руководить*) guide
направля́ющийся bound for, *сокр.* bnd
~ **в порт припи́ски** home [-ward] bound
напрока́т for rent, for (on) hire
брать ~ hire
сдава́ть ~ hire out, let
напряже́ние pressure, strain, stress; tension
~, **высо́кое** high pressure; high tension
~, **де́нежного ры́нка** pressure on the money market, tightness of money
вы́держать ~ stand the stress
осла́бить ~ ease (reduce, relax, slacken) tension
напряжённост/ь intensity, tension
~ **ры́нка** market pressure

обостре́ние экономи́ческой ~и aggravation of economic tension
ослабле́ние ~и relaxation of tension
напряжённый intense, intensive; (*о средствах*) tight
нараста́ть accrue, accumulate
нара́щивание accumulation, build-up, increase
~ произво́дственных мо́щностей increase (build-up) of production capacities
~ те́мпов произво́дства steady rise in the rate of production
~ экономи́ческого потенциа́ла building up the economic potential
~ э́кспортного потенциа́ла building up the export potential
нара́щивать build up, increase
нарица́тельный nominal
наро́сший accrued, accumulated
на́рочный special (express) messenger, courier
наруша́ть (*о законе, правиле и т. д.*) break, infringe, violate
не ~ зако́н keep within the law
наруше́ни/е breach, infringement, violation
~ а́вторского пра́ва infringement of copyright, piracy
~я, валю́тные currency violations
~ гара́нтии breach of warranty
~ гра́фика disruption (breach) of a schedule
~, гру́бое gross infringement (violation, breach)
~ дове́рия breach of trust (confidence)
~ догово́ра breach (infringement, violation) of a contract (an agreement)
~ зако́на violation (infringement, transgression) of a law, law violation (infringement), law-breaking
~ исключи́тельности violation of exclusiveness
~ контра́кта infringement (violation, breach) of [the terms of] a contract
~ обяза́тельства breach (infringement) of an obligation
~ пате́нта infringement (violation) of a patent, patent infringement (violation)
~ положе́ний догово́ра breach of provisions
~ пра́ва infringement of (on) a right, violation of a right
~ пра́ва на пате́нт violation of patent rights
~ пра́ва на промы́шленный образе́ц piracy of a design
~ пра́вил infringement (violation, breaking) of rules, violation (breach) of provisions
~ пра́вил по те́хнике безопа́сности violation (neglect) of safety regulations; safety hazard
~ пра́вил уча́стия в я́рмарке violation (contravention) of the fair regulations
~ противопожа́рной охра́ны neglect of fire protection regulations
~, прямо́е direct violation
~ равнове́сия disturbance [of the balance], imbalance
~ соглаше́ния breach of (in) an agreement
~ сро́ков поста́вки violation of delivery time
~ станда́рта ка́чества violation of a quality standard
~ това́рного зна́ка infringement (violation) of a trademark
~ торго́вой де́ятельности business disturbance

~ **тре́бований** violation of requirements
~ **упако́вки** package defect
~ **усло́вий** infringement (violation) of conditions (terms), disregard of stipulations
~ **усло́вий контра́кта** breach of [the terms of] a contract
~ **форма́льностей** violation of formalities
иск о ~и action (claim) of (for) infringement, infringement action, default claim
отве́тственность за ~ liability of infringement, amenability for violation
причи́на ~я cause of infringement (violation)
прове́рка ~я пате́нтных прав test of infringement
са́нкции за ~ sanctions for infringement (violation)
штраф за ~ penalty for infringement (violation)
рассмотре́ние де́ла о ~и infringement (violation) investigation (consideration), investigation (consideration) of infringement (violation)
избега́ть ~й avoid violations
наложи́ть штраф за ~ fine (impose a fine) for infringement (violation)
прекрати́ть ~ discontinue infringement
урегули́ровать ~ settle infringement
в ~ инстру́кций contrary to instructions
наруши́тел/ь infringer, violator
~ **а́вторского пра́ва** pirate
~ **зако́на** law-breaker, infringer
~ **пате́нтов** infringer of patents
~ **пра́ва** violator of rights
пресле́довать ~я institute proceedings against the infringer, prosecute the infringer
наря́д 1. (*поручение*) order **2.** (*документ*) warrant
~ **на рабо́ту** work order
~, **рабо́чий** work card
наступа́ть:
~ **сро́ку платежа́** mature, reach maturity, be (fall, become) due for payment
~ **срок платежа́** (*по векселю, тратте*) **наступа́ет ...** (*дата*) the bill (draft) falls due (becomes due, matures) on ..., the maturity of the bill (draft) is ...
срок платежа́ наступи́л payment is due
когда́ насту́пит срок платежа́ when due
риск наступа́ет с моме́нта the risk attaches from the moment
наступле́ни/е approach, onset
~ **спа́да** onset of recession
~ **сро́ка платежа́** maturity
до ~я сро́ка платежа́ prior to (till) [the] maturity
по (при) ~и сро́ка платежа́ at maturity, in due course, when due
насчи́тывать count; (*составлять*) number; (*равняться*) total
насыпа́ть fill
~ **в мешки́** fill in (put in) sacks (bags), sack
насы́пка filling
~ **в мешки́** sacking, sack filling
насыпно́й bulk
на́сыпью in bulk
перево́зка гру́за ~ bulk carriage (transportation, haulage, shipment)
погру́зка ~ loading (shipment) in bulk, bulk handling (stowage)
хране́ние ~ storage (storing) in bulk

грузи́ть ~ load (ship) in bulk
перевози́ть ~ carry (transport, ship) in bulk, transport unpacked goods
покупа́ть това́р ~ buy in bulk
продава́ть това́р ~ sell in bulk

насыще́ние saturation
~ ры́нка saturation of a market
~ спро́са demand saturation

нату́р/а:
возмеще́ние в ~е recovery in kind
вознагражде́ние ~ой remuneration (compensation) in kind
опла́та ~ой payment in kind
плати́ть ~ой pay in kind

натура́льный natural; (*оплачиваемый натурой*) in kind

нату́рный natural

наукоёмкий high technology, high-tech, science (research-) intensive

нау́чно-иссле́довательский [scientific] research *attr.*

нау́чно-техни́ческий scientific and technological (technical)

нау́чный scientific, science *attr.*, science-based

наце́нка extra (additional) charge, markup, addition, increase of a price
~, бюдже́тная budgetary margin
~, ро́зничная markup
~, страхова́я insurance margin
~, това́рная increase of a price
~, торго́вая trade (marketing) margin
~, тра́нспортная transportation margin

национализа́ция nationalization

национализи́ровать nationalize

нача́л/о beginning
на догово́рных ~ах on a contract basis
на комиссио́нных ~ах on a commission basis
на кооперати́вных ~ах on cooperative principles, along cooperative lines (principles)
на ~ах по́лного равнопра́вия on the basis of full equality
на парите́тных ~ах on a par[ity basis]
на ра́вных ~ах on equal terms (grounds)

нача́льный initial

начисле́ни/е charge[s]; (*подсчёт*) calculation, computation
~я, амортизацио́нные depreciation charges
~ ...% годовы́х дополни́тельно additional ...% surcharge
~ за аннули́рование cancellation charge
~я, общепри́нятые generally accepted (adopted) charges
~ проце́нтов calculation (computation) of interest, interest calculation (computation); charging of interest
~ проце́нтов на капита́л interest charges on capital, charge for interest
~ проце́нтов по за́ймам service charges on loans
~ проце́нтов по креди́там interest accrual
~ штра́фа penalty calculation; penalty charging
фо́рмула ~я проце́нтов interest accrual formula

начисля́ть charge; calculate, compute

неадресо́ванный unaddressed

неакти́вный inactive, inert

неакце́пт, неакцептова́ние (*непринятие, отказ от акцепта*) non-acceptance, *сокр.* n/a

неакцепто́ванный unaccepted

небью́щийся unbreakable

невзы́сканный outstanding

неви́димый invisible
невино́вный not guilty
невостре́бованный (*о капитале*) uncalled, unclaimed
невы́годный disadvantageous, unprofitable, inexpedient
невы́дача non-granting
~ пате́нта non-granting of a patent
невы́купленный unredeemed
невыполне́ни/е failure to carry out (fulfil, execute, perform), non-execution, non-fulfilment, non-performance
~ догово́ра non-execution (non-fulfilment, non-observance) of an agreement, default of (on) a treaty (an agreement)
~ зада́ния non-fulfilment of an assignment
~ зака́за non-performance of an order
~ контра́кта non-performance (non-execution, non-fulfilment) of a contract, failure to perform (carry out) a contract, default of (on) a contract
~ обяза́тельств non-fulfilment (non-performance) of obligations, non-compliance with obligations, failure to perform (meet) obligations, failure in performing of obligations, default on obligations
~ обяза́тельств, междунаро́дных default on international obligations
~ пла́на non-fulfilment of a plan
~, части́чное partial non-fulfilment
штраф за ~ догово́ра penalty for non-performance of a contract
в слу́чае ~я обяза́тельств in the event of default, through any default

невы́полненный outstanding, unfulfilled, unexecuted
невыполни́мость impossibility, infeasibility, impracticability
невыполни́мый impossible, infeasible, impracticable
негабари́т over-sized cargo; oversize, outsize, out-of-gauge cargo
~ по высоте́ over-height cargo
~ по ширине́ over-width cargo
негабари́тный over-dimensioned, over-sized
негаранти́рованный unwarranted, not guaranteed
него́дность unfitness, unsuitability; worthlessness
привести́ в ~ make useless (worthless)
прийти́ в ~ become worthless
него́дный unfit, unsuitable; worthless
~ к употребле́нию unfit for consumption (use)
негоциа́нт negotiator
негоциа́ци/я negotiation
~ про́тив докуме́нтов negotiation against documents
~ тратт negotiation of drafts
инстру́кции о ~и provisions for negotiation
производи́ть ~ю negotiate, make (effect) negotiation
негоции́ровать negotiate, effect negotiation
недви́жимост/ь immovable property, real estate, *сокр.* R.E.
владе́лец ~и owner of real estate; *юр.* tenant
дохо́д с ~и rent
закладна́я под ~ real estate mortgage
нало́г на ~ real estate tax
ры́нок ~и real estate market
недви́жимый immovable
недействи́тельност/ь invalidity, nullity

~ а́вторского свиде́тельства invalidity of an author's certificate

~ догово́ра invalidity (nullity) of a contract (treaty)

~ пате́нта invalidity of a patent

~ това́рного зна́ка invalidity of a trademark

объявле́ние о ~и invalidation, notice of legal extinction, nullification

недействи́тельны/й ineffective, invalid, null, void, null and void; non-negotiable, not negotiable

призна́ть ~м declare null and void

недели́мый indivisible

недискриминацио́нный non-discriminatory

недли́тельный undurable

недоброка́чественность bad quality, inferiority

недоброка́чественный defective, faulty, of poor (inferior) quality, low-grade, unsound

недобросо́вестность unconscientiousness

недобросо́вестный unconscientious, unfair

недове́с shortage (deficiency) in weight, short weight, underweight

показа́ть ~ fall short in weight

недогружа́ть underload, fail to load in full

недогру́з short shipment, underload

~ су́дна underloading of a vessel

недогру́зк/а underloading, underutilization

~ произво́дственных мо́щностей capital underutilization, underutilization of capacity, production undercapacity

рабо́та с ~ой work (operation below (under) capacity, underrun, underrunning

недои́мк/а arrears

су́мма ~и arrears

взы́скивать ~у collect arrears

недокументи́рованный undocumented

недооце́нивать underestimate, underrate, undervalue

недооце́нка underestimate, underestimation, underrating, undervaluation

недопла́та underpayment, short payment

недопла́чивать underpay

недополу́ченный short-received

недопоста́вка shortage, short delivery (shipment), deficient (incomplete) delivery

недопоста́вленный short-delivered, short-shipped

недоразуме́ние misunderstanding

недорого́й inexpensive, low-priced, reasonable

недоста́вка non-delivery

~ гру́за non-delivery of goods

недоста́вленный undelivered

недоста́т/ок 1. (*нехватка*) shortage, *сокр.* shtg, lack, deficiency, insufficiency, need, stringency, tightness, want **2.** (*дефект*) defect, fault, imperfection, shortcoming, drawback

~ вака́нсий job shortage

~ в ве́се shortage (deficiency) in weight, short weight, underweight

~ в нали́чии това́ров shortage of availability of goods

~ де́нег lack (want, tightness, scarcity) of money, cash shortage, shortage of [ready] cash, stringency in (of) money, money pressure (scarcity, stringency, squeeze)

~ **капита́ла** shortage (lack, scarcity) of capital, capital scarcity
~ **креди́та** lack of credit
~ки, кру́пные grave (serious) defects (faults)
~ки, ме́лкие minor faults (defects)
~ **нали́чных средств** shortage (scarcity) of cash, lack of ready money
~ **продово́льствия** food shortage
~ки, произво́дственные manufacturing defects
~ки, серьёзные grave (serious) defects (faults)
~ **складски́х помеще́ний** lack of storage
~ки, скры́тые latent (hidden) defects
~ **спро́са** lack of demand
~ки, суще́ственные essential faults
~ **това́ров** shortage (lack, want) of goods, commodity shortage
~ки упако́вки faults (defects) of packing; packing failures; packing insufficiency
исправля́ть ~ки correct (make good, remedy) defects
испы́тывать ~ *в чём-л.* be (go) short of *smth*, lack (want) *smth*, be in want of *smth*
испы́тывать ~ в деньга́х be short of cash (money)
испы́тывать ~ в рабо́чей си́ле be shorthanded (undermanned, understaffed)
обнару́жить ~ки detect (discover, find) defects
ука́зывать на ~ки point out the defects, itemize drawbacks
устраня́ть ~ки eliminate (overcome) defects (drawbacks)
за ~ком *чего-л.* for want (in default) of *smth*
име́ющий ~ки faulty, defective

недоста́точность deficiency, inadequacy, insufficiency
~ **маркиро́вки** insufficiency of marks
~ **снабже́ния** supply shortage
~ **спро́са** deficiency of demand
~ **обслу́живания и ремо́нта** undermaintenance
~ **произво́дственной мо́щности** undercapacity

недоста́точный deficient, inadequate, insufficient, low, poor

недоста́ч/а shortage, *сокр.* shtg, lack, deficiency
~ **в ве́се (весова́я)** shortage (deficiency) in weight, short weight, underweight
~ **в поста́вке** shortage at delivery
~ **гру́за** short delivery, *сокр.* s.d., shortage of cargo, cargo shortage
~, де́нежная monetary deficit
~ **за счёт усу́шки** *или* **утру́ски** shortage because of shrinking or spillage
~, зая́вленная declared shortage
~, кру́пная major shortage
~ **мест** shortage of pieces
~ **по вине́** *кого-л.* shortage through the fault of *smb*
~ **това́ров** commodity shortage, shortage (deficiency) in goods
~, факти́ческая actual shortage
акт о ~е statement of shortage, shortage report
возмеще́ние ~и compensation for shortage
обнаруже́ние ~и discovery of shortage

ответственность за ~у responsibility for shortage
покрытие ~и supply of short-delivered goods
претензия по ~е товара shortage claim, claim (action) for shortage, claim over short delivery of goods
возместить ~у compensate (make up) for shortage (deficiency)
заявлять о ~е declare (state) shortage
компенсировать ~у compensate (make up) for shortage (deficiency), make good the deficiency
обнаруживать ~у discover shortage
покрывать ~у cover the shortage
~ в весе составляет ... т the weight falls short by ... tons
недостающий missing, short, deficient
недоступный inaccessible; (*о товаре*) unpurchas[e]able, unobtainable
недочёт 1. (*недостача*) shortage, deficit **2.** (*недостаток*) defect
незаверенный uncertified
незавершённый incomplete[d], unaccomplished
незадекларированный (*на таможне*) undeclared, unentered
незаконность illegality, unlawfulness, lawlessness
незаконный illegal, unlawful, illegitimate, illicit; irregular, wrongful
незаконченный incomplete, unfinished, unaccomplished
незамерзающий ice-free
незапакованный unpacked
незапатентованный unpatented
незапечатанный unsealed
незаполненный blank, not filled
незастрахованный uninsured, not insured
незатаренный loose
неизрасходованный unspent, unexpended
неимение lack, absence
за ~м for lack (want) of, failing *smth*
за ~м денежных средств for want of money
неиндоссированный (*без передаточной надписи*) unendorsed
неисключительный non-exclusive
неисполнени/е non-execution, non-fulfilment, non-performance, non-compliance, default
~ договора non-execution (non-fulfilment, non-observance) of an agreement, default of (on) a treaty (an agreement)
~ контракта non-performance (non-execution, non-fulfilment) of a contract, failure to perform (carry out) a contract, default of (on) a contract
~ обязательств non-fulfilment (non-performance) of obligations, failure to perform (meet) obligations, default on obligations
~ правил non-observance of regulations
санкции за ~ sanctions for non-fulfilment (default)
ущерб в результате ~я losses caused by non-fulfilment (default)
неисполненный unexecuted
неиспользование (*права*) *юр.* non-user
неиспользованны/й unused, idle
быть ~м be (lie) idle
неиспользуемый idle
неисправност/ь defect, fault, trouble, malfunction, failure

~и, **первонача́льные** original defects
нахожде́ние ~ей trouble tracing (shooting), fault finding
избега́ть ~и avoid damage
оты́скивать ~ find (locate) a fault
устраня́ть ~ correct (remedy) a defect, remove (shoot) a trouble, clear (rectify) a fault, correct a malfunction
в ~и out of commission (order)

неиспра́вный defective, out of order, faulty

неисчисли́мый uncalculable; innumerable

нейтра́льный neutral

некартели́рованный non-cartelized

некарте́льный non-conference *attr.*

нека́чественный of poor (inferior, bad) quality, unsound, low-grade; (*ниже стандарта*) substandard

некомме́рческий non-commercial, nonprofit *attr.*

некомпенси́рованный not compensated, not indemnified, unrequited

некомпле́ктный incomplete

неконверти́руемый inconvertible, non-convertible, unconvertible

некондицио́нный substandard, non-standard, off-grade

неконкуре́нтност/ь noncompetitiveness
огово́рка о ~и noncompetitive clause

неконкуре́нтный, неконкурентоспосо́бный noncompetitive

неконтроли́руемый uncontrollable; decontrolled

некорпорати́вный (*о предприятии*) unincorporated

некоти́рующийся (*без объявленного курса*) unquoted

некредитоспосо́бный insolvent, not creditworthy; untrustworthy

некросси́рованный (*неперечёркнутый — о чеке*) uncrossed

некумуляти́вный non-cumulative

нелега́льный illegal

неликвиди́рованный unliquidated

неликви́дный illiquid, non-liquid; unmarketable

неликви́ды (*трудно реализуемые изделия*) unmarketable products

нелимити́руемый unlimited

нелицензи́рованный unlicensed

нелицензи́руемый unlicensed

неме́дленный immediate, instant, prompt, without delay

неморозосто́йкий not frost-resistant, not cold-resistant

ненадёжность unreliability; insecurity, uncertainty

ненадёжный unreliable; insecure, uncertain; (*непрочный*) not strong enough

ненадлежа́щи/й improper, not right
~м о́бразом not in the right (proper) way, improperly

ненумеро́ванный unnumbered

необеспе́ченный uncovered, unsecured; unsupported

необлага́емый (*налогом*) free of tax, non-taxable, untaxed, not liable (subject) to tax

необрабо́танный (*грубый*) coarse, rough; (*сырой*) crude, raw; unmanufactured

необрати́мость (*о валюте*) inconvertibility

необрати́мый (*о валюте*) inconvertible, nonconvertible, soft

необходи́мост/ь necessity
~, кра́йняя emergency, paramount necessity

~, настоя́тельная urgent (pressing) necessity

~, о́страя exigency

това́ры не пе́рвой ~и non-essential goods, non-essentials

това́ры пе́рвой ~и articles (goods) of prime necessity, [primary] necessities, essential goods, essentials, staple commodities, goods of first priority

вызыва́ть ~ necessitate

ука́зывать на ~ мер indicate the necessary measures

ука́зывать на ~ приня́тия мер предосторо́жности indicate the precautions to be taken

необходи́мы/й necessary, essential, indispensable, requisite

признава́ть (счита́ть) ~м consider it necessary, recognize as necessary

необъя́вленный (*на таможне*) undeclared, unentered

необяза́тельный optional, non- (not) obligatory

неограни́ченный unlimited, unrestricted

неоднокра́тно repeatedly, often, on several occasions, more than once

неопла́та non-payment, failure to pay (make payment)

~ ве́кселя failure to honour a bill

неопла́ченны/й unpaid, unsettled, uncleared; unliquidated

остава́ться ~м remain unpaid (outstanding, unsettled)

неопра́вданный unjustified

неопротесто́ванный (*о векселе*) unprotested

неорганизо́ванный unorganized

неосуществи́мый impracticable, unrealizable

неотве́тственный irresponsible

неотдели́мый inseparable

неоткры́тие failure to open

~ аккредити́ва в срок failure to open a L/C in (on) time

неотло́жный pressing, urgent

неотпра́вленный unshipped, not dispatched

неотраслево́й non-sectoral

неотъе́млемый inalienable, inseparable, integral

неофициа́льный unofficial, informal, private

неофо́рмленный (*о документе*) not made out, unexecuted

неоценённый unvalued

непатентоспосо́бный non-patentable, unpatentable

непередава́емый (*о чеке и т. п.*) untransferable; non-negotiable

неплатёж failure to pay (make payment, meet *one's* financial obligations), non-payment, *сокр.* n.p., refusal of payment, default [of payment]

ави́зо о ~е́ advice of non-payment

объявле́ние о ~а́х declaration of default

риск ~а́ risk of non-payment

опротестова́ть ве́ксель в ~е́ protest a bill for non-payment

в слу́чае ~а́ in case of default of payment (non-payment), in the event of the buyer's failure to pay (make payment), in the event of default

неплатёжеспосо́бност/ь bankruptcy, insolvency, non-solvency, inability to pay

~ ба́нка bank insolvency

объявле́ние о ~и declaration of bankruptcy (insolvency, inability to pay [debts])

неплатёжеспосо́бны/й bankrupt, insolvent, unable to pay

объявля́ть ~м declare (rule) bankrupt, declare insolvent

оказа́ться ~м become (go) bankrupt, prove [to be] insolvent

неплате́льщик defaulter, non-payer

неповреждённый undamaged, intact

непогаше́ние су́ммы non-payment of an amount

непога́шенный unpaid, unsettled, unredeemed

непогру́женный short-shipped

непода́ча тонна́жа failure to provide (secure, arrange) tonnage

неподтверждённый unconfirmed; unacknowledged

неподходя́щи/й (*непригодный*) unfit, unsuitable, impracticable; (*неприменимый*) inapplicable; (*не отвечающий требованиям*) inadequate

оказа́ться ~м prove impracticable

непокры́тие фина́нсовых обяза́тельств failure to cover (support) financial obligations

непокры́тый uncovered, unsecured

непо́лностью:

погрузи́ть ~ ship short

неполнота́ incompleteness; imperfection

неполноце́нный defective, inferior

непо́лный incomplete; (*недостаточный*) deficient, insufficient, not full, short; (*частичный*) partial

непо́ртящийся non-perishable; (*способный сохраняться*) storable

непоста́вка non-delivery

~ това́ра non-delivery of goods, failure to deliver goods

непоступле́ние платежа́ delayed [receipt of] payment, failure to pay; overdue payment

непредви́денный unforeseen; contingent

непредставле́ни/е failure to submit

в слу́чае ~я ба́нковской гара́нтии should the bank fail to submit a bank guarantee

непредусмо́тренный unforeseen, unprovided for

непредъявле́ние гру́за к перево́зке failure to deliver the goods for shipment

неприбы́льный unprofitable, unremunerative

неприбы́тие non-arrival

неприго́дность unfitness, uselessness

~ су́дна для морско́й перево́зки unseaworthiness of a ship

неприго́дный unfit, unsuitable; (*о товаре*) unmarketable, unmerchantable, unsal[e]able

неприе́млемый unacceptable, inadmissible

неприня́ти/е non-acceptance, rejection

~ мер failure to take measures

~ това́ра non-acceptance of the goods

риск ~я risk of non-acceptance

убы́тки, причинённые ~ем това́ра damages for non-acceptance of the goods

непри́нятый unaccepted

непродава́емый unsal[e]able, not for sale

непро́данный unsold, outstanding

непродолжи́тельн/ый short

в ~ом вре́мени at an early date, in a short time, shortly

непроизводи́тельный unproductive, non-productive

непроизво́дственный non-productive, non-production *attr.*

непромока́емый waterproof, water resisting

непро́чный not strong, not solid; (*хрупкий*) fragile; (*ненадёжный*) insecure, precarious

нерабо́чий non-working

нера́венство inequality

неравнопра́вный unequal, inequitable

нера́вный unequal

неразгру́женный undischarged

неразделимый indivisible; inseparable

неразме́нный inconvertible, unchangeable

неразмещённый (*о займе ценных бумаг*) unplaced

неразрешённый 1. (*нерешённый*) unsolved, outstanding, unsettled, undecided **2.** (*запрещённый*) prohibited, banned, forbidden

нерасфасо́ванный unprepacked

нереализо́ванный outstanding

нерегуля́рный irregular

нерента́бельность unprofitability

нерента́бельный unprofitable, unremunerative

несбаланси́рованность imbalance

~ вне́шних платеже́й imbalance in external payments

~, расту́щая growing imbalance

~ товарооборо́та imbalance of trade

несбаланси́рованный unbalanced

несда́ча failure to deliver, non-delivery

~ това́ра failure to deliver the goods

несезо́нный unseasonable, out of season

несери́йный (*сделанный на заказ*) custom-built (made)

несмыва́емый indelible

несоблюде́ние non-observance, non-compliance; (*нарушение*) breach, infringement, violation

~ гра́фика non-observance of a schedule

~ поря́дка failure to follow the procedure

~ пра́вил disregard of (non-compliance with) rules (regulations), evasion of regulations, non-observance of directions

~ сро́ка non-observance (exceeding) of the time (date, term), failure to meet the date

~ указа́ний disregard of instructions

~ усло́вий догово́ра non-observance of the terms of an agreement (a treaty)

~ усло́вий контра́кта non-observance of the provisions of a contract

~ форма́льностей non-observance of formalities

несоотве́тствие discrepancy, disparity

~ усло́виям контра́кта non-conformity to a contract

~ вы́груженного ве́са устано́вленному при погру́зке discrepancy between the landed and shipped weights

несортиро́ванный unassorted, ungraded

несостоя́тельност/ь (*денежная*) insolvency, bankruptcy; (*необоснованность*) groundlessness

~ должника́ insolvency of a debtor

объяви́ть о ~и declare bankruptcy (insolvency, inability to pay [debts]), file a declaration of bankruptcy

несостоя́тельны/й (*в денежном отношении*) insolvent, bankrupt; (*необоснованный*) groundless, unfounded

стать ~м become insolvent

неспосо́бность inability, incapacity, incapability

несро́чный not urgent, not pressing; *банк.* with blank due date

нестаби́льность instability

~, **экономи́ческая** economic instability

нестаби́льный unstable

нестанда́ртный non-standard, substandard, ungraded

нести́ (*расходы, убытки*) bear, incur

несудохо́дный unnavigable, innavigable

нетакси́рованный (*неоценённый*) unrated, unvalued

нетари́фный (*вне сферы таможенно-тарифной политики*) non-tariff *attr.*

неторго́вый non-commercial

нетрудоспосо́бность disability, disablement, incapacity for work, invalidity

~, **вре́менная** temporary disability (invalidity)

~, **по́лная** total disablement (disability), complete invalidity

~, **части́чная** partial invalidity

нетрудоспосо́бный disabled, incapacitated

не́тто net[t]

бру́тто за ~ gross [weight] for net

вес ~ net weight

вес ~, **лега́льный** legal net weight

вес ~, **реа́льный** actual net weight

вы́ручка ~ net avails (yields, proceeds)

ма́сса ~ net mass

на осно́ве ~ on a net basis

определе́ние ве́са ~ net weighing

су́мма ~ net amount

цена́ ~ net price

не́тто-бала́нс balanced trade

не́тто-проце́нт pure interest

не́тто-реги́стровая то́нна net register ton, *сокр.* NRT, nrt

не́тто-экспортёр това́ра net exporter of a commodity

неудо́бный inconvenient; uncomfortable

неудо́бство inconvenience

испы́тывать ~ suffer inconvenience

причиня́ть ~ cause inconvenience, inconvenience

неудовлетвори́тельный unsatisfactory, inadequate

неупако́ванный loose, unpacked

неупла́т/а failure to pay (make payment, meet *one's* financial obligations), non-payment, *сокр.* n.p., refusal of payment, default [of payment]

~ **в срок** failure to pay on time (on a due date), failure to meet the date

~ **задо́лженности по креди́ту** credit default, default of credit

~ **нало́гов** non-payment of taxes

~ **проце́нтов** default of (on) interest

ввиду́ ~**ы** due to non-payment, for want of payment

в результа́те ~**ы** through default of payment

в слу́чае ~**ы** in case of default of payment (non-payment), in the event of the buyer's failure to pay (make payment), in the event of default

неупла́ченный unpaid, outstanding, undischarged, in default

неурегули́рованный unsettled, unsolved, outstanding

неусто́йк/а penalty

~, **альтернати́вная** alternative penalty
~, **больша́я** heavy penalty
~, **догово́рная** penalty under contract
~, **исключи́тельная** exclusive penalty
~, **небольша́я** small penalty
~, **штрафна́я** penalty; (*крупная*) smart money
опла́та ~и payment of a penalty
разме́р ~и penalty rate
вычита́ть ~у deduct penalty ([the amount of] agreed and liquidated damages)
оплати́ть ~у pay a penalty

неусто́йчивость instability, unsteadiness; (*колебание*) fluctuation; (*изменчивость*) variability
~ **валю́тной систе́мы** instability of the monetary system
~ **ку́рса валю́ты** instability (unsteadiness) of currency exchange rate
~ **ры́нков** fluctuations of markets
~ **хозя́йства, конъюнкту́рная** ups and downs in the economy
~ **цен** instability of prices

неусто́йчивы/й unstable, changeable, unsettled, unsteady; (*колеблющийся*) fluctuating; (*изменчивый*) variable, changeable
быть ~м fluctuate

неустрани́мый incurable, irremovable

нефтево́з oil carrier, oiler, [oil] tanker

нефтегру́з oil cargo

нефтедо́ллары petrodollars

нефтеперерабо́тка oil processing (refining), petroleum refining

нефтепрово́д oil (petroleum) pipeline
прокла́дывать ~ lay an oil pipeline

нефтехрани́лище oil storage (tank, reservoir)

нехва́тка shortage, lack, scarcity, deficiency; (*дефицит*) deficit, tightness, want
~ **валю́ты** shortage of currency (exchange)
~, **вре́менная** temporary scarcity
~ **де́нег** lack (scarcity, tightness, want) of money, cash shortage, shortage of [ready] cash, stringency of (in) money, money pressure (stringency, scarcity, squeeze)
~ **до́лларов** dollar shortage
~ **ка́дров** shortage (lack) of personnel
~ **креди́та** credit stringency, tight credit
~, **о́страя** acute shortage
~ **рабо́чих рук** shortage of workers
~ **рабо́чей си́лы** labour (manpower) shortage, labour stringency, manpower tightness
~ **судо́в** scarcity of shipping facilities
~ **сырья́** shortage (scarcity) of raw materials
~ **това́ров** shortage (lack) of goods, commodity shortage, shortage (deficiency) of goods, shortage of availability of goods
~ **това́ров внутри́ страны́** domestic commodity shortage
~ **тра́нспортных средств** shortage of transport [facilities]
~ **шта́тов** staff shortage

нехо́дкий unmarketable, unsal[e]able

нече́стный dishonest

нечётный odd

нечи́стый unclean, dirty; (*с примесями*) impure

неэкономи́чность [economical] inefficiency
неэкономи́чный uneconomic
неэффекти́вный ineffective, inefficient
нея́вка failure to appear (report)
  ~ в суд default at trial, default of appearance
  ~ на рабо́ту absence from work; absenteeism
низкока́чественный of bad (low, poor, inferior) quality
низкосо́ртный low-grade (rank), off-grade
нова́ция novation; *юр.* merger
  ~ догово́ра revival of a contract, renewal of an agreement
новизна́ novelty
  ~, патентоспосо́бная patentable novelty
  ~ реше́ний novelty of decisions
  ~ това́ра novelty of goods
нови́н/ка novelty, newly designed (developed) product, [product] innovation
  ~ки, нау́чно-техни́ческие technical novelties
  ~ произво́дства innovation in manufacture (production)
  ~ки, технологи́ческие technological novelties, innovations in technology
  ~ки, э́кспортные innovations for export
  вы́ставка ~ок novelties fair
  освое́ние ~ок mastering the production of novelties
  патентова́ние ~ок patenting innovations
  предложе́ние ~ок offer of novelties
  рекла́ма ~ки advertisement of an innovation
  экспони́рование ~ок exhibiting innovations
  запатентова́ть ~ку patent an innovation
  реклами́ровать ~ку advertise an innovation
но́веств/о innovation, novation, novelty
  ~, техни́ческое technical innovation
  вводи́ть ~а innovate, make innovations
номенклату́р/а assortment, range [of products], nomenclature, classification
  ~ взаимопоставля́емых това́ров и услу́г range of mutually provided goods and services
  ~, еди́ная uniform nomenclature
  ~, закреплённая fixed range
  ~ изде́лий range of commodities (products), nomenclature, listed products, systematic classification of products
  ~, междунаро́дная това́рная international commodity classification
  ~ проду́кции и услу́г nomenclature of goods and services
  ~, това́рная classification of goods (commodities), commodity classification
  ~ това́ров range (bill) of goods (products)
  ~, расту́щая expanding range
  ~, укрупнённая enlarged range
  ~, широ́кая wide (comprehensive) range
  расшире́ние ~ы това́ров expansion (broadening) of the range (nomenclature) of goods
  определя́ть ~у това́ров determine the range of goods
  расширя́ть ~у това́ров increase (broaden) the range (nomenclature) of goods
но́мер number; (*газеты*) copy, issue
  ~ аккредити́ва credit number
  ~ для ссы́лок reference number

~, заводско́й serial number
~ зака́за job (order) number
~, инвента́рный inventory (registration) number
~, ко́довый code number
~ контра́кта contract number
~ ме́ста case (package) number, number of a case (package)
~, номенклату́рный nomin- clature (stock) number
~ па́ртии lot number
~ пате́нта number of a patent, patent number
~ по поря́дку consecutive number
~, поря́дковый serial (consecutive, ordinal, rotation) number
~ по телегра́фному ко́ду code (key) number
~, регистрацио́нный file number, (*авто.*) license number
~ ре́йса voyage number; flight number
~, сери́йный batch (serial) number
~ телефо́на telephone number
~ телефо́на, доба́вочный extension [line]
~ тра́нса покупа́теля trans number
после́довательность ~о́в sequence of numbers

номина́л nominal value, *сокр.* n.v., par [value], face value
це́не вы́ше ~а premium price
стоя́ть вы́ше ~а be (stand) at a premium
продава́ть по цене́ вы́ше ~а sell at a premium [price], sell above current prices; **~ся по цене́ вы́ше ~а** fetch (command) a premium (high prices), sell at a premium
вы́ше ~а above face value (par, parity), at a premium
ни́же ~а below par, with discount
по ~у at par, at face value

номина́льный nominal

но́рм/а norm, rate, target figure, standard; quota; rule; (*на ввоз товаров*) allowance
~ амортиза́ции depreciation norm, rate of depreciation, amortization quota
~ вре́мени base time, time standard (allowance, rate)
~ы вы́грузки rates of unloading (discharge, discharging), unloading standards
~ вы́работки (*рабочего*) output (performance) standard, standard output, output (production) quota; (*машины*) machine output
~ вы́ручки earning rate
~, высо́кая high rate
~ы грузовы́х рабо́т handling rates, rates of cargo (stevedoring) operations, rates of loading and discharging
~ы, де́йствующие current standards (specifications)
~, дифференци́рованная special (specific) rate
~, дневна́я daily rate
~ы есте́ственной у́былы rates of natural loss
~ы, жёсткие tight standards
~ы, заводски́е factory standards
~ы, завы́шенные excessive quotas
~ы, зани́женные loose standards
~ за́пуска в произво́дство rate of input
~ы затра́т cost standards
~ ка́чества standard
~, коллизио́нная conflict rule
~ы междунаро́дного пра́ва rules of international law
~ы, минима́льные minimum standards

~ на беспошлинный ввоз товаров duty-free allowance
~, низкая low rate
~ы, новые new norms
~ обработки грузов handling rate, rate of cargo (stevedoring) operations, rate of loading and discharging
~, общепринятая accepted standard
~ оплаты payment schedule
~ оплаты в день schedule of per diem rates
~ы, отраслевые industry standards
~ы погрузки rates of loading, loading norms (standards)
~ы, подсчитанные estimated rates
~ почасовая rate per hour, hourly rate
~ы, правовые legal rules (standards, regulations, norms)
~, предельная limit
~ы, предусмотренные договором performance standards
~ прибыли rate of profit (return), profit rate
~ы производительности performance (productivity) standards
~ процента rate of interest, interest rate
~ процента, естественная natural rate of interest
~ процента, обычная conventional rate of interest
~ процента, рыночная market rate of interest
~ процента, средняя average interest
~, процентная percentage
~ы, рабочие labour rates
~ы разгрузки rates of unloading (discharge, discharging), discharge rates, unloading standards
~ расхода norm for (standard of) consumption, consumption rate
~, резервная reserve ratio
~, сантехническая sanitary engineering standard
~, сниженная lower rate
~, средняя average rate
~ы, строительные (строительства) construction rules, building code
~ы техники безопасности safety standards
~ы, технические technical norms (standards, regulations), engineering standards (requirements)
~ы, технически обоснованные technically substantiated rates
введение норм introduction of norms
завышение норм overstating of norms
изменение норм alteration of norms
изменение ~ы выработки rate change
отклонение от ~ы deviation from the rated value, divergency (departure) from accepted standards
пересмотр норм revision (reconsideration) of norms (rates, standards)
вводить ~ы introduce norms
выполнять ~у fulfil the norm (quota)
нарушать ~ы международного права violate the rules of international law
перевыполнять ~у overfulfil the norm (quota)
пересматривать ~ы revise (reconsider) norms (rates, standards)
применять ~ы use norms

совпада́ть с ~ами coincide with [the] standards
соотве́тствовать ~ам conform with (correspond to, correspond with) norms
ука́зывать ~ы prescribe norms (rates)
устана́вливать ~ы lay down (set) standards (norms)
в соотве́тствии с ~ой according to standard
вы́ше ~ы above the line (standard)
ни́же ~ы below the line (standard)
по ~е at the rate of
по устано́вленной ~е at the established (prescribed) rate

нормализа́ция normalization, standardization
~ междунаро́дных торго́во-экономи́ческих отноше́ний normalizing international trade and economic relations

норма́льный normal, conventional, regular, standard

нормати́в norm, standard, specification
~ы валю́тных отчисле́ний rates for currency allocations
~ы, измери́тельные measurements
~ы начисле́ния пре́мий за э́кспортные поста́вки bonus rates for export shipments
~ы, отраслевы́е branch norms
~ы отчисле́ний в валю́тный фонд rates of allocations into the currency fund
~ы потребле́ния standards of consumption
~ы, прогресси́вные progressive norms
~ы рента́бельности profitability rates
~ы, техни́чески обосно́ванные technically substantiated standards
~ы, экономи́ческие economic norms (standards)
внедре́ние ~ов introduction of norms
стаби́льность ~ов stability of norms
внедря́ть ~ы introduce norms
пересма́тривать ~ы revise the standards
устана́вливать ~ы lay down (set) standards (norms)

нормати́вный normative, standard, regulatory

нормирова́ни/е rate setting (fixing), standardization
~ рабо́т rate setting, job standardization
~ труда́ rate (work quota) setting, setting (fixing) of work quota, rating of work
отде́л ~я standards department

нормиро́ванный normalized

нормирова́ть set (fix) norms (rates), standardize, introduce (establish) standards

но́скость durability

но́стро: (*суммы, списанные сверх фактического остатка на счету кредитного учреждения в иностранном банке-корреспонденте*)
овердра́фт ~ nostro overdraft
счёт ~ (*счёт кредитного учреждения в иностранном банке-корреспонденте*) nostro account

но́та note

нотариа́льно notarially
засвиде́тельствовать ~ attest notarially, notarize

нотариа́льный notarial

нота́риус notary
заяви́ть проте́ст ~у submit a protest to the notary's office

но́тис (*извещение, уведомление*) notice
~ капита́на captain's notice

~ о гото́вности су́дна к вы́грузке notice of readiness to discharge (unload)
~ о гото́вности су́дна к погру́зке notice of readiness to load (for loading)
~ о гото́вности това́ра к отгру́зке notice of the readiness of the goods for shipment
~ о предполага́емом подхо́де су́дна notice of expected arrival
~ о прибы́тии notice of arrival, arrival notice
~, предвари́тельный preliminary notice
пода́ть ~ hand in (give) [a] notice
посла́ть ~ forward a notice
приня́ть ~ accept a notice

нотифика́ция (*извещение, сообщение*) notification

но́у-ха́у know-how
~ лицензиа́ра licensor's know-how
~ на изготовле́ние manufacturing know-how
~, незапатенто́ванное unpatented know-how
~, неразглашённое undisclosed know-how
~, о́бщее general know-how
~, патенто́ванное patented know-how
~ по лице́нзии licensed know-how
~, разглашённое disclosed know-how
~, техни́ческое technical know-how
~, технологи́ческое technological know-how
владе́лец ~ know-how owner
вы́дача ~ furnishing of know-how
догово́р на переда́чу ~ agreement on the transfer of know-how
информа́ция о ~ know-how information
испо́льзование ~ use of know-how
ко́мплекс ~ know-how package
обме́н ~ exchange of know-how
обяза́тельства по ~ know-how obligations
отка́з от ~ surrender of know-how
охра́на ~ protection of know-how
переда́ча ~ transfer of know-how
предоставле́ние ~ providing (supplying) know-how
выдава́ть ~ furnish know-how
отка́зываться от ~ surrender know-how
предоставля́ть ~ provide (supply) know-how
раскрыва́ть ~ disclose (display) know-how
испо́льзовать ~ use know-how

нумера́ция numeration; (*цифровое обозначение*) numbering
~, после́довательная consecutive numeration; consecutive numbering

нумерова́ть number

О

обанкро́тившийся bankrupt

обанкро́титься go (become) bankrupt

обвя́зывать (*связывать*) bind, tie [round]; (*крепить*) secure, fasten; (*ремнём, тросом*) strap, lash; (*тесьмой, лентой*) band
~ вдоль bind lengthwise

~ **вертика́льно** strap vertically
~ **горизонта́льно** strap horisontally
~ **попере́к** bind crosswise (breadthwise)

обёртка wrapper, cover; envelope; (*книги*) jacket, paper-cover
~, **кра́сочная** colourful cover (wrapper, jacket)
~ **паке́тов** wrapping of packages
~, **я́ркая** bright cover (wrapper)

обёрточный wrapping; packing

обёртывать wrap [up]
~ **бума́гой** wrap [up] in paper

обеспе́чени/е 1. (*средства к жизни*) maintenance, subsistence **2.** (*снабжение*) provision, procurement **3.** (*залог*) security, backing, collateral **4.** (*гарантия*) guarantee, guaranty, security, assurance
~ **банкно́т** backing of banknotes
~, **бесперебо́йное** uninterrupted provision
~, **валю́тное** currency security
~ **валю́ты** backing of currency
~, **веще́ственное** (*долга*) property security
~ **в фо́рме ба́нковской гара́нтии** security in the form of a bank guarantee
~ **высо́кого ка́чества** guarantee of high quality
~, **двойно́е** collateral
~, **де́нежное** cash security
~ **до́лга** security for a debt
~, **дополни́тельное** additional (collateral) security, collateral
~, **доста́точное** adequate (ample, sufficient) security
~ **жильём** housing
~ **за́йма** security for a loan, collateral on a loan
~, **зало́говое** pledged security
~, **золото́е** gold cover (guarantee, security, backing)
~, **иму́щественное** collateral security
~ **и́ска** security for a claim
~, **комме́рческое** commercial collateral
~ **конфиденциа́льности** guarantee of confidentiality
~ **креди́та** security for credit, credit security
~, **материа́льное** tangible security
~, **материа́льно-техни́ческое** supply of materials and machinery, material and technical supplies
~ **надёжности** assurance of reliability
~, **пате́нтное** patent cover
~, **первокла́ссное** high-grade security
~ **перево́зки** guarantee of transportation
~ **по ссу́де** security for a loan
~, **програ́ммное** (*ЭВМ*) software
~ **рабо́чей си́лой** manpower coverage
~ **сохра́нности това́ра** insuring (guarantee) of the safety of goods
~, **социа́льное** social security, *амер.* social welfare
~ **с по́мощью закладно́й** security by mortgage
~ **стаби́льных цен** maintenance of stable prices
~ **сте́ндов персона́лом** manning of stands
~, **страхово́е** insurance coverage
~, **техни́ческих характери́стик** performance assurance
~ **това́рами** supply (provision) of goods

~, финáнсовое financial security
~ электроэнéргией electricity supply
возврáт ~я return of security
замéна ~я substitution of (in) collateral
кредит без ~я unsecured credit
мéры для ~я безопáсности safety measures
стéпень ~я degree of cover
трéбование ~я demand (call) for security
услóвия ~я terms of security
депонировать в кáчестве ~я deposit as security
имéть золотóе ~ have a gold backing
предлагáть ~ offer guarantee
предостáвить ~ secure, provide (give [as], put up) security, provide with cover, furnish collateral
служить ~м serve (be used) as security (collateral)
трéбовать ~я (*ссуд, гарантии*) demand (call for) security
без ~я unsecured
в кáчестве ~я as collateral
под ~ on the security of, against security
под двойнóе ~ on collateral

обеспéченность security
~, материáльная material (financial) security
~ платёжными срéдствами liquidity
~ рабóтой job security

обеспéченный secured

обеспéчивать 1. (*снабжать*) provide, procure, furnish **2.** (*гарантировать*) secure, ensure, assure, guarantee **3.** (*денежное покрытие*) back, cover

обесцéнени/е depreciation; (*девальвация*) devaluation, *амер.* shrinkage
~ бумáжных дéнег devaluation of paper money
~ валюты devaluation (depreciation) of currency (exchange), currency (exchange) depreciation
~ валюты относительно зóлота depreciation of currency (exchange) in relation to gold
~ валюты по отношéнию к основным валютам depreciation of currency (exchange) against major currencies
~ грýза depreciation of cargo
~ дéнег depreciation of money
~ дóллара depreciation (shrinkage) of the dollar
~ зóлота depreciation of gold
~, инфляциóнное inflationary depreciation
~ капитáла depreciation of capital
~ фýнта стéрлингов depreciation of the pound
стéпень ~я rate of depreciation

обесцéненный depreciated

обесцéнивать, ~ся depreciate; (*девальвировать*) devalue
~ в дéнежном выражéнии depreciate in terms of money

обжáловани/е, *юр.* appeal against
порядок ~я order of appeal
прáво ~я right of appeal
предупреждéние об ~и notice of appeal
срок ~я term of appeal
подлежáщий ~ю subject to appeal, appealable
~ю не подлежит without appeal

обжáловать, *юр.* appeal against, lodge (*амер.* file) an appeal (a complaint)

обзóр (*анализ, рассмотрение*) review; (*обозрение*) survey, round-up

~, **бюдже́тный** budgetary review
~ **де́ятельности, хозя́йственной** business survey
~, **иллюстри́рованный** illustrated survey
~, **исче́рпывающий** exhaustive survey
~, **периоди́ческий** periodical review
~ **ры́нков, иностра́нных** market review (survey, report), survey of [foreign] markets
~, **статисти́ческий** statistical survey
~ **цен** price review
~, **экономи́ческий** economic outlook
ра́мки ~а scope of survey
де́лать ~ review

обка́тк/а run, running[-in]
~ **агрега́тов** run (running-[in]) of units
~ **без нагру́зки** non-load running
пери́од ~и running-in period
производи́ть контро́льную ~у агрега́тов carry out a test run of units

обка́тывать run [in]

облага́емый (*налогом, пошлиной*) taxable, dutiable, liable (subject) to duty

облага́ть (*налогом, пошлиной*) impose, levy, tax, lay a tax, assess

облада́тель owner, holder, possessor
~ **а́вторского пра́ва** copyright owner

облада́ть possess, own, hold

о́бласт/ь 1. (*отрасль знаний, деятельности*) sphere, field, province **2.** (*часть страны*) region, area
~ **де́ятельности** sphere of activity
~ **зна́ний** field of knowledge
~ **примене́ния** sphere of application
~, **приорите́тная** priority area (field)
~ **сотру́дничества** field (sphere) of cooperation

облигацио́нный bonded

облига́ци/я bond; (*акционерной компании*) debenture
~, **беспроце́нтная** passive bond
~, **вну́тренняя** internal bond
~ **вы́игрышного за́йма** premium bond
~, **выходя́щая в тира́ж** maturing bond
~, **госуда́рственная** government bond
~, **долгосро́чная** (*сроком свыше 15 лет*) long-term (*англ.* long-dated) bond
~, **загрaни́чная** foreign (external) bond
~, **имённая** registered bond (debenture)
~ **конверти́руемого за́йма** convertible debenture
~, **краткосро́чная** (*сроком до 5 лет*) short-term (*англ.* short-dated) bond
~, **ме́лкая** baby bond
~ **на предъяви́теля** bearer (coupon) bond; bearer debenture
~, **не име́ющая специа́льного обеспе́чения** debenture bond
~, **не пога́шенная в срок** outstanding (overdue, defaulted) bond
~, **не подлежа́щая погаше́нию до наступле́ния сро́ка** irredeemable bond
~и, **первокла́ссные** high grade bonds
~, **погаша́емая зо́лотом** gold bond
~и, **подлежа́щие погаше́нию** maturing bonds
~, **предъя́вленная к погаше́нию** called bond

~и, проце́нтные interest bearing bonds
~ с пра́вом досро́чного погаше́ния redeemable (optional) bond
~ с пра́вом на уча́стие в при́былях компа́нии participating (profit sharing) bond
~ со специа́льным обеспе́чением secured bond
~ с отсро́ченным платежо́м deferred bond
вы́куп ~й retirement of bonds
вы́пуск ~й issue of bonds (debentures), bond (debenture) issue
держа́тель ~й bondholder, debenture holder
опла́та ~й repayment (redemption) of bonds
размеще́ние ~й floatation (floating) of a bond issue
ры́нок ~й bond market
трансфе́рт ~й transfer of debentures
выкупа́ть ~и retire bonds
выпуска́ть ~и issue bonds, *амер.* place an issue
погаша́ть ~и pay off bonds, redeem bonds (debentures)

обложе́ни/е taxation, imposition, levy, rating, assessment
~ нало́гом imposition (levying) of taxes, taxation, rating
~ нало́гом, прогресси́вное progressive taxation
~ по́шлиной imposition of a duty (tax)
~, тамо́женное imposition of customs duties
~ штра́фом penalizing
подлежа́ть ~ю нало́гом be liable to tax (taxable, assessable)
подлежа́ть ~ю по́шлиной be liable (subject) to [an import] duty, be dutiable (taxable)
не подлежа́щий ~ю unassessable, nonassessable; (*налогом*) not liable (subject) to tax, non-taxable; (*пошлиной*) free from duty, duty-free, not liable (subject) to duty
подлежа́щий ~ю assessable, chargeable; (*налогом*) taxable, liable to tax, subject to tax[ation], leviable; (*пошлиной*) dutiable, liable (subject) to duty

обме́н 1. exchange **2.** (*пересчёт, перевод*) conversion; (*замена*) renewal
~ а́кций exchange of shares
~, ба́ртерный barter, swapping
~, безвалю́тный currency-free exchange, exchange without currency
~ валю́ты exchange (conversion) of currency
~, взаи́мный mutual (reciprocal) exchange
~, внешнеторго́вый foreign trade exchange
~, возме́здный commercial exchange
~ гото́выми изде́лиями exchange of finished articles
~ делега́циями exchange of delegations
~ дета́лями exchange of parts
~, двусторо́нний two-way exchange
~ докуме́нтов renewal of papers
~ зна́ниями exchange of knowledge
~ зо́лота gold conversion
~ информа́цией exchange (interchange, sharing) of information
~ мне́ниями exchange of opinions (views)
~ на осно́ве взаи́мных расчётов exchange on the basis of clearing accounts

~, натура́льный barter, swapping
~ нау́чно-техни́ческой документа́цией exchange of scientific and technical documentation
~ на *что-л.* exchange for
~, неэквивале́нтный unequal (non-equivalent) exchange
~ но́у-ха́у exchange of know-how
~, непосре́дственный direct barter
~ образца́ми но́вой те́хники exchange of new machines and equipment
~ о́пытом exchange (sharing, interchange) of experience
~ о́пытом, взаи́мный reciprocal exchange of experience
~ пате́нтами patent exchange (interchange), exchange (interchange) of patents
~ по ку́рсу exchange at the rate of
~ по ку́рсу, ука́занному на оборо́те ве́кселя exchange as per endorsement
~ по парите́ту exchange at par
~ проду́ктов exchange of products
~, соотве́тствующий appropriate conversion (exchange)
~ специали́стами exchange of specialists (experts)
~, технологи́ческий technological exchange
~ това́рами commodity (goods) exchange, exchange of commodities (goods), barter
~ това́рами в материа́льно-веще́ственной фо́рме merchandise (commodities, goods) exchange
~ това́рами, непосре́дственный direct exchange of commodities (goods), direct barter
~, торго́вый trade exchange
~, торго́вый, двусторо́нний two-way trade
~ торго́выми да́нными trade data exchange
~ услу́гами exchange of services
~, эквивале́нтный fair (equal, equivalent) exchange
банк по ~у валю́ты exchange bank
догово́р об ~е agreement on the exchange
пи́сьма об ~е това́рами letters on the exchange of goods
расшире́ние ~а broadening (expansion) of exchange
систе́ма ~а exchange system
соглаше́ние об ~е agreement on the exchange
сре́дство ~а means (medium) of exchange
управле́ние ~ом exchange control
усло́вия ~а terms of exchange
поощря́ть ~ encourage (promote) exchange
производи́ть ~ exchange, make an exchange
расширя́ть ~ broaden (expand) exchanges
сдава́ть для ~а surrender for exchange
в ~ на in exchange for
в поря́дке ~а by way of exchange, on an exchange basis
го́дный для ~а exchangeable
подлежа́щий ~у на золоты́е сли́тки (*о банкнотах*) redeemable in gold bullion

обме́ниваемый 1. convertible **2.** (*выкупаемый, погашаемый*) redeemable
обме́нивать 1. exchange, barter **2.** convert, make conversion; **~ся** exchange
обме́нный exchange *attr.*
обме́р measurement

спра́вка о результа́тах ~а measurement account

обнару́живать find, detect, discover

не ~ fail to detect (discover)

обновле́ние renewal, renovation; modernization

~, коренно́е drastic (radical) renovation

~ обору́дования replacement of old equipment, reequipment

~ проду́кции updating product

~ основны́х произво́дственных фо́ндов renovation of basic production assets, renewal of fixed production assets

~ произво́дства renewal (renovation) of production (plant)

~ произво́дственных мо́щностей renovation of productive capacities

~ те́хники и техноло́гии renewal of machinery and technology

~, техни́ческое technical modernization

обновлённый renewed, renovated

обновля́ть renew, renovate, update

обознача́ть designate; (*помечать*) mark; (*буквами*) letter

как обозна́чено на чертеже́ as marked on the drawing

обозначе́ни/е (*метка*) marking, denotation; (*символ*) symbol

~, бу́квенное letter designation (symbol, denotation)

~ дета́лей устро́йства denotation of components of a device

~ страны́ mark of nationality (a country)

~ на схе́ме [graphical] symbol

систе́ма ~й notation

обозна́ченный marked

~ непра́вильно (*о грузе*) misdescribed

обора́чиваемость turnover; (*судна, валюты*) turn-round

~ гото́вой проду́кции finished goods turnover

~ депози́тов deposit turnover

~ запа́сов, това́рных stock turnover, stockturn

~ капита́ла turnover of capital, capital turnover

~ незавершённого произво́дства work-in-process turnover

~ оборо́тных средств working capital turnover, turnover of capital (funds)

~ основно́го капита́ла plant turnover

~ тра́нспортных средств route turnover

оборо́т 1. turnover **2.** (*регресс*) recourse **3.** (*обратная сторона*) back **4.** (*обращение*) circulation

~ а́кций stock turnover

~, ба́нковской расчётной пала́ты bank clearings

~, безнали́чный clearing

~, годово́й annual turnover, yearly sale[s]

~ вне́шней торго́вли (внешнеторго́вый) foreign trade turnover

~ внутри́ страны́ domestic turnover

~ гру́зов freight turnover

~ де́нег, нали́чных cash turnover

~, де́нежный money turnover

~, дневно́й daily sales

~ и́мпорта import turnover

~ капита́ла turnover of capital, capital turnover

~, минима́льный minimum turnover

~, о́бщий total turnover

~, опто́вый wholesale (trade) turnover

~, платёжный payment transactions, payments

~ по и́мпорту import turnover
~ по прода́жам sales turnover
~ по счета́м billing[s]
~ по э́кспорту export turnover
~, това́рный turnover of commodities, [goods] turnover, merchandise turnover
~, торго́вый trade turnover, volume (amount) of business
~ э́кспорта export turnover
вре́мя на оборо́т су́дна в порту́ turn-round time
колеба́ния ~а fluctuations in turnover
нало́г с ~а sales (transaction, receipts, turnover) tax
план ~а turnover plan
пра́во ~а recourse
разме́р ~а amount of turnover; volume of transactions
реги́стр ~ов transaction register
ско́рость ~а rate of turnover
ско́рость ~а това́рных запа́сов stockturn
изыма́ть из ~а withdraw from circulation
пуска́ть в ~ put into circulation
распи́сываться на ~е докуме́нта endorse
без ~а without recourse
без оборо́та на трасса́нта without recourse to drawer
на ~е on the other (reverse) side, on the back
с ~ом with recourse
смотри́ на ~е please turn over, *сокр.* p.t.o.

оборо́тный 1. (*переуступаемый*) negotiable; (*находящийся в обращении*) circulating, working **2.** (*противоположный*) reverse

обору́довани/е 1. equipment; facilities; (*оснащение*) outfit; (*установка, агрегат*) plant **2.** (*действие*) equipping
~, авари́йное emergency equipment
~, автомати́ческое automatic equipment
~, аналоги́чное similar equipment, equipment of similar make
~, англи́йского произво́дства British-made equipment
~ аэропо́рта airport facilities
~, безде́йствующее idle equipment
~, берегово́е порто́вое shore installations
~, бы́вшее в эксплуата́ции used equipment
~, быстроизна́шивающееся fast (rapid[ly], quick)-wearing equipment
~ в де́йствии working machinery
~, вспомога́тельное auxiliary (ancillary, accessory) equipment
~, встро́енное (*водопроводное, электротехническое и т. п.*) service facilities
~ в тропи́ческом исполне́нии equipment in the tropical version
~, высокока́чественное equipment of high quality, high quality equipment, high-fi (hi-fi) equipment
~, высокопроизводи́тельное [highly] efficient (productive) equipment
~, вы́ставочное exhibition equipment
~, гара́жно-ремо́нтное garage [-and]-repair equipment
~, горноша́хтное mining equipment
~, де́йствующее operative (working) equipment

~, дефе́ктное defective equipment

~ дли́тельного по́льзования durable equipment

~ для взве́шивания weighing equipment

~ для вы́кладки и экспони́рования това́ра display equipment

~ для обеспе́чения безопа́сности safety equipment

~ для проведе́ния иссле́дований research facilities

~ для упако́вки пищевы́х проду́ктов food packaging equipment

~ для управле́ния произво́дственным проце́ссом process control equipment

~, доро́жно-строи́тельное road-building machinery (equipment)

~, заводско́е plant equipment

~, заде́ржанное delayed equipment

~, зака́занное ordered equipment

~, заменя́емое replaceable equipment

~, запасно́е stand-by equipment

~, изно́шенное worn-out equipment

~, и́мпортное imported equipment

~, испыта́тельное test equipment

~, капита́льное durable (capital) equipment

~, комме́рчески эксплуати́руемое revenue equipment

~, комме́рческое commercial equipment

~, компле́ктное complete [set of] equipment

~, комплекту́ющее accessory equipment

~, конкурентоспосо́бное competitive equipment

~, конте́йнерное container equipment

~, конто́рское office equipment

~, крупногабари́тное oversize[d] equipment

~, кру́пное, специа́льного назначе́ния large professional machinery

~, маши́нное [production] machinery, mechanical equipment

~, металлурги́ческое metallurgical equipment

~, модифици́рованное modified equipment

~, монта́жное erection equipment (facilities), erecting equipment

~ на ли́нии сбо́рки assembly line equipment

~ наукоёмкое high-tech[nology] equipment

~, негабари́тное oversize[d] equipment

~, недопоста́вленное short-shipped equipment

~, недостаю́щее missing equipment

~, некомпле́ктное incomplete equipment

~, нестанда́ртное non-standard equipment

~ но́вых поколе́ний equipment of new generations

~, основно́е main (capital) equipment

~, отде́льное [individual] pieces of equipment

~ оте́чественного произво́дства home[-made] equipment, equipment of home manufacture, equipment produced domestically

~, патенто́ванное patent equipment

~, **первокла́ссное** first-rate equipment

~, **плаву́чее порто́вое** floating installations

~, **повреждённое** damaged equipment

~, **погру́зочное** loading equipment

~, **погру́зочно-разгру́зочное** cargo handling (loading-unloading) equipment, [materials] handling equipment

~, **подéржанное** used equipment, secondary equipment (plant)

~, **подсо́бное** service equipment

~, **подъёмное** lifting equipment (gear)

~, **подъёмно-тра́нспортное** hoisting and conveying equipment

~ **по контра́кту** contract equipment

~, **полуавтомати́ческое** semiautomatic equipment

~, **порто́вое** port (harbour) facilities

~, **поставля́емое** delivered equipment

~, **предлага́емое** offered (proposed) equipment

~, **программное** (*ЭВМ*) software

~, **произво́дственное** production (business) equipment, manufacturing (mechanical) facilities

~, **промы́шленное** industrial equipment

~, **противопожа́рное** fire-fighting equipment

~, **разо́бранное** non-assembled equipment

~, **разро́зненное** miscellanious equipment, individual pieces of equipment

~, **резéрвное** stand-by equipment

~, **ремо́нтное** repair (maintenance) equipment, overhaul facility

~, **сдава́емое в арéнду** rental equipment

~ **с дли́тельным сро́ком слу́жбы** durable equipment

~, **сельскохозя́йственное** agricultural equipment, farm (farming) machinery (plant)

~ **сери́йного произво́дства** equipment of serial production

~, **сери́йное** standard (serial) equipment

~, **складско́е** storage equipment

~ **с коро́тким сро́ком слу́жбы** non-durable (short-lived) equipment

~, **сло́жное** sophisticated (complex) equipment

~, **смонти́рованное** installed (erected, mounted) equipment, equipment in place

~ **совéтского произво́дства** Soviet-made equipment, equipment of Soviet manufacture

~, **совремéнное** advanced (modern, up-to-date) equipment

~, **соотвéтствующее** adequate equipment

~, **специализи́рованное** specialized equipment

~ **специа́льного назначéния (специа́льное)** professional (special purpose) machinery (equipment)

~, **станда́ртное** standard equipment

~, **стациона́рное** fixed installations

~ **стéндов** furnishings of stands, stand equipment; stand dressing (decoration)

~ сто́имостью ... фу́нтов ... pounds worth of equipment
~, строи́тельное construction equipment
~, тексти́льное textile machinery
~ термина́ла terminal facilities
~, техни́ческое technical equipment
~, технологи́ческое technological (manufacturing, production, process) equipment
~, торго́вое shop equipment
~, тяжелове́сное heavy equipment
~, уника́льное unique [piece of] equipment
~, упако́вочное packing equipment
~, устано́вленное installed (erected, mounted) equipment, equipment in place
~, устаре́вшее outdated (obsolete) equipment
~, холоди́льное refrigeration facilities
~, цехово́е factory equipment (installations)
~, ша́хтное mining equipment
~, экспони́руемое equipment on display (on show)
~, электро́нное electronic equipment; (*самолёта*) avionics, avionic products
~, электротехни́ческое electrical equipment
~, энергети́ческое power-generating equipment
амортиза́ция ~я depreciation of equipment
аре́нда ~я rent[ing] (leasing) of equipment
ввод ~я в эксплуата́цию putting equipment into operation (operating condition)
ввоз ~я importation of equipment
возвра́т ~я return of equipment
возмо́жности ~я machinery possibilities
вы́воз ~я exportation of equipment
вы́пуск ~я production (manufacture) of equipment
вы́ставка ~я exhibition (display, show) of equipment
габари́ты ~я dimensions of equipment
демонстра́ция ~я demonstration of equipment
демонта́ж ~я dismantling of equipment
доста́вка ~я delivery of equipment
едини́ца ~я unit (item) of equipment
загру́зка ~я machine load[ing]
зака́з на ~ order for equipment
заку́пка ~я purchase of equipment
заме́на ~я replacement of equipment
запа́с ~я stock of equipment
изготовле́ние ~я production (manufacture) of equipment
изна́шивание (изно́с) ~я wear [and tear] (wearing, deterioration) of equipment
испо́льзование ~я utilization of equipment
ка́чество ~я quality of equipment
коли́чество ~я quantity of equipment
ко́мплекс ~я machine complex, outfit of equipment
компле́ктность ~я completeness of equipment

консерва́ция ~я preservation of equipment
констру́кция ~я design of equipment, equipment design
меха́ник по ~я maintenance mechanic
монта́ж ~я 1. erection of equipment 2. assembling (assembly, mounting) of equipment 3. installation of equipment
нала́дка ~я adjustment (setting up) of equipment
нали́чие ~я availability of equipment
недопоста́вка ~я short delivery of equipment
номенклату́ра ~я equipment nomenclature
обслу́живание ~я maintenance of equipment, equipment maintenance
осмо́тр ~я inspection (examination) of equipment
отгру́зка ~я shipment of equipment
переконсерва́ция ~я represervation of equipment
пе́речень ~я list of equipment
поврежде́ние ~я damage to (of) equipment
пози́ция ~я item of equipment
пока́з ~я demonstration of equipment
поку́пка ~я purchase of equipment
поло́мка ~я breakage (breakdown) of equipment
по́льзователь ~я user of equipment
поста́вка ~я delivery of equipment
поставщи́к ~я supplier of equipment
потреби́тель ~я user of equipment
приёмка ~я acceptance (taking delivery) of equipment; taking over equipment
прода́жа ~я sale of equipment
производи́тельность ~я productivity (capacity) of equipment (machines), machine capacity
произво́дство ~я production (manufacture) of equipment
просто́й ~я machine idle time, downtime (idle time) of equipment; outage
пуск ~я putting equipment into operation, commissioning equipment
рабо́та ~я operation (performance, running, work) of equipment
разбо́рка ~я disassembly (disassembling, dismantling, stripping) of equipment, taking equipment to pieces
разгру́зка ~я unloading of equipment
разме́ры ~я size (dimensions) of equipment
разрабо́тка но́вого ~я development of new equipment; developing new equipment
реализа́ция ~я sale of equipment
ремо́нт ~я repair[s] (maintenance) of equipment
renova
ренова́ция ~я renovation of equipment
реэ́кспорт ~я reexportation of equipment
сбо́рка ~я assembly of equipment
складирова́ние ~я storage of equipment
специфика́ция на ~ equipment specification
спрос на ~ demand for equipment

техни́ческая характери́стика ~я technical characteristics of equipment
тип ~я type of equipment
транспортиро́вка ~я transportation of equipment
узлы́ ~я units of equipment
устано́вка ~я installation (mounting, setting up) of equipment
устарева́ние ~я obsolescence of equipment
ухо́д за ~ем maintenance of equipment, equipment maintenance
хране́ние ~я storage of equipment
эксплуата́ция ~я operation of equipment
арендова́ть ~ rent (lease) equipment
вводи́ть ~ в эксплуата́цию put equipment into operation
возвраща́ть ~ return equipment
демонти́ровать ~ dismantle equipment
зако́нчить ~ заво́да finish equipping a factory (plant)
закупа́ть ~ buy (purchase) equipment
запуска́ть ~ start machinery (equipment)
изгота́вливать ~ produce (manufacture) equipment
изменя́ть ~ modify (change, alter) equipment
изуча́ть ~ make a study of equipment
испо́льзовать ~ utilize (use) equipment
монти́ровать ~ 1. erect equipment **2.** assemble (mount) equipment **3.** install equipment
обеспе́чивать ~ provide (secure) equipment
обнови́ть ~ це́ха reequip a shop (department)
обслу́живать ~ service equipment
оставля́ть у себя́ ~ retain equipment
отгружа́ть ~ ship equipment
отказа́ться от дефе́ктного ~я reject defective equipment
поставля́ть ~ supply (deliver) equipment
предъявля́ть ~ для осмо́тра present (put forward) equipment for inspection
приобрета́ть ~ obtain (procure) equipment
проверя́ть ~ check (make a check of) equipment
продава́ть ~ sell equipment
проекти́ровать ~ design equipment
производи́ть ~ produce (manufacture) equipment
реализо́вывать ~ sell equipment
ремонти́ровать ~ repair equipment
сдава́ть в аре́нду ~ rent (lease) equipment
создава́ть ~ build machinery (equipment)
торгова́ть ~ем deal in (market) equipment
улучша́ть ~ improve (upgrade) equipment
упако́вывать ~ pack equipment
устана́вливать ~ install equipment

обору́довать equip with; (*оснащать*) fit out

обосно́вани/е justification, substantiation; (*доводы*) grounds, reasons
~, документа́льное documentation
~, нау́чное scientific forecast (substantiation)
~ прете́нзии justification (substantiation) of a claim

~ **прое́кта** expediency of a project
~ **реше́ния** reasons for a decision
~, **статисти́ческое** statistical validity
~, **те́хнико-экономи́ческое**, *сокр.* **ТЭО** feasibility study (report); technical and economic substantiation (grounds, basis)
~, **техни́ческое** technical justification
~, **технологи́ческое** technological justification
~, **экономи́ческое** economic justification (feasibility)
расчёт те́хнико-экономи́ческого ~я technical and economic estimation of a project
дать ~ контра́кта propose a basis for a contract
представля́ть те́хнико-экономи́ческое ~ submit a feasibility study (report)
составля́ть те́хнико-экономи́ческое ~ prepare a feasibility study (report)
в ~ in justification of

обосно́ванност/ь (*правильность*) soundness; (*оправдание*) justification; (*действительность, законность*) validity
~ **взыска́ния неусто́йки** justification of a claim for damages
~ **вы́дачи ссу́ды** financial soundness of a loan
~ **жа́лобы** validity of a complaint
~ **измене́ния цены́** justification of a price change
~ **прете́нзии** validity of a claim
прове́рка ~и check of (on) validity
проверя́ть ~ жа́лобы verify a complaint

обосно́ванный reasonable, justified, well-grounded, well-founded; (*доказанный*) substantiated
экономи́чески ~ economically justified

обосно́вывать justify; (*мотивировать*) motivate; (*подкреплять фактами, подтверждать*) support, substantiate

обраба́тывать 1. work, treat, process; (*на станке*) machine **2.** (*отделывать*) finish, dress; (*полировать*) polish **3.** (*о грузе*) handle
~ **маши́нным спо́собом** machine
~ **уско́ренно** handle speedily

обрабо́танный machined; processed; (*о грузах*) handled

обрабо́тк/а 1. treatment, processing; (*на станке*) machining **2.** (*полировка*) polishing; (*чистовая обработка, отделка*) finishing **3.** (*груза*) handling
~, **антикоррозио́нная** anticorrosion treatment
~, **безупре́чная** faultless finishing
~, **втори́чная** second stage of processing, secondary processing
~ **гру́за** handling of cargo (goods), loading and discharging operations, cargo stevedoring; handling service
~ **гру́зов, вертика́льная** lift-on/lift-off, *сокр.* lo-lo, lo-lo cargo handling
~ **гру́зов в трю́ме** stevedoring operations
~ **гру́зов на прича́ле** quay operations
~ **гру́зов судовы́ми сре́дствами** shipboard handling

~ да́нных data (information) processing (handling)
~, двойна́я тра́нспортная double handling
~, дополни́тельная (*груза*) additional (extra) handling
~, защи́тная (*груза*) preservation treatment
~ зая́вки handling (processing) of an application
~, индивидуа́льная (*груза*) individual handling
~ информа́ции data (information) processing (handling)
~ конте́йнеров handling of containers
~, маши́нная machining; (*информации*) automatic data processing
~, механи́ческая mechanical handling
~, оконча́тельная finishing
~ отхо́дов treatment of waste
~, перви́чная first stage of processing, primary processing
~, первокла́ссная first-class (rate) treatment
~, промы́шленная industrial processing
~, ручна́я (*груза*) manual handling
~, статисти́ческая statistical treatment (analysis)
~ счето́в processing of invoices
~ че́ков cheque handling
вид ~и гру́за type of handling
дли́тельность ~и processing (machining, operating) time
ме́тод ~и processing method
но́рма ~и гру́зов handling rate, rate of cargo (stevedoring) operations, rate of loading and discharging
пла́та за [тра́нспортную] ~у гру́за handling charges (fees), charges (fees) for handling
пла́та за ~у гру́за на железнодоро́жной ста́нции terminal charges (costs), terminals
пу́нкты тра́нспортной ~и гру́за points of handling
расхо́ды по ~е working (processing) costs; handling costs
спо́соб ~и method of treatment (processing; machining; polishing; finishing; handling)
сте́пень ~и degree of processing
сто́имость ~и working (machining, processing) costs
подверга́ться ~е undergo treatment
производи́ть перви́чную защи́тную ~у на предприя́тии give initial (prior) protection in the factory
производи́ть тра́нспортную ~у гру́за handle goods (cargo)

образ/е́ц (*торговый*) sample, specimen; (*модель машины*) model; (*тип, вид*) type; (*тип, марка*) make; (*эталон*) standard; (*отобранный для выставки*) exhibit; (*узора, рисунка*) pattern
~, арбитра́жный arbitration sample
~ без цены́ sample of no [commercial] value (without value)
~, беспла́тный free sample
~ в натура́льную величину́ full-size sample
~, вы́ставочный sample of display, exhibition sample
~, головно́й prototype [model]
~, демонстри́руемый display sample

~ для ана́лиза analysis sample; assay sample
~ для я́рмарки sample for a fair
~, дополни́тельный additional (further) sample
~, едини́чный prototype, unique sample
~, забрако́ванного това́ра sample of defective goods; sample of rejected goods
~, забрако́ванный discarded sample
~, запатенто́ванный patented design
~ зна́ка, това́рного specimen of a trademark
~ изде́лия item (product) sample, sample of an article
~, испыта́тельный test sample
~ контра́кта contract form
~, контро́льный control sample
~ котиро́вки specimen quotation
~, некомме́рческий non-commercial sample
~, нове́йший the latest pattern (model, make)
~, о́пытный pilot sample, test pattern, prototype model, development type
~, ото́бранный selected sample (pattern, model)
~цы, па́рные matched samples
~, пе́рвый the first specimen
~цы, подо́бранные assorted patterns
~ по́дписи specimen of signature
~, предназна́ченный для прода́жи sal[e]able sample
~ продава́емых това́ров sales sample
~, промы́шленный [registered] industrial design, industrial model (design, standard)
~цы, раздава́емые give-away samples
~, сери́йный production sample
~, случа́йный random sample
~, сме́шанный combined (mixed, composite) sample
~, сре́дний (*из нескольких мест одной партии*) unit sample
~, станда́ртный standard sample
~, типово́й representative sample, type
~ това́ра sample of goods, commodity sample
~ това́ра, отправля́емого на вы́ставку exhibition sample (goods)
~, това́рный commercial sample
~ упако́вки sample packing
~, устаре́вший obsolete sample
~, эксперимента́льный experimental sample
~, этало́нный standard sample
ассортиме́нт ~цо́в range of samples
вы́ставка ~цо́в sample show (display, exhibition), show (display, exhibition) of samples
демонстра́ция ~цо́в demonstration (display, show) of samples
загрязне́ние ~цо́в sample contamination
зака́з по ~цу́ sample order, order for (on, as per) sample
зако́н о промы́шленных ~ца́х design law
изготовле́ние ~ца́ manufacture of a specimen
информа́ция о промы́шленных ~ца́х design information

испыта́ние ~цо́в trial (test) of samples
испыта́ние о́пытного ~ца́ pilot unit test
кни́га ~цо́в sample book
колле́кция ~цо́в collection (set, selection) of samples, range of patterns (samples)
компле́кт ~цо́в set (range) of samples
осмо́тр ~цо́в examination of samples
отбо́р ~цо́в sampling, drawing of samples
охра́на промы́шленных ~цо́в protection for designs, design protection
пока́з ~цо́в display (show) of samples
поку́пка по ~цу́ purchase by (according to) sample
посы́лка ~цо́в (*действие*) sending (dispatching) of samples; (*партия*) sample consignment, consignment on approval; (*почтовая*) parcel with samples
пра́во на ~ right to an industrial design
предоставле́ние беспла́тных ~цо́в provimion of free samples (samples free of charge)
прода́жа по ~цу́ sale by (on) sample
регистра́ция промы́шленного ~ца́ record (registration) of a design
сличе́ние с ~цо́м comparison against (by) sample
у́ровень лу́чших мировы́х ~цо́в world standards
экспе́рт по ~ца́м design expert
я́рмарка ~цо́в sample fair
изготовля́ть ~цы́ make samples
изготовля́ть по ~цу́ make to pattern (sample)
отпеча́тывать ~цы́ seal [up] samples
осма́тривать ~цы́ examine samples
отбира́ть ~цы́ sample, draw samples
отбира́ть ~цы́ для вы́ставки select exhibits
подгота́вливать ~цы́ prepare samples
покупа́ть по ~цу́ purchase (buy) by (according to) sample
посыла́ть ~цы́ send samples
предоставля́ть ~цы́ provide (present) samples
предста́вить ~цы́ submit (present) samples
прилага́ть ~цы́ enclose samples
продава́ть по ~цу́ sell by sample
продава́ть ~цы́ (*на выставке*) sell (make sales) from the stands (off the floor)
размести́ть зака́з по ~цу́ place an order for (on) sample
совпада́ть с ~цо́м tally with the sample
соотве́тствовать ~цу́ be (come true) to sample, be according to sample, conform with (to) the sample, be in conformity with the sample, correspond to the sample
храни́ть ~цы́ keep samples
по ~цу́ for (on, as per) sample, to pattern
согла́сно ~цу́ according to (as per) sample

обрати́мость (*о валюте*) convertibility, exchangeability
~ валю́ты currency convertibility (exchangeability), convertibility of currency
~ валю́ты, национа́льной в перево́дные рубли́ converti-

bility of national currency into transferable roubles

~ валю́ты, национа́льной в свобо́дно конверти́руемую валю́ту convertibility of national currency into hard currency

~, ограни́ченная limited convertibility

~, по́лная full convertibility

~ фу́нта сте́рлингов convertibility of the pound [sterling]

обрати́мый (*о валюте*) convertible

обра́тный reverse, return *attr.*

обраща́ться 1. (*адресоваться*) address, apply to, approach, turn to, appeal to; (*за помощью*) resort to, recourse to; (*к какому-л. источнику*) refer to **2.** (*пользоваться, эксплуатировать*) handle, treat, manage **3.** (*находиться в обращении*) circulate

~ вновь к revert [back] to

~ непра́вильно mishandle

обраще́ни/е 1. address; approach, appeal; (*в письме*) salutation; (*заявление, заявка*) application; (*за помощью*) resort, recourse **2.** (*способ эксплуатации*) handling, treatment, use **3.** (*циркуляция*) circulation **4.** (*к источнику*) reference

~ банкно́т circulation of banknotes

~ в арбитра́ж application (resort, recourse) to arbitration

~, ве́ксельное circulation of bills (notes)

~, гру́бое (*с товаром*) rough handling

~ де́нег (де́нежное) currency (monetary, money) circulation, circulation (currency) of money

~ за ви́зой application for a visa, visa, application

~ капита́ла circulation of capital

~ к арби́трам reference to arbitrators

~, квалифици́рованное efficient handling

~ к индосса́нту (*с требованием оплаты*) recourse to the endorser

~, небре́жное careless (negligent) handling

~, [не]пра́вильное [im]proper handling (treatment)

~, норма́льное normal handling

~, осо́бое special handling

~, осторо́жное careful handling

~, приве́тственное welcoming address

~, просто́е това́рное simple circulation of commodities

~, рекла́мное advertising message

~ с материа́лом treatment of material

~ с маши́ной handling of a machine

~ с това́ром handling (treatment) of goods

~, това́рное commodity circulation, circulation of commodities

~ че́ков cheque currency

векселя́ в ~и bills in circulation, *амер.* circulating notes

вы́пуск де́нег в ~ currency issue

де́ньги в ~и money in circulation, current money

инстру́кция по ~ю с това́ром handling instruction

капита́л ~я capital of circulation

процеду́ра ~я с гру́зом cargo handling procedure

средство ～я means of circulation, circulating medium, currency
изымать из ～я prohibit the use of *smth,* withdraw (recall) from circulation
подвергать грубому ～ю subject to rough handling
пускать в ～ bring (put) in[to] circulation, issue
пустить вексель в ～ negotiate a bill
без ～я в арбитраж without recourse to arbitration
без ～я в суд without recourse to legal proceedings
в ～и in circulation

обрешётк/а crate; (*каркас, рама*) frame; (*ящик типа обрешётки*) skeleton case
～, деревянная wooden crate
～, досчатая battened crate
～, каркасная bracing frame, framework
～, многооборотная returnable crate
～ на салазках crate (frame) on (with) a skid
～, разборная collapsible crate
крепление ～и bracing
рама ～и skeleton frame
упаковка в ～е packing in crates; skeleton frame packing
ширина ～и crate width

обруч (*для крепления бочкотары*) hoop; ring
обтягивать ～ами strengthen with hoops
«Не хватает обручей» (*отметка в грузовых документах*) "Rings missing"
«Обручи повреждены» (*отметка в грузовых документах*) "Rings broken"
«Обручи сдвинуты с места» (*отметка в грузовых документах*) "The hoops are somewhat shifted"

обслуживани/е service[s], attendance, care; (*техническое*) maintenance, service
～, автобусное bus service
～, автотранспортных средств motor vehicle servicing
～, агентское agency services
～, брокерское broking
～, буксирами towage service
～, быстрое prompt service
～, валютное exchange service
～ в течение всего рабочего времени full-time services
～ газопроводным транспортом gas pipeline transportation service
～, гарантийное warranty service, guarantee maintenance
～, гарантийно-техническое guarantee maintenance
～, должное proper service
～, дополнительное, при перевозках accessorial services
～, ежедневное every day (daily) service
～, информационное information service
～, кассовое cash service
～, квалифицированное efficient service
～, контейнерное container service
～, контрейлерное piggiback (trailer-on-flatcar, container-on-flatcar) service
～, кредитно-расчётное credit and settlement services
～, лизинговое leasing
～ лоцманом pilotage service
～, массовое mass service
～, материально-техническое material and technical supply (supplies) service
～ машин machine maintenance

~, **медици́нское** medical service (care, attention, attendance)
~ **междунаро́дной телефо́нной свя́зью** trunk line service
~ **на борту́** (*самолёта*) onboard passenger service
~ **на ме́сте** field service
~ **на строи́тельной площа́дке** site services
~, **небре́жное** negligent maintenance
~, **нерегуля́рное** irregular service
~ **одно́й тра́нспортной компа́нией** single-carrier service
~ **пассажи́ров** travel service
~, **первокла́ссное** first-class service
~, **персона́льное** personal service
~ **по вы́зову** service on call
~ **по догово́рам** contract service
~ **покупа́теля** customer service
~ **посети́телей** services to visitors
~, **послепрода́жное** after-sale[s] (post-sale[s], post-marketing) service[s]; (*техническое*) after-sale technical service
~, **постоя́нное** permanent (continuous) service
~ **по тре́бованию** service on call
~ **по упако́вке това́ра на э́кспорт** export packing service
~, **почто́вое** mail service
~ **по эксплуата́ции** operating services
~, **предпрода́жное** before sale (pre-sale) service
~, **профилакти́ческое** routine maintenance (attention)
~, **расчётное** settlement service[s]
~, **ро́зничное** retail service
~, **сквозно́е контéйнерное** through container service
~ **сло́жной те́хники** servicing sophisticated equipment
~, **совреме́нное** up-to-date service
~, **соотве́тствующее** adequate service
~, **специализи́рованное** specialized service
~, **сро́чное** urgent service
~ **суда́ми, конвенциона́льными** conventional service
~ **суда́ми ти́па «ро́-ро́»** ro-ro service
~ **судо́в, аге́нтское** ship's agency service
~, **суще́ственное** essential services
~, **техни́ческое** technical maintenance [service], maintenance and servicing
~, **техни́ческое, реализо́ванной проду́кции** post-sale (after-sale) services of products
~, **тра́нспортное** transport service; (*по расписанию*) scheduled service; (*не по расписанию*) nonscheduled service
~, **тра́нспортно-экспеди́торское** transport service
~, **трубопрово́дным тра́нспортом** pipeline transportation service
~, **тури́стское** tourist services
~, **ча́ртерное** charter service
~, **экспеди́торское** forwarding service
~, **э́кстренное** emergency service
брига́да техни́ческого ~я maintenance crew
бюро́ ~я service bureau
вид ~я type of service
заверше́ние ~я completion of service

знак ~я service mark
зóна ~я (*о сбыте*) sales territory
инженéр по ~ю service engineer
инстрýкции по ~ю operation and maintenance (operating) instructions, instruction manual
категóрия ~я service category
кáчество ~я quality of service, service quality
недостáточность ~я и ремóнта undermaintenance
плáта за ~ charge[s] (fee) for service[s], service charge[s] (fee)
потрéбность в ~и demand for service, service requirements
прáвила по ~ю operation and maintenance (operating) instructions
предоставлéние бáнковского ~я banking facilities
проблéмы ~я service (servicing) problems
рабóта по ~ю service work
расхóды на ~ services, service expenses
расхóды на ~ и ремóнт, кóсвенные indirect maintenance
расхóды на ~ и ремóнт, прямы́е direct maintenance
расхóды по техни́ческому ~ю maintenance costs
реглáмент техни́ческого ~я maintenance schedule
режи́м техни́ческого ~я maintenance conditions
соглашéние об ~и service agreement
срéдства ~я service facilities
стáнция ~я service station
сфéра ~я services industry
трéбования к ~ю service requirements
трéбования к ~ю, техни́ческому maintenance requirements
услóвия ~я service conditions
харáктер ~я service performance
центр ~я service centre
взять на себя́ ~ undertake a service
намéтить ~ в óбщих чертáх outline the service
начáть ~ start service
обеспéчивать ~ provide (give) service[s]
обеспéчивать техни́ческое ~ provide maintenance
предоставля́ть ~ provide (give) service[s]
повседнéвное ~ и ремóнт day-to-day maintenance

обслýживать (*людей*) serve; (*машины, оборудование*) service, maintain a service
~ пóлностью do all the service

обстанóвк/а (*обстоятельства*) condition[s]; (*положение*) situation; (*среда*) environment, (*атмосфера*) atmosphere
~, авари́йная emergency condition[s]
~, деловáя business-like atmosphere
~, инфляциóнная inflationary environment
~, ледóвая ice conditions
~, междунарóдная international situation
~, социáльно-экономи́ческая socio-economic situation (environment)
~, экономи́ческая economic[al] situation (environment)
оцени́ть ~у прáвильно size up a situation
соответствовать ~е meet (fit) a situation

обстоя́тельств/о circumstance, factor; (*случай*) occasion

~а, вытека́ющие из нали́чия пате́нта circumstances arising from a patent
~а, де́нежные pecuniary circumstances
~а, незави́симые от *кого-л.* circumstances beyond *smb's* control
~а, неизве́стные unknown factors
~а, неожи́данные unexpected developments
~а, непредви́денные contingency, unforeseen complications (circumstances)
~а непреодоли́мой си́лы force majeure [circumstances]
~, основно́е key factor
~а, осо́бые special circumstances
~, относя́щееся к де́лу relevant factor
~а, правовы́е circumstances of law
~а, существу́ющие present circumstances
~а, факти́ческие circumstances of fact
~а, форс-мажо́рные force-majeure [circumstances]
~, чрезвыча́йное emergency, extraordinary (extreme) circumstance
все ~а де́ла all facts of a case
де́йствие обстоя́тельств operation (effect) of circumstances
нали́чие обстоя́тельств existence of circumstances
нача́ло де́йствия обстоя́тельств commencement of circumstances
оконча́ние де́йствия обстоя́тельств termination of circumstances
прекраще́ние де́йствия обстоя́тельств discontinuation (cessation, discontinuance) of circumstances
продолжи́тельность обстоя́тельств duration of circumstances
стече́ние обстоя́тельств coincidence
выясня́ть все ~а де́ла find out all about the case
заявля́ть о форс-мажо́рных ~ах declare force-majeure
находи́ться в затрудни́тельных ~ах find *oneself* in a difficult situation, be in difficulties
обрисо́вывать ~а outline the circumstances
предви́деть форс-мажо́рные ~а foresee force-majeure
учи́тывать ~а take the circumstances into account
в си́лу обстоя́тельств due to circumstances
ни при каки́х ~ах under no circumstances
по не зави́сящим от *кого-л.* **~ам** for reasons beyond *smb's* control, owing to circumstances outside *smb's* control
при всех ~ах in any case, all things considered
при да́нных ~ах in (under) the circumstances
при други́х ~ах in (under) any other circumstances
смотря́ по ~ам according to circumstances

обсужда́ть discuss, consider, have (hold) a discussion, talk over, debate; dispute; negotiate; **~ся** be under discussion
~ отде́льно negotiate separately
~ подро́бно discuss in detail
~ по́лностью discuss fully

обсужде́ни/е discussion, debate;

(*рассмотрение*) consideration; (*переговоры*) negotiation
~, **дальне́йшее** further discussion
~, **делово́е** business-like discussion
~, **дета́льное** detailed discussion
~, **конструкти́вное** constructive discussion
~, **открове́нное** frank discussion
~, **подро́бное** detailed discussion
~, **поле́зное** useful (instructive) discussion
~ **прое́кта** discussion of a draft
~ **свойств** discussion of properties
~ **усло́вий контра́кта** contract negotiation
предме́т ~я point at issue
выноси́ть на ~ submit for discussion
заверша́ть ~ conclude discussions
затя́гивать ~ drag out a discussion
нача́ть ~ enter into discussion
организова́ть ~ hold discussions
отмени́ть ~ recall discussions
предложи́ть на ~ put forward for discussion
прерыва́ть ~ suspend (stop) a discussion
приня́ть уча́стие в ~и take part in a discussion
провести́ всесторо́ннее ~ have a full discussion
уча́ствовать в ~и participate (take part) in a discussion
в поря́дке ~я as a matter for discussion
до ~я prior to discussion

обтя́гивать (*покрывать*) cover; (*обёртывать*) wrap; (*запечатывать*) seal
~ **плёнкой** enclose in polythene (*амер.* polyethylene)
~ **тка́нью** wrap with fabric

обусло́вленный 1. (*выставленный как условие*) stipulated **2.** (*подробно изложенный*) specified

обусло́вливать 1. (*ставить условием*) stipulate, condition, make dependent on **2.** (*подробно излагать*) specify

обуча́ть teach; (*с практической подготовкой*) train, instruct

обуча́ющийся trainee

обуче́ни/е teaching; (*с практической подготовкой*) training, instruction
~ **без отры́ва от произво́дства** in-plant (on-the-job) training
~, **беспла́тное** free [of charge] training (instruction)
~, **группово́е** group training
~, **дополни́тельное** additional training
~, **индивидуа́льное** individual training
~ **лиц сре́днего руководя́щего персона́ла** supervisory training
~ **персона́ла** training of personnel, personnel training
~ **по ме́сту рабо́ты** on-the-job (shop) training
~, **практи́ческое** practical ("hands-on") training
~, **предвари́тельное** pre-job training
~, **предше́ствующее** previous training
~, **произво́дственное** industrial (in-plant) training
~, **произво́дственно-техни́ческое** technical and industrial training

~ **профе́ссии** job training
~, **профессиона́льное** occupational training
~, **профессиона́льно-техни́ческое** professional (vocational, trade) training
~ **руководя́щих ка́дров** management training
~, **соотве́тствующее** appropriate (proper) training
~ **специали́стов зака́зчика** customer training
~, **техни́ческое** technical training (instruction)
курс ~**я** course of training, training course
ме́сто ~**я** place of training
ме́тоды ~**я** methods of training, teaching methods
организа́ция ~**я** organization of a teaching process
пери́од ~**я** training period, period (length) of studies (training)
пла́та за ~ tuition [fee]
програ́мма ~**я** programme of training (instruction), training schedule (programme)
расхо́ды на ~ training costs
срок ~**я** training period
центр ~**я** training centre
эта́п ~**я** training phase (stage)
нача́ть ~ start (begin, commence) training
обеспе́чивать ~ provide training (instruction)
организова́ть ~ arrange training
осуществля́ть ~ carry out training
предусма́тривать ~ stipulate (provide for) training
прекраща́ть ~ stop training
проводи́ть ~ conduct training, train, instruct
продли́ть ~ extend training
пройти́ ~ complete training
пройти́ курс практи́ческого ~**я** get practical training
разраба́тывать програ́мму ~**я** prepare a training schedule (programme)

обшива́ть (*о посылке, тюке, грузе и т. п.*) cover up; (*тканью*) clothe; (*щитами, досками, планками*) sheathe; (*пластинами*) plate; (*изнутри*) line

обши́вка covering; (*тканью*) clothing; (*рейками, планками*) planking; (*пластинами*) plating; (*опалубка, обшивка деревом*) sheathing; (*изнутри*) lining
~, **деревя́нная** wood (board) sheathing, wooden bracing
~, **досча́тая** boarding, planking, lagging
~, **металли́ческая** metal covering, plating
~, **нару́жная** outer (outside) planking
~, **пане́льная** panelling
~, **паруси́новая** cloth covering
~, **пла́стиковая** plastic panel
~, **фане́рная** plywood panel (covering)

общегосуда́рственный nationwide, national, state *attr.*

общепри́знанный generally acknowledged, generally (universally) recognized

общепри́нятый [generally, universally] accepted (used, adopted), conventional, standard

общесою́зный All-Union *attr.*

обще́ственный public, social

о́бщество (*компания*) company; (*организация, товарищество*) society
~, **акционе́рное** [joint] stock company (society)
~, **акционе́рное, за рубежо́м с уча́стием сове́тской стороны́** joint stock company abroad with Soviet participation

~, **акционе́рное, с ограни́ченной отве́тственностью** limited liability company, *сокр.* Ltd

~ **взаи́много креди́та** credit union

~ **возду́шных сообще́ний** airline company

~, **доче́рнее** associated (affiliated, subsidiary) company

~, **кооперати́вное** cooperative society

~, **парохо́дное** steamship company

~ **по страхова́нию жи́зни** life assurance (insurance) company

~, **рекла́мное** advertising association

~, **складско́е** warehouse company

~, **сме́шанное** mixed (joint stock) company

~ **с неограни́ченной отве́тственностью** unlimited company

~, **спаса́тельное** salvage company

~, **спорти́вное** sports society

~, **страхово́е** insurance company

~, **торго́вое** trading (trade) company

о́бщий general, overall; (*совокупный*) aggregate; (*совместный*) common, joint; (*обоюдный*) mutual; (*суммарный*) total

объедине́ние 1. (*союз*) association, corporation, union **2.** (*действие*) consolidation, incorporation, unification, integration; (*слияние*) merging, amalgamation; (*ресурсов*) pooling

~, **карте́льное** association of cartels

~, **монополисти́ческое** monopoly [association]

~, **межотраслево́е** intersectoral association

~, **нау́чно-произво́дственное** scientific and production (research and production) association

~, **паево́е** joint stock company (association)

~ **пате́нтов** patent consolidation

~ **предпринима́телей** association (union) of industrialists (entrepreneurs, employers), industrialists' (entrepreneurs', employers') association (union)

~, **произво́дственное** industrial (production) association

~, **промы́шленное** industrial association

~, **совме́стное** joint association

~, **фина́нсовое** financial institution

~ **фина́нсовых ресу́рсов** pooling of financial resources

~, **хозрасчётное** self-supporting (financed) enterprise

объединённый consolidated, united; amalgamated

объединя́ть unite; (*включать в состав*) incorporate; (*предприятия и т. п.*) amalgamate; (*ресурсы и т. п.*) pool; **~ся** unite; incorporate

объе́кт object; (*строящийся объект*) project

~, **вое́нный** military base

~ **изобрете́ния** subject of an invention

~, **компенсацио́нный** compensation project

~, **крупномасшта́бный** large-scale project

~ы, культу́рно-бытовы́е amenities

~ **патентова́ния** subject of patenting

~, **патентоспосо́бный** patentable subject
~**ы произво́дственного назначе́ния** production facilities
~, **промы́шленный** industrial project
~**ы социа́льного назначе́ния** facilities for social purposes
~ **страхова́ния** object of insurance
~ **строи́тельства** construction (industrial) project
~, **стро́ящийся** project under construction, construction project
~, **хозрасчётный** self-financed project
мо́щность ~**а** project capacity
переда́ча ~**а** handing over a project
пуск ~**а в эксплуата́цию** start-up (launching) of a project
соста́в ~**а** set-up of a project
строи́тельство промы́шленного ~**а** building of an industrial project
техни́ческие характери́стики ~**а** technical characteristics of a project
обеспе́чивать ~ **персона́лом** staff a project
передава́ть ~ hand over a project
принима́ть ~ take over a project
расширя́ть ~ expand a project
стро́ить ~ build (construct) a project
эксплуати́ровать ~ operate a project

объекти́вный objective; (*беспристрастный*) impartial, fair; (*непредубеждённый*) unbiased, unprejudiced

объём volume; (*размер*) size; (*степень, мера*) extent; (*размах, охват*) scope
~, **большо́й** large (substantial) volume
~ **валово́й проду́кции** volume of gross output
~ **взаи́мных поста́вок** volume of mutual shipments (reciprocal deliveries)
~ **вне́шней торго́вли** foreign trade volume
~ **вы́пуска проду́кции** volume of output
~ **гаранти́йных обяза́тельств** scope of warranty
~ **гру́за** load volume, volume of goods
~ **делов́ых опера́ций** volume of business
~ **де́нежных средств в обраще́нии** volume of currency in circulation
~ **документа́ции** scope (volume) of documentation
~ **зака́за** volume (size) of an order
~ **заку́пок** volume of purchases
~ **за́нятости** employment volume
~ **запа́сов** volume of stocks
~ **запрода́ж** volume of sales
~ **и́мпорта** volume of imports, total imports, import volume
~ **информа́ции** volume of information
~ **капита́льных вложе́ний** level of capital investments
~ **креди́та** volume of credit
~ **креди́тных ресу́рсов** credit supply
~, **куби́ческий** cubic volume
~ **лице́нзии** extent (scope, volume) of a license
~ **ме́ста** (*груза*) size of a package

~ мирово́й торго́вли volume of world trade
~ монта́жных рабо́т scope (amount) of erection work
~, о́бщий total (overall) volume
~ опера́ций, делово́х volume of operations, extent of business
~ опера́ций, э́кспортных export turnover
~ отве́тственности scope (extent) of liability (responsibility)
~ охра́ны (*патента*) scope (extent) of [patent] protection
~ па́ртии lot size; production lot, run size
~ перево́зок volume of carriage (transportation), traffic volume
~ перегру́зок volume of transhipments
~ подря́дов bidding volume
~, поле́зный net volume
~, по́лный full volume
~ поста́вки scope (volume) of delivery (shipment, supply)
~, приблизи́тельный approximate volume
~ проду́кции volume of production, quantum of output
~ произво́дства volume (quantity) of production, [volume of] output
~ произво́дства, валово́й gross output
~ произво́дства, реа́льный real output
~ рабо́ты volume (extent, quantity, amount, scope) of work, job (work) content, scope of activities
~ расхо́дов volume of expenditures
~ реализа́ции проду́кции volume of sales, realized output
~, среднегодово́й average annual volume
~ страхова́ния insurance coverage (cover)
~ торго́вли volume of trade (business), trade volume
~, уде́льный, погру́зочный stowage factor
~ услу́г scope (volume, amount, range) of services
~ услу́г, максима́льный maximum services
~, факти́ческий actual volume
~ финанси́рования amount of finance (financing), size of financing
~ э́кспорта volume of exports, total exports, export volume
расшире́ние ~а торго́вли increase in the volume of trade, sales expansion
рост ~а капиталовложе́ний capital expenditure (investment) expansion
огова́ривать ~ услу́г stipulate the amount (range) of services
определя́ть ~ define the amount, estimate (determine, ascertain) the volume
сохраня́ть ~ запрода́ж maintain [the volume of] sales
увели́чить ~ капиталовложе́ний increase capital investments
по ~у in [terms of] volume

объёмн/ый volume *attr.*
в ~ом исчисле́нии in volume terms

объявле́ни/е (*рекламное*) ad[vertisement]; (*сообщение*) announcement; (*заявление*) declaration; (*уведомление, извещение*) notice
~ бойко́та declaration of a boycott
~, газе́тное newspaper ad

~, **настéнное** wall advertisement
~ **о вы́купе** redemption notice
~ **о вы́плате дивидéндов** declaration of dividends
~, **окончáтельное страховóе** closing (final) declaration
~ **о недействи́тельности** *чего-л.* notice of legal invalidation (nullification, extinction)
~ **о неплатежáх** declaration of default
~ **о неплатёжеспосóбности** declaration of bankruptcy (insolvency, inability to pay [debts])
~ **о погашéнии облигáций** notice of withdrawal of bonds
~ **о торгáх** advertisement of tenders (bids)
~, **плáновое** scheduled ad
~, **предвари́тельное страховóе** provisional declaration
~**я, располóженные по рýбрикам** classified advertisements
~, **реклáмное** (*в печати*) advertising insertion, advertisement; (*по радио*) radio announcement
~ **решéния** announcement of a decision (award)
~ **торгóв** invitation (announcement) of tenders (bids)
бюрó ~й advertising office (agency)
публикáция ~й advertising
вы́весить ~ put (post) up a notice
давáть ~ put up (place) an advertisement, advertise
помещáть ~ (*в газету*) put in (insert) an advertisement

объявля́ть declare; announce; publish
~ **в печáти** announce in the press
~ **недействи́тельным** annull, nullify, invalidate, declare null and void
~ **неплатёжеспосóбным (несостоя́тельным)** rule (declare) bankrupt (insolvent), file a declaration of bankruptcy
~ **официáльно** announce officially

обыкновéни/е usage; habit
~, **торгóвое** commercial usage, usage of trade

обыкновéнный ordinary, usual

обы́ча/й custom; usage
~**и, инострáнные** foreign usages
~**и и прáвила торгóвого мореплáвания** customs and rules of merchant shipping
~**и и прáвила фóндовой би́ржи** customs and usage of the stock exchange
~, **международный** international custom (usage)
~, **мéстный** local custom
~**и покупáтелей** buying habits
~ **пóрта (портóвый)** custom of [the] port, port custom
~, **распространённый** prevalent custom
~, **торгóвый** custom in trade (of the trade), trade (commercial) custom (usage), usage of trade
~, **установи́вшийся** established custom
соблюдáть ~и observe customs
уважáть [мéстные] ~и have due regard (respect) to [local] customs
по ~ям [пóрта] according to custom [of the port]
упакóвано соответственно торгóвым ~ям packed as usual [in trade]

обы́чный ordinary, usual; (*основанный на обычае*) customary; (*регулярный*) regular

обя́занност/ь duty, obligation, liability; (*ответственность*) responsibility

~и аге́нта agent's duties (obligations), duties (obligations) of an agent

~и арби́тра functions (duties) of an arbitrator

~и, повседне́вные daily duties

~ погаси́ть ссу́ду responsibility (liability) to repay a loan

~и принципа́ла obligations (duties) of the principal

~и, служе́бные official duties

~и сторо́н duties (legal obligations) of parties

~и уча́стника вы́ставки participant's responsibilities

выполне́ние ~ей discharge of duties

круг ~ей functions

распределе́ние ~ей distribution (allocation) of duties

брать на себя́ ~и undertake obligations

вменя́ть *что-л.* **в ~** make it a duty to do *smth*, impose upon *smb* the duty of doing *smth*, require *smb* to do *smth*

выполня́ть ~и perform duties

выполня́ть *чьи-л.* **~и** act (work) for

лежа́ть на *чьей-л.* **~и** be *smb's* duty

определя́ть ~и сторо́н define the obligations of parties

передава́ть ~и pass obligations

подтвержда́ть ~и acknowledge (confirm) obligations

распределя́ть ~и assign obligations, allocate responsibilities

счита́ть свое́й ~ю consider it *one's* duty (obligation)

права́ и ~и сторо́н legal rights and duties (obligations) of parties

по ~и according to duty

исполня́ющий ~и дире́ктора acting director

обя́занны/й obliged; indebted

быть ~м (*по условиям контракта*) be contractually obliged

обяза́тельный binding, obligatory, compulsory

~ для binding for (upon)

обяза́тельств/о obligation, commitment, pledge, liability; undertaking, engagement; (*ответственность*) responsibility;

~а (*денежные*) liabilities

~а ба́нка (*пассивы банка*) liabilities of a bank

~, безусло́вное direct liability, unconditional promise

~, бессро́чное sight liability

~а, взаи́мные mutual obligations (commitments); cross liabilities

~а, вне́шние external liabilities (obligations)

~ возмести́ть убы́тки liability of indemnity, liability to compensate for losses

~ возмести́ть уще́рб liability to compensate for damage

~ вы́дать креди́т credit commitment

~, гаранти́йное guarantee obligation, warranty responsibility

~а, де́нежные liabilities, pecuniary obligations

~а, догово́рные contract[ual] (treaty) obligations, contract (treaty) commitments

~, долгово́е promissory note, debenture; liability

~а, долгосро́чные long-term obligations, long-term (fixed, deferred) liabilities

~а, **дополни́тельные** additional liabilities
~, **заёмное** acknowledgement of debt
~ **закупи́ть** promise to purchase
~а, **инвестицио́нные** investment (capital) commitments
~а, **казначе́йские** (*долгосрочные*) treasury bonds; (*среднесрочные*) medium term bonds
~, **компенсацио́нное** buy-back commitment
~а, **контра́ктные** contract (contractual) obligations (commitments)
~а, **ко́свенные** indirect obligations; secondary liabilities
~а, **краткосро́чные** short-term obligations (liabilities), current (floating) liabilities
~а, **ликви́дные** liquid liabilities
~а **лицензиа́та** licensee's liabilities
~а, **междунаро́дные** international obligations (commitments)
~а, **накопи́вшиеся** accrued liabilities
~, **невы́полненное** defaulted obligation; outstanding obligation
~а, **непокры́тые** outstanding liabilities
~ **о́бщего хара́ктера** general obligation
~а, **откры́тые** open-ended commitments
~а, **отсро́ченные** deferred liabilities
~а, **паралле́льные** counterpart obligations
~а **партнёров** obligations of partners
~, **перви́чное** primary liability (obligation)
~, **первоочередно́е** prior commitment
~а **пе́ред акционе́рами** liabilities to stockholders
~а **пе́ред кредито́рами** liabilities to creditors
~а, **переходя́щие** carried forward obligations
~, **персона́льное** personal undertaking
~, **платёжное** promise of payment, payment (financial) obligation, liability [to pay]
~а **по акце́птам** acceptance liabilities
~а **по векселя́м** liabilities on bills
~а **по вы́плате ро́ялти** royalty obligations
~а **по гара́нтии** obligations under warranty
~ **по депози́ту** deposit liability
~а **по догово́ру** obligations under a contract (an agreement)
~а **по зака́зам** purchase commitments
~а **по контра́кту** contract commitments (obligations, liabilities), contractual obligations, obligations (commitments, liabilities) under a contract
~а **по но́у-ха́у** know-how obligations
~а **по погру́зке** shipping promise
~а **по поста́вкам това́ров** goods delivery commitments, commitments on deliveries of goods
~ **по соглаше́нию** obligation (commitment) under an agreement
~а **по техни́ческому обслу́живанию** maintenance obligations

~, правовóе legal obligation
~а, произвóдственные production commitments
~, прямóе direct obligation
~ сдéлать *что-л.* obligation to do *smth*
~, совмéстное joint liability (responsibility)
~, согласóванное agreed obligation
~а, срóчные accrued liabilities, advance commitments
~а сторóн obligations of parties
~а, существýющие present commitments
~, твёрдое definite undertaking
~, услóвное contingent liability
~, финáнсовое financial obligation, commitment of finance
выполнéние ~а performance (carrying out, fulfilment, discharge) of obligations (engagements, commitments), discharge of duties
выполнéние ~а по взаимным постáвкам meeting commitments in mutual trade
комиссия за ~ commission for an obligation
нарушéние обязáтельств breach (violation, infringement) of obligations
невыполнéние обязáтельств non-fulfilment of (non-performance of, non-compliance with) obligations, failure to perform (meet) obligations, failure in performing of obligations, default, failure to meet liabilities
óбщая сýмма обязáтельств total liabilities
освобождéние от обязáтельств release (quittance) from obligations
погашéние ~а по кредиту repayment of credit
подтверждéние обязáтельств acknowledgement (confirmation) of obligations
предложéние без ~а offer without obligation (engagement, commitment), offer subject to prior sale, *амер.* free (unsolicited) offer
сбалансированность взаимных обязáтельств balanced mutual obligations
соблюдéние обязáтельств observance of obligations (liabilities)
брать на себя ~а commit oneself, undertake (assume) obligations (commitments, responsibilities), enter into obligations (commitments, engagements), assume (incur, contract) liabilities
выполнять ~а meet (perform, carry out, fulfil) obligations (commitments, engagements), honour *one's* commitments, comply with *one's* obligations, carry out *one's* pledge; (*об уплате*) meet (discharge, repay) *one's* liabilities (obligations)
изменять ~а modify liabilities
имéть ~а по отношéнию к *кому-л.* be under obligation to *smb*
налагáть ~ impose (lay) an obligation
нарушáть ~а violate obligations (commitments), break obligations (engagements)
не выполнять ~а fail to perform (meet) obligations, fail to meet liabilities, default obligations
не связывать себя ~ами make no commitments
освободить от ~а по договóру free (discharge, release, reli-

eve) from liability (obligation); terminate the liability
отказа́ться от обяза́тельств deny (renounce, evade) obligations
передава́ть свой ~а (*другому лицу*) transfer *one's* obligations
плати́ть по ~у discharge (meet) an obligation
покрыва́ть ~а meet obligations (liabilities)
поступа́ть согла́сно ~ам comply with *one's* obligations
принима́ть на себя́ ~а commit *oneself*, undertake (assume) obligations (commitments, responsibilities), enter into obligations (commitments, engagements), assume (incur, contract) liabilities
связа́ть *кого-л.* **~ом** lay (put) *smb* under an obligation, bind *smb* with an obligation
соблюда́ть ~а observe (abide by) obligations (commitments)
уклоня́ться от выполне́ния ~а shrink away from (shirk) an obligation (a commitment)
уплати́ть по ~у discharge (meet) an obligation
без ~а without engagement (obligation), not binding, noncommittal
вне контра́ктных обяза́тельств outside the supply of a contract

обя́зываться undertake, commit *oneself*

овердра́фт (*сумма, получаемая по чеку сверх остатка на текущем счёте*) overdraft
~, непокры́тый unsecured overdraft
~ но́стро nostro overdraft
предоставле́ние ~а overdraft facilities
проце́нт по ~у overdraft rate
допусти́ть ~ overdraw an account
погаси́ть ~ clear overdraft

огнесто́йкий fire-resistant (resisting), fireproof, fire-protecting; flame-proof

огова́ривать (*ставить условием*) stipulate; (*предусматривать*) provide for, make a reservation for

огово́р/ка clause; stipulation, provision, reserve; reservation
~, арбитра́жная arbitration clause
~, безоборо́тная without recourse clause
~, бу́нкерная bunkering (bunker) clause
~, валю́тная currency (exchange) clause
~, взаи́мная reciprocal clause
~, гаранти́йная guarantee clause, clause of warranty
~, генера́льная paramount clause
~, дополни́тельная superimposed clause
~, защи́тная protection clause
~, золота́я gold clause
~, золотовалю́тная gold-value clause
~, золотомоне́тная gold-coin clause
~, золотосли́тковая gold-bullion clause
~, курсова́я exchange-rate clause
~, ледо́вая ice clause
~, монопо́льная monopoly clause
~, мультивалю́тная multiple currency clause
~ об абандо́не abandonment clause
~ об ава́риях average clause
~ об аннули́ровании (*договора*) cancellation (cancelling) clause

~ об арбитра́же arbitration clause
~ об измене́нии ку́рса валю́ты fluctuation clause
~ об исключе́нии конкуре́нции competitive (competition) clause
~ об исключе́ниях (*в чартере*) exception clause
~ об обме́не а́кций conversion provision
~ об отве́тственности за просто́й су́дна в ожида́нии прича́ла berthing clause
~ об уча́стии страхо́вщика в расхо́дах по спасе́нию salvage clause
~, обы́чная usual reservation
~ о всех ри́сках all risks clause
~ о гото́вности прича́ла ready berth clause
~ о забасто́вках strike clause
~ о заме́не това́ра replacement clause
~ о затра́тах cost clause
~ о ка́нцеллинге cancelling clause
~ о ли́хтерном сбо́ре lighterage clause
~ о минима́льном оборо́те minimum turnover clause
~ о наибо́льшем благоприя́тствовании most favoured nation clause
~ о нали́чии предше́ствующих притяза́ний statutory reference
~ о небре́жности negligence clause
~ о неизве́стности содержи́мого коли́чества, ка́чества, ве́са и ме́ры гру́за contents, quality, weight and measure unknown
~ о неразглаше́нии та́йны secrecy clause
~ о паде́нии цен [price] fall clause
~ о пересмо́тре цены́ price revision clause
~ о повыше́нии и́ли пониже́нии цены́ rise and fall clause
~ о повыше́нии цены́ [price] rise (escalation) clause
~ о пониже́нии цены́ price fall clause
~ о пра́ве заме́ны су́дна други́м substitution clause
~ о пра́ве удержа́ния lien clause
~ о пра́ве фрахтова́теля переуступи́ть фрахто́вый догово́р друго́му лицу́ cession clause
~ о прекраще́нии отве́тственности фрахтова́теля cesser (cease) clause
~ о пролонга́ции (*чартера, полиса*) continuation clause
~ о просро́ченном вы́купе облига́ций call provision
~ о расстро́йстве ре́йса frustration clause
~ о расши́ренном страхова́нии extended cover clause
~ о скользя́щей цене́ escalation (escalator) clause
~ о сме́шанной отве́тственности при столкнове́нии both-to-blame collision clause
~ о соблюде́нии та́йны secrecy clause
~ о сро́ке де́йствия по́лиса duration clause
~ о столкнове́нии (*судна*) collision (running down) clause
~ о суброга́ции subrogation clause
~ о форс-мажо́ре force majeure clause
~, пи́сьменная written provision
~, рублёвая rouble clause
~ СДР SDR clause

~ специа́льных усло́вий special conditions clause
~, территориа́льная territory clause
~, транзи́тная transit clause
~, факультати́вная optional clause
~, штрафна́я penalty clause
~, экстерриториа́льная extra-territorial sales clause
включе́ние ~ки inclusion of a provision, insertion of a clause
коносаме́нт с ~ками claused (foul, qualified) bill of lading
призна́ние с ~кой acknowledgement (acceptance) with reserve
формулиро́вка ~ки wording of a clause
вноси́ть ~ку include (insert) a clause
вноси́ть ~ку в докуме́нт clause a document
име́ть ~ки и́ли поме́тки bear (have) clauses or reservations (notations)
применя́ть ~ку apply a clause
приня́ть предложе́ние с ~кой accept an offer with reservation
сде́лать ~ку (*в документе*) make a reservation (remark, notation)
согласова́ть ~ку agree upon a clause
содержа́ть ~ку contain a reservation (remark, notation)
формули́ровать ~ку word a clause
без ~ок without reserve (reservation, qualification), without [any] stipulation, unconditional, unqualified
с обы́чной ~кой under (with) usual reserve
содержа́щий ~ки with reserve, claused
~ки каса́ются provisions apply to

огражде́ние (*защита*) protection; (*ограда*) guard-rails, railings, barrier
~ пате́нтных прав на проду́кт patent protection for the product
~ прав из пате́нта protection of patent, patent protection
поста́вить ~ erect (install) guard-rails

ограниче́ни/е restriction, limitation; (*сдерживание*) restraint
~ ассортиме́нта limitation of assortment
~я, бюдже́тные budget restrictions
~я, валю́тные exchange restrictions
~ вво́за restraint of import
~ ве́са weight limitation, limit of weight
~ во вре́мени time limitation
~, второстепе́нное secondary constraint
~я, глоба́льные global restrictions
~ движе́ния тра́нспорта traffic restriction
~я де́ятельности restrictions of activities
~я, дискриминацио́нные discriminatory restrictions
~ зая́вки restriction of an application
~я, и́мпортные import restrictions, import squeeze (curtailment)
~я, ка́чественные qualitative restrictions
~я, коли́чественные quantitative (quota) restrictions
~я креди́та credit restrictions (restraint), restriction of credit, credit (money) squeeze
~я, креди́тно-де́нежные monetary restraints

~ лице́нзии license limitation (restriction)
~я, лока́льные local restrictions
~я на и́мпорт restrictions on imports, import restrictions, import squeeze (curtailment)
~ на разме́р дохо́дов income restriction
~ на разме́р зака́зов ordering restriction
~ на прода́жу restriction on the sale
~я на э́кспорт restrictions on exports, export restrictions (restraint)
~я, нетари́фные non-tariff restrictions
~ оса́дки (*судна*) draft (draught) restriction
~ отве́тственности limitation of responsibility (liability)
~ пра́ва restriction of rights
~ пра́ва лицензиа́та restriction of licensee
~я, прави́тельственные government restrictions
~ произво́дства restriction (limitation) of production
~ рабо́чего дня limitation of the working day
~ разме́ра при́были reduction on profit margins
~ расхо́дов, бюдже́тных budgetary restraint
~ сбы́та distribution restriction
~ сро́ка limitation of time
~я, тари́фные tariff restrictions
~, территориа́льное territorial limitation
~ торго́вли restriction (restraint) of trade, trade barriers (restrictions), limitation on trade, restrictive trade practices
~я, торго́вые trade (mercantile) restrictions
~ цен restriction of prices
~я цен и за́работной пла́ты wage-price restraint (restrictions)
~я, э́кспортные export restrictions (restraint)
поли́тика ~й restrictive policy
сня́тие ~й liberalization
сня́тие и́мпортных ~й liberalization of imports
вводи́ть ~я impose (introduce, apply) restrictions (restraints)
освобожда́ть от ~й free from restrictions
ослабля́ть ~я relax restrictions
подлежа́ть ~ям be subject to restrictions
разрабо́тать ~я design restrictions (restraints)
снима́ть ~я lift (end, raise, remove) restrictions
без ~й unlimited, without restriction, unrestrictedly
ограниче́ния каса́ются restrictions apply to

ограни́ченный limited, restricted; (*условный*) qualified
ограни́чивать limit, restrict
ограничи́тельный limiting, restrictive
одноколо́нный single-line *attr.*, unilinear
однокра́тный single, unitary
однопа́лубный one-deck *attr.*
односторо́нний unilateral, one-sided
одобре́ни/е approval
~, безусло́вное unconditional (positive) approval
~, взаи́мное mutual approval
~, всео́бщее general (universal) approval
~ ка́чества quality approval, approval (admittance) of quality

~ констру́кции design approval
~, молчали́вое tacit approval
~, необходи́мое necessary approval
~, по́лное complete approval
~, предвари́тельное preliminary (prior) approval
возде́рживаться от ~я withhold approval
дать ~ give approval
заслужи́ть ~ meet with approval
не дава́ть ~ withhold approval
обрати́ться за ~ем apply for approval
получи́ть ~ get approval, be approved
посла́ть това́р для ~я send goods on (for) approval
представля́ть на ~ send (submit) for approval
при усло́вии ~я subject to approval

одобря́ть approve, give approval

оживле́ние (*спроса на рынке, бирже*) rally; (*восстановление*) revival, recovery
~, вя́лое weak recovery (revival)
~ конъюнкту́ры, хозя́йственной business revival (recovery)
~ на я́рмарке bustle at the fair
~, неравноме́рное uneven revival
~ ры́нка revival of the market, greater market activities
~ торго́вли revival of trade, recovery of business
~ эконо́мики economic (business) revival (recovery), revival (recovery) of the economy
стимули́ровать экономи́ческое ~ make economy buoyant

оживлённый active, busy, brisk

оживля́ть recover, revive; **~ся** (*о спросе*) rally; (*восстанавливаться*) recover

ожида́ни/е expectation, anticipation; waiting
~ по́лной воды́ waiting for high water (tide)
~ прича́ла waiting for (awaiting) a berth
вре́мя ~я time of waiting
превосходи́ть ~я exceed expectations
в ~и in expectation (anticipation), pending *smth*
свобо́дно от ~я о́череди free of turn

оздоровле́ни/е recovery, improvement, normalization
~ эконо́мики economic revival (recovery), improvement of the economy
~ экономи́ческих отноше́ний normalization of economic relations
перспекти́вы ~я эконо́мики prospects for economic recovery

оздоровля́ть improve, normalize

ознакомле́ние:
~ с ассортиме́нтом familiarization with an assortment (a range)
~ с де́ятельностью familiarization with the activity of
~ с зая́вкой на пате́нт inspection of a patent application

ознакомля́ть acquaint *smb* with

ознакомля́ться acquaint (familiarize) oneself with

ока́зываться prove, turn out
~ вы́годным turn out to advantage
~ неплатёжеспосо́бным prove [to be] insolvent, become (go) bankrupt

~ **непригóдным к потреблéнию** prove [to be] unfit for consumption

~ **не соответствующим услóвиям контрáкта** fail to conform with (to) contract terms, fail to meet the requirements of a contract

~ **практи́чески непригóдным** prove impractical

~ **при́быльным** show good returns, prove [to be] profitable

океáнский ocean *attr.*, oceanic

окончáни/е (*завершение*) completion; (*прекращение*) termination

~ **арбитрáжного произвóдства** termination of arbitration proceedings

~ **вы́грузки** completion of discharge

~ **испытáний** completion of tests

~ **монтажá** completion of erection work

~ **постáвок** completion of deliveries

~ **рабóты** termination of work; completion of work

~ **рéйса** completion of a voyage (*ав.* flight)

~ **срóка гарáнтии** expiration of a guarantee (warranty)

~ **форс-мажóрной ситуáции** termination of a force-majeure situation

дáта ~я date of termination, expiration (end) date

до ~я prior to completion

до ~я дéйствия соглашéния before (prior to) the expiration of the validity of an agreement

по ~и after (on, upon) the completion (termination) of

пóсле ~я срóка соглашéния after the termination of an agreement

окончáтельно:

~ **договори́ться о** *чём-л.* finalize *smth*

~ **дотéлать** *что-л.* put the final (finishing) touches to *smth*

~ **офóрмить соглашéние** finalize an agreement

~ **реши́ть проблéму** finalize a problem

~ **сформули́ровать пункт** finalize an item

~ **убеди́ться в** *чём-л.* be finally convinced of *smth*

окончáтельный final

окрáшивать (*по поверхности*) paint, colour; (*материю и т. п.*) dye

~ *что-л.* **в [крáсный] цвет** paint (colour) *smth* [red]

округлéние цен rounding-up of prices

округлённый round

округля́ть approximate, round, state in round figures

~ **в бóльшую стóрону** round upward

~ **в мéньшую стóрону** round downward

~ **до** approximate to

окупáемост/ь recoupment

~ **капитáльных вложéний** recoupment of capital investments

перйод ~и recoupment (payback, payoff, payout) period, period of recoupment

окупáться be compensated, be repaid, recoup oneself

расхóды окупи́лись the expenses were justified

омологáция (*приведение технических характеристик продаваемого товара в соответствие с требованиями и/или обычаями страны потребителя товара*) omologation

онко́льный (*подлежащий возврату и могущий быть использованным по первому требованию*) on-call *attr.*

опе́к/а trusteeship

~, междунаро́дная international trusteeship

соглаше́ние по ~е trusteeship agreement

террито́рия, находя́щаяся под ~ой trust (trusteeship) territory

находи́ться под ~ой be under trusteeship

снять ~у remove a trustee (trusteeship)

учреди́ть ~у над establish trusteeship over

опеку́н trustee

~, совоку́пный joint trustee

де́йствовать в ка́честве ~а act as a trustee

назна́чить ~а appoint a trustee

операти́вный operative, operational, operation *attr.*

опера́тор operator

~, заводско́й plant operator

~, квалифици́рованный skilled operator

~, неквалифици́рованный unskilled operator

опера́ци/я operation; (*сделка*) transaction

~, авиатра́нспортная air-express operation

~, автоматизи́рованная (автомати́ческая) automated operation

~, аккредити́вная payment by a L/C

~, акце́птная acceptance

~и, акце́птно-гаранти́йные acceptance and guarantee operations

~, арбитра́жная arbitration

~и, арбитра́жные с а́кциями arbitrage in stocks

~и, арбитра́жные с зо́лотом arbitrage in bullion

~и, арбитра́жные с це́нными бума́гами arbitrage in securities

~, аре́ндная leasing

~и, ба́нковские banking (bank) transactions (business, operations, facilities)

~, ба́ртерная barter business

~, безопа́сная safe operation

~и, биржевы́е exchange business

~и, бро́керские brokerage

~, букси́рные towage, towing, tow, tuggage, haulage, haul

~и, валю́тные currency (exchange) transactions

~, ве́ксельная bill discounting

~и, внешнеторго́вые [foreign trade] transactions (operations)

~и, внешнеэкономи́ческие foreign (external) economic operations

~, вне́шняя external operation

~и, вспомога́тельные auxiliary operations

~и, грузовы́е cargo (stevedoring, loading and unloading) operations

~, делова́я business transaction

~и, де́нежные monetary operations

~, депози́тная deposit operation, deposit of money

~и, долгосро́чные фина́нсовые long-term financing operations (business)

~, зарубе́жная foreign operation

~, и́мпортная import transaction, importation

~, инжини́ринговая engineering

~, инка́ссовая [operation of]

collection, collecting business, payment for collection
~, **ка́ссовая** cash payment
~, **кли́ринговая** clearing transaction (operation)
~, **комиссио́нная** business on a consignment basis (on sale or return)
~, **комме́рческая** commercial operation (transaction)
~, **компенсацио́нная** buy-back, compensation (compensatory) transaction
~, **консигнацио́нная** consignment operation (business), business on a consignment basis
~, **краткосро́чная** short-term operation
~, **креди́тная** [bank's] credit (lending) operation, crediting
~, **лицензио́нная** licensing operation
~, **механизи́рованная** mechanized operation
~, **многоцелева́я** multitask operation
~и, **многочи́сленные** numerous operations
~и, **морски́е тра́нспортные** maritime transport operations
~, **моше́ннические** fraudulent operations
~ **на срок** forward (future) transaction (operation, business)
~, **нача́льная** initial operation
~ **на чёрном ры́нке** black-market operation
~, **неви́димая** invisible operation
~, **незавершённая** activity in progress
~, **незави́симая** independent operation
~, **непроизво́дственная** non-productive operation
~, **онко́льная** [on] call transaction (business)
~, **основна́я** basic (main, major) operation
~, **отде́лочная** finishing operation
~, **перева́лочная** transhipment
~и, **перево́дные** transfer business, transfer (remittance) operations
~, **пла́новая** routine operation
~и, **погру́зочно-разгру́зочные** cargo loading and unloading (loading and discharging) operations
~и, **погру́зочные** loading operations
~ **«под ключ»** turn-key operation
~ **по заку́пке** purchasing operation
~ **по инкасси́рованию** [operation of] collection, collecting business, payment for collection
~ **по контокорре́нту** current account operation
~, **полуавтомати́ческая** semi-automated operation
~ **по перепрода́же** resale (reexport) operation
~ **по перерабо́тке** processing operation
~и, **порто́вые** dock operations
~ **по складиро́ванию** warehousing operation
~, **посре́дническая** mediation of business, agency operation
~ **по теку́щему счёту** current account operation
~и **по торго́вле услу́гами** sales of services
~и **по торго́вле услу́гами, техни́ческими** engineering services
~ **по укла́дке** (*груза*) stowage
~ **по хране́нию** warehousing operation

~, **пробная** trial operation
~, **производственная** production operation
~**и, разгрузочные** unloading (discharging) operations
~, **расчётная** settlement operation, clearing transaction
~, **расчётно-кассовая** cash operation
~, **реимпортная** reimport operation, reimportation
~, **реэкспортная** reexport operation, reexportation
~, **сборочная** assembly operation
~**и, сбытовые** sales operations
~ **«своп»** swap operation
~ **с документарным аккредитивом** documentary credit operation
~ **с иностранной валютой** exchange operation (business)
~, **спасательная** salvage (rescue) operation
~, **спекулятивная** speculative operation
~, **ссудная** loan operation (business)
~ **с товарно-материальными запасами** inventory operation
~, **текущая** current transaction (operation)
~**и, товарообменные** goods exchange, barter operations
~, **торговая** trade operation
~**и, торгово-посреднические** intermediate trade (operations)
~**и, транспортно-экспедиторские** forwarding [business]
~**и, трансфертные** transfer operations
~, **учётная** discount transaction, discounting
~, **финансовая** financial operation, financing business
~, **фондовая** stock (fund) exchange transaction (operation)
~ **хеджирования** hedging operation
~, **чековая** cheque transaction (operation)
~, **экспортная** export operation, exportation
~, **эмиссионная** issuing transaction
вид погрузочно-разгрузочных ~**й** type of handling
выполнимость ~**и** feasibility of operation
доход от ~**й** operating profit (income), income from operations
кредитование ~**й** crediting of operations
масштаб ~**й** scale of operations
объём ~**й, деловых** volume of operations, extent of business
осуществление ~**й** carrying out (performing) operations
последовательность ~**й** operation sequence, sequence of operations
прибыль от ~**й на фондовой бирже** capital gains
проведение ~**и** conducting an operation
размер ~**й** extent of business
реестр ~**й** transaction register
тип ~**и** type of operation
выполнять финансовые ~**и** handle (execute, conduct) financial operations
заниматься банковскими ~**ями** handle banking transactions
осуществлять ~**и** carry out (perform) operations
осуществлять платёжные ~**и** effect (process) payments
поддерживать ~**и на рынке** keep the market
поручать ~**ю банку** entrust an operation to a bank

проводи́ть торго́вую ~ю conduct (carry out, handle) a transaction
производи́ть (соверша́ть) ~и operate, perform operations
стоя́ть под грузовы́ми ~ями (*о судне*) load, unload, be loaded

опережа́ть be ahead, outstrip, outpace

опеча́т/ка misprint, erratum, *мн. ч.* errata
спи́сок ~ок [list of] errata
в э́тот докуме́нт вкра́лась ~ misprint has stolen (slipped) in the document

опеча́тывать seal [up]

описа́ни/е description; specification
~ гру́за description of cargo (shipment)
~, двойно́е double description
~ дефе́ктов description of defects
~ зада́ния, рабо́чего job (task) description
~ изобрете́ния description (specification) of an invention
~ констру́кции description of design
~, кра́ткое brief (concise) description
~ материа́ла [по ве́су, по длине́, по объёму] description of material [by weight, by length, by volume]
~, непра́вильное misdescription, wrong description
~ обору́дования description of equipment
~ образца́ description of design (model)
~ откры́тия description of a discovery
~, подро́бное detailed description
~, по́лное complete (exhaustive) description (specification)
~, пра́вильное true (correct) description
~, предше́ствующее prior specification
~ происхожде́ния description of origin
~ проце́сса process description
~, рекла́мно-техни́ческое technical description for advertising purposes
~ ри́ска description of risk (hazards)
~ ро́да де́ятельности trade description
~ станда́рта standard specification
~ схе́мы, электри́ческой circuit description
~, техни́ческое manual, technical description
~ това́ра description of goods, goods description
~, то́чное exact description
~, части́чное partial description
~ чертеже́й description of drawings
оконча́тельный вариа́нт ~я final specification
пода́ча ~я filing of a specification
прода́жа по ~ю sale by description
составле́ние ~я изобрете́ния к пате́нту patent drafting
чертёж к ~ю изобрете́ния к пате́нту patent drawing
вноси́ть измене́ния в ~ alter a specification
вноси́ть исправле́ния в ~ enter (insert, introduce) amendments into a specification, amend a description (specification)
дать ~ give a description
приня́ть ~ изобрете́ния accept a specification

соотве́тствовать ~ю answer [to] the description (specification)
составля́ть ~ изобрете́ния draft a patent
согла́сно ~ю according to (in accordance with) [the] description
описа́тельный descriptive
опи́сывать describe
о́пись inventory
соста́вить ~ make (draw up) an inventory, inventory
опла́т/а payment, pay, defrayal; (*вознаграждение*) remuneration
~, аккредити́вная payment by a L/C
~ ве́кселя settlement (payment) of a bill (note), meeting a bill
~ в [ме́стной *или* **иностра́нной] валю́те** payment in [local *or* foreign] currency
~ в натура́льной фо́рме remuneration in kind
~ вперёд advance (down) payment, advanced charge
~ всех услу́г inclusive payment
~, высо́кая high pay
~, гаранти́рованная guaranteed payment (remuneration)
~ гонора́ра payment of fees
~, де́нежная monetary payment, payment in cash
~ дивиде́ндов dividend payment, payments on dividends
~, доба́вочная extra (additional) pay (payment); premium pay
~ докуме́нтов payment (paying) for documents
~ до́лга repayment of a debt, quittance
~, дополни́тельная extra (additional) charge (pay)
~, дополни́тельная почто́вая extra postage
~, досро́чная payment ahead of schedule
~ задо́лженности payment (repayment) of debts, settlement of arrears
~ за о́тпуск vacation pay
~ за про́шлый пери́од back pay
~ изде́ржек payment of costs
~ инка́ссо payment of [a] collection
~ коми́ссии commission payment, payment of a commission
~, маловы́годная not profitable pay
~ нали́чными cash payment, payment in (by) cash
~ нату́рой payment in kind
~, неме́дленная payment on [the] spot, prompt payment, spot cash
~ неусто́йки payment of a penalty
~ облига́ций repayment (redemption) of bonds
~ па́ртий това́ра consignment payments
~ перево́зок payment for carriage of goods
~ перево́зок по желе́зной доро́ге railage
~ пересы́лки по́чтой [mail] postage, postal charge; remittance charge
~ по безнали́чному расчёту clearing payment
~, повреме́нная time wages
~, повреме́нно-премиа́льная time-rate-plus-bonus wages
~ погру́зочных рабо́т loading charges
~, подённая pay by the day, day wages
~, по́лная full payment
~, поме́сячная monthly payment (pay)

~, **поощри́тельная** incentive pay
~ **по предъявле́нии** payment [up]on presentation, payment at sight (on demand)
~ **по результа́там** payment by results
~, **после́дующая** next payment
~ **поста́вками това́ров** payment by (through) deliveries of products
~ **поста́вок** payment for shipments (deliveries)
~, **почасова́я** hourly pay (cost, earnings), payment by the hour, earnings per hour
~, **почто́вая** [mail] postage, postal charge
~ **по́шлин** payment of duties (fees, taxes)
~, **пошту́чная** pay by the piece
~, **поэта́пная** progress payment
~, **предвари́тельная** prepayment
~ **при поста́вке** collect on delivery
~ **прое́зда** fare, passage [money]
~, **просро́ченная** overdue (late) payment
~ **про́тив докуме́нтов** payment against documents
~ **рабо́ты** payment for work
~ **расхо́дов** payment of expenses (costs)
~ **расхо́дов по разгру́зке** payment of the expenses of discharge
~ **расхо́дов, тра́нспортных** payment of transport charges
~ **са́льдо** payment of the balance
~ **сбо́ров** payment of duties (dues, fees, taxes, charges)
~, **своевре́менная** prompt (timely) payment
~, **сде́льная** payment by the piece, piece[work] wages, piece-rate pay
~, **сде́льно-премиа́льная** progressive piece-plus-bonus wages
~ **су́ммы** payment of an amount
~ **счёта** settlement (payment) of an account; payment of an invoice
~ **това́ра** payment for goods
~ **тра́тты** payment (settlement) of a draft
~ **тра́тты, опротесто́ванной** payment for honour
~ **труда́** remuneration of labour
~ **убы́тков** payment of damages
~ **фра́хта** collection (collecting, payment) of freight
~, **части́чная** instal[l]ment (part, partial) payment, payment in part
~ **че́ка** payment of (on) a cheque, cheque payment, settlement (collection) of a cheque
~ **че́ком** payment by cheque
~ **челове́ко-дней** man-day payment
~ **штра́фа** payment of a fine (penalty)
ве́ксель с ~ой по предъявле́нии sight (demand) bill (note), bill at sight, note payable on demand, call note
гара́нтия ~ы guarantee of payment
докуме́нты для ~ы documents for payment
извеще́ние об ~е notification (advice) of payment
но́рмы ~ы payment schedule
отка́з в ~е (*чека, векселя*) dishonour, refusal of payment (to pay)

разме́р ~ы amount of payment
разреше́ние на ~у payment permit
распоряже́ние об ~е payment instructions
срок ~ы due (maturity) date, [date of] maturity; **сро́ки ~ы** payment period
счёт на ~у invoice for payment
шкала́ ~ы pay scale
гаранти́ровать ~у guarantee payment
задержа́ть ~у delay (withhold) payment
отказа́ться от ~ы refuse to pay, refuse payment
подлежа́ть ~е be payable (due), mature
подлежа́ть ~е в назна́ченный срок be payable on due date
подлежа́ть ~е в соотве́тствии с гра́фиком be payable per schedule
подлежа́ть ~е в су́мме be payable in the amount of
подлежа́ть ~е в тече́ние ... дней be payable within ... days
подлежа́ть ~е до поста́вки това́ра be payable before delivery of goods
подлежа́ть ~е ежего́дными взно́сами be payable in annual payments (instal[l]ments)
подлежа́ть ~е на предъяви́теля be payable to bearer
подлежа́ть ~е по исполне́нии контра́кта be payable upon execution of a contract
подлежа́ть ~е покупа́телем be payable by buyers
подлежа́ть ~е по предъявле́нии be payable at sight
подлежа́ть ~е по́сле отгру́зки be payable after shipment
подлежа́ть ~е при поста́вке be payable on delivery
подлежа́ть ~е че́рез ... дней по́сле приёмки това́ра be payable ... days after acceptance (taking delivery) of goods
предъявля́ть к ~е present for payment
производи́ть ~у pay, make (effect) payment
сни́зить почто́вую ~у lower the postal charge
тре́бовать ~ы claim payment
без ~ы free [of payment], at no charge to
без ~ы по́шлины duty free
в ~у in payment (settlement)
за ~у against payment
с ~ой про́тив представле́ния това́ра payable against presentation of goods
подлежа́щий ~е payable, liable for payment, chargeable

опла́ченный paid

опла́чиваемый payable, paid

опла́чивать pay, settle, pay [a] charge; (*счёт*) clear; (*покрыть расходы*) defray, absorb; (*погашать задолженность*) pay off, redeem; (*чеки, тратты, долговые обязательства*) meet, honour; **~ся** be reimbursable
~ зара́нее prepay
пересы́лка (*по почте*) **опла́чена** postage paid
прово́з опла́чен carriage paid
фрахт не опла́чен freight not prepaid
фрахт опла́чен freight paid
фрахт опла́чен в порту́ погру́зки freight prepaid

опломбирова́ние sealing, fixing a seal (lead)

опломбирова́ть seal, affix a seal

оповеща́ть notify, inform

оповеще́ние notification
~ о пате́нте patent advertising

опозда́ни/е delay
~ на ... дней delay of ... days
без ~я on time, punctually
с больши́м ~ем with a long delay
с ~ем на ... дней ... days late, with a ... days' delay

определе́ние 1. (*формулировка*) definition **2.** (*установление*) determination, assessment, ascertainment **3.** (*арбитража*) decision
~ величины́ монопо́льных цен quantification of monopoly prices
~ ве́са weighing, weight measurement
~ вла́жности moisture determination
~ затра́т determination (assessment) of costs, cost finding
~ ка́чества (*товара*) **1.** definition of quality **2.** determination (assessment, ascertainment) of quality, quality measurement
~ коли́чества determination of an amount (a quantity, a number), quantity measurement, quantification
~ мо́щности determination of output (capacity)
~ но́рмы проце́нта determination of the interest rate
~ объёма охра́ны прав determination of extent of protection
~ отве́тственности determination of responsibility (liability)
~ приго́дности determination of applicability
~ разме́ра ро́ялти determination of royalty
~ расхо́дов estimate (determination) of expenses
~ со́рта 1. definition of grade **2.** grade estimation
~ сто́имости assessment, valuation, value determination, evaluation, appraisal, appraisement
~ страхово́го возмеще́ния loss assessment
~ страхово́й отве́тственности description of risk
~, суде́бное court decision
~ тамо́женной сто́имости assessment of the dutiable value
~ убы́тков assessment (appraisal) of damages, assessment of losses
~ у́ровня за́работной пла́ты determination of wages
~ це́ли determination of the goal
~ экономи́чности calculation of profitability
дава́ть ~ define, determine

определённый 1. (*отчётливый, ясный*) definite **2.** (*назначенный*) appointed **3.** (*некоторый*) certain

определя́ть (*дать определение*) define; (*установить*) determine, ascertain; (*точно обусловить*) specify; (*назначать*) appoint, fix; (*излагать*) set forth; (*подсчитывать*) estimate

опро́бование testing, try-out

опро́бовать test, try out, have *smth* on trial

опротестова́ни/е:
~ ве́кселя protest (protestation) of a bill
ме́сто ~я place of protest

опротесто́ванный protested, dishonoured

опротесто́вывать 1. (*о векселе*) protest, dishonour **2.** (*о решении суда*) appeal [to a higher court], appeal against the decision of the court
~ неакце́пт protest for non-acceptance

~ неплатёж protest for non-payment

оптимальный optimal, optimum *attr.*

оптово-розничный wholesale and retail

оптов/ый wholesale

оптом [by] wholesale, by (in) the gross, in gross

покупать ~ buy (purchase) [by] wholesale (by the gross, in bulk)

продавать ~ sell [by] wholesale (by the gross, in bulk)

~ **и в розницу** wholesale and retail

опубликовани/е publication

право ~**я** right of publication

опцион (*право свободного выбора в отношении какого-л. условия соглашения, предоставляемое одной из договаривающихся сторон другой стороне*) option; *бирж.* call, put

~, **валютный** option of exchange

~ **выгрузки** optional discharge (unloading, landing)

~, **географический** geographical option

~, **грузовой** cargo option

~, **двойной** option to double; put and call

~ **на закупку** option to purchase, purchase option

~ **направить судно в дополнительный порт** option of calling at other ports

~ **на продажу** put [option], option (deal) for the put

~ **по выбору порта погрузки** option to choose the port of loading

~ **погрузки** optional loading

~ **покупателя** buyer's (call) option

~ **по проекту** option on a project

~ **продавца** seller's (put) option

воспользоваться ~**ом** take an option

заявить ~ declare option

использовать ~ exercise (carry out) an option

предоставлять ~ provide (grant) an option

опционный (*зависящий от чьего-л. усмотрения*) optional

опыт 1. (*эксперимент*) experiment **2.** (*практика*) experience; (*знание дела*) know-how

~, **большой** a lot of (much, wide, extensive, vast, great) experience

~ **в делах** business experience

~, **внедренческий** promotional expertise

~ **в овладении рынком** marketing know-how

~ **запродаж** sales experience, experience in selling (merchandising)

~, **зарубежный** foreign experience (know-how)

~, **значительный** considerable experience

~ **изготовления** experience in manufacture

~, **личный** personal (first-hand) experience

~, **многолетний** experience of many years

~, **накопленный** accumulated experience

~, **неудачный** unhappy experience

~, **передовой** progressive (advanced) experience (methods)

~, **практический** practical experience

~, **предшествующий** previous experience

~, **предыдущий** background experience

~, **приобретённый** acquired experience, assumed expertise
~, **произво́дственный** production (operational) experience, industrial know-how
~ **рабо́ты с фи́рмой** experience with a firm
~, **разнообра́зный** varied experience
~ **специали́ста** specialist expertise
~, **техни́ческий** technical experience
~, **управле́нческий** managerial experience (know-how)
~, **факти́ческий** actual experience
~, **це́нный** valuable experience
~ **эксплуата́ции** service experience
зна́ния на осно́ве ~а empirical knowledge
обме́н ~ом exchange (sharing, interchange) of experience
обобще́ние передово́го ~а generalization of advanced methods
освое́ние ~а assimilating experience
отсу́тствие ~а lack of skill (experience)
переда́ча ~а transfer of experience
дели́ться ~ом share experience
заимствовать ~ adopt experience
знать по ~у know by experience
име́ть ~ have experience, possess knowledge
испо́льзовать ~ use (make use of) experience
испо́льзовать техни́ческий ~ use know-how
нака́пливать ~ accumulate (gather) experience
обобща́ть передово́й ~ generalize advanced methods, draw a general conclusion from advanced methods
овладева́ть передовы́м ~ом master advanced methods
передава́ть ~ transfer (pass on) experience, share experience
перенима́ть ~ adopt experience
приобрета́ть ~ obtain (gain) experience
проверя́ть на ~е test by experience
производи́ть ~ make an experiment, experiment[alize]
руково́дствоваться ~ом be guided by experience
соверше́нствовать ~ develop expertise
унасле́довать ~ inherit experience
в соотве́тствии с ~ом according to experience
из ~а from (by) experience
осно́ванный на ~е experimental

о́пытный 1. (*о человеке*) experienced **2.** (*эксперимента́льный*) pilot, experimental

о́рган body, organ, agency; authority
~**ы вла́сти** authorities; organs of government, bodies (organs) of power
~**ы вла́сти, ме́стные** local authorities (administration); local bodies (organs)
~, **вышестоя́щий** superior body
~**ы госуда́рственного управле́ния** bodies (organs) of state administration (government), state administration bodies
~, **директи́вный** policy-making authority

~ы, законода́тельные legislative authorities (bodies)

~, име́ющий пра́во вы́дачи лице́нзий licensing authority

~, исполни́тельный executive agency, executive [body]

~ы, компете́нтные competent authorities, competent bodies (organs), authorized bodies

~, консультати́вный advisory (consultative) body

~ контро́ля над це́нами price control authority

~ы, кури́рующие supervisory bodies

~ы, нало́говые taxation bodies

~, отве́тственный responsible authority

~ы печа́ти organs of the press, press media

~ы, пла́новые planning organizations

~, подотчётный body accountable to

~ы, правоохрани́тельные law-enforcement bodies (agencies)

~ы, руководя́щие authorities, leading (directing) bodies

~ы, соотве́тствующие appropriate authorities

~, страхово́й insurance agency

~ы управле́ния managerial organs (bodies)

~ы, фина́нсовые finance (fiscal control) bodies, financial agencies

~ы, хозя́йственные economic organs (bodies)

укрупне́ние ~ов enlarging of bodies

упраздне́ние ~ов abolishing of bodies

организа́тор organizer; sponsor; (*основатель*) founder

~ вы́ставки sponsor (promoter) of an exhibition, exhibition organizer

~ програ́ммы programme sponsor

организацио́нный organization[al], organizing

организа́ци/я 1. (*объединение*) organization, institution **2.** (*организация-посредник*) agency, company **3.** (*устройство*) arrangement

~, арбитра́жная arbitration organization (body)

~, аге́нтская agent company, agency

~, беспри́быльная nonprofit organization (institution)

~ би́знеса business organization

~, валю́тно-креди́тная monetary and credit organization

~, валю́тно-фина́нсовая monetary and financial organization

~, внешнеторго́вая foreign trade organization

~, вышестоя́щая higher authority, competent (overhead) organization

~, головна́я head (parent) organization, leading organization, directing agency

~, госуда́рственная state (government) organization

~, заготови́тельная procurement (purchasing) organization

~, заку́почная procurement agency, purchasing organization

~, инспекцио́нная inspection organization

~, компете́нтная competent organization

~, контроли́рующая control organization

~, **кооперати́вная** cooperative organization

~, **корпорати́вная** corporate body

~, **креди́тная** credit institution

~ **ма́ркетинга** marketing management

~, **межгосуда́рственная** interstate organization

~, **междунаро́дная** international organization

~**и, междунаро́дные хозя́йственные** international economic organizations

~, **межправи́тельственная** intergovernmental organization

~, **нау́чно-иссле́довательская** research organization

~, **нейтра́льная** neutral organization

~, **некомме́рческая** nonprofit organization

~, **нелега́льная** illegal organization

~, **неправи́тельственная** nongovernmental organization

~, **нижестоя́щая** inferior organization

~**и, обслу́живающие** services

~**и, обще́ственные** public organizations

~, **официа́льная** official organization

~, **подря́дная** contractor[s]

~**и, подря́дные строи́тельные** contract building organizations

~ **по заку́пке** purchasing (buying) organization

~ **по прода́же** selling organization

~, **потреби́тельская** consumer organization

~, **прави́тельственная** government agency

~ **приёмов** arrangement of receptions

~, **проводя́щая рабо́ты** organization in charge of work

~**и, прое́ктные** planning and design (designing) organizations

~ **произво́дства** organization (management) of production

~ **произво́дства, сельскохозя́йственного** farm organization

~, **распредели́тельная** distributor, distributing organization

~, **рациона́льная** rational organization

~ **рекла́мы** advertising, handling (arranging) [a] publicity [campaign]

~, **складска́я** warehouse company

~, **сме́шанная** mixed organization

~, **снабже́нческо-сбытова́я** supply and sales (selling) agency (organization)

~, **совме́стная** joint organization

~, **соотве́тствующая** appropriate organization

~, **специализи́рованная** specialized organization

~, **специализи́рованная внешнеторго́вая** specialized foreign trade organization (association)

~, **стивидо́рная** stevedors, stevedoring company

~, **строи́тельная** building (construction) organization

~, **строи́тельно-монта́жная** construction and mounting (erection) organization

~, **ступе́нчатая** step-by-step (stepwise) organization

~, **субподря́дная** subcontractor[s]

~, **торго́вая** sales (selling, commercial) organization

~, **торго́во экономи́ческая** trade and economic organization
~, **торгу́ющая** trading (marketing) organization
~, **тра́нспортная** transportation company (agency), transporter, transport association
~, **тра́нспортная, лине́йная** line-haul carrier
~, **тра́нспортная, о́бщего по́льзования** common (public) carrier
~, **тра́нспортная, ча́стная** private carrier
~, **тра́нспортно-экспеди́торская** forwarding company, forwarders
~, **тури́стская** travel agency, tourist organization
~ **управле́нческого аппара́та** staff organization
~ **услу́т** servicing arrangements
~, **финанси́рующая** sponsor
~, **фина́нсово-креди́тная** financial and credit organization
~, **хозя́йственная** economic organization
~, **ча́стная** private agency
~, **экономи́ческая** economic organization
в ра́мках ~и within organization
ги́бкость ~и flexibility of an organization
назва́ние ~и name of an organization
печа́ть ~и seal of an organization
специализа́ция совме́стных ~й specialization of joint organizations
свя́зываться с ~ей contact an organization

организа́ция-инициа́тор initiating agency
организа́ция-сме́жник cooperating enterprise
организо́ванный organized
организо́вывать organize, arrange, establish, form
о́рдер order, voucher, warrant
~, **грузово́й** shipping note, *сокр.* s/n, shipping order, broker's order
~, **ка́ссовый** cash order
~ **на вы́дачу това́ра** delivery order
~ **на погру́зку** shipping note (order)
~ **на поку́пку** purchase voucher
~ **на получе́ние това́ра** order to receive goods
~, **платёжный** order to pay (for payment), payment order
~, **погру́зочный** shipping note (order)
~, **прихо́дный** credit (paying-in) slip; receipt voucher
~, **расхо́дный** debit slip; expenditure voucher
~ **тамо́жни на вы́пуск гру́за** customs warrant
~, **фрахто́вый** chartering order
выдава́ть ~ issue an order
заходи́ть в порт «на о́рдер» call at a port for orders
по ~у to order

о́рдерный order *attr.*
оригина́л original
~ **аккредити́ва (аккредити́вного письма́)** original [of a] L/C
~ы докуме́нтов original documents
~ **коносаме́нта** original bill of lading
~ **на ру́сском языке́** Russian original
~ **перево́дного ве́кселя** first of exchange

~ **факту́ры** original invoice
иденти́чность ~у identity to the original
снима́ть ко́пию с ~а make a copy of the original
в ~е in the original
оригина́л-образе́ц master
ориента́ция orientation
~ **на зака́зчика** customer orientation
~, **э́кспортная** export orientation [of enterprises]
ориентиро́вочный rough; pro-forma
оса́дк/а (*о судне*) draft, draught
~ **в порту́** draft at the port
~, **допусти́мая** permissible draft
~, **максима́льная** maximum draft
~, **по́лная** appropriate (full, loaded) draft
~ **«по отме́тку»** down to her marks
~, **преде́льная** maximum draft
име́ть ~у ... фу́тов draw ... feet
осва́ивать 1. (*овладевать*) master, cope with **2.** (*развивать*) develop
~ **вы́пуск** (*продукции*) master manufacture, organize (cope with) production
освобожда́ть free, release; (*от налогов, пошлин, обязанностей*) exempt, relieve
освобожде́ни/е release; exemption, relief
~ **от нало́гов** exemption from taxes (taxation), tax exemption, immunity from taxation, tax release
~ **от обяза́тельства** release (quittance) from an obligation
~ **от отве́тственности** release (relief, exemption) from liability (responsibility)
~ **от пла́ты, аре́ндной** exemption from rent
~ **от по́шлин** exemption (relief) from duties, duty exemption
~ **от упла́ты** exemption from payment
распи́ска об ~и от обяза́тельств acquittance
освобождённый (*от пошлин, налогов и т. п.*) exempt, free
освое́ни/е 1. (*овладение*) mastering, coping with **2.** (*развитие*) development
~, **лаборато́рное** mastering laboratory production
~ **лице́нзии** mastering the production of a licensed product
~ **нау́чно-техни́ческих и технологи́ческих нови́нок** mastering the production of technical and technological novelties
~ **но́вого обору́дования** mastering of new equipment
~ **но́вой проду́кции** mastering of new products
~ **но́вых ме́тодов произво́дства** mastering of new methods of production (manufacture)
~ **но́вых това́ров для э́кспорта** mastering the manufacture of new export products
~ **о́пыта** assimilating experience
~, **полупромы́шленное** mastering semi-industrial production
~ **приро́дных бога́тств** development of natural resources
~ **произво́дства** mastering the production (manufacture)
~ **произво́дственных мо́щностей** plant development
~, **промы́шленное** mastering industrial production
~ **ры́нка** development of a market
~, **сери́йное** quantity production

сро́ки ~я time of mastering

ослабле́ние (*смягчение*) easing, weakening; (*о напряжении*) relaxation; (*о темпе*) slackening

~ **инфля́ции** easing of inflation

~ **конкуре́нтных пози́ций** deterioration of the competitive positions

~ **креди́тных ограниче́ний** relaxation of credit restrictions

~ **спро́са** decreasing demand

ослабля́ть ease, weaken; (*напряжение*) relax; (*темп*) slacken

осложне́ние complication; (*ухудшение*) aggravation

~, **нену́жное** unnecessary complication

~, **непредви́денное** unforeseen complication

~, **серьёзное** grave complication

вызыва́ть ~ cause complication

осложня́ть complicate; (*усугублять*) aggravate; ~**ся** become complicated

осма́тривать inspect, examine; (*обследовать*) survey

«осмо́трено-одо́брено» inspected-approved

осмо́тр inspection, examination, check; (*обследование*) survey

~ **багажа́** inspection (examination) of luggage, luggage examination

~, **ветерина́рный** veterinary inspection

~, **визуа́льный** visual inspection

~, **вне́шний** outer (visual) inspection (examination)

~, **всесторо́нний** thorough (close) examination

~, **втори́чный** second inspection (examination)

~ **вы́ставки** tour of an exhibition; (*до открытия*) exhibition preview

~ **до поста́вки** pre-delivery inspection

~, **медици́нский** medical inspection (examination)

~, **нару́жный** superficial inspection (examination)

~ **обору́дования** inspection (examination) of equipment

~ **образцо́в** examination of samples

~, **оконча́тельный** final inspection (examination)

~, **периоди́ческий** periodical inspection (examination)

~, **пла́новый** routine inspection

~, **подро́бный** overhaul

~, **после́дующий** subsequent inspection (examination)

~, **предвари́тельный** preliminary inspection

~, **профилакти́ческий** preventive inspection

~, **стро́гий** close examination

~ **строи́тельной площа́дки** site inspection

~, **сюрве́йерный** surveyor's inspection, survey

~, **тамо́женный** [customs] luggage inspection (examination)

~ **террито́рии я́рмарки** tour of the fair grounds

~ **това́ра [на предприя́тии продавца́]** inspection of goods [at the sellers' plant]

~, **тща́тельный** minute (close) examination

акт ~**а** inspection certificate (report)

акт ~**а и эксперти́зы** survey [report]

акт ~**а су́дна** certificate of survey

ве́домость ~**а** inspection record

пра́во ~а right of inspection
купи́ть с усло́вием предвари́тельного ~а и одобре́ния buy subject to inspection and approval
отказа́ться от пра́ва ~а waive [the] inspection
подверга́ть ~у examine, subject to [an] examination
проводи́ть ~ inspect, make inspection, examine, check, survey
пройти́ ~ pass inspection (survey)
ускорить ~ expedite inspection

оснаща́ть equip, fit out (up); (*судно*) rig

оснаще́ние 1. equipping **2.** (*совокупность технических средств*) equipment
~, материа́льно-техни́ческое material and technical equipment

осно́в/а basis, *мн. ч.* bases, foundation, base
~, взаимовы́годная mutually beneficial (profitable, advantageous) basis
~, делова́я business basis
~, де́нежная monetary basis
~, догово́рная contract[ual] basis
~, долговре́менная long-term basis
~, компенсацио́нная compensation (compensatory) basis
~, крупносери́йная production-type basis
~, материа́льно-техни́ческая material and technical base
~, некомме́рческая nonprofit basis
~, общеотраслева́я industry-wide basis
~ определе́ния сто́имости basis of valuation
~, повреме́нная (*оплата труда*) time-rate basis
~, погодова́я annual basis
~, позака́зная job basis
~, сде́льная piece-rate basis
~, твёрдая firm (solid) basis
~, усто́йчивая stable (firm) basis
~, экономи́ческая economic basis (foundation)
сотру́дничество на хозрасчётной ~е cooperation on a self-accounting (self-supporting) basis
брать за ~у take as a basis, base upon
быть в ~е be (form) the basis
заложи́ть ~у lay [down] the foundation
лежа́ть в ~е be (form) the basis
принима́ть за ~у assume as a basis, take as a principle
развива́ться на ~е develop on the basis of
на ~е on the basis of
на аре́ндной ~е on a rental basis
на безвозме́здной ~е on a gratuitous basis
на беспла́тной ~е on a free of charge basis
на ~е ве́са бру́тто on gross basis
на ~е ве́са не́тто on net basis
на ~е взаи́мности on the basis of reciprocity
на взаимовы́годной ~е on a mutually beneficial (advantageous) basis, on mutually advantageous terms, on a reciprocal basis
на взаимоприе́млемой ~е on a mutually accepted basis
на возме́здной ~е on a commercial basis
на вре́менной ~е on a temporary basis

на дава́льческой ~е on a give-and-take basis
на ~е да́нных налогообложе́ния on a fiscal basis
на догово́рной ~е on a contractual basis
на долговре́менной ~е on a continuous basis
на долгосро́чной ~е on a long-term basis
на ~е испыта́ния on a test basis
на исче́рпывающей ~е on a complete basis
на коллекти́вной ~е on a collective basis, under joint venture arrangement, on joint venture terms, in cooperation with
на комиссио́нной ~е on a commission basis
на компенсацио́нной ~е on a compensation (compensatory, back-to-back, buying-back) basis
на конкуре́нтной ~е on a competition basis
на конфиденциа́льной ~е on a confidential basis
на ~е коопери́рования on a cooperative basis
на креди́тной ~е on a credit basis
на ~е наблюде́ний on the basis of observation
на недискриминацио́нной ~е on a non-discriminatory basis
на обы́чной ~е on a routine basis
на ~е опла́ты нату́рой on a payment in kind basis
на ~е отгру́зок по гра́фику on a scheduled shipping basis
на парите́тной ~е on a parity basis
на постоя́нной ~е on a permanent basis
на почасово́й ~е on a per hour basis
на ~е происхожде́ния (*товара*) on the ground of origin
на пропорциона́льной ~е on a pro-rata basis
на ~е прямы́х свя́зей through direct ties
на регуля́рной ~е on a regular basis
на ~е самоокупа́емости on a self-repayment (recoupment) basis
на ~е самофинанси́рования on a self-financing basis
на ~е совме́стного предприя́тия on a joint venture basis
на ~е сотру́дничества on the basis of cooperation
на справедли́вой ~е on a fair basis
на ~е сухо́го ве́са on a dry weight basis
на ~е товарообме́на on a barter basis
на ~е хозрасчёта on a self-accounting basis
на широ́кой ~е on a broad scale

основа́ни/е (*действие*) foundation, founding; (*причина, мотив*) basis, *мн. ч.* bases, ground, cause, reason
~ для отка́за reason for refusal (rejection)
~ для предъявле́ния и́ска cause (ground) for an action, reason for a claim
~ для предъявле́ния прете́нзии (реклама́ции) ground (cause) for a complaint (claim)
~я для реше́ния reasons for a decision
~, зако́нное statutory ground
~, про́чное solid basis
~я, разу́мные reasonable grounds
~, реа́льное practical basis

~, юриди́ческое legal grounds
год ~я year of foundation
де́йствовать на ~и зако́на act with the authority of law, act legally
без вся́ких ~й without the slightest grounds
на ~и on the ground[s] (basis) of
на зако́нном ~и legally, on a legal basis, on legal grounds, lawfully
на о́бщих ~ях on the usual terms
на ра́вных ~ях with equal reason
на том ~и, что on the grounds that
не без ~я with reason, not without reason
с по́лным ~ем with good reason

осно́ванный based on

основно́й basic, major, main, primary; (*первой необходимости*) essential, fundamental, principal

основополага́ющий basic, fundamental

осно́вывать 1. (*создавать, учреждать*) establish, set up, found; create **2.** (*обосновывать*) base

оста́т/ок balance, rest, remainder, residue, residual, remnant
~ в ва́шу по́льзу balance in your favour
~, дебето́вый debit balance
~ де́нег balance of money
~ до́лга remainder (balance) of a debt, balance owed, residual debt
~ запа́сов residue stock
~ ка́ссы cash balance; cash position
~, компенсацио́нный compensatory balance
~, кре́дитовый credit balance
~ на вкла́де balance on deposit
~, нали́чный balance on hand
~ на счёте balance of (on) an account, account balance
~, неиспо́льзованный unused balance
~, неопла́ченный unpaid balance
~ непога́шенной задо́лженности balance of debt (indebtedness)
~ непро́данных това́ров stock-in-trade
~, ожида́емый по зака́зу balance due on an order
~, отрица́тельный (*отрицательное сальдо*) passive balance, *амер.* balance in red
~, переходя́щий carry-over
~ по зака́зу balance of an order
~ проце́нтов balance of interest
~ки, «рабо́чие» working balances
~ су́ммы balance of an amount (a sum)
~ счёта balance of (on) an account, account balance
~ това́рно-материа́льных це́нностей inventory balance
~ това́рно-материа́льных це́нностей на скла́де in-stock balance
выведе́ние ~ка, *бухг.* closing entry
распрода́жа ~ков clearance sale
оплати́ть ~ pay [up] the balance, clear the balance
перенести́ ~ *бухг.* carry forward the balance

осторо́жно:
«Осторо́жно!» (*надпись на упаковке*) "Handle with care"
«Осторо́жно, стекло́»

"Glass — with care"

осуществи́мость feasibility, practicability

~ **прое́кта** feasibility (practicability) of a project

~, **реа́льная** practical feasibility (realizability)

осуществи́мый feasible, practicable, practical, realizable

осуществле́ни/е execution, carrying out, fulfilment, realization, implementation

~ **догово́ра** implementation of a treaty, execution (fulfilment) of a contract

~ **затра́т** cost outlay

~ **изобрете́ния** exercise of an invention

~ **монта́жных рабо́т** carrying out assembly work

~ **опера́ций** carrying out (performing) operations

~ **платеже́й** effecting payments

~ **прав** execution (exercise) of rights

~, **практи́ческое** reduction to practice

~ **програ́ммы** implementation (execution) of a programme

~ **прое́кта** realization (implementation) of a plan

~ **проце́сса** realization (implementation) of a process

~ **пу́ско-нала́дочных рабо́т** carrying out adjustment and commissioning

~ **рабо́т** execution of work

~ **спо́соба** realization of a method

~, **успе́шное** successful implementation

препя́тствовать ~ю hinder the execution (fulfilment)

препя́тствовать ~ю пате́нта suppress a patent

осуществля́ть execute, carry out, fulfil, conduct, realize, implement, exercise, effect, practise, put into effect (practice); (*завершать*) accomplish

отбира́ть choose, select, pick out

отбо́р selection, sampling; (*приёмочный контроль*) acceptance sampling

~ **образцо́в** sampling, drawing of samples

~ **образцо́в, автомати́ческий** mechanical sampling

~ **образцо́в для вы́ставки** selection (selecting) of exhibits

~ **образцо́в для прове́рки** sampling, selection (taking) of samples

~ **образцо́в из проду́кции, поставля́емой нава́лом** bulk sampling

~ **образцо́в, однокра́тный** single sampling

~ **образцо́в, повто́рный** repeated sampling

~ **образцо́в, произво́льный** optional (random) sampling

~ **образцо́в, ручно́й** hand (manual) sampling

~ **образцо́в, случа́йный** random sampling

~ **образцо́в с про́пуском па́ртий** skip lot sampling

~ **проб** sampling, drawing of samples

производи́ть ~ select, make selections, choose

производи́ть ~ образцо́в sample, draw samples; select exhibits

отбо́рный selected, choice *attr.*

отбрако́вка sorting [out]; (*отбор по сортам*) grading

~ **това́ра** grading (sorting [out]) of goods

отверга́ть reject, turn down

отве́с 1. (*взвешивание*) weighing [out] **2.** (*сертификат*) weight certificate (note, account); (*ведомость веса каждого места*

партии товара) specification of weight
~, **заверенный** certified list of weighings
ответ answer, reply; (*отклик*) response
~, **быстрый** prompt reply
~ **заявителя** applicant's reply (response)
~, **логичный** logical answer (reply)
~, **немедленный** immediate (prompt) reply
~, **неточный** inaccurate reply
~, **отрицательный** unfavourable (negative) reply
~, **официальный** official reply
~, **подробный** detailed reply (answer), reply point by point
~, **положительный** favourable (positive) reply
~ **по телексу** telex reply
~, **практичный** practical answer
~, **предварительный** provisional reply
~, **утвердительный** affirmative (positive) reply
~, **скорый** early reply
дать ~ на give an answer to
задержать ~ delay a reply
получить ~ от *кого-л.* get (receive, have) a reply from *smb*, hear from *smb*
уклониться от ~а evade a question
ускорять ~ expedite a response (reply)
в ~ на in reply (response, answer) to
с оплаченным ~ом reply paid
ответственност/ь responsibility, liability; *юр.* amenability
~, **административная** management (administrative) responsibility
~ **акцептанта** liability of an acceptor
~, **безраздельная** undivided responsibility
~, **большая** heavy (great) responsibility
~, **внедоговорная** non-contractual liability
~, **второстепенная** secondary (indirect, contingent) liability
~, **гражданская** civil responsibility (liability)
~, **дальнейшая** further responsibility
~, **денежная** pecuniary responsibility
~, **долговая** liability for debts
~, **дополнительная** additional responsibility
~ **за качество выпускаемой продукции** responsibility for the quality of products, products liability
~, **за компенсацию** liability for compensation
~ **за нарушение** liability of infringement; amenability for violation
~ **за недостачу** responsibility for the shortage
~ **за ненадлежащее исполнение обязательств** responsibility for inadequate execution (fulfilment) of obligations
~ **за перевозку** responsibility for transportation
~ **за поставку** responsibility for delivery
~ **за убытки** liability for damages
~, **имущественная** property accountability
~, **индивидуальная** solo responsibility (liability)
~, **лицензиара** licensor's amenability; licensor's liability
~, **личная** private (personal) responsibility
~, **максимальная** maximum liability

~, **материа́льная** material responsibility (liability, accountability)
~, **неограни́ченная** absolute (unlimited) responsibility (liability)
~, **непосре́дственная** direct responsibility
~, **обою́дная** mutual responsibility
~, **ограни́ченная** limited responsibility (liability)
~, **основна́я** prime (primary) responsibility (liability)
~ **пе́ред** *кем-л.* responsibility to *smb*
~, **персона́льная** private (personal) responsibility
~ **по гара́нтии** warranty responsibility
~ **по долга́м** liability for debts
~ **по и́ску** amenability in respect of suit
~, **по́лная** full responsibility (liability)
~ **по ча́ртеру** liability on a charter
~, **солида́рная** joint responsibility (liability)
~, **уголо́вная** criminal liability
~, **усло́вная** contingent (indirect, secondary) liability
~, **фина́нсовая** financial responsibility (liability)
~, **функциона́льная** functional responsibility
~, **экономи́ческая** economic responsibility
объём ~и extent (scope) of responsibility (liability)
ограниче́ние ~и limitation of responsibility (liability)
освобожде́ние от ~и release (relief, exemption) from responsibility (liability)
по́лис страхова́ния ~и responsibility insurance policy
призна́ние ~и admission of responsibility (liability)
сте́пень ~и extent (scope) of responsibility (liability)
брать на свою́ ~ do on one's own responsibility
быть свобо́дным от ~и be free from responsibility
взять на себя́ ~ assume (accept, take upon *oneself*, undertake, shoulder) responsibility (liability), make *oneself* responsible
влечь за собо́й ~ involve responsibility (liability)
возлага́ть ~ на *кого-л.* place (impose) responsibility on, entrust *smb* with responsibility
не признава́ть ~и disclaim (repudiate, deny) responsibility (liability)
нести́ ~ bear responsibility, incur liability, be responsible, answer (warrant) for
нести́ единоли́чную ~ be solely responsible
ограни́чивать ~ limit responsibility
освободи́ть от ~и release (free, relieve, exempt) from responsibility, release (discharge) from liability
перекла́дывать ~ на shift responsibility on
повыша́ть ~ increase (enhance) responsibility
привле́чь *кого-л.* **к ~и** make *smb* responsible (answerable), make *smb* answer for; sue, take legal steps against *smb*
призна́ть ~ admit liability
приня́ть ~ accept responsibility
разделя́ть ~ share responsibility
расши́рить обьём ~и extend responsibility (liability)
снять ~ release (free, relieve,

exempt) from responsibility, release (discharge) from liability
снять с себя́ ~ decline responsibility
уклоня́ться от ~и excuse oneself from responsibility
устана́вливать ~ establish responsibility
без ~и without liability
на свою́ ~ on *one's* own responsibility
под *чью-л.* **~** within *smb's* responsibility
с ~ю за ча́стную ава́рию with particular average

отве́тственны/й responsible, answerable, liable; *(подотчётный)* accountable; *(важный)* important, significant
~ в ра́вной сте́пени equally responsible
~, материа́льно materially responsible (accountable)
~ совме́стно jointly responsible
быть ~м пе́ред *кем-л.* **за** *что-л.* be responsible (liable, accountable, answerable) to *smb* for *smth*
призна́ть себя́ ~м admit liability
счита́ть *кого-л.* **~м** hold (consider) *smb* responsible

отве́тчик *юр.* respondent, defendant, responding (responsible, defending) party
~ в спо́ре defendant in a dispute
~ по апелля́ции appellee
~ по и́ску defendant in a law suit (in a case), respondent
возраже́ние ~а defence, statement (points) of defence
заявле́ние ~а respondent's plea
представи́тель ~а defendant's (respondent's) representative, representative of a defendant (respondent)

отвеча́ть 1. answer, reply; (*отреагировать*) respond **2.** (*соответствовать*) answer, meet, be up to, correspond to (with), conform to **3.** (*нести ответственность*) be responsible (answerable), answer

отвлече́ние ресу́рсов из наро́дного хозя́йства diversion of national economic resources

отво́д (*отстранение*) challenge, rejection
~ арби́тра challenge to an arbitrator
заявля́ть ~ challenge
удовлетворя́ть ~ sustain a challenge

отвози́ть take away, drive
~ *куда-л.* take (drive) to
~ обра́тно take (drive) back

отгружа́ть ship
~ без упако́вки ship unpacked (uncovered, unprotected, loose)
~ в ваго́н put (place, deliver) goods in a [railway, *амер.* railroad] car, load onto a freight (goods) waggon, *амер.* deliver (put) on board car
~ в мешка́х ship in sacks (bags)
~ в упако́вке ship in packing (packages)
~ нава́лом ship in bulk
~ назе́мными ви́дами тра́нспорта ship by land
~ на самолёте ship by air, supply by air freight
~ на су́дне ship by (on, on board) a vessel, ship by sea
~ на́сыпью ship in bulk
~ на э́кспорт ship for export
~ па́ртиями ship in (by) [separate] lots
~ по желе́зной доро́ге ship by rail[way] (*амер.* railroad)

~ по накладно́й ship against (under) a waybill
~ ра́зными ви́дами тра́нспорта ship by combined transport
~ своевре́менно ship in [due] time (in due course)
отгру́зк/а shipment, shipping
~ без испо́льзования подд́онов unpalletized shipment
~, ваго́нная carload shipment
~, валова́я gross shipment
~ в конте́йнерах containerized shipment, shipment by containers
~ в срок shipment on time
~, встре́чная counter shipment
~ в счёт погаше́ния задо́лженности shipment to settle a debt
~, дальне́йшая further shipment
~, досро́чная prior shipment
~, заде́ржанная delayed shipment
~, зи́мняя winter loading
~ из сове́тских порто́в shipment from Soviet ports
~ нава́лом shipment in bulk
~ на па́лубу loading (shipment) on deck
~ на су́дне shipment by (on [board]) a vessel
~ на́сыпью shipment in bulk
~, неме́дленная prompt (immediate) shipment
~, несвоевре́менная late (untimely) shipment
~ одно́й па́ртией shipment in one lot
~ отде́льных па́ртий individual (separate) shipments
~, пла́новая planned shipment
~, поваго́нная shipment by waggon
~ по желе́зной доро́ге railway (*амер.* railroad) shipment, shipment by rail
~ по контра́кту shipment under a contract
~, после́дующая (*из перевалочного пункта*) onward shipment
~ проду́кции промы́шленности industry shipments
~, просро́ченная overdue shipment
~и, регуля́рные steady shipments, shipments at regular intervals
~ с заво́да-изготови́теля shipment from the manufacturing works
~ това́ра shipment of goods
~ това́ров на э́кспорт export goods shipment
~, части́чная partial (split) shipment
~и, чи́стые net shipments
гото́вность това́ра к ~е readiness of goods for shipment
гра́фик ~и shipping schedule
да́та ~и shipment (shipping) date, date of (for) shipment
докуме́нты на ~у documents for shipment
заде́ржка ~и delay in shipment, shipping delay
запре́т прави́тельства на ~у government ban on shipment
извеще́ние об ~е advice (notification) of shipment, shipping advice
инстру́кции по ~е shipping (forwarding) instructions
ме́сто ~и place of shipment, shipping point
организа́ция ~и shipping arrangements
оформле́ние ~и completion of shipping documents
план ~и shipping schedule

порт ~и port of shipment (loading), shipping port
разрешéние на ~у release [note, certificate] for shipment, loading permit, authorization for shipment
сбор за ~у forwarding charges
срок ~и shipping date (period), date for (time of) shipment
стóимость ~и shipment cost
уведомлéние об ~е advice (notification) of shipment, shipping advice
услóвия ~и terms of shipment
задéрживать ~у delay shipment
закáнчивать ~у complete shipment
координи́ровать ~у coordinate shipment
осуществля́ть ~у make (effect, execute) shipment, ship
переноси́ть ~у postpone (put off) shipment
плани́ровать ~у plan shipment
подготáвливать к ~е prepare for shipment
приостанáвливать ~у suspend shipment
производи́ть ~у make (effect, execute) shipment, ship
разрешáть ~у release (pass) goods for shipment
согласóвывать ~у discuss (coordinate) shipment
ускоря́ть ~у speed up (accelerate, expedite) shipment, advance the date of shipment
в течéние ... дней от дáты ~и within ... days of (from) the date of shipment
до ~и prior to shipment
за ... дней до ~и ... days before shipment
с ~ой в мáе for (with) shipment in May
с немéдленной ~ой for (with) immediate shipment
чéрез ... дней пóсле ~и ... days after shipment
готóвый к ~е ready (available, complete) for shipment (to be shipped)
предназнáченный к ~е intended for shipment
разрешённый к ~е released for shipment

отгрýзочный shipping

отдéл department, office; (*отделение*) division, section
~, администрати́вный administrative department
~ бáнка bank department (division)
~ виз viza bureau (department, office)
~ достáвки товáров delivery department
~ жáлоб appeals department
~ закáзов [sales] order department
~ закýпок purchasing department (office)
~ зáработной плáты wages department
~ заявок (*на материалы*) requisitioning department
~ кáдров personnel (staff, employees') department, employment office (department)
~, коммéрческий sales department
~, констрýкторско-технологи́ческий engineering department
~ контрóля кáчества quality control department
~, конъюнктýрный pricing department
~ мáркетинга marketing department
~ материáльных запáсов stores department

~, **оперативный** operational department, operation section

~, **опытно-конструкторский** development department

~ **отгрузки продукции** shipping department

~, **патентный** patent department

~ **планирования, календарного** scheduling department (section)

~ **планово-производственный** production [scheduling] and control department

~, **плановый** planning department (section)

~ **подготовки кадров** training department

~ **подготовки производства** preproduction department

~ **подготовки специалистов на производстве** shop-training department

~ **приёма заказов** order department (office)

~ **проектирования** design office

~, **производственный** manufacturing ([functional] production) department

~, **протокольный** protocol department

~ **профессиональной подготовки на рабочих местах** shoptraining department

~, **ревизионно-контрольный** auditing department

~ **регистраций** registry

~ **рекламы** publicity department

~ **сбыта** sales (selling, distribution) department

~ **снабжения** supply (purchasing, procurement) department

~ **справок** information (inquiry) office (department)

~ **стандартов** standards department

~ **статистики (статистический)** statistics (analysis) department

~ **субподрядов** subcontractors department

~, **технический** technical department

~ **технического контроля**, *сокр.* **ОТК** inspection department

~, **технического обслуживания** field (technical) service department

~, **технологический** manufacturing engineering division

~, **транспортный** transport (transportation, traffic) department (office)

~ **труда и зарплаты** labour and wages department

~ **учёта, бухгалтерского** accounting section

~ **учёта материально-производственных ценностей** inventory records section

~ **фасовки и упаковки** packing department

~ **финансов и отчётности** finance-and-accounts department

~, **финансовый** finance department

~ **фирмы** department (section) of a firm

~, **хозяйственный** general service department

~ **хранения** storage department

~ **экспертизы** examination (examining) department

~, **экспортный** export department

~, **юридический** law (legal) department

руководитель ~а head of a department

создать ~ establish a department

укомплектова́ть ~ make up a department

отделе́ние (*филиал*) branch [office]; (*подразделение*) division, section

~ **ба́нка** branch [bank]

~, **ме́стное** local branch

~, **опто́во-торго́вое** wholesale outlet

~, **периферийное** field office (station)

~, **почто́вое** post office

~, **промы́шленное** industrial division

~, **торго́вое** (*промышленной фирмы*) sales branch

~ **упако́вки** packing division

~, **филиа́льное** affiliate, [affiliated] branch, branch establishment

~ **фи́рмы** branch [business]

~ **фи́рмы за грани́цей** overseas branch

отде́лка (*качество изготовления*) workmanship; (*поверхностная, завершающая*) finish, finishing

~, **вну́тренняя** interior decoration

~ **маши́ны** workmanship of a machine; finish of a machine

~, **неудовлетвори́тельная** unsatisfactory finish; unsatisfactory workmanship

~ **помеще́ния** interior decoration

~ **удовлетвори́тельная** satisfactory finish; satisfactory workmanship

отде́лочный finishing

отде́лывать finish, put a finish on, decorate; bring to perfection

отде́льный separate, individual

отделя́ть separate; (*отсоединять, отцеплять*) detach

оте́чественный national, domestic, home *attr.*

о́тзыв 1. (*взятие назад*) withdrawal; (*должностного лица*) recall, call **2.** (*суждение*) opinion, reference, comment, criticism, report; (*рецензия*) review

~ **о това́ре** opinion of goods

~, **положи́тельный** favourable report

~, **рекоменда́тельный** recommendation

~ **специали́ста** recall of a specialist

~ **това́ра** demand of (call on) goods

~ **че́ка** withdrawal of a cheque

книга ~**ов** visitors' book

дать хоро́ший ~ give good reference

отзыва́ть withdraw, take back, [re]call, revoke

отзывно́й revocable

отка́з refusal, denial; (*отклонение*) rejection; (*непризнание*) repudiation; (*отказ от прав*) renunciation, renouncement, waiver, surrender, abandonment

~ **в вы́даче пате́нта** refusal (rejection) of a patent [application]

~ **в и́ске** dismissal of a claim (an action)

~ **в платеже́** refusal of payment (to pay), dishonour

~ **в подписа́нии докуме́нтов** refusal to sign documents

~ **в предоставле́нии лице́нзии** refusal (denial) of a license, license refusal (denial)

~ **в предоставле́нии ссу́ды** refusal of a loan, loan rejection (refusal)

~ **в про́сьбе** refusal of request

~, **категори́ческий** flat refusal (rejection)

~, **обосно́ванный** justified

(reasonable, well-founded, well-grounded) refusal (rejection)
~ от акцептова́ния (*тратты, векселя*) non-acceptance, refusal of acceptance, dishonour
~ от взима́ния сбо́ров exemption from charges, remission of fees
~ от возмеще́ния refusal to compensate; abandonment of indemnity
~ от выполне́ния обяза́тельств renunciation of fulfilment of obligations
~ от дальне́йшего исполне́ния контра́кта refusal of further (future) performance of a contract
~ от догово́ра repudiation of a contract
~ от зая́вки abandonment of an application
~ от но́у-ха́у surrender of know-how
~ от опла́ты refusal of payment (to pay), dishonour
~ от опцио́на abandonment of option
~ от пате́нта abandonment (surrender) of a patent
~ от прав renouncement (surrender, renunciation) of rights, waiver, disclaimer
~ от прете́нзии abandonment of a claim
~ от приёмки non-acceptance, refusal of acceptance
~ от приня́тия refusal of acceptance (to accept)
~ от проте́ста waiver of protest
~ от това́ра goods rejection, rejection of goods
~ от това́рного зна́ка renunciation of a trademark
~, по́лный blanket rejection
~ страхова́теля от прав на застрахо́ванное иму́щество в по́льзу страхо́вщика abandonment
~ экспоне́нта от уча́стия в вы́ставке withdrawal of an exhibitor
заявле́ние об ~е notice of rejection; notice of abandonment
причи́на ~а cause (reason) for rejection
заяви́ть об ~е declare a refusal (rejection)
не принима́ть ~а take no denial
отве́тить ~ом на про́сьбу deny a request
получи́ть ~ be refused, get (meet with) a refusal
рабо́тать без ~а (*о машине*) run smoothly, work faultlessly (perfectly)

отка́зывать 1. refuse, deny; reject **2.** (*переставать действовать*) fail; **~ся 1.** refuse; (*отклонять*) reject, decline; (*отрицать*) deny, repudiate **2.** (*от права*) renounce, waive, surrender, abandon, disclaim **3.** (*лишать себя чего-л.*) give up **4.** (*от должности*) resign

откла́дывать postpone, put off, defer; (*делать перерыв*) suspend, adjourn
~ до postpone (put off) till
~ на postpone (put off) for

отклоне́ни/е 1. (*несоответствие, неточность*) deviation, discrepancy; (*неполноценность*) inadequacy; (*различие*) difference; (*от нормы или стандарта*) divergence, divergency, departure **2.** (*отказ*) refusal, declining, rejection; (*от плана*) dismissal; (*в просьбе*) denial
~ в ка́честве inadequacy in quality
~ в цве́те deviation (difference) in colour

~, допусти́мое admissible (allowable, permissible, tolerable) deviation (variation)
~ зая́вки non-acceptance (rejection) of an application
~ и́ска dismissal (rejection) of a claim (an action)
~ ка́чества (*от стандарта*) quality deviation (divergence), run of quality, violation of the quality standard
~я, коли́чественные quantity variations
~, необосно́ванное groundless (unreasonable) rejection
~, обосно́ванное reasonable (justified, well-grounded) rejection (refusal)
~ от маршру́та deviation from the route
~ от но́рмы, устано́вленной divergency (departure) from accepted standards, deviation from the rated value
~ от парите́та deviation from parity
~ от пла́на deviation from (non-compliance with) a plan
~я от специфика́ций variances from specifications
~ от станда́рта deviation from standard
~ по коли́честву и ассортиме́нту discrepancy in quantity and assortment
~ предложе́ния rejection of an offer (proposal)
~, преднаме́ренное deliberate deviation
~ прете́нзии rejection of a claim
~, прие́млемое acceptable deviation (difference)
~, прое́ктное design deviation
~, сре́днее average (mean) deviation
~ су́дна от ку́рса deviation of a ship from the route (course)
~ тре́бования rejection of a demand
~ хода́тайства refusal of an application (a petition)
~ цен от сто́имости deviation (divergence) of prices from value

отклоня́ть decline, reject, turn down; refuse, deny; **~ся** deviate from, diverge from, depart from

открыва́ть 1. open **2.** (*делать открытие*) discover **3.** (*секрет, планы*) reveal, let out
«Открыва́ть здесь» (*надпись на упаковке*) "Open this end", "Open here"

откры́ти/е 1. opening **2.** (*научное*) discovery
~ аккредити́ва opening of a L/C
~ ба́нковского счёта opening of a bank account
~ вы́ставки opening of an exhibition (a show, an exposition); (*торжественное*) opening ceremonies, ceremonial opening (inauguration) of an exhibition
~ навига́ции opening of navigation, first open water, *сокр.* F.O.W.
~ но́вых ры́нков opening up of new markets
~, официа́льное official (formal) opening
день ~я (*выставки*) opening day
описа́ние ~я description of a discovery
охра́на ~я protection of a discovery
поруче́ние на ~ аккредити́ва instruction for opening a L/C
распоряже́ние об ~и аккредити́ва instruction to issue a L/C
регистра́ция ~я record of a discovery

церемо́ния ~я ceremonial opening
внедря́ть ~ adapt a discovery
патентова́ть ~ patent a discovery
прису́тствовать при ~и attend the opening
[с]де́лать ~ make a discovery

отли́в (*утечка*) drain, outflow
~ де́нег outflow of money
~ зо́лота outflow (drain) of gold
~ капита́ла outflow of capital (funds), capital outflow

отлича́ться differ
~ в *чем-л.* **от** *чего-л.* differ in *smth* from *smth*
~ по ка́честву differ in quality
~ по цве́ту differ in colour

отли́чие distinguishing feature, difference
~, вне́шнее external difference
~, незначи́тельное minor difference
~, патентоспосо́бное patentable distinction

отличи́тельный distinctive

отме́н/а abolition, abolishment; (*аннулирование*) cancellation, annulment, countermand; (*отзыв*) revocation; (*о законе*) abrogation
~ аре́ста (*на судно, имущество*) lifting (withdrawal) of an attachment
~ валю́тных ограниче́ний abolition of currency restrictions
~ вы́ставки cancellation of an exhibition
~ зака́за cancellation (countermand) of an order
~ кво́ты abolition of a quota
~ нало́га abolition (abolishment, cancellation) of a tax
~ по́шлины abolition of a tax (duty, fee)
~ станда́рта, золото́го suspension of the gold standard
~ тари́фа abolition (abolishment) of a tariff
~ торго́вых барье́ров lifting of trade barriers
~, части́чная partial cancellation
невозмо́жность ~ы irreversibility
огово́рка об ~е cancellation clause
пра́во ~ы right to recall
уведомле́ние об ~е cancellation notice
действи́телен до ~ы valid until recall

отменя́ть abolish; (*аннулировать*) cancel, countermand; (*отозвать*) revoke, recall, call off; (*о законе*) abrogate

отме́тк/а (*оговорка*) clause, reserve, reservation; (*запись*) note, notation; (*метка, клеймо*) mark; (*при отсчёте*) tally [mark]
~ в коносаме́нте remark (reservation, [detrimental] clause) in a bill of lading
~, контро́льная check mark
~, необяза́тельная optional note
~ обяза́тельная к исполне́нию mandatory note
~ о ве́се indication of weight
~ о "всех ри́сках" "all risks" notation
~ о па́лубном гру́зе note "on deck"
~ о происхожде́нии mark of origin
~, осо́бая special note
~ отправи́теля shipper's note
коносаме́нт с ~ой «фрахт подлежи́т упла́те грузополуча́телем» Freight Collect bill of lading

коносаме́нт с ~ой «фрахт упла́чен» Freight Paid bill of lading
де́лать ~у mark, clause
де́лать ~у в коносаме́нте make a note in a bill of lading
де́лать ~у на ве́кселе об отка́зе трасса́та от акце́пта *или* **упла́ты** note a bill, have a bill noted
ликвиди́ровать все ~и take off all marks
показа́ть *что-л.* **~ой** show *smth* by mark
содержа́ть ~у contain a clause, be claused
путём ~и на докуме́нте by notation of a document

отмеча́ть 1. mark, mark off **2.** (*обращать внимание*) note; **~ся** register
~ коли́чество гру́за при погру́зке и вы́грузке tally

отме́ченный marked

относи́ть 1. (*дебетовать расходы и т. п.*) charge, debit; (*кредитовать*) credit **2.** (*считать, приписывать*) attribute to, ascribe to

отноше́ни/е 1. attitude; (*к человеку*) regard for, consideration for **2.** (*связь*) relation; **~я** relations, relationship, contacts
~я, валю́тно-фина́нсовые monetary (currency and financial) relations
~я, валю́тные currency relations
~я, взаи́мные mutual relations
~я взаимовы́годного сотру́дничества relations of mutually advantageous cooperation
~я, взаимовы́годные mutually beneficial (advantageous, profitable) relations (relationship)
~я, внешнеэкономи́ческие foreign (external) economic relations
~я, делові́е business relations (contacts)
~я, дли́тельные long-term relations
~, добросо́вестное conscientious attitude
~я, догово́рные contractual relations
~я, долголе́тние long-standing relations, relations of long-standing
~я, дру́жественные friendly relations
~я, иму́щественные property relations
~я, кли́ринговые clearing relations
~я, креди́тно-де́нежные credit and monetary relations
~я, креди́тные credit relations
~я, лицензио́нные licensing relationship
~я, междунаро́дные international relations (contacts)
~я, междунаро́дные экономи́ческие international economic relations (contacts)
~я, менові́е exchange ratio, ratio of exchange
~, непосре́дственное direct relationship
~я, неравнопра́вные экономи́ческие inequitable economic relations
~я, платёжно-креди́тные payments and credits relations
~я, правові́е relations governed by law, legal relations
~я, произво́дственно-кооперати́вные production cooperation relations
~я, произво́дственно-технологи́ческие industrial and technological relations

~я, произво́дственные industrial (production) relations
~, проце́нтное percentage
~, реа́льное real attitude
~я, ры́ночные market relations
~я, существу́ющие existing relations
~я, това́рно-де́нежные commodity[-and]-money relations
~я, торго́во-экономи́ческие trade and economic relations
~я, торго́вые trade (trading) relations (contacts), commercial relations
~я, фина́нсовые financial relations
~я, хозрасчётные self-supporting relations
~я, экономи́ческие economic relations (contacts)
прекраще́ние ~й break (breach) of relations (relationship)
улучше́ние ~й improvement of relations
установле́ние ~й establishment of relations
ухудше́ние ~й deterioration of relations, aggravation in (of) relations
быть в дру́жеских ~ях be on friendly terms
возобновля́ть ~я resume (renew, restore) relations
вступа́ть в ~я enter into relations
име́ть ~ к *чему-л.* bear a relation to, have a bearing on, concern *smth*; *разг.* have *smth* to do with
находи́ться в контра́ктных ~ях be under contractual obligations
перестра́ивать ~я restructure relations
подде́рживать делові́е ~я keep [up] (maintain) business relations (contacts)
прерыва́ть ~я suspend relations
развива́ть ~я develop (expand, extend, promote) relations
разорва́ть ~я break off relations (relationship, connections)
расширя́ть и углубля́ть ~я broaden (expand) and deepen relations
соде́йствовать разви́тию ~й promote (foster) relations
укрепля́ть ~я strengthen relations
улучша́ть ~я improve relations
урегули́ровать ~я normalize relations
установи́ть ~я establish (enter into, build up) relations (relationship), make contacts
в ~и in respect of (to), with respect to, as regards, regarding, as related to, relative to
в други́х ~ях in other respects
в не́котором ~и in a way
во всех ~ях in every respect, in all respects
во мно́гих ~ях in many respects
в проце́нтном ~и percentage-wise, as [a] percentage of
в фина́нсовом ~и financially
в э́том ~и in this respect

отправи́тел/ь shipper, consignor, sender
~ гру́за consignor, shipper, sender of cargo
~ перево́да remitter
~ письма́ sender of a letter
деклара́ция ~я (*груза*) declaration of a shipper (consignor), shipper's declaration
зна́ки ~я shipper's marks; brand name

отпра́вк/а dispatch, forwarding, shipping, shipment, sending off

~ большо́й ско́ростью dispatch by express transport
~ в срок shipment on time
~ гру́за dispatch (shipment) of goods (cargo), goods (cargo) dispatch
~, ме́лкая part-load consignment, parcel goods
~ мо́рем dispatch (shipment) by sea
~ на консигна́цию consignation, sending on consignment
~, неме́дленная prompt (immediate) dispatch (shipment)
~ па́ртии това́ра shipment of a consignment of goods
~ по а́дресу dispatch (shipment) to an address
~ по желе́зной доро́ге dispatch (shipment) by railway (by rail)
~, после́дующая onward dispatch
~ по частя́м part shipments
~ по́чтой dispatch by post, sending by mail
~ ра́вными па́ртиями shipment by (in) equal lots
~ самолётом dispatch by air
~ сбо́рных гру́зов groupage traffic
~ телегра́ммы dispatch of a cable
~ това́ра dispatch (shipment) of goods
~ шту́чного гру́за dispatch of part-load consignment
~ экспона́тов dispatch of exhibits
гото́вность к ~е readiness for dispatch
да́та ~и date of dispatch (shipment), shipping date; (*корреспонденции*) mailing date
изде́ржки по ~е forwarding (shipping, transport) charges
инстру́кции по ~е (*груза*) shipping (forwarding) instructions
разреше́ние на ~у shipping permit, authorization for shipment
расхо́ды по ~е гру́за forwarding (shipping, transport) charges
спо́соб ~и mode of shipment, way of dispatch
срок ~и date of dispatch (shipment), shipping date; mailing date
уведомле́ние об ~е dispatch note, notification of dispatch (shipment), forwarding advice, advice of shipment (dispatch)
заде́рживать ~у delay dispatch (shipment)
подгото́вить к ~е make ready (prepare) for dispatch
производи́ть ~у ship
разреши́ть ~у [па́ртии] това́ра release a consignment
гото́вый к ~е ready for dispatch

отправле́ни/е departure; (*отплытие*) sailing; (*о письмах*) sending, mailing
~, заказно́е registered mail
~, почто́вое mailing
~ фра́нко-аэропо́рт free airport dispatch
вре́мя ~я departure time, time of departure
да́та ~я су́дна vessel's (ship's) sailing date
ме́сто ~я place of departure (dispatch), port of shipment
порт ~я port of departure (exit), sailing port
пункт ~я point of departure
ста́нция ~я forwarding (dispatch, dispatching, shipping) station, station of departure, station of origin, initial terminal

то́чка ~я point of departure
до ~я prior to departure
отправля́ть send, dispatch, forward; **~ся** set off, set out, start, leave, depart; sail
отправно́й starting
отраслево́й branch *attr.*, sectoral
о́трасл/ь branch, field, line
~и, ба́зовые key branches (sectors)
~и, высокотехнологи́чные high technological sectors (industries)
~и наро́дного хозя́йства branches of national economy
~и, наукоёмкие science-intensive industries
~и, непроизво́дственные non-productive fields
~, приорите́тная priority branch
~ произво́дства production branch, branch of production
~ промы́шленности industry, branch (line) of industry, industrial branch
~и промы́шленности, веду́щие key industries
~ промы́шленности, вспомога́тельная ancillary industry
~и промы́шленности, госуда́рственные public (state) industries
~и промы́шленности, ключевы́е key industries
~ промы́шленности, ме́лкая small industry
~ промы́шленности, национализи́рованная nationalized [branch of] industry
~и промы́шленности, основны́е key (basic, staple) industries, key (main) branches of industry
~ промы́шленности, сме́жная allied (related) industry (branch of industry)
~ се́льского хозя́йства branch of farming
~ торго́вли line (kind) of business [activity]
~и, традицио́нные traditional industries
~ и тяжёлой инду́стрии branches of heavy industry
~ эконо́мики branch of the economy
отремонти́ровать repair
отрица́тельный negative, adverse
отрыва́ть tear off, detach
отсортиро́вывать sort out
отсро́ченный deferred, postponed, put off
отсро́чивать postpone, put off, defer, delay
~ до postpone (put off) till
~ на postpone (put off) by (for)
отсро́чк/а delay, postponement, deferment, extension of time, grace, respite
~ ассигнова́ний appropriations deferment
~ визи́та postponement of a visit
~ в погаше́нии до́лга debtor's delay
~ в предоставле́нии лице́нзии postponement of a license
~ вы́платы проце́нтов moratorium on interest
~ нало́га tax deferment
~ платежа́ postponement (deferment, adjournment) of payment, delay in (of) payment; grace (respite) for payment
~ поста́вки extension of the delivery time, postponement of delivery
платёж с ~ой payment on deferred basis
хода́тайство об ~е application for a postponement (respite)
вызыва́ть ~у cause a postponement

дать ~у grant a delay (deferment)
дать ~у платежа́ grant a delay in payment
извеща́ть об ~е inform *smb* of (about) postponement
получи́ть ~у be granted a delay, obtain a delay
предоставля́ть ~у grant a delay (deferment)
предоставля́ть ~у на ме́сяц grant a month's grace
проси́ть ~у ask for a delay, request a postponement

отстава́ние lag, lagging
~ во вре́мени time lag
~ в рабо́те backlog of work
~ от пла́на arrears of a plan
ликвиди́ровать ~ do away with the lag
ликвиди́ровать ~ с зака́зами catch up with (get rid of) the backlog, catch up with the arrears

отстава́ть be (fall) behind with (in) *smth*, lag behind *smth*

отста́ивание прав assertion of rights

отста́ивать assert, defend, uphold, stand up for

отступа́ть (*от правил и т. п.*) deviate from, depart from, step back

отступле́ни/е (*от условий контракта и т. п.*) deviation, departure
~я от отде́льных положе́ний deviation from certain clauses (items, paragraphs)
~ от пла́на deviation from a plan
~ от пра́вил deviation from rules
сде́лать ~ от depart from

отступны́е compensation for termination of a contract; smart-money

отсу́тстви/е absence, lack, non-availability
~ вы́бора absence of choice
~ запа́сов lack of stocks, stockout
~ информа́ции lack (unavailability) of information, null information
~ контро́ля lack of control
~ нали́чия unavailability
~ нали́чности lack of cash
~ описа́ния omission of a description
~ о́пыта lack of skill (experience)
~ патентоспосо́бности absence of patentability
~ поле́зности lack of utility
~ понима́ния lack of understanding
~ при́знаков изобрете́ния lack of invention
~ продвиже́ния lack of progress
~ равнове́сия imbalance, unbalance
находи́ться в ~и be absent, be away
в ~и in the absence
за ~ем for lack of; in the default of
при ~и ины́х указа́ний unless otherwise specified
при ~и согла́сия сторо́н in the absence of agreement by the parties

отсу́тствовать be absent, be away

отсу́тствующий missing

отсчи́тывать (*количество груза при погрузке и выгрузке*) count off (out), mark off, tally

отсыла́ть **1.** send away (off), dispatch; (*обратно*) send back **2.** (*указывать источник*) refer to

о́ттиск (*типографский*) print, proof; (*штемпель*) impress [-ion], stamp
  ~ зна́ка print of a mark
  ~ печа́ти impression of a seal
отто́к outflow, flux
  ~ при́были profit outflow
  ~ фина́нсовых средств capital outflow
  ~ и прито́к де́нег flux and reflux of money
отфрахто́вывать (*сдать судно в наём*) let to freight, charter out
отхо́д (*о судне*) sailing, departure
  да́та ~а су́дна ship's sailing date, sailing date of a ship
  гото́вый к ~у about (ready) to sail
отходи́ть (*о судне*) sail off, leave
  ~ в sail to, leave for
отчёт report; (*финансовый*) account; (*ведомость, выписка*) statement
  ~ аге́нта report (account) of an agent
  ~ администра́ции management report
  ~, бала́нсовый balance sheet
  ~, бухга́лтерский accounting report (balance-sheet), accounts
  ~, внутрифи́рменный intra-company (operating) report
  ~, годово́й annual (yearly) report (account)
  ~, де́нежный statement of accounts
  ~, дета́льный detailed report (account)
  ~ ежего́дный annual (yearly) report (account)
  ~, ежеме́сячный monthly report (account)
  ~, ито́говый final report (account)
  ~, ка́ссовый cash report (statement)
  ~, кварта́льный quarterly report (account), quartely statement
  ~, ликвидацио́нный liquidation statement
  ~ об исполне́нии сме́ты performance (budgetary control) report
  ~ об исто́чниках и испо́льзовании средств funds flow statement
  ~ об оце́нке (*изделия*) evaluation report
  ~ об уще́рбе damage report
  ~ об эксплуата́ции (*оборудования*) operational report
  ~ о вы́пуске проду́кции production report
  ~ о де́ятельности аге́нта report on the agent's activity
  ~ о затра́тах на програ́мму programme cost report
  ~ о командиро́вочных расхо́дах travel expense report
  ~ о контро́ле ка́чества quality control report
  ~ о креди́тных опера́циях credit report
  ~ о нау́чно-иссле́довательской де́ятельности research report
  ~, операти́вный operational report
  ~ о при́былях и убы́тках profit and loss report (statement), income (operating) statement
  ~ о приёмочном контро́ле на предприя́тии factory inspection report
  ~ о прове́рке inspection (survey) report
  ~ о прове́рке ка́чества quality survey report
  ~ о прода́же това́ра account sales, sales account
  ~ о проде́ланной рабо́те progress report

~ о произво́дственной де́ятельности manufacturing report
~ о просто́е (*оборудования*) idle time report
~ о рабо́те work statement
~ о расхо́дах charges account
~ о сниже́нии затра́т cost reduction report
~о состоя́нии запа́сов stock status report
~ о состоя́нии рабо́т situation (status) report, progress report
~ о состоя́нии счето́в statement of accounts, statement of the bank, bank statement
~ о состоя́нии фо́ндов по контра́кту contract funds status report
~ о трудозатра́тах timekeeping report
~ о хо́де выполне́ния догово́ра contract status report
~ о хо́де выполне́ния рабо́т progress report
~, периоди́ческий periodical report
~, подро́бный detailed report (account)
~, по́лный full report
~, полугодово́й semi-annual report (account)
~ правле́ния директоро́в board of directors report
~, промежу́точный interim report
~, ревизио́нный audit[or's] report
~, сво́дный consolidated (general, summary) report
~, фина́нсовый financial report (account, statement)
брать де́ньги под ~ take money on account, receive an advance
дава́ть ~ give (render) account, report
дава́ть де́ньги под ~ give money to be accounted for, make an advance
одобря́ть ~ approve a report
подгото́вить ~ prepare a report
представля́ть ~ present (submit, render) an account, submit a report, render a statement
прилага́ть ~ enclose a report
составля́ть ~ draw up a report
тре́бовать ~а demand an explanation
утвержда́ть годово́й ~ approve an annual account

отчётливый distinct, clear, legible

отчётност/ь 1. reporting, accounting, accountability 2. (*документация*) reports, accounts
~, бухга́лтерская accounts, balance
~, вну́тренняя internal reporting
~, годова́я annual reporting (reports)
~, полугодова́я semi-annual reporting (reports)
~, сво́дная summary reporting (reports)
~, статисти́ческая statistical accounting (reporting, reports)
~, фина́нсовая financial accounting
прове́рка (реви́зия) ~и audit[ing]
ревизова́ть ~ audit

отчётный accounting, report *attr.*

отчисле́ни/е 1. (*удержание, вычет*) deduction 2. (*лицензионный платёж*) royalty, fee 3. (*ассигнование*) allocation, assignment

~я, амортизацио́нные depreciation deductions, depreciation charges, amortization
~, бо́нусное bonus deduction
~, валю́тное allocation of currency, currency allocation, currency deduction
~ в резе́рв allocation to reserve
~ в фонд deductions [in]to the fund of
~ за по́льзование лице́нзиями и пате́нтами royalties, [current] fees
~ на упла́ту нало́гов provision for taxation
~ от при́былей profits tax
~, периоди́ческое royalty
~, проце́нтное percentage [allocation]; percentage deduction
~ средств в *какой-л.* фонд transfer of resources [in]to the fund of
~я, теку́щие current fees, royalties; current allocations
поря́док валю́тных ~й procedure for currency allocations
разме́ры ~й sizes of allocations; amount of deductions
ста́вки валю́тных ~й rates of currency deductions
фонд валю́тных ~й currency fund
производи́ть ~я deduct; allocate

отчисля́ть 1. (*удерживать*) deduct 2. (*ассигновывать*) allocate, assign

отчи́тываться report, give (render) an account

оферéнт offerer

офе́рта (*предложение*) offer

официа́льно officially
~ объя́вленная цена́ posted price
~ подтверждённый officially confirmed
~ согласо́ванный officially agreed
~ уве́домить give formal notice, give notice in writing

официа́льный official, formal

оформле́ни/е 1. (*документации*) execution, preparation, issuance; (*регистрация*) registration 2. (*художественное, напр. выставки*) design; decoration, dressing; display
~ витри́ны show-case decoration, window dressing
~ вы́ставки decoration of an exhibition; design of an exhibition
~ докуме́нтов issuance (execution, preparation, drawing up, completion) of documents
~ зака́за making up of an order
~ зая́вки preparation (execution, drawing up) of an application
~ интерье́ра interior decoration
~, крикли́вое loud decoration
~ павильо́на design of a pavilion, decoration within (of) a pavilion
~ пате́нта execution of a patent
~ переда́чи прав execution of official registration of transfer of rights
~, привлека́тельное attractive decoration
~, рекла́мное advertising design
~ счёта making out (up) of an invoice, issue of an invoice
~, тамо́женное customs clearance
~ уча́стия в вы́ставке registration of exhibitors
~, худо́жественное artistic design

~ **чертежей** execution (preparation) of drawings
порядок ~я договора making of an agreement
проект художественного ~я scenario of display (presentation)
расходы на ~ документации documentation charges
расходы на ~ кредита charges for the opening of credit
сбор за ~ документов charge for the issue of documents, administration fees
стоимость ~я cost of design

оформленный made out, executed; formal

оформлять 1. (*документацию и т. п.*) draw up, make out, execute, prepare, issue; (*регистрировать*) register **2.** (*выставку, стенд*) decorate, dress

охлаждённый chilled, cooled

охран/а protection; (*стража*) security (guard) service
~, **двойная** double protection
~ **изобретения** protection of an invention; protection of a discovery
~ **интересов** protection of interests
~ **качества** quality protection
~ **научных открытий** protection of scientific discoveries
~ **ноу-хау** protection of know-how
~ **образцов, промышленных** protection for designs, design protection
~ **окружающей среды** environmental protection, protection of the environment
~ **патентных прав** protection of patent rights
~ **помещения** supervision of premises
~ **порядка** maintenance (preservation) of [law and] order
~ **прав** protection of rights
~ **прав изобретателя** protection of an inventor (inventor's rights)
~ **прав лицензиара** protection of a licensor
~, **правовое** legal protection
~ **предмета лицензии, патентная** patent protection of the object of a license
~, **противопожарная** fire guard
~ **сведений, технических** protection of technical data
~ **секретов производства в выставочных экспонатах** protection of exposed trade secrets
~ **стендов** guarding of stands
~ **товарных знаков** protection of trademarks
~ **труда** labour protection, protection of labour; workmen's (working) safety
мероприятия по ~е труда safety (labour protection) measures
нарушение противопожарной ~ы neglect of fire protection regulations
расходы по ~е окружающей среды environment[al] expenditures
техника ~ы труда industry safety rules
требования по ~е окружающей среды environmental requirements
обеспечивать ~у provide (ensure) protection, provide a safeguard
проводить мероприятия по ~е труда take safety (labour protection) measures

охранять protect, guard
~ **надёжно** protect securely
~ **от** protect (guard) from (against)

оценённый appraised, assessed

оцéнивать estimate, evaluate, value, price, assess, appraise
~ **в** price at
~ **на сýмму** value at
~ **слúшком высокó** overestimate, overvalue
~ **слúшком нúзко** underestimate, undervalue

оцéнк/а estimate, estimation, evaluation, valuation, rating, appraisal, appraisement, assessment
~ **вклáдов** assessment of contributions
~, **вы́борочная** sample estimate
~, **высóкая** high estimate, high rating, high assessment; appreciation
~, **годовáя** annual estimate
~, **грýбая** rough (crude) estimate (estimation)
~ **грýза** assessment of cargo
~ **дáнных** data assessment
~ **деловы́х кáчеств рабóтника** merit rating
~, **дéнежная** pecuniary valuation
~ **дéятельности** assessment of activity
~ **доказáтельств** evaluation of evidence
~, **завы́шенная** high estimate, overestimation, overvaluation
~, **занúженная** low estimate
~ **затрáт на произвóдство** production estimate
~ **издéржек произвóдства** cost estimate
~ **изобретéния** evaluation of an invention
~ **имýщества** valuation (assessment) of property
~, **инвентáрная** inventory valuation
~ **информáции** evaluation (assessment) of information
~, **испрáвленная** corrected estimation
~ **кáчества** quality assessment (rating), assessment of quality, grade estimation
~ **кáчества пáртии** lot rating
~ **кáчества продýкции** assessment of the quality of products
~, **кáчественная** quality (qualitative) assessment
~, **колúчественная** quantity (quantitative) assessment
~ **кредитоспосóбности** credit rating
~, **ликвидациóнная** liquidation value
~, **наибóлее верóятная** most probable estimate
~, **наилýчшая** the best estimate
~, **несостоя́тельная** inconsistent estimate
~, **нормирóванная** normalized estimate
~, **объектúвная** objective (unbiassed) appraisal (assessment)
~ **объёма постáвки** supply estimate
~, **окончáтельная** final assessment
~ **оперáций, произвóдственных** operations evaluation
~, **ориентирóвочная** estimated rate
~ **осуществúмости** feasibility evaluation
~, **официáльная** official estimate (appraisal)
~, **ошúбочная** wrong estimate
~ **патентоспосóбности** evaluation of patentability
~, **первоначáльная** original estimate
~ **подря́дчика** contractor performance evaluation

~ по за́писи в бухга́лтерской кни́ге accounting valuation, book value

~, по́лная complete assessment

~ положе́ния, фина́нсового financial rating, statement of condition; evaluation of financial position (situation)

~ по состоя́нию на середи́ну го́да midyear estimate

~ потре́бностей requirements estimate (evaluation)

~, пра́вильная correct assessment

~, предвари́тельная preliminary estimate (estimation, assessment)

~, преде́льная marginal valuation

~ предложе́ния evaluation (appraisal) of a proposal

~, предположи́тельная provisional estimate

~, приблизи́тельная approximate evaluation (estimate), tentative (rough) assessment

~ приго́дности applicability (acceptability) appraisal

~, прие́млемая reasonable estimate

~ прое́кта project evaluation

~, прое́ктная engineering estimate

~ произво́дственных возмо́жностей capacity evaluation

~ рабо́ты job assessment (rating), assessment of work

~ расхо́дов cost estimation (finding), assessment (estimation, determination) of expenses (costs)

~ результа́тов испыта́ний test assessment

~ рента́бельности assessment of profitability

~ ри́ска risk evaluation (estimate, valuation), valuation of risk; estimated risk

~ сло́жности рабо́ты job evaluation

~, совме́стная joint assessment

~, согласо́ванная agreed valuation

~, состоя́тельная consistent estimate (estimation, assessment)

~ сто́имости estimation of cost, value assessment (appraisement), assessment of value

~, страхова́я insurance valuation

~, субъекти́вная subjective evaluation

~, тамо́женная customs valuation

~, теку́щая current estimate

~ те́мпа рабо́ты speed rating

~, теорети́ческая theoretical estimate

~ те́хники technology assessment

~, техни́ческая technical assessment

~ това́ра value of goods

~, това́рно-материа́льных запа́сов inventory valuation

~ уще́рба assessment of damage, damage assessment

~, числова́я numerical estimate

~ эконо́мии estimate of economies

~, экономи́ческая economic appraisal (assessment)

~ эффекти́вности assessment of efficiency

акт ~и (*основного капитала*) appraisal report

ме́тод ~и costing method

мето́дика ~и estimation procedure

расхо́ды по ~е това́ра valuation charges
сто́имость по ~е appraised value
дать (произвести́) ~у evaluate, give an estimate (estimation, assessment, appraisal), make evaluation, assess
по *чьей-л.* **~е** in the estimation of

оце́ночный assessed, estimated

оце́нщик appraiser, valuer, valuator
~, официа́льный qualified appraiser
~ страхово́й компа́нии surveyor

очередно́й 1. (*следующий*) next, immediate, next in turn; (*текущий*) current **2.** (*обычный*) usual, regular

о́черед/ь turn
~ на погру́зку loading turn
~ на разгру́зку line for unloading
вре́мя ~и turn time
погру́зка в поря́дке ~и loading in turn
образо́вывать ~ line up, queue
поста́вить в ~ put on the waiting list
рассмотре́ть в пе́рвую ~ give priority
соблюда́ть ~ wait *one's* turn
станови́ться в ~ queue up, line up
стоя́ть в ~и stand in a queue
без ~и free of turn
вне ~и out of turn
в обы́чной ~и in regular turn
в пе́рвую ~ in the first place (instance), first of all
в поря́дке ~и in turn, in order of priority; (*оговорка в чартере*) regular turn
в свою́ ~ in one's turn
на ~и next [in turn]
незави́симо от ~и (*оговорка в чартере*) free of turn
по ~и in (by) turn (rotation)

очерёдност/ь sequence, regular succession, order of priority
~ вво́да в эксплуата́цию sequence of putting into operation
~ [выполне́ния] рабо́т order of execution of work
~ эксперти́зы order of examination
поря́док ~и [order of] priority, priority list
спи́сок ~и priority list; waiting list
определя́ть ~ give correct priority
в поря́дке ~и in order of priority
на основа́нии устано́вленной ~и on a priority basis

очи́стк/а:
~ гру́за от по́шлины clearance, clearing of cargo
~, тамо́женная customs clearance
~, э́кспортная export clearance
проводи́ть ~у, тамо́женную effect customs clearance

очища́ть:
~ склад clear stocks
~ това́р от по́шлины (*на таможне*) clear goods [through the customs]

ошиба́ться be mistaken, make a mistake (mistakes), be [in the] wrong, be in error

оши́б/ка mistake, error; (*грубая*) blunder; (*неточность*) inaccuracy
~, арифмети́ческая arithmetical mistake
~, больша́я bad (great) mistake
~ в вычисле́ниях error in calculation (calculating), miscal-

culation, computational (calculation) error
~ в да́нных data error
~, ви́димая conspicuous error
~ в расчётах error in calculation (calculating), miscalculation, computational (calculation) error
~ в цене́ error in a price
~, гру́бая gross (crude) error, blunder
~, допусти́мая permissible (admissible, reasonable, tolerated) error
~, допу́щенная introduced error
~, допу́щенная в проце́ссе произво́дства in-process (manufacturing) error
~, допу́щенная при печа́тании на маши́нке typing error
~, допу́щенная при приёмочном контро́ле inspection error
~, заме́тная conspicuous error
~ изготовле́ния manufacturing (fabrication) error
~ измере́ния measuring error, error of measurement
~, канцеля́рская clerical error
~ ме́тода methodic error
~, нача́льная initial error
~, небольша́я minor mistake
~, непоправи́мая fatal mistake
~, обнару́женная detected mistake (error)
~, обнару́живаемая detectable error
~ обсле́дования error in survey
~, относи́тельная relative error
~ оце́нивания estimation error
~ оце́нки error of estimate
~, повторя́ющаяся repetitive error
~ прогнози́рования forecast (prediction) error
~, серьёзная serious mistake
~, случа́йная accidental error; casual error
~ специфика́ции error of specification
~, я́вная obvious mistake (error)
исправле́ние ~ки correction of a mistake (an error)
исто́чник ~ки source of error
поста́вка по ~ке misdelivery, delivery of wrong goods
устране́ние ~ок elimination of mistakes (errors)
де́лать ~ку make a mistake, make (commit) an error
де́лать *что-л.* **по ~ке** do *smth* by mistake (in error)
допуска́ть ~ку make a mistake, make (commit) an error
исправля́ть ~ку correct (rectify, put right) a mistake (an error)
предупрежда́ть ~ку prevent a mistake (an error)
признава́ть свою́ ~ку admit (acknowledge) *one's* mistake (fault)
соверша́ть ~ку make a mistake, make (commit) an error
указа́ть на ~ку point out a mistake
по ~ке by mistake, in error

оши́бочный mistaken, erroneous; (*неправильный*) faulty, incorrect

оштрафова́ть fine, impose a penalty, penalize

П

па́блик реле́йшнз (*связи с общественностью*) public relations

агентство по ~ public relations agency
программа мероприятий по ~ public relations measures

павильо́н pavilion
~, вы́ставочный exhibition hall (pavilion)
~, демонстрацио́нный demonstration pavilion
~, закры́тый indoor pavilion
~, иностра́нный foreign pavilion
~, основно́й main pavilion
~, откры́тый open-air pavilion
~, отраслево́й industrial pavilion
~, постоя́нный permanent pavilion
~, сове́тский Soviet (USSR) pavilion
~, специализи́рованный specialized pavilion
~ торго́вой фи́рмы pavilion of a trade (trading) company (firm)
дире́ктор ~а director of a pavilion, pavilion manager
до́ступ в ~ access to the pavilion
оформле́ние ~а design of a pavilion, decoration within (of) a pavilion
экспози́ция ~а exhibition (display) of a pavilion
экспона́ты ~а exhibits in a pavilion
занима́ть ~ occupy a pavilion
зарезерви́ровать ~ на вы́ставке reserve exhibition space
оформля́ть ~ decorate a pavilion

па́да/ть (*о ценах, курсе, спросе*) fall, drop, decrease, decline, go down, diminish
ку́рс ~ет exchange rate falls (is falling)
спрос ~ет demand goes down (declines)
це́ны ~ют prices fall (are falling)
це́ны продолжа́ют ~ prices continue to fall (drop)
це́ны упа́ли prices have fallen

паде́ни/е fall, drop, decrease, decline; recession
~ делово́й акти́вности decline in business activity
~ конъюнкту́ры business slump (recession)
~ ку́рса (*валюты*) fall in the exchange [rate]; *бирж.* drop in prices; (*ценных бумаг*) slump of security prices
~, ре́зкое slump
~ сбы́та decrease in sales
~, сезо́нное seasonal decline
~ спро́са fall (drop, decline, recession) in demand, decreasing demand; (*резкое*) slump in demand
~ цен fall (decline) in (of) prices; (*резкое*) slump, steep (sharp) fall in prices; (*значительное*) great (heavy) drop in prices; (*стремительное*) sheer fall in prices
~ э́кспорта decline in exports
неизбе́жность ~я цен imminence of a fall in prices
огово́рка о ~и цен [price] fall clause
предотвраща́ть ~ гру́за prevent the load from dropping

пай share

па́йщик partner, associate; shareholder, *амер.* stockholder
собра́ние ~ов meeting of shareholders (stockholders), shareholders' (stockholders') meeting

пакга́уз warehouse, storehouse, goods (freight) shed; (*при таможне*) bonded warehouse
~ для транзи́тных гру́зов transhipment (transit) shed

паке́т 1. (*тара, упаковка в виде свёртка, пакета, пачки*) packet, pack[age], parcel; (*мешочек*) bag; (*связка, пучок*) bundle; (*листов, пластин*) stack; (*для молока и т. п.*) carton; **2.** (*совокупность товаров, услуг*) package

~ а́кций block (parcel) of shares, shareholdings

~ а́кций, контро́льный controlling block (parcel) of shares

~, бума́жный paper bag

~ мероприя́тий package of measures, package plan

~ пиломатериа́лов shipping bundle

~, пла́стиковый plastic bag

~, полиэтиле́новый polythene (*амер.* polyethylene) bag

~ предложе́ний package of proposals

~ услу́г package of services

~ услу́г по пу́ску предприя́тия в эксплуата́цию plant start-up package

~ услу́г, предоставля́емых по лице́нзии licensing package

~ услу́г, техни́ческих technology package

перево́зка гру́зов в ~ах carriage (transportation) of packeted goods, packaged cargo traffic

вскрыва́ть ~ open a pack[age]

предлага́ть ~ услу́г offer (bid) a package of services

предоста́вить ~ услу́г provide a package of services, do package deal services

в отде́льном ~е under separate cover

пакети́рование packaging

пакети́рованный packaged, palletized, cartonised

пакова́ть pack, do (carry out, perform) packing, package; wrap

~ вручну́ю handpack

~ в соотве́тствии со специфика́цией поставщика́ pack to a specification of (laid down by) the suppliers

~ для морско́й транспортиро́вки pack for overseas transport

~ для сухопу́тной транспортиро́вки pack for overland transport

~ до́лжным о́бразом pack properly (sufficiently)

~ на э́кспорт pack goods for export, perform export packing

~ недоста́точно хорошо́ pack insufficiently

~ с исключи́тельной осторо́жностью pack with extra care

пала́та chamber; house

~, арбитра́жная arbitration chamber

~, внешнеторго́вая chamber of commerce

~, расчётная clearing (settlement) house (office)

~, расчётная по инвалю́тным платежа́м foreign exchange clearing office

~, Торго́вая Chamber of Commerce, *амер.* Board of Trade, *сокр.* B. of T.

~, торго́вая, сме́шанная mixed (joint) chamber of commerce

~, Торго́во-промы́шленная Chamber of Commerce and Industry

палле́т (*транспортный стеллаж*) pallet, flat

~, деревя́нный wooden pallet

~, фане́рный plywood [cargo] flat

возвра́т пусты́х ~ов return of empty pallets

груз на ~ах palletized (palleted) cargo (goods), pallet load

разме́р ~а pallet size

укла́дка гру́за на ~ы palletization [of cargo]
арендова́ть ~ы rent pallets
скла́дывать ~ы в шта́бель stack pallets
скла́дывать по 3 ~а в шта́бель stack pallets 3 high
укла́дывать груз на ~ы palletize
мешки́ [ве́сом ме́нее ... кг] должны́ быть на ~ах bags [less than ... kilos] must be palletized

па́луб/а *мор.* deck
~, ве́рхняя upper (weather) deck, *амер.* main deck
~, навесна́я shelterdeck
~, ни́жняя lower deck
~ с наве́сом shelterdeck
~ су́дна ship's deck
погру́зка на ~у loading on deck
погру́зка под ~ой loading under deck
грузи́ть на ~у put [down] (load, place) on deck
на ~е on deck
под ~ой under deck
с ~ы off deck
погру́женный на ~у deck-loaded

па́лубн/ый deck *attr.*
отме́тка о ~ом гру́зе note "on deck"

па́мятка reminder

пара́граф (*пункт*) paragraph
~, заключи́тельный final paragraph
~ контра́кта clause (provision) of a contract
~, отде́льный separate paragraph
~, предше́ствующий preceding paragraph
~, предыду́щий previous paragraph
~ статьи́ paragraph of a clause
вы́черкнуть ~ delete a paragraph

пара́метр parameter
~ы, жела́тельные desired parameters
~ы, рабо́чие operating parameters
~ы, разме́рные dimensional parameters
~ы, расчётные design parameters
~ы, те́хнико-экономи́ческие techno-economic parameters
~ы, техни́ческие technical parameters

парафи́ровать initial
~ догово́р initial a treaty (contract)
~ соглаше́ние initial an agreement
~ страни́цы (*соглашения, договора*) initial pages

па́ри:
аль ~ (*соответствие биржевого рыночного курса ценных бумаг или валюты их номиналу*) parity

парите́т parity, par [value]
~, валю́тный parity of currency (exchange), monetary parity, par of (for) exchange, par exchange [rate]
~, ве́ксельный par of (for) exchange
~ до́ллара parity of the dollar
~, золото́й gold parity (content), gold par of currency
~, интервалюта́рный par of (for) exchange
~, монета́рный mint (monetary) parity, mint par [of exchange]
~, обме́нный exchange parity
~, официа́льный official parity
~ рубля́ rouble parity
~, скользя́щий sliding parity
~, твёрдый fixed parity

~, фикси́рованный fixed parity

~, фрахто́вый parity of rates

~ фу́нта сте́рлингов parity of the pound sterling

обме́н по ~у exchange at par

отклоне́ние от ~а deviation from parity

быть на одно́м у́ровне с ~ом be at par

отклоня́ться от ~а deviate from parity

сохраня́ть ~ [до́ллара] maintain [the dollar] at its present parity

фикси́ровать ~ валю́т в зо́лоте *или* **друго́й валю́те** fix the parities of currencies in gold *or* in another currency

по ~у at par; (*официальному*) at the official par of exchange

вы́ше ~а above par (parity); at a premium

ни́же ~а below par (parity)

парите́тны/й parity *attr.*

на ~х нача́лах on a parity basis, on a par

паро́м ferry, ferry-boat

~, железнодоро́жный railway (rail, train) ferry, ferry bridge, sea train

~, пассажи́рский passenger ferry

~, тра́нспортный transport ferry

~, универса́льный multi-purpose ferry

погру́зка на ~ loading on a ferry

перевози́ть на ~е ferry

паро́мный ferry *attr.*

парохо́д steamer, steamship, steamboat

~, бродя́чий (*судно для перевозки грузов в любом направлении*) tramp [steamer]

~, букси́рный [steam-]tug, tow-boat

~, грузово́й cargo (freight) steamer, freighter, cargo vessel

~, морско́й steamship

~, наливно́й tank steamer

~, океа́нский [ocean-]liner, ocean[-going] steamer

~, прямо́й direct steamer

~, речно́й river steamer

движе́ние ~а от ... до ... steamship movement from ... to ...

назва́ние ~а steamer's name

погру́зка на ~ loading (shipment) on board ship, shipping

разгру́зка ~а unloading of a steamer

отгрузи́ть на ~ load (ship) on board ship

отправля́ть ~ом send (dispatch, ship) by (on a) steamer (steamship), send (transport) by water

отправля́ть пе́рвым ~ом ship by the first vessel available (sailing opportunity)

парохо́д-контейнер container-ship

парохо́дный steamship *attr.*

парохо́дств/о (*компания*) shipping (steamship) company; steamship line, *сокр.* s.s. line

~, морско́е shipping (ocean) company

~, речно́е inland navigation company

нача́льник ~а president (manager) of a steamship company

управле́ние ~а head office of s.s. lines

па́рти/я 1. (*груза*) consignment, lot, parcel; (*отправленных товаров*) shipment **2.** (*в производстве*) batch, lot

~, больша́я large consignment (lot, parcel)
~, брако́ванная rejected lot
~, вновь поступи́вшая fresh consignment
~, возвращённая returned lot
~ в разме́ре ... маши́н parcel of ... machines
~, вся total consignment
~, вы́борочная sample lot
~ гру́за consignment, parcel of cargo, lot of goods, freight shipment, shipment of freight
~ гру́за, взве́шиваемая единовре́менно draft
~ гру́за, ме́лкая parcel; less than carload, *сокр.* L.C.L.
~ гру́за на ваго́н (*достаточная для загрузки вагона*) carload
~ гру́за на грузову́ю автомаши́ну truckload
~, дополни́тельная additional lot (consignment, parcel), special lot
~ изде́лий lot of products, production lot
~ изде́лий, дефе́ктных bad batch
~ из ... станко́в parcel of ... machines
~, конфиско́ванная seized consignment
~, кру́пная large lot, bulk consignment
~, небольша́я small lot (parcel)
~, непро́данная unsold lot
~, о́пытная initial (pilot) lot, development batch
~, оста́вшаяся balance consignment
~, отгру́женная shipped consignment (lot, parcel)
~, отде́льная separate consignment (lot, parcel)
~, отправля́емая outgoing shipment (lot, consignment, parcel)
~, пе́рвая primary consignment
~, после́дующая next consignment
~, поступа́ющая incoming consignment
~, прибы́вшая arrival
~, про́бная trial consignment
~, ра́вная equal lot (consignment, quantity)
~ това́ра consignment (lot, parcel; shipment) of goods
~ това́ра, отправля́емого почто́вой посы́лкой parcel post shipment
~ това́ра, станда́ртная regular lot
~, э́кспортная export consignment
ана́лиз ~и lot (batch) analysis
возвра́т ~и return of a consignment
заме́на ~и replacement of a consignment
но́мер ~и lot number
объём ~и lot size; production lot, run size
опла́та ~и consignment payment
отгру́зка одно́й ~ей shipment in one lot
отгру́зка отде́льных ~й individual (separate) shipments
отка́з от ~и rejection of a consignment (lot)
отпра́вка ~й dispatch of consignments (parcels)
получе́ние ~и recept of a consignment
поста́вка ~ями delivery by (in) lots (consignments)
пропа́жа ~и loss of a consignment
разме́р ~и lot quantity; lot size

возвраща́ть ~ю return a consignment
грузи́ть ~ями ship in (by) lots (parcels)
зака́зывать про́бную ~ю order a trial lot
маркирова́ть ~ю mark a consignment
отгружа́ть ~ю ship a consignment (lot, parcel)
отгружа́ть ~ями ship in (by) [separate] lots
отказа́ться от ~и reject (refuse to accept) a lot (consignment)
отправля́ть ~ю dispatch (send) a consignment (parcel)
подгото́вить ~ю това́ра prepare a shipment
покупа́ть ~ями buy in lots
получа́ть ~ю receive a consignment
принима́ть ~ю това́ра accept a lot (consignment, parcel)
продава́ть ~ями sell in lots
разбива́ть ~ю split [up] a shipment (lot)
собира́ть небольши́е ~и в одну́ ~ю consolidate small shipments into single carload (truckload) shipment
соста́вить ~ю гру́за make up a consignment
~ями in lots (consignments; batches), by lots
... (*количество*) **~ями в разме́ре** in ... lots at the rate of

партнёр partner, [business] associate
~, бу́дущий future partner
~, возмо́жный possible partner
~, гла́вный (*с неограниченной имущественной ответственностью*) principal (general) partner
~, делово́й business partner
~, зарубе́жный foreign partner
~, надёжный reliable (dependable, safe) partner
~, ненадёжный unreliable partner
~, нече́стный unfair (dishonest) partner
~, пасси́вный dormant (sleeping) partner; (*с неограниченной ответственностью*) silent partner; (*с ограниченной имущественной ответственностью*) limited (special) partner
~ по догово́ру party to an agreement (contract)
~ по коопера́ции partner under a cooperation agreement
~ по ры́нку (*по рыночным операциям*) market partner
~, потенциа́льный potential partner
~ по торго́вле, прибре́жной partner in border trade
~ы, равнопра́вные equal partners
~ совме́стного предприя́тия partner in a joint venture
~, та́йный secret (undisclosed) partner
~, торго́вый trade (trading) partner
подбо́р ~ов selection (selecting) of partners
сотру́дничество с зарубе́жными ~ами cooperation with foreign partners
быть надёжным ~ом be a good credit (financial) risk, be a safe trading risk

партнёрство partnership
~, торго́вое trading partnership

паруси́на canvas, sail-cloth

па́рцель (*часть пароходного груза*) parcel

па́спорт passport; (*оборудования*) certificate; (*гравировка на оборудовании*) rating plate

~, **действи́тельный** valid passport
~, **дипломати́ческий** diplomatic passport
~, **заводско́й** factory certificate; manufacturer's rating plate
~, **загрaни́чный** travelling passport, passport for travelling abroad
~ **маши́ны** machine certificate
~, **оте́чественный** inland passport
~, **пате́нтный** patent form
~, **служе́бный** service (business) passport
~, **техни́ческий** technical passport
но́мер ~а passport number
визи́ровать ~ endorse (visé) a passport
выдава́ть ~ issue a passport
получа́ть ~ obtain a passport

па́спортный passport *attr.*

пассажи́р passenger
~ **второ́го кла́сса** (*на международных авиалиниях*) economy passenger
~ **кла́сса «для делові́х люде́й»** business class passenger
~ **с зара́нее приобретённым биле́том** [pre]ticketed passenger
обслу́живание ~ов travel service; (*на борту самолёта*) on-board passenger service
перевози́ть ~ов carry passengers
принима́ть ~ов (*на борт*) *ав.* pick up (take on) passengers; *мор.* embark passengers

пассажи́ро-ми́ля passenger mile

пассажи́рский passenger *attr.*

пасси́в liabilities
о́бщая су́мма ~а gross liabilities
статья́ ~а liability

пате́нт patent
~, **аннули́рованный** cancelled (void) patent
~, **блоки́рующий** blocking[-off] patent
~, **возобновля́емый** reinstated patent
~, **вы́данный** issued (granted) patent
~, **де́йствующий** unexpired (existing, valid, live) patent, patent in force
~, **дополни́тельный** additional patent, patent in addition
~, **иностра́нный** foreign patent
~, **коллекти́вный** joint patent
~ **на** patent for (on)
~ **на изде́лие** article patent
~ **на изобрете́ние** patent for (on, of) an invention
~ **на медикаме́нт** drug patent
~ **на но́вое примене́ние** new use patent
~ **на промы́шленный образе́ц** patent for a design, design patent
~ **на технологи́ческий проце́сс** method (process) patent
~ **на усоверше́нствование** patent for improvement, improvement (modification) patent
~ **на устро́йство** apparatus (device, structure) patent
~, **недействи́тельный** invalid (invalidated, void) patent
~, **незако́нный** unjustified patent
~, **основно́й** basic (main, key, parent) patent
~, **офо́рмленный** registered patent
~, **подтверждённый** patent of confirmation
~, **полу́ченный** obtained patent
~, **после́дний** the youngest patent

~, ро́дственный releated patent
~ с исте́кшим сро́ком де́йствия expired (lapsed) patent
~, спо́рный patent in dispute; borderline (questionable, litigious) patent
~ с широ́кой фо́рмулой изобрете́ния broad patent
~ судово́й certificate of registry
~, утра́тивший си́лу void patent
~, це́нный valuable patent
адвока́т по ~ам patent attorney
аннули́рование ~а cancellation (revocation, avoidance, annulment, nullification) of a patent
бюро́ ~ов patent office
включе́ние не́скольких ~ов в одно́ лицензио́нное соглаше́ние [patent] packaging
владе́лец ~а holder (owner, proprietor) of a patent, patent holder (owner), patentee, owner of patent rights
владе́лец ~ов, продаю́щий на них лице́нзии patent owner and lessor
во́зраст ~а age of a patent
восстановле́ние ~а a renewal of a patent
вы́дача ~я delivery (grant, issue, issuance) of a patent, patent issue
де́йствие ~а effect of a patent; patent life
действи́тельность ~а validity of a patent
догово́р о ~ах patent contract (agreement)
зако́н о ~ах patent law (act)
заме́на ~а reissue of a patent
защи́та ~а patent protection
заяви́тель ~а patent applicant, applicant for a patent
зая́вка на ~ patent application, application (claim) for a patent
испо́льзование ~а use (employment, working) of a patent
лицензи́рование ~а licensing of a patent
лице́нзия на ~ license for a patent
наруше́ние ~а infringement (violation) of a patent, patent infringement (violation)
наруши́тель ~ов infringer of patents
невы́дача ~а non-granting of a patent
недействи́тельность ~а invalidity of a patent
но́мер ~а number of a patent, patent number
обме́н ~ами patent exchange (interchange), exchange (interchange) of patents
объедине́ние ~ов patent consolidation
объе́кт ~а subject of a patent
описа́ние ~а patent specification
оповеще́ние о ~е patent advertising
оспа́ривание ~а contest (attack, dispute, avoidance) of a patent
отка́з от ~а abandonment (surrender) of a patent
оформле́ние ~а execution of a patent
охра́на ~а patent protection
переда́ча ~а patent assignment, assignment (transfer, cession) of a patent
переусту́пка ~а patent assignment, assignment (transfer, cession) of a patent
пе́речень ~ов list of patents
получе́ние ~а acquisition (obtaining, receipt) of a patent

по́шлина за ~ fee for a patent
пра́во на ~ right to a patent
предме́т ~а subject of a patent
приобрете́ние ~а acquisition (obtaining, procurement) of a patent
приорите́т ~а patent priority
продле́ние сро́ка де́йствия ~а renewal of a patent, extension of a patent (patent term)
регистра́ция ~ов registration (record) of patents
сохране́ние ~а в си́ле maintaining of a patent in force
спи́сок ~ов list of patents
спор по ~у dispute over a patent
срок де́йствия ~а life (term, duration, validity) of a patent
ссы́лка на ~ patent reference
усту́пка ~а cession (assignment) of a patent
це́нность ~а value of a patent
аннули́ровать ~ cancel (revoke, avoid, annul, nullify) a patent
взять ~ на take out a patent for (on)
возобновля́ть ~ renew (reinstate) a patent
выдава́ть ~ deliver (grant, issue) a patent
заяви́ть ~ apply for a patent
име́ть пра́во на ~ have the right to a patent
испо́льзовать ~ use (practise) a patent
лиши́ться ~а forfeit a patent
наруша́ть ~ infringe (violate) a patent
обойти́ ~ circumvent (dodge) a patent
оспа́ривать ~ contest (attack, dispute, avoid, litigate) a patent
оспа́ривать вы́дачу ~а contest (prevent) the issue of a patent
отказа́ть в вы́даче ~а withhold a patent
отказа́ться от ~а abandon (surrender, drop) a patent
отмени́ть ~ cancel (revoke) a patent
офо́рмить ~ execute a patent; file a patent
охраня́ться ~ом be covered by a patent, be patent-protected
передава́ть ~ assign (transfer, cede) a patent
подава́ть зая́вку на ~ apply for a patent
получа́ть ~ acquire (get, obtain, receive, secure) a patent
по́льзоваться ~ом use (exploit) a patent
признава́ть ~ недействи́тельным invalidate a patent
приобрета́ть ~ acquire (obtain, procure) a patent
продава́ть [пра́во на] ~ vend a patent
сохраня́ть ~ в си́ле retain a patent, maintain a patent in force
уступи́ть ~ cede (assign) a patent right
срок де́йствия ~а истёк the patent has expired (lapsed)
~ явля́ется де́йствующим the patent is in force

пате́нт-ана́лог corresponding patent

пате́нтный patent *attr.*

патентова́ни/е patenting
~, дубли́рующее double patenting
~ за грани́цей patenting abroad
~, зарубе́жное foreign patenting
~ изобрете́ний patenting of inventions
~, многокра́тное multiple patenting

~ **нови́нок** patenting innovations
~, **совме́стное** joint patenting
защи́та путём ~я patent coverage
объе́кт ~я subject of patenting
расхо́ды на ~ expenses of patenting procedure
соглаше́ние по ~ю patent agreement
эффекти́вность ~я effectiveness of patenting
патенто́ванный patent *attr.*, proprietary
патентова́ть patent, take out a patent for
патентовладе́л/ец patentee, holder (owner, proprietor) of a patent, patent holder (owner); assignee
~, **индивидуа́льный** individual patentee
~, **иностра́нный** foreign patentee
~, **предше́ствующий** prior patentee
пра́во ~ьца patentee's right
патентоспосо́бност/ь patentability
заключе́ние о ~и opinion as to patentability
отрица́ние ~и denial of patentability
отсу́тствие ~и absence of patentability
оце́нка ~и evaluation of patentability
по́иск при эксперти́зе на ~ patentability search
прове́рка ~и test of patentability
спра́вка о ~и certificate of patentability
у́ровень ~и standard of patentability
эксперти́за на ~ examination of (as to) patentability
оспа́ривать ~ attack patentability
отрица́ть ~ deny patentability
патентоспосо́бный patentable
паушáльный (*общий, без дифференцирования составляющих*) lumpsum *attr.*
па́чк/а pack, package; parcel; pile; (*связка*) bundle
~ **катало́гов** pack of catalogues
~ **книг** pack (pile) of books
цена́ ~и price of a pack, pack price
увя́зывать (упако́вывать) в ~и pack in bundles
пе́нни, пенс penny; **пенсы** pence
25 но́вых ~ов 25 New Pence
пе́н/я fine, penalty
~ **за просро́чку платежа́** late charge
уплати́ть ~ю pay a penalty (fine)
первоисто́чник primary source, origin
све́дения из ~а immediate (first-hand) information; direct knowledge
первокла́ссный first-class (rate), prime; (*о ценных бумагах*) gilt-edge[d]
первонача́льно originally
~ **поста́вленный това́р** goods originally supplied
~ **предло́женные усло́вия** originally proposed terms
~ **согласо́ванные це́ны** originally agreed prices
как ~ сообща́лось as originally reported
первоочередно́й primary, prior, of high priority, priority *attr.*, immediate
первоочерёдность precedence, top priority
устана́вливать ~ set up (establish) priorities

первостепе́нн/ый paramount, primary; overriding

вопро́сы ~ой ва́жности points of prime importance

перга́мент parchment

прокла́дывать ~ом line (stuff) with parchment

переадресо́вк/а readdressing; (*груза в пути следования*) reconsignment, changing the destination

~ су́дна diversion, readdressing

пла́та за ~у гру́за reconsigning charge

пра́во ~и right of readdressing

расхо́ды, свя́занные с ~ой гру́зов expenses resulting from readdressing of goods

переадресо́вывать readdress; (*груз в пути следования*) reconsign

перебо́/й (*в работе*) fault, trouble, failure; (*остановка*) stoppage, stop; (*задержка, остановка*) delay, interruption

рабо́тать без ~ев operate trouble-free (without a hitch)

перева́лк/а transhipment, reshipment, reloading, transfer

~, бортова́я overside delivery

~ в порту́ transhipment at (in) a port

~ в пути́ transhipment in transit

~, вы́нужденная forced transhipment

~ гру́за transhipment (reloading) of cargo

~и, ча́стые frequent transhipments

ме́сто ~и place of transhipment

порт ~и port of transhipment, transhipment port

поте́ри в связи́ с ~ой losses in connection with transhipment

пункт ~и transhipment (transfer, reloading) point, point (place) of transhipment (transfer, reloading)

расхо́ды по ~е expenses of transhipping, transhipment costs (expenses), handling costs

осуществля́ть ~у tranship, effect transhipment

осуществля́ть ~у гру́зов с железнодоро́жного тра́нспорта на во́дный transfer cargo from rail to water

перевози́ть гру́зы с ~ой transport goods with transhipment, tranship goods, effect transhipment of goods

производи́ть ~у tranship, effect transhipment

перева́лочный transhipment *attr.*

переве́с 1. (*излишек веса*) overweight, excess weight **2.** (*избыток, превышение*) surplus; overbalance

перевести́ *см.* **переводи́ть**

не ~ де́ньги fail to remit

переве́шивать 1. (*взвешивать заново*) weigh again, reweigh **2.** (*весить больше*) overweigh, outweigh **3.** (*превосходить*) outbalance, outweigh

перево́д 1. (*пересылка денежных сумм*) transfer, transference, remittance **2.** (*пересчёт*) conversion **3.** (*с одного процесса или режима на другой*) change-over, shift, switch [-over] **4.** (*с одного языка на другой*) translation, interpretation

~ аккредити́ва transfer of a L/C

~, ба́нковский bank (banker's, bankers'), transfer (remittance)

~, **буква́льный** literal translation

~, **валю́ты** 1. transfer (remittance) of currency 2. conversion of currency, currency conversion

~ **в иностра́нной валю́те** transfer (remittance) in foreign currency

~ **в метри́ческую систе́му** metric conversion

~ **в покры́тие** remittance in settlement

~ **в счёт контра́кта** transfer (remittance) under a contract

~ **в счёт платеже́й** transfer (remittance) in payment

~ **в фо́рме ба́нковской тра́тты** transfer (remittance) by bank draft

~ **в фо́рме почто́вых** *или* **телегра́фных платёжных поруче́ний** transfer (remittance) in the form of mail *or* cable payment orders

~ **в фо́рме че́ка** transfer (remittance) in the form of a cheque

~ **де́нег** transfer (remittance) of money, money transfer (remittance), transmission of money; money (postal) order

~ **де́нег на депози́т** transfer of money on deposit

~, **де́нежный** transfer (remittance) of money, money transfer (remittance)

~ **де́нежных средств** transfer (remittance) of funds

~ **де́нежных сумм** transfer (remittance) of payment

~ **до́лларов в ф. ст.** conversion of dollars into pounds

~ **за грани́цу** foreign remittance, transfer (remittance) abroad; **~ы за грани́цу** outgoings

~ **из-за грани́цы** foreign remittance

~ **на [по́лный] хозрасчёт** change-over (switchover) to [full-scale] cost (profit-and-loss) accounting

~ **на счёт** transfer (remittance) into an account

~, **оконча́тельный** final translation

~ **платежа́** transfer (remittance) of payment

~ **по по́чте (почто́вый)** postal (post-office, mail) transfer, transfer by post, mail payment remittance; postal money order

~, **почто́вый, вну́тренний** domestic money order

~, **почто́вый, за грани́цу** foreign (international) money order

~**ом, почто́вым** by post remittance

~ **при́были за грани́цу** transfer of profits abroad

~ **при́были за грани́цу, свобо́дный** free transfer of profits abroad

~ **при́были за грани́цу с обложе́нием нало́гом** taxable transfer of profits abroad

~, **просро́ченный** overdue remittance

~ **про́тив счёта** remittance against an invoice

~ **со счёта** transfer (remittance) from an account

~ **с по́мощью индоссаме́нта** transfer by endorsement

~ **сумм на счёт** transfer (remittance) of amounts to an account

~ **су́ммы** transfer (remittance) of an amount (a sum)

~ **су́ммы с одного́ счёта на друго́й** transfer (remittance) of a sum from one account into another

~, телегра́фный cable (telegraphic, wire) transfer, telegraphic remittance; cable (telegraphic) money order
~, то́чный correct (accurate, exact) translation
~ че́ком transfer by cheque
~ че́рез банк transfer (remittance) through a bank
ави́зо о ~е transfer advice
бланк ~а remittance slip; form for postal order, postal order form
валю́та ~а currency of transfer
выполне́ние ~а transfer, remittance
изде́ржки по ~у де́нежных сумм remittance charges
коми́ссия за ~ 1. remittance charge (fee) **2.** exchange commission
курс ~а exchange (conversion) rate, rate of exchange (conversion)
курс ~а, почто́вого rate for mail transfer
курс ~а, телегра́фного cable rate, rate for cable (telegraphic) transfer
нало́г на де́нежные ~ы за грани́цу transfer tax
нало́г на ~ докуме́нтов transfer tax
отправи́тель ~а remitter
платёж ~ом payment by transfer (remittance), transfer payment
получа́тель ~а payee, remittee
получе́ние ~а receipt of transfer
поруче́ние на ~ transfer (remittance) order, order for transfer (remittance)
разреше́ние на ~ валю́ты exchange permit
распоряже́ние о ~е де́нег transfer arrangements
расхо́ды по ~у де́нежных сумм remittance charges
расчёт путём ~ов, де́нежных payment by money transfers
расчёт путём ~ов, телегра́фных и почто́вых payment by cable and postal transfers, payment by remittance
су́мма ~а amount of transfer (remittance)
учёт ~а ба́нком clearance of a transfer (remittance) by a bank
выполня́ть (де́лать) ~ make (effect) a transfer (remittance)
обеспе́чить ру́сский ~ provide with Russian translation
облегча́ть ~ facilitate transfer
оплати́ть тра́тту ~ом на ба́нковский счёт pay a draft into the bank account
осуществля́ть ~ валю́ты convert currency
плати́ть ~ом pay by transfer (remittance)
посыла́ть ~ send a remittance
посыла́ть ~ по по́чте mail a remittance
уплати́ть ~ом pay by transfer (remittance)
в ~е на [до́ллары] in terms of [dollars]

переводи́мый transferable

переводи́ть 1. (*о денежных суммах*) remit, transfer, make (effect) remittance, make (effect) transfer **2.** (*пересчитывать*) convert **3.** (*с одного процесса или режима на другой*) change over, shift, switch over **4.** (*с одного языка на другой, письменно*) translate, (*устно*) interpret
~ на и́мя transfer into the name of

~ **с английского языка́ на ру́сский** translate from English into Russian
переводно́й transferable
переводоотправи́тель remitter
переводополуча́тель remittee, payee
перево́з *см.* **перево́зка**
перевози́ть carry, transport, ship, move, haul, convey
~ **авиатра́нспортом** carry (dispatch) by air
~ **автомоби́льным тра́нспортом** transfer by road
~ **железнодоро́жным тра́нспортом** transport by rail
~ **к ме́сту назначе́ния** transport to destination
~ **морски́м тра́нспортом** transport by sea
~ **на больши́е расстоя́ния** transport over long distances
~ **на паро́ме** ferry
~ **по воде́** ship by water
~ **по во́здуху** transport by air
~ **с корабля́ на бе́рег** transfer between ship and shore
~ **с одного́ ме́ста на друго́е** transfer from one place to another
перево́з/ка carriage, carrying, transpor[tation], shipment, shipping, transit, hauling, haul[age], conveyance, conveying, freight, freightage; **~ки** traffic, transportation, movements
~, автогужева́я road transport, haulage
~, автодоро́жная (автомоби́льная) road haulage (traffic), transport (carriage) by road, road transport (haulage, freightage), transport by truck, trucking, motor transportation
~, безре́льсовая road haulage
~, беспла́тная free transportation
~ беста́рная bulk carriage (transportation, haulage, delivery, shipment)
~ки, внешнеторго́вые foreign trade transportation; foreign trade shipments
~ки, вну́тренние inland carriage (transportation, haul), freight carriage inside the country, domestic traffic
~ки в обо́их направле́ниях transportation in both directions
~ки, во́дные carriage (transportation) by (over) water (by sea), water (sea, maritime) transport, water-borne traffic, shipment, shipping
~ки, возду́шные carriage (transportation) by air, air carriage (transportation, freight, conveyance), air[craft] service
~ки в паке́тах (в пакети́рованном ви́де) transportation (carriage) of packeted goods, packaged cargo traffic
~, встре́чная cross freight, cross hauling, backhaul, out-and-back haul
~ки в трю́мах carriage [of cargoes] in holds
~ки гру́зов (грузовы́е) carriage (transport, transportation, conveyance, shipment) of cargo (goods), carriage (transport) of freight, cargo carriage (traffic), freight transport (traffic)
~ки гру́зов, ма́ссовых bulk haulage
~ки гру́зов, скоропо́ртящихся perishable traffic
~, дальне́йшая on-carriage, onward transport
~ки, да́льние long-distance transport (carriage, runs), long-haul carriage (traffic), long hauls

~ки, доро́жные highway carriage, highway movement
~ки, железнодоро́жные carriage by rail, rail (railway) transport (traffic), rail haul, *амер.* rail (railroad) shipments
~ки, железнодоро́жные транзи́тные railway transit traffic
~ки, заграни́чные overseas transportation
~ки из страны́ outwards traffic
~ки, кабота́жные coastal traffic
~ки, комбини́рованные combined transportation (services)
~ки, комбини́рованные автомоби́льно-железнодоро́жные piggy-back traffic
~ки, конте́йнерные container carriage (service, shipment, traffic, transportation), containerized [cargo] traffic (transportation, shipments), transportation in containers
~, контра́ктная contract hauling
~ки, короткопробе́жные short hauls, short-distance runs
~ки, лине́йные liner shipment (trade, business), line (long) hauls; berth shipment
~ ли́хтером lighterage
~ ма́лой ско́ростью slow freight; transportation by goods train
~ки, междугоро́дные interurban transport (traffic)
~ки, междунаро́дные international transportation (traffic)
~ки, междунаро́дные автомоби́льные international runs
~ ме́стными авиали́ниями local air transportation
~ки, морски́е carriage (transport) by sea, sea carriage (carrying, transport, traffic), overseas transportation, maritime transport, shipping services
~ на ба́рже carriage via barge
~ки на больши́е расстоя́ния long-distance transport (carriage), long haul carriage, long hauls, long-distance runs
~ нава́лом bulk carriage (transportation, haulage, shipment)
~ на грузовика́х truckage, trucking
~ки, назе́мные surface transportation, land transportation, overland service
~ нали́вом bulk carriage (transportation, shipment)
~ на па́лубах carriage [of cargoes] on decks
~ на паро́ме transportation by ferry, ferry transportation
~ на поддо́нах carriage (transportation) of palleted goods
~ на суда́х shipment, shipping, transport by ship
~ на суда́х, соверша́ющих регуля́рные ре́йсы scheduled (regular) service
~ на́сыпью bulk carriage (transportation, haulage, shipment)
~ на усло́виях КАФ carriage on C&F terms
~ на усло́виях КАФ с вы́грузкой carriage on C&F Landed terms
~ на усло́виях СИФ carriage on CIF terms
~ на усло́виях СИФ с вы́грузкой carriage on CIF Landed terms
~ на усло́виях с поста́вкой на грани́це (*место поставки*) **(поста́влено на грани́це)** carriage on Delivered at Frontier terms
~ на усло́виях ФАС carriage on FAS terms
~ на усло́виях ФОБ carriage on FOB terms

~ на усло́виях ФОБ аэропо́рт carriage on FOB Airport terms

~ на усло́виях ФОБ со шти́вкой carriage on FOB Stowed terms

~ на усло́виях фра́нко-ваго́н carriage on FOR (FOT) terms

~ на усло́виях фра́нко-заво́д (с заво́да) carriage on Ex Works (Ex Factory, Ex Mill) terms

~ на усло́виях фра́нко-на́бережная в порту́ назначе́ния, по́шлина за счёт покупа́теля carriage on Ex Quay, Duties on Buyer's Account terms

~ на усло́виях фра́нко-на́бережная в порту́ назначе́ния, по́шлина опла́чена (с при́стани) carriage on Ex Quay, Duty Paid terms

~ на усло́виях фра́нко-порт назначе́ния (с су́дна) carriage on Ex Ship terms

~ на усло́виях фра́нко-склад (со скла́да) carriage on Ex Warehouse terms

~ на усло́виях фрахт *или* **провозна́я пла́та опла́чены до ...** (*место поставки*) carriage on Freight *or* carriage Paid to ... terms

~ на усло́виях фрахт *или* **провозна́я пла́та и страхова́ние опла́чены до ...** (*место поставки*) carriage on Freight *or* carriage and Insurance Paid to ... terms

~ негабари́тного обору́дования transportation of oversized equipment

~, неопла́ченная carriage not paid; carriage forward

~, обра́тная return transport

~, опла́ченная carriage paid

~ки, опла́чиваемые по высо́кому тари́фу high-rated traffic

~ки осо́бо це́нных гру́зов high-value commodity traffic

~, откры́тая open transport

~ки, паке́тные palletized transportation

~ки, паро́мные transportation by ferry, ferry transportation

~ки по автомагистра́лям highway carriage, highway movement

~ки по вну́тренним во́дным путя́м [inland] water transport, all-water transport

~ по контра́кту transportation under a contract, contract hauling

~ки по́лных конте́йнерных па́ртий FCL (full container load) service (traffic)

~ по на́йму for-hire transportation

~, после́дующая onward transport, on-carriage

~ по ча́ртеру shipment under a charter

~ки, почто́во-посы́лочные parcel post

~ки, прямы́е direct shipments (transportation)

~ки, регули́руемые controlled transit

~ки, регуля́рные regular transit

~, речна́я river transport (transportation), carriage of cargoes by rivers (on inland waterways)

~ки, сквозны́е through shipments

~ки, сме́шанные mixed carriage (transportation), combined transportation, intermodel (multimodel) transport (carriage)

~ки, сме́шанные автомоби́льно-во́дно-железнодоро́жные combined road-water-rail transportation

~ с нало́женным платежо́м carriage cash on delivery, *сокр.* c.o.d.
~ с перева́лкой transportation with transhipment
~ судохо́дной ли́нией liner service
~, сухопу́тная (сухопу́тным тра́нспортом) carriage by land, overland (land) transportation, land (surface) carriage
~ та́ры, пусто́й tare carriage
~ това́ров carriage (transportation) of goods
~ това́ров, не очи́щенных от по́шлины, со скла́да на склад trucking in bond
~, тра́мповая tramping
~ки, транзи́тные transit, through (transit) traffic, transit trade
~ки, трансконтинента́льные transcontinental transportation
~, убы́точная unprofitable transport operation
~ки, фи́дерные feeder traffic
~ холоди́льным тра́нспортом refrigerated transport (shipment)
~ки, э́кспортно-и́мпортные export-import carriage (transportation)
аге́нт по ~кам transportation agent
вре́мя ~ки period of transportation, transit time
да́льность ~ок trading distance, length of routes
догово́р ~ки contract of carriage, freight contract
догово́р морско́й ~ки contract of carriage by sea, maritime contract, contract of affreightment
заде́ржка в ~ке delay in transportation
зая́вка на ~ку гру́зов application for freight transportation
изде́ржки по ~ке carriage (transportation, shipping, freight, hauling) charges (expenses, costs), charges for carriage, costs (expenses) of transportation (carriage, shipping, haulage)
коли́чество гру́за, при́нятое к ~ке intaken quantity
контра́кт на ~ку contract of carriage, freight contract
маршру́т ~ки route, haul
ме́тоды ~ок transport techniques
объём ~ок volume of carriage (transportation), traffic volume
опла́та ~ки payment for carriage of goods
отве́тственность за ~ку responsibility for transportation (haulage)
отде́л ~ок transport[ation] department
план ~ок plan of shipments, transportation plan
пла́та за ~ку payment for carriage of goods, transportation charges, carriage, freight [payment], freightage, freight (hauling) charges, haulage; (*по железной дороге*) railway freight [charges], railage; (*на грузовиках*) truckage
пла́та за фикти́вную ~ку phantom freight
пра́вила ~ки rules of carriage, freight policy
пра́вила междунаро́дных ~ок rules of international carriage (transportation)
путь ~ки route, haul
разреше́ние на ~ку transit permit

разреше́ние на ~ку неочи́щенных от по́шлины гру́зов из одного́ по́рта в друго́й bill of sufferance
расхо́ды по ~ке carriage (transportation, shipping, freight, hauling) charges (expenses, costs), charges for carriage, costs (expenses) of transportation (carriage, shipping, haulage)
риск при ~ке transport risk, risk of transport
рост ~ок traffic growth
сда́ча к ~ке shipment
систе́ма ~ок system of transportation, hauling system
ски́дка с ~ок rebate of shipments
соглаше́ние о ~ках transportation agreement (arrangement)
спо́соб ~ки method (mode, way) of transportation (conveyance)
сре́дства ~ки means of transportation
сто́имость ~ки carriage, freight [charges], transport charges, cost of transportation (carriage, shipping, haulage)
сто́имость ~ки внутри́ страны́ inland freight charges (cost)
сто́имость ~ки генера́льных гру́зов general cargo rate
счёт за ~ку freight bill (note, account)
тари́ф для ~ок tariff for carriage
упако́вка для морско́й ~ки sea (seaworthy) packing
упако́вка для ~ки по во́здуху airfreight packing
усло́вия ~ки terms of transportation (carriage, conveyance, traffic), conditions of transportation (carriage), transport conditions; transport clause
услу́ги по ~ке transportation services
выде́рживать ~ку stand the transportation
допуска́ть к ~ке permit for transportation
обеспе́чивать ~ку provide carriage (transportation, transport facilities), arrange [for] (furnish) transportation, arrange for goods to be shipped; find ships for cargoes
опла́чивать ~ку pay carriage
осуществля́ть ~ку effect carriage, carry out (handle) transportation, transport
осуществля́ть ~ки регуля́рными суда́ми operate a scheduled service
принима́ть к ~ке accept (receive) for carriage (shipment, shipping)
соверша́ть ~ку effect carriage, carry out (handle) transportation, transport
согласо́вывать ~ку agree upon transportation
во вре́мя ~ки during (in [the course of]) transportation (transport, transit)
за ~ку не упла́чено carriage forward
за ~ку упла́чено carriage paid
гото́вый к ~ке ready (fit) for shipment
при́нято к ~ке received for shipment

перево́зчик [freight] carrier, conveyer, transporter
~, авиацио́нный air carrier
~, вну́тренний inland carrier
~, генера́льный general transporter

~ **гру́зов** carrier, *амер.* carrier of property
~, **морско́й** sea carrier
~ **назе́мным тра́нспортом** overland operator
~, **океа́нский** ocean (deepsea) carrier
~, **официа́льный** official carrier
~, **пе́рвый** first carrier
~, **фи́дерный** feeder carrier
аге́нт ~а carrier's agent
интере́сы ~а carrier's interests
отве́тственность ~а liability of a carrier
пра́во ~а right of a carrier
штёмпель ~а reception stamp of a carrier
застрахова́ть ~а от всех поте́рь и убы́тков indemnify a carrier against all loss, damage and expenses
на хране́нии у ~а in carrier's custody

перевооруже́ние reequipment, retooling
~, **техни́ческое** technical reequipment (retooling)

перевыполне́ние overfulfilment

перевыполня́ть overfulfil, exceed

перегово́р/ы negotiation[s], talks, discussion[s]
~, **взаимовы́годные** mutually beneficial negotiations
~, **вчера́шние** yesterday's negotiations
~, **двусторо́нние** bilateral negotiations (talks)
~, **дли́тельные** protracted negotiations (talks)
~, **заверша́ющие** final negotiations (talks)
~, **закры́тые** private negotiations (talks)
~, **затяну́вшиеся** protracted negotiations (talks)
~, **комме́рческие** commercial negotiations
~, **конструкти́вные** constructive talks
~, **лицензио́нные** licensing negotiations
~, **межправи́тельственные** intergovernmental negotiations (talks)
~, **ми́рные** peace talks (negotiations)
~, **многокра́тные** numerous talks
~, **многосторо́нние** multilateral negotiations (talks)
~ **на вы́сшем у́ровне** top-level (summit) talks, negotiations (talks) at the highest level
~, **неофициа́льные** informal (private) talks
~ **о прода́же** sales negotiations (talks)
~, **плодотво́рные** fruitful discussions
~ **по** discussions on
~ **по всем вопро́сам** all-round talks
~ **по контра́кту** contract negotiations
~ **по телефо́ну** telephone negotiations, negotiations over the telephone
~ **по це́нам** price negotiations
~, **предвари́тельные** preliminary negotiations (talks, discussions)
~, **предстоя́щие** forthcoming negotiations (talks)
~, **предше́ствующие** previous discussions (negotiations)
~ **путём перепи́ски** negotiations by correspondence
~, **техни́ческие** technical discussions (negotiations)
~, **торго́вые** trade negotiations (talks)
~, **успе́шные** successful negotiations (talks)

ведéние ~ов negotiation[s], bargaining
возобновлéние ~ов resumption of negotiations; resuming negotiations
дáта ~ов date of negotiations (talks)
заверпéние ~ов completion of negotiations (talks)
исхóд ~ов outcome of negotiations (talks)
итóги ~ов results of negotiations (talks)
отсрóчка ~ов postponement of negotiations (talks)
прекращéние ~ов cancelling negotiations, suspending talks; breakdown of negotiations
протокóл ~ов protocol (minutes) of negotiations
рáунд ~ов round of negotiations (talks)
результáты ~ов results of negotiations (talks)
срыв ~ов disruption of negotiations (talks), breakdown of (in) negotiations (talks)
учáстники ~ов negotiating parties, parties to negotiations (talks), participants in negotiations
бойкотúровать ~ boycott negotiations (talks)
вестú ~ have (carry on, conduct, hold) negotiations (talks), handle (be in) negotiations, have discussions, negotiate
возобновúть ~ resume (reopen, restart) negotiations (talks)
вступúть в ~ enter into (open) negotiations (talks)
завершúть ~ finalize negotiations
начáть ~ open (begin, start) negotiations (talks)
переносúть ~ postpone (put off) negotiations
прекратúть ~ы cancel (stop, discontinue) negotiations, suspend talks
прерывáть ~ break off (suspend) negotiations (talks)
приступáть к ~ам open (begin, start) negotiations (talks)
проводúть ~ have (carry on, conduct, hold) negotiations (talks), handle (be in) negotiations, have discussions, negotiate
сдвúнуть ~ с мёртвой тóчки break (resolve) the deadlock in negotiations (talks)
срывáть ~ wreck negotiations, frustrate talks
ускóрить ~ speed up negotiations (talks)
учáствовать в ~ах participate in negotiations (talks)
во врéмя ~ов at the time of (during) negotiations (talks)
в хóде ~ов in the course of negotiations (talks)
путём ~ов by [means of] (through) negotiations
ведýтся ~ negotiations are in progress (under way)

перегóн:
~ дорóги section of a road
~ путú leg of a route
~ самолёта ferry flight
~ трáнспортного срéдства (*с завода к получателю и т. п.*) ferry trip

перегружáть 1. (*с одного транспортного средства на другое*) tranship, reship, reload; (*перемещать*) handle (transfer, turn over) cargo (load) **2.** (*превышать нормальную нагрузку*) overload
~ товáры под тамóженным контрóлем (*до таможенной очистки*) tranship goods under bond

перегрýженность congestion

~ **по́рта** port congestion, congestion of (at) the port, port overcapacity

перегру́з/ка 1. (*с одного транспортного средства на другое*) transhipment, transhipping, reshipment, reloading; (*перемещение*) handling **2.** (*превышение нормальной нагрузки*) overload, overloading **3.** (*перенапряжение*) overwork

~ **в ваго́н** reloading onto a [railway] waggon

~ **гру́зов** transhipment (reloading) of cargo

~, **дальне́йшая** further transhipment

~, **допусти́мая** overload tolerance

~, **кра́новая** crane handling, reloading by crane

~ **на автока́рах** reloading by fork-lift trucks

изде́ржки по ~ке transhipment expenses, handling costs

объём ~ок volume of transhipments

порт ~ки port of transhipment, transhipment port

расхо́ды по ~ке expenses of transhipping, transhipment costs (expenses), handling costs

сбо́ры за ~ку transhipment charges

свиде́тельство о ~ке transhipment receipt (note)

сто́имость ~ки cost of transhipment (reloading)

передава́ть 1. pass, give; (*вручать*) hand [over], deliver, present, submit, surrender, transfer; (*на рассмотрение*) refer, submit, convey, transmit **2.** (*переуступать*) assign, negotiate **3.** (*сообщать по радио*) broadcast; (*сообщать по телевидению*) televise, telecast, show on TV

~ **на попече́ние** entrust into the care of

~ **на усмотре́ние** leave to the discretion (judgement) of

переда́ч/а 1. transfer, transference, surrender, submission, delivery, handing-over **2.** (*переуступка*) assignment, negotiation **3.** (*по радио*) broadcast; (*по телевидению*) teleshow

~ **а́вторского пра́ва** assignment of copyright

~ **аккредити́ва** transmission of credit

~ **а́кций** transfer (assignment) of shares (*амер.* stocks), stock transfer

~, **безвозме́здная** gratuitous (compensation-free) transfer, gratuitous assignment

~, **безоговоро́чная** unconditional transfer

~ **ве́кселя** negotiation of a bill; transfer of a bill

~ **вла́сти** delegation of power

~ **в субаре́нду** subletting

~ **гру́за в распоряже́ние** transfer (delivery) of cargo to (at the disposal of)

~ **гру́за су́дну** transfer (delivery) of goods to the ship

~ **де́ла в арбитра́ж** submission of a matter (dispute) to (for the settlement of) arbitration

~ **докуме́нтов** submission (surrender) of documents

~ **иму́щества** transfer of property

~ **иму́щества на вре́менное хране́ние** bailment

~ **информа́ции** transfer of information (data), information (data) transfer

~ **наукоёмкой техноло́гии** transfer of high technology

~ **ноу-хау** transfer of know-how
~ **оборудования** transfer of equipment
~ **объекта** handing over a project
~ **опыта** transfer (sharing) of experience
~ **патента** patent assignment, assignment (transfer, cession) of a patent
~ **полиса** transfer of a policy
~ **полномочий** delegation (transfer) of authority
~ **прав** assignment (transfer) of rights
~ **права на груз** transfer of the ownership of goods
~ **права на имущество** transfer (passing) of title, transfer of property rights, assignment (conveyance) of property
~ **права на патент** assignment (transfer, transference) of a patent (patent rights)
~ **права по чеку** negotiation of a cheque
~ **права собственности** transfer of ownership (title), passing of title, conveyance (assignment) of property
~ **прав в порядке цессии** cession [of rights]
~ **прав, издательских** assignment of copyright
~ **прав, имущественных** transfer of property rights
~ **прав на изобретение** assignment of invention
~ **прав путём предоставления исключительной лицензии** transfer by exclusive license
~, **рекламная** (*по радио, ТВ*) commercial; advertising broadcast
~ **ресурсов** transfer of resources
~ **риска** assignment of a risk
~ **с помощью индоссамента** transfer by endorsement
~ **спора в арбитраж** submission of a dispute to (for the settlement of) arbitration
~ **с посыльным** expedited handling
~ **технических достижений** transfer of technology
~ **технической документации** transfer of technical documentation (documents)
~ **технической информации** transfer of technological information
~ **технологии** transfer of technology, technology transfer
~ **чека** negotiation of a cheque
акт ~и transfer deed, deed of assignment; handing-over record
акт ~и на хранение *или* **в опеку** deed of trust
акт о ~е правового титула deed of conveyance
договор о ~е agreement on transfer
документ о ~е transfer document
Кодекс поведения по ~е технологии Code of Conduct on Technology Transfer
оформление ~и документов registration of submission of documents
оформление ~и прав (*по заявке или патенту*) execution of official registration of transfer of rights
платёж против ~и документов payment against documents
процедура ~и товара handing-over procedure
без права ~и not transferable, non-negotiable, not negotiable

прóтив ~и against surrender

не подлежáщий ~е non-negotiable, not negotiable

подлежáщий ~е negotiable

передвигáть move, shift; (*сроки*) postpone, put off

передéлка alteration

передéлывать alter; (*конструкцию*) re-design

перезакáзывать reorder

перезаключáть renew

~ договóр renew a contract

переименовáние renaming, giving a new name

переименóвывать rename, give a new name

переклáдывать (*грузы*) shift, move, transfer

переключáть (*о производстве*) change (switch, shift) [over] to

~ [завóд] на произвóдство switch over [a plant] to the production of

~ произвóдство на [нóвую модéль] switch production to [a new model]

перекупáть 1. (*перебить цену*) offer a higher price; (*на аукционе*) outbid; **2.** (*через посредника*) buy through a middleman

перекýпка 1. (*на аукционе*) outbidding **2.** (*через посредника*) buying through a middleman

перекýпщик middleman, [second-hand] dealer

~, оптóвый rewholesaler

перелёт flight

перелóм crisis, turning point

добúться коренного ~а bring about a fundamental improvement (change)

перемаркирóвка remarking

перемéна change; shift

~, замéтная pronounced change

~ причáла (стоя́нки) shifting

перемéнный variable

переменя́ть change; shift

перемеря́ть re-measure

перемещáть (*грузы*) handle, transfer, shift, move, transport

перемещéние (*грузов*) handling, transfer, shifting, movement, transport

~ сотрýдников redeployment of staff

перенасыщéние glut

~, дóлларовое dollar glut

~ ры́нка (*товарами*) glut of supply

~ ры́нка нéфти oil glut

перенóс 1. (*о сроках*) postponement **2.** *бухг.* transfer, carry over

~ в бухгáлтерскую кни́гу posting

~ на бóлее рáнний срок advancing the date for

~ сáльдо transfer of the balance

~ срóка постáвки postponement of delivery time

~ сýммы *бухг.* amount brought forward; amount carried forward

ци́фра ~а carry digit

дéлать ~ на другóй счёт carry over (forward), bring forward

сáльдо к ~у balance carried forward

сáльдо с ~а balance brought forward

сýмма к ~у amount carried forward

сýмма с ~а amount brought forward

переноси́ть 1. carry, convey, transfer **2.** (*сроки*) postpone, put off **3.** *бухг.* (*на другую страницу*) bring (carry) forward

~ на [2 недéли] postpone for [2 weeks]

~ на [10 января́] postpone till [January 10th]

~ с [5] на [10 января́] postpone from [the 5th] till [the 10th of January]

переобору́дование reequipment; (*замена оснастки*) retooling [of facilities]

переобору́довать reequip; (*сменить оснастку*) retool

переобуче́ние conversion training, retraining

переориента́ция, переориентиро́вка reorientation

~ инвестицио́нной поли́тики reorientation (change) of (in) the investment policy

~ экономи́ческой поли́тики reorientation of the economic policy

переоснаще́ние reequipment; retooling

~, техни́ческое technical reequipment

переотпра́вка transhipment, reforwarding, further transportation

переотправля́ть tranship, reforward, reconvey

переоформле́ние redrafting

переоценённый revalued, reappraised

переоце́нивать **1.** (*завышать оценку*) overestimate, overrate, overvalue; (*назначать слишком высокую цену*) overprice **2.** (*пересматривать оценку*) revalue, revaluate, reappraise

переоце́нка **1.** (*завышенная оценка*) overestimation, overestimate, overvaluation; (*завышение цены*) overpricing **2.** (*пересмотренная оценка*) revaluation, reappraisal

перепеча́тка reprint

перепи́ск/а correspondence

~, делова́я business correspondence

~, комме́рческая commercial correspondence

~ по контра́кту contract correspondence, correspondence under a contract

~ по телегра́фу correspondence by telegraph

~ по те́лексу correspondence by telex

~ по телефа́ксу correspondence by telefax

вести́ ~у correspond, hold (conduct, attend to, do) correspondence, be in correspondence, exchange letters

вступа́ть в ~у enter into correspondence; get in touch with

начина́ть ~у start (commence) correspondence

регистри́ровать ~у register correspondence

веду́щий ~у corresponding

перепи́сывать **1.** (*заново*) rewrite **2.** (*с одного лица на другое — долг, требование и т. п.*) transfer; **~ся** correspond

перепла́т/а overpayment, excess payment

возвра́т ~ы rebate, return of an amount overpaid

возвра́т ~ы по тари́фу rate rebate

перепла́чивать overpay; be overcharged on *smth*

переподгото́вка retraining; refresher course

~ специали́стов retraining of specialists

пройти́ ~у get further training; take a refresher course

перепра́ва, паро́мная ferry, ferry service

перепроверя́ть cross-check

перепродава́ть resell, reexport

перепрода́ж/а resale

комиссия за ~у resale commission

операция по ~е resale (reexport) operation
право ~и right of resale
скидка на ~у discount on [a] resale, resale discount
цена при ~е resale price

перепроизводств/о overproduction, glut
~ товаров overproduction of commodities
кризис ~а overproduction crisis, crisis of overproduction

перерабатывать 1. (*подвергать обработке*) process, work 2. (*о грузах*) handle 3. (*переделывать статью и т. п.*) revise 4. (*работать сверх нормы*) work overtime

переработка 1. (*обработка*) processing 2. (*о грузах*) handling 3. (*переделка статьи и т. п.*) revision 4. (*работа сверх нормы*) overtime work
~ грузов на поддонах palleted materials handling
~ программы revision of (to) a programme
~, промышленная industrial processing
расходы по ~е working (processing) costs

перераспределение redistribution

перераспределять redistribute

перерасход 1. (*денег*) overexpenditure, overspending; (*стоимости*) overrun 2. (*превышение остатка счёта в банке*) overdraft
~ средств сверх сметы cost overrun; surcharge

перерасходовать 1. (*деньги*) overspend, spend too much 2. (*превысить остаток счёта в банке*) overdraw

перерасчёт 1. (*заново*) recalculation, recomputation; (*зачёт*) set-off 2. (*перевод в другие единицы*) conversion
~, валютный currency conversion
~ премии *страх.* recalculation of a premium amount
делать ~ set-off against

перерыв break, interruption, intermission; (*промежуток*) interval, pause
~ в выпуске продукции production downtime
~ в монтаже interruption in erection
~ в неделю week's interval, interval of a week
~ в программе для передачи рекламы break for a commercial
~ в производстве disruption in production
~ в работе break, interruption in (of) work, idle time, inaction period, time out
~ на ... минут ... minutes' break
~, обеденный lunch break (time)
работать с ~ами work with interruptions
сделать ~ в работе break from work, take time out
без ~а without interruption (break)
во время ~а in (during) the interval
с ~ами off and on

пересматривать revise, reconsider, review, re-examine

пересмотр revision, reconsideration, review, re-examination
~ валютных паритетов par value adjustment
~ конструкции design review
~ норм revision (reconsideration) of norms (standards)
~ плана revision (reconsideration) of a plan

~ **проблéмы** re-assessment of a problem
~ **прогрáммы** revision (review) of a programme
~ **решéния** reconsideration (revision) of a decision
~ **стандáртов** revision of standards
~ **цен** revision (review, reconsideration, renegotiation) of prices, price revision (review, reconsideration, renegotiation)
~ **цен, ежеквартáльный** quarterly price review
~ **цен, совмéстный** price renegotiation
подлежáть ~у be subject to (for) revision (review)

пересортировáть re-assort
пересортирóвка re-assorting
переставля́ть rearrange, shift, move
перестанóвк/а rearrangement, shifting
~ **железнодорóжных вагóнов** (*на другую колею*) change-over of railway waggons
~ **сýдна** (*на другой причал*) shifting a vessel (ship)
плáта за ~у на другóй причáл shifting
стóимость ~и сýдна cost of shifting a vessel (ship)

перестрáивать (*реорганизовывать*) reorganize, restructure, readjust; reshape; (*реконструировать*) reconstruct, restructure, rebuild

перестраховáни/е reinsurance, counter-insurance
~ **грýза** cargo reinsurance
~ **имýщества** property reinsurance
~ **сýдна** vessel reinsurance
договóр ~я contract of reinsurance
пóлис ~я policy of reinsurance
стóимость ~я cost of reinsurance
услóвия ~я terms of reinsurance
производи́ть (совершáть) ~е reinsure

перестрахóвывать reinsure, effect reinsurance

перестрóйк/а (*реорганизация*) reorganization, restructuring, readjustment, reshaping; (*реконструкция*) reconstruction, restructuring, rebuilding
~ **международных экономи́ческих отношéний** restructuring international economic relations
~ **нарóдного хозя́йства** reorganization of the national economy
~, **организациóнная** reorganization of management
~ **произвóдства, техни́ческая** technical reconstruction
~ **систéмы внешнеэкономи́ческих свя́зей** reorganization of the system of external economic ties
~ **структýры произвóдства** reshaping the structure of production
~ **экономи́ки** restructuring of the economy
врéмя ~и произвóдства set-up time
ускоря́ть ~у speed up restructuring

пересчёт 1. (*заново*) recalculation, counting again **2.** (*перевод в другие единицы*) conversion
~, **валю́тный (валю́ты)** conversion of currency, currency conversion
~ **валю́ты в валю́ту платежá** conversion (recalculation) of

currency into the currency of payment
~ **валю́ты по парите́ту** conversion of currency at par [value]
табли́ца ~а conversion table
подлежа́ть ~у be subject to adjustment
производи́ть ~ иностра́нных валю́т в рубли́ convert foreign currencies into roubles, compute sums in foreign currencies in roubles
в ~е на in terms of, on the basis of
в ~е на год on an annual basis
в ~е на до́ллары in terms of dollars
в ~е на рубли́ in terms of roubles; converted into roubles
в ~е на сухо́е вещество́ on a dry basis

пересчи́тывать 1. (*считать заново*) recalculate, count again **2.** (*переводить в другие единицы*) convert **3.** (*засчитывать*) set off against

пересыла́ть send; (*деньги*) remit, transfer; (*документы*) forward
~ **обра́тно** send back

пересы́лк/а sending, transmission; (*о деньгах*) remittance, transfer; (*документов*) forwarding
~ **бандеро́лью** packet post
~, **беспла́тная** free dispatch, *сокр.* f. d.
~ **вы́ручки от прода́жи** remittance of sale proceeds
~ **де́нег** remittance (transmission) of money
~ **де́нег в фо́рме ба́нковской тра́тты** remittance by a bank draft
~ **де́нег в фо́рме че́ка** remittance in the form of a cheque
~ **де́нег обра́тной по́чтой** remittance by return [of] mail (post)
~ **де́нег по по́чте** remittance by mail (post)
~ **за счёт отправи́теля** post free
~ **на инка́ссо** collection transmittance
~ **пакéтов** transmission of parcels
~ **по по́чте** sending (transfer, remittance) by post (mail)
~ **по по́чте бандеро́лью** small packet post
~ **по по́чте, беспла́тная** postage (post) free
~ **по по́чте в небольшо́й упако́вке** small packet post
~ **по по́чте, пряма́я** direct mail
~ **това́ров** carriage of goods
~ **че́рез банк** remittance (transmission) through a bank (banking channels)
а́дрес ~и forwarding address
издéржки по ~е remittance charges
пла́та за ~у по по́чте [mail] postage, postal charge; remittance charge
потéри при ~е по́чтой losses in the post
расхо́ды по ~е де́нежных сумм remittance charges
спо́соб ~и method of transmittal (transmission)
сто́имость ~и по по́чте [cost of] postage
та́кса за ~у по по́чте postal rate
взима́ть за ~у по по́чте collect the postage
затеря́ться при ~е по́чтой be lost in the post
с включе́нием сто́имости ~и postage included
~ **по по́чте опла́чена** postage paid (free)

перета́рка, переупако́вка repacking

переупако́вывать repack, do repacking

переуступа́ть (*право*) assign, transfer, cede; (*вексель, чек*) negotiate

переусту́пк/а (*права*) assignment, transfer; (*векселя, чека*) negotiation

~ **а́вторского пра́ва** assignment of copyright

~, **безусло́вная** unconditional transfer

~ **изобрете́ния** assignment (transfer) of invention [rights]

~ **контра́кта** assignment of a contract

~ **пате́нта** patent assignment (transfer, cession), assignment (transfer, cession) of a patent

~ **пра́ва путём обме́на** transfer by exchange

~ **пра́ва путём прода́жи** transfer by sale

~ **техни́ческой информа́ции** transfer of technological information

~ **това́рного зна́ка** assignment of a trademark

~, **части́чная** partial assignment

догово́р о ~**е прав** assignment agreement

пра́во на ~**у** right to assign

усло́вие о ~**е** assignment clause

переучёт 1. (*о векселях*) rediscount **2.** (*о товарах*) inventory, stock-taking

~ **ве́кселя** rediscount of a bill

ста́вка ~**а** rediscount rate

де́лать ~ take stock

переучи́тывать 1. (*о векселях*) rediscount **2.** (*о товарах*) take stock

перехо́д 1. (*из одного состояния в другое*) transition **2.** (*переключение*) change-over, switch[over] **3.** (*часть плавания*) passage

~ **к автоматиза́ции произво́дства** change-over to automation in production

~ **к вы́пуску но́вой проду́кции** change-over to new products

~ **мо́рем** sea passage

~ **на десяти́чную де́нежную систе́му** decimalization

~ **на догово́рную систе́му поста́вок по э́кспорту и и́мпорту** switch to a contractual system of export and import shipments

~ **на другу́ю моде́ль** change-over to a new model, model change-over

~ **на метри́ческую систе́му** metrication

~ **от одного́ ме́тода произво́дства к друго́му** switch in method of production

~ **ри́ска случа́йной ги́бели** *или* **поврежде́ния това́ра с продавца́ на покупа́теля** transfer of risk of loss *or* damage to the goods from the seller to the buyer

~ **че́рез по́ручни су́дна** (*о товаре*) passage of goods over the ship's rail, passing the ship's rail

вре́мя ~**а к вы́пуску но́вой проду́кции** change-over time

да́та ~**а грани́цы** border crossing date

при ~**е от ... к ...** (*о судне*) in going from ... to ...

переходи́ть pass; proceed

~ **из рук в ру́ки** change hands

~ **к обсужде́нию контра́кта** proceed to a contract

~ **к сле́дующему вопро́су** pass to the next question

~ к слéдующему этáпу proceed to the next stage

~ на метри́ческую систéму мер move towards metrication (a metric system)

пéречень list, enumeration, specification, catalogue, inventory

~ векселéй, пéреданных на инкáссо list of bills for collection

~ докумéнтов list (enumeration) of documents

~ забуки́рованных грýзов booking list

~ запасны́х частéй list of spare parts, [itemized] spares list

~ затрáт list of expenses

~ издéлий list of products, *амер.* portfolio of products

~ издéлий, плани́руемых к произвóдству runout list

~ контрагéнтов list of contractors

~, контрóльный check list

~ отгрýженных товáров freight note (list)

~, подрóбный specified (detailed) list (listing)

~ прибóров и инструмéнтов list of tools and devices

~ расхóдов, подрóбный detailed costs [list]

~ ри́сков, охвáтываемых пóлисом cover

~, свóдный consolidated inventory

~ тари́фных стáвок (тари́фов) schedule

~ товáров list of goods (commodities), enumeration of goods; (*мест груза*) tally sheet

~ товáров и услýг list of wares and services

~ фирм list of firms

~ штáтных едини́ц regular staff list

включáть в ~ list, enter in a list

включáть в предвари́тельный ~ prelist

вноси́ть в ~ list, enter in a list

представля́ть ~ submit a list

составля́ть ~ draw up (make out, develop, prepare) a list

составля́ть ~ товáров list products

утверждáть ~ approve a list

перечислéние 1. (*перевод денег*) remittance, transfer[ence] **2.** (*перечень*) enumeration

~ дéнег transfer [of money]

~ дéнег с депози́та transfer of money from deposit

~ на счёт transfer to an account

~ со счёта transfer from an account

~ сумм transfer of sums (funds)

~, телегрáфное cable (telegraphic, wire) transfer (remittance); cable (telegraphic) money order

перечи́сленный listed

перечисля́ть 1. (*переводить деньги*) remit, transfer, make a transfer **2.** (*указывать*) list, specify, enumerate; (*по пунктам*) itemize

~ ни́же list (specify) below

как перечи́слено ни́же as specified below

перешвартóвк/а shifting a vessel

плáта за ~у shifting charges

перешвартóвываться shift

пери́од period, time [interval]; duration; age

~ акти́вной дéятельности active phase

~ бездéйствия inaction period

~, бюджéтный budget (budgeting, fiscal) period

~ **внедре́ния** implementation (introduction) period

~, **восстанови́тельный** period of reconstruction (rehabilitation)

~ **вре́мени** period of time, time period, time frame

~ **вы́платы** payout period

~, **гаранти́йный** period of guarantee (*амер.* warranty), guarantee (*амер.* warranty) period

~, **годово́й отчётный** annual accounting period

~ **де́йствия** operating (running, working) time (period); service life

~, **дли́тельный** long (prolonged) period

~, **догово́рный** contract (contractual) period

~, **долгосро́чный** long (long-run) period

~ **до оформле́ния прое́ктной документа́ции** engineering stage

~ **инкасса́ции** collection period

~, **испыта́тельный** trial period

~ **иссле́дования** exploration term (period)

~ **консигна́ции** consignment period

~, **коро́ткий** short period

~, **льго́тный** period of grace, grace period

~, **максима́льный** maximum time

~ **модерниза́ции** improvement time

~ **монта́жных рабо́т** period of erection work (installation), erection (installation) period

~, **навигацио́нный** navigation (shipping) season

~ **нала́дки** period of adjustment, adjustment period

~ **неиспо́льзования** period of non-use

~ **непреры́вной рабо́ты** uninterrupted working time

~, **нерабо́чий** shutdown (standby) period

~ **обка́тки** running-in (breaking-in) period

~ **обслу́живания** service period

~ **обуче́ния** training period, period (length) of studies (training)

~ **окупа́емости** recoupment (payback, payoff, payout) period

~ **определе́ния сто́имости** evaluation period

~, **организацио́нный** organization period

~ **отсро́чки отве́тственности страхо́вщика** waiting period

~, **отчётный** accounting (reporting, fiscal, current) period, period under review

~, **охва́ченный по́лисом** period covered by a policy

~ **перенала́дки** change-over period

~, **пла́новый** planning period

~ **повы́шенного спро́са** period of high demand

~ **погаше́ния** (*кредита*) time for repayment, repayment (redemption) period

~ **пода́чи те́ндеров** tendering period

~ **пода́чи хода́тайств** motion period

~ **посеще́ния** visitation period

~, **после́дующий** further period, succeeding period

~ **поста́вки** time of delivery, delivery dates

~, **преддогово́рный** period before the [signing of a] contract, period of negotiations

~, **предыду́щий** prior period

~ **проекти́рования** project period, period of designing (design work)
~, **произво́дственный** production run
~ **пролонга́ции** renewal period
~, **промежу́точный** intervening period
~, **про́шлый** prior (past) period
~, **пусково́й** start-up period
~ **рабо́ты (рабо́чий)** operating (running, working) time (period); service life
~, **рассма́триваемый** period in question (under review)
~, **реко́рдный** peak period
~ **спа́да** period of recession, recessionary period
~ **строи́тельства** construction phase
~, **теку́щий** present (current, running) period
~, **ука́занный** stated (specified) period
~ **учёта** (*векселя*) discount period
~, **фина́нсовый** financial period
~ **экономи́ческого спа́да** recessionary period
~, **эксплуатацио́нный** operating period; maintenance period; useful life period
дли́тельность ~а duration of a period, length of time
истече́ние ~а expiration of a period
назнача́ть гаранти́йный ~ set forth the guarantee (*амер.* warranty)
охвати́ть ~ cover a period
предоста́вить льго́тный ~ give a grace period
продлева́ть ~ погаше́ния extend the repayment period
продлева́ть ~ страхова́ния extend the insured (insurance) period
в тече́ние ~а вре́мени over (in) a [time] period
в тече́ние всего́ ~а during the whole (entire) period
в тече́ние ...-ме́сячного ~а over a period of ... months
в тече́ние ~а, непосре́дственно сле́дующего за during the immediate period following, during the period immediately following
в тече́ние ~а от одного́ до ... лет over a time period of one to ... years
в ука́занный ~ within the specified period
за ~ в ... дней over (in) a period of ... days
за коро́ткий ~ within (in) a short space of time
за ~ эксплуата́ции during service
к концу́ ~а towards the end of the period

периоди́ческий periodic[al], recurrent

персона́л personnel, staff, people; experts
~, **администрати́вно-управле́нческий** office and management personnel
~, **администрати́вно-хозя́йственный** administrative personnel
~, **администрати́вный** administrative personnel
~, **вре́менный** temporary staff
~, **вспомога́тельный** auxiliary (support) personnel
~, **высококвалифици́рованный** efficient (highly qualified) staff
~, **дежу́рный** duty personnel
~, **дополни́тельный** additional personnel

~ зака́зчика customer's personnel

~, занима́ющийся координа́цией и плани́рованием general staff

~, занима́ющийся монтажо́м erection personnel

~, инжене́рно-техни́ческий technical personnel (people)

~, инжене́рный engineering personnel (people)

~ информацио́нной слу́жбы information personnel

~, квалифици́рованный skilled (efficient, qualified) personnel (staff, people), experienced personnel

~, компете́нтный competent staff

~, контроли́рующий inspection personnel

~ лицензиа́ра licensor's personnel

~ лицензиа́та licencee's personnel

~, некомпете́нтный incompetent staff

~, обеспе́чивающий техни́ческий контро́ль supervision (supervisory) personnel (staff)

~, обслу́живающий operating (operational, service) personnel (staff, people); attending personnel, attendants

~, обуча́ющий teaching staff

~, обу́ченный trained staff

~, операти́вный operating (operative, operational) staff

~, о́пытный experienced personnel

~, осуществля́ющий контро́ль технологи́ческого проце́сса process control staff

~, отвеча́ющий за строи́тельство и демонта́ж павильо́на (*на выставке*) constructing (construction) and dismantlement staff

~ по координа́ции рабо́т coordinating staff

~ покупа́теля buyer's personnel

~ по организа́ции монта́жных рабо́т erection organization staff

~, постоя́нный permanent (regular) staff

~ продавца́ seller's personnel

~, произво́дственный production (fabrication) personnel (staff)

~, рабо́чий working personnel

~, ремо́нтный maintenance personnel

~, руководя́щий directing staff; (*цеха*) supervisory personnel; (*средний*) executive staff; (*старший*) management (managerial) staff (personnel), senior people

~, соотве́тствующий relevant personnel

~ строи́тельной площа́дки site staff

~, техни́ческий operating (operational, technical) personnel (staff), engineering personnel (people)

~, торго́вый sales personnel (force)

~, управле́нческий management [personnel]

~, шта́тный regular staff

~, эксплуатацио́нный operating personnel

безопа́сность ~а personnel safety

наградны́е ~у bonus

наём ~а hiring (employment) of personnel (staff)

нехва́тка ~а lack of staff

обуче́ние ~а training of personnel, personnel training

подбо́р ~а selection of personnel

потре́бности в ~е staff (personnel) requirements
размеще́ние ~а disposition of personnel
замени́ть ~ replace the staff
нанима́ть ~ employ personnel (staff)
обеспе́чить доста́точным ~ом adequately staff
отозва́ть ~ recall the staff
охраня́ть ~ protect the staff
предоставля́ть ~ для руково́дства шеф-монта́жными рабо́тами provide supervisory personnel (supervisors)
смени́ть ~ replace the staff

перспекти́в/а prospect[s], perspective, outlook; possibility, possibilities
~, долгосро́чная long-term prospects (outlook)
~ запрода́ж selling possibilities
~ы и́мпорта prospects of importing (marketing)
~, краткосро́чная short (near)-term prospects (outlook)
~, многообеща́ющая promising prospects
~, мра́чная dismal (gloomy) prospects
~ы на бу́дущее future prospects
~ на сего́дняшний день current outlook
~ы оздоровле́ния эконо́мики prospects for recovery
~ы разви́тия growth (development) prospects
~ы сотру́дничества prospects for cooperation
~ы, торго́вые trade (business) prospects, prospects of trade
~ы, хоро́шие good prospects
~ы, экономи́ческие economic outlook
обсуди́ть ~ы discuss possibilities (prospects)
определи́ть ~ы evaluate prospects
пересма́тривать ~ы re-evaluate the prospects
рассма́тривать ~ы consider prospects
в ~е in prospect (perspective)

перспекти́вный 1. (*долгосрочный*) long-term, long-range **2.** (*многообещающий*) promising

печа́тать (*типографским способом*) print; (*на пишущей машинке*) type

печа́т/ь 1. (*печатание*) printing; press **2.** (*шрифт*) print, type **3.** (*пресса*) the press **4.** (*оттиск*) seal, stamp
~ ба́нка (ба́нковская) bank stamp
~, ве́домственная departmental stamp
~, ге́рбовая official stamp
~, комме́рческая commercial press
~, ме́стная local press
~ организа́ции seal of an organization
~, официа́льная official seal
~, периоди́ческая periodical press
~, прави́тельственная government stamp
~ тамо́жни customs seal
~, фи́рменная business stamp, company seal, seal of a company
~, цветна́я colour (chromatic) printing
~, экономи́ческая economic press
аге́нтство ~и press agency
о́рганы ~и organs of the press, press media

отсу́тствие ~и (*на документе*) absence of a stamp
о́ттиск ~и impression of a seal
рекла́мная кампа́ния в ~и advertising press campaign
сообще́ние в ~и press announcement
сообще́ние для ~и press release
вы́йти из ~и appear in the press, come out, be published
выпуска́ть из ~и release
заверя́ть ~ю stamp [a document]
накла́дывать ~ apply a seal
подпи́сывать к ~и pass a proof
помеща́ть в ~и print
поста́вить ~ put (affix, attach, set) a seal to, seal, stamp, press a stamp on, mark with a rubber stamp
появи́ться в ~и appear in the press, come out, be published
скрепля́ть ~ю stamp with a seal
с ~ю stamped

пик peak
~ экономи́ческого ро́ста high

пиломатериа́л, пакети́рованный packaged timber

пирс pier, *амер.* dock
вы́воз (*груза*) **с ~а** pier pick-up
вывози́ть груз с ~а make a pier pick-up
доста́вить груз к ~у deliver goods to the pier
швартова́ться у ~а be berthed at the pier

пи́сьменный written

письм/о́ letter
~, аккредити́вное letter of credit, *сокр.* L/C
~ ба́нка bank letter
~, благода́рственное thank you letter
~, входя́щее ingoing letter
~, гаранти́йное letter of guarantee (commitment, indemnity), guarantee (indemnity) letter, guarantee (indemnity) bond
~, гаранти́йное при подписа́нии чи́стых коносаме́нтов indemnity for clean bills of lading
~, да́нное present letter
~, делово́е business (commercial) letter
~, доплатно́е unstamped letter, letter chargeable on delivery, *амер.* collect letter
~, заёмное acknowledgement of debt
~, заказно́е registered letter
~, заказно́е с уведомле́нием о вруче́нии registered letter with advice of receipt
~о́м, заказны́м by registered letter (mail)
~, зало́говое letter of deposit (trust, lien), letter of hypothecation
~, идентификацио́нное letter of identification
~, инструкти́вное instructive letter
~, информацио́нное information letter
~, исходя́щее outgoing letter
~, ка́ссовое cash letter
~, ли́чное personal letter
~, настоя́щее present letter
~, недоста́вленное dead letter
~а, обме́нные letters of exchange
~, обы́чное ordinary letter
~ от ... (*дата*) letter of (dated) ...
~, отве́тное letter of reply (response), letter in reply
~, официа́льное official letter
~, первонача́льное original letter
~, повто́рное follow-up letter

~, подтверждáющее фрахтовáние fixing letter
~, поздрави́тельное letter of congratulation, congratulatory letter
~, реклáмное sales (advertising) letter
~, рекомендáтельное letter of introduction (recommendation)
~ с выражéнием соболéзнования letter of condolence
~ с доплáтой unstamped letter, letter chargeable on delivery, *амер.* collect letter
~ с извинéнием letter of apology
~, служéбное official letter
~ с налóженным платежóм letter to be paid on delivery, *амер.* collect letter
~ с напоминáнием о платежé [letter of] reminder
~, сопроводи́тельное cover (covering) letter, letter of transmittal, transmittal letter
~, срóчное express letter; special delivery [letter]
~ с трéбованием уплáты дóлга dun (dunning) letter
~, уведоми́тельное letter of advice, notice
~, цéнное registered letter with declared value (with statement of value), insured letter
~, циркуля́рное circular [letter]
абзáц ~á paragraph of a letter
абзáц деловóго ~á, вступи́тельный opening paragraph
áдрес в начáле ~á heading address
бланк ~á letter form
бланк ~á со штáмпом фи́рмы letter-head
дáта ~á date of a letter
кóпия ~á copy of a letter
обмéн ~ами exchange of correspondence (of letters)
оригинáл ~á original letter
отправи́тель ~á sender of a letter
пóдлинник ~á original letter
получáтель ~á addressee
предъяви́тель ~á bearer of a letter
редáкция ~á wording of a letter
содержáние ~á content of a letter
текст ~á text (wording) of a letter
чернови́к ~á draft letter
адресовáть ~ address a letter
вложи́ть в ~ enclose with a letter
напрáвить ~ address (forward) a letter
отпрáвить ~ post (dispatch, send [off], forward) a letter; issue a letter
подписáть ~ sign a letter
подтверди́ть получéние ~á acknowledge [the] receipt of a letter
получáть ~ receive a letter
посылáть ~ post (dispatch, send [off], forward) a letter
приложи́ть к ~ý attach to a letter, enclose with a letter
сдавáть ~ hand in a letter
франки́ровать ~ frank a letter
~óм by letter
вслед за ~óм following up the letter
настоя́щим ~óм by the present letter
с сопроводи́тельным ~óм under cover
считáйте это ~ официáльным уведомлéнием please, treat this letter as our formal notification
цель э́того ~á the object of the letter is

письмо́-дове́ренность letter of attorney (authority)
письмо́-зака́з letter of intent
письмо́-заявле́ние declaration letter
письмо́-обяза́тельство letter of commitment
письмо́-подтвержде́ние letter of confirmation
письмо́-поруче́ние order letter
письмо́-приглаше́ние invitation letter
письмо́-телегра́мма letter-telegram, *сокр.* L/T
пла́вани/е 1. (*рейс*) voyage; trip **2.** (*судовождение*) navigation, shipping, sailing
~, каботáжное cabotage, coastal navigation (shipping, trade, traffic), coasting (coastwise) trade
~, морско́е 1. sea voyage **2.** shipping
~, океа́нское ocean shipping
~, пе́рвое maiden trip
~ по вну́тренним во́дным путя́м inland navigation
~, прибре́жное coastal navigation (shipping, trade, traffic), coasting (coastwise) trade
~, речно́е river navigation
~, сме́шанное combined (river-sea) navigation
~ су́дна sailing of a vessel
го́дность к ~ю seaworthiness
нача́ло ~я commencement of a voyage
него́дность для ~я unseaworthiness
су́дно загрaни́чного ~я foreign (sea)-going vessel (ship)
уходи́ть в ~ put to sea
в ~и at sea
возвраща́ющийся из ~я inward (home) bound
го́дный для ~я seaworthy
него́дный для ~я unseaworthy

пла́вать (*держаться на воде*) float; (*о судне*) sail
план plan, programme, project, projection, schedule, scheme, intent; (*предложение*) proposal, proposition; (*задание*) target, outline
~ аре́нды lease plan
~, бу́дущий future plan
~, бюдже́тный budgeted programme
~, валю́тный currency (foreign exchange) plan
~ вмести́мости capacity plan
~, внешнеторго́вый foreign trade (export-import) plan
~, возмо́жный feasible plan (scheme, schedule)
~, всеобъе́млющий overall plan
~, встре́чный counter-plan
~ вы́воза export plan
~ вы́пуска проду́кции production (output) plan (programme)
~, генера́льный master plan, general work plan (programme)
~, ги́бкий flexible arrangement
~, годово́й annual (yearly) plan, plan for a year
~, госуда́рственный state plan
~, грузово́й (*размещения груза, план-карго*) cargo-plan, cargo stowage, capacity plan; (*погрузки*) loading plan (programme)
~ грузовы́х помеще́ний tonnage plan
~ы, дальне́йшие future plans (arrangements)
~, дета́льный detailed plan
~ диверсифика́ции plan of diversification
~, долгосро́чный long-term (range) plan

~, дополни́тельный additional (extra) plan
~, друго́й (*альтернати́вный*) alternative plan
~, еди́ный common plan
~, жёсткий fixed plan, flat schedule
~ заку́пок purchase plan, *амер.* procurement plan
~, зани́женный underestimated (understated) plan
~ запрода́ж sales targets (plan)
~ и́мпорта import programme (plan, project); import targets
~, календа́рный calendar plan, [timing] schedule
~ капиталовложе́ний capital spending (investment) plan
~, кварта́льный quarterly plan
~, ко́мплексный comprehensive (package, complete) plan
~, конкре́тный concrete plan, particular project
~, краткосро́чный short-term (range) plan
~, креди́тный credit plan
~ кредитова́ния finance (financing) plan
~ ма́ркетинга marketing plan
~ мероприя́тий plan (schedule) of measures
~ мероприя́тий по стимули́рованию сбы́та promotional plan
~ мероприя́тий, рекла́мных advertising plan (schedule)
~ монта́жных рабо́т erection schedule (plan)
~ на бу́дущее projected plan, plan for the future
~, народнохозя́йственный [national] economic plan
~ на сле́дующий год projection for next year
~ нау́чно-иссле́довательских рабо́т research plan
~, неприе́млемый unacceptable (objectionable) plan
~ оборо́та turnover plan
~, обсужда́емый project under discussion
~, о́бщий general plan; (*на чертеже*) general view
~, одо́бренный approved plan
~, операти́вный operative programme
~, ориентиро́вочный preliminary plan, rough outline
~, осуществи́мый feasible (practicable, workable) plan (scheme, schedule)
~ отгру́зок shipping schedule
~ перево́зок plan of shipments, transportation plan
~, пересмо́тренный revised plan
~, перспекти́вный long-term (long-range, forward) plan
~ погру́зки loading programme
~, подро́бный detailed plan
~ поку́пки в рассро́чку instal[l]ment plan
~ по́мощи support plan, assistance plan
~ по обеспе́чению ка́чества quality assurance plan
~ по реализа́ции проду́кции target for disposal of products
~ поста́вок delivery schedule (plan), plan of deliveries (supplies), supply plan
~, предвари́тельный preliminary plan
~ при́были profit plan
~ приёмочного контро́ля inspection plan
~, приме́рный preliminary plan, rough outline
~, произво́дственный production (*амер.* scheduling) plan
~ рабо́ты (рабо́чий) working (work, job, operation) schedule (plan), scheme of work

~ разви́тия plan (programme) of development, development plan (programme)
~ размеще́ния гру́за в грузовы́х помеще́ниях су́дна stowage plan
~ размеще́ния гру́за на су́дне cargo plan
~ размеще́ния зака́зов на запча́сти spare parts project
~ размеще́ния обору́дования equipment lay-out, lay-out chart, plan of arrangement of equipment
~ распределе́ния distribution arrangements
~ расшире́ния заво́да plan for extending a plant
~, реа́льный feasible (practicable, workable) plan (scheme, schedule)
~ рекла́мной кампа́нии plan (schedule) of an advertising campaign, ad schedule
~ реконстру́кции rebuilding programme
~ сбы́та sales (marketing) scheme, marketing plan
~, сво́дный master (summary) plan
~, сво́дный валю́тный summary currency plan
~ семина́ра seminar programme
~, скоордини́рованный coordinated plan
~, сме́шанный combined plan
~ снабже́ния supply plan
~, согласо́ванный coordinated plan
~, среднесро́чный medium-term plan
~ строи́тельной площа́дки site plan
~, су́точный daily plan
~, теку́щий current plan
~ террито́рии я́рмарки plan of the fair grounds
~, типово́й model pattern
~, тща́тельно проду́манный elaborate plan
~, утверждённый approved plan
~, уточнённый amended plan
~ финанси́рования (фина́нсовый) finance (financing) plan
~, хозя́йственный economic plan
~, экономи́ческий economic plan
~ э́кспорта export plan (programme, project); export targets
~, э́кспортно-и́мпортный export-import plan
выполне́ние ~а execution (fulfilment, implementation, realization, accomplishment) of a plan (programme)
заверше́ние ~а completion (fulfilment) of a plan (programme)
задо́лженность по ~у arrears of a plan
измене́ние ~а modification of a plan
координа́ция ~ов coordination of plans (schedules, programmes), plan coordination
набро́сок ~а outline of a plan
невыполне́ние ~а non-fulfilment of a plan
одобре́ние ~а approval of a plan
отклоне́ние от ~а deviation from (non-compliance with) a plan
отстава́ние от ~а arrears of a plan
отступле́ние от ~а deviation from a plan
пересмо́тр ~а revision (reconsideration) of a plan (programme)
показа́тели ~а target figures, plan targets (indicators)

рабо́та по ~у planned (schedule[d]) work, work on schedule
разрабо́тка ~а drawing up (elaboration, working out, making) of a plan
разрабо́тка ~а и сме́т[ы] budget planning
реализа́ция ~а realization of a plan (programme)
реа́льность ~ов feasibility of plans
согласова́ние ~ов coordination of plans, plan coordination
статья́ ~а item of a plan
утвержде́ние ~а approval of a plan
включа́ть в ~ incorporate in a plan
выдвига́ть ~ put forward a plan
выполня́ть ~ execute (fulfil, carry out, implement, realize) a plan; hit the target
выходи́ть с ~ом come up with a plan
договори́ться о ~е arrange a plan
координи́ровать ~ы coordinate plans (schedules, programmes)
корректи́ровать ~ adjust a plan
намеча́ть ~ draw up (shape, establish) a plan
намеча́ть ~ в о́бщих черта́х outline (indicate) a plan
не выполня́ть ~ fail to fulfil a plan; be behind [the] schedule
обсужда́ть ~ discuss (negotiate) a plan (programme, project)
опережа́ть ~ be ahead of [the] schedule
осуществля́ть ~ carry out a plan
отка́зываться от ~а abandon a project
отклоня́ться от ~а deviate from (not comply with) a plan
отстава́ть от ~а be behind [the] schedule
перевыполня́ть ~ overfulfil (exceed) a plan, beat (exceed, outstrip, smash) the target
перевыполня́ть ~ на ... % overfulfil (exceed) a plan by ... per cent
пересма́тривать ~ revise (reconsider) a plan (programme)
подгото́вить ~ prepare a plan
подпи́сывать ~ sign a plan
получи́ть ~ obtain a plan
поручи́ть *кому-л.* **выполне́ние ~а** commit *smb* to a programme
предложи́ть ~ propose (offer) a plan (programme, scheme)
представля́ть ~ (*на рассмотрение*) submit (present) a plan
приде́рживаться ~а adhere to a plan
приступи́ть к выполне́нию ~а launch a plan
разрабо́тать ~ draw up (elaborate, work out, make) a plan (programme, schedule, scheme)
расстра́ивать ~ы upset (spoil) plans
реализова́ть ~ realize a plan (programme)
совпада́ть с ~ами fit into plans
согласо́вывать ~ agree [upon] (coordinate) a plan (programme)
составля́ть ~ draw up (work out, map out, make, prepare, project) a plan (programme, schedule, scheme), plan
стро́ить ~ы make (build) plans, plan on [doing *smth*]
утвержда́ть ~ approve a plan

уточня́ть ~ refine (clarify) a plan; revise a plan
финанси́ровать ~ finance (fund) a plan
вне ~а over and above the plan
в соотве́тствии с ~ом according to schedule (to the plan), in conformity (accordance) with the plan
испыта́ния прохо́дят в соотве́тствии с ~ом test is proceeding to plan

план-гра́фик рекла́мных мероприя́тий schedule of advertising

план-зада́ние target [figures]

план-зая́вка estimate of requirements

плани́ровани/е planning [work], programming, scheduling
~, бюдже́тное budget planning
~, валю́тное currency planning
~ вне́шней торго́вли foreign trade planning
~, внутризаводско́е intrafactory planning
~, встре́чное counter-planning
~ вы́пуска и сбы́та проду́кции business planning
~, долгосро́чное long-term (long-range, forward) planning
~, заблаговре́менное early planning
~ затра́т cost planning (estimating, budgeting)
~, индикати́вное indicative planning
~, краткосро́чное short-term (range) planning
~, межотраслево́е inter-branch planning
~, о́бщее overall planning
~, операти́вное operational planning
~, операти́вно-календа́рное current calendar planning
~, операти́вно-произво́дственное current production planning
~, организацио́нное organization planning
~, отраслево́е sectoral planning
~, перспекти́вное long-term (long-range, forward) planning
~ произво́дства (произво́дственное) production (manufacturing) planning
~ произво́дства, автоматизи́рованное automated manufacturing planning
~ расхо́дов cost planning (estimating, budgeting)
~ сбы́та planning a marketing programme (programme of marketing)
~, сетево́е network planning
~, среднесро́чное medium-term planning
~, теку́щее short-term (short-range, current, routine) planning
~, технологи́ческое technological planning
~, тща́тельное careful planning
~, фина́нсовое financial planning
~, централизо́ванное centralized planning
~, экономи́ческое economic planning
ме́тод ~я method of planning
отде́л ~я planning (scheduling) department (section)
расхо́ды по ~ю planning expenditures
координи́ровать ~ coordinate planning (scheduling)
соверше́нствовать ~ improve planning

в це́лях ~я for planning purposes
плани́ровать plan
~ зара́нее plan ahead
планиро́вка (*размещение*) lay-out
~ заво́да lay-out of a plant, plant lay-out
~ произво́дственной пло́щади floor lay-out scheme
плани́руемый projected, planned
планови́к planner
пла́новый planned, scheduled; routine
планоме́рный planned, systematic
план-паке́т package plan
план-прое́кт projected plan
пла́т/а pay, payment; [price] charge; fee; remuneration
~, акко́рдная lumpsum payment
~, аре́ндная rent, rental [payment]; rental charge
~, весова́я weighing charge, weighage
~, входна́я charge for admission, admission (entrance) fee
~, высо́кая high (heavy) charge (pay)
~, дополни́тельная extra (additional) charge (pay)
~, дополни́тельная, за прово́з гру́за surcharge
~, дополни́тельная почто́вая extra postage
~, ежеме́сячная monthly payment (settlement); monthly charge
~ за charge for
~ за аре́нду rent payment, rental, lease payment
~ за аре́нду контейнера container rental charge
~ за аре́нду помеще́ния space rental
~ за ба́нковские услу́ги banking service charge
~ за биле́т на самолёт air fare
~ за букиро́вку booking commission
~ за буксиро́вку towing [charge], towage, tug-boat dues, tuggage; haulage [charge], cost of haulage
~ за взве́шивание weighing charge, weighage
~ за вход charge for admission, admission (entrance) fee
~ за вы́воз pick-up fee
~ за выполне́ние прое́ктно-констру́кторских рабо́т charge for engineering
~ за вы́садку landing fee
~ за вы́слугу лет long service bonus
~ за гости́ницу cost of hotel accommodation
~ за грузовы́е опера́ции handling (stevedoring) charge; (*на берегу*) porterage charge; (*на конечной станции*) terminal charge, terminals
~ за де́нежный перево́д remittance charge (fee)
~ за доста́вку charge for delivery, delivery charge; cost of haulage
~ за коми́ссию (*комиссионные услуги*) [payment of] commission
~ за креди́т loan charge
~ за лече́ние в больни́це hospital charge
~ за лице́нзию license fee
~ за наём hire, rent
~ за обрабо́тку гру́за внутри́ страны́ domestic handling charge
~ за обрабо́тку гру́за на железнодоро́жной ста́нции terminal charge, terminals
~ за обслу́живание charge

(fee) for service, service charge (fee)

~ **за обучéние** tuition [fees]

~ **за переадресóвку грýза** reconsigning charge

~ **за перевóзку багажá** baggage charge, charge for carrying passenger's baggage

~ **за перевóзку грýза** payment for carriage of goods, transportation charge, carriage, freight [payment], freightage, freight (hauling) charge, haulage

~ **за перевóзку грýза, автотрáнспортную** *или* **гужевýю** cartage

~ **за перевóзку грýза в предéлах пóрта** wharfage

~ **за перевóзку грýза на грузовикáх** truckage

~ **за перевóзку грýза по желéзной дорóге** rail freight [charge], railage

~ **за перевóзку грýза, фиктúвную** phantom freight

~ **за перевóзку пассажúров** passage [money]

~ **за перенóску грýза** porterage

~ **за переработку грýзов** charge (fee) for handling, handling charge (fee)

~ **за перестанóвку на другóй причáл** shifting charge

~ **за пересы́лку по пóчте** [mail] postage, postal charge; remittance charge

~ **за перешвартóвку** shifting charge

~ **за погрýзку** loading charge

~ **за пóльзование** fee (compensation) for [the] use

~ **за пóльзование железнодорóжными путя́ми** trackage [charge]

~ **за пóльзование контéйнером** container charge

~ **за пóльзование ли́хтером** lighterage

~ **за пóльзование мéстом швартóвки** pierage

~ **за пóльзование мостовы́ми весáми** weighbridge charge

~ **за пóльзование подъёмным крáном** cranage, crane charge

~ **за пóльзование портóвым склáдом** yardage

~ **за посáдку** landing fee

~ **за прáво учáстия в вы́ставке** admission fee

~ **за предоставлéние зáйма** premium

~ **за предоставлéние инжинúринговых услýг** engineering charge

~ **за причáл** quay dues, quayage

~ **за провóз** freight, freight charge; freight payment

~ **за провóз, изли́шняя** excess freight, overfreight

~ **за проéзд** fare, passage [money]

~ **за проéзд в óба концá** return fare

~ **за проéзд в оди́н конéц** single fare

~ **за проéктно-конструкторские рабóты** charge for engineering

~ **за прокáт** hire, rent

~ **за простóй** (*судна, вагона*) demurrage

~, **зáработная** wage[s], salary, pay

~ **за рабóту подъёмных устрóйств** hoist dues

~ **за разгрýзку** unloading (discharging) charge (fee), landing charge

~ **за реклáму** charge for advertising

~ **за ремóнт** repairing charge

~ **за ремóнт по гаранти́йному**

обязательству warranty payment
~ за спасение груза salvage [money]
~ за стоянку (*судна*) moorage
~ за стоянку в доке dock dues (charge), dockage
~ за стоянку в порту groundage
~ за стоянку у причальной стенки quay dues, quayage
~ за судовую лебёдку winchmen [charge]
~ за технические услуги engineering charge
~ за техническую документацию payment for technical documentation
~ за товар payment for goods
~ за транспортировку transportation charge
~ за [транспортную] обработку грузов charge (fee) for handling, handling charge (fee)
~ за упаковку packing (packaging) charge (fee)
~ за услуги fee (charge) for services, service fee (charge); payment for services
~ за установку installation fee
~ за фрахт freight, freightage
~ за фрахт по чартеру charter hire
~ за хранение груза storage (storing warehouse, warehousing) charge, storage [fee]
~ за хранение груза в резервуаре tankage
~ за хранение груза на станции сверх срока railroad demurrage
~, излишняя excess charge, overcharge
~, квартирная rent, rental
~, максимальная maximum charge
~, месячная monthly charge
~, минимальная minimum charge
~ на базе суточных ставок per diem charge
~ наличными payment in (by) cash, cash payment
~ натурой payment in kind
~, особая (отдельная) extra charge (price), separate charge
~ по статье fee payable under a clause
~ по таксе fixed-rate payment
~, провозная payment for carriage of goods, carriage, freight [charge], freight payment, freightage, haulage (hauling) charge, haulage
~, разумная reasonable charge
~, реальная (*заработная*) take-home pay
~, суточная daily charge
~, умеренная moderate charge
~, фрахтовая за расстояние distance freight
~ частями payment by instal[l]ments
~ швартовщикам boatmen in [charge]
взимание ~ы collection
освобождение от ~ы exemption from payment
расчёт заработной ~ы payroll preparation
фонд заработной ~ы wage[s] fund
шкала заработной ~ы wage (pay) scale
взимать ~у make (levy) a charge, charge, charge fees, make collection, collect fees (charges)
взимать арендную ~у collect rent

взима́ть дополни́тельную ~у make an extra charge, charge extra
взима́ть ~у за отгру́зку make collection for shipment
взима́ть повреме́нную ~у charge time
назнача́ть ~у charge fees
начисля́ть ~у make (impose) a charge
начисля́ть ~у за обслу́живание make a service charge
устана́вливать ~у fix (establish) charges (rates)
без дополни́тельной ~ы at no additional cost
за ~у at [a] charge, for a fee
за дополни́тельную ~у at extra (additional) charge (cost)
за уме́ренную ~у at a moderate charge
свобо́дно от ~ы за прово́з carriage (freight) free

платёж payment, paying; (*расчёт*) settlement
~, ава́нсовый advance, payment in advance, advance payment, prepayment; charges prepaid
~, аккура́тный punctual payment
~ акце́птом payment by acceptance
~ без вы́четов payment without deductions
~, безнали́чный payment on a clearing basis, clearing; non-cash transaction
~и, валю́тные payments in foreign currency, exchange payments
~ в валю́те кли́ринга payment (settlement) in clearing currency
~ в де́нежной фо́рме payment of money, monetary payment
~ в до́ллрах payment in dollars
~и, взаи́мные mutual payments
~ в иностра́нной валю́те payment in foreign currency
~ в ме́стной валю́те payment in local currency
~ в национа́льной валю́те payment (settlement) in national currency
~ в оконча́тельный расчёт final payment (settlement), payment of the balance
~ в переводны́х рубля́х payment in transferable roubles
~ в по́льзу payment in favour of
~ в рассро́чку payment by (in) instal[l]ments, instal[l]ment payment
~ в рубля́х payment in roubles, rouble payment
~ в свобо́дно конверти́руемой валю́те payment in convertible currency
~ в срок prompt payment, payment on time
~ в срок, устано́вленный payment in the stipulated time, due payment
~ в су́мме payment in the amount of
~ в счёт погаше́ния задо́лженности payment against indebtedness
~ в счёт причита́ющейся су́ммы payment on account
~ в счёт су́ммы payment in advance
~ в фо́рме ба́нковского перево́да settlement in the form of bank transfer
~ в фо́рме инка́ссо payment on the collection basis, collection payment, payment for collection
~ в фо́рме поста́вок потреби́тельских това́ров payment in

the form of deliveries of consumer goods

~ в фу́нтах сте́рлингов payment in pounds sterling

~, годово́й annual (yearly) payment

~и́, дальне́йшие further payments

~и́, двусторо́нние bilateral payments

~, дополни́тельный additional (extra, supplementary) payment, after-payment

~ до поста́вки това́ра payment before delivery

~, досро́чный advance payment

~, единовре́менный single payment, lumpsum payment

~, ежего́дный annual (yearly) payment

~, ежеме́сячный monthly payment

~, еженеде́льный weekly payment

~ за payment for

~ за вы́полненную рабо́ту payment for work carried out

~ за грани́цу external (foreign) payment, payment abroad

~, заде́ржанный delayed (late) payment

~ за наём су́дна payment of charter hire

~ за прока́т rent, [payment of a] rental charge

~ за просто́й су́дна payment of demurrage

~ за счёт грузополуча́теля charges for consignee's account

~, кварта́льный quarter (quarterly) payment

~, компенсацио́нный compensation payment

~, лицензио́нный payment of a license fee, license fee [payment], royalty

~, лицензио́нный с объёма проду́кции production royalty

~, минима́льный minimum payment

~, нали́чный cash payment

~ нали́чными payment in (by) cash; cash terms

~ нали́чными без ски́дки net cash

~ нали́чными до сда́чи това́ра cash before delivery, *сокр.* C.B.D.

~ нали́чными по получе́нии това́ра cash on receipt of merchandise, *сокр.* C.R.M.

~ нали́чными при вы́даче зака́за cash with order

~, нало́женный cash (collect, collection) on delivery, *сокр.* C.O.D., payment forward, charges collect

~о́м, нало́женным pay on delivery, *сокр.* P.O.D.

~ на счёт payment into an account

~, невзы́сканный outstanding payment

~, неме́дленный prompt (immediate) payment; spot cash

~, ненало́говый non-tax payment

~, неотло́жный pressing payment

~, непоступи́вший delayed [receipt of] payment; outstanding debt

~, непроизведённый unpaid payment

~и́, нерегуля́рные irregular payments

~ не́сколькими взно́сами payment in (by) instal[l]ments

~, неторго́вый non-commercial payment

~ не́тто net payment

~ не́тто че́рез ... дней по́сле отгру́зки payment terms net ... days

~, **обы́чный** standard cash basis payment
~, **оконча́тельный** final payment
~, **оста́точный** payment in (of) arrears
~, **остаю́щийся** remaining payment
~, **отде́льный** extra payment
~, **отсро́ченный** deferred payment
~, **очередно́й** next payment
~, **пауша́льный** lumpsum payment
~, **первонача́льный** initial payment; down payment
~, **перево́дный (перево́дом)** payment by transfer (remittance), transfer payment
~ **перево́дом на счёт** payment by transfer[ring] into the account of
~**и́, периоди́ческие** periodical payments
~ **по ве́кселю** settlement (payment) of a bill (*амер.* note), meeting a bill
~ **по долгово́му обяза́тельству** discharge (liquidation, redemption) of a debt
~ **по доста́вке** cash (collect, collection) on delivery
~**и́ по за́ймам** repayments on loans, loan repayments
~**и́ по зака́зам** payments on orders
~ **по кли́рингу** clearing payment, payment through clearing
~**и́ по контра́кту** payments under a contract, contract payments, payments pertaining to a contract
~ **по креди́ту** credit payments
~ **по лицензио́нному соглаше́нию** payment under a licensing agreement
~, **по́лный** payment in full, full payment
~, **полугодово́й** semi-annual (bi-annual) payment
~, **полу́ченный** payment received
~ **по откры́тому счёту** payment on an open account (on open account billing)
~, **поощри́тельный** incentive payment (pay, money)
~ **по получе́нии телегра́фного извеще́ния о гото́вности това́ра к отгру́зке** payment on receipt of a cable (telegraphic) notification of the readiness of the goods for shipment
~ **по предъявле́нии** payment on (upon) presentation
~ **по предъявле́нии докуме́нтов** payment against documents (at sight), sight payment
~ **по предъявле́нии профо́рмы счёта** payment against a proforma invoice
~ **по предъявле́нии [счёта-] факту́ры** payment on (against) an invoice
~ **по предъявле́нии тра́тты** payment at sight, sight payment
~**и́ по прете́нзиям по коли́честву и ка́честву** payments on quantity and quality claims
~, **после́дний** the last (final) payment
~**и́, после́довательные** successive payments
~, **после́дующий** further (addittional, subsequent, supplementary) payment, after-payment
~ **по́сле поста́вки** payment after delivery
~ **по согласо́ванным це́нам** payment on mutually agreed upon prices

~й по ссу́дам repayments on loans

~й, постепе́нные progress payments

~й, поступа́ющие incoming payments

~, поступи́вший payment received

~ по счёту payment against (on) an invoice

~ по тре́бованию payment on request

~й по урегули́рованию расчётов payments in settlement, settlement payments

~ по че́ку payment of (on) a cheque, settlement of a cheque, honouring a cheque

~й, поэта́пные progress payments

~, предыду́щий previous payment

~ при вы́даче зака́за cash with order

~, приостано́вленный stopped payment

~ при подписа́нии контра́кта payment to initiate a contract

~, причита́ющийся *кому-л.* payment due to *smb*

~, причита́ющийся по догово́ру payment due under a contract

~й, промежу́точные interim (intermediate) payments

~й, пропорциона́льные proportionate payments

~, просро́ченный overdue (late, delayed, past due, back) payment, payment overdue (in arrear); **~й, просро́ченные** backlog of (in) [outstanding] payments

~ про́тив payment against

~ про́тив аккредити́ва payment against a L/C

~ про́тив ба́нковской гара́нтии payment against a bank guarantee

~ про́тив вруче́ния компле́кта това́рных докуме́нтов payment against delivery of shipping documents

~ про́тив вы́писки счёта payment against statement

~ про́тив грузовы́х докуме́нтов payment against shipping documents

~ про́тив до́ковой распи́ски payment against dock receipt

~ про́тив докуме́нтов payment (cash) against documents

~ про́тив платёжных докуме́нтов payment against payment documents

~ про́тив поста́вки payment on delivery

~ про́тив [представле́ния] тратт payment against drafts (bills [of exchange])

~ про́тив предъявле́ния докуме́нтов payment against (upon) presentation (delivery, surrender) of documents, payment against documents

~, прямо́й direct payment

~, ра́зовый single payment, lumpsum payment

~й, регуля́рные periodic (regular) payments

~, ре́нтный rental payment

~ с аккредити́ва payment by (out of, from, through) a L/C, L/C payment

~ с аккредити́ва про́тив тра́тты, вы́ставленной по предъявле́нии payment against a sight draft drawn under a L/C

~, своевре́менный prompt (timely) payment

~ с едини́цы изде́лия (*лицензио́нный*) fee per article

~, соотве́тствующий relevant payment

~, страховóй insurance payment
~и́, текýщие current payments
~и́, торгóвые commercial payments
~, трансфéртный transfer payment
~ трáттами payment by drafts (bills [of exchange]), payment by drawing
~ трáттой срóком на ... дней payment by a draft (bill [of exchange]) drawn at ... days
~, факти́ческий actual payment
~, части́чный partial (part) payment, payment in part
~ части́чными взнóсами, частя́ми payment by (in) instal[l]ments, instal[l]ment payment
~ чéком payment by (on) cheque
~ чéрез банк payment through (with) a bank
~ чéрез ... дней пóсле отгрýзки payment ... days after [the] shipment date
~ чéрез ... дней пóсле постáвки payment ... days after [the] delivery date
~ чéрез ... дней с дáты счёта payment ... days after [the] date of an invoice
~, чи́стый net payment; net cash
авáнс в счёт ~éй payment on account
ави́зо о ~é advice of payment, payment advice
аккурáтность в ~áх promptitude in paying
баланси́рование ~éй balancing of payments
валю́та ~á currency of payment
векселя́ к ~ý bills (*амер.* notes) payable, bills for payment, payment bills
в обеспéчение ~éй as security
возмещéние ~éй reimbursement of payments
вы́дача докумéнтов прóтив ~á documents against payment
гарáнтия ~á guarantee (security) of payment
грáфик ~éй schedule of payments, payment schedule
дáта ~á date of payment, due date
день ~á day of payment, settlement day, prompt [date]
завершéние ~éй completion of payments
задéржка ~á delay in payment; default [in payment]; arrears of (in) payment
задóлженность по ~áм arrears of (in) payments
извещéние о ~é advice of payment, payment advice
инкассáция (инкáссо) ~éй collection of payments
инстрýкция о ~é instructions (provisions) for payment
исполнéние ~éй effecting payments
кни́га ~éй paying book
коми́ссия за ~ payment commission
мéсто ~á place of payment (paying); (*по векселю*) domicile
мéтод ~á method of payment, payment method
напоминáние о ~é reminder of payment
непоступлéние ~á delayed [receipt of] payment; failure to pay; overdue payment
обеспéчение ~á security of payment
осуществлéние ~éй effecting payment
откáз от ~á refusal of payment (to pay), dishonour

отсро́чка ~а́ postponement (deferment, adjournment) of payment; (*льготные дни*) grace (respite) for payment; (*задержка*) delay in (of) payment
перево́д ~а́ transfer (remittance) of payment
погаше́ние ~а́ settlement
погаше́ние не́скольких ~е́й единовре́менной вы́платой lumpsum payment
подтвержде́ние ~а́ confirmation of payment
покры́тие ~а́ settlement
получа́тель ~а́ (*по векселю*) payee; (*по аккредитиву*) beneficiary; (*по трансферту*) transferee
получе́ние ~а́ receipt of payment
поря́док ~е́й procedure for payments, payment procedure
поступле́ние ~е́й receipt of payments; payments received
пра́вильность ~а́ correctness of payment
предписа́ние о ~е́ order for payment, payment order
предъявле́ние к ~у́ presentation for payment
прекраще́ние ~е́й stopping (stoppage, cessation) of payments; default, failure to pay; (*временное*) suspension of payments
претéнзия по ~у́ payment claim
прика́з о ~е́ order for payment, payment order
приостано́вка ~е́й suspension (stopping, stoppage) of payments
просро́чка ~а́ late (overdue) payment, delay in payment, default; arrears of (in) payment
разме́р ~а́ amount of payment
распи́ска о произведённом ~е́ paying[-in] slip
рассро́чка ~а́ payment in (by) instal[l]ments, instal[l]ment payment, arrangement of payment on an instal[l]ment plan; (*отсрочка*) deferment of payment, grace (respite) for payment
соглаше́ние о ~а́х payment[s] agreement
спо́соб ~а́ manner (mode) of payment
сре́дства ~а́ means (medium) of payment (paying), payment facilities, funds
срок ~а́ date (time, term) of payment, time for payment, payment period, due date [of (for) payment], maturity [date], prompt; **сро́ки ~е́й** schedule of payments, payment schedule; timing of payments
срок ~а́ по ве́кселю due date of a bill, day on which a bill becomes (falls) due
срок ~а́ по тра́тте maturity of a draft
срок ~а́, продлённый extended payment [terms], prolonged payment
су́мма ~а́ amount (sum) of payment
тра́тта с ~о́м в до́лларах dollar draft (bill [of exchange])
тра́тта с ~о́м в ф. ст. sterling draft (bill [of exchange])
тре́бование ~а́ request (claim, demand) for payment
уведомле́ние о ~е́ advice of payment, payment advice
усло́вие о ~а́х payment clause
усло́вия ~а́ terms (conditions) of payment, payment terms (conditions), terms [of a contract]
усло́вия ~а́, специа́льные special terms of payment
усло́вия ~а́, станда́ртные standard terms of payment

фо́рма ~а́ form (method) of payment
взыска́ть ~ enforce payment
взыска́ть нало́женным ~о́м charge forward
воздержа́ться от ~а́ withhold payment
возлага́ть ~ в си́лу зако́на impose payment by law
возлага́ть ~ на impose payment upon
возобновля́ть ~и́ resume payments
выполня́ть усло́вия ~а́ honour terms of payment
гаранти́ровать ~ guarantee payment (to pay)
договори́ться о ~е́ agree upon payment, arrange payment (settlement)
договори́ться о ~е́ в [до́лларах] arrange for payment to be made in [dollars]
заверши́ть ~и́ complete payments
заде́рживать ~ delay (hold up) payment
замени́ть нали́чный ~ тра́ттой substitute a draft
извеща́ть о ~е́ advise of payment
наложи́ть ~ charge forward
напомина́ть *кому-л.* **о ~е́** call on *smb* to pay, send a reminder
направля́ть ~ address (forward) payment
наста́ивать на ~е́ press for payment
наступа́ть сро́ку ~а́ be (become, fall) due [for payment], mature, reach maturity
обеспе́чить ~ secure (guarantee) payment
облегча́ть ~ grant favourable (easy) terms of payment (payment facilities)
обоснова́ть ~ justify payment
обраща́ться за ~о́м apply for payment
одо́брить счёт к ~у́ pass an account (invoice) for payment
освободи́ть от ~а́ release (exempt) from payment
осуществля́ть ~ make (effect, transact, fulfil) payment, pay, *амер.* do payment
отказа́ть в ~е́ (отказа́ться от ~а́) refuse payment; (*о чеке, векселе*) dishonour
отложи́ть, отсро́чить ~ postpone (put off, delay, defer) payment, pay later; prolong payments, spread (stretch) payments
оформля́ть ~ process payment
переводи́ть ~ remit (transfer) payment
погаси́ть ~ проду́кцией make (effect) payment by products (commodities)
подлежа́ть ~у́ be liable to payment
получа́ть ~ receive (obtain) payment
получа́ть ~ по инка́ссо collect payment
получа́ть ~ по че́ку cash a cheque
получа́ть ~ с аккредити́ва receive payment by (out of) a L/C
поставля́ть това́р в счёт ~а́ supply products as payment
предложи́ть ~ нали́чными offer cash terms
предложи́ть ~ тра́ттами offer payment by drafts
предъявля́ть к ~у́ present for payment
прекрати́ть ~и́ stop (cease) payments; default; (*временно*) suspend payments
прекрати́ть ~ по че́ку stop [payment of] a cheque
принима́ть ~и́ accept (receive) payments

принима́ть в счёт ~а́ accept (take in) as payment
принима́ть к ~у́ accept for payment
приостана́вливать ~ suspend (hold up, stop) payment
продлева́ть срок ~а́ extend the time of payment (payment period), prolong (spread, stretch out) payments, postpone the due date of payment
производи́ть ~ make (effect, transact, fulfil) payment, pay, *амер.* do payment
производи́ть ава́нсовый ~ pay in advance
производи́ть ~ в банк make (effect) payment into a bank
производи́ть ~ в по́лный расчёт make (effect) payment in full settlement
производи́ть ~ в соотве́тствии с обусло́вленной ценой make (effect) payment of the contract price
производи́ть ~ в соотве́тствии с платёжным соглаше́нием make (effect) payment in accordance with the payment[s] agreement
производи́ть ~ из депози́та make refund of a deposit
производи́ть ~ нали́чными make (effect) payment in (by) cash, make (effect) cash payment
производи́ть ~ неме́дленно pay promptly
производи́ть ~ по аккредити́ву make (effect) payment by (out of, from, through) a L/C
производи́ть ~ по согласо́ванным це́нам make (effect) payment on mutually agreed upon prices
производи́ть ~ почто́вым перево́дом make payment by postal transfer
производи́ть ~ прика́зу make (effect) payment to the order of
производи́ть ~ про́тив докуме́нтов pay against documents
производи́ть ~и́ регуля́рно и в срок make due and regular payments
производи́ть ~ с теку́щего счёта make (effect) payment from a current account
производи́ть ~ че́рез банк make (effect) payment through (with) a bank, transact payment through a bank
просро́чить ~ fail to pay on time, get (fall) into arrears, be behind (in arrears) with payment
разреша́ть ~ authorize payment
рассро́чивать ~ spread payments; arrange payment on the instal[l]ment system; grant a respite
растя́гивать срок ~е́й spread payments over a period of time, stretch (spread) payment terms
регули́ровать ~и́ adjust payments
снима́ть усло́вность с ~а́ release (lift) the reserve
тре́бовать ~ request (require, claim, demand) payment
урегули́ровать ~и́ settle (adjust) payments
уско́рить ~ expedite (accelerate, speed up) payment
устана́вливать ~ fix payment
утверди́ть к ~у́ pass for payment, authorize payment
офо́рмленный для ~а́ made out for payment
~ произведён усло́вно payment effected under reserve
~ произво́дится по безнали́чному расчёту payment will be made on a clearing basis

~ просро́чен payment (settlement) is overdue

с нало́женным ~о́м за расхо́ды expenses charged forward

срок ~а́ истёк payment is overdue

срок ~а́ наступи́л payment is due

срок ~а́ по тра́тте наступа́ет ... the draft falls (becomes) due on, the draft matures on, the maturity of the draft is

су́ммы по ~у́ не поступи́ли payment was not made (effected)

в слу́чае, е́сли покупа́тель не произведёт ~ in the event of the buyer failing to pay

платёжеспосо́бность [business, financial] solvency, [financial] soundness, paying capacity, capacity to pay, creditworthiness

платёжеспосо́бный solvent

плате́льщик payer

~, аккура́тный (испра́вный) punctual (prompt) payer

~, неаккура́тный inaccurate payer

~, несостоя́тельный insolvent payer

~ по де́нежному тре́бованию drawee

~ по че́ку payer

плати́ть pay, make (effect) payment, settle

~ аккура́тно pay promptly

~ вперёд pay in advance

~ в рассро́чку pay by (in) instal[l]ments, spread payments; spread the cost

~ в тече́ние pay (settle) within

~ в тече́ние ... дней по́сле подписа́ния контра́кта pay within ... days of (after) the signing of a contract

~ за pay for

~ по пе́рвому тре́бованию pay on demand

~ по представле́нии pay on presentation

~ про́тив pay against

~ сде́льно pay on a piecework basis

платфо́рм/а platform; (*вагон*) waggon

~, грузова́я cargo (load-carrying) platform

~ для размеще́ния гру́за на па́лубе deck cargo platform

~, железнодоро́жная flat-car, *амер.* platform-car

~, погру́зочная shipping platform; dock

~, погру́зочно-разгру́зочная loading-unloading platform

~, подъёмная tray

~, пока́тая погру́зочная ramp

~ «ро́-ро́» ro-ro (roll-on/roll-of) platform

~, това́рная railway truck

грузи́ть на ~у truck

плёнк/а film

~, упако́вочная packaging film

завёртывать в полиэтиле́новую ~у wrap in polythene (*амер.* polyethylene)

упако́вывать в ~у enclose in polythene (*амер.* polyethylene)

плодотво́рный fruitful

пло́мб/а [lead] seal; (*штамп*) stamp

~, железнодоро́жная railway seal

~ отправи́теля seal of the consignor, consignor's seal

~, повреждённая broken seal

~, тамо́женная (тамо́жни) seal of the Customs office, customs seal

~, со́рванная broken seal

наложе́ние ~ы sealing

о́ттиск ~ы seal print (impression)

повреждéние ~ы breakage of a seal, removal of a seal
наклáдывать ~у seal, place (affix) a seal
снимáть ~у remove a seal
срывáть ~у break a seal
пломбировáть seal, place (affix) a seal
площáдк/а area, ground, site
~ для проведéния испытáний testing grounds
~ для складúрования storage area (yard)
~, заводскáя plant site
~, закры́тая indoor area
~, монтáжная erection site
~, откры́тая outdoor area; (*для складирования*) open storage, storage area (yard)
~, перегру́зочная transfer platform
~, рабóчая jobsite
~, сбóрочная assembling area (yard)
~ складúрования гру́за, конéчная terminal storage place
~, складскáя [material] storage area (yard), warehouse space
~, строúтельная [construction (building)] site
~ я́рмарочного стéнда stand area (space)
на строúтельной ~е on (at) [the] site
план строúтельной ~и site plan
покáз на строúтельной ~е on-site demonstration
рабóта на строúтельной ~е on-site work
строúтельство на ~е site construction
испóльзовать ~у use grounds (a site)
осмáтривать ~у examine (inspect) the site
подготóвить ~у prepare a site

плóщад/ь area, space
~, арендýемая rented area ([floor] space)
~, вы́ставочная display area (space), exhibition area (space), area of an exhibition, exhibition grounds; (*стенда*) stand area (space)
~ вы́ставочного зáла hall space, floorspace
~, демонстрациóнная demonstration area
~ депó sheds area
~, дополнúтельная extra space
~, жилáя living (housing, floor, dwelling) space, living floor (area), residential floor
~, закры́тая closed area
~, застрóенная built-up area
~ павильóна floorspace of a pavilion
~, полéзная usable (useful) area
~, произвóдственная production (operating, working) area, plant space
~, рабóчая working space
~, свобóдная vacant space
~, складскáя storage space
~, торгóвая floorspace, sales (selling) area
~ я́рмарки area of a fair
арéнда ~и rent of space
потрéбности в ~и space requirements
распределéние вы́ставочной ~и allocation (allotment) of exhibition space, space allocation (allotment)
выделя́ть вы́ставочную ~ allocate (allot) space
предоставля́ть ~ provide space
распределя́ть вы́ставочную ~ allocate (allot) space

повéренн/ый 1. (*агент*) agent **2.** *юр.* attorney, *англ.* solicitor,

counsel, procurator **3.** *дип.* chargé d'affaires
~ **в делáх** chargé d'affaires
~ **в делáх, врéменный** chargé d'affaires ad interim (pro tempore)
~ **в делáх, постоя́нный** chargé d'affaires ad hoc (in pied)
~ **в судé** attorney at law
~ **заяви́теля** applicant's attorney
~ **изобретáтеля** agent for an inventor
~, **официáльный** official agent
~, **патéнтный** patent agent (counsel, attorney), *англ.* patent solicitor
~ **по товáрным знáкам** trademark agent (attorney)
~, **практику́ющий** practising attorney
~, **судéбный** attorney at law
~ **торгóвой фи́рмы** commercial agent, business (trade) representative
~, **уполномóченный** authorised agent
гонорáр ~ого agent's fee
полномóчия ~ого power of attorney

повреждáть damage; injure

поврежде́ни/е (*поломка*) damage, breakage; (*ухудшение, износ*) deterioration; impairment; (*неисправность*) defect, fault; (*ущерб*) detriment, prejudice
~, **внéшнее** external damage
~ **внéшней упакóвки** external packing (packaging) damage
~ **водóй** damage by water, water damage
~, **возмóжное** possible damage
~ **в пути́** (*во время транспортировки, перевозки*) damage in transit (during transportation), transit (transport) damage, damage during delivery
~ **в результáте запотевáния** sweat damage
~ **в результáте столкновéния** damage (injury) by (from) collision
~ **гру́за** damage to cargo
~ **грызунáми** damage by rodents
~, **дальнéйшее** further damage
~, **зая́вленное покупáтелем** damage claimed by a buyer
~, **значи́тельное** considerable (extensive, heavy, much, high degree of) damage
~ **из-за ржáвчины** rust damage
~ **иму́щества** damage to property
~ **крюкáми** damage by hooks
~ **маркирóвки** damage to the marking
~, **механи́ческое** mechanical damage (injury)
~ **морскóй водóй** damage by sea water, sea damage
~, **нанесённое гру́зу** damage caused to cargo
~ **насекóмыми** damage by insects, insect damage
~ **на склáде** warehouse damage
~, **незначи́тельное** slight (minor, negligible) damage
~, **обнару́женное до отпрáвки гру́за** known damage
~ **обору́дования** damage to (of) equipment
~ **от дéйствия морóза** frost damage
~ **плéсенью** mo[u]ld damage
~, **повéрхностное** surface damage
~ **при перевáлке гру́за** damage in transhipment of cargo

~ при переработке груза damage from (in) handling [operations], damage caused in the course of loading and unloading, stevedore damage
~ при погрузке loading (stevedore) damage
~ при погрузочно-разгрузочных работах damage caused in the course of loading and unloading
~ при техническом обслуживании maintenance damage
~ при хранении damage in storage
~ самолёта aircraft damage
~, серьёзное serious (severe, grave) damage
~, скрытое concealed damage
~, случайное accidental damage
~ судна damage to a vessel (ship)
~, существенное substantial (considerable) damage
~ тары damage to a container (tare)
~, телесное injury
~ товара damage to goods
~ трением chafing damage
~ тюков breakage of bundles
~, умышленное malicious mischief
~ упаковки damage to packing (packaging), packing (packaging) damage; defects in packing
~, установленное established defect
~, устранимое recoverable damage
~, физическое physical damage
~, частичное partial (part) damage
акт о ~и damage report
вид ~я kind of damage
защита от ~я protection against damage
заявление о ~и declaration of damage
исправление ~я repair[ing]
ответственность за ~ responsibility for damage
оценка ~я assessment of damage
предохранение от ~я protection against damage
предупреждение ~я prevention of damage
причина ~я cause of damage
причинение ~я causing damage
размер ~я extent (amount, volume) of damage
риск ~я товара risk of damage to goods
свидетельство о ~и certificate of damage
сохранность от ~я safety from damage, protection from (against) damage
степень ~я degree of damage
характер ~я nature (character) of damage
вызывать ~ cause damage
выявлять ~ detect a fault
защищать от ~я protect against damage
заявлять о ~и declare (state) damage
избегать ~я avoid damage; avoid damaging
исправлять ~ correct defects, repair
испытывать ~ sustain an injury
наносить ~ cause (do, inflict) damage to, damage; be an injury to
обнаружить ~ discover damage
определить место ~я locate a fault

получи́ть ~ be damaged; receive (sustain) an injury
предотвраща́ть ~ prevent damage
предохраня́ть от ~я protect against (from) damage, safeguard from damage
причиня́ть ~ cause (do, inflict) damage, damage
устраня́ть ~ eliminate (repair, remedy, patch) [the] damage
без ~я in an undamaged (intact) state, undamaged, intact
~ произошло́ из-за недоброка́чественной упако́вки damage occurred through defective packing

повреждённый damaged, defective, faulty
~ водо́й water damaged
~ морско́й водо́й sea-damaged
~ от сы́рости wet damaged
дно повреждено́ bottom is broken
ки́пы повреждены́ крюка́ми bales are with hook holes
мешки́ повреждены́ крюка́ми bags are torn by use of hooks
упако́вка не повреждена́ packing is intact

повыша́ть raise, increase, enhance; (*цену и т. п.*) lift, advance, boost; mark up; *амер.* jack [up]
~ вдво́е double
~ в до́лжности promote
~ в пять раз increase (raise) fivefold
~ в три ра́за increase (raise) three times, treble
~ в четы́ре ра́за increase (raise) fourfould
~ до increase to
~ на increase by
~ чрезме́рно raise excessively

повыша́/ться go up, increase, rise, surge; (*о цене, курсе и т. п.*) improve, move upward, advance, be on the advance (rise); gain; (*неожиданно*) spurt; (*быстро*) boom, run up, shoot up
~ в цене́ appreciate
~ неукло́нно rise inexorably
~ ре́зко rise sharply, jump
~ уме́ренно go up by a moderate amount
курс ~ется exchange rate is rising
фра́хты ~ются freights are advancing
це́ны ~ются prices are going up
це́ны повы́сились prices are up (have advanced, have improved)
це́ны повы́сились на ... % prices have increased by ... %
це́ны повы́сились ре́зко prices picked up sharply
це́ны повы́сились с ... до ... prices ran up from ... to ...
це́ны на това́р повы́сились the goods have increased in price, the prices of the goods have gone up

повыше́ни/е increase, raise, rise, surge; (*цен, курсов*) improvement, advance, gain, upswing; boost; markup; upward movement; (*неожиданное*) spurt; (*быстрое*) boom
~ в до́лжности promotion
~, единообра́зное (*о процентах*) flat increases
~, ежего́дное annual escalation
~ зарпла́ты pay (wage) increase (rise), increase (rise, *амер.* raise) in wage[s] (salary, pay), advance of wage[s] (salary)
~ изде́ржек escalation of costs

~ ка́чества проду́кции improvement in the quality of production (output)
~ квалифика́ции training and development, advanced training, professional improvement, improvement in (of) [professional] skill, raising qualification, development of vocational competence
~ комме́рческой эффекти́вности э́кспорта raising of commercial effectiveness of exports
~ ку́рса валю́ты rise in the exchange rate, appreciation of the currency, currency appreciation, improvement in exchange
~ ку́рса валю́ты по сравне́нию с appreciation of the currency against
~ нало́га tax increase
~, неукло́нное steady increase (rise)
~ о́бщего у́ровня цен general price increase
~ производи́тельности труда́ increase in (development of) labour productivity
~, ре́зкое sharp increase (rise), jump
~ рента́бельности rise in profitability
~ себесто́имости rise (increase) in the cost (price)
~ спро́са increase in (growth of) demand
~ ста́вки ба́нковского учётного проце́нта rise (increase) in the bank rate, raising of the bank rate
~ ста́вок increase in rates
~ ста́вок за́работной пла́ты increases in salaries; upward revision in salary rates
~ ста́вок зарпла́ты в зави́симости от ка́чества рабо́ты performance-related increments, pay-for-performance rise
~ сто́имости rise (increase) in the cost, cost increase
~ сто́имости сырья́ rise (increase, escalation) of material cost
~ сто́имости труда́ rise (increase) of labour cost
~ тари́фа rate increase, increase in (of) rates
~ техни́ческого у́ровня и ка́чества проду́кции increase in the technical level and improvement of the quality of goods
~, уме́ренное modest increase (rise)
~ у́ровня жи́зни raising of living standards
~ цен increase (raise, advance, rise, improvement) in (of) prices, price increase (rise, advance); upward adjustment of prices; appreciation
~ цен, большо́е heavy price increase
~ цен, ре́зкое sharp increase (rise) in prices, price hike (bulge)
~ цен, ры́ночных upsurge in the market
~ [экономи́ческой] эффекти́вности внешнеторго́вых опера́ций raising [economic] effectiveness of foreign trade operations
~ экономи́чности improvement of economy
~ эффекти́вности increase in (of) efficiency
тенде́нция к ~ю upward (stronger) tendency (trend), rising trend
усло́вие о ~и *или* **пониже́нии цен** rise and fall clause
цена́ до ~я pre-increase price

вызыва́ть ~ цен send prices up, produce (cause) a rise in prices
догова́риваться о ~и цены́ negotiate a rise in the price
не допуска́ть ~я цен keep prices down
спекули́ровать на ~и цен gamble on a rise in prices
повыше́ние цен вступи́ло в си́лу с price increases operate since

погаша́емый repayable, redeemable

погаша́ть repay, pay off, settle, redeem, discharge, service
~ долг в рассро́чку *юр.* amortize

погаша́ться be repayable, be redeemable
~ *чем-л.* be amortized against *smth*
не ~ be nonredeemable

погаше́ни/е repayment, settlement, redemption, discharge, servicing
~ взно́сами repayment in (by) instal[l]ments
~, внеочередно́е unscheduled repayment
~ в рассро́чку instal[l]ment repayment
~ в срок repayment in due time
~ до́лга payment (repayment, settlement, redemption, discharge, extinguishment, liquidation, acquittance) of a debt, debt repayment; debt service payments
~ до́лга в рассро́чку *юр.* amortization of a debt
~ до́лга, оконча́тельное final repayment
~, досро́чное advance[d] (anticipated) repayment
~ задо́лженности payment (repayment, settlement, redemption, discharge, extinguishment, liquidation, acquittance) of a debt, debt repayment; debt service payments
~ задо́лженности по креди́ту repayment of credit
~ креди́та repayment (redemption) of credit, credit repayment (redemption)
~ креди́та поста́вками проду́кции repayment of credit through supply of goods
~ креди́тов за счёт валю́тной вы́ручки от э́кспорта repayment of credits by currency earnings from export [of products]
~ обяза́тельств по креди́ту repayment of credit
~ платеже́й settlement
~ платеже́й частя́ми serial payment, repayment in (by) instal[l]ments
~ проце́нтов payment of interest, interest payment
~ ссу́ды repayment (redemption, reimbursement, sinking) of a loan
~ счёта settlement of an account
гара́нтия ~я креди́та credit guarantee
объявле́ние о ~и облига́ций notice of withdrawal of bonds
пери́од ~я (*кредита*) time for repayment, repayment (redemption) period
поря́док ~я procedure for repayment
просро́чка ~я delay in repayment
резе́рв на ~ задо́лженности reserve for debt redemption
срок ~я time for (period of) repayment, time of redemption
ссу́да с ~ем в рассро́чку instal[l]ment loan

усло́вия ~я креди́та credit payment terms
фонд ~я redemption (sinking) fund
чек в ~ cheque in settlement
подлежа́ть ~ю mature, be due, be payable
подлежа́ть ~ю по пе́рвому тре́бованию be subject to call
потре́бовать ~я креди́та withdraw the credit
рассро́чивать ~ до́лга allow to pay the debt by (in) instal[l]ments
тре́бовать ~я ссу́ды [re]call the loan

пограни́чный fronteer *attr.*, border *attr.*

погру́женный loaded
~ на борт су́дна delivered over the ship's rail (on board ship)
~ на па́лубу deck-loaded

погру́зк/а loading, shipment, shipping
~, автомати́ческая automatic loading
~ без упако́вки loading (shipment) in bulk, bulk stowage
~, бескра́новая roll-on
~ в ваго́н loading (delivery) [of goods] on board car (in a car, onto a [railway] waggon)
~ в ли́хтеры lighterage
~ в поря́дке о́череди loading in turn
~ в та́ре loading in packages
~ в шта́бель stockpiling
~ гре́йфером grabbing
~ гру́за loading of cargo
~, досро́чная early loading, ahead-of-time (pre-time, pre-schedule) loading
~, конте́йнерная loading in containers
~, контроли́руемая supervised loading
~ на борт су́дна loading (delivery) on board ship
~ нава́лом loading (shipment) in bulk, bulk handling, bulk stowage
~ нали́вом loading (shipment) in bulk
~ на па́лубу loading (shipment) on deck
~ на паро́м loading on a ferry
~ на перево́зочные сре́дства loading on[to] transport[ation] facilities
~ на ре́йде loading on the road
~ на самолёт loading an aircraft
~ на су́дно loading (shipment) on board ship; loading a vessel, shipment, shipping
~ на́сыпью loading (shipment) in bulk, bulk handling (stowage)
~, неме́дленная prompt loading
~ това́ра loading of goods
аге́нт по ~е и отпра́вке това́ров forwarding (shipping) agent, forwarder
вес при ~е shipped (shipping) weight
вре́мя ~и time of loading, loading time, time allowed for loading
вре́мя ~и и разгру́зки судо́в lay days, lay time
гото́вность су́дна к ~е readiness to load (for loading)
да́та ~и loading date, date of loading (shipment)
дни ~и days for loading, loading days
заде́ржка в ~е delay in loading (shipment), shipping delay
зака́з на ~у loading order

извеще́ние о ~е notification of loading, loading notification
ка́чество при ~е shipped quality, quality shipped
конве́йер для ~и loading conveyor
контейнерово́з с вертика́льной ~ой lift-on/lift-off, lo-lo [cargo ferry]
контро́ль за ~ой supervision of loading
ме́сто для ~и shipping (cargo) space
ме́сто ~и loading place (point, berth); shipment point; place (port) of loading
нача́ло ~и beginning of loading
но́рма ~и rate of loading, loading norms (standards)
оконча́ние ~и completion of loading
опера́ции по ~е и разгру́зке stevedoring operations
опла́та ~и payment for the loading of goods, loading charges
о́рдер на ~у shipping note, *сокр.* s/n
отме́тчик при ~е и вы́грузке tallyman
о́чередь на ~у loading turn
план ~и loading programme
пла́та за ~у loading charge
поврежде́ние при ~е loading (stevedore) damage
пода́ча су́дна под ~у placing a vessel (ship) under (for) loading
порт ~и port of loading, loading port, loading bay; port of embarkation
прича́л ~и loading berth
пункт ~и place (point) of loading, loading place (point), shipment point
рабо́ты по ~е и вы́грузке loading and unloading (discharging) operations, cargo (stevedoring, handling) operations, cargo handling, stevedoring
разреше́ние на ~у release for shipment, permission for loading, loading permit
расписа́ние ~и и разгру́зки судо́в lay time sheet
расхо́ды по ~е loading (shipping) expenses, loading (shipping) charges, costs of loading, loading (shipping, cargo handling) costs
расхо́ды по ~е и разгру́зке [cargo] handling charges (costs), stevedoring charges
сбор за ~у loading charges
ско́рость ~и loading rate, rate of loading
спо́соб ~и loading method
срок ~и time of loading, loading time (period), time allowed for loading
ста́нция ~и loading station
сто́имость ~и cost of loading, cargo handling cost
страна́ ~и country of loading, loading country
су́дно с бескра́новой ~ой roll-on/roll-off vessel (ship), ro-ro [ship]
уведомле́ние о ~е notification of loading, loading notification
усло́вия ~и и вы́грузки у сте́нки quay terms
задержа́ть ~у delay loading
зако́нчить ~у complete loading
заплани́ровать ~у plan loading
контроли́ровать ~у control (supervise, verify, monitor) loading (shipment)
начина́ть ~у commence loading
ожида́ть ~у be in line (wait [in line]) for loading

организо́вывать ~у provide (arrange for) loading
осуществля́ть ~у carry out (make, effect) loading, load
предъявля́ть това́р к ~е deliver goods for loading
прекраща́ть ~у terminate (stop) loading
производи́ть ~у carry out (make, effect) loading, load
ста́вить су́дно под ~у place a vessel under (for) loading
станови́ться под ~у tie up for loading
во вре́мя ~и at (during) loading, at the time (during the course) of loading
груз подлежи́т ~е под па́лубой the goods to be loaded under deck
~ и вы́грузка опла́чиваются фрахтова́телем free in and out
~ и укла́дка гру́за в трю́ме опла́чиваются фрахтова́телем free in and stowed
свобо́дно от расхо́дов по ~е и вы́грузке free in and out
свобо́дно от расхо́дов по ~е, исключа́я укла́дку (шти́вку) free in excl. stowage
свобо́дно от расхо́дов по ~е и укла́дке (шти́вке) free in and stowed

погру́зочно-разгру́зочный loading and unloading, stevedoring

погру́зочный loading, handling, lifting, shipping

пода́ч/а (*о документах*) presentation, presenting, filing
~ апелля́ции filing an appeal
~ дополне́ний presentation (filing) of addendums [additions, supplements)
~ зака́зов ordering
~ зая́вки filing of an application
~ зая́вки на вы́дачу пате́нта на изобрете́ние [filing of a] patent application, filing for a patent
~ зая́вки, откры́тая open filing
~ зая́вки правопрее́мником assignee filing
~ исково́го заявле́ния filing a statement of claim
~ касса́ции submission of a cassation
~ от и́мени (*о заявке, иске и т. п.*) filing in the name of
~ су́дна под погру́зку placing a vessel (ship) under (for) loading
да́та ~и апелля́ции date of appeal
да́та ~и зая́вки date of application (filing), application (filing) date; (*на участие в торгах*) bid date
пери́од ~и те́ндеров tendering period
пери́од ~и хода́тайств motion period
срок ~и апелля́ции term of appeal
срок ~и возраже́ния period for response
срок ~и зая́вки term (period) of application
уведомле́ние о ~е проте́ста notice of opposition

подбира́ть (*выбирать*) select, make a selection; (*сортировать*) assort, sort out
~ под цвет choose to match
~ това́р в соотве́тствии со специфика́цией зака́за make up (assemble) an order
~ тща́тельно select painstakingly

подбо́рка (*выбор*) selection, assortment; (*сортировка*) sorting

подвози́ть 1. (*доставлять*) deliver; transport, haul, bring 2. (*снабжать*) supply

подво́з[ка] 1. (*доставка*) delivery; transportation, carriage, haulage 2. (*снабжение*) supply

подгота́вливать 1. prepare, make ready 2. (*обучать*) train, instruct

~ **под покра́ску** prepare for painting

подгото́вк/а 1. preparation 2. (*обучение*) training, instruction 3. (*образование*) background

~ **без отры́ва от произво́дства** in-plant (in-service, on-the-job) training

~, **больша́я** considerable preparation

~ **бюдже́та** budget preparation

~ **вы́ставки** preparation for (of) an exhibition

~ **де́ла к слу́шанию** preparation of a case for hearing

~ **докуме́нтов** preparation of documents

~, **доста́точная** adequate (sufficient) training

~, **заблаговре́менная** advance preparation

~ **зая́вки** preparation of an application

~ **ка́дров** training of specialists (personnel); (*руководящих*) management training

~ **к пое́здке** travel arrangements

~, **нау́чная** scientific background

~, **недоста́точная** 1. inadequate preparation 2. inadequate background

~, **обши́рная** extensive background

~, **общеобразова́тельная** general education background

~ **пла́на обуче́ния** preparation of a training schedule (programme)

~, **предвари́тельная** 1. advance preparation 2. preliminary training (instruction)

~, **профессиона́льная** vocational (professional) training

~ **руководя́щих ка́дров** management training

~, **специа́льная** specialized training

~ **сте́нда** preparation of a stand

~ **строи́тельной площа́дки** preparation of a site, site preparation

~, **техни́ческая** technical training

~ **това́ра к отгру́зке** preparation of goods for shipment

~ **экспози́ции** (*для выставки*) preparation of an exposition (a display)

~ **экспона́тов к вы́ставке** preparation of exhibits

отде́л ~и ка́дров training department

отде́л ~и произво́дства preproduction department

отде́л ~и специали́стов на произво́дстве shop-training department

расхо́ды по ~е това́ра к отгру́зке expenses connected with the preparation of goods for shipment

у́ровень ~и level of training

име́ть доста́точную техни́ческую ~у have an adequate (a sufficient) technical background

обеспе́чить техни́ческую ~у (*персонала*) provide technical training

получа́ть ~у receive training

тре́бовать ~и require preparation

подде́лка forgery, counterfeit[ing], falsification, false representation

~ докуме́нтов falsification (forgery) of documents

~ това́рного зна́ка forgery (simulation) of a trademark

~ че́ка forgery of a cheque, *амер.* raising a check

подде́лывать forge, falsify, fabricate; (*о чеке*) *амер.* raise

подде́льный false, forged; (*о чеке*) *амер.* raised; (*искусственный*) artificial

подде́рживать 1. support, be in support of, back [up], promote, encourage **2.** (*сохранять*) maintain, keep

подде́ржка support, supporting, back-up, backing, promotion; encouragement

~, взаи́мная mutual support

~, госуда́рственная фина́нсовая state financing (financial) backing

~, де́нежная cash support

~ запрода́ж sales support

~ зая́вки на получе́ние ви́зы support for a visa application

~, максима́льная maximum support

~, материа́льная material support

~, продолжи́тельная continuous support

~, профессиона́льная professional support

~, своевре́менная prompt support

~, суще́ственная substantial support

~, техни́ческая technical support

~, фина́нсовая financial backing (support)

~, широ́кая wide (widespread) support

гаранти́ровать ~у pledge *one's* support

находи́ть ~у find support

ока́зывать ~у support, give (render, lend) support

ока́зывать техни́ческую ~у provide engineering support

ока́зывать фина́нсовую ~у support the financing, give financial support

получа́ть ~у receive support (backing), meet with approval (support), obtain support

по́льзоваться ~ой enjoy the support of

при ~е with the support (backing) of

поддо́н pallet, pallet truck, flat

~, грузово́й [cargo] pallet

~, застроплённый strapped pallet

~, погру́зочный flatrack

~, решётчатый batten platform

~ с жёсткой сте́нкой fixed-end [wall] flatrack

~ со складно́й сте́нкой folding-end [wall] flatrack

перево́зка на ~ах carriage (transportation) of palleted goods

това́р на ~ах palletized (palleted) goods

перевози́ть на ~ах palletize

поде́ржанный secondhand, used

подзаголо́вок subtitle, subheading

подкла́дка (*для груза*) dunnage

под ключ:

контра́кт ~ turn-key contract, contract on a turn-key basis

поста́вка на усло́виях ~ turn-key project

строи́тельство промы́шленных объе́ктов на усло́виях ~ construction of industrial pro-

jects on a turn-key basis
выполня́ть прое́кт ~ do a project on a turn-key basis
стро́ить ~ build on a turn-key basis
на усло́виях ~ on a turn-key (key-in-hand) basis, on turn-key terms

подлежа́ть be liable (subject) to
~ ве́дению *кого-л.* be under the authority (within the competence) of *smb*

подлежа́щий liable to, subject to

по́длинник original
~ докуме́нта original of a document
~ письма́ original letter
~ счёта original invoice
в ~е in the original

по́длинност/ь authenticity, genuineness, identity
~ докуме́нтов genuineness of documents
~ по́дписи genuineness of signature
свиде́тельство о ~и certificate of authenticity
установле́ние ~и изде́лий identification of a product
засвиде́тельствовать ~ authenticate

по́длинный authentic, genuine, original

подмо́ченный damp, wet; damaged

поднима́ть lift, raise; (*тяжёлое*) heave
~ вверх lift up, pick up
«поднима́ть здесь» (*надпись*) "lift here", "heave here"
«поднима́ть цепя́ми, а не крю-ка́ми» (*надпись*) "hold with chain, not with hooks"

поднима́ться rise, climb
~ в цене́ rise in price

подотчётность accountability

подотчётный accountable; (*о деньгах*) on account

подписа́ни/е signing
~ а́кта signing of an act
~ контра́кта signing (signature) of a contract
~ протоко́ла signing of a protocol
~ соглаше́ния signing of an agreement
да́та ~я date of signing
да́та ~я контра́кта date of a contract
ме́сто ~я place of signing
отка́з в ~и докуме́нтов refusal to sign documents
платёж при ~и контра́кта payment to initiate a contract
поря́док ~я order of signing
процеду́ра ~я signing procedure
задержа́ть ~ контра́кта delay contract signing
отка́зывать в ~и докуме́нтов refuse to sign documents
во вре́мя ~я контра́кта at the time of signing a contract
до ~я контра́кта prior to signing a contract
при ~и контра́кта on (upon) signing (signature) of a contract, while (when) signing a contract, during the signing (signature) of a contract, at the time of signing a contract

подпи́санный signed
~ надлежа́щим о́бразом duly signed

подпи́ск/а 1. subscription 2. (*долговая*) bond
~, авари́йная [general] average bond
~ на газе́ту subscription to a newspaper
~ об а́вторстве пате́нта inventor's declaration
вклад по ~е subscription deposit

ка́рточка ~и subscription card
квита́нция о ~е subscription receipt
возобновля́ть ~у renew a subscription
продава́ть по ~е sell on subscription

подпи́сывать sign, undersign; (*ставить вторую подпись*) countersign

подпи́сываться 1. (*поставить подпись*) sign, undersign **2.** (*на что-л.*) subscribe
~ за *кого-л.* sign in the name of *smb*
~ на *что-л.* subscribe to (for) *smth*
~ от и́мени sign on behalf of
~ по́лным и́менем sign in full

по́дпис/ь signature; (*на обороте документа*) endorsement
~, бла́нковая blank signature
~, втора́я second signature
~, заве́ренная certified (attested, witnessed) signature
~ на ве́кселе signature on a bill
~, непо́лная incompletely signed
~, неразбо́рчивая illegible signature
~, пе́рвая first signature
~, по́длинная authentic (genuine) signature
~ по договорённости signature by proxy (procuration)
~, собственнору́чная *one's* own signature
~, совме́стная joint signature
~, удостоверя́ющая другу́ю по́дпись countersignature
~ уполномо́ченного лица́ authorized signature
ве́ксель с двумя́ ~ями two-name paper
засвиде́тельствование ~и witnessing of a signature
образе́ц ~и specimen [of] signature
по́длинность ~и genuineness of signature
пра́во ~и authority (power) to sign, signing authority
пра́во ~и, второ́й right of second signature
пра́во ~и, пе́рвой right of first signature
удостовере́ние ~и attestation of a signature
заве́рить ~ certify (attest, witness, authenticate) a signature
засвиде́тельствовать ~ witness a signature
име́ть ~ bear a signature
име́ть пра́во второ́й ~и have the right of second signature
име́ть пра́во пе́рвой ~и have the right of first signature
подде́лать ~ forge a signature
[по]ста́вить ~ sign, put (add, affix) a signature
[по]ста́вить ~, бла́нковую endorse in blank, give a blank signature
[по]ста́вить ~, втору́ю countersign
[по]ста́вить ~ на оборо́тной стороне́ ве́кселя back a bill
посыла́ть на ~ send for signature
предста́вить на ~ submit for signature
предста́вить образе́ц ~и append a signature
удостоверя́ть ~ certify (attest, witness, authenticate) a signature
за ~ью signed
за ~ью и печа́тью under *one's* hand and seal
за надлежа́щими ~ями duly (properly) signed

под председа́тельством under the chairmanship
подпрогра́мм/а subprogramme
~ы, отраслевы́е sectoral subprogrammes
подпу́нкт subpoint
подразделе́ни/е division, subdivision; department
~ аге́нтской фи́рмы agency division
~я, вспомога́тельные auxiliaries
~я, произво́дственные manufacturing divisions
подразделя́ть subdivide
подро́бно in great (considerable, some) detail; at [great] length
излага́ть ~ detail
опи́сывать ~ describe in detail
рассма́тривать де́ло ~ give the matter detailed consideration
ука́зывать ~ detail
бо́лее ~ in greater (further, more) detail, at greater length
подро́бност/ь detail; **~и** details, particulars
~и, все full particulars (details)
~и, второстепе́нные minor details
~и, дальне́йшие further details
~и, дополни́тельные additional details
~и, исче́рпывающие comprehensive details
~и, каса́ющиеся отгру́женной па́ртии shipment details
~и, мельча́йшие the smallest (minute) details
~и, относя́щиеся к де́лу pertinent details
~и, разли́чные various details
~и, соотве́тствующие appropriate details
вдава́ться (входи́ть) в ~и go (enter) into details (particulars)
запра́шивать ~и пи́сьменно *или* **по телефо́ну** write *or* call for details
освети́ть во всех ~ях fully detail
охвати́ть во всех ~ях cover in detail
проси́ть сообщи́ть ~и request details
сообща́ть ~и give details
узна́ть ~и get details
подро́бный detailed
подря́д contract
~, брига́дный contract services, team contract
~, генера́льный general contract
~, госуда́рственный public contract
~, еди́ный single contract
~, полу́ченный awarded (gained) contract
вид ~а type of contract; level of contracting
зая́вка на ~ tender for a contract
стро́йка по ~у building by contract
выдава́ть ~ place a contract
на усло́виях ~а on contract terms
подря́дный contract *attr.;* by contract
подря́дчик contractor
~, втори́чный associate contractor
~, генера́льный general (prime) contractor, package dealer
~, еди́нственный sole contractor
~ на торга́х tenderer, bidder
~, незави́симый independent contractor
~, некомпете́нтный incompetent contractor

~, **основной** main contractor
~ **при перевозке** haulage contractor
возможности ~а contractor capability
вознаграждение ~а contractor fee
выбор ~а selection (choice) of a contractor
завод ~а contractor's works
залог ~а bid security
оценка ~а contractor performance evaluation
предприятия ~а contractor's works
выбирать ~а select a contractor
выступать в качестве ~а act as a contractor

подскакивать (*о ценах*) jump [up], soar, skyrocket

подстилк/а (*мягкая прокладка для защиты грузов от повреждения*) cushion; (*подстилочный материал для укладки груза*) dunnage
~ **из досок** dunnage wood
хранить груз на ~е store on dunnage

подсудность jurisdiction, cognizance
~ **по спорам между сторонами** contentious jurisdiction
~ **споров** jurisdiction over disputes

подсчёт count; (*исчисление*) calculation, computation; (*предварительный*) estimate; (*ведомость*) statement; (*сверка*) tally
~ **мест груза** tally of cargo
~, **первоначальный** original estimate
~ **расходов** statement of charges (costs); calculation of expenses
~ **стоимости** statement of costs
~ **суммы** calculation of an amount
~ **экономичности** calculation of profitability, calculation of costs and returns
метод ~а method of calculation, accounting method
вести ~ keep count
ошибаться в ~е make a mistake in calculation
проверить ~ recalculate
по предварительному ~у by estimate

подсчитанный calculated, estimated

подсчитывать count [up]; (*исчислять*) calculate, compute, figure up; (*подводить итог*) total up; (*приблизительно*) estimate; (*сверять груз*) tally

подтверждать confirm, give confirmation, affirm; (*получение*) acknowledge; (*удостоверять*) attest, certify; (*удостоверять подлинность*) authenticate; (*служить доказательством*) support; (*документами*) document
~ **устно** confirm verbally

подтверждающий confirming

подтверждени/е confirmation; (*получения*) acknowledgement; (*официальное удостоверение*) attestation, certification
~, **банковское** bank confirmation
~ **визы** confirmation of a visa
~ **возможности** confirmation of a possibility (feasibility)
~ **вопроса** confirmation of a point
~ **долга** acknowledgement of a debt
~ **заказа** confirmation of an order, order confirmation; booking confirmation

~ **контроферты продавцом** confirmation of a counter-offer by the seller
~ **обязательств** acknowledgement (confirmation) of obligations
~, **окончательное** final confirmation
~ **о номинировании** confirmation of nomination
~ **о поступлении** acknowledgement of receipt
~ **отгрузки** confirmation of shipment
~, **официальное** official acknowledgement, formal confirmation
~, **письменное** written confirmation, confirmation note
~ **платежа** confirmation of payment
~ **получения** acknowledgement of receipt
~ **получения заказа** acknowledgement of order
~ **получения платежа** acknowledgement of [recept of] payment
~ **по телефону** confirmation by telephone
~, **почтовое** mail confirmation
~ **предложения** confirmation of an offer (a proposal)
~ **претензии** support of a claim
~ **приёмки** confirmation of acceptance
~, **прямое** direct confirmation
~ **согласия** confirmation of agreement
~ **твёрдой контрофертой** confirmation by a firm counter-offer
~, **телеграфное** confirmation by cable, cable confirmation
~ **телексом** confirmation by telex, telex confirmation
~, **устное** verbal confirmation
~ **цены** confirmation of a price
комиссия за ~ аккредитива confirmation (confirming) commission
распоряжение о ~и аккредитива instruction to confirm
расходы, связанные с ~ем аккредитива confirmation charges
свидетельство о ~и confirmation blank
получить ~ receive (get) confirmation
посылать ~ send confirmation
в ~ in confirmation of
в ~ счёта in verification of the account
по получении ~я on confirmation

подтверждённый confirmed; supported

подтёк, водяной water stain

подход approach; (*доступ*) access
~, **единый** unified approach
~, **индивидуальный** individual approach
~, **иной** different (alternate) approach
~, **комплексный** integrated approach
~, **конструктивный** positive approach
~ **к площадке** access to site
~ **к порту** access to the port
~, **надлежащий** proper [means of] access
~, **односторонний** one-sided approach
~, **поэтапный** step-by-step approach
~, **правильный** correct (right) approach
~, **практичный** practical approach

~, **решительный** determined (resolute) approach
нотис о предполагаемом ~е судна notice of expected arrival
пересмотреть ~ review the approach

подходить 1. (*к вопросу, проблеме*) approach, make an approach **2.** (*годиться*) fit, be suited, qualify as

подъезд access, approach

подъём 1. (*поднятие*) lift, lifting **2.** (*рост, развитие*) development, improvement, recovery, upsurge, upswing, upturn
~, **временный** temporary peak
~ **груза** load lifting (hoisting), lifting (hoisting) of cargo
~ **деловой активности** boom
~ **конъюнктуры** business revival (recovery), economic boom (upturn)
~, **резкий** sharp rise
~ **хозяйства** improvement (upswing) of the economy
~, **экономический** boom, economic[al] upturn, upswing

поезд train
~, **автомобильный** road train, truck and trailer, truck-trailer combination
~, **железнодорожный** train
~, **курьерский** express train
~, **почтовый** mail train
~ **прямого сообщения** through train
~, **регулярный** regular train
~, **ремонтный** repair train
~, **скорый** fast train
~, **строительно-монтажный** construction (work) train
~, **товарный** goods (freight) train
~, **товаро-пассажирский** mixed train, goods-and-passenger train
~, **транзитный** through train
крушение ~а railway accident
столкновение ~ов collision of trains

поездк/а trip, tour, journey, travel
~, **бесплатная** free travel, all expenses paid trip
~, **деловая** business trip (journey, tour)
~, **длительная** long travel
~, **инспекционная** inspection trip, visit of inspection
~, **обратная** return journey (trip)
~, **официальная** formal tour
~ **с оплатой проезда и гостиницы** travel-accommodation package
время ~и travel time
подготовка к ~е travel arrangements
разрешение на ~у travel permit
условия ~и travel conditions
организовать ~у organize (arrange) a travel (trip)
отложить ~у postpone a trip
совершать ~у make a trip (tour)
сопровождать *кого-л.* **во время ~и** accompany *smb* on a trip
во время ~и during a trip

позиционирование товара на рынке positioning of goods on the market

позици/я 1. position **2.** (*в списке, счёте*) item; (*номер детали или изделия в спецификации*) reference number **3.** (*отношение*) attitude
~, **выгодная** vantage ground (point)
~, **выжидательная** waiting (wait-and-see) attitude

~, **дебито́рская** debtor position
~, **дополни́тельная** additional (accessory) item
~, **жёсткая** rigid position, hard-line attitude
~, **исхо́дная** starting position
~, **конкурентоспосо́бная** competitive position
~, **кредито́рская** creditor position
~**и, недопоста́вленные** undelivered (short-delivered) items
~, **необяза́тельная** optional item
~ **обору́дования** item of equipment
~**и, перечи́сленные в запро́се** items listed in the inquiry
~ **по вопро́су** stand on an issue
~**и, подходя́щие** suitable items
~, **си́льная** strong position
~ **су́дна** (*время, к которому судно может прибыть в порт*) position of a vessel (ship)
~**и, схо́дные** similar items
~, **твёрдая** strong (firm) position
~, **това́рная** commodity (goods) item
но́мер ~**и** item number
ослабле́ние конкуре́нтных ~**й** deterioration of the competitive positions
ра́зница в ~**ях** differences in positions
це́ны по ~**ям** itemized prices
верну́ть ~**и** regain the ground
выясня́ть *чью-л.* ~**ю** make clear *smb's* position
закрепля́ть ~**и** consolidate the positions
занима́ть выжида́тельную ~**ю** mark time
занима́ть пра́вильную ~**ю** take a correct stand
измени́ть ~**ю** modify the position
обознача́ть ~**ю номера́ми** reference by numbers
пересмотре́ть ~**ю** reconsider (review) the position
перечисля́ть ~**и** specify items, itemize
подразделя́ть ~**и** subdivide items
подтверди́ть ~**ю** confirm *one's* position
разбива́ть ~**и** split up items
разбива́ть по ~**ям** itemize
стоя́ть на определённой ~**и** maintain a position
указа́ть ~**и** specify items, itemize
укрепи́ть ~**ю** consolidate a position
без уще́рба ~**й обе́их сторо́н** *юр.* without prejudice to positions of both parties

по́иск search
~, **автоматизи́рованный** computer search
~ **ме́ста поврежде́ния** fault finding, trouble tracing
~ **пате́нтной информа́ции** patent [information] retrieval
~ **при эксперти́зе на новизну́** novelty search
~ **при эксперти́зе на патентоспосо́бность** patentability search
~ **ры́нков** search for markets
специали́ст по пате́нтному ~**у** patent searcher
проводи́ть ~ make a search

пока́з demonstration, display, show, presentation; exhibition
~ **на ме́сте** on-site demonstration
~ **на строи́тельной площа́дке** on-site demonstration
~ **обору́дования** demonstration of equipment

~ **образцо́в** display (show) of samples

~, **откры́тый** open show (display)

~, **прести́жный** prestigious presentation

~ **сла́йдов** slide presentation

~ **това́ра** display (show) of goods, demonstration of goods

~ **фи́льмов** film presentation

~ **экспона́тов** display (presentation) of exhibits

организа́ция ~а organization (arrangement) of a demonstration

приготовле́ния к ~у arrangements for a demonstration

экра́н для ~а сла́йдов и фи́льмов screen for film and slide presentation

организова́ть ~ arrange a display (presentation, demonstration)

плани́ровать ~ design a demonstration

подгото́вить ~ prepare a demonstration

устра́ивать ~ arrange a display (presentation, demonstration)

разрешённый к ~у на я́рмарке admissible to the fair

показа́ни/е 1. (*о приборе*) indication, reading **2.** (*свидетельство*) evidence

~**я капита́на** master's (captain's) declaration

~**я, пи́сьменные** written proof

~ **под прися́гой** sworn evidence (testimony)

~**я, удовлетвори́тельные** satisfactory evidence

~ **шкалы́** reading of the scale

~ **экспе́рта** expert's (expert) evidence

снима́ть ~я прибо́ра read the indication, read an instrument, take a reading

показа́тел/ь parameter, indicator, rate, figure, index, *мн. ч.* indices, indexes

~ **величины́ произво́дственной мо́щности** capacity indicator

~ **вре́мени просто́я** downtime index

~**и вы́работки** outturn figures

~, **гаранти́йный** guarantee figure (index)

~**и, гаранти́рованные** guaranteed performance

~, **годово́й** annual rate

~**и, техни́ческие и технологи́ческие** engineering and economic indices (figures)

~ **за календа́рный год** calendar year index

~ **ка́чества** quality (qualitative) index (indicator); quality performance

~ **ка́чества гото́вого изде́лия** [outgoing] product quality index

~ **ка́чества рабо́ты** performance index

~, **ка́чественный** quality (qualitative) index (indicator); quality performance

~, **коли́чественный** quantitative index (indicator)

~, **комбини́рованный** composite indicator

~ **конкурентоспосо́бности** index of competitiveness

~**и, натура́льные** (*о плане*) physical indicators

~, **номина́льный** specified rate

~, **оконча́тельный** final rate

~, **основно́й** key figure, index base point

~**и, отчётные** accountable figures

~**и, оце́ночные** estimated figures

~и, пла́новые target figures, plan targets (indicators)

~ потребле́ния consumption figure

~, предвари́тельный provisional rate

~и производи́тельности performance data (figures), productivity figures

~и произво́дственной мо́щности capacity figures (indicators)

~и, произво́дственные production figures (indices)

~, расчётный design parameter, specified rate

~и, сво́дные summary figures, aggregates

~ сезо́нных измене́ний index of seasonal variation

~ спро́са demand parameter

~, среднегодово́й mean (average) annual rate

~и, сре́дние average performance

~, сто́имостный cost parameter, cost (value) indicator

~ схо́дства (*товарных знаков*) similarity quotient

~, теку́щий current rate

~и, те́хнико-экономи́ческие technical-and-economic indices, engineering and economic indices (figures)

~и, техни́ческие technical indices (characteristics)

~, технологи́ческий technological parameter

~ технологи́чности processability index

~и, усло́вные provisional figures

~и, фина́нсово-экономи́ческие financial and economic indicators

~и, фина́нсовые finance indicators

~и, фондообразу́ющие fund creating ratios

~и, цифровы́е figures

~и, экономи́ческие economic[al] indicators, economic indices

гаранти́ровать ~и guarantee performance

служи́ть ~ем serve as an index, be (give) a measure of

достига́ть расчётных ~ей obtain performance figures

пока́зывать show, hold a show; present, demonstrate; indicate

~ това́р в де́йствии show goods in operation (action, demonstration)

как пока́зано на as illustrated (shown, indicated) in (by)

покрови́тельственный protective

покрыва́ть 1. cover; (*заворачивать*) wrap **2.** (*оплачивать, возмещать*) cover, absorb, reimburse, settle

~ кра́ской coat with paint

~ кра́ской, антикоррозио́нной cover with rust-proof paint

~ ла́ком coat with lacquer, varnish

~ убы́тки cover (meet) losses

покры́ти/е 1. cover, covering; (*упаковка*) wrapping **2.** (*оплата, возмещение*) cover, coverage, reimbursement, settlement, backing **3.** (*краской*) coat[ing]

~ аккредити́ва cover of a L/C

~, антикоррозио́нное corrosion-resistant (antirust, anticorrosive) coat[ing], corrosion painting, coat of rust-proof paint

~, брезе́нтовое tarpaulin (canvas) cover

~, валю́тное [foreign] exchange cover

~, водонепроница́емое watertight cover

~, **водоотта́лкивающее** water-repellent (repelling) coat[ing]
~, **воздухонепроница́емое** air-tight cover
~, **де́нежное** cover
~ **дефици́та** covering of a deficit
~ **до́лга** settlement (repayment) of a debt, cover for a debt, debt service
~, **доста́точное** adequate cover[age]
~ **задо́лженности по счёту** settlement of an account (a balance)
~, **защи́тное** protective coat[ing]
~ **зо́лотом** cover (backing) of gold, gold cover (backing)
~, **лакокра́сочное** paint coating
~, **металли́ческое** metallic paint, metal plating, metallic cover
~ **накладны́х расхо́дов** reimbursement of overhead costs
~, **нару́жное** outer covering; external wrapping
~, **недоста́точное** inadequate cover[age]
~, **непосре́дственное** direct reimbursement
~, **неудовлетвори́тельное** unsatisfactory covering
~ **о́бщей ава́рии** *страх.* settling of a general average
~, **плёночное** polythene sheeting (wrapping), plastic covering
~ **по аккредити́ву** cover of a L/C
~, **по́лное** full cover (settlement)
~ **по тра́тте** cover for a draft
~, **предвари́тельное** provisional cover
~, **противоморо́зное** anti-freezing coat[ing]
~ **расхо́дов** settlement of costs, discharge (covering, defrayal) of expenses
~ **расхо́дов, накладны́х** reimbursement of overhead costs
~ **расхо́дов по арбитра́жу** covering of arbitration expenses
~, **рублёвое** cover in roubles, rouble cover
~, **сма́зочное** greasing
~, **страхово́е** insurance coverage
~ **счёта** settlement of an account; settlement of a bill
~, **тре́буемое** requisite cover
~ **убы́тков** compensation for losses
коэффицие́нт ~я cover ratio
резе́рв на ~ reserve
резе́рв на ~ непредви́денных расхо́дов contingency (contingent) fund
резе́рв на ~ безнадёжных долго́в reserve for bad debts
резе́рв на ~ возмо́жных убы́тков reserve for probable losses
резе́рв на ~ сомни́тельных долго́в reserve for doubtful debts (accounts)
усло́вие о ~и ри́ска (*во время доставки груза на портовых средствах*) craft clause
чек в ~ cheque in settlement
обеспе́чивать ~ cover
обеспе́чить де́нежное ~ cover payment
обеспе́чить страхово́е ~ buy insurance coverage
предоставля́ть ~ provide cover, cover
без ~я uncovered
в ~ in settlement
в ка́честве ~я as cover, in cover of

покры́шка (*чехол*) cover

покупа́тел/ь buyer, purchaser, customer; (*грузополучатель*) consignee; (*заказчик*) client; (*на аукционе*) bidder

~, возмо́жный potential (possible) buyer (purchaser, customer), would-be customer

~, гла́вный prime buyer

~, добросо́вестный bona fide purchaser

~, зарубе́жный foreign buyer

~, кру́пный bulk purchaser, large (big, major) customer (purchaser), heavy buyer

~ лице́нзии licensee

~, ме́лкий small[-scale] customer, light buyer

~, ме́стный local (domestic) buyer

~, облада́ющий исключи́тельными права́ми exclusive buyer

~, первонача́льный original purchaser

~, платёжеспосо́бный solvent purchaser

~, постоя́нный regular customer

~, потенциа́льный potential buyer (purchaser, customer), would-be customer

~, предполага́емый prospective purchaser

~, привилегиро́ванный privileged buyer (purchaser)

~, ро́зничный small[-scale] customer, retail buyer

~, сре́дний average buyer; average shopper

~, тре́бовательный exacting customer

банк ~я buyer's bank

вку́сы ~ей public tastes (fancy)

вы́бор ~я 1. choice of a buyer **2.** (*право выбора*) buyer's option

креди́т ~ю buyer credit

круг ~ей [circle of] customers, clientèle; the buying public

курс ~ей buyers' (buying) rate; bid price (quotation)

мне́ние ~я opinion of the buyer, buyer's opinion

монопо́лия ~я buyer's monopoly

наплы́в ~ей rush of customers

обслу́живание ~ей customer service; (*послепродажное*) after-sale[s] service

опцио́н ~я call option

опцио́н ~я, двойно́й buyer's option to double

пожела́ния ~ей customers' wishes

пото́к ~ей flow of customers

привы́чки ~ей buying habits

риск ~я buyer's risk

ры́нок ~ей buyers' market

страна́ ~я buyer's country

цена́ ~я buyer's price

обслу́живать ~ей service customers

по вы́бору ~я at (in) buyer's option

«распоряже́нию покупа́теля» (*надпись на оборотных документах*) "to order of the buyer"

покупа́тельный purchasing, buying

покупа́тель-спекуля́нт speculative purchaser

покупа́ть buy, purchase, make a purchase

~ в ро́зницу buy [by] retail, buy in retail trade

~ зара́нее buy ahead

~ непосре́дственно у buy directly from

~ о́птом buy (purchase) in bulk (wholesale, by the gross)

~ отде́льно buy separately

~ со сте́ндов на вы́ставках buy (purchase) from stands at exhibitions

поку́пк/а purchase, purchasing, buying; (*приобретённый товар*) buy, purchase
~ без посре́дника direct purchase
~ в креди́т purchase (buying) on credit, credit (instal[l]ment) buying
~, возмо́жная eventual (possible) purchase
~ в пери́од пониже́ния ку́рсов scale buying
~ в рассро́чку instal[l]ment buying; deferred payment purchase; *англ.* hire purchase
~ в ро́зницу retail buying
~, вы́годная (дешёвая) bargain, cheap purchase
~и за грани́цей overseas purchases
~ за нали́чные (за нали́чный расчёт) cash purchase (buying), purchase for cash, spot buying
~ из пе́рвых рук first-hand purchase
~ на вес purchase by weight
~и на взаи́мной осно́ве reciprocal buying
~ на про́бу purchase on trial (approval), trial purshase
~ на срок *бирж.* forward purchase (purchasing), purchase for future delivery, purchase for settlement, time purchase
~, неда́вняя recent purchase, fresh buying
~, неуда́чная bad buy
~, неэконо́мная uneconomical purchase
~, оконча́тельная outright purchase
~, первонача́льная initial purchase
~ по образцу́ purchase by (according to) sample
~, практи́чная practical purchase
~, предполага́емая intended purchase
~, про́бная purchase on trial (approval), trial purchase
~, пряма́я direct purchase
~, сезо́нная seasonal purchase
~, случа́йная chance purchase, bargain
~ с [неме́дленной] опла́той нали́чными buying in cash, outright purchase, buying outright
~ со скла́да buying from stock; delivery ex warehouse
~и, спекуляти́вные speculative buying
~ с це́лью страхова́ния от возмо́жных потерь hedge buying, hedging
~ техноло́гии purchase of techology
~ това́ра buying (purchasing) goods (products, commodities)
~ тра́нспортных услу́г transportation purchase
~, уда́чная good buy
~, усло́вная conditional purchase
~ услу́г buying services
~, фикти́вная fictitious purchase
~ че́рез посре́дника purchase through an agent, indirect purchase
бро́кер по ~ам buying broker
бро́кер по ~е и прода́же зерна́ grain broker
да́та ~и date of purchase
догово́р о ~е contract of purchase, purchase contract
креди́т на ~у facilities for credit buying
курс ~и краткосро́чных векселе́й short rate
курс ~и че́ков cheque rate
моти́в ~и buying motivation

нало́г на ~у purchase tax
опцио́н на ~у purchase option
о́рдер на ~у purchase voucher
поруче́ние на ~у purchase (purchasing) order, order to buy (purchase)
сто́имость ~и value of purchase
су́мма ~и purchase sum
усло́вия ~и conditions of purchase, purchase terms
возде́рживаться от ~и keep (hold) back on purchases
дава́ть зада́ток при ~е bind the bargain
де́лать ~у make a purchase, purchase, buy

по́лис *страх.* policy
~ без объявле́ния страхово́й су́ммы unvalued policy
~ без указа́ния назва́ния су́дна declaration policy
~, бла́нковый blanket policy, block policy
~, валюти́рованный (*с объявленной страховой суммой*) valued policy
~, генера́льный floating (running) policy, general insurance policy
~, группово́й group (master) policy
~ индивидуа́льного страхова́ния от несча́стных слу́чаев personal accident policy
~ комбини́рованного страхова́ния comprehensive policy
~ морско́го страхова́ния (морско́й) policy of marine insurance, marine insurance policy
~ на одно́ лицо́ individual policy
~ на срок time policy
~ на усло́виях «свобо́дно от ча́стной ава́рии» f.p.a. (free of particular average) policy
~, невалюти́рованный (*с указанием предела страхуемой суммы*) open (unvalued) policy
~, недействи́тельный ineffective (void, voidable) policy
~, о́бщий general policy
~, откры́тый open cover
~ перестрахова́ния policy of reinsurance
~, по кото́рому страхо́вщик освобожда́ется от упла́ты взно́сов policy free of premium
~, ра́зовый named policy
~, регули́руемый adjustable policy
~, ре́йсовый voyage policy
~, сме́шанный mixed policy
~ с огово́ркой о пра́ве увели́чить сто́имость застрахо́ванного объе́кта "increased value" policy
~, сро́чный time policy
~, станда́ртный standard [form of] policy
~ страхова́ния insurance policy (certificate), policy of insurance, insurance cover
~ страхова́ния жи́зни life [assurance] policy
~ страхова́ния отве́тственности responsibility insurance policy
~ страхова́ния от всех ри́сков "all risks" policy
~ страхова́ния от любо́й утра́ты *или* **поврежде́ния** "all loss *or* damage" policy
~ страхова́ния про́тив тра́нспортных ри́сков policy against the risks of carriage
~ страхова́ния судо́в и гру́зов Ships, Goods policy, *сокр.* S.G. policy
~ страхова́ния э́кспортных гру́зов export cargo insurance policy

~, **судовóй** vessel policy
~, **таксúрованный** valued policy
~, **типовóй** standard [form of] policy; ticket policy
~, **фрахтóвый** freight policy
~, **чúстый** clean policy
аннулúрование ~а cancellation of a policy
гéрбовый сбор по ~ам policy duty
держáтель страховóго ~а policy holder
передáча ~а transfer of a policy
прекращéние дéйствия ~а expiration of a policy
срок дéйствия ~а term of a policy
услóвия ~а provisions of a policy
фóрма ~а form of a policy
аннулúровать ~ cancel a policy
выдавáть ~ issue (make out) a policy
определя́ть страховýю сýмму по ~у calculate insurance under a policy
офóрмить страховóй ~ issue an insurance policy
получúть ~ take out a policy
представля́ть страховóй ~ produce a policy of insurance
продлúть ~ renew a policy

полúтика (*курс*) policy; (*политические события*) politics
~, **валю́тная** [international] monetary policy
~, **валю́тно-финáнсовая** monetary policy, monetary (currency) and financial policy
~, **внешнеэкономúческая** foreign economic policy
~, **внéшняя** foreign policy
~, **внýтренняя** internal (home, domestic) policy
~, **выжидáтельная** expectant (wait-and-see) policy, policy of temporization
~, **госудáрственная** state (public) policy
~, **девúзная** foreign exchange policy
~, **дéнежно-кредúтная** monetary policy
~, **дискóнтная** discount policy
~, **дискриминациóнная торгóвая** discriminatory trade policy
~, **жёсткая** tough policy
~ **запрéтов и дискриминáции** policy of bans and discrimination
~, **инвестициóнная** investment policy (programme)
~, **кредúтная** credit (loan) policy
~, **лицензиóнная** license policy
~ **минимáльного рúска** "minimal risk" policy
~, **налóговая** taxation (tax) policy
~, **недальновúдная** short-sighted policy
~ **ограничéний** restrictive policy
~ **ограничéния кредúта** restrictive credit policy
~, **патéнтная** patent policy
~, **патéнтно-лицензиóнная** patent licensing policy
~, **патéнтно-правовáя** patent law policy
~ **поддержáния цен** price support policy
~, **послéдовательная** consistent policy
~, **правúтельственная** government[al] policy
~ **предоставлéния кредúта на жёстких услóвиях** tight credit policy

~ протекционизма [policy of] protectionism
~ расширения торговли policy of trade expansion
~, реальная real policy; practical politics
~ регулирования процентных ставок interest policy
~ регулирования учётного процента discount policy
~ регулирования цен policy of regulating (controlling) prices, price control policy
~ свободной торговли policy of free trade
~ стандартизации policy of standardization
~, таможенная tariff policy
~, тарифная tariff (rate) policy
~, текущая current politics
~, торговая trade (trading, commercial) policy
~, финансовая financial (fiscal) policy
~ фирмы policy of a company
~, фискальная fiscal policy
~ цен (ценовая) pricing (price) policy
~, экономическая economic policy
~ эмбарго embargo policy
переориентация ~и reorientation (change) of a policy
ужесточение кредитной ~и tightening of credit
определить ~у decide upon a policy
пересматривать ~у revise a policy
проводить ~у pursue (follow, carry out) a policy

политико-экономический politico-economical, political and economic

полномочи/е authority, power; (*поручение*) commission; (*доверенность*) proxy, warrant
~я агента agent's authority
~я арбитра authority (power) of an arbitrator
~я, неограниченные unlimited (unrestricted) authority (powers)
~я, особые special authority (powers)
~я, официальные official powers
~я, чрезвычайные emergency powers
~я, широкие wide powers
круг ~й terms of reference
наделение ~ями giving (vesting with) authority (powers)
наличие ~й authority
объём ~й scope of authority
передача ~й delegation (transfer) of authority
превышение ~й exceeding the limits of authority (powers), exceeding commission
предоставление ~й giving (vesting with) authority (powers)
предоставление агентских ~й granting of an agency appointment
проверка ~й verification of powers
срок ~й term of powers; term of office
возлагать (давать) ~я give authority, authorize, empower
действовать в пределах ~й act within the limits of authority (commission)
действовать на основании полученных ~й act on authority
делегировать ~я delegate (transfer) authority (powers)
иметь ~я have (be given) authority, be empowered
наделять ~ями give authority, invest with authority (full powers)

обладать ~ями have authority
передавать ~я delegate (transfer) authority (powers), resign commission
получать ~я obtain authorization, receive authority
превышать ~я exceed authority, go beyond commission
снабжать соответствующими ~ями provide with due powers
снимать с себя ~я resign
в пределах ~й within the limits of powers

полностью completely, fully, in full; in [the] whole, *амер.* in total
~ автоматизированный completely (fully) automated
~ выплаченный paid in full value
~ гарантированный fully secured
~ оплаченный fully paid
~ определённый fully defined
~ ответственный totally (fully) responsible
~ принадлежащий *кому-л.* wholly owned by *smb*
~ проверенный fully tested
владеть ~ own fully (wholly)
выполнять ~ fulfil completely
завершить ~ complete
загружать ~ load to capacity
испытывать ~ test fully
обслуживать ~ do all the service
обсудить ~ discuss fully (in detail)
оплачивать ~ pay in full (*амер.* in total), pay off (up), pay properly
подтвердить ~ totally confirm
рассчитываться ~ settle in full (*амер.* in total)
расторгнуть контракт ~ cancel the contract in whole
соответствовать ~ be in full comformity with, fully conform to, be in complete (perfect) agreement with, be perfectly consistent with
удовлетворять ~ meet (satisfy) in full (fully)
уплатить ~ pay in full (*амер.* in total), pay off (up), pay properly
устранить ~ eliminate totally
финансировать ~ finance in whole

полнота completeness
~ документов completeness (sufficiency) of documents
~ поставок completeness of deliveries
~ пунктов формулы изобретения completeness of claims
~ услуг completeness of services

полноценный of full value

полный full, total, whole

положени/е 1. (*состояние*) condition, state, position, situation; (*финансовое*) standing, status **2.** (*расположение*) location, place, position **3.** (*условие*) provision
~, благоприятное favourable situation
~, валютное (валютно-финансовое) foreign exchange position
~, ведущее leading position
~, видное prominence
~ в целом overall situation
~я дополнения к контракту provisions of an addendum to a contract
~, исключительное unique position
~, исходное starting position
~я контракта contract[ual] provisions, provisions of a contract

~, **материа́льное** financial position, material situation
~, **материа́льное, стеснённое** reduced (strained) circumstances
~, **нанося́щее уще́рб** detrimental situation
~ **на ры́нке** market situation, condition of the market
~ **на ры́нке креди́та** credit situation
~, **настоя́щее** current (present) position
~, **нача́льное** original (initial) position
~, **невы́годное** disadvantage
~, **нело́вкое** embarassing position
~, **непро́чное** instability, unstable (precarious) situation
~, **неудо́бное** uncomfortable position
~, **норма́льное** normal position
~, **обще́ственное** social status (standing)
~**я, о́бщие** general provisions (stipulations)
~ **о вы́ставке** status of the fair
~ **о гара́нтии** guarantee provision
~ **о приёмке** acceptance clause
~**я, основны́е** principal points
~**я Пари́жской конве́нции о спо́собе определе́ния ка́чества на усло́виях «те́ль-ке́ль»** tellequelle provisions
~, **правово́е** legal status (standing)
~, **привилегиро́ванное** privileged position
~**я, принципиа́льные** principles
~, **рабо́чее** operating (service, working) position, "on" position
~, **равнопра́вное** equal (equitable) position
~, **руководя́щее** senior executive position
~ **с запро́сом** position of the inquiry
~ **с запчастя́ми** spare parts situation
~**я соглаше́ния** provisions of an agreement
~ **с поста́вками** delivery situation (position)
~ **с финанси́рованием** financing situation
~, **удовлетвори́тельное** satisfactory situation
~, **фина́нсовое** financial position (situation); financial standing (reliability), [credit] standing (status)
~, **экономи́ческое** economic situation
~, **юриди́ческое** legal status
запро́с о фина́нсовом ~и фи́рмы status inquiry
наруше́ние ~й догово́ра breach of provisions
отчёт о ~и на ры́нке market report, particulars of the market
оце́нка фина́нсового ~я financial rating; evaluation of financial position (situation)
примене́ние ~й application of provisions
све́дения о фина́нсовом ~и financial information
характери́стика фина́нсового ~я financial characteristics
быть в невы́годном ~и be at a disadvantage
выходи́ть из тру́дного ~я find a way out
выясня́ть ~ clarify the situation
занима́ть ~ в деловы́х круга́х be established in the trade
занима́ть руководя́щее ~ hold a senior executive position

изуча́ть ~ study the situation (position)
информи́ровать о ~и advise *smb* of the position
исправля́ть ~ remedy (rectify, improve) the situation
облегча́ть ~ ease the situation
обоснова́ть ~ substantiate the position
оздоровля́ть ~ normalize the situation
подтверди́ть ~ confirm the position
применя́ть ~я apply provisions
проверя́ть ~ verify the situation
рассма́тривать ~ consider (review) the situation
соотве́тствовать ~ям протоко́ла comply with the protocol
спаса́ть ~ save the situation, redeem the position
ста́вить в невы́годное ~ place at a disadvantage
укрепля́ть ~ fix the position
улучша́ть ~ improve the situation
уточня́ть ~ clarify the position
ухудша́ть ~ aggravate the situation
в зави́симости от ~й subject to provisions
в соотве́тствии с ~ями контра́кта in accordance with the contract provisions

поло́мк/а breakage, damage, breakdown
~, вну́тренняя internal breakdown
~ станка́ breakdown of a machine-tool
акт о ~е failure report
возмеще́ние за ~у compensation for breakage
риск ~и breakage risk
страхова́ние от ~и insurance against breakage (breakdown)

полуго́дие half year, six months

полугодово́й semi-annual, half-yearly, biannual

полуобрабо́танный semi-processed

полуофициа́льный semi-official

полуприце́п semi-trailer, two-wheel trailer

полупроду́кт intermediate product, semi-product, **~ы** semis

полуфабрика́т/ы semi-finished (semi-manufactured, semi-processed, unfinished, intermediate) products (goods), semi-manufactures, semi-products, semis, intermediates; (*проду́кты пита́ния*) semi-prepared (uncooked) food[s]
запа́с ~ов semi-processed stock

получа́тел/ь receiver, recipient
~ гру́за consignee
~ де́нег payee
~ де́нег по страхово́му по́лису beneficiary
~, коне́чный final recipient
~ креди́та beneficiary of the credit, credit recipient, borrower
~ лице́нзии licensee
~ перево́да payee, remittee
~ письма́ addressee
~ платежа́ (*по векселю*) payee; (*по аккредитиву*) beneficiary; (*по трансферту*) transferee
~ сублице́нзии sublicensee
~ това́ра consignee
знак ~я consignee's mark
страна́ ~я buyer's country

получа́ть receive; get, obtain, secure, acquire; (*деньги по векселю, чеку*) collect, cash

получе́ни/е (*денег, документов, грузов*) receipt; acquisition,

obtaining; (*денег по векселю, чеку*) collection
~ **визы** receipt of a visa
~ **груза** receipt of cargo
~ **груза с опозданием** delayed receipt of cargo
~ **денег** receipt of money (funds)
~ **денег по векселю** collection of a bill
~ **денег по чеку** collection of a cheque
~ **денег со счёта** drawing money from an account
~ **документов** receipt of documents
~ **документов на инкассо** receipt of documents for collection
~ **документов с задержкой** late receipt of documents
~ **займа** obtaining (procurement of) a loan
~ **заказа** receipt of an order
~ **извещения** receipt of a notification (an advice, a notice)
~ **конкурентных предложений** receipt of competitive offers
~ **кредита** receipt (obtaining) credit; drawings
~ **лицензии** acquisition (obtaining) of a license; receipt of a license
~ **[оборудования] на предприятии** collection [of machinery] at works
~ **партии товара** receipt of a consignment
~ **патента** acquisition (obtaining) of a patent; receipt of a patent
~ **письма** receipt of a letter
~ **платежа** receipt of payment
~ **пропуска** obtaining (acquisition) of a permit
~ **со склада** receipt from a warehause
~ **средств** obtaining of funds
~ **ссуды** borrowing, obtaining a loan
~ **товара** receipt of goods
~ **товара равными партиями** receipt of goods in equal lots
~ **уведомления** receipt of a notification
векселя к ~ю bills (*амер.* notes) receivable
возможность ~я прибыли profit opportunities
время ~я повреждения time of occurrence of damage
дата ~я date of receipt
доверенность на ~ warrant for receipt
задержка в ~и delay in receipt, late receipt
задержка в ~и информации delay in obtaining information
заявка на ~ лицензии application for a license
заявка на ~ патента application for a patent
заявка на ~ разрешения application for a permit
заявка на ~ ссуды loan application
ордер на ~ товара order to receive goods
подтверждение ~я acknowledgement of receipt
право на ~ right to obtain (receive)
разрешение на ~ ссуды borrowing authorization
расписка в ~и груза cargo receipt
расписка в ~и суммы voucher for receipt, receipt[-slip] for a sum
сумма к ~ю amount due
счета к ~ю accounts receivable
трудности в ~и difficulties in obtaining

чек для ~я наличных денег open cheque

зависеть от ~я [лицензии] be subject to [license]

обеспечить ~ [информации] ensure [information]

оплачивать по ~и pay on (upon) delivery

подтвердить ~ acknowledge (confirm) receipt

подтвердить ~ письма acknowledge a letter

расписаться в ~и sign for *smth*, acknowledge receipt of *smth*

регистрировать ~ register receipt

в случае ~я заказа in the event of an order

до ~я prior to (pending) receipt

по ~и on (upon) receipt, when received

по ~и заказа upon receipt of an order

по ~и извещения under advice

по ~и подтверждения on confirmation

подлежащий ~ю due, collectable, receivable

полцены half price

за ~ at half [the] price, for half its worth

польз/а advantage, benefit; profit; use

~, большая great benefit

вносить деньги в ~у кампании contribute to a campaign

извлекать ~у derive (get) benefit[s] from, derive a profit from, profit by, take advantage of

обратить *себе* **на ~у** turn to *one's* advantage

приносить ~у profit, produce (yield) a profit, be profitable

без ~ы without benefit

в ~у in favour of, for the benefit of

с ~ой with benefit, profitably

пользовани/е use, utilization

~, безвозмездное (бесплатное) free (free-of-charge) use

~, бессрочное unlimited use (utilization)

~, внутреннее internal use

~, временное temporary use (utilization)

~, длительное long use

~, ежедневное daily use

~, исключительное exclusive use, exclusive right to use

~ кредитом use of credit

~, личное private use

~ на правах аренды leasehold

~, неисключительное non-exclusive use

~, символическое token use

~, срочное limited use (utilization)

~, частичное partial utilization

налог на ~ use tax

оборудование длительного ~я durable equipment

плата за ~ fee (compensation) for [the] use

правила ~я directions for (regulations on) the use

право ~я right to use

прекращение ~я stopping the use, discontinuance of use

процент за ~ кредитом interest on the credit, interest for the credit granted

расходы за ~ телексом telex expenses

сборы за ~ подъёмным краном cranage

сборы за ~ пристанью berth charge (dues), berthage, quay dues, quayage, wharfage [charge (dues)], pier (wharf) dues

способ ~я directions for use

срок ~я period of use, service life

тари́ф за ~ электроэне́ргией power rate

това́ры дли́тельного ~я durable goods, durables, hard goods

това́ры кратковре́менного ~я non-durable goods, non-durables

това́ры с ограни́ченным сро́ком ~я semi-durable goods, semi-durables

находи́ться в *чьём-л.* **~и** be in *smb's* use

о́бщего ~я in general use

для ли́чного ~я for personal (*one's* [own]) use

для о́бщего ~я for general use

для официа́льного ~я for official use

на ве́чное ~ for [use in] perpetuity

по́льзовател/ь user

~, второ́й second user

~, добросо́вестный bona fide user

~, зарегистри́рованный registered user

~, коне́чный end (final) user

~ обору́дования user of equipment

~, одновре́менный concurrent user

~и пате́нтного обору́дования users of proprietary equipment

~, пе́рвый first user

~ проду́кции user of a product

~ това́рного зна́ка user of a trademark

обуче́ние ~ей user instruction

регистра́ция ~ей registration of users

по́льз/оваться use, make use of; (*извлекать выгоду*) profit by; (*обладать, иметь*) enjoy

това́р ~уется хоро́шим спро́сом there is good demand for the goods

поме́сячно:

вноси́ть пла́ту ~ pay by the month (monthly)

поме́т/ка mark, notation, entry

~ в коносаме́нте remark, detrimental clause, reservation

коносаме́нт с ~ками unclean (claused, foul) bill of lading

нея́сность ~ок indistinction (indistinctness) of marks

с ~ой marked

с ~кой «фрахт опла́чен зара́нее» marked "freight prepaid"

поме́х/а obstacle, hindrance, obstruction, handicap

~ в рабо́те interference with the operation

~ в торго́вле business obstacle, business disturbance

~, непреодоли́мая insurmountable handicap

быть ~ой be an obstacle (a hindrance)

служи́ть ~ой interfere

создава́ть ~и в рабо́те interfere with the operation

убра́ть ~у remove an obstacle (a hindrance)

э́то не явля́ется ~ой this is no obstacle

помеча́ть mark

~ га́лочкой tick off, mark with a tick

помеща́ть 1. place, put; load **2.** (*капитал*) invest

помеще́ни/е 1. (*для учреждения*) *мн. ч.* premises; (*жильё*) apartment, room, lodging **2.** (*о капитале*) investment

~, бага́жно-грузово́е baggage-and-cargo space

~, **вспомога́тельное** secondary room
~ **вы́ставки** premises of an exhibition (a display)
~, **вы́ставочное** showroom; exhibition grounds
~, **грузово́е** cargo (loading, stowage) space, cargo compartment
~, **жило́е** living accommodation (quarters)
~, **закры́тое** closed room, locked place
~, **капита́ла** [capital] investment, investment (tying up, sinking, placement) of capital
~, **неиспо́льзуемое** idle premises
~**я, отде́льные** separate premises
~, **подходя́щее** suitable premises
~, **произво́дственное** production floor (area, space), industrial premises
~, **пусту́ющее** idle premises
~, **рефрижера́торное** reefer space
~, **складско́е** warehouse space, storage area (hall), store premises (room, building)
~, **служе́бное** office premises (accommodation, facilities); service room
~, **торго́вое** place of business
аре́нда вы́ставочного ~я renting (leasing) of exhibition grounds
вмести́мость складско́го ~я warehousing capacity
гото́вность грузово́го ~я readiness of cargo space
арендова́ть ~ rent (lease) premises
закрепи́ть ~ за *кем-л.* allot (appoint, assign) premises to *smb*
освободи́ть ~ vacate premises
перее́хать в отде́льное ~ move to separate premises
перейти́ в ~ proceed to premises
предоставля́ть ~ provide accommodation (premises), make premises available
предоставля́ть ~ для хране́ния запчасте́й provide accommodation for storage of parts
предоставля́ть ~, меблиро́ванное provide with furnished accommodation
приобрета́ть ~я acquire premises
сдава́ть ~ в аре́нду lease (rent) premises
в ~и indoors
вне ~я out-of-doors, outdoors

помо́щник assistant
~ **казначе́я** assistant treasurer
~ **капита́на** captain's mate
~ **капита́на, второ́й** second mate
~ **капита́на, ста́рший** first (chief, master's) mate
~ **касси́ра** assistant cashier, second (receiving) teller
~ **мини́стра** assistant to a minister, *амер.* under-secretary
~ **по администрати́вным вопро́сам** administrative assistant
~ **ревизо́ра** assistant auditor
~ **руководи́теля** manager's assistant, assistant manager
~ **управля́ющего** assistant manager
~ **экспе́рта** assistant examiner

по́мощ/ь 1. aid, assistance, help; protection **2.** (*пособие*) relief
~, **безвозме́здная** free aid, gratuitous help
~, **взаи́мная** mutual assistance (aid, help)
~ **в обуче́нии** training assistance
~ **в эксплуата́ции** use assistance

~, **де́нежная** cash support (aid), pecuniary aid
~, **дополни́тельная** further help
~, **креди́тная** credit aid
~, **ли́чная** personal assistance
~, **максима́льная** maximum assistance
~, **материа́льная** material (pecuniary) aid
~, **медици́нская** medical aid (assistance, attention, care)
~, **медици́нская, сро́чная** prompt medical care
~, **пе́рвая** first aid
~ **при испыта́нии** assistance in testing
~, **пряма́я** direct assistance
~, **разу́мная** reasonable aid
~, **сро́чная** urgent help (assistance)
~, **техни́ческая** technical aid (assistance, support)
~, **техни́ческая на ме́сте эксплуата́ции** field help
~, **фина́нсовая** financial aid (assistance)
~, **це́нная** valuable assistance
~, **экономи́ческая** economic aid (assistance)
~, **юриди́ческая** legal assistance
автомоби́ль техни́ческой ~и first-aid service van
обраще́ние за ~ью applying for help; application for help
оказа́ние ~и rendering assistance
оказа́ние ско́рой техни́ческой ~и rendering urgent technical help (aid, assistance)
план ~и support (assistance) plan
фонд ~и relief fund
нужда́ться в ~и need (require) help (assistance)
обеспе́чивать ~ provide assistance (aid, help), provide *smb* with assistance
ока́зывать ~ aid, render aid (assistance), be of assistance, furnish (lend) assistance (help)
ока́зывать ~ в организа́ции сбы́та help for the promotion of sales
предлага́ть ~ offer assistance (aid, help)
предоставля́ть ~ provide assistance (aid, help), provide *smb* with assistance
цени́ть ~ appreciate aid (assistance, help)
в ~ *чему-л.* in furtherance of *smth*

понижа́ть lower, bring down; (*уменьшать*) reduce, decrease

понижа́/ться (*о ценах, курсах*) fall, decline, decrease, go (come, move, edge, slide) down, drop, become (turn) weak, weaken, recede, sink, sag, ease
фрахто́вые ста́вки ~ются freights are declining
це́ны пони́зились prices have fallen

понижа́ющийся (*о ценах, курсах*) falling, dropping, weak

пониже́ни/е (*о ценах, курсах*) fall, decline, decrease, drop; reduction, lowering; downward movement, weakness, sinking, sag; (*о качестве*) deterioration
~, **действи́тельное** actual decrease
~ **интере́са** decrease in interest
~ **ка́чества** drop in quality, deterioration of quality, quality deterioration
~ **конъюнкту́ры** downturn, downtrend
~ **ку́рса** decline in rates, price drop (weakness)

~ ку́рса валю́ты devalorization [of currency]
~, небольшо́е slight fall
~ спро́са decrease (deterioration, recession, falling off) in demand
~ ста́вки reduction in (of) the discount rate, lowering of the bank rate, bank rate cut; easing of interest rates
~, факти́ческое actual decrease
~ цен fall (decline) in prices, price decline (weakness), downturn (downward movement) in prices; reduction (lowering) of prices, price reduction (cut), downward adjustment of prices
тенде́нция к ~ю (*цен*) downward (falling, weaker) tendency, weak position
вызыва́ть ~ цен send prices down (sliding downward)

пони́женный inferior, lower

поочерёдность (*о дежурствах, выполнении обязанностей*) rotation

поощре́ни/е encouragement, incentive; promotion
~, материа́льное [material] incentive (encouragement)
~, фина́нсовое financial incentive (inducement)
~ э́кспорта export promotion (drive)
ме́ры ~я incentives
фонд материа́льного ~я material incentives fund

поощри́тельный encouraging, incentive; promotional

поощря́ть encourage, give encouragement (an incentive), stimulate; promote
~ материа́льно stimulate the interest, give an incentive

пополне́ние replenishment, renewal
~ запа́сов replenishment of stock[s]

пополня́ть replenish, renew

попра́вк/а 1. correction; modification, adjustment 2. (*дополнение к тексту, положению*) amendment
~ в ру́кописи manuscript amendment
~ в сто́рону повыше́ния upward adjustment
~ в сто́рону пониже́ния downward adjustment
~ в цене́ adjustment in the price, price adjustment
~и, дополни́тельные further adjustments
~ к контра́кту amendment to a contract
~ к пате́нту amendment of a patent
~ на измене́ние цен adjustment for price changes, price level adjustment
~ на сезо́нные колеба́ния seasonal adjustment (correction), adjustment for seasonal variations
~, незначи́тельная 1. minor adjustment 2. amendment of minor nature
~, соотве́тствующая appropriate adjustment
~, форма́льная formal change
введе́ние ~и application of correction
вводи́ть ~у на correct for, apply a correction for, allow for, make allowance for
величина́ ~и correction amount
вноси́ть ~у 1. correct, make a correction; make an adjustment 2. amend, make (enter, issue) an amendment
отклони́ть ~у decline (object to) an amendment, vote down an amendment

пересмотре́ть ~у renew an adjustment

принима́ть ~у accept an amendment; pass an amendment

с ~ой на сезо́нные колеба́ния seasonally adjusted

популяризи́ровать popularize; spread

популя́рность popularity

~, расту́щая increasing popularity

завоева́ть ~ win popularity

по́льзоваться ~ю enjoy popularity

приобрета́ть ~ gain popularity

популя́рный (*пользующийся спросом*) popular

поро́жний empty

порожня́к empty [car]; **~и́** empties

поро́к defect, fault, flaw; vice; damage

~, вну́тренний (*свойственный товару*) inherent defect, inherent (internal) vice

~ волокна́ fibre fault

~ в това́ре defect (vice) in goods

~ ка́чества quality defect

порт port, harbour

~, ба́зовый base port

~, безопа́сный safe port (place)

~ беспо́шлинного ввоза и вы́воза free port, porto-franco

~, ближа́йший the nearest port

~, близлежа́щий adjacent port

~, блоки́рованный blockaded port

~, большо́й big (large) port

~ вво́за port of entry, outer (outside) port

~, вне́шний outport

~, вну́тренний in-country port

~ вы́грузки port of [final] discharge, discharging port; port of disembarkation

~ вы́грузки по вы́бору отправи́теля *или* **грузополуча́теля** optional port

~ вы́нужденной вы́грузки port of forced discharging

~ вы́хода port of departure

~ генера́льных гру́зов general cargo port

~, глубоководо́дный deep water port

~, грузово́й cargo port

~, де́йствующий operating port

~, догово́рный treaty port

~ доста́вки port of delivery

~, досту́пный accessible port

~, закры́тый closed port

~ захо́да port of call, *сокр.* P.O.C., call port

~ захо́да, ба́зисный direct port of call

~ захо́да, вы́нужденного port of distress (refuge), harbour of refuge

~ захо́да, коне́чный final port

~, и́збранный picked (chosen) port

~, иностра́нный foreign port

~, контейнерный container port

~, континента́льный continental port

~, кру́пный major port

~, морско́й sea port

~ назначе́ния port of destination (entry)

~ назначе́ния, первонача́льный original port of destination

~, небольшо́й small port

~, незамерза́ющий open port

~, неудо́бный inconvenient port

~, обусло́вленный named (agreed upon) port

~, **океа́нский** ocean port
~, **основно́й** major (main, basic, principal) port
~ **отгру́зки** port of shipment (loading), shipping port
~, **откры́тый** open port
~ **отправле́ния (отхо́да)** port of departure (exit), sailing port
~ **перева́лки (перегру́зки)** port of transhipment, transhipment port
~ **по вы́бору покупа́теля** port of buyer's choice
~ **погру́зки** port of loading, loading port, loading bay; port of embarkation
~, **попу́тный** intermediate port
~ **поста́вки** port of delivery
~ **прибы́тия** port of arrival
~ **припи́ски** port of registry (registration, *амер.* documentation), home port
~ **происхожде́ния** port of origin
~, **промежу́точный** intermediate port, port with intermediate calls
~ **разгру́зки** port of discharge (unloading), discharge (discharging) port
~ **разгру́зки, предполага́емый** intended port of discharge
~ **регистра́ции** port of registry (registration, *амер.* documentation)
~**ы ре́йда** roads ports
~, **речно́й** river port, inland harbour
~, **свобо́дный** free port
~, **сезо́нный** seasonal port
~ **с недоста́точными глуби́нами** shallow port
~, **сове́тский** Soviet port
~, **согласо́ванный** agreed port
~, **торго́вый** commercial (trading) port
~, **транзи́тный** transit port
~, **у́гольный** coal[ing] port
~, **удо́бный** convenient port
~, **ука́занный** specified (designated) port
администра́тор ~**а** port operator
администра́ция ~**а** port (harbour) authorities
аквато́рия ~**а** water area
возмо́жности ~**а** facilities of a port
дире́кция ~**а** port authorities, harbour board
загру́женность ~**а** congestion of (at) a port, port congestion, port overcapacity
захо́д в ~ call[ing] at a port
инфраструкту́ра ~**а** port infrastructure
ме́сто в ~**у́** harbour accommodation
нача́льник ~**а** harbour master, port warden, superintendent of a port
обы́чаи ~**а** customs of a port
оса́дка в ~**у́** draft of a port
перегру́женность ~**а** congestion of (at) a port, port congestion, port overcapacity
прибы́тие в ~ arrival at a port
реконстру́кция ~**а** reconstruction of a port
свобо́дная зо́на в ~**у́** free zone
стоя́нка в ~**у́** mooring
террито́рия ~**а** port site
уполномо́ченный представи́тель ~**а** harbour commissioner, port and haven commissioner
управле́ние ~**а** port authorities, harbour board
блоки́ровать ~ blockade a port
войти́ в ~ enter a port, make port

выгружа́ть в ~у́ discharge at a port
вы́йти из ~а leave (sail from) a port (harbour)
доставля́ть груз в ~ deliver goods to (at) a port
заходи́ть в ~ call at (put into, touch at) a port (harbour)
испо́льзовать ~ use a port
назнача́ть (номини́ровать) ~ designate (name, determine) a port
прибыва́ть в ~ arrive at a port (harbour), reach a port
сдава́ть (*груз*) **в ~у́** deliver at a port
стоя́ть в ~у́ lie in a port
укрыва́ться в ~у́ find (take) refuge in a port
в ~у́ in (at) a port
в ~у́ погру́зки и в ~у́ вы́грузки both ends
в преде́лах террито́рии ~а within the port (harbour) authority area
за преде́лами грани́ц ~а outside the limits of a port (harbour)

по́ртить damage, spoil
порто́вый port *attr.*, harbour *attr.*
по́рто-фра́нко (*порт, город, пользующийся правом беспошлинного ввоза и вывоза товара*) free port (zone), portofranco
порт-убе́жище port of refuge (distress), harbour of refuge
портфе́ль portfolio
~, ве́ксельный portfolio of bills, bill holdings, bills in hand
~ зака́зов order book, orders on hand
~ зака́зов, большо́й long order book
~ изде́лий portfolio of products
по́ртящийся deteriorating, perishable
поруча́ть entrust *smb* with, instruct, give instructions
поруче́ни/е 1. order, instruction; commission **2.** (*поручительство*) guarantee
~, ба́нковское 1. banker's order (instructions) **2.** bank (banker's) guarantee
~ владе́льца пате́нта patent owner's charge
~, де́нежное money order
~, и́мпортное import assignment
~, инка́ссовое order for collection, collection order, letter of collection (encashment), collection (encashment) letter
~, комиссио́нное commission
~ на и́мпорт import assignment
~ на инка́ссо order for collection, collection order, letter of collection (encashment), collection (encashment) letter
~ на откры́тие аккредити́ва instruction to open (for opening) a L/C
~ на перево́д order for transfer (remittance), transfer (remittance) order
~ на поку́пку purchase (purchasing) order, order to buy (purchase)
~ на проекти́рование order for designing (development)
~ о зачисле́нии де́нег на счёт cash letter
~, отгру́зочное shipping (loading) instruction (order)
~, перево́дное order for transfer (remittance), transfer (remittance) order
~, платёжное payment order, order for payment (to pay); remittance order, order for remittance
~, тра́нспортное transportation (forwarding) order

~ **экспеди́тору** order to a forwarding agent
выполне́ние ~я execution of an order
догово́р ~я contract of agency (commission), agency contract
приня́тие ~й на и́мпорт к исполне́нию acceptance of commissions for the import of goods
возлага́ть ~ на *кого-л.* entrust *smb* with
выполня́ть ~ execute an order
дава́ть ~ instruct, give instructions (authorization), authorize
дава́ть платёжное ~ issue a payment order
принима́ть ~ accept a commission
по ~ю by order

по́руч/ень handrail
~ни су́дна ship's rail
перехо́д това́ра че́рез ~ни су́дна passage of goods over the ship's rail, passing the ship's rail
переходи́ть че́рез ~ни су́дна pass the ship's rail

поручи́тел/ь guarantor, guarantee, sponsor, surety
~, гла́вный primary guarantor
~ по ве́кселю guarantor (backer) of a bill, surety on a bill
~, совме́стный joint surety
выступа́ть ~ем act (be) surety, become (stand) security
в ка́честве ~я as surety

поручи́тельство guarantee, guaranty, warranty, surety
~, ба́нковское bank (banker's) guarantee
~, ве́ксельное surety (backing) for a bill; aval
~, иму́щественное security
~, креди́тное credit guarantee
~, ли́чное personal security
~, совме́стное joint surety
дава́ть ~ furnish (offer) guarantee, furnish security, stand surety; produce a bail

поручи́ться stand (become) security, act as (be, become, stand) surety, guarantee

по́рция portion

по́рч/а damage; defect, deterioration
~ гру́за damage to cargo (goods)
~ из-за корро́зии deterioration by corrosion
~ иму́щества destruction of property
~, скры́тая concealed damage
~ това́ра deterioration of goods; damage to (spoiling of) goods
ски́дка на ~у това́ра depreciation
това́р, подве́рженный ~е goods subject to deterioration
подверга́ть ~е subject to damage
предохраня́ть от ~и protect from deterioration

поря́дковый ordinal, serial; (*последующий*) consecutive

поря́д/ок 1. (*размещение, расположение*) order, arrangement **2.** (*метод*) procedure, method **3.** (*последовательность*) sequence
~ аттеста́ции certification (attestation, assessment) procedure
~ валю́тных отчисле́ний procedure for currency allocations
~ вы́грузки procedure of discharging
~ вы́дачи пате́нтов patent procedure
~ вы́дачи э́кспортных лице́н-

зий procedure for granting export licenses
~ **выполнéния** procedure for doing *smth*
~, **заведённый** routine
~ **замéны арби́тра** procedure (method) of replacement of an arbitrator
~ **исчислéния фрáхта** freight calculation procedure
~ **назначéния арби́тра** procedure (method) of appointment of an arbitrator
~, **нóвый междунарóдный экономи́ческий** New International Economic Order
~ **обжáлования** order of appeal
~, **обрáтный** reverse order
~, **обы́чный** regular (normal) order (practice)
~ **[осуществлéния] платежéй** method (mode, way) of payment (paying), payment procedure, procedure for payments
~ **очерёдности** [order of] priority, priority list
~ **платежéй** procedure for payments, payment procedure
~ **погашéния** procedure for repayment
~ **получéния лицéнзии** licensing agreement procedure
~ **постáвок** order of deliveries
~ **представлéния докумéнтов** procedure of delivery (presentation) of documents
~ **предъявлéния претéнзии** regulations for lodging a claim
~, **претензиóнный** complaint procedure
~ **проведéния эксперти́зы** procedure of examination, examination procedure
~ **процеду́ры** method of procedure
~ **рабóты** order (procedure) of work
~ **рассмотрéния** order of consideration; *юр.* order of proceedings
~ **рассмотрéния претéнзий** procedure for considering claims
~ **расчётов** method (procedure) of settlement (payments), settlement (payment) procedure
~ **расчётов за товáры** procedure for settling commodity accounts
~ **регистрáции** procedure for registration, registration procedure
~ **сдáчи-приёмки** procedure (order) of acceptance
~ **составлéния** (*о документе*) rules of making up
~ **страховáния** insurance procedure
~, **стрóгий** strict order
~, **установи́вшийся** practice, routine
~ **установлéния цен** procedure for fixing prices
~, **установленный** established order
~ **фрахтовáния** chartering procedure
~, **цифровóй** numerical order
несоблюдéние ~ка failure to follow the procedure
нóмер по ~ку consecutive number
соблюдéние ~ка compliance with the procedure
установлéние ~ка etablishment of a procedure (an order)
ценá ~ка price of the order of
отходи́ть от существу́ющего ~ка depart from practices
предпи́сывать ~ дéйствий prescribe a course of action
предусмáтривать ~ разрешéния спóров stipulate the way of settling disputes

приводи́ть дела́ в ~ arrange matters
приде́рживаться ~ка stick to the order
принима́ть ~ де́йствий adopt a procedure
располага́ть в возраста́ющем ~ке arrange in ascending order
располага́ть в убыва́ющем ~ке arrange in descending (decreasing) order
соблюда́ть устано́вленный ~ observe the routine [procedures] (established order)
содержа́ть в ~ке maintain in [good] order (in an orderly manner)
устана́вливать ~ establish (prescribe) a procedure, establish (set up) priorities
устана́вливать ~ контро́ля ка́чества establish quality control procedures
устана́вливать ~ опла́ты establish a payment procedure
~ка of (in, on) the order of
в ~ке in order
в акце́птном ~ке as acceptance
в арбитра́жном ~ке by arbitration
в безакце́птном ~ке without acceptance
в ~ке возмеще́ния убы́тков by way of damages
в ~ке еди́ной нумера́ции in a consecutive numerical order
в зако́нном ~ке in accordance with the prescribed legal procedure
в ~ке информа́ции for information
в обяза́тельном ~ке without fail
в ~ке о́череди in turn, in order of priority; (*оговорка в чартере*) regular turn
в ~ке очерёдности in order of priority
в после́довательном ~ке in consecutive order
в рабо́чем ~ке in the course of work, on the job
в суде́бном ~ке in legal form, in due course of law, at law
в устано́вленном ~ке in accordance with the established (prescribed) order (procedure)
не в ~ке out of order
не по ~ку out of sequence
зако́нным ~ком in a legal way, legally; in accordance with the prescribed legal procedure
нотариа́льным ~ком notarially

посети́тел/ь visitor
~, высокопоста́вленный distinguished visitor
~ вы́ставки visitor to an exhibition
~, заинтересо́ванный interested visitor; intending visitor
~и, зарубе́жные overseas (foreign) visitors
~, постоя́нный regular visitor
гру́ппа ~ей visiting party
кни́га ~ей visitors' book
круг ~ей circle of visitors
наплы́в ~ей inflow of visitors
обслу́живание ~ей services to visitors
регистра́ция ~ей registration of visitors
привлека́ть ~ей attract (draw) visitors

посети́тель-коммерса́нт commercial visitor

посети́тель-специали́ст technical visitor

посеща́ть visit, pay (be on) a visit, attend

посеще́ни/е visit
~ вы́ставки visit to an exhibition

~, официа́льное official visit
~ сте́нда stand visit
~ строи́тельной площа́дки site visit
~ я́рмарки visit to a fair
результа́т ~я outcome of a visit
организова́ть ~ arrange a visit

после́довательност/ь succession, sequence; series; (*логичность*) consistency; (*очерёдность*) rotation, rota
~ захо́да (*судна в порты*) rotation
~ монта́жных рабо́т sequence of erection works
~ номеро́в sequence of numbers
~ опера́ций sequence of operations, operation sequence
в любо́й ~и (*о погрузке*) in any rotation
в стро́гой ~и in strict succession (sequence)

после́довательный successive, consecutive, subsequent; (*логичный*) consistent; (*постепенный*) gradual

после́дстви/е consequence, outcome, sequence, sequel
~я, вытека́ющие из consequences of
~я заде́ржки consequences of delay
~я наруше́ния consequences of infringement
~я, па́губные ill effects
~я, правовы́е legal implications (consequences)
~я, фина́нсовые financial consequences (implications)
нести́ отве́тственность за ~я take (answer for) the consequences

послепрода́жный after-sale, post-sale[s] *attr.*

посме́нно in shifts

посо́л ambassador

посо́льств/о embassy
сове́тник ~а counsellor of an embassy

посре́дник agent, broker, dealer, intermediary [agent], mediator, middleman; (*в переговорах*) negotiator; (*представитель заказчика*) contracting officer; (*арбитр*) arbitrator, moderator
~ в дела́х business agent
~ в креди́те loan broker
~ в платежа́х paying agent
~, рекомендо́ванный recommended mediator
~, торго́вый commercial agent, sales representative, trade (purchasing) agent
~, уполномо́ченный authorized dealer
~, фина́нсовый financial intermediary
вознагражде́ние ~а commission
вы́бор ~а selection of an agent
опла́та услу́г ~а payment for the services of an agent (agent's services)
поку́пка без ~а direct purchase
поку́пка че́рез ~а purchase through an agent, indirect purchase
полномо́чия ~а authority (powers) of an agent
поста́вки че́рез ~а supplies through an agent
права́ ~а rights of an agent
фу́нкции ~ов dealers' functions
выступа́ть в ка́честве ~а act as an agent (a broker, an intermediary)
покупа́ть без ~а purchase (buy) direct[ly]
покупа́ть че́рез ~а purchase indirectly

посре́дник-заготови́тель purchasing agent
посре́дничать act as an agent, mediate
посре́днический intermediate, intermediary, mediatory
посре́дничеств/о agency, mediation
 ~ ма́клера agency of a broker
 ~, торго́вое purchasing agency, mediation
 брать на себя́ ~ take up (over) an agency
 осуществля́ть ~ handle an agency
 при ~е through the mediation of
 че́рез ~ through the medium of
поста́в/ка (*доставка*) delivery, shipment; (*снабжение*) supply
 ~ автомаши́нами delivery by road
 ~ без заде́ржки delivery without delay
 ~, беспла́тная free-of-charge delivery (supply); (*в возмещение*) free-of-charge replacement
 ~ки, больши́е large supplies
 ~, бу́дущая future delivery; *бирж.* forward delivery
 ~, бы́страя fast (expeditious, quick) delivery
 ~ в ваго́не delivery by waggon
 ~ки, взаи́мные mutual (reciprocal, return) deliveries (shipments, supplies), reciprocal trading
 ~ в креди́т delivery (supply) [of goods] on credit
 ~ки в не́сколько пу́нктов delivery to many destinations
 ~, возмо́жная potential supply
 ~ки в ра́мках прямы́х свя́зей shipment (deliveries) of goods in the framework of direct business contacts
 ~ в согласо́ванном ассортиме́нте delivery in the agreed assortment
 ~ки, встре́чные counter deliveries
 ~ки, гаранти́рованные guaranteed (assured) supplies
 ~ки, госуда́рственные state deliveries
 ~ гото́вой проду́кции delivery of finished (final) products (goods), ready delivery
 ~ки, дальне́йшие further deliveries
 ~ки, догово́рные contractual deliveries
 ~ до ме́ста назначе́ния delivery to destination
 ~, дополни́тельная additional (subsequent) delivery
 ~, досро́чная prior (early) delivery, delivery ahead of schedule (in advance)
 ~, доста́точная adequate supply
 ~, ежеме́сячная monthly delivery
 ~, заверша́ющая final delivery
 ~, заде́ржанная delayed delivery
 ~, запозда́вшая late delivery, lagged delivery
 ~, кварта́льная quarterly delivery
 ~ки, компенсацио́нные compensation deliveries
 ~, компле́ктная complete [equipment] delivery, delivery of complete equipment; packaged delivery
 ~ки, кооперацио́нные cooperative (cooperated) deliveries
 ~ки, коопери́рованные cooperative deliveries, deliveries under cooperation agreements

~ки, многокра́тные repeated deliveries

~ки, на сбаланси́рованной по сто́имости осно́ве shipments on a value-balance basis

~ на усло́виях КАФ delivery C&F

~ки на усло́виях креди́та deliveries on credit terms

~ на усло́виях под ключ turn-key project

~ на усло́виях СИФ delivery CIF

~ на усло́виях ФОБ delivery FOB

~ на усло́виях ФОБ аэропо́рт delivery FOB Airport

~ на усло́виях фра́нко-ваго́н delivery FOR (FOT)

~ на усло́виях фра́нко-заво́д delivery Ex Works (Ex Factory, Ex Mill)

~ на усло́виях фра́нко-на́бережная в порту́ назначе́ния Ex Quay delivery

~ на усло́виях фрахт *или* **провозна́я пла́та опла́чены до ...** (*место поставки*) Freight *or* Carriage Paid to ..., *сокр.* DCP delivery

~ на усло́виях фрахт *или* **провозна́я пла́та и страхова́ние опла́чены до ...** (*место поставки*) Freight *or* Carriage and Insurance Paid to ..., *сокр.* CIP delivery

~, некомпле́ктная incomplete delivery

~, неме́дленная immediate (prompt) delivery, spot delivery

~, ненадёжная uncertain delivery

~, непо́лная short (incomplete) delivery

~, непра́вильная incorrect delivery

~ки, но́вые fresh deliveries

~ обору́дования delivery of equipment

~ки, обяза́тельные obligatory deliveries

~, ожида́емая expected (anticipated) delivery; estimated delivery

~, оконча́тельная final delivery

~ па́ртиями delivery by (in) lots (consignments)

~, первонача́льная initial shipment, first delivery

~ки, плани́руемые projected deliveries

~ки, пла́новые (по гра́фику) schedule[d] deliveries

~ под ключ turn-key project

~ по контра́кту contractual delivery, delivery under a contract

~ки по коопера́ции cooperation shipments (deliveries)

~, по́лная complete (full) delivery

~ по оши́бке misdelivery, delivery of wrong goods

~, после́дняя final (the last) delivery

~ки, после́дующие subsequent deliveries

~ по тре́бованию delivery on request (on call, on demand)

~ по частя́м delivery by instal[l]ments (in lots)

~, про́бная trial delivery, goods sent on trial

~, продолжа́ющаяся continued delivery

~ проду́кции на э́кспорт supply of export products, delivery of goods for export

~ проду́кции по лице́нзии delivery of licensed product[s]

~, просро́ченная late (delayed, overdue) delivery

~ки, прямы́е direct deliveries
~, ра́зовая single shipment
~, ра́нняя early delivery
~ки, регуля́рные regular (periodic) deliveries
~ самолётом airfreight delivery
~ки, сверхпла́новые above-plan deliveries
~ сверх устано́вленного в догово́ре excess delivery
~, своевре́менная timely (punctual, precise, prompt) delivery
~, сро́чная immediate (expeditious) delivery, urgent supply; prompt (express, special) delivery
~ки това́ров deliveries of goods, trade exchanges
~, удовлетвори́тельная satisfactory delivery
~, уско́ренная expedited delivery
~ки, факти́ческие actual deliveries
~, части́чная partial (part) delivery
~ки че́рез посре́дника supplies through an agent
~ки че́рез ра́вные промежу́тки вре́мени spaced deliveries, deliveries at regular intervals
~, э́кспортная export shipment (delivery)
~ки, э́кспортно-и́мпортные export-import shipments
ба́зис ~ки basis of delivery, delivery basis
баланси́рование взаимных ~ок balancing of mutual shipments
возвра́т ~ки return of shipment, redelivery
возмо́жность ~ки delivery possibilities, possibility of delivery (supply)
возобновле́ние ~ок resumption of deliveries
вре́мя ~ки period of delivery
гото́вность ~ки readiness for delivery
гра́фик ~ок schedule of deliveries, delivery schedule
да́та ~ки date of delivery, delivery date
догово́р ~ки contract for delivery, delivery contract, supply agreement
до́ля в ~ках share in deliveries, share of supplies
заверше́ние ~ок completion of deliveries
заде́ржка ~ки delay in (lateness of) delivery; arrears of delivery; delay in supplying
зака́з на ~ку delivery (purchase) order
запро́с на ~ку inquiry for delivery
затрудне́ния в ~ках difficulties in deliveries
контра́кт на ~ку contract for the supply of
контра́кт на ~ку, ра́зовую contract for a single shipment
контро́ль за ~ками shipping control; monitoring of shipments
ме́сто ~ки place (port) of delivery, delivery destination
наступле́ние сро́ка ~ки prompt day
недоста́ча в ~ке shortage at delivery
непоступле́ние ~ки non-delivery, failure to deliver
объём ~ки scope (volume) of delivery (shipment, supply)
объём ~ок, взаи́мных volumes of mutual deliveries (shipments)
объём ~ок, э́кспортных export volume, volume of export sales

обяза́тельства по ~кам delivery obligations (commitments), commitments on deliveries
оконча́ние ~ок completion of deliveries
опла́та ~ок payment for shipments (deliveries)
опла́та ~ками това́ров [re]-payment through the deliveries of products
отве́тственность за ~ку responsibility for delivery
отсро́чка ~ки extension of the delivery time, postponement of delivery
перенесе́ние сро́ка ~ки postponement of delivery
пери́од ~ки time of delivery, delivery dates
план ~ок delivery schedule (plan), plan of deliveries (supplies), supply plan
платёж по́сле ~ки payment after delivery
полнота́ ~ок completeness of deliveries
порт ~ки port of delivery
поря́док ~ок order of deliveries
пра́во досро́чной ~ки right of early delivery
предложе́ние ~ки proposal to supply (for the supply of), offer (proposal) for (of) delivery; tender of delivery
предме́т ~ки subject of delivery
прекраще́ние ~ок stoppage (cessation) of deliveries
приёмка ~ки delivery acceptance
прове́рка ~ок check-up of deliveries
продле́ние сро́ка ~ок extension of deliveries (delivery schedule)
промедле́ние ~ки delay in delivery
разме́р ~ки size (amount) of delivery
расхо́ды по ~ке delivery charges
расчёт по ~кам payment for deliveries
регуля́рность ~ок regularity of supplies
сбаланси́рование ~ок balancing of deliveries
све́дения о ~ке delivery data
своевре́менность ~ки promptness of delivery
ски́дка за ~ку некондицио́нного това́ра allowance for substandard goods (for goods of poor quality)
согласова́ние коопери́рованных ~ок coordination of cooperated deliveries
соглаше́ние о ~ках agreement on the supply (deliveries) of goods, delivery agreement (contract)
сокраще́ние ~ок reduction of deliveries
состоя́ние ~ок delivery position
спо́соб ~ки method of delivery
срок ~ки time (date, period, term) of delivery, delivery time (date, period)
сро́чность ~ки urgency of delivery
срыв сро́ка ~ки slow[er] delivery
сто́имость ~ки cost (value) of delivery (supply)
това́р, подлежа́щий ~ке goods intended for delivery
тре́бование на ~ку call for supply
уведомле́ние о ~ке delivery note
увеличе́ние ~ок delivery expansion

уплáта при ~ке payment (cash) on delivery, payable on delivery
услóвия ~ки terms of delivery, delivery terms, terms for the supply of
услóвия ~ки, óбщие general conditions of delivery, general delivery terms
аннулúровать ~ку cancel delivery
возобновúть ~ки resume deliveries
вы́держать срок ~ки keep (adhere) to the time (date) of delivery
выполня́ть ~ку fulfil delivery
гарантúровать ~ку guarantee delivery
завершáть ~ку complete (conclude) delivery
задéрживать ~ку delay delivery
изменúть срóки ~ки change (revise) delivery dates
исключáть из ~ки exclude from supply
координúровать ~ки coordinate deliveries
нарушáть срóки ~ки fail to meet delivery dates
начинáть ~ку begin (start, commence) delivery
не входить в объём ~ок be outside the scope of supply
обеспéчивать ~ку ensure (arrange for) delivery
обсуждáть ~ку negotiate supply
организовáть ~ку arrange for delivery, organize supply
осуществля́ть ~ку effect (make, meet) delivery, deliver, supply
отклáдывать ~ку postpone (put off) delivery, suspend delivery
отклáдывать ~ку до postpone delivery till
отклáдывать ~ку на postpone delivery for
оцéнивать ~ку estimate the delivery
переносúть срок ~ки postpone (put off) the time of delivery (date of delivery, delivery time, delivery date)
планúровать ~ки schedule deliveries
предложúть ~ку offer delivery (supply)
прекратúть ~ку stop (discontinue) delivery (supplies)
принимáть ~ку take (accept, receive) delivery (shipment)
приостановúть ~ку suspend (hold up, stop) delivery
приступúть к ~ке proceed with delivery
продавáть с бýдущей ~кой sell for forward (future) delivery
продлевáть срок ~ки prolong (extend, grant extension of) [the time of] delivery (delivery time, delivery period)
продолжáть ~ки continue (maintain) deliveries
производúть ~ку effect (make) delivery
производúть ~ку в срок deliver on time, keep the delivery date
просрóчить ~ку delay delivery
регулúровать ~ки в соответствии со спрóсом adjust supplies to demand
соблюдáть срóки ~ки keep (observe, maintain, adhere to) the time of delivery (delivery dates)
сокращáть ~ки curtail supplies

сокраща́ть срок ~ки reduce (curtail) the time of delivery
страхова́ть ~ку insure delivery
счита́ться да́той ~ки be regarded as the date of delivery
тре́бовать ~ку require delivery
указа́ть срок ~ки indicate (fix, quote) the date of delivery
ускóрить ~ку speed up (accelerate, expedite) delivery
в счёт ~ки against delivery
готóвый к ~ке ready for delivery (dispatch)

поста́вленный (*о товаре*) delivered

поставля́ть deliver, supply; furnish
~ беспла́тно supply free of charge (on a free-of-charge basis)
~ в кру́пных мотка́х (*о пряже*) supply in ball warps
~ в разóбранном ви́де supply *smth* loose
~ в сли́тках supply in ingots
~ досрóчно deliver ahead of schedule
~ по прóсьбе supply upon request
~ соразме́рно нали́чным запа́сам make deliveries proportionate (in proportion) to available supplies

поставщи́к supplier
~, веду́щий leading supplier
~, вероя́тный possible supplier
~, генера́льный general supplier
~, гла́вный principal supplier
~, еди́нственный sole contractor
~, заокеа́нский overseas supplier
~, иностра́нный foreign (outside) supplier
~, исключи́тельный exclusive supplier
~, конкурентоспосóбный competitive supplier
~, кру́пный major (big) supplier
~, ме́стный local supplier
~ обору́дования supplier of equipment
~, основнóй major supplier
~ продовóльствия supplier of foodstuffs
~ продовóльствия для су́дна victualler
~, судовóй ship chandler
~ сырья́ producer of materials
~ това́ров supplier of goods
~ тóплива (*для судов*) bunker supplier
вы́бор ~а selection (choice) of a supplier
креди́т ~а supplier's credit, credit granted by a supplier
креди́т ~у supplier credit

поставщи́к-изготови́тель manufacturing supplier

постановле́ни/е 1. (*решение*) resolution, decision; (*суда*) ruling, judgement, decision **2.** (*распоряжение*) regulation, direction **3.** (*указ*) decree, enactment
~, мотиви́рованное motivated resolution
~, обяза́тельное compulsory regulation
~ прави́тельства decree, government act
~ суда́ court ruling
соблюде́ние ~й observance of regulations
выноси́ть ~ 1. pass a resolution; rule, give a ruling **2.** decree; enact
соблюда́ть ~я observe regulations

в ра́мках ~й within the provisions of

поступа́ть 1. (*о документах*) enter, come in **2.** (*распоряжаться*) deal with, do with

поступа́ющий incoming

поступи́вший received

поступле́ни/е (*материалов, изделий*) receipt; arrival; **~я** (*денежные*) earnings, returns, incomings, proceeds; (*доход*) income, revenue

~я, бюдже́тные budget receipts; revenue

~я, валовы́е gross returns

~я, валю́тные currency (foreign exchange) earnings (receipts, incomings, proceeds), inflow of foreign currency, currency supply

~я, де́нежные receipts, payments received, incomings, inpayments

~я, до́лларовые dollar earnings

~я, дополни́тельные additional receipts, surplus

~я, зака́зов receipt (intake) of orders, incoming orders

~ зая́вок inflow of applications

~я, значи́тельные substantial earnings

~я, ка́ссовые cash receipts

~я, лицензио́нные licensing income

~я, нали́чные cash receipts, encashment

~я, нало́говые tax proceeds (revenues), return of duties

~я от железнодоро́жных перево́зок railway earnings

~я от фра́хта receipts from freight, freight earnings

~я от э́кспорта proceeds from exports, export earnings (proceeds, income)

~ платеже́й receipt of payments; payments received

~я, теку́щие current receipts, operating earnings

~ това́ра receipt (arrival, delivery) of goods; goods received

~я, чи́стые net receipts (earnings, returns, revenue)

~я, э́кспортные proceeds from exports, export earnings (proceeds, income)

да́та ~я date of receipt; date of arrival

коми́ссия с ~й commission on earnings

разби́вка валю́тных ~й breakdown of foreign exchange receipts

регистра́ция ~я (*документации*) check-in control

сме́та ~й estimate for income

су́мма ~й receipts

су́мма ~й, валова́я gross receipts (earnings, returns)

су́мма ~й, о́бщая total receipts

увеличе́ние ~я валю́ты increase in the foreign currency inflow

посу́точно by the day, for every 24 hours

посыла́ть send, forward, dispatch; consign

посы́л/ка 1. (*действие*) sending, forwarding, dispatch **2.** (*почтовая*) parcel **3.** (*партия товара*) consignment, lot, shipment

~, конфиско́ванная seized consignment

~ образцо́в 1. sending (dispatching) of samples **2.** parcel with samples **3.** sample consignment, consignment on approval

~, почто́вая postal parcel

~, це́нная consignment of valuables

квита́нция на почто́вую ~ку parcel post receipt
отправле́ние ~ок авиапо́чтой air parcel post
отправля́ть ~кой send by parcel post
отправля́ть ~ку post a parcel
отде́льной ~кой by separate post, under separate cover, in a separate wrapper

потенциа́л potential
~, инвестицио́нный investment potential
~, комме́рческий commercial potential
~, нау́чно-техни́ческий scientific and technological (research and technology) potential
~, нау́чный scientific potential
~, произво́дственно-техни́ческий production and technical potential
~, произво́дственный productive (production, industrial) potential
~, ресу́рсный raw material and fuel potential
~ ры́нка market potential
~, совоку́пный total capabilities
~, экономи́ческий economic[al] potential
~, э́кспортный export potential
нара́щивание э́кспортного ~а building up the export potential
созда́ть ~ establish the potential

потенциа́льный potential

поте́р/я loss
~и валю́ты currency (exchange) loss[es]
~ ве́са loss (deficiency) in weight, short weight
~и, возмести́мые recoverable losses
~и в результа́те усу́шки loss[es] due to drying (shrinkage)
~и в результа́те уте́чки loss[es] by leakage
~ вре́мени loss of time
~и вследствие заде́ржки losses sustained through delays
~и, курсовы́е exchange losses, losses on exchange
~ ме́ста гру́за non-delivery of a package; loss of a package
~и на ра́знице валю́тных ку́рсов exchange losses, losses on exchange
~ на фра́хте loss of freight
~и, невозмести́мые irrecoverable losses
~и, незначи́тельные trivial losses
~и, о́бщие total losses
~ ожида́емой при́были loss of anticipated profit
~и, ожида́емые expected losses
~и от бра́ка losses due to spoilage (rejects, wastage)
~и от просто́ев losses due to idle time (waiting periods)
~, по́лная total loss
~ пра́ва прете́нзии expiration (lapse) of claim
~ при́были loss of profit
~и при перево́зке losses in transit (during transportation), conveyance losses
~и при пересы́лке по́чтой losses in the post
~и при транспортиро́вке losses in transit (during transportation), conveyance losses
~и при хране́нии storage losses, losses due to storage
~и, причинённые пря́мо *или* **ко́свенно** losses caused directly *or* indirectly
~и, произво́дственные losses

of production (due to manufacturing), manufacturing (working) losses
~ процéнтов loss of interest
~и, прямы́е direct losses
~и рабóчего врéмени losses of (in) working hours
~ репутáции предприя́тия loss of goodwill
~и, склáдски́е warehouse damage
~и, срéдние average losses
~ товáра loss of goods (cargo), cargo loss
~и, финáнсовые financial losses
~, части́чная partial loss
~, чи́стая dead loss
возмещéние ~ь recovery of losses, loss recovery (replacement)
заявлéние о ~е notice of loss
исчислéние ~и calculation of loss
компенсáция ~ь compensation for losses
коэффициéнт ~ь loss factor
размéр ~и extent of loss
риск ~и risk of loss
риск ~и на цéнах price risk
харáктер ~и nature of loss
взять на себя́ ~ю cover the loss
возмести́ть ~и make up for losses, repair (make good) losses; pay damages
возмести́ть ~и по óбщей авáрии allow losses as general average
компенси́ровать ~и compensate for (set off) losses
нести́ ~и suffer (sustain, have) losses, meet with losses
обнарýжить ~и discover losses
предотврати́ть ~и prevent losses
приводи́ть к ~е cause a loss
свести́ ~и к ми́нимуму minimize losses
без ~ь without loss, loss-free

потеря́ть lose
~ си́лу become invalid, cease to be valid, lose validity

потóк 1. flow, stream **2.** (*на производстве*) production line, flow line
~и, дéнежные flows of money
~и, креди́тные flows of credit
~ товáров flow (traffic) of goods
~, транзи́тный transit traffic
~, трáнспортный traffic (transportation) flow

потреби́тел/ь consumer, user, customer
~, глáвный chief user
~ информáции information user
~, коммéрческий commercial customer (user)
~, конéчный end (final) user, final (ultimate) consumer, final customer
~, крýпный bulk purchaser (consumer)
~, мáссовый mass consumer
~, мéлкий small[-scale] customer (consumer)
~, непосрéдственный direct (ultimate) consumer
~, оптóвый large[-scale] consumer
~, основнóй principal user
~, отдéльный individual consumer
~, платёжеспосóбный solvent consumer
~, потенциáльный potential (would-be) user
~, предéльный marginal user
~, промы́шленный industrial consumer (user), business user
~, рóзничный retail consumer
запрóсы ~ей customers' (buyers') needs

издéржки ~ей users' costs
риск ~я customer's (buyer's, consumer's) risk
потреби́тельский consumer *attr.*, consumer's
потреблéни/е **1.** consumption, use, usage **2.** (*количество, необходимое для покрытия потребностей*) demand
~, вну́треннее domestic (home, internal) consumption
~, годовóе annual (yearly) consumption
~, госуда́рственное government consumption
~, конéчное final (ultimate) consumption
~, ли́чное individual (personal, private) consumption
~, мéстное local consumption
~ на ду́шу населéния per capita consumption
~, непроизвóдственное unproductive consumption
~, номина́льное nominal consumption
~, óбщее total consumption (usage)
~, общéственное social consumption
~, ограни́ченное limited (restricted) consumption
~, предполага́емое desired (expected) consumption
~, произвóдственное industrial (productive) consumption
~, промы́шленное industrial consumption
~ рабóчей си́лы consumption of labour [power]
~, срéднее average consumption (intake)
~, сумма́рное aggregate consumption
~, теку́щее current consumption
~ тóплива [fuel] oil consumption
~, факти́ческое actual intake
~, ширóкое mass consumption
нóрма ~я standard of consumption (usage)
предмéты ~я articles (items) of consumption
рост ~я growth of consumption
това́ры ма́ссового ~я large-scale goods, bulk commodities
това́ры ширóкого ~я consumer (consumption) goods, consumer commodities
фонд ~я consumption fund
сократи́ть ~ reduce (discourage) consumption
для вну́треннего ~я for consumption
потребля́ть use, consume; expend
потрéбност/ь requirement, need; (*спрос*) demand
~и, бу́дущие future needs
~и, важнéйшие essential needs
~и в деньга́х demand (needs) for money (cash), cash requirements
~и в и́мпорте import requirements (needs)
~ в капита́ле capital requirements (needs)
~и в креди́те credit requirements, borrowing needs
~ в материа́лах material needs (requirements), need for materials
~и вну́треннего ры́нка domestic (home) requirements (needs)
~и, возмóжные likely needs; potential needs
~ в обслу́живании demand for service; service requirements
~ в персона́ле staff (personnel) requirements
~и в плóщади space requirements

~и в рабо́чей си́ле labour (man power, manning, employment) requirements
~и в сырье́ requirements of (demand for) raw materials
~и в това́рах requirements for goods, purchase requirements
~ в тонна́же tonnage requirements
~ в то́пливе [fuel] oil requirements
~и в услу́гах requirements for services
~, годова́я annual requirement
~и, дальне́йшие future needs
~и, дополни́тельные additional requirements (demand)
~и, жи́зненно-необходи́мые vital needs
~и, ли́чные personal requirements (needs)
~и материа́льного произво́дства needs of material production
~и, ме́стные local requirements
~, ме́сячная monthly requirement
~, минима́льная minimum requirement
~и, назре́вшие urgent requirements (needs)
~и, наро́дно-хозя́йственные requirements of national economy
~, непокры́тая uncovered demand
~, нерегуля́рная occasional requirement
~и, неудовлетворённые unmet needs, unsatisfied requirements
~, о́бщая general demand; general requirements
~и, обще́ственные social requirements (needs, wants)
~и, о́стрые heavy requirements
~и, пла́новые planned requirements
~и, потреби́тельские consumption requirements
~и, практи́ческие practical requirements
~и, произво́дственные industrial (production) requirements
~, ра́зовая one-time requirement (demand)
~и, расту́щие growing requirements
~и, реа́льные real needs
~и ры́нка requirements (needs) of the market, demand on the market
~, сезо́нная seasonal demand
~и, скры́тые potential needs (requirements)
~и, специфи́ческие specific needs
~, сумма́рная total requirement
~, теку́щая current demand, present needs
~и, факти́ческие actual requirements
ана́лиз ~ей needs analysis
изуче́ние ~ей market research; consumption forecast
определе́ние ~ей identification of needs
оце́нка ~ей requirements estimate (evaluation)
удовлетворе́ние ~ей satisfaction of needs (requirements)
име́ть ~и have requirements
оце́нивать ~и evaluate requirements
пересмотре́ть ~и review the needs
подсчи́тывать ~и estimate needs
рассма́тривать ~и examine requirements

сокраща́ть ~и reduce (cut) requirements (demands)
удовлетворя́ть ~и meet the requirements (demand, needs), satisfy the requirements (needs), suit the requirements (needs)
соотве́тственно ~и meeting the demand, according to the demand

почасово́й hourly

почини́ть repair, put right

почи́нка repair[ing]

по́чт/а 1. (*пересылка, доставка*) post, mail **2.** (*корреспонденция*) mail **3.** (*почтовое отделение*) post-office
~, входя́щая incoming mail
~, дипломати́ческая diplomatic mail (pouch)
~, ежедне́вная daily mail
~, заказна́я registered mail (post)
~ой, заказно́й by registered mail
~, исходя́щая outgoing mail
~, капита́нская captain's mail (bag, pouch)
~, несро́чная nonpriority mail
~, обы́чная ordinary (surface) mail
~, проста́я unregistered mail
~ой, просто́й by unregistered mail
~, специа́льная special mailing
~, сро́чная priority mail
~, судова́я ship's mail (bag, pouch)
администра́ция ~ы postal authorities
зака́з по ~е mail order
отпра́вка ~ой dispatch by post, sending by mail
перево́д по ~е postal (post-office, mail) transfer, transfer by post, mail payment remittance; postal (money) order
пересы́лка по ~е sending (transfer, remittance) by post (mail)
пересы́лка по ~е бандеро́лью small packet post
пересы́лка по ~е, беспла́тная postage (post) free
рекла́ма по ~е mail-order (direct mail) advertising
уведомле́ние по ~е notice [given] by mail (post), mail (postal) notification
высыла́ть по ~е send (forward, dispatch) by post (mail), post, mail
доставля́ть ~у deliver the mail
исполня́ть зака́з по ~е execute an order by mail
отправля́ть ~ой send (dispatch) by mail (post)
переводи́ть по ~е remit (transfer) by post
пересыла́ть ~ой send (forward, dispatch) by post (mail)
пересыла́ть обра́тной ~ой send (dispatch, forward, remit) by return [of] mail (post)
посыла́ть капита́нской ~ой send (dispatch, forward) by captain's (ship's) mail
посыла́ть отде́льной ~ой send by separate post
посыла́ть откры́тку по ~е mail a card
посыла́ть письмо́ по ~е send a letter by post
посыла́ть по ~е send (forward, dispatch) by post (mail), post, mail
сдава́ть на ~у mail
уведомля́ть по ~е give notice by mail
с вече́рней ~ой by the evening post
с обра́тной ~ой by return, by return [of] post (mail)

со вчера́шней ~ой by yesterday's post
с сего́дняшней ~ой by today's post
с у́тренней ~ой by the morning post
той же ~ой by the same mail

почто́вый postal, mail *attr.*, post *attr.*

по́шлин/а duty, due[s], tariff, fee, tax; (*за пользование каналом, дорогой, проезд через мост*) toll
~ы «ад вало́рем» (адвало́рные) ad valorem duties, ad valorem tariff
~, антидемпинговая anti-dumping duty
~, арбитра́жная arbitration fee
~, валю́тная currency protecting duty
~, ввозна́я import duty (tax), entrance duty, duty on imports (entry), import tax
~, взима́емая levied duty, imposed tax
~ возобнови́тельная (*за возобновление регистрации документа*) renewal fee
~, вывозна́я export duty (tax), duty on exports
~, высо́кая heavy (high) duty [charges]
~, ге́рбовая stamp duty (tax)
~, годова́я annual fee
~, дискриминацио́нная discriminatory (discriminating) duty
~ы, дифференциа́льные differential (discriminating) duties, differential tariff
~, доба́вочная extra (additional) duty (fee), *амер.* surtax
~ы, догово́рные conventional tariff
~, дополни́тельная extra (additional) duty (fee)
~, ежего́дная annual fee (tax)
~ за вы́дачу пате́нта issue fee
~ за пате́нт fee for a patent
~ за по́льзование use tax
~ за правопереда́чу assignment fee
~, запрети́тельная prohibitive duty
~ за продле́ние сро́ка (*регистрации знака*) extension fee
~ за публика́цию publication fee
~, зая́вочная application (filing, registration) fee
~, и́мпортная import duty (tax), entrance duty, duty on imports (entry)
~ы, кара́тельные penalty tariff, retaliatory duties
~ы, компенсацио́нные compensatory (countervailing) duties
~ы, конвенцио́нные conventional duties
~, лицензио́нная license duty (fee)
~, льго́тная preferential duty
~, максима́льная maximum duty
~, минима́льная minimum duty
~ на duty on
~ на и́мпортные това́ры duty (dues) on imported goods
~ на предме́ты ро́скоши duty on luxury goods
~, ни́зкая low duty
~ы, нотариа́льные notarial charges (fees)
~, осо́бая special duty
~, охра́нная protective duty
~, пате́нтная patent fee (tax), tax on a patent
~, пограни́чная duty to be paid on the border
~ы, покрови́тельственные protective duties, protective (protection) tariff

~, порто́вая [dock] dues, port dues
~, поштýчная duty per article (item)
~ы, преференциа́льные preferential duties (dues)
~ы, протекциони́стские protective duties, protective (protection) tariff
~, регистрацио́нная registration (filing) fee
~, сезо́нная seasonal duty
~, сме́шанная compound (mixed) duty
~ы, специфи́ческие (*взимаемые с единицы длины, веса, объёма*) specific duties (tariff)
~ы, суде́бные legal expenses (costs); litigation fee
~, тамо́женная customs duty (dues)
~, транзи́тная transit duty (dues)
~ы, фикси́рованные bound duties
~, фиска́льная revenue duty, duty for revenue
~, э́кспортная export duty (tax), duty on exports
введе́ние ~ы imposition of a duty (tax)
введе́ние ~ы на и́мпорт imposition of an import duty (a custom duty on imports)
взима́ние по́шлин collection of duties; levying of duties
внесе́ние ~ы payment of a duty
возвра́т ~ы refund (reimbursement) of a duty (fee), drawback
исчисле́ние ~ы calculation of a duty
неупла́та ~ы failure to pay a duty (tax, fee)
обложе́ние ~ой imposition of a duty (tax)
опла́та ~ы payment of a duty (fee, tax)
освобожде́ние от по́шлин exemption (relief) from duties, duty exemption
отме́на ~ы abolition of a tax (duty, fee)
очи́стка от ~ы [customs] clearance
разме́р ~ы size of duty, tax rate
систе́ма по́шлин system of tariffs
сниже́ние [разме́ра] по́шлин reduction of duties (taxes, fees); rundown in tariffs
ста́вка тамо́женной ~ы rate of duty, [duty] rate
това́ры, не облага́емые ~ой duty free items
това́ры, облага́емые ~ой customable items
тонна́ж, свобо́дный от по́шлин cleared tonnage
упла́та ~ы payment of a duty (tax)
вводи́ть ~у impose (introduce) a duty
вводи́ть ~у на това́р impose a duty on goods
верну́ть упла́ченную ~у refund the duty
взима́ть ~у collect (levy) a duty; charge a fee
исчисля́ть ~у calculate a duty (tax)
не подлежа́ть обложе́нию ~ой be free from duty, be duty-free, not to be liable (subject) to duty, be non-taxable
облага́ть това́р ~ой impose a duty (tax) on goods, levy a duty on goods, tax goods
опла́чивать ~у pay a duty (tax, fee)
освобожда́ть от ~ы exempt from duties (taxes)

отменить ~у abolish a duty (tax)
очищать товары от ~ы clear goods
платить ~у в размере ... % стоимости партии pay a duty (royalty) of ... % shipment value
платить ~у со стоимости машин pay a duty on the machine price
повысить ~ы increase duties
подлежать обложению ~ой be liable (subject) to duty, be dutiable (taxable)
понизить ~ы reduce duties, reduce (lower) the rate of duty, reduce tariffs
уплачивать ~у за pay a duty (tax) for, clear *smth*
установить ~у на levy (fix, lay, establish) a duty on
без оплаты ~ы duty unpaid, in bond
оплаченный ~ой duty-paid
свободный от ~ы duty-free, free of (from) duty, exempt from duty, no-charge
~ы подлежат оплате фрахтователем charterer pays dues, *сокр.* C. P. D.
судно оплачивает портовые ~ы steamer pays dues, *сокр.* S. P. D.

поштучно by the piece

правил/о rule, regulation, law, custom
~а арбитража arbitration rules
~а, аукционные auction rules
~а безопасности safety regulations (rules), rules of safety
~а, биржевые rules of the exchange, exchange customs
~а, валютные exchange control regulations
~а взимания пошлин tariff rules
~а внутреннего распорядка regulations, rules of the house, rules and regulations
~а, внутренние domestic rules
~а выдачи патентов patent rules
~а, действующие regulations
~а, единые uniform rules (customs)
~а, жёсткие hard and fast rules
~а, записанные written provisions
~ инкассирования collection procedure; terms of collection
~а инкассо коммерческих документов rules for the collection of commercial paper
~а, карантинные quarantine regulations (laws)
~а контроля control regulations
~а, лицензионные license regulations
~а маркировки marking regulations (rules, provisions)
~а, незыблемые set rules
~а обслуживания maintenance (service, servicing) regulations
~а, общие general terms and conditions
~а определения веса тары taring regulations
~а о производстве дел в арбитраже rules of procedure of arbitration, arbitration rules
~, основное fundamental (ground) rule
~а, основополагающие ground rules
~а осуществления рекламы rules of advertising
~а оформления гарантии guarantee procedure
~а оформления кредита credit procedure
~а оформления разрешения permit regulations

~а перево́зки rules of carriage, freight policy
~а пода́чи зака́зов ordering rules
~а по́льзования directions for (regulations on) the use
~а пополне́ния запа́сов replenishment rules
~а, порто́вые regulations of the port, port authority regulations, harbour rules (regulations)
~а приёмки acceptance rules
~а примене́ния regulations on the use
~а прове́рки check-out procedures
~а произво́дства дел rules of procedure
~а процеду́ры rules of procedure, procedural rules
~а публика́ции rules of publication
~а регули́рования rules of regulation
~а, регули́рующие распределе́ние allocation regulations
~а, санита́рные sanitary regulations (rules)
~ созда́ния резе́рвного запа́са safety-stock rule
~а сортиро́вки grading rules
~а страхова́ния rules of insurance, insurance rules (regulations)
~а, стро́гие strict rules
~а судопроизво́дства rules of court
~а, существу́ющие existing rules
~а, тамо́женные customs regulations (rules)
~а, тари́фные tariff regulations
~а те́хники безопа́сности [technical] safety regulations (precautions), safety rules and regulations, accident prevention rules
~а, техни́ческие technical regulations
~а техни́ческого обслу́живания maintenance procedures (rules, regulations)
~а торго́вли trade (trading) procedures
~а, транспортиро́вки terms of conveyance (transport)
~а, унифици́рованные uniform rules (customs)
~а упако́вки packing instructions
~а установле́ния цен price regulations, pricing
~а, устано́вленные established (prescribed) rules
~а, устано́вленные зако́ном rules of law, statutory regulations
~а ухо́да (*за оборудованием*) maintenance (service, servicing) regulations
~а уча́стия rules (regulations) of participation
~а учёта ве́са та́ры tare and tret
~а хране́ния storage regulations
~а эксплуата́ции service regulations; operating rules
~а э́кспорта и реэ́кспорта regulations governing export and reexport
~а э́кспортного контро́ля export control regulations
наруше́ние пра́вил infringement (violation, breaking) of rules, violation (breach) of provisions
наруше́ние пра́вил те́хники безопа́сности violation (neglect) of safety regulations, safety hazard
несоблюде́ние пра́вил disregard of (non-compliance with) rules

(regulations), non-observance of directions, evasion of regulations
унифика́ция пра́вил unification of rules
взять за ~ make it a rule
выполня́ть ~а процеду́ры carry out (follow) the procedure
игнори́ровать ~а disregard rules
наруша́ть ~а violate (infringe) regulations, depart from rules
обеспе́чить соблюде́ние пра́вил insure the observance of regulations
подчиня́ться ~ам comply with (conform to, obey) rules
приде́рживаться пра́вил adhere (conform) to rules
применя́ть ~а apply rules
приостанови́ть де́йствие пра́вил suspend rules
разраба́тывать ~а develop (work out) regulations
сле́довать ~ам conform to (comply with) rules
соблюда́ть ~а observe rules (regulations, instructions), comply with rules, observe procedures
соблюда́ть ~а процеду́ры observe (carry out) the procedure
соблюда́ть ~а те́хники безопа́сности observe (obey, meet) safety rules and regulations
толкова́ть ~а interpret rules
узако́нить ~а enact rules
установи́ть ~ set (establish, lay down) a rule
установи́ть ~а процеду́ры establish a procedure
формули́ровать ~а процеду́ры set forth a procedure
вне вся́ких пра́вил without regard for any rules
на основа́нии пра́вил under the rules
по ~у under the rule
согла́сно ~ам according to regulations, according to instructions (directions)

пра́вильность (*точность*) accuracy; (*отсутствие ошибок*) correctness; (*единообразие*) regularity
~ докуме́нтов accuracy of documents; regularity of documents (records)
~ за́писей accuracy of records
~ заявле́ния accuracy of a statement
~ маркиро́вки correctness of marking, adequacy of marks
~ платежа́ correctness of payment
~ расчётов accuracy (correctness) of calculations
~ упако́вки adequacy of packing (packaging)
~ фо́рмы проте́ста regularity of the form of protest
~ цен accuracy of prices
обеспе́чить ~ ensure correctness
подтверди́ть ~ заявле́ния affirm the truth of a statement
подтверди́ть ~ счёта verify an account
проверя́ть ~ расчётов check [for] the accuracy of calculations
проверя́ть ~ цен check [for] the accuracy of prices

пра́вильный correct, proper, right; (*законный*) legitimate
техни́чески ~ technically correct

прави́тельственный government *attr.*, governmental, *амер.* federal

прави́тельств/о government, *амер.* administration

~, **сове́тское** Soviet government
постановле́ние ~а decree, government act
представи́тель ~а government spokesman
разреше́ние ~а government authorization

правле́ни/е [management] board, [board of] management
~ **фи́рмы** board of governors, company management
вы́боры ~я board elections
заседа́ние ~я board meeting
председа́тель ~я chairman (president) of the board
собра́ние ~я board meeting, meeting of the board of directors (governors)
соста́в ~я composition of management
член ~я member of the board
утвержда́ть соста́в ~я approve the composition of management

пра́в/о 1. right, authority **2.** (*наука*) law
~, **а́вторское** copyright, right of authorship
~а́ аге́нта rights of an agent, agent's rights
~, **аге́нтское** agency (distribution) right
~, **администрати́вное** administrative law
~ **аннули́рования контра́кта** right of cancellation
~, **ве́ксельное** law relating to bills of exchange
~ **ве́то** right of veto, veto [right (power)]
~, **ве́щное** law of property, proprietary right (interest)
~ **владе́льца** right of owner
~ **владе́ния** right of possession (ownership), ownership right
~ **возвра́та** right of return
~ **воспроизведе́ния** right of reproduction
~ **вы́бора** [right of] option
~ **вы́бора, пе́рвого** [first] refusal
~ **вы́дачи лице́нзий** right to grant licenses
~ **вы́купа** right of redemption
~ **вы́писки векселе́й** drawing authorization
~ **вы́хода на вне́шний ры́нок** right to operate (act) [independently] on foreign markets, right of access to foreign markets
~ **въе́зда** right of entry
~, **госуда́рственное** public (constitutional) law
~, **гражда́нское 1.** civil right **2.** civil law
~ **да́вности** *юр.* prescriptive right
~, **де́йствующее** established law, law in force
~, **догово́рное** law of contracts, contrac[tual] law
~ **досро́чной поста́вки** right of early delivery
~а́ заи́мствования drawing rights
~, **зако́нное** legal (lawful, legitimate) right, vested right
~ **заку́пки** purchase right
~, **зало́говое** lien
~ **заме́ны** right of option
~ **заме́ны су́дна** right to substitution
~ **изготовле́ния** (*по лицензии*) right to manufacture
~ **изобрета́тельское** invention (inventor's) law
~ **изобрета́теля** right of author of invention, inventor's right
~, **иму́щественное 1.** property (proprietary) right **2.** law of property

~, **исключи́тельное** exclusive (sole, monopoly) right; right to exclude

~ **истца́** claimant's right

~ **капита́на на удержа́ние гру́за** shipmaster's lien

~, **комме́рческое 1.** commercial (mercantile) right **2.** commercial (mercantile) law

~, **конституцио́нное** constitutional law

~ **конфиска́ции** right of confiscation

~, **лицензио́нное 1.** license[d] right **2.** license law

~, **материа́льное** material right

~, **междунаро́дное** international law

~, **междунаро́дное валю́тное** international monetary law

~, **монопо́льное** exclusive (sole, monopoly) right, exclusivity [right]

~, **монопо́льное, на прода́жу** exclusive sale[s] right

~, **морско́е** maritime (sea) law, law of the sea

~, **морско́е, торго́вое** merchant shipping law

~, **морско́е, тра́нспортное** law of shipping

~ **на** right to (for)

~ **на взыска́ние убы́тков** right to compensation (indemnity), right to recover damages

~ **на возвра́т вкла́да** right to withdraw *one's* share

~ **на возмеще́ние убы́тков** right to compensation (indemnity), right to recover damages, right to be reimbursed; compensation claim

~ **на возмеще́ние убы́тков по о́бщей ава́рии** right to contribution in general average

~ **на вознагражде́ние** right for (of) remuneration, right to receive remuneration

~ **на возобновле́ние** option on renewal

~ **на вы́бор маршру́та** right of routing

~ **на груз** right to cargo

~ **на груз, зало́говое** lien on cargo

~ **на защи́ту** right of defence (protection)

~ **на изобрете́ние** right to an invention, inventor's right

~ **на иму́щество** title, legal title of ownership, property right

~ **на испо́льзование изобрете́ния** right to use an invention

~ **на компенса́цию** right to compensation

~ **на образе́ц** right to an industrial design

~ **на осмо́тр** right of inspection

~ **на осно́ве взаи́мности** reciprocal right

~ **на пате́нт** right to a patent

~ **на переусту́пку** right to assign

~ **на получе́ние валю́ты** drawing right

~ **на получе́ние дивиде́нда** dividend right

~ **на получе́ние пате́нта** right to obtain a patent

~ **на получе́ние пе́ни** right to receive a penalty

~ **на прете́нзию** right of claim, right to a claim

~ **на привиле́гию** franchise, franchising right

~ **на прода́жу** right of sales (to sell), sales (selling, distribution) right

~ **на прода́жу, исключи́тельное** exclusive sale, exclusive

right to sell, sole distributorship
~ на прода́жу, неисключи́тельное non-exclusive right to sell
~ на прода́жу пате́нта patent sales rights
~, нару́шенное infringed right
~ на со́бственность title, right of possession (ownership), ownership right
~ на эксплуата́цию operating right
~á, неограни́ченные absolute rights, unqualified rights
~, неотъе́млемое inalienable right
~ обжа́лования right of appeal, right to lodge a complaint
~ оборо́та recourse
~, о́бщее *юр.* common law
~, обы́чное *юр.* customary law
~, обяза́тельственное law of obligations
~ одновре́менного по́льзования right of concurrent use
~ опубликова́ния right of publication
~ осмо́тра right of inspection
~ осмо́тра, пе́рвого first-hand inspection
~á, основны́е basic (fundamental) rights
~ отклоне́ния от маршру́та (*о судне*) deviation [right]
~ отме́ны right to recall
~, пате́нтное 1. patent right **2.** patent law
~ патентовладе́льца patentee's right
~ патентовладе́льца на пате́нт owner's right to a patent
~ пе́рвой руки́ first option
~ переадресо́вки right of readdressing
~ перево́зчика right of a carrier
~ перепрода́жи right of resale
~ по́дписи authority (power) to sign, signing authority
~ по́дписи, второ́й right of second signature
~ по́дписи, пе́рвой right of first signature
~ покупа́теля buyer's right, right of a buyer
~, по́лное full power
~, полуисключи́тельное semi-exclusive right
~ по́льзования right to use
~á посре́дника rights of an agent
~ поста́вки right of delivery
~ предъявле́ния и́ска right of suit, right of action
~ преждепо́льзования right of prior use
~, преиму́щественное right of priority, priority right, prior (preferential, underlying) right
~ преиму́щественной поку́пки first option, right of first refusal (preemption)
~, прецеде́нтное case law, judiciary law
~, примени́мое applicable law
~ приорите́та right of priority, priority right
~ присвое́ния appropriative right
~ продавца́ seller's right, right of a seller
~ прое́зда right of passage (way)
~, промы́шленное industrial right
~, просто́е simple right
~ проте́ста right of protest
~ прохо́да right of passage (way)
~, процессуа́льное 1. procedural right **2.** formal law, remedial law
~á, ра́вные equal rights

~ распоряжéния right of disposal (to dispose)
~ расторжéния договóра right to terminate a contract, right of cancellation
~ регрéсса right of recourse (regress), recourse
~ реэ́кспорта right of reexport
~ сбы́та, исключи́тельное exclusive right to sell, exclusive sale
~ сóбственности 1. right of property, property (proprietary) right, right of possession (ownership), ownership right **2.** law of property
~ сóбственности, исключи́тельное exclusive possession
~ сóбственности лицензиáра licensor's ownership right
~ сóбственности на товáр title to (of) goods, right of property (ownership) in goods
~ сóбственности, ограни́ченное limited possession
~ совмéстного испóльзования right of joint use
~á сторóн legal rights of the parties
~á суброгáции subrogation rights
~ субститу́та right of substitution
~, торгóвое commercial (mercantile, merchant) law, business law, law of merchants
~ трéбования claim; right of demand
~ трéбовать страховóе возмещéние right to claim for damage
~á трéтьих лиц third party rights
~, уголóвное criminal law
~ удержáния (*имущества*) *юр.* lien; right of retention
~ удержáния гру́за в обеспéчение получéния платежá за фрахт lien on the cargo (goods) for freight
~ учáстия продавцá в провéрке кáчества товáра seller's right to inspect the quality
~, формáльное formal law
~ фрахтовáтеля right of a charterer
~, хозя́йственное economic law
~á человéка human rights
~, эмиссиóнное right of issuing notes
~, юриди́ческое legal right
владéние на ~áх арéнды [contract of] tenancy, tenure by lease
восстановлéние в ~áх restoration to *one's* rights, reinstatement, rehabilitation; *юр.* restitution
действи́тельность прав validity of rights
защи́та ~а protection of the right
злоупотреблéние ~ом на патéнт abuse (misuse) of a patent
исключи́тельность ~а exclusiveness of a right
кóдекс междунарóдного ~а code of international law
коносамéнт без ~а передáчи non-negotiable bill of lading
лицéнзия на ~ испóльзования технологи́ческого процéсса license for the right to use a technological process
лицéнзия на ~ продáжи selling license
лицéнзия на ~ произвóдства manufacturing license, license to manufacture
лицéнзия с ~ом передáчи assignable license
лицéнзия с ~ом переусту́пки transferable license
лишéние ~а вы́купа заклáдной foreclosure

лише́ние прав deprivation of rights
наруше́ние ~а infringement of (on) a right, violation of a right
наруше́ние а́вторского ~а piracy
наруше́ние исключи́тельного ~а violation of exclusiveness
наруше́ние ~а на промы́шленный образе́ц piracy of design
наруше́ние ~а на това́рный знак infringement of the trademark right
наруше́ние пате́нтного ~а infringement of a patent, patent infringement, infringement (violation) of patent right
наруши́тель ~а violator of the right
но́рма ~а rule of law
но́рмы морско́го ~а legal regulations of maritime law
облада́тель а́вторского ~а copyright owner
огово́рка о ~е заме́ны су́дна substitution clause
огово́рка о ~е удержа́ния lien clause
огово́рка о ~е фрахтова́теля переуступи́ть фрахто́вый догово́р cession clause
ограниче́ние прав restriction of rights
осуществле́ние прав execution (exercise) of rights
отка́з от ~а *юр.* renouncement (renunciation, surrender) of a right, waiver, disclaimer
отка́з от ~а на возмеще́ние убы́тка waiver of damages
отста́ивание прав assertion of rights
охра́на прав protection of rights
охра́на прав, пате́нтных patent protection, protection of patent rights

переда́ча прав assignment (transfer) of rights
переда́ча прав в поря́дке це́ссии cession [of rights]
переда́ча ~а на груз transfer of the ownership of goods
переда́ча ~а на иму́щество transfer (passing) of title, transfer of property rights
переда́ча ~а на пате́нт assignment (transfer, transference) of a patent
переда́ча ~а по че́ку negotiation of a cheque
переда́ча ~а со́бственности transfer of ownership (title), passing of title, conveyance (assignment) of property
переусту́пка прав assignment (transfer) of rights
предоставле́ние прав assignment of rights
предше́ственник по ~у predecessor in title
предъявле́ние ~а на laying a claim to
прекраще́ние ~а на това́рный знак cessation of a trademark
рее́стр а́вторских прав register of copyright
свиде́тельство о ~е пла́вания под госуда́рственным фла́гом certificate of registry, ship's register
свиде́тельство о ~е со́бственности на су́дно certificate of ownership
уваже́ние прав respect of rights
усту́пка прав assignment (transfer) of rights
утра́та ~а forfeit
утра́та ~а из-за неиспо́льзования (*о товарном знаке*) lapse of right for non-use
владе́ть а́вторским ~ом own the copyright

воспо́льзоваться ~ом exercise (use) a right
восстанови́ть в ~а́х restore *smb* to his rights, reinstate, rehabilitate, *юр.* restitute
дава́ть ~ на entitle to, give (grant) the right to
дава́ть ~ пе́рвого вы́бора give the first refusal
затра́гивать ~а́ affect rights
защища́ть ~а́ protect rights
заяви́ть ~ на claim
име́ть ~ вы́бора това́ра have an option on goods
име́ть зако́нные ~а́ be legally entitled
име́ть исключи́тельное ~ have the exclusive right
име́ть ~ на be entitled to, have the right to, qualify for
име́ть ~ на вознагражде́ние be entitled to a remuneration
име́ть ~ на испо́льзование have the right to the use of
име́ть ~ на компенса́цию be entitled (have the right) to compensation, be due compensation
име́ть ~ на прода́жу have the right of sales (to sell), have the selling right
име́ть ~ на проце́нты be entitled to interest
име́ть ~ на страхова́ние be entitled to insurance
име́ть ~ пе́рвого вы́бора have the first refusal
име́ть ~ по́дписи have the right of signature (to sign)
име́ть преиму́щественное ~ enjoy a priority right to, have an option on, take precedence over
име́ть ~ регре́сса have [the right of] recourse
име́ть ~ со́бственности на пате́нт hold the proprietary patent right
име́ть ~ субститу́та have the right to substitution
испо́льзовать ~ exercise a right
лиша́ть ~а deny (deprive of) a right
лиша́ть ~а вы́купа закладно́й foreclose
лиша́ться ~а forfeit a right
наделя́ть ~а́ми vest with rights
наноси́ть уще́рб ~у prejudice a right
наруша́ть ~ infringe (violate) a right
наруша́ть пате́нтное ~ violate the right to a patent
обеспе́чивать ~ secure a right
ограни́чивать ~а́ restrict (curtail) rights
определя́ть ~а́ define (ascertain) rights
оспа́ривать ~ contest a right
оспа́ривать ~ на пате́нт contest a patent right; attack (litigate) a patent
оста́вить за собо́й ~ reserve a right
осуществля́ть ~ exercise (effect) a right
осуществля́ть ~ регре́сса realize the recourse
отвеча́ть но́рмам ~а be in accordance with the law
отказа́ться от ~а waive (abandon, renounce, resign, surrender) a right
отказа́ться от ~а на пате́нт disclaim (surrender) a patent
отказа́ться от ~а на рекла-ма́цию waive a claim
отста́ивать ~а́ assert (stand upon, vindicate) *one's* rights
охраня́ть ~а́ protect rights
передава́ть ~ assign (transfer, convey) a right
передава́ть ~ в поря́дке це́ссии cede a right

передава́ть ~ на пате́нт assign (transfer) a patent [right], convey the ownership of a patent
передава́ть ~ со́бственности на това́р transfer title to goods, transfer [the] possession (ownership) of goods, give *smb* [the] possession of goods
передава́ть ~ тре́тьей стороне́ transfer a right to a third party
переуступа́ть ~ assign (transfer, convey) a right
получа́ть ~ obtain (acquire, secure) a right
получа́ть ~ по́дписи be granted the signing authority
по́льзоваться ~ом enjoy (exercise, use) a right
посяга́ть на ~а́ infringe (encroach on) rights
[по]теря́ть ~ на forfeit the right to
потеря́ть ~ на вклад forfeit the deposit
потеря́ть ~ на зада́ток forfeit the earnest money
предоставля́ть ~ grant (extend) a right, give power to do *smth*
предоставля́ть ~ вы́бора provide options
предоставля́ть ~ на прода́жу grant sales rights
предоставля́ть первоочередно́е ~ give priority
предъявля́ть ~ lay a claim to, put in a claim for
признава́ть ~а́ recognize rights
применя́ть зало́говое ~ на груз exercise a lien upon cargo
приобрета́ть ~ со́бственности acquire title to
регистри́ровать ~, а́вторское register a copyright
сохраня́ть ~ reserve the right, retain the right
сохраня́ть ~ со́бственности retain (maintain) possession
сохраня́ть ~ со́бственности за продавцо́м reserve title to the goods in (with) the seller
тре́бовать ~ оборо́та claim recourse
уреза́ть ~а́ curtail rights
установи́ть ~ determine (establish) a right
уступа́ть ~ assign (transfer, convey) a right
утра́чивать ~ lose a right, forfeit a right
ущемля́ть ~а́ prejudice rights
~а́ и обя́занности rights and obligations (duties)
~а́ и обя́занности сторо́н legal rights and obligations (duties) of the parties
без ~а перево́да non-negotiable
без ~а переда́чи non-transferable
без ~а переизда́ния all rights reserved
без ~а регре́сса without the right of recourse
без уще́рба ~а without any prejudice (detriment) to the right
по ~у by right, rightfully
с ~ом регре́сса with the right of recourse
~ со́бственности остаётся за продавцо́м the right of possession remains with [the] seller
~ со́бственности перехо́дит к покупа́телю the right of possession passes to [the] buyer
специа́льные ~а́ заи́мствования, *сокр.* **СДР, СПЗ** Special Drawing Rights, *сокр.* SDR

правово́й legal
правоме́рный proper, fair
правонаруше́ние infringement (breach) of a law, offence

правоотноше́ния legal relations (relationship)

~ сторо́н legal relations (relationship) between the parties

правоохрани́тельный law-enforcement *attr.*

правопереда́ч/а assignment, conveyance

акт ~и assignment deed

доказа́тельство фа́кта ~и evidence of assignment

докуме́нт о ~е instrument of transfer

по́шлина за ~у assignment fee

соглаше́ние о ~е assignment agreement

регистри́ровать ~у record an assignment

правопредше́ственник predecessor in title

правопрее́мник *юр.* assignee, assign, [legal] successor, successor in title, cessionary, transferee

~ в де́ле successor in business

~ по упла́те фра́хта assign on payment of freight

правоспосо́бность legal capacity

правосу́дие justice

пра́здник holiday

~и, официа́льные official holidays

отмеча́ть ~и observe holidays

пра́йм-рэ́йт (*учётная ставка для первоклассных денежных обязательств*) prime-rate

у́ровень ~ prime-rate level

пра́ктик/а **1.** (*деятельность*) practical activity, practice; (*обычай*) custom **2.** (*обучение*) training

~, администрати́вная administrative practices

~, арбитра́жная arbitration practice

~ безопа́сной эксплуата́ции safe operating practices

~, делова́я business practice

~ заключе́ния контра́ктов contracting practice

~, комме́рческая commercial practice

~, лицензио́нная licensing practices, license trade

~ Лло́йда *страх.* customs of Lloyd's

~ ма́ркетинга marketing practice

~, междунаро́дная international practice

~ монта́жных рабо́т erection practices

~, невы́годная unprofitable practice

~, непра́вильная wrong practice

~, нече́стная торго́вая unfair business practices, unfair practices in trade

~, общепри́нятая general (normal, customary, usual, common) practice

~, обы́чная standard (normal) practice

~, пате́нтная patent practice

~ по това́рным зна́кам trademark practice

~, правова́я practice of law

~, при́нятая accepted practice

~, произво́дственная practical training

~, промы́шленная industrial practice

~, про́шлая past practice

~, распространённая prevalent practice

~, ры́ночная market usage

~, свобо́дная *мор.* free pratique

~ составле́ния фо́рмулы изобрете́ния claiming practice

~, страхова́я insurance practice

~, суде́бная judiciary law

~, **торго́вая** commercial (business) practices, practices of (in) trade
~, **установи́вшаяся** standard (established) practice, routine
~ **ценообразова́ния** pricing practice
~ **эксплуата́ции** operational practices
примене́ние на ~е нау́чно-техни́ческих достиже́ний application of the latest scientific and technological achievements
войти́ в ~у become customary
осуществля́ть на ~е put into practice
отступа́ть от ~и depart (take departure) from practices
прекраща́ть ~у discontinue (stop) the practice
применя́ть на ~е practise, put into practice
проходи́ть ~у do practical work, be in training
сле́довать ~е follow the practice
соблюда́ть установи́вшуюся ~у observe routine procedures
в соотве́тствии с при́нятой ~ой in accordance with accepted practice

практикова́ть, ~ся practise
практи́ческий practical
практи́чны/й practical
оказа́ться ~м prove practical
преа́мбула preamble
превали́рующий prevailing
превосходи́ть exceed, surpass, overbalance, outbalance; (*по важности*) precede, take (have) precedence
~ **в ве́се** outweigh, overbalance
~ **по техни́ческим** *или* **эксплуатацио́нным характери́стикам** out-perform

превосхо́дство predominance; superiority
~, **техни́ческое** technical excellence
превыша́ть exceed
превыша́ющий exceeding, in excess of
превыше́ни/е excess, surplus
~ **ве́са** excess weight
~ **дохо́дов над расхо́дами** excess of receipts over expenses
~ **и́мпорта над э́кспортом** surplus of imports, import surplus, excess of imports over exports, overbalance of import, import balance of trade
~ **креди́та** (*в банке*) overdraft, debit balance
~ **полномо́чий** exceeding the limits of powers (authority), exceeding commission
~ **предложе́ния над спро́сом** excess of supply over demand, excessive supply
~ **спро́са над предложе́нием** excess of demand over supply, shortage of supply
~ **сто́имости** excess cost
~ **э́кспорта над и́мпортом** surplus of exports, export surplus, excess of exports over imports, overbalance of export, export balance of trade
с небольши́м ~ем at a shade in excess of

преде́л limit, margin, line
~, **ве́рхний** (*колебаний валюты*) upper limit
~ **ве́са** weight limit
~**ы де́йствия, территориа́льные** territorial validity
~, **допусти́мый** permissible margin
~**ы, жёсткие** rigid limits
~ **задо́лженности** debt limit
~**ы, заплани́рованные** target ranges
~ **затра́т** cost limit

~ы колеба́ния margins of fluctuation, fluctuation limits
~ креди́та credit ceiling, limit of credit
~ кредитова́ния, взаи́много swing
~, ни́жний (*колебаний валюты*) lower limit
~ су́ммы за́йма loan size limit
~ы, экономи́чески опра́вданные economically justified limits
приближе́ние к ~у экономи́ческой вы́годности approaching the limit of economic advantage
це́ны в ~ах prices of the order of, prices ranging from ... to ...
быть в ~ах ценово́го диапазо́на be within the price bracket
вы́йти за ~ы exceed (fall outside) the limits
вы́йти за ~ы усло́вий контра́кта be outside the field of agreement of a contract
изменя́ться в ~ах от ... до ... range between ... and ... (from ... to ..., *амер.* from ... through ...)
колеба́ться в незначи́тельных ~ах hover
колеба́ться в ~ах от ... до ... range between ... and ... (from ... to ..., *амер.* from ... through ...)
положи́ть ~ put an end to
увели́чивать до ~а maximize
установи́ть ~ assign a limit to
в ~ах компете́нции within competence
в ~ах контра́кта within the contract limits
вне ~ов beyond (out of) the range of, outside
в определённых ~ах within prescribed limits
в ~ах предоста́вленной вла́сти within *one's* power
в ~ах разу́много (в разу́мных ~ах) within reason
в реа́льных ~ах to the extent practicable
в ~ах ... сро́ка within a period of ...
в ~ах сто́имости within the limits of the value
в ~ах террито́рии по́рта within the Harbour Authority area
в широ́ких ~ах over a wide range
до ве́рхнего ~а to the upper limit
за ~ами страны́ outside the country
за ~ами строи́тельной площа́дки offsite
сверх ~а beyond the limit

предлага́емый proposed

предлага́ть offer, propose, have *smth* on offer; tender; invite to do *smth*

предложе́ни/е 1. (*цены, товара*) offer, offering, proposal, proposition, quotation, *амер.* quote; tender; bid; supply **2.** (*совет*) suggestion
~, альтернати́вное alternative proposal (quotation)
~, ба́зисное base proposal, basic offer
~ без обяза́тельства offer without obligation (commitment, engagement), offer subject to prior sale, *амер.* free offer
~, благоприя́тное low-priced offer, bargain
~, бо́лее вы́годное more profitable offer; higher bid
~, бюдже́тное budgetary (budget) proposal
~, внедрённое implemented proposal

~, **вре́менное** temporary offer
~, **всеобъе́млющее** comprehensive offer
~, **встре́чное** counter offer
~, **вы́годное** advantageous offer, profitable (business, paying) proposition
~, **да́нное** present offer (proposal), offer (proposal) in question
~, **дати́рованное ...** offer dated ...
~, **действи́тельное** valid offer; good tender
~, **дета́льное** detailed offer (proposal)
~, **дополни́тельное** additional offer
~**я**, **ежедне́вные** daily offers
~, **зама́нчивое** attractive proposal (offer)
~ **запасны́х часте́й** spare parts proposal (offer)
~, **изло́женное в письме́** letter proposal
~, **инициати́вное** initiative (unsolicited) offer
~, **комме́рческое** commercial offer (proposal)
~, **ко́мплексное** package proposal
~, **компроми́ссное** compromise proposal
~, **конкре́тное** concrete proposal
~, **конкуре́нтное (конкурентоспосо́бное)** competitive offer (quotation)
~, **конструкти́вное** constructive proposal
~ **констру́кции** design proposal
~ **купи́ть** offer to purchase (buy)
~ **на** offer (proposal) for (of, on)
~ **на лицензи́рование но́у-ха́у** proposal to license the use of know-how
~ **на морско́е страхова́ние** marine insurance quotation
~ **на оптима́льных усло́виях** optimum bid
~ **на поста́вку** offer (proposal) to supply (for the supply of)
~ **на прое́кт** project proposal
~ **на ры́нке** market supply
~, **настоя́щее** present proposal, offer in question
~ **на това́ры по номенклату́ре** offer within the range of
~**я**, **неоднокра́тные** repeated offers
~, **непатентоспосо́бное** unpatentable proposal
~, **неприе́млемое** unacceptable proposal
~ **нови́нок** offer of novelties
~ **об изготовле́нии** manufacturing proposal
~ **об инвести́ровании** investment proposal
~ **о́бщего хара́ктера** outline proposal
~ **о внесе́нии измене́ний в констру́кцию** engineering changes proposal
~, **ограни́ченное сро́ком** offer for a fixed period (fixed time)
~, **ограни́ченное усло́вием** conditional offer
~, **оконча́тельное** final offer
~, **определённое** definite offer
~ **о проведе́нии семина́ра** seminar proposal
~ **о прода́же** offer (offering, proposal) for sale
~ **о разрабо́тке** (*изделия*) development proposal
~, **основно́е** main offer
~, **осо́бо вы́годное** preferential offer
~, **осо́бое** special offer
~ **о созда́нии сме́шанного**

предприятия joint venture proposal
~ **о финанси́ровании** proposal for financing
~, **патентоспосо́бное** patentable proposal
~, **пе́рвое** the first bid
~, **первонача́льное** original (initial) offer (offering, proposal)
~, **пересмо́тренное** revised offer (proposal)
~ **пла́на** offer of a plan, proposal of a programme
~ **платежа́** tender of payment
~, **подро́бное** detailed offer (proposal)
~, **подходя́щее** fair offer (proposition)
~ **поку́пки за нали́чные** cash tender offer
~, **по́лное** complete proposal
~ **по ни́зкой цене́** low offer; low tender; low bid
~ **по са́мой ни́зкой цене́** the lowest offer; the lowest tender; the lowest bid
~, **после́днее** the last bid
~ **по сни́женной цене́** reduced (cut)-price offer
~ **поста́вки** proposal to supply (for the supply of), offer (proposal) for (of) delivery; tender of delivery
~ **поставщика́** supplier (contractor) proposal
~ **по телегра́фу** cable offer (proposal)
~ **по те́лексу** telex offer (proposal)
~ **по телефа́ксу** telefax proposal
~, **практи́ческое** 1. practical proposal 2. practical suggestion
~, **предвари́тельное** tentative offer, preliminary proposal, proforma offer
~, **привлека́тельное** attractive offer
~, **прие́млемое** acceptable (favourable) offer (proposal)
~, **прилага́емое** enclosed offer, attached proposal
~, **при́нятое** accepted proposal
~, **рационализа́торское** rationalization proposal, suggestion for improvement, innovation
~, **реа́льное** practical proposition
~, **са́мое вы́годное** the most profitable offer; the highest bid
~, **серьёзное** genuine offer
~, **скорректи́рованное** updated (adjusted, modified) proposal
~, **совоку́пное** total (over-all, aggregate) offer
~ **сотру́дничества** offer (proposal) for (of) cooperation
~ **с приблизи́тельной ценóй** rough price proposal
~ **с приложе́нием образцо́в** offer with samples
~ **с указа́нием минима́льных цен** minimum price offer, the lowest possible quotation
~, **твёрдое** firm (binding) offer (proposal, quotation)
~ **това́ров** offer of goods; goods supply
~ **тонна́жа** tonnage offering
~, **усло́вное** conditional offer
~ **услу́г** offer of services
~, **форма́льное** formal proposal
~, **ху́дшее** lower bid
~ **цены́** offer of a price, price offer (offering), cost proposal, quotation; bid, bidding
ана́лиз у́ровня ~я на ры́нке supply analysis
вариа́нт ~я alternative proposal
да́та ~я date of an offer (a proposal)

действи́тельность ~я validity of an offer
избы́ток ~я това́ра на ры́нке excess of supply
изуче́ние ~я study of a proposal
ко́пия ~я copy of a proposal
наплы́в ~й на прода́жу selling pressure
недоста́точный объём ~я scant[y] supply
о́бщая часть ~я general provisions
отклоне́ние ~я rejection of an offer (a proposal)
оце́нка ~я evaluation (appraisal) of a proposal
паке́т ~й package of proposals
подтвержде́ние ~я confirmation of an offer (a proposal)
превыше́ние ~я над спро́сом excessive supply, excess of supply over demand
представле́ние ~я presentation of an offer (a proposal)
приня́тие ~я acceptance of an offer (a proposal); acceptance of a bid
рассмотре́ние ~я consideration of an offer (a proposal)
реа́кция на ~ reaction to a proposal
ряд ~й set of proposals
срок де́йствия ~я validity of an offer (a proposal)
усло́вия ~я terms (conditions) of an offer (a proposal, a bid)
це́ны в ~и prices on the quotation
аннули́ровать ~ cancel (annul) an offer (a proposal)
включа́ть в ~ put in a proposal
внести́ ~ 1. submit an offer, make a proposal **2.** make (present) a suggestion
воспо́льзоваться ~ем accept an offer; take advantage of an offer
вручи́ть ~ (*с наро́чным*) hand-deliver a proposal
вы́двинуть ~ put forward a proposal (suggestion)
выступа́ть за ~ speak [up] in support of an offer (a proposal), second a proposal
выступа́ть про́тив ~я oppose an offer (a proposal)
дава́ть оце́нку ~ю evaluate a proposal
де́лать ~ offer a proposal for, propose an offer for, make an offer (a proposal, a proposition) for, offer on, tender for, bid against (*амер.* on)
де́лать ~ на това́р make an offer for (of) goods
де́лать твёрдое ~ при усло́вии подтвержде́ния в тече́ние make a firm offer subject to confirmation within
заде́рживать ~ delay a proposal, delay making an offer
зака́нчивать составле́ние ~я complete a proposal
запра́шивать ~ request an offer (a quotation)
излага́ть ~ set forth an offer (a proposal)
изменя́ть ~ modify an offer (a quotation, a proposal)
изуча́ть ~ study (consider) an offer (a proposal)
испра́вить ~ amend an offer (a proposal)
направля́ть ~ forward (send) an offer (a proposal, a proposition, a quotation, a bid)
обрати́ться к *кому-л.* **с ~ем** approach *smb* with a proposal
обсужда́ть ~ discuss an offer (a proposal)
отверга́ть ~ reject an offer (a proposal)

отзывать ~ revoke (withdraw, take back) an offer (a proposal)
отказаться от ~я refuse (reject, abandon) an offer (a proposal)
отклонить ~ decline (reject, turn down) an offer (a proposal)
передавать ~ pass (refer) an offer (a proposal), hand over an offer (a proposal)
пересмотреть ~ revise (reconsider, review) an offer (a proposal)
подготовить ~ prepare an offer (a proposal, a quotation, a bid)
подтверждать ~ confirm an offer (a proposal)
посылать ~ на рассмотрение send an offer (a proposal) for consideration
представить ~ present (submit) an offer (a proposal)
препровождать ~ forward an offer (a proposal)
приложить ~ к attach an offer (a proposal) to
принять ~ accept (take) an offer (a proposal)
работать над ~ем work on an offer (a proposal)
разработать ~ work out (draw up, make out, elaborate) an offer (a proposal)
рассмотреть ~ consider (study, examine, evaluate, review) an offer (a proposal)
рассмотреть ~ внимательно give [serious] consideration to an offer (a proposal), look into an offer (a proposal)
соглашаться с ~ем agree to an offer (a proposal)
[с]формулировать ~ set forth an offer (a proposal)
указать в ~и indicate (quote) in an offer (a proposal)
формулировать ~ в общих чертах outline an offer (a proposal)
спрос и ~ demand and supply
~ было встречено с удовлетворением proposal was met with satisfaction
~ включает proposal includes
~ зависит от proposal is contingent upon
~ основывается на proposal is based upon
~ превышает спрос supply exceeds demand; more offers than inquiries
~ составлено с учётом пожеланий proposal has been structured to meet the suggestions

предложенный proposed, offered; suggested

предмет 1. object; (*в торговле*) article, commodity; (*в списке*) item, piece **2.** (*тема*) subject [matter]
~ы ввоза imports, import goods (articles, items), articles of importation
~ы вывоза exports, export goods (articles, items), articles of exportation
~ы длительного пользования consumer durables
~ договора subject (object) of a contract
~ы домашнего обихода domestic (household) articles (goods), householdware
~ заказа subject of an order
~, запатентованный patented subject
~ы, запрещённые к вывозу prohibited goods (items)
~ заявки subject of an application
~ изобретения subject[-matter] of an invention

~ы и́мпорта imports, import goods (articles, items), articles of importation
~ и́ска subject of a case
~ы иску́сства works of art
~ контра́кта subject (object) of a contract
~ лице́нзии object (subject) of a license, license matter
~ы ли́чного потребле́ния articles (items) of personal use (consumption)
~ы, ма́ссовые staple goods
~ы не пе́рвой необходи́мости non-essential goods, non-essentials
~ обсужде́ния point at issue
~ пате́нта subject of a patent
~ы пе́рвой необходи́мости articles (goods) of prime necessity, primary (basic) necessities, staple commodities (goods, articles), essential goods, essentials
~ перегово́ров theme of talks
~ поста́вки subject of delivery
~ы потребле́ния articles (items) of consumption
~ разногла́сия subject matter of the difference
~ы, разро́зненные oddments
~ы ро́скоши luxury (fancy) goods (items), luxuries
~ спо́ра subject[-matter] in (of) a dispute, point at issue
~, страхова́ния object of insurance
~ы торго́вли commercial goods, items of trade
~ы, упако́ванные packed items
~ы, хру́пкие fragile articles
~ы широ́кого потребле́ния consumer goods (commodities), articles (items) of mass (general) consumption, consumption goods
~ы э́кспорта exports, export goods (articles, items), articles of exportation
определи́ть ~ [контра́кта] define the subject (object) of [a contract]
составля́ть ~ [лице́нзии] constitute the object of [a license]
явля́ться ~ом form the subject of

предназнача́ть intend; design; (*ассигновать*) assign, appropriate, allocate

предназнача́ться be intended
това́ры предназнача́ются для прода́жи goods are intended for sale

предназна́ченный intended; designed

предоставле́ни/е 1. grant, granting, provision; (*о деньгах*) appropriation, allocation **2.** (*разрешение*) permission
~ ава́нса advance, advancing
~ аге́нтских полномо́чий grant of an agency appointment
~ ба́нковского обслу́живания banking facilities
~ беспла́тных образцо́в provision of free samples (samples free of charge)
~ ви́зы issuance (issuing) of a visa
~ в распоряже́ние placing at the disposal of
~ гара́нтии granting (furnishing) of a guarantee
~ госуда́рственных креди́тов granting of state credits
~ гру́за delivery of cargo
~ за́йма granting (giving, extension of) a loan, lending
~ информа́ции delivery of data (information)
~ ко́мплекса услу́г rendering a complex of services

~ констру́кторских и технологи́ческих услу́г provision of design and technological services

~ консультацио́нных услу́г provision of consulting services

~ конце́ссий granting of concessions

~ креди́та granting (provision, extension, allocation, allowance) of credit (credit facilities), lending, financing

~ лице́нзии licensing, concession (granting) of a license

~ льгот по креди́ту credit relaxation, easing of credit

~ но́у-ха́у providing (supplying) know-how

~ овердра́фта overdraft facilities

~ полномо́чий giving (vesting with) authority (powers)

~ прав assignment of rights

~ ресу́рсов с целевы́м назначе́нием purpose-oriented granting of resources

~ ски́дки granting (giving) of a discount (an allowance)

~ средств provision (extension) of funds (financial resources)

~ ссу́ды granting (provision) of a loan, provision of capital, extension of funds

~ техноло́гии provision of technology

~ услу́г provision (furnishing, rendering) of services

~ услу́г на креди́тной осно́ве rendering services on a credit basis

~ услу́г по обслу́живанию автотра́нспортных средств rendering services for maintaining motor vehicles

~ финанси́рования provision of financing

~ фина́нсовых и материа́льных ресу́рсов granting of financial and material resources

~ целевы́м назначе́нием purpose-oriented granting

заявле́ние о ~и вы́ставочного сте́нда application for an exhibition stand

заявле́ние о ~и лице́нзии application for a license, license application

заявле́ние о ~и разреше́ния application for a permit

распи́ска о ~и за́йма loan certificate

риск при ~и креди́та credit risk

сбор за ~ ссу́ды fee on a loan

предоста́вленный provided, granted

предоставля́ть 1. (*давать*) give, grant, furnish, provide, supply, make *smth* available; (*о деньгах*) allocate **2.** (*позволять*) allow, permit

предотвраща́ть avert, prevent

предохрани́тельный protective; preventive, safety *attr.*

предохраня́ть protect, give (provide, ensure) protection, preserve; (*предотвращать*) prevent

~ от protect from (against), safeguard against

предписа́ни/е instruction, direction, regulation; order

~я, арбитра́жные rules of arbitration

~я, валю́тные exchange regulations

~я об отгру́зке shipping (forwarding) instructions

~я портóвых власте́й port authority regulations

~я по тра́нспорту transport regulations, shipping instructions

~я по хране́нию storage regulations

~я, тамо́женные customs regulations (instructions)

выполня́ть ~я comply with orders

приде́рживаться ~й follow instructions

руково́дствоваться ~ями follow instructions, go by directions

согла́сно ~ям according to instructions (directions, regulations)

предпи́санный prescribed

как предпи́сано in the prescribed manner

предпи́сывать order, direct, prescribe

предпринима́тел/ь owner of a factory (firm, business), employer, industrialist, businessman

~, веду́щий leading manufacturer

~, ме́лкий small manufacturer

~и, ме́стные domestic (local) manufacturers

~и, ча́стные individual manufacturers

нало́г на ~я business (employment) tax

объедине́ние (сою́з) ~ей association (union) of industrialists (entrepreneurs, employers), industrialists' (entrepreneurs', employers') association (union)

предпринима́тельство enterprise, business

~, совме́стное joint enterprise

~, торго́вое commercial business

~, ча́стное private enterprise

предприя́ти/е 1. (*завод, фабрика*) enterprise, factory, plant, mill; (*компания*) firm, company, concern **2.** (*дело*) undertaking, enterprise; (*инициатива*) venture

~, автотра́нспортное motor transport enterprise

~, акционе́рное, совме́стное equity joint venture

~, безде́йствующее idle plant

~, большо́е large plant

~, веду́щее leading manufacturer

~, внешнеторго́вое foreign trade company (enterprise, agency)

~, высокодохо́дное highly profitable (remunerative) enterprise (business)

~, высокопроизводи́тельное high-producing plant

~, головно́е leading enterprise (plant)

~, госуда́рственное state (state-owned, government[al], government-owned, public-owned) enterprise

~, де́йствующее operating enterprise

~, делово́е business venture

~, дохо́дное profitable (remunerative) enterprise (business)

~, доче́рнее subsidiary enterprise

~, заготови́тельное purchasing agency (agent firm)

~, заинтересо́ванное interested enterprise

~, запроекти́рованное projected manufacturing facilities

~, коллекти́вное collective enterprise

~, комме́рческое commercial enterprise, business firm (house)

~, ко́мплексное integrated enterprise

~, конкури́рующее competitor firm

~, кооперати́вное cooperative enterprise
~, кру́пное large-scale enterprise
~, ма́лое small enterprise (business)
~, многоотраслево́е multi-activity enterprise
~, национа́льное national enterprise
~, незави́симое independent enterprise
~, нерента́бельное unprofitable enterprise
~ обраба́тывающей промы́шленности manufacturing plant; process[ing] plant
~, опто́вое wholesaler
~, опто́вое с широ́ким ассортиме́нтом това́ров general-line wholesaler
~, опто́вое узкоспециализи́рованное speciality wholesaler
~, о́пытное pilot plant
~я партнёров partners' production facilities
~, подве́домственное subordinate enterprise
~, подконтро́льное affiliated (subsidiary, associated) company, branch, affiliate
~ подря́дчика contractor's works
~, подсо́бное auxiliary (subsidiary) enterprise (production, facilities)
~, полугосуда́рственное joint state and private enterprise
~, произво́дственное production plant
~, промы́шленное industrial enterprise (plant, organization), industrial undertaking
~, рабо́тающее на э́кспорт export enterprise (company)
~, ремо́нтное repair shop
~, рента́бельное profitable (remunerative) enterprise (business)
~, риско́ванное high risk venture
~, ро́дственное related enterprise
~, ро́зничное retailer, retail business
~, свя́занное (*с другим производством*) related enterprise
~, сме́шанное mixed enterprise (company)
~, совме́стное joint venture [company], joint company, cooperative venture
~, совме́стное, импортозамеща́ющее import-substituting joint venture
~, совме́стное на догово́рной осно́ве contractual joint venture
~я, совме́стные с уча́стием сове́тских и иностра́нных организа́ций, фирм и о́рганов управле́ния joint ventures with the participation of Soviet and foreign organizations, firms and management bodies
~я, совме́стные с уча́стием фирм капиталисти́ческих и развива́ющихся стран joint ventures in which firms of capitalist and developing countries participate
~, соли́дное solid venture
~я, состоя́щие на самостоя́тельном бала́нсе self-supporting enterprises
~я, сре́дние medium[-sized] enterprises
~, страхово́е insurance company
~, судохо́дное shipping enterprise
~ сфе́ры обслу́живания service department
~, торго́вое business, commercial (trade, trading) enterprise,

trading company, business firm (house), business venture
~, торго́во-промы́шленное business
~, тра́нспортное transport company (agency), [firm of] carriers
~, убы́точное unprofitable enterprise (business)
~, хозрасчётное self-supporting enterprise
~, ча́стное private (privately-owned) enterprise, private business (firm, company)
~, экспеди́торское forwarding firm (agency), shipping agency
~, экспорти́рующее export enterprise (company)
а́дрес ~я business (office) address
владе́лец ~я owner (proprietor) of an enterprise
де́нежная оце́нка репута́ции ~я goodwill of business
догово́р о совме́стном ~и joint venture agreement
дохо́д ~я income of an enterprise
ликвида́ция совме́стного ~я liquidation (closing down) of a joint venture
местонахожде́ние ~я place of business
мо́щность ~я enterprise capacity
объедине́ние ~й association of enterprises
отделе́ние ~я branch of business
пуск ~я plant start-up
размеще́ние ~я location (siting) of a plant (an enterprise), plant (enterprise) location
расшире́ние ~я expansion (extension) of an enterprise, plant expansion (extension)
регистра́ция совме́стного ~я registration of a joint venture
руководи́тель ~я factory (plant, works) manager, head of an enterprise
руково́дство ~ем plant (project) management (administration)
свёртывание ~я shut-down of a plant (factory)
слия́ние ~й amalgamation (merger) of enterprises
соглаше́ние о совме́стном ~и joint venture agreement
специализа́ция ~й specialization of enterprises
сре́дства ~я assets of an enterprise
станда́рты ~я enterprise standards
тип ~я type of a plant (an enterprise)
управле́ние ~ем plant (factory) management
уста́в совме́стного ~я charter of a joint venture
уча́стие в ~и participation in a venture (project), interest in business
филиа́л ~я branch office
фо́нды ~я funds of an enterprise
часы́ рабо́ты ~я business hours
вести́ ~ run a business (factory, plant)
владе́ть ~ем own business, hold an enterprise
закрыва́ть ~ close (shut down) a factory (plant, works, mill), close [down] operations
ликвиди́ровать ~ close down an enterprise, wind up a business, go out of business
модернизи́ровать ~ bring a plant up-to-date, modernize a plant (factory)

организова́ть совме́стное ~ form a joint venture
откры́ть комме́рческое ~ launch (establish) a business
откры́ть но́вое ~ launch (establish) a new enterprise
проекти́ровать ~ design a plant
реконструи́ровать ~ reconstruct (alter) a plant
руководи́ть ~ем run (handle, conduct, direct) a business (firm, factory)
уча́ствовать в ~и participate in venture
учреди́ть ~ set up (establish, build up) a business
финанси́ровать ~ finance an enterprise
эксплуати́ровать ~ operate a plant
на осно́ве совме́стного ~я on a joint venture basis

предприя́тие-коопера́нт cooperating enterprise

предприя́тие-партнёр partner enterprise

предприя́тие-сме́жник cooperating enterprise

предпрода́жный pre-sales *attr.*, beforesale *attr.*

предпроизво́дственный preproduction *attr.*

председа́тел/ь chairman, president
~ арбитра́жной коми́ссии chairman of the arbitration commission
~ Морско́й арбитра́жной коми́ссии president of the Maritime Arbitration Commission
~ правле́ния chairman (president) of the board
~ правле́ния акционе́рного о́бщества chairman of a company
~ сове́та директоро́в chairman of the board of directors
замести́тель ~я deputy chairman, vice-chairman, vice-president

председа́тельствовать preside

председа́тельствующий 1. *прил.* presiding **2.** *сущ.* chairman, president

представи́тел/ь representative, agent
~ ба́нка bank representative
~, генера́льный general agent
~и деловы́х круго́в business representatives, representatives of business circles
~, еди́нственный sole representative (agent, distributor)
~ заво́да manufacturer's representative, representative of a manufacturing works
~ зака́зчика customer's representative; customer's inspector
~, зако́нный legitimate (lawful) representative
~, комме́рческий commercial agent
~, компете́нтный competent representative
~, междунаро́дной организа́ции representative of an international organization
~ министе́рства, отве́тственный executive from a ministry
~ на строи́тельной площа́дке site representative
~, отве́тственный responsible representative
~ отве́тчика *юр.* representative of a defendant (respondent), defendant's (respondent's) representative
~, официа́льный official representative, official
~ покупа́теля buyer's representative
~, полномо́чный plenipotentiary
~ поставщика́ supplier's representative

~ продавца́ seller's representative

~и, разъездны́е райо́нные representatives

~ с исключи́тельными права́ми exclusive representative

~, сове́тский Soviet representative

~, соотве́тствующий appropriate representative

~ стороны́ representative of a party

~ страхово́й компа́нии representative of an insurance company

~ судовладе́льца shipowner's agent

~, техни́ческий technical representative

~, торго́вый trade representative; business representative; commercial agent

~ торгпре́дства, официа́льный Trade Delegation official

~, уполномо́ченный authorized representative (agent)

~ фи́рмы representative of a firm, firm's (manufacturer's) representative (agent)

~, юриди́ческий legal representative

полномо́чия ~я authority (powers) of a representative

спи́сок ~ей list[ing] of representatives

выступа́ть в ка́честве ~я act as a representative

назнача́ть ~я appoint (nominate) a representative

уполномо́чивать ~я authorize a representative

представи́тельный representative

представи́тельств/о representation, agency, representative office

~, аге́нтское agency representation

~, аге́нтское с исключи́тельными права́ми exclusive agency representation

~а иностра́нных промы́шленных и торго́вых фирм offices of foreign industrial and commercial firms

~, ко́нсульское consular mission, consulate

~, монопо́льное exclusive (sole) agency (distribution)

~ с исключи́тельными права́ми exclusive agency, exclusive right of representation

~, торго́вое trade representation (delegation), trade agency, trade mission

~, торго́вое СССР *англ.* Trade Delegation of the USSR, *амер.* Trade Representation of the USSR

име́ть ~ в have representation in

представле́ни/е 1. (*о документах*) presentation, delivery, surrender; (*на рассмотрение*) submission **2.** (*понимание*) idea, understanding **3.** (*знакомство*) introduction

~ в срок due presentation

~ доказа́тельств production of proof

~ докуме́нтов presentation (production, delivery, submission, surrender, filing) of documents

~ докуме́нтов к акце́пту presentation for acceptance

~ докуме́нтов к платежу́ presentation for payment

~ изде́лия product presentation

~ информа́ции presentation of information

~ контрпредложе́ния presentation of a counteroffer

~ описа́ния filling of a specification

~ **официа́льных лиц** presentation of officials
~ **предложе́ния** presentation of an offer (a proposal)
~ **проду́кции** presentation of products
~, **я́сное** clear idea (picture)
да́та ~я докуме́нта filing date
дета́ли ~я details of presentation
дава́ть ~ give an indication (idea) of
име́ть ~ have an idea (understanding) of
организова́ть ~ това́ра handle presentation of goods, provide presentation of products
соверша́ть ~ make presentation
по ~и on presentation
про́тив ~я докуме́нтов against presentation (delivery, surrender) of documents

предста́вленный presented, produced, submitted

представля́ть 1. (*предъявлять*) present, produce, render; (*на рассмотрение*) submit **2.** (*быть представителем*) represent, be a representative **3.** (*знакомить*) introduce, present

предупрежда́ть 1. (*извещать*) notify about, give notice about **2.** (*предостерегать*) warn of (about) **3.** (*предотвращать*) prevent, avert

предупрежде́ни/е 1. (*извещение*) notice, notification **2.** (*предостережение*) warning **3.** (*предотвращение*) prevention
~ **несча́стных слу́чаев** accident prevention
~ **об обжа́ловании** notice of appeal
~, **официа́льное** formal notice
~, **пи́сьменное** notice in writing
~ **поврежде́ния** prevention of damage
~, **предвари́тельное** advance notice
получи́ть ~ receive a notice
посыла́ть ~ give a notice; send a warning
посыла́ть заблаговре́менное ~ give an early warning
без ~я without notice
вме́сто ~я in lieu of notice

предусма́трива/ть stipulate, provide for, make provision for, call for, envisage
соглаше́ние ~ет the agreement stipulates
е́сли не предусмо́трено ина́че unless otherwise provided
как предусмо́трено в статья́х as provided in articles

предусмо́тренный stipulated, provided for

предше́ственник predecessor
~ **по пра́ву** predecessor in title

предше́ствовать precede, have precedence, take precedence

предше́ствующий former, previous, prior, preceding, precedent

предъяви́тел/ь bearer
~ **ве́кселя** bearer of a bill, payee
~ **коносаме́нта** bearer (holder) of a bill of lading
~ **письма́** bearer of a letter
~ **че́ка** payee
а́кция на ~я bearer share (*амер.* stock), share [payable] to bearer
бума́ги на ~я bearer securities, securities to bearer
ве́ксель на ~я bearer bill (note), bill (promissory note) [made out] to bearer
вклад на ~я sight deposit
докуме́нт на ~я document to bearer, bearer document

коносаме́нт на ~я bearer bill of lading
облига́ция на ~я bearer bond, coupon bond
чек на ~я cheque to bearer, bearer cheque

предъявле́ни/е presentation, producing, production, submission, sight
~ ве́кселя presentation of a bill
~ гру́зов к перево́зке delivery of goods for shipment (carriage)
~ докуме́нтов presentation (production) of documents
~ докуме́нтов к опла́те presentation of documents for payment
~ и́ска bringing of a suit (an action), lodging (filing) of a claim
~ к акце́пту presentation for acceptance
~ коносаме́нта presentation (production) of a bill of lading
~ к платежу́ presentation for payment
~ пра́ва на laying a claim to
~ прете́нзии presentation (submission) of a claim, making a claim
~ счёта submission of an invoice
да́та ~я и́ска date of bringing of action
заде́ржка в ~и докуме́нтов delay in presentation (presentment) of documents
ме́сто ~я place of presentation
платёж по ~и payment [up]on presentation, payment at sight, payment on demand
пра́во ~я и́ска right of suit; right of action
срок ~я expiry date of (for) presentation, time of presentation
срок для ~я прете́нзии deadline for a claim, time for complaint, time allowed for a claim, term of lodging a protest
уведомле́ние о ~и прете́нзии notice (notification) of a claim
возде́рживаться от ~я и́ска forbear to sue
оплати́ть тра́тту по ~и pay a sight draft
отсро́чить ~ defer presentation
плати́ть по ~и pay [up]on presentation (demand), pay at sight
для ~я for presentation
по ~и [up]on presentation (demand, submission), at sight
от да́ты ~я after date (sight)
по́сле ~я after presentation (sight)
че́рез ... дней по́сле ~я at ... days' sight, ... days after sight

предъявля́ть present, produce, show, submit, lodge

прее́мственность continuity
~ персона́ла staff continuity

преждепо́льзовани/е previous (prior) use
пра́во ~я right of prior use

преждепо́льзователь prior user

презента́ция presentation
~ това́ра покупа́телю sales presentation

президе́нт president
~ фи́рмы president of a firm
назначе́ние на до́лжность ~а appointment as president

прези́диум presidium
~ Торго́во-промы́шленной пала́ты СССР Presidium of the USSR Chamber of Commerce and Industry

преиму́щественный primary; preferential

преиму́ществ/о advantage, benefit; (*привилегия*) privilege, priority
~, большо́е major advantage
~, важне́йшее prime benefit
~, дополни́тельное additional (added) advantage
~, значи́тельное considerable advantage
~ изобрете́ния advantage (merit) of an invention
~, исключи́тельное singular advantage
~, максима́льное maximum advantage
~а месторасположе́ния advantages of location, natural advantages
~а ме́тодов advantages of techniques
~а, многочи́сленные manifold (numerous) advantages
~, незначи́тельное incidental advantage
~, определённое definite (distinct) advantage
~, основно́е major (main, basic) advantage
~, по́лное full advantage
~а прода́жи marketing advantages
~а, специа́льные specific advantages
~а, сравни́тельные comparative advantages
~а, те́хнико-экономи́ческие technical and economic advantages
~а, ценовы́е price advantages
~а, чи́стые net advantages
~а, экономи́ческие economic[al] advantages
~, я́вное distinct advantage
дава́ть ~а give (provide, offer) advantages; give priority
дава́ть наибо́льшее ~ give the best advantage
доби́ться ~а gain an advantage
доказа́ть экономи́ческое ~ prove an economic advantage
име́ть ~ have (possess) an advantage
име́ть ~ пе́ред take precedence over
лиша́ться ~а be denied the benefits
охарактеризова́ть ~а define advantages
оцени́ть ~а assess (evaluate) advantages
перечисля́ть ~а enumerate advantages
получа́ть ~ gain (score) an advantage
по́льзоваться ~ом take priority of (over)
увели́чивать ~а increase (amplify) the advantages
учи́тывать ~ take advantages into consideration

прейскура́нт price-list, price sheet, price current, price catalogue (book), price and product book
~, ба́зисный base price-list, basis price schedule
~ на потреби́тельские това́ры price-list for consumer goods, consumer goods price-list
~ на строи́тельные рабо́ты price-list for construction work, construction work price-list
~ на това́ры на вну́треннем ры́нке home market price-list
~ на услу́ги price-list for services, services price-list
~ на э́кспортные това́ры export price-list
~, но́вый new price-list
~, подро́бный detailed price-list
~, после́дний the latest price-list

~, **прило́женный** attached price-list
~ **рабо́т** works price-list
~, **рекла́мный** advertising price-list
~ **сезо́нных тари́фов** seasonal rate schedule
~, **соотве́тствующий** relative price-list
~, **станда́ртный** standard price-list
~ **с це́нами СИФ** CIF price-list
~ **с це́нами ФОБ** FOB price-list
~ **тари́фов** rate schedule
~, **теку́щий** current price-list
~, **устаре́вший** outdated (out-of-date) price-list
опла́та по ~у payment according to a price-list
расце́нки ~а rates of a price-list, prices on a price-list
цена́ по ~у list (listed, standard list) price, price in (on, according to) a price-list
включа́ть в ~ catalogue, include in a price-list
выпуска́ть ~ issue a price-list
предоста́вить ~ provide (issue) a price-list
соста́вить ~ list prices, draw up (make up) a price-list

прейскура́нтный list *attr.*, price-list *attr.*, listed

прекраща́ть stop, bring to a stop, discontinue, terminate, end, put an end to, make an end of, cease
~ **вре́менно** suspend

прекраще́ни/е termination, stop, stopping, stoppage, cessation, ceasing
~, **вре́менное** suspension
~ **де́йствия контра́кта** termination (discontinuance) of a contract, contract termination; (*временное*) suspension of contractual obligations; (*завершение*) expiration (expiry) of a contract
~ **де́йствия лице́нзии** termination of a license
~ **де́йствия обстоя́тельств** discontinuation (discontinuance, cessation) of circumstances
~ **де́йствия пате́нта** termination of a patent; (*при нарушении условий одной из сторон*) lapse of a patent
~ **де́йствия по́лиса** expiration of a policy
~ **де́йствия това́рного зна́ка** lapse of a trademark
~ **де́ла** dismissal of a case
~ **де́ятельности** cessation of activity
~ **отноше́ний** break (breach) of relations (relationship)
~ **платеже́й** suspension (stopping, stoppage, cessation) of payment; failure to pay, default
~ **по́льзования** stopping the use, discontinuance of use
~ **поста́вок** stoppage (cessation) of deliveries
~ **пра́ва на това́рный знак** cessation of a trademark
~ **прода́жи** stopping the sale
~ **рабо́ты** work stoppage, stoppage (hold-up, cessation, disruption) of work
~ **рабо́ты, вре́менное** suspension (interruption) of work
~ **рабо́ты в связи́ с пра́здниками** holiday shut-down
~ **рабо́ты, части́чное** partial cessation of work
~ **торго́вли** stoppage of trade
да́та ~я де́йствия контра́кта termination date of a contract
огово́рка о ~и отве́тственности фрахтова́теля cesser (cease) clause

премиа́льны/е bonus
вы́плата ~х incentive payment
получи́ть ~ get a bonus
пре́ми/я 1. (*за успехи в производстве и т. п.*) bonus, bounty, premium **2.** *страх.* premium, premium pay
~, ава́нсовая страхова́я advance insurance premium
~, валю́тная exchange premium
~, вывозна́я export bonus, bounty
~, выпла́чиваемая нали́чными cash bonus
~, годова́я annual bonus
~, доба́вочная 1. indirect bonus, side benefits **2.** additional premium
~, единовре́менная lumpsum bonus
~ за бо́лее бы́струю погру́зку и вы́грузку dispatch [money]
~ за заку́пку procurement premium
~ за ка́чество quality bonus, bonus based on quality
~ за риск risk premium
~ за страхова́ние креди́та reinsurance premium
~, и́мпортная import bonus
~, минима́льная minimum premium
~, обра́тная *бирж.* put, premium for the put
~, пауша́льная *страх.* lumpsum premium
~ по блок-по́лису *страх.* blanket rate
~, поощри́тельная incentive bonus, incentive (encouragement) prize, bounty
~ по по́лису premium on a policy
~, предвари́тельная *бирж.* premium for the call, call premium
~, причита́ющаяся за страхова́ние premium due for the insurance
~, пряма́я direct bonus
~, страхова́я [insurance] premium
~ с це́лью стимули́рования запрода́ж sales promotion allowance
~, факти́ческая actual premium
~, целева́я task bonus
~, э́кспортная export bonus, bounty
~, эмиссио́нная share premium
вы́плата ~и payment of a bonus
вы́плата ~и, страхово́й payment of an award (a premium)
курс ~й, *бирж.* option rate
нормати́вы начисле́ния ~й bonus rates
перерасчёт ~и recalculation of the premium amount
разме́р ~и rate of premium, premium volume; *бирж.* rate of option, option rate (price)
согласова́ние ~и premium adjustment
ста́вка страхово́й ~и rate of insurance, insurance rate
взима́ть ~ю charge a premium
вычисля́ть ~ю compute a premium
рассчи́тывать ~ю calculate (compute) a premium
упла́чивать ~ю pay a premium
премье́р-мини́стр Prime Minister
препоруча́ть turn over to
препровожда́ть forward, send, dispatch
препя́тстви/е obstacle, barrier, hindrance, obstruction, handicap, holdback
~ к вы́даче пате́нта bar to patentability

~я к регистра́ции зна́ка obstacles to (bar for) registration
~, непреодоли́мое insurmountable handicap; force majeure
~, техни́ческое technical obstacle
~я, торго́вые trade obstructions
обходи́ть ~ by-pass an obstruction
представля́ть [собо́й] ~ represent an obstacle
преодолева́ть ~я overcome obstacles (difficulties), clear obstacles (obstructions)
служи́ть ~ем present an obstacle, prevent, interfere
устраня́ть ~я remove (eliminate) obstacles
чини́ть ~я make (raise, create) difficulties, impose obstacles, put (throw) obstacles in the way, obstruct

препя́тствовать prevent, obstruct, hinder, block, interfere, impede; interrupt

пре́сс/а the press
~, отраслева́я trade (business) press
~, периоди́ческая periodical press
~, специализи́рованная business press
~, техни́ческая technical press
рекла́ма в ~е press (media) advertising; advertisement[s] in the press
публикова́ть в ~е publish in the press

пресс-бюро́ press bureau

пре́ссинг pressing
~, фина́нсовый financial pressing

пресс-конфере́нци/я press conference
устро́ить ~ю arrange a press conference

пресс-рели́з (*сообщение для печати*) press release
~, совме́стный joint press release
выпуска́ть ~ issue (put out) a press release
подгото́вить ~ prepare a press release

пресс-це́нтр press centre

прести́ж prestige
подрыва́ть ~ undermine the prestige
с то́чки зре́ния ~а from the prestige angle

прести́жный prestigeous

претенде́нт claimant
~ на пате́нт claimant to a patent

прете́нзи/я (*требование, иск*) claim; (*жалоба*) complaint
~, возни́кшая в связи́ с claim arising from (in connection with)
~ в связи́ с недопоста́вкой това́ра shortage claim
~ в связи́ с отклоне́нием коли́чества поста́вленного това́ра от коли́чества, обусло́вленного в контра́кте quantity claim
~, встре́чная counter claim
~и, дальне́йшие further claims
~, действи́тельная valid claim
~, де́нежная money (monetary) claim
~, дополни́тельная additional (accessory) claim
~, зако́нная lawful (legitimate) claim
~ к claim against
~, малоубеди́тельная unconvincing claim
~ на возмеще́ние убы́тков claim for damages (compensation, indemnity), compensation claim
~, необосно́ванная unjustified (groundless, unreasonable) claim

~, неподтверждённая документами complaint unsupported by documents, unsubstantiated complaint
~, непредъявленная dormant claim
~, неразрешённая unresolved claim
~, обосно́ванная justified (correct, reasonable, well-grounded) claim
~, опра́вданная justified claim
~, официа́льная official claim
~ по гаранти́йным обяза́тельствам warranty claim
~ по ка́честву quality claim
~ по коли́честву quantity claim
~ по контра́кту claim based on (in connection with) a contract
~ по недоста́че това́ра shortage claim, claim (action) for shortage, claim over short-delivery of goods
~ по платежу́ payment claim
~ потреби́теля customer complaint
~ по це́нам complaint on prices
~ по ча́ртеру complaint under a charter party
~, предъя́вленная страхово́й компа́нии claim with the insurance company
~, преиму́щественная claim of priority
~, серьёзная heavy claim
~, справедли́вая correct claim
да́та ~и date of a claim
зако́нность ~и legality of a claim
заявле́ние ~и statement of a claim, complaint, objection; filing a claim
извеще́ние о ~и notice of a claim
обоснова́ние ~и justification (substantiation) of a claim
отка́з от ~и abandonment of a claim
отклоне́ние ~и rejection of a claim
поте́ря пра́ва ~и expiration (lapse) of a claim
пра́во ~и right of claim, right to a claim
преде́льный срок для заявле́ния ~и deadline for a claim, time for complaint, time allowed for a claim, term of lodging a protest
предъявле́ние ~и presentation (submission) of a claim, making a claim
призна́ние ~и admission (recognition) of a claim
рассмотре́ние ~и examination (consideration) of a claim
спор по ~и dispute over a claim
сторона́, заяви́вшая ~ю claiming (complaining, demanding) party
су́мма ~и amount of a claim, amount claimed
существо́ ~и substance (nature) of a claim
удовлетворе́ние ~и satisfaction of a claim
урегули́рование ~и, settlement (adjustment) of a claim
урегули́рование ~и, дру́жеское (ми́рное) amicable settlement of a claim, settlement of a claim in an amicable (a friendly) way
вы́двинуть ~ю put forward a claim
зарегистри́ровать ~ю file a claim
заяви́ть ~ю make (lodge, advance, file) a claim, enter a protest, raise an objection

извести́ть о ~и make notice of a claim
име́ть ~и hold claims
лиша́ть ~ю зако́нной си́лы invalidate a claim
обоснова́ть ~ю justify (substantiate) a claim; *юр.* establish a claim
обсуди́ть ~ю discuss a claim, take up a claim with *smb*
опроверга́ть ~ю refute a claim
оспа́ривать ~ю dispute (contest) a claim
отверга́ть ~ю reject a claim
отзыва́ть ~ю revoke (withdraw, take back) a claim
отка́зываться от ~и abandon (withdraw, waive) a claim
отклони́ть ~ю decline(reject) a claim
передава́ть ~ю refer (pass on) a claim to
передава́ть ~ю в арбитра́ж refer (submit) a claim to arbitration
подде́рживать ~ю support a claim
получа́ть ~ю be charged with a claim
представля́ть ~ю submit (present, file) a claim
предъявля́ть ~ю make(lodge, present, place, sumbit) a claim, claim; lodge a complaint
предъявля́ть ~ю *кому-л.* make a claim (claim) on (upon, against) *smb*
предъяви́ть ~ю в отноше́нии make a claim in connection with (because of, owing to, concerning)
предъяви́ть ~ю в связи́ с наруше́нием контра́кта make a claim in connection with (because of) infringement of a contract, claim default
предъяви́ть ~ю на возмеще́ние убы́тков claim damages
предъяви́ть ~ю на су́мму make a claim for an amount
признава́ть ~ю admit a claim
признава́ть зако́нность ~и acknowledge the legality of a claim
признава́ть ~ю обосно́ванной admit (recognize) a claim as justified (correct, reasonable, well-grounded)
признава́ть пра́вильность ~и allow a claim
принима́ть ~ю admit a claim
рассма́тривать ~ю consider (study, investigate) a claim, handle a claim
счита́ть ~ю обосно́ванной consider (find) a claim justified (correct, reasonable, well-grounded)
удовлетвори́ть ~ю meet (satisfy, settle) a claim, comply with a claim
удовлетвори́ть ~ю части́чно meet a claim partially
урегули́ровать ~ю settle (adjust) a claim
урегули́ровать ~ю дру́жеским (ми́рным) путём settle a claim in an amicable (a friendly) way, settle a claim amicably
урегули́ровать ~ю на взаи́мно прие́млемых усло́виях settle a claim on mutually agreed terms

преувели́ченный exaggerated
преувели́чивать exaggerate, overestimate, overstate
преуменьша́ть underestimate, understate
преуспева́ть succeed in doing *smth,* make good
преференциа́льный (*льготный*) preferential
префере́нци/я (*льготные условия*) preference, preferential (favoured) treatment
~и, торго́вые trade preferences

соглаше́ние о ~ях preferential agreement
прецеде́нт precedent
~, суде́бный case authority
создава́ть ~ set a precedent
установи́ть ~ constitute a precedent
приба́вка (*к цене*) extra (additional) charge
~ к зарпла́те raise
~ к фра́хту (*за пользование грузовыми устройствами судна*) primage
прибавля́ть 1. add **2.** (*увеличивать*) increase
приблизи́тельно approximately, roughly, about
оце́нивать ~ approximate
равня́ться ~ amount roughly to
рассчи́тывать ~ calculate roughly, make an estimate
приблизи́тельный approximate
прибо́р device, instrument, apparatus, appliance
~, автомати́ческий automatic (automation) device
~ для взве́шивания weighing device
~ для измере́ния (измери́тельный) measuring device (instrument), meter, instrument for measurement
~ы, контро́льно-измери́тельные instrumentation
~, патенто́ванный proprietary instrument
~, специа́льный special instrument (appliance)
~, то́чный precision instrument
~, электроизмери́тельный electrical measuring instrument (device)
~, электро́нный electronic instrument (device)
компле́кт ~ов set of instruments
оши́бка ~а instrumental error
специали́ст по ~ам instrumentation engineer
обслу́живать ~ы service instruments
прибре́жный coastal
прибыва́ть arrive; reach; be due
прибыва́ющий arriving, incoming
при́был/ь profit, benefit, earnings, gains, return[s], profit return, yield, income, increment
~, бала́нсовая balance profit
~, валова́я gross profit (return), gross margin
~, валова́я от прода́ж gross profit on sales
~, вероя́тная anticipated profit
~, вообража́емая *страх.* imaginary profit
~ в фо́рме проце́нта interest profit
~, высо́кая high profit [margin]
~, вы́численная estimated profit
~, доба́вочная (дополни́тельная) additional (extra) profit
~ до упла́ты нало́га profit before tax, pre(before)-tax profit
~ за вы́четом нало́га after-tax profit
~, избы́точная surplus profit
~, максима́льная maximum profit
~, минима́льная marginal profit
~, многоле́тняя multiyear increments
~, монопо́льная monopoly profit (earnings)
~ на *что-л.* profit on *smth*
~ на едини́цу проду́кции unit profit
~ на инвести́рованный капи-

та́л return on capital employed (on investment), profit on capital invested
~, небольша́я (незначи́тельная) low (small) profit, narrow (close) margin [of profit], poor return[s]
~, непредви́денная incidental (unexpected, windfall) profit
~, нераспределённая undistributed (undivided, retained) profit, retained earnings (income), earned surplus
~, ничто́жная bare profit
~, норма́льная normal profit
~, облага́емая [нало́гом] taxable profit
~, объя́вленная declared profit
~и, огро́мные huge (exorbitant, royal) profits
~, ожида́емая expected (anticipated) profit, expected gains; expectation of profits
~, оптима́льная the best profit
~, оста́точная net profit
~ от капиталовложе́ний profit from (return on) investments
~, относи́тельная relative profit
~ от прода́ж profit (gain) on (from) sales, marketing profit
~ от рекла́мы ad[vertising] profit
~, пла́новая planned (target) profit
~, подлежа́щая обложе́нию нало́гом taxable profit
~, полу́ченная profit earned
~, полу́ченная в результа́те напряжённого труда́ warm profit
~, постоя́нная fixed return
~, предпринима́тельская profit of enterprise
~, произво́дственная earned (operating) income (profit)
~, промы́шленная industrial profit
~, распределённая distributed profit
~, ры́ночная marketing profit
~, сверхпла́новая above (extra)-plan profit, excess over planned profit
~, складска́я inventory profit
~, сме́тная estimated profit
~, согласо́ванная agreed [margin of] profit
~, справедли́вая fair profit
~, сре́дняя average profit
~, торго́вая commercial (trading, merchant's) profit, profit on sales
~, уде́льная валова́я profit margin per unit, unit contribution margin
~, упу́щенная missed profit
~, усто́йчивая steady (sustained) profit
~, чи́стая net profit (gains, income), pure (after-tax, clear) profit, margin of profit
возмо́жность получе́ния ~и profit opportunities
вы́плата ~и payment of profits
вы́чет из ~и income deduction, deduction from income
до́ля ~и share of profit
исчисле́ние ~и calculation of profit
ма́сса ~и mass of profit
нало́г на ~ tax on profits, profit tax
нало́г на ~ компа́нии corporation income tax
но́рма ~и rate of profit (return), profit rate
ограниче́ние разме́ра ~и reduction on profit margins
отчёт о ~ях и убы́тках profit and loss report (statement),

income (operating) statement
перево́д ~ей за грани́цу transfer of profits abroad
план ~и profit plan
пого́ня за ~ью drive (pursuit) of profits
поте́ря ~и loss of profit
прода́жа с ~ью sale at a profit
проце́нт ~и profit ratio
разделе́ние ~ей profit splits
разме́р ~и margin (level) of profit, profit margin
разме́р ~и, небольшо́й narrow profit (margin)
разме́р ~и по зака́зам margin of profit on orders
распределе́ние ~ей distribution (allocation, allotment) of profits (income)
резерви́рование ~ей reservation of profits
репатриа́ция ~и repatriation of profits (returns)
рост ~и growth of profits
сокраще́ние ~и reduction (decrease) in profits
су́мма ~и value of returns
счёт ~ей profit account
трансфе́рт ~и transfer of profit
увеличе́ние ~и increase in (growth of) profits
уменьше́ние ~и decrease in profits
уча́стие в ~ях profit sharing, sharing (share, participation) in profits
часть ~и share (proportion) of profits
дава́ть ~ produce (earn, yield) [a] profit
извлека́ть ~ derive (make, realize) [a] profit
обеспе́чить ~ ensure (secure) [a] profit
ожида́ть ~ expect [a] profit
определи́ть ~ fix a profit
получа́ть ~ get (make, draw, gain, realize, secure, collect) [a] profit, profit
получа́ть ~ от *чего-л.* draw profit from, get (make) [a] profit on, profit by (over)
получа́ть чи́стую ~ make a net profit, clear
приноси́ть ~ produce (earn, yield) [a] profit
продава́ть с ~ью sell at a profit (at a premium)
распределя́ть ~ distribute (allot) profits
репатрии́ровать ~ repatriate profits (returns)
увели́чивать ~ increase profits (gain)
уменьша́ть ~ reduce profits
уча́ствовать в ~ях share (participate) in profits
не дава́ть ни ~и, ни убы́тка break even
счёт ~ей и убы́тков profit-and-loss (loss-and-gain, income and expenditure) account, income statement account

при́быльност/ь profitability, profit-earning capacity, profitableness
ана́лиз ~и analysis of profitability
коэффицие́нт ~и margin of profit

при́быльный profitable, profit-making, paying, gainful, lucrative

прибы́ти/е arrival
~ к ме́сту назначе́ния arrival at destination
~, ожида́емое expected arrival
~, своевре́менное arrival on time
~ с опозда́нием late arrival
~ су́дна vessel's (ship's) arrival

~ су́дна на рейд vessel's arrival on roads
~ това́ра arrival of goods
вре́мя ~я time of arrival, arrival time
да́та ~я date of arrival, arrival date
извеще́ние о ~и су́дна notice of vessel's arrival, arrival notice
ме́сто ~я place of arrival
но́тис о ~и су́дна notice of vessel's arrival, arrival notice
порт ~я port of arrival
регистра́ция ~я arrival record
уведомле́ние о ~и arrival notice, notice of arrival
намеча́ть ~ су́дна на ... (*число*) schedule a vessel for ...
обеспе́чить безопа́сное ~ ensure safe arrival
до ~я (пе́ред ~ем) prior to the arrival of
по ~и on arrival

привилегиро́ванный privileged

привиле́ги/я privilege, priority, benefit
~, вре́менная temporary privilege
~и для слу́жащих employee benefits
~, исключи́тельная exclusive privilege
~, торго́вая trade (commercial) privilege
~, экономи́ческая economic privilege
пра́во на ~ю franchise, franchising right
по́льзоваться ~ями enjoy (have, make use of) privileges
дополни́тельные льго́ты и ~и fringe benefits

привлека́ть attract, draw; (*делать участником*) involve

привлече́ние attraction; application, utilization
~ де́нежных средств attraction of money, borrowing
~ иностра́нных инвести́ций attraction of foreign investments
~ креди́тных ресу́рсов attraction of credit resources
~ материа́льных и фина́нсовых ресу́рсов utilization of material and financial resources
~ но́вых техноло́гий attraction (application) of new technologies
~ передово́й иностра́нной те́хники и техноло́гии obtaining advanced foreign machines and technology; utilization of advanced foreign machines (equipment) and technologies
~ рабо́чей си́лы labour power (industrial) intake
~ управле́нческого о́пыта utilization of managerial experience

приво́з 1. (*ввоз*) import; **2.** (*поставка*) delivery, supply

привози́ть 1. (*ввозить*) bring, import; **2.** (*поставлять*) deliver, supply

пригласи́тельный invitation *attr.*

приглаша́ть invite, offer an invitation, propose a visit

приглаше́ни/е invitation
~, ли́чное personal invitation
~ на приём invitation to a reception
~ на уча́стие в торга́х invitation to tender
~, откры́тое (*не именное*) open invitation
~, официа́льное official invitation
~, персона́льное personal (individual) invitation
~, серде́чное cordial invitation
приня́тие ~я acceptance of an invitation

получа́ть ~ receive an invitation
посыла́ть ~ forward (extend, issue) an invitation
принима́ть ~ accept an invitation

пригово́р sentence, judgement
~, оконча́тельный final sentence (judgement)
~, суде́бный judgement [of the court], [court] sentence
~, усло́вный nominal (suspended) sentence
вынесе́ние ~а ajudgement, adjudication, pronouncement
отме́на ~а reversal of a judgement
аннули́ровать ~ reverse (recall) a sentence (judgement)
выноси́ть ~ pass (pronounce) a sentence, sentence, ajudge, ajudicate
оставля́ть ~ в си́ле confirm the sentence, leave the sentence in force
отменя́ть ~ reverse (recall) a sentence (judgement)
отменя́ть ~ в апелляцио́нной инста́нции reverse a judgement on appeal

приго́дност/ь 1. applicability, suitability; (*к эксплуатации*) serviceability **2.** (*полезность*) usefulness **3.** (*соответствие требованиям*) fitness
~ к морепла́ванию seaworthiness
~, потенциа́льная potential applicability
гара́нтия ~и для торго́вли guarantee of merchantability
определе́ние ~и determination of applicability
оце́нка ~и applicability (acceptability) appraisal
оцени́ть ~ evaluate the suitability
установи́ть ~ establish the suitability

приго́дный 1. applicable, suitable; (*к эксплуатации*) serviceable **2.** (*полезный*) useful **3.** (*соответствующий требованиям*) fit

пригото́вить prepare, make ready

прие́зд arrival
заде́рживать ~ delay the arrival

прие́млемый acceptable, reasonable, agreeable
техни́чески ~ technically acceptable

приём 1. (*получение*) receipt, receiving, reception **2.** (*посетителей*) reception **3.** (*на службу*) employment, intake **4.** (*способ*) technique, procedure
~ вкла́дов reception of deposits
~ в честь reception in honour of
~, горя́чий warm reception
~ гру́за receipt (reception) of cargo, taking delivery of goods
~ на склад storage, warehousing
~, неофициа́льный unofficial reception
~, официа́льный official reception
~, раду́шный (серде́чный) hearty (cordial) welcome; cordial (kind) reception
~ су́дна receipt of a vessel
~, торже́ственный ceremonial reception
~, хоро́ший fine reception
организа́ция ~а arrangement of a reception
отде́л ~а зака́зов order department (office)
приглаше́ние на ~ invitation to a reception
ограни́чивать ~ гру́зов limit the receipt of goods

оказа́ть серде́чный ~ welcome, extend a courteous (cordial, kind) reception
отказа́ть в ~е докуме́нтов refuse documents
прису́тствовать на ~е be present at a reception
устро́ить ~ arrange (hold) a reception

приёмк/а acceptance, taking over; inspection
~ в срок scheduled acceptance
~, госуда́рственная state quality control, state inspection
~ документа́ции acceptance of documentation
~, досро́чная acceptance ahead of time (schedule)
~ заво́да taking over a plant
~, заводска́я acceptance test, inspection and test, workshop quality acceptance
~ зака́зчиком customer acceptance
~, запозда́лая delayed acceptance
~, неме́дленная immediate acceptance
~ обору́дования acceptance (taking over) of equipment
~, о́бщая general acceptance
~, оконча́тельная final acceptance (taking over); final inspection
~ отде́ла техни́ческого контро́ля inspection department seal
~, предвари́тельная preliminary (trial) acceptance
~ проду́кции acceptance of manufactured products
~ прое́кта acceptance of a project
~, просро́ченная delayed acceptance
~ това́ра acceptance of goods (products)
акт ~и acceptance report (certificate, protocol), report (record, deed) of acceptance; (*на заводе-изготовителе*) inspection report (certificate); (*свидетельство о поставке*) delivery record
гото́вность к ~е readiness of (for) acceptance
да́та ~и date of acceptance (inspection)
заде́ржка в ~е това́ра delay in accepting goods
ме́сто ~и place of acceptance; receiving point
отде́л ~ receiving department
отка́з от ~и non-acceptance, refusal of acceptance
подтвержде́ние ~и confirmation of acceptance
положе́ние о ~е acceptance clause
пра́вила ~и acceptance rules
протоко́л ~и acceptance protocol
тре́бования к ~е acceptance requirements
усло́вия ~и terms (conditions) of acceptance, acceptance terms (conditions)
отказа́ться от ~и това́ра refuse to take delivery of goods, refuse acceptance of goods
подгото́вить к ~е prepare for acceptance
подтверди́ть ~у confirm acceptance
помеша́ть ~е prevent acceptance
соверша́ть ~у accept (take delivery of) goods
сда́ча и ~ това́ра take-over and turn-over of goods

приёмщик inspector
~, гла́вный chief inspector

при́знак sign, indication, symptom, feature

~, **ве́рный** sure sign
~, **вну́тренний** internal feature
~, **дополни́тельный** additional feature
~, **запатенто́ванный** patented feature
~ **изно́са** sign of wear
~, **конструкти́вный** design feature
~, **несуще́ственный** non-essential feature
~ **новизны́** feature of novelty, novelty element
~, **о́бщий** common feature
~, **основно́й** main (leading, chief) feature
~, **отличи́тельный** characteristic feature, distinction
~, **патентоспосо́бный** patentable feature
~, **суще́ственный** essential feature
проявля́ть ~и show signs
служи́ть ~ом indicate, be indicative of
по вне́шним ~ам on [the] face

призна́ни/е acknowledgement, recognition, admission
~, **бы́стро расту́щее** fast-growing recognition
~ **де-фа́кто** de facto recognition
~ **де-ю́ре** de jure recognition
~ **до́лга** acknowledgement of a debt
~ **зако́нных прав** recognition of legitimate rights
~, **междунаро́дно-правово́е** international legal recognition, recognition in international law
~ **на ры́нке** recognition in the market
~ **недействи́тельным** *юр.* nullification
~ **о́бщей ава́рии** admission of a case of general average
~ **обяза́тельств** acknowledgement of *one's* obligations
~ **отве́тственности** admission of responsibility; (*финансовой*) admission of liability
~, **правово́е** legal recognition
~ **прете́нзии** admission (recognition) of a claim
~ **с огово́ркой** acknowledgement (acceptance) with reserve
~ **счёта пра́вильным** approval of an account
~, **части́чное** partial acknowledgement (acceptance)
~ **юриди́ческой си́лы** validation
иск о ~и недействи́тельным action for (plea of) nullity, nullity action (suit)
иск о ~и прав action for declaration of rights
завоева́ть ~ win recognition
получи́ть ~ receive recognition
получи́ть всео́бщее ~ be generally recognized

прика́з order
~ **ба́нка о платеже́** banker's order
~ **бро́керу, де́йствующий в тече́ние ме́сяца** good till month order
~ **бро́керу, де́йствующий до истече́ния сро́ка** good till cancelled order
~ **о перево́де** (*денег*) order to transfer, transfer order
~ **о платеже́** order for payment, payment order
~ **о поку́пке** buying order
~ **о приостано́вке платежа́** stop payment order
~, **пи́сьменный** order in writing, written order
~, **стро́гий** strict order

~, **судебный** writ
вручать ~ deliver an order
отдавать ~ give (issue) an order
отменить ~ withdraw an order
передавать ~ pass on an order
платить ~**у** pay to the order of
получить ~ receive an order
по ~**у** by [the] order of, on the order of
собственному ~**у** to own order

приказывать order, direct, command

прикидка [rough] estimate

прикладной applied

прикреплять fasten, attach, fix

прилагаемый enclosed; attached; accompanying

прилагать 1. append; (*вложить*) enclose; (*соединить скрепкой*) attach **2.** (*печать*) affix
~ **к** *чему-л.* enclose with, attach to

прилив *мор.* [flowing] tide; *перен.* flow, inflow, influx, flux
~ **валюты** influx of foreign exchange
~ **денег** influx of money
~ **золота** inflow of gold
~ **капитала** inflow (influx) of capital, capital inflow
~ **и отлив** high and low tide; *перен.* influx and reflux, inflow and outflow

приложени/е supplement, appendix, annex; enclosure
~ **к газете** newspaper supplement
~ **к контракту** supplement (appendix, addendum) to a contract, contract supplement (appendix, addendum)
~ **к предложению** appendix of a proposal
~ **на 5 страницах** five-page supplement; enclosure on 5 pages (sheets)
~, **официальное** official addendum
~, **рекламное** advertisement (advertising) supplement
~, **специальное** special supplement
~, **техническое** technical appendix
с ~**ем документов** with documents enclosed, enclosing documents
согласно ~**ю** under the appendix

приложенный *см.* **прилагаемый**

прима (*первый экземпляр переводного векселя*) first bill of exchange

применени/е application, use, usage, utilization, employment
~, **автоматизации** application of automation
~ **в мирных целях** peaceful application (use)
~, **возможное** potential (possible) application
~, **дальнейшее** future application
~, **законное** legal application
~, **иное** different application
~, **коммерческое** commercial application
~, **конечное** end use
~ **лицензии** application of a license, license application
~ **машин** use (employment) of machinery
~, **многократное** repeated use
~ **на месте работы** on-the-job application
~, **неправильное** misuse
~, **ограниченное** restricted (limited) application
~ **опыта** application of expertise (experience)
~, **отдельное** separate application
~ **положений** application of provisions

~ по но́вому назначе́нию use for a new purpose
~, практи́ческое practical application
~, промы́шленное industrial application (use)
~ пу́нкта о неусто́йке application (use) of a penalty clause
~ ручно́го труда́ employment of manual labour
~ са́нкции application (use) of a sanction
~, специа́льное specific application
~ сырья́ application (use) of raw materials
~ техни́чески обосно́ванных норм и нормати́вов application of technically substantiated rates and standards
~ техноло́гии utilization (application) of technology
~, типи́чное representative application
~ торго́вых обы́чаев use of customs in trade (trade customs)
~, широ́кое wide (extensive) application (use)
~, эффекти́вное efficient application (use)
инстру́кции по ~ю instructions for use, manual
пра́вила ~я regulations on the use
руково́дство по ~ю directions for use
спо́соб ~я mode of application (applying)
сфе́ра ~я sphere of application
найти́ ~ find application (use)
найти́ широ́кое ~ find wide (extensive) application, be widely adopted (used)
препя́тствовать ~ю изобрете́ния suppress an invention
в ~и к in application to, as applied to
в любо́м ~и in any application
для дальне́йшего ~я for further use

примени́мый applicable, suitable

применя́емый applied, used, in use

применя́ть use, make use, apply, employ, practise
~ пра́вильно use correctly

приме́р example
~ы, дополни́тельные further examples
~, конкре́тный specific example
~ осуществле́ния embodiment
~, типи́чный typical example
дать ~ give an example
рассма́тривать *что-л.* **на ~е** consider an example of *smth*, illustrate *smth* by an example
сле́довать ~у follow the example

при́мес/ь admixture, impurity; (*о запахе, привкусе*) tinge; (*о сыпучем и жидком*) dash
~и, вре́дные deleterious impurities
содержа́ние ~ей content of impurities

принадлежа́ть belong to

принадле́жност/ь:
~и, обы́чные normal accessories
~ самолёта nationality(identity) of a plane
~ су́дна nationality (identity) of a ship

принима́ть 1. (*получать*) accept, receive **2.** (*посетителей*) receive **3.** (*на службу*) employ **4.** (*соглашаться*) accept, approve, pass, adopt
~ части́чно accept in part

приноси́ть bring, fetch

принуди́тельный compulsory, forced

принужда́ть compel, force; urge
при́нцип principle
~ вы́бора principle of choice
~ы де́йствия principles of operation
~ еди́нства изобрете́ния one invention in one application
~ изобрете́ния principle of invention
~ коллизио́нного пра́ва *юр.* principle of conflicts of law
~ ма́ркетинга marketing concept
~ материа́льной заинтересо́ванности principle of material incentives
~ы, о́бщие broad principles
~ы, основны́е outlines
~ы предложе́ния principles of a proposal
~ приорите́та principle of priority
~ ра́венства principle of equality
~ ра́вной вы́годы principle of equal advantage
~ы ценообразова́ния principles of price formation
наме́тить ~ы outline principles
определи́ть ~ы делово́го сотру́дничества set forth business cooperation principles
установи́ть ~ establish a principle
в ~е in principle
принципа́л principal
~, авторите́тный well-established principal
~, нена́званный undisclosed principal
инстру́кции ~а instructions of the principal
интере́сы ~а principal's interests
обя́занности ~а obligations (duties) of the principal
права́ ~а rights of the principal
това́р ~а goods of the principal
за счёт ~а for the account of the principal
от и́мени ~а in the name of the principal, on behalf of the principal
приня́ти/е acceptance, taking over; adoption
~ в расчёт allowance
~ докуме́нтов acceptance of documents
~ докуме́нтов на инка́ссо acceptance of documents for collection
~ зака́за acceptance of an order
~ зако́на enactment of a law
~ к исполне́нию поруче́ния acceptance of a commission
~ к перево́зке taking in charge
~ на борт taking aboard
~ предложе́ния acceptance of an offer (proposal); (*на аукционе*) acceptance of a bid
~ прое́кта approval of a draft; endorsement of a project
~ рекоменда́ций acceptance of recommendations
~ реше́ния decision making
~ спо́ра к рассмотре́нию acceptance of a dispute for consideration
~ това́рного зна́ка adoption of a trademark
~ това́рного зна́ка к регистра́ции acceptance of a trademark
~ усло́вий acceptance of conditions
~ усло́вий страхова́ния acceptance of the insurance
да́та ~я това́ра к отгру́зке date of taking goods for shipment (in charge)

квита́нция о ~и зая́вки filing receipt
отка́з от ~я refusal of acceptance (to accept)
распи́ска о ~и на хране́ние certificate of deposit, deposit warrant

при́нятый accepted, received; adopted

приобрета́ть acquire, obtain, procure; buy, purchase; gain

приобрете́ни/е acquisition, obtaining, procurement; purchase, purchasing
~ в други́х стра́нах purchasing abroad; cross-border acquisition
~ лице́нзии acquisition (obtaining) of a license
~ пате́нта patent acquisition (obtaining, procurement), acquisition (obtaining, procurement) of a patent
~ со́бственности acquisition of property
затра́ты на ~ purchase (acquisition) costs, costs to buy
ме́сто ~я place of acquisition

приорите́т priority
~, а́вторский priority of authorship
~, высо́кий high priority
~, вы́сший top priority
~ зая́вки priority of an application, application priority
~ изобрете́ния priority of an invention
~, конвенцио́нный convention priority
~ пате́нта patent priority
~ при распределе́нии пло́щади (*на выставке*) space assignment priority
~ регистра́ции зая́вки priority of filing
~ това́рного зна́ка priority of a trademark
~, части́чный partial priority
пра́во ~а right of priority, priority right
притяза́ние на ~ claim to (of) priority
срок ~а priority period (term)
заявля́ть ~ claim priority
по́льзоваться ~ом have priority
сохраня́ть ~ reserve priority
установи́ть ~ establish priority, lay down the order of priority

приорите́тный priority *attr.*

приостана́вливать stop, suspend

приостано́вка stopping, stoppage, suspension
~ выполне́ния обяза́тельств по контра́кту suspension of contractual obligations
~ гаранти́йных испыта́ний interruption of a guarantee test
~ де́йствия обстоя́тельств discontinuation (discontinuance) of circumstances
~, односторо́нняя unilateral suspension
~ платеже́й suspension (stopping, stoppage) of payment
~ рабо́т suspension (interruption) of work; (*задержка*) hold-up of work

припи́ск/а 1. addition; (*в письме*) postscript **2.** (*зачисление*) registration
порт ~и port of registry (registration, *амер.* documentation), home port

припи́сывать 1. (*прибавлять*) add **2.** (*причислять*) register; attach **3.** (*относить за счёт чего-л.*) attribute to, trace to

припла́т/а extra [payment], additional payment (cost)
~ в зави́симости от разме́ра и ка́чества extra for size and quality
назначе́ние цен с ~ой cost-plus pricing

цена́ с ~ой cost-plus [price]
без вся́ких припла́т no extras
прира́внивать put (set) *smth* equal to, equate *smth* to
приро́ст growth, increase, gain, increment
~ валово́го национа́льного проду́кта growth rate of the gross national product
~ капита́льных вложе́ний increase in capital investments
~ национа́льного дохо́да national income increment
~ сто́имости increment of value
при́стан/ь quay, wharf, *сокр.* wh., berth, landing place (stage), pier
~, перегру́зочная reloading dock
~, разгру́зочная unloading dock
~, тамо́женная legal quay
~, това́рная wharf, goods station
~, ча́стная private wharf
владе́лец това́рной ~и wharfinger
сбор за по́льзование ~ью quayage, wharfage
выгружа́ть на ~ land (put) on the wharf, unload (discharge) on (to) the quay
присужда́ть award
присужде́ние award
~ компенса́ции award of compensation
прися́г/а *юр.* oath
~ в суде́ judicial oath
~ заяви́теля oath of an applicant
~ при вступле́нии в до́лжность oath of office
заявле́ние под ~ой sworn statement
показа́ние под ~ой sworn evidence (testimony)
показа́ние под ~ой, дава́емое импортёром тамо́жне oath on entry
показа́ние под ~ой, дава́емое экспортёром тамо́жне oath on departure
дава́ть ~у take the oath, swear [oath]
дава́ть пи́сьменное показа́ние под ~ой swear affidavit
заявля́ть под ~ой swear, declare under oath
наруша́ть ~у break an oath
отрица́ть под ~ой deny on oath
пока́зывать под ~ой swear, declare under oath
приводи́ть к ~е put on oath, administer the oath, swear in
приноси́ть ~у take the oath, swear [oath]
свиде́тельствовать под ~ой certify under oath
присяга́ть take the oath, tender an oath, swear
присягну́вший sworn
прито́к flow, inflow, influx
~ де́нежных средств cash inflow
~ дохо́дов inflow of earnings
~ зака́зов incoming orders
~ капита́ла inflow (influx) of capital, capital inflow
~ ресу́рсов flow of resources
~ ресу́рсов, фина́нсовых flow of financial resources
притяза́ни/е claim
~я, глоба́льные global ambitions
~, дополни́тельное additional (supplementary) claim
~, зако́нное statutory claim
~ на claim for (to)
~ на вы́дачу пате́нта claim for a patent, patent claim
~ на дохо́д income claim
~ на пра́во со́бственности claim of ownership

~ **на приорите́т** claim to (of) priority
~, **недействи́тельное** invalid claim
~, **незако́нное** nonstatutory claim
~, **неправоме́рное** false claim
~, **обосно́ванное** justified (valid) claim
~, **основно́е** main claim
~, **пате́нтное** claim for a patent, patent claim
~, **правово́е** legal claim
вы́двинуть ~ put forward a claim
отказа́ться от ~**я** renounce (give up, abandon, relinquish) a claim
предъявля́ть ~ lay (set up) a claim to *smth*, put in a claim for *smth*, claim *smth*

прихо́д (*доход*) receipts, earnings, proceeds, returns
записа́ть в ~ enter (book) as received
~ **и расхо́д** income and expenditure, receipts and expenditures (expenses); debit and credit

прице́ниваться ask the price of *smth*

прице́п trailer
примене́ние ~**ов** use of trailers

прича́л berth, quay, wharf, pier, mooring house, *амер.* dock
~, **безопа́сный** safe berth
~, **гото́вый** ready berth
~, **грузово́й** cargo berth
~ **для погру́зочных рабо́т** loading berth
~ **для разгру́зочных рабо́т** discharging berth
~ **для разли́чных гру́зов** general purpose berth
~, **контейнерный** container berth
~, **механизи́рованный** automated (mechanized) berth (quay, wharf, pier)
~, **неспециализи́рованный** common user berth
~ **погру́зки** loading berth
~ **по указа́нию фрахтова́теля, отправи́теля** *или* **получа́теля** berth as ordered by charterers, shippers, consignees
~, **речно́й** riverside wharf
~ **с подъездны́ми железнодоро́жными путя́ми** railway berth
глубина́ ~**а** depth of a berth (wharf, pier)
гото́вность ~**а** readiness of a berth
ме́сто ~**а** moorage
оговорка (*в чартере*) **о гото́вности** ~**а** ready berth clause
ожида́ние ~**а** waiting for (awaiting) a berth
перестано́вка на друго́й ~ shifting
пла́та за перестано́вку на друго́й ~ shifting [charges]
пла́та за стоя́нку у ~**а** quay dues, quayage
постано́вка к ~**у** berthing
швартовка к ~**у** mooring to a berth
экспортёр с ~**а** quay exporter
выгружа́ть това́р на ~ unload (discharge) goods on[to] the quay, put goods on the wharf
выделя́ть ~ **для погру́зочно-разгру́зочных рабо́т** give a berth for loading-unloading
назнача́ть ~ nominate a berth
освобожда́ть ~ vacate a berth
перемени́ть ~ shift a berth
подгото́вить ~ prepare a berth
предоста́вить ~ provide (give) a berth

складывать у ~а unload (discharge) on[to] the quay
стáвить сýдно к ~у moor a vessel, put (bring) a vessel alongside the quay (cargo berth)
становиться к ~у tie up to a berth
швартовáться к ~у moor to a berth
на ~е on the quay (dock)
с ~а ex berth (quay, pier, dock)
у ~а in (on the) berth
незави́симо от нали́чия ~а berth or no berth

причáливать moor, berth

причáльный berth *attr.*, berthing

причи́н/а cause, reason, ground; occasion
~, вáжная substantial cause
~, вероя́тная likely cause
~, вы́звавшая задéржку delay factor
~, глáвная major (main, primary) reason
~ дефéкта cause of (reason for) a defect (an error, trouble)
~, еди́нственная sole reason
~ жáлобы reason for complaint; item of complaint
~ задéржки cause (reason) of (for) delay
~ нарушéния cause of infringement (violation)
~, не завися́щая от покупáтеля reason beyond the buyer's control
~ неиспóльзования reason (grounds) for non-use
~ неисправности cause of trouble (fault, faulty condition)
~ несчáстного слýчая cause of accident
~, основнáя main (primary, basic) reason, principal cause
~ откáза cause (reason) for rejection
~ откáза от акцéпта reason for non-acceptance
~, первоначáльная primary cause
~, техни́ческая technical reason
~, уважи́тельная good (valid) reason, good (legitimate) excuse
~ ущéрба cause (reason) of (for) damage
~ы, финáнсовые financial reasons
быть ~ой cause
быть ~ой высóкого процéнта повреждéний cause a high degree of damage
изучáть ~ы examine reasons
находи́ть ~у discover (find) the cause (reason)
укáзывать ~у state the reason
установи́ть ~у establish the reason
являться ~ой cause

причиня́ть cause

причитáющийся due, owing

пришвартóвывать, ~ся moor to, make fast, berth

прóб/а 1. (*образец*) sample 2. (*испытание*) test, trial, try-out 3. (*содержание благородных металлов*) standard, purity 4. (*клеймо*) hallmark
~, арбитрáжная arbitration (official) sample
~, золотáя gold standard
~, контрóльная check (control) sample
~ на *что-л.* test for *smth*
~, серéбряная silver standard
~ сплáва standard of alloy
~, товáрная sample, specimen
взя́тие проб sampling, selection (drawing, taking) of samples

зо́лото устано́вленной ~ы standard (sterling) gold
отбо́р проб sampling, selection (drawing, taking) of samples
серебро́ устано́вленной ~ы standard (sterling) silver
брать ~ы sample, draw (take) samples, do sampling
заказа́ть това́р на ~у order goods on trial
отбира́ть ~ы sample, draw (take) samples, do sampling
покупа́ть на ~у buy on approval (trial)

пробе́г run
~, балла́стный voyage in ballast
~, возвра́тный поро́жний deadheading
~, испыта́тельный trial (test) run
~, поро́жний non-load run
~, поро́жний, конте́йнеров empty container trip
~, про́бный trial run

пробле́м/а problem, question; issue
~ы, бесконе́чные endless problems
~, больша́я great problem
~ы, бюдже́тные budgetary problems
~, ва́жная major problem
~, валю́тно-фина́нсовая monetary and financial problem
~, вну́тренняя internal problem
~, возмо́жная possible problem
~, второстепе́нная minor (subsidiary) problem
~, глоба́льная global problem
~, давни́шняя longstanding problem
~ы, дальне́йшие further problems
~, да́нная present problem
~, двойна́я twofold problem
~ы загрязне́ния окружа́ющей среды́ problems of pollution
~ защи́ты окружа́ющей среды́ environmental problem
~, значи́тельная considerable problem
~, ключева́я key problem
~ы коммуника́ции communication problems
~ы, многочи́сленные numerous problems
~, назре́вшая urgent (pressing) problem
~, наибо́льшая the biggest problem
~, насу́щная vital problem
~ы, нау́чно-техни́ческие scientific and technological problems
~, незначи́тельная minor problem
~, неизве́стная unknown problem
~, неотло́жная urgent (pressing) problem
~, непосре́дственная immediate problem
~, непредви́денная unforeseen problem
~, не[раз]решённая outstanding problem
~, неурегули́рованная unsolved (unsettled) issue
~ нехва́тки рабо́чей си́лы labour-shortage problem
~ы обслу́живания service (servicing) problems
~ы, о́бщие mutual problems
~ы, ожида́емые anticipated problems
~, основна́я major (fundamental, cardinal) problem
~, осо́бая special problem
~, очеви́дная apparent problem

~ перегру́женности congestion problem
~ы, представля́ющие взаи́мный интере́с problems of mutual interest
~ы проекти́рования design problems
~ы разви́тия development problems
~ы распределе́ния distribution problems
~, свя́занная с problem connected (associated) with, problem involved in
~, свя́занная с прое́ктом problem on the project
~, свя́занная с рабо́чей си́лой labour problem
~ы, свя́занные с рабо́той на строи́тельной площа́дке site problems
~, серьёзная serious problem
~, сро́чная urgent problem
~ы, стоя́щие пе́ред *кем-л.* problems facing *smb*
~, существу́ющая present (current, existing) problem; prevailing problem
~ транспортиро́вки гру́за [cargo] handling problem
~, тра́нспортная transportation problem
~, техни́ческая technical problem
~, тру́дная hard (difficult) problem
~, узлова́я key (main, crucial) problem
~, фина́нсовая financial (financing) problem
~ы, экономи́ческие economic problems (questions)
пересмо́тр ~ы reassessment of a problem
повторе́ние ~ы reoccurrence of a problem
положе́ние с ~ой position of a problem
понима́ние ~ы understanding of a problem
реше́ние ~ы solution (settlement) of (to) a problem
серьёзность ~ы seriousness of a problem
урегули́рование ~ы solution (settlement) of a problem
устране́ние ~ы elimination of a problem
взя́ться за ~у tackle (take on) a problem
встреча́ться с ~ами encounter (find) problems
вызыва́ть ~у cause (give) a problem
избега́ть пробле́м avoid problems
изуча́ть ~у study (investigate) a problem
име́ть ~ы have (experience) problems
облегча́ть ~у alleviate (simplify) a problem
обнару́живать техни́ческие ~ы discover technical problems
обрисова́ть ~у outline a problem; present a problem
обсужда́ть ~у discuss a problem
описа́ть ~у describe a problem
осложня́ть ~у complicate an issue
предви́деть ~ы anticipate (foresee) problems
предотвраща́ть ~у prevent a problem
преодолева́ть ~ы overcome problems
разбира́ться с ~ой deal with a problem
разреши́ть ~у solve (resolve) a problem, work out a problem; (*окончательно*) finalize a problem
рассма́тривать ~у consider (examine, handle) a problem

сдви́нуть ~у с ме́ста get a problem off the ground
создава́ть ~у create a problem
справля́ться с ~ами cope with problems
ста́вить ~у put forward a problem
столкну́ться с ~ой have a problem, meet with (encounter, run into) a problem
стоя́ть пе́ред ~ой face (be confronted with) a problem
усложня́ть ~у compound a problem
устраня́ть ~у eliminate (correct) a problem
~ы возника́ют problems arise
~ы встреча́ются problems occur
~ каса́ется the problem concerns
э́то ~ тра́нспортного аге́нтства the problem lies with the carrier

про́бный trial

проведе́ни/е execution, carrying out, conducting
~ ана́лиза making (carrying out, performance) of an analysis
~ испыта́ний carrying out (performance, running) of tests, test performance
~ конфере́нции holding a conference
~ опера́ции conducting an operation
~ рабо́т execution (carrying out, performance, fulfilment, handling) of work
~ рабо́т, монта́жных carrying out (performance) of erection work
~ рабо́т, нау́чно-иссле́довательских и о́пытно-констру́кторских carrying out of research and development work
~ рабо́т по пу́ску в эксплуата́цию starting up work
~ рабо́т, шефмонта́жных carrying out (performance, performing) of supervision of erection
~ те́ндеров holding tenders
~ эксперти́зы execution of an examination
гра́фик ~я рабо́т schedule for the carrying out of work
ме́сто ~я симпо́зиума place of a symposium
ме́тод ~я испыта́ний test method
мето́дика ~я испыта́ний test [-ing] procedure
руково́дство по ~ю капита́льного ремо́нта overhaul manual
усло́вия ~я торго́в conditions of tenders (a bid)
ход ~я испыта́ния progress of a test
эта́п ~я испыта́ния phase of a test
наблюда́ть за ~ем испыта́ния witness a test

прове́рк/а check, checking, check-up, check-out procedure, verification; test, testing; (*осмотр*) examination, inspection; (*ревизия*) audit; (*сверка*) tally
~ авиацио́нных пассажи́ров security check[ing] of airline passengers
~ багажа́ с по́мощью рентге́на X-ray luggage (baggage) inspection
~ ве́са checking of weight, check weighing, weight check
~ весо́в scale test
~, визуа́льная visual inspection
~ в норма́льное рабо́чее вре́мя inspection during normal working hours

~ **в произво́дственных усло́виях** inspection in production conditions
~, **вы́борочная** selective (random) inspection, selective check (control); spot check
~, **выездна́я** field check
~ **вычисле́ний** computation check
~ **гру́за** examination of cargo
~ **доказа́тельств** verification of evidence
~ **докуме́нтов** examination of documents
~, **ежедне́вная** daily check, day-to-day test
~ **запа́сов** examination of stocks
~ **изде́лий на заво́де поставщика́** inspection at the manufacturing works (plant)
~, **инспекцио́нная** technical inspection
~ **исполне́ния** control of execution
~ **ка́чества** checking of quality, quality check (inspection, test), check on quality
~ **коли́чества** quantity check (inspection)
~, **контро́льная** control check, inspection test
~ **кредитоспосо́бности** verification of credit standing
~ **маши́н** mechanical checkout
~ **на ме́сте** check (inspection) at the manufacturer's works (plant); fieled check, on-site (on-the-spot) inspection
~ **наруше́ния пате́нтных прав** test of infringement
~ **на стери́льность** check on the bacteriological quality
~ **на строи́тельной площа́дке** check (test, inspection) on [the] site, on-site inspection
~ **обору́дования** inspection of equipment
~, **о́бщая** general inspection
~, **оконча́тельная** final inspection and test, final checkout
~ **отчётности** audit[ing]
~ **патентоспосо́бности** test of patentability
~, **периоди́ческая** periodic (cycle) check
~, **пла́новая** routine check (inspection)
~, **подро́бная** detailed verification
~ **полномо́чий** verification of powers
~ **приго́дности, профессиона́льной** qualification test
~ **путём сравне́ния** comparative check (test)
~ **рабо́ты** check[ing] of work; functional check
~, **регла́ментная** operational check
~, **регуля́рная** regular check (survey)
~ **режи́ма рабо́ты** performance test
~ **соотве́тствия техни́ческим усло́виям** qualification test
~ **соотве́тствия усло́виям эксплуата́ции** adaptability test
~ **состоя́ния запа́сов** stock check
~ **сро́ков поста́вки** inspection of the time of delivery
~ **схо́дства това́ров** test of similarity of goods
~ **счёта 1.** checking of an invoice **2.** checking (examination, verification) of an account
~, **теку́щая** current check
~ **техни́ческой осуществи́мости** engineering feasibility test

~ техни́ческих характери́стик performance check

~ технологи́ческой ли́нии production line test

~ това́ра check (checking; inspection) of goods

~ това́ра при погру́зке и вы́грузке tally

~ фина́нсового положе́ния verification of financial position

~ хо́да изготовле́ния [обору́дования] inspection of the progress of manufacture

~ хране́ния storage inspection

~, эксперимента́льная experimental check

гото́вность това́ра к ~е readiness of goods for inspection

да́та ~и date of inspection; date of check

затра́ты на ~у ка́чества quality inspection costs

ме́тод ~и inspection (checking) method

мето́дика ~и test[ing] procedure

отчёт о ~е inspection report; survey report

рабо́та по ~е work of testing, test[ing] work

расхо́ды по ~е гру́зов в порту́ checking expenses (charges)

результа́т ~и inspection (test) result, result of inspection (test; check-up)

осуществля́ть ~у carry out (perform) a check, do checking, check; make (perform) inspection, inspect, have *smth* inspected, carry out (make) an examination, examine

отказа́ться от ~и waive [the] inspection

подверга́ться ~е be subjected to a check (an inspection; a test)

проводи́ть оконча́тельную ~у perform final check-out

проводи́ть по́лную ~у make a complete inspection

проверя́ть check [up], verify; test; (*проводить ревизию*) inspect, examine; (*о счетах*) audit; (*при погрузке и выгрузке*) tally

~ до́лжным о́бразом check properly

прове́с:

ски́дка на ~ allowance for draft, draft, weight allowance

проводи́ть 1. (*осуществлять*) carry out, conduct, hold; pursue **2.** (*сопровождать*) take

~ в жизнь put into operation, implement

прово́дк/а 1. *бухг.* entry, posting **2.** (*судов*) pilotage

~, дебето́вая debit entry (posting), entry on the debit side

~, кре́дитовая credit entry (posting), entry on the credit side

~, ло́цманская pilotage

~ по счёту entry on an account

вознагражде́ние за ~у су́дна pilot (pilotage) fee, pilotage

де́лать ~у make (pass) an entry, post

опла́чивать ~у pay pilotage

прово́з carriage, carrying, transport[ation], conveyance

~ багажа́, беспла́тный free baggage allowance

~, обра́тный return

~, речно́й river transport

запреще́ние транзи́тного ~а transit embargo

пла́та за ~ freight [charge]; freight payment

пла́та за ~, дополни́тельная freight surcharge
сто́имость ~а cost of transportation, freight [charges]
сто́имость ~а багажа́ cost of carriage of luggage, cost of luggage transportation
сто́имость ~а на самолёте air fares
сто́имость ~а по желе́зной доро́ге railway (*амер.* railroad) [freight] charges
счёт за ~ гру́зов freight account (bill, note), transportation invoice
опла́чивать ~ pay carriage
~ опла́чен carriage paid

провози́ть че́рез take through, bring through

про́волок/а wire
крепи́ть ~ой secure with wire, wire
крепи́ть тюки́ ~ой bundle with wire, fix wire [a]round bundles

прогно́з forecast, prediction, projection
~, благоприя́тный favourable forecast
~, долгосро́чный long-term (range) forecast (prediction)
~, ка́чественный qualitative forecast
~, коли́чественный quantitative forecast
~, ко́мплексный all-round forecast
~, конъюнкту́рный forecast of business conditions, business cycle forecast, outlook for the conjuncture
~, краткосро́чный short-term (range) forecast (prediction)
~, мра́чный gloomy (dismal) outlook
~ объёма торго́вли на бу́дущее forecast of future trade figures
~, оптимисти́ческий optimistic[al] forecast
~, перспекти́вный long-term (range) forecast (prediction)
~ пого́ды weather forecast
~, предвари́тельный tentative forecast
~, реалисти́ческий realistic forecast
~ ры́нка market forecast
~ спро́са demand forecast
~, среднесро́чный medium-term (range) forecast
~, то́чный perfect forecast
~, экономи́ческий economic forecast (projections)

прогнози́ровани/е forecasting, prediction, projection; forward planning
~ делово́й акти́вности business forecasting
~, долгосро́чное long-term (range) forecasting (projection)
~ конъюнкту́ры business (marketing) forecasting
~, краткосро́чное short-term (range) forecasting (projection)
~ надёжности reliability prediction
~, периоди́ческое cyclic forecasting
~ расхо́дов cost forecasts
~ ремонтопригодности maintainability prediction
~ сезо́нных колеба́ний seasonal forecasting
~, среднесро́чное medium-term (range) forecasting
~ техни́ческой осуществи́мости feasibility prediction
~, экономи́ческое economic[al] forecasting
ме́тод ~я forecasting (prediction) method
оши́бка ~я forecast (prediction) error

прогнози́руемый predicted, projected
прого́н (*цикл работы*) run, cycle
програ́мм/а programme, *амер.* program, plan
~, **ба́зисная** baseline programme
~, **больша́я** large-scale programme
~, **бу́дущая** future programme
~, **ва́жная** important programme
~ **вво́да в эксплуата́цию** commissioning programme
~, **взаи́мно согласо́ванная** mutually agreed [upon] programme
~ **визи́та** programme (schedule, itinerary) of a visit
~, **возмо́жная** possible programme
~ **выполне́ния рабо́т по контра́кту** programme of the duties to be carried out under a contract
~, **выполни́мая** feasible programme
~ **вы́ставки** exhibition programme
~ **дальне́йших мероприя́тий** follow-up programme
~, **двусторо́нняя** bilateral programme
~, **де́йствующая** current programme
~ **демонстра́ции** (*товара*) programme of demonstration, demonstration programme
~ **диверсифика́ции** diversification programme
~, **долгосро́чная** long-term programme
~ **долгосро́чного сотру́дничества** long-term cooperation programme
~, **дополни́тельная** additional programme
~ **заку́пок** programme of purchases, purchasing programme
~, **заплани́рованная** proposed programme
~, **изменённая** modified programme
~ **и́мпорта това́ров** import programme
~ **инспекти́рования** inspection programme
~ **испыта́ний** test[ing] programme
~ **иссле́дования** research (exploration, investigation) programme, programme for research (exploration, investigation)
~ **капиталовложе́ний** investment programme; capital project
~, **ко́мплексная** comprehensive programme
~ **лаборато́рных иссле́дований** laboratory programme
~ **лицензи́рования** licensing programme
~ **ма́ркетинга** marketing programme
~ **модерниза́ции** modernization programme
~ **монта́жных рабо́т** erection programme
~, **насы́щенная** heavy programme
~ **нау́чно-иссле́довательских и о́пытно-констру́кторских рабо́т** research and development programme, *сокр.* R&D
~ **нау́чно-иссле́довательских рабо́т** research programme
~, **неизме́нная** steady (unchanged) programme
~ **обеспе́чения безопа́сности** safety programme
~ **обеспе́чения сбы́та** sales (marketing, selling) programme

~ **обучéния** programme of training (instruction), training schedule (programme)
~, **óбщая** common (joint) programme
~, **одóбренная** approved programme
~, **оператúвная** operative programme
~ **оцéнки** evaluation programme
~, **первоначáльная** original programme
~, **первоочерёдная** priority programme
~, **пересмóтренная** revised programme
~, **подрóбная** detailed programme
~, **предварúтельная** preliminary programme
~, **предлóженная** proposed programme
~, **предположúтельная** hypothetic programme
~, **предусмóтренная в** programme stipulated in
~ **продáж** selling programme
~ **прoéктно-констрýкторских рабóт** design programme (effort)
~, **произвóдственная** production (manufacturing) programme
~, **промы́шленная** industrial (industry-oriented) programme
~ **рабóт** programme of work, working programme
~ **рабóт по лицéнзии** licensed programme
~, **рабóчая** working programme
~ **развúтия** development programme
~ **разрабóток** development programme
~, **расшúренная** comprehensive (extended, broadened) programme
~ **реклáмной кампáнии** advertising programme
~, **ресурсосберегáющая** resource-saving programme
~ **сбы́та** sales (marketing, selling) programme
~ **сертификáции** certification programme
~, **совмéстная** joint programme
~, **согласóванная** agreed [upon] programme
~ **сотрýдничества** programme of cooperation
~ **специализáции и коопéрирования произвóдства** programme of production cooperation and specialization
~ **строúтельства** construction programme
~, **текýщая** current programme
~, **технúческая** technical programme
~ **технúческих рабóт** engineering programme (effort)
~, **технологúческая** technological programme
~ **убóрки урожáя** harvesting programme
~ **управлéния** management programme
~, **успéшная** successful programme
~ **установки** (*оборудования*) installation programme
~ **финансúрования** programme of financing
~ **хозя́йственной дéятельности** operational programme
~, **целевáя** purpose-oriented (special) programme
~, **ширóкая** comprehensive (broad) programme

~, эксперимента́льная experimental programme
~ э́кспорта export programme
~, эффекти́вная efficient programme
выполне́ние ~ы execution of a programme; schedule performance
заверше́ние ~ы completion (conclusion) of a programme
измене́ния в ~е changes (alterations) in (to) a programme
организа́тор ~ы programme sponsor
осуществле́ние ~ы implementation (execution) of a programme
перерабо́тка ~ы revision of (to) a programme
пересмо́тр ~ы revision (review) of a programme
разде́л ~ы part (section) of a programme
выполня́ть ~у execute (carry out, implement) a programme
измени́ть ~у modify (revise) a programme
координи́ровать ~у рабо́т coordinate the programme of work
намеча́ть ~у establish (lay down) a programme
обсужда́ть ~у discuss a programme
определя́ть ~у define a programme; define a schedule
организова́ть ~у organize a programme
осуществля́ть ~у carry out (implement) a programme
отрази́ться на ~е affect a programme
пересма́тривать ~у revise a programme
подгото́вить ~у prepare a programme
подде́рживать ~у maintain a programme
познако́мить с ~ой disclose a programme
предложи́ть ~у propose (initiate) a programme
проводи́ть ~у conduct a programme
продолжа́ть выполне́ние ~ы continue with a programme
разраба́тывать ~у develop (prepare, work out) a programme; work out a schedule
разраба́тывать ~у визи́та prepare an itinerary
разраба́тывать ~у обуче́ния prepare a training schedule
согласова́ть ~у agree upon a programme
согласо́вывать ~у discuss (consider) a programme
создава́ть ~у establish (work out) a programme
соотве́тствовать ~е conform to (correspond to, be in accordance with) a programme, match a programme
составля́ть ~у draw up (work out, prepare) a programme
утвержда́ть ~у approve (endorse) a programme
уточня́ть ~у clarify a programme
финанси́ровать ~у finance a programme, sponsor a programme
~ осно́вана на о́пыте the programme is based on experience
~ осуществля́ется удовлетвори́тельно the programme proceeds satisfactorily
~ отвеча́ет тре́бованиям the programme conforms to the requirements
~ подлежи́т измене́нию the programme is subject to modification

программи́ровани/е programming

~, **автоматическое** automatic programming
~, **диагностическое** diagnostic programming
обучать ~ю train in programming
программированный programmed
программировать programme, *амер.* program
программный programme *attr.*
прогресс progress
~, **научно-технический** progress in science and technology
~, **ощутимый** tangible progress
~, **технический** engineering progress
~, **ускоряющийся научно-технический** on-going acceleration of scientific and technological progress
~, **экономический** economic progress
отсутствие ~а lack of progress
ускорение научно-технического ~а acceleration of scientific and technological (technical) progress
способствовать научно-техническому ~у contribute to the scientific and technological progress
прогрессивный progressive
продавать sell, make a sale; (*на рынке*) market, be in (on) the market; (*об агентах*) distribute, handle distribution
~ **дешевле** sell cheaper, undersell
~ **дороже** sell dearer
~ **за бесценок** sell for a trifle (for a song, for next to nothing)
продаваться sell, be on sale, be in (on) the market
~ **быстро** sell well (rapidly), command a ready sale
~ **легко** sell readily
~ **медленно** be slow of sale, meet with a slow sale
~ **плохо** sell badly (hard, heavily)
~ **по розничной цене** retail at
~ **хорошо** sell well
товары продаются с трудом the goods go off heavily
продав/ец seller, marketeer, *амер.* marketer; *юр.* vendor; (*в магазине*) sales assistant, *амер.* salesman
~ **лицензии** licensor
~, **монопольный** exclusive seller (agent); sole distributor (agent)
~, **преуспевающий** successful seller
акт испытания, проведённого ~цом seller's test report
выбор ~ца 1. choice of a seller **2.** (*право выбора*) seller's option
гарантия ~ца seller's (vendor's) guarantee (warranty)
курс ~цов seller's (selling) rate [of exchange], asked price (quotation)
мнение ~ца opinion of a seller, seller' opinion
монополия ~ца seller's monopoly
обязательства ~ца obligations (undertakings) of a seller
опцион ~ца *бирж.* seller's (put) option
опцион ~ца, двойной seller's option to double
представитель ~ца sales (seller's) representative
распоряжение ~ца order of the seller
риск ~ца seller's risk
рынок ~ца seller's market
справочник ~ца vendor manual

страна́ ~ца́ seller's country
цена́ ~ца́ seller's price
шефперсона́л ~ца́ seller's supervisory personnel
за счёт ~ца́ at the seller's expense
по вы́бору ~ца́ at (in) the seller's choice (option)
распоряже́нию ~ца́ to order of the seller

прода́ж/а sale[s], selling; distribution; marketing
~, аукцио́нная auction, auction (public) sale, sale by (*амер.* at) auction
~ без предвари́тельного осмо́тра blind sale
~, биржева́я exchange sale
~ больши́х коли́честв volume sales
~, бы́страя ready (quick) sale
~ ве́кселя negotiation of a bill
~ в креди́т credit sale, sale on credit
~ в пери́од убо́рки урожа́я sale at harvest time
~ в рассро́чку instal[l]ment selling (sale, trade)
~, встре́чная (*товара в счёт покупки нового*) trade-in
~, вы́нужденная distress selling
~ гру́за целико́м bulk sale
~, диско́нтная discount sale
~и, ежего́дные annual sales
~ зало́га sale of a pledge
~ за нали́чные sale for cash, cash sale, spot sale
~ изобрете́ния sale (vending) of an invention
~, индивидуа́льная individual sale
~ инжене́рно-консультацио́нных услу́г sales of engineering-consultation services
~, комиссио́нная sale by commission
~, конкурентоспосо́бная competitive sales
~, кооперати́вная cooperative selling
~ лице́нзии sale (vending) of a license
~, ма́ссовая bulk sale (selling)
~, ме́дленная slow sale
~ ме́ста для публика́ции sale of space
~, монопо́льная exclusive sale, sales monopoly; sole (exclusive) distributorship (agency)
~ на вес sale by weight
~ на до́ллары sale for dollars
~ «на корню́» selling the crop [standing]
~ на срок sale for future (forward) delivery, forward sale, time sale
~ наукоёмкой те́хники и техноло́гии sale of high technology
~ на усло́виях «как есть» sale "as is"
~ на усло́виях креди́та sale on credit, credit sale
~ на усло́виях СИФ sale CIF
~ на усло́виях ФОБ sale FOB
~ на ф. ст. sale for pounds sterling
~ на э́кспорт export (shipment) sale
~ недви́жимого иму́щества property sale
~ но́у-ха́у selling know-how
~ образцо́в (*с выставки*) sale of exhibits off the floor (from the stand)
~, опто́вая wholesale trade
~, отло́женная delayed sale
~, первонача́льная first sale
~, повто́рная repetitive sale

~ по каталóгу catalogue sale
~ по образцý sale by (on) sample
~ по описáнию sale by description
~и, послéдующие subsequent sales
~ по снúженным цéнам sale at reduced prices
~, посрéдническая intermediate sale
~ потребúтельских товáров consumption sale
~ по чáстному соглашéнию private sale
~ прáва, изобретáтельского sale of an inventor's right
~ прáва на патéнт sale of a patent right, sale (vending) of a patent
~, предварúтельная advance sale
~, принудúтельная compulsory (forced) sale
~, прямáя direct sale
~, рóзничная retail sale
~ с аукциóна auction, auction (public) sale, sale by (*амер.* at) auction
~ с завóда sale ex works
~ с молоткá compulsory sale
~ с нагрýзкой tie-in sale
~ с немéдленной постáвкой sale for (with) prompt delivery, spot sale
~ сопýтствующего оборýдования selling of relevant equipment
~ со скúдкой discount sale
~ со склáда sale from stock (a warehouse)
~ со стéнда sale ex stand, [off-the-]floor sale
~ с отсрóчкой платежá sale on credit
~ с прúбылью sale at a profit
~ с сохранéнием прáва откáза от товáра sale on approval
~ товáра sale (realization) of goods, selling goods; distribution of goods
~ товáра, находя́щегося в путú sale to arrive (on arrival)
~ трáнспортных услýг transportation sales
~ трéтьему лицý sale to a third party
~, услóвная conditional sale, sale with reservation
~, частúчная partial sale
~ чéрез посы́лочную торгóвлю mail order selling
~, штýчная sale by the piece
агéнт по ~е sales distributing agent, agent for a product, distributor
агéнт по ~е недвúжимости real estate broker (agent), *амер.* realtor
акт ~и act of sale
брóкер по ~е selling broker
возмóжности ~и товáров sales possibilities (opportunities), possibilities for sale, sales potential; sales facilities
вы́пуск в ~у release [of goods]
вы́ручка от ~и proceeds of sales, sales proceeds, product proceeds
дúлер по ~е подéржанного имýщества second-hand dealer
договóр ~и contract of sale, sale[s] contract, agreement to sell
комúссия за ~у selling (sales) commission, commission on sales
контрáкт на ~у contract of sale, sale[s] contract
налóг на ~у úмпортных товáров import tax
оборóт по ~ам sales turnover
обслýживание пóсле ~и af-

ter-sale[s] (post-sale) services
объём продáж sales volume
ограничéния на ~у restrictions on the sale
отчёт (*комиссионера*) **о ~е товáра** account sales, sales account
переговóры о ~е sales negotiations (talks)
периóд ~и selling season
прáво на ~у right of sales (to sell), sales (selling, distribution) right
прекращéние ~и stopping the sale
прогрáмма ~и selling programme
рабóта по ~е selling job
разрешéние на ~у marketing permit
расширéние ~и expansion of sales; expanding sales
риск ~и в кредúт credit risk
соглашéние о ~е sales agreement, agreement to sell
стимулúрование ~и sales promotion, boosting of sales
стóимость ~и value of sales
сýмма ~и, валовáя gross sales
сýмма ~и, чúстая net sales
указáние о ~е disposal instruction; instruction to sell
услóвия ~и terms (conditions) of sale, sale[s] terms
услóвия ~и, óбщие general conditions of sale
услóвия ~и с аукциóна terms of auction, auction sale conditions
фóрма ~и way of sale
быть в ~е be available for sale, be on sale (on the market), be commercially available
быть пригóдным для ~и be sal[e]able
взять на себя ~у undertake the sale
выпускáть в ~у put (place) on the market; release [goods]
выставлять на ~у offer (put up, exhibit) for sale
гарантúровать ~у ensure sales
идтú в ~у be offered (put up) for sale, be put on the market
изъять из ~и withdraw from the market
имéть на ~у have *smth* to sell
налагáть вéто на ~у veto the sale
обеспéчить ~у ensure sale[s]
одóбрить для ~и approve for sale
организовáть ~у товáров organize the distribution (sale) of goods
поддéрживать ~у maintain sales
поступúть в ~у come into (be in) the market, be on sale
разрешúть для ~и release for sale
расширять ~у expand (extend, increase, develop) sales
снимáть с ~и withdraw from the market
совершáть ~у effect (handle) the sale
содéйствовать ~е товáров promote sales
специализúроваться на ~е specialize in the sale of
увелúчивать ~у expand (extend, increase, develop) sales
~ *или* **возврáт** sale *or* return
кýпля и ~ purchase and sale

продáжный sale *attr.*, selling, sal[e]able, marketable
прóданный sold
продвигáть promote, advance; move (push) forward; **~ся** move forward
продвижéни/е progress

~ вперёд headway
~, неуклонное steady progress
~ товара на рынок introduction of (pushing) goods in [to] the market, sales promotion
кампания по ~ю товара на рынок promotion campaign
отсутствие ~я lack of progress
оказывать помощь в ~и assist [with] the progress

продлевать extend, prolong; renew
~ на ... месяц (месяца, месяцев) extend for a period of ... month(s)

продлени/е extension, prolongation; renewal
~ аккредитива extension (prolongation) of a L/C
~ векселя prolongation (renewal) of a bill
~ визы extension of a visa
~ гарантийного периода extension of a guarantee period
~, дальнейшее further extension
~, достаточное sufficient extension
~, значительное major extension
~ кредита extension of credit (credit facilities), prolongation (renewal) of credit [term]
~ моратория extension of moratorium
~ соглашения extension of an agreement
~ срока extension (prolongation) of the time [limit] (term)
~ срока гарантии prolongation of a guarantee
~ срока действия extension in validity
~ срока действия патента renewal of a patent, extension of a patent [term]
~ срока платежа extension (prolongation) of the time (term) of payment, postponement of payments, maturity postponement, stretching out (spreading) payments
~ срока поставок extension of deliveries (delivery schedule)
~ срока регистрации extension of a registration period, prolongation of registration
~ срока тратты extension [of the tenor] (renewal) of a draft (bill[of exchange])
пошлина за ~ срока (*регистрации знака*) extension fee
условие ~я (*чартера*) prolongation clause
договориться о ~и agree [up]-on an extension
подтвердить ~ по телексу confirm an extension by telex
получить ~ на 1 месяц obtain an extension of 1 month
предоставить ~ гарантийного периода give (grant) an extension of a guarantee period

продлённый extended, prolonged

продовольственный food *attr.*

продовольстви/е foodstuffs
~ высокого качества high quality foodstuffs (supplies)
недостаток ~я food shortage
поставщик ~я supplier of foodstuffs; (*для судна*) victualler
снабжение ~ем supply of foodstuffs, provisioning
экспорт ~я food export, export of foodstuffs
снабжать ~ем provide food (foodstuffs)

продолжительност/ь duration, length
~ визита length of a visit, visitation period

~ **испо́льзования** duration of use
~, **максима́льная** maximum duration
~ **монта́жных рабо́т** duration of erection work
~ **нетрудоспосо́бности** duration of disablement, continuance of disability
~ **обуче́ния** duration of training
~ **пери́ода** duration of a period, length of time
~ **пребыва́ния** length of a visit, visitation period
~ **проведе́ния вы́ставки** duration of an exhibition, exhibition period
~ **просто́я** down (idle) time
~ **рабо́ты** duration of work; (*рабочего дня*) working hours; (*о машине*) running time (hours), time of operation
~ **рабо́чего дня** working hours
~ **слу́жбы** length of service
~ **эксплуата́ции** [in-]service (operating) time
~ **я́рмарки** duration of a fair

продолжи́тельный long, extended, prolonged

проду́кт product, commodity, production, stuff
~, **безвку́сный** flat product
~, **валово́й вну́тренний** gross domestic product, *сокр.* GDP
~, **валово́й национа́льный** gross national product, *сокр.* GNP
~, **вспомога́тельный** auxiliary product
~, **втори́чный** secondary product
~, **высокока́чественный** high-quality (top-quality, prime quality, high-grade) product
~, **гото́вый** finished product
~, **дорогосто́ящий** expensive product
~**ы животново́дства** livestock (animal) products (produce, production)
~**ы, заморо́женные** frozen products
~, **запатенто́ванный** patented product
~**ы, име́ющие лёгкий сбыт** marketable commodities
~, **коне́чный** final (end) product
~**ы, консерви́рованные** preserved food
~**ы, кормовы́е** fodder products
~**ы, моло́чные** dairy produce (products)
~, **натура́льный** natural commodity
~, **незапатенто́ванный** unpatented product
~**ы, нека́чественные** (*пищевые*) poor foodstuffs
~**ы, необрабо́танные** (*пищевые*) crude foodstuffs
~**ы, необходи́мые для ухо́да за здоро́вьем** health care products
~, **непатентоспосо́бный** unpatentable product
~**ы, непищевы́е** inedible products
~, **непрофили́рующий** secondary product
~**ы, нефтехими́ческие** petrochemicals
~, **но́вый** pioneer product
~, **нормиро́ванный** standardized product
~**ы, основны́е** basic (main) products, basic (staple) commodities
~ **оте́чественного произво́дства** domestic (home-made) product
~, **отрабо́танный** waste product

~ы, охлаждённые (*пищевые*) chilled foodstuffs
~, патентоспосо́бный patentable product
~, перви́чный primary (prime) product
~, первокла́ссный first-class (rate) product
~, перерабо́танный processed product
~ы пита́ния, ма́ссовые staple foods
~, побо́чный by-product
~ы, полу́ченные при перерабо́тке [пшени́цы] [wheat-] based products
~, прове́ренный proven product
~ы, продово́льственные foodstuffs, food products (articles)
~, промежу́точный intermediate product, by-product
~, промы́шленный industrial product
~, профили́рующий characteristic product
~ы расти́тельного и живо́тного происхожде́ния animal and plant products, products of vegetable and animal origin
~ы, расфасо́ванные (*пищевые*) prepacked food
~ы, сельскохозя́йственные agricultural produce, agricultural (farm) products, farm commodities
~ы, скоропо́ртящиеся perishable goods, perishables
~, универса́льный flexible product
~, ядови́тый toxic product
вы́пуск но́вого ~а на ры́нок launching of a new product
вы́ход ~а yield of a product
заме́на ~а (*новый продукт*) substitution product
замора́живание пищевы́х ~ов food product freezing
запа́с ~ов stock of products
монопо́лия на ~ product monopoly
обме́н ~ов exchange of products
упако́вка ~ов packing (packaging) of products
экспортёр мясны́х ~ов meat packer
экспортёр продово́льственных ~ов exporter of foodstuffs
замора́живать пищевы́е ~ы freeze food [products]

продукти́вность productivity, efficiency
~, высо́кая high productivity
~ животново́дства productivity of livestock farming
~, моло́чная milk productivity
коэффицие́нт ~и coefficient of performance

продукти́вный productive, efficient

проду́кци/я (*изделия*) product[s], produce; (*совокупность продуктов производства*) production, output; make
~ авиацио́нной промы́шленности aircraft (aviation) products
~, аналоги́чная similar (analogous) products
~, аттесто́ванная certified (assessed) products
~, валова́я gross production (output)
~, взаимопоставля́емая mutually exchanged (supplied) products
~, вспомога́тельная ancillary products
~, второстепе́нная secondary products, seconds
~, выпуска́емая output

~, **высококачественная** high-quality products
~, **высокотехнологичная** high technology products
~, **высокоэффективная** highly effective (efficient) products
~, **готовая** finished products, final (finished) goods
~, **дефектная** defective products (production)
~, **дорогостоящая** high-priced (expensive) products
~, **изготовленная по моделям** products manufactured with the use of models
~, **имеющая сбыт** sal[e]able products
~, **импортная** import[ed] products (production)
~, **импортозамещающая** import-substituting products
~, **конкурентоспособная** competitive products
~, **кооперированная** cooperative products
~, **кооперируемая** coproduced (cooperated) products
~, **материалоёмкая** material-intensive production
~, **машинотехническая** machinery and equipment
~ **машиностроения** engineering products
~, **многономенклатурная** diversified products
~, **наукоёмкая** science-intensive products (output), high tech[nology]
~, **незавершённая** work in process
~, **некачественная** substandard products
~, **не находящая сбыта** unsal[e]able products
~, **не подлежащая хранению** perishable (non-storable) products
~, **нестандартная** non-standard products
~, **новейшая** advanced products; the latest products
~ **обрабатывающей промышленности** manufacturing production
~, **основная** basic products
~, **отечественная** domestic products (production), home produce
~, **отличная** excellent products
~, **плановая** planned production
~, **побочная** sideline products, by-products; incidental output
~, **подходящая** suitable (proper) products
~ **по лицензии** licensed products
~, **пользующаяся спросом** products in great demand
~, **промышленная** industrial products (production)
~, **реализованная** products sold, sold products (goods, commodities)
~, **сбываемая по демпинговым ценам** dumped products
~, **свежая** fresh products (production)
~, **сверхплановая** production [over and] above the plan, above-plan production, production in excess of the plan
~, **сельскохозяйственная** agricultural (farm) products, [agricultural] produce
~, **серийная** serial products; batch production
~, **сертифицируемая** certified products
~, **специальная** special products
~, **сравнимая** comparable (comparative) products

~, **стандáртная** standard products (production)

~, **схóдная** similar products

~, **товáрная** commercial (marketable, sal[e]able) products, commercial output

~, **фи́рменная** branded articles

~, **хóдкая** marketable products

~, **э́кспортная** export (exported) products (commodities, articles)

адаптáция ~и к услóвиям инострáнного ры́нка adaptation of output to the conditions of a foreign market

ассортимéнт ~и range of production, range (assortment) of products (commodities), product range, catalogue of products

аттестáция ~и certification (attestation) of products, attestation of output, quality assessment of products

вид ~и type of production

внедрéние ~и introduction of products, product introduction

вы́пуск ~и [production] output, output of products, production turnout

вы́пуск ~и за год annual output

вы́пуск ~и за час hourly output

вы́пуск ~и на ры́нок commercial manufacture

вы́ход ~и product (production) yield, outturn

дáнные о ~и product[ion] data

дóпуск ~и на ры́нок access to the market for products

едини́ца ~и unit of production

заводскáя себестóимость ~и cost of production, production cost

изготовлéние ~и manufacture (manufacturing) of products

изготовлéние ~и, взаимопоставля́емой manufacturing of mutually exchanged (supplied) products

изготовлéние ~и по закáзам manufacturing to [special] order, job order production

испóльзование ~и по лицéнзии application of a licensed product

каталóг ~и product catalogue

кáчество ~и quality of production (products, goods)

нóвые ви́ды ~и new types of products

номенклатýра ~и nomenclature of goods, range of production, range (assortment) of products (commodities), product range, catalogue of products

обновлéние ~и updating of products

объём ~и volume of production, quantum of output

объём ~и, валовóй overall production, gross output

объём реализóванной ~и volume of products sold (of sales)

описáние ~и presentation of products

оцéнка кáчества ~и assessment of the quality of products

пóльзователь ~и user of a product

постáвка ~и на э́кспорт supply of export products, delivery of goods for export

постáвка ~и по лицéнзии delivery of licensed products

произвóдство ~и manufacture (production) of products

произво́дство ~и на э́кспорт manufacture (production) of products for export
разрабо́тка ~и для прода́жи commercial development
распределе́ние ~и production (product) distribution
расце́нка ~и product pricing
реализа́ция ~и sales (realization, marketing) of products
рост вы́пуска ~и increase in output
сбыт ~и sale (marketing) of products
себесто́имость ~и product (production) cost
сертифика́ция ~и certifying (certification) of products
соверше́нствование ~и improvement of production, product improvement
спрос на ~ю product demand, demand for products
станда́рт ~и product standard
сто́имость ~и value of output (production)
ти́пы ~и types of products
токси́чность ~и toxicity of products
тре́бования к поставля́емой ~и purchasing specifications
усоверше́нствование ~и improvement of production, product improvement
хране́ние ~и storage of goods
часть ~и portion (part) of production
экономи́чность ~и economic efficiency of products
э́кспорт ~и export of products
э́кспортная ориента́ция ~и export orientation of an enterprise
внедря́ть ~ю на ры́нок introduce a product into the market
выпуска́ть ~ю turn out products
гаранти́ровать объём выпуска́емой ~и guarantee the output
изготовля́ть станда́ртную ~ю manufacture standard products (production)
нача́ть вы́пуск ~и launch a product
патентова́ть ~ю по лице́нзии take out a patent for a licensed product
перераба́тывать ~ю process products
пока́зывать ~ю show (present) products
представля́ть ~ю present products
разраба́тывать но́вую ~ю develop new products
реклами́ровать ~ю advertise products
увели́чить вы́пуск ~и speed up production
храни́ть ~ю store products
экспорти́ровать ~ю export products

продуце́нт (*производитель*) producer

прое́зд travel; passage
~ автотра́нспортом travel by road
~, беспла́тный free travel
~ во́дным тра́нспортом travel by water
~ возду́шным тра́нспортом travel by air
~ железнодоро́жным тра́нспортом travel by rail
~ морски́м тра́нспортом travel by sea
пла́та за ~ fare, passage [money]
пла́та за ~ в о́ба конца́ return fare
пла́та за ~ в оди́н коне́ц single fare
пра́во ~а right of passage (way)

разреше́ние на ~ traffic pass
расхо́ды по ~**у** travel[ling] expenses
сто́имость ~**а** fare, cost of travel (transport)
за ~ **опла́чено** carriage paid
прое́кт project, projection, design, plan, scheme; (*докуме́нта*) draft
~ **бюдже́та** budget estimates (statement), draft budget
~, **весь** entire project
~, **внутриве́домственный** in-house (intradepartmental) project
~, **всеобъе́млющий** overall (umbrella) project
~, **вышеука́занный** above-referenced (mentioned) project
~ **гаранти́йного письма́** draft letter of guarantee
~ **диспа́ши** draft average statement
~ **догово́ра** draft [of a] contract; draft treaty; draft (frame) agreement
~ **докла́да** draft report
~, **долгосро́чный** long-term project
~, **запатенто́ванный** patented design
~, **индивидуа́льный** individual (custom, customer) design
~, **испра́вленный** revised design
~ **контра́кта** draft [of a] contract
~, **краткосро́чный** short-term project
~, **крупномасшта́бный (кру́пный)** large-scale (major) project
~, **лицензи́рованный** licensed project
~, **междунаро́дный** international project
~ **модерниза́ции** project of modernization
~, **неприе́млемый** unacceptable draft
~ **но́вый** new project (design)
~, **одо́бренный** approved design
~, **оконча́тельный** final project (design)
~ **организа́ции мероприя́тий по сбы́ту** promotional project
~, **основно́й** major project
~, **отредакти́рованный** revised draft
~ **отчёта** draft report
~ **оформле́ния** plan (scenario) of presentation (display)
~, **перерабо́танный** revised design
~, **пересмо́тренный** revised draft
~ **пла́на** draft plan
~, **показа́тельный** demonstration project
~, **предвари́тельный** draft (preliminary) design
~, **предыду́щий** previous design
~, **приорите́тный** priority project
~, **рабо́чий** contractor design
~, **рассма́триваемый** project under consideration
~ **резолю́ции** draft resolution
~ **реше́ния** draft decision
~, **сво́дный** overall project
~, **совме́стный** joint project
~ **соглаше́ния** draft [of an] agreement
~ **станда́рта** draft standard, tentative standard
~ **строи́тельства** building (construction) project
~ **строи́тельства аэропо́рта** airport project
~ **строи́тельства доро́г и гражда́нских сооруже́ний** civil engineering project

~ строительства промышленного объекта industrial project
~, существующий existing design
~, технический technical design, technical (engineering) project
~, технически усовершенствованный technically advanced design
~ технического перевооружения project of retooling
~, типовой standard design, type design (plan), representative project
~, уникальный unique design
~, утверждённый approved design
~, экспериментальный pilot project, experimental design
~, эскизный preliminary (conceptual, sketch) design, outline sketch
данные для ~а data for a design
завершение ~а completion of a project
изменения в ~е amendments (changes) in a draft; changes in a design
исполнение ~а execution (implementation) of a project, project execution (implementation)
код ~а project code
масштаб ~а scope of a project
обоснование ~а expediency of a project
обсуждение ~а discussion of a project; discussion of a draft
опцион по ~у option on a project
основа ~а design basis
особенности ~а design features
осуществимость ~а feasibility (practicability) of a project
осуществление совместных ~ов implementation of joint projects
оценка ~а project evaluation
паспорт ~а passport of a design
потребности ~а requirements of a project
приёмка ~а acceptance of a project
принятие ~а approval of a draft; approval (endorsement) of a project
работы по ~у work (activity) on a project
разработка ~а development of a project, elaboration of a design
разработка технического ~а development of a technical project
реализация ~а realization of a project
руководитель ~а project manager
руководство ~ом management (administration) of a project, project management (administration)
согласование ~а discussion of a project; discussion of a draft
соглашение о ~е project agreement
сотрудничество в ~е cooperation (collaboration) on a project
спецификация ~а project specification
стадия ~а stage of a project
стадия разработки ~а design development stage (phase)
стоимость ~а project cost (price), cost of a project

стройтельная часть ~а civil engineering design
технологи́ческая часть ~а engineering design
усоверше́нствование ~а improvements in a design
уча́стие в ~е participation in a project
финанси́рование ~а financing of (for) a project
целесообра́зность ~а practicality of a project
цена́ ~а project price
ход осуществле́ния ~а progress (evolution) of a project
взя́ться за ~ undertake a project
выполня́ть ~ под ключ do a project on a turn-key basis
заверши́ть осуществле́ние ~а complete (finalize) a project
нача́ть осуществле́ние ~а launch a project
обрисо́вывать ~ outline a project
обсужда́ть ~ discuss a project; discuss a draft
одо́брить ~ approve (endorse) a project
осуществля́ть ~ carry out (implement, handle) a project
осуществля́ть ~ на компенсацио́нной осно́ве carry out a project on a compensatory basis
отказа́ться от ~а abandon a project
охарактеризова́ть define a project
оце́нивать ~ evaluate a project
пересма́тривать ~ review (revise) a project
подде́рживать ~ support a project
представля́ть ~ submit (present) a project, make a submission on a project, tender a project
предъявля́ть ~ present a project
приступи́ть к ~у proceed with a project
разраба́тывать ~ develop (elaborate, work out) a project
рассма́тривать ~ consider (review) a project
составля́ть ~ work out (elaborate) a project
стро́ить по типово́му ~у build from a standard (type) design
утвержда́ть ~ approve a project (design)
уча́ствовать в ~е participate in a project
финанси́ровать ~ finance (fund) a project
в ~е говори́тся the project states
~ сейча́с рассма́тривается the project is under consideration

проекти́ровани/е design [work], designing, project planning, engineering work
~, автоматизи́рованное automated designing, computer-aided design
~ изде́лия product designing
~, инжене́рное engineering design, design engineering
~ наукоёмкой проду́кции designing high technology
~ но́вого предприя́тия planning of a new plant
~, предвари́тельное predesigning
~, рабо́чее design engineering
~ согла́сно за́данным характери́стикам design to characteristics
~ соотве́тственно предусмо́тренной сто́имости design to cost
~, техни́ческое design and development

~, типово́е standard design
~, эксперимента́льное experimental design
зада́ние на ~ project assignment (statement)
издéржки по ~ю designing costs (charges)
мéтод ~я design method
метóдика ~я design procedure
отдéл ~я design office
перио́д ~я project period, period of designing (design work)
поручéние на ~ order for designing (development)
проблéмы ~я design problems
расхо́ды на ~ design expenditures
срок ~я period of design, designing period, time needed for designing
сто́имость ~я cost of design[ing] (planning)
у́ровень ~я design standard

проекти́ровать design, make a design, project, plan

проектирóвщик designer, planner
~, генерáльный general designer
грýппа ~ов design group
штат ~ов design personnel (staff)

проéктно-констру́кторский engineering *attr.*

проéктный design *attr.*, designed, project *attr.*

производи́тел/ь producer, manufacturer, maker
~, веду́щий leading manufacturer, leader of manufacturers, leader in the manufacture
~, инострáнный foreign manufacturer (producer)
~, крупнéйший в ми́ре world's leading producer
~, кру́пный large (major, big) producer
~, мéлкий small producer
~, непосрéдственный direct (immediate) producer (manufacturer)
~и, основны́е principal producers
~ промы́шленных товáров industrial producer
~ с высóкими издéржками произвóдства high-cost producer
~ сельскохозя́йственных продýктов grower
~ с ни́зкими издéржками произвóдства low-cost producer
~ сырья́ primary producer
и́мя ~я maker's name
мáрка ~я manufacturer's brand
риск ~я manufacturer's (producer's) risk
ценá ~я producer's price

производи́тель-лицензиáр manufacturer-licensor

производи́тельност/ь (*интенсивность труда*) productivity, efficiency, [operating] performance; (*объём производства*) [output] capacity, output, outturn, production; (*норма выработки*) production rate
~ в час hourly output
~, высóкая high efficiency, high rate of productivity, efficient (high) production; high output, high volume production capability
~ вы́ше номинáльной overload capacity
~, гаранти́рованная guaranteed output (capacity); guaranteed performance
~, годовáя annual production rate; annual (yearly) capacity

~, **действи́тельная** effective output
~ **заво́да** capacity of a plant
~ **за сме́ну** output per shift
~ **за челове́ко-ча́с** output per man-hour
~, **значи́тельно возро́сшая** highly increased efficiency
~, **кратковре́менная** momentary output
~, **максима́льная** full (maximum, final) output; maximum efficiency (performance)
~ **маши́ны** capacity of a machine; machine performance
~, **ме́сячная** monthly production
~, **минима́льная** minimum performance; minimum output
~, **надлежа́щая** due performance
~, **наивы́сшая** the highest efficiency; maximum (the largest) output
~, **ни́зкая** low productivity (efficiency)
~, **номина́льная** rated capacity, nominal (rated) output
~ **обору́дования** productivity of equipment (machines); machine capacity
~, **о́бщая** total capacity
~, **обы́чная** normal efficiency
~, **оптима́льная** optimal (optimum) performance
~, **относи́тельная** relative capacity
~, **па́спортная** rated capacity
~, **пла́новая** target productivity
~, **поле́зная** useful capacity
~, **по́лная** total efficiency
~, **преде́льная** marginal productivity, limit of efficiency
~, **прое́ктная** designed capacity, design output
~, **расчётная** rated output (capacity); estimated production
~, **сме́нная** output per shift
~, **сме́тная** estimated production
~, **сре́дняя** average productivity; average output
~, **су́точная** daily output (capacity)
~, **теку́щая** current output
~, **тре́буемая** required (desired) output
~ **труда́** productivity (efficiency) of labour, labour productivity
~ **устано́вки** performance of an installation
~, **факти́ческая** effective (real, physical) output
~, **часова́я** output per hour, hourly output
~, **эффекти́вная** effective power
гара́нтия ~и performance guarantee[s]
едини́ца измере́ния ~и unit of output
но́рмы ~и performance (productivity) standards
паде́ние ~и decline in productivity (performance); decline in output (capacity)
повыше́ние ~и increase in productivity (performance, efficiency); increase in output
показа́тели ~и performance data (figures), productivity figures
поте́ри ~и throughput losses
разли́чия в ~и productivity differentials
рост ~и increase in productivity (performance, efficiency); increase in output
сниже́ние ~и decline in productivity (performance); decline in output (capacity)
спад ~и decline in produc-

tivity (performance); decline in output

увеличение ~и increase in productivity (performance, efficiency); increase in output

гарантировать ~ guarantee productivity, guarantee (assure) performance; guarantee output

добиваться высокой ~и achieve high[er] productivity

добиваться максимальной ~и оборудования get maximum performance from the equipment

достичь гарантийной ~и obtain (achieve, attain, reach) the guaranteed capacity; attain the guaranteed performance

достичь максимальной ~и obtain maximum efficiency

обеспечить гарантированную ~ ensure the guaranteed capacity

отразиться на ~и affect productivity

повысить (поднять) ~ increase (raise) productivity (performance, efficiency); increase (raise, boost) output (production)

предусматривать ~ provide for capacity

сохранять ~ retain efficiency

увеличивать ~ increase (raise) productivity (performance, efficiency), increase (raise, boost) output (production)

улучшать ~ improve performance (efficiency)

~ью with the production capacity of

с ~ью ... % at ... % efficiency

производительный productive, efficient

производить 1. (*изготавливать*) make, manufacture, produce **2.** (*осуществлять*) make, carry out, effect

производственно-технический technical and production

производственно-экономический productive-economic (productive and economic)

производственный industrial, production *attr.*

производств/о 1. (*изготовление*) manufacture, manufacturing, production, make **2.** (*отрасль*) industry **3.** (*подразделение фирмы*) department **4.** *юр.* proceedings

~, арбитражное arbitration proceedings

~, безотходное waste-free (non-waste) production

~, бесперебойное uninterrupted manufacture

~ в опытных масштабах pilot production

~ в промышленных масштабах commercial production (operation)

~, вредное unhealthy trade

~, вспомогательное auxiliary department

~ высококачественных изделий quality production

~, высокорентабельное highly remunerative production

~, высокоспециализированное highly specialized production

~, гибкое flexible production

~, гибкое переналаживаемое flexibly readjustable production lines

~, годовое annual production

~, действующее existing industry

~, импортозамещающее import-substituting production

~, индивидуальное individual production, single-piece (job) production

~а, иностранного of foreign manufacture

~, **капиталисти́ческое това́рное** capitalist commodity production
~ **капита́льного ремо́нта** overhauling
~ **комме́рческое** commercial production
~, **конве́йерное** assembly-line (flow) production
~, **конкурентоспосо́бное** competitive production
~, **кооперѝрованное** cooperative production
~, **кру́пное** large-scale production
~, **крупносери́йное** large-scale (lot) production (manufacture)
~, **куста́рное** [handi]craft (home, domestic, cottage, artisan) industry, back-yard production
~, **ма́ссовое** large-scale (mass, quantity, high volume) production, production in bulk, wholesale manufacture, extensive manufacturing, large output
~ **маши́н** production of machines
~, **маши́нное** machine production
~**а, межотраслевы́е** inter-sectoral (inter-branch) plants
~, **ме́лкое** small-scale production (manufacture)
~, **ме́лкое това́рное** small-scale commodity production
~, **мелкосери́йное** small-scale (batch, lot) production (manufacture)
~, **мирово́е** world production
~ **наукоёмкой проду́кции** production of science-intensive output
~ **на э́кспорт** production for export
~, **незавершённое** incomplete production; goods (work, material) in process (progress) of work, unfinished goods
~, **непреры́вное** continuous production (process)
~ **но́вой моде́ли** production of a new model
~, **о́пытное** pilot [-scale] (prototype) production
~, **организо́ванное** organized production
~, **осво́енное** commercial production
~**а, оте́чественного** of home manufacture, home-made, produced domestically
~, **оте́чественное** domestic production
~ **пищевы́х проду́ктов** food production
~, **пла́новое** planned production
~ **по апелля́ции** proceedings in appeal
~ **по возраже́ниям** opposition proceedings
~ **по вы́даче** (*пате́нта*) issue proceedings, proceedings for grant
~ **по де́лу** proceedings
~ **по зака́зу** production on order, individual (job order) production
~, **пото́чное** flow (flow-line, in-line, assembly-line, mass-line, line) production; line-flow production techniques
~, **пото́чно-ма́ссовое** quantity production
~ **предме́тов потребле́ния** production of consumer goods
~, **при́быльное** profitable production
~ **проду́кции** manufacture (production) of products
~ **проду́кции на э́кспорт** manufacture (production) of products for export

~, промы́шленное industrial (commercial) production
~, ремёсленное [handi]craft (home, domestic, cottage, artisan) industry
~, сельскохозя́йственное agricultural (farming) production
~а, сери́йного of batch production
~, сери́йное serial (full-scale, quantity) production, production manufacturing, production run; (*партиями*) batch (series) production (manufacturing)
~а, со́бственного of one's own production
~а, сове́тского of Soviet manufacture, of USSR origin, Soviet-made (produced)
~, совме́стное joint production (manufacture)
~, сокращённое curtailed production
~, специализи́рованное specialized production
~, среднесери́йное medium-size lot production
~, станда́ртное standard production
~ сырья́ primary production
~, теку́щее current production
~, това́рное commodity production
~ това́ров production (manufacture) of goods
~, фабри́чное manufacture, manufacturing
~, цикли́чное cycle manufacturing
~, шту́чное piece (job, single-part) production, individual production
автоматиза́ция ~а automation of production
возбужде́ние ~а по де́лу institution of proceedings
возмо́жности ~а для сбы́та commercial opportunities
вре́мя перестро́йки ~а setup time
ги́бкость ~а flexibility of production
дела́, при́нятые к ~у cases accepted for arbitration
дефе́кт ~а manufacturing defect
заверше́ние ~а по де́лу completion of proceedings
заде́ржка в ~е delay in production
изде́лия ма́ссового ~а mass production(-produced) articles
изде́лия сери́йного ~а serially-produced articles (items)
изде́ржки ~а costs (expenses) of production (manufacturing), production (manufacturing, operating, operation[al]) costs
и́ндекс ~а index of production
инстру́кции по ~у instructions on the manufacture
исто́чник ~а manufacturing source
концентра́ция ~а concentration of production
коопери́рование ~а cooperation of production
масшта́б ~а scale of production, production (industrial) scale
ме́тод ~а production (manufacturing) method
нала́живание ~а setting up (organizing) production
нача́ло ~а commencement of work
недоста́тки ~а production faults
неритми́чность ~а jerky production
нови́нка ~а innovation in manufacture (production)

номенклату́ра ~а range of production (manufacture)
но́рмы ~а standards of manufacturing, manufacturing standards
но́у-ха́у ~а manufacturing know-how
обновле́ние ~а renewal (renovation) of production (of a plant)
объём ~а [volume of] output, volume (quantity) of production
объём ~а, валово́й gross output
объём ~а в то́ннах output in [terms of] tons
объём ~а, о́бщий total production, total industry volume
объём ~а, согласо́ванный agreed production output
обяза́тельства по ~у production commitments
ограниче́ние ~а restriction (limitation) of production
организа́ция ~а organization (management) of production
ору́дия ~а instruments (implements) of production
освое́ние ~а mastering the production (manufacture)
о́трасль ~а production branch, branch of production
отхо́ды ~а [production] waste[s]
переры́в в ~е disruption in production
перестро́йка ~а, техни́ческая technical reconstruction
плани́рование ~а production (manufacturing) planning
потре́бности ~а production (industrial) requirements
пра́вила о ~е дел в арбитра́же rules of procedure of arbitration, arbitration rules
прекраще́ние ~а по де́лу termination of proceedings
приостановле́ние ~а по де́лу stay of proceedings
проце́сс ~а process of production (manufacture, manufacturing), production (manufacturing, productive, operating, fabrication, industrial) process, production procedure
разви́тие ~а development of production; enlargement of output
размеще́ние ~а manufacturing locations, location of economic activity, industrial siting
разреше́ние на ~ production authorization
разреше́ние на ~ [капита́льных] затра́т expenditure authorization
райо́ны ~а producing areas
расхо́ды ~а running (manufacturing, working) expenses
расхо́ды по ~у подря́дных рабо́т terminal costs
расшире́ние ~а expansion (increase) of production
рационализа́ция ~а rationalization of production
резе́рвы ~а production reserves
рента́бельность ~а profitability of production, production profitability
руководи́тель ~а production manager
свёртывание ~а curbing of production, production curtailment
себесто́имость ~а production cost, actual manufacturing (factory) cost
секре́т ~а know-how, secret of production (manufacture, manufacturing), production (manufacturing) secret
сниже́ние сто́имости ~а cost savings in manufacture

сокраще́ние ~а decline (decrease, reduction, cutback, set-back) in production, curtailment of production
состоя́ние ~а state of production
специализа́ция ~а specialization in (of) production; line of production, product line
спо́соб ~а method (mode) of production (manufacture), production (manufacturing) method (technique, practice)
сре́дства ~а means of production, capital (investment, producers') goods
стагна́ция ~а stagnation of production
ста́дия ~а stage of manufacture, production stage
сто́имость ~а cost of production (manufacture), fabrication cost
структу́ра ~а structure of production
те́хника ~а manufacturing technique
техноло́гия ~а production engineering, manufacturing (production) technology, technology for (of) production
тип ~а production type
убы́тки ~а production losses
увеличе́ние ~а output expansion, expansion of production volume, stepping up of production
у́зкие места́ в ~е bottlenecks in production
управле́ние ~ом management of production
управля́ющий ~ом production (manufacturing) manager, manager of manufacturing (production)
у́ровень ~а level (rate) of production, production level
цена́ ~а cost price
эконо́мика ~а economics of production
эффекти́вность ~а production efficiency, efficiency of production
вводи́ть в сери́йное ~ put into full production
внедря́ть в ~ introduce into production
возобновля́ть ~ по де́лу resume proceedings
заверша́ть ~ complete manufacture
заде́рживать ~ delay manufacturing
занима́ться ~ом be engaged in manufacturing
запуска́ть в ~ start (launch) production
испо́льзоваться в ~е be used in production
нала́живать ~ set up (organize) production
нала́живать ~ по лице́нзии master the production of a licensed product
нача́ть ~ start (commence, enter, go into) production, bring into production, get into production
не осво́ить ~ fail to master production (manufacture)
ограни́чивать ~ restrict production
организова́ть ~ на заво́де get a plant into [organized] production
организова́ть промы́шленное ~ establish commercial production
осва́ивать ~ master production (manufacture)
осуществля́ть ~ carry out the production (manufacturing) process, realize the manufacture of
осуществля́ть ~ по де́лу carry out proceedings

отрази́ться на ~е affect production
переключа́ть ~ на switch production to
переключа́ть на ~ switch over to the production of
плани́ровать ~ schedule production
подде́рживать ~ на определённом у́ровне maintain production level
поступа́ть в ~ go into production
прекраща́ть ~ stop (cut off) production, stop producing, cease manufacture, go out of production
прекраща́ть де́ло ~ом (прекраща́ть ~ по де́лу) terminate proceedings
приостанови́ть ~ stop (suspend) production
приступи́ть к ~у start up the manufacture of
пуска́ть в ~ put into production (manufacture)
расширя́ть ~ expand (increase) production
свёртывать ~ phase out (phase back) production, curb production
снима́ть с ~а stop (withdraw from) production
создава́ть ~ build up production
сокраща́ть ~ cut down (curtail, reduce, curb) production
специализи́роваться в (на) ~е specialize in the manufacture of, specialize in products
тормози́ть ~ check (hold back, slow down) production
увели́чивать ~ increase (raise, boost) production, increase (extend) output
ускоря́ть ~ step up production
~и потребле́ние production and consumption
в ста́дии ~а at the manufacturing stage
~ прихо́дит в упа́док production is declining

происходи́ть happen, occur, take place; arise, originate
~ в результа́те result from
~ от originate from

происхожде́ни/е origin
~ изде́лия origin of a product
~, комме́рческое commercial origin
~, морско́е marine origin
~ това́ра origin of goods
ме́сто ~я place of origin
описа́ние ~я description of origin
отме́тка о ~и mark of origin
свиде́тельство о ~и certificate of origin
сертифика́т ~я certificate of origin
страна́ ~я country of origin, home country
указа́ние ~я indication of origin
ука́зывать ~ това́ра state the origin (source) of goods
установи́ть ~ establish the origin
живо́тного ~я of animal origin
иностра́нного ~я of foreign origin
оте́чественного ~я of domestic origin; of domestic growth

происше́ствие, авари́йное accident

прока́т hire, rent
~ автомоби́лей car rental
~ конте́йнеров container leasing
~ фи́льмов film hire; film release
бюро́ ~а rental service

прокла́дк/а lining; padding; packing

~, внутренняя inner lining
~, водонепроницаемая waterproof lining
~, картонная cardboard padding
~, полиэтиленовая polythene inner lining (sheeting)
~, резиновая rubber strip
прокладывать (*обивать изнутри*) line; (*подкладывать мягкое*) pad
прокол puncture
пролонгационный renewal *attr.*
пролонгаци/я (*отсрочка*) prolongation, extension; renewal
~ аккредитива prolongation (extension) of a L/C
~ векселя prolongation (renewal) of a bill
~ кредита extension of credit (credit facilities), prolongation (renewal) of [the] credit [term]
~ срока prolongation (extension) of the time [limit] (term)
~ страхования renewal of [expiring] coverage
~ тратты extension (renewal) of a draft (bill [of exchange])
оговорка о ~и (*чартера, полиса*) continuation clause
период ~и renewal period
пролонгированный extended; renewal *attr.*
пролонгировать (*отсрочить*) extend, prolong; renew
промедлени/е delay
~ поставки delay in delivery
без ~я without delay
промежут/ок interval; gap
~ времени period, time interval, period (length, space) of time, term
~, месячный period (space) of a month, month's period [of time]
в ~ке in the interval
промежуточный intermediate, interim
промокший (*о товаре*) waterlogged, wet
промптовый (*немедленный*) prompt
промыс/ел 1. (*занятие*) trade, craft **2. ~лы** (*предприятия*) fields
~, кустарный domestic craft, handicraft (home, domestic, artisan) industry
~, морской sea fishery
~лы, нефтяные oil-fields
промышленник industrialist
~, крупный big industrialist, industrial magnate
~, мелкий small industrialist
промышленность industry
~, авиакосмическая space aviation
~, авиационная aviation (aircraft) industry
~, автомобильная automobile (automotive, motor, truck) industry
~, военная munitions industry
~, высокоразвитая highly developed industry
~, газовая [natural] gas industry
~, горнодобывающая mining [industry]
~, добывающая mining (mineral, extractive, primary, raw materials) industry
~, консервная food-canning industry
~, крупная large-scale industry
~, лесная timber (wood, forest[ry]) industry
~, лёгкая light industry, consumer goods industry
~, машиностроительная engineering [industry], machinery-producing (machine-building) industry, machine-building (manufacturing)

~, **ме́стная** local (regional, domestic) industry
~, **металлообраба́тывающая** metal working industry
~, **металлурги́ческая** metallurgy (metallurgical) industry
~, **многоотраслева́я** diversified industry
~, **национализи́рованная** nationalized industry
~, **нефтедобыва́ющая** oil extraction (crude petroleum) industry
~, **нефтеперераба́тывающая** oil-processing (refining) industry, petroleum[-refining] industry
~, **нефтехими́ческая** petrochemical industry
~, **нефтяна́я** oil (petroleum) industry
~, **обраба́тывающая** manufacturing, manufacturing (process[ing]) industry
~, **основна́я** basic industry
~, **оте́чественная** home (domestic) industry
~, **пищева́я** food[-processing] industry
~, **производя́щая потреби́тельские това́ры** consumer goods industry
~, **производя́щая сре́дства произво́дства** capital (investment) goods industry
~, **сталелите́йная** steel industry
~, **станкострои́тельная** machine-tool (tool-making) industry
~, **строи́тельная** building (construction) industry
~ **строи́тельных материа́лов** construction materials producing industry
~, **судоремо́нтная** shiprepairing industry
~, **судострои́тельная** shipbuilding industry
~, **тексти́льная** textile industry, textiles
~, **тка́цкая** weaving industry
~, **тяжёлая** heavy industry
~, **у́гольная** coal[-mining] industry
~, **фармацевти́ческая** pharmaceutical industry
~, **хими́ческая** chemical industry
~, **электро́нная** electronic industry
~, **электротехни́ческая** electrical industry
~, **энергети́ческая** power industry
концентра́ция ~и concentration of industry
о́трасль ~и industry, branch (line) of industry, industrial branch
о́трасль ~и, веду́щая key industry
о́трасль ~и, госуда́рственная public (state) industry
о́трасль ~и, сме́жная allied (related) [branch of] industry
разви́тие ~и development (growth) of industry, industrial development (gpowth)
расшире́ние ~и industrial expansion
сотру́дничество в о́бласти ~и industrial cooperation
успе́хи ~и progress of industry
развива́ть ~ develop (expand) industry

промы́шленный industrial

пропада́ть (*теря́ться*) be missig, be lost

пропа́жа loss
~ **па́ртии това́ра** loss of a consignment

про́писью in words, spelled out
су́мма ~ amount (sum) in

words, written amount, value spelled out
пропорциона́льно proportionally, in proportion to (with), pro rata, on a pro rata basis
~ до́ле уча́стия in proportion to the share of contribution
~ су́мме proportionally to the sum
[быть] пря́мо ~ цене́ [be] directly proportionate to the price
взима́ть фрахт ~ факти́чески про́йденному пути́ charge distance freight
дели́ть изли́шки ~ ме́жду divide surplus pro rata among
приноси́ть проце́нт ~ вре́мени carry interest pro rata temporis
распределя́ть ~ prorate; **распределя́ться ~** be prorated
пропорциона́льный proportional, proportionate
про́пуск 1. (*документ*) pass, permit **2.** (*пустое место*) blank, gap **3.** (*ошибка*) omission, miss
~ на това́р gate pass
~ на я́рмарку fair card
~и, несуще́ственные minor omissions
~, постоя́нный permanent ticket (card)
~, пригласи́тельный complimentary pass
~, тамо́женный pass permit
~ това́ра че́рез грани́цу transit of goods across the state border (frontier)
~ това́ра че́рез тамо́жню [customs] clearance
~, транзи́тный transit receipt
получе́ние ~а obtaining (acquisition) of a permit
взять ~ take out a permit
вы́дать ~ issue a pass
пропуска́ть 1. (*не упоминать*) leave out, omit, pass; miss **2.** (*обрабатывать — о грузах*) handle **3.** (*утвердить, разрешить*) pass
пропу́щенный (*недостающий*) missing
прорабо́тка study, analysis
проспе́кт prospectus; *тех.* pamphlet
~, вы́ставочный exhibition prospectus
~, рекла́мный advertising prospectus
~, фи́рменный prospectus of a company (firm)
набо́р ~ов range of prospectuses
рассы́лка ~ов distribution of prospectuses
зака́зывать ~ order a prospectus
прилага́ть ~ы enclose (attach) prospectuses
рассыла́ть ~ы distribute (send out) prospectuses (leaflets)
просро́ченный overdue, past due; outstanding
~ давно́ long overdue
~ на ... дней ... days overdue
просро́чить exceed a time limit
просро́чк/а exceeding of the time limit (fixed date); delay; arrears
~ платежа́ late (overdue) payment, delay in payment, default; arrears of (in) payment
~ погаше́ния delay in repayment
~ поста́вки late (overdue) delivery
пе́ня за ~у платежа́ late charge
проце́нты за ~у interest on arrears
штраф за ~у платежа́ penalty for delay in payment
штраф за ~у поста́вки penalty for delay in delivery
вызыва́ть ~у поста́вки cause late (overdue) delivery

проста́ивать stand idle

просто́/й *сущ.* downtime, idle (dead, lost, standing) time; (*судна*) demurrage; (*задержка*) detention

~ ваго́на demurrage of a car

~, внепла́новый unscheduled downtime

~, возмо́жный eventual demurrage

~, непредви́денный unforeseen stoppage

~ обору́дования machine idle time, downtime (idle time) of equipment, outage

~, опла́чиваемый по́сле разгру́зки demurrage payable on discharge

~, пла́новый scheduled downtime

~, по́лный total downtime

~ су́дна demurrage; detention

вре́мя ~я downtime, idle (bad, dead, lost, lie, outage, standby, standing) time; shutdown period; (*судна*) demurrage time

коэффицие́нт ~я downtime rate (ratio)

опла́та ~я (*судна*) settlement of demurrage for a vessel, payment of demurrage

отчёт о ~е (*оборудования*) idle time report

пла́та за ~ (*судна, вагона*) demurrage [charges]

продолжи́тельность ~я down (idle) time

продолжи́тельность ~я при техни́ческом обслу́живании maintenance time

расчёт пла́ты за ~ (*судна, вагона*) calculation of demurrage

себесто́имость ~я (*судна*) actual cost of detention

сокраще́ние непроизводи́тельных ~ев reduction of unproductive idle time

часы́ ~я idle hours

штраф за ~ demurrage; detention

находи́ться на ~е be on demurrage

оплати́ть ~ pay demurrage

тре́бовать упла́ты за ~ claim demurrage

просто́й *прил.* simple, easy, ordinary

просчёт miscalculation, error in calculation; error in counting

просчи́тывать count; calculate, compute

просчи́тываться miscalculate, make an error, go wrong

про́сьб/а request

~ в пи́сьменной фо́рме written request

~, дополни́тельная further request

~, запозда́лая belated request

~, исходя́щая от request coming from (originating from)

~ы, многочи́сленные repeated requests

~, настоя́тельная imperative (urgent) request

~, официа́льная official request

~, пе́реданная по телефо́ну phone request

~, пи́сьменная written request

~, повто́рная repeated request

~ по существу́ substantive request

~ со ссы́лками referenced request

письмо́ с ~ой letter requesting (asking)

удовлетворе́ние ~ы meeting a request

выполня́ть ~у meet (comply with) a request

обратиться с ~ой make a request, approach *smb* with a request
отвечать на ~у respond to a request
отзывать ~у withdraw a request
отклонять ~у decline a request
посылать по ~е supply on request
рассматривать ~у consider a request
удовлетворить ~у meet (satisfy, comply with) a request
в соответствии с ~ой in compliance with the request
по ~е on request, at the request of
согласно ~ы according to (in accordance with, in compliance with) the request, as requested

протекционизм protectionism
~, жёсткий rigid protectionism
политика ~а [policy of] protectionism
препятствовать распространению ~а hinder the spread of protectionism

протекционистский protectionist, protective, protecting

протест protest; certificate (note, notice) of protest; notice of dishonour; objection
~ векселя protest of a bill
~ векселя из-за неакцепта protest for non-acceptance
~ векселя из-за неплатежа protest for non-payment
~, запоздалый past due protest
~, капитанский protest by master, captain's protest
~, морской sea protest, ship's (captain's) protest
~, письменный written notice of objection
~ против регистрации товарного знака opposition of registration of a trademark
~, судовой ship's protest
акт о ~е act (deed) of protest
возражение по ~у counter-statement
задержка с ~ом delay in protesting
издержки ~а costs (expenses) of protest, protest expenses (fees, charges), charges for noting
комиссия за оформление ~а protest charge
отказ от ~а waiver of protest
право ~а right of protest
расходы по ~у costs (expenses) of protest, protest expenses (costs, fees, charges), charges for noting
совершение ~а entering of protest
форма ~а form of protest
возвратить вексель с ~ом return a bill under protest (protested)
выразить ~ в письменной форме object in writing
выступать с ~ом make a protest, protest
допускать ~ have a bill protested
заявить ~ make (raise, enter, file, lodge) a protest
заявить морской ~ note a protest
заявить ~ нотариусу submit a protest to the notary's office
отозвать ~ withdraw a protest
отсрочить ~ defer (delay) protest
представить письменный ~ give written notice of
рассматривать ~ consider a protest, give consideration to objection

совершáть ~ enter (make, lodge) a protest, go to protest
подпи́сано под ~ ом signed under protest

протестовáть protest, note, object

противозакóнный unlawful

противопрáвный illegal

протокóл protocol, record, minutes
~ авáрии statement of damage
~, годовóй annual (yearly) protocol
~, дополни́тельный supplementary protocol
~, заключи́тельный final protocol
~ заседáний record of hearings, minutes [of proceedings], protocol of a session
~ заседáния арбитрáжной коми́ссии minutes of a meeting of an arbitration commission
~ испытáния test report (protocol, record), report on a test
~ испытáния, заводскóго works' test report (certificate)
~, итóговый final protocol
~ об окончáнии механи́ческих испытáний protocol of completeness of mechanical check-out
~ о готóвности оборýдования к испытáнию protocol of (on) the readiness of equipment for testing
~ о готóвности оборýдования к пýску в эксплуатáцию protocol of (on) the readiness of equipment for commissioning (putting into operation)
~ о завершéнии монтáжных рабóт protocol of (on) completed (completeness of) erection work
~, окончáтельный final protocol
~ о намéрениях protocol of intentions
~ о пýске оборýдования в эксплуатáцию protocol of (on) the comissioning of equipment
~ осмóтра protocol of (on) inspection [of quality], inspection protocol
~ о сотрýдничестве protocol on cooperation
~ о товарооборóте trade protocol, protocol on goods turnover (on trade)
~ переговóров protocol (minutes) of negotiations
~ приёмки acceptance protocol
~ приёмки документáции protocol of (on) acceptance of documentation
~ приёмки, предвари́тельный preliminary acceptance protocol
~ приёмки проéкта, окончáтельного final project acceptance protocol
~ приёмки проéкта, предвари́тельного preliminary project acceptance protocol
~ рабóты working record
~ сдáчи-приёмки acceptance protocol, handing-over record
~, техни́ческий technical protocol
ведéние ~а recording the minutes
внесéние в ~ record (entry) in a protocol
вы́писка из ~а excerpt from the minutes, extract from the protocol
дáта подписáния ~а date of a protocol
зáпись в ~е entry in a protocol
кóпия ~а copy of a protocol
подписáние ~а signing of a protocol
проéкт ~а draft of a protocol

содержа́ние ~а contents of a record (protocol)
ввести́ ~ в де́йствие give effect to a protocol
вести́ ~ take (keep) a record, record in a protocol, keep (record) the minutes
выполня́ть ~ execute a protocol
заверши́ть составле́ние ~а finalize a protocol
заноси́ть в ~ enter (record) in the minutes
излага́ть в ~е specify (set forth) in a protocol
пересмотре́ть ~ review a protocol
подписа́ть ~ sign a protocol
проверя́ть ~ check a protocol
составля́ть ~ make [up] (draw up) a protocol

протоколи́ровать record, protocol

профессиона́льный professional, occupational

профе́сси/я profession
обуче́ние ~и job training

профила́ктика preventive maintenance

профилакти́ческий preventive

про́филь:
~, произво́дственный structure of output
измени́ть произво́дственный ~ restructure production

профо́рма (*предварительный, ориентировочный*) proforma
~ коносаме́нта proforma bill of lading
~ контра́кта contract form
~ ча́ртера proforma charter [party]

процеду́р/а procedure
~, администрати́вная formality
~ аннули́рования cancellation procedure
~, арбитра́жная procedure of arbitration, arbitration (arbitral) procedure
~ вы́дачи procedure of granting
~ вы́дачи пате́нта patent procedure
~, до́лжная proper procedure
~ контро́ля control procedure
~ обжа́лования appellate procedure
~, обы́чная normal procedure
~ отгру́зки shipping procedure
~ оформле́ния разреше́ния permit procedure
~ оформле́ния счето́в accounting procedure
~ оце́нивания (оце́нки) estimation procedure
~ переда́чи това́ра handing-over procedure
~ подтвержде́ния confirmation procedure
~ получе́ния разреше́ния permit procedure
~ проведе́ния испыта́ний testing procedure
~, рабо́чая working procedure
~ разгру́зки unloading procedure
~ рассмотре́ния зая́вок application procedure
~ реви́зии auditing procedure
~ регистра́ции procedure of registration
~ сертифика́ции certification procedure
~, сло́жная complicated procedure
~, тамо́женная customs procedure, procedure of customs
~, торго́в bidding procedure
~ тра́нспортной обрабо́тки гру́зов handling procedure
поря́док ~ы method of procedure
пра́вила ~ы rules of procedure, procedural rules
пра́вила ~ы, арбитра́жной

rules of arbitration procedure
упроще́ние ~ы simplification of a procedure
сле́довать ~е follow the procedure
соблюда́ть пра́вила ~ы observe (follow) the [rules of] procedure
упроща́ть ~у simplify a procedure
устана́вливать ~у establish (specify) a procedure

проце́нт 1. per cent; (*доля в процентах*) percentage **2.** (*доход с капитала*) interest
~, ба́нковский bank interest
~, большо́й 1. large percentage **2.** high interest
~ бо́я percentage of breakage
~ бра́ка reject (scrap) frequency [rate]
~, вменённый imputed interest
~ в разме́ре ... % годовы́х interest at [the rate of] ... % per annum
~ высо́кий 1. high percentage **2.** high interest
~, годово́й annual interest, interest per annum
~ов годовы́х annual interest rate
~ диско́нта percentage of a discount
~ за креди́т interest on the credit (for the credit granted)
~ за просро́чку interest on arrears
~, значи́тельный substantial percentage
~, комиссио́нный commission percentage (rate), percentage of commission
~, льго́тный concessionary interest rate
~, максима́льный maximum percentage
~, ма́лый small percentage
~, минима́льный 1. minimum percentage **2.** minimum interest
~ на капита́л interest on capital (on principal)
~ы, нако́пленные accrued (accumulated, added) interest, accrued charges
~ на оста́ток су́ммы interest on arrears
~ на су́мму interest on a sum
~ы, начи́сленные computed interest
~, небольшо́й low interest
~, невзы́сканный back interest
~ы, неупла́ченные unpayed (accumulated) interest
~, ни́зкий 1. low percentage **2.** low interest
~, номина́льный nominal interest
~, обы́чный conventional interest
~ы, опла́ченные interest [charges] paid
~, отсро́ченный deferred interest
~ от чи́стого дохо́да при прода́же percentage of net sales
~ы по вкла́дам interest on deposits (savings), deposit rate
~ы по вкла́ду, бессро́чному service charge on a demand deposit account
~ы, подлежа́щие упла́те interest charges
~, подлежа́щий погаше́нию due interest
~ы по задо́лженности interest on debts (on arrears)
~ы по за́ймам loan interest, interest (service charge) on loans, cost of borrowing, borrowing cost
~ы по за́ймам, долгосро́чным long interest
~ы по за́ймам, краткосро́чным short interest

~ы по за́ймам, облигацио́нным interest on bonds
~ по закладно́й mortgage interest
~ по креди́ту interest on credit
~ по креди́ту в рассро́чку instal[l]ment interest
~ покры́тия cover ratio
~ по невалюти́рованному по́лису open policy interest
~ по овердра́фту overdraft rate
~ по са́льдо, дебето́вому interest on debit balances
~ по са́льдо, кре́дитовому interest on credit balances
~, постоя́нный 1. fixed percentage **2.** fixed rate of interest
~ поте́рь percentage loss
~ при́были profit ratio
~ы, причита́ющиеся interest charges; interest due
~ы, причита́ющиеся ба́нку interest due the bank
~, промежу́точный interim interest
~, пролонгацио́нный prolongation interest
~ы, просро́ченные arrears of interest
~ы, просты́е simple interest
~ рента́бельности percentage of profitability
~, ре́нтный royalty interest
~ы, ростовщи́ческие usurious interest
~ ро́ялти percentage of royalty
~ы, сло́жные compound interest
~, сро́чный к упла́те due interest
~, ссу́дный loan interest, [rate of] interest on loans, service charge on loans, cost of borrowing, borrowing cost
~ с су́ммы interest on an amount
~, сумма́рный cumulative percentage
~, твёрдый 1. fixed percentage **2.** fixed rate of interest
~ы, уплачиваемые ка́ждое полуго́дие interest payable half-yearly
~, усло́вленный agreed rate
~, установле́нный зако́ном statutory interest
~, учётный discount, rate of discount, discount rate
~ франши́зы percentage of a franchise
~, чрезме́рный excessive interest
возвра́т ~ов, части́чный, за досро́чное погаше́ние ссу́ды rebate of interest
возраста́ние учётного ~а increase in the discount rate
вы́плата ~ов payment of interest, interest payment
вы́плата ~ов по вкла́дам payment of interest on deposits
вы́плата ~ов по долговы́м обяза́тельствам bond service
вы́плата ~ов с су́ммы payment of interest on an amount
заём под ~ы interest loan
исчисле́ние ~ов calculation (computation) of interest, interest calculation (computation)
исчисле́ние ~ов на капита́л interest charges on capital
накопле́ние ~ов accrual of interest
начисле́ние ~ов calculation (computation) of interest, interest calculation (computation); charging of interest
неупла́та ~ов default of (on) interest
но́рма ~а rate of interest, interest rate
но́рма ~а, есте́ственная natural rate of interest

но́рма ~а, обы́чная conventional rate of interest
но́рма ~а, преде́льная ceiling rate
но́рма ~а, ры́ночная market rate of interest
но́рма ~а, сре́дняя average interest
оста́ток ~ов balance of interest
отсро́чка вы́платы ~ов moratorium on interest
платежи́ ~ов interest charges
погаше́ние ~ов payment of interest, interest payment
разме́р ~а rate (extent) of interest, interest rate
разме́р ~а по вкла́дам deposit rate, rate of interest on deposits
расчёт ~ов (*вычисление*) computation of interest; (*документ*) statement of interest, interest statement (account)
срок упла́ты ~ов interest date
ста́вка ~а rate of interest, interest rate
ста́вка ~а де́нежного ры́нка money market rate
ста́вка ~а, национа́льная national rate of interest
ста́вка ~а, номина́льная nominal rate of interest
ста́вка ~а по де́нежным опера́циям money rate of interest
ста́вка ~а по долгосро́чному креди́ту long interest
ста́вка ~а по одноднéвным вкла́дам overnight rate
ста́вка ~а по онко́льной ссу́де call loan rate
ста́вка ~а, реа́льная real interest rate
ста́вка ссу́дного ~а loan (lending) rate
ста́вка ~а, теку́щая current interest
ста́вка ~а, устано́вленная зако́ном legal rate of interest, legal interest rate
ста́вка ~а, чрезме́рная exorbitan interest rate
су́мма ~ов sum (amount) of interest
табли́ца ~ов table of interest
увеличе́ние ~ов 1. percentage increase **2.** increase of interest
упла́та ~ов payment of interest, interest payment
упла́та ~ов по долговы́м обяза́тельствам bond service
упла́та ~ов по заде́ржанным платежа́м payment of interest on delayed payments
упла́та ~ов по за́ймам payment of interest on loans, current service (servicing) on (of) loans
у́ровень ~а на де́нежном ры́нке market level
усло́вия начисле́ния ~ов terms of interest
взима́ть ~ы collect interest; charge interest
включа́ть ~ы bear (include) interest
выпла́чивать ~ы pay interest
выража́ть в ~ах express as a percentage (in percentage terms)
вычисля́ть ~ы calculate (compute) interest
дебетова́ть ~ы debit interest
занима́ть без ~ов borrow flat
занима́ть под ~ы borrow at interest
нака́пливать ~ы accumulate interest
начисля́ть ~ы compute interest; charge interest
начисля́ть ~ы по за́ймам make an interest charge on loans
определи́ть ~ assess the percentage

плати́ть ~ы pay interest, service interest charges, discharge interest
плати́ть ... ~ов годовы́х pay interest at ... per cent per annum
плати́ть ~ы по сберега́тельным вкла́дам pay interest on savings
повыша́ть учётный ~ raise (advance, mark up) the rate of discount (discount rate)
получа́ть ~ы draw (receive) interest
получа́ть ~ы по ссу́де make interest on a loan
понижа́ть учётный ~ mark down the rate of discount (discount rate)
приноси́ть ~ы bear (carry, yield, earn) interest
приноси́ть ~ы в разме́ре ...% годовы́х carry interest at the rate of ...% per annum
приноси́ть ~ы пропорциона́льно вре́мени carry interest pro rata temporis
ссужа́ть де́ньги под ~ы lend money at interest
упла́чивать ~ы pay (discharge) interest, service interest charges
устана́вливать ~ на су́мму charge interest on an amount
капита́л и ~ы principal and interest, capital and interest
не́тто ~ pure interest
плюс ~ы and interest
без ~ов bearing no interest, no charge for interest
в ~ах in percentage terms
в разме́ре ...% at ...% interest rate
за вы́четом ~а less interest
под ~ы at interest, at an agreed rate of interest
включа́я ~ы with (cum) interest

проце́нтный bearing interest, interest bearing, percentage *attr.*
проце́сс 1. process, procedure **2.** *юр.* trial, [legal] proceedings, proceedings at law; (*слушание*) hearing
~, автоматизи́рованный automated process
~, арбитра́жный arbitration hearing; arbitration proceedings
~, безотхо́дный технологи́ческий waste-free technological process
~, внедрённый в эксплуата́цию currently commercial process
~, запатенто́ванный patented process
~ изготовле́ния process of manufacturing
~ калькуля́ции цен price calculating (calculation) process
~, контроли́руемый controlled process
~, малоотхо́дный технологи́ческий low-waste technological process
~, материалосберега́ющий технологи́ческий material-saving technological process
~ материа́льного произво́дства process of material production, material production process
~, непреры́вный continuous process
~, о́пытный pilot process
~ по лице́нзии licensed process
~, практи́чески осуществи́мый feasible process
~, применя́емый в промы́шленности industrially applicable process
~, произво́дственный process of production (manufacture, manufacturing), production

(productive, manufacturing, operating, fabrication, industrial) process, production procedure
~, произво́дственный, непреры́вный continuous flow process
~, рабо́чий working procedure
~ы, разли́чные various processes
~, регули́руемый controlled process
~ ро́ста growth process
~ сертифика́ции certification process
~, сло́жный complex process
~, суде́бный legal (judicial) proceedings
~, суде́бный, в связи́ с наруше́нием усло́вий контра́кта proceedings on default of a contract
~, технологи́ческий technological (engineering) process, manufacturing procedure
~, тре́буемый desired process
~, трудоёмкий labour-intensive process
~, управля́емый controlled process
~, усоверше́нствованный improved process
~ установле́ния цены́ bargaining process
~, экономи́чный economical process
~ эксплуата́ции operating process
~, энергосберега́ющий технологи́ческий energy-saving technological process
ана́лиз ~а process analysis
возмо́жности ~а capabilities of a process
дета́ли произво́дственного ~а details of the production (performance)
затя́жка ~а (*в суде*) delay in the proceedings
инжини́ринг ~а process engineering
контроли́рование ~а process monitoring
лицензиа́р ~а process licensor
лице́нзия на ~ license on a process, process license
описа́ние ~а process description, description of a process
осуществле́ние ~а realization (implementation) of a process
пара́метры ~а process parameters
по́льзователи ~а users of a process
пробле́мы ~а произво́дства production process problems
разрабо́тка ~а development (working out) of a process
разрабо́тчики ~а developers of a process
руково́дство по технологи́ческому ~у process technology manual, procedure manual
соверше́нствование технологи́ческого ~а improvement of a technological process
ста́дия произво́дственного ~а phase of a manufacturing process
техноло́гия ~а process technology
урегули́рование суде́бного ~а settlement of proceedings
усло́вия произво́дственного ~а, техни́ческие process specifications
характери́стика ~а process parameters
часть ~а portion of a process
быть вовлечённым в ~ be involved in the process
включа́ть в ~ incorporate in the process
внедря́ть ~ introduce a process

запатентова́ть ~ patent a process
изуча́ть ~ study a process
испо́льзовать ~ use a process
испо́льзовать в произво́дственном ~е put into manufacture
контроли́ровать ~ произво́дства inspect a process
находи́ться в ~е be in the process of
начина́ть ~ 1. begin a procedure **2.** institute proceedings
опи́сывать ~ изготовле́ния describe a process for manufacture
опи́сывать технологи́ческий ~ describe a technological process
определя́ть ~ define a process
осва́ивать ~ master a process, get a process to a successful position
осуществля́ть ~ realize a process, implement a procedure
оце́нивать ~ evaluate a process
патентова́ть ~ patent a process
по́льзоваться ~ом use a process
предоставля́ть лице́нзию на ~ license a process
применя́ть ~ operate (practise) a process
разраба́тывать ~ develop (work out) a process
соверше́нствовать технологи́ческий ~ improve a technological process
управля́ть ~ом operate a process

про́чность strength, toughness; (*долговечность*) durability; (*устойчивость*) stability; (*надёжность*) reliability; (*о краске*) fastness
~ констру́кции structural strength
~ окра́ски fastness of dyeing
~ пози́ции bargaining strength
~ упако́вки strength of packing

про́чный strong, tough; durable; stable; reliable

публика́ци/я publication, issue
~ для деловы́х круго́в business publication
~, зарубе́жная foreign publication
~, нау́чная scientific publication
~, нау́чно-техни́ческая scientific and technical publication
~, неофициа́льная unofficial publication
~ объявле́ний advertising
~, ограни́ченная limited publication
~, оте́чественная domestic publication
~, отраслева́я trade publication; business magazine
~, официа́льная official publication
~ пате́нта publication of a patent, patent publication
~, перви́чная primary publication
~, печа́тная printed publication
~, подро́бная detailed publication
~, предше́ствующая previous (prior) publication
~, преждевре́менная premature publication
~, разрешённая release
~, рекла́мная advertising publication
~, техни́ческая technical publication
~ това́рного зна́ка publication of a trademark

~, **торго́вая** trade publication
да́та ~и date of publication, publication date
ме́сто для ~и рекла́мных объявле́ний advertising space
сто́имость ~и cost of publication
тари́фы за ~ю рекла́мы advertising rates

публикова́ть publish

публику́емый published, reported

публи́чный public

пул pool, pool centre
~, **грузово́й** cargo pool
~, **до́лларовый** dollar pool
~, **золото́й** gold pool
~, **лицензио́нный** licensing pool
~, **пате́нтный** patent pool
~ **прока́та поддо́нов** pallet pool
~, **судохо́дный** shipping pool
объединя́ть в ~ pool

пункт 1. point, item; (*статья контракта*) clause, article **2.** (*место*) point, place, station, centre
~, **ближа́йший** the nearest point
~ **ввоза** point of entry
~, **ветерина́рный** veterinary station
~, **входно́й** point of entry
~ **вы́воза** point of exit
~ **вы́грузки** place (point) of unloading, unloading place (point); break bulk point
~ **вы́езда** point of exit
~ **группиро́вки ме́лких отпра́вок** concentration point
~ **догово́ра** clause (item) of a contract (an agreement)
~ **догово́ра о гара́нтиях** guarantee (warranty) clause
~ **догово́ра о монопо́льном пра́ве** monopoly clause
~ **догово́ра, освобожда́ющий от отве́тственности** escape clause
~ **доста́вки** point of delivery
~, **информацио́нный** information centre
~ **и́ска** count
~, **каранти́нный** quarantine station
~, **коне́чный 1.** final point **2.** terminal
~ **контра́кта** clause (item, provision) of a contract
~, **медици́нский** medical[-aid] station
~ **назначе́ния** point (place) of destination
~ **назначе́ния внутри́ страны́** inland destination
~ **назначе́ния, коне́чный** ultimate destination
~ **назначе́ния, прибре́жный** seaboard destination
~**ы, невы́полненные** outstanding clauses
~, **нея́сный** unclear point
~ **об арбитра́же** arbitration clause (provision)
~ **об измене́нии цены́** price variation clause
~, **обме́нный** exchange office; exchange counter
~ **об освобожде́нии от ча́стной ава́рии** free from particular average clause
~ **об усло́виях платежа́** payment clause
~ **о восстановле́нии в права́х** reinstatement clause
~ **о де́йствии непреодоли́мой си́лы** force major clause
~ **о забасто́вках** strike clause
~ **о колеба́нии цен** fluctuation (price variation) clause
~ **о непоста́вке това́ра** non-delivery clause
~ **о пересмо́тре цен** price revision (adaptation) clause

~ о повышéнии цены́ price escalation clause
~ о предвари́тельной оплáте prepayment clause
~ о пропорционáльном распределéнии страховóй отвéтственности average clause
~, осóбый particular point
~ останóвки в пути́ слéдования stop-off (over) point
~ о столкновéнии судóв *страх.* running-down clause
~ отгру́зки point of shipment
~, отдéльный individual (separate) item
~ отправлéния point of departure
~ о ценé price clause
~ о штрафнóй неустóйке penalty clause
~ патéнтной фóрмулы claim
~ патéнтной фóрмулы, зави́симый dependent claim
~ патéнтной фóрмулы, основнóй main claim
~, перевáлочный (перегру́зочный) point (place) of transhipment (transfer, reloading), transhipment (transfer, reloading) point; gateway
~, передáточный interchange point, gateway
~ перехóда point of crossing
~, перехóдный пограни́чный frontier crossing point
~ повéстки дня agenda item
~, поворóтный turning point
~, пограни́чный border (frontier) station (point)
~ погру́зки place (point) of loading, loading place (point), shipment point
~, послéдний final paragraph
~, приéмлемый acceptable point
~, приёмный place of acceptance
~ происхождéния originating point, point of origin
~, промежу́точный intermediate point
~, пропускнóй crossing point
~, разгру́зочный unloading place (point), place of discharge
~, ремóнтный service station
~, ску́почный buying-up centre
~ соглашéния item of an agreement
~, соотвéтствующий (*о контракте*) appropriate clause
~, сортирóвочный *ж.-д.* marshalling point
~, спóрный issue in dispute, point of issue, controversial (arguable) point
~ статьи́ paragraph of a clause
~ трáнспортной обрабóтки гру́за point of handling
~, узловóй main point
~, учётно-калькуляциóнный costing point
отгру́зка из перевáлочного ~а onward shipment
постáвки в нéсколько ~ов delivery to many destinations
применéние ~а о [штрафнóй] неустóйке use (application) of a penalty clause
включáть ~ (*в контракт*) incorporate a clause
вычёркивать ~ delete a point (clause)
изменя́ть ~ alter (amend) a clause
исключáть ~ из контрáкта exclude a clause from a contract
исключáть ~ патéнтной фóрмулы eliminate (cancel) a claim
отвечáть по ~ам answer point by point (item after item)

перечисля́ть ~ы list items
перечисля́ть по ~ам itemize
пони́зиться на ~ (*о курсе*) shed a point
применя́ть ~ о неусто́йке apply (use, invoke) a penalty clause
применя́ть ~ пате́нтной фо́рмулы allow a claim
составля́ть ~ пате́нтной фо́рмулы draft (draw up) a claim
согла́сно ~у under the point

пуск start-up, starting up, commissioning
~ в промы́шленное произво́дство putting into commercial operation
~ в эксплуата́цию putting into operation, commissioning
~ заво́да start-up (starting up) of a plant, plant start-up, commissioning of a plant, plant commissioning
~ объе́кта в эксплуата́цию start-up (launching) of a project
~предприя́тия plant start-up
~, про́бный trial start-up (starting up), trial run
~, сро́чный immediate start-up
да́та ~а в эксплуата́цию operational (start-up, commissioning) date
заде́ржка в ~е в эксплуата́цию delay in putting into operation
руково́дство ~ом в эксплуата́цию supervision of commissioning
наблюда́ть за ~ом supervise commissioning
осуществля́ть ~ commission
руководи́ть ~ом обору́дования supervise commissioning of equipment

пусково́й commissioning, starting

пу́ско-нала́дочный commissioning, start-up *attr.*

пут/ь 1. way, track, path **2.** (*способ*) way, means **3.** (*расстояние*) distance
~, альтернати́вный alternative way
~и, внутризаводски́е industry tracks
~, во́дный waterway, water outlet
~, во́дный, вну́тренний inland waterway
~ для погру́зочно-разгру́зочных рабо́т team track
~, железнодоро́жный railway line (track)
~, железнодоро́жный, грузово́й freight line (track)
~, железнодоро́жный, запасно́й railway siding
~, железнодоро́жный, сквозно́й through route
~, запасно́й siding, side-track; storage track; shunt
~, морско́й sea (shipping) route
~, надзе́мный ре́льсовый overhead track
~, обра́тный return journey (trip)
~ оптима́льной сто́имости least cost path
~, подъездно́й access, access road, approach line, siding
~, подъездно́й для автотра́нспорта road link
~, прямо́й direct route
~, речно́й inland waterway
~ сле́дования routing
~ сообще́ния [traffic] route, way of communication (traffic)
~, судохо́дный sea (shipping) route
~, торго́вый trade route
~, транзи́тный transit route (road)

~, тра́нспортный transport route
иска́ть ~и́ seek ways
найти́ ~и́ и сре́дства find ways and means
прокла́дывать ~ be pioneer
прокла́дывать ~ но́вым това́рам pioneer brands of new products
сле́довать по ~и́ follow the course
в ~и́ en route
по ~и́ сле́дования during the voyage
во́дным ~ём by water
морски́м ~ём by sea
сле́дующими ~я́ми through the following routes
сухопу́тным ~ём by land
~ём публика́ции *или* **ины́м спо́собом** by publication *or* otherwise

пятн/о́ stain
мешки́ име́ют ~а bags are stained
мешки́ име́ют ~а от морско́й воды́ bags are marked by sea water
мешки́ име́ют ~а от речно́й воды́ bags are marked by fresh water

Р

рабо́т/а 1. work; labour **2.** (*о машине*) performance, run, running, operation, working, functioning **3.** (*занятие, служба*) job **4.** (*обслуживание*) service **5.** (*научный доклад*) paper
~ы, авари́йные salvage (rescue) work, salvage operations
~, автомати́ческая (*о приборе*) automatic performance (operation)
~, акко́рдная piece (task) work
~, администрати́вная administrative work
~, безавари́йная trouble-free (trouble-proof, faultless) operation, trouble-free service (running, performance)
~, безопа́сная (*о машине*) safe working
~, безостано́вочная nonstop run
~, безотка́зная no-failure operation
~, бесперебо́йная continuous (uninterrupted, smooth) operation (running, performance)
~, брига́дная team work
~ в воскре́сные и пра́здничные дни work on days off and holidays
~ в две сме́ны two-shift (double-shift) work (operation)
~ в две сме́ны по 8 часо́в в день two eight-hour work shifts per day
~ в непреры́вном режи́ме continuous work (working, operation, running)
~ в ночно́е вре́мя night work
~ в обы́чное рабо́чее вре́мя work at normal working hours
~ во втору́ю сме́ну second-shift work (operation)
~ в одну́ сме́ну one-shift work (operation)
~, вре́менная time (temporary) work (job)
~, вспомога́тельная auxiliary work, by-work
~, вы́полненная work done (performed, executed)
~, выполня́емая work in progress (on hand, under way)
~, высокока́чественная high- (first-) class work

~, **высококвалифици́рованная** highly skilled work
~, **высокомеханизи́рованная** highly mechanized work
~ **вы́ставки** work (operation, functioning) of an exhibition
~**ы, грузовы́е** loading and unloading (discharging) operations, cargo (stevedoring) operations, handling [operations]
~, **демонта́жная** [work of] dismantling (dismounting)
~, **дефе́ктная** defective work
~, **дневна́я** day work
~, **дополни́тельная** extra job, additional work
~, **завершённая** completed work
~ **заво́да** plant operation, operation of a plant
~, **затра́чиваемая** expenditure of labour
~, **инжене́рная** engineering work
~, **иссле́довательская** research work, exploration operations
~**ы, иссле́довательские и изыска́тельские** survey and research work
~, **канцеля́рская** clerical work
~, **ключева́я** key job
~, **констру́кторская** design work
~, **конто́рская** office work
~, **кратковре́менная** short-run job
~, **лаборато́рная** laboratory work
~ **маши́ны** operation (performance) of a machine
~, **механи́ческая** mechanical work
~**ы, монта́жные** erection (installation, mounting, assembly) work
~ **на ба́зе хозя́йственного расчёта** operation on a self-supporting basis
~, **надёжная** dependable (reliable, fail-safe) performance (working, operation), trouble-free operation, reliable functioning
~, **надлежа́щая** proper work
~ **на испыта́тельном сте́нде** test stand operation
~ **на комиссио́нной осно́ве** commission work, work on a commission basis
~**ы, нала́дочные** work on adjusting, adjustment work, adjustment and alignment
~ **на ме́сте** on-site work, work on [the] site
~ **на по́лную мо́щность** capacity operations, working to capacity
~ **на строи́тельной площа́дке** on-site work, work on the contruction site
~, **нау́чная** scientific work; scientific paper
~, **нау́чно-иссле́довательская** research [and development] work (activities)
~, **невы́полненная** outstanding work
~, **незавершённая** uncompleted work
~, **неквалифици́рованная** unskilled labour
~ **непо́лную сме́ну** part-time work (operation)
~ **непосре́дственно с** work directly (jointly) with
~, **непреры́вная** continuous work (working, operation, running)
~, **несезо́нная** off-season job
~, **неудовлетвори́тельная** unsatisfactory work (performance), faulty working
~, **низкоопла́чиваемая** low-paid work (job)

~, нормáльная normal working (operation, running) performance
~, ночнáя night work (hours)
~ обору́дования operation (performance, running, work) of equipment
~, обы́чная routine work, normal operation
~, опубликóванная published work
~ы, óпытно-констру́кторские [research and] development [work], development (engineering) effort
~, организациóнная organizational work
~, отдéлочная finishing work; (*в помещении*) painting and decorating
~, патéнтная patent work
~, первоклáссная (*по качеству*) first-class workmanship
~ы, перевáлочные cargo-handling operations, transhipment
~, плáновая planned (scheduled) work
~, плáтная paid work
~ плохóго кáчества bad workmanship
~, побóчная by-work, sideline
~ по восстановлéнию reconstruction work
~, повремéнная timework, work paid by the hour (day, week)
~, повседнéвная daily (everyday, day-to-day, routine) work
~ по гарантúйным претéнзиям servicing under a guarantee
~ по грáфику schedule[d] work
~, погру́зочно-разгру́зочные cargo handling, loading and unloading (discharging) operations, cargo (stevedoring, handling) operations, stevedorage
~ы, погру́зочные loading (handling) operations
~, подготовúтельная preparatory (preliminary) work
~ по демонтажу́ dismantling, dismounting, disassembly [work]
~, подённая day work, timework, work by the day
~ы, подря́дные contract work, work by contract, contractor's business
~, подсóбная unskilled (subsidiary, ancillary, auxiliary) work
~ по исправлéнию дефéктов remedial work
~ по контрáкту contract work, contractual employment; work on a contract
~ы, полевы́е field work
~ пóлную смéну full-time work (job, operation)
~ы по монтажу́ и худóжественному оформлéнию construction and decoration work
~ по наблюдéнию work of supervision
~ по нáйму employment, work for hire, hired labour, wage work
~ по обслу́живанию service work
~ по освоéнию и эксплуатáции development in exploration and exploitation
~ по планúрованию planning work
~ по плáну planned (schedule[d]) work, work on schedule
~ по погру́зке и вы́грузке cargo handling, loading and unloading (discharging) operations, cargo (stevedoring, handling) operations, stevedorage
~ы по постáвке и монтажу́

оборудования hardware business
~ **по проекту** work (activity) on a project
~ **по пуску в действие** putting into operation
~ **по содержанию и ремонту** maintenance work
~, **постоянная** regular (permanent) work
~, **поточная** line production
~ **по трудовому договору** work (job) on a contractual basis
~ **по усовершенствованию** work on the development of
~**ы по художественному оформлению** (*выставок, витрин*) display work
~, **практическая** practical work
~, **предварительная** preliminary work
~, **предстоящая** forthcoming (future) work
~ **при полной нагрузке** full-capacity work (operation)
~, **проверочная** test (testing) work, work of testing
~, **проделанная** work done (performed)
~, **продуктивная** efficient (productive) work (operation)
~**ы, проектно-изыскательские** designing and developing (development) work
~**ы, проектно-конструкторские** engineering [work]
~**ы, проектные** design work[s]
~, **производительная** efficient (productive) work (operation)
~**ы, пусковые** start-up operations, work on commissioning
~**ы, пуско-наладочные** commissioning [work], start-up and adjustment operations
~**ы, разгрузочные** discharging (unloading) operations
~**ы, регламентные** routine operations (maintenance)
~, **рекламная** advertising job
~, **ремонтная** repair (remedial) work
~, **ритмичная** smooth (rhythmical) work (functioning)
~, **ручная** manual work (labour, job), handwork
~, **сверхурочная** overtime [work (job)], overwork
~ **свыше ... часов** over ... hours operation
~, **сдельная** work by the piece, piece-work [job], job (task) work, jobbing
~, **сезонная** seasonal work
~ **с кадрами** personnel development
~**ы, складские** warehousing operations
~, **случайная** odd job, jobbing
~, **сменная** shift work, work in shifts
~ **с недогрузкой** underrun, underrunning
~, **совместная** joint (team) work (operation), collaboration
~**ы, спасательные** salvage (rescue) work, salvage operations
~, **специфическая** particular job (work)
~ **с поощрительной оплатой** incentive work (operation)
~, **срочная** rush job (work)
~**ы, стивидорные** stevedore work, stevedoring [work (operations)], stevedorage, stowing
~ **строго по правилам** work-to-rule, *амер.* work by the rules
~**ы, строительно-монтажные** civil (building) and erection work, construction and assembling (installation) work (operation)
~**ы, строительные** civil en-

gineering work, civil (construction) work (activity)
~ы, субподрядные subcontract work, subcontracting
~, точная precise (fine) work; precision workmanship
~, транспортно-экспедиторская forwarding business
~, трудоёмкая labour-intensive work
~ы, уборочные (*с.-х.*) harvesting
~, удовлетворительная satisfactory work (operation, performance)
~, упаковочная packing work
~, управленческая managerial work
~ы, установочные installation (erection) work
~, фактическая actual work (operation)
~, хорошая proper working (operation)
~ы, художественно-оформительские decoration work
~ы, художественные art work
~, хорошо оплачиваемая well-paid work (job)
~ худшего качества underwork
~, шефмонтажная supervision of erection, supervisory services
~, штучная piecework
~, экспедиторская forwarding
~, эффективная efficient operation
~ ярмарки work (run) of a fair
автоматизация научно-технических работ automation of research and development
автоматизация проектно-изыскательских работ automation of designing and development
ведомость монтажных работ register of erection work
ведомость работ bill of work
вознаграждение за сверхурочную ~у remuneration for overtime
возобновление работ resumption of work
время ~ы hours of work (operation)
время ~ы выставки time of display, opening hours of an exhibition
время ~ы машины running hours
время ~ы по контракту performance under a contract
выполнение работ execution (fulfilment, carrying out, performance) of work
выполнение работ по субподряду subcontracting
гарантия ~ы (*машины*) guarantee of operation, warranty of performance
график ~ы schedule of work, operation (operating, operative) schedule
длительность ~ы duration of work
доля ~ы portion of work (operation)
доплата за сверхурочную ~у extra charges for overtime work
журнал работ working journal
завершение ~ы completion (accomplishment) of work
загруженность ~ой pressure of work
задержка в окончании ~ы delay in completing work
задолженность по ~е arrears (backlog) of work
интенсивность ~ы intensity (rate) of work
исключение сверхурочной ~ы elimination of overtime
качество ~ы quality of work

(operation), performance quality; workmanship
колúчество ~ы amount (quantity) of work
контрáкт о ~е по нáйму contract of employment
контрóль за ~ой supervision of work
масштáб рабóт range (scope) of work
мéсто ~ы place of work, working place; job site
мéтод ~ы operating method, method of operation
метóдика ~ы operating procedure, procedure of work
надёжность ~ы reliability of operation (work)
начáло ~ы commencement (beginning) of work
невы́ход на ~у absence from work; absenteeism
недостáток в ~е failure in performance, deficiency of operation
незавершённость ~ы non-completion of work
нóрма грузовы́х рабóт rate of loading and discharging, handling rate, rate of cargo (stevedoring) operations
нормировáние ~ы rate setting, job standardization
обеспéченность ~ой job security
объём ~ы volume (extent, amount, quantity, scope) of work, work (job) content, scope of activities
объём ~ы по проéкту size of a project
окончáние ~ы (*прекращение*) termination of work; (*завершение*) completion of work
оплáта ~ы payment for work
оплáта ~ы, сверхурóчной overtime pay
оплáта за вы́зов на сверхурóчную ~у call-back pay
остановка рабóт stoppage of work, work stoppage
откáз в ~е (*механизма*) failure
отчёт о ~е work statement
отчёт о ~е по договóру contract work statement
отчёт о состоя́нии ~ы situation (status, progress) report
отчёт о хóде ~ы progress report
оцéнка ~ы job assessment (rating), assessment of work
оцéнка слóжности ~ы job evaluation
очерёдность рабóт order of execution of work
переры́в в ~е break, interruption in (of) work, idle time, inaction period
перúод ~ы operating (running, working) time (period); service life
план ~ы work[ing] (job, operation) schedule (plan), scheme of work
помéхи в ~е interference with operation
поря́док ~ы order (procedure) of work
предыдýщий óпыт ~ы previous (past) experience
прейскурáнт рабóт works pricelist
прекращéние ~ы work stoppage, stoppage (cessation, termination, disruption) of work
приёмка рабóт taking over (acceptance) of work
приостанóвка ~ы (*временная*) suspension (interruption) of work, hold-up of work
приостанóвка ~ы в связú с прáздником holiday shutdown
приостанóвка ~ы, частúчная partial cessation of work
проведéние ~ы execution

(carrying out, performance) of work
прове́рка ~ы check[ing] (inspection) of work (operation); functional check
програ́мма ~ы programme of work, working programme
продле́ние ~ы extension of work
продолжи́тельность ~ы duration of work; (*в часах*) working hours; (*о машине*) running hours, working time (hours), time of operation
протоко́л ~ы working record
разреше́ние на ~у permission for (to) work, work permit
расце́нки на ~ы unit prices (tariffs) for work, rates of work
режи́м ~ы operating conditions (mode), type of operation
результа́т ~ы result of work
руково́дство ~ами management of work
систе́ма ~ы method (system) of work[ing]
сме́нность ~ы (*оборудования*) shift index of equipment
спо́соб проведе́ния рабо́т method of operation[s]
срок ~ы (*станка, машины*) lifetime, service life, working (running) time
срок ~ы специали́стов time (period, duration) of work of specialists
ста́дия ~ы stage (phase) of work
сто́имость рабо́т value (cost) of work
темп ~ы work pace, rate (speed) of work
те́хника ~ы work (operation) technique
тече́ние ~ы flow of work, work flow
усло́вия ~ы conditions of work, work[ing] (operating, operational, job) conditions
хара́ктер ~ы nature of work
характери́стика ~ы (*машины*) operating performance
ход выполне́ния ~ы progress of work
цель ~ы working objective
цена́ спаса́тельных рабо́т salvage price
часы́ ~ы working hours; (*банка*) banking hours; (*учреждения*) office (business) hours; (*ярмарки*) visiting hours, hours of opening
бракова́ть ~у reject work
брать на себя́ ~у undertake work
быть в ~е be in operation (service)
быть перегру́женным ~ой be pressed with work
быть приго́дным для ~ы be workable
выполня́ть ~у do (execute, fulfil, carry out, perform) work, perform operations
выполня́ть сверхуро́чную ~у do additional work, work overtime
выставля́ть счёт за проде́ланную ~у bill work
гаранти́ровать бесперебо́йную ~у guarantee trouble-free operation
де́лать переры́в в ~е have a break in (break from) work
добива́ться ритми́чности в ~е achieve a rhythmical pace of work
заверша́ть ~у complete (finish, finalize, accomplish) work, be through with work
заверша́ть ~у над прое́ктом finalize a project
замедля́ть темп ~ы slow the work pace

зачислять на ∼у take on
исправлять ∼у correct (put right) work
исправлять дефектные ∼ы rectify (re-execute, remedy) defective work
исправлять ∼у машины correct the machine performance
контролировать ∼ы supervise (superintend) work; inspect work
координировать ∼ы coordinate work
мешать ∼е interfere with work (operations)
наблюдать за ∼ой supervise work, perform supervision of work
налаживать ∼у organize work
нанимать на ∼у employ, hire
начинать ∼у start (commence, begin) work, go ahead with work
обеспечивать ∼у provide (secure) jobs
обеспечивать нормальную ∼у (*оборудования*) ensure normal functioning (operation, performance), provide normal operation
обеспечивать эффективную ∼у ensure efficient operation
оплачивать ∼у pay for work
оплачивать сверхурочную ∼у pay [for] overtime
организовывать ∼у organize work
откладывать ∼у postpone (put off) work
оценивать ∼у appraise (evaluate, assess, rate) work
переделывать ∼у alter (re-do) work
поручать ∼у entrust (charge) with work, employ on work
предоставлять ∼у give employment, provide work
прекращать ∼у stop (cease, terminate) work
привлекать к ∼е enlist the services (cooperation) of
принимать ∼у take over (accept) work
приостанавливать ∼у suspend (interrupt, hold up) work (operation)
приступать к ∼е begin (start, get down to, set to) work, proceed with work (operation)
приступать к ∼е над проектом embark on a project
проверять ∼у машины check the machine performance, inspect the operation of a machine
проводить (производить) ∼у do (execute, carry out, perform) work
проводить монтажные ∼ы carry out (perform) erection (installation)
проводить пуско-наладочные ∼ы carry out commissioning [work]
продлевать срок ∼ы (*оборудования*) extend the operating (service) life
продолжать ∼у continue (proceed with) work (working)
производить погрузочно-разгрузочные ∼ы carry out handling (loading and unloading) operations
развёртывать ∼у organize work
рассрочивать ∼у на spread the work over
руководить проектными ∼ами handle projects
сдавать ∼у hand in (submit) work
сказываться на ∼е (*машины*) affect the operation
создавать помехи в ∼е (*ма-*

шины) interfere with the operation
страховать ~у insure work
улучшать ~у improve work; (*машины*) improve operation
управлять ~ой superintend (control) work
ускорять ~у expedite (speed up, step up) work
ухудшать ~у (*машины*) impair operation
учитывать ~у keep records of work
без ~ы out of work
во время ~ы салона (*выставки*) during [the course of] the salon
из-за большого объёма ~ы due to pressure of work
лёгкий в ~е easy in operation
на время ~ы выставки for the duration of an exhibition
после завершения ~ы on completion of work
готовый к ~е ready for operation
машинной ~ы machine-made
ручной ~ы hand-made, hand-worked
~ ведётся work is in progress
~ идёт без задержек work moves along smoothly
~ продвигается очень быстро work is progressing quite rapidly
~ продвигается очень медленно progress is slow
~ продвигается с желаемой скоростью work is progressing at the desired rate

работник worker, man, workman; (*служащий*) employee, official, officer, office (clerical) worker
~, административный administrative worker
~, банковский bank employee (official, officer), officer of a bank
~и, инженерно-технические engineering and technical personnel, engineers and technicians, nonproduction workers
~, квалифицированный skilled (efficient, qualified) worker
~, компетентный competent worker
~, конторский office (clerical) worker, clerk
~, научный scientist; scientific (research) worker
~, ответственный senior (top) official (executive)
~, практический practical worker
~, работающий сдельно jobber
~, рекламный adman, advertising man
~ розничной торговли retailer
~, руководящий leading (top, top level) official, [top] executive
~, счётный book-keeper
~ таможни customs officer (official)
~, технический technical worker, technician
~и торговли trade personnel
~ торгового предприятия sales worker

работодател/ь employer, boss
ответственность ~я employer's liability

рабоч/ий *сущ.* worker, working man, workman
~, аварийный trouble-shooter
~, временный temporary (casual) worker
~, высококвалифицированный highly qualified (skilled) worker
~, заводской factory (industrial) worker
~, квалифицированный skilled

(trained, efficient, qualified) worker
~, малоквалифици́рованный low-skilled worker
~, малоо́пытный inexperienced worker
~, наёмный hired (wage) worker (labourer)
~ие на места́х on-site workers (workmen)
~ на подённой (почасово́й) опла́те time-worker
~ на сде́льной опла́те piece-worker
~ие, неза́нятые (*временно безработные*) idle labour, unoccupied workers
~, неквалифици́рованный unskilled (general, odd-job) worker, [general] labourer, hand
~, нео́пытный inexperienced worker
~, низкоопла́чиваемый low-paid (low-salaried, low-income, underpaid) worker
~, обу́ченный trained worker (workman)
~, подённый day worker, time-worker
~, подме́нный (*на конвейере*) relief operator
~, подсо́бный auxiliary (maintenance) worker, shiftman
~, полуквалифици́рованный semiskilled worker
~, получа́ющий зарпла́ту wage earner
~, порто́вый docker, dock worker, longshoreman; (*грузчик*) lumper; **~ие, порто́вые** port personnel
~, постоя́нный regular (permanent) worker
~, промы́шленный industrial worker
~, ремо́нтный repair man, repairer
~ с больши́м о́пытом highly experienced worker
~, сезо́нный season[al] worker
~, сельскохозя́йственный farm (field) worker (hand), rural labourer
~, складско́й warehouse worker, warehouseman
~, случа́йный casual labourer
~ сре́дней квалифика́ции average worker
~, тра́нспортный transport worker; materials handler
~, фабри́чный factory worker (hand), mill hand
~ физи́ческого труда́ manual worker
брига́да ~их team of workers
брига́да порто́вых ~их gang of longshoremen, stevedore gang
вы́работка на одного́ ~его output per worker, per capita output
вы́работка ~его efficiency of a worker
зарпла́та ~их и слу́жащих wages and salaries
квалифика́ция ~его skill of a worker
коли́чество ~их number of workers
страхова́ние ~их workmen's insurance
нанима́ть ~их hire (employ, recruit, take on) workers
увольня́ть ~их discharge (dismiss, lay off, *разг.* fire, sack) workers
~ие и слу́жащие factory and office workers
«тре́буются рабо́чие» (*объявление*) "hands wanted"

рабо́ч/ий *прил.* working, work *attr.*, labour *attr.*; (*о механизме, режиме*) operating, operational

в ~ем поря́дке in the course of work
рабо́чий-опера́тор operator
ра́венство equality; equation; par
~ ку́рса parity
~ спро́са и предложе́ния equation of demand and supply, market-clearing equation
равнове́си/е balance, equilibrium
~, де́нежное monetary equilibrium
~, конкуре́нтное competitive equilibrium
~ ме́жду запа́сами и снабже́нием stock-and-provision balance
~, надлежа́щее right balance
~, нару́шенное disturbed equilibrium
~, неусто́йчивое unsteady (mobile) equilibrium
~, ры́ночное market equilibrium
~ сил balance of forces
~ спро́са и предложе́ния supply-and-demand equilibrium
~, усто́йчивое stable equilibrium
~, экономи́ческое economic[al] balance (equilibrium)
наруше́ние ~я disturbance of the balance, imbalance
отсу́тствие ~я unbalance, imbalance
восстана́вливать ~ restore balance (equilibrium)
выходи́ть из ~я be out of balance
наруша́ть ~ upset (disturb) balance, imbalance
равноме́рный uniform, even
равнопра́вие equality [of rights], equal rights
~ в экономи́ческих отноше́ниях equality in economic relations
~ и взаи́мная вы́года equality and mutual benefit
равнопра́вны/й equal [in rights], possessing (enjoying) equal rights
быть ~м possess (enjoy) equal rights
равноце́нность equivalence, equivalency
равноце́нный (*равный*) equal; (*эквивалентный, равнозначный*) equivalent, of equal worth (value)
ра́вный equal
радиорекла́ма radio advertising
разбива́ть 1. break **2.** (*разделять на классы, категории*) divide, break down (up), split [up]
~ на па́ртии (*для аукционной продажи*) lot
~ па́ртию split [up] a shipment (lot)
~ по пози́циям itemize
разби́вк/а breakdown
~ по гру́ппам breaking into groups
~, подро́бная detailed breakdown
~ по разде́лам breakdown by branches (sectors)
~ по сто́имости cost breakdown
~ поступле́ний, валю́тных breakdown of foreign exchange receipts
~ сто́имости сырья́ и обору́дования breakdown of the value of materials and equipment
~ цен breakdown of prices, price breakdown
~ цен по коли́честву и сорта́м price breakdown (breakdown of prices) by quantity and grades
предоставля́ть ~у по сто́имости provide cost breakdown
с ~ой по це́нам with itemized prices

це́ны с ~ой по пози́циям breakdown prices

разбира́тельств/о consideration, examination, investigation; *юр.* hearing

~, арбитра́жное arbitration procedure, arbitral proceedings

~ де́ла examination of a case

~ спо́ров consideration (hearing) of disputes

~, суде́бное hearing, trial, proceedings, legal proceedings, court examination; law suit

~, суде́бное по де́лу о наруше́нии прав infringement proceedings

~, суде́бное, по това́рным зна́кам trademark litigation

проводи́ть ~ де́ла hold a hearing

разбира́ть 1. (*рассортировывать по качеству*) sort out, assort, grade, classify; (*по размеру*) size **2.** (*раскупать*) buy up **3.** (*демонтировать*) dismantle, dismount, disassemble, take apart **4.** (*рассматривать, исследовать*) investigate, examine, look into

~ спо́ры в арбитра́же handle (hear, study) disputes in Arbitration

разблоки́рование (*разрешение на использование или продажу*) release

~ капита́ла release of capital (funds)

~ счёта release of a blocked account

~ уде́ржанных де́нег release of holdback monies

ускоря́ть ~ фо́ндов expedite the release of funds

разблоки́ровать (*разрешить для использования или продажи*) release

разбонди́рованный (*разрешённый для выдачи с таможенного склада после уплаты таможенной пошлины*) unbonded

развива́ть develop; (*способствовать*) promote; (*расширять*) expand, extend; (*всесторонне*) diversify

развива́ться develop, improve, progress, advance; (*об экономике*) be on the upswing, be booming

~ успе́шно develop successfully

развива́ющийся developing

разви́ти/е development, growth, advance, advancement, progress

~, бу́рное rapid development

~ взаимовы́годного товарообме́на expansion of mutually beneficial exchange of goods

~ внешнеторго́вых свя́зей development of foreign trade relations

~ внешнеэкономи́ческих свя́зей development of foreign economic relations

~, дальне́йшее further (future) development

~, диспропорциона́льное unbalanced development

~, есте́ственное natural development

~ иностра́нного тури́зма development of foreign tourism

~ информа́тики development of information science

~, комме́рческое commercial (business) development

~, ме́дленное sluggishness

~, ми́рное peaceful development

~ наро́дного хозя́йства national economic development, development of the national economy

~, нау́чно-техни́ческое scientific and technical development

~, неравномéрное uneven development (growth)

~, óбщее general development

~, опережáющее priority development, faster growth

~, плáновое planned development

~, планомéрное balanced (systematic, regular, planned) development, development according to plan

~ произвóдства development of production [process], enlargement of output

~ промы́шленности industrial development (growth), development (growth) of industry

~, равномéрное even development

~, сбаланси́рованное balanced development

~ сотрýдничества development of cooperation

~ технолóгии technological development

~ торгóвли development (expansion, extension) of trade, trade development

~ хозя́йства improvement (recovery) of the economy; *амер.* upswing of the economy

~ цен price development (trend, tendency)

~, широ́кое development on an extensive scale

~ эконóмики development of the economy, economic development

~ эконóмики, разносторóннее diversification of the economy

~ экономи́ческих свя́зей development of economic ties

~ экономи́ческого и произвóдственного сотрýдничества development of economic and industrial cooperation

~, экономи́ческое economic development (progress, advancement)

~ э́кспорта development of export (exportation)

зóна ~я (*промышленного*) development zone

направлéние ~я хозя́йства lines of economic development

направлéние ~я цен price trend (tendency), trend of (in) prices

отсýтствие ~я lack of progress

план ~я plan (programme) of development, development plan (programme)

прогрáмма ~я development programme

стáдия ~я stage of development

темп ~я rate of development

ýровень ~я level of development

ýровень ~я, высóкий high level of development, maturity

ускорéние ~я accelerated development

обеспéчивать ~е promote development

препя́тствовать ~ю торгóвли hinder (hamper) trade

содéйствовать ~ю торгóвли promote (encourage, further) trade

способствовать ~ю отношéний promote (foster) relationship

в процéссе ~я in the process of development

развитóй developed, advanced

наибóлее ~ most developed

наимéнее ~ least developed

недостáточно ~ underdeveloped

разносторóнне ~ diversified, versatile

разглаша́ть disclose, give away, divulge
разглаше́ние disclosure
~ информа́ции disclosure of information
~ секре́тов произво́дства disclosure of the know-how (process of manufacturing)
~ спецификаций disclosure of specifications
предотвраща́ть ~ информа́ции prevent disclosure of information, protect (prevent) information from being disclosed
разглашённый disclosed
разгово́р, телефо́нный междугоро́дний long-distance (trunk) call
разграниче́ние differentiation, discrimination
разграни́чивать differentiate, discriminate
разгружа́ть unload, discharge, off-load
~ на ба́ржу discharge overside into a barge
разгружа́ться unload, get unloaded (discharged)
су́дно разгружа́ется the steamer (ship) is unloading
разгру́женный discharged, unloaded
разгру́зк/а unloading, descharge, discharging, off-loading
~, автомати́ческая automatic unload[ing]
~, бесплáтная free discharge, *сокр.* f. d.
~ в порту́ unloading in (at) a port
~, вы́нужденная forced discharging
~ гру́за unloading (discharge, discharging) of cargo
~ гру́за, транспорти́руемого нава́лом bulk handling
~, досро́чная early unloading (discharge), ahead of time (pre-time) discharge
~, непра́вильная improper unloading
~, пра́вильная proper unloading
~, производи́тельная efficient unloading
~ су́дна unloading (discharge, discharging) of a vessel
~ су́дна в ж.-д. ваго́ны discharge (unloading) of a ship to railcars
~ су́дна на ли́хтер delivery overside into a lighter
~ судо́в с по́мощью ли́хтеров (*служба*) ship-to-store lighter link
~ това́ра unloading (discharge) of goods (cargo)
вес при ~е landed (landing) weight, weight at discharge
вре́мя ~и time of discharge
гото́вность к ~е readiness for unloading (discharge)
дни на ~у days allowed for unloading, lay days
заде́ржка в ~е delay in discharge (unloading)
ме́сто ~и place of discharge, discharging (unloading) place (point)
нача́ло ~и beginning (commencement) of unloading
но́рма ~и (*судов*) discharge rate, rate of unloading (discharge), unloading standards
но́рма ~и, сре́дняя average rate of unloading
обраще́ние (*с грузом*) **при ~е** unloading handling
оконча́ние ~и completion of unloading
опера́ции по ~е unloading (discharging) operations
опцио́н ~и optional discharge
о́чередь на ~у line for unloading

пла́та за ~у unloading (discharging) charges (fees), landing charges
порт ~и port of discharge (unloading), discharge (discharging) port
порт ~и, коне́чный final port of discharge
порт ~и, предполага́емый intended port of discharge
прича́л для ~и discharging berth
процеду́ра ~и unloading procedure
пункт ~и unloading place (point), place of discharge
пункт ~и, промежу́точный intermediate place of discharge
рабо́ты по погру́зке и ~е stevedoring, loading and unloading (discharging) operations, cargo (stevedoring) operations, handling [operations]
разреше́ние на ~у permission for unloading, discharge permit
расхо́ды по ~е unloading charges (costs, expenses, fees), discharging costs (expenses), costs of discharging (unloading), expenses of (on) discharge (unloading), landing charges
сбор за ~у unloading (discharging, landing) charge (fee)
срок ~и unloading (discharging) time (period)
сто́имость ~и cost of unloading (discharging)
уведомле́ние о гото́вности к ~е notice of readiness to discharge
быть гото́вым к ~е be ready for unloading (discharge), have a vessel ready (available) for unloading (discharge)
заде́рживать ~у delay (postpone) discharge (unloading)
зака́нчивать ~у complete discharge
наблюда́ть за ~ой supervise unloading, carry out supervision for unloading
начина́ть ~у commence to discharge, start (begin) unloading
организо́вывать ~у provide (arrange) [for] unloading
открыва́ть лю́ки пе́ред ~ой break bulk, *сокр.* b.b., open hatches
плани́ровать ~у plan unloading (discharge)
поврежда́ть при ~е damage by unloading (during the unloading)
прекраща́ть ~у terminate unloading
производи́ть ~у do the discharging, discharge, unload
разреша́ть ~у permit unloading
ста́вить су́дно под ~у place (put) a vessel under unloading (discharge)
станови́ться под ~у tie up for unloading (discharge)
во вре́мя ~и during unloading (discharge, discharging), at the time of discharge
во вре́мя ~и с су́дна in unloading from a vessel
~ и погру́зка посре́дством ли́хтеров lighterage
погру́зка и ~ за счёт фрахтова́теля free in and out, *сокр.* f.i.o.
«при разгру́зке не сбра́сывать» (*надпись на упаковке*) “do not drop”

разгру́зочный discharging, unloading *attr.*

разде́л (*отдел*) section; (*разделение*) division

~ **вы́ставки** display section, section of an exhibition
~, **гла́вный** major section
~ **иму́щества** division of property
~ **пара́графа** subparagraph
~ **ры́нка** market sharing
~ **ры́нков** division of markets
~, **специа́льный** special section
~ **статьи́** subclause
~**ы, темати́ческие** sections by subject
~ **экспози́ции** section of an exposition
~ **я́рмарки, това́рный** goods section
соглаше́ние о ~е ры́нка market sharing agreement
разбива́ть по ~ам break down by sectors

разделе́ни/е division, sharing, split-off
~ **затра́т** cost sharing
~ **пате́нта** division of a patent
~ **труда́** division of labour
~ **труда́, внутризаводско́е** in-plant division of labour, division of labour within a factory
~ **труда́, междунаро́дное** international division of labour
по́льзоваться междунаро́дным ~ем труда́ utilize international division of labour

разде́льн/ый separate

разделя́ть (*делить*) divide, split [up]; (*о мнении, участии*) share
~ **взгля́ды** share views
~ **ме́жду** divide between (among)
~ **мне́ние** share an opinion
~ **на** divide in[to]
~ **пате́нтные права́** share patent rights
мне́ния раздели́лись opinions were divided

различа́ться differ, differentiate
~ **в отте́нках** vary in shade
~ **длино́й (по длине́)** differ in length
~ **от ... до ...** range from ... to ...
~ **си́льно** vary considerably
~ **ширино́й (по ширине́)** differ in width

разли́чи/е (*разница*) difference, differential; (*отличие*) distinction; (*разнообразие*) diversity; (*расхождение, несоответствие*) discrepancy; (*неравенство*) inequality, disparity
~, **ва́жное** important difference
~ **в валю́тных ку́рсах** difference in rates [of exchange]
~ **в дохо́дах** income difference
~**я в производи́тельности** productivity differentials
~ **в те́мпах ро́ста** difference in rates of growth
~**я в це́нах** difference in prices, price differentials
~, **значи́тельное** significant difference, considerable discrepancy
~**я, основны́е** major differences
де́лать (проводи́ть) ~я discriminate, distinguish, make (draw) distinctions
сгла́живать ~я level [out] differences
содержа́ть ~я contain differences
устраня́ть ~я eliminate differences
без ~я without distinction
~**я не суще́ственны** the differences are minor

различи́тельный distinguishing

разли́чный (*неодинаковый*) different; (*разнообразный*) various, diverse; miscellaneous; (*многоотраслевой*) diversified

размáх (*диапазон*) range, spread; (*о деятельности*) scope, scale

~, большóй heavy scope

~ девальвáции extent of devaluation

~ колебáний (*валютного курса*) fluctuation band

~ колебáний цен range of prices, price range

~, ширóкий wide (great) scope (range)

приобретáть всё бóлее ширóкий ~ continually gain in scope, assume wider (greater) scope

размéн changing, exchange

~ дéнег changing (exchange) of money

размéнивать change, exchange

размéр size, amount, rate, extent; dimensions, measurement[s]; (*объём*) volume; (*количество*) quantity

~ арéндной плáты rental rate

~ ассигновáний amount of allocations, funding level

~ы, бáзисные basic (essential, principal, main) dimensions

~ бюджéта budget size (volume)

~ы валю́тных отчислéний sizes of currency allocations

~ взнóса amount of deposit

~ взыскáния amount of recovery

~, внéшний outside dimensions (measurements)

~, вну́тренний internal (inside, inner) dimensions (measurements)

~ возмещéния убы́тков amount of compensation, measure of damages

~ вознаграждéния amount (rate, size, extent) of commission (remuneration)

~ы в упакóвке packed measurements

~ вы́платы за сверхурóчную рабóту overtime rate

~ вы́работки yield, rate of production

~, габари́тный overall dimensions (measurements)

~ы, глáвные leading (major) dimensions

~, громáдный huge (vast) size

~ гру́за size of goods, measurements of cargo; (*отдельного места*) size of a package

~, гру́за, безопáсный safety margin of cargo

~, действи́тельный actual size

~ дефици́та size of a deficit

~ дивидéндов size (amount) of dividends

~ дохóда level of income

~, зáданный specified (prescribed) size

~ зáйма amount (size) of a loan

~ закáза size (amount, volume) of an order, order quantity

~ зарплáты wage rate, rate of wage[s]

~ издéлия product size (dimensions)

~ы инфля́ции magnitude of inflation

~ и́ска extent of a claim

~ капиталовложéний amount of capital investments, amount of capital invested

~ комиссиóнных (комиссиóнного вознаграждéния) amount (rate, percentage, size, extent) of commission

~ компенсáции rate (size, extent) of compensation

~ креди́та amount (extent) of credit

~ креди́та, преде́льный credit limit, limit of credit
~ лицензио́нного вознагражде́ния rate of royalty
~, максима́льно допусти́мый maximum allowed size
~, максима́льный upper limit, maximum size
~ ме́ньше тре́буемого undersize
~ы ме́ста (*груза*) package dimensions
~ы, метри́ческие metric dimensions
~, минима́льный minimum size
~ надба́вки по репо́ртным опера́циям contango rate
~ы, нару́жные external dimensions
~, негабари́тный greater than standard size, oversize, outsize
~, не по́льзующийся спро́сом unpopular size
~, нестанда́ртный non-standard (irregular) size
~ неусто́йки penalty rate
~, номина́льный nominal (basic) size
~ы, норма́льные standard dimensions (sizes)
~ обеспе́чения прете́нзии extent of security for a claim
~ оборо́та amount of turnover; volume of transactions
~, обы́чный regular size
~ о́бщей ава́рии *страх.* amount of general average
~, о́бщий overall size, total measurements
~ опера́ций extent of business
~ы, основны́е basic (essential, principal, main) dimensions
~, [о́чень] большо́й oversize
~ палле́та pallet size
~ па́ртии (*товара*) lot quantity; lot size
~ платежа́ amount of payment
~ пла́ты за лице́нзию amount (magnitude) of a license fee
~ пла́ты за просто́й demurrage rate
~ поврежде́ния extent (amount, volume) of damage
~ поддо́на pallet size
~, популя́рный key (popular) size
~ посре́дничества scope of agency
~ поста́вки size (amount) of delivery
~ поте́рь extent of losses
~ по́шлины size of duty (tariff), tax rate
~, преде́льный limit [of size], limit[ing] size
~ пре́мии rate of premium, premium volume; *бирж.* rate of option, option price (rate)
~ при́были profit margin, margin (level) of profit
~ при́были, небольшо́й narrow margin [of profit]
~, прие́млемый для обе́их сторо́н mutually agreeable size
~ы, промежу́точные intermediate sizes
~ проце́нта rate (extent) of interest, interest rate, rate percent
~ проце́нта, зако́нный legal [rate of] interest
~ы, рабо́чие working dimensions
~ расхо́дов rate (amount, size, volume) of expenses (expenditure[s])
~ расхо́дов, предполага́емый anticipated rate of expenditure[s]
~, ремо́нтный repair size
~ ро́ялти rate of royalty
~ ро́ялти, твёрдый fixed rate of royalty

~ ро́ялти, устано́вленный established royalty
~ ры́нка scope (volume) of a market
~ ски́дки rate (amount, size) of a discount
~ы снабже́ния scope of supply
~, сре́дний medium (intermediate) size
~ ста́вки rate
~, станда́ртный standard size (dimensions), basic size
~ы сте́нда size (measurements) of a stand, stand dimensions (size, measurements)
~ страхо́вки extent of cover
~ страхово́й пре́мии insurance premium rate, rate (extent) of insurance (cover)
~ убы́тков amount (size) of losses; measure (amount, extent) of damages
~ упако́вки size of packaging, dimensions of a package
~ы, устано́вочные mounting dimensions
~ уце́нки rate of [a price] reduction (allowance), extent of reduction
~ уще́рба extent of damage (loss), size of damage
~ы, факти́ческие actual (physical) dimensions
~ фра́хта amount (rate) of freight
~ штра́фа penalty rate (size, amount)
~ я́щика case dimensions, size (dimensions, measurements) of a case
измене́ние ~а dimensional change
измере́ние ~а measurement
ме́сто большо́го ~а oversize[d] package
ограниче́ние на ~ дохо́дов income restriction
ограниче́ние на ~ зака́зов ordering restriction
ограниче́ние на ~ при́были reduction on profit
определе́ние ~а ро́ялти determination of royalty
па́ртия в ~е ... маши́н parcel of ... machines
повыше́ние ~а страховы́х взно́сов increase of premium
проце́нты в ~е ... % годовы́х interest at [the rate of] ... per cent per annum
табли́ца ~ов зака́за ordering table
тре́бования к ~ам dimensional requirements
чертёж с ~ами dimension[ed] drawing
име́ть ~ measure
достига́ть ~а reach the size
определя́ть ~ы determine sizes
оце́нивать ~ уще́рба estimate (assess) the damage
согласо́вывать ~ы уце́нки agree on the rate of a price reduction
сокраща́ть преде́льный ~ креди́та reduce the credit limit
сокраща́ть ~ при́были reduce the profit margin
сортирова́ть по ~у size
сохраня́ть ~ы maintain dimensions
увели́чивать ~ increase the size
ука́зывать ~ indicate (specify) the size
устана́вливать ~ поврежде́ния ascertain the extent of damage
устана́вливать пра́вильный ~ establish the correct size
в ~е at the rate of, in the amount of, to the extent of
в ~е ... % (*процентная ставка*) at ... % interest rate

в ~е ... $^0/_0$ от су́ммы ка́ждого счёта at the rate of ... $^0/_0$ of each invoice
в возраста́ющем ~е increasingly
в метри́ческих ~ах in metric dimensions
в натура́льном ~е full-size[d]
в широ́ких ~ах on a large scale
до ~а (*о сумме*) to the extent of
по ~у to size
не по ~у off-size
большо́го ~а of big size
значи́тельных ~ов sizable
при минима́льном ~е в at a minimum rate of
сре́днего ~а medium-sized
то́чно по ~у (*о машине*) exactly to size (specifications)
[тремя́] па́ртиями в ~е in [three] lots at the rate of

размеща́ть (*о грузе*) place; (*в определённом порядке*) arrange; (*на складе*) store, warehouse; (*на судне*) stow, trim; (*о капитале и т. п.*) invest, allocate; (*о предприятии*) locate; (*о ценных бумагах, займах*) float, distribute

размеще́ни/е placing, deployment; (*в определённом порядке*) arrangement, disposition; (*о капитале*) investment, allocation; (*о предприятии*) location; (*о ценных бумагах, займах*) floating, distribution
~ а́кций share placing, placing of shares
~ в гости́нице hotel accommodation
~ гру́за stowage, disposition of cargo
~ гру́за в трю́ме (*надлежащим образом*) trim (trimming) [of the hold]
~ гру́за на скла́де storing, warehousing
~ за́ймов floating (distributing, placing) loans, flotation (distribution, spreading) of loans
~ зака́зов placing (placement, booking) of orders, ordering
~ капита́ла investment (allocation) of capital (money)
~ контра́ктов placement (placing) of contracts
~ облига́ций flotation (floating) of a bond issue
~ обору́дования arrangement (disposition) of facilities
~ персона́ла disposition of personnel
~ предприя́тий location (siting) of enterprises
~ произво́дства manufacturing locations, industrial siting
~ рекла́мы в журна́лах placement of advertisements in magazines
~ рекла́мы, нару́жной posting
~ средств investment (disposition) of funds
~ това́ра в транзи́тном скла́де placing of goods in a transit shed
~ това́ра на борту́ (*судна*) placing of goods on board
~ това́ра на скла́де storing of goods in a warehouse
~ экспона́тов positioning (placing, housing) of exhibits
~ экспона́тов на вы́ставочных сте́ндах placing of goods on exhibition stands
план ~я обору́дования equipment layout, layout chart, plan of arrangement of equipment
пло́щадь для ~я това́ров display area

схéма ~я грýза на сýдне cargo plan
гаранти́ровать ~ зáйма underwrite a loan

размещённый placed, deployed, located; (*о капитале*) invested; (*о займе*) floated

размораживать unfreeze; (*счёт*) release

разнаря́дка distribution list

рáзниц/а difference, differential; (*несоответствие*) discrepancy; divergency; (*о ценах*) spread, gap; margin
~, большáя great difference
~, валю́тная difference in currency rates
~ в вéсе difference in weight
~ в дохóдах income differences
~ в зарплáте wage differential
~ в издéржках difference in costs
~ в кáчестве difference (inadequacy) in quality
~ в коли́честве difference (discrepancy, variation) in quantities
~ в кýрсах difference in rates (exchange, quotations)
~ в пози́циях difference in positions
~ в процéнтной стáвке interest rate differential
~ в сýмме difference in the amount
~ в сýмме вы́ручки, маржинáльная marginal receipts
~ в цéнах price difference (spread), price variation, difference (variation, differential) in (of) prices, cash difference
~, двойнáя double difference
~ мéжду вéсом товáров брýтто и нéтто allowance
~ мéжду кýрсами покупáтелей и продавцóв difference between purchase (purchasing) and selling prices, spread
~ мéжду рóзничной ценóй и ценóй произвóдства price spread
~ мéжду ценóй по сдéлке за нали́чный товáр и ценóй по сдéлке на срок *бирж.* basis
~, незначи́тельная minor difference
~, причитáющаяся difference due to
~ стóимости difference in the cost (value)
~, тари́фная tariff difference
потéри на ~е валю́тных кýрсов exchange losses, losses on exchange
трéбование уплáты ~ы margin call (notice)
выплáчивать ~у repay the difference
игрáть на ~е speculate in differences
отражáть ~у reflect the difference
подели́ть ~у пополáм split the difference
покрывáть ~у cover (settle) the difference (balance)
получáть ~у с аккредити́ва draw under the credit for the difference
разделя́ть ~у пополáм split the difference
рассчи́тываться за ~у в цене́ *бирж.* invoice back
составля́ть ~у в ... % make a difference of ... per cent
спекули́ровать на ~е в кýрсах цéнных бумáг speculate on margin
трéбовать ~у claim the difference
уплáчивать ~у pay (meet) the difference

устраня́ть ~у equalize the difference

разнови́дность variety, variation; (*вариант*) version

~, конкурентоспосо́бная competitive version

разногла́си/е difference of, disagreement in, *амер.* **~я** difficulties; (*несоответствие*) discrepancy

~я, больши́е great contradictions

~я во взгля́дах difference of opinion

~я, возника́ющие из-за differences arising out of (from)

~я ме́жду продавцо́м и покупа́телем differences (disagreements) between the sellers and the buyers

~я, небольши́е small differences

~, принципиа́льное difference of principle

конфли́кт из-за ~й dispute of differences

о́бласть ~й area of disagreements

предме́т ~я subject matter of the difference

урегули́рование ~й settlement of differences

иссле́довать ~я investigate discrepancies

пока́зывать ~я show discrepancies

представля́ть ~я на рассмотре́ние для урегули́рования submit differences for settlement

преодолева́ть ~я overcome differences (divisions)

разреша́ть ~я settle (solve, resolve) differences (discrepancies), settle a discord

сгла́живать ~я iron (smooth) out differences

ула́дить (урегули́ровать) ~ arrange (settle, adjust, resolve) a difference

е́сли возни́кнут *какие-л.* **~я** if any differences arise

~я возника́ют в связи́ с differences arise from (in connection with, out of)

разнообра́зие diversity, variety

~ ассортиме́нта variety of goods

~ материа́лов variety of materials

~ това́ров, большо́е wide range (spectrum) of goods (products), wide (broad) variety of goods

разнообра́зить vary, diversify

разнообра́зный various, varied, diverse, diversified

разносторо́нний diversified, versatile, all-round

ра́зность difference, margin; (*остаток*) balance

~, де́мпинговая dumping margin

~ сто́имости difference in value

разо́бранный dismantled, disassembled; non-assembled

ра́зовый single, non-recurrent, non-repeat

разоре́ние ruin, break-up, downfall, destruction

разори́вшийся broken, broke

разори́тельный ruinous, wasteful

разоря́ться break, be ruined, bust, go to smash

разраба́тывать 1. (*о вопросе, проекте*) work out (up), draw up; (*подробно, детально*) elaborate **2.** (*конструировать*) design, develop

разрабо́танный 1. worked out; elaborated **2.** developed

за́ново ~ newly developed

специа́льно ~ specially developed

разрабо́тк/а 1. (*вопроса, проекта*) working out (up), drawing up; (*детальная*) elaboration **2.** (*модели, конструкции*) development, designing
~ **зая́вочного докуме́нта** elaboration of an application [document]
~ **изде́лия** product development, development of a product
~ **мероприя́тий** elaboration of measures
~, **нау́чно-техни́ческая** research and development project
~ **но́вого обору́дования** development of new equipment; developing new equipment
~ **но́вой констру́кции** new design, redesign, model development
~ **но́вой проду́кции для прода́жи** commercial development
~ **пла́на** drawing up (elaboration, working out) of a plan
~ **пла́на и смет** budget planning
~ **пла́на экономи́ческого сотру́дничества** elaboration of a plan for economic cooperation
~ **поле́зных ископа́емых** mining of minerals
~ **програ́ммы испыта́ний** development of a test programme
~ **проду́кта** product engineering and development
~ **прое́кта** development of a project; elaboration of a design
~ **прое́ктной документа́ции** elaboration of design documentation
~, **прое́ктно-констру́кторская** elaboration of a design concept
~ **проце́сса** development of a process
~**и, совме́стные** joint research and development
~ **техни́ческого прое́кта** development of a technical project
~ **техноло́гии произво́дства** development of a production (manufacturing) process
~**и, технологи́ческие** development work
изде́ржки на ~**у** development costs
предложе́ние о ~**е** (*изделия*) development proposal
сро́ки ~**и** period required for development
ста́дия ~**и** development phase
сто́имость ~**и** cost of development
тре́бования к ~**е** development requirements
эта́п ~**и програ́ммы** programme phase, phase of a programme

разрабо́тчик developer, development engineer
~**и проце́сса** developers of a process

разра́внивание (*о грузе*) trimming
ФИО с ~**м** (*условие поставки*) FIO and trimmed, free in and out and trimmed
ФОБ с ~**м** (*условие поставки*) FOB and trimmed, free on board and free trimmed
фри-и́н с ~**м** (*условие поставки*) free in and [free] trimmed
проводи́ть ~ trim

разреша́ть 1. permit, allow, authorize; (*одобрять*) approve **2.** (*отгрузку, выдачу*) release **3.** (*о споре, конфликте*) settle, solve, resolve
~ **для прода́жи** release for sale
~ **для транспортиро́вки** permit for transportation
~ **това́р к отгру́зке** release goods for shipment

разреше́ни/е 1. permission, allowance, authorization; (*одобрение*) approval **2.** (*официальный документ*) permit, license; (*на выпуск, выдачу, отгрузку*) release **3.** (*спора, конфликта*) settlement, solution, resolution

~, **валю́тное** [foreign] exchange permit

~, **генера́льное** global permit (license)

~, **дополни́тельное** additional permit

~, **именно́е** personal license

~, **каранти́нное** quarantine certificate

~ **конфли́ктов** settlement (resolution) of disputes

~ **на беспо́шлинный ввоз и́мпортных това́ров** duty-free import allowance, permission for duty-free importation

~ **на беспо́шлинный транзи́т гру́за** transhipment delivery order

~ **на ввоз** (*в страну*) import license (permit), permit for import, entry permit, import approval, admittance

~ **на ввоз в порт** customs release (clearance, permit), permit to deliver goods to the port

~ **на ввоз това́ра, предназна́ченного для реэ́кспорта** temporary admission

~ **на вход** admission

~ **на въезд** entry visa (permit)

~ **на вы́воз** (*экспортная лицензия*) export license (permit), permit for export[ation]; (*таможни*) certificate of clearance, removal permit

~ **на вы́дачу гру́за** freight release

~ **на вы́дачу гру́за со скла́да** delivery order (*амер.* permit)

~ **на вы́езд** exit visa (permit)

~ **на вы́ход су́дна из до́ка** dock permit (pass)

~ **на и́мпорт** import license (permit), permit for import, entry permit, import approval, admittance

~ **на креди́т** authorization for credit

~ **на обра́тный ввоз** reimport license

~ **на осуществле́ние комме́рческих перево́зок** operating authority, authorization to operate

~ **на отгру́зку** release [note (certificate)] for shipment, loading permit, authorization for shipment

~ **на отпра́вку гру́за** shipping permit

~ **на перево́д валю́ты** exchange permit

~ **на перево́зку** transit permit

~ **на перево́зку неочи́щенных от по́шлин гру́зов из одного́ по́рта в друго́й** bill of sufferance

~ **на пое́здку** travel permit

~ **на получе́ние ссу́ды** borrowing authorization

~ **на прода́жу** marketing permit

~ **на прое́зд** traffic pass

~ **на произво́дство** production authorization

~ **на произво́дство капита́льных затра́т** expenditure authorization

~ **на рабо́ту** work permit

~ **на разгру́зку** permission for unloading, discharge permit

~ **на рейс** travel permit

~ **на сообще́ние с бе́регом** pratique

~ **на транзи́т** transit permit

~ **на уча́стие** admission to participate

~ на э́кспорт export license (permit), permit for export[ation]
~, о́бщее blanket authorization
~, официа́льное official permit
~, пи́сьменное written authorization (permission, permit)
~ прави́тельства government authorization
~ пробле́мы solution (settlement) of (to) a problem
~, ра́зовое single license
~, специа́льное special (specific) authorization (permit)
~ спо́ра settlement ([re]solution, *юр.* adjudication) of a dispute
~ спо́ра в арбитра́жном поря́дке settlement (resolution) of a dispute by way of arbitration
~ спо́ра, дру́жеское amicable (friendly) settlement of a dispute
~ тамо́жни customs permit (release)
~ тамо́жни на ввоз *или* **вы́воз** customs permit (clearance)
~ тамо́жни на вы́воз гру́за со скла́да warehouse[-keeper's] order, bond note
~ тамо́жни на вы́дачу гру́за clearance [for goods]
~ тамо́жни на погру́зку permit to load (*амер.* lade)
~ тамо́жни на разгру́зку permit to unload (*амер.* unlade)
зая́вка на получе́ние ~я license application, application for a permit
облада́тель ~я licensee
пра́вила оформле́ния ~я permit regulations
процеду́ра получе́ния ~я permit procedure
срок де́йствия ~я license term
выдава́ть ~ issue a release (license)
высыла́ть ~ send (forward) a release
дава́ть ~ give (grant, accord) permission
име́ть ~ have permission
отка́зывать в ~и withhold permission
получа́ть ~ obtain (secure, get) a permit (permission)
получа́ть ~ на вы́воз obtain [a certificate of] clearance
получа́ть ~ на продле́ние сро́ка obtain an extention of the time
получа́ть ~ тамо́жни obtain a customs release (permit)
предъявля́ть ~ тамо́жни present a customs permit
проси́ть ~я ask permission
тре́бовать ~я require permission (a permit)
без ~я without permission (a permit)
без специа́льного ~я without express permission
с осо́бого ~я by special permission
с пи́сьменного ~я by written permission
не име́ющий ~я unlicensed, unauthorized

разрешённый allowed, authorized

разруши́тельный destructive, damaging

разры́в break, breach, severance; (*различие между ценами, курсами и т. д.*) gap, spread
~, инфляцио́нный inflation[ary] gap
~ ме́жду ро́стом произво́дства и ро́стом потребле́ния spread between the increase in output and [in] consumption
~ ме́жду спро́сом и предложе́нием gap (discrepancy) between demand and supply

~ **мéжду цéнами** price difference (gap, scissors)
~ **мéжду э́кспортом и и́мпортом** gap between the exports and imports
~ **отношéний** severance of relations
~ **отношéний, торгóвых** severance of trade relations
~ **соглашéния** break of an agreement
~ **экономи́ческих свя́зей** severance of economic ties
ликвиди́ровать ~ bridge (close) the gap
сокращáть ~ reduce the gap
разрывáть tear, break [off], sever
разря́д category, sort, rank, bracket
~ **очерёдности** priority rating
~, **тари́фный** wage category, worker's rate
вторóго ~а second class (rate, rank)
пéрвого ~а first class (rate, rank)
трéтьего ~а third rate
райóн region, territory, zone, area; district
~, **администрати́вный** administrative region
~, **деловóй** (*города*) downtown, business district
~, **жилóй** residential area
~, **населённый** populated area (region)
~, **отдалённый** outlying (distant) region
~, **пограни́чный** border [region (zone)]
~, **прибрéжный** costal area
~ **производства** producing area
~, **промы́шленный** industrial area (region)
~ы развития areas of development
~ **сбы́та** area of marketing, marketing area, sales territory
~, **сéльский** rural area (district)
~, **сельскохозя́йственный** agricultural area (district)
~ **снабжéния** supply area
~, **сырьевóй** raw material producing area
~, **торгóвый** shopping area
~, **центрáльный торгóвый** central business (commercial) district
~, **экономи́ческий** trading (trade, economic) area; economic region
~ **экономи́ческого бéдствия** depressed (distressed) area
распределéние по ~ам regional distribution
рáмбурс, рамбурси́рование (*возмещение расходов*) reimbursement
рамбурси́рованн/ый (*подлежащий возврату, оплате*) reimbursable
~ая стóимость reimbursable cost
рамбурси́ровать (*возвращать сумму, возмещать расходы, уплачивать издержки*) reimburse, make (effect) reimbursement
рáмбурсный (*о кредите: в форме акцепта банком импортёра тратт, выставленных экспортёром*) reimbursement *attr.*
распакóванный unpacked
распакóвк/а unpacking
пóсле ~и upon (after) unpacking
наблюдáть за ~ой supervise (witness) unpacking
распакóвывать unpack, do unpacking; break bulk
~ **из я́щиков** unbox, uncase
~ **экспонáты** uncase exhibits
расписáни/е timetable, [time] schedule; time sheet
~ **движéния поездóв** railway

(train) timetable (schedule)
~ движе́ния судо́в ship (sailing) schedule (timetable), sailings, *сокр.* slgs, vessel's times and movements
~ погру́зки и разгру́зки судо́в lay time sheet
~, рабо́чее working schedule
~, тари́фное rate scale (card)
~, шта́тное manning table (schedule), personnel arrangements
ре́йсы по ~ю scheduled service (voyage, sailings)
составле́ние ~я scheduling
тра́нспортное обслу́живание по ~ю scheduled service
включа́ть в ~е schedule
соблюда́ть ~ be on schedule, keep to the timetable
в соотве́тствии с ~ем in accordance (conformity, conformance) with the schedule
по ~ю to schedule, according to the timetable (schedule)

распи́ск/а 1. (*квитанция*) receipt, receipt-slip, certificate **2.** (*свидетельство, гарантия*) warrant
~ в переда́че пра́ва *или* **иму́щества** *юр.* release document
~ в получе́нии гру́за cargo receipt
~ в получе́нии за́йма loan receipt
~ в получе́нии су́ммы receipt [slip] for a sum, notice of receipt, voucher for receipt
~, вре́менная interim (temporary, provisional) receipt
~, двойна́я receipt in duplicate, duplicate receipt
~, депози́тная depositary (deposit) receipt
~, до́ковая (*о принятии груза*) dock receipt
~, до́ковая, чи́стая clean dock receipt
~, долгова́я [promissory] note, loan certificate, bill of debt
~ капита́на master's receipt
~, ломба́рдная pawn ticket
~ об упла́те до́лга acquittance
~ о получе́нии а́кций stock receipt
~ о предоставле́нии за́йма loan certificate
~ о приня́тии зая́вки filing receipt
~ о приня́тии на хране́ние certificate of deposit, deposit warrant
~ о произведённом платеже́ paying[-in] slip
~ о сда́че гру́за на склад warehouse warrant
~, официа́льная official receipt
~ получа́теля в приёме гру́за consignee's receipt
~ помо́щника капита́на в приня́тии гру́за mate's receipt
~ порто́вых власте́й port authorities' receipt
~, складска́я terminal receipt (certificate, warrant), warehouse receipt, warehouse-keeper's receipt
~, сохра́нная trust (deposit) receipt; bailee receipt
~, та́льманская tallyman's receipt
~, тамо́женная customs receipt
~ това́рной при́стани в приёме това́ра для отпра́вки wharfinger's receipt (certificate)
~, чи́стая clean receipt
~, шту́рманская mate's receipt
~ экспеди́тора forwarding agent's certificate of receipt
вы́дача ~и issue of a receipt
вы́дача про́тив сохра́нной ~и

delivery against trust receipt
платёж про́тив до́ковой ~и payment against dock receipt
фо́рма ~и receipt form
вруча́ть докуме́нты под ~у hand in documents against receipt
выдава́ть ~у issue (give, make out) a receipt, certify
получа́ть ~у помо́щника капита́на obtain a mate's receipt
принима́ть *что-л.* **под ~у** sign for *smth*
сдава́ть това́р под ~у deliver goods against (on) receipt
упла́чивать про́тив ~и pay against receipt
под ~у against (on) receipt (signature)

распи́сываться sign [*one's* name], undersign
~ от *чьего-л.* **и́мени** sign on behalf of *smb*

распла́та payment, settlement; (*о долге*) acquittance
~ по долговы́м обяза́тельствам discharge of liabilities
~ с кредито́рами settlement with creditors

распла́чиваться pay [off], settle, square accounts; (*о долге*) acquit

расположе́ни/е (*размещение в определённом порядке*) arrangement, disposition; (*местоположение*) location, position, situation; (*компоновка, планировка*) layout
~ гру́за cargo position; disposition of cargo
~ заво́да disposition of a plant; location of a plant
~, о́бщее general layout
~ скла́дов storage locations
~ сте́ндаposititon (siting) of a stand, stand position
~ това́ров arrangement of goods
~ экспона́тов layout (arrangement) of exhibits
схе́ма ~я това́ра на су́дне cargo plan

располо́женный situated, located, placed, sited; (*в определённом порядке*) arranged

распоряди́тель manager, managing clerk, assistant, steward

распоря́д/ок standing order, routine, procedure
~, вну́тренний routine
~ дня order of the day, daily proceedings (routine)
пра́вила вну́треннего ~ка regulations, rules of the house, rules and regulations

распоряжа́ться (*давать приказание*) order, give order[s] (instructions); (*хозяйничать*) be in command (charge); (*продавать, ликвидировать*) dispose of

распоряже́ни/е (*приказание*) order, instruction, direction, regulation; *юр.* (*постановление*) disposition; (*указ, закон*) decree, enactment
~ ба́нку, постоя́нное banker's standing order
~я, дальне́йшие future arrangements
~ купи́ть order to buy (purchase)
~ об авизова́нии instruction to advise
~ об опла́те payment instructions
~ об откры́тии аккредити́ва instruction to issue a L/C
~ о вы́даче гру́за delivery order, *сокр.* d/o
~ о доста́вке order to deliver
~ о наложе́нии аре́ста на това́ры writ of arrest
~ о подтвержде́нии instruction to confirm
~я, подро́бные detailed instructions

~я портóвых властéй port authority regulations
~я, прáвильные proper directions
~я, правúтельственные government[al] directions
~ продáть order to sell
~я, противоречúвые contrary directions
~я, прямы́е positive orders
передáча грýза в ~е transfer (delivery) of cargo (goods) to (at the disposal of)
прáво ~я right of disposal (to dispose)
быть в *чьём-л.* **~и** be at *smb's* disposal (command), be in the hands of, be in *smb's* disposition
выполня́ть ~я carry out (comply with, follow) instructions
давáть ~я order, give (issue) orders
иметь в своём ~и have (hold) at *one's* disposal (command), have *smth* on (in) hand
оставáться в *чьём-л.* **~и** remain at *smb's* disposal
отменя́ть ~ revoke (call off) an order
переходúть в ~ pass into the hands of
получáть ~ be ordered, be directed
предоставля́ть *что-л.* **в** *чьё-л.* **~** put (place) *smth* at *smb's* disposal
предоставля́ть своú услýги в *чьё-л.* **~** place *one's* services at *smb's* disposal
предоставля́ть свой óпыт в *чьё-л.* **~** place before *smb* *one's* experience
предоставля́ть сýдно в *чьё-л.* **~** charter a vessel (ship) to *smb*
~ю покупáтеля to order of the buyer
~ю продавцá to order of the seller
в *чьём-л.* **~и** at *smb's* disposal, at the disposal of *smb*, in *smb's* disposition
до дальнéйшего (осóбого) ~я until further notice (orders), for further instructions
по ~ю by order, as ordered by
соглáсно ~ю фрахтовáтелей as ordered by the charterers
имéющийся в ~и available, on (in) hand, at the command; disposable

распределéни/е distribution; division; sharing; apportionment; (*сумм, кредитов*) assignment, allocation, allotment
~ áкций allocation (allotment) of shares
~ арбитрáжных сбóров allotment of arbitration fees
~ ассигновáний apportionment of appropriations
~ бáнковских ссуд bank loan allotment
~ валю́тных рúсков sharing of currency risks
~ валю́ты allocation of currency, foreign exchange allocation
~ вéса weight distribution
~ вознаграждéния за спасéние salvage statement
~ вы́ставочной плóщади space assignment, allocation (allotment, assignment) of exhibition space, site allocation, distribution of stands
~ дохóдов distribution (division) of income
~, ежеднéвное daily distribution
~ закýпок чéрез посрéдническую организáцию channelling of purchases through an intermediary
~ затрáт distribution of costs, cost sharing

~ капиталовложе́ний breakdown of capital expenditure
~ ме́жду сторона́ми distribution between the parties
~, ме́стное local distribution
~, монопо́льное exclusive sales distribution
~ накладны́х расхо́дов overhead allocation, reapportionment of costs
~, непра́вильное maldistribution
~ о́бщей ава́рии general average adjustment
~ обя́занностей distribution (allocation) of duties
~, опто́вое wholesale distribution, distributorship
~ по райо́нам regional distribution
~ при́былей distribution (allocation, allotment) of profits (income), income allocation (allotment, distribution)
~ прода́ж sales distribution
~ проду́кции production (product) distribution
~, пропорциона́льное proportional allotment
~ рабо́чей си́лы allocation of labour
~, равноме́рное even distribution
~ расхо́дов distribution (allocation) of charges (expenses, costs); expense distribution
~ расхо́дов по арбитра́жу distribution (allocation) of arbitration costs (expenses)
~ ри́ска distribution of risk
~ спро́са demand distribution
~ среди́ покупа́телей distribution among customers
~ средств, фина́нсовых disposition of funds
~ сто́имости division of value
~ това́ров distribution of goods (products)
~ услу́г services distribution
~ че́рез сеть аге́нтов distribution through a network (chain) of agents
~ экспона́тов по гру́ппам grouping of exhibits
вид ~я type of distribution
кана́лы ~я distribution channels (lines)
ме́тод ~я method of distribution, distributing method
мирова́я систе́ма ~я worldwide system of distribution
организа́ция ~я distribution arrangements
оши́бка в ~и misallocation, maldistribution
поря́док ~я system of distribution
права́ на ~ distribution rights
при́быль, подлежа́щая ~ю profits available for distribution
пробле́мы ~я distribution problems
структу́ра ~я distribution pattern
услу́ги по ~ю distribution services
центр ~я distribution centre
вести́ перегово́ры о ~и negotiate for distribution
занима́ться ~ем handle (do) distribution
расширя́ть ~ develop distribution

распредели́тель distributor

распредели́тельный distributive, distribution *attr.*

распределя́ть (*распространять*) distribute; (*раздавать*) dispense; (*назначать, выделять*) allocate, assign, allot
~ по гру́ппам group
~ по́ровну distribute equally

распродава́ть sell out (off); (*по сниженным ценам*) sell at reduced prices, clear [down]

распрода́ж/а sale
~, весе́нняя winter sale
~ в связи́ с нача́лом учёбного го́да back-to-school sale
~, осе́нняя autumn sale
~ по сни́женным це́нам bargain (clearance) sale
~, принуди́тельная compulsory (forced) sale
~, публи́чная public sale
~, сезо́нная seasonal (end-of-season) sale
~, сро́чная panic sale[s]
~ това́ра по слу́чаю закры́тия предприя́тия clearance sale, close-out
~ това́рных оста́тков clearance sale
рекла́ма ~и sale advertising
распро́данный sold [out], out of sale (stock)
распростране́ни/е spread[ing]; (*рассылка*) distribution; (*товара*) merchandising
~ докуме́нтов distribution of documents
~ информа́ции dissimination of information
ме́ры, спосо́бствующие ~ю това́ра merchandising efforts
име́ть большо́е ~ be widely used (spread), be practised on a large scale
занима́ться ~ем distribute, do distribution
ограни́чивать ~ restrict (limit) distribution
получа́ть широ́кое ~ become wide-spread
препя́тствовать ~ю hinder the spread
спосо́бствовать ~ю promote distribution
распространённый wide[ly]-spread, widely-distributed
распространя́ть spread, distribute, circulate, extend
~ ме́жду distribute among (between)
~ на всех extend to everybody
распространя́ться:
~ на apply to
рассмотре́ни/е study, examination, consideration; (*обзор*) review; (*расследование*) investigation; (*обсуждение*) discussion
~, внима́тельное thorough (due, proper) consideration
~ вопро́са review of the matter
~, втори́чное reconsideration
~, дальне́йшее further examination
~ де́ла о наруше́нии infringement investigation (consideration)
~ де́ла по зая́вке prosecution of application
~ запро́са examination of an inquiry
~ зая́вки examination of an application
~, крити́ческое critical examination
~, подро́бное detailed consideration
~ прете́нзии examination (consideration) of a claim
~, серьёзное serious consideration
~, тща́тельное thorough (careful) examination (study), precise consideration
внесе́ние на ~ submitting to consideration (inspection)
поря́док ~я order of (procedure for) consideration; order of proceedings
ра́мки ~я (*вопроса*) frame of reference
быть на ~и be under consideration (discussion)
выноси́ть на ~ place for consideration

передава́ть прое́кт на ~ submit a project for consideration, make a submission of a project

передава́ть спор на ~ арбитра́жной коми́ссии refer (submit) a dispute for arbitration by (the settlement of) the Arbitration Commission

представля́ть на ~ submit for (to) consideration

принима́ть спо́ры к ~ю accept disputes for consideration

ускоря́ть ~ прете́нзии expedite examination of a claim

по ~и on (upon) examination (consideration)

находя́щийся на ~и under consideration, pending

подлежа́щий ~ю subject to consideration

рассортиро́вк/а selection, classification, sorting out

расхо́ды на ~у sorting costs

рассортиро́вывать sort out; (*по ассортименту*) classify, select; (*по качеству*) grade, sort, assort; (*по размеру*) size

рассро́чивать spread [out]

~ платёж spread payments; arrange payment on an instal[l]ment system; grant a respite

~ погаше́ние до́лга allow to pay the debt by (in) instal[l]ments

рассро́чк/а extention of time; instal[l]ment plan

~ платежа́ payment by (in) instal[l]ments, instal[l]ment payment, arrangement of payment on an instal[l]ment plan; (*отсрочка*) deferment of payment, grace (respite) for payment

креди́т без ~и noninstal[l]ment credit

креди́т с ~ой платеже́й instal[l]ment credit

платёж в ~у payment by (in) instal[l]ments, instal[l]ment payment

погаше́ние в ~у instal[l]ment repayment; amortization

поку́пка в ~у instal[l]ment buying, deferred payment purchase; *англ.* hire-purchase

прода́жа в ~у instal[l]ment selling (sale, trade); *англ.* hire-purchase sale

сде́лка в ~у instal[l]ment business (transaction)

ссу́да с погаше́нием в ~у instal[l]ment loan

упла́та в ~у payment by (in) instal[l]ments, instal[l]ment payment

выпла́чивать в ~у pay by (in) instal[l]ments, spread the cost, arrange payment on an instal[l]ment system

погаша́ть долг в ~у repay a debt by (in) instal[l]ments, amortize a debt

покупа́ть в ~у buy by (in) instal[l]ments, buy on easy terms, buy on an instal[l]ment plan, buy on a deferred payment plan; *англ.* buy on hire-purchase

предоставля́ть ~у grant a respite, grant (give) the right to pay by instal[l]ments

продава́ть в ~у sell on an instal[l]ment plan, sell on easy terms

в ~у on an instal[l]ment plan, on a deferred payment plan

с ~ой на год on a year's instal[l]ment plan

погаша́емый в ~у payable by instal[l]ments

расстоя́ни/е distance; space

~ в ми́лях mileage

фрахт за ~ distance freight

находи́ться на не́котором ~и от бе́рега lie off, be offshore

находи́ться на ~и ... км от be ... kilometres off (at ... kilometres' distance from)
на далёком ~и от a great way off (distance away) from
на не́котором ~и от at some (a) distance from
на одина́ковом ~и at the same distance

расстро́йств/о:
огово́рка о ~е ре́йса *мор.* frustration clause

рассчи́танный calculated; (*предназначенный*) intended, designed, meant

рассчи́тывать 1. (*производить подсчёт, расчёт*) calculate, compute, figure **2.** (*полагаться на кого-л., на что-л.*) depend on (upon), rely on (upon), count on **3.** (*намереваться*) mean, expect

рассчи́тываться settle [accounts], square (balance) accounts, settle up

рассыла́ть send [out, round], dispatch; (*распространять*) distribute, circulate; (*документы*) forward, distribute

рассы́лк/а dispatch, sending; (*документов*) forwarding, distributing, distribution
~ проспе́ктов distribution of prospectuses (leaflets)
~, ра́зовая (*рекламы*) direct mail "shot", mailing "shot"
ограни́чивать ~у restrict (limit) distribution

расти́ (*о ценах, ставках, курсах, спросе*) grow, increase, rise; expand; (*развиваться*) develop, advance; (*быстро, стремительно*) soar

расторга́ть (*аннулировать*) cancel, terminate, dissolve, rescind, nullify, annul; (*требовать обратно*) recall

расторже́ни/е cancellation, termination, dissolution, rescission, nullification, annulment
~ догово́ра cancellation (termination) of an agreement (a treaty)
~ догово́ра о на́йме off-hire
~ догово́ра страхова́ния cancellation of a policy
~ зака́за withdrawal (cancellation) of an order
~ контра́кта cancellation (termination, rescission, nullification, repudiation) of a contract
~ ча́ртера cancellation of a charter
да́та ~я date of cancellation
заявле́ние о ~и notice of cancellation
пра́во ~я догово́ра right to terminate a contract, right of notice (cancellation)
срок для заявле́ния о ~и period of notice
заявля́ть о ~и догово́ра give notice of withdrawal of a contract, terminate a contract
предусма́тривать ~ контра́кта provide for termination of a contract

растра́та 1. spending; (*непроизводительная*) waste, wasting **2.** (*незаконное присвоение*) embezzlement, misappropriation, defalcation
~ де́нег waste of money, misuse of funds

растра́чивать 1. spend; (*непроизводительно*) waste, diffuse, dissipate **2.** (*незаконно присваивать*) embezzle, misappropriate

растру́ска scattering, strewing; (*утечка*) spilling
~ гру́за strewing of cargo

расту́щий growing, increasing, expanding, rising, advancing

растя́гивать stretch, spread

~ платежи́ на пери́од вре́мени spread payments over a period of time

~ сро́ки платежа́ spread payments over a period of time, stretch (spread) payment terms

расфасо́ванный packed, prepacked

расфасо́вк/а packing, packaging

~ пищевы́х това́ров packing of food commodities

расфасо́вывать pack [in parcels], *амер.* package, prepackage, weigh out and pack (wrap)

~ в мешки́ fill in sacks (bags)

~ в я́щики pack in boxes (cases)

расхо́д 1. expense, expenditure, outlay, charge; **~ы** spending[s], expenses, expenditure[s], costs, charges; disbursements; outlay **2.** (*потребление материала*) consumption, use, usage

~ы, авари́йные average disbursements

~ы, администрати́вные administration (administrative, office, management) expenses, administration costs, management overheads, general burden

~ы, амортизацио́нные depreciation costs (charges), amortization costs

~ы, арбитра́жные arbitration [procedure] costs, costs of arbitration, arbitration expenses (fees), expenses incurred in arbitration, fees for arbitration services

~ы, ба́нковские bank charges, banking expenses

~ы, бесполе́зные waste of money, dead expenses

~ы, больши́е heavy (considerable) expenses (costs, expenditure[s]), high expenses

~ы, бро́керские broker's expenses

~ы, бу́дущие deferred charges

~ы, букси́рные towage charges (expenses), tuggage, tugboat dues

~ы, бюдже́тные budgetary (budget) expenditure[s], expenditure[s] on public account

~ы, валю́тные [hard] currency payment (spending)

~ы, внепла́новые extra-budgetary expenses, extra budgetaries, expenditure[s] not provided for in the budget

~ы, вы́ставочные exhibition expenses

~ы, годовы́е annual expenses

~ы, госуда́рственные public (national) expenditure[s] (spending, outlay), expenditure[s] on public account

~ы, гражда́нские civilian expenditure[s]

~ы, де́нежные cash expenditure[s] (disbursements, outlay)

~ы, дисбурсме́нтские disbursement expenses, disbursements

~ы, доба́вочные additional (supplementary) expenses (costs)

~ы, дополни́тельные additional (extra, special) expenses (costs, charges, expenditure[s]), surcharge, excess (added) costs

~ы, доро́жные travelling expenses (costs), cost of (payment for) travel

~, душево́й per capita expenses, expenses per head of population

~ы за charges for

~, завы́шенный (*в счёте*) overcharge, surcharge

~ы за измене́ние усло́вий amendment charges; extension commission

~ы, заменённые substituted expenses

~, зани́женный undercharge

~ы, заплани́рованные projected costs

~ы, зара́нее опла́ченные prepaid charges (expenses)

~ы, зарубе́жные foreign expenditure[s]

~ы за счёт *кого-л.* charges (expenses) for the account of *smb*

~ы за счёт *чего-л.* charges (expenses) for *smth*

~ы, инвалю́тные expenses in foreign exchange

~ иностра́нной валю́ты foreign [exchange] expenditure[s]

~ы, исключи́тельные exceptional expenses

~ы, канцеля́рские office (stationary) expenses

~ы, капитализи́руемые capitalized expenses

~ы, капита́льные capital costs (expenditure[s], outlay)

~ы, карма́нные pocket expenses (money), out-of-pocket expenses

~ы, кварти́рные lodging (accommodation) expenses

~ы, командиро́вочные travel[ling] expenses (allowance); subsistence expenses

~ы, компенсацио́нные compensation expenses

~ы, ко́свенные indirect expenses (costs, charges)

~ы, ли́чные personal expenses

~ы, ло́цманские pilot (pilotage) fees, pilotage

~ы, максима́льные maximum expenses (expenditure[s])

~ материа́ла material consumption, consumption (usage) of material, amount of material used

~ы, ме́лкие petty expenses (charges), everyday expenses

~ы, минима́льные minimum expenses (expenditure[s])

~ы на expenses on (for)

~ы на вспомога́тельные рабо́ты expenses on auxiliary jobs

~ы на гаранти́йный ремо́нт warranty expenses

~ы на гости́ницу hotel expenses (costs, charges)

~ы на демонта́ж dismantling (dismounting, disassembly) costs

~ы на ду́шу населе́ния per capita expenses, expenses per head of population

~ы на жизнь living expenses

~ы на жильё lodging (accommodation) expenses; (*командировочные*) housing allowance

~ы на иссле́дование research (exploration, investigation) costs

~ы на капита́льное строи́тельство development expenditure[s]

~ы, накладны́е overhead charges (expenses, costs), overheads, supplementary (indirect) costs, *англ.* oncost; *см. также* **накладны́е расхо́ды**

~ы, накопи́вшиеся accrued expenses

~ы нали́чными cash expenses, expenses of (in) cash, out-of-pocket costs

~ы на ма́ркетинг spending on marketing

~ы на материа́лы expenses on [raw] materials

~ы на медици́нское обслу́живание medical expenses

~ы на нау́чно-иссле́довательские и о́пытно-констру́кторские рабо́ты (НИОКР) expenses on scientific research, development and design work

~ы на нау́чно-иссле́довательские рабо́ты (НИР) expenses on scientific research

~ы на обрабо́тку handling costs; working (processing) costs

~ы на обрабо́тку гру́зов в порту́ stevedoring [expenses (charges)]

~ы на обуче́ние training costs

~ы на патентова́ние expenses of patenting procedure

~ы на поддержа́ние обору́дования в работоспосо́бном состоя́нии maintenance-and-repair (maintenance-and-running) cost[s]

~ы на представи́тельство entertainment expenses

~ы на размеще́ние гру́за (*на судне*) trimming expenses (charges)

~ы на рассортиро́вку sorting costs

~ы на рекла́му advertising expenses (costs, outlay), charges for advertising; promotional expenditure[s]

~ы на ремо́нт repair expenses (costs), expenses on repairs, cost of repairs

~ы на со́бственные ну́жды personal expenses

~ы на содержа́ние maintenance expenses

~ы на та́ру packing expenses, cost of the tare

~ы на техни́ческое обслу́живание и теку́щий ремо́нт maintenance expenses (costs), expenses on technical service

~ы на транспортиро́вку transportation expenses (costs), transfer costs, haul[age] costs

~ы на транспортиро́вку, морску́ю maritime costs

~ы на транспортиро́вку от упако́вочной фи́рмы до су́дна haulage costs from the packers' depot to a vessel

~ы на убо́рку cleaning costs

~ы на упако́вку packing charges

~ы на худо́жественно-оформи́тельские рабо́ты decoration charges, decorating cost[s], cost of design

~ы, необходи́мые necessary expenses

~ы, неопра́вданные unreasonable (unwarranted) expenses

~ы, непосре́дственные direct expenses (costs, outlay)

~ы, непредви́денные unforeseen (incidental, extra, additional) expenses, contingencies

~ы, непроизводи́тельные unproductive (non-productive) expenses (expenditure[s], spending), non-productive outlay, waste of capital (money), dead expenses, wastage

~ы, нерегули́руемые uncontrollable expenses

~, нормати́вный (*предусмотренный сметой*) standard expense allowance

~ы, обосно́ванные reasonable expenses

~ы, обра́тные back charges

~ы, общеавари́йные general average expenses (expenditure[s])

~ы, общефи́рменные general burden

~ы, óбщие total (overall, general) expenses (costs, outlay)
~ы, оплáченные зарáнее prepaid expenses
~ы, организациóнные organization[al] expenses (costs), establishment charges
~, ориентирóвочные proforma charges
~ы, осóбые particular (special) expenses (charges)
~ы, относя́щиеся к expenses pertaining to
~ы, отсрóченные deferred charges
~ы, первоначáльные initial outlay (expenditure[s]), original costs
~ы, плáновые planned expenses (expenditure[s])
~ы по арбитрáжу arbitration expenses (fees), costs of arbitration
~ы, побóчные incidental (extra) expenses (costs), extras, incidentals
~ по буксирóвке towage charges (expenses), tuggage, tugboat dues
~ы по возврáту товáра cost of returning goods
~ы, повторя́ющиеся recurring (recurrent, wheeling) expenses
~ы по вырáвниванию грýза в трю́мах сýдна levelling charges
~ы по дисконти́рованию discount charges
~ы по достáвке delivery expenses (costs), delivery charges
~ы, подсчи́танные estimated (calculated) expenses
~ы по зáймам borrowing costs, interest charges
~ы по инкáссо collection (collecting, recovery, encashment) charges (expenses), expenses of collection
~ы по иску expenses connected with a suit
~ы по контрáктам contract[ual] expenses (costs)
~ы по маркирóвке marking charges
~ы по монтажý erection expenses (costs), costs of mounting (erection), expenses on erection work
~ы, понесённые expenses incurred
~ы по обслýживанию services, service expenses
~ы по обслýживанию сýдна ship's disbursements
~ы по óбщей авáрии general average expenses (expenditure[s])
~ы по óбщей авáрии и спасéнию сýдна general average and salvage charges
~ы по оплáте ли́хтеров lighterage, *сокр.* ltg. [charges]
~ы по отпрáвке грýза forwarding (shipping, transport) charges
~ы по оформлéнию документáции documentation charges
~ы по оцéнке товáра valuation charges
~ы по перевáлке expenses of transhipping, transhipment expenses (costs), handling costs
~ы по перевóзке carriage (transport, transportation, shipping, freight, hauling) charges (expenses, costs), charges for carriage, expenses (costs) of transportation (carriage, shipping, haulage; *ж.-д.* trackage)
~ы по перегрýзке transhipment expenses (costs), expenses of transhipping, handling costs

~ы по переработке 1. working (processing) costs **2.** (*грузов*) handling costs
~ы по пересылке (*денег*) remittance charges
~ы по планированию и проектированию planning and design expenditure[s]
~ы по погрузке (погрузочные) loading (shipping) expenses, loading (shipping) charges, costs of loading, loading (shipping, cargo handling) costs
~ы по погрузке и выгрузке судовыми средствами board expenses
~ы по погрузке и разгрузке (погрузочно-разгрузочные) [cargo] handling charges (costs), stevedoring charges
~ы по подготовке товара к отгрузке expenses connected with the preparation of goods for shipment
~ы по помещению товара на пристани wharfage charges
~ы по поставке на условиях СИФ delivery charges CIF
~ы по поставке на условиях ФОБ delivery charges FOB
~ы по проверке грузов в порту checking expenses
~ы по протесту expenses of protest, protest expenses (fees, charges), charges for noting
~ы по разгрузке unloading charges (costs, expenses, fees), discharging expenses (costs), costs of discharging (unloading), expenses of (on) discharge (unloading), landing charges
~ы по ремонту, текущему costs of routine maintenance
~ы, портовые port charges (costs)
~ы по сбыту marketing (merchandising, selling, distribution) costs, distribution expenses
~ы по складированию storage (warehouse) charges, expenses on storage, storage expenses
~ы по смете estimated costs (expenditure[s])
~ы по сохранению груза expenses on preservation of cargo
~ы по спасению груза salvage expenses (charges), expenses on the salvage of cargo
~ы, постоянные fixed charges
~ы по страхованию insurance expenses (costs, charges), expenses on insurance, costs of insurance
~ы по строительству construction (building) expenses (costs)
~ы по транспорту transport (transportation) charges (costs, expenses), carriage, cost of transport (carriage, freightage), shipping costs
~ы, потребительские consumer spending (disbursements)
~ы по укладке (*груза в трюм*) stowage
~ы по упаковке packing charges (costs, expenses), package
~ы по уплате процентов interest charges
~ы по установке installation expenses
~ы по уходу за машинами и оборудованием costs of servicing machinery and equipment
~ы по участию participation fees
~ы по учёту (*тратт*) discount charges
~ы по учреждению акционерного общества expenses on promotion, promotion money

\~ы по хранению storage (warehouse, warehousing) charges, storage expenses, cost of storage
\~ы по чартеру expenses on charter
\~ы, почтово-телеграфные postage and cable expenses
\~ы, почтовые [cost of] postage, postal (mail) expenses (charges)
\~ы, правительственные government expenditure[s]
\~ы, предварительные preliminary expenses
\~ы, предотвращённые expenses avoided
\~ы, предполагаемые estimated expenditure
\~ы предпринимателей business expenditure[s]
\~ы, представительские representation expenses
\~ы, предусмотренные stipulated expenses
\~ы, предусмотренные сметой estimated expenses, expense allowance
\~ы, проездные travelling expenses (costs), cost for (of) travel
\~ы, производственные manufacturing (production, operating) expenses (costs), costs of production (manufacturing), running (working) expenses
\~ы, прочие miscellaneous (other, further) costs
\~ы, прямые direct expenses (costs, outlay)
\~ы, пусковые starting expenses
\~ы, путевые travel[ling] expenses (costs), cost for (payment of) travel
\~ы, разгрузочные discharging (unloading) costs, costs of discharging (unloading), expenses of (on) discharge (unloading), unloading charges (costs, expenses, fees), landing charges
\~ы, разные sundry expenses
\~ы, разовые non-recurrent expenditure[s]
\~ы, разорительные ruinous expenditure[s]
\~ы, растущие increasing (rising, upward) costs
\~ы, регулируемые controllable expenses
\~ы, рекламные advertising (publicity) expenses (spending, expenditure[s]), promotional expenses
\~ы, ремонтные repair expenses (costs), expenses on repairs, cost of repairs
\~ы, сбережённые expense saved
\~ы, сбытовые cost of sales
\~ы, сверхнакладные super burden
\~ы, сверхплановые (сверхсметные) excess (additional, unscheduled) expenses (costs)
\~, сверхплановый excess (above standard, additional) consumption (usage)
\~ы, связанные с expenses incurred in connection with, expenses connected with, expenses incidental to, associated expenses, expenses involved
\~ы, связанные с денежным переводом bank's (bank) charges for transfer (entailed by transfer)
\~ы, связанные с изменением аккредитива amendment charges
\~ы, связанные с командировкой специалистов expenses connected with a business trip of specialists, expenses on sending specialists

~ы, свя́занные со строи́тельством building-associated costs
~ы, свя́занные с откры́тием аккредити́ва charges for the opening of a L/C, charges relating to the establishment of a L/C
~ы, свя́занные с переадресова́нием гру́зов expenses resulting from readdressing of goods
~ы, свя́занные с перево́дом предприя́тия из одного́ ме́ста в друго́е moving expenses
~ы, свя́занные с подтвержде́нием аккредити́ва confirmation charges
~ы, свя́занные с пребыва́нием expenses connected with the stay, cost of stay, cost incurred during a stay
~ы, складски́е storage, storage (warehouse) charges (costs, expenses)
~ы, служе́бные business expenses
~ы, сме́тные budgeted expenses, estimated expenditure[s]
~ы, согласо́ванные agreed expenses
~ы, соотве́тствующие respective costs
~ы, сопу́тствующие accompanying expenses
~ы, специа́льные special charges
~ы, сре́дние average expenses (costs)
~, сре́дний average consumption
~ы, сро́чные immediate expenditure[s]
~ы, стивидо́рные stevedoring expenses (charges)
~ы, страховы́е insurance expenses (costs, charges)
~ы, суде́бные law (legal) expenses, legal costs, sue charges
~ы, судовы́е ship's expenses
~ы, сумма́рные total expenses (costs)
~, сумма́рный total consumption (usage)
~ы, су́точные daily expenses, costs per day
~ сырья́ и материа́лов consumption (use) of raw materials
~ы, тамо́женные customs expenses (charges)
~ы, теку́щие current (operating, running) expenses (expenditure[s])
~ы, телегра́фные cable expenses (charges)
~ы, те́лексные telex expenses (charges)
~ы, телефо́нные telephone expenses (charges)
~ы, торго́вые trade (commercial, business, selling) expenses, distribution charges, trade costs
~ы, тра́нспортные transport[ation] charges (costs, expenses), carriage, expenses (costs) of transportation, shipping costs
~ы, трансфе́ртные (*бюджета*) transfer expenditure[s]
~ы, уме́ренные reasonable expenses
~ы, управле́нческие management (administrative) expenses
~ы, учрежде́нческие office expenses
~ы, факти́ческие actual expenses (charges, costs)
~ы, фикси́рованные fixed charges
~ы, фина́нсовые financial expenses (costs)
~ы, фрахто́вые freight charges

~ы, чрезвыча́йные extraordinary expenses (costs, expenditure[s])
~ы, чрезме́рные exorbitant charges
~ы, экспедицио́нные forwarding charges
~ы, эксплуатацио́нные working (maintenance, operation[al], operating, running) expenses (costs, expenditure[s])
~ы, я́рмарочные fair expenditure[s]
ассигнова́ния на статьи́ ~ов expenditure appropriations
возмеще́ние ~ов compensation for (repayment of, reimbursement of, recompense of) expenses (expenditure[s], costs)
возмеще́ние путевы́х ~ов reimbursement of travelling expenses, travelling allowance
вы́чет ~ов deduction of expenses (charges)
калькуля́ция (исчисле́ние) ~ов calculation (estimate) of charges (expenses, costs), cost estimation (accounting)
компенса́ция ~ов compensation for (of) expenses (costs)
ме́тод сниже́ния ~ов cost-saving method
но́рма ~а standard of (norm for) consumption, consumption rate
объём ~ов volume of expenditure[s]
ограниче́ние бюдже́тных ~ов budgetary restraint
опла́та ~ов payment of costs (expenses)
определе́ние ~ов estimate (determination) of expenses
оце́нка ~ов cost estimation (finding), assessment (estimation, determination) of expenses (costs)
плани́рование ~ов cost planning (estimating, budgeting)
подро́бный пе́речень ~ов detailed costs [list]
подсчёт ~ов statement of charges (costs); calculation of expenses
покры́тие ~ов covering (meeting, absorbing, defrayal) of expenses (costs, charges)
преде́л ~ов cost limit
прогнози́рование ~ов cost forecast
разме́р ~ов rate (amount, size, volume) of expenses (expenditure[s])
разме́р ~ов, предполага́емый anticipated rate of expenditure[s]
распределе́ние ~ов distribution (allocation) of charges (costs, expenses), expense distrubution
ски́дка на непредви́денные ~ы allowance for contingencies
сме́та ~ов calculation (estimate) of expenses (costs), expense budget, estimated expenditure[s], budget of expenditure[s]
сме́та ~ов и при́былей cost-benefit calculation
сме́та ~ов на рекла́му advertising budget
сме́та ~ов, приблизи́тельная rough estimate of costs
сниже́ние ~ов cost cutting (reduction), reduction of expenses (cost, expenditure[s])
сокраще́ние ~ов cost cutting (reduction), reduction of expenses, cuts in expenditure[s], curtailment (cutback) of spending

сокраще́ние ~а reduction of consumption
соотноше́ние ~ов relation of costs
сре́дства на непредви́денные ~ы contingency funds
ста́вка накладны́х ~ов overhead[s] (cost, burden) rate
статьи́ ~ов, неви́димые invisible items of expenditure
статья́ ~ов item of expenses, expense item, article of expenditure; (*пункт контракта*) cost clause
страхова́ние медици́нских ~ов medical (hospitalization) insurance
структу́ра ~ов cost structure, expenditure pattern
су́мма ~ов amount (sum) of expenses
счёт ~ов account (bill) of charges, bill of costs, expense (charges) account, account of disbursements (expenses)
увеличе́ние ~ов increase in expenditure[s]
уча́стие в ~ах share in expenses
шкала́ ~ов scale of charges
эконо́мия в ~ах saving of expenses, cost saving
брать на себя́ ~ы assume (absorb) expenses (costs), be responsible for charges, undertake expenditure[s], defray expenses
вводи́ть в ~ put to expense[s]
включа́ть ~ы include charges (expenses, costs)
возмеща́ть ~ы compensate (indemnify) for expenses, cover (repay, reimburse, recompense) expenses, recoup the cost
возмеща́ть *кому-л.* **~ы** compensate (reimburse) *smb* for expenses, offset expenses to *smb*
возмеща́ть *кому-л.* **~ы че́рез банк** reimburse *smb* through a bank
вызыва́ть ~ы cause (involve, entail) expenses (costs)
дели́ть ~ы share (split) expenses (costs), split up the cost, share (participate in) expenses
дели́ть ~ы попола́м halve expenses, split expenses fifty-fifty
доводи́ть ~ы до ми́нимума minimize expenses (costs)
завыша́ть ~ы overestimate expenditure[s]
избега́ть дополни́тельных ~ов avoid extra cost
калькули́ровать ~ы calculate charges (expenses, costs)
компенси́ровать ~ы compensate (indemnify) for expenses, cover (repay, reimburse, recompense) expenses, recoup the cost
лимити́ровать ~ы limit expenses
не включа́ть ~ы omit costs
не жале́ть ~ов spare no expense
нести́ ~ы bear (have, incur) expenses (charges, costs), make expenses
нести́ ~ы, бо́льшие bear heavy expenses (costs), experience extensive expenses
нести́ ~ы, дополни́тельные incur extra costs
нести́ ~ы по фра́хту incur freight [costs]
нести́ ~ы, произво́дственные и тра́нспортные incur production and transport costs
обосно́вывать ~ы substantiate charges
ограни́чивать ~ы restrict expenditure[s]

опла́чивать ~ы pay charges (expenses, costs), bear (absorb) expenses, meet the expenditure[s]
опла́чивать ~ы зара́нее prepay (advance) expenses
относи́ть ~ы на *чей-л.* **счёт** charge (refer) expenses to the account of *smb*, place expenses to *smb's* charge
отража́ть ~ы в ци́фрах reflect expenditure[s] in figures
оце́нивать ~ы assess (estimate) expenses (costs)
перечисля́ть ~ы в отде́льности itemize expenses
повле́чь ~ы cause (involve, entail) expenses (costs)
покрыва́ть ~ы cover (meet, absorb, defray) expenses (costs, charges)
покрыва́ть ~ы дохо́дами cover expenses by proceeds (profits)
получа́ть возмеще́ние ~ов recover expenses, reimburse *oneself* for charges (expenses)
принима́ть на себя́ ~ы assume (absorb) expenses (costs), be responsible for charges, undertake expenditure[s], defray expenses
провести́ статью́ ~а *бухг.* pass an item of expenditure
производи́ть ~ы bear (incur) expenses (charges, costs)
распределя́ть ~ы distribute charges (expenses, costs)
рассчи́тывать ~ы calculate expenses (charges)
регули́ровать ~ы regulate payments
сокраща́ть (снижа́ть) ~ы cut [down] (reduce, curtail) expenses (costs, expenditure[s], spending), draw in expenditure[s]
спи́сывать в ~ write off, charge off
увели́чивать ~ы increase expenses (charges, spending), pile up expenses
увели́чивать ~ы вдво́е duplicate (double) expenses
уде́рживать ~ы deduct charges, take off expenses
ука́зывать ~ы в до́лларах show expenses in dollars
утвержда́ть ~ы authorize expenditure[s] (spending)
уча́ствовать в ~ах share [in] expenses
финанси́ровать ~ы finance the outlay
эконо́мить ~ы save expenses (costs)
без ~ов free of charge (cost, expense)
без ~ов для су́дна free of expense to the vessel
в ка́честве компенса́ции за ~ы in compensation of [all] expense[s]
за вы́четом ~ов less (minus) charges (expenses), expenses deducted
по́сле вы́чета ~ов after deducting charges, charges deducted
с нало́женным платежо́м за ~ы expenses charged forward
включа́я все ~ы including (inclusive of) all charges
вы́года превыша́ет ~ы the benefits outweigh the costs
~ы выража́ются в the expenses amount (come) to
~ы дохо́дят до the expenses run to
~ы окупи́лись the expenses were justified
~ы опла́чены зара́нее charges (expenses) prepaid
~ы подлежа́т опла́те грузополуча́телем charges forward

~ы составля́ют ... (*сумма*) the expenses amount to ...
свобо́дно от ~ов free of all expenditure[s] (expenses)
свобо́дно от ~ов и ри́ска для су́дна free of expense and risk to the vessel, free of all risks and expenses to the vessel
свобо́дно от ~ов по вы́грузке free out, free discharge
су́дно не несёт ~ы по погру́зке, укла́дке, размеще́нию и вы́грузке гру́за loaded, stowed, trimmed and discharged free of expense to the vessel
су́дно свобо́дно от ~ов по погру́зке и вы́грузке free in and out, *сокр.* f.i.o.

расхо́дование **1.** spending, expenditure; payout; (*снятие денег*) drawing, withdrawal **2.** (*использование*) consumption, utilization, use
~ де́нег spending of money
~ зо́лота (*из золотого запаса*) withdrawal of gold
~, непроизводи́тельное waste
~, неэконо́мное uneconomical use
~, рациона́льное rational use
~ ресу́рсов use of resources
~ сырья́ use of raw materials
~, части́чное partial drawing
~, эконо́мное economical use

расхо́довать **1.** (*деньги, время*) spend, expend, outlay **2.** (*потреблять, использовать*) consume, use, utilize, employ

расхожде́ни/е (*разница, различие*) difference; (*несоответствие, неточность*) discrepancy; (*недостаточность*) inadequacy; (*отклонение от нормы*) divergence, divergency, deviation, variance; (*неравенство*) imbalance, disparity
~ в ана́лизах divergency (divergence) in the analyses
~ в ассортиме́нте difference in assortment
~я, ви́димые apparent discrepancies
~ в ка́честве difference (inadequacy) in quality
~ в коли́честве difference (discrepancy) in quantity; variation in quantity
~я в ме́тодах подсчёта discrepancies in accounting methods
~я в мне́ниях difference of (in) opinion[s], disagreement
~, возника́ющее в результа́те *чего-л.* resultant discrepancy
~ в разме́рах по́шлин disparity in tariffs
~ в цве́те difference (deviation) in colour
~я, значи́тельные significant differences, considerable discrepancies
~ ме́жду сто́имостью э́кспорта и и́мпорта imbalance in trade
~ ме́жду тари́фами disparity in rates
~ ме́жду факти́ческими и сме́тными изде́ржками expense variance
~, показа́тельное indicative discrepancy
~ цен (*на однородную продукцию*) differences in prices, price dispersion
~ цены́ и сто́имости divergence of price from value
иссле́довать ~я investigate discrepancies
отмеча́ть ~я note discrepancies
пока́зывать ~я show discrepancies

расце́нивать **1.** (*оценивать, исчислять*) estimate, assess, value, appraise **2.** (*назначать цену*) price, fix (quote) a price; rate; tariff **3.** (*считать, квалифицировать*) consider, regard, qualify

расце́ниваться be priced at, be worth

това́р расце́нивается сли́шком высоко́ the goods are priced too high

расце́нк/а 1. (*оценка*) valuation, evaluation; (*приблизительный подсчёт*) estimate **2.** (*назначение цены*) pricing, price-fixing; (*тариф, шкала ставок*) tariff; (*цена, курс, котировка*) [price] quotation, rate, rating **3.** (*ведомость*) cost (price) sheet

~, включа́я сто́имость доста́вки pricing on a delivery basis

~и, едини́чные unit prices

~и за рекла́му advertising rates

~, зона́льная zone pricing

~, конкуре́нтная competitive pricing

~и на рабо́ты unit prices for work[s], rates of executing work[s]

~и на строи́тельно-монта́жные рабо́ты calculated prices for construction and erection work[s]

~, ожида́емая expected (predictable) pricing

~, подро́бная detailed pricing

~, предвари́тельная preliminary estimate (calculation)

~, предлага́емая proposed price sheet

~, предполага́емая predictable pricing

~, прие́млемая acceptable (good, keen) pricing

~ проду́кции product pricing

~, разли́чная different pricing

~, разу́мная reasonable pricing

~ сде́ланной рабо́ты job evaluation (prices)

~, сде́льная pricing by the piece, piece rate

~и, существу́ющие current prices (rates)

~ това́ра product pricing

~ тонна́жа tonnage rating

~и, фрахто́вые freight rates

пра́вила ~и tariff rules

дава́ть ~и quote (fix) prices, price; fix rates; tariff

подлежа́ть но́вым ~ам be subject to new prices

получа́ть ~и receive ratings for, get prices on

предоставля́ть ~у provide pricing

ста́вить ~у на това́рах mark the goods

устана́вливать ~и quote (fix) prices, price; fix rates; tariff

по конкурентоспосо́бным ~ам at competitive rates

по предпочти́тельным ~ам at preferential rates

расце́ночн/ый price *attr.*, rate *attr.*

расце́нщик appraiser, valuer

расчёт 1. (*оплата*) settlement, settling, payment[s], paying, payment transactions **2.** (*смета*) statement, quotation **3.** (*счёт*) account, bill; invoice **4.** (*вычисление, подсчёт*) calculation, computation

~ы, ба́нковские bank transfers (transactions)

~, «безбума́жный» paperless payment

~ы, безде́нежные clearing operations

~, безнали́чный clearing settlement, clearing transaction (business), non-cash transaction

~, безнали́чный ме́жду ба́н-

ками bank exchanges, bank clearing
~ы в ... (*валюта*) payment (settlement) in ...
~ы, валю́тные currency (exchange) payments (settlements)
~ы в валю́те кли́ринга payments in clearing currency
~, ве́рный correct calculation
~ы, взаи́мные mutual settlements, clearing, setoff [settlement]
~ в иностра́нной валю́те payment in foreign currency
~ в креди́т commercial credit
~ы, вне́шние external payments
~ы, вну́тренние internal payments
~ вре́мени timing
~ вре́мени, то́чный accurate timing
~ в перево́дных рубля́х payment in transferable roubles
~ в фо́рме инка́ссо payment for collection, payment on the collection basis
~ в фу́нтах сте́рлингов settlement (payment) in pounds sterling
~, годово́й annual account
~, гру́бый rough calculation
~ы, двусторо́нние bilateral payments, settlements on a bilateral basis
~ де́мерреджа calculation of demurrage, demurrage calculation
~ы, де́нежные cash (monetary) payments
~, долево́й calculation of *one's* share
~ до поста́вки това́ра payment before delivery
~, ежего́дный annual (yearly) payment (settlement)
~, [еже]кварта́льный quarterly payment (settlement)
~, ежеме́сячный monthly payment (settlement)
~ за́работной пла́ты payroll preparation
~ за това́р payment for goods
~ изде́ржек calculation of costs (charges); (*документ*) statement of costs (charges)
~, кли́ринговый clearing [payment], clearings
~ы ме́жду ба́нками bank transfers
~ы, междунаро́дные international payments (settlements, clearing), payments to and from foreign countries, [foreign] exchange
~ы, многосторо́нние multilateral payments (settlements), settlements on a multilateral basis
~ на коне́ц ме́сяца end-month account
~, нали́чный ready cash, cash payment (settlement, business), payment in (by) cash, down payment, direct financial payment
~ нали́чными, до сда́чи това́ра cash before delivery, *сокр.* C.B.D.
~ нали́чными, неме́дленно prompt cash
~ нали́чными при вы́даче зака́за cash with order
~ на середи́ну ме́сяца mid-month account
~, неве́рный wrong calculation (computation), miscalculation
~, незавершённый outstanding account
~, неме́дленный prompt (immediate) payment; (*наличными*) prompt (spot) cash
~, о́бщий overall calculation
~, обы́чный routine calculation

~, **окончáтельный** 1. final settlement (payment, figures, adjustment) 2. final statement
~ **плáты за простóй** calculation of demurrage, demurrage calculation
~ **по аккредитиву** payment by a L/C
~ы **по биржевы́м сдéлкам** clearing
~ы **по внéшним операциям** external (international) payments
~ы **по зáймам** payments under loans
~ы **по клирингу** clearings, clearing payments (transactions)
~ы **по контрáкту** contract payments (settlements)
~ы **по кредиту** credit payments
~[ы] **по кýрсу** settlement (payment) according to (at) the exchange rate
~, **полноцéнный** settlement in full value
~, **пóлный** full settlement, settlement (payment) in full (total)
~ **по óбщей авáрии** general average adjustment[s]; making up a general average statement
~ **по откры́тому счёту** payment on an open account
~ **по постáвкам** payment for deliveries
~ **посрéдством чéков** payment by cheques (*амер.* checks)
~ **по тарифу** payment as per (in accordance with the) tariff
~, **прáвильный** proper (correct) calculation
~, **предварительный** preliminary estimate (calculation)
~, **приблизительный** estimate, approximate calculation
~ы, **прилагáемые** enclosed figures
~ы, **проéктные** design calculations
~ **процéнтов** (*вычисление*) computation of interest; (*документ*) statement of interest, interest statement (account)
~ **путём дéнежных перевóдов** payment by money transfers
~ **путём инкáссо** payment for collection
~ **путём телегрáфных и почтóвых перевóдов** payment by cable and postal transfers, payment by remittance
~ **рентáбельности** calculation of profitability (costs and returns)
~ **рóялти** calculation of royalty
~, **свóдный** summary calculation
~ **смéтной стóимости** calculation of the estimated cost
~[ы] **с покупáтелями** settling with buyers
~, **срóчный** prompt payment
~ **стáвок** calculation of rates
~ **тарифов** rate making, rating
~[ы], **текýщие** current accounts
~ **тéхнико-экономического обоснования** techno-economic estimation of a project
~, **типовóй** routine calculation
~ы, **тóчные** correct (exact) calculations
~, **урегулированный** settled account
~, **финáнсовый** financial payment
~ **фрáхта** calculation of freight
~, **хозя́йственный** cost accounting, economic accounting, profit-and-loss basis

~ цен pricing, price calculation, calculation (computation) of prices
~ [экономи́ческой] эффекти́вности calculation of [economic] efficiency
аккредити́вная фо́рма ~а payment by (out of, through) a L/C, payment in the form of a L/C
бала́нс вне́шних ~ов external account
валю́та ~а transactions currency; currency of payment, accounting (clearing) currency
ве́ксельная фо́рма ~а payment by drafts
дебито́ры по ~ам accounts receivable
день ~а settling (settlement) day, day of payment
докуме́нты за нали́чный ~ documents against payment, *сокр.* D/P
едини́ца ~а unit of account
кредито́ры по ~ам accounts payable
ликвида́ция ~ов в конце́ ме́сяца end-month settlement
ликвида́ция ~ов в середи́не ме́сяца fortnightly (mid-month) settlement
ме́тод ~ов calculation method; method (mode, way) of settlement (payment)
оши́бка в ~е error in calculation (calculating), computation (calculation) error, miscalculation
платежи́ по урегули́рованию ~ов payments in settlement, settlement payments
платёж в оконча́тельный ~ final payment (settlement), payment of the balance
поку́пка за нали́чный ~ cash purchase (buying), purchase for cash; spot buying
поря́док ~ов method (procedure) of settlement (payment), payment procedure
пра́вильность ~а accuracy (correctness) of calculation
прода́жа за нали́чный ~ sale for cash, cash sale; spot sale
произведе́ние оконча́тельных ~ов final settling of accounts
сбаланси́рование взаи́мных ~ов balancing of mutual settlements
сде́лка за нали́чный ~ cash transaction (operation), transaction for cash; cash (spot) business
систе́ма ~ов system of settlement; accounting system
ски́дка за нали́чный ~ cash discount (allowance), discount (allowance) for cash
соглаше́ние о ~ах по кли́рингу clearing agreement (arrangement)
состоя́ние взаи́мных ~ов status of mutual accounts
сре́дства ~ов medium of exchange, means of payments
урегули́рование ~ов settlement (clearing) of accounts (payments)
усло́вия ~ов terms of payments (settlement), settlement (payment) terms
фо́рма ~а manner (method, form, mode, way) of payment
фо́рма ~а, инка́ссовая payment for (by) collection
фо́рма ~а, че́ковая payment by (on) cheque
чек по кли́ринговым ~ам clearing [house] cheque
баланси́ровать статьи́ ~ов balance accounts
быть в ~е с be even with
де́лать ~ make calculation[s]
заверша́ть (зака́нчивать) ~

make up (close) an account; complete the calculation
не принимáть в ~ leave out of account, disregard
осуществля́ть ~ы make payments, pay
ошибáться в ~ах make a mistake in *one's* calculation[s]
предоставля́ть приблизи́тельные ~ы give estimates
принимáть в ~ consider, take into consideration (account); (*делать скидку*) *перен.* make allowances, allow for
производи́ть ~ы 1. (*расплачиваться*) make payment[s], pay, settle (balance, square) accounts with, effect payment[s] (settlement), clear [payments] **2.** (*рассчитывать*) calculate [the cost], make calculations
производи́ть ~ы, взаи́мные settle mutual accounts
производи́ть ~, окончáтельный make (effect) final settlement
производи́ть ~ по контрáкту make (effect) settlement under a contract
производи́ть ~ по креди́ту clear the credit
производи́ть ~, пóлный make (effect) a full settlement
производи́ть ~ по тари́фу calculate (prescribe) expenses in accordance with the tariff
в ~е на calculating on
в ~е на ду́шу населéния per capita
в ~е на едини́цу per unit
в ~е на едини́цу производи́тельности обору́дования per unit of the efficiency of equipment
в окончáтельный ~ in final settlement (adjustment) [of accounts]
в пóлный ~ in full settlement
за нали́чный ~ for (by, in) cash, for cash payment, for payment in (by) cash, on the cash system, cash down, terms strictly cash
из ~а at the (a) rate of, on the basis of
из ~а ... $^0/_0$ годовы́х at ... per cent per annum
на оснóве хозя́йственного ~а on a profit-and-loss basis
тóлько для расчётов (*надпись на векселе*) for account only

расчётно-кáссовый cash *attr.*

расчётный 1. accounting, settlement *attr.* **2.** calculated **3.** *тех.* rated, design *attr.*

расширéни/е broadening, widening, enlargement; (*о торговле, промышленности*) expansion, extension
~ ассортимéнта товáров expansion (extention) of the assortment (range of goods), diversification
~, бы́строе rapid expansion
~ валю́тных отношéний expansion of currency relations
~ внешнеэкономи́ческих отношéний expansion of foreign economic relations
~ дéнежного обращéния expansion of currency
~ зóны дéйствия (*напр., товарного знака*) territorial expansion
~ креди́та credit expansion
~ креди́тных отношéний expansion of credit relations
~ масштáба производственной дéятельности expansion of operations
~ междунарóдного сотру́дничества expansion (extension) of international cooperation

~ международных контактов expansion (extension) of international contacts
~ многосторонних контактов expansion (extension) of multilateral contacts
~ мощностей, производственных capacity extension, extension of [manufacturing] capacities
~ обслуживания extension of service
~ объёма торговли increase in the volume of trade
~, планомерное balanced expansion
~ предприятия expansion (extension) of an enterprise, enterprise expansion (extension)
~ продаж expansion of sales; expanding sales
~ производства expansion of production
~ промышленности industrial expansion
~ рынка market development
~ сбыта increase of (in) sales; increased sales
~ связей expansion of relations, broadening (extension) of ties (contacts, relations)
~ сотрудничества expansion (extension, broadening) of cooperation
~ списка товаров extension of the statement of goods (list of products)
~ спроса expansion of demand
~ спроса, «вертикальное» vertical expansion of demand
~ торговли expansion (extension) of trade
~ торговых отношений expansion (extension) of trade relations
~ экономических отношений expansion (extension) of economic relations
~ экономической активности upswing
план ~я завода plan for extending a plant
резерв для ~я предприятия reserve for extensions, development reserve
добиться ~я achieve expansion
способствовать ~ю сотрудничества promote cooperation

расширенный broadened, extended, expanded, enlarged

расширять broaden, widen, enlarge, extend, expand

ратификаци/я (*утверждение полномочными органами*) ratification, confirmation; validation
~, условная conditional ratification
~, частичная partial ratification
подлежать ~и be subject to ratification

ратифицировать (*утверждать, придавать законную силу*) ratify, confirm, validate, effect ratification

раунд round
~ переговоров, очередной another round of talks (negotiations)

рационализаторский rationalization *attr.*, labour saving

рационализация rationalization
~ методов работы work simplification, labour saving
~ производства rationalization of production
~ экспорта rationalization of the export of goods

рационализировать rationalize, innovate, streamline

рациональност/ь rationality, expediency
уровень ~и degree of rationality

рациона́льный rational, effective, efficient, profitable, economical

рациони́рование rationing

~ креди́та credit rationing

реализацио́нный selling *attr.*

реализа́ци/я **1.** (*распродажа*) sale, marketing, realization, commercialization; disposal **2.** (*осуществление на практике*) realization, implementation, fulfilment, carrying out

~ догово́ра fulfilment (execution, implementation, performance) of a contract

~ зада́ний fulfilment of targets

~ зало́женного иму́щества realization of pledged property

~ контра́ктных сде́лок execution of contracts

~ ме́тода realization of a method

~ пла́на realization of a plan (programme)

~ проду́кции sales (realization, marketing) of products (output)

~ прое́кта realization of a project

~ програ́ммы сотру́дничества carrying out of a programme of cooperation (cooperation programme)

~ сто́имости value realization

~ това́ра sale (disposal, realization) of goods

~ це́нных бума́г conversion of securities

возмо́жность ~и това́ра sales (product's) potential

вы́ручка от ~и sales proceeds

ме́ры по ~и това́ра sales efforts

план по ~и проду́кции target for disposal of products

счёт ~и realization account

в хо́де ~и това́ра in the course of disposal of the goods

гото́вый для ~и ready for marketing

реализо́ванный sold, realized, realization *attr.*

реализо́вывать **1.** (*продавать*) sell, market, realize; (*вексель, чек*) negotiate **2.** (*осуществлять*) realize, implement, fulfil, carry out

~ за ... (*сумма*) realize (sell) for ...

~ на валю́ту realize (sell) for [foreign] currency

~ че́рез market through

реализу́емый realizable, marketable, easy to sell, sal[e]able

бы́стро ~ (*о ценных бумагах, активах и т. д.*) liquid

реа́льность:

~ пла́нов feasibility of plans

реа́льный real, actual, factual, practical; (*осуществимый*) practicable, workable, feasible

ревалориза́ция (*повышение ценности валюты*) valorization, revalorization

ревалоризи́ровать valorize, revalorize

ревальва́ция (*повышение золотого содержания национальной валюты или её валютного курса*) revaluation, valorization

ревальви́рованный revalued

ревальви́ровать revalue, revaluate, valorize

ревизио́нно-контро́льный:

~ отде́л auditing department

ревизио́нный auditorial, auditing, revisory

реви́зи/я **1.** *бухг.* audit, auditing, audit function **2.** (*обследование*) inspection, check-up **3.** (*пересмотр*) revision, revising, reconsidering

~ **бала́нса** [balance-sheet] audit
~ **ба́нковской отчётности** bank audit
~, **вне́шняя** independent audit
~, **вну́тренняя** internal (inside) audit[ing]
~, **выездна́я** field audit
~, **ежего́дная** annual audit
~ **ка́ссы** cash audit (revision), check of cash, checking of the cash account
~ **на ме́сте** field audit
~, **о́бщая** general audit
~ **отчётности** audit
~, **подро́бная** overhaul
~, **предвари́тельная** preliminary audit
~ **счето́в** examination (inspection) of accounts
отчёт о результа́тах ~и audit (auditor's) report, statement of affairs
процеду́ра ~и auditing procedure
проводи́ть ~ю счето́в audit (examine, inspect) accounts
производи́ть ~ю make an audit

ревизова́ть 1. *бухг.* audit, make an audit **2.** (*обследовать*) inspect, examine **3.** (*пересматривать*) revise, reconsider

ревизо́р auditor, inspector, examiner; accountant; *амер.* controller, comptroller
~, **вне́шний** independent auditor
~, **вну́тренний** internal auditor
~, **выездно́й** travelling auditor
~, **генера́льный** General Auditor
~, **гла́вный** Inspector (Comptroller) General
гонора́р ~а auditor's honorarium
заключе́ние ~а о состоя́нии фина́нсовой отчётности компа́нии audit report (certificate), auditor's report, accountant's certificate
помо́щник ~а assistant auditor

револьве́рный (*автоматически, периодически возобновляемый*) revolving

региона́льный regional

реги́стр (*список, указатель, книга для регистрации*) register, record, journal; *бухг.* account book
~ **акционе́рных компа́ний** register of companies
~ **англи́йского Лло́йда** Lloyd's Register [of British and Foreign Shipping], Lloyd's [Register of Shipping], Lloyd's Registry
~, **внутрифи́рменный** internal records
~ **вы́писанных счето́в** records of billings
~, **заводско́й** factory journal
~ **загру́зки** loading record
~ **зака́зов** order book
~, **морско́й** register of shipping
~ **оборо́тов** transaction register
~ **платёжных докуме́нтов** check register; voucher register
~**ы, позака́зные** job cost records
~, **судово́й** ship's register
~, **торго́вый** commercial (trade) register, register of companies

регистра́тор 1. (*регистрирующее устройство*) recorder **2.** (*должность*) registrar, registering clerk
~ **да́нных** data recorder

регистрацио́нный registration *attr.*

регистра́ци/я 1. registration, recording, record keeping **2.** (*ре-*

гистрационная запись) registry record
~ в бухгалтерских книгах book records
~, выборочная sample registration
~ выбытия departure record
~ документов registration of documents (papers)
~ заявок record[ing] of applications
~ изобретения record of an invention
~, иностранная foreign registration
~, коллективная collective registration
~ лицензий registration of licenses
~, недействительная invalid registration
~, незаконная improper registration
~, неоспоримая incontestable registration
~, обязательная compulsory registration
~ открытия record of a discovery
~, официальная official registration
~ патентов registration (record) of patents
~ пользователя registration of a user
~ посетителей registration of visitors
~ поступления (*документации*) check-in control
~, предварительная pre-registration
~ прибытия и выбытия arrival and departure record
~ промышленного образца record (registration) of a design
~ результатов проверки record of test results
~ совместного предприятия registration of a joint venture
~, срочная quick registration
~ товарного знака record (registration) of a trademark
~, точная strict registration
~, ускоренная accelerated registration
~ участников registration of participants
аннулирование ~и cancellation (annulment) of registration
аннулирование ~и товарного знака cancellation of a trademark
бюро ~и акционерных компаний registrar of companies
выдача документов о ~и grant of registration
дни ~и трансфертов transfer days
извещение о ~и заявки notice of filing an application
истечение срока ~и expiration of a registration period
запрещение ~и prohibition of registration
книги по ~и трансфертов transfer books
место ~и registration office; place of registration
нарушение условий ~и infringement of registration
обязательство ~и obligation to notify (report)
отдел ~и registry
порт ~и port of registry (*амер.* documentation), home port
порядок ~и procedure of (for) registration, order of registration
пошлина за ~ю filing (registration) fee

прекращéние ~и трансфéртов closing of the transfer books
приоритéт ~и заявки priority of filing
продлéние срóка ~и extention of a registration period, prolongation of registration
срок ~и заявки time (deadline) of an application
ходáтайство о ~и application for registration
юриди́ческая си́ла ~и effect of registration
аннули́ровать ~ю cancel (annul) registration
получáть ~ю товáрного знáка obtain a trademark registration
производи́ть ~ю register
регистри́ровать register, record, put on record, book; (*о корпорации*) incorporate; (*о заявлении*) file
~ и храни́ть докумéнты file documents
~ на и́мя register in the name of
реги́стровый register *attr.*, registered
реглáмент 1. (*положения, правила*) regulations, rules, standing orders **2.** (*на заседании*) time-limit
~ техни́ческого обслу́живания maintenance schedule
~, финáнсовый financial regulations
регламентáция regulation
регламенти́ровать regulate
реглáментный regulation *attr.*, routine
регрéсс 1. (*обратное требование лица, совершившего платёж по векселю*) recourse **2.** (*экономический спад, понижение*) setback, regress
прáво ~а right of recourse (regress), recourse
имéть прáво ~а в отношéнии векселедáтеля have recourse to the drawer
имéть прáво ~а к винóвной сторонé have the right of recourse against the party responsible
обеспéчивать прáво ~а secure the right of recourse
осуществля́ть прáво ~а realize the recourse
откáзываться от прáва ~а renounce the right of recourse
трéбовать ~ claim recourse
без ~а without recourse
без прáва ~а without the right of recourse
с ~ом with recourse
с прáвом ~а with the right of recourse
регрессáнт (*лицо, предъявляющее обратное требование по векселю или чеку*) person entitled to recourse
регрессáт (*лицо, к которому предъявляется обратное требование по векселю или чеку*) person liable to recourse
регрéссный (*ведущий к регрессу*) recourse *attr.*
регули́ровани/е regulation, adjustment, control, management
~, бюджéтное budgetary control, budget regulation
~ валю́тного ку́рса exchange-rate adjustment, realignment of the exchange rate
~, валю́тное [currency] exchange control (regulation)
~ вне́шней торгóвли foreign trade control (regulation)
~, госудáрственное government (state, public) regulation
~, дéнежное monetary control
~ дéнежных вы́плат по зáработкам money-wage adjustment

~ **дохо́дов** income adjustment
~ **и́мпорта** import regulation[s], regulation of import
~ **кварти́рной пла́ты** rent control
~, **креди́тное** credit control
~, **нало́говое** fiscal regulation
~ **но́рмы проце́нта** interest-rate adjustment
~, **правово́е** legal regulation
~ **ры́нка** market regulation
~, **тари́фное** rate regulation (management)
~ **у́ровня зарпла́ты** wage regulation (control)
~ **цен** price [level] adjustment (regulation, control), adjustment (regulation, control) of (in) prices
~ **цен, вы́борочное** selective price control
~ **эконо́мики** management of the economy
~, **экономи́ческое** economic[al] regulation
~ **э́кспорта** export regulation[s], regulation of export
~ **э́кспортно-и́мпортных опера́ций** regulation of export/import operations
контро́ль и ~ де́нежных опера́ций cash (monetary) management
контро́ль и ~ долговы́х отноше́ний debt management
контро́ль и ~ спро́са demand management
ме́тоды ~я methods of regulation
поли́тика ~я платёжного бала́нса balance-of-payments policy
поли́тика ~я проце́нтных ста́вок interest policy
поли́тика ~я цен policy of regulating (controlling) prices, price control policy
пра́вила ~я rules of regulation
фонд валю́тного ~я equalization (exchange stabilization) fund

регули́ровать 1. adjust, control, regulate; handle **2.** (*налаживать*) adjust
~ **в соотве́тствии с теку́щими це́нами** adjust to current prices
~ **поста́вки в соотве́тствии с теку́щим спро́сом** adjust supplies to current demand

регулиро́вк/а (*оборудования*) adjustment, control, regulation
~ **механи́зма** adjustment of a machine, machine setting
~ **на ме́сте** site adjustment, adjustment on site
приспособле́ние для ~и adjusting (control, regulating) device, adjuster
производи́ть ~у adjust, make adjustment[s]

регули́руемый adjustable, controlled, regulated

регули́рующий regulating

регули́рующийся adjustable

регуля́рно in a regular manner
производи́ть платежи́ ~ make due and regular payments

регуля́рный regular, periodic

реда́кци/я (*формулировка*) wording
~, **непра́вильная** wrong wording
~, **первонача́льная** first (original) wording
~ **письма́** wording of a letter
~ **фо́рмулы изобрете́ния** wording of a claim
в непра́вильной ~и wrongly worded
в но́вой ~и in a new wording
изменя́ть ~ю пу́нкта change the wording of a clause

редиско́нт (*переучёт векселей*) rediscount

редисконти́ровать (*переучитывать векселя*) rediscount

реéстр register, registry, table, list, roll, file

~ **áвторских прав** register of copyright

~, **дополни́тельный** supplement register

~ **европéйских товáрных знáков** European trademarks register

~ **наименовáний фирм** Business Names Register

~ **оперáций** transaction register

~, **основнóй** (*товарных знаков*) principal register

~, **патéнтный** patent docket, register of patents, patent roll (file)

~ **промы́шленных образцóв** register (roll) of designs

~, **судовóй** register book

~ **товáрных знáков** register (record) of trademarks, trademark register (docket, roll)

~, **торгóвый** trade register

внесéние в ~ enrollment, enlisting, entry

внесéние исправлéний в ~ rectification of a register

раздéл ~**а** sub-register

вести́ ~ keep a register

включáть в ~ register, enrol[l], enter in a register

вноси́ть знак в ~ place a mark on record

режи́м regime; schedule; treatment, conditions

~, **авари́йный** emergency conditions, malfunction

~, **беспóшлинный** duty-free treatment

~, **благоприя́тный** favourable treatment

~, **валю́тный** exchange control

~ **врéменного** (*беспошлинного*) **ввóза грýза** temporary import arrangement

~, **льгóтный** preferential conditions (terms, treatment)

~, **льгóтный налóговый** easy tax terms, preferential tax regime

~ **наибóльшего благоприя́тствования** (*в торговле*) most favoured nation treatment (status), *сокр.* MFN

~, **национáльный** national treatment

~, **неблагоприя́тный** unfavourable treatment

~, **преференциáльный** preferential treatment

~ **рабóты (рабóчий)** operating (operation) conditions; mode (type) of operation

~, **тамóженный** customs procedure (treatment)

~ **техни́ческого обслýживания** maintenance conditions

~ **управлéния предприя́тием** plant control routines

~, **установи́вшийся** routine

~ **эконóмии** policy (regime) of economy, economy regime; economy drive

~, **эксплуатациóнный** operating (working, service) conditions

пóльзоваться ~**ом наибóльшего благоприя́тствования** enjoy most favoured nation treatment (status)

предоставля́ть благоприя́тный ~ accord favourable treatment

предоставля́ть ~ **наибóльшего благоприя́тствования** grant most favoured nation treatment

резéрв reserve[s], provision; (*запас*) store, stock, stockpile, supply; (*фонд*) fund

~, **автомати́чески возобновля́емый** revolving reserve (fund)

~ ба́нка bank reserve

~ы, бы́стро реализу́емые liquid funds, liquid (liquidity, available) reserves

~ы, валю́тные foreign exchange (monetary, currency, external) reserves, currency holdings

~ вре́мени time reserve

~, госуда́рственный government reserve

~, де́нежный monetary (money) reserve (holdings)

~ для вы́купа *или* **погаше́ния** redemption reserve

~ для предоставле́ния за́ймов lendable surplus (fund)

~ для расшире́ния предприя́тия reserve for extensions, development reserve

~ для упла́ты нало́га reserve (provision) for tax[es]

~ для упла́ты проце́нтов reserve for interest, interest reserve

~ для чрезвыча́йных опера́ций extraordinary reserve

~ы зо́лота и иностра́нной валю́ты (золотовалю́тные) gold and foreign exchange (foreign currency) reserves

~, золото́й gold reserve (stock), stock of gold

~, избы́точный excess (surplus) reserve

~, ка́дровый personnel's reserve

~, ка́ссовый cash reserve

~, ликви́дный liquid funds, liquid (liquidity, available) reserve, reserve on hand

~ы, людски́е labour (manpower, human) resources

~ы, материа́льные material reserves

~, минима́льный устано́вленный зако́ном legal minimum reserve

~ на амортиза́цию reserve for depreciation (amortization), depreciation reserve

~ на накладны́е расхо́ды reserve for overheads

~ на непредви́денные расхо́ды contingent fund

~ на погаше́ние задо́лженности reserve for debt redemption

~ на покры́тие безнадёжных долго́в reserve for bad debts

~ на покры́тие возмо́жных убы́тков reserve for probable losses

~ на покры́тие сомни́тельных долго́в reserve for doubtful debts (accounts)

~ на покры́тие убы́тков от сниже́ния ку́рса це́нных бума́г reserve for depreciation in the market value of securities

~ на покры́тие чрезвыча́йных поте́рь contingency (contingent) reserve

~ на слу́чай пересмо́тра (*условий контракта*) renegotiation reserve

~ на слу́чай поте́рь (*от уменьшения стоимости запасов*) reserve against inventories

~ на упла́ту подохо́дного нало́га provision for income tax

~ на финанси́рование эксплуатацио́нных расхо́дов operating reserve

~ы, неиспо́льзованные untapped reserves (possibilities)

~, о́бщий general reserve

~, полу́ченный путём за́йма borrowed reserve

~ по статья́м акти́ва и пасси́ва assets and liabilities reserve

~ы произво́дства production reserves

~ произво́дственных мо́щностей [productive] capacity reserve
~, свобо́дный free reserve
~, свобо́дный золото́й free gold
~ы, скры́тые hidden (untapped, latent) reserves
~ы специа́льного назначе́ния special reserves
~, страхово́й insurance reserve
~ страховы́х взно́сов policy reserve fund
~, устано́вленный зако́ном statutory (prescribed, legal) reserve
~ы э́кспортных това́ров reserves for export
испо́льзование ~ов utilization of (draft on) reserves, employment of resources
мобилиза́ция ~ов mobilization of reserves
нахожде́ние ~ов finding (opening up) of reserves; tracing of reserves
отноше́ние ~ов к обяза́тельствам ratio of (relations between) reserves and liabilities
отчисле́ние в ~ allocation to reserve; deduction into reserve
са́льдо ~ов reserve position
созда́ние ~ов creation of reserves
сокраще́ние ~ов drop in reserves
сокраще́ние валю́тных ~ов exchange losses
держа́ть ~ы keep (maintain) reserves
держа́ть в ~е keep (hold) in reserve
запи́сывать де́ньги в ~ put money to reserve
отложи́ть в ка́честве ~а put aside as a reserve
получа́ть из ~ов draw on reserves
помеща́ть в ~ put in reserve
располага́ть ~ами command reserves
создава́ть ~ы make (build up, create) reserves
увели́чивать ~ы increase reserves
финанси́роваться из ~ов be funded out of reserves

резерви́рование reservation
~ вы́ставочной пло́щади application for space, booking of space
~, заблаговре́менное booking in advance, early booking
~, предвари́тельное advance (tentative) reservation
~ при́былей reservation of profits
~ сте́нда reservation of a stand

резерви́рованный reserve *attr.*, reservation *attr.*

резерви́ровать reserve, book, put aside as a reserve, lay away

резе́рвный reserve *attr.*, reserved, spare, store, standby, backup

резолю́ци/я resolution
~, совме́стная joint resolution
прое́кт ~и draft resolution
блоки́ровать ~ю block a resolution
выдвига́ть ~ю move a resolution
одо́брить ~ю approve [of] (endorse) a resolution
отклони́ть ~ю oppose (decline, reject, turn down, throw out) a resolution
подде́рживать ~ю support a resolution
предлага́ть ~ю propose (put forward, move, table) a resolution

принима́ть ~ю adopt (approve, carry, pass) a resolution
провали́ть ~ю defeat a resolution
протаскивать ~ю push through (*амер.* railroad) a resolution

результа́т result, effect, outcome; (*последствие*) consequence, sequence
~, ва́жный substantial (important) result
~ визи́та outcome (results) of a visit
~, действи́тельный actual result
~ диску́ссий outcome of discussions
~, жела́тельный desired effect (result)
~, заме́тный tangible result
~ы испыта́ний results of tests, test results, inspection results (findings)
~ы испыта́ний, приёмочных results of acceptance tests
~, коне́чный final (end, eventual, ultimate, net) result, eventual outcome
~, нежела́тельный undesirable result
~, оптима́льный optimal (optimum) result
~ы осмо́тра inspection results
~, отрица́тельный negative result
~, оце́ниваемый assessed result
~ы перегово́ров outcome of the talks
~, положи́тельный positive result
~ы, предвари́тельные preliminary results
~ прове́рки inspection result, result of inspection (a test, a check-up)
~, прогнози́руемый predicted result
~, прямо́й direct result
~, случа́йный occasional result
~ы, сравни́мые (сопостави́мые) comparable results
~ы тво́рческой де́ятельности results of creative activities
~, факти́ческий actual result
~ экономи́ческих наблюде́ний economic[al] observations
~ы эксперти́зы results of an examination
оце́нка ~ов испыта́ний test assessment
сво́дка ~ов collected results
хара́ктер ~ов pattern of results
возника́ть в ~е arise from (out of)
дава́ть ~ы yield (bring, produce) results
добива́ться хоро́ших ~ов get good results, make good progress, attain successful results
достига́ть ~ов achieve results
име́ть жела́тельный ~ have the desired effect
име́ть ~ом result in
отвеча́ть за ~ы свое́й рабо́ты be responsible for (stand behind) the results of *one's* work
охарактеризо́вывать ~ы испыта́ний define the results of tests
оце́нивать ~ы evaluate (assess) the results
подтвержда́ть ~ы перегово́ров confirm discussions
получа́ть ~ achieve (obtain) a result
приводи́ть в ~е к result in
происходи́ть в ~е *чего-л.* result from *smth*
явля́ться ~ом *чего-л.* arise from *smth,* grow out of *smth*
без ~а without result (effect)

в ~е as a result, in consequence of, following *smth*
в ~е небре́жности as a result of negligence
в ~е неупла́ты through default
в ~е совме́стного обсужде́ния by mutual discussion
возни́кший в ~е arising from (out of)
полу́ченный в ~е resultant

резюме́ summary, résumé, recapitulation
~, кра́ткое brief summary

резюми́ровать sum up, summarize, recapitulate

реимпорт re-import[ation]; (*товары*) re-imports
свиде́тельство о ~е certificate of re-importation

реимпорти́ровать re-import

рейд *мор.* road[s], roadstead
~, безопа́сный safe road[stead]
~, вне́шний outer road[stead]
~, вну́тренний inner road[stead]
погру́зка на ~е loading on the road
суда́ на ~е vessels on roads
прибыва́ть на ~ arrive at the road[stead]
стоя́ть на вне́шнем ~е stand in roadstead
на ~е in (on) the roads, off the port

ре́йка batten, strip, lath
~, деревя́нная wooden batten (slat), wood strip
~ для вне́шней обши́вки external batten
~, направля́ющая skid
~, фане́рная strip of plywood
крепи́ть ~ми batten, cleat, secure with strips

рейндж (*в обзорах фрахтового рынка: порты в указанном районе*) range
~ Антве́рпен/Га́мбург (*порты между Антверпеном и Гамбургом*) Antwerp/Hamburg range
~, се́верный (*порты американского побережья Атлантического океана*) Northern range

рейс trip, tour, journey; (*самолёта*) flight; (*парохода*) cruise, voyage, passage
~, вну́тренний inward voyage
~ в оди́н коне́ц single trip
~, грузово́й cargo trip
~, дополни́тельный additional flight, extra section flight
~, железнодоро́жный rail run
~ за грани́цу outward voyage, voyage abroad
~, кругово́й round voyage (trip), cruise
~, морско́й sea passage
~ы, несезо́нные off-season (off-peak) flights
~, обра́тный (*о пароходе*) return (homeward) voyage
~, обра́тный (*о самолёте*) return (homeward) flight (journey)
~, одино́чный single voyage
~, очередно́й (*о пароходе*) regular cruise
~, очередно́й (*о самолёте*) regular flight
~, пе́рвый (*судна*) maiden trip (voyage)
~, повто́рный repetitious (repeated) voyage
~ы по расписа́нию scheduled service (voyages, sailings)
~, после́довательный consecutive voyage
~, прибре́жный coastal trip, coastwise voyage
~, про́бный trial trip
~ы, регуля́рные regular (schedule[d]) service[s]; (*судов*) reg-

ular passenger and cargo boat service
~, специа́льный special (advance-booked) flight; special voyage
~ы, трансатланти́ческие transatlantic service
~ туда́ и обра́тно round trip
~, ча́ртерный charter flight (voyage)
да́та ~а date of a voyage (flight)
измене́ние ~а change of a voyage (flight)
заде́ржка ~а delay in (of) a voyage (flight)
нача́ло ~а commencement (beginning) of a voyage (flight)
но́мер ~а voyage number; flight number
огово́рка о расстро́йстве ~а frustration clause
оконча́ние ~а completion of a voyage (flight)
отка́з от ~а abandonment of a voyage
фрахтова́ние ~а chartering (fixture) of a voyage
ча́ртер на ~ voyage charter
возобновля́ть ~ resume a voyage
выполня́ть ~ make (carry out) a voyage (flight)
зака́нчивать ~ complete a voyage (flight)
направля́ть тра́нспорт по друго́му ~у divert (bypass) traffic
начина́ть ~ commence (begin) a voyage
снима́ться в ~ proceed on (upon) a voyage
соверша́ть ~ run, make (carry out) a voyage (flight), journey
во вре́мя ~а on (during) the voyage, en voyage

ре́йсовый voyage *attr.*, scheduled

ре́йтинг rating

рек/а́ river
~, несудохо́дная unnavigable river
~, пограни́чная border river
~, судохо́дная navigable river
загрязне́ние ~и́ river (stream) pollution

реквизи́ровать requisition; (*конфисковывать*) confiscate, seize

реквизи́ты (*совокупность формальных элементов в составе сделки или документа*) requisites, requisite (essential) elements; properties
~, отгру́зочные shipping requisites
~, тра́нспортные transport requisites

реквизи́ция (*принудительное отчуждение за плату или временное изъятие имущества*) requisition; (*конфискация*) confiscation, seizure

рекла́м/а 1. (*объявление*) advertisement, *сокр.* ad; (*печатное издание*) circular **2.** (*процесс рекламирования*) advertising, publicity [campaign], promotion
~, акусти́ческая audio advertisement
~, а́удио-визуа́льная audiovisual advertisement
~, ба́нковская bank advertisement
~, беспла́тная free publicity
~ в а́дрес деловы́х предприя́тий advertising to business
~ в а́дрес промы́шленных фирм industrial publicity
~ в афи́шах poster ad, billing
~ в витри́нах window publicity (display), window bill (card)
~ в газе́тах advertisement[s] in newspapers; newspaper advertising

~ в журна́лах advertisement[s] in magazines; magazine advertising
~, визуа́льная visual publicity
~ в кино́ cinema advertising
~, внешнеторго́вая foreign (foreign trade, export) advertising
~, вну́тренняя domestic advertising
~ в пре́ссе advertisement[s] in the press; press (media) advertising
~ в пре́ссе, комме́рческой trade advertising
~ в ро́зничной торго́вле dealers' advertisements (ads)
~, вспомога́тельная auxiliary advertising
~, газе́тная newspaper advertising
~, графи́ческая display (graphic) advertising
~, дви́жущаяся moving advertisement
~, дополни́тельная ancillary (auxiliary) publicity
~, журна́льная magazine advertising
~, загрaни́чная international (foreign) advertising, advertising abroad
~ изготови́телей ad (advertisement) of producers
~, изобрази́тельная display advertising, pictorial publicity
~ изобрете́ния advertising of an invention
~, иллюстрати́вная display advertising, illustrative advertisement
~, информати́вная informational advertising
~, классифици́рованная classified advertising
~, коллекти́вная collective (cooperative, joint, group) publicity
~, комме́рческая commercial, trade advertisement; commercial advertising
~, коопери́рованная cooperative advertising
~, ко́свенная indirect advertising
~, лега́льная legal advertising
~, максима́льная maximum publicity
~, междунаро́дная international advertising
~ мероприя́тий по стимули́рованию сбы́та promotional advertising
~, ме́стная local (regional) advertising
~ на всей полосе́ full page ad
~ на две страни́цы double page ad (spread)
~, назо́йливая loud publicity
~ на ме́сте прода́жи point-of-purchase, *сокр.* POP (point-of-sale, *сокр.* POS) advertising, inside-the-store advertising
~ на обёртке *или* **упако́вке** package advertising
~, нару́жная outdoor advertisement; outdoor advertising
~ на се́льское хозя́йство farm advertising
~ насте́нная wall ad
~ на ти́тульном листе́ front page ad
~, национа́льная national advertising
~, недобросо́вестная unfair publicity
~, ненавя́зчивая low-pressure (decent) advertising
~, обши́рная extensive advertising campaign
~, печа́тная printed advertisement

~, **плака́тная** advertising poster; poster advertising

~, **пла́новая** scheduled advertising

~, **повто́рная** follow-up advertising

~ **по по́чте** mail-order (direct mail) advertising

~ **по прода́же** sales advertising (promotion)

~ **по ра́дио** radio (broadcast) advertising

~ **по сбы́ту** sales drive (promotion)

~ **посре́дством проспе́ктов** publicity by brochures

~ **посре́дством телеви́дения** television (TV) advertising; commercial

~ **посы́лочных опера́ций** mail order advertising

~ **потреби́тельских това́ров** consumer advertising

~, **почто́вая** direct mail advertising, *сокр.* DM

~, **предвари́тельная** advance advertising

~, **прести́жная** prestige (prestigious) advertising

~ **при по́мощи диапозити́вов** slide advertising

~, **промы́шленная** industrial advertising

~, **пряма́я** direct advertising

~, **публику́емая в техни́ческих журна́лах** technical press advertisement

~ **путеше́ствий** travel ads

~ **распрода́жи това́ра** sale advertising

~, **региона́льная** regional advertising

~ **ро́зничной торго́вли** retail advertising

~, **ру́бричная** classified advertising

~, **ру́брично-изобрази́тельная** semi-display advertising

~, **светова́я** **1.** neon (electric[al], illuminated) sign (ad); **2.** (*бегущими буквами*) illuminated [letter] advertising

~, **сезо́нная** seasonal advertising

~, **сельскохозя́йственная** farm advertising

~, **скры́тая** indirect advertising

~ **с купо́ном** coupon advertising

~, **совме́стная** combined (joint) advertising

~ **с по́мощью кинофи́льма** (*кинореклама*) film (screen) advertising

~ **с по́мощью сувени́ров** specialty advertising

~, **строчна́я** classified advertising

~, **теку́щая** current advertising

~, **телевизио́нная** television (TV) advertising; commercial

~, **това́рная** commodity (product) advertising, advertising of goods

~ **това́ров** advertisement of goods; advertising of goods

~ **това́ров и услу́г** (*на представителей свободных профессий*) professional advertising

~, **торго́вая** trade advertising

~, **убеди́тельная** persuasive advertising

~, **у́личная** street (outdoor) advertising (publicity)

~ **фи́рмы** advertisement of a firm; corporate advertising

~, **цветна́я** colour advertising

~ **цен** price advertising

~, **чёрно-бе́лая** black-and-white advertisement

~, **четырёхцве́тная** four-colour ad

~, **экра́нная** screen advertising

~, э́кспортная export advertising

аге́нт по ~е advertising (publicity) agent

ассигнова́ния на ~у advertising appropriations (allocations)

бюдже́т ~ы ad budget

витри́на с ~ой advertising showcase

возде́йствие ~ы impact of advertising (publicity)

восприя́тие ~ы perception of advertising

вы́пуск ~ы advertisement release

де́йственность ~ы advertising efficiency (value)

зака́з на ~у advertising order, order for an advertisement

затра́ты на ~у advertising costs (expenses, outlay), charges of advertising

инду́стрия ~ы advertising industry

интенси́вность ~ы intensity of advertising

испо́льзование ~ы use of an advertisement

консульта́нт по ~е advertising consultant, publicity adviser

ме́ры по организа́ции ~ы publicity efforts

ме́сто для публика́ции ~ы advertising space

насы́щенность ~ы density of an ad

организа́ция ~ы advertising, handling (arranging) [a] publicity [campaign]

отде́л ~ы publicity department

план ~ы plan (schedule) of an advertising campaign, ad schedule

пла́та за ~у charges for advertising

пло́тность ~ы density of an ad

подде́ржка ~ой advertising support

после́довательность в ~е continuity in advertising

пра́вила ~ы rules of (on) advertising

при́быль от ~ы advertising (ad) profit

привлека́тельность ~ы appeal of advertising

програ́мма ~ы advertising programme

ра́диус де́йствия ~ы range of effectiveness of an advertisement

размеще́ние ~ы placement of advertisements

расхо́ды на ~у advertising expenses (costs, outlay), charges for advertising; promotional expenditure

расце́нки за ~у advertising rates

сме́та расхо́дов на ~у advertising budget

специали́ст по ~е advertising expert (specialist, man, practitioner); **~ы по ~е** advertising people

спо́соб ~ы advertising method

сре́дства ~ы advertising means, means of advertising

сре́дства распростране́ния ~ы advertising media

страте́гия ~ы ad strategy

тари́фы за публика́цию ~ы advertising rates

текстова́я часть ~ы textual part (text) of an advertisement

финанси́рование ~ы financing of advertising

це́ли ~ы advertising purposes

щит для накле́йки ~ы board, panel, hoarding

эффе́кт ~ы ad effect

эффективность ~ы ad effectiveness, effectiveness of an advertisement
аннулировать ~у cancel advertising
возобновлять ~у resume advertising
вывешивать ~у put (post) up ads
готовить ~у prepare advertisements
делать ~у do advertising
заказывать ~у order an advertisement
заказывать ~у на одну страницу book a full page advertisement
организовывать ~у arrange (handle) advertising, organize [a] publicity [campaign]
осуществлять ~у put advertisement into effect, carry out (run) [a] publicity [campaign]
отказываться от ~ы abandon publicity
передавать ~у по радио broadcast ads
поддерживать ~у support advertising
размещать ~у place (put) an advertisement
рассылать ~ы send out (circularize) advertisements
регулировать ~у handle advertising
способствовать ~е promote advertising, add up to publicity
тратить деньги на ~у spend [money] on advertising
финансировать ~у finance advertising
ради ~ы for the sake of publicity
с минимальной ~ой with minimum public exposure

рекламаци/я (*требование, иск*) claim; (*жалоба*) complaint; protest
~ в отношении качества quality claim; complaint because of defects; notice of defects
~ в отношении количества quantity claim; quantity complaint, complaint on deficiency
~ по ценам complaint on prices
акт ~и claim [report], damage claim (statement), certificate of damage
анализ эксплуатационных ~й field return analysis
образец заполнения ~и sample completed claim form
род ~и sort (kind) of a complaint
срок для предъявления ~й time (deadline) for claims
урегулирование ~й settlement (adjustment) of claims
характер ~и nature of a claim (complaint)
отказываться от права на ~ю waive a claim
предъявлять ~ю make (lodge, file) a claim; enter a protest
составлять ~ю draw up (draft) a claim, make up a complaint

рекламировани/е advertising, publicity
~ в коммерческой прессе trade advertising
~, долгосрочное long-term advertising
~, достаточное sufficient advertising
~, индивидуальное individual advertising
~, коммерческое commercial advertising
~, краткосрочное short-term advertising
~ на транспорте transport (transit) advertising
~ новых товаров advertising of new goods

~ по всей стране́ national advertising
~, системати́ческое regular advertising
~ ски́док с цены́ price offs
~ техни́ческих достиже́ний advertising of technical achievements
~ това́ра на вы́ставке advertising goobs at an exhibition
~ труднореализу́емого това́ра advertising on difficult marketing
кампа́ния по ~ю ad[vertising] (publicity) campaign (venture)
ме́тод ~я advertising method
сре́дства ~я means of advertising, advertising means

реклами́ровать advertise, publicize, give publicity
~ широко́ advertise extensively

реклами́руемый advertised, publicized, promoted
широко́ ~ extensively advertised, highly publicized

рекла́мно-пропаганди́стск/ий:
~ая де́ятельность promotional activity

рекла́мно-сбытово́й:
~ отде́л publicity department

рекла́мно-техни́ческ/ий:
~ое описа́ние technical description for advertising purposes

рекла́мный advertising, publicity *attr.*, promotional

рекламода́тел/ь advertiser
~, региона́льный regional advertiser
~ това́ров промы́шленного назначе́ния industrial advertiser
тари́ф для ~я, однора́зовый transient (*амер.* one-time) rate
спи́сок ~ей list of advertisers
уча́ствовать в ка́честве ~я participate as an advertiser

рекоменда́тельный recommendation *attr.*, recommendatory

рекоменда́ци/я 1. (*референция*) reference **2.** (*совет*) recommendation
~, ба́нковская bank reference
~и, перечи́сленные listed recommendations
~, пи́сьменная written recommendation, notice of recommendation
~и по упако́вке packing (packaging) recommendations
~и, согласо́ванные concerted recommendations
приня́тие ~й acceptance of recommendations
дава́ть ~и give (make, provide) recommendations
представля́ть первокла́ссные ~и give first-class references
принима́ть ~и accept (adopt) recommendations
принима́ть ~и как обяза́тельные accept recommendations as binding
соблюда́ть ~и follow recommendations
обраща́ться в соотве́тствии с ~ями treat in accordance with recommendations

рекомендо́ванный recommended

рекомендова́ть recommend, advise
~, настоя́тельно strongly recommend

рекоменду́емый recommended

реконве́рсия (*перевод предприятия на выпуск другой продукции*) reconversion

реконструи́ровать reconstruct, rebuild; modernize, renovate; rearrange

реконстру́кци/я reconstruction, rebuilding; modernization, renovation; rearrangement

~ **заво́да** renovation of a plant (factory)

~, **коренна́я** radical (fundamental) reconstruction (restructuring)

~ **сте́нда** reconstruction (re-erection) of a stand

~, **техни́ческая** technical reconstruction

план ~и rebuilding programme

осуществля́ть ~ю reconstruct, carry out reconstruction

реко́рдный record *attr.*

ре́линг (*поручень судна*) ship's rail

доста́вка до ~ов су́дна delivery at (to) ship's rail

закрю́чивание и подъём (*груза*) **до ~ов су́дна** hooking and hoisting to rail of a vessel

прохожде́ние това́ра че́рез судово́й ~ passage of the goods over ship's rail

доставля́ть това́р до ~ов су́дна deliver goods at (to) ship's rail

пересека́ть ~ pass the ship's rail, cross the railing

рельс rail

реми́ссия (*1. освобождение от штрафа, налога 2. юр. отказ от своего права*) remission

ремите́нт (*отправитель денежного перевода*) remitter; (*получатель денег по переводному векселю или чеку*) payee, remittee

ремити́рование (*пересылка, перевод денег, чека, тратты*) remittance

ремити́ровать (*пересылать, переводить деньги по почте*) remit

ремо́нт repair[s], repairing maintenance; upkeep

~, **авари́йный** emergency (damage) repair[s], breakdown maintenance

~, **внепла́новый** off-schedule repair (maintenance)

~, **восстанови́тельный** overhaul, reconditioning, complete renovation

~, **гаранти́йный** guarantee (warranty) repair[s], guarantee overhaul, repair under a guarantee

~, **заводско́й** factory (works) overhaul

~ **и обслу́живание по догово́ру** contract-service maintenance

~, **капита́льный** [general (major)] overhaul, extensive (capital, thorough, complete, heavy) repair[s], general maintenance

~, **капита́льный и переде́лка** capitalized repair and improvement

~, **кру́пный** extensive repair[s]

~, **ме́лкий** minor repair[s]

~, **отло́женный** deferred repair[s]

~, **пла́новый** planned (scheduled, routine) repair[s], planned (routine) maintenance

~, **повседне́вный** day-to-day maintenance

~ **по гра́фику** scheduled maintenance

~, **профилакти́ческий** preventive (running, routine) repair[s], preventive maintenance, maintenance repairs

~, **сре́дний** medium repair[s]

~, **теку́щий** routine (running, current) repair[s], current (running, routine) maintenance

~, **трудоёмкий** extensive (heavy) repair[s]

~ у причáла amendment at dockside
~, фи́рменный post-delivery maintenance
~, части́чный partial repair[s], partial overhaul
док для ~а судóв repairing (graving) dock
затрáты на ~ expenses on (cost of) repairs, repair costs (expenses)
затрáты на ~, гаранти́йный warranty expenses
инстру́кции по ~у repair manual; instructions for repairs; overhaul manual
комплéкт инструмéнтов для ~а repair kit
мастерскáя по ~у repair shop, workshop on repairs
надёжность пóсле ~а reliability after repairs
плáта за ~ repairing charges, payment for repair[s]
плáта за ~ по гаранти́йному обязáтельству warranty payment
произвóдство капитáльного ~а overhauling
рабóты по ~у repair work
расхóды на ~ repair expenses (costs), expenses on repairs, cost of repairs
руковóдство по ~у workshop (repair) manual, manual on repairs
стóимость ~а cost of repairs, renewal cost
счёт за ~ repair[s] bill (invoice), account for repairs
счёт за теку́щий ~ costs of routine maintenance
услóвия для ~а repair facilities
быть в ~е be under (undergo) repair[s]
возвращáть для ~а return for repair
нуждáться в ~е be out of repair, be in need (want) of repair
посылáть на ~ send for repair[s]
предпринимáть ~ undertake repair[s]
производи́ть ~ repair, do (effect, carry out, execute, accomplish) repair[s], put in order
в ~е under repair
нуждáющийся в ~е out of repair

ремонти́ровать repair, put in order, reclaim, rehabilitate; (*производить капитальный ремонт*) overhaul
~ по трéбованию покупáтеля repair at (on) the buyer's request

ремонти́роваться be under (undergo) repair[s]

ремóнтный repair *attr.*, maintenance *attr.*

ремонтопригóдност/ь maintainability
анáлиз ~и maintainability analysis

ренoвáция renovation
~ обору́дования renovation of equipment

рéнт/а rent
~, абсолю́тная absolute rent
~, взимáемая за вы́годное местоположéние spatial rent
~, врéменная temporary annuity
~, выплáчиваемая current annuity
~ государственная government annuity
~, дéнежная money rent
~, дифференциáльная differential (economic) rent
~, ежегóдная annuity
~ за строи́тельные учáстки building lot rent

~, **земе́льная** ground (land) rent
~, **капитализи́рованная** capitalized rent
~, **консолиди́рованная** bank (*англ.* consolidated) annuities
~, **максима́льная** maximum rent
~, **монопо́льная** monopoly rent
~, **натура́льная** natural rent, rent in kind
~, **отрабо́точная** labour rent
~, **отсро́ченная** deferred annuity
~, **пожи́зненная** life annuity
~, **сро́чная** terminable annuity
~, **чи́стая** pure rent
дохо́д от ~ы rental income
о́бщая су́мма ~ы total rent
сре́дняя годова́я су́мма ~ы average rent per year
страхова́ние ~ы rent insurance
получа́ть ~у collect rents
могу́щий приноси́ть дохо́д в ви́де ~ы rentable
не принося́щий ~ы rentless

рента́бельност/ь profitability, profitableness
~ **вложе́ний** profitability of investments
~, **высо́кая** high profitability
~, **долгосро́чная** long-term profitability
~ **затра́т** profitability of spending
~, **ни́зкая** low profitability
~ **прода́ж** profitability of sales
~ **произво́дства** production profitability, profitability of production
~, **пряма́я и ко́свенная** direct and indirect profitability
~, **расчётная** calculated (rated) profitability
ана́лиз ~и cost-benefit analysis
коэффицие́нт ~и net profit ratio
но́рма ~и rate of profitability, rate of return
нормати́вы ~и profitability rates
определе́ние ~и assessment of profitability
повыше́ние ~и rise of profitability
расчёт ~и calculation of profitability, calculation of costs and returns
сниже́ние ~и decrease in profitability
у́ровень ~и level of profitability (profitableness)
повыша́ть ~ raise (increase) profitability

рента́бельный profitable, paying, economic, commercial, profit-making

ре́нтный rental

реорганиза́ци/я reorganization, readjustment; reshuffle
~, **по́лная** complete reorganization
~ **управле́нческого аппара́та** administrative reorganization
проводи́ть ~ю reorganize

реорганизо́вывать reorganize, readjust; reshuffle

репатриа́ция (*доходов*) repatriation

репатрии́ровать (*доходы*) repatriate

репо́рт *бирж.* **1.** (*отсрочка сделки*) carry-over **2.** (*отсрочка расчёта по фондовой сделке*) contango, report **3.** (*надбавка к цене, взимаемая продавцом за отсрочку*) contango, report
опера́ция по ~у continuation business, speculation in contangos

репорти́рование (*репортная сделка, операция по репорту*) continuation business, speculating in contangos

репрезентати́вный representative

репресса́лии (*карательные меры*) reprisals; retaliation, retaliatory measures; sanctions

применя́ть ~ retaliate

репресси́вный repressive, repression *attr.*, retaliatory, retaliation *attr.*, penalty *attr.*

репута́ци/я reputation, standing, repute, record, image; character

~, **безупре́чная** impeccable (spotless) reputation (record)

~, **высо́кая** high (fine) reputation

~, **делова́я** business reputation

~, **зави́дная** enviable reputation

~, **запя́тнанная** tarnished reputation

~, **комме́рческая** commercial (financial) reputation (standing)

~ **компа́нии** company image

~, **незапя́тнанная** spotless reputation

~, **отли́чная** high (excellent) reputation

~, **плоха́я** bad reputation (standing, name)

~, **про́чная** established reputation

~, **соли́дная** solid reputation

~ **това́рного зна́ка** standing of a trademark

~, **фина́нсовая** financial position (reliability, responsibility), credit rating (status, worthiness)

~ **фи́рмы** reputation (standing) of a firm

~, **хоро́шая** good (high) reputation, good standing (name)

фи́рма, по́льзующаяся хоро́шей ~ей well-established company (firm), reputable (renowned) firm, firm of repute, house of good standing

вреди́ть *чьей-л.* **~и** harm (injure) *smb's* reputation

дорожи́ть свое́й ~ей value (hold dear) *one's* reputation

завоева́ть хоро́шую ~ю acquire (win, establish) a good reputation

опра́вдывать ~ю live up to *one's* reputation

подде́рживать ~ю maintain reputation

по́льзоваться хоро́шей ~ей have (enjoy) a good reputation

приобрета́ть ~ю gain reputation

создава́ть ~ю build up a reputation (goodwill)

спаса́ть свою ~ю save *one's* face

теря́ть ~ю lose reputation, be discredited

укрепля́ть ~ю consolidate reputation

по́льзующийся хоро́шей ~ей of good standing, well-established

реститу́ция *юр.* (*восстановление в прежнем правовом положении*) restitution

рестри́кция (*ограничение*) restriction, limitation

~, **и́мпортная** import restriction

~, **креди́тная** credit restriction (squeeze)

~ **торго́вли** trade restriction

~ **э́кспорта** export restriction

ресу́рс/ы resources, reserves

~, **больши́е** vast resources

~, **валю́тные** currency (mone-

tary) reserves (resources), foreign exchange reserves
~, вну́тренние internal (domestic) resources
~, во́дные water resources
~, воспроизводи́мые reproducible resources
~, втори́чные secondary (recycled) resources
~, де́нежные monetary (cash, pecuniary) resources
~, дефици́тные tight resources, resources in short supply
~, доста́точные adequate resources
~, инвалю́тные foreign exchange reserves, foreign currency assets
~, истощи́мые exhaustible resources
~, ка́дровые personnel resources
~, креди́тные credit resources
~, людски́е manpower (labour, human) resources
~, материа́льно-техни́ческие material and technical resources
~, материа́льные material (physical) resources
~, мизе́рные scanty resources
~, невоспроизводи́мые nonreproducible resources
~, недоста́точные inadequate resources
~, неиспо́льзуемые idle resources
~, ограни́ченные scarce (limited) resources
~ окружа́ющей среды́ environmental resources
~, основны́е primary resources
~, приро́дные natural resources
~, произво́дственные manufacturing (productive) resources
~, реа́льные real resources
~, свобо́дные free (uncommitted) resources
~, сельскохозя́йственные farm (agricultural) resources
~ сырья́ (сырьевы́е) raw material resources
~, то́пливно-энергети́ческие fuel and power resources
~, фина́нсовые financial resources
~, экономи́ческие economic resources
~, энергети́ческие power (energy) resources
испо́льзование ~ов, нерациона́льное irrational use of resources
испо́льзование ~ов, рациона́льное rational use of resources
исто́чник де́нежных ~ов source of funds
мобилиза́ция вну́тренних ~ов mobilization of internal resources
объедине́ние фина́нсовых ~ов pooling of financial resources
объём креди́тных ~ов credit supply
переда́ча ~ов transfer of resources
привлече́ние креди́тных ~ов attraction of credit resources
прито́к ~ов flow of resources
расхо́дование ~ов use of resources
эконо́мия ~ов saving of resources
испо́льзовать ~ utilize resources
истоща́ть ~ exhaust resources
объединя́ть ~ pool resources
плати́ть из свои́х ~ов pay from *one's* own resources
предоставля́ть де́нежные ~ furnish monetary resources

распоряжа́ться фина́нсовыми ~ами command financial resources

рето́рсия (*меры воздействия, предпринимаемые одним государством против другого в ответ на дискриминацию*) retorsion

ретра́тт/а (*обратный переводный вексель*) redraft, return draft, re-exchange

курс для вычисле́ния су́ммы ~ы re-exchange

су́мма ~ы re-exchange

выставля́ть ~у redraw

рету́р (*обратный переводный вексель*) re-draft, re-exchange, return draft

рефа́кция (*1. скидка с цены или веса товара в связи с утечкой или порчей товара 2. скидка с тарифа при наличии большого количества груза*) loss allowance, discount from the price

рефере́нт expert, adviser, reviewer

рефере́нция (*1. рекомендация 2. засвидетельствование платёжеспособности фирмы*) reference

~ банки́ра banker's reference

~, ба́нковская bank reference

рефинанси́рование refunding

~ задо́лженности debt refunding

~, предвари́тельное advance refunding

рефинанси́ровать refund

рефля́ция (*восстановление уровня упавших цен*) reflation

рефо́рм/а reform

~, агра́рная agrarian reform

~, де́нежная currency (monetary) reform

~, земе́льная land reform

~, нало́говая tax reform

~ы, незначи́тельные petty reforms

~ы, экономи́ческие economic reforms

производи́ть ~у reform, carry out (implement) a reform

рефрижера́тор *мор.* refrigerator, refrigerator (refrigerating, refrigerated) ship (vessel, cargo-ship), reefer

рефрижера́торный refrigeration *attr.*

рецензе́нт reviewer

реце́нзия review, comment

реце́ссия (*спад*) recession

реша́ть 1. (*принимать решение*) decide, make a decision, resolve; (*в судебном порядке*) adjudge **2.** (*урегулировать*) settle, solve, resolve

реше́ни/е 1. decision; (*заключение*) conclusion **2.** (*суда*) judg[e]ment, adjudication; (*арбитража*) award, decision **3.** (*постановление*) decree; action **4.** (*урегулирование*) settlement, solution

~, альтернати́вное alternative solution (decision)

~ Апелляцио́нного суда́ decision of the Board of Appeals

~ арби́тра, обяза́тельное binding award

~, арбитра́жное arbitration (arbitrator's, arbitral) award (decision), award (decision) of arbitration (the Arbitration Commission)

~, бы́строе prompt (speedy) decision (settlement)

~, возмо́жное possible solution

~ в по́льзу decision (award, judgement) for (in favour of)

~, вы́несенное decision rendered (adopted)

~, дополни́тельное supplementary award

~, друго́е возмо́жное alternative solution (decision)
~, единоду́шное unanimous decision (award)
~, заблаговре́менное early decision
~, ко́мплексное package deal
~, компроми́ссное compromise [solution (settlement)]
~, неблагоприя́тное adverse judgement (decision)
~, (не)мотиви́рованное (un)motivated award (decision)
~, обосно́ванное justified decision
~, обяза́тельное compulsory decision
~ о возмеще́нии убы́тков award of damages
~, односторо́ннее unilateral decision
~ о заку́пке purchase decision
~, оконча́тельное final decision (settlement), finalization
~, оптима́льное optimal (optimum) solution
~, отрица́тельное negative decision
~, официа́льное official award
~, оши́бочное wrong decision, decision error
~, первонача́льное original decision
~ по апелля́ции decision on appeal
~ по вопро́су decision of (on) a question
~ по зая́вке decision on an application
~ по комме́рческим вопро́сам business decision
~, положи́тельное positive (favourable) decision
~ по спо́ру award, decision
~, предвари́тельное preliminary decision
~ пробле́мы solution (settlement) of (to) a problem
~, прое́ктное design work
~ про́тив decision against
~, разу́мное reasonable (sensible) decision (solution, settlement)
~, своевре́менное timely decision
~, совме́стное cooperative (mutual) solution
~ спо́ра settlement (resolution) of a dispute
~ спо́ра, дру́жеское amicable (friendly) settlement of a dispute
~ суда́ award, judgement, decision (ruling) of the court, court decision, verdict, adjudication
~ суда́, компроми́ссное compromise by order of court
~ суда́ о возмеще́нии убы́тков award of damages
~ суперарби́тра umpirage
~, техни́ческое technology; design
~, трете́йское arbitration
~, экономи́чески вы́годное economical solution
~ эксперти́зы expert's decision
~, эффекти́вное viable solution
аннули́рование ~я cancellation of a decision
вы́писка из ~я extract from a decision
исполне́ние ~я execution of an award; execution of a decision
исправле́ние ~я rectification of an award
новизна́ ~й novelty of decisions
объявле́ние ~я announcement of an award (a decision)
основа́ния для ~я reasons for a decision

отмéна ~я *юр.* revocation of a decision
пересмóтр ~я reconsideration (revision) of a decision
принятие ~я decision making
проéкт ~я draft decision
содержáние ~я content of an award
аннулировать ~ cancel a decision
взяться за ~ проблéмы tackle a problem
выносить ~ make (pass) a decision; pronounce (enter) judgement, adjudicate
выносить ~, арбитрáжное issue (pass, make, render) an award, award
выносить ~ в пóльзу make an award in favour of
выполнять ~ execute (carry out, perform, implement) a decision; execute an award
добиться ~я вопрóса achieve solution of a problem
исполнять ~ execute (carry out, perform, implement) a decision; execute an award
мéдлить с ~ем delay a decision
находить ~ find (arrive at) a solution
обеспéчить своеврéменное принятие ~я ensure a timely [re]solution
обжáловать ~ appeal against a decision
облегчáть ~ проблéмы facilitate solution of a problem
объявлять ~ announce an award
ожидáть *чьего-л.* **~я** wait for (await, look forward to) *smb's* decision
оснóвывать ~е на base a decision on (upon)
оставлять на *чьё-л.* **~** leave to *smb's* decision
осуществлять ~ put a decision into operation
откладывать ~ suspend *one's* judgement, delay (hold over) a decision
отменять ~ *юр.* annul (revoke) a decision
отсрóчивать ~ судá postpone (reserve) a judgement
отсылáть к *чьему-л.* **~ю** refer to *smb's* decision
передавáть спор на ~ арбитров refer (submit) a dispute (matter) to arbitrators
подтверждáть ~ confirm (affirm) a decision
подчиняться ~ю obey a decision, respect an award
предлагáть ~ offer a solution
привéтствовать ~ welcome a decision
приводить ~ в исполнéние carry out (enforce) an award (a decision)
придéрживаться ~я abide by an award
признавáть арбитрáжное ~ acknowledge an arbitration award
принимáть ~ decide, arrive at (come to, make, take) a decision, come to a conclusion (an understanding)
принимáть окончáтельное ~ make a final decision; (*о суде*) pass a judgement
считáть ~ обязáтельным consider an award binding, take (regard) an award as binding
~ арбитров окончáтельное и обязáтельное для обéих сторóн the award of the Arbitration Commission is final and binding upon both parties
~я обжáлованию не подлежáт awards shall be without appeal

реэ́кспорт reexport, reexportation; (*о товаре*) reexports
~, факти́ческий actual reexports
запре́т ~а prohibition of reexport
пра́во ~а right of reexport
разреше́ние на ~ reexport permit (license)
реэкспорти́рованный reexported
реэкспорти́ровать reexport
реэ́кспортный reexport *attr.*
рика́мб[и]о (*обратный вексель*) redraft, reexchange, account (bill) of redraft
риме́сса (*уплата, денежный перевод*) remittance
риск risk, hazard; *страх.* peril
~ блоки́рования э́кспортной вы́ручки risk of blocking export receipts
~, валю́тный (*валютных потерь*) exchange (currency) risk, risk of exchange losses
~, вое́нный war risk
~, делово́й business risk
~, дополни́тельный extra (additional) risk
~, допусти́мый admissible (allowed, tolerated) risk
~, застрахо́ванный insured risk
~ захва́та (*груза*) risk of seizure
~ измене́ния ку́рса валю́ты foreign exchange risk
~, иму́щественный property risk
~и, исключённые (*по которым перевозчик не несёт ответственности*) excepted perils
~, коллекти́вный collective risk
~, комме́рческий commercial risk
~, креди́тный credit risk
~, курсово́й price risk
~, морско́й marine (maritime) risk (peril), risks of the sea
~ на со́бственной отве́тственности risk for own account
~ неакце́пта risk of default of acceptance (non-acceptance)
~, незастрахо́ванный noninsured (uninsured) risk
~ ненадлежа́щей доста́вки risk of improper delivery
~ неопла́ты полу́ченного това́ра risk of default of payment (non-payment) for received goods
~ неплатежа́ risk of non-payment
~ неплатежа́ по ссу́де credit risk
~, непоправи́мый irreparable risk
~ неприня́тия risk of non-acceptance
~, нестраху́емый non-insurable (uninsurable) risk
~ несча́стного слу́чая accident risk
~ обесце́нения валю́ты risk of currency depreciation
~, обы́чный usual (customary) risk
~, осо́бый special (extra) risk
~, охва́тываемый страхова́нием risk covered by insurance
~ поврежде́ния това́ра risk of damage to goods
~ пожа́ра fire risk, risk of fire
~ покупа́теля buyer's risk
~ поло́мки breakage risk
~, постоя́нный constant risk
~ поте́ри risk of loss
~ потреби́теля customer's (consumer's, buyer's) risk
~ предпринима́теля businessman's risk
~ при доста́вке гру́за ли́хтерами risk of boats

~ при транспортиро́вке transport risk
~ продавца́ seller's risk
~ прода́жи в креди́т credit risk
~ производи́теля manufacturer's (producer's) risk
~, произво́дственный production risk
~, рассчи́танный calculated (estimated) risk
~ случа́йной ги́бели това́ра risk of accidental (unpredictable) loss of goods
~, совоку́пный overall (integrated) risk
~, сре́дний average (mean) risk
~ столкнове́ния (*судов*) risk of collision
~, страхово́й insurance (insured) risk
~, страху́емый insurable risk
~, тра́нспортный transport risk
~ убы́тка по за́ймам risk of loss on loans
~ убы́тка при предоставле́нии ссу́ды credit risk
~, усло́вный conditional (conventional) risk
~ утéчки (*при транспортировке груза*) risk of leakage
~, факти́ческий actual risk
~, фина́нсовый financial risk
~, фрахто́вый freight risk
ана́лиз сте́пени ~а risk analysis
вероя́тность ~а probability of a risk
гара́нтия ~а, э́кспортного export risk guarantee
ми́нимум ~а minimum of risk
надба́вка за ~ risk premium
огово́рка о всех ~ах all risks clause
отме́тка о всех ~ах all risks notation
оце́нка ~а risk evaluation (valuation, estimate), valuation of risk; estimated risk
переда́ча ~а assignment of a risk
перехо́д ~а с продавца́ на покупа́теля transfer of a risk from the seller to the buyer
пе́речень ~ов, охва́тываемых страховы́м по́лисом cover
поте́ри по всем ~ам losses on all risks
пре́мия за ~ risk premium
распределе́ние ~а distribution of risk
сте́пень ~а extent (degree) of risk
страхова́ние ~а risk insurance, insurance against risk
страхова́ние комме́рческих ~ов insurance against commercial risks
страхова́ние от всех ~ов all-risks insurance, full (comprehensive) insurance, insurance against all [generally accepted] risks
страхова́ние от ~а неупла́ты insurance against default
у́ровень ~а risk level
усло́вия о покры́тии ~а (*во время доставки груза на портовых средствах*) craft clause
фа́ктор ~а risk factor
элеме́нт ~а risk element
брать на себя́ ~ assume (run, take, accept, bear, incur) a risk
де́лать *что-л.* **за свой ~** do *smth* at *one's* risk
застрахо́вывать ~ insure a risk
застрахо́вывать от ~а insure against a risk (peril)
идти́ на ~ take (run, assume) a risk
не брать на себя́ ~ be on the safe side, not to take chances
нести́ ~ carry (bear) a risk

оценивать ~ assess a risk
оценивать вероятность ~**а** assess (ascertain) the probability of a risk
подвергать ~**у** expose to risk[s], jeopardize
подвергаться ~**у** run the risk
покрывать ~**и страхованием** cover risks
предотвращать ~ prevent risk
предусматривать ~ provide for a risk
снимать ~ take out of risk
страховать товар от ~**ов** insure goods against risks
увеличивать степень ~**а** aggravate the risk, increase the extent of risk
уменьшать ~ reduce risks (hazards), lessen the risk
усугублять ~ aggravate the risk
без ~**а для судовладельца** without risk to the ship-owner
за *чей-л.* ~ for *smb's* risk
за счёт и ~ for account and risk
на ваш ~ at your risk
на ~ **владельца** at the owner's risk
на ~ **грузоотправителя** at the consignor's risk
на ~ **грузополучателя** at the consignee's risk
на наш ~ at our risk
на ~ **покупателя** at the buyer's risk
на ~ **продавца** at the seller's risk
на ~ **торговца** at the merchant's (merchants') risk
с учётом ~**а** with an allowance for risk
застрахованный от ~**а** secured, insured against risk[s]
не связанный с ~**ом** safe
все ~**и переходят к покупателям** all risks pass to buyers
~ **наступает с момента** the risk attaches from the moment
~ **утраты или повреждения переходит от продавца** risk of loss or damage passes from the seller
«свободно от расходов и риска для судна» free of all risks and expenses to the vessel, free of expense and risk to the vessel

рискованный risky, insecure, speculative, hazardous, perilous, dangerous

рисковать risk, run (incur) a risk, take the risk
не ~ be on the safe side, not to take chances

рискоинвестиции (*капиталовложения в сферы, степень риска в которых велика*) risk investments

розниц/а retail [trade]
в ~**у** at (by) retail
оптом и в ~**у** wholesale and retail
покупка в ~**у** retail buying
покупать в ~**у** buy in retail trade
продавать в ~**у** retail, sell [by] retail
торговать в ~**у** sell by retail

розничный retail *attr.*

ролик, рекламный commercial, spot, advertising videoclip

ронять:
Не ронять! (*надпись на упаковке*) Do not drop!

ро-ро roll-on/roll-off [ship (vessel)]

роспись, досмотровая result of inspection, customs findings (examination list), findings of customs inspection

россыпь loose, scattering
~, **собранная** loose collected

россыпью in bulk, unpacked, loose

груз ~ loose (bulk) cargo, goods in bulk
товáр ~ loose goods (merchandise)

рост growth, increase, rise; expansion; (*развитие*) development, advance; (*резкий подъём*) hike, upsurge
~, **бýрный** explosion
~, **бы́стрый** (*акций, цен*) rapid increase, skyrocketing
~ **задóлженности** growth of indebtedness
~ **закýпок** growth in purchases
~ **зáнятости** job growth, increase in employment
~ **зарплáты** wage rise (increase), rise of wages; wage hike
~, **значи́тельный** substantial increase
~ **издéржек** increase in costs
~ **инвести́ций** growth of (increase in) investments
~ **кýрса** rise in quotation, increase in the rate
~ **налóгов** growth (increase) of taxes, tax increases; tax hike
~, **непреры́вный** continuous increase, unabated (sustained) growth
~, **неуклóнный** steady rise (increase, growth)
~, **опережáющий** faster growth
~ **перевóзок** traffic growth
~ **потреби́тельского спрóса** growth (increase) of consumer demand
~, **преимýщественный** priority development (growth)
~ **производи́тельности** increase in productivity (performance, efficiency); increase in output (production)
~ **расхóдов** growth of spending
~, **сбаланси́рованный** balanced (equilibrium) growth
~, **слáбый** poor growth
~ **стóимости** cost increase, rise (increase) in the value (cost)
~ **стóимости жи́зни** cost of living increase, rise (increase, advance) in the cost of living
~ **тари́фа** rate increase
~ **товарооборóта** rise in the turnover
~ **торгóвли** growth of trade (business)
~ **ýровня жи́зни** growth in living standards
~ **ýровня зáработной плáты** growth of the wage level
~, **устóйчивый** stable (sustained) growth
~, **хорóший** healthy increase
~ **цен** price increase (rise, advance), increase (rise) in (of) prices, growth (escalation) of prices; surge in prices
~ **цен, безýдержный** runaway costs
~ **цен, продолжáющийся** continued price increases
~ **цен, рéзкий** upsurge in (of) prices
~, **чрезмéрный** overgrowth
~ **эконóмики (экономи́ческий)** economic growth (advance, development, upswing)
~ **эффекти́вности произвóдства** rise (increase) in the efficiency of production
~, **эффекти́вный** efficient growth
заморáживание ~а зарплáты wage restraint (freeze)
показáтель ~а development index
потенциáл экономи́ческого ~а growth potential

процéсс ~а growth process
темп ~а growth rate, rate of growth, coefficient of expansion
добиться ~а achieve growth
приостановить быстрый ~ цен halt rapid surge in prices
сдéрживать ~ кредита tighten credit
сдéрживать ~ цен keep prices (costs) down
стимулировать ~ запродáж promote sales

ростовщик usurer, money-lender

ростовщический usurious

ротáци/я *трансп.* (*чередование портов*) rotation
~, географическая geographical rotation
~ по усмотрéнию судовладéльца rotation at the shipowner's option

рóялти (*оплата или отчисления за право пользования патентом, авторским трудом и т.д.*) royalty
~, договóрное contractual royalty
~ за нóу-хáу know-how royalty
~, минимáльное minimum royalty
~, определённое в судéбном порядке judicially determined royalty
~, рассчитанное в $^0/_0$ от продáжной цены royalty stated as a percentage of the selling price
~, рассчитанное в $^0/_0$ от чистого дохóда royalty stated as a percentage of net profits
~ с объёма продукции production royalty
~, справедливое (соразмéрное) reasonable royalty
~, ступéнчатое graduated scale royalty
~, убывáющее с увеличéнием объёма продукции royalty decreasing with the expansion of output
~, уплáчиваемое с единицы продукции royalty per article, unit royalty
взимáние ~ charging of royalty
выплата ~ payment of royalty, royalty payment
выплата ~, досрóчная advance royalty payment
дохóд от ~ royalty earnings
обязáтельство выплаты ~ royalty obligation
[подохóдный] налóг с ~ income tax for license
процéнт ~ percentage of royalty
размéр ~ rate of royalty, royalty rate
расчёт ~ calculation of royalty
срок дéйствия ~ royalty period
сумма ~ amount of royalty
услóвия ~ royalty terms
взимáть ~ charge royalty
выплáчивать ~ pay royalty, make royalty payments
осуществлять уплáту ~ carry out (effect) royalty payment
подсчитывать ~ calculate royalties
устанáвливать размéр ~ establish the royalty rate (rate of royalty)

рублёвый rouble *attr.*

рубл/ь rouble
~, валютный currency (exchange) rouble
~, инвалютный foreign currency equivalent rouble

~, клиринговый clearing rouble
~, перево́дный transfer[able] rouble
вы́ручка в ~я́х returns in roubles
де́нежное содержа́ние в ~я́х rouble allowance
золото́е содержа́ние ~я́ gold content of the rouble
колеба́ние ку́рсов валю́т к ~ю́ fluctuations of rates of currencies to the rouble
курс ~я́ exchange rate of the rouble, rate of exchange of the rouble, rouble rate
курс ~я́ по отноше́нию к фу́нту сте́рлингов exchange rate of one rouble to the pound sterling
парите́т ~я́ rouble parity
платёж в перево́дных ~я́х payment in transferable roubles, rouble payment
су́мма в ~я́х amount (sum) in roubles
су́точные в ~я́х rouble allowance, daily allowance in roubles
переводи́ть (пересчи́тывать) ~и́ в фу́нты сте́рлингов convert roubles [in]to pounds sterling, effect conversion of roubles [in]to pounds
плати́ть в ~я́х pay in roubles, make (effect) payment in roubles
производи́ть пересчёт иностра́нных валю́т в ~и́ calculate foreign currencies in roubles
производи́ть расчёт в ~я́х calculate in roubles; effect (make) payment in roubles
в пересчёте на ~и́ converted into roubles, in terms of roubles

руководи́тел/ь leader, head, administrator, manager, chief [officer, executive]
~и высо́кого ра́нга high (chief) executives, executive personnel (officers)
~ вы́сшего ра́нга senior (top) executive
~ гру́ппы leader (head) of a group, team manager
~ гру́ппы специали́стов chief of a group of specialists
~ делега́ции head (leader) of a delegation
~ монтажа́ erection (installation) supervisor
~ организа́ции head of an organization
~ отде́ла head of a department
~ практи́ческих заня́тий hands-on supervisor
~ предприя́тия factory (plant, works) manager, head of an enterprise
~ прое́кта project manager
~ произво́дства production manager (head)
~ произво́дственного обуче́ния instructor
~ промы́шленного предприя́тия head of an industrial enterprise
~ пусконала́дочных рабо́т commissioning manager (engineer)
~ рабо́т, шефмонта́жных chief engineer in charge of supervision
~ сбы́та на места́х field sales manager
~ слу́жбы материа́льно-техни́ческого снабже́ния material [control] manager, inventory manager
~, техни́ческий engineering manager
~ тра́нспортного отде́ла traffic manager

~ **филиа́ла фи́рмы** branch manager
~, **хозя́йственный** economic manager (executive)
помо́щник ~я manager's assistant, assistant manager
руководи́ть manage, run, lead, be in charge; supervise; (*направлять*) direct, guide; (*быть во главе*) head, be at the head
руково́дств/о 1. guidance, leadership; (*наблюдение*) supervision **2.** (*администрация, управление*) management, administration, authority, authorities, officials, directorate **3.** (*инструкция, печатное пособие*) manual, instruction book (manual), handbook, guide **4.** (*справочник*) directory
~, **администрати́вное** administrative management, administration
~, **вы́сшее** top (senior, upper) management
~ **заво́да** plant management (administration)
~ **ка́драми** personnel (staff) management
~, **квалифици́рованное** competent direction
~ **к де́йствию** guide to action
~, **коллекти́вное** collective leadership
~, **комме́рческое** commercial management
~, **кра́ткое** concise manual
~ **монтажо́м** supervision of erection
~ **нала́дкой** supervision of adjustment (setting up)
~, **операти́вное** operative (operational) management
~ **по монтажу́** erection manual
~ **по пате́нтной эксперти́зе** manual of patent examining procedure
~ **по примене́нию** directions for use
~ **по проведе́нию капита́льного ремо́нта** overhaul manual
~ **по ремо́нту** repair manual, workshop manual, manual on repairs
~ **по ухо́ду и техни́ческому обслу́живанию** maintenance (service) manual, servicing instructions
~ **по техноло́гии произво́дства** process technology manual
~ **по управле́нию, кра́ткое** management summary
~ **по эксплуата́ции** operation (operating, operator's, performance) manual, operation (operating) instructions, service (servicing) manual (instructions)
~, **практи́ческое** practical guide
~ **предприя́тием** plant (project) management (administration)
~ **прое́ктом** management of a project, project management (administration)
~ **пу́ском в эксплуата́цию** supervision of commissioning
~ **рабо́той** management of work, work (job) management
~, **соотве́тствующее** appropriate manual
~ **строи́тельством** construction supervision (management); construction directorate
~, **тари́фное** tariff (rate) policy
~, **техни́ческое** technical guidance (supervision); technical management
~ **фи́рмы** company management

~, **хозя́йственное** economic management
~, **централизо́ванное** centralized management
те́хника ~а management technique
услу́ги по ~у management services
взять ~ в свои́ ру́ки take control
обеспе́чивать ~ provide guidance
осуществля́ть ~ carry out (perform) management (supervision), give advice and leadership, carry out leadership, run, direct
предоставля́ть ~ provide a manual
приня́ть на себя́ ~ де́лом take over a business
служи́ть для ~а serve for guidance
составля́ть ~ prepare a manual
под *чьим-л.* **~ом** under *smb's* supervision (leadership, guidance, direction), under the direction (leadership) of

руково́дствоваться follow, be guided (governed) by

руководя́щий managing, administrative, leading

руча́тельство guarantee, guaranty, warranty; surety, suretyship
~ комиссионе́ра за выполне́ние покупа́телем фина́нсовых обяза́тельств del credere

руча́ться guarantee, warrant, ensure, become (stand) security; furnish a guarantee (security); stand del credere; certify

ры́н/ок market, marketplace; (*торговый центр, аукционный зал*) mart
~, **акти́вный** active market
~ а́кций share market
~, **безде́ятельный** heavy (inactive) market
~, **бесконкуре́нтный** competition-free (monopolized) market
~ биржевы́х това́ров stock market
~, **большо́й** big (large, vast) market
~, **бу́дущий** prospective market
~, **валю́тный** [foreign] currency market, [foreign] exchange (money) market
~ валю́тный с двойны́м режи́мом dual exchange market
~, **внешнеторго́вый** export market
~, **вне́шний** foreign (external, outer, overseas) market
~, **вну́тренний** domestic (internal, home, inland) market
~, **второстепе́нный** secondary market
~, **вы́годный** profitable market
~, **вя́лый** stagnant (dull, slack, weak, heavy, flat, inactive) market
~, **гла́вный** major (primary) market
~, **де́нежный** money (monetary, currency) market
~ для сбы́та това́ра market [area] for a product (an item)
~ долгосро́чного ссу́дного капита́ла capital market
~, **еврова́лютный** Eurocurrency market
~, **еди́ный мирово́й** world market
~ки за грани́цей markets abroad
~, **закры́тый** closed market
~, **заокеа́нский** overseas market
~, **зарубе́жный** foreign market

~, **значи́тельный** substantial market
~ **зо́лота** gold market
~ **капита́ла** capital market
~, **колониа́льный** colonial market
~ **комме́рческих бума́г** commercial paper market
~, **конкурентоспосо́бный** [highly] competitive market
~, **контре́йлерный** piggyback market
~ **короткопробе́жных перево́зок** shorthaul market
~ **креди́та (креди́тный)** credit market
~ **лесоматериа́лов** timber market
~ **лине́йного тонна́жа** liner tonnage market
~ **маши́н и обору́дования** machine and equipment market
~, **межба́нковский** interbank market
~, **междунаро́дный** international market
~, **ме́стный** local market
~, **мирово́й** world (world's) market
~, **мирово́й капиталисти́ческий** world capitalist market
~, **мирово́й това́рный** world commodity market
~**ки морско́го побере́жья** seaboard markets
~ **нали́чного това́ра** spot (actuals) market
~, **насы́щенный** saturated (concentrated) market
~, **национа́льный** national market
~ **недви́жимости** real estate market
~, **неофициа́льный** unofficial market
~, **непрогнози́руемый** unpredictable market
~, **неусто́йчивый** unsteady (sensitive) market
~ **облига́ций** bond market
~, **О́бщий** Common Market
~ **ограни́ченной ёмкости** market of limited absorptive capacity
~, **ограни́ченный** narrow market
~ **одного́ това́ра** *бирж. амер.* pit
~, **оживлённый** active (brisk) market, *амер.* broad market
~, **ожида́емый** prospective market
~, **организо́ванный** organized market
~, **основно́й** major (primary) market
~, **откры́тый** open market
~, **перегру́женный** heavy (overstocked) market
~, **перенапряжённый** overbought market
~, **перспекти́вный** promising market
~ **покупа́телей** buyers' market
~ **по перепрода́же** resale market
~ **по сде́лкам на срок** option (forward) market
~, **потреби́тельский** consumers' market
~ **потреби́тельских това́ров** consumer market
~, **приго́дный для сбы́та** useful outlet
~, **про́бный** test market
~ **продавца́** seller's market
~ **продово́льственных това́ров** food market, market of foodstuffs
~ **проду́кции** produce market
~, **расту́щий** rising (increasing, gaining, advancing) market

~ **сбы́та** market, market[ing] (sales) outlet, marketing area, sales market (territory)
~ **сбы́та, ро́зничный** retail outlet
~, **свобо́дный** free market
~, **сельскохозя́йственный** agricultural market
~, **се́рый** (*продажа по высоким спекулятивным ценам*) grey market
~, **сло́жный** (*с высоким уровнем конкуренции*) sophisticated market
~, **социалисти́ческий** socialist market
~ **с повыша́тельной тенде́нцией** *бирж.* bull market
~ **с понижа́тельной тенде́нцией** *бирж.* bear market
~ **ссуд** loan market
~, **страхово́й** insurance market
~ **с усто́йчивыми це́нами** confident market
~ **сырьевы́х това́ров** market of raw materials, raw materials market
~ **та́нкерного фло́та** tanker market
~ **това́ров (това́рный)** merchandise (commodity) market, market for items, market area for products
~, **торго́вый** trade market
~, **тра́нспортный** transport market
~ **труда́** job (labour, manpower) market
~, **тру́дный (труднодосту́пный)** difficult market
~, **у́зкий** narrow market
~ **услу́г** services market
~, **усто́йчивый** steady market
~, **учётный** discount market
~, **фина́нсовый** financial market
~, **фо́ндовый** share market
~, **фрахто́вый** freight (tonnage) market
~, **фрахто́вый по на́йму ре́йсового тоннажа́** single-voyage market
~, **хле́бный** corn (grain) market
~ **цен** price market
~ **це́нных бума́г** securities market
~, **чёрный** black (illegal) market
~, **э́кспортный** export market
ана́лиз тенде́нций ~ка market trend analysis
возмо́жности ~ка market possibilities (opportunities)
возмо́жности ~ка, потенциа́льные market potential
вы́ход на ~ entrance to the market, entering the market
да́нные по ~ку market parameters
движе́ние ~ка market movements
до́ступ к ~кам access to markets
до́ступ проду́кции на ~ access to the market for products
ёмкость ~ка market capacity (volume), capacity (absorption) of a market
засто́й на ~ке depressed state of a market
затова́ривание ~ка market overstocking, flooding of the market
измене́ния на ~ке market changes; market movements
измене́ние настрое́ния ~ка change in the sentiment of the market (of the market sentiment)
изуче́ние [коньюнкту́ры] ~ка market research (investigation, analysis, survey, study, exploration), field survey

изуче́ние ∼ка, вы́борочное selective market research
изуче́ние ∼ка, репрезентати́вное representative market research
и́ндекс ∼ка market index
колеба́ния на ∼ке market fluctuations, fluctuations on the market
конъюнкту́ра ∼ка market conditions (situation), state of the market, sales opportunities, supply and demand position on the market
курс ∼ка market rate (price)
напряжённое состоя́ние де́нежного ∼ка pressure on the money market
напряжённость ∼ка market pressure
настрое́ние ∼ка market sentiment (tone), feeling (mood) of a market
насыще́ние ∼ка saturation of a market
обзо́р ∼ков market review (survey, report), survey of markets
оживле́ние ∼ка (на ∼ке) revival of the market, greater market activities
освое́ние ∼ка development of a market
откры́тие ∼ков, но́вых opening up of new markets
партнёры по ∼ку market partners
перенасыще́ние ∼ка glut of supply
подры́в ∼ков subversion of trade markets
по́иск ∼ков search for markets
положе́ние на ∼ке market situation, situation on (condition of) the market
потенциа́л ∼ка market potential
потре́бности ∼ка requirements (needs) of the market, demand on the market
потре́бности вну́треннего ∼ка domestic (home) market requirements (needs)
предложе́ние на ∼ке market supply
разде́л ∼ка market sharing
разде́л ∼ков division of markets
разме́р ∼ка scope (volume) of the market
распа́д ∼ка market breakdown
расшире́ние ∼ка market development
реа́кция ∼ка market reaction[s]
регули́рование ∼ка market regulation
сегме́нт ∼ка market segment
сегмента́ция ∼ка market segmentation
ситуа́ция на ∼ке situation on the market, market situation
снабже́ние ∼ка supply of the market
собы́тия на ∼ке market developments
сокраще́ние ∼ка contraction of the market
сопротивле́ние ∼ка market resistance
состоя́ние ∼ка state of the market (trade, business), market conditions (situation); market behaviour
спрос на ∼ке market demand, demand on the market
стаби́льность ∼ка market stability
структу́ра ∼ка structure of the market, market profile (structure)
суже́ние ∼ка contraction of the market
тенде́нция на ∼ке market trend (tendency)

тре́бования ~ка market demand[s] (requirements), requirements of the market
у́ровни цен на мирово́м ~ке world market levels
усло́вия ~ка market (marketing) conditions
цена́ на ~ке market price
быть предназна́ченным для ~ка be designed for the market
влия́ть на ~ affect (manipulate, influence) the market
внедря́ть това́р на ~ки move (introduce) goods to (into) markets
выбра́сывать това́р на ~ throw (launch) goods on the market
выбра́сывать це́нные бума́ги на ~ unload securities on the market
выпуска́ть на ~ put on the market, bring to the market
выпуска́ть това́р на ~ introduce goods into the market
выступа́ть на ~ке be in the market
вытесня́ть с ~ка oust (force out) from the market
выходи́ть на ~ enter (go into) the market
годи́ться для ~ка suit the market
госпо́дствовать на ~ке rule the market
дезорганизо́вывать ~ spoil the market
дели́ть ~ки divide (share, split) markets
зави́сеть от колеба́ний ~ка be subject to market fluctuations
завоёвывать ~ win (conquer) a market
захва́тывать ~ seize (win, take over) a market
изуча́ть ~ study (explore) a market
иссле́довать ~ investigate (test) a market
исчеза́ть с ~ка disappear from the market
контроли́ровать ~ control (command at) the market
монополизи́ровать ~ monopolize (corner) the market
наводня́ть ~ (*товарами*) congest (flood) the market
найти́ ~ки сбы́та для това́ра market the goods, find a market for the goods, find business for the product
намерева́ться купи́ть *что-л.* **на ~ке** be in the market for *smth*
направля́ть *что-л.* **непосре́дственно на ~** supply *smth* direct to the market
обеспе́чивать ~ provide (assure, secure) a market
обеспе́чивать ~ *чем-л.* provide the market with *smth*
ока́зывать давле́ние на ~ force the market
определя́ть возмо́жную конъюнкту́ру ~ка test the market
осва́ивать ~ки develop markets, get into markets
открыва́ть ~ create (open up) a market
оце́нивать ~ evaluate (assess) a market
переполня́ть ~ congest the market
подгота́вливать ~ prepare a market
подде́рживать ~ hold the market
получа́ть до́ступ на ~ get (gain) access to the market
поступа́ть на ~ки (появля́ться на ~ке) enter (come into) the market

представля́ть това́р[ы] на ∼ке introduce goods in (on) the market
проника́ть на ∼ penetrate into the market, enter (break into) the market
развива́ть вну́тренние и вне́шние ∼ки expand home and export markets
распространя́ться на но́вый ∼ branch out into a new market
расширя́ть ∼ develop (expand, broaden) a market
создава́ть ∼ create (build up) a market
сохраня́ть ∼ retain the market
спосо́бствовать расшире́нию ∼ка further market[s], promote development of a market
торгова́ть на ∼ке market, trade on the market
удовлетворя́ть запро́сы ∼ка meet (satisfy) the requirements of the market
удовлетворя́ть тре́бованиям ∼ка suit the market, meet the demands of the market
на ∼ке on (in) the market
на всём ∼ке throughout (through) the market region
на мно́гих ∼ках ми́ра in many of the world's markets
име́ющийся на ∼ке available on the market

ры́ночный market *attr.*, marketable, commercial

С

сала́зк/и skids
обрешётка на ∼ах crate (frame) on (with) skids

сальди́ровать (*подводить итог*) balance, settle
∼ дефици́т balance a deficit

са́льдо balance
∼ ба́нковского счёта bank balance, [amount of] balance
∼ в ва́шу по́льзу balance standing to your account
∼, дебето́вое debit balance, balance due (owing, payable)
∼ кли́ринга clearing balance
∼ к перено́су (*на следующую страницу*) balance carried forward
∼, кре́дитовое credit balance
∼ платёжного бала́нса balance of payments
∼, положи́тельное favourable balance
∼, приблизи́тельное rough balance
∼ резе́рвов reserve position
∼ с перено́са (*с предыдущей страницы*) balance brought forward
∼ счёта balance of an account
∼ теку́щего счёта current balance
конве́рсия ∼ в свобо́дно конверти́руемую валю́ту conversion of the balance into convertible (hard) currency
ликвида́ция ∼ кли́ринговых счето́в liquidating balances on clearing accounts
перено́с ∼ transfer of the balance
погаше́ние накопи́вшегося ∼ covering the balance
проце́нт по дебето́вому ∼ interest on debit balances
проце́нт по кре́дитовому ∼ interest on credit balances
су́мма ∼ amount of balance
выводи́ть balance, strike the balance
оплати́ть ∼ счёта settle the balance
переводи́ть ∼ в свобо́дно конверти́руемую валю́ту convert

the balance into convertible (hard) currency
урегули́ровать ~ settle the balance
самолёт aircraft, plane, airplane
~, грузово́й cargo aircraft, air [cargo] carrier, airfreighter
~, ре́йсовый air-liner
~, това́ро-пассажи́рский combination aircraft
~, тра́нспортный transport aircraft (plane, airplane)
груз, перевози́мый ~ом airfreight
курс ~а course of a plane
отпра́вка ~ом dispatch by air
грузи́ть ~ load aircraft (plane, airplane)
отправля́ть на ~е dispatch (ship, forward) by air
перевози́ть на ~е carry (transport) by air
принима́ть ~ы handle planes
транспорти́ровать ~ом carry (transport) by air
~ом by plane (air, aircraft)
фра́нко-борт ~а free on board airplane
самообеспе́ченность self-sufficiency
~, экономи́ческая economic self-sufficiency
самоокупа́емост/ь self-repayment (repaying, recoupment, accounting)
~, валю́тная [hard] currency self-accounting (recoupment, repayment), self-recoupment in [foreign] currency
на осно́ве ~и on a self-repayment (self-recoupment, profit-and-loss) basis
самопогру́зк/а self-loading
на усло́виях ~и on self-loading terms
самоуправле́ние self-management (administration, government)
самофинанси́рование self-financing (finance)
~, валю́тное currency self-financing, self-financing in [foreign] currency
санита́рно-гигиени́ческий sanitary
санита́рно-каранти́нный sanitary, quarantine
санита́рно-техни́ческий sanitary engineering
санита́рный sanitary, medical
са́нкци/я (*1. запрещение 2. карательная мера*) sanction
~, догово́рная penalty under a contract, penalty for breach of a contract
~и, догово́рные contractual sanctions
~и, жёсткие harsh sanctions
~и за наруше́ние sanctions for infringement (violation)
~и за невыполне́ние контра́ктных обяза́тельств sanctions for the non-fulfilment of contractual obligations
~, правова́я legal sanction
~и, торго́вые trade sanctions
~, штрафна́я penalty, penal sanction
~и, экономи́ческие economic sanctions
огово́рка о ~ях sanction clause
примене́ние ~и application (use) of a sanction
вводи́ть ~и impose sanctions
отменя́ть ~и lift sanctions
применя́ть ~и apply (use, employ) sanctions
снима́ть ~и lift sanctions
сбавля́ть take off
~ с цены́ take off (abate) the price
сбаланси́рование balancing
~ взаи́мных расчётов balancing [of] mutual settlements
~ дефици́та making good [of] a deficit

~ поста́вок balancing [of] deliveries

сбаланси́рованност/ь balance, equation

~, бухга́лтерская accounting equation

~ взаи́мной торго́вли mutual trade balance

~ взаи́мных обяза́тельств balanced mutual obligations

~ по валю́тной сто́имости поста́вок и услу́г delivery and service currency balance

при́нцип ~и balance principle

обеспе́чивать ~ поста́вок balance shipments

сбаланси́рованный balanced

сбаланси́ровать balance

сберега́тельный savings *attr.*

сберега́ть save [up]; protect

сбереже́ни/е 1. (*экономия*) economy, saving **2. ~я** savings

~я, валовы́е gross savings

~я валю́тных средств economy of currency

~я в ликви́дной фо́рме fluid savings

~я, ли́чные personal savings

~я, чи́стые net savings

храни́ть ~я в ба́нке keep savings in the bank

сбор 1. collection **2.** (*налог*) charge, fee, dues, tax, duty

~ы, администрати́вные administration dues

~, акци́зный excise, excise duty (tax)

~, арбитра́жный arbitration fee (charge)

~, аукцио́нный auction fee

~, балла́стный ballast dues

~, бандеро́льный parcel fee

~, букси́рный towage [dues]

~, ввозно́й import tax (fee)

~, ве́ксельный bill stamp

~, весово́й weighage, weighing fee (cost)

~, ге́рбовый stamp duty (tax)

~, ге́рбовый по векселя́м stamp duty on bills of exchange

~, ге́рбовый по по́лисам policy duty

~, грузово́й cargo dues (tax, fee, charge), dues on cargo

~, дезинфекцио́нный disinfection charge

~, доба́вочный additional charge (duty), surcharge

~, до́ковый dock dues (charge), dockage

~, дополни́тельный additional charge (duty), surcharge

~, доро́жный road toll

~, железнодоро́жный railway charge

~ за взве́шивание weighing charge

~ за возобновле́ние регистра́ции докуме́нта revival fee

~ за вы́грузку landing charge (fee)

~ за вы́плату по че́ку fee for paying a cheque

~ за доста́вку delivery charge

~ за инка́ссо collection charge

~ зака́зов canvassing

~ за отгру́зку forwarding charge

~ за оформле́ние докуме́нтов charge for the issue of documents, administration fee

~ за перегру́зку transhipment charge

~ за погру́зку loading charge

~ за по́льзование кра́ном cranage

~ за по́льзование при́станью berth charge (dues), berthage, quay dues, quayage, wharfage [charge (dues)], pier (wharf) dues

~ за по́льзование сухи́м до́ком и ста́пелем drydock and shipway dues

~ за поса́дку и вы́садку landing charge (fee)
~ за предоставле́ние ссу́ды fee on a loan
~ за прое́зд че́рез мост bridge toll
~ за прохо́д че́рез кана́л canal toll, canal (channel) dues
~ за разгру́зку unloading (discharging, landing) charge (fee)
~ за склади́рование това́ра storage charge
~ за стоя́нку в порту́ port dues (charge, fee, duty), harbour dues, groundage
~ за стоя́нку у сте́нки quay dues
~ за тамо́женную очи́стку customs duty (fee, dues)
~ за тамо́женную очи́стку в нерабо́чее вре́мя customs overtime
~ за транзи́тный прово́з transit charge
~ за хране́ние на скла́де storage charge, warehouse rent
~, кана́льный canal toll, canal (channel) dues
~, каранти́нный quarantine dues (fee)
~, комиссио́нный commission
~, ко́нсульский consular fee (charge, dues), consulage
~, корабе́льный tonnage [dues], ship's dues
~, кра́новый cranage
~, ледо́вый ice dues
~, ли́хтерный lighterage
~, лицензио́нный license fee, royalty
~, ло́цманский pilotage [dues]
~, ма́клерский brokerage
~, ма́рочный stamp dues
~, мая́чный light [house] dues
~ы, ме́стные local taxes (charges)
~, навигацио́нный navigation dues
~ нало́гов tax collection, collection of taxes
~, нало́говый tax levy
~, обы́чный standard charge
~, па́спортный passport fee
~, пате́нтный patent fee (dues)
~, погру́зочный loading charge
~ы, порто́вые port dues (charges, fees, duties), harbour dues, groundage
~, почто́вый postage, postal charge
~, по́шлинный duty
~, при́станский (прича́льный) berth charge (dues), berthage, quay dues, quayage, wharfage [charge, (dues)], pier (wharf) dues
~, регистрацио́нный registration fee
~, регистрацио́нный, с уча́стников я́рмарки admission (entrance, application, booking, listing) fee
~, речно́й river charge (dues)
~, санита́рный sanitary dues (fee)
~, сигна́льный signalling station charge
~, складско́й warehousing charge, warehouse fee
~, специа́льный special charge
~, страхово́й insurance fee (charge)
~, сюрве́йерский surveyor dues
~, тамо́женный customs duty (fee, dues)
~, тонна́жный tonnage dues (tax)
~, фрахто́вый chartering fee
~, швварто́вый mooring dues
~, шлюзово́й lock dues
~, экспеди́торский forwarding charge

~, я́корный anchor dues, anchorage [dues]
взима́ние ~ов collection of fees (duties, charges); charging (imposition) of fees
возвра́т ~ов reimbursement (return) of charges
возвра́т арбитра́жного ~а return of an arbitration fee
начисле́ние ~а charge
опла́та ~ов payment of duties (dues, fees, taxes, charges)
освобожде́ние от ~ов exemption from charges, remission of fees
разме́р ~ов amount of fees
распределе́ние арбитра́жных ~ов allotment of arbitration fees
расхо́ды по арбитра́жному ~у expenses on arbitration fees
упла́та ~а payment of a fee (tax, duty)
шкала́ ~ов scale of charges
взима́ть ~ы levy charges, charge fees; collect fees
взима́ть акци́зный ~ excise
начисля́ть ~ы charge fees (duties, dues)
облага́ть акци́зным ~ом excise
опла́чивать ~ы pay duties (dues, fees, taxes)
подлежа́ть опла́те ~ом be subject to payment of a fee (tax, duty)
подлежа́ть опла́те ге́рбовым ~ом be subject to stamp duty
упла́чивать акци́зный ~ pay excise
подлежа́щий обложе́нию ~ом liable to a fee, chargeable, dutiable, taxable
свобо́дный от ~ов duty free, free of (from) duty, exempt from duty, free of charges, no-charge

сбо́рк/а assembly, erection
~, заводска́я in-works (in-plant) assembly
~, индивидуа́льная individual assembly
~, контро́льная check assembly, pre-assembly
~ на площа́дке заво́да assembly on the plant site
~, оконча́тельная final assembly
~, пооперацио́нная part (partial) assembly (erection)
~, пото́чная progressive assembly
инстру́кции о поря́дке ~и instructions for assembly (erection), assembly instructions
ли́ния ~и assembly line
выполня́ть ~у execute assembly
заверши́ть ~у complete assembly

сбыва́ть sell, market, distribute

сбыт sale[s], market[ing], distribution
~, бы́стрый quick sale
~, гаранти́рованный guaranteed sale
~ за грани́цей sales abroad, foreign sales
~, ма́ссовый bulk sales, selling in bulk
~, монопо́льный exclusive sale; sales monopoly
~ на вне́шних ры́нках sales on foreign markets
~ на вну́треннем ры́нке sales on the home market
~, опто́вый wholesaling
~ проду́кции sale (marketing) of products
~, прямо́й direct sales
~, согласо́ванный agreed sale
~ това́ра sale of goods
~, части́чный partial sale
аге́нт по ~у sales (marketing, distributing) agent, distributor

ана́лиз ~а sales analysis
возмо́жности ~а market potential, selling possibility, sales opportunity, marketability
возмо́жности ~а внутри́ страны́ domestic outlet
затрудне́ния в ~е marketing difficulties
кампа́ния по стимули́рованию ~а sales (selling) campaign, sales drive
кана́лы ~а sales (trade) channels, channels of distribution
колеба́ния ~а sales fluctuations
кри́зис ~а sales crisis
объём ~а sales volume
ограниче́ние ~а distribution restriction
отде́л ~а sales (selling, distribution) department
паде́ние ~а decrease in sales
план ~а marketing plan, sales (marketing) scheme
плани́рование ~а planning a programme of marketing (marketing programme)
пра́во ~а, исключи́тельное exclusive right to sell, exclusive sale
програ́мма ~а sales (marketing, selling) programme
райо́н ~а area of marketing, marketing area, sales territory
расхо́ды по ~у marketing (merchandising, selling, distribution) costs, distribution expenses
расшире́ние ~а increase of (in) sales; increased sales
руководи́тель ~а на места́х field sales manager
ры́нок ~а market, marketing area, sales market (territory), market[ing] (sales) outlet
систе́ма ~а system of sale[s], marketing
стимули́рование ~а sales promotion, promotion of sales, promotional activity (effort)
тру́дности ~а marketing (sales) difficulties
увеличе́ние ~а increase of (in) sales; increased sales
управля́ющий отде́лом ~а sales manager, manager of sales
управля́ющий слу́жбой ~а sales manager
у́ровень ~а level of sales
име́ть ~ find (have) a market; be saleable (marketable)
име́ть плохо́й ~ meet with a slow sale, sell badly (heavily, hard)
име́ть хоро́ший ~ have (find, command, meet with) a ready sale, find (command) a ready market
не име́ть ~а find (have) no sale, be unsaleable (nonmarketable, not merchantable)
предоставля́ть возмо́жность ~а open up selling possibilities (new outlets)
стимули́ровать ~ promote sales, stimulate sales promotion (promotion of the sale)

сбытово́й marketing, sales *attr.*

све́дени/я 1. (*известие*) information **2.** (*знания*) knowledge
~, дополни́тельные additional (supplementary) information
~, затре́бованные requested information
~ из первоисто́чника immediate (first-hand) information; direct knowledge
~, надёжные reliable information
~, недоста́точные insufficient information
~, непо́лные inadequate information
~ о information about (on, concerning, regarding, with

regard to, pertaining to, relative to)
~, **о́бщие** general information
~ **о кредитоспосо́бности** credit information
~, **относя́щиеся к де́лу** pertinent information
~ **о цене́** price (pricing) information
~, **подро́бные** detailed information
~, **по́лные** adequate information
~, **полу́ченные** acquired information
~, **противоречи́вые** conflicting reports
~, **статисти́ческие** statistical information
~, **техни́ческие** technical information
~, **тре́буемые** **1.** required information **2.** required knowledge
отсу́тствие ~**й** **1.** lack of information **2.** lack of knowledge
доводи́ть до ~ *кого-л.* inform (notify, advise) *smb* of *smth*, bring *smth* to the notice of *smb*
передава́ть ~ pass (give) information, make information available
получа́ть ~ obtain (receive) information
посыла́ть ~ send data (information)
прилага́ть ~ enclose information
принима́ть к ~**ю** take notice (note) of, take into consideration
разбира́ться в полу́ченных ~**ях** digest information
распространя́ть ~ spread information
собира́ть ~ gather information
содержа́ть ~ contain information
сообща́ть ~ supply information, provide (furnish) *smb* with information
прилага́емый для ~ attached for information
для ва́шего ~ for your information
по полу́ченным ~**м** according to information received (obtained)

све́рка (*при погрузке и выгрузке*) tally

свёртывание curtailing
~ **и́мпорта** curtailing of imports
~ **сотру́дничества** curtailing of cooperation
~ **экономи́ческих свя́зей** curtailing of economic ties

свёртывать (*о производстве, сотрудничестве*) curb, curtail

сверхпла́новый [over and] above [the] plan

сверхпоста́вка excess delivery

сверхпри́быль excess (super) profit
нало́г на ~ excess profits tax, *сокр.* E. P. T., excess profits duty, *сокр.* E. P. D., supertax, *амер.* excess profits levy

сверхсме́тный extra-budget *attr.*, extra-budgetary

сверхсталия́ (*задержка судна на простое сверх срока, предусмотренного чартером*) detention

сверхстрахова́ние over-insurance

сверхта́ра **1.** (*дополнительная тара*) extra tare **2.** (*вес тары, превышающий нормальный*) super (excess) tare

сверхуро́чны/е overtime pay (money)
опла́та ~**х** overtime payments
плати́ть ~ pay overtime

сверхуро́чный overtime *attr.*
сверя́ть verify, check; (*количество груза при погрузке и выгрузке*) tally
 ~ с check against
свиде́тельство certificate, receipt, warrant, form, paper, slip
 ~, а́вторское certificate of authorship, author's certificate
 ~, весово́е certificate of weighing, weight certificate
 ~, ветерина́рное veterinary certificate
 ~, вкладно́е deposit slip, certificate of deposit
 ~, вре́менное interim certificate
 ~, гаранти́йное certificate of guarantee
 ~, депози́тное deposit slip, certificate of deposit
 ~, долгово́е certificate of indebtedness
 ~, зало́говое letter of hypothecation; mortgage certificate
 ~, каранти́нное quarantine certificate, bill (certificate) of health, health bill (certificate)
 ~, классификацио́нное classification certificate
 ~, мери́тельное *мор.* certificate of measurement, measurement (tonnage) certificate, tonnage slip
 ~ на а́кцию share (*амер.* stock) certificate
 ~ на пра́во получе́ния инвалю́ты foreign exchange entitlement
 ~ об испыта́нии test certificate
 ~ об осмо́тре certificate of survey
 ~ об отпра́вке certificate of shipment
 ~ об отсу́тствии на су́дне вое́нной контраба́нды navicert
 ~ об упла́те тамо́женной по́шлины customs receipt, docket
 ~ о взя́тии про́бы sampling certificate
 ~ о го́дности к пла́ванию certificate of seaworthiness
 ~ о грузово́й ма́рке load-line certificate
 ~ о дезинфе́кции certificate of disinfection
 ~ о заводско́м испыта́нии works test certificate
 ~ о ка́честве certificate of quality, quality certificate; (*при продаже металлов, руд, концентратов*) assay certificate
 ~ о перегру́зке transhipment receipt (note)
 ~ о поврежде́нии certificate of damage
 ~ о по́длинности certificate of authenticity
 ~ о подтвержде́нии confirmation blank
 ~ о поручи́тельстве warranty, guarantee bill
 ~ о пра́ве со́бственности на су́дно certificate of ownership
 ~ о происхожде́нии certificate of origin
 ~, о́рдерное складско́е order warrant
 ~ о реимпорте certificate of reimportation
 ~ о регистра́ции това́рного зна́ка в стране́ происхожде́ния home certificate
 ~ о сда́че су́дна в тайм-ча́ртер и приёмке из тайм-ча́ртера certificate of delivery and re-delivery
 ~ о сня́тии каранти́на quarantine certificate, certificate of free pratique

~ **о страховании** certificate (policy) of insurance, insurance certificate (policy)
~ **о страховании, временное** cover[ing] note
~ **о таможенной очистке** clearance certificate
~ **о штивке** stowage certificate
~, **пассажирское** passenger certificate
~, **пропускное** pass, permit
~, **регистровое** certificate of registry, ship['s] register; certificate of ownership
~, **санитарное** sanitary (sanitation) certificate
~, **санитарно-карантинное** bill (certificate) of health, health bill (certificate), sanitary (quarantine) certificate
~, **складское** warehouse certificate, warehouse receipt, *сокр.* WR, warehouse warrant, *сокр.* W.W.
~, **сортовое** certificate of species
~, **сохранное** certificate of deposit
~, **страховое** certificate (policy) of insurance, insurance certificate (policy)
~, **судовое** certificate of registry, ship['s] register; certificate of ownership
~, **таможенное** clearance certificate
~, **фитопатологическое** certificate of health
аннулирование авторского ~а revocation of an inventor's certificate
выдача ~а issue (issuance) of a certificate
выдача авторского ~а certification
недействительность авторского ~а invalidity of an author's certificate
оформление ~а drawing up a certificate
выдавать ~ give (issue) a certificate
оформлять ~ issue a certificate
подписывать ~ sign a certificate
представлять ~ submit (present) a certificate

свидетельствовать testify, certify, witness

свинг (*предел взаимного кредитования*) swing

свитч (*1. бирж. ликвидация обязательств по одним ценным бумагам и заключение сделок по другим 2. операция по использованию блокированного счёта 3. переуступка третьей стране остатка на клиринговом счёте*) switch

свободно 1. (*без ответственности за убытки*) free **2.** (*бесплатно*) free
~ **вдоль борта судна** free alongside ship (vessel), *сокр.* FAS
~ **для ввоза** free for import
~ **до рейлингов судна** free at ship's rail
~ **на борт[у]** free on board, *сокр.* FOB
~ **от аварии** free of average
~ **от адреса** free of address
~ **от влаги** free of moisture
~ **от всякой аварии** free of all average
~ **от выгрузки** free out
~ **от льда** ice-free
~ **от налога** tax-exempt, free of tax, tax-free
~ **от [ожидания] очереди** (*ожидание очереди на погрузку за счёт фрахтователя*) free

of turn; (*погрузка сразу по прибытии судна*) free of stem

~ от ответственности free of responsibility

~ от ошибок errorless

~ от платы за провоз carriage (freight) free

~ от пошлин, таможенных free of import duties

~ от пошлины duty free, free of duty, exempt from duty

~ от расходов free of charge (cost)

~ от расходов и риска для судна free of expense and risk to the vessel, free of all risks and expenses to the vessel

~ от расходов по выгрузке free out, free discharge

~ от расходов по погрузке free in

~ от расходов по погрузке и выгрузке free in and out, *сокр.* f. i. o.

~ от расходов по погрузке, исключая укладку (штивку) free in excl. stowage

~ от расходов по погрузке и укладке (штивке) free in and stowed

~ от рейлингов судна free at ship's rail

~ от риска free of risk

~ от сборов free of (from) duties, exempt from duties, free of charges

~ от [уплаты] диспача free [of] dispatch

~ от частной аварии free of (from) particular average

свободно конвертируемый freely convertible

свободный **1.** (*незанятый*) free **2.** (*бесплатный*) free [of charge] **3.** (*не несущий ответственности*) free

сводка summary

~, годовая annual summary

~ новостей news summary

~ погруженного товара (*посылается капитаном судовому агенту*) broker's returns

сводный summary *attr.*, consolidated

своевременно in [due, good, proper] time, in due course, duly, on the appointed day, within the time limit

отгружать ~ ship in [due] time (in due course)

платить ~ pay promptly

своевременность timeliness, promptitude

~ возврата кредита accuracy (timeliness) of repayment of credit

~ платежей promptitude in paying (payment)

~ поставки promptitude of delivery

обеспечивать ~ платежа secure payment

своевременный timely, prompt

своп (*операция, сочетающая наличную куплю или продажу с одновременным заключением контрсделки на определённый срок*) swap

связанны/й connected, related, associated

быть ~м be connected; entail, involve

связка bundle

товар в ~х bundle[d] goods

связывать **1.** bind, tie, fasten with ropes **2.** (*с кем-л.*) put *smb* in contact with

связ/ь **1.** (*коммуникация*) communication **2. ~и** (*отношения*) relations, ties, connections, contacts, links

~и, взаимовыгодные mutually advantageous (beneficial, profitable) ties (relations, links)

~и, внешнеторго́вые foreign trade ties (relations), export relations
~и, внешнеэкономи́ческие foreign economic ties (relations, links)
~и, внутриотраслевы́е intrabranch ties
~и, всесторо́нние all-round ties
~и, деловы́е business ties (relations, connections, links, contacts)
~и, дли́тельные long-term ties
~и, догово́рные contractual relations (links)
~и, долгосро́чные хозя́йственные long-range economic ties
~и, дру́жеские friendly relations
~и, ко́мплексные нау́чно-произво́дственные comprehensive scientific and production ties
~и, кооперацио́нные cooperation ties, relations of industrial cooperation
~и, культу́рные cultural ties
~и, ли́чные personal relations (contacts)
~и, междунаро́дные international (external) relations (contacts, links)
~и, межотраслевы́е inter-branch ties (connections)
~и, мирохозя́йственные world economic relations, global economic cooperation
~и, нау́чно-техни́ческие scientific and technical ties (links)
~и, нау́чные scientific ties
~и, общи́рные wide connections
~и, произво́дственно-технологи́ческие production and technological ties
~и, произво́дственные production (manufacturing) ties (relations)
~, про́чная stable link
~и, прямы́е direct ties (contacts)
~и, прямы́е, ме́жду предприя́тиями direct links between enterprises
~и, прямы́е, на безвозме́здной осно́ве direct ties on a gratuitous basis
~и, прямы́е, прое́ктно-констру́кторских организа́ций direct ties of design organizations
~и, прямы́е произво́дственные и нау́чно-техни́ческие direct production, scientific and technical contacts
~и, прямы́е, промы́шленных организа́ций direct ties of industrial organizations
~, телегра́фная cable communication
~, те́лексная telex [communication]
~, телета́йпная telex [communication], teleprinting service
~, телефа́ксная telefax [communication]
~, телефо́нная telephone [communication]
~, телефо́нная, междугоро́дная trunk connection; (*автомати́ческая*) self-dial long-distance telephone service
~и, те́сные close ties (connections, links); close relationship
~и, торго́во-экономи́ческие trade and economic ties (relations, links)
~и, торго́вые business relations, trade ties (connections, relations, links, contacts), commercial ties
~и, усто́йчивые stable relations

~и, хозяйственные economic ties
~и, экономические economic ties (relations, links)
каналы ~и channels of communication, liaison channels
развитие внешнеторговых ~ей development of foreign trade ties (relations)
расширение ~ей expansion of relations, broadening (extension) of ties (relations, contacts)
свёртывание экономических ~ей curtailing of economic ties
служба ~и communication service
совершенствование внешнеторговых ~ей improvement of foreign trade ties
укрепление ~ей strengthening of relations (links, contacts)
установление ~ей establishment of ties (relations, connections, contacts, links)
восстанавливать старые ~и re-establish (renew) old connections
поддерживать ~и maintain ties (relations), keep up relations, be in communication
развивать ~и develop relations (ties, contacts), promote contacts
развивать прямые хозяйственные ~и develop direct economic ties
расширять ~и expand relations, broaden ties (relations, contacts)
укреплять ~и strengthen relations (links, contacts)
устанавливать ~и establish (set up) ties (relations, connections, contacts, links), open up relations
в ~и с in connection with, in view of, in the light of
в ~и с этим in this connection
на основе прямых ~ей through direct ties

сгружать unload, discharge

сдавать 1. (*поставлять*) deliver **2.** (*передавать*) submit, surrender, hand over, hand in, pass

сданный (*о товаре*) delivered, *сокр.* del., d/d

сдач/а 1. (*поставка товара*) delivery, *сокр.* del., dely., handing over **2.** (*о деньгах*) [small] change **3.** (*в аренду, внаём*) lease, leasing, renting, letting [out] on lease, hiring out **4.** (*в банк*) depositing
~, будущая future (forward) delivery
~ груза на склад delivery of goods to a warehouse
~, запоздалая late delivery
~ на комиссию delivery on commission (consignment)
~ на склад depositing in a warehouse
~ на условиях ФОБ *или* **СИФ** delivery FOB *or* CIF
~, неполная short delivery
~, неправильная misdelivery
~ по частям delivery by instal[l]ments
~ с одного судна на другое overside delivery
~ товара delivery of goods
~, частичная partial (part) delivery
~, юридическая legal delivery
дата ~и delivery date
договор о ~е в аренду leasing (lease) agreement
задержка ~и (*товара*) delay in delivery; (*в эксплуатацию*) delay in putting into operation (in action)
место ~и place (point) of delivery

недоста́ча при ~е short delivery
распи́ска о ~е гру́за на склад warehouse warrant
срок ~и time (date, term) of delivery, delivery time (date)
тре́бование ~и demand of delivery
усло́вия ~и в аре́нду lease conditions
цена́ с неме́дленной ~ей spot price
дава́ть ~у give change
приближа́ть срок ~и shorten the time of delivery
приостана́вливать ~у suspend (stop) delivery
производи́ть ~у make (effect) delivery
производи́ть ~у в срок keep the delivery date

сда́ча-приёмка acceptance (handing-over) of goods, take-over and turn-over of goods
акт сда́чи-приёмки acceptance certificate, record of acceptance
протоко́л сда́чи-приёмки acceptance protocol, handing-over protocol
производи́ть сда́чу-приёмку това́ра effect [delivery-]acceptance of goods, accept goods

сдвиг 1. (*изменение*) shift, change **2.** (*улучшение*) improvement, progress
~и в структу́ре наро́дного хозя́йства changes in the structure of the national economy
осуществля́ть структу́рные ~и effect structural changes

сде́л/ка transaction, deal, dealing, business, operation; bargain
~, аукцио́нная auction sale
~, ба́нковская banking transaction (operation), banking business
~, ба́ртерная barter transaction (deal), barter business
~, валю́тная transaction in foreign exchange, foreign exchange transaction (deal, operation)
~, взаимовы́годная mutually beneficial transaction
~, внешнеторго́вая foreign trade transaction
~, вы́годная profitable transaction (business, deal), remunerative business, good bargain
~, вы́годная для одно́й стороны́ Dutch bargain
~, гаранти́руемая guaranteed operation
~, двусторо́нняя bilateral transaction, two-way business
~, де́нежная monetary transaction
~, долгосро́чная long-term agreement (business)
~, заключённая на я́рмарке transaction carried through during the fair
~ за нали́чный расчёт cash transaction (operation), transaction for cash, cash (spot) business
~, и́мпортная import business (trade)
~, инвалю́тная foreign currency transaction
~, инка́ссовая collection business
~, ка́ссовая cash business (transaction), spot business (transaction)
~, комме́рческая commercial transaction (deal), business deal
~, компенсацио́нная compensation (compensatory) transaction (deal), buy-back transaction
~, ко́мплексная package deal

~, **консигнацио́нная** business on a consignment basis, consignment business
~, **краткосро́чная** short-term agreement (business)
~, **креди́тная** credit transaction (business), business deal
~, **крупномасшта́бная** large-scale transaction
~ **ку́пли-прода́жи** purchase and sale, bargain and sale
~, **лицензио́нная** license deal
~, **ломба́рдная** collateral loan business
~, **маловы́годная** not profitable transaction
~, **многообеща́ющая** promising transaction
~ **на взаимовы́годной осно́ве** contract (transaction) on a mutually advantageous basis
~ **на компенсацио́нной осно́ве** transaction on a compensation (compensatory) basis
~ **на реа́льный това́р** *бирж.* spot transaction
~ки на срок *бирж.* forward transactions (operations), forward business, option (time) bargains
~ **на усло́виях предыду́щего контра́кта** transaction on the previous contract terms
~ки на фо́ндовой би́рже stock exchange dealings (transactions), stock business
~ **на фрахтова́ние тонна́жа** booking of tonnage, tonnage (freight) booking
~ **на э́кспорт** shipment business
~, **невы́годная** unprofitable transaction (deal), bad (losing) bargain
~, **обме́нная** swap [transaction]
~, **обра́тная** offset
~, **онко́льная** *бирж.* call transaction
~, **офсе́тная** offset
~, **паралле́льная** parallel transaction
~ **по взаимовы́годному обме́ну това́рами** reciprocal transaction
~ **по слот-ча́ртеру** slot charter deal
~, **посре́дническая** agency business
~, **при́быльная** profitable business
~, **ра́зовая** single transaction
~, **реэ́кспортная** re-export transaction (deal)
~, **ры́ночная** market transaction
~, **самофинанси́руемая** self-financing transaction
~ **своп** swap [transaction]
~ **с ма́ржей** margin business
~ **с неме́дленной поста́вкой** spot transaction, contract on prompt (immediate) delivery terms
~, **спекуляти́вная** speculative (speculating) transaction, stock jobbing
~ **с платежо́м в рассро́чку** instal[l]ment payment
~ **с поста́вкой в бу́дущем** contract for forward (future) delivery, forward transaction
~ **спот** spot transaction
~ки с пре́мией *бирж.* option dealings (deals, bargains, business)
~ **с пре́мией, обра́тной** option deal for the put, put option
~ **с пре́мией, предвари́тельной** option deal for the call, call (buyer's) option
~, **сро́чная** *бирж.* future (forward, terminal) transaction, futures deal

~, товарообме́нная swapping, barter transaction (deal), barter business
~, торго́вая sale, [trade] deal, commercial deal (transaction), bargain
~, торго́вая с отсро́ченным платежо́м deferred payment sale
~, тра́нспортно-экспеди́торская forwarding transaction
~, убы́точная losing business
~, уда́чная bargain, good bargain (buy)
~, учётная discount transaction
~, фикти́вная fictitious transaction (bargain)
~, фина́нсовая financial transaction, business deal
~ки, фо́ндовые stock exchange dealings (transactions), stock business
~, фрахто́вая fixture
~ки, фью́черсные *бирж.* futures business (deals), trading in futures
~, хе́джевая hedging
~, че́стная fair (square) deal
~, э́кспортная export business (deal, transaction)
валю́та ~ки agreed (transaction) currency
заключе́ние ~ки conclusion of a contract (transaction)
су́мма ~ки amount of a transaction
усло́вия ~ки terms of a contract (business)
финанси́рование торго́вых ~ок financing of trade, trade financing
цена́ по ~кам спот spot price (rate)
аннули́ровать ~ку cancel a transaction
заверша́ть ~ку complete a purchase
заключа́ть ~ку make (conclude, carry out, close, effect, enter into, *амер.* consummate) a transaction, make (do, carry out, effect, negotiate) a deal, make (arrange, conclude, do, close, effect, strike, settle) a bargain
заключа́ть ~ку, компенсацио́нную conclude a compensation transaction, enter into buy-back
заключа́ть ~ку, невы́годную sell over a bargain
осуществля́ть ~ку handle a transaction, implement a deal
отка́зываться от ~ки withdraw from a transaction (bargain)
предлага́ть ~ку initiate a transaction
рассчита́ться по ~ке settle a transaction
скрепля́ть ~ку (*задатком, подписью*) bind a bargain
соверша́ть ~ку make (carry out, effect) a transaction (deal), make (arrange, do, effect, strike, settle) a bargain

себесто́имост/ь cost, prime (first) cost, cost value (price)
~ едини́цы проду́кции unit cost
~, заводска́я actual cost of manufacturing, manufacturing (production, factory) cost
~, ни́зкая low cost
~, по́лная total cost
~, преде́льно высо́кая marginal cost
~ проду́кции product (production) cost
~ просто́я (*судна*) actual cost of detention
~, расчётная estimated cost
~ реализо́ванной проду́кции

cost of sales (of products sold)
~, **смéтная** estimated cost
~, **фабри́чно-заводскáя** manufacturing cost
~, **факти́ческая** actual cost
калькуля́ция ~и costing, cost accounting, calculation of cost
повышéние ~и rise (increase) in the cost
снижéние ~и reduction of the cost, cost reduction, cutting of production costs
снижáть ~ проду́кции cut (reduce) production costs
вы́ше ~и above cost
ни́же ~и below (under) cost
по ~и at cost, at par
почти́ по ~и next to cost

сегмéнт segment

сегментáция segmentation
~ **ры́нка** market segmentation

сезóн season
~, **весéнний** spring season
~, **зи́мний** winter season
~, **лéтний** summer season
~ **наибóльшего спрóса** rush season
~, **осéнний** autumn season
~ **сбы́та** selling season
врéмя до начáла ~а preseason, early season
закры́тие ~а end (close) of a season
разгáр ~а high season
обуслóвленный ~ом seasonal, subject to seasonal influences
в начáле ~а early in the season
до концá ~а to the rest of the season

сезóнный seasonal, subject to season (seasonal influences)

секвéстр (*наложение ареста на имущество*) *юр.* sequester, sequestration
наложи́ть ~ sequestrate, sequester; *мор.* lay an embargo

секвестровáть (*налагать арест на имущество*) *юр.* sequestrate, sequester

секрéт secret
~ **произвóдства** know-how, production (manufacturing) secret, secret of production (manufacture, manufacturing)
~, **промы́шленный** trade secret
разглашéние ~ов произвóдства disclosure of the know-how (process of manufacturing)
держáть *что-л.* **в ~е** keep *smth* a secret (in secrecy)

секрéтный confidential, secret, classified

секу́нда (*2-й экземпляр переводного векселя*) second bill of exchange

сельскохозя́йственный agricultural, farm *attr.*

семинáр seminar
организóвывать ~ organize (arrange) a seminar
открывáть ~ open a seminar
проводи́ть ~ hold (conduct) a seminar
учáствовать в ~е participate in a seminar

сепарациóнный (*о материале*) separation *attr.*

сепарáци/я (*сортировка; разделение*) separation
~ **гру́за** separation of cargo (goods)
проводи́ть ~ю груза separate goods

сéрвис service
~, **автомоби́льный** motor vehicle servicing
~, **послепродáжный** after (post)-sale service
~, **предпродáжный** before-sale service

~, **техни́ческий** technical service

~, **эксплуатацио́нный** after-sale service[s]

~, **э́кспортный** export services

сери́йный serial

се́рия series, batch

~ **изде́лий** production batch

~, **кру́пная** large batch (lot)

~, **ме́лкая** small batch (lot)

~, **но́вая** new series

~, **о́пытная** pilot lot (run)

~ **рекла́мных объявле́ний** series of advertisements

~**ми** in batches

сертифика́т certificate

~, **авари́йный** survey report; average certificate

~ **ана́лиза** certificate of analysis

~, **бума́жный** paper certificate

~, **валю́тный** currency certificate

~ **ве́са** certificate of weight, weight certificate (note, account)

~, **ветерина́рный** veterinary (veterinarian) health certificate

~, **вкладно́й** certificate of deposit

~, **вкладно́й, передава́емый** negotiable certificate of deposit

~, **вкладно́й, сро́чный** time certificate of deposit

~ **вла́жности** moisture certificate

~, **вре́менный** provisional (interim) certificate

~, **грузово́й** cargo certificate

~, **депози́тный** certificate of deposit

~, **заводско́й** manufacturer's certificate

~, **зало́говый** certificate of pledge, mortgage certificate

~, **золото́й** gold certificate, *амер.* yellowback

~ **измере́ний** certificate of measurements

~ **испыта́ний** test certificate

~, **казначе́йский** currency (*амер.* treasury) certificate

~, **каранти́нный** quarantine certificate, bill (certificate) of health, health bill (certificate)

~ **ка́чества** certificate of quality, quality certificate; (*при продаже металлов, руд, концентратов*) assay certificate

~ **коли́чества** certificate of quantity

~, **ко́нсульский** consular certificate

~, **медици́нский** medical certificate

~ **на вы́груженный вес, тамо́женный** certificate of landing

~, **нало́говый** tax certificate

~ **об ана́лизе** certificate of analysis

~ **об оконча́тельной приёмке** final acceptance certificate

~ **о гото́вности това́ра** certificate of readiness

~ **о заверше́нии рабо́т** certificate of completion of work

~ **о морехо́дности** certificate of seaworthiness

~ **о переда́че объе́кта** handing-over certificate

~ **о приви́вке про́тив бе́шенства** rabies inoculation certificate

~ **о приёмке** acceptance (taking-over) certificate

~, **освобожда́ющий от упла́ты нало́га** exemption certificate

~ **осмо́тра су́дна** certificate of survey

~ отбо́ра проб certificate of sampling
~, отде́льный separate certificate
~ о чистоте́ ёмкости certificate of cleanness of tanks
~, платёжный certificate of payment
~, подтвержда́ющий перехо́д това́ра че́рез грани́цу cross-border certificate
~, прилага́емый enclosed certificate
~, санита́рный sanitary (sanitation) certificate
~, серебряный silver certificate
~, страхово́й insurance certificate, certificate of insurance
~ сюрве́йера survey (surveyor's) report
~ тамо́жни на возвра́т по́шлины debenture
~, фитосанита́рный phytosanitary certificate
~ экспеди́тора о перево́зке forwarder's certificate of transport
вы́дача ~а issue (issuance) of a certificate
дублика́т ~а duplicate of a certificate, certificate duplicate
ко́пия ~а copy of a certificate
выдава́ть ~ issue (give, grant, award) a certificate
выпи́сывать ~ make (issue) a certificate
держа́ть (име́ть) ~ hold a certificate
подпи́сывать ~ sign a certificate
представля́ть ~ submit (present) a certificate

сертификацио́нный certification *attr.*

сертифика́ци/я certification
~ проду́кции certification (certifying) of products
процеду́ра ~и certification procedure
проце́сс ~и certification process
ход оформле́ния ~и progress of the certification procedure

се́тка, тари́фная tariff scale, schedule of charges

сеть network
~ авиали́ний aircraft coverage
~ аге́нтов по сбы́ту проду́кции distribution facilities
~, аге́нтская network of agents
~, ди́лерская dealer network
~, железнодоро́жная railway network, network of railway lines
~ представи́телей network of representatives
~, распредели́тельная distribution network
~ ро́зничных магази́нов цепно́го подчине́ния chain
~, сбытова́я marketing (sales) network
~, се́рвисная network of services
~, торго́вая commercial (trading, sales) network, network of trade outlets

си́л/а 1. force, strength **2.** *тех.* power, force **3.** *юр.* validity
~, грузоподъёмная lifting capacity
~, зако́нная legal force
~, непреодоли́мая force majeure, contingency
~, обра́тная retroactive effect
~, подъёмная carrying capacity; (*кра́на*) carrying (lifting) capacity; (*су́дна*) tonnage
~, покупа́тельная purchasing power

~ы, производи́тельные productive forces
~, рабо́чая labour [power], labour force, manpower
~, рабо́чая, дешёвая cheap labour, low-paid manpower
~ рабо́чая, име́ющаяся в нали́чии available manpower
~, рабо́чая, квалифици́рованная skilled manpower, experienced labour force
~, рабо́чая, неиспо́льзуемая idle labour
~, рабо́чая, неквалифици́рованная unskilled (unqualified) labour force
вступле́ние в ~у coming (entry) into force, taking effect
вступле́ние страхова́ния в ~у attachment of insurance
да́та вступле́ния в ~у effective date, date of entry into force
наём рабо́чей ~ы hiring of labour
нехва́тка рабо́чей ~ы shortage of labour
привлече́ние рабо́чей ~ы labour power (industrial) intake
возде́йствовать ~ой use force
вступа́ть в ~у come into force (operation, effect), be (become) effective (operative), enter into force, take effect; (*об аккредитиве*) be made available
вступа́ть в ~у с ... (*число*) be in effect as of ..., take effect from ..., come into force (effect) from ..., become operative from ...
име́ть ~у be valid (in force, operative), hold good
остава́ться в ~е remain in effect (force), remain valid
оставля́ть в ~е confirm
подде́рживать в ~е keep in force
приобрета́ть ~у become effective (final)
приобрета́ть зако́нную ~у become legally effective
сохраня́ть в ~е maintain in force
теря́ть ~у become invalid ([null and] void), lose validity, cease to be valid (effective), expire
теря́ть ~у за да́вностью be lost by limitation, fall under the statute of limitation
утра́чивать ~у become invalid ([null and] void), lose validity, cease to be valid (effective), expire
в ~у on the strength of
вступа́ющий в ~у with effect from, effective from
име́ющий зако́нную ~у legally valid
име́ющий обяза́тельную ~у legally binding
не име́ющий ~ы invalid, [null and] void

си́мвол symbol, character
~, торго́вый commercial symbol
рекла́ма со специа́льными ~ами keyed advertising

симпо́зиум symposium, *мн. ч.* symposiums, symposia
~, конфиденциа́льный private symposium
проводи́ть ~ hold a symposium

синдика́т syndicate
объедине́ние в ~ы syndication

систе́м/а system
~ автоматизи́рованного проекти́рования system of automated designing
~ автоматизи́рованного управле́ния automated management system

~, **арбитра́жная** arbitration system
~, **ба́нковская** banking system
~ **безнали́чных де́нежных перево́дов** credit transfer system
~ **безнали́чных расчётов** clearing
~, **биметалли́ческая де́нежная** double (bimetallic) standard, bimetallic monetary system
~ **бухга́лтерского учёта** accounting system
~, **валю́тная** currency (monetary) system
~, **валю́тная, осно́ванная на фикси́рованных парите́тах** par value system
~, **валю́тно-фина́нсовая** monetary system
~ **валю́тных ограниче́ний** exchange control, foreign exchange restrictions
~ **взве́шивания, автомати́ческая** automatic weighing system
~ **взве́шивания больши́х масс** automatic bulk (mass) weighing system
~, **всеми́рная** world-wide system
~, **высоконадёжная** highly reliable system
~**ы, ги́бкие произво́дственные** flexible production systems
~ **двусторо́ннего кли́ринга** bilateral clearing system
~, **де́нежная** monetary system
~, **десяти́чная де́нежная** decimal currency
~, **десяти́чная моне́тная** decimal coinage
~ **догово́рных и бездогово́рных ста́вок** contract-non-contract system
~, **Европе́йская валю́тная** European monetary system
~ **едини́ц** system of units
~, **за́мкнутая** closed system
~, **измери́тельная** measuring system
~ **и́мпортных континге́нтов** import quota system
~, **испыта́тельная** test system
~ **кли́ринга** clearing, currency clearing system
~, **ко́довая** system of classification
~, **конте́йнерная** container system
~ **контро́ля** inspection (control) system
~ **контро́ля багажа́ с по́мощью рентге́на** X-ray baggage inspection system
~, **креди́тная** credit system
~ **ма́ркетинга** system of marketing, marketing system
~ **маркиро́вки** system of marking
~ **мер** [system of] measurement
~ **мер и весо́в** system of weights and measures
~, **метри́ческая** metric system (measurement)
~ **многосторо́ннего страхова́ния э́кспортных креди́тов** multilateral export credit guarantee system
~ **многосторо́нних расчётов** multilateral settlements system
~ **мно́жественных тари́фов** multiple tariff
~, **монометалли́ческая де́нежная** single standard [monetary system], monometallism
~, **нало́говая** system of taxes (taxation), fiscal system
~ **налогообложе́ния** taxation system
~ **обме́на** exchange system
~ **обозначе́ний** notation

~ **обяза́тельной регистра́ции** compulsory registration
~ **опла́ты труда́** wage system
~ **опла́ты труда́, сде́льная** payment by the piece (job)
~ **опла́ты труда́, сде́льно-премиа́льная** piece-plus-bonus wage system
~ **опла́ты труда́, сде́льно-прогресси́вная** progressive piece-rate wage system
~ **организа́ции ма́ркетинга** organization of marketing
~ **охра́ны това́рных зна́ков** trademark protection system
~ **перево́зок** system of transportation, hauling system
~ **после́дующей ски́дки с фра́хта** deferred rebate system
~, **премиа́льная** premium (bonus) system
~ **прогресси́вных экономи́ческих нормати́вов** system of progressive economic norms
~ **протекциони́стских тамо́женных по́шлин** system of protective tariffs
~ **рабо́ты** method (system) of work[ing]
~ **распределе́ния минима́льной сто́имости** cost distribution system
~ **расчётов** accounting system; system of settlements
~, **рациона́льная** rational system
~, **регистрацио́нная** registration system
~, **регистри́рующая** recording system
~ **сбы́та** system of sale[s], marketing
~ **сбы́та гото́вой проду́кции** sales of finished products
~ **свя́зи** communication system
~, **сло́жная** sophisticated system
~, **тари́фная** tariff system
~, **тра́нспортная** transport system
~ **управле́ния внешнеэконо-ми́ческими свя́зями** system of management (administration) of external economic relations
~, **фина́нсовая** financial system
~, **фиска́льная** fiscal system
~ **хозрасчёта** economic self-accounting system
~, **хозя́йственная** system of economy, economic system
~ **хране́ния това́ра** storage (storekeeping) system
~ **хране́ния това́ра нава́лом** *или* **на́сыпью** bulk storage system
~ **цен** system of prices, price system
~ **этало́нов** master system
неусто́йчивость валю́тной ~ы instability of the monetary system
перестро́йка ~ы внешнеэконо-ми́ческих свя́зей reorganization of the system of external economic ties (relations)
перехо́д на десяти́чную де́нежную ~у decimalization
перехо́д на метри́ческую ~у metrification
эффекти́вность ~ы system effectiveness
вводи́ть метри́ческую ~у мер introduce a metric system
монти́ровать ~у (*техническую*) install a system
оснаща́ть ~ой equip with a system
переводи́ть на десяти́чную ~у decimalize
переводи́ть на метри́ческую ~у convert to a metric system
подде́рживать ~у promote a system

предлагáть ~у propose a system
применя́ть ~у operate a system
применя́ть ~у квот operate quotas
проекти́ровать ~у design a system
укáзывать в метри́ческой ~е specify (indicate) in metric system
в метри́ческой ~е in metric measure (system), metric-size

системати́ческий systematic, regular

сквознóй through

ски́д/ка discount, reduction, rebate, allowance; (*с налога*) remission
~ки, биржевы́е offs
~, большáя large (general) discount
~, бóнусная bonus [rebate]
~, валю́тная export bonus (premium) in foreign exchange
~, вы́годная favourable discount
~, высóкая high discount
~, дéйствующая functional discount
~, ди́лерская dealer discount
~ для агéнта по перепродáже resale discount
~ для компенсáции затрáт на реклáму advertising allowance
~ для крýпного покупáтеля quantity discount
~ для постоя́нных покупáтелей discount for regular buyers
~, дополни́тельная additional (extra) discount
~, достáточная fair (adequate) discount
~ за амортизáцию allowance for depreciation
~ за бóлее ни́зкое кáчество reduction, quality allowance, rebate for reduced quality
~ за влáжность allowance for moisture
~ за досрóчную постáвку premium for delivery ahead of schedule; premium for the forward position
~ за досрóчную уплáту по вéкселю или счёту time discount
~ за коли́чество quantity discount (rebate)
~ за нали́чный расчёт cash discount (allowance), discount (allowance) for cash
~ за оборóт bonus [rebate]
~ за платёж нали́чными cash discount (allowance), discount (allowance) for cash
~ за платёж нали́чными, немéдленный prompt cash discount
~ за постáвку некондициóнного товáра allowance for substandard goods (for goods of poor quality), quality allowance
~ за прáво оплати́ть фрахт за коносамéнтное коли́чество без взвéшивания discount in lieu of weighing
~ за регуля́рные закáзы discount for regular purchases
~ за срóчный платёж cash discount
~ за услýги по продвижéнию товáра на ры́нок sales promotion allowance
~ за частотý публикáции frequency discount
~, коммéрческая commercial discount
~, максимáльная maximum discount
~ки, многокрáтные frequent discounts

~ на бой (*товара*) breakage discount
~ на заку́пку това́ра в большо́м коли́честве discount for bulk purchases
~ нало́говая tax rebate (relief, abatement)
~ на непредви́денные расхо́ды allowance for contingencies
~ на перепрода́жу discount on [a] re-sale, re-sale discount
~ на по́рчу това́ра depreciation
~ на про́бную па́ртию discount for a trial lot
~ на прове́с weight allowance, draft, allowance for draft
~ на су́мму discount (reduction, allowance) in the amount of
~ на та́ру tare [allowance]
~ на упако́вочные материа́лы rebate on packing materials
~ на фрахт freight rebate
~, обосно́ванная justified discount
~, о́бщая simple discount (reduction, rebate)
~, обы́чная customary discount
~, оконча́тельная final discount [figures]
~, осо́бая extra (special) discount (allowance)
~, отсро́ченная deferred rebate
~, подходя́щая proper discount
~ по ито́гам го́да annual rebate
~ при опто́вых заку́пках discount for bulk purchases
~, прогресси́вная (*за количество или серийность*) progressive discount
~, проста́я simple discount (reduction, rebate)
~ ро́зничным торго́вцам trade discount (allowance)
~ с аре́ндной пла́ты reduction of rent
~, сбытова́я trade margin
~ с ве́са на та́ру tare allowance
~, сезо́нная seasonal discount
~, сери́йная serial discount
~, скры́тая hidden discount
~, сло́жная compound discount
~ с нало́га tax allowance (abatement, rebate, relief)
~, согласо́ванная agreed allowance (discount)
~ со сто́имости discount (reduction) on (off, from) the value
~ со счёта discount on an invoice
~ с перево́зок rebate on shipments
~, специа́льная extra (special) discount (allowance)
~ с фра́хта freight rebate
~ с цены́ discount on (off, from) the price, reduction in the price, price reduction, rebate on the price
~, фрахто́вая freight rebate
~, ценова́я price discount (rebate)
~, э́кспортная export rebate
величина́ ~ки rate (size, amount) of a discount, discount rate; (*с первоначально установленной цены*) markdown
вы́чет ~ки deduction of a discount
договорённость о ~ке discount arrangement
начисле́ние ~ки charging of a discount
предоставле́ние ~ки granting (giving) of a discount (an allowance)

размéр ~ки rate (size, amount) of a discount, discount rate
размéр ~ки в слу́чае досро́чной опла́ты документи́рованной тра́тты retirement rate of discount
размéр ~ки в слу́чае упла́ты ра́ньше сро́ка anticipation discount
расчёт ~ки calculation of a discount (an allowance)
цена́ без ~ки net price
цена́ со ~кой discount[ed] price
цена́ стро́го без ~ки strictly net price
шкала́ ~ок scale of discounts
вычисля́ть ~ку calculate a discount (an allowance)
вычита́ть ~ку deduct a discount
дава́ть ~ку give (allow, grant, provide, extend) a discount, grant (make) an allowance, grant (allow) a reduction, grant a rebate
дава́ть ~ку в ... % allow ... %, allow a ... % discount, allow a discount of ... %
дава́ть ~ку на give a discount for, allow for
дéлать ~ку с фра́хта extend a freight (tonnage) rebate
дéлать ~ку с цены́ allow a discount on (off, from) the price, reduce (lower) the price
имéть пра́во на ~ку qualify for a discount (price concessions)
плати́ть без ~ки pay net
подлежа́ть ~ке be subject to a discount, be discountable
покупа́ть со ~кой buy (purchase) at a discount
по́льзоваться ~кой enjoy a discount
предлага́ть ~ку offer a discount (an allowance)
предоставля́ть ~ку give (allow, grant, provide, extend) a discount, grant (make) an allowance, grant (allow) a reduction, grant a rebate
представля́ть [собо́й] ~ку represent a discount
принима́ть ~ку accept a discount
продава́ть со ~кой sell at a discount, offer goods at a discount
согласова́ть ~ку agree upon a discount
согласо́вывать ~ку discuss a discount
трéбовать ~ку claim a discount (an allowance)
удéрживать ~ку deduct a discount
без ~ки without discount, net
за вы́четом ~ки less (minus, deducting) a discount
нали́чными без ~ки net cash
при усло́вии ~ки subject to a discount
со ~кой at a discount, less discount

склад 1. (*помещение*) warehouse, storehouse, storage (warehouse) facilities, depot; (*навес*) shed **2.** (*наличие товара*) stock
~, авиацио́нный aircraft depot
~, бо́ндовый bond[ed] warehouse
~, бу́ферный buffer stock
~, врéменный shelter
~, гла́вный main store
~, грузово́й store, [cargo, freight] depot (storage)
~ грузополуча́теля consignee's warehouse
~, демонстрацио́нный show warehouse

~ для запчасте́й [spare] parts depot (store), warehouse of spare parts, spare parts pool
~ для скоропо́ртящихся проду́ктов perishable food warehouse
~ для та́ры warehouse for packing cases
~ для транзи́тных гру́зов railroad warehouse, transit shed, entrepôt
~ для це́нных гру́зов cargo depot for valuables
~, железнодоро́жный railway warehouse
~, заводско́й factory warehouse
~, консигнацио́нный 1. consignment warehouse, consignation storehouse **2.** consignment stock
~, конте́йнерный container depot
~, кры́тый warehouse, storehouse, depot
~, лесно́й timber yard
~, механизи́рованный automated warehouse (storehouse)
~ неразбонди́рованных това́ров bonded warehouse
~ о́бщего по́льзования public warehouse
~, опто́вый wholesale warehouse
~, откры́тый shed, ground storage
~, первокла́ссный first-class warehouse
~, перева́лочный store for goods in transhipment (transit)
~, перегру́зочный place of transhipment (reshipment), reloading point, transfer shed
~, перепо́лненный overstocked warehouse
~, порто́вый port warehouse, quay store
~, приписно́й тамо́женный bonded warehouse
~, промежу́точный intermediate depot
~, райо́нный regional warehouse
~ разбонди́рованных това́ров warehouse of unbonded goods
~, резе́рвный dead storage
~, свобо́дный spare depot
~, специализи́рованный specialized warehouse
~ сыпу́чих материа́лов bulk goods store
~, тамо́женный customs warehouse (store, station, shed)
~ та́ры empties store
~, това́рный [commodity] warehouse, station warehouse
~ транзи́тных това́ров transit shed, entrepôt
~, ча́стный privately-owned (private) warehouse
владе́лец ~а warehouse keeper, warehouseman
вы́воз това́ра со ~а removal of goods from a warehouse
ёмкость ~а store capacity
зака́з со ~а stock order
зда́ние ~а storage (store) building
коли́чество това́ра на ~е storage on hand
пла́та за по́льзование порто́вым ~ом yardage
пла́та за хране́ние на ~е warehousing
поку́пка со ~а 1. delivery ex warehouse **2.** buying from stock
получе́ние со ~а receipt from a warehouse
прода́жа со ~а 1. sale from a warehouse **2.** sale from stock

рабо́чий на ~е warehouseman
разреше́ние тамо́жни на вы́дачу гру́за со ~а warehouse (warehouse keeper's) order
сда́ча това́ра на ~ depositing goods in a warehouse
слу́жащий на ~е warehouseman
страхова́ние на усло́виях «со ~а на ~» warehouse to warehouse insurance
това́р со ~а goods from stock
управля́ющий ~ом warehouse manager (keeper), warehouseman
усло́вие страхова́ния «со ~а на ~» warehouse clause
хране́ние на ~е storage at a warehouse, warehouse keeping, warehousing
хране́ние на тамо́женном ~е bonded storage
цена́ со ~а price ex warehouse
вывози́ть това́р со ~а remove (withdraw, pick up) goods from a warehouse
держа́ть това́р на ~е hold goods in store, keep goods in stock, stock goods
доставля́ть това́р на ~ deliver goods to (at) a warehouse
заказа́ть со ~а order from stock
име́ть ~ запчасте́й stock (keep) spare parts, maintain a spares depot
перевози́ть на ~ transfer to a warehouse
получа́ть това́р на ~е receive goods from a warehouse
помеща́ть на ~ store [in a warehouse], warehouse, put in storage (store), lodge in a warehouse
поставля́ть со ~а supply from stock
принима́ть това́р на ~ accept goods at a warehouse
продава́ть со ~а 1. sell from a warehouse **2.** sell from stock
сдава́ть на ~ put in a warehouse
содержа́ть ~ы maintain depots
храни́ть на ~е store, warehouse, stock
фра́нко-~ ex warehouse

складиро́вани/е warehousing, storage, storekeeping
~ материа́лов и изде́лий storage of materials and products
~, надлежа́щее proper storage
~, норма́льное normal (standard) storage
знак ме́ста ~я storage symbol
ме́сто ~я place of storage, storage location
рабо́ты по ~ю warehousing operations
расхо́ды по ~ю expenses on storage, storage expenses, storage (warehouse) charges
сбор за ~ това́ра storage charge
террито́рия для ~я storage zone (area)
те́хника ~я warehousing techniques
обеспе́чивать ~ provide (arrange) storage (warehousing)

складиро́ванный stored, storage *attr.*
складирова́ть warehouse, store, put in store (storage)
складско́й warehouse *attr.*
скла́дывать 1. (*на пристани, у причала*) unload, discharge **2.** (*штабелем*) stack up, pile up
скольже́ние цен escalation of prices, price escalation
скользя́щий sliding, sliding-scale *attr.*
скопле́ние congestion

~ гру́зов congestion of cargo
~ судо́в congestion of ships
~ тра́нспорта traffic congestion

скоропо́ртящийся (*груз, товар*) perishable, perishing

ско́рость speed
~, грузова́я loaded speed
~, комме́рческая service speed
~, максима́льная maximum (top) speed
~, ма́лая slow (low) speed
~ оборо́та rate of turnover
~ погру́зки rate of loading, loading rate
~ полёта airspeed
~ разгру́зки rate of discharge
~ су́дна speed of a ship
рабо́тать с норма́льной ~ю work at a normal pace
со ~ю at a speed of
с обы́чной ~ю with customary (normal) speed

скорректи́рованный corrected

ско́рый fast, quick

скры́тый latent, concealed, hidden

скупа́ть buy up (out)

ску́пка buying up

ску́пщик buyer-up

слия́ние merger, amalgamation
~ ба́нков consolidation of banks
~ компа́ний merger (amalgamation) of companies (business)
~ предприя́тий amalgamation (merger) of enterprises
~ монопо́лий monopoly merger
~ разноро́дных предприя́тий conglomerate merger

сло́жный complicated, complex

слу́жащи/й employee, clerk, official
~, ба́нковский bank employee (official), officer of a bank
~, веду́щий перепи́ску по дела́м фи́рмы correspondence clerk
~, госуда́рственный government employee, civil (public) servant
~е, за́нятые по́лную рабо́чую неде́лю full-time employees
~, конто́рский clerk
~ на скла́де warehouseman
~ тра́нспортной фи́рмы transport worker
~е, части́чно за́нятые part-time employees

слу́жб/а 1. (*специальная область работы*) service 2. (*отдел*) department
~, авари́йная emergency service
~, ауди́торская auditor services
~, ба́ржевая barging service
~ безопа́сности safety service
~, вспомога́тельная auxiliary services
~, инспекцио́нная inspection service
~, информацио́нная information service
~, информацио́нно-спра́вочная information and reference services
~, каранти́нная quarantine centre
~, ко́нсульская consular service
~, консультати́вная advisory service
~, контро́льно-пропускна́я gate service
~, ло́цманская pilotage service
~ ма́ркетинга marketing (sales) department
~ охра́ны guard service
~ по каранти́ну расте́ний plant quarantine service

~, **почто́во-посы́лочная** parcel post
~ **прове́рки ка́чества** quality control service
~, **протоко́льная** protocol service
~ **свя́зи** communication service
~ **сельскохозя́йственного каранти́на** agricultural quarantine service
~, **тамо́женная** the Customs
~, **техни́ческая** techical department (service)
~ **техни́ческого контро́ля** technical control service
срок ~ы service life, term of service, life time, useful life

служе́бный business *attr.*, official

служи́ть serve
~ **препя́тствием** represent (present) an obstacle, interfere
~ **станда́ртом** serve as standard
~ **сти́мулом** serve as a stimulus

слу́ча/й case, event; (*возможность*) opportunity, chance; (*происшествие*) accident
~, **благоприя́тный** opportunity
~, **возмо́жный** possibility, possible case
~, **едини́чный** single (rare, isolated) instance, solitary case (instance)
~, **непредви́денный** unforeseen situation
~, **несча́стный** accident
~, **относя́щийся к да́нному вопро́су** case in point
~, **осо́бый** particular case
~, **спо́рный** dispute
~, **страхово́й** insured accident
страхова́ть от несча́стных ~ев insure against accidents
упусти́ть ~ lose (miss) an opportunity (a chance)
в ~е невыполне́ния *чего-л.* failing *smth*
в ~е невыполне́ния обяза́тельств in the event of default
в ~е неупла́ты in case of nonpayment, failing payment, in default of payment, in the event of default
в ~е обнаруже́ния дефе́ктов in case of defects
в ~е отка́за от акцептова́ния in default of acceptance

сме́нност/ь shift index
~ **рабо́ты обору́дования** shift index of machines and equipment
коэффицие́нт ~и рабо́ты обору́дования shift index of operation

сме́т/а estimate; statement
~, **бюдже́тная** budgetary (budget) estimate[s]
~, **дополни́тельная** additional budget
~ **на де́нежные ассигнова́ния** estimate of funds
~, **оконча́тельная** final statement
~, **первонача́льная** original estimate
~, **подро́бная** detailed estimate
~, **по́лная** full estimate
~ **поступле́ний** estimate for income
~, **предвари́тельная** preliminary budget, provisional estimate
~, **преувели́ченная** overestimate
~, **приблизи́тельная** rough estimate
~ **расхо́дов** calculation (estimate) of costs (expenses), estimated expenditure[s], budget

of expenditure[s], expense budget
~ **расхо́дов и при́былей** cost-benefit calculation
~, **сво́дная** consolidated budget
~ **сто́имости затра́т** estimate of costs
~ **сто́имости теку́щих затра́т** operating budget
~ **тра́нспортных расхо́дов** estimate of transport costs
~, **утверждённая** approved estimate
~, **фина́нсовая** budget
~, **фрахто́вая** chartering statement
ито́г по ~е estimated total
подгото́вка ~ы preparation of an estimate
расхо́ды по ~е estimated costs (expenditures)
составле́ние ~ы making up (drawing up, fixing) of an estimate (a budget)
пересма́тривать ~у revise an estimate
превыша́ть ~у exceed a budget
составля́ть ~у estimate, make up (draw up, fix) an estimate, build up a budget

сме́тный estimated

сме́шанный mixed; (*совместный*) joint, combined

смонти́рованный installed, erected, mounted

снабжа́ть provide, supply, furnish
~ *кого-л. чем-л.* provide (supply, furnish) *smb* with *smth*, supply (furnish) *smth* to *smb*

снабже́ни/е supply
~, **бесперебо́йное** uninterrupted supplies
~, **материа́льное** material supply
~, **материа́льно-техни́ческое** material and technical supply (supplies), supply of materials and machinery, providing material and technical supplies
~, **недоста́точное** scanty (low) supply, scarcity of supply
~, **пла́новое** planned (automatic) supply
~, **продово́льственное** (*судна*) food supply, provisioning, victualling
~ **ры́нка** supply on the market
~, **централизо́ванное** centralized supply
дире́ктор по ~ю director of supplies
недоста́точность ~я supply shortage
отде́л ~я supply (purchasing, procurement) department
план ~я supply plan
разме́ры ~я scope of supply
райо́н ~я supply area
эффекти́вность ~я supply effectiveness
осуществля́ть материа́льно-техни́ческое ~ effect material and technical supplies

сна́шиваться wear out; depreciate

снижа́ть reduce, decrease, lower; mark down; **~ся** fall, go down, drop, decline

сниже́ни/е reduction, decrease, drop, decline, cut[ting]
~ **зарпла́ты** wage cut
~ **затра́т** cost cutting (reduction)
~ **ка́чества** deterioration (decrease) in quality
~ **ку́рса до́ллара** the dollar's decline
~ **ку́рса фу́нта сте́рлингов** the pound's decline
~ **материалоёмкости** reduction in [specific] consumption

of materials (input of materials)
~ **металлоёмкости** reduction in metal consumption (input of metals)
~ **мóщностей** decline in capacity (output)
~ **накладны́х расхóдов** reducing overhead expenses
~ **налóгов** tax cuts, cuts (reduction) in taxes
~, **незначи́тельное** slight decline
~, **неуклóнное** steady decline
~ **первоначáльных продáжных цен** markdown
~ **подохóдного налóга с рóялти** abatement of income tax for license royalties
~ **производи́тельности** decline in productivity (performance); decline in output (capacity)
~ **процéнтной стáвки** reduction of (decrease in) interest, easing of interest rates
~ **[размéра] пóшлин** reduction of taxes (duties, fees); rundown in tariffs
~ **расхóда** (*потребления*) reduction of consumption
~ **расхóдов** cost cutting (reduction), reduction of expenses
~, **рéзкое** downswing
~ **рентáбельности** decrease in profitability
~ **себестóимости** reduction of the cost, cost reduction, cutting of production costs
~ **спрóса** decrease (deterioration, falling off, recession) in demand
~ **стóимости** decrease in value, depreciation
~ **стóимости произвóдства** cost savings in manufacture
~ **тари́фов** rate reduction, reduction in (of) rates
~ **тéмпов рóста э́кспорта** slowdown in the growth rate of exports
~ **цен** reduction in (of) prices, price reduction (cut); decline in prices
~ **энергоёмкости произвóдства** reduction of per unit consumption of power in production
~ **эффекти́вности** decline in efficiency
отчёт о ~и затрáт cost reduction report

сни́женный reduced, lower

сношéни/я relations, intercourse
~, **внешнеэкономи́ческие** foreign economic relations
~, **внéшние** foreign relations
~, **дипломати́ческие** diplomatic relations (intercourse)
~, **дру́жеские** friendly relations (intercourse)
~, **торгóвые** commercial (trade) relations (intercourse), intercourse in trade
óрганы внéшних ~й organs for foreign relations
отдéл внéшних ~й foreign relations department
вступи́ть в ~ enter into relations, open an intercourse
порвáть (прекрати́ть) ~ break [off] relations
установи́ть ~ enter into relations, open an intercourse

соблюдáть observe, follow

соблюдéни/е observance
~ **инстру́кций** observance of instructions
~ **инстру́кций по ухóду и эксплуатáции** observance of operation and maintenance instructions
~ **мер предосторóжности** observance of safety precautions
~ **обязáтельств** observance of obligations (liabilities)

~ **обязáтельств по постáвкам** observance of delivery obligations
~ **претензиóнного порядка** compliance with the complaint procedure
~ **соглашéния** observance of an agreement
~ **срóков** compliance with (observance of) dates (time)
~, **стрóгое** strict observance of (adherence to)
~ **формáльностей** observance of formalities
гаранти́ровать ~ guarantee the observance of
настáивать на ~**и** *кем-л.* **услóвий** insist on *smb's* observing the terms, hold *smb* to terms
обеспéчивать ~ **прáвил** ensure the observance of regulations

собрáние meeting
~ **акционéров** meeting of shareholders (*амер.* stockholders), shareholders' (stockholders') meeting
~, **óбщее** general meeting
~, **откры́тое** open meeting
~ **правлéния** board meeting, meeting of the board of directors (governors)
~ **представи́телей** meeting of representatives
~ **учреди́телей** meeting of founding members
закрывáть ~ declare a meeting closed, close (break up) a meeting
отклáдывать ~ adjourn a meeting
открывáть ~ declare a meeting opened, open a meeting
отсрóчивать ~ postpone a meeting
проводи́ть ~ hold a meeting
созывáть ~ call (convene, summon) a meeting

сóбственник owner, proprietor
~ **грýза** cargo owner, owner of cargo (goods)
~ **патéнта** owner of a patent

сóбственност/ь 1. (*имущество*) property, possessions **2.** (*владение*) ownership, possession, property
~, **арендóванная земéльная** leasehold property
~, **арендýемая** rented property
~, **государственная** state-owned property; state ownership
~, **застрахóванная** insured property
~, **земéльная** landed property
~, **кооперати́вная** cooperative property
~, **ли́чная** personal property
~ **на товáр** property in goods, title to goods
~, **недви́жимая** real property
~, **общéственная** public property; common ownership
~, **повреждённая** damaged property
~, **промы́шленная** industrial property
~, **реáльная** tangible property
~ **фи́рмы** company's property
~, **чáстная** private property; private ownership
владéлец ~**и** owner of property
дóля ~**и** share in property
защи́та ~**и** protection of property
лишéние ~**и** dispossession
передáча прáва ~**и** transfer of ownership (title), passing of title, conveyance (assignment) of property

пра́во ~и proprietary (property) right, right of property, right of possession (ownership), ownership right
пра́во ~и, зако́нное legal title
пра́во ~и на това́р title to (of) goods, right of property (ownership) in goods
сто́имость ~и value of property
застрахова́ть ~ insure the property
лиша́ть ~и dispossess
остава́ться в *чьей-л.* **~и** remain *smb's* property
передава́ть пра́во ~и transfer ownership, convey the right of possession
сохрани́ть ~ retain the possession
станови́ться ~ью become the property

со́бственный own, personal
соверша́ть make, effect, carry out
~ индоссаме́нт endorse

со́вест/ь conscience
долг ~и duty in conscience
поступа́ть по ~и act according to *one's* conscience
реша́ть по ~и decide according to *one's* conscience
счита́ть *что-л.* **де́лом свое́й ~и** make *smth* a matter of conscience

сове́т (*орган*) council; board
~, администрати́вный administrative council
~ директоро́в board of directors
~, наблюда́тельный supervisory council
заседа́ние ~а board meeting

сове́тник (*консультант*) adviser; *дип.* counsellor
~, комме́рческий commercial (trade) counsellor
~ по рекла́мному де́лу advertising consultant, publicity adviser (agent)
~ посо́льства counsellor of the embassy
~ по экономи́ческим вопро́сам counsellor for economic affairs
~, прави́тельственный government adviser
~, специа́льный special adviser
~, техни́ческий technical adviser
~, торго́вый trade (commercial) counsellor, trade adviser
~, фина́нсовый financial adviser
~, экономи́ческий economic adviser

совеща́ни/е meeting, conference, council
~, закры́тое meeting (conference) in [strict] confidence, closed meeting, private (secret) session
~, инструкти́вное briefing [session]
~, конъюнкту́рное strategic (planning) meeting
~, координацио́нное coordination meeting
~, ознакоми́тельное get-acquainted session
~ по ма́ркетингу conference on marketing
~, произво́дственное production meeting (conference), industry briefing
проводи́ть ~ hold a conference (council)

совладе́лец partner, co-partner, co-owner, associate, joint owner
~ фи́рмы partner in a company

совладе́ние joint ownership

совме́стно jointly, together, in association (conjunction)
владе́ть ~ own (possess) jointly
подпи́сывать ~ sign jointly
экспони́ровать ~ exhibit in conjunction (jointly)
совме́стный joint, combined, mutual, concurrent
совоку́пност/ь:
в ~и in the aggregate
совоку́пный aggregate, overall
совреме́нный modern, up-to-date, advanced, up-dated
согла́си/е consent, agreement
~, взаи́мное mutual (reciprocal) consent (agreement)
~, молчали́вое tacit consent
~ на заме́ну consent (agreement) to replace
~ на приня́тие зака́за acceptance of an order
~, обою́дное mutual (reciprocal) consent (agreement)
~, о́бщее common consent
~, официа́льное пи́сьменное official letter of consent
~, пи́сьменное consent in writing, written consent
~, по́лное full (complete) agreement
~, предвари́тельное prior agreement (consent)
~, принципиа́льное consent (agreement) in principle
выража́ть ~ (*с чем-л.*) consent (agree) to; (*с кем-л.*) agree with
дава́ть ~ на give consent to
добива́ться ~я obtain (win) *smb's* consent
добива́ться по́лного ~я secure full agreement
достига́ть по́лного ~я be in full agreement
не дава́ть ~я withhold consent
получа́ть ~ obtain (carry) *smb's* consent, meet with *smb's* agreement
без ~я without the consent (agreement) of
по взаи́мному ~ю by mutual consent (agreement)
по о́бщему ~ю by common consent
при отсу́тствии ~я сторо́н in the absence of agreement by the parties
с ~я with the consent of
с предвари́тельного ~я upon prior consent
согласова́ни/е agreement, coordination, arrangement
~ коопери́рованных поста́вок coordination of cooperated deliveries
~, оконча́тельное final arrangement
~ пла́нов coordination of plans, plan coordination
~ прое́кта контра́кта discussion of a draft contract
~ уси́лий на вне́шних ры́нках coordination of efforts on foreign markets
~ усло́вий контра́кта contract negotiation, discussion of terms of a contract
по ~ю as agreed (arranged)
согласо́ванный agreed
согласова́ть come to an agreement, agree upon; (*оконча́тельно*) finalize
согласо́вывать discuss, coordinate, arrange, bring into accord
соглаша́ться agree, consent, accept, reach agreement, come to terms
соглаше́ни/е 1. (*согласие*) agreement, understanding **2.** (*договор*) agreement, arrangement, deal, deed, bargain, contract
~, аге́нтское agency agreement

~, **аге́нтское, монопо́льное** sole (exclusive) agency agreement

~, **акко́рдное** blanket contract

~, **арбитра́жное** arbitration agreement

~, **аре́ндное** rental (lease, leasing) agreement

~, **ба́ртерное** barter agreement

~, **бессро́чное** agreement of unlimited duration

~, **бо́нусное** bonus agreement

~, **валю́тное** monetary agreement

~, **валю́тно-креди́тное** currency-credit agreement

~, **взаи́мное** mutual (reciprocal) agreement, reciprocal arrangement

~, **внешнеторго́вое** foreign trade agreement

~, **возмо́жное** possible agreement

~, **вре́менное** provisional (temporary) agreement

~, **генера́льное** general agreement

~ **глоба́льного хара́ктера** agreement of a global nature (character), global agreement

~, **двусторо́ннее** bilateral agreement

~, **де́йствующее** agreement in force

~, **джентльме́нское** gentlemen's agreement

~, **долгосро́чное** long-term argeement (arrangement), long-standing agreement

~, **дополни́тельное** supplementary agreement

~, **дости́гнутое в результа́те перегово́ров** negotiated agreement

~, **карте́льное** cartel agreement

~, **кли́ринговое** clearing agreement (arrangement)

~, **компенсацио́нное** compensation agreement (transaction, deal) agreement on a compensation (compensatory) basis, buy-back agreement (arrangement)

~, **ко́мплексное** package agreement

~, **консигнацио́нное** consignment agreement

~, **краткосро́чное** short-term agreement

~, **креди́тное** credit agreement (deal)

~, **креди́тно-платёжное** credit and payment agreement

~, **лицензио́нное** license (licensing) argeement (contract)

~, **межба́нковское** [inter]-bank agreement

~, **межве́домственное** interdepartmental agreement

~, **межгосуда́рственное** interstate agreement

~, **междунаро́дное** international agreement

~, **междунаро́дное това́рное** international commodity agreement

~, **межправи́тельственное** government (intergovernmental) agreement

~, **мирово́е 1.** agreement of a global nature (character) **2.** amicable settlement

~, **многосторо́ннее** multilateral agreement (arrangement)

~, **молчали́вое** tacit agreement (understanding)

~ **на аре́нду** leasing (lease) agreement

~ **на осно́ве взаи́мности** reciprocal (reciprocity) agreement

~, **настоя́щее** present agreement

~ **об обме́не** agreement on the exchange

~ **об обме́не лице́нзиями** cross-licensing agreement

~ **об обме́не нау́чно-техни́ческой информа́цией** agreement on the exchange of scientific and technical information

~ **об обслу́живании** service agreement

~ **об установле́нии и подержа́нии цен на определённом у́ровне** price fixing agreement

~ **об экономи́ческом сотру́дничестве** economic cooperation agreement

~, **о́бщее** general agreement

~ **о варьи́ровании ассортиме́нта продава́емых това́ров** deed of variation

~ **о взаи́мном зачёте платеже́й** agreement to offset payments, clearing arrangement (agreement)

~ **о двойно́м налогообложе́нии** double taxation agreement

~ **о зарпла́те и рабо́чем вре́мени** pay and hours agreement

~ **о кли́ринге** clearing agreement

~ **о коопера́ции и интегра́ции** agreement on cooperation and integration

~ **о креди́те (о кредитова́нии)** credit agreement

~ **о крупномасшта́бных прое́ктах** large-scale construction agreement

~ **о лицензи́ровании и техни́ческой по́мощи** license and technical assistance agreement

~ **о морско́м судохо́дстве** agreement on sea-trade navigation

~ **о наме́рении** agreement of intent, intent [agreement]

~ **о пла́те за просто́й** (*вагонов, судов*) average demurrage agreement

~ **о поку́пке и прода́же** agreement on sales and purchases

~ **о послепрода́жном обслу́живании** after-sales servicing arrangement

~ **о поста́вках** delivery agreement (contract), agreement on the supply (delivery) of goods

~ **о поста́вках комплекту́ющих изде́лий** agreement on the delivery of completing articles

~ **о правопереда́че** assignment agreement

~ **о предоставле́нии монопо́льных прав** agreement for exclusive rights

~ **о проведе́нии спаса́тельных рабо́т** salvage agreement

~ **о прое́кте** project agreement

~ **о произво́дственной коопера́ции** agreement on co-production

~ **о промы́шленной коопера́ции** industrial cooperation agreement

~ **о разде́ле ры́нка** market sharing agreement

~ **о расчётах по кли́рингу** clearing agreement (arrangement)

~ **о совме́стном предприя́тии** joint venture agreement

~ **о совме́стном произво́дстве** production cooperation agreement

~ **о сотру́дничестве** agreement on cooperation

~ **о специализа́ции и коопери́ровании произво́дства** agreement on specialization and cooperation of production

~ **о сро́ках платеже́й** payment schedule agreement

~ **о ссу́дах и обеспе́чении** loan and collateral agreement
~ **о ста́вках зарпла́ты** wage settlement
~ **о сублице́нзии** sublicense agreement
~ **о тари́фах** tariff agreement
~, **отде́льное** separate (individual) agreement
~ **о техни́ческом сотру́дничестве** technical cooperation agreement
~ **о торго́вле и морско́м судохо́дстве** agreement on trade and navigation
~ **о торго́вле и платежа́х** trade-and-payments agreement
~ **о торго́вле и тари́фах** agreement on tariffs and trade
~ **о тури́зме** agreement on tourism
~, **пате́нтное** patent agreement
~, **пате́нтно-лицензио́нное** patent-licensing (patent and license) agreement
~, **первонача́льное** original (early) agreement
~, **пи́сьменное** written agreement
~, **платёжное** payment[s] agreement
~, **подро́бное** detailed agreement
~ **по обслу́живанию, техни́ческому** maintenance (servicing) agreement
~ **по опе́ке** trusteeship agreement
~ **по складиро́ванию** warehousing agreement
~, **предвари́тельное** interim (provisional, tentative) agreement
~, **предло́женное** proposed agreement
~, **преференциа́льное** preferential agreement
~, **рабо́чее** working agreement
~**я, резе́рвные** standby agreements
~ **с кредито́рами** arrangement (agreement) with creditors, deed of arrangement
~, **соотве́тствующее** appropriate agreement
~, **тамо́женное** tariff agreement, customs convention
~, **типово́е** standard agreement
~, **товарообме́нное** barter agreement
~, **торго́вое** trade (commercial) agreement, trading arrangement
~, **торго́во-платёжное** trade and-payments agreement
~, **торго́во-экономи́ческое** trade and economic agreement
~, **фина́нсовое** financial agreement
~, **ча́стное** private understanding
~, **экономи́ческое** economic agreement
аннули́рование ~я cancellation (termination) of an agreement
возобновле́ние ~я renewal of an agreement
выполне́ние ~я implementation (execution, fulfilment) of an agreement
заключе́ние ~я conclusion (signing) of an agreement
наруше́ние ~я breach of (in) an agreement
обяза́тельство по ~ю obligation (commitment) under an agreement
подписа́ние ~я signing of an agreement
положе́ния ~я provisions of an agreement
преа́мбула ~я preamble of an agreement

предме́т ~я object (subject) of an agreement
продле́ние ~я extension (renewal) of an agreement
прое́кт ~я draft [of an] agreement
разры́в ~я break of an agreement
расторже́ние ~я cancellation of an agreement
реализа́ция ~я realization of an agreement
соблюде́ние ~я observance of an agreement
срок де́йствия ~я period (term, validity) of an agreement
статья́ ~я article of an agreement
усло́вия ~я terms and conditions of an agreement
цель ~я objective of an agreement
аннули́ровать ~ cancel (terminate, annul) an agreement
вноси́ть попра́вки в ~ amend an agreement
возобнови́ть ~ renew an agreement
вступи́ть в ~ make (enter into) an agreement
выполня́ть ~ implement (execute, fulfil) an agreement
денонси́ровать ~ abrogate an agreement
добива́ться ~я seek an agreement
достига́ть ~я agree on (upon, about) *smth*, come to an agreement (terms, an understanding), reach agreement (settlement), arrive at an understanding
заключа́ть ~ make (conclude, enter into, sign) an agreement, make (strike, drive, settle) a bargain
изменя́ть ~ modify an agreement
обсужда́ть ~ discuss an agreement
оформля́ть оконча́тельно ~ finalize an agreement
парафи́ровать ~ initial an agreement
пересма́тривать ~ reexamine (revise) an agreement
подпи́сывать ~ sign an agreement
посыла́ть ~ на по́дпись send an agreement for signature
предлага́ть ~ propose an agreement
представля́ть ~ submit an agreement
приводи́ть к ~ю bring about an understanding, bring to terms
принима́ть ~ accept (adopt) an agreement
приходи́ть к ~ю come to an agreement (understanding)
продава́ть по ча́стному ~ю sell by private contract
продлева́ть ~ extend (renew) an agreement
расторга́ть ~ cancel (dissolve) an agreement
ратифици́ровать ~ ratify an agreement
соблюда́ть усло́вия ~я adhere to the conditions of an agreement (a contract), honour an agreement
составля́ть ~ make up (draw up) an agreement, word an agreement
в ра́мках ~я within the framework of an agreement
в соотве́тствии с ~ем under the agreement
по ~ю с under the (in) agreement with

соде́йствие assistance, help, cooperation

~ в де́ле assistance in the matter
~ в получе́нии assistance in obtaining
~ в прода́же assistance in sales, sales promotion
~ в прохожде́нии тамо́женных форма́льностей help (assistance) in customs formalities
~ разви́тию торго́вли promotion of trade
~, те́хнико-экономи́ческое technical and economic assistance
~, техни́ческое technical help (assistance)
~, фина́нсовое financial help
~, экономи́ческое economic assistance
ока́зывать ~ render cooperation, give (render) assistance
соде́йствовать help, assist, promote, contribute to
содержа́ни/е 1. (*уход*) maintenance, keeping, upkeep **2.** (*содержимое*) content[s] **3.** (*деньги*) allowance
~ валю́ты, золото́е gold content of [a unit of] currency
~ валю́ты, металли́ческое metal content of [a unit of] currency
~ вла́ги moisture content
~ гру́за contents of a parcel (package)
~ при́месей content of impurities
~, проце́нтное percentage
~ рубля́, золото́е gold content of a rouble
~, техни́ческое maintenance, servicing, upkeep
расхо́ды по ~ю администра́ции administration (administrative, office, management) expenses, costs of administration, administration (administrative) costs
расхо́ды по ~ю обору́дования cost of maintenance, maintenance (running) costs (expenses)
выпла́чивать ~ pay an allowance
содержа́ть contain; (*поддерживать*) maintain
~ указа́ние indicate *smth*
содержи́мое content[s]
~ я́щика contents of a case
созда́ни/е setting up, creation, development
~ запа́сов building up (accumulation) of stocks
~ но́вых материа́лов creation of new materials
~ но́вых произво́дственных мо́щностей construction (setting up) of new capacities
~ о́пытного образца́ development of an experimental model
~ резе́рвов creation of reserves
~ сме́шанного о́бщества setting up of a joint company
~ совме́стных предприя́тий с уча́стием капиталисти́ческих фирм establishment of joint ventures with companies (firms) of capitalist countries
~ совме́стных предприя́тий с фи́рмами капиталисти́ческих и развива́ющихся стран establishment of joint ventures with companies (firms) of capitalist and developing countries
~ те́хники но́вых поколе́ний creation of new generations of equipment
пра́вило ~я запа́сов stocking rule
пра́вило ~я резе́рвного запа́са safety-stock rule

сокраща́ть 1. (*уменьшать*) reduce, cut [down], curtail, minimize **2.** (*увольнять*) dismiss, discharge, lay off
~ **в ... раз** reduce ... times
~ **вдвое** cut by half
~ **до** cut (reduce) to
~ **на** cut (reduce) by

сокраще́ние cut, reduction; decline, contraction
~ **ассигнова́ний** reduction (cutting) of allocations
~ **бюдже́та** budget cut, cuts in the budget
~ **валю́тных резе́рвов** (*в результате изменения курса валюты*) exchange losses
~ **всех стате́й расхо́дов, лине́йное** across-the-board reduction
~ **госуда́рственных расхо́дов** cuts in public expenditure
~ **запа́сов** decline of (in) reserves
~ **и́мпорта** decrease (reduction) in imports
~ **нало́гов** reduction in (of) taxes, cuts in taxes, tax cuts
~ **нало́гов, о́бщее** across-the-board reduction in taxes
~ **непроизводи́тельных просто́ев** reduction of unproductive idle time
~ **произво́дства** decline (decrease, reduction, cutbacks) in production, curtailment of production; set-back
~ **рабо́чего дня** reduction of the working day
~ **разме́ра по́шлин** reduction of taxes (duties, fees)
~ **расхо́дов** cost cutting (reduction), reduction of expenses, cuts in expenditure[s], curtailment (cutback) of spending
~ **резе́рвов** drop in reserves
~ **ры́нка** contraction of a market
~ **спро́са** falling off in demand
~ **тра́нспортных расхо́дов** cutting transportation costs
~ **числа́ зака́зов** falling off of orders, drop in the number of orders
~ **э́кспорта** reduction of exports
производи́ть ~ make a reduction, make up cuts

сокращённый short, short-cut, brief

сокредито́р joint creditor

солицензиа́т joint licensee

со́ло-ве́ксель (*вексель, имеющий только подпись векселедержателя*) one-name (single-name, straight) paper, promissory note

сообще́ни/е 1. (*известие*) information, message, communication **2.** (*связь*) communication, traffic, transport
~, **автомоби́льное** motor traffic
~, **беспоса́дочное** non-stop service
~, **вну́треннее** inland traffic
~, **во́дное, прямо́е** direct water (shipping) connection
~, **возду́шное** air service (traffic), aerial service (communication)
~, **грузово́е** goods (freight) traffic
~, **да́льнее** long-distance traffic
~ **для печа́ти** press-release
~, **доро́жное грузово́е** transport of goods by road
~, **железнодоро́жное** railway service (transport, communication)
~, **железнодоро́жно-паро́мное** railway-sea-ferry service

~, **конфиденциа́льное** confidential information (message)
~, **ме́стное** short-distance traffic
~, **морско́е** oversea traffic
~, **неда́внее** recent announcement
~ **о движе́нии** notice of movement
~ **о местонахожде́нии су́дна** position report
~ **о приня́тии предложе́ния** confirmation of acceptance of an offer
~, **официа́льное** official information (report, communication)
~, **паро́мное** ferry service
~, **пароходное** shipping traffic
~, **пограни́чное** frontier traffic
~ **по те́лексу** telex message
~ **по телефа́ксу** telefax message
~ **по телефо́ну** [tele]phone message
~, **предвари́тельное** advance notice
~, **прямо́е** direct traffic, through traffic (service)
~, **прямо́е междунаро́дное железнодоро́жное грузово́е** direct international railway freight traffic
~, **регуля́рное** regular service
~, **рекла́мное по ра́дио** *или* **телеви́дению** commercial, advertising message
~, **секре́тное** confidential information (message)
~, **сквозно́е** through traffic (service)
~, **сме́шанное** combined service, mixed traffic, intermodal traffic (transport)
~, **сухопу́тное** overland transport
~, **телегра́фное 1.** telegraphic message **2.** telegraphic communication
~, **транзи́тное** transit (through) traffic
~, **тра́нспортное** transportation
~, **удо́бное** convenient means of transport
~, **шифро́ванное** ciphered message; coded message
~, **э́кстренное** (*в печати*) news flash
ли́ния сквозно́го ~я transit route
пути́ ~я ways of communication (traffic); [traffic] routes
сре́дства ~я means of communication, communication facilities

сообщество community
~, **экономи́ческое** economic community

сооруже́ни/е 1. (*строительство*) building, construction, erection **2.** (*строение*) structure, construction, building; **~я** facilities, installations
~ **объе́кта** construction of a project
~я, порто́вые port (harbour) facilities
~, **промы́шленное** industrial structure
~я, складски́е storage facilities

соотве́тстви/е conformity, correspondence, adequacy
~ **ка́чества** adequacy in quality, conformity of quality
~, **по́лное** full conformity
~ **това́ра станда́рту** conformity of goods to (with) the standard
прове́рка ~я запа́сов stock check
прове́рка ~я техни́ческим усло́виям qualification test

прове́рка ~я усло́виям эксплуата́ции adaptability test
де́йствовать в ~и с но́вой конце́пцией operate under a new concept
находи́ться в по́лном ~и be in perfect agreement
приводи́ть в ~е adjust, bring in[to] line with, bring in balance
в ~и с in accordance (conformity, compliance, keeping) with, according to, as per
в ~и с ва́шей про́сьбой as requested by you, according to your request
в ~и с договорённостью according to an understanding
в ~и с законода́тельством страны́ in accordance (compliance) with the laws of a country
в ~и с инстру́кциями in conformity with (upon) instructions
в ~и с существу́ющими на заво́де усло́виями under the existing conditions at the plant
в ~и с техни́ческими усло́виями in accordance with the technical conditions

соотве́тствовать correspond to (with), conform to (with), be in conformity with (to), be in accordance with, be according to, be in keeping with, *амер.* be in line with
~ лу́чшим мировы́м и оте́чественным образца́м correspond to the best world- and home-produced samples

соотве́тствующий (*подходящий*) suitable, equal, adequate; (*имеющий отношение*) relevant, appropriate, relative, concerned; (*относящийся к каждому в отдельности*) respective

соотноше́ние relation, ratio, correlation
~ валю́т parity of currencies
~ валю́т, курсово́е rate of exchange, exchange rate relationship
~ валю́тных ку́рсов exchange rate relationship (correlation)
~ затра́т relation of costs
~, расчётное design ratio
~ спро́са и предложе́ния supply-demand situation
~ спро́са и цен на проду́кцию ratio of demand and prices for products
~ цен parity of prices

сопостави́мость comparability

сопостави́мый comparable

сопоставле́ние comparison
~ затра́т comparison of expenses
~ цен comparison of prices

сопоставля́ть compare with (to)

сопроводи́тельный (*о документе*) covering, accompanying

сопровожда́ть accompany

сопровожда́ющий accompanying

сораэме́рно adequately, proportionately, proportionally

сораэме́рный adequate, proportional, proportionate, commensurate, ratable

сорт sort, kind, type, class, variety, grade; (*марка, клеймо фабрики*) brand
~, второ́й second quality, second-best (rate, class) quality
~, высо́кий high grade
~, высокоурожа́йный high yielding variety
~, вы́сший superior (top, prime, class) quality, superior (top, prime) grade
~, ни́зкий inferior quality, low grade
~, но́вый new brand
~, обы́чный комме́рческий good ordinary brand

~, **осо́бый** specific brand
~, **отбо́рный** choice grade (quality, sort)
~, **пе́рвый** first (choice) quality, choice sort
~**а, разли́чные** various grades
~, **ры́ночный** commercial (market) quality (grade)
~, **сре́дний** average (medium) quality
~, **станда́ртный** standard quality (grade)
~, **това́рный** commercial (market) quality (grade)
~, **ходово́й** customary quality
~, **хоро́ший комме́рческий** good merchantable brand
~, **ху́дший** bottom quality (sort)
классифика́ция ~**о́в** grade classification
меша́ть ~**а́** blend sorts

сорта́мент (*ассортимент, преимущественно в металлургической промышленности*) assortment, range of products, range of sizes
~ **прока́та** range of rolled products

сортиме́нт (*ассортимент, преимущественно в лесной промышленности*) assortment
~, **лесно́й** timber assortment

сортирова́ть sort, assort, classify, grade, select, separate; (*по размеру, величине*) size; (*по цвету, величине*) match

сортиро́вк/а sorting, assorting, grading, grading and assortment work; sizing; matching
~, **предвари́тельная** preliminary assorting
~, **ручна́я** hand sorting
пра́вила ~**и** grading rules
производи́ть ~**у** sort, assort, grade, classify; size; match

сортиро́вочный sorting

сортиро́вщик sorter

со́ртность quality, grade, rating
~, **пони́женная** inferior quality

соста́в 1. (*составные части*) composition; (*строение, структура*) constitution **2.** (*личный состав, состав служащих*) staff, personnel
~ **делега́ции** makeup (composition) of a delegation
~, **железнодоро́жный** train
~, **о́бщий** total composition
~, **основно́й инжене́рный** key engineering staff
~, **подвижно́й** *трансп.* rolling stock
~ **правле́ния** composition of management
~, **руководя́щий** managerial personnel
включа́ть в ~ incorporate

составле́ние drawing (making) up, working out
~ **бала́нса** making up a balance
~ **диспа́ши** adjustment of the average; adjusting (making up) the average
~ **зая́вки** writing (compilation) of an application
~ **като́лога** production of a catalogue
~ **маршру́та** routing; planning an itinerary
~ **описа́ния изобрете́ния к пате́нту** patent drafting
~ **прое́ктно-техни́ческой документа́ции** preparation of technical documentation
~ **расписа́ния** scheduling
~ **сме́ты** making up (drawing up, fixing) of an estimate (budget)
~ **факту́ры** billing, invoicing

составля́ть 1. (*равняться*) amount to, come to, constitute **2.** (*о документах*) draw up, make up, work out

~ в итóге total
~ в óбщем total, aggregate
~ в срéднем average
состоя́ни/е state, condition, position
~ валю́ты status of currency
~ взаи́мных расчётов status of mutual accounts
~, внéшнее appearance, external state, outside condition
~ грýза state (condition) of goods (cargo; packages)
~ дéнежного ры́нка, напряжённое pressure on the money market
~, дефéктное defective condition
~, дли́тельное permanent condition
~ запáсов stock (inventory) status (position)
~, здорóвое sound condition
~ маркирóвки condition of markings
~, надлежáщее proper condition
~, недоброкáчественное bad (poor) condition
~, неизмéнное unchanged (same) state
~, неповреждённое undamaged condition (state)
~, неудовлетвори́тельное unsatisfactory condition
~, отли́чное perfect condition
~, плохóе bad (poor) condition, bad state
~ постáвок delivery position
~, рабóчее working order
~ ры́нка state of the market (trade, business), market condition[s] (situation, behaviour), situation on the market
~, сомни́тельное doubtful condition
~ спрóса, застóйное stagnant demand
~ сýдна, морехóдное seaworthiness, seaworthy condition
~ сýдна, неморехóдное unseaworthiness
~, техни́ческое technical condition (quality)
~ товáра state (condition) of goods (cargo)
~ торгóвли state of trade (business), trading position
~, улýчшившееся improved position
~, хозя́йственное economic situation
~, хорóшее sound (good) condition, good state
~, цéлостное undamaged (intact) state
~ цен на ры́нке price position (situation)
~ экономи́ки state of economy
~, эксплуатациóнное operating condition
анáлиз ~я запáсов stock analysis
вы́писка о ~и депози́тного счёта statement of deposit
контрóль за ~ем окружáющей среды́ environmental control
отчёт о ~и запáсов stock status report
отчёт о ~и рабóт progress report, situation (status) report
отчёт о ~и ры́нков market report
отчёт о ~и счетóв statement of accounts; bank statement, statement of the bank
отчёт о ~и фóндов по контрáкту contract funds status report
оцéнка по ~ю на середи́ну гóда midyear estimate
в неисправном ~и out of repair

в отли́чном ~и in perfect condition
в плохо́м ~и in poor condition
в рабо́чем ~и operational
в хоро́шем ~и in good condition

состоя́тельный 1. (*платёжеспособный*) solvent, sound **2.** (*обоснованный*) well-grounded

состяза́тельность competition

сосуществова́ние coexistence
~, ми́рное peaceful coexistence
~, осно́ванное на соревнова́нии competitive coexistence
~ това́рных зна́ков coexistence of trademarks

сотру́дник employee, worker
~ вы́ставки exhibit staff member
~, отве́тственный responsible person
~ отде́ла member of a department
~ тамо́жни customs (customhouse) officer (official)
перемеще́ние ~ов redeployment of staff

сотру́дничать cooperate, collaborate, carry on cooperation

сотру́дничеств/о [mutual] cooperation, collaboration, working relationship
~, взаимовы́годное mutually beneficial (advantageous, profitable) cooperation
~, внешнеторго́вое foreign trade cooperation
~, внешнеэкономи́ческое foreign economic cooperation
~ в о́бласти ма́ркетинга cooperation in the field of marketing
~ в о́бласти произво́дства manufacturing (production) cooperation
~ в о́бласти промы́шленности industrial cooperation
~, возмо́жное possible cooperation
~ в осуществле́нии прое́кта cooperation (collaboration) on a project
~ в разрабо́тке но́вой те́хники и техноло́гии cooperation in developing new machines and technologies
~, всесторо́ннее all-round cooperation
~, вы́годное beneficial (profitable) cooperation
~, делово́е business[-like] cooperation
~, долговре́менное (долгосро́чное) long-term cooperation
~, ко́мплексное integrated cooperation
~, межгосуда́рственное interstate cooperation
~, междунаро́дное international cooperation
~, многосторо́ннее multilateral cooperation
~ на ба́зе взаи́мной заинтересо́ванности и взаи́мной вы́годы cooperation on the basis of mutual interest and mutual benefit
~ на безвозме́здной осно́ве cooperation on a gratuitous basis
~ на взаимовы́годной осно́ве cooperation on a mutually beneficial basis
~ на возме́здной осно́ве cooperation on a commercial basis
~ на комме́рческих усло́виях cooperation on commercial terms (on a commercial basis)
~ на компенсацио́нной осно́ве cooperation on a compensation (compensatory) basis, compensatory cooperation

~ на многосторо́нней осно́ве multilateral cooperation

~ на осно́ве междунаро́дного разделе́ния труда́ cooperation on the basis of international division of labour

~ на осно́ве ра́венства и взаи́мной вы́годы cooperation on the basis of equality and mutual benefit

~ на подря́дных усло́виях cooperation on a contract basis (on contract terms), contract-based cooperation, cooperation by contract

~ на усло́виях «под ключ» cooperation on a turn-key basis

~ на усло́виях «прода́кшн ше́ринг» cooperation on "production sharing" terms

~, нау́чное scientific cooperation, cooperation in science

~, нау́чно-техни́ческое scientific and technical cooperation

~ на хозрасчётной осно́ве self-supporting cooperation

~, непосре́дственное direct cooperation

~, пате́нтное patent cooperation

~, плодотво́рное effective (fruitful) cooperation

~, поле́зное helpful cooperation

~, произво́дственное industrial (production) cooperation

~, произво́дственно-экономи́ческое cooperation in the sphere of economy and production

~, промы́шленное industrial cooperation

~, равнопра́вное cooperation on the basis of equality, equal (equitable) cooperation

~, разносторо́ннее diversified (many-sided) cooperation

~, расту́щее growing cooperation

~ с зарубе́жными партнёрами cooperation with foreign partners

~, те́сное close cooperation (collaboration)

~, те́хнико-экономи́ческое technical and economic cooperation

~, техни́ческое technical (technological) cooperation, cooperation in technology

~, торго́во-экономи́ческое trade and economic cooperation

~, удовлетвори́тельное satisfactory cooperation

~, успе́шное successful cooperation

~, фина́нсовое financial cooperation (collaboration)

~ че́рез аге́нтов cooperation through agents

~, широ́кое large-scale (broad) cooperation, cooperation on a large scale

~, экономи́ческое economic cooperation

возобновле́ние ~а resumption of (return to) cooperation

догово́р о ~е treaty (agreement) on cooperation

дух ~а spirit of cooperation

комме́рческие усло́вия ~а commercial conditions of cooperation

ме́тод ~а method of cooperation (collaboration)

нала́живание прямо́го произво́дственного ~а organization of direct production cooperation

о́бласть ~а sphere of cooperation
перспекти́вы ~а prospects for cooperation
пла́ны ~а plans for (of) cooperation
правовы́е осно́вы ~а legal foundations of cooperation
предложе́ние о ~е offer of (proposal for) cooperation
при́нципы ~а principles of cooperation
протоко́л о ~е protocol on cooperation
разви́тие ~а development of cooperation
расшире́ние ~а expansion (extension, broadening) of cooperation
свёртывание ~а curtailing of cooperation
соглаше́ние о ~е agreement on cooperation
укрепле́ние ~а strengthening of cooperation
усло́вия ~а conditions of cooperation
установле́ние ~а establishment of cooperation
фо́рмы ~а forms of cooperation
эффекти́вность ~а efficiency of cooperation
возобновля́ть ~ renew cooperation
нала́живать ~ establish cooperation
намеча́ть ~ intend to cooperate
нача́ть ~ start cooperation
осуществля́ть ~ cooperate, accomplish (effect) cooperation
подде́рживать ~ maintain cooperation
подрыва́ть ~ undermine cooperation
предлага́ть ~ offer cooperation; offer participation
продолжа́ть ~ continue cooperation (working relationship)
рабо́тать в те́сном ~е work in close cooperation
развива́ть ~ develop cooperation
расширя́ть ~ expand (extend) cooperation (relationship), broaden (intensify) cooperation
соде́йствовать разви́тию ~а promote cooperation
укрепля́ть ~ strengthen cooperation
устана́вливать ~ establish cooperation
цени́ть ~ appreciate cooperation
в ~е in cooperation with

сохране́ни/е preservation, maintaining, maintenance
~ гру́за preservation of cargo
~ пате́нта в си́ле maintaining of a patent in force
~ цен price maintenance
расхо́ды по ~ю гру́за expenses on preservation of cargo
для ~я интере́сов for the safeguarding of interests

сохра́нност/ь safety; (*защита*) protection
~ гру́за safety of cargo
~ ка́чества safety of quality, quality safety
~, максима́льная maximum protection and safety
~ от корро́зии corrosion protection, protection against corrosion
~ от поврежде́ния *или* **по́рчи** safety from damage, protection from (against) damage
~, по́лная full safety
~ това́ра goods safety
обеспе́чение ~и това́ра in-

suring (guarantee) of the safety of goods
быть в ~и be intact
обеспечивать ~ provide (insure) safety (protection), guarantee security, make *smth* secure
сохранять preserve, maintain, keep
социально-экономический socio-economic, social and economic
социальный social
союз union
~, валютный monetary union
~, платёжный payments union
~ предпринимателей union of industrialists (entrepreneurs, employers), industrialists' (entrepreneurs', employers') union
~, профессиональный labour (trade) union
~, таможенный customs (tariff) union
спад slackness, stagnation, recession, fall, decline, downturn, setback
~ в торговле trade recession
~ деловой активности economic recession
~ конъюнктуры downward business trend, slowing down of economic activity
~ производительности decline in productivity (performance); decline in output
~, экономический economic recession
наступление ~а onset of recession
период ~а period of recession, recessionary period
испытывать ~ suffer a setback
показывать ~ show a setback
предотвратить ~ avert a recession
спасатель salvor
спасательный saving, salvage *attr.*
спасать save, salvage
спасени/е (*имущества*) salvage
~ груза salvage of cargo
~ судна salvage of a vessel
вознаграждение за ~ salvage money (remuneration, reward)
вознаграждение за ~ груза salvage on cargo
вознаграждение за ~ судна salvage on ship
договор о ~и salvage agreement (contract)
меры по ~ю груза measures for the salvage of cargo, salvage operations
оговорка об участии страховщика в расходах по ~ю salvage clause
плата за ~ груза salvage [money]
потери при ~и судна salvage losses
расходы по ~ю груза salvage expenses (charges), expenses on the salvage of cargo
требование уплаты вознаграждения за ~ salvage claim
спасённый (*о грузе, судне*) saved, salvaged
спекулировать speculate, gamble
~ на повышении цен gamble on a rise in prices
спекулянт speculator; *бирж.* jobber
спекулятивный speculative
спекуляци/я speculation
~ акциями speculation in shares (stocks)
~, безудержная unbridled speculation
~ в больших размерах heavy speculation
~, неудачная unsuccessful speculation

предмéт ~и speculative article

специализáция specialization

~, междунарóдная international specialization

~ произвóдства (произвóдственная) specialization in (of) production, line of production, product line

~, промы́шленная industrial specialization

~ совмéстных предприя́тий specialization of joint ventures

~, торгóвая line of business

специализи́рованный specialized

специализи́роваться specialize

специали́ст specialist, expert

~ высóкой квалификáции highly qualified (skilled, trained) specialist

~, глáвный main specialist

~, инострáнный foreign specialist

~, квалифици́рованный qualified specialist

~, командирóванный visiting specialist

~, компетéнтный competent specialist (person)

~, неóпытный inexperienced specialist

~, óпытный experienced (skilled) specialist, expert, qualified person

~, осуществля́ющий шеф-монтáж supervisor

~ по коммéрческим вопрóсам commercial expert

~ по мáркетингу marketing specialist

~ по монтажу́ erection specialist

~ по реклáме advertising expert (specialist, man, practitioner); **~ы по реклáме** advertising people

~ поставщикá suppliers' specialist

~ по техни́ческим вопрóсам technical expert

~ по упакóвке packing engineer (expert), specialist packer

~ по устрóйству витри́н window dresser

~ по я́рмаркам fair practitioner

~, проживáющий в дáнной странé resident engineer

~ы, рабóтающие на строи́тельной площáдке site (on-site) people (specialists)

~, техни́ческий technical specialist

~, у́зкий narrow specialist

замéна ~а replacement of a specialist (an expert)

командировáние ~ов sending of specialists

конферéнция ~ов professional conference

мнéние ~ов expert evidence (opinion)

обмéн ~ами exchange of specialists (experts)

обучéние ~ов закáзчика customer training, training of personnel for a customer

óтзыв ~а recall of a specialist

заменя́ть ~а replace a specialist

командировáть ~а send a specialist

нанимáть ~ов recruit specialists

обучáть ~ов train specialists (personnel)

обучáть ~ов в заводски́х услóвиях train specialists in a plant

отзывáть ~а recall a specialist

страховáть ~а insure a specialist

специáльность speciality

~, произво́дственная industrial speciality
~, торго́вая line of business
~, тре́буемая required speciality
получа́ть ~ acquire a speciality
приобрета́ть произво́дственную ~ acquire an industrial speciality

специа́льный special, specific

специфика́ци/я specification, *сокр.* spec., specif., proposal specification; specification of quality
~ ассортиме́нта specification of the range of goods
~, весова́я weight specification (account[s], note)
~и весовы́е, заве́ренные certified lists of weighings
~, вре́менная tentative specification
~ гру́за specification of cargo, freight note
~ зака́за specification of an order
~, заказна́я inquiry specification
~ изде́лия specification of a workpiece
~, испра́вленная amended specification
~ ка́чества quality specification
~ к счёту invoice specification
~, маршру́тная route specification
~ материа́лов material specification, bill (list) of materials
~ на запча́сти spare part specification
~ на обору́дование equipment specification
~ на обору́дование, маши́нное specification on machinery
~ на сырьевы́е това́ры specification on primary goods
~, отгру́зочная shipping specification
~, пате́нтная patent specification
~, первонача́льная original specification
~, пи́сьменная written specification
~, подро́бная detailed specification
~ по ка́честву quality specification
~, поме́стная packing list (sheet)
~, пре́жняя previous specification
~, расце́ночная price specification
~, согласо́ванная agreed specification
~, сырьева́я material specification
~, тари́фная tariff specification
~, техни́ческая technical specification
~, това́рная specification of goods (products)
~, то́чная precise (accurate) specification
~, упако́вочная packing specification
~, устано́вленная established specification
~, физи́ческая physical specification
но́мер ~и specification number
оши́бка ~и error of specification
пози́ция в ~и item in a specification
разглаше́ние ~и disclosure of a specification
составле́ние ~и drawing up of a specification

вносить в ~ю list, enter in a list
изучать ~ю examine a specification
определять ~ей specify
отступать от ~и depart from a specification
подготовить ~ю prepare (formulate) a specification
получить ~ю obtain a specification; receive a specification
представлять ~ю present (submit, produce, put forward) a specification
продавать в соответствии со ~ей sell on specification
проектировать в соответствии со ~ей заказчика design to customer's specification
распространять ~и circulate specifications
соответствовать ~и meet the specification
составлять ~ю draw up a specification
указывать в ~и show on a specification
в соответствии со ~ей in accordance (conformity) with the specification

специфицированный (*подробный*) specified

специфический specific, peculiar
~ для данной страны peculiar to a country

спираль spiral
~, инфляционная inflationary spiral
~ цен spiral of prices

списание:
~ со счёта writing off an account; withdrawal from an account
~ средств со счёта withdrawal of capital from an account; debiting an account

списанный (*со счёта*) written off

спис/ок list, bill, sheet
~ адресатов mailing list
~ арбитров list (panel) of arbitrators
~ грузов cargo sheet (list), freight list
~ грузов к погрузке loading list
~ки, запретительные banned lists
~ки, индикативные товарные indicative commodity lists
~, контрольный check (control) list
~ материалов list (bill) of materials
~ невыполненных работ list of outstanding work
~, общий general list
~, объединённый consolidated list
~, ограничительный restrictive list
~ очерёдности waiting list; priority list
~ патентов-аналогов patent family list
~ покупателей list of buyers
~, предварительный preliminary list
~ провианта (*для экипажа судна*) victualling bill
~ рекламодателей list of advertisers
~, согласованный agreed list
~, справочный reference list
~ судов, подлежащих погрузке stemming bill
~ судовых запасов ship's stores list, list of stores
~ товаров list of goods (commodities), index of goods; (*мест груза*) tally sheet
~ товаров, запрещённых для экспорта banned list, list of goods forbidden for export

~ това́ров, и́мпортных list of imports (import[ed] goods), import list

~ това́ров, не облага́емых по́шлиной free list

~ това́ров, э́кспортных list of exports (export goods), export list

~, то́чный accurate list

~, тра́нспортный transportation list

~, упако́вочный packing list (sheet, slip)

~ уча́стников list of participants

~ уча́стников торго́в tender list

~ экипа́жа су́дна crew (ship) list

~ экспона́тов list of exhibits

внесе́ние в ~ listing

пересмо́тр запрети́тельных ~ков revision (revising) of banned lists

быть в ~ке be on the list (panel)

включа́ть (вноси́ть) в ~ list, enter in a list (register)

вычёркивать из ~ка strike off (remove from) a list

исключа́ть из ~ка exclude from a list

подгото́вить ~ prepare a list

проверя́ть ~ check (scrutinize) a list

расширя́ть ~ това́ров extend the list of goods

согласова́ть ~ agree [upon] a list

составля́ть ~ draw up (make out, develop) a list, prepare a list

спи́сывать [со счёта] (*частично*) write down; (*полностью*) write off

~ су́мму в убы́тки write an amount into losses

сплани́рованный planned

~ зара́нее preplanned

спо́нсор (*устроитель, организатор*) sponsor

спор dispute, argument; (*несогласие*) disagreement

~, валю́тно-фина́нсовый monetary dispute

~, внешнеторго́вый foreign trade dispute, international commercial dispute

~ы, возника́ющие из сде́лок во вне́шней торго́вле disputes arising from (out of, in connection with) foreign trade transactions

~ы, входя́щие в компете́нцию арбитра́жной коми́ссии disputes which fall under (come within) the competence of the arbitration commission

~, иму́щественный property dispute

~ы, исключённые из компе́тенции арбитра́жа disputes excluded from the competence of arbitration

~ы, могу́щие возни́кнуть из контра́кта disputes which may arise out of (from) a contract (an agreement)

~ об а́вторстве изобрете́ния dispute over inventorship

~ о вознагражде́нии за спасе́ние и оказа́ние по́мощи на мо́ре dispute concerning remuneration for salvage and assistance at sea

~ о понесённых в связи́ с невыполне́нием догово́рных обяза́тельств убы́тках disputes concerning damages arising out of the default of contractual obligations

~, основно́й major dispute

~, пате́нтный patent dispute (conflict), dispute over a patent

~ы, подлежа́щие рассмотре́-

нию в арбитра́же disputes which are subject to consideration by arbitration
~ по контра́кту contractual dispute
~ по ку́пле-прода́же dispute over sales
~ по прете́нзии dispute over a claim
~, правово́й legal dispute, lawsuit
~, приорите́тный priority contest
~, торго́вый commercial dispute
возникнове́ние ~а origin of a dispute
ми́рное урегули́рование ~ов peaceful (amicable) settlement of disputes
оконча́тельное реше́ние ~ов final settlement (determination) of disputes
отве́тчик в ~е defendant in a dispute
переда́ча ~а в арбитра́ж для оконча́тельного реше́ния submission of a dispute to arbitration for final determination
подсу́дность ~ов jurisdiction over disputes
поря́док рассмотре́ния ~ов order of consideration of disputes
предме́т ~а [subject-]matter of (in) a dispute, point at issue
приня́тие ~а к рассмотре́нию acceptance of a dispute for consideration
причи́на ~а cause of a dispute
разбира́тельство ~а consideration (hearing) of a dispute
разреше́ние ~а settlement (resolution, adjudication) of a dispute
разреше́ние ~а в арбитра́жном поря́дке settlement (resolution) of a dispute by way of arbitration
рассмотре́ние ~а consideration of a dispute
сто́роны ~а parties to a dispute
урегули́рование ~а settlement (adjustment, resolution) of a dispute (differences), dispute settlement (resolution)
хара́ктер ~а nature of a dispute
вступа́ть в ~ enter into (start) an argument
выноси́ть реше́ние по ~у produce (render, make, pass) an award, pass a decision
достига́ть ми́рного урегули́рования ~ов reach (come to) an amicable settlement of a dispute
зака́нчивать ~ end argument
передава́ть ~ в арбитра́жную коми́ссию refer (submit, bring) a dispute to arbitration (the arbitration commission)
передава́ть ~ на рассмотре́ние refer (submit) a dispute (matter) for arbitration
передава́ть ~ на реше́ние арбитра́жной коми́ссии refer (submit) a dispute for the settlement of the arbitration commission
передава́ть ~ на реше́ние арби́тров refer (submit) a dispute (matter) to arbitrators
принима́ть ~ к рассмотре́нию accept a dispute for consideration
разбира́ть ~ в арбитра́же handle (hear, entertain) a dispute in arbitration
разреша́ть ~ settle (resolve, adjudicate, dispose of) a dispute

разрешáть ~ в *чью-л.* **пóльзу** settle (resolve) a dispute in *smb's* favour
разрешáть ~ в арбитрáжном порядке settle (resolve) a dispute by way of arbitration
рассмáтривать ~ consider a dispute
урегулировать ~ settle (resolve) a dispute, settle (adjust) differences
урегулировать ~ мировы́м соглашéнием settle (resolve) a dispute by agreement of the parties, settle a dispute amicably (in an amicable way, in a friendly way, by amicable arrangement)

спóрный disputable, debatable, questionable

спóсоб method, manner, mode, way, means
~ возмещéния method of reimbursement
~ вознаграждéния way of compensation (remuneration, reward)
~, еди́нственный the only way
~ закýпки блóками block booking method
~, запатентóванный patented method
~ изготовлéния production technique
~ испóльзования mode of using
~ маркирóвки method of marking
~ы монтажá erection methods
~ обрабóтки method of treatment (processing; machining; polishing; finishing; handling)
~, обы́чный usual way, normal method
~ отгрýзки товáра manner (method, mode) of shipment (shipping) of goods
~ отпрáвки way of dispatch, mode of shipment
~, патентоспосóбный patentable method (process)
~ перевóзки method (mode, way) of transportation (conveyance)
~ платежá manner (mode) of payment
~ погрýзки loading method
~ показá method of display, mode (type) of demonstration
~ пóльзования directions for use
~ постáвки method of delivery
~, предлóженный proposed method
~ применéния mode of applying (application)
~ проведéния рабóт method of operation[s]
~ произвóдства method (mode) of production (manufacture), production (manufacturing) method (technique, practice)
~ реклáмы advertising method
~ стимули́рования сбы́та method of sales promotion
~ транспортирóвки method (mode, way) of transportation (conveyance)
~ уклáдки method (form) of stowage (stowing)
~ упакóвки method of packing (packaging), packaging technique (method)
~ устранéния поврежде́ния manner of eliminating damage
~ финанси́рования method of financing
~ хранéния mode (manner) of storing (storage)
~, целесообрáзный economic mode
~ шти́вки method (form) of stowage (stowing)

~ **эконо́мии средств** cost saving method

~, **экономи́чный** economic[al] method (mode)

~, **эффекти́вный** efficient method (mode)

осуществле́ние ~а realization of a method

пате́нт на ~ method (process) patent

переня́ть ~ adopt a method

обы́чным ~ом in the usual (normal) way (manner), by conventional means

ручны́м ~ом by hand

сде́ланный маши́нным ~ом machine-made

спосо́бность capacity, capability, ability

~, **грузоперераба́тывающая** cargo-handling capacity

~, **покупа́тельная** buying (purchasing, purchase, spending) power (capacity)

~, **провозна́я** carrying (freight) capacity, capacity (capability) to transport (carry) goods, freight-hauling capacity

~, **пропускна́я** traffic capacity

~, **пропускна́я, желе́зной доро́ги** traffic capacity of a railway

~, **пропускна́я, термина́лов** loading capacity of terminals

спосо́бствовать promote, contribute to, facilitate, be instrumental, be conducive to

спот *бирж.* (*с немедленной поставкой*) spot

курс по сде́лкам ~ spot rate

сде́лка ~ spot business (transaction)

цена́ по сде́лкам ~ spot price

спра́в/ка information, reference; (*документ*) certificate

~ **о валю́тном разме́не** currency conversion certificate

~ **о взве́шивании** weight note

~ **о [правово́м] ти́туле** abstract of title

~ **о результа́тах обме́ра** measurement account

~ **о тамо́женных по́шлинах** tariff information

~ **по де́лу** history of a case

~ **по патентоспосо́бности** certificate of patentability

~, **служе́бная** service information

~, **тамо́женная** tariff information

наведе́ние ~ок inquiry, making inquiries

отде́л ~ок information (inquiry) office (department)

содержа́ние ~ки reference contents

составле́ние ~ки drawing up of a reference

телефо́н для ~ок telephone for information

изуча́ть ~ку study a reference, study information

наводи́ть ~ки inquire about, make inquiries, seek information

обраща́ться за ~ками apply for information

отказа́ть в ~ке refuse to supply information

составля́ть ~ку draw up a reference

для ~ки for reference

спра́вочник reference book, guide[-book], information guide, directory

~, **карма́нный** manual

~, **официа́льный** official directory

~, **рекла́мный** advertising register

~, **тари́фный** rate book

~, **телефо́нный** telephone directory, *англ.* yellow pages, *амер.* white pages
~, **техни́ческий** technical directory
~, **торго́вый** (*содержащий сведения о фирмах*) trade (classified) directory
~, **я́рмарочный** fair directory
издава́ть ~ publish a reference book
проверя́ть по ~**у** check with a reference book

спра́вочный reference *attr.*, information *attr.*, inquiry *attr.*

спрос demand for, request for, requirements for; (*большой*) run on
~, **большо́й** heavy (great, strong, keen) demand, run on
~, **вероя́тный** probable demand
~, **вне́шний** external demand
~, **вну́тренний** home (domestic) demand
~, **возмо́жный** possible (likely) demand
~, **возро́сший** increased demand
~, **втори́чный** after-market demand
~, **вя́лый** slack (sluggish) demand
~, **жёсткий** inelastic demand
~, **живо́й** brisk (lively) demand
~, **значи́тельный** substantial (considerable) demand
~, **инвестицио́нный** investment demand
~, **максима́льный** peak demand
~, **ма́лый** small (poor, slight) demand
~, **мизе́рный** scanty demand
~ **на валю́ту** demand for currency
~ **на за́ймы** loan demand
~ **на зо́лото** demand for gold
~ **на и́мпорт** import demand
~ **на капита́л** capital requirements, demand for capital
~, **накопи́вшийся** deferred demand
~ **на креди́т** demand for credit
~ **на обору́дование** demand for equipment
~ **на ры́нке** market demand, demand on the market
~ **населе́ния** consumer's demand
~ **на сопу́тствующие това́ры** related demand
~ **на това́ры ма́ссового потребле́ния** demand for consumer goods
~ **на това́ры пе́рвой необходи́мости** primary demand
~ **на э́кспорт** export demand
~, **небольшо́й** poor (scanty) demand
~, **неравноме́рный** fluctuating demand
~, **неудовлетворённый** unsatisfied (pent-up) demand
~, **обусло́вленный сезо́нностью** seasonal demand
~, **о́бщий** overall demand
~, **ограни́ченный** thin (narrow, restrictive) market, limited demand
~, **оживлённый** active (fair, animated, brisk) demand
~, **осо́бый** particular demand
~, **платёжеспосо́бный** effective (solvent) demand
~, **повы́шенный** keen demand
~, **покупа́тельный** consumer demand
~, **постоя́нный** steady (stable, persistent) demand
~, **потенциа́льный** potential demand
~, **потреби́тельский** consumer demand

~, **преде́льный** limit of demand
~, **расту́щий** growing (increasing) demand
~, **ры́ночный** market demand (requirements)
~, **сезо́нный** seasonal demand
~, **скользя́щий** moving demand
~, **снижа́ющийся** diminishing (falling, sagging, declining) demand
~, **сократи́вшийся** reduced need
~, **сро́чный** immediate demand
~, **существу́ющий** current demand
~, **увели́чивающийся** growing (increasing) demand
~, **усто́йчивый** fixed (stable) demand
~, **эласти́чный** elastic demand
ана́лиз ~а demand analysis
взаимоде́йствие ~а и предложе́ния interaction of supply and demand
засто́йное состоя́ние ~а stagnant demand
изуче́ние ~а market research, consumption forecast
колеба́ния ~а demand fluctuations, swings of demand
конъюнкту́ра ~а на мировы́х ры́нках world market demand
недоста́ток ~а lack of demand
недоста́точность ~а deficiency of demand
ослабле́ние ~а decreasing demand
отсу́тствие ~а lack (absence) of demand
паде́ние ~а fall (drop, decline, recession) in demand; (*резкое*) slump in demand
повыше́ние ~а increase in (growth of) demand
показа́тель ~а demand parameter
пониже́ние ~а decrease (deterioration, falling off, recession) in demand
превыше́ние ~а над предложе́нием excess of demand over supply, shortage of supply
прогно́з ~а demand forecast
ра́венство ~а и предложе́ния equation of demand and supply, market-clearing equation
распределе́ние ~а demand distribution
расшире́ние ~а expansion of demand
рост ~а growth of (increase in) demand
соотноше́ние ~а и предложе́ния supply-demand situation
увеличе́ние ~а increase in (growth of) demand
удовлетворе́ние ~а satisfaction of demand (needs), meeting of requirements, supply according to demand
учёт ~а demand records
име́ть ~ have demand
найти́ ~ на ры́нке find demand on the market
не име́ть ~а not to meet a ready market
отража́ть ~ reflect the demand
по́льзоваться ~ом be in demand
по́льзоваться больши́м ~ом be very much in demand, be in great demand, find (meet with) a ready market, be popular
по́льзоваться ма́лым ~ом be in poor (little, slight) demand
по́льзоваться повы́шенным ~ом be in great demand, be popular, exceed the demand
превыша́ть ~ exceed the demand

продолжа́ть по́льзоваться ~ом continue in demand
стимули́ровать ~ stimulate the demand
удовлетворя́ть ~ satisfy (meet, supply) the demand
име́ющий ~ marketable, saleable
не по́льзующийся ~ом unpopular
отвеча́ющий ~у meeting the demand
по́льзующийся ~ом marketable

сравне́ни/е comparison
ме́тод ~я method of comparison
выде́рживать ~ bear (stand) comparison
по ~ю с in comparison with, as compared with (against)

сра́вниваемый comparable, comparative

сра́внивать compare to (with)

сравни́мый comparable

сравни́тельный comparative

среднесро́чный medium-term, medium-dated

сре́дн/ий average, mean, medium; (*по размеру*) medium-sized (scale)
вы́ше ~его above the average
ни́же ~его below the average

сре́дств/о 1. means, medium; **~а** facilities **2. ~а** (*капитал*) funds, assets, resources, facilities
~а, ба́нковские bank funds (assets), funds (assets) of a bank
~а, бюдже́тные budgetary funds
~а, валю́тные [foreign] currency funds (resources), sums in foreign currency; financial assets
~а, вло́женные [capital] investment
~а, внебюдже́тные extra-budgetary funds
~а, возмо́жные possible means
~а, вспомога́тельные auxiliary means, aids; supporting equipment
~а, госуда́рственные public (state) funds
~а, де́нежные [financial] resources, monetary means, funds
~а, депони́рованные deposits, sums deposited
~а доста́вки means of delivery
~а, заёмные borrowed funds (resources)
~а, заморо́женные frozen assets (funds)
~а, име́ющиеся в нали́чии available funds
~а контро́ля means of control
~а, креди́тные credit funds (means)
~а, ликви́дные liquid assets (funds), means of liquidity
~а, ма́ркетинговые marketing tools
~ междунаро́дных расчётов (*посредством девиз*) medium of exchange
~а, нали́чные cash, ready money
~а на непредви́денные расхо́ды contingency funds
~а, недоста́точные insufficient funds (means)
~а, неликви́дные illiquid funds (assets)
~ обме́на means (medium) of exchange
~а, оборо́тные circulating (current, floating) assets, working capital
~ обраще́ния means of cir-

culation, circulating medium
~а обслу́живания service facilities
~а, обы́чные conventional means
~а, ограни́ченные scanty means
~а, основны́е fixed (capital, permanent) assets
~а, перева́лочные handling facilities
~а, перево́зочные [means of] conveyance, vehicles, transportation (transport, transfer, shipping) facilities
~, плаву́чее порто́вое harbour craft
~ платежа́ (платёжное) means (medium) of payment (paying), payment facilities; funds
~, погру́зочно-разгру́зочные [cargo-]handling (lifting) equipment, lifting (loading) facilities
~а, предприя́тия assets
~а, привлечённые фина́нсовые borrowed finances
~а произво́дства means of production, capital (investment, producers') goods
~а, разгру́зочные unloading (off-loading) facilities, handling equipment
~а распростране́ния рекла́мы advertising media
~а, резе́рвные reserve (standby) funds; reserves
~а рекла́мы advertising means, means of advertising
~а, свобо́дные available resources, free money, spare cash
~а свя́зи means of communication, communication facilities
~а, со́бственные internal funds
~а, совреме́нные up-to-date means
~а сообще́ния means of communication, communication facilities
~а, строи́тельные means of construction
~а, тра́нспортные [means of] conveyance, vehicles, transportation (transport, transfer, shipping) facilities
~а, упако́вочные means of packing, facilities for packing; packing (packaging) materials
~а, фина́нсовые financial resources
~, эффекти́вное effective means
выделе́ние де́нежных средств allocation (appropriation) of funds
выделе́ние дополни́тельных средств additional finance
дефици́т нали́чных средств cash deficit
замора́живание средств freezing of funds (assets)
зачисле́ние средств по валю́тному счёту crediting of a currency account
изъя́тие средств exaction of resources, recovery of sums
нали́чие средств availability of funds (means)
недоста́ток нали́чных средств lack (shortage) of ready cash
обеспе́ченность платёжными ~ами liquidity
отчисле́ние средств в фонд transfer of resources [in]to the fund
перерасхо́д средств overexpenditure, surcharge; *фин.* overdraft
перечисле́ние средств transfer of sums
предоставле́ние средств provision (extension, granting)

of funds (financial resources)
размещéние средств investment of funds; disposition of funds
снятие средств с валютного счёта drawing from a currency account
списáние средств по валютному счёту debiting a currency account
вклáдывать ~а invest, make investments
выделять финáнсовые ~а allocate (appropriate) funds
высвобождáть ~а release funds
добывáть ~а obtain funds, raise money
заморáживать ~а freeze funds (assets)
затрáчивать ~а spend money (funds)
испóльзовать ~а use funds
обеспéчивать перевóзочные ~а secure (provide) shipping facilities
передавáть ~а transfer funds
перераспределять ~а redistribute money (funds)
платить из своих сóбственных средств pay from *one's* own resources
получáть ~а raise (obtain) funds
предоставлять ~а provide (extend, grant) funds (financial resources), make funds available
предоставлять необходимые ~а provide [with] the required facilities
привлекáть ~а attract funds (money), involve funds
снабжáть ~ами supply with means

срок time, time-limit, term, date, period [of time], duration, date; (*платежа*) maturity
~ акцéпта term of acceptance
~ арéнды lease [period]
~ бесплáтного хранéния free storage time
~ ввóда в дéйствие commissioning period
~ вéкселя term (maturity, tenor) of a bill (note), term of a promissory note
~ вéкселя, устанóвленный обычаем usance of a bill
~ вклáда length of deposit
~ владéния tenure
~ возврáта (*денег*) period of repayment, time of redemption
~, возмóжный possible date
~ выгрузки discharging time
~и выплат по ссýдам time-limits for payments of interest on loans
~ выполнéния контрáкта period (term) of execution of a contract
~ выполнéния монтáжных и налáдочных рабóт period of time for installing and adjusting
~ гарáнтии guarantee period (time), period (length) of a guarantee
~ гарáнтии на ... мéсяцев guarantee period (period of guarantee) of (covering) ... months
~, гарантируемый warranty (guarantee)-covered period
~ гóдности [service] life, working life, durability; application time
~ дáвности *юр.* period (term) of limitation
~ дéйствия duration; term (period) of validity, validity period, effective period
~ дéйствия аккредитива [period of] validity of a L/C
~ дéйствия гарáнтии validity of a guarantee

~ **де́йствия зая́вки** lifetime of an application
~ **де́йствия контра́кта** duration (period, term) of a contract, contract[ual] period; validity of a contract
~ **де́йствия лице́нзии** duration (term, period) of a license, term of license validity; validity of a license
~ **де́йствия лицензио́нного соглаше́ния** period of a license agreement
~ **де́йствия пате́нта** life (term, duration) of a patent; validity of a patent
~ **де́йствия пра́ва лицензиа́та на пате́нт** life of licensee's patent rights
~ **де́йствия предложе́ния** validity of an offer (a proposal)
~ **де́йствия соглаше́ния** period (term; validity) of an agreement
~ **де́йствия те́ндера** tender validity period
~ **де́йствия това́рного зна́ка** duration (life) of a trademark
~, **дли́тельный** long term (period), prolonged period
~ **для вы́воза экспона́тов** (*с выставки*) time of removal
~ **для заявле́ния** period of notice
~ **для заявле́ния прете́нзии** deadline of a claim; time for complaint, time allowed for a claim, term of lodging a protest
~ **для пода́чи апелля́ции** term of appeal, time [prescribed] for appeal, period allowed for appealing
~ **для пода́чи зая́вки** term (period) of application
~ **для предъявле́ния** time for presentation
~ **для приёма гру́за су́дном, после́дний** closing date
~, **до́лгий** long term (time), long date of maturity
~, **дополни́тельный** additional time (period), extension of time
~, **доста́точный** sufficient duration
~ **заверше́ния рабо́т** completion date
~ **за́йма** term (life) of a loan; expiry date of a loan, maturity of a loan
~ **изготовле́ния** production time, time of manufacture
~ **исково́й да́вности** period of limitation
~ **исполне́ния догово́ра** term (time) [of the performance (fulfilment)] of a contract
~ **испыта́ний** time of tests, dates (period) of testing
~, **испыта́тельный** trial (test) period
~, **истёкший** expired period (time limit)
~, **календа́рный** calendar period
~ **командиро́вки** period of a business trip
~ **конвенцио́нного приорите́та** convention priority period
~, **коне́чный** expiry (expiration) date
~ **консигна́ции** consignment period, period of consignment
~**и, контра́ктные** contract dates
~, **коро́ткий** short term (time), short date of maturity
~, **кра́йний** last date, deadline
~ **креди́та** term (period, duration, length) of credit, credit period
~ **кредитова́ния** credit period
~, **льго́тный** period (term) of grace, grace period
~, **максима́льный** maximum period

~, минима́льный minimum period
~, наступи́вший maturity
~, нача́льный initial date
~, недоста́точный insufficient period of time
~, неистёкший inexpired period
~, неопределённый indefinite period
~, неприе́млемый unacceptable term
~, непродлева́емый non-extendable period
~, нормати́вный set time limit, normative period
~ обжа́лования term of appeal
~, обусло́вленный stipulated date (period)
~ обуче́ния training period
~, оговорённый в контра́кте contract[ual] date, time (period) stipulated in (by) a contract
~ оконча́ния рабо́т completion date[s]
~, оконча́тельный final date
~ окупа́емости payback time, period of recoupment (repayment)
~ опла́ты due (maturity) date, [date of] maturity; **~и опла́ты** payment period
~ опротестова́ния time for protesting
~ осуществле́ния прое́кта project period
~ отгру́зки shipping date (period), date for (time of) shipment
~ отгру́зки, кра́йний deadline on shipment
~ отгру́зки, пла́новый scheduled (projected) shipping date
~ отпра́вки time (date, period) of dispatch, dispatch time (date, period), departure date
~ пате́нтной охра́ны term of patent protection
~, первонача́льный original date
~, плани́руемый projected (planned) period, planned dates
~и, пла́новые scheduled (projected) dates
~ платежа́ date (time, term) of payment, time for payment, payment period, due date [of (for) payment], maturity (date), prompt
~ платежа́ по ве́кселю due date of a bill, day on which a bill becomes (falls) due
~ платежа́ по тра́тте maturity of a draft
~и платеже́й schedule of payments, payment schedule, timing of payments, due (maturity) dates
~ погаше́ния time for (period of) repayment, time of redemption
~ погаше́ния, дли́тельный long maturity
~ погаше́ния креди́та credit payments period
~ погру́зки time of loading, loading time (period), time allowed for loading
~ пода́чи апелля́ции term of appeal, time [prescribed] for appeal, period allowed for appealing
~ пода́чи гру́за для погру́зки time for delivery of goods to load
~ пода́чи зая́вки term (period) of application
~ поку́пки date of purchase
~ полномо́чий term of office; term of powers
~, по́лный full period, entire duration
~ по́льзования period of use, service life

~, **после́дний** final (closing) date, deadline

~ **поста́вки** time (date, period, term) of delivery, delivery time (date, period)

~ **поста́вки, приме́рный** estimated (approximate) delivery date

~ **пребыва́ния специали́стов** length of stay of specialists

~, **преде́льный** deadline, expiry date, time limit

~, **преде́льный для отве́та** time limit for response

~, **предлага́емый (предло́женный)** proposed (suggested) date

~, **предоста́вленный** granted period (term)

~, **приблизи́тельный** approximate date

~, **прие́млемый** acceptable term (date, period, time, time limit)

~ **проведе́ния вы́ставки** exhibition time

~, **продлённый** extended (prolonged) term (period), extended expiry date

~ **проекти́рования** period of design, designing period, time needed for designing

~ **рабо́ты** (*станка, машины*) lifetime, service life, working (running) time

~ **рабо́ты специали́стов** time (period, duration) of work of specialists

~ **разгру́зки** unloading (discharging) time (period)

~ **разрабо́тки** period required for development

~ **разрабо́тки но́вой проду́кции** lead time

~, **разу́мный** reasonable time (period)

~, **расчётный** settlement (settling, account) day

~ **регистра́ции зая́вки** time (deadline) of an application

~ **слу́жбы** service (useful, operating) life, term of service, lifetime

~ **слу́жбы, гаранти́рованный** guaranteed service life (lifetime)

~, **согласо́ванный** agreed (fixed) period

~ **соглаше́ния** period (term, duration) of an agreement

~, **соотве́тствующий** appropriate date

~, **сре́дний** intermediate date

~ **ссу́ды** duration (maturity) of a loan

~ **страхо́вки** insured (insurance) period, period of insurance

~, **твёрдый** fixed date

~ **транспортиро́вки** time of shipment (transportation)

~ **тра́тты** tenor of a draft (bill of exchange)

~, **увели́ченный** extended date

~, **удо́бный** convenient date

~, **ука́занный** indicated (specified, stated, fixed) date, quoted (indicated, specified, stated) period

~ **упла́ты** date (time, term) of payment, payment period, due (maturity) date

~ **упла́ты проце́нтов** interest date

~, **устано́вленный** stipulated (specified, fixed) period, due (target) date

~, **устано́вленный для платежа́** time fixed for payment

~, **факти́ческий** actual period

~ **хране́ния** period of storage (storing)

~ **эксплуата́ции** period of use, service life

ве́ксель, ~ кото́рого не истёк unexpired bill

вексель на ~, установленный торговым обычаем usance bill, bill at usance
вексель, ~ платежа по которому наступил expired (matured) bill
вексель со ~ом платежа, исчисляемым со дня выдачи after date bill, bill after date
доставка в ~ punctual delivery
истечение ~а expiration (expiry) of a period (term), lapse of time
истечение ~а аренды expiration of lease
истечение ~а действия expiration of validity
истечение ~а [действия] договора expiration (expiry, termination) of a contract [term]
истечение ~а действия патента expiry (expiration) of a patent
истечение ~а исковой давности expiry of the period of limitation
истечение ~а страхования expiration of insurance
нарушение ~ов поставки violation of delivery time (dates)
наступление ~а платежа maturity
несоблюдение ~а non-observance (exceeding) of the time (date, term), failure to meet the date
неуплата в ~ failure to pay on time (on a due date), failure to meet the date
ограничение ~а limitation of time
окончание ~а termination of a period
окончание ~а гарантии expiration of a guarantee (warranty)
перенос ~а postponement, putting off
перенос на более ранний ~ advancing a date
перенос ~а поставки postponement (putting off) of delivery time (date), postponement (putting off) of the time (date) of delivery
пересечение ~ов overlapping of dates
покупка на ~ *бирж.* forward (time) purchase (purchasing), purchase for forward (future) delivery, purchase for settlement
полис на ~ time policy
представление в ~ due presentation
продажа на ~ *бирж.* sale for forward (future) delivery, forward (time) sale
продление ~а extension (prolongation) of the time [limit] (term)
продление ~а гарантии extension (prolongation) of a guarantee
продление ~а действия extension (prolongation) of the validity period (period of validity)
продление ~а действия аккредитива prolongation [of the validity] of a L/C, extension of the term (period) of a L/C
продление ~а действия патента renewal of a patent, extension of a patent [term]
продление ~а платежа extension (prolongation) of the time of payment (payment period), postponement of [the due date of] payment, maturity postponement; stretching out (spreading) payments
продление ~а тратты extension [of the tenor] of a draft

пролонга́ция ~а prolongation (extension) of the time [limit] (term)
сде́лка на ~ *бирж.* forward (terminal) transaction (operation), contract for forward delivery, forward business, option (time) bargain
соблюде́ние ~ов compliance with (observance of, keeping, meeting) the dates (time)
срыв ~а поста́вки slow[er] delivery
ссу́да на ~ time loan (money), term loan, loan for a period of ...
тра́тта ~ом к платежу́ ежего́дно annual draft
тра́тта ~ом на ... дней ... d/s (days' sight) draft, draft at ... days [after sight]
тра́тта со ~ом упла́ты неме́дленно по предъявле́нии demand draft
удлине́ние ~а креди́та prolongation of [a] credit [term]
упла́та ра́ньше ~а payment ahead of time; payment in anticipation
выде́рживать ~ keep (observe, comply with, adhere to) the time
выде́рживать ~и поста́вки maintain delivery dates
гаранти́ровать ~ом на guarantee for a period of
де́йствовать в тече́ние ~а be valid for a period of
изменя́ть ~ change (review, revise) the time
назнача́ть ~ set (fix) the time (term, date)
наступа́ть ~у платежа́ mature, reach maturity, be (fall, become) due for payment
не соблюда́ть ~ exceed the term (time)
обусло́вливать ~ де́йствия stipulate the expiry date
обусло́вливать ~и поста́вки stipulate delivery dates
опла́чивать в ~ pay at (on) maturity, pay on time (on the fixed day, when due), meet the due date
отодвига́ть ~ postpone (put off, transfer) a date
передвига́ть (переноси́ть) ~ postpone (put off) a date
переноси́ть ~и платеже́й postpone (stretch out, spread) payments
переноси́ть ~и поста́вки postpone (put off) delivery time (dates), postpone (put off) the time (date) of delivery
пересма́тривать ~и revise the dates
пересма́тривать ~и поста́вки revise the delivery dates
плати́ть в ~ pay at maturity (on maturity date), pay on time, pay promptly
плати́ть ра́ньше ~а pay ahead of time (schedule), anticipate payment
покупа́ть на ~ buy forward (ahead), purchase for forward (future) delivery
поставля́ть в ~ deliver on time
поставля́ть в ~, оговорённый в контра́кте deliver within the stipulated time (within the time stipulated in the contract)
превыша́ть ~ exceed the time (period)
предлага́ть ~ гара́нтии offer a guarantee period
предоставля́ть ~ grant a term
предоставля́ть но́вый ~ give a new validity
продава́ть на ~ sell forward (ahead), sell for forward (future) delivery

продлева́ть ~ extend (prolong) the period (term, time [limit]) grant an extention
продлева́ть ~ вы́платы до́лга stretch out the repayment of a debt
продлева́ть ~ гара́нтии extend (prolong) the guarantee period (period of guarantee)
продлева́ть ~ де́йствия extend [the period of] validity, extend the validity period
продлева́ть ~ де́йствия аккредити́ва extend the term (period) of a L/C, prolong [the validity of] a L/C
продлева́ть ~ де́йствия контра́кта prolong the contract term
продлева́ть ~ де́йствия креди́та extend the term (period) of credit
продлева́ть ~ де́йствия пате́нта extend a patent [term], renew a patent
продлева́ть ~ до extend the period to (until)
продлева́ть ~ на extend the period for (by)
продлева́ть на ~ extend the term for a period of
продлева́ть ~ обуче́ния extend the training period
продлева́ть ~ оконча́ния рабо́т extend the time of completion of work
продлева́ть ~ платежа́ extend (prolong) the time of payment (payment period), postpone [the due date of] payment; spread (stretch out) payments
продлева́ть ~ погаше́ния креди́та extend credit payment terms
продлева́ть ~ пода́чи апелля́ции extend the term for appeal
продлева́ть ~ поста́вки prolong (extend, grant extension of) [the time of] delivery (delivery time, delivery period)
продлева́ть ~ пребыва́ния extend (prolong) the period of stay
продлева́ть ~ рабо́ты специали́стов extend the time required for specialists to perform the work
продлева́ть ~ слу́жбы extend the service (useful, operating) life
просро́чить ~ exceed the term
растя́гивать ~и платежа́ spread payments over a period of time, stretch (spread) payment terms
соблюда́ть ~ observe (comply with, keep, maintain, meet, adhere to) the date (term)
соблюда́ть ~и отгру́зки meet the shipment dates, respect the dates of (for) shipment
соблюда́ть ~ поста́вки keep (observe, maintain, adhere to) the time of delivery (delivery dates)
согласова́ть ~и agree upon (coordinate, finalize) dates
сокраща́ть ~ shorten a period, reduce a term, reduce (curtail) the time
ука́зывать ~ state (show, specify, indicate, fix, quote) a date (period)
устана́вливать ~ set a term, fix a date (time), quote a period
~ом по тре́бованию due at call
без ограниче́ния ~ом unlimited
в ~ in (on) time, in due time; on the appointed day; within the time limit; on (at) maturity, when due

в бо́лее по́здний ~ at a later date
в коро́ткий ~ on (at) short notice
в преде́лах ~а within a period of
в са́мый ра́нний ~ at the earliest practicable date, as soon as practical
в тече́ние гаранти́йного ~а during the guarantee period
в ~, ука́занный в контра́кте in the time stipulated in a contract
на ~ for a period (term) of
на до́лгий ~ for a long period
на неопределённый ~ for an uncertain period (space) of time
на сре́дний ~ for an intermediate term
по истече́нии ~а at (on) the expiration of a period
при наступле́нии ~а at maturity, when due, in due course
согла́сно ~у in due time
~ аккредити́ва истёк the L/C has expired
~ гара́нтии заво́да-изготови́теля на маши́ну истёк the machine is out of the manufacturers' guarantee
~ де́йствия истёк the validity has expired
~ платежа́ истёк payment is overdue
~ платежа́ наступи́л payment is due

сро́чно promptly, urgently
~ заня́ться рассмотре́нием вопро́са take up the matter promptly
~ предста́вить докуме́нты submit documents promptly
~ рассмотре́ть вопро́с give the matter urgent consideration
~ связа́ться с *кем-л.* contact *smb* promptly
~ тре́боваться need *smth* at short notice, demand *smth* urgently

сро́чност/ь promptness, urgency
отсу́тствие ~и lack of urgency
поря́док ~и priority

сро́чный prompt, immediate, express, urgent; (*о платеже*) due

ссу́да loan, advance, accommodation
~, ба́нковская bank loan (credit, advance, accommodation), banker's credit, borrowing from a bank
~, безвозвра́тная non-repayable subsidy, grant
~, беспроце́нтная interest-free loan, loan bearing no interest (without interest), advance free of interest
~, бессро́чная permanent loan, loan for an indefinite time
~, бро́керская broker's loan
~, валю́тная credit in foreign exchange
~, возвра́тная demand loan
~ в разме́ре loan in the amount of
~, де́нежная money-loan, loan of money, money on loan
~ до востре́бования demand loan (money), loan at (on) call, money on call, call loan (money), sight loan
~, долгосро́чная long-term (long, long-sighted) loan, long-term borrowing
~, долева́я participation loan
~, краткосро́чная short-term (short, short-sighted) loan, short-term borrowing
~, льго́тная soft loan

~ на срок time loan (money), term loan, loan for a period of
~, не покры́тая обеспе́чением straight loan
~, онко́льная loan (money) on call, call loan (money)
~, пога́шенная repaid loan
~ под гара́нтию loan against a guarantee
~ под [двойно́е] обеспе́чение collateral loan, loan on collateral
~ под зало́г secured loan, loan on (against) security
~ под зало́г векселе́й loan on the security of bills
~ под зало́г това́ра loan on goods, advance against pledge (hypothecation) of goods
~, подлежа́щая возвра́ту по пе́рвому тре́бованию loan subject to call
~ под обеспе́чение loan on the security of (against security), collateral loan, loan on collateral
~ под платёжные докуме́нты loan against payment documents
~ под проце́нты loan at interest
~ под склади́рованные това́ры warehouse loan
~ под това́р loan (advance) against (on) goods, advance secured against merchandise
~ под това́р в порта́х loan against goods at ports
~ под това́р в пути́ loan against goods en route
~ под това́р на скла́дах loan against goods in warehouses
~, подтова́рная loan (advance) against (on) goods, advance secured against merchandise
~, подтова́рная, автомати́чески погаша́емая self-liquidating (liquidation) loan
~ под това́рно-материа́льные це́нности loan against commodities and materials
~ под це́нные бума́ги loan (advance) against securities (stocks)
~ покупа́телю loan to the buyer
~, предоста́вленная бро́керу broker's loan
~, просро́ченная bad loan
~, проце́нтная interest bearing loan
~ с погаше́нием в рассро́чку instal[l]ment loan
~, среднесро́чная intermediate loan
~, сро́чная time (fixed date) loan
возвра́т ~ы repayment of a loan, loan repayment
вы́дача ~ы crediting, credit accommodation, lending (advancing) money, granting a loan
испо́льзование ~ы use of a loan
обеспе́чение ~ы security for (of) a loan
отка́з от предоставле́ния ~ы loan rejection
платежи́ по ~м repayments on loans
погаше́ние ~ы repayment (meeting, redemption, paying off) of a loan
получа́тель ~ы borrower
получе́ние ~ы borrowing, raising (obtaining) a loan
предоставле́ние ~ы granting (allowing, provision) of a loan, extension (advance) of funds, provision of capital
ры́нок ссуд loan market
срок ~ы duration (maturity) of a loan

сро́ки вы́плат проце́нтов по ~м time-limits for payments of interest on loans
су́мма ~ы amount of a loan, loan value
брать ~у borrow, take a loan
брать ~у на коро́ткий срок borrow short
дава́ть ~у lend (advance) money, accommodate *smb* with money (a loan), grant a loan
дава́ть ~у под зало́г lend on collateral
дава́ть ~у под зало́г докуме́нтов lend money on (against) documents
дава́ть ~у под зало́г това́ра lend money on goods, take goods in pledge
обраща́ться за ~ой apply for a loan
погаша́ть ~у repay (meet, pay off, redeem) a loan
покрыва́ть ~у meet a loan
получа́ть ~у raise (obtain) a loan (money), contract a loan
предоставля́ть ~у grant (allow, provide) a loan, grant (advance) money (funds)
тре́бовать погаше́ния ~ы call (recall) a loan

ссу́дный loan *attr.*, lending
ссужа́ть lend, advance, loan
ссыла́ться refer to, quote, cite
ссы́л/ка reference
~ на *что-л.* reference to *smth*
~, пряма́я direct reference
но́мер для ~ок reference number
дава́ть ~ку supply (cite) a reference

стабилиза́ция stabilization
~ валю́тного ры́нка stabilization of the foreign exchange market
~ валю́ты stabilization of currency, currency stabilization
~ ку́рса валю́ты stabilization of exchange [rate]
~ цен stabilization of prices, price stabilization

стабилизи́рованный stabilized
стабилизи́ровать stabilize
стаби́льность stability
~ нормати́вов stability of norms
~ ры́нка market stability
~ цен price stability
~, экономи́ческая economic stability

стаби́льный stable
ста́в/ка rate
~, акко́рдная blanket (flat) rate
~ аре́ндной пла́ты rent rate
~, ба́зисная basic (prime) rate
~ ба́нка, учётная bank [discount] rate
~ки валю́тных отчисле́ний rates of (for) currency deductions
~ вознагражде́ния rate (amount, size, extent) of commission (remuneration)
~, вре́менная temporary rate
~, вы́годная favourable rate
~, вы́нужденная ни́зкая distress rate
~, высо́кая high rate
~ки госуда́рственного кредитова́ния э́кспорта rates of state export financing
~, двойна́я dual rate
~, де́йствующая current (ruling, going) rate
~ де́мерреджа demurrage rate, rate of demurrage
~ки де́нежного ры́нка money market rates
~ диско́нта discount rate, rate of discount
~ ди́спача dispatch rate, rate of dispatch [money]
~, дневна́я daily rate, per diem rate

~ки, дохо́дные тари́фные income tariff rates
~ки, еди́ные uniform (flat) rates
~ки железнодоро́жных тари́фов rail rates
~ки за генера́льный груз general cargo rates, *сокр.* GCR
~ки за отпра́вку forwarding charges
~ки за перево́зки на лине́йных суда́х liner freight rates
~ки за перево́зки на тра́мповых суда́х tramp freight rates
~ки зарпла́ты wage (pay) rates, labour rates
~ зарпла́ты, основна́я standard wage rate
~ зарпла́ты, повреме́нная time wage rate
~ зарпла́ты, почасова́я hourly wage rate
~ зарпла́ты, сде́льная piece [work] rate
~ки зарпла́ты, существу́ющие going wage rates
~ за хране́ние rates of (charges for) storage, storage charges
~ комиссио́нного вознагражде́ния rate of commission, commission rate
~, конте́йнерная container rate
~, льго́тная reduced (preferential) rate
~, максима́льная maximum (top) rate
~ки, межпорто́вые inter-port rates
~, ме́стная local rate
~, ме́сячная monthly rate
~, минима́льная minimum rate
~ накладны́х расхо́дов overhead (cost, burden) rate
~, нало́говая tax (taxation) rate
~ки на ссу́дный капита́л interest rates on loan capital
~, национа́льная national rate
~, неприе́млемая unacceptable rate
~, ни́зкая low rate
~, обы́чная standard (going) rate
~, основна́я standard rate
~, откры́тая open rate
~, официа́льная official rate
~ переучёта rediscount rate
~, пла́вающая floating rate
~, повы́шенная high[er] rate
~, погру́зочно-разгру́зочных рабо́т stevedoring rate
~ по депози́там deposit rate, rate of interest on deposits
~ по долгосро́чным обяза́тельствам long rate
~ки по креди́там credit rates, rates for (on) credits
~, пони́женная low[er] rate, reduced rate
~ки, порто́вые port rates
~, почасова́я hourly rate
~ проце́нта rate of interest, interest rate
~ проце́нта, номина́льная nominal rate of interest
~ проце́нта по за́ймам interest rate on loans
~ проце́нта по краткосро́чным за́ймам short[-term] interest rate
~ проце́нта по онко́льной ссу́де call loan rate
~ проце́нта по ссу́дам loan (lending) rate
~ проце́нта по э́кспортным креди́там interest rates for export credits
~ проце́нта, реа́льная real interest rate
~ проце́нта, согласо́ванная approved rate of interest

~ процента, текущая current interest
~ки разгрузочных работ discharging rates
~, рекламная advertising rate
~, рыночная market rate
~ки, сверхурочные overtime rates
~, сдельная piece[work] rate
~, сквозная through rate
~, сниженная reduced rate
~, средневзвешенная average weighted rate
~, стивидорная stevedoring rate
~, страховая rate of insurance, insurance rate
~ки, существующие current (prevailing, existing) rates
~ таможенной пошлины rate of duty, duty rate
~ки, тарифные tariff rates
~ки, твёрдые fixed rates
~, текущая current rate
~, указанная в rate specified in
~, умеренная moderate rate
~, учётная discount rate, rate of discount
~, фиксированная fixed rate
~, фрахтовая freight (carrier, shipping) rate, rate of freight
~, фрахтовая, зональная zone freight rate
~, фрахтовая, картельная conference rate
~, фрахтовая, комбинированная combination freight rate
~, фрахтовая, некартельная non-conference rate
~, фрахтовая, общая common freight rate
~, фрахтовая, сквозная through freight rate
~ки частного рынка private market rates
~, чрезмерная exorbitant rate
занижение ~ки underrating
надбавка к ~ке за обработку негабаритных грузов surcharge on bulky goods
повышение ~ок increase in rates
размер процентной ~ки interest rate, rate of interest
расчёт ~ок calculation of rates
снижение ~ок reduction of (in) rates, lowering rates
снижение ~ки, процентной reduction of interest, decrease in interest, easing of interest rates
снижение ~ки, учётной reduction in the discount rate, lowering of the bank rate
таблица тарифных ~ок tariff [rate] schedule
тариф ~ок комиссионного вознаграждения schedule of commission charges
уровень ~ок level of rates
назначать ~ку fix (quote) a rate
пересматривать ~ки налогов revise tax rates
повышать ~ки increase rates
поддерживать высокие ~ки процента maintain high interest rates
предоставлять особые ~ки grant special rates
предусматривать ~ки provide for rates
применять тарифные ~ки apply tariff rates
регулировать процентные ~ки control interest rates
снижать ~ки reduce rates

снижа́ть тамо́женные ~ки reduce tariffs (tariff rates)
согласова́ть ~ки agree upon (finalize) rates
ука́зывать ~ки indicate (state) rates
устана́вливать ~ки set (fix, determine, establish) rates
по ~кам at the rates of

стагна́ци/я (*застой*) stagnation
~ произво́дства stagnation of production
~ ро́зничного товарооборо́та stagnation of retail trade
пери́од ~и period of stagnation

стагфля́ция (*стагнация при одновременном росте инфляции*) stagflation

ста́ди/я stage, phase
~ иссле́дования research (exploration, investigation) phase
~, коне́чная final stage
~, нача́льная initial stage
~, подготови́тельная preparatory stage
~ проекти́рования design stage
~, произво́дственная production (fabrication) stage
~, промежу́точная intermediate stage
~ рабо́ты stage (phase) of work
~ разрабо́тки development phase
в нача́льной ~и initially
в ~и произво́дства at the manufacturing stage
на ~и at the stage

стажиро́вк/а training
~, произво́дственная industrial (in-service) training

сталийное вре́мя (*период времени, указанный в чартере, для погрузки и разгрузки судна*) lay days (time)
расчёт сталийного вре́мени calculation of lay days
подсчи́тывать ~ count lay days
уточня́ть ~ specify the number of lay days
учи́тывать ~ take lay days into account

станда́рт standard
~, бума́жно-де́нежный fiduciary standard
~, бума́жный (*денежное обращение*) paper standard (basis)
~, весово́й weight standard
~ы внутри́ страны́ home standards
~, внутрифи́рменный company standard
~, вре́менный draft (temporary, tentative) standard
~, высо́кий high standard
~ы, госуда́рственные, СССР state standards of the USSR
~, госуда́рственный state standard
~, де́нежный monetary standard
~, еди́ный для США, Великобрита́нии, Кана́ды ABC standard
~, заводско́й factory (manufacturing) standard
~, золотовалю́тный gold-exchange standard
~, золото́й gold standard
~, золотомоне́тный gold coin standard
~, золотосли́тковый gold-bullion standard
~ ка́чества quality standard
~ ка́чества изготовле́ния standard of workmanship, workmanship standard
~, ка́чественный qualitative standard
~, междунаро́дный international standard

~, метри́ческий metric standard
~, мирово́й world standard
~ на standard on
~, национа́льный national standard
~, необяза́тельный voluntary standard
~, общесою́зный All-Union standard
~, о́бщий general standard
~, определённый definite standard
~, осно́ванный на догово́ре contractual standard
~, отраслево́й branch standard
~, официа́льный official standard
~ предприя́тия enterprise standard
~, прие́млемый acceptable (accepted) standard
~, при́знанный recognized standard
~, примени́мый applicable standard
~, при́нятый normal (accepted) standard
~, при́нятый в стране́ поставщика́ standard existing in the supplier's country
~ проду́кции product standard
~, промы́шленный industrial (manufacturing) standard
~ы, профессиона́льные professional standards
~, рекомендо́ванный recommended standard
~, ры́ночный marketing standard
~, серéбряный silver standard
~, совреме́нный up-to-date standard
~, соотве́тствующий relevant standard
~, существу́ющий current (existing) standard
~, техни́ческий technical (engineering) standard
~, торго́вый commercial standard
~, то́чный precise standard
~, узако́ненный legal standard
~ы упако́вки packing standards
~, устано́вленный established standard
~, устаре́вший outdated standard
~, утверждённый approved standard
~ы, экологи́ческие ecological standards
наруше́ние ~а violation of a standard
отклоне́ние от ~а deviation from a standard
отме́на золото́го ~а suspension of the gold standard
отхо́д от золото́го ~а abandonment of the gold standard
пересмо́тр ~ов revision of standards
аннули́ровать в ка́честве ~а discard as a standard
быть вы́ше у́ровня мировы́х ~ов be above the world standards
быть на у́ровне мировы́х ~ов be up to the world standards
быть ни́же у́ровня мировы́х ~ов be below the world standards
выпуска́ть согла́сно ~у make to standard
де́лать в соотве́тствии с *каки́м-л.* **~ом** do to *some* standard
достига́ть ры́ночных ~ов reach market standards

нарушáть ~ violate (contravene) a standard
отвечáть ~у comply with (conform to) a standard
производи́ть на ýровне наивы́сших ~ов manufacture up to the highest standards
служи́ть ~ом serve as standard
соотвéтствовать ~у be up to (in conformity with, in accordance with) a standard, conform with (to) a standard, comply with (come under) a standard
укáзывать ~ indicate a standard
в соотвéтствии со ~ами in accordance with (according to) the standards

стандартизáци/я standardization
~ выпускáемой продýкции standardization of output
~ тáры standardization of packaging
вопрóсы ~и standardization questions
поли́тика ~и policy of standardization

стандартизи́ровать standardize, fix norms

стандартизóванный standardized

стандáртный standard, usual, customary

стан/óк machine[-tool]
налáживать ~ set up a machine
рабóтать на ~ке operate a machine

стáнция station
~, автозапрáвочная filling (petrol) station
~, глáвная main (principal) station
~, грузовáя cargo (freight) terminal
~, железнодорóжная railway (*амер.* railroad) station
~, конéчная terminal [station], railway (rail) terminal
~, контéйнерная container terminal
~ назначéния station of destination
~ обслýживания service station
~ отправлéния forwarding (shipping, dispatch[ing]) station, station of departure (origin), initial terminal
~, пассажи́рская passenger terminal
~ перевáлочная (перегрýзки) transhipment (transhipping) station
~, пограни́чная border (frontier) station
~ погрýзки loading station
~ постáвки delivery station
~, промежýточная through (intermediate) station, *амер.* way station
~, сортирóвочная [railway] sorting yard
~, тамóженная customhouse, customs station
~, телефóнная, междугорóдная trunk-exchange
~ техобслýживания service station
~, товáрная goods station (yard), freight terminal
~, транзи́тная transit station
~, узловáя [railway] junction, junction station (depot)
~, центрáльная main (principal) station
фрáнко-~ отправлéния free departure (dispatching, forwarding) station

старéни/е ageing; deterioration
~, естéственное natural ageing

~ **информа́ции** deterioration (ageing) of information (data), data deterioration
~, **мора́льное** moral ageing, obsolescence
~ **обору́дования** ageing of equipment
подверга́ть ~ю age
стати́стик/а statistics
~, **валю́тная** monetary statistics
~, **внешнеторго́вая** foreign trade statistics
~, **мирова́я** world statistics
~ **при́былей** profits statistics
~, **публику́емая** published (reported) statistics
~ **рекла́мы** ad statistics
~, **торго́вая** trade statistics
отде́л ~и statistics (analysis) department
статисти́ческий statistic[al]
ста́тус status
~, **вре́менный** interim status
~, **комме́рческий** commercial status
~ **поста́вки** delivery status
~, **правово́й** legal status
~, **фина́нсовый** financial status
~ **фи́рмы** status of a firm
~ **цены́** price status
~, **юриди́ческий** legal status
стать/я́ 1. (*в печати*) article 2. (*пункт в документе*) article, clause, item, paragraph
~ **акти́ва** asset
~ **бала́нса** balance sheet item
~ **бухга́лтерского бала́нса** balance sheet account
~, **бюдже́тная** item in the budget
~**и́ ввóза** imports, import[ed] items (articles), items (articles) of import[ation]
~**и́ вы́воза** exports, export items (articles), items (articles) of export[ation]
~, **газе́тная** newspaper article
~ **догово́ра** article of a contract (agreement, treaty)
~**и́ дохо́да** revenues
~, **журна́льная** journal article
~, **иллюстри́рованная** pictorial
~**и́ и́мпорта** imports, import[ed] items (articles), items (articles) of import[ation]
~**и́ и́мпорта, неви́димые** invisible imports
~**и́ и́мпорта, основны́е** major (principal) imports
~ **контра́кта** contract clause (article), clause (article) of a contract
~ **контра́кта, дополни́тельная** additional contract clause
~ **контра́кта, основна́я** main contract clause
~ **о забасто́вках** strike clause
~ **пасси́ва** liability
~ **пла́на** item of a plan
~**и́ расхо́дов** items of expenses, expense items, articles (heads) of expenditure
~**и́ расхо́дов, неви́димые** invisible items of expenditure
~, **типова́я** model article
~**и́ э́кспорта** exports, export items (articles), items (articles) of export[ation]
~**и́ э́кспорта, ви́димые** visible exports
~**и́ э́кспорта, гла́вные** principal (major) export items
~**и́ э́кспорта, неви́димые** invisible exports
~**и́ э́кспорта, основны́е** principal (major, staple) exports
включа́ть ~ю́ в догово́р include (insert) a clause in a contract
вноси́ть ~ю́ в счёт enter an item into an account
вычёркивать ~ю́ strike out an item

дополня́ть ~ю́ контра́кта supplement a contract clause
исключа́ть ~ю́ контра́кта exclude a contract clause
пересма́тривать ~ю́ контра́кта revise a contract clause
подразделя́ть ~и́ subdivide items
распределя́ть по ~я́м itemize
в си́лу ~и́ ... контра́кта under clause ... of the contract

стенд stand
~ в помеще́нии closed (interior) stand
~, вы́ставочный exhibition (display) stand; booth
~, демонстрацио́нный display (demonstration) stand
~ индивидуа́льного экспона́та individual booth
~, информацио́нный information stand
~, коллекти́вный collective (combined) stand
~ на откры́той площа́дке open air (outdoor) stand
~, национа́льный national stand
~, необору́дованный bare stand
~ под наве́сом covered outdoor (sheltered) stand
~, постоя́нный permanent stand
~, рекла́мный advertising stand
~, сбо́рно-разбо́рный prefabricated stand
~, свобо́дный empty stand; unattended stand
~, совме́стный joint (combined) stand
~, типово́й model stand, standard booth
~, углово́й corner stand
~ экспози́ции stand of an exposition
аренда́тор ~а lessee (principal, occupant) of a stand
владе́лец ~а owner of a stand, stand holder
гото́вность ~а readiness of a stand
грани́ца ~а demarkation of a stand
демонта́ж ~а dismounting (dismantling) of a stand
закры́тие ~а closing of a stand
заня́тие ~а occupation of a stand
монта́ж ~а installation (assembly, erection) of a stand, stand installation (assembly, erection)
обору́дование ~а furnishings of a stand, stand equipment
оформле́ние ~а stand dressing (decoration)
пло́щадь ~а stand area
подгото́вка ~а preparation of a stand
посеще́ние ~а stand visit
прода́жа экспона́тов со ~а sale "ex stand", off the floor sale, floor sale
разме́ры ~а size (dimensions, measurements) of a stand, stand size (dimensions, measurements)
резерви́рование ~а reservation (booking) of a stand
содержа́ние (*обслу́живание*) **~а** maintenance of a stand
сто́имость аре́нды ~а rental of a stand, stand fee
устано́вка ~а installation (setting up) of a stand
экспона́ты ~а exhibits of a stand
выделя́ть ~ assign (allot) a stand
демонти́ровать ~ dismantle a stand
занима́ть ~ occupy (take possession of) a stand

[за]резерви́ровать ~ book (reserve) a stand
монти́ровать ~ install (assemble, erect) a stand
обору́довать ~ arrange a stand
обслу́живать ~ run a stand
отказа́ться от ~а vacate a stand
оформля́ть ~ dress (decorate) a stand
покупа́ть со ~ов на вы́ставках buy from stands at exhibitions
продава́ть со ~а sell off the floor (stand)
проекти́ровать ~ lay out a stand
реконструи́ровать ~ renovate a stand

стенди́ст stand-assistant (attendant)
~, квалифици́рованный qualified stand-assistant (attendant)

сте́пен/ь degree, extent, level
~ автоматиза́ции level (degree) of automation
~ взаимодове́рия degree of mutual confidence
~, высо́кая high degree
~ загру́зки degree of utilization
~ изно́са degree of wear and tear (depreciation)
~ ка́чества degree of quality
~ конкуре́нции degree (extent, level) of competition
~ ликви́дности degree of liquidity
~, ни́зкая low degree
~ отве́тственности extent (scope) of liability (responsibility)
~ пате́нтного обеспе́чения degree of patent cover
~ поврежде́ния degree of damage
~ ри́ска extent (degree) of risk (riskiness)
~ то́чности degree of accuracy
~ эффекти́вности level of efficiency
в до́лжной ~и sufficiently
в значи́тельной ~и to a great (considerable) extent
в ме́ньшей ~и to a lesser degree (extent)
в ра́вной ~и equally
до не́которой ~и to a certain (some) extent (degree)

сте́рлинг sterling
~, обрати́мый convertible sterling
заём в фу́нтах ~ов sterling loan, loan in sterling
креди́т в фу́нтах ~ов sterling credit
сто́имость фу́нта ~ов value of the pound
счёт в фу́нтах ~ов sterling account
тра́тта с платежо́м в фу́нтах ~ов sterling draft (bill)
фунт ~ов pound sterling
в фу́нтах ~ов in pounds sterling, in terms of sterling
цена́ в фу́нтах ~ов sterling price

сте́рлинговый sterling *attr.*

стесне́ние constraint
~ в сре́дствах strained circumstances
~ креди́та money (credit) squeeze, strain on credit, tight credit (money)

стивидо́р (*портовый грузчик*) stevedore
назнача́ть ~ов appoint stevedores
нанима́ть ~ов appoint (employ) stevedores
расхо́ды, свя́занные с рабо́той ~ов stevedores' charges, charges for (cost of) stevedor-

ing, stevedoring expenses, stevedore costs

стивидо́рный stevedoring, stevedore *attr.*

сти́мул incentive, stimulus, *мн. ч.* stimuli

~ы для капиталовложе́ний investment incentives

~, фина́нсовый financial incentive

служи́ть ~ом serve as a stimulus

стимули́ровани/е promotion, stimulation, encouragement

~ внешнеэкономи́ческой де́ятельности foreign economic activity promotion

~, материа́льное material incentives

~ промы́шленности stimulation of industry

~ сбы́та sales promotion, promotion of sales, promotional activity (effort)

~ торго́вли promotion of trade, boosting (expanding) of trade

~, экономи́ческое economic encouragement (stimulation), [provision of] economic (financial) incentives

~ э́кспорта export encouragement (incentives), encouragement (encouraging) of exports

фо́нды экономи́ческого ~я economic incentive funds

стимули́ровать stimulate, promote

стихи́йное бе́дствие natural (elemental) disaster

сто́имост/ь cost, value

~ авиафра́хта airfreight cost

~ автомоби́льной перево́зки cost of carriage (transportation) by road, cartage

~ арбитра́жа cost of arbitration, arbitration fee[s]

~ аре́нды cost of renting, rent price

~, бала́нсовая book cost

~, валова́я gross value

~, валю́тная value in [terms of] foreign currency

~ валю́ты value of currency

~, весова́я cost of weight

~ в иностра́нной валю́те value in foreign exchange

~, возраста́ющая increasing value

~ в постоя́нных це́нах constant cost

~ в скорректи́рованных це́нах price adjusted value

~ в стране́ произво́дства home value

~ в теку́щих це́нах current cost

~ вы́грузки cost of unloading (discharging)

~, выкупна́я redemption value

~ выполне́ния зака́за ordering cost

~ выполне́ния монта́жных рабо́т cost of erection work

~ выполне́ния пу́ско-нала́дочных рабо́т cost of start[ing]-up and adjustment work

~ выполне́ния строи́тельных рабо́т cost of civil engineering work

~ вы́полненной рабо́ты value of the work performed

~, высо́кая high cost

~, вы́численная estimated value

~, действи́тельная actual cost (value), real value

~ демонстра́ции cost of demonstration

~, де́нежная money (cash) value, value of money

~, доба́вленная added value

~, доба́вочная extra (additional) cost

~, догово́рная agreed cost

~ **до́ллара** dollar value
~, **дополни́тельная** extra (additional) cost
~ **доста́вки** cost of delivery
~ **едини́цы обору́дования** value per machine
~ **едини́цы проду́кта** unit value
~ **жи́зни** cost of living
~ **забрако́ванной проду́кции** scrap cost
~ **за́йма** cost of borrowing; loan value (cost)
~ **зака́за** value (cost) of an order, order value (cost)
~ **заку́пок** value (cost) of purchases
~, **зало́говая** mortgage value
~ **заме́ны** renewal cost
~ **запа́сов** stock value, stocking cost
~, **запрода́жная** sale value
~, **застрахо́ванная** value insured, insured value
~, **зая́вленная** declared value
~, **значи́тельная** substantial cost
~ **зо́лота** value of gold
~ **зо́лота, по́длинная** intrinsic value of gold
~ **изготовле́ния** cost of manufacturing (manufacture), fabrication cost
~ **изде́ржек** cost value
~ **и́мпорта** value of imports, import value
~, **индивидуа́льная** individual value
~, **и́стинная** true cost
~ **ка́ждой отде́льной па́ртии** value of each separate shipment
~ **капита́ла** cost of capital
~ **капита́льного ремо́нта** cost of overhaul, overhaul cost
~, **комме́рческая** commercial value
~, **коне́чная** final cost
~ **контра́кта** value (cost) of a contract, contract value (cost); value of a deal
~ **креди́та** cost (value) of credit
~, **курсова́я** market value
~, **ликвидацио́нная** liquidation (salvage) cost (value), disposal (recovery, residual) value
~ **лице́нзии** license value, cost of a license
~ **маркиро́вки** cost of marking
~ **материа́лов** cost (value) of materials
~ **маши́нного обору́дования** value of machinery
~, **менова́я** exchange value, value in exchange
~ **ме́ста** cost of space
~, **минима́льная** minimum value
~ **монтажа́** cost of assembling (erection, mounting, installation), assembly (erection, mounting, installation) cost
~ **морско́го фра́хта** ocean freight
~, **нарица́тельная** nominal value
~, **необосно́ванно высо́кая** unreasonable cost
~ **непоста́вленных пози́ций** value of undelivered items
~, **ни́зкая** low cost
~, **номина́льная** nominal (face, denominational, par) value
~, **нормати́вная** standard cost
~ **обору́дования** cost of equipment
~ **обрабо́тки** working (machining, processing) cost
~ **обуче́ния** training cost
~, **о́бщая** total (overall) cost (value, price), aggregate value

~, **объя́вленная** declared value
~, **ориентиро́вочная** estimated (evaluation, tentative) cost
~ **отгру́женного това́ра** shipped value
~, **относи́тельная** relative cost
~, **оце́ночная** assessed (estimated) cost (value, valuation)
~, **первонача́льная** original (initial) cost (value)
~ **перево́зки** carriage, freight [charges], transport charges, cost of transportation (haulage)
~ **перево́зки внутри́ страны́** inland freight charges (cost)
~ **перегру́зки** cost of transhipment (reloading)
~ **перестрахова́ния** cost of reinsurance
~ **пересы́лки по по́чте** [cost of] postage
~ **перехо́да произво́дства на другу́ю моде́ль** changeover cost
~ **по бухга́лтерским докуме́нтам** book value
~ **повто́рного зака́за** reorder cost
~ **погру́зки** cost of loading, cargo handling cost
~ **пода́чи зака́за** order initiation cost
~ **пода́чи зая́вки** cost of filing
~, **подсчи́танная** estimated cost, computed value
~ **по контра́кту** contract value
~ **поку́пки** value of purchase
~, **покупна́я** purchase value
~, **по́лная** full cost (value), overall cost
~ **поста́вки** cost (value) of delivery (supply)
~, **постоя́нная** constant cost, standing value
~, **потреби́тельная** use value, value in use
~ **предложе́ния** cost of an offer (a proposal)
~, **предполага́емая** probable cost
~, **приба́вочная** surplus value
~, **приблизи́тельная** approximate value
~ **прово́за багажа́** cost of carriage of luggage (luggage transportation)
~, **прода́жная** sale[s] value
~ **проду́кции** value of output (production)
~ **прое́зда** fare, cost of travel (transport)
~ **прое́кта** project cost (price), cost (price), of a project
~, **прое́ктная** estimated cost
~ **произво́дства** cost of production (manufacture), fabrication cost; (*в стране производства*) home value
~ **публика́ции** cost of publication
~ **рабо́т** value (cost) of work
~ **рабо́чей си́лы** cost (value) of labour (manpower), manpower cost (value)
~ **разгру́зки** cost of unloading (discharging)
~ **размноже́ния материа́ла** cost of reproduction services
~ **разрабо́тки** cost of development
~, **рамбурси́рованная** reimbursable cost
~ **расхо́дов** cost of expenses
~, **расце́ночная** estimated cost (value)
~, **реализо́ванная** realization value
~ **резерва́ции** commitment value (fee)
~ **ремо́нта** cost of repairs, renewal cost

~, **ры́ночная** market (commercial) value
~, **сверхсме́тная** excess cost; added costs, additional expenses
~, **сме́тная** estimated cost, cost (price) estimate, estimate of cost
~ **со́бственности** value of property
~, **совоку́пная** aggregate cost (value)
~ **содержа́ния** cost of maintenance
~, **сре́дняя** average cost (value)
~ **страхова́ния** insurance cost (value), cost (value) of insurance
~, **страхова́я** value insured
~ **страхо́вки** cost of insurance
~ **строи́тельства** cost of construction, construction cost
~, **сумма́рная** integrated cost
~ **счёта-факту́ры** invoice[d] (billed) cost (value)
~ **сырья́** material cost, cost of material[s]
~, **тамо́женная** customs (dutiable) value
~ **та́ры** value (cost) of tare, packing (packaging) cost (charges), cost of packing (packaging)
~ **това́ра (това́рная)** cost (value) of goods (a commodity)
~ **това́рно-материа́льных запа́сов** inventory cost (value)
~ **транспортиро́вки** carriage, freight [charges], transport charges, cost of transportation (haulage)
~ **тра́нспортной обрабо́тки груза** handling charges
~, **уде́льная** per-unit (specific) cost
~, **ука́занная в счёте** invoice[d] cost (value)
~ **укла́дки** stowage
~ **упако́вки** cost of packing (packaging), packing (packaging) cost (charges)
~ **упако́вки в я́щики** cost of boxing
~, **усло́вная** conditional cost
~ **услу́г** cost of services (servicing)
~, **устано́вленная** fixed limit of cost
~, **утверждённая сме́тная** endorsed cost estimate
~ **учёта** cost of discounting
~, **факти́ческая** actual cost
~, **факту́рная** invoice[d] cost (value)
~ **фра́хта** cost of freight
~ **фра́хта за ваго́н** freight per rail car
~ **фрахтова́ния** freightage
~ **фу́нта сте́рлингов** value of the pound
~ **хране́ния** cost of (for) storage (storing)
~, **чи́стая** net (real) cost
~ **шти́вки** stowage
~, **эквивале́нтная** equivalent value
~, **эксплуатацио́нная** operating cost
~ **э́кспорта** value of exports, export value
взыска́ние ~и claim for the payment of value, recovery of the cost (value)
возмеще́ние ~и compensation (indemnification, recoupment, recompense) of the cost (value)
возраста́ние ~и expansion of value
вы́чет ~и deduction of the cost
едини́ца ~и unit of value
измене́ние ~и cost variation, change in cost
калькуля́ция ~и calculation of the cost, cost estimating (computing)

колеба́ния ~и fluctuations in cost (value)
определе́ние ~и assessment, valuation, value determination, evaluation, appraisal, appraisement
оце́нка ~и estimation of cost, assessment of value, value assessment (appraisement), determination of the cost (value)
переоце́нка ~и revaluation, reappraisal
повыше́ние ~и rise (increase) in cost, escalation of cost, cost increase
показа́тель ~и cost index
превыше́ние ~и excess cost
приро́ст ~и increment of value
разби́вка по ~и cost breakdown
разби́вка ~и сырья́ и обору́дования breakdown of the value of materials and equipment
ра́зница в ~и difference in cost (value)
расчёт сме́тной ~и calculation of the estimated cost
реализа́ция ~и value realization
рост ~и rise (increase) in cost (value), cost increase
ски́дка со ~и discount (reduction) on (off, from) the value
сниже́ние ~и decrease (reduction) in cost (value), depreciation
увеличе́ние ~и rise (increase) in (of) cost (value), cost increase
удешевле́ние ~и креди́тов cheaper prices for credits
уменьше́ние ~и decrease in cost (value), depreciation
элеме́нты ~и cost elements
амортизи́ровать ~ *чего-л.* **в тече́ние ... лет** amortize the cost of *smth* over a period of ... years
взы́скивать ~ с *кого-л.* charge *smb* the cost, recover the cost (value)
возвраща́ть ~ refund the cost
возмеща́ть ~ compensate for (refund, recoup, offset, recompense) the cost (value)
вычисля́ть ~ calculate (estimate, compute) the cost
заявля́ть ~ declare a value
име́ть прода́жную ~ have a sales value
калькули́ровать ~ calculate (estimate, compute) the cost
колеба́ться в ~и fluctuate in cost (value)
компенси́ровать ~ compensate for (refund, recoup, offset, recompense) the cost (value)
опла́чивать ~ pay the cost
оце́нивать ~ assess, value, appraise, determine the cost (value)
пересма́тривать ~ revise the cost
повыша́ть ~ increase the cost
подсчи́тывать ~ estimate the cost of (charge for)
покрыва́ть ~ cover (meet, absorb) the cost
покры́ть ...% ~и контра́кта cover ...% of the contract value
превыша́ть ~ exceed the cost (value)
различа́ться по ~и от ... до ... range in cost from ... to ...
реализо́вывать ~ realize the value
снижа́ть ~ decrease (reduce) the cost (value)
ука́зывать ~ indicate the value
уменьша́ться в ~и decrease in cost (value)

установи́ть ~ establish the value

~ью at the cost (price) of, to (at) the value of, worth

~ и фрахт cost and freight, *сокр.* C&F

~, страхова́ние и фрахт cost, insurance, freight, *сокр.* CIF

~, страхова́ние, фрахт и коми́ссия посре́дника cost, insurance, freight and commission, *сокр.* CIF[&]c.

~, страхова́ние, фрахт и курсова́я ра́зница cost, insurance, freight and exchange, *сокр.* CIF[&]e.

~ перево́зки подлежи́т опла́те получа́телем carriage forward

сто́ить cost, be worth

стоки́ст (*фирма, имеющая запасы продукции*) stockist, stock distributor

стокно́та (*подробная спецификация на пиломатериалы, предложенные к продаже*) stock-note

столкнове́ни/е collision, clash

~ интере́сов clash (collision) of interest

~ пате́нтных прав conflict of patent rights

~ поездо́в collision of trains

~ судо́в collision of ships (vessels)

огово́рка о ~и collision (running down) clause

риск ~я судо́в risk of collision

сторни́рование *бухг.* (*исправление ошибочной записи*) reversing an entry

сторни́ровать *бухг.* (*исправлять ошибочную запись*) reverse an entry

сторон/а́ 1. side **2.** (*участник в деле и т. п.*) party

~ в догово́ре party to a contract

~, вино́вная responsible (defaulting, guilty) party, party at (in) fault

~, возража́ющая opposing party

~ в спо́ре contestant

~ в суде́ party to the action (case, proceedings)

~ы, догова́ривающиеся contracting parties, parties to a contract

~, заинтересо́ванная interested party, party concerned (involved)

~, заяви́вшая прете́нзию claiming (complaining) party

~, лицева́я face (obverse) [side]

~, нару́жная outside

~ы, находя́щиеся в догово́рных отноше́ниях parties to a contract

~, невино́вная party not at (in) fault

~, оборо́тная reverse [side], back

~, отве́тственная responsible party

~, подписа́вшая докуме́нт signatory, signer

~, потерпе́вшая dissatisfied (injured) party

~, проигра́вшая де́ло defeated (losing) party

~, проти́вная adverse (opposite, counter) party

~ы, сотру́дничающие cooperating parties

~ы, спо́рящие parties in (to) a dispute, disputing (conflicting, contesting) parties

~, тре́тья third party (person)

~, уча́ствующая party concerned

адреса́ сторо́н, юриди́ческие legal (juridical, official) addresses of the parties

взаимоотношéния сторóн relations (relationship) between the parties
дееспосóбность сторóн competence of the parties
издéржки сторóн expenses (costs) of the parties
обя́занность ~ы́ duty (legal obligation) of a party
правá и обя́занности сторóн legal rights and duties (obligations) of parties
правоотношéния сторóн legal relations (relationship) between the parties
представи́тель ~ы́ representative of a party
в интерéсах обéих сторóн in the interests of both parties
к удовлетворéнию обéих сторóн to the satisfaction of both parties (of all concerned)
по договорённости сторóн by agreement of the parties, as agreed between the parties
по заявлéнию ~ы́ upon application of a party
по обою́дному соглáсию сторóн by mutual consent of the parties
по прóсьбе ~ы́ upon request of the party

стоя́нк/а (*судов*) mooring, moorage; (*машин*) parking area (lot)
~ в дóке dockage
~, запрещённая prohibited anchorage
~, я́корная anchorage
врéмя ~и lay days (time)
перемéна ~и shifting
плáта за ~у (*судна*) moorage
плáта за ~у (*судна*) в дóке dock dues (charges), dockage
переменя́ть ~у shift berth

стоя́ночное врéмя lay days (time)

стран/á country
~ изготовлéния country of manufacture (manufacturing)
~ назначéния country of destination
~ происхождéния country of origin
~ы с ры́ночной экономи́кой [countries with] market economies
~ транзи́та transit country
~ э́кспорта country of export[ation]

странá-изготови́тель country of manufacture (manufacturing), producing (producer) country

странá-импортёр importing country

странá-кредитóр creditor (lending) country

странá-поставщи́к supplying country

странá-продуцéнт producer country

странá-устрóйтель host country

странá-учáстник member-country, participating country

странá-экспортёр exporting country, country of export[ation]

стратéгия, мáркетинговая marketing strategy

страховáни/е insurance, cover, insurance coverage
~ автомоби́ля motor insurance
~, акционéрное stock [company] insurance
~ без включéния слу́чаев чáстной авáрии insurance free of particular average
~ валю́тного ри́ска currency risk insurance
~, взаи́мное mutual (*амер.* reciprocal) insurance
~, гаранти́йное guarantee insurance
~, госудáрственное state (national) insurance

~ **гру́зов** insurance of cargo (goods), cargo insurance

~ **гру́зов, находя́щихся в пути́** insurance of freight in transit

~ **дви́жимого иму́щества** insurance of movable property

~, **двойно́е** double (additional) insurance; reinsurance

~ **дисбурсме́нтских расхо́дов** disbursements insurance

~ , **доба́вочное** additional (supplementary) insurance

~, **доброво́льное** voluntary insurance

~ **жи́зни** life assurance (insurance, cover)

~ **за счёт** insurance at the expense of

~, **иму́щественное** insurance of property, property insurance

~ **ка́рго** cargo insurance

~ **комме́рческих ри́сков** insurance against commercial risks

~ **ко́рпуса су́дна** hull insurance

~ **креди́та** credit insurance, insurance of credit

~ **креди́тного ри́ска** credit risk insurance

~ **медици́нских расхо́дов** hospitalization insurance

~ **морски́х гру́зов** sea cargo insurance

~, **морско́е** marine (sea, ocean) insurance, underwriting

~ **на определённое вре́мя** term insurance

~ **на слу́чай возникнове́ния чрезвыча́йных обстоя́тельств** insurance on a contingency basis

~ **на усло́виях «все ри́ски монтажа́»** insurance against all erection and assembly risks

~ **на усло́виях «все ри́ски строи́тельства»** insurance against all construction risks

~ **на усло́виях «со скла́да на склад»** warehouse to warehouse insurance

~ **недви́жимого иму́щества** real estate insurance, insurance of immovable property

~, **неморско́е** non-marine cover

~, **непо́лное** underinsurance

~, **о́бщее** comprehensive (all-in) insurance

~, **обяза́тельное** compulsory (obligatory, legally required) insurance

~ **от боле́зни** sickness insurance

~ **от вое́нных ри́сков** insurance against war risks, war [risk] insurance

~, **отде́льное** separate insurance

~ **от забасто́вок** strike insurance

~ **от кра́жи** theft insurance

~ **от кра́жи со взло́мом** insurance against burglary, burglary insurance

~ **от несча́стных слу́чаев** [personal] accident insurance

~ **от неупла́ты** insurance against default

~ **от огня́ (от пожа́ра)** insurance against fire, fire insurance

~ **от по́лной ги́бели** insurance against total loss

~ **от поло́мки** insurance against breakage (breakdown)

~ **от поте́рь, вы́званных неупла́той долго́в** bad debts insurance

~ **от ри́ска неупла́ты** insurance against default

~ **от ри́сков при транспортиро́вке** transport insurance

~ от стихи́йных бе́дствий insurance against natural calamities
~ па́лубного гру́за deck load (cargo) insurance
~, предвари́тельное provisional insurance
~, произво́дственное industrial insurance
~ рабо́чих workmen's insurance
~, расши́ренное extended cover
~ ре́нты rent insurance, annuity
~ ри́сков insurance against risks, risk insurance
~, социа́льное social insurance
~ су́дна insurance of a vessel
~ техни́ческих ри́сков technical risk insurance
~, транзи́тное transit insurance
~, тра́нспортное transport (transit) insurance
~, удешевлённое cheaper insurance
~ упу́щенной вы́годы loss of profit insurance
~ фра́хта freight insurance, insurance of freight
~ це́нностей insurance of valuables
~, части́чное partial insurance
~, чрезме́рное overinsurance
~, эксплуатацио́нное maintenance insurance
~ э́кспорта export insurance
догово́р ~я contract of insurance, insurance contract (policy)
догово́р морско́го ~я contract of marine insurance
зая́вка на ~ insurance application
котиро́вка морско́го ~я marine insurance quotation
о́бщество по ~ю жи́зни life assurance (insurance) company
объе́кт ~я object of insurance
объём ~я insurance coverage (cover)
пери́од ~я insured period
пла́та за ~ insurance premium
по́лис ~я insurance policy (certificate), policy (certificate) of insurance, insurance cover
пра́вила ~я insurance regulations (rules), rules of insurance
пра́ктика ~я insurance practice
предме́т ~я object of insurance
пролонга́ция ~я renewal of [expiring] coverage
расхо́ды по ~ю expenses on insurance, costs of insurance, insurance expenses (costs, charges)
свиде́тельство о ~и certificate (policy) of insurance, insurance certificate (policy)
сто́имость ~я insurance value, cost of insurance
усло́вия ~я insurance conditions
аннули́ровать ~ cancel insurance
брать на себя́ обяза́тельство ~я undertake insurance
заключа́ть догово́р ~я effect insurance, conclude a contract of insurance
име́ть пра́во на ~ be entitled to insurance
нести́ расхо́ды по ~ю bear (cover) expenses on insurance
организова́ть ~ arrange insurance
осуществля́ть ~ insure

платить за ~ pay for insurance
предоставлять ~ provide (furnish) insurance
принимать ~ accept insurance cover
приостанавливать ~ suspend insurance
производить ~ effect (cover, issue, make) insurance, buy (take) insurance coverage
субсидировать ~ back up insurance

страхователь the insured (assured)

страховать insure, cover

страховк/а insurance, cover
размер ~и extent of cover
срок ~и insured (insurance) period, period of insurance
получать ~у collect money on (under) an insurance policy

страховой insurance *attr.*

страховщик insurer, assurer, underwriter
~, морской marine underwriter
гарантия ~а insurer's security, underwriter's guarantee

страхуемый insurable

стринг string

строительный construction *attr.*, building *attr.*

строительств/о 1. (*деятельность*) construction, building 2. (*объект*) project
~, гражданское civil engineering
~, дорожное road building (construction), highway engineering
~, жилищное housing (residential) construction
~ зданий building construction
~, капитальное capital construction
~, комплексное complex (comprehensive) construction
~, незавершённое construction in progress, incompleted construction
~ объекта construction of a project, project construction
~, подрядное contract construction
~, промышленное industrial engineering
~ промышленных объектов «под ключ» construction of industrial projects on a turnkey basis
~, совместное joint construction
~, типовое standardized construction
задержка в ~е delay in construction
масштаб ~а scope (scale) of construction
методы ~а methods of (for) construction
объект ~а construction (industrial) project
площадка ~а [construction (building)] site
программа ~а construction programme
расходы по ~у construction (building) expenses (costs)
руководство ~ом construction supervision (management); construction directorate
сроки ~а period of construction
стоимость ~а cost of construction, construction cost
темпы ~а speed of construction
участие в ~е participation (involvement) in construction
завершать ~ объекта complete a project
кредитовать ~ credit construction

начина́ть ~ объе́кта launch a project, begin (start) construction of a project
осуществля́ть ~ construct
прекраща́ть ~ discontinue a project
ускоря́ть те́мпы ~а speed up (accelerate) construction

стро́ить build, construct
~ «под ключ» build on a turnkey basis

стро/й 1. (*система общественного устройства*) system, order, structure **2.** (*работа*) operation, commission
~, госуда́рственный state system
~, капиталисти́ческий capitalist system
~, обще́ственно-полити́ческий socio-political system
~, обще́ственный social order
~, социалисти́ческий socialist system
~, социа́льно-экономи́ческий socio-economic system
~, экономи́ческий economic system
вводи́ть в ~ put in[to] operation (service, operating condition), commission, bring into service; (*постепенно*) phase in
вступа́ть в ~ go (come) into operation (production, service), come into commission, become operational
выводи́ть из ~я put out of action (operation, service, order, commission); (*постепенно*) phase out; (*временно*) lay up
выходи́ть из ~я fail, break down, come out of action, go out of service, get out of order

строп *мор.* (*канат или трос для подъёма груза*) sling; strap
~, грузово́й cargo sling
аре́нда ~ов sling hire
крепи́ть ~ом secure by a sling
поднима́ть и переноси́ть груз ~ом sling
принима́ть на ~ су́дна take [goods] on the ship's slings (tackles)
сдава́ть со ~а су́дна deliver [goods] from the ship's slings (tackles)
фра́нко-~ су́дна в порту́ разгру́зки free overside

стропи́ть sling; strap

стропо́вк/а (*закрепление стропом*) slinging; strapping
ме́сто ~и lifting point, slinging point (position)

стро́ящийся under construction

структу́р/а structure, pattern, set-up
~, администрати́вная administrative arrangements
~ вне́шней торго́вли foreign trade pattern, pattern of foreign trade
~ затра́т cost structure
~ и́мпорта structure (composition) of imports, import structure (composition)
~ капиталовложе́ний pattern of investment
~ ма́ркетинга marketing structure (mix)
~, организацио́нная organizational structure
~ произво́дства structure of production
~ промы́шленности structure of industry
~ распределе́ния distribution pattern
~ расхо́дов cost structure, expenditure pattern
~ ры́нка market profile (structure), structure of the market
~ сбы́та sales pattern
~ сезо́нных колеба́ний seasonal pattern
~ спро́са pattern of demand

~ **товарооборо́та вне́шней торго́вли** foreign trade pattern
~ **торго́вли, това́рная** structure (pattern) of trade, trade pattern
~ **управле́ния наро́дным хозя́йством** structure of economic management
~ **фи́рмы** setup (structure) of a company
~ **хозя́йства** structure of economy
~ **цен** pattern of prices, price pattern (structure)
~, **экономи́ческая** economic pattern (structure)
~ **э́кспорта** structure (composition) of exports, export structure (composition)
~ **э́кспорта и и́мпорта** export-import pattern
измене́ние ~ы structural change
перестро́йка ~ы reshaping of the structure
сдви́ги в ~е changes in the structure
соверше́нствование ~ы improvement of the structure
соверше́нствовать ~у improve (perfect) the structure

субаге́нт subagent
~, **компете́нтный** competent subagent
сеть ~ов network of subagents
созда́ть сеть ~ов find subagents

субаге́нтство subagency

суба́ренд/а sublet, sublease
передава́ть в ~у sublet, sublease

субве́нция (*вид государственного финансового пособия*) subvention

сублицензиа́р sublicensor

сублицензиа́т sublicensee

сублицензио́нный sublicense *attr.*

сублице́нзи/я sublicense
соглаше́ние о ~и sublicense agreement
выдава́ть ~ю issue a sublicense
предоставля́ть ~ю grant a sublicense, sublicense

субподря́д subcontract
вы́дача ~а subcontracting
рабо́та по ~у subcontracting
аннули́ровать ~ cancel a subcontract
взять ~ subcontract

субподря́дчик subcontractor
догово́р с ~ом subcontract
заво́д ~а subcontractor's plant (works)
контра́кт с ~ом subcontract
выбира́ть ~а select a subcontractor
нанима́ть ~а engage a subcontractor

субпоста́вка supply

субпоставщи́к *см.* **субподря́дчик**

суброга́ци/я *страх.* (*переход прав страхователя к страховщику после уплаты последним страхового вознаграждения*) subrogation
акт о ~и subrogation form
огово́рка о ~и subrogation clause
име́ть пра́во ~и hold subrogation rights

субсиди́рование subsidizing, backing
~ **заку́пок** providing of subsidies to purchase

субсиди́ровать subsidize, back

субси́ди/я subsidy, grant
~**и, бюдже́тные** budgetary subsidies
~**и, госуда́рственные** state subsidies

~, э́кспортная subsidy on exports, export [promotion] subsidy
вы́плата ~и subsidy payment (payout)
дава́ть ~ю subsidize
субститу́т *юр.* (*замена*) substitution
пра́во ~а right of substitution
име́ть пра́во ~а have the right to substitution
субфрахтова́ни/е:
догово́р ~я subcharter
субфрахтова́тель subcharterer
субча́ртер, субча́ртер-па́ртия subcharter, subcharter-party
суверените́т sovereignty
~ валю́ты monetary sovereignty
суд court, court of law (justice), tribunal; (*судебный процесс*) trial, hearing
~, апелляцио́нный Court of Appeal, court of appellate jurisdiction
~, арбитра́жный arbitration court (tribunal), court of arbitration
~, Верхо́вный *амер.* Supreme Court, *англ.* Supreme Court of Judicature
~, Верхо́вный, СССР Supreme Court of the USSR
~, гражда́нский civil court
~, кассацио́нный court of cassation
~, комме́рческий commercial court
~, морско́й maritime court
~, о́бщий law (ordinary) court
~, пате́нтный patent court
~, промы́шленный industrial court
~, трете́йский arbitration court (tribunal), [court of] arbitration
вы́зов в ~ summons
нея́вка в ~ default at trial, default of appearance
постановле́ние ~а́ court ruling
реше́ние ~а́ award, judgement, decision (ruling) of the court, court decision, verdict, adjudication
сторона́ в ~е́ party to the action (case, proceedings)
я́вка в ~ appearance in court
вызыва́ть в ~ summon, subpoena
защища́ть в ~е́ *чьи-л.* **интере́сы** plead smb's case
обраща́ться в ~ apply to court, go to [the] law
передава́ть де́ло в ~ bring to trial, take a case into court
подава́ть в ~ go to [the] law, sue, take legal steps
привлека́ть к ~у́ bring (enter, lay) an action against *smb*, bring *smb* into court, bring up *smb* for (to) trial, put *smb* to (on) trial
тре́бовать по ~у́ claim in legal form
суде́бный judicial, judiciary, legal
су́д/но ship, vessel, boat; **~а́** transport facilities
~ без гру́за vessel (ship) in ballast
~, беспа́лубное deckless ship
~ большо́го разме́ра vessel (ship) of big proportions
~, букси́рное tow[boat], tug[boat]
~, быстрохо́дное high speed vessel
~ вну́треннего пла́вания inland (river) ship, canal boat
~, водоналивно́е water boat (carrier)
~, грузово́е freight (cargo)

ship (vessel, boat, carrier, liner), freighter
~, **гру́зо-пассажи́рское** passenger-cargo carrier, [combination] passenger and cargo ship (liner, carrier)
~ **да́льнего пла́вания** foreign-going vessel
~, **двухпа́лубное** two-decker, two deck vessel
~ **для перево́зки генера́льных гру́зов** general cargo ship
~ **для перево́зки насыпны́х гру́зов** bulk cargo ship
~ **для э́кспортных перево́зок** export ship (vessel)
~ **заграни́чного пла́вания** foreign (sea)-going vessel (ship)
~, **зафрахто́ванное** chartered vessel (ship), contract carrier
~, **зафрахто́ванное без экипа́жа** bare boat
~, **испра́вное** good vessel (ship)
~, **кабота́жное** coasting vessel (ship), coastal vessel, coaster
~, **контéйнерное** container vessel (ship), container carrier
~, **крупнотонна́жное** heavy-tonnage vessel
~, **ледоко́льное** ice-breaker [ship]
~, **ло́цманское** pilot boat (vessel)
~ **ма́лой грузово́й ёмкости** low-tonnage vessel
~, **мореxо́дное** seaworthy vessel (ship)
~, **морско́е** sea-going vessel, sea-craft, liner
~, **мото́рное** motor boat (vessel)
~ **на возду́шной поду́шке** hovercraft
~, **наливно́е** tanker, tank vessel, *сокр.* T.V., tank ship
~ **на подво́дных кры́льях** hydrofoil boat (vessel)
~, **насыпно́е** bulk-carrier
~, **него́дное к пла́ванию** unseaworthy vessel (ship), hulk
~ **необходи́мого тонна́жа** vessel of the necessary (required) tonnage
~, **неповреждённое** sound vessel
~ **нерегуля́рного пла́вания** tramp vessel (ship), cargo tramp
~, **несамохо́дное** towed boat, barge
~, **нефтеналивно́е** oil tanker (carrier)
~, **однопа́лубное** single-decker, single deck vessel
~, **одноти́пное** sister ship
~, **ожида́ющее ме́сто у прича́ла** vessel waiting for berth
~, **океа́нское** ocean-going vessel, ocean liner, deepsea carrier
~**á, оте́чественные** national flag tonnage
~, **паро́мное** ferry [-boat], rail ferry, ferry-vessel
~, **пассажи́рское** passenger vessel (ship, carrier, liner)
~, **переоборýдованное грузово́е** converted cargo liner
~**á, переоборýдованные** converted tonnage
~, **повреждённое** damaged vessel (ship)
~ **под погру́зкой** vessel taking in cargo
~, **полуконтéйнерное** semi-container vessel (ship)
~, **порто́вое** harbour (yard) craft
~, **поста́вленное на прико́л** laid-up vessel (ship)
~, **почто́вое** mail boat (carrier, steamer)

~, почтóво-пассажи́рское packet boat
~, предназнáченное для перевóзки мáссовых грýзов bulk carrier
~, прибывáющее incoming vessel (ship)
~, прóмптовое prompt vessel (ship)
~, разгружáющееся offloading vessel (ship)
~ регуля́рной судохóдной ли́нии vessel of a regular shipping line
~, рéйсовое [scheduled] liner
~, речнóе river boat (craft)
~, рефрижерáторное refrigerator, refrigerated ship (vessel), reefer [ship]
~, рыболóвное fishing boat (vessel)
~, самохóдное self-propelled vessel
~ с бескрáновой погрýзкой roll-on/roll-off vessel (ship), ro-ro vessel (ship)
~ с вертикáльной погрýзкой и вы́грузкой lift-on/lift-off vessel (ship), lo-lo vessel (ship)
~ с горизонтáльной погрýзкой и вы́грузкой roll-on/roll-off vessel (ship)
~ смéшанного плáвания «рекá-мóре» mixed river-sea-going ship
~ с ни́зкой осáдкой shallow-drafted vessel
~, соврéменное modern vessel
~, спасáтельное salvage vessel (boat), rescue (salvage, salvaging) ship
~, специализи́рованное specialized vessel
~, сухогрýзное dry-cargo ship
~, тамóженное coast guard ship (vessel)
~, тéрпящее бéдствие vessel (ship) in distress
~, торгóвое commercial (merchant, trading) vessel (ship), trader
~, трáмповое tramp [vessel (ship)], cargo tramp, contract carrier
~, трáнспортное transport vessel, carrier
~, трёхпáлубное three-decker, three deck vessel
агенти́рование ~óв ship's agency service, agency service for ships
арéст на ~ arrest of a vessel (ship)
бункерóвка ~на bunkering, coaling, fueling
ввод ~на лóцманом pilotage inwards
владéлец ~на shipowner, owner of a vessel (ship)
вмести́мость ~на tonnage; capacity
водоизмещéние ~на displacement tonnage
возврáт зафрахтóванного ~на redelivery
вы́вод ~на лóцманом pilotage outwards
готóвность ~на к погрýзке readiness of a vessel (ship) for loading
груз ~на cargo, shipload, load of a ship
грузовмести́мость ~на freight space; (*для насыпного груза*) grain space (capacity), capacity in grain
грузоподъёмность ~на, пóлная deadweight, сокр. D, D/W, d/w, deadweight capacity (tonnage)
девиáция ~на (*заход в другие порты, кроме порта назначения*) deviation of a vessel (ship)
досмóтр ~на inspection (examination) of a vessel (ship)

задержа́ние ~на arrest of a vessel (ship); detention of a vessel (ship)
заде́ржка ~на сверх сро́ка detention of a vessel (ship)
захо́д ~о́в в по́рты calls of vessels (ships) at ports
капита́н ~на master of a vessel (ship), ship['s] master, captain
класс ~на class of a vessel, ship's class
круше́ние ~на shipwreck
ме́сто на ~не space within (in) a vessel (ship)
мореходность ~на seaworthiness of a vessel (ship)
назва́ние ~на vessel's (ship's) name, name of a vessel (ship)
назначе́ние ~на nomination of a vessel (ship)
наложе́ние запреще́ния на ~ и груз action in rem
недогру́з ~на underloading of a vessel (ship)
нехва́тка ~о́в scarcity of shipping facilities
но́тис о гото́вности ~на к notification of a vessel's (ship's) readiness for
обора́чиваемость ~на (*в порту*) turnround
обслу́живание ~о́в, аге́нтское ship's agency service
обслу́живание ~а́ми ти́па «ро́-ро́» ro-ro service
освиде́тельствование ~на vessel's (ship's) survey
отгру́зка на ~не shipment by (on, on board) a vessel
отклоне́ние ~на от ку́рса deviation of a vessel (ship) from the route (course)
переадресо́вка ~на diversion (readdressing) of a vessel (ship)
поврежде́ние ~на damage to a vessel (ship)
пода́ча ~на под погру́зку placing a vessel (ship) under (for) loading
пода́ча ~на под разгру́зку placing a vessel (ship) under (for) unloading
пози́ция ~на position of a vessel (ship)
прибы́тие ~на vessel's (ship's) arrival
принадле́жность ~на nationality (identity) of a vessel (ship)
пробе́г ~на, балла́стный voyage in ballast
прово́дка ~на pilotage
происхожде́ние ~на origin of a vessel (ship)
просто́й ~на demurrage; detention
разгру́зка ~на unloading (discharge, discharging) of a vessel (ship)
расписа́ние отхо́да ~о́в sailings, *сокр.* slgs
ремо́нт ~на repair of a vessel (ship)
скопле́ние ~о́в congestion of vessels (ships)
столкнове́ние ~о́в collision of vessels (ships)
страхова́ние ~на insurance of a vessel (ship)
тип ~на type (class) of a vessel (ship)
ухо́д ~на из по́рта [final] sailing
флаг ~на vessel's (ship's) flag
фрахтова́ние ~о́в chartering of vessels (ships)
цена́ с ~на price ex ship
экипа́ж ~на crew
адресо́вывать ~ address a vessel (ship)
аресто́вывать ~ arrest a vessel (ship)
вводи́ть ~ в га́вань bring a vessel (ship) into harbour

вводи́ть ~ в док bring (put) a vessel into dock, dock a vessel
выгружа́ть ~ unload a vessel (ship)
грузи́ть ~ load a vessel (ship)
грузи́ть на ~ load (put, place) on board a vessel (ship), load into (on[to]) a vessel (ship)
загружа́ть ~ load a vessel (ship)
загружа́ть ~ до допусти́мой оса́дки load a vessel (ship) to an appropriate draft
заде́рживать ~ delay (detain) a vessel (ship)
заменя́ть ~ substitute a vessel (ship)
зафрахто́вывать ~ без экипа́жа charter a bare boat
зафрахто́вывать ме́сто на ~не charter (hire) space in a vessel (ship)
клари́ровать ~ clear a vessel (ship)
назнача́ть ~ nominate a vessel (ship), arrange nomination
назнача́ть ~ для исполне́ния контра́кта place a vessel (ship) against a contract
нанима́ть ~ charter (hire) a vessel (ship)
номини́ровать ~ nominate a vessel (ship), arrange nomination
обраба́тывать ~ handle (service, accommodate) a vessel (ship), handle cargo and documents
обслу́живать ~а́ service (serve) vessels (ships)
объявля́ть ~ пропа́вшим бе́з вести declare a vessel (ship) missing
осма́тривать ~ inspect (examine) a vessel (ship)
отгружа́ть на ~не ship by (on, on board) a vessel, ship by sea
отказа́ться от фрахтова́ния ~на reject a vessel (ship)
отправля́ть на ~не send (dispatch) by ship
переадресо́вывать ~ divert (readdress, reroute) a vessel (ship)
перевози́ть на ~а́х carry (move, transport) by sea (water), carry in ships
предоставля́ть ~ provide a vessel (ship)
признава́ть ~ немореходны́м declare a vessel (ship) unseaworthy
принима́ть ~ в аре́нду take a vessel (ship) on lease, take a lease of a vessel (ship)
пришвартова́ть ~ к бу́ю moor a vessel (ship) to a buoy
проводи́ть ~ navigate (pilot) a vessel (ship), see a vessel (ship) clear from the waters of the port
производи́ть ремо́нт ~на repair a vessel (ship)
разгружа́ть ~ discharge (unload) a vessel (ship)
размеща́ть на ~не load (place, stow) on [board] a vessel (ship)
сдава́ть ~ в аре́нду let (lease) a vessel (ship)
сдава́ть ~ в наём по ча́ртеру charter a vessel (ship)
снима́ть груз с ~на land goods from a vessel (ship)
снима́ть ~ с прико́ла take (bring) a vessel (ship) out of lay-up
спаса́ть ~ salvage a vessel (ship)
ста́вить ~ в док dock a vessel (ship), deliver a vessel (ship) at the docks, send a vessel (ship) to the docks
ста́вить ~ к прича́лу moor a vessel (ship), put (bring) a

vessel (ship) alongside the quay (cargo berth)

ста́вить ~ на прико́л lay up a vessel (ship)

ста́вить ~ на я́корь anchor (berth) a vessel (ship)

ста́вить ~ под погру́зку place (put) a vessel (ship) under loading

ста́вить ~ под разгру́зку place (put) a vessel (ship) under discharge

укомплекто́вывать ~ экипа́жем man a vessel (ship)

фрахтова́ть ~ charter a vessel (ship)

~ вхо́дит в порт the ship is entering the port

~ выхо́дит из по́рта the ship is clearing the port

су́дно-контейнерово́з container carrier, container vessel (ship)

су́дно-паро́м ferry [-boat], rail ferry, ferry-vessel

су́дно-перево́зчик carrying ship

судовладе́л/ец shipowner, owner of a ship

~, кру́пный big shipowner

аге́нт ~ьца shipowner's agent

бро́кер ~ьца shipowner's broker

карте́ль ~ьцев shipping conference

отве́тственность ~ьца liability of a shipowner, shipowner's liability

пра́во ~ьца по своему́ вы́бору рассчи́тывать фрахт по ве́су *или* **объёму** ship's option

на усмотре́ние ~ьца subject to shipowner's approval

судово́й ship's, ship *attr.*

судопроизво́дств/о legal proceedings

~, арбитра́жное arbitration proceedings

изде́ржки ~а law costs

пра́вила ~а rules of court

судострои́тельный ship-building *attr.*

судохо́дность navigability

судохо́дный navigable, shipping

судохо́дств/о navigation, shipping

~, кабота́жное cabotage, coastal trade (traffic), coasting [trade]

~, лине́йное liner (line) shipping (traffic)

~, междунаро́дное international shipping

~, морско́е ocean (sea) navigation (shipping)

~ по вну́тренним во́дным путя́м inland navigation

~, ре́йсовое liner shipping (traffic)

~, речно́е inland (river) navigation (travel, shipping)

~, торго́вое commercial (merchant) shipping

~, тра́мповое tramp shipping

зако́н о ~е shipping act

компа́ния регуля́рного ~а common carrier

тари́фы междунаро́дного ~а international navigation tariffs

препя́тствовать ~у interrupt navigation

судья́ judge

~, трете́йский arbitrator, arbiter

су́мм/а amount, sum; (*вы́рученная*) proceeds

~, ава́нсовая advance sum

~ аккредити́ва amount (sum) of a L/C; amount of the drawing under a L/C

~ бала́нса total assets

~, больша́я large amount (sum)

~, валова́я gross (total) amount (sum)

~ **валю́ты** amount (sum) of currency
~ **в до́лларах** dollar amount
~, **взима́емая** amount charged
~ **взыска́ния** amount (sum) of recovery
~ **возмеще́ния убы́тков** damages
~ **вознагражде́ния** amount of commission; amount of remuneration
~, **вся** total sum
~ **вы́платы** amount (sum) of payment
~, **выпла́чиваемая** amount paid
~, **вы́рученная за фрахт** proceeds of freight
~, **вы́рученная от прода́жи това́ра** proceeds of a sale, sale proceeds
~, **гаранти́йная** guarantee amount (sum), retention amount (money, sum)
~, **гаранти́рованная** guaranteed amount (sum)
~, **гаранти́руемая** guaranteed amount (sum), amount (sum) guaranteed
~ **гонора́ра** amount of a fee
~, **грома́дная** enormous sum [of money]
~, **двойна́я** double [the amount]
~ **де́нег** amount (sum) of money
~ **догово́ра** amount (sum) of a contract
~, **догово́рная** contractual amount
~ **до́лга** amount of a debt, [amount of] indebtedness; (*сумма долга, на которую начисляется процент*) principal
~, **дополни́тельная** additional amount, extra money
~, **доста́точная** sufficient amount (sum)
~ **дохо́да** income figures
~ **зада́тка** amount (sum) of earnest money, amount of deposit
~ **заимствования, о́бщая** total borrowing
~ **за́йма** amount of a loan, loan value; principal amount
~ **зака́за** sum of an order
~ **запрода́ж** amount of sales
~, **застрахо́ванная** insured sum
~ **затра́т** amount of expenses
~, **значи́тельная** substantial amount (sum)
~, **изли́шняя** sum in excess
~, **име́ющаяся в нали́чии** available sum
~ **инка́ссо** amount (sum) of collection
~, **искова́я** amount of a claim, amount claimed, claim amount
~, **ито́говая** total
~, **капита́льная** principal amount
~ **компенса́ции** amount (sum) of compensation (indemnity)
~ **контра́кта** amount of a contract, contract sum
~, **контра́ктная** contractual amount
~ **к перено́су** *бухг.* amount carried forward
~ **к получе́нию** amount due
~ **креди́та** amount (sum) of credit, credit amount
~ **креди́та, преде́льная** credit line, line of credit
~, **кру́пная** substantial amount (sum)
~, **максима́льная** maximum amount
~, **минима́льная** minimum amount

~ы, нака́пливаемые accruing amounts
~, на кото́рую застрахо́ван груз insured amount
~ нали́чными amount in cash
~, нарица́тельная face amount
~, небольша́я small amount
~, невостре́бованная uncalled sum
~ недои́мки arrears
~, недопла́ченная amount owing, open item
~, недостаю́щая missing amount
~, незначи́тельная fractional amount
~, неопла́ченная outstanding (unpaid, unsettled) amount, outstanding balance, balance of outstanding payments
~ы, неопла́ченные по счета́м arrears
~, непога́шенная outstanding amount
~, не превыша́ющая ... до́лларов amount not exceeding ... dollars
~ не́тто net amount
~ неусто́йки amount of damages
~, номина́льная nominal amount
~, облага́емая нало́гом taxable amount
~, обусло́вленная в amount stipulated by (in)
~, о́бщая total [amount (sum)], sum total, aggregate amount, gross sum
~, оста́вшаяся remaining sum
~, отступна́я amount of compensation, sum of indemnity
~, пауша́льная lumpsum [amount]
~, первонача́льная initial cost, original amount
~ы, переходя́щие *бухг.* carryovers
~ платежа́ amount (sum) of payment
~, подлежа́щая получе́нию amount due, amount (sum) receivable
~, подлежа́щая упла́те amount (sum) payable
~, подотчётная (*аванс*) imprest
~, покупна́я purchase money
~, по́лная full (entire) amount, total sum
~, полу́ченная amount received
~, полу́ченная от сде́лки proceeds
~ поступле́ний receipts
~ поте́рь, о́бщая total loss
~, потра́ченная expended amount
~, превыша́ющая ... до́лларов amount in excess of (exceeding) ... dollars
~, преде́льная страхова́я underwriting limit
~ прете́нзии amount of a claim, amount claimed
~ при́были value of returns
~, присуждённая awarded sum
~, причита́ющаяся amount (sum) due, due amount (sum), sum owing, amount owing (owed, payable)
~, причита́ющаяся по счёту amount owing (owed) on an account
~, причита́ющаяся по тра́тте amount due under a bill
~, причита́ющаяся при приёмке amount due on acceptance
~, причита́ющаяся продавцу́ amount due to the seller

~, причитáющаяся с закáзчика amount due from the customer
~ прóписью amount (sum) in words, written amount, value spelled out
~, рáвная ... дóлларам amount equal to ... dollars
~ расхóдов amount (sum) of expenses
~, резерви́рованная reserved amount
~ ретрáтты re-exchange
~ рóялти amount of royalty
~ сáльдо amount of balance
~ сдéлки amount of a transaction
~, смéтная estimated amount
~, согласóванная agreed sum
~, соответ́ствующая respective amount
~ с перенóса *бухг.* amount brought forward
~, спи́санная со счёта write-off, amount written off
~ ссýды amount of a loan, loan value
~, страховáя insured (insurance) amount (sum), amount (sum) insured (covered), sum of insurance
~ счёта amount of an invoice, invoice[d] amount; amount of an account
~, твёрдая firm sum
~ трáтты amount (value) of a draft
~ трéбований (*денежных*) amount of drawings
~ убы́тков amount of losses (damages)
~, уплáченная amount (sum) paid
~ уцéнки amount of a price reduction
~, факти́ческая actual amount
~ фактýры invoice amount, amount of an invoice
~ франши́зы amount of a franchise
~ фрáхта sum of freight
~ ци́фрами amount in figures, value in numerals
~ чéка amount of a cheque
~, чи́стая net amount
~ штрáфа amount of penalty
~, эквивалéнтная equivalent amount
взыскáние ~ы collection (recovery) of an amount (a sum)
возврáт ~ы refund (return, reimbursement) of payment (sum)
возврáт ~ы, гаранти́йной warranty reimbursement
возврáт ~ы, ошибочно переплáченной return of an amount overpaid
возмещéние ~ы reimbursement of payment (of an amount), recovery of an amount
вы́плата ~ы payment of an amount (a sum)
вы́плата налóговой ~ы tax payment
вы́плата основнóй ~ы зáйма repayment of a principal on a loan
вы́плата страховóй ~ы benefit payment
вычислéние ~ы calculation of an amount (a sum)
депони́рование дéнежных сумм depositing (lodgement) of amounts
задóлженность на ~у indebtedness (debt) in the amount (sum) of
задóлженность по ~м backlog of (in) outstanding payments
креди́т на ~у credit of
непогашéние ~ы non-payment of an amount (a sum)

опла́та ~ы payment of an amount (a sum)
оста́ток ~ы balance of an amount (a sum)
перечисле́ние сумм transfer of sums (funds)
платёж в ~е payment in the amount of
подсчёт ~ы calculation of an amount
преде́л ~ы за́йма loan size limit
проце́нт с ~ы interest on an amount
разби́вка ~ы (*по позициям*) breakdown of a sum; (*состав*) make up of a sum
ра́зница в ~е difference in the amount
сня́тие ~ы drawing
счёт на ~у invoice for (to, in) the amount (sum) of, invoice amounting to
счёт переходя́щих сумм suspense account
удержа́ние ~ы deduction of an amount (a sum)
уменьше́ние ~ы возмеще́ния убы́тков mitigation of damages
упла́та ~ы payment of an amount (a sum)
упла́та ~ы, кру́пной substantial payment
упла́та ~ы, причита́ющейся payment of the amount due
факту́ра на ~у invoice for (to, in) the amount (sum) of, invoice amounting to
чек на ~у cheque in the amount of, cheque for
ассигно́вывать ~у assign a sum
взы́скивать ~у charge (collect, recover, exact) an amount
вноси́ть ~у в банк deposit money with (in) a bank
вноси́ть ~у в кни́гу enter an amount
вноси́ть ~у на теку́щий счёт pay an amount into a current account
возвраща́ть ~у repay an amount [of money], refund (return, reimburse) an amount (a sum)
возмеща́ть ~у reimburse (recover, refund) an amount
выделя́ть ~ы allocate sums
выпла́чивать ~у pay out an amount (a sum)
выруча́ть ~у realize a sum
держа́ть ~у на счёте в ба́нке keep an amount in *one's* bank account
заноси́ть ~у в де́бет счёта place (pass, charge) an amount to the debit of an account
заноси́ть ~у в кре́дит счёта place (pass) an amount to the credit of an account, credit an amount to an account, credit an account with an amount
застрахова́ть на ~у insure for (in) the amount of
инкасси́ровать просро́ченные ~ы collect the arrears
кредитова́ть ~у счёту credit an amount to an account, credit an account with an amount
начисля́ть проце́нты с ~ы charge interest on a sum
опла́чивать ~у pay an amount (a sum)
определи́ть ~у в put the sum at
определя́ть ~у determine a sum
определя́ть принадле́жность ~ы apply the amount
определя́ть ~у убы́тков assess damages
относи́ть ~у на счёт charge an amount (a sum) to an account

отчитываться в ~е account for an amount (a sum)
переводить (перечислять) ~у transfer (remit) an amount (a sum)
перечислять ~у в бюджет transfer an amount (a sum) to the budget
перечислять ~у на счёт transfer an amount (a sum) to an account
платить ~у pay an amount (a sum)
подписываться на ~у subscribe to an amount (a sum)
подсчитывать ~у calculate (estimate) an amount
подсчитывать причитающуюся ~у calculate the amount (money) due
подсчитывать ~у штрафа make estimates of a penalty
покрывать ~у cover an amount
помещать ~у в банк deposit an amount
поставлять на ~у supply (deliver, provide) to a value (an amount)
превышать ~у exceed the amount
расходовать ~у spend (expend) an amount
реализовывать ~у realize an amount (a sum, a price)
составлять ~у come to (amount to, work out at, make up) a sum
списывать ~у в убытки write an amount into losses
страховать на ~у insure for (in) the sum of
удерживать ~у deduct (withhold) an amount; retain an amount (a sum)
уменьшать ~у reduce an amount
устанавливать ~у возмещения убытков assess damages

суммарный summary
суммирование summing up, summation
суммировать sum up, summarize
суперарбитр (*третейский судья*) umpire
решение ~а umpirage
суперкарго (*1. представитель фрахтователя на тайм-чартерном судне 2. представитель владельца груза, сопровождающий его в пути*) supercargo
суррогат substitute
суточные daily allowance, allowance per diem, per diem [expense] allowance, per diem rates
~ в рублях rouble allowance, daily allowance in roubles
включать ~ include daily allowance
выплачивать ~ в размере ... (*сумма*) за день пребывания pay daily allowance at the rate of ... per each day of stay
начислять ~ calculate daily allowance
суточный daily
сухогруз dry-cargo ship
сухой dry
сухопутный overland *attr.*
суш/а land
по ~е overland, by land
сфер/а sphere, field, scope
~ влияния sphere of influence
~ деятельности scope (field) of activities
~, непроизводственная nonmaterial sphere
~ обслуживания services industry
~ применения sphere of application

расширя́ть ~у влия́ния extend the sphere of influence
вне ~ы де́ятельности out of *one's* line
схо́дный 1. similar **2.** (*о цене*) suitable, reasonable
схо́дств/о similarity
~, бли́зкое close similarity
~, вне́шнее similarity of appearance
~ това́рных зна́ков similarity of trademarks
~ това́ров similarity of goods
прове́рка ~а това́ров test of similarity of goods
счёт 1. (*в банке*) account **2.** (*накладная*) invoice; bill, account
~, ава́нсовый deposit account
~, авари́йный statement of damage
~, бала́нсовый balance account
~, ба́нковский bank[ing] account, balance with a bank
~ без начисле́ний no charge invoice
~, беспроце́нтный interest-free (non-interest bearing) account
счета́, блоки́рованные blocked (frozen) accounts (balances)
счета́, бухга́лтерские accounting records
~, бюдже́тный budget account
~, валю́тный [foreign] currency (exchange) account, account in foreign currency
~ векселе́й bills account
~, вспомога́тельный subsidiary account
~ в фу́нтах сте́рлингов sterling account
~ вы́груженного ве́са ship outturn tally
~, вы́ставленный invoice made out
~ дебито́ров accounts receivable
~, депози́тный deposit account
~, дисбурсме́нтский disbursement account
~ дохо́дов и расхо́дов income and expenditure account
~, заве́ренный certified invoice
счета́ за грани́цей, теку́щие balances with foreign banks
~ за гости́ницу hotel bill
~ за кварта́л quarterly bill (account); quarterly invoice
~, закры́тый closed account
~ за прово́з гру́зов freight account (bill, note), transportation invoice
~ за ремо́нт repair[s] bill (invoice), account for repairs
~ за фрахт freight bill (note)
~, инвалю́тный [foreign] currency (exchange) account, account in foreign currency
~, иностра́нный foreign account
~ ка́ссы cash account
~, кли́ринговый clearing account
~, комме́рческий commercial invoice
~, ко́нсульский consular invoice
~, корреспонде́нтский correspondent account
~ кредито́ра creditor's account, **счета́ кредито́ров** accounts payable
~, кру́пный large account
~, кумуляти́вный cumulative account
~, лицево́й personal account
~ лицензиа́ра licensor's invoice
~ ло́ро loro account
~ на и́мя invoice in the name of

~ **накладны́х расхо́дов** account of charges (overheads)
~ **на опла́ту** invoice for payment
~ **на су́мму** invoice for (to, in) the amount (sum) of, invoice amounting to
~, **неопла́ченный** unsettled bill; unpaid invoice; outstanding amount (balance)
~, **неурегули́рованный** unsettled account
~ **но́стро** nostro account
~, **обра́тный комме́рческий** credit-note
~, **о́бщий** joint account
~, **оконча́тельный** final invoice
~, **онко́льный** on-call (call) account
~, **опла́ченный** paid bill; paid invoice
~, **ориентиро́вочный** proforma account
~, **осо́бый** special account
~, **отде́льный** special account
~, **откры́тый** open account
~, **откры́тый в ба́нке** account opened with (at) a bank
~, **перево́дный** transferable account, account for transferable credits
~ **переходя́щих сумм** suspense account
~ **по вне́шним расчётам** external account
счета́, подлежа́щие опла́те bills payable
~ **подотчётных сумм** expense account
~, **подро́бный** detailed (specified) invoice
~ **по запрода́жам** account of sales, sales account
~ **по кли́рингу** clearing account
~ **по контра́кту** invoice under a contract
~, **предвари́тельный** pro-forma (no-charge, provisional) invoice
~, **предъя́вленный к опла́те** invoice submitted for payment
~ **при́былей** profit account
~ **при́былей и убы́тков** profit-and-loss (loss and gain, income and expenditure) account, income statement [account], statement of income
~, **просро́ченный** overdue (past due) account (bill); past due invoice
~ **просро́ченных ссуд** loan repayment account, overdue payments account
~, **просто́й** simple account
~, **проце́нтный** interest [bearing] account
~ **расхо́дов** bill of charges (costs), account of charges (expenses, *англ.* disbursements), charges account
~, **расчётный** account, clearing (settlement) account
~ **расчётов с покупа́телями** trade account receivable
~ **расчётов с поставщика́ми** trade account payable
~ **реализа́ции** realization account
~, **реги́стровый** registered account
~ **ремите́нта** account of payee
~, **рублёвый** rouble account
~, **сберега́тельный** savings account
~, **сво́дный** closing account
~ **с дебето́вым са́льдо** debit account
~ **с кре́дитовым са́льдо** credit account
~, **специа́льный** special (specified) account
~, **специфици́рованный** specified account

~ **ссу́дный** loan (advance) account
~, **та́льманский** tallying expenses
~, **теку́щий** current (running) account, account current, *амер.* checking account
акце́пт ~а acceptance of a bill
валю́та ~а currency of an account
веде́ние счето́в keeping of accounts, book keeping
ве́рность ~а correctness of an account
вклад на теку́щий ~ current account deposit
владе́лец ~а account holder, holder of an account
вы́писка [из] ~а statement of an account, abstract (extract) of an account
выставле́ние ~а billing; making out of an invoice
де́бет ~а debit of an account
дебетова́ние ~а debit entry; debiting
дефици́т теку́щего ~а deficit on current account
задо́лженность по ~у arrears; indebtedness against an invoice
занесе́ние на ~ paying into an account
за́пись в ~е entry on an account
зачисле́ние и списа́ние средств по валю́тным счета́м crediting and debiting currency accounts
зачисле́ние су́ммы на ~ crediting an amount to an account
заявле́ние на откры́тие ~а request for a bank account
инкасси́рование ~а collection of a bill
исправле́ние ~а adjustment of an account
ко́пия ~а copy of an invoice, invoice copy
кре́дит ~а credit of an account
креди́т по откры́тому ~у current account credit
но́мер ~а invoice number; account number
обрабо́тка счето́в processing of invoices
опла́та ~а settlement (payment) of an account; payment of an invoice
оста́ток на ~е balance of (on) an account, account balance
оста́ток на ~е в ба́нке bank balance, balance at (with) a bank
оста́ток на счета́х в заграничных ба́нках balances with foreign banks
оста́ток на ~е, теку́щем balance on a current account
откры́тие ~а opening (establishing, setting up) of an account
отчёт о состоя́нии счето́в statement of accounts
оформле́ние ~а making out (drawing up) of an invoice, issue of an invoice
перечисле́ние на ~ transfer to an account
перечисле́ние со ~а transfer from an account
платёж в ~ погаше́ния задо́лженности payment against indebtedness
покры́тие ~а settlement of a bill
покры́тие задо́лженности по ~у settlement of an account (a balance)
получе́ние де́нег со ~а drawing money from an account
предъявле́ние ~а presentation (submission) of an invoice; presentation of a bill

призна́ние ~а пра́вильным approval of an account; approval of an invoice
прове́рка ~а checking (examination, verification) of an invoice; checking (examination, verification) of an account
прово́дка по ~у entry on an account
разблоки́рование ~а release of a blocked account
расчёты по счета́м settlement of accounts
реви́зия счето́в examination (inspection) of accounts
са́льдо ~ а balance of an account
сня́тие средств со ~а drawing from an account, cash withdrawal
списа́ние со ~а writing off [an account]
су́мма ~а 1. amount of an account **2.** amount of an invoice, invoice[d] amount
су́ммы, спи́санные со ~а write-offs
упла́та со ~а paying out from an account
урегули́рование счето́в settlement of accounts
чек в ~ причита́ющейся су́ммы cheque on account
аннули́ровать ~ в ба́нке extinguish a bank account
блоки́ровать ~ block (freeze) an account
брать де́ньги со ~а draw on (from) an account, draw money out; withdraw a deposit
вести́ ~ keep (operate, maintain) an account
вноси́ть де́ньги на ~ pay (place, pass) money [in]to an account
вноси́ть де́ньги на усло́вный ~ place money in escrow
вноси́ть статью́ в ~ enter an item in an invoice
вноси́ть су́мму на теку́щий ~ pay an amount into a current account
выверя́ть счета́ verify accounts
выпи́сывать ~ draw up (make out) an account (a bill); make out (issue) an invoice, invoice
выпи́сывать ~ на това́р invoice goods
выпла́чивать со ~а pay money out of an account
выставля́ть ~ draw up (make out) an account (a bill); make out (issue) an invoice, bill, invoice
дебетова́ть ~ debit (charge) an account
де́лать вы́писку из ~а make up a statement of an account
держа́ть су́мму на ~е в ба́нке keep an amount in *one's* bank account
закрыва́ть ~ close an account
запи́сывать вы́рученную су́мму в кре́дит ~а place the proceeds to the credit of an account
запи́сывать су́мму на ~ put down (set down, place, pass) a sum to an account; pay money (make payment) into an account
засчи́тывать в ~ до́лга set off against a debt
зачисля́ть на ~ place (pass to, enter in) an account
име́ть ~ в ба́нке have (keep) an account with (in, at) a bank, have a banking account
инкасси́ровать ~ collect a bill
исправля́ть ~ adjust (correct, rectify) an account

кредитова́ть ~ credit an account

ликвиди́ровать ~ settle an account

опла́чивать ~ pay (settle) an account (a bill); pay an invoice

открыва́ть ~ open (establish, set up) an account

относи́ть расхо́д за ~ фи́рмы put it on the expense account

относи́ть су́мму на ~ charge an amount (sum) to an account

оформля́ть ~ make out (draw up, issue) an invoice

переводи́ть су́мму на ~ transfer (make a transfer) [in]to an account

переводи́ть су́мму с одного́ ~а на друго́й transfer a sum from one account into another (into the account of)

перечисля́ть су́мму на ~ transfer an amount to an account

плати́ть в ~ причита́ющейся су́ммы pay on account

плати́ть по ~у meet (settle, pay) an account, make payment against an account; pay on (against) an invoice, settle an invoice, pay an invoice

подводи́ть ито́г ~а add up an account

подде́лать ~ falsify an account

покрыва́ть ~ 1. settle the balance **2.** settle a bill

получа́ть в ~ причита́ющейся су́ммы receive on account

получа́ть де́ньги со ~а draw money from an account

получа́ть по ~у collect a bill

поста́вить в ~ charge on a bill

поста́вить на ~ charge to an account

представля́ть ~ present (render) an account, present an invoice

предъявля́ть ~ к опла́те present (submit) a bill for payment; present (submit) an invoice for payment

признава́ть ~ пра́вильным approve an invoice; approve an account

проверя́ть ~ check (examine, verify, go over) an invoice; check (examine, verify) an account

пропуска́ть ~ [к платежу́] pass an invoice [for payment]

разблоки́ровать ~ release a blocked account

расплати́ться по ~у settle an account

ревизова́ть счета́ inspect accounts

сде́лать вы́писку ~а make up a statement of an account

снима́ть де́ньги со ~а withdraw (draw) money from (out of) an account, draw on an account

составля́ть ~ make out an invoice, invoice; make out a bill

спи́сывать со ~а write off (charge off, take from) an account

уплати́ть в ~ причита́ющейся су́ммы pay on account

уплати́ть су́мму на ~ pay [in]to an account

ура́внивать ~ balance an account

урегули́ровать счета́ square (agree) accounts

утвержда́ть ~ pass an invoice for payment

храни́ть де́ньги на ~е hold money on an account

в ~ контра́кта against a contract

в ~ платежей advance against payments
в ~ погашения задолженности to settle a debt
в ~ причитающейся суммы on account
за ~ at the expense (cost) of, for account of
за ~ и риск for account and risk
против ~а against the invoice
согласно ~у according to the invoice
подлежащий отнесению на ~ chargeable
указанный в ~е invoiced
~ не сходится the account doesn't tally
~ просрочен the invoice is past due (is long overdue)
~ просрочен на [2] месяца the invoice is [2] months overdue
~ равняется the invoice amounts to

счетовод accountant

счетоводство book-keeping, accounts, accountancy

счёт-фактур/а [commercial] invoice
~ на сумму invoice amounting to, invoice for (to, in) the amount (sum) of
~ на товар invoice covering merchandise
~, неоплаченный unpaid invoice
~, окончательный final invoice
~, подписанный countersigned invoice
~, подробный detailed (specified) invoice
~, предварительный proforma (preliminary, provisional, no-charge) invoice
копия счёта-фактуры copy of an invoice, invoice copy
оригинал счёта-фактуры original invoice
платёж по предъявлению счёта-фактуры payment on (against) an invoice
сумма счёта-фактуры amount (sum) of an invoice, invoice[d] amount
акцептовать ~у accept an invoice
выдавать ~у issue an invoice
выписывать ~у make out (draw up, issue) an invoice, invoice
оплачивать ~у pay an invoice

счётчик tallyman
~, контрольный controlling tally clerk

считать 1. count **2.** (*вычислять*) calculate, compute **3.** (*полагать*) consider, regard, find
~ недействительным consider null and void
~ необходимым consider (find) *smth* necessary
~ ответственным hold *smb* responsible

считаться be considered, be regarded as
~ датой поставки be regarded as the date of delivery
~ принятым по сертификату качества be accepted on the basis of the quality certificate

сырь/ё raw material[s], primary goods (products, commodities)
~, вторичное secondary raw materials
~, дефицитное scarce raw materials
~, древесное wood
~, импортное imported raw materials
~, исходное primary (original) raw materials
~, местное domestic raw materials

~, **минера́льное** mineral raw materials
~, **расти́тельное** vegetable raw materials
~, **стратеги́ческое** strategic raw materials
вид ~я́ kind (type, sort) of raw materials
запа́сы ~я́ stocks of raw materials
импортёр ~я́ importer of raw materials
испо́льзование ~я́ application (use) of raw materials
исто́чники ~я́ sources of raw materials
недоста́ток ~я́ lack of raw materials
нехва́тка ~я́ shortage (scarcity) of raw materials
потре́бность в ~е́ requirements of (demand for) raw materials
производи́тель ~я́ primary producer
расхо́дование ~я́ use (consumption) of raw materials
ресу́рсы ~я́ raw material resources

сэконо́мленный saved

сюрве́йер *мор. страх.* surveyor
~ **Лло́йда** Lloyd's surveyor
акт (сертифика́т) ~а survey (surveyor's) report
вызыва́ть ~а take (invite, summon up) a surveyor

Т

та́бель 1. (*список, таблица*) table **2.** (*учётный листок*) time sheet **3.** (*график*) schedule
~, **теку́щий** monthly time sheet

табли́ц/а table, schedule
~ **весо́в и мер** table of weights and measures
~, **детализи́рованная** individual table
~ **затра́т и вы́пуска** input-output table
~ **контро́ля ка́чества** quality control table
~, **курсова́я** stock exchange list, exchange rates
~, **нало́говая** tax table
~, **однoти́пная** table in single tabulation
~, **определя́ющая разме́р зака́за в зави́симости от ме́сячного спро́са** month-of-stock table
~ **перево́да мер** conversion table
~ **проце́нтов** table of interest
~ **разме́ров зака́за** ordering table
~, **разрабо́точная** spread sheet
~, **расчётная** calculation (computational) table
~ **результа́тов прове́рки** table of test results
~, **сво́дная** summary table
~, **сокращённая** abridged table
~, **спра́вочная** reference table
~, **сравни́тельная** comparison table
~ **сро́ка слу́жбы** time service table
~ **тари́фных ста́вок** tariff [rate] table
~ **тари́фных ста́вок для грузовы́х перево́зок** freight tariff schedule
~ **цен** price schedule
вноси́ть в ~у tabulate
составля́ть ~у compile a table, tabulate

тайм-ча́ртер *мор.* (*договор на аренду торгового судна или* *его части на определённый срок*) time charter

та́ймшит (*ведомость учёта времени, затраченного на погрузку и выгрузку*) time sheet

та́йна secret; privacy, secrecy

~ вкла́дов privacy of deposits

~, комме́рческая commercial secret

та́кс/а (*точно установленная государством или органами самоуправления расценка товаров или оплаты труда и услуг*) [fixed] rate

~ за пересы́лку по по́чте postal rate

~ за разгово́р по телефо́ну telephone rate per call

пла́та по ~е fixed-rate payment

такса́тор tax-collector

тало́н coupon; counterfoil

~, абонеме́нтный coupon

~, отрывно́й detachable coupon, tear-off portion

~, поса́дочный boarding card, pass

~, страхово́й insurance note (slip)

отрыва́ть ~ы detach coupons

та́льман (*счётчик, отметчик, контролёр при погрузке и выгрузке*) tallyman, tally clerk

~, берегово́й shore tallyman, *амер.* shore checker

~, судово́й tallyman

та́льманский tally *attr.*

тамо́женник customs official

тамо́женный custom[s] *attr.*

тамо́жн/я customs, custom-house

~, железнодоро́жная railway custom-house

~, морска́я maritime custom-house

акт о конфиска́ции гру́за ~ей seizure note

деклара́ция ~и customs declaration

квита́нция ~и об упла́те по́шлины customs receipt, clearance bill (note), docket

о́рдер ~и на вы́пуск гру́за customs warrant

печа́ть ~и customs seal

разреше́ние ~и на ввоз *или* **вы́воз това́ра** customs permit, customs clearance

разреше́ние ~и на вы́дачу гру́за со скла́да warehouse-[-keeper's] order, bond note

разреше́ние ~и на погру́зку permit to load (*амер.* lade)

разреше́ние ~и на разгру́зку permit to unload (*амер.* unlade)

сотру́дник ~и customs (custom house) officer (official)

това́ры, пломбиро́ванные ~ей goods under customs seal

удостовере́ние ~и на возвра́т тамо́женной по́шлины [customs] debenture

оформля́ть вы́воз с ~и obtain a bond note, receive a certificate of clearance

предъявля́ть разреше́ние ~и present a customs permit

провози́ть че́рез ~ю bring (take) through the customs

проходи́ть че́рез ~ю go (pass) through the customs

та́нкер (*наливное судно*) tanker

~ для перево́зки гру́за на́сыпью, нава́лом *или* **нали́вом** bulk carrier, bulker

~ для перево́зки тёмных нефтепроду́ктов, нефтегру́зов dirty tanker

~ для перево́зки хими́ческих проду́ктов chemical tanker

~, крупнотонна́жный large tanker

~, нефтяно́й oil tanker, oil carrier (ship), oiler

~, **принадлежа́щий нефтяно́й компа́нии** *или* **ча́стному владе́льцу** privately-owned tanker
~, **сдава́емый внаём** public tanker
загружа́ть ~ load a tanker
перевози́ть в ~ах carry in tankers

та́нкер-бункеро́вщик bunkering tanker

та́нкер-запра́вщик refuelling oiler, fleet replenishment tanker

та́нкер-рудово́з ore[-bulk] carrier

та́ра container; tare; (*упаковка*) packing [materials], package, covering
~, **аркти́ческая** arctic container
~, **возвра́тная** reusable container
~, **закры́тая** closed container
~, **инвента́рная** returnable (reusable) container
~, **индивидуа́льная** unit pack
~, **карто́нная** cardboard packaging (packing); cardboard container
~, **крупногабари́тная** large-size container
~, **маркиро́ванная** marked container
~, **ме́лкая** small packages
~, **металли́ческая** metallic packing; metallic container
~, **многооборо́тная** reusable tare; returnable container
~, **невозвращённая** unreturned tare
~, **не подлежа́щая возвра́ту** non-returnable (throwaway) tare
~, **не подлежа́щая дальне́йшему испо́льзованию** throwaway tare; damaged container
~, **оборо́тная** returnable tare
~, **откры́тая** open-top container
~, **повреждённая** damaged tare
~, **подлежа́щая возвра́ту** returnable tare
~, **полиме́рная** plastic packing; plastic container
~, **полиэтиле́новая** polyethylene container
~, **поро́жняя** empties
~, **приго́дная** suitable container
~, **про́чная** strong container; strong packaging (packing)
~, **ра́зовая** disposable (throwaway) container
~, **решётчатая** crate
~, **тра́нспортная** shipping (transit) container
~, **тропи́ческая** tropical container; tropical packing
~, **улу́чшенная** improved tare
вес ~ы tare [weight]
вес ~ы, действи́тельный real (actual) tare
вес ~ы, действи́тельный для всех мест па́ртии това́ра clear (net) tare
вес ~ы по та́ра-тари́фу customs (legal, schedule) tare
вес ~ы, превыша́ющий норма́льный super tare
вес ~ы, предполага́емый computed (estimated) tare
вес ~ы, сре́дний average tare
вес ~ы, устано́вленный до отгру́зки това́ра original tare
вес ~ы, устано́вленный обы́чаем customary (usual, uso) tare
вес ~ы, факти́ческий real (actual) tare
вес ~ы, факту́рный invoice tare

габари́ты ~ы size of a container
дефе́кты ~ы defects in tare
маркиро́вка ~ы marking of packaging (packing); marking on a [packing] container
определе́ние сре́днего ве́са ~ы taring for average
перево́зка пусто́й ~ы tare carriage
погру́зка без ~ы loading (shipment) in bulk, bulk stowage
погру́зка в ~е loading in packages
пра́вила определе́ния ве́са ~ы taring regulations
ски́дка на ~у tare allowance
ски́дка на ~у и уте́чку tare and tret
склад ~ы empties store
сто́имость ~ы value (cost) of tare; packing (packaging) cost (charge), cost of packing (packaging)
хране́ние ~ы на скла́де warehousing of tare
хране́ние пусто́й ~ы storing of empty cases (empties)
возвраща́ть ~у return containers (empties)
грузи́ть без ~ы load (ship) in bulk
де́лать ски́дку на ~у tare
маркирова́ть ~у mark packaging (packing)
определя́ть вес ~ы tare
получа́ть ~у obtain tare
упако́вывать в ~у pack in tare
упако́вывать в деревя́нную ~у pack in wood

тари́ф tariff, table of rates; rate
~, автоно́мный autonomous tariff
~, аге́нтский agency tariff
~ акко́рдных ста́вок flat-rate tariff
~, бага́жный baggage rate
~, ба́зисный basing (basic) rate
~ возду́шных грузовы́х перево́зок airfreight rates
~, высо́кий high rate (charge)
~, ги́бкий flexible tariff
~, госуда́рственный state (government) tariff
~, грузово́й freight rates, cargo tariff
~, группово́й group rate
~, двухколо́нный double (double-column) tariff
~, де́йствующий current rate
~, дискриминацио́нный discriminatory (discriminating) tariff
~, дифференциа́льный differential (sliding-scale) tariff
~ для гру́зов, обраба́тываемых в пути́ сле́дования transit rate
~ для любы́х гру́зов all-commodity rate
~ для ма́ссовых гру́зов volume rate
~ для перево́зки поро́жней та́ры tariff for tare carriage
~ для стран, по́льзующихся режи́мом наибо́льшего благоприя́тствования most-favoured-nation tariff
~, еди́ный blanket tariff (rates); agency tariff
~, железнодоро́жный railway tariff (rate)
~, жёсткий basing (basic) tariff
~, запрети́тельный prohibitive tariff
~ы за публика́цию рекла́мы advertising rates
~, зона́льный zone (area) [freight] rate, zone tariff

~, и́мпортный (*для импортных грузов*) import rate
~, кара́тельный penalty (retaliation, retaliatory) tariff
~, кла́ссный (*ставка в соответствии с классификацией грузов*) class rate
~, комбини́рованный combination rate
~, конвенцио́нный conventional tariff
~, конференциа́льный conference tariff
~, лине́йный liner rates
~, льго́тный preferential (reduced) tariff, preferential (favourable, special) rate; column rate; (*для массовых грузов*) commodity rate
~, льго́тный, железнодоро́жный preferential railway (*амер.* railroad) rate
~, максима́льный maximum tariff
~ы междунаро́дного судохо́дства international navigation tariffs
~, междунаро́дный international tariff
~ ме́лких отпра́вок tariff for single consignments; less-than-carload rate
~, ме́стный local rate
~, минима́льный minimum tariff
~, многоколо́нный multiple (multilinear) tariff
~, морско́й marine transport rate
~ на перево́зку гру́за до транзи́тного пу́нкта cutback rate
~ на перево́зку па́лубного гру́за deck cargo rate
~ на сбо́рные гру́зы less-than-carload rate
~ на транзи́тные гру́зы transit tariff (rate), tariff for the transit of goods
~, нача́льный basing rate
~, незапрети́тельный nonprohibitive tariff
~, ни́зкий low rate
~, о́бщий blanket rate, general tariff; unified (consolidated) tariff
~, одноколо́нный single-line (single-schedule, unilinear, general) tariff
~, однора́зовый one-time rate
~, основно́й standard rate
~, осо́бый special tariff (rate)
~ы, перево́зочные freight rates
~, покрови́тельственный protection (protective) tariff
~, почто́вый postal tariff
~, промежу́точный bridge rate
~, пропорциона́льный proportional (straight-line) rate
~, просто́й single-line (single-schedule, unilinear, general) tariff
~, протекциони́стский protection (protective) tariff
~, рекла́мный advertising rate
~, сквозно́й through rate
~, сквозно́й комбини́рованный combination through rate
~, скользя́щий sliding-scale tariff
~, сло́жный multiple (multilinear) tariff
~ ста́вок комиссио́нного вознагражде́ния schedule of commission charges
~ страхово́й пре́мии rate of insurance
~, тамо́женный customs tariff, *амер.* customs schedule
~, тамо́женный иностра́нного госуда́рства foreign tariff
~, та́рный tariff for tare carriage

~, транзи́тный transit tariff (rate), tariff for the transit of goods
~, тра́нспортный transportation (traffic) rate, transport (transportation) tariff
~, трёхколо́нный three-tier tariff
~, унифици́рованный unified tariff
~, устано́вленный зако́ном statutory tariff
~, э́кспортный (*для экспортных грузов*) export rate
отме́на ~а abolition (abolishment) of a tariff
повыше́ние ~ов rate increase, increase in (of) rates
прейскура́нт ~ов rate schedule
прейскура́нт еди́ных ~ов joint tariff
прейскура́нт кла́ссных ~ов class tariff
расхожде́ние ме́жду ~ами disparity in rates
расчёт ~ов rate making
регули́рование ~ов rate regulation (management)
систе́ма мно́жественных ~ов multiple tariff
сниже́ние ~ов rate reduction, reduction in (of) rates
соглаше́ние о ~ах tariff agreement
ста́вки ~ов tariff rates
ста́вки железнодоро́жных ~ов rail rates
ста́вки ~а, оконча́тельные end rates
установле́ние ~а establishment of a tariff
включа́ть в ~ tariff
изменя́ть ~ change (adapt) a tariff
опла́чивать по ~ам pay according to the rates
отменя́ть ~ abolish a tariff
поднима́ть ~ raise a tariff (rate)
применя́ть ~ к apply a tariff to
снижа́ть ~ reduce a tariff (rate)
устана́вливать ~ы establish tariffs, prescribe rates
в соотве́тствии с железнодоро́жным ~ом according to railway tariff

тарифика́ция (*установление тарифа на основе той или иной классификации объектов*) rating

тарифици́ровать rate, tariff

тари́фный tariff *attr.*, rate *attr.*

текст text
~, испра́вленный amended (altered) text
~ контра́кта text of a contract
~, обяза́тельный mandatory copy
~, первонача́льный original text (wording)
~, по́длинный authentic text
~, по́лный full text
~, рекла́мный advertising text
~, согласо́ванный argeed text
~ те́лекса text of a telex
вста́вка в ~ insertion
дополне́ние к ~у supplement to a text
исправле́ние ~а amendment (alteration) of a text
одобря́ть ~ approve a text
печа́тать ~ print a text
снабжа́ть ~ом furnish a text

теку́щий 1. (*настоящий*) current **2.** (*повседневный*) everyday, routine, operating **3.** (*современный, сегодняшний*) present day *attr.*

телегра́мм/а cable, telegram, wire
~, искажённая mutilated telegram

~, обы́чная ordinary cable (telegram)
~ откры́тым те́кстом open language cable, telegram in plain language
~, служе́бная official cable (telegram)
~, сро́чная urgent (express) cable (telegram)
~, шифро́ванная ciphered cable (telegram)
бланк ~ы cable form
отпра́вка ~ы dispatch of a cable (telegram)
вызыва́ть ~ой wire for, telegraph for
высыла́ть ~у send a cable (telegram)
отправля́ть ~у dispatch a cable (telegram)
сдава́ть ~у hand in a cable (telegram)
уведомля́ть ~ой notify by cable
~ой by cable, by wire

телегра́мма-мо́лния expresstelegram, lightning-cable

телегра́ф telegraph
перепи́ска по ~у correspondence by telegraph
уведомле́ние по ~у cable (telegraphic) notification, notice (notification) by cable (telegraph)
переводи́ть по ~у transfer (remit) by cable (telegraph, wire)
посыла́ть ~ом send by cable

телеграфи́ровать cable, telegraph, wire

телегра́фный telegraphic, telegraph *attr.*

те́лекс telex, telex message
~, дати́рованный telex dated
~, служе́бный official telex
~, сро́чный urgent telex
отве́т на ~ reply to a telex
отве́т по ~у telex reply
отпра́вка ~а dispatch of a telex
сообще́ние по ~у telex message
уведомле́ние по ~у telex notification
информи́ровать по ~у inform by telex
направля́ть ~ forward a telex
отвеча́ть на ~ reply to a telex
отвеча́ть по ~у reply by telex
отправля́ть ~ send (dispatch) a telex
подтвержда́ть ~ confirm a telex
посыла́ть ~ send (dispatch) a telex
посыла́ть по ~у send by telex
сообща́ть по ~у (~ом) telex, inform by telex
~ом by telex
~ы, по-ви́димому, разошли́сь с телегра́ммами telexes and cables seem to have crossed

те́лексный telex *attr.*

телета́йп teletype
передава́ть по ~у teletype

телета́йпный teletype *attr.*

телефа́кс telefax

телефо́н telephone, phone
~ для спра́вок telephone for information
запро́с по ~у telephone inquiry
но́мер ~а telephone number
но́мер ~а, доба́вочный extension [line]
сообще́ние по ~у [tele]phone message
уведомле́ние по ~у telephone notification
устано́вка ~а telephone installation
звони́ть по ~у phone, ring up, call
звони́ть по ~у с опла́той абоне́нтом phone collect
звони́ть *кому-л.* **по междуна-**

ро́дному ~у с отнесе́нием расхо́дов за счёт вызыва́емого абоне́нта call collect, *англ.* make a reverse charge call, *амер.* call toll free
связа́ться по ~у get in touch (contact) by [tele]phone
соедини́ть *кого-л.* **по ~у** put *smb* through
по ~у by (over) [tele]phone
телефо́нный telephone *attr.*
телефонogра́мма telephone message
темп rate, speed, pace
~ инфля́ции rate of inflation, inflation rate
~ы, опережа́ющие priority rates
~ рабо́ты work pace, rate (speed) of work
~ разви́тия rate of development
~ ро́ста growth rate, rate of growth, coefficient of expansion
~ы ро́ста, опережа́ющие priority (outstripping) growth rates
~ ро́ста, среднегодово́й annual average growth rate
замедле́ние ~ов разви́тия slowing down of the rates of development
замедле́ние ~ов ро́ста slackening in the rates of growth
сниже́ние ~ов ро́ста slowdown in the growth rates
замедля́ть ~ slow down the rate (speed, pace)
замедля́ть ~ рабо́ты slow down the work pace
не снижа́ть ~ keep up (maintain) the pace (speed)
ускоря́ть ~ accelerate the rate (speed, pace)
в уско́ренном ~е rapidly, at a rapid pace
тенде́нци/я (*стремление*) tendency to (towards); (*общее направление*) trend; (*в экономике*) development
~и в разви́тии те́хники trends in technology
~, долговре́менная long-term (run) trend
~ к повыше́нию upward (stronger, rising) tendency (trend)
~ к повыше́нию цен stronger tendency in prices
~ к пониже́нию downward (weaker, falling) tendency (trend)
~ к пониже́нию цен weaker tendency in prices
~, кратковре́менная short-term tendency (trend)
~, о́бщая general trend
~, определённая definite trend
~, основна́я basic tendency
~, повыша́тельная (*о ценах, курсах*) upward tendency (trend), upward adjustment; buoyancy
~, понижа́тельная (*о ценах, курсах*) downward tendency (trend), downward adjustment
~, преоблада́ющая prevailing trend
~и, протекциони́стские protectionist tendencies
~, ры́ночная (ры́нка) market trend (tendency)
~, усто́йчивая stable trend; flat trend
~ цен trend (tendency) in (of) prices, price trend (tendency)
~ цен к бо́льшей усто́йчивости stronger tendency in prices
~ цен, ры́ночных (*состояние рынка*) run of the market
ана́лиз ~й trend analysis
ана́лиз ~й ры́нка market trend analysis

нарастáние протекционúстских ~й rise in protectionist tendencies
усилéние протекционúстских ~й growing protectionist tendencies
имéть ~ю tend
имéть ~ю к улучшéнию tend to improve
проявля́ть ~ю к exhibit a tendency to, tend to
проявля́ть ~ю к повышéнию tend upwards
проявля́ть ~ю к понижéнию tend downwards
тéндер tender, bid, bidding
~, закóнный legal tender
~ы, изолúрованные separate tenders
~ы, междунарóдные international tenders
~, объя́вленный invited bids (tenders)
~ на получéние подря́да tender (bid) for a contract
~ на постáвку оборýдования tender for the delivery of equipment
~, пóлный full tender
документáция ~а tender documents
нóмер ~а tender number
перúод подáчи ~ов tendering period
проведéние ~ов holding tenders
срок дéйствия ~а tender validity period
услóвия ~а terms of a tender
направля́ть ~ forward a tender
объявля́ть ~ invite tenders (bids)
представля́ть ~ submit a tender (bid)
теплохóд motor ship, *сокр.* M.S., motor vessel, *сокр.* M.V.
~, наливнóй motor tanker, *сокр.* M.T.
тéрмин term
~ы, наýчные scientific terms
~ы, торгóвые terms of trade
терминáл terminal [facilities]
~ для грузовы́х судóв freightliner terminal
~, контéйнерный container terminal
~, многоцелевóй multipurpose terminal
~, морскóй marine terminal
~, сдавáемый в арéнду for-hire terminal
~, специализúрованный specialized terminal
~ ЭВМ (*выносной блок ЭВМ*) terminal; (*дисплей*) display; (*печатающее устройство*) printer
зóна ~а terminal area
оборýдование ~а terminal facilities
хранéние у ~а terminal storage
прибывáть на ~ arrive at the terminal
терминолóгия terminology, nomenclature
~, наýчная scientific terminology
~, техни́ческая technical terminology
территориáльный territorial, territory *attr.*
террит óрия territory, area
~, включённая в соглашéние agreement territory
~ внутрú помещéния indoor area
~ вы́ставки exhibition area (site, grounds, premises), ground area, show grounds
~ вы́ставки под откры́тым нéбом outdoor exhibit space

~ для перегру́зки транзи́тных това́ров transhipment zone (area)
~ для склади́рования storage zone (area)
~, догово́рная territory under a contract
~ заво́да-изготови́теля manufacturer's premises
~, исключи́тельная exclusive territory
~, лицензи́рованная licensed territory
~ на откры́том во́здухе outdoor area
~, сбытова́я sales territory
~, складска́я storage zone (area)
~, согласо́ванная argeed territory
~, тамо́женная customs territory
~ я́рмарки fair grounds (area)

те́рция (*третий экземпляр переводного векселя*) third bill of exchange

тест test
выде́рживать ~ stand (bear) the test
подверга́ть ~у put (bring) to the test
проводи́ть ~ test

те́хник technician, mechanic

те́хник/а 1. engineering; technology **2.** (*приёмы, методика*) technique **3.** (*оборудование*) machinery, equipment
~ безопа́сности safety conditions, industrial safety rules, accident prevention, [industrial) safety precautions (measures, regulations, engineering)
~, мора́льно устаре́вшая morally obsolete equipment
~ но́вых поколе́ний new generations of equipment
~ обрабо́тки processing technique
~, осо́бо то́чная high-precision equipment
~, передова́я (прогресси́вная) 1. advanced technology **2.** modern (progressive, up-to-date) machinery, advanced equipment
~ произво́дства manufacturing technique
~ рабо́ты work (operation) technique
~, разгру́зочная unloading facilities
~ руково́дства management technique
~ свя́зи communication technologies
~, сло́жная sophisticated equipment
~, судострои́тельная marine engineering
~ упако́вки packaging technique
~ эксплуата́ции operation (operational) technique
~ эксплуата́ции и монтажа́ обору́дования engineering of a plant
внедре́ние но́вой ~и и техноло́гии introduction of the latest machinery and technology
достиже́ния ~и technical achievements, achievements in technology
инстру́кции по ~е безопа́сности safety rules (regulations, instructions)
наруше́ние пра́вил ~и безопа́сности violation (neglect) of safety regulations; safety hazard
но́рмы ~и безопа́сности safety standards
о́бласть ~и field of technology
оце́нка ~и technology assessment

пра́вила ~и безопа́сности, заводски́е factory safety rules
пра́вила ~и безопа́сности и охра́ны труда́ occupational safety and health regulations
превосхо́дство в ~е technical excellence
тенде́нции в разви́тии ~и trends in technology
выполня́ть инстру́кции по ~е безопа́сности observe engineering safety instructions
соблюда́ть пра́вила ~и безопа́сности observe (obey, meet) safety rules and regulations

те́хнико-экономи́ческий technical and economic, engineering-economic

техни́чески technically
~ возмо́жный (выполни́мый) technically realizable (feasible), technologically possible
~ но́вый проду́кт innovative product
~ оптима́льное реше́ние technically optimum solution
~ пра́вильный technically correct
~ прие́млемый technically acceptable (accepted)
~ сло́жные това́ры technically sophisticated goods
~ то́чная информа́ция technically detailed information
~ то́чный technically accurate
~ улу́чшенная проду́кция technically improved products
~ усоверше́нствованный прое́кт technically advanced design

техни́ческий technical

техно́лог technologist, process engineer
~, гла́вный chief process engineer, chief technologist

технологи́ческий technological, process *attr.*

техноло́ги/я technology; (*совокупность методов*) know-how, production (manufacturing) process
~, ба́зовая basic technology
~, безотхо́дная waste-free technology, non-waste production methods
~, име́ющаяся available technology
~, интенси́вная intensive technology
~ капиталоёмкая capital-intensive technology
~, ко́мплексная package[d] technology
~, наукоёмкая high tech[nology]
~, неда́вно разрабо́танная newly developed know-how
~, но́вая new (novel) technology
~, о́бщая general technology
~, передова́я advanced technology; advanced techniques
~, подходя́щая appropriate technology
~, пото́чная continuous method in working
~, превосхо́дная superior (excellent) technology
~, прогресси́вная progressive technology
~ произво́дства (произво́дственная) manufacturing (production) technology, production engineering, technology for (of) production
~, ресурсосберега́ющая resource-saving technology
~, трудоёмкая labour-intensive technology
~, трудосберега́ющая labour-saving technology
~, энергосберега́ющая energy-saving techniques (technology)
внедре́ние но́вой ~и introduction of new technology

заку́пка нове́йшей ~и purchase (acquisition) of the latest technology
монопо́лия на ~ю technological monopoly
переда́ча ~и transfer of technology, technology transfer
предоставле́ние ~и provision of technology
привлече́ние но́вых ~й attraction (application) of new technologies
привлече́ние передово́й иностра́нной ~и obtaining advanced foreign technology; utilization of advanced foreign machines (equipment) and technologies
примене́ние ~и utilization (employment, application) of technology
разрабо́тка ~и произво́дства development (elaboration) of production (manufacturing) process
руково́дство по ~и произво́дства process technology manual
тенде́нции в разви́тии ~и trends in technology
уте́чка ~и leakage of technology
характери́стика ~и performance of technology
э́кспорт ~и export of technology
владе́ть ~ей possess technology
де́лать ~ю досту́пной make technology available
испо́льзовать ~ю utilize (apply) technology
обновля́ть ~ю update technology
одобря́ть ~ю approve technology, endorse technique
опи́сывать ~ю произво́дства describe know-how
осно́вывать на ~и base on technology
оце́нивать ~ю assess technology
покупа́ть ~ю purchase technology
по́льзоваться ~ей participate in technology
привлека́ть совреме́нную ~ю use (apply) modern know-how
приводи́ть ~ю в соотве́тствие с совреме́нными тре́бованиями update technology
применя́ть ~ practise (use, employ, apply) technology
применя́ть ~ю в разли́чных усло́виях apply technology to different conditions
приобрета́ть ~ю acquire technology
развива́ть ~ю develop technology

техобслу́живани/е maintenance, technical service
ба́за ~я maintenance base (depot)
ста́нция ~я service station

типово́й model *attr.*, standard, typical

тира́ж (*займа, лотереи и т. д.*) drawing; (*изданий*) circulation, run
~, большо́й large (wide) circulation
~, догово́рный franchise circulation
~, ма́ссовый mass circulation
~ печа́тных изда́ний press run
~, предполага́емый projected circulation
вы́йти в ~ be drawn
име́ть большо́й ~ have a wide circulation
увели́чивать ~ increase circulation
уменьша́ть ~ cut circulation

ти́тул title
~, зако́нный good title

~ на дви́жимое иму́щество title in (to) personal property
~ на недви́жимое иму́щество title in (to) real property
~, оспори́мый voidable title
~, правово́й [legal] title
переда́ча правово́го ~а conveyance of title
спра́вка о ~е abstract of title
доказа́ть зако́нный ~ make a good title
показа́ть зако́нный ~ show a good title

ти́тульный title *attr.*

това́р goods, commodity, article, merchandise, produce, ware[s]
~, аукцио́нный auction goods
~ы, бакале́йные groceries
~ без упако́вки unpacked (unpackaged, uncovered, unwrapped, unprotected) goods; goods in bulk, bulk (loose) goods
~ы, беспо́шлинные free imports
~, беста́рный loose goods
~ы, биржевы́е exchange goods
~, бо́ндовый goods in (under) bond
~ы, бью́щиеся fragile goods
~, бы́стро продаю́щийся fast-selling goods
~, бы́стро реализу́емый marketable goods
~ы, бытовы́е [household] appliances
~ы, важне́йшие staple goods, goods of first priority
~ы, ввози́мые imported goods, imports
~ы, взаимозаменя́емые substitutional goods
~ в пути́ goods in transit, transit goods
~ в свя́зках bundle[d] goods
~ы, всевозмо́жные goods of every description (every sort and kind)
~ы, второсо́ртные second-rate goods, seconds
~ы, второстепе́нные non-essential goods, non-essentials
~ в тюка́х bale goods, goods in bales
~ в упако́вке packed (covered, wrapped, protected) goods
~, вы́годный для прода́жи merchantable sales product
~ высо́кого ка́чества goods of high quality
~, высокока́чественный high-quality goods
~, высокосо́ртный high-grade goods
~, высокотехнологи́чный high-technology products (goods)
~, вы́ставочный exhibition goods
~ вы́сшего ка́чества goods of superior quality, superior goods, top-quality goods
~ы, галантере́йные small ware, haberdashery
~, гото́вый к отпра́вке goods ready for shipment
~, гото́вый к сда́че goods ready for delivery (handing over, turning over); spot goods
~ы, гражда́нского назначе́ния civilian goods
~ы, громо́здкие bulky goods
~, да́нный goods in question, subject (said, named) goods
~, дефе́ктный defective (faulty) goods
~, дефици́тный scarce commodities (goods), *амер.* commodities in short supply, *амер.* critical goods
~ы дли́тельного по́льзования

durable (hard) goods, durables
~ы для дипломати́ческого ко́рпуса diplomatic goods
~ы для отпра́вки нава́лом goods for bulk shipment
~, доброка́чественный goods of good (sound) quality
~, доста́вленный с опозда́нием late goods
~ы, животново́дческие livestock produce
~, жи́дкий liquid goods
~, забрако́ванный rejected goods, rejects
~ы, заграни́чные foreign[-made] goods (products)
~ы, загрязня́ющие окружа́ющую среду́ contaminating materials
~, заде́ржанный delayed goods
~, заде́ржанный на ... дней goods delayed over (for, by) ... days
~, заказно́й ordered goods
~, залежа́лый stale goods, old stock
~, зало́женный pledged goods
~, заменённый replaced goods, replacements
~, заморо́женный refrigerated goods
~ы, запрещённые для э́кспорта prohibited exports, goods forbidden for export
~ы, запрещённые к ввозу prohibited imports
~ы, запрещённые к обраще́нию restricted articles
~ы, застрахо́ванные insured goods
~ы, импорти́руемые imports, import goods (commodities), articles of import
~ы, и́мпортные imports, import[ed] goods (commodities)
~, инвестицио́нный investment goods
~ы иностра́нного происхожде́ния goods of foreign origin
~ы, иностра́нные foreign[-made] goods (products)
~, испо́рченный damaged goods; spoilage
~ы к весе́ннему сезо́ну spring goods
~ы, конкуре́нтные (конкурентоспосо́бные) competitive goods (products), competitively priced goods
~, консигнацио́нный consignment goods
~, контраба́ндный contraband goods
~ы, космети́ческие cosmetic products
~ы кратковре́менного по́льзования non-durable goods, non-durables
~ы культу́рно-бытово́го назначе́ния cultural and household goods
~, легкове́сный light goods
~, легковоспламеня́ющийся inflammable goods, goods of inflammable nature
~ы, лесобума́жные timber and paper products
~, любы́е goods of every description (every sort and kind)
~, малоце́нный not valuable goods
~ы, ма́ссовые bulk commodities (materials), staple goods
~ы ма́ссового потребле́ния large-scale goods
~ы ма́ссового произво́дства mass production goods
~ы, мо́дные style goods, fancy articles
~ наивы́сшего ка́чества goods of the best quality

~, нали́чный inventories, goods on hand; stock; *бирж.* spot goods, spot[s]

~ы наро́дного потребле́ния consumer goods

~, насыпно́й (на́сыпью) goods in bulk, loose goods

~ы на тамо́женном скла́де, не опла́ченные по́шлиной bonded goods

~ы, наукоёмкие high-technology (science-intensive) products

~ы, небью́щиеся non-fragile goods

~, невы́годный non-merchantable goods

~, недоброка́чественный goods of bad quality, substandard goods

~, недопоста́вленный short-delivered goods

~, недостаю́щий missing goods

~, незака́занный unordered goods

~, незата́ренный unpacked (unprotected) goods

~, неистре́бованный unclaimed goods

~ы, неконкурентоспосо́бные non-competitive goods

~, неопа́сный non-hazardous goods

~, неотгру́женный unshipped (short-shipped) goods

~ы не пе́рвой необходи́мости non-essential goods, non-essentials

~, неповреждённый undamaged goods

~, не подве́рженный конъюнкту́рным колеба́ниям non-sensitive goods (commodities, items)

~, не по́льзующийся спро́сом badly selling lines

~, непоста́вленный undelivered goods

~, непригóдный для торгóвли unmerchantable (non-merchantable, unsal[e]able, unmarketable) goods

~, непри́нятый unaccepted goods

~, непро́данный unsold goods

~ы, непродово́льственные nonfoods, non-food goods

~ы, несезо́нные goods out of season

~ы, нетрадицио́нные non-traditional goods

~, неупако́ванный unpacked (unwrapped, uncovered) goods

~, неходово́й unsal[e]able (unmarketable) goods (articles)

~ ни́зкого ка́чества goods of poor (inferior, low) quality

~, низкосо́ртный goods of poor (low, inferior) quality, low-grade goods

~, новоприбы́вшие (fresh) arrivals

~ы, но́вые novelty (new) goods

~, огнеопа́сный hazardous goods, items of hazardous nature

~, опа́сный dangerous goods (cargo), goods of a dangerous character, goods of damaging nature

~ы, основны́е staple (basic) goods (commodities, articles), staple[-ware]

~ы, остродефици́тные goods in short supply

~, отбо́рный choice (selected) goods

~, отгру́женный shipped goods

~ы оте́чественного произво́дства domestic products, home produce, home-made goods

~, отправля́емый outgoing shipment (lot, consignment, parcel)
~, отправля́емый за грани́цу export[ed] (outward, outbound) goods (cargo, freight), freight outwards
~, отправля́емый почто́вой посы́лкой parcel post shipment
~ы, отремонти́рованные repaired goods
~ы, патенто́ванные patent goods
~ы пе́рвой необходи́мости goods of prime necessity, prime necessities, essential goods, essentials, staple (primary) commodities
~, первокла́ссные first-class articles (goods, lines)
~ы первоочередно́й ва́жности goods of first priority
~ы, перевози́мые нава́лом, нали́вом *или* **на́сыпью** goods carried in bulk
~ы, перечи́сленные ни́же goods specified below
~, перспекти́вный promising product
~, пла́ту за кото́рый взима́ют по разме́ру *или* **объёму** measurement goods (cargo)
~ы, пломби́рованные тамо́жней goods under customs seal
~, повреждённый damaged (faulty) goods
~, подгото́вленный к отпра́вке goods ready for shipment (to be moved)
~, подлежа́щий поста́вке goods intended for delivery
~, подлежа́щий сда́че deliverable goods
~, подмо́ченный морско́й водо́й sea-damaged goods
~, по́льзующийся больши́м спро́сом ready-selling lines, hottest-selling products, popular articles (goods, items)
~, попо́рченный damaged (spoiled) goods
~, поста́вленный delivered goods
~, поступа́ющий incoming goods
~ы, потреби́тельские consumer goods (commodities, lines, products), consumption goods, articles of consumption, items of mass consumption, essential commodities
~ы, потреби́тельские, дли́тельного по́льзования consumer durables
~ы, предназна́ченные к отгру́зке goods intended for shipment
~ы, представи́тельские official goods, items of official expenses, souvenirs and refreshment goods
~, прибыва́ющий arriving goods
~, приго́дный для торго́вли merchantable (marketable) goods, goods of merchantable quality
~, прие́млемый acceptable (eligible) goods
~, про́данный sold goods
~, продаю́щийся в упако́вке package[d] goods
~, продаю́щийся по де́мпинговым це́нам goods sold at dumping prices
~, продаю́щийся по сни́женным це́нам cut-price goods
~ы, продово́льственные foodstuffs, provisions
~ы, продово́льственные, оте́чественного произво́дства domestic foods
~ы произво́дственного назначе́ния capital goods, producers' goods

~ы, промы́шленные manufactured (industrial, industrialized) goods (products, articles)
~, просро́ченный delayed (past due, out of time) goods
~ы, про́чные indestructible goods
~, пушно́й furs
~ы, равноце́нные goods (commodities) of equal worth (value)
~ы, разбонди́рованные unbonded goods
~ы, разнообра́зные varied goods, *амер.* diversified commodities
~, расфасо́ванный pre-packaged goods
~, реализо́ванный realized (sold) goods
~, реализу́емый sal[e]able (merchantable) goods; easy-to-sell goods
~, реа́льный physical commodity; *бирж.* cash commodities, actuals, spot
~, ре́дкий rare commodities
~, реклами́руемый advertised goods, promoted product
~ы, реэ́кспортные reexport (reexported) goods, reexports
~ы, ро́зничные retail goods
~ ро́ссыпью loose goods (merchandise), goods in bulk
~, свя́занный bundled goods
~ сезо́нного хара́ктера seasonal goods
~, сельскохозя́йственные agricultural (farm) produce (goods)
~ы серийного произво́дства serially produced goods (items)
~ с завы́шенной ценой overpriced goods
~, складированный storage goods
~, скоропо́ртящийся perishable goods (product), perishing goods, perishables
~, сло́жный sophisticated goods
~ с неме́дленной сда́чей goods for immediate delivery
~ы с объя́вленной сто́имостью articles of value
~ы сове́тского произво́дства goods of USSR origin, Soviet-made goods
~ы с ограни́ченным сро́ком по́льзования semi-durable goods, semi-durables
~ со скла́да goods from stock
~, спасённый salvage goods
~ы, спорти́вные sport articles
~, стандартизо́ванный standardized goods
~ы с торго́вой ма́ркой branded goods
~ы, стратеги́ческие strategic goods
~, сухо́й dry goods
~ы, схо́дные similar goods
~, сыпу́чий granular goods
~, сыро́й unseasoned goods
~, сырьево́й primary goods, raw materials
~ы, тексти́льные textile (soft) goods, textiles
~ы, техни́ческие, наро́дного потребле́ния technical consumer goods
~ы традицио́нного э́кспорта traditional export goods
~ы, транзи́тные transit goods
~, труднореализу́емый hard-to-sell (move) item (product), slow-moving product, goods difficult to sell (realize)
~, трудоёмкий labour-intensive goods
~, трю́мный under deck goods (cargo)
~ы, упако́ванные packed (packaged) goods
~, упако́ванный для пере-

во́зки на маши́не truck-packaged (bundled) goods
~, уценённый marked-down goods
~ы фабри́чного произво́дства manufactured goods (products)
~ы, фармацевти́ческие pharmaceuticals
~, фасо́ванный packed-up (pre-packed) goods
~, фи́рменный branded (trade-marked) article, speciality
~ы, хими́ческие chemical products
~ы, хлопчатобума́жные cotton goods
~, хо́дкий marketable (sal[e]able, fast-moving, popular) goods
~ы, хозя́йственные household goods
~ы широ́кого потребле́ния consumer (consumption) goods, consumer commodities
~, шту́чный piece goods
~, эквивале́нтный parity goods
~, э́кспортный exports, export goods, export commodities, goods available for export
~ы, э́кспортные, находя́щиеся в порта́х и на скла́дах СССР export commodities in Soviet ports and warehouses
~ы, э́кспортные, находя́щиеся в пути́ в СССР и за грани́цей export commodities in transit inside and outside the USSR
аре́ст на ~ arrest of the goods
ассортиме́нт ~а assortment (range) of goods, product line
ассортиме́нт ~а, широ́кий big (wide) range of goods
би́ржа с.-х. ~ов produce exchange
брако́вка ~а rejection of goods (defective articles), goods rejection
ввоз ~а importation (import) of goods
ве́домость вы́груженного ~а outturn [report (statement)]
ве́домость нали́чного ~а statement of goods
вес ~а weight of goods, goods weight
вид ~а nature (kind) of goods
владе́лец ~а owner of goods (commodity)
возвра́т ~а return of goods (commodity, products)
возмо́жность сбы́та ~ов sal[e]ability
вы́воз ~а export[ation] of goods
вы́дача ~а delivery of cargo
вы́кладка ~ов display of goods, goods layout, laying out of goods
вы́кладка ~ов в магази́не interior display
вы́кладка ~ов, откры́тая open display
вы́писка ~ов ordering
вы́ставка ~ов в витри́не window display
вы́ставка ~ов на по́лках shelf display
ги́бель ~а perishing of goods
гото́вность ~а к отгру́зке readiness of goods for shipment
группиро́вка ~ов grouping of products
да́та приня́тия ~а к погру́зке date of taking goods for shipment
дефе́кт ~а defect in goods
дефици́т ~ов lack (scarcity) of goods, deficits and shortages of goods
доказа́тельство реэ́кспорта ~а evidence of reexportation of goods
доста́вка ~а delivery (conveyance) of goods
едини́ца ~а unit, piece

жизненный цикл ~а product life cycle
заказ на ~ ordering of goods; order for goods; indent
закладная на ~ pledge on goods
закупка ~ов purchase (purchasing, buying) of goods (products, commodities)
закупки импортных ~ов foreign purchases
закупки ~ов навалом, наливом *или* **насыпью** bulk purchases
запас ~ов stock of commodities, commodity stock
запас выгруженных ~ов landed stock
запас ~ов, недостаточный want of stock, short supplies
запас ~ов, не пользующихся спросом dead stock
защита ~а protection of goods
извещение о готовности ~а к осмотру notification of the readiness of the goods for inspection
извещение о готовности ~а к отгрузке advice (notification) of the readiness of the goods for shipment
изготовитель ~а manufacturer of goods
изготовление ~а manufacture of goods
излишки ~ов excessive amounts of goods, surplus of goods, surplus goods (commodities)
имидж ~а image of a product
импорт ~ов import[ation] of goods
информация о ~ах product information, information on products
кампания по продвижению ~а на рынок promotion[al] campaign
категория ~ов category of products
качество ~а quality of goods
количество ~а quantity of goods (products)
количество ~а на складе storage on hand
количество ~а, непроданного amount of unsold goods
количество ~а, проданного sales, amount of sold goods (sales)
конкурентоспособность ~а competitiveness of goods
контракт на ~ commodity contract
котировка ~а с немедленной сдачей и оплатой spot quotation
марка ~а (*модель*) make, model; (*сорт, вид*) brand
маркировка ~а marking of goods
название ~а name (denomination) of goods
название (наименование) ~а, торговое trade name
наличие ~ов availability of goods, stock
наличие ~ов, экспортных export availabilities
наличными по получении ~а cash on receipt of merchandise, *сокр.* C.R.M.
недостача в поставке ~а shortage at delivery
непоставка ~а non-delivery of goods, failure to deliver goods
нехватка ~ов shortage (lack) of goods, commodity shortage, shortage of availability of goods, shortage (deficiency) of goods
номенклатура ~ов range (bill) of goods (products)
обмен ~ов commodity (goods) exchange, exchange of com-

modities (goods, products) barter
образе́ц ~а sample of goods, commodity sample
образе́ц ~а, отправля́емого на вы́ставку exhibition sample (goods)
обраще́ние ~а commodity circulation, circulation of commodities
обраще́ние с ~ом handling (treatment) of goods
описа́ние ~а description of goods, goods description
опла́та ~а payment for goods
опла́та поста́вками ~ов payment by (through) deliveries of products
определе́ние сто́имости ~а determination of the value of goods, commodity rating
о́рдер на вы́дачу ~а delivery order
освое́ние но́вых ~ов для э́кспорта mastering the manufacture of new export products
отгру́зка ~а shipment of goods
о́тзыв ~а demand of (call on) goods
отка́з от ~а goods rejection, rejection of goods
отпра́вка ~а dispatch (shipment) of goods
отпра́вка ~а нава́лом, нали́вом *или* **на́сыпью** bulk shipment
отчёт (*комиссионера*) **о прода́же ~а** account sales, sales account
оце́нка ~а value of goods
паке́т ~ов и услу́г package
па́ртия ~а consignment (lot, parcel, shipment, *амер.* batch) of goods
па́ртия ~а, вы́брошенного на ры́нок pitch consignment
па́ртия ~а, станда́ртная regular lot
перева́лка ~а transhipment (reloading) of goods
перево́зка ~а carriage (transportation, conveyance) of goods
перево́зка ~ов, не очи́щенных по́шлиной со скла́да на склад trucking in bond
перегру́зка ~а с одного́ су́дна на друго́е transhipment (reloading) of goods
переда́ча пра́ва на ~ transfer of the ownership of goods
пересы́лка ~ов carriage of goods
пе́речень ~ов list (enumeration) of goods; (*мест груза*) tally sheet
пе́речень ~ов определённой фабри́чной ма́рки brand product book
пла́та за ~ payment for goods
пло́тность ~ов на скла́дах storage density
поврежде́ние ~а damage to goods
погру́зка ~а loading of goods
позициони́рование ~а на ры́нке positioning of goods on the market
пока́з ~а display (show, demonstration) of goods
поку́пка ~ов purchase (purchasing, buying) of goods (products, commodities)
получа́тель ~а receiver; consignee
получе́ние ~а receipt of goods
поро́к в ~е defect (vice) in goods
поро́к, сво́йственный ~у inherent defect, inherent (internal) vice
по́рча ~а damage to (spoiling of) goods; deterioration of goods

поста́вка ~а delivery of goods; goods delivered
поста́вка ~а в ка́честве платежа́ по компенсацио́нной сде́лке compensation deliveries
поставщи́к ~ов supplier of goods
поступле́ние ~а receipt (arrival) of goods, goods received
поте́ря ~а loss of goods (cargo), cargo loss
поте́ря ~а при транспортиро́вке loss of goods in transit
пото́к ~ов flow (traffic) of goods
потре́бность в ~е requirements for goods, purchase requirements
пра́во удержа́ния ~а в обеспе́чение получе́ния платежа́ за фрахт lien on the cargo (goods) for freight
предложе́ние ~ов offer for (of) goods; goods supply
предложе́ние ~ов по сни́женной цене́ reduced price offer
прейскура́нт на э́кспортные ~ы export price-list
прибы́тие ~а arrival of goods
приёмка ~а acceptance of goods
прове́рка ~а check (checking, inspection) of goods; tally of goods
прове́рка схо́дства ~ов test of similarity of goods
програ́мма и́мпорта ~ов import programme
прода́жа ~а sale (realization) of goods, selling goods; distribution of goods
прода́жа ~а, находя́щегося в пути́ sale to arrive (on arrival)
продвиже́ние ~а на ры́нок introduction of (pushing) goods into the market, sales promotion
произво́дство ~ов production (manufacture) of goods
происхожде́ние ~а origin of goods
про́пуск ~а че́рез тамо́жню [customs] clearance
прохожде́ние ~а че́рез судово́й ре́линг passage of goods over the ship's rail
разгру́зка ~а unloading (discharge) of goods (cargo)
размеще́ние ~ов на борту́ (*судна*) placing of goods on board
разнообра́зие ~ов, большо́е wide range (spectrum) of goods (products, commodities), wide (broad) variety of goods (products, commodities)
райо́н сбы́та ~а area of marketing, marketing area, sales territory
распи́ска това́рной при́стани в приёме ~а для отпра́вки wharfinger's receipt (certificate)
расположе́ние ~ов (*в магазине или на складе*) arrangement of goods
распрода́жа ~а по слу́чаю закры́тия предприя́тия clearance sale, close-out
расфасо́вка пищевы́х ~ов packing of food commodities
расхо́ды по оце́нке ~а valuation charges
расце́нка ~а product pricing
расшире́ние спи́ска ~ов extension of a statement of goods (list of products)
реализа́ция ~а sale (disposal, realization) of goods (products, commodities)
рекла́ма ~ов advertisement of goods; advertising goods
рекла́ма потреби́тельских ~ов consumer advertising

род ~ов sort (kind, line) of goods
ры́нок ~ов merchandise (commodity) market, market for items, market area for products
ры́нок нали́чного ~а spot (actuals) market
ры́нок сырьевы́х ~ов market of raw materials, raw materials market
сбыт ~ов sale of goods
сво́йства ~а properties of goods
сда́ча ~а delivery of goods
сде́лка на нали́чный ~ spot business (transaction)
ски́дка за по́рчу ~а depreciation
складі́рование ~ов storage (warehousing) of goods
склад неразбонди́рованных ~ов bonded warehouse
сличе́ние поста́вленного ~а с образцо́м comparison of the delivered goods against sample
снабже́ние ~а торго́вой ма́ркой branding
со́бственник ~а owner of goods
со́бственность на ~ property in goods, title to goods
соотве́тствие ~а станда́рту conformity of goods to (with) the standard
состоя́ние ~а state (condition) of goods
сохра́нность ~а goods safety
специфика́ция ~а specification of goods
спи́сок ~ов list of goods (commodities), index of goods; (*мест груза*) tally sheet
спи́сок ~ов, не облага́емых по́шлиной free list
спи́сок э́кспортных ~ов list of export goods, export list
спрос на ~ы ма́ссового потребле́ния demand for consumer goods
стимули́рование прода́ж ~а [sales] promotion of merchandise
сто́имость ~а cost (value) of goods (product, commodity)
сто́имость застрахо́ванного ~а insured value of goods
сто́имость ~а на вну́треннем ры́нке domestic value of goods
сто́имость ~а на усло́виях СИФ CIF value of goods
сто́имость ~а на усло́виях ФОБ FOB value of goods
сто́имость ~а, о́бщая total value of goods
сто́имость ~а по контра́кту contract value of goods
сто́имость ~а, факту́рная invoice value of goods
схо́дство ~ов similarity of goods
тари́ф на транзи́тные ~ы transit tariff (rates), tariff for the transit of goods
тип ~а type of goods
торго́вля «стратеги́ческими» ~ами по спи́скам КОКО́М trade in controlled commodities
транзи́т ~а transit of goods
транспортиро́вка ~а transportation of goods
убы́тки, причинённые неприня́тием ~а damages for non-acceptance of goods
упако́вка ~а packing (packaging) of goods, cargo packing (packaging)
установле́ние по́длинности ~а identification of goods
утра́та ~а cargo loss, loss of cargo
уце́нка ~а price reduction, allowance off the price, reduction in the price; devaluation of goods

хара́ктер ~а nature of goods
хране́ние ~а нава́лом *или* **на́сыпью** storing products in bulk
хране́ние ~а на скла́де storage of goods in a depot (at a warehouse)
цена́ ~а price for (of) goods, goods' price
цена́ за едини́цу ~а unit price
цена́ на ~ для чле́нов дипломати́ческого ко́рпуса diplomatic price
цена́ на и́мпортный ~ import price
цена́ на ~ на по́лке shelf price
це́нность ~а (*для таможенного обложения*) tariff value
экспози́ция ~ов display of goods
э́кспорт ~ов exportation (export) of goods
апроби́ровать ~ have goods on trial
бракова́ть ~ reject goods, declare goods waste, condemn goods as defective
брать ~ы на коми́ссию take goods on sale
ввози́ть ~ import goods
внедря́ть ~ на ры́нок introduce products into the market, move goods to the market
возвраща́ть ~ return goods
вступа́ть во владе́ние ~ом take possession of goods
выбра́сывать ~ на ры́нок throw (launch) goods on the market
вывози́ть ~ export goods
вывози́ть ~ со скла́да remove (withdraw, pick up) goods from a warehouse
вывози́ть ~ с пи́рса make a pier pick up
выгружа́ть ~ unload (discharge, land) goods
выгружа́ть ~ на прича́л unload (discharge) goods on[to] the quay, put goods on the wharf
выкупа́ть зало́женный ~ (~ из зало́га) redeem pledged goods (a pledge), redeem (take) goods out of pledge
выпи́сывать счёт на ~ invoice goods
грузи́ть ~ load goods, take in cargo (freight)
грузи́ть ~ не по́лностью (*с недогрузкой*) load goods with insufficiency
деклари́ровать ~ (*на таможне*) enter goods
демонстри́ровать ~ вы́годно show goods to advantage
демонстри́ровать ~ на сте́нде show products on the stand
держа́ть ~ на скла́де hold goods in store, keep goods in stock, store (stock) goods
доставля́ть ~ deliver goods
доставля́ть ~ на усло́виях СИФ deliver goods CIF
доставля́ть ~ на усло́виях ФОБ deliver goods FOB
забира́ть ~ collect goods
завози́ть ~ в порт bring goods into the port
заде́рживать ~ delay (detain) goods
зака́зывать ~ order goods
зака́зывать ~ нава́лом *или* **на́сыпью** order goods in bulk
зака́зывать ~ на су́мму order goods for a sum
закла́дывать ~ mortgage goods
закла́дывать ~ в ба́нке pledge goods with a bank
заменя́ть дефе́ктный ~ replace faulty goods
застрахо́вывать ~ insure goods, place insurance on goods
застрахо́вывать ~ в пути́ про́-

тив тра́нспортных ри́сков insure goods in transit against transport risks
застрахо́вывать ~ про́тив хище́ния insure goods against pilferage
заявля́ть о поврежде́нии ~а declare (state) damage to goods
изготá́вливать ~ make up (produce, manufacture) goods
име́ть ~ для э́кспорта have products available for export
име́ть недоста́точно ~а на скла́де be understocked
име́ть переизбы́ток ~а have an over-supply of goods
импорти́ровать ~ import goods
инспекти́ровать ~ в проце́ссе произво́дства inspect goods during manufacture
инспекти́ровать ~ по оконча́нии изготовле́ния inspect goods at the conclusion of manufacture
иска́ть ~ search for goods
испы́тывать ~ test goods, prove products
иссле́довать ~ investigate (examine) goods
маркирова́ть ~ mark (tag) goods
направля́ть ~ы вме́сто одно́й страны́ в другу́ю divert goods from one country to another
нужда́ться в ~е need goods
обеспе́чивать ~ secure (provide) goods
облага́ть ~ по́шлиной impose a duty (tax, tariff, levy) on goods, levy a duty on goods, tax goods
обме́ниваться ~ами exchange goods (products, commodities)
обраща́ться с ~ом handle goods
объявля́ть сто́имость ~а declare the value of goods
опла́чивать ~ pay for goods
оставля́ть ~ у себя́ retain (keep) goods
отгружа́ть ~ ship goods
отка́зываться от ~а reject goods
отка́зываться от ~а в по́льзу страховщика́ abandon goods to the insurer
отка́зываться от па́ртии ~а reject (refuse to accept) a lot (consignment) of goods
отправля́ть ~ dispatch (ship) goods
отправля́ть ~ наза́д send goods back, return goods
отправля́ть ~ на консигна́цию send goods on consignment, consign goods
отправля́ть ~ со скла́да forward items from store, send goods from stock
оце́нивать ~ value goods
очища́ть ~ от по́шлины clear goods
перевози́ть ~ы transport (carry, convey) goods
перевози́ть ~ы с перева́лкой transport goods with transhipment, tranship goods, effect transhipment of goods
перегружа́ть ~ы из ... в ... tranship (transfer) goods from ... to ...
перегружа́ть ~ы, не опла́ченные тамо́женной по́шлиной transfer goods in (under) bond
перегружа́ть ~ под тамо́женным контро́лем tranship goods under bond
передава́ть ~ы *кому-л.* turn goods over to *smb*
переправля́ть ~ на ба́рже transport goods by (via) barge

перепродава́ть ~ reexport (resell) goods
перепродава́ть ~ в тре́тью страну́ reexport (resell) goods to a third country
пересыла́ть ~ы по желе́зной доро́ге send goods by railway
переучи́тывать ~ take stock of the goods
подбира́ть ~ в соотве́тствии со специфика́цией зака́за make goods upon order
подгота́вливать ~ к погру́зке на су́дно make goods ready for shipment
подтвержда́ть нали́чие ~а confirm availability of goods
покупа́ть ~ы buy (purchase) goods
покупа́ть ~ на́сыпью, нали́вом *или* **внава́лку** buy (purchase) goods in bulk
покупа́ть ~ о́птом buy (purchase) goods [by] wholesale (by the gross); buy in bulk
покупа́ть ~ с бу́дущей доста́вкой buy (purchase) [goods] ahead (for future delivery)
получа́ть ~ из тамо́жни release (clear) goods from the customhouse, carry out clearance through customs
получа́ть ~ от receive (obtain [possession of]) goods from; (*забирать*) collect goods from
получа́ть ссу́ду под ~ mortgage goods
поставля́ть ~ deliver (supply) goods
поставля́ть ~ в коро́ткий срок deliver goods on short notice
поставля́ть ~ на консигна́цию deliver goods on consignment
поставля́ть ~ с неме́дленной поста́вкой supply goods with prompt (immediate) delivery
поставля́ть ~ соразме́рно нали́чным запа́сам make deliveries proportionate to available supplies
посыла́ть ~ send goods
посыла́ть ~ на консигна́цию send (give) goods on consignment
посыла́ть ~ на одобре́ние send goods on (for) approval
предлага́ть ~ offer goods, make an offer for (of) goods
предоставля́ть ~ в распоряже́ние покупа́теля place goods at the disposal of the buyer
предохраня́ть ~ protect goods; secure goods
представля́ть но́вый ~ give product presentation
представля́ть ~ путём пока́за и ле́кций present products by way of demonstration and lectures
принима́ть ~ в порту́ назначе́ния accept goods at the port of delivery (destination)
принима́ть ~ на борт су́дна receive (accept) goods on board [ship]
принима́ть ~ по ка́честву accept goods in respect of quality
приобрета́ть ~ы obtain goods
приобрета́ть ~ы без упла́ты нало́гов и по́шлин obtain goods free of duty and tax
приобрета́ть ~ы, опла́ченные нало́гами и по́шлинами obtain duty- and tax-paid goods
проводи́ть инвентариза́цию ~а на консигнацио́нном скла́де take [physical] inventory of consignment stock
продава́ть ~ы sell (dispose of) goods, *амер.* handle products
продава́ть ~ внава́лку, нали́вом *или* **на́сыпью** sell in bulk

продава́ть ~ на ры́нке sell (place) goods on the market, market goods
продава́ть ~ о́птом sell in bulk; sell [by] wholesale (by the gross), wholesale
производи́ть ~ы produce (make, manufacture) goods (products, commodities)
производи́ть ~ы на э́кспорт make (produce) goods for export
размеща́ть ~ на вы́ставочном сте́нде place goods on the exhibition stand
разреша́ть ~ к отгру́зке release goods
разреша́ть ~ к отгру́зке без осмо́тра release goods without examination (inspection)
разреша́ть отпра́вку па́ртий ~а release consignments
распределя́ть ~ distribute goods
распродава́ть ~ sell out (clear) goods
распродава́ть запа́сы ~ов clear stocks
расширя́ть ассортиме́нт ~ов widen the range of goods
реализова́ть ~ realize (sell, dispose of) goods
реклами́ровать ~ advertise goods (products, commodities)
сверя́ть нали́чие ~а с тра́нспортной накладно́й check goods against delivery notes
сверя́ть принима́емый ~ tally cargo (goods)
сдава́ть ~ deliver goods
следи́ть за движе́нием ~а trace goods
следи́ть за хо́дом прода́жи ~а follow products
склади́ровать ~ store (warehouse) goods
снабжа́ть ~ом supply (provide, secure) with goods, *амер.* furnish with goods
снабжа́ть ~ами недоста́точно understock
снима́ть ~ с прода́жи на ры́нке withdraw goods from the market
согласо́вывать ~ы agree goods
сра́внивать ~ы compare goods
страхова́ть ~ insure goods
страхова́ть ~ про́тив ри́сков insure goods against risks
торгова́ть ~ом sell (deal in) commodities (products, articles)
ука́зывать сто́имость ~а в накладно́й charge goods in (on) an invoice
укла́дывать ~ в я́щики pack goods in cases
упако́вывать ~ pack goods
упако́вывать ~ для возду́шной транспортиро́вки pack goods for airfreight (airshipment)
упако́вывать ~ для морско́й перево́зки pack goods for overseas transportation
упако́вывать ~ для сухопу́тной перево́зки pack goods for overland transportation
упако́вывать ~ до́лжным о́бразом pack goods properly
упако́вывать ~ надёжно pack goods securely
ускоря́ть движе́ние ~а expedite the movement of goods
храни́ть ~ы store goods
храни́ть ~ нава́лом *или* **на́сыпью** store goods in bulk
храни́ть ~ на скла́де store goods in a depot (at a warehouse)
экспони́ровать ~ exhibit (display, present, feature, demonstrate, show) goods (products)

экспонировать ~ на стенде display (show) products on the stand
экспортировать ~ export goods
~ должен поставляться навалом product is (goods are) to be in bulk
~ непригоден для использования product is unsuitable for use
~ы продаются с трудом the goods go off heavily
~ распродан the goods are sold out
~ расценивается слишком высоко the goods are priced too high
~ трудно реализовать the goods are difficult to realize (sell)

товариществ/о partnership
~, коммандитное limited partnership
~ кооперативное cooperative society
~, полное general partnership
~ с неограниченной ответственностью unlimited partnership
~ с ограниченной ответственностью limited partnership
ликвидация ~а dissolution of partnership
меры по организации ~а partnership arrangements
вступать в ~ contract (enter into) a partnership
выходить из ~а withdraw (retire) from a partnership
установить длительное ~ establish a long-term partnership

товарно-денежный commodity-money *attr.*

товарный goods *attr.*, commodity *attr.*, trade *attr.*

товаровед commodity expert, expert on merchandise, expert in the science of commodities

товарообмен exchange of commodities (goods), commodity (goods) exchange, barter
гарантировать постоянный ~ gurantee a continuous turnover
обеспечивать удовлетворительный ~ secure a satisfactory turnover
на основе ~а on a barter basis

товарообменный exchangeable

товарооборот trade (goods) turnover, commodity circulation
~, валовой gross [trade] turnover
~, розничный retail [trade] turnover
диверсификация ~а diversification of trade
контингентирование ~а quantitative regulation of trade turnover
протокол о ~е trade protocol, protocol on goods turnover (trade)
расширение взаимовыгодного ~а widening of mutually advantageous trade
рост ~а rise in the turnover
увеличение ~а expansion of trade turnover

товароотправитель shipper

товарополучатель consignee; receiver

товаропроизводитель commodity producer

товарораспорядительный документ document of title [to the goods], title document

товаросопроводительные документы transportation documents

тоннаж tonnage, shipping facilities
~, бездействующий idle tonnage

~ **бру́тто** gross tonnage
~, **валово́й** gross tonnage, *сокр.* g.t.
~, **грузово́й** cargo tonnage
~, **дополни́тельный** additional shipping facilities
~, **зафрахто́ванный** chartered tonnage
~, **значи́тельный** substantial tonnage
~, **компенси́рованный** compensated tonnage
~, **лине́йный** liner tonnage
~, **максима́льный** maximum tonnage
~, **морско́й** sea tonnage
~, **наливно́й** tanker tonnage
~, **неиспо́льзованный** waste tonnage (stowage)
~, **обусло́вленный** agreed [upon] tonnage
~, **о́бщий** total tonnage
~ **по весово́му водоизмеще́нию** displacement tonnage
~, **предвари́тельный** preliminary tonnage
~, **реги́стровый** register[ed] tonnage
~, **речно́й** inland tonnage
~, **свобо́дный от по́шлин** cleared tonnage
~, **тра́мповый** tramp tonnage
~, **чи́стый реги́стровый** net register tonnage, *сокр.* n.r.t.
непода́ча ~а failure to provide (secure, arrange) tonnage
предложе́ние ~а tonnage offering
расце́нка ~а tonnage rating
ры́нок лине́йного ~а liner tonnage market
спрос на ~ demand for shipping facilities
буки́ровать ~ book tonnage
обеспе́чивать ~ secure tonnage
получа́ть ~ obtain tonnage
предоставля́ть ~ place tonnage at the disposal of
фрахтова́ть ~ charter shipping facilities (tonnage)

то́нна, обме́рная freight (cargo, measurement, shipping) ton

то́пливо fuel
~, **бу́нкерное** bunker (fuel) oil
~, **жи́дкое** liquid fuel
~, **твёрдое** solid fuel
запра́вка ~м bunkering, refuelling
заправля́ться ~м bunker, refuel

торг/и́ tender[s], bid; auction
~, **закры́тые** closed tenders, auction by tender, closed (negotiated) bidding, sealed bid
~, **междунаро́дные** international bid (tenders)
~, **объя́вленные** invited (announced) tenders
~, **откры́тые** open tenders, advertised bidding
~, **переквалификацио́нные** qualification tenders
~, **публи́чные** public auction (sale); open tenders
выступле́ние в ~а́х, совме́стное joint bids
зая́вка на уча́стие в ~а́х bid, application for participation in tenders
извеще́ние о ~а́х announcement about (of) tenders
объявле́ние ~о́в invitation (announcement) of tenders
объявле́ние о ~а́х advertisement of bids
организа́ция ~о́в organization of tenders
приглаше́ние на уча́стие в ~а́х invitation to tender
присужде́ние зака́за по ~а́м awarding a contract
процеду́ра ~о́в bidding procedure
спи́сок уча́стников ~о́в tender list

усло́вия ~о́в conditions of bids (tenders)
уча́стие в ~а́х participation in tenders
уча́стник ~о́в bidder, tenderer, participant in tenders
выи́грывать ~ win tenders
назнача́ть ~ invite (announce, call for) tenders, invite to tender, invite bids
объявля́ть ~ invite (announce) tenders (bids), seek (call for) bids, put out *smth* to tender
присужда́ть зака́з по ~а́м award a contract
проводи́ть ~ hold tenders
прои́грывать ~ lose the tender
уча́ствовать в ~а́х participate in tenders, bid

торгова́ть trade in *smth* with *smb*, carry on trade, deal in *smth*, handle *smth*; make a market of *smth*

торгова́ться (*о цене*) bargain

торго́в/ец merchant, dealer, marketeer, trader, tradesman, *амер.* marketer, vendor; **~цы** tradespeople, people in the trade
~, биржево́й dealer
~цы драгоце́нностями gem dealers
~, занима́ющийся нелега́льной торго́влей illicit dealer
~, индивидуа́льный independent trader
~, ме́лкий petty trader (dealer), small dealer
~, опто́вый merchant, wholesale dealer, wholesaler, distributor
~ проду́ктами produce merchant
~, разъездно́й travelling agent (salesman, buyer)
~, ро́зничный retail (petty) dealer (distributor), retailer, tradesman
~, ры́ночный market trader
~, скупа́ющий това́ры по зака́зу кру́пных потреби́телей order buyer
~ това́рами dealer in commodities (products, articles)
невыполне́ние обяза́тельств ~цем merchant's default
ски́дка ро́зничным ~цам trade discount (allowance)

торго́вец-импортёр dealer-importer

торго́вл/я trade, commerce, marketing, traffic
~, ба́ртерная barter [trade], trade of exchange
~, беспо́шлинная free trade
~, биржева́я exchange business
~, бо́йкая active market
~, «ви́димая» visible trade
~, взаи́мная mutual (two-way) trade
~, взаимовы́годная mutually beneficial (advantageous, profitable) trade
~, вне́шняя foreign (external, oversea[s]) trade
~, вну́тренняя home (domestic, inland, interior, internal) trade (commerce)
~, встре́чная countertrade
~, вы́годная profitable (advantageous) trade, profitable business
~, вя́лая dull market, stagnant trade, slack business
~, годова́я annual business
~, госуда́рственная state trade (trading)
~, двусторо́нняя bilateral (two-way) trade
~, дипломати́ческая diplomatic trade
~, зако́нная lawful trade
~ за нали́чные cash trade

~, значи́тельная substantial trade (business)
~, кабота́жная coastal (coasting, coastwise) trade (traffic)
~, компенсацио́нная compensatory (compensation, buy-back) trade
~, контраба́ндная contraband (illicit) trade
~, кооперати́вная cooperative trade
~, лицензио́нная trade in licenses, license trade
~, межгосуда́рственная interstate trade
~, межрегиона́льная inter-regional trade
~, менова́я barter [trade], trade of exchange
~ мета́ллами marketing in metals
~, мирова́я world trade (commerce), world-wide business
~, многосторо́нняя multilateral trade
~, монопо́льная sole (exclusive) trade
~, морска́я carrying trade, maritime (sea-borne) trade (commerce)
~ на осно́ве взаи́мной вы́годы trade on the basis of mutual advantage (benefit), fair trade
~ на осно́ве взаи́мности reciprocal trade
~, национа́льная national trade
~, «неви́димая» (*услугами*) invisible trade
~, незако́нная illicit trade (traffic)
~, оживлённая brisk trade
~, опто́вая wholesale trade (business), distributing trade
~, опто́во-ро́зничная wholesale and retail trade
~, организо́ванная organized (orderly) marketing
~ пате́нтами patent marketing, trade in patents
~, посре́дническая intermediate trade
~, посы́лочная mail-order trade (selling), mail order
~, преференциа́льная preferential trade
~, пригранична́я frontier trade (traffic), border trade
~, развозна́я retail delivery trade
~, региона́льная regional trade
~, реэ́кспортная reexport trade
~, ро́зничная retail trade (business), retailing, retailment
~, свобо́дная free trade
~, сезо́нная seasonal trade
~ с зарубе́жными стра́нами trade with foreign (other) countries
~, специализи́рованная specialized trade
~ с рассро́чкой платежа́ tally trade
~, сухопу́тная land trade
~ това́рами trade in commodities (products)
~ това́рами весе́ннего сезо́на spring trade
~ това́рами осе́ннего сезо́на autumn (*амер.* fall) trade
~, транзи́тная transit trade
~, транзи́тная, ко́свенная indirect transit trade
~, транзи́тная, пряма́я direct transit trade
~, тра́нспортная carrying trade
~ услу́гами service trade, trade in services
~, успе́шная successful trade (marketing)
~, ча́стная private trade
~ че́рез аге́нтов business (trade) through agents

~, э́кспортная export trade
веде́ние ~и trading, carrying on trade; performance of trade
возмо́жности ~и trade (marketing) opportunities; possibility of trading
возобновле́ние ~и revival of trade
вы́ручка от ~и receipts from trade
диверсифика́ция ~и diversification of trade
дисбала́нс в ~е imbalances in trade
дискримина́ция в ~е trade discrimination, discrimination in trade
догово́р о ~е treaty on commerce
засто́й в ~е business depression, stagnation of business, depressed trade
ка́чество това́ра, приго́дное для ~и merchantable quality
комите́т по ~е committee on trade
либерализа́ция ~и liberalization of trade
лю́ди, занима́ющиеся ~ей people in the trade
министе́рство ~и Ministry of Trade, *амер.* Department (Ministry) of Commerce, *англ.* Board of Trade
Министе́рство вну́тренней ~и Ministry of Internal Trade
несбаланси́рованность ~и imbalances in trade
объём ~и volume of trade (business), trade volume
ограниче́ние ~и restriction (restraint) of trade, trade barriers (restrictions), limitation on trade, restrictive trade practices
оживле́ние ~и revival of trade, recovery of business
о́трасль ~и line (kind) of business (activity)
партнёры по ~е market partners
перспекти́вы ~и prospects of trade, trade prospects
поли́тика расшире́ния ~и policy of trade expansion
поме́хи в ~е business obstacles (disturbance)
предме́ты ~и commercial goods, items of trade
програ́мма ~и marketing programme
развёртывание ~и expansion of trade
разви́тие ~и development (expansion, extension) of trade, trade development (expansion, extension)
расшире́ние ~и development (expansion, extension) of trade, trade development (expansion, extension)
рост ~и growth of trade (business)
состоя́ние ~и state of trade (business), trading position
спад в ~е trade recession
стимули́рование ~и promotion (boosting, expanding) of trade
структу́ра ~и, това́рная structure (pattern) of trade, trade pattern
това́р, не приго́дный для ~и unmerchantable (non-merchantable, unsal[e]able, unmarketable) goods
това́р, приго́дный для ~и merchantable (marketable) goods, goods of merchantable quality
убы́ток от ~и trading loss
усло́вия ~и trade (trading) conditions; terms of trade; marketing facilities

финанси́рование ~и financing of trade, trade financing
баланси́ровать ~ю balance trade
вести́ ~ю trade, carry on (do) trade (traffic, business)
вести́ большу́ю ~ю do much business
вести́ морску́ю ~ю traffic on the seas
возобновля́ть ~ю revive trade, re-establish business
занима́ться ~ей be in (go into) business, *амер.* be engaged in business
монополизи́ровать ~ю monopolize trade
начина́ть ~ю open trade
ограни́чивать ~ю restrict trade
организо́вывать ~ю handle business, organize trade
осуществля́ть ~ю trade, carry on trade (traffic, business)
поощря́ть ~ю encourage trade
препя́тствовать разви́тию ~и hinder trade
развива́ть ~ю develop (expand, extend, increase) trade
расширя́ть ~ю develop (expand, extend, increase) trade
соде́йствовать разви́тию ~и promote (encourage, further) trade
установи́ть [территориа́льные] ограниче́ния на ~ю place [territorial] restrictions on marketing

торго́во-промы́шленный commercial and industrial

торго́во-экономи́ческий trade (commercial) and economic

торго́вый commercial, trade *attr.*, trading, business *attr.*, mercantile

торгпре́д trade representative

торгпре́дство Trade Representation, Trade Mission, Trade Representative's office; (*в Англии*) Trade Delegation

то́чно accurately, exactly, precisely, correctly, expressly
~ по гра́фику exactly (just) on schedule
~ по разме́ру accurate to size (dimensions); exactly to specifications
~ ука́занный expressly indicated
идентифици́ровать ~ identify precisely
определя́ть ~ determine precisely
ука́зывать ~ state precisely
на ~ тако́й же осно́ве on exactly the same basis

то́чност/ь 1. (*правильность*) accuracy, exactness, correctness, precision **2.** (*пунктуальность*) punctuality
~, абсолю́тная absolute accuracy
~, возмо́жная possible (available) accuracy
~ докуме́нтов accuracy of documents (records)
~ заявле́ния accuracy of a statement
~, максима́льная maximum accuracy
~, необходи́мая requisite accuracy
~ техни́ческих инстру́кций correctness of technical instructions
ана́лиз ~и accuracy analysis
оце́нка ~и accuracy rating, estimate of precision
сте́пень ~и degree of accuracy
констати́ровать ~ state accuracy
в ~и exactly
с ~ю до to an approximation of

тради́ци/я tradition
быть ~ей be a tradition
осно́вываться на ~ях be based on traditions
подде́рживать (сохраня́ть) ~ю maintain (keep to) a tradition
стать ~ей become a tradition
тракта́ция (*переговоры, предшествующие заключению контракта*) making a contract
трамп (*судно для перевозки грузов по любым направлениям*) tramp, tramp vessel (steamer), cargo tramp
тра́мповый tramping, tramp *attr.*
транзи́т transit, *сокр.* T., tr., trans., traffic in transit, through traffic (haulage); (*транзитная торговля*) transit trade
~, обра́тный back haul
ви́за для ~а transit visa
разреше́ние на ~ transit permit
страна́ ~а transit country
~ом in transit; on passage
~ом че́рез террито́рию in transit via the territory
транзи́тный through, transit *attr.*
транс (*транспортный документ*) trans
по ~у № against trans N^{0}
но́мер ~а trans number
транса́кция transaction
~, ба́нковская bank transaction
~, биржева́я stock exchange transaction
~, валю́тная currency (exchange) transaction
~, фина́нсовая financial transaction
трансатланти́ческий transatlantic
трансконтинента́льный transcontinental
тра́нспорт 1. transport, transportation, carrying trade; conveyance **2.** (*перевозочные средства*) vehicles, means of conveyance
~, авиацио́нный air transport, transport by air
~, автогужево́й vehicular transport
~, автомоби́льный motor (automobile, road) transport
~, вну́тренний inland (inwards) transport
~, вну́тренний во́дный inland water transport
~, внутризаводско́й [in-]factory (inside factory) transport; factory conveyance facilities, materials-handling equipment
~, во́дный water transport
~, возду́шный air transport, *сокр.* A.T., air service; air carriers
~, возду́шный пассажи́рский air passenger transport
~, газопрово́дный gas pipeline transportation
~, городско́й city (town, urban) transport
~, гражда́нский civil transportation
~, грузово́й freight (cargo) transport; motor (truck) transport
~, доро́жный road transport
~, железнодоро́жный rail-[way] transport
~, междугоро́дный intercity transport
~, морско́й marine (sea) transport; vessels
~, обще́ственный public transport[ation]
~, пассажи́рский passenger transport
~, промы́шленный industrial transport; industrial conveyance facilities

~, речно́й river (inland water) transport
~, трубопрово́дный pipeline transport
вид ~а type (kind, form, method, mode, means) of transport[ation], transportation means
грузооборо́т ~а freight turnover
загру́зка ~а в обра́тном направле́нии provision of return loads
зато́р ~а traffic congestion
компа́ния грузово́го ~а carrier of freight, carrying company, *амер.* carrier of property
компа́ния назе́много ~а surface carrier
ли́ния возду́шного ~а air carrier, airline
обслу́живание ~ом transport service
пото́к ~а traffic (transportation) flow
пропускна́я спосо́бность ~а traffic (carrying) capacity
систе́ма ~а transport system
скопле́ние ~а traffic congestion
сто́имость ~а carriage, freight [charges], transport charges, cost of transportation (haulage)
транспортиро́вка ра́зными ви́дами ~а transportation by combined transport
отгружа́ть сме́шанным ~ом ship by combined transport
отправля́ть железнодоро́жным ~ом dispatch by rail
перевози́ть железнодоро́жным ~ом carry (move, transport) by rail (railway, railroad)

транспорти́рование transportation, carriage, conveyance, haulage

транспорти́ровать transport, carry, convey, haul, ship, handle transportation

транспортиро́вк/а transport[ation], carriage, conveyance, haulage
~, автомоби́льная transportation by road
~ внутри́ страны́ internal transportation
~ в обо́их направле́ниях transportation in both directions
~, возду́шная air carriage, transportation by air
~ гру́зов carriage (transport[ation], conveyance, shipment) of cargo, carriage (transport) of freight, freight [transport], freightage, freight (goods) traffic
~ иностра́нных гру́зов транзи́том carriage of foreign transit cargoes
~, контейнерная container transportation
~ к предприя́тию carriage inwards
~, морска́я transportation by sea, sea transportation
~ от предприя́тия carriage outwards
~ пусты́х контейнеров, обра́тная back haul of empty containers
~ ра́зными ви́дами тра́нспорта transportation by combined transport
~, сухопу́тная overland transportation
вид ~и type (mode) of conveyance (transport[ation])
вре́мя ~и period of transportation
изде́ржки по ~е transportation expenses (costs), transfer (haulage) costs
перегру́зка во вре́мя ~и

transhipment during transportation
пла́та за ~у transportation charges
расхо́ды на ~у transportation expenses (costs), transfer (haulage) costs
риск при ~е transport risk
спо́соб ~и method (mode, way) of transportation (conveyance)
сто́имость ~и carriage, freight [charges], transport charges, cost of transportation (haulage)
страхова́ние от ри́сков при ~е transport insurance
тре́бования ~и transportation requirements
упако́вка для ~и че́рез (*территорию*) packaging for shipment across
усло́вия ~и terms of transportation (carriage, traffic, conveyance), conditions of transportation (carriage), transport conditions; transport clause
быть упако́ванным для морско́й ~и be packed for sea transportation
выде́рживать ~у [with]stand transportation, carry well
выде́рживать морску́ю и назе́мную ~у [with]stand sea (overseas) and inland transportation
обеспе́чивать ~у provide (secure) transportation
осуществля́ть ~у transport, handle transportation, effect carriage
разреша́ть ~у permit transportation
упако́вывать для возду́шной ~и pack for air freight (airshipment)
упако́вывать для морско́й ~и pack for sea (overseas) transportation
упако́вывать для сухопу́тной ~и pack for overland transportation
при ~е in transit, during transportation

тра́нспортно-экспеди́торский forwarding

тра́нспортный transport *attr.*, transportation *attr.*, traffic *attr.*, carrier *attr.*, shipping, carrying

трансфе́рт (*перевод денежных сумм*) transfer; (*документ*) transfer [deed], deed of transfer
~, ба́нковский bank transfer
~, бла́нковый blank transfer, transfer in blank
~, креди́тный credit transfer
~ при́были transfer of profit
получа́тель по ~у transferee
прекраще́ние регистра́ции ~ов closing [of] the transfer books

трансфе́ртный (*переводный*) transfer *attr.*

тра́сса line, route, direction
~, возду́шная air route, airway

трасса́нт (*лицо, выставившее тратту*) drawer, giver (maker) of a bill [of exchange]

трасса́т (*лицо, на которое выставлена тратта*) drawee

трасси́ровать (*выписывать тратту*) draw a bill [of exchange] (draft)
~ на ... до́лларов draw for ... dollars
~ на лицо́ draw a bill [of exchange] (draft) on a person
~ сро́ком на ... дней draw at ... days
~ сро́ком на ... дней по предъявле́нии draw at ... days' sight

тра́та 1. (*действие*) spending 2. (*расход*) expenditure, expense

~ **де́нег** spending [of money], expense

~, **непроизводи́тельная** waste of money, wasteful expenditure

тра́тить spend, expend

~ **напра́сно** waste

тра́титься go to expense

~ **непроизводи́тельно** run to waste

тра́тт/а (*переводный вексель*) draft, bill [of exchange]; acceptance

~, **ава́нсовая** advance bill [of exchange]

~, **акцепто́ванная** acceptance draft (bill [of exchange]), bill of acceptance, accepted draft (bill [of exchange])

~, **акцепто́ванная ба́нком** banker's acceptance

~, **акцепто́ванная без покры́тия** uncovered acceptance

~, **акцепто́ванная, подлежа́щая опла́те в до́лларах** dollar acceptance

~, **акцепто́ванная, подлежа́щая опла́те в ф.ст.** sterling acceptance

~, **акцепто́ванная, прие́млемая для переучёта** eligible acceptance

~, **ба́нковская** bank (banker's) draft (bill [of exchange])

~, **вну́тренняя** domestic (inland) bill [of exchange]

~, **встре́чная** redraft

~, **вы́ставленная** draft (bill) drawn, drawing

~, **вы́ставленная ба́нком** *или* **на банк** bank (banker's) draft (bill [of exchange]); draft drawn on a bank

~, **вы́ставленная в одно́м экземпля́ре** single (sola, sole) bill [of exchange], sole exchange

~, **вы́ставленная на банк и подлежа́щая опла́те по предъявле́нии** bankers' sight

~, **вы́ставленная на импортёров** drawing on importers

~, **вы́ставленная на основа́нии аккредити́ва** draft drawn under a L/C (credit)

~, **действи́тельная** valid draft

~, **документи́рованная (документа́рная)** documentary draft (bill [of exchange]), secured bill

~, **долгосро́чная** long (long-dated, long-sighted, long-term) draft (bill [of exchange])

~, **домицили́рованная** addressed (domiciled) bill [of exchange]

~, **иностра́нная** foreign bill [of exchange]

~, **комме́рческая** commercial draft (bill [of exchange])

~, **краткосро́чная** short (short-dated, short-sighted, short-term, short-termed) draft (bill [of exchange]), bill at short date (sight), short-dated exchange

~ **на су́мму в ... фу́нтов** draft for ... pounds

~, **неакцепто́ванная** unaccepted draft

~, **недокументи́рованная** clean draft (bill [of exchange])

~, **неопла́ченная** outstanding draft (bill [of exchange])

~, **опла́ченная** paid draft (bill [of exchange])

~, **опла́ченная досро́чно** (*за вычетом проце́нтов*) draft (acceptance) under rebate, rebated acceptance

~, **опла́чиваемая по прибы́тии това́ра** arrival draft

~, **предъяви́тельская** sight (demand) draft (bill [of exchange]), cash order

~, пролонгацио́нная renewal bill [of exchange]
~, ра́мбурсная reimbursement draft
~ с дополни́тельными усло́виями claused bill [of exchange]
~ с опла́той в до́лларах dollar draft (bill [of exchange])
~ с опла́той в ф.ст. sterling draft (bill [of exchange])
~ с опла́той по́сле предъявле́ния after-sight bill [of exchange]
~ сро́ком на ... дней ... days' sight, *сокр.* d/s draft, draft at ... days [after sight]
~, сро́чная time draft
~, сро́чная по предъявле́нии sight (demand) draft (bill [of exchange]), sight exchange, bill at sight
~, сро́чная че́рез ... дней по́сле вы́дачи bill [of exchange] drawn at ... days after date
~, сро́чная че́рез ... дней по́сле предъявле́ния bill drawn at ... days after sight
~, торго́вая trade (commercial) bill [of exchange], business (trade) paper
~, торго́вая акцепто́ванная trade acceptance
ава́нс про́тив документа́рной ~ы advance money on a documentary draft (bill [of exchange])
акце́пт ~ы acceptance of a draft (bill [of exchange]), draft acceptance
вы́писка ~ы drawing [of a draft], issue of a draft (bill [of exchange])
держа́тель ~ы holder of a draft (bill [of exchange])
инка́ссо ~ы draft collection, collection of a draft (bill [of exchange])
опла́та ~ы payment (settlement) of a draft
опла́та опротесто́ванной ~ы payment for honour
плате́льщик по ~е drawee
платёж ~ами payment by drafts (bills [of exchange]), payment by drawing
платёж по предъявле́нии ~ы payment at sight, sight payment
платёж про́тив тратт payment against drafts (bills [of exchange])
платёж ~ой сро́ком на ... дней payment by a draft (bill [of exchange]) drawn at ... days
продле́ние сро́ка ~ы extension of the tenor (renewal) of a draft (bill [of exchange])
пролонга́ция ~ы extension (renewal) of a draft (bill [of exchange])
срок ~ы tenor of a draft (bill [of exchange])
срок платежа́ по ~е maturity of a draft
ста́вка по учёту тратт discount rate
су́мма ~ы amount (value) of a draft (bill [of exchange])
су́мма ~ы, чи́стая face value of a draft (bill [of exchange])
усло́вия платежа́ ~ой draft terms
учёт ~ы discount (discounting) of a draft (bill [of exchange]), draft (bill) discounting
акцептова́ть ~у accept (honour, take up, sight, protect) a draft (bill [of exchange]), give protection to a draft; honour drawings
акцептова́ть ~у на су́мму accept a draft for

акцептова́ть ~у по предъявле́нии accept a draft at sight (on presentation)
возвраща́ть ~у с проте́стом return a bill [of exchange] under protest (protested)
возобновля́ть ~у renew a bill [of exchange]
выпи́сывать ~у про́тив аккредити́ва draw a draft under a L/C (credit)
выпи́сывать ~у про́тив счёта draw against an invoice
выставля́ть ~у draw (make out, issue) a draft (bill [of exchange]), draw on *smb*
выставля́ть ~у в трёх экземпля́рах draw (make out, issue) a draft (bill [of exchange]) in a set of three
выставля́ть ~у, долгосро́чную draw at long date
выставля́ть ~у, краткосро́чную draw at short date
выставля́ть ~у на *кого-л.* draw (make out) a draft on *smb*
выставля́ть ~у на ... (*сумма***)** draw [a draft] for ...
выставля́ть ~у на основа́нии аккредити́ва draw a draft (bill [of exchange]) against a L/C (credit)
выставля́ть ~у сро́ком на ... дней draw [a draft] at ... days
выставля́ть ~у сро́ком на ... дней по́сле предъявле́ния draw [a draft] at ... days' sight, *сокр.* d/s
выставля́ть ~у, сро́чную по предъявле́нии draw a draft (bill [of exchange]) on demand (at sight)
держа́ть ~ы до опла́ты hold bills [of exchange] until settlement
извеща́ть о выставле́нии ~ы advise of a draft (bill [of exchange])
инкасси́ровать ~у collect a draft (bill [of exchange])
обме́нивать ~ы exchange drafts (bills [of exchange])
опла́чивать ~у pay (honour, protect, take up) a draft (bill [of exchange]), give protection to a draft (bill [of exchange])
опла́чивать ~у в срок pay a draft at maturity (when due)
опла́чивать ~у до наступле́ния сро́ка take up a bill [of exchange] under rebate
опла́чивать ~у перево́дом на ба́нковский счёт pay a draft into the bank account
переуступа́ть ~у negotiate a draft (bill [of exchange])
переучи́тывать ~у rediscount a draft (bill [of exchange])
плати́ть ~ой pay by (through) a draft (bill [of exchange])
плати́ть про́тив представле́ния ~ы pay against a draft (bill [of exchange])
представля́ть ~у present a draft (bill [of exchange])
представля́ть ~у для акце́пта present a draft (bill [of exchange]) for acceptance
представля́ть ~у на инка́ссо present (give) a draft for collection
предъявля́ть ~у present (sight) a draft (bill [of exchange])
принима́ть ~ы accept drafts
принима́ть ~ы в счёт аккредити́ва accept drafts upon a L/C
продава́ть ~у negotiate a draft (bill [of exchange])
пролонги́ровать ~у renew a draft (bill [of exchange])

тре́бовани/е 1. demand, request; requirement **2.** (*письменное заявление*) application **3.** (*заявка*) order, requisition **4.** (*усло-*

вие) requirement **5.** (*иск*) claim

~ возвра́та упла́ченной су́ммы demand for the return of the paid-out sum

~я в отноше́нии ка́чества quality requirements

~я в отноше́нии коли́чества quantitative requirements

~я в отноше́нии упако́вки packaging requirements

~, встре́чное counter claim, claim in return; counter demand

~, де́нежное monetary claim

~я для регистра́ции това́рного зна́ка conditions for registration of a trademark

~я для установле́ния приорите́та изобрете́ния requirements for establishing priority of invention

~я догово́ра contractual requirements

~, дополни́тельное supplementary claim

~я, завы́шенные excessive (steep) demands

~я зака́за specifications of an order

~я зака́зчика customer's requirements (request)

~, исково́е claim, action

~я истца́ plaintiff's (claimant's) demands

~я, квалификацио́нные qualifying requirements, job specifications

~я к да́нным data requirements

~я к ка́честву quality requirements

~я к констру́кции design requirements

~я к обслу́живанию service requirements

~я, коли́чественные quantitative requirements

~я контра́кта contract requirements

~я к поставля́емой проду́кции purchasing specifications

~я к приёмке acceptance requirements

~я к рабо́чим характери́стикам performance requirements

~я к разме́рам dimensional requirements

~я к разрабо́тке development requirements

~я к сырью́ raw goods (materials) requirements

~я к упако́вке packing (packaging) requirements

~ на заку́пку purchase requisition (request), procurement request

~ нали́чных де́нег cash demand, demand for currency

~ на материа́лы requisition for materials

~я на опла́ту путевы́х расхо́дов travel claims

~ на о́тпуск това́рно-материа́льных це́нностей со скла́да storeroom requisition

~ на поста́вку call for supply

~, насто́йчивое insistent demand, insistence

~, настоя́тельное urgent request

~, обосно́ванное justified (reasonable) demand

~ об упла́те demand (request) for payment

~я, о́бщие total [general] requirements

~я, о́бщие эксплуатацио́нные general operational requirements

~, обы́чное common requirement

~, обяза́тельное stringent requirement

~ о возвра́те упла́ченной су́ммы demand for the return of the paid-out sum
~ о возмеще́нии убы́тков claim for damages
~ о возмеще́нии убы́тков грузоотправи́теля freight claim
~, оконча́тельное end requirement
~я, основны́е basic requirements
~я, основополага́ющие essential requirements
~я, осо́бые particular requirements
~я, первонача́льные starting requirements
~, платёжное payment order; request of payment, payment request
~ повыше́ния за́работной пла́ты wage demand (claim, pressure)
~я по обслу́живанию service requirements
~я по обуче́нию training requirements
~я по охра́не окружа́ющей среды́ environmental requirements
~я по укла́дке (*груза*) stowage requirements
~я, предъявля́емые к зака́зу order requirements
~я, предъявля́емые к зая́вке requirements of an application
~я, предъявля́емые к проду́кции product requirements
~, преиму́щественное preferential (prior) claim
~, претензио́нное claim
~я, противоречи́вые conflicting demands (claims)
~я, разнообра́зные varying requirements
~, регре́ссное recourse
~, рекламацио́нное claim
~я ры́нка market demand[s] (requirements), requirements of the market
~я, санита́рно-гигиени́ческие sanitary requirements
~я, совреме́нные up-to-date requirements
~, специа́льное specific requirement
~я, справедли́вые fair claims, just demands
~, сро́чное urgent (immediate) demand
~я, стро́гие exacting requirements
~я, техни́ческие specifications
~я, техни́ческие к сери́йной проду́кции standard specifications
~я, технологи́ческие process (technological) requirements
~я, то́чные precise requirements
~я транспортиро́вки transportation requirements
~ упла́ты request (application, claim) for payment
~ упла́ты возмеще́ния за спасе́ние salvage claim
~я, устано́вленные laid down requirements
~, чрезме́рное excess[ive] (onerous) demand
~я, эксплуатацио́нные use (operational) requirements
введе́ние еди́ных техни́ческих ~й introduction of common technical specifications
выполне́ние ~й fulfilment (carrying out) of requirements
наруше́ние ~й violation of requirements
обоснова́ние претензио́нного ~я justification (substantiation) of a claim
поста́вка по ~ю delivery on request (call, demand)

пра́во ~я claim; right of demand
удовлетворе́ние ~й satisfaction of requirements (demands); satisfaction of claims
выдвига́ть ~я make demands (claims), put forward (lay down, advance) demands
выдвига́ть техни́ческие ~я propose technical (engineering) requirements
выполня́ть ~я fulfil (carry out) requirements
выраба́тывать ~я work out requirements
выставля́ть ~я lay down (put, set forward) demands
заявля́ть ~ present a demand
име́ть ~я, осо́бые have specific requirements
наме́тить ~я outline requirements
наста́ивать на свои́х ~ях press *one's* claims
определя́ть ~я set (establish) requirements
оспа́ривать ~ contest (dispute) a claim
отверга́ть ~ reject (repudiate) a claim; reject (turn down) a demand
отвеча́ть ~ям meet (answer, be up to, conform with, be in accordance with, qualify for, be suitable to) requirements
отказа́ть в ~и reject (decline) a claim; reject (turn down) demands
отказа́ться от ~я abandon (give up, relinquish, resign, surrender) a claim
отклони́ть ~ истца́ decline the claimant's demand
перечисля́ть ~я specify requirements
подтвержда́ть ~я confirm (verify) the requirements
предъявля́ть ~ claim, make a claim, demand
предъявля́ть бо́льшие ~я make great (high) demands
предъявля́ть дополни́тельные ~я have further requirements
предъявля́ть ~я к make a claim (place demand) on
предъявля́ть ~я на make (put in) a claim for
признава́ть (принима́ть) ~ admit (acknowledge, allow) a claim
проекти́ровать в соотве́тствии с ~ями (с учётом ~й) design in accordance with (around) requirements, design to meet the requirements
соглаша́ться с ~ями agree (accede) to requirements, comply with requirements
соотве́тствовать ~ям meet (satisfy, comply with) requirements (demands)
справля́ться с ~ями master requirements
удовлетворя́ть ~ meet (satisfy) a claim, meet (satisfy, agree to) a demand
удовлетворя́ть ~ям meet (satisfy, cover, be in keeping with) requirements, satisfy (grant, meet, comply with) demands, meet needs, service requirements
удовлетворя́ть ~ям в отноше́нии ка́чества meet (satisfy) the quality requirements
удовлетворя́ть ~ям в отноше́нии коли́чества cover the quantity requirements
удовлетворя́ть ~ям пра́вил безопа́сности meet safety rules
удовлетворя́ть ~ям ры́нка meet the demands of the market, suit the market

удовлетворя́ть ~ям э́кспортно-и́мпортного законода́тельства meet import and export laws
ука́зывать ~я indicate requirements
по ~ю on call (application, request, demand), at call, upon the requisition of
по ~ю *кого-л.* at *smb's* request, by *smb's* order
по ~ю суда́ on (by) the order of the court
не отвеча́ющий ~ям inadequate
отвеча́ющий ~ям adequate, meeting the requirements (demands)
предоставля́емый по ~ю available on request

тре́б/овать demand, call for, request, require; (*по праву*) claim
~ настоя́тельно press for
вопро́с ~ует дета́льного рассмотре́ния the matter requires further (detailed) consideration

тре́йдер (*торговец, биржевой маклер*) trader

тре́йлер ([*авто*]*прицеп*) [road] trailer
перевози́ть на ~ах transport by road trailers

тре́йлерный trailing

тренд trend
~, возраста́ющий upward trend
~, долгосро́чный long-run (term) trend
~ ро́ста, равнове́сный (*о национальном продукте*) upward equilibrium trend
~, убыва́ющий downward trend

трест trust

тре́щина crack

три́мминг (*размещение груза на судне*) trimming

тропи́ческий tropical

трос rope, cable
~, про́волочный wire rope
~, стально́й steel rope (cable)

трубопрово́д pipeline

труд labour, work
~, высококвалифици́рованный highly skilled labour
~, квалифици́рованный skilled labour
~, непроизводи́тельный inefficient labour
~ порто́вых рабо́чих dock labour
~, продукти́вный productive labour
~, производи́тельный productive (efficient) labour
~, ручно́й manual labour
затра́ты ~а labour input
интенси́вность ~а labour (work) intensity
нормирова́ние ~а rate (work quota) setting, setting (fixing) of work quota, rating of work
опла́та ~а remuneration of labour
организа́ция ~а на предприя́тии organization of labour at an enterprise
охра́на ~а labour protection, protection of labour; workmen's (working) safety
примене́ние ручно́го ~а employment of manual labour
производи́тельность ~а productivity (efficiency) of labour, labour productivity (efficiency)
разделе́ние ~а division of labour
разделе́ние ~а, внутризаводско́е in-plant ([in-]factory) division of labour, division of labour within (inside) a factory

усло́вия ~а́ labour (working) conditions
добива́ться высо́кой производи́тельности ~а́ obtain high labour productivity
труднодосту́пный difficult
труднореализу́емый hard (difficult)-to-sell (realize)
тру́дност/ь difficulty, trouble
~и, больши́е major difficulties
~ в котиро́вке difficulty in quoting
~ в нахожде́нии исто́чников финанси́рования difficulty of locating financing sources
~ в получе́нии информа́ции difficulty in obtaining information
~и, значи́тельные considerable difficulties
~и, небольши́е little (slight, minor) difficulties
~и, непредви́денные unforeseen difficulties
~и, огро́мные great difficulties
~и, осо́бенные particular difficulties
~, платёжные payment difficulties
~и, постоя́нные continuous difficulties
~и, серьёзные serious difficulties (trouble)
~и, техни́ческие technical difficulties
~и, фина́нсовые financial difficulties
~и, экономи́ческие economic difficulties
~и, эксплуатацио́нные operating difficulties
устране́ние ~ей elimination of problems
встреча́ться с ~ями face (be faced with, meet with, encounter) difficulties
выде́рживать ~и [with]stand difficulties
вызыва́ть ~и cause difficulties
выноси́ть ~и [with]stand difficulties
име́ть ~и в have difficulties in
испы́тывать ~и experience difficulties
не име́ть ~ей have no difficulties
предви́деть ~и anticipate difficulties
представля́ть (*собой*) ~и present (offer) difficulties
предупрежда́ть ~и prevent trouble
преодолева́ть ~и overcome (get over) difficulties
преувели́чивать ~и exaggerate difficulties
разреша́ть ~и settle difficulties
создава́ть ~и create (make, raise) difficulties
ста́лкиваться с ~ями face (be faced with, meet with) difficulties
ука́зывать на ~и point out difficulties
ввиду́ ~ей because of (owing to, in view of) difficulties
тру́дный difficult, hard, heavy, troublesome
трудоёмкий labour-intensive, labour-consuming
трудоёмкость labour intensity, labour content
трудоспосо́бность ability to (capacity for) work
трудоспосо́бный able-bodied
трюм hold
~, вмести́тельный capacious hold
~, гла́вный main hold
~, грузово́й cargo hold
~, за́дний after hold
~, непо́лный free hold

~, пере́дний forward hold
~, по́лный full hold
~ы, рефрижера́торные cold-storage accommodation
вмести́мость ~а [cargo] capacity of a hold
укла́дка гру́за в ~ stowage
выгружа́ть из ~а discharge (remove) from (out of) the hold, unload from the hold
грузи́ть в ~ load in[to] the hold, stow [in] the hold, stow down
инспекти́ровать ~ы inspect holds
размеща́ть груз в ~е load in (stow [in]) the hold, stow down; trim the hold
убира́ть в ~ stow down

трю́мный hold *attr.*

тури́зм tourism
~, делово́й business tourism
~, иностра́нный foreign tourism
~, конгре́ссный congress tourism
~, междунаро́дный international tourism
разви́тие ~а development of tourism

туристи́ческий tourist *attr.*, travel *attr.*

тща́тельно carefully, thoroughly
~ изуча́ть study thoroughly, make a close study
~ иссле́довать investigate thoroughly
~ осма́тривать inspect (examine) thoroughly
~ проверя́ть examine with care
~ разраба́тывать elaborate
~ рассма́тривать scrutinize, give careful consideration

тща́тельный careful, close, thorough

тюк bale; bundle
~и́, кре́пкие sound bundles
па́ртия в ~а́х bale lot
быть упако́ванным в ~и́ be strapped in bundles
в ~а́х in bales

тяжелове́с (*о грузе*) heavy (bulky) goods, heavy cargo, cargo of a heavy weight nature, heavy-lift, extraweight

тяжелове́сный heavy

тяжёлый heavy; difficult, hard

У

убе́жище, нало́говое tax haven

у́быль loss[es]
~ ве́са во вре́мя морско́й перево́зки loss of weight during sea transportation
~, есте́ственная natural loss (decrease, wastage)
норма́льная ~ и норма́льный изно́с fair tear and wear

убы́т/ок loss; damage; disadvantage; sacrifice; (*возмещение убытков*) damages
~ки, авари́йные average losses
~ки, больши́е heavy (serious) losses, high wastage
~, возмеща́емый loss to be made good
~, возмещённый compensated loss
~ки, возмо́жные possible (eventual, potential) losses
~ки, возни́кшие в проце́ссе произво́дства production losses
~ки, возни́кшие в связи́ с losses which arose in connection with, losses originating (resulting) from
~ки, возни́кшие у покупа́теля losses suffered by buyers
~ки в проце́нтном выраже́нии percentage of damage

~, де́нежный financial (pecuniary) loss
~ки, едини́чные single losses
~ки, зая́вленные losses claimed
~ки, значи́тельные substantial losses; substantial damages
~ки, ко́свенные indirect losses; consequential damages
~ки, кру́пные heavy (serious) losses
~, материа́льный loss of property
~ ки от о́бщей ава́рии (общеавари́йные) general average [losses]
~ки от ча́стной ава́рии particular average [losses]
~ки, оценённые estimated losses
~ по за́ймам loss on loans
~ки, понесённые в свя́зи с losses borne (suffered, sustained) in connection with
~, понесённый loss borne (suffered, sustained) by
~ки, преде́льные marginal damages
~, предполага́емый anticipated loss
~ при разгру́зке loss during discharge
~ при реализа́ции спасённого иму́щества salvage loss
~ки, причинённые damage done to (caused by); losses caused by
~, причинённый поло́мкой breakage
~ки при эксплуата́ции operation losses
~ки, реа́льные actual losses; actual damages
~ки, свя́занные с заде́ржкой поста́вки losses connected with delay in delivery
~ки, свя́занные со спаса́тельными опера́циями losses caused by salvage operations
~, случа́йный accidental loss
~ ки, согласо́ванные и зара́нее оценённые agreed and liquidated damages
~, страхово́й indemnified loss
~ки, факти́ческие actual losses; actual damages
~, фина́нсовый financial loss
~, части́чный partial loss (damage)
~, чи́стый dead (net) loss
~ки, чрезме́рные excessive (abnormal) losses
ана́лиз ~ков loss analysis
взыска́ние ~ков recovery of damages
возмеще́ние ~ков compensation for (reparation of) damages (losses), [reimbursement of] damages, indemnity, indemnification, recompense, restitution
возмеще́ние бу́дущих ~ков anticipatory damages
возмеще́ние ожида́емых ~ков prospective damages
возмеще́ние ~ков, причинённых неприня́тием това́ра damages for nonacceptance of the goods
гара́нтия от ~ков indemnity, security for losses
заявле́ние об ~ках report (notice) of damage, damage report; notice of losses; notice of claim
иск об ~ках claim for damages
иск о возмеще́нии ~ков action (claim) for damages.
компенса́ция за ~ки damages, compensation for (of) losses
опла́та ~ков payment of damages

определе́ние ~ков assessment (appraisal) of damages; determination of losses
отве́тственность за ~ки liability for damages
отка́з от пра́ва на возмеще́ние ~ков waiver of damages
оце́нка ~ков assessment (appraisal) of damages; determination of losses
пауша́льная су́мма ~ков lumpsum damages
пра́во на взыска́ние ~ков right to recover damages
причи́ны возникнове́ния ~ков reasons of damages
проце́нты по погаше́нию ~ков interest on losses
разме́р ~ков measure (amount, extent) of damages; amount (size) of losses
реше́ние о возмеще́нии ~ков award of damages
сто́имость ~ков, возни́кших в произво́дстве production loss value
су́мма ~ков amount of losses (damages)
су́мма ~ков, о́бщая total losses
счёт при́былей и ~ков profit and loss (loss and gain, income and expenditure) account, income statement [account], statement of income
счёт при́былей и ~ков, сво́дный consolidated income statement, group profit and loss account
тре́бование о возмеще́нии ~ков claim for damages
тре́бование о возмеще́нии ~ков · грузоотправи́теля freight claim
уменьше́ние ~ков reduction in damages
быть отве́тственным за ~ки be liable for losses
взыска́ть ~ки recover damages (losses)
включа́ть ~ или уще́рб include loss or damage
возбужда́ть иск об ~ках sue for damages
возмеща́ть ~ки compensate for losses, cover (make up, make good, meet, repair) losses, pay (repair, refund) damages, indemnify for losses (damages), make restitution
возмеща́ть ~ки истцу́ reimburse a claimant for losses
гаранти́ровать от ~ков guarantee against (from) losses
застрахова́ть перево́зчика от всех потéрь, ~ков и расхо́дов indemnify the carrier against all losses, damages and expenses
избавля́ть *кого-л.* **от отве́тственности за ~ки** hold *smb* harmless for losses
избежа́ть ~ков avoid losses, break even
компенси́ровать ~ки compensate (indemnify) for losses
нести́ ~ suffer damage
нести́ ~ки bear (incur, suffer, sustain) losses
нести́ значи́тельные ~ки experience (sustain) significant losses
определя́ть су́мму ~ков assess (ascertain, determine the extent of) losses (damages)
оце́нивать ~ки по о́бщей ава́рии adjust general average
плати́ть зара́нее оценённые и согласо́ванные ~ки pay agreed and liquidated damages
повле́чь ~ки entail losses
пока́зывать ~ки show losses
покрыва́ть ~ки cover (meet) losses
получа́ть возмеще́ние ~ков recover damages (losses)

предотвращáть ~ки avert losses
приноси́ть ~ки yield losses
присуждáть ~ки award damages
причиня́ть ~ки inflict losses; do (cause) damage
продавáть с ~ком sell at a loss (at a discount, to disadvantage)
рабóтать с ~ком operate at a loss; be in the red
сокращáть ~ до ми́нимума minimize a loss
считáть *кого-л.* **ответ́ственным за ~ки** hold *smb* responsible for losses
терпéть ~ки bear (incur, suffer, sustain) losses
трéбовать возмещéния ~ков claim damages (compensation)
уточня́ть ~ки adjust losses
в поря́дке возмещéния ~ков by way of damages
«перевóзчик не отвечáет за убы́тки» (*отметка в коносаменте*) "ship not responsible for losses"
~ки состáвили значи́тельную сýмму the losses reached a considerable figure

уведомлéни/е notice, notification, advice [note], letter of advice
~, бáнковское bank notification
~, заблаговрéменное advance notice
~ за однý недéлю one week's notice
~, надлежáщее due notice
~ об аккредити́ве notification of a L/C
~ об аукциóне notification about an auction
~ об и́ске statement (notice) of claim
~ об истечéнии срóка notice of termination
~ об отгрýзке advice (notification) of shipment (dispatch), shipping advice
~ об отмéне cancellation notice
~ об отпрáвке dispatch note, notification of dispatch (shipment), forwarding advice, advice of shipment (dispatch)
~, обязáтельное compulsory notification
~ о готóвности notice (notification, advice) of readiness
~ о готóвности товáра к испытáниям notice (notification) of the readiness of the goods for tests
~ о готóвности товáра к отгрýзке notice (notification) of the readiness of the goods for shipment
~ о готóвности товáра к приёмке notice (notification) of the readiness of the goods for inspection
~ о готóвности товáра к разгрýзке notice (notification) of the readiness of the goods to discharge (unload)
~ о дебетовáнии debit note (advice)
~ о дéнежном перевóде remittance advice
~ о кредитовáнии credit note (advice)
~ о платежé advice of payment, payment advice
~ о погрýзке notification of loading, loading notification
~ о предъявлéнии претéнзии notice (notification) of claim
~ о прибы́тии arrival notice, notice of arrival
~ о прибы́тии на ж.-д. стáнцию railway advice
~, официáльное formal notice (notification)
~, пи́сьменное notice in

writing, written notification (notice), letter of advice
~ по да́нному де́лу advice on this matter
~ по по́чте notice [given] by mail (post), mail (postal) notification
~ по телегра́фу cable (telegraphic) notification, notice (notification) by cable (telegraph)
~ по те́лексу telex notification
~ по телефо́ну telephone notification
~, предвари́тельное preliminary (advance) notification, advance (prior) notice
~, предпи́санное зако́ном statutory notice
~, своевре́менное timely notice
~, сро́чное immediate (prompt) notice, urgent notification
вклад с ~ем deposit at notice
ко́пия ~я copy of an advice
направля́ть ~ forward a notification (notice)
получа́ть ~ receive a notification (notice)
посыла́ть ~ give (send) a notification (notice), advise
посыла́ть ~ заблаговре́менно give an early warning
представля́ть ~, пи́сьменное give a written notification (notice)
регистри́ровать ~ file a notice
без ~я without notice
до ~я pending notification
до дальне́йшего ~я until further notice
по ~и on notification
посре́дством (путём) пи́сьменного ~я by notice in writing, by written notice
при ~и under advice
при усло́вии неме́дленного ~я subject to prompt notice
с заблаговре́менным ~ем within a reasonable time of notice
мы напра́вим Вам дополни́тельно своевре́менное ~ we shall give you further timely advice
счита́йте э́то письмо́ официа́льным ~ем please treat this letter as our formal notice (notification)

уведомля́ть advise, inform, notify, give notice, keep *smb* notified
~ официа́льно give notice in writing, give formal notice, notify officially
~ предвари́тельно give prior notice

увеличе́ни/е increase, rise; growth; expansion, extention
~, вероя́тное probable increase
~ ве́са weight increase
~ вкла́дов expansion of deposits
~ вы́ставочной пло́щади extension of space
~ до ... (*величина*) increase to ...
~, допусти́мое permitted increase
~ дохо́дов growth of incomes
~ зарпла́ты pay (wage) increase (rise), increase (rise, *амер.* raise) in wage[s] (salary, pay), advance of wage[s] (salary)
~, значи́тельное substantial increase
~ и́мпорта increase in imports
~ капиталовложе́ний increase in capital investments
~ кво́ты enlargement of a quota
~ на ... % increase by ... %, a ... % increase

~ **надба́вки к цене́** (*на аукционе*) increase of a bid
~ **нало́гов** increase in taxes (duties)
~, **о́бщее** overall increase
~, **о́бщее, в проце́нтном выраже́нии** overall percentage increase
~ **объёма торго́вли** increase in the volume of trade, sales expansion
~, **ограни́ченное** limited increase
~ **поста́вок** delivery expansion
~ **поступле́ний валю́ты** increase of the foreign currency inflow
~ **производи́тельности** increase in productivity (performance, efficiency); increase in output
~ **производи́тельности обору́дования** increase in the efficiency of equipment
~ **производи́тельности труда́** increase in labour productivity
~ **произво́дства** output expansion, expansion of production volume, stepping up of production
~ **проце́нтов** increase of interest; percentage increase
~, **ра́зовое** single increase
~, **ре́зкое** sharp increase, jump
~ **сбы́та** increase of (in) sales, increased sales
~ **себесто́имости** rise (increase) in (of) the cost
~ **сто́имости** rise (increase) in (of) the cost (value), cost increase
~ **това́рно-материа́льных запа́сов** increase in inventory holdings
~ **цен** increase (escalation) in prices, price increase (escalation)
~ **чи́сленного соста́ва** increase in manpower
обеспе́чивать ~ оборо́та provide for increasing turnover
плани́ровать ~ plan (project) an increase
подлежа́ть ~ю be subject to escalation (increase)
покры́ть ~ цены́ absorb a price increase
соде́йствовать ~ю запрода́ж promote sales
спосо́бствовать ~ю производи́тельности contribute towards increasing productivity
це́ны подлежа́т ~ю prices are subject to an increase

увели́чивать increase, raise
углево́з coaler, coal ship
уголо́вное де́ло criminal case
возбужда́ть ~ take (initiate) legal proceedings; bring (enter, lay) an action against
удержа́ни/е deduction; (*за задержку судна*) detention
~ **из платеже́й** withholding (deduction) from payments
~ **нало́гов** deduction of taxes, tax deduction (withholding)
~, **прогресси́вное** progressive deduction
~, **пропорциона́льное** proportional deduction
~ **су́ммы** deduction of an amount (a sum)
~ **франши́зы** deduction of franchise
пра́во ~я *юр.* lien; right of retention
пра́во ~я гру́за в обеспе́чение платежа́ за фрахт *юр.* lien on the cargo (goods) for freight
производи́ть ~ deduct
до ~я нало́га before tax, pretax
по́сле ~я нало́га after tax

уде́рживать 1. (*вычитать*) deduct, make a deduction, take off **2.** (*задерживать*) detain **3.** (*сохранять*) retain

удешевлéние reduction in price; reducing the price

~ стóимости кредúтов cheaper prices for credits

удешевлять make cheaper

удлинять extend, prolong

удóбный convenient

удовлетворéни/е satisfaction, settlement

~, встрéчное consideration

~, встрéчное благоприятное favourable consideration

~, встрéчное бýдущее executory consideration

~, встрéчное действúтельное valid consideration

~, встрéчное дéнежное money consideration

~, встрéчное достáточное good (sufficient) consideration

~, встрéчное надлежáщее valuable consideration

~, встрéчное недостáточное inadequate consideration

~, встрéчное незакóнное illegal consideration

~, встрéчное предшéствовавшее past consideration

~ úска satisfaction (settlement) of a claim; pronouncing judgement for (in favour of) the plaintiff

~ кредитóра satisfaction of a creditor

~ потрéбностей satisfaction of needs (requirements)

~ претéнзии satisfaction of a claim

~ прóсьбы meeting a request

~ спрóса satisfaction of demand (needs), meeting the requirements; supply according to demand

~ трéбований satisfaction of requirements (demands); satisfaction of claims

~, частúчное partial settlement (satisfaction)

дать ~ give satisfaction

дéлать к *чьему-л.* **~ю** perform to *smb's* satisfaction

находúть ~ find satisfaction

откáзываться от ~я refuse to satisfy (settle)

получúть пóлное ~ be fully (completely) satisfied

в ~ in (to) satisfaction

в пóлное и окончáтельное ~ всех трéбований to full and complete satisfaction of all demands

к взаúмному ~ю to mutual satisfaction

к пóлному ~ю to complete satisfaction

к ~ю всех сторóн to the satisfaction of all parties [concerned]

с большúм ~ем with great satisfaction

предложéние встрéчено с ~ем proposal meets with satisfaction

удовлетворúтельный satisfactory

удорожáние rise in price

~ э́кспорта rise in export prices

удостоверéни/е 1. (*документ*) certificate **2.** (*засвидетельствование*) authentication; certification; attestation

~ для специалúстов professional card

~ лúчности identification (identity) card, credentials

~ лúчности, надлежáщее proper credentials

~ пóдписи attestation of a signature

~, санитáрное bill of health

~ тамóжни на возврáт тамóженной пóшлины [customs] debenture

вы́дача ~я certification
выдава́ть ~ give a certificate, certificate
предста́вить ~ ли́чности present credentials
по пи́сьменному ~ю certified to in writing
с це́лью ~я ли́чности for purposes of identification

удостоверя́ть authenticate; certify; attest

указа́ни/е 1. indication **2.** (*инструкция*) instructions, directions
~я аге́нтской фи́рмы agency's instructions
~ ассортиме́нта проду́кции indication of the range of products
~я, директи́вные directions, directives, guidelines
~я, дополни́тельные further instructions
~, заблаговре́менное forward direction
~я заяви́теля applicant's instructions
~ коли́чества indication of quantity
~я, непра́вильные wrong instructions (directions)
~я, о́бщие general instructions
~я о поря́дке сбо́рки instructions for assembly
~я относи́тельно маркиро́вки marking instructions
~, пи́сьменное written instruction
~я по выполне́нию рабо́ты instructions in carrying out work
~я, подро́бные explicit instructions
~я по монтажу́ и пу́ску обору́дования в эксплуата́цию instructions on the erection work and putting the equipment into operation
~ потре́бностей indication of requirements
~я по эксплуата́ции operating instructions
~я, пра́вильные proper directions (instructions)
~я приступи́ть к *чему-л.* instructions to proceed
~ происхожде́ния indication of origin (source)
~я, противополо́жные contrary directions, instructions to the contrary
~я, руководя́щие guiding instructions, guidelines
~ сро́ка time indication
~ сто́имости indication of the value (cost)
~ су́дну [в отноше́нии] по́рта вы́грузки order for port of discharge
~я, техни́ческие technical instructions
~я, у́стные oral instructions
~ це́лей (*изобретения*) statement of objects
~ цен indication of prices, price indication
выполне́ние ~й execution of instructions
несоблюде́ние ~й disregard of instructions
прича́л по ~ю фрахтова́теля, отправи́теля и́ли получа́теля berth as ordered by charterers, shippers, consignees
ярлы́к с ~ем цены́ price tag
выпи́сывать счёт с ~ем цен, преоблада́ющих в да́нный пери́од invoice at prices prevailing at the time
выполня́ть ~я carry out (execute, observe, obey, comply with) instructions

давáть ~я give instructions, instruct
давáть ~я бáнку instruct the bankers (bank)
давáть ~я, пи́сьменные direct in writing
дéлать по ~ю do on direction
ожидáть ~й await instructions, look forward to further instructions
передавáть ~я present (transmit) instructions
слéдовать ~ям follow the instructions
в ожидáнии дальнéйших ~й pending further advice
в соответствии с ~ями in compliance with the instructions
в упакóвке и с маркирóвкой соглáсно ~ям packed and marked as specified
на основáнии ~й under the instructions
незави́симо от ~я notwithstanding the instruction
по ~ю by order of, as ordered by
при отсýтствии ины́х ~й unless otherwise specified
соглáсно ~ю as per [instruction]
с ~ем with the indication
счёт-фактýра с ~ем пози́ций itemized invoice

указáтел/ь **1.** (*индекс*) index (*мн.ч.* indexes, indices), index mark **2.** (*вывеска*) sign; (*указательный столб*) sign-post **3.** (*справочник*) handbook
~, алфави́тный alphabetical index
~ заяви́телей index of applicants
~ заявок index of applications
~ клáссов classification manual
~ лицéнзий index of licenses
~ мéтодов manual of methods
~, патéнтный patent index
~, предмéтный index
~, свóдный consolidated index
~, систематúческий classified index
~ товáрных знáков index of trademarks
~ цен index of prices, price index
заноси́ть в ~ index
снабжáть ~ем index

укáзывать indicate, specify, designate, set forth, set out, show, point out; define; list; (*заявлять, сообщать*) state
~ ни́же state below
как укáзано ни́же as stated below

уклáдк/а **1.** (*штивка, укладка товара на борту судна или в трюме*) stowing, stowage, stowdown; trimming **2.** (*укладка товара в кучу, штабель*) stacking, heaping, piling
~ вверх дном stacking upside down
~ внизý bottom stow
~ в рефрижерáторном помещéнии stowage in refrigerating room
~ в я́щики stowage in boxes (crates)
~ грýза на паллéты palletization of cargo
~, небрéжная negligent stowage
~ пиломатериáлов на проклáдки stacking
~, плóтная tight stow
~ свéрху top stowage
~, свобóдная loose stow
~ я́щиков, многоя́русная multiple tier stowing
оперáция по ~е (*груза*) stevedoring operation
расхóды по ~е (*груза в трюм*) stowage

спóсоб ~и method (form) of stowage (stowing)
стóимость ~и stowage
трéбования по ~е stowage requirements
завершúть ~у complete stowing
обеспéчивать ~у (*груза*) effect stowing
груз подаётся отправúтелем свобóдно на борт сýдна с ~ой cargo to be put by merchants free on board and free stowed
погрýзка и ~ грýза в трюме оплáчиваются фрахтовáтелем free in and stowed
уклáдывать stow; stack, heap, pile
укомплектóвывать complete
~ лúчным состáвом man, furnish personnel
укрупнéние integration, amalgamation, merging, merger
укрупнúть integrate, amalgamate
улучшáть improve, make better; modify
улучшéни/е improvement; modification; advance
~я, бы́стрые dynamic improvements
~ грáфика improvement of a schedule
~ деловóй актúвности improvement of business
~ деловóй конъюнктýры improvement of business conditions
~ кáчества improvement in (of) quality
~ конструкции improvement of (to) a design
~я, патентоспосóбные patentable improvements and modifications
~, потенциáльное potential improvement
~ техни́ческого ýровня продýкции raising of the technical level of production
~ услóвий трудá improvement of working conditions
добивáться ~я seek improvement
имéть тендéнцию к ~ю tend to improve
приводúть к ~ю bring about an improvement
уменьшáть decrease, diminish, lessen; (*о цене, расходах*) reduce, cut down; (*забирать, изымать*) take [away] from
~ в ... раз reduce ... times
~ вчéтверо quarter, take a quarter of
~ до reduce (decrease) to
~ на reduce (decrease) by
уменьшéни/е decrease, reduction, lessening
~ акционéрного капитáла reduction of share capital
~ арéндной плáты reduction of rent
~ в вéсе reduction in weight
~ до decrease to
~ на decrease by
~ размéра арбитрáжного сбóра reduction of the amount of the arbitration fee
~ расхóдов cut in expenditure
~ стóимости decrease in the cost (value), depreciation
~ цен decrease in prices
умéренный moderate, reasonable
универсáльный universal, flexible
уникáльный unique
унификáция unification
~ документáции unification of documentation
~ докумéнтов unification of documents

~ **изде́лий машинострое́ния** unification of engineering goods

~ **пра́вил** unification of rules

упако́ванный packed; (*покрытый бумагой, брезентом и т. д.*) covered; (*в виде пакетов, свёртков*) packaged; (*завёрнутый*) wrapped; (*запечатанный*) sealed

упако́вк/а (*тара, контейнер*) packing; wrapping; package, packaging; container; (*процесс*) packaging, packing, wrapping, covering; (*материал*) wrapper, cover; (*место*) packing unit, package

~, **аэрозо́льная** aerosol packing

~, **безвозвра́тная** non-returnable packaging (packing)

~ **без поврежде́ний** intact packing

~ **без я́щиков** packing without crates

~, **брезе́нтовая** tarpaulin packing

~, **ва́куумная** vacuum pack

~ **в карто́нные коро́ба́** packing in cardboard cartons

~ **в коро́бки** packing in cartons (boxes)

~ **в мешки́** packing in bags (sacks), sacking, sack filling

~, **вну́тренняя** interior (inside) packing, inner wrapping

~ **в обрешётке** packing in crates; skeleton frame [packing]

~, **водонепроница́емая** waterproof (moisture-proof) packing (package)

~, **воздухонепроница́емая** air-tight packing (package)

~ **в полиэтиле́новую плёнку** polythene (polyethylene) wrapping

~ **в я́щики** boxing, packing in boxes (cases), crating

~, **гермети́чная** tight (weather-resisting) packing, sealed package

~, **го́дная** proper packing

~, **громо́здкая** oversize (unwieldy) packing (package)

~ **гру́за** packing of goods

~, **деревя́нная** wooden packing

~, **дефе́ктная** defective packing (package)

~ **для перево́зки по во́здуху** airfreight packing

~, **доброка́чественная** sound package

~, **доста́точная** adequate (sufficient) packing

~, **жёсткая** hard (sturdy) packing (packaging)

~, **заводска́я** original packing

~ **за счёт покупа́теля** packing extra

~, **защи́тная** protective pack, weather-resisting packing

~, **и́мпортная** import packing

~, **карто́нная** cardboard container

~, **конте́йнерная** container packing

~, **многора́зовая** returnable packing

~, **морска́я** sea[worthy] (maritime) packing

~, **мя́гкая** soft packing (packaging)

~, **надлежа́щая** proper (adequate) packing (packaging)

~, **нару́жная** external (outside) packing, outer packing (container)

~, **небре́жная** negligent packing

~, **негабари́тная** oversize (unwieldy) packing (package)

~, **недоброка́чественная** defective packing

~, **недоста́точная** inadequate

(insufficient, poor, short) packing (package, boxing), lack of adequate packing

~, ненужная unnecessary packing

~, неповреждённая intact packing

~, неподходящая improper (unsuitable) packing

~, непригодная unfit package

~, несоответствующая improper packing

~, нестандартная non-standard packing

~, неудовлетворительная faulty (unsatisfactory) packing

~, общая total packing

~, обыкновенная standard (normal) packing (packaging)

~, обычная экспортная normal export packing (packaging)

~, парусиновая canvas (sailcloth) packing

~, плотная tight packing

~, плохая bad packaging, improper packing

~, повреждённая defective (damaged, faulty) packing (packaging)

~, подарочная gift wrapping; gift cartons

~, «подмоченная» (*пометка в грузовых документах*) packing (covers) wet

~, подходящая suitable packing

~ по контракту packing on the contract

~ по себестоимости за счёт покупателя packing extra at cost

~ поставщика supplier's packing

~, предназначенная для воздушной транспортировки airfreight packing (packs)

~, пригодная для packing suitable (suited) for

~, пригодная для морской перевозки sea[-worthy] packing

~, прочная good (strong) cover, safe packing; (*устойчивая*) stable packing

~, разорванная torn packing

~ с верёвочными ручками packing with rope handles

~, своевременная timely packing

~ с инструкциями package with instructions

~, соответствующая proper (adequate, sufficient) packing (packaging)

~, специальная special (extra) packing

~, стандартная standard packing (package, protection)

~ товара packing (packaging) of goods, cargo packing (packaging)

~, транспортная freight packing

~, тропическая tropical packing (package)

~, удовлетворительная satisfactory (proper, adequate, sufficient) packing (packaging)

~, фабричная factory packing

~, целая intact packing

~, целесообразная practicable packing

~, экспортная export packing (packaging)

~, эффективная efficient packing

вес ~и tare [weight], weight of packing

вес ~и, указанный в счёте invoice tare

вид ~и type of packing; kind (nature) of packing

вид ~и, но́вый new packing
вкла́дыш в ~у insert into a package
вы́воз ~и removal of packing
дефе́кты ~и defects in packing
доста́точность ~и sufficiency of packing
заверше́ние ~и completion of packing
инстру́кции по ~е packing instructions, instructions regarding packing
ка́чество ~и quality of packing (packaging)
компа́ния по ~е packers, packing company
контра́кт на ~у това́ра packing contract
ле́нта, испо́льзуемая при ~е tape, packing (package) band, packing strip
маркиро́вка ~и marking of packing (packaging, a packing container)
ме́тод ~и method of packing (packaging), packaging technique (method)
недоста́тки ~и faults (defects) of packaging, packing failures; packing insufficiency
обору́дование для ~и packaging equipment
образе́ц ~и sample packing
отделе́ние ~и packing division
пересы́лка по по́чте в небольшо́й ~е small packing post
пла́та за э́кспортную ~у export packing charge (fee)
поврежде́ние ~и damage to packing (packaging), packing (packaging) damage; defects in packing
погру́зка без ~и bulk stowage, shipment in bulk
пра́вила ~и packing instructions
пра́вильность ~и adequacy of packing (packaging)
про́чность ~и strength of packing
разме́ры ~и size of packaging, dimensions of a package
разме́ры в ~е packed measurements
расхо́ды по ~е packing charges (costs, expenses), package
расхо́ды по ~е в я́щики costs of boxing
рекоменда́ции по ~е packing (packaging) recommendations
специали́ст по ~е packing engineer (expert), specialist packer
спо́соб ~и method of packing (packaging), packaging technique (method)
сре́дства ~и means of packing, facilities for packing; packing (packaging) materials
станда́рты ~и packing standards
сто́имость ~и cost of packing (packaging), packing (packaging) cost (charge)
сто́имость ~и в я́щики cost of boxing
та́ра для ~и packing container
това́р, продаю́щийся в ~е package[d] goods
тре́бования к ~е packing (packaging) requirements
тру́дности ~и packaging problems
услу́ги по ~е packing (packaging) services
услу́ги по ~е това́ра на э́кспорт export packing services
цена́ без ~и packing not included
цена́, включа́я ~у price including packing

эффекти́вность ~и packing efficiency
включа́ть ~у include packing
грузи́ть без ~и load (ship) in bulk
заверша́ть ~у complete packing
маркирова́ть ~у mark a packing container
начина́ть ~у commence (start) packing
не включа́ть расхо́ды на ~у omit packing costs
обеспе́чивать до́лжную ~у secure proper packing
обеспе́чивать своевре́менную ~у secure timely packing
определя́ть доста́точность ~и determine the sufficiency of packing
осуществля́ть ~у do (perform, carry out, handle) packing; wrap
отгружа́ть това́р в ~е ship [goods] in packing (packages)
пакова́ть в деревя́нную ~у pack in wood
перевози́ть без ~и ship (carry) [goods] unpacked (unprotected, uncovered)
плати́ть за ~у pay for packing
поврежда́ть ~у damage the packing (packaging)
посыла́ть в ~е send in packing
приступа́ть к ~е proceed with the packing of
проверя́ть ~у examine packing (packaging)
производи́ть ~у do (perform, carry out, handle) packing; wrap
ука́зывать на дефе́кты ~и indicate the defects of packing
без ~и unprotected, exposed, unwrapped, uncovered, unpacked, unpackaged, loose; (*насыпью, внавалку*) in bulk
в ~е covered, packed
в ~е и с маркиро́вкой согла́сно указа́ниям packed and marked as specified
во вре́мя ~и at the time of packing
в оконча́тельной ~е in finished packaged form
в отде́льной ~е under separate cover
в проце́ссе ~и while packing the goods
по цене́ ... ф. ст. ФОБ Ло́ндон, включа́я ~у at a packed FOB London price of £ ...
~ и маркиро́вка (*пункт контракта*) packing and marking
~ бу́дет осуществлена́ в соотве́тствии со специфика́цией packing will be to the specification
~ должна́ быть приго́дна для погру́зки кра́нами the packing is to be suitable for cranes
~ должна́ быть приго́дна для транспортиро́вки мо́рем в трю́ме the packing is to be suitable for transport in hold by sea
за ~у бу́дет начи́слена отде́льная пла́та packing will be charged extra
стано́к подгота́вливается к ~е the machine is being made ready for packing
це́ны включа́ют обы́чную ~у prices include normal packing

упако́вочный packing

упако́вывать pack, package, do (perform, handle, carry out) packing; wrap
~ вручну́ю handpack
~ в соотве́тствии с инстру́кциями pack in accordance with the instructions
~ в соотве́тствии с обы́чной пра́ктикой в э́кспортной тор-

го́вле pack in accordance with the standard export practice
~ **в соотве́тствии со специфика́цией поставщика́** pack to a specification laid down by the suppliers
~ **в соотве́тствии с э́кспортными станда́ртами** do export packing (boxing)
~ **для возду́шной транспортиро́вки** pack for air freight (shipment)
~ **для морско́й перево́зки** pack for ocean shipment
~ **для сухопу́тной транспортиро́вки** pack for overland transport
~ **до́лжным о́бразом** pack properly (sufficiently)
~ **маши́нным спо́собом** machinepack
~ **про́чно** pack well, have [the goods] packed securely

упла́т/а pay, payment; repayment; (*по счёту, векселю*) cover, settlement
~ **арбитра́жного сбо́ра** payment of the arbitration fee
~ **вознагражде́ния** payment of a remuneration
~ **в рассро́чку** instal[l]ment
~ **де́нежного возмеще́ния** payment of damages
~ **до́лга** payment (repayment, settlement, redemption, discharge, extinguishment, liquidation, acquittance, cancellation) of a debt, debt repayment
~ **до́лга, оконча́тельная** final repayment of a debt
~ **до́лга, по́лная** complete discharge of a debt
~**, досро́чная** early settlement
~**, ежеме́сячная** monthly settlement
~ **за́йма** redemption (repayment) of a loan
~ **зо́лотом** payment in gold
~ **капита́ла и проце́нтов** payment of principal and interest
~ **коми́ссии** payment of a commission, commission payment
~ **коми́ссии за услу́ги** payment of a service commission
~ **нали́чными** cash payment, payment in (by) cash
~ **нало́гов** payment of taxes
~ **нату́рой** payment in kind
~**, неме́дленная** immediate payment
~ **первонача́льного взно́са** payment of the initial fee, making the initial deposit (instal[l]ment), making first (down) payment
~**, по́лная** payment in full
~ **по́шлины** payment of a duty (tax)
~ **при поста́вке** payment (cash) upon delivery, payable on delivery
~ **проце́нтов** payment of interest, interest payment
~ **проце́нтов по вкла́дам** payment of interest on deposits
~ **проце́нтов по за́йму** current service (servicing) on (of) a loan
~ **проце́нтов по за́йму и сумм в счёт погаше́ния за́йма** debt service
~ **ра́ньше сро́ка** payment in anticipation
~ **сбо́ра** payment of a fee (tax, duty)
~**, своевре́менная** prompt payment
~ **согласо́ванных и зара́нее оценённых убы́тков** payment of agreed and liquidated damages
~ **страховы́х взно́сов** payment of premiums

~ су́ммы payment of an amount (a sum)
~ су́ммы, кру́пной substantial payment
~ су́ммы, причита́ющейся payment of the amount due
~ фра́хта payment of freight
~ фра́хта, дополни́тельная extra freight
~ фра́хта, по́лная payment of full freight
~, части́чная payment in part, part (partial) payment; (*в рассрочку*) payment by instal[l]ments
квита́нция за ~у пре́мии receipt for the premium
квита́нция тамо́жни об ~е по́шлины customs receipt, clearance bill (note), docket
обеспе́чение ~ы security for payment
освобожде́ние от ~ы exemption from payment
освобожде́ние от ~ы до́лга remission of a debt
освобожде́ние от ~ы нало́гов exemption from taxes, tax exemption
освобожде́ние от ~ы по́шлины waiver of a duty
освобожде́ние от ~ы сбо́ров remission of fees
освобожде́ние от ~ы штра́фа remission of a penalty, relief from a fine
отка́з от ~ы до́лга refusal to pay a debt, repudiation of a debt
отка́з от ~ы штра́фа за заде́ржку поста́вки waiving of delivery penalties
отме́тка об ~е фра́хта note "freight prepaid"
проце́нт к ~е outstanding interest
распи́ска об ~е до́лга acquittance
расхо́ды по ~е проце́нтов interest charges
резе́рв на ~у подохо́дного нало́га provision for income tax
ски́дка за досро́чную ~у по ве́кселю *или* **счёту** time discount
срок ~ы проце́нтов interest date
тре́бование ~ы request (application, claim) for payment
тре́бование ~ы взно́са за а́кции call on shares
тре́бование ~ы возмеще́ния за спасе́ние salvage claim
тре́бование ~ы мёртвого фра́хта deadfreight claim
тре́бование ~ы ра́зницы margin call (notice)
уклоне́ние от ~ы нало́гов tax evasion (dodging)
цена́ при ~е нали́чными cash price
чек в ~у cheque in payment
аванси́ровать де́ньги на ~у advance money to pay for
быть освобождённым от ~ы и́мпортной по́шлины be exempt from paying an import duty
быть освобождённым от ~ы нало́га be exempt from paying a tax
засчи́тывать в ~у до́лга count as payment of a debt
напомина́ть об ~е до́лга remind of a debt; (*письменно*) dun
наста́ивать на неме́дленной ~е insist on immediate payment
освобожда́ть от ~ы relieve (exempt) from paying
отка́зываться от ~ы refuse payment (to pay), repudiate payment

отка́зываться от ~ы до́лга refuse to pay (repudiate) a debt
отка́зываться от ~ы штра́фа renounce (waive) a penalty
погаша́ть заём с ~ой проце́нтов repay a loan with interest
подлежа́ть ~е be payable (chargeable, matured, due), mature
поставля́ть това́р в счёт ~ы supply products as payment
принужда́ть к ~е force to pay
приобрета́ть това́р без ~ы нало́гов obtain goods free of tax
приобрета́ть това́р с ~ой нало́гов obtain duty-paid goods
приостана́вливать ~у suspend (stop) payment
приостана́вливать ~у по че́ку stop payment of a cheque
производи́ть ~у make (effect) payment
производи́ть ~у со счёта make payment from an account
тре́бовать ~ы (*займа, долга*) call [in] (claim, demand, request) payment, ask for settlement
тре́бовать ~ы за просто́й (*судна*) claim demurrage
тре́бовать ~ы, настоя́тельно press for payment
тре́бовать освобожде́ния от ~ы claim relief
тре́бовать ~ы су́ммы в счёт креди́та claim a sum under the credit
уде́рживать иму́щество до ~ы до́лга lay a lien
уклоня́ться от ~ы нало́гов evade (dodge) taxes
в счёт ~ы on account
без ~ы ро́ялти royalty free
в ~у in payment of (for), in settlement of
в ~у причита́ющейся су́ммы in payment of the amount due
в ~у, части́чную in part payment
с ~ой вперёд prepaid
с ~ой при доста́вке payable on delivery
коносаме́нт с отме́ткой «фрахт подлежи́т упла́те грузополуча́телем» "freight collect" bill of lading
свобо́дно от ~ы ди́спача free of dispatch
срок ~ы до́лга наступи́л the debt is due

упла́ченный paid

упла́чивать pay, repay, disburse, meet; (*выполнять обязательства*) discharge obligations
~ в счёт причита́ющейся су́ммы pay on account
~ сполна́ pay in full

уполномо́ченный *сущ.* authorized agent, assignee, proxy; (*представитель*) representative
~ по вопро́сам сбы́та marketing representative
~ по́рта Port and Haven Commissioner
~, специа́льный special representative

уполномо́ченны/й *прич.* authorized *attr.*, empowered
~ представи́тель фи́рмы authorized representative of a firm
быть ~м сде́лать be authorized (have the authority) to do, be empowered to do

уполномо́чивать authorize, delegate, empower, invest with authority

управле́ни/е 1. (*отдел, администрация, правление*) administration, management, department; board; directorate **2.** (*руководство*) management, control, direction, administration

~, **акци́зное** the Excise
~ **внешнеэкономи́ческой де́ятельностью** management (control) of external economic activity
~ **внешнеэкономи́ческими свя́зями** management (control) of external economic relations
~ **вне́шних сноше́ний** administration (department) for foreign relations
~ **га́вани** harbour board
~, **гла́вное** main (chief) administration (board, department), headquarters; senior (top) management
~ **желе́зной доро́ги** railway board
~ **запа́сами** inventory control; storekeeping
~ **ка́дров** personnel management, administration for personnel, personnel department
~ **наро́дным хозя́йством** national economy management
~ **операти́вной де́ятельностью** operational management
~, **отраслево́е** sectoral management
~ **по́рта** harbour board, port (harbour) authorities (administration)
~ **предприя́тием** plant (factory) management; project management
~, **програ́ммное** programmed control
~ **прое́ктно-констру́кторскими рабо́тами** engineering authority
~ **произво́дством** management of production
~ **строи́тельством** construction directorate
~ **су́дном** management of a vessel
~, **тамо́женное** the Customs, customs administration (bureau)
~, **тра́нспортное** transport administration
~, **фина́нсовое** finance department
~, **функциона́льное** functional control
~, **числово́е програ́ммное** numerical control
ко́мплексный подхо́д к ~ю comprehensive approach to management
ме́тоды ~я methods of management
ме́тоды ~я и техобслу́живания operational and maintenance techniques
о́рган ~я managerial organ
о́рганы госуда́рственного ~я bodies (organs) of state administration (government), state administration bodies
пра́вила ~я по́ртом port authorities regulations
при́нципы ~я management principles
програ́мма ~я management programme
режи́м ~я предприя́тием plant control routines
рычаги́ ~я levers of control
систе́ма о́рганов ~я administration (management) system, system of administration (management)
систе́ма ~я внешнеэкономи́ческими свя́зями system of management (control) of external economic relations
те́хника ~я operating techniques
фо́рмы ~я forms of management
фу́нкции ~я management functions
обеспе́чивать услу́ги по ~ю provide management services
обуча́ть ~ю станко́м train in handling a machine[-tool]

управле́нческий managerial, management *attr.*, administrative
управля́ющ/ий manager, managing head; (*директор-распорядитель*) managing director
~, **гла́вный** general manager
~ **гру́ппой** group manager
~ **заво́дом** plant manager
~ **недви́жимостью** manager of property
~ **отде́лом кредитова́ния** manager of credit
~ **отде́лом ма́ркетинга** marketing manager, manager of marketing
~ **отде́лом разви́тия торго́вли** manager of commercial (business) development
~ **отде́лом сбы́та** sales manager, manager of sales
~ **по и́мпорту** import manager
~ **по ка́драм** personnel (staff) manager (director)
~ **по э́кспорту** manager of exports, export manager
~ **произво́дством** production (manufacturing) manager, manager of manufacturing (production)
~, **региона́льный** regional manager
~ **скла́дом** warehouseman, *сокр.* whsmn, warehouse manager (keeper)
помо́щник ~его assistant manager
ура́внивание equalization, equation
~ **усло́вий** levelling of conditions
ура́внивать equalize, equate, make equal
урегули́ровани/е settlement; settling; adjustment
~ **долго́в** settlement of debts
~, **дру́жественное** amicable settlement
~, **компроми́ссное** settlement by compromise
~, **оконча́тельное** final settlement
~ **прете́нзии** settlement (adjustment) of a claim
~ **прете́нзии, ми́рное (дру́жеское)** amicable settlement of a claim, settlement of a claim in an amicable way (amicably, in a friendly way)
~ **расчётов** settlement (clearing) of accounts (payments)
~ **спо́ра** settlement (adjustment, resolution) of a dispute, dispute settlement (resolution)
~, **суде́бное** judicial settlement
~ **цен** price adjustment
~, **части́чное** partial settlement
перегово́ры по ~ю negotiations towards settlement
вести́ перегово́ры об ~и negotiate a settlement
достига́ть ми́рного ~я reach (come to, achieve) an amicable (a peaceful) settlement
урегули́рованный settled; adjusted
урегули́ровать settle, adjust, make adjustments
~ **путём перегово́ров** settle by negotiation[s]
у́ров/ень level, standard; degree
~ **аре́ндной пла́ты** level of rent
~, **вы́сший** (*курса, цен*) top level, peak
~ **делово́й акти́вности** level of business
~ **достиже́ний** level of achievement[s]
~ **дохо́да** income level
~ **жи́зни** living standard, standard of living (life)
~ **запрода́ж** level of sales, sales level

~ зарпла́ты level of wages
~ ка́чества, экономи́чески обосно́ванный economic quality
~ компле́ктности stage of prefabrication
~ лу́чших мировы́х образцо́в world standards
~, льго́тный preferential level
~, минима́льный (*для цен*) floor
~, наивы́сший мирово́й international top standard[s]
~, нау́чно-техни́ческий scientific and technological standard[s]
~ образова́ния и о́пыта education and experience level
~ обслу́живания level of service
~ оформле́ния standard of design
~ патентоспосо́бности standard of patentability
~, первокла́ссный first-class degree
~ прогре́сса level of advance
~ проекти́рования design standard
~ произво́дства level of production, production level
~, профессиона́льный professional level, degree of professionalism
~ проце́нта на де́нежном ры́нке market level
~ разви́тия level of development
~ рента́бельности level of profitability (profitableness)
~ ри́ска risk level
~ ри́ска, устано́вленный *страх.* assigned risk
~, са́мый ни́зкий bottom
~ сбы́та level of sales
~, сре́дний average level
~ ста́вок level of rates
~, техни́ческий technical level (standing), level of engineering
~, усто́йчивый stable level
~ цен price level, level of (for) prices
~ цен, стаби́льный stable prices
~ экономи́ческого разви́тия level of economic development
~ экономи́ческой акти́вности level of economic activity
~ эксперти́зы standard of examination
восстановле́ние ~ня запа́сов replenishment of supplies (inventories)
перегово́ры на вы́сшем ~не summit talks, negotiations (talks) at the highest (on the top) level, top level negotiations
повыше́ние ~ня жи́зни raising of living standards
рост ~ня жи́зни growth of (in) living standards
рост ~ня за́работной пла́ты growth of the wage level
быть на ~не мировы́х станда́ртов be up to the world standards
гаранти́ровать высо́кий ~ обслу́живания provide high level of service
довести́ предприя́тие до совре́менного ~ня bring a plant up-to-date
достига́ть са́мого ни́зкого ~ня reach (touch) bottom
достига́ть ~ня цен attain a price level
подде́рживать усто́йчивый ~ цен maintain a stable price level
подде́рживать произво́дство на определённом ~не maintain production
поднима́ть ~ цен increase the price level

сохранять ~ цен maintain the price level (prices)
сохранять цены на прежнем ~не maintain prices
стоять на ~не be on the level
на высоком ~не at a high level
на должном ~не up to the mark
на любом ~не at whatever level
на ~не министров at the minister level
на ~не мировых стандартов up to the world standards, of world rank
на одном ~не on a par, at par

урожа/й crop; yield
~, валовой croppage
~, рекордный record crop
~, средний average yield
размер ~я size of the harvest
расходы, связанные с уборкой ~я harvesting costs
уборка ~я harvest
продавать ~ на корню sell the crop [standing]
убирать ~ harvest

услови/е 1. condition, term, stipulation, provision, proviso; (*оговорка*) clause, provision **2. ~я** (*обстоятельства*) conditions **3.** (*окружающая среда, обстановка*) environment
~я аварийного бонда terms of an average bond
~я, аварийные emergency conditions
~я аккредитива conditions (terms) of a L/C, credit terms
~я, аналогичные similar terms
~я аннулирования terms of cancellation
~я аренды terms of a lease
~я, атмосферные atmospheric conditions
~я аукциона terms and conditions of an auction
~я, благоприятные favourable terms (conditions)
~я, вероятные probable provisions
~я, взаимовыгодные mutually advantageous terms
~я, взаимоприемлемые mutually acceptable (agreeable) terms (conditions)
~я, возможные possible conditions, probable provisions
~я, временные технические tentative specifications
~ в чартере о возможности захода судна в другие порты, кроме порта назначения deviation clause
~ в чартере о фрахтовой ставке и порядке уплаты фрахта freight clause
~я, выгодные easy (generous, advantageous, favourable) terms
~ гарантии terms (provisions) of a guarantee (warranty), warranty provisions, guarantee terms
~я движения traffic conditions
~я, действующие автоматически automatic conditions
~я, действующие в настоящее время current terms
~я, детальные detailed conditions (terms)
~я договора terms and conditions of a contract; terms of a treaty
~я договора, обязательные mandatory provisions of a contract
~я договора, основные fundamental provisions of an agreement
~я договора, технические contract specifications

~я долгово́го обяза́тельства terms of debenture

~, дополни́тельное additional provision (condition)

~я, други́е other terms and conditions

~я, еди́ные uniform terms (conditions)

~я, жёсткие техни́ческие strict technical conditions

~я, жили́щные living (housing) conditions (facilities)

~я заво́да-изготови́теля conditions of the manufacturer's works (manufacturer)

~я зака́за specifications of an order

~я, запи́санные written provisions

~я, зи́мние winter conditions

~я инка́ссо collection terms, terms of collection

~я испыта́ний test conditions

~я, климати́ческие climatic conditions

~я, комме́рческие commercial terms (conditions)

~я комме́рческой сде́лки terms of a commercial transaction

~я коносаме́нта bill of lading terms, terms (conditions) of a bill of lading

~я консигна́ции terms of consignment (consignation), consignment terms

~я контра́кта terms and conditions of a contract, conditions (provisions, terms) of a contract

~я контра́кта, о́бщие general conditions of a contract

~я контра́кта, первонача́льные original terms of a contract

~я контра́кта, первостепе́нные overriding provisions of a contract

~я контра́кта, специа́льные special conditions of a contract

~я контра́кта, техни́ческие technical conditions of a contract, contract specification

~я креди́та credit (financing) terms (conditions), terms of credit

~я креди́та, подро́бные credit details

~я, крити́ческие critical conditions

~я ку́пли-прода́жи [terms and] conditions of purchase and sale, purchase and sale [terms and] conditions

~я, лине́йные berth (liner) terms

~я лицензио́нного догово́ра (лицензио́нные) license provisions, licensing terms

~я, льго́тные easy (favourable, preferential, concessionary, soft) terms, preferential conditions

~я ме́ны barter terms

~я, ме́стные local conditions

~я, метеорологи́ческие meteorological conditions

~я монтажа́ conditions of (for) erection

~я, наилу́чшие the best conditions

~я на́йма в аре́нду lease conditions

~я, напеча́танные printed provisions

~я, неблагоприя́тные unfavourable (adverse) conditions, disadvantage

~я, необходи́мые для рабо́ты це́ха necessary workshop facilities

~я, ненорма́льные abnormal conditions

~я, неподходя́щие unsuitable conditions

~, непреме́нное indispensable condition, precondition
~я, неприе́млемые unacceptable terms (conditions)
~я, неравнопра́вные unequal (inequitable) conditions (terms)
~я, норма́льные normal conditions
~ об отве́тственности страхо́вщика за по́рчу ярлыко́в label clause
~я, обремени́тельные exacting terms
~я обслу́живания service conditions
~я, общепри́нятые prevailing conditions
~я, о́бщие general [terms and] conditions
~я, обы́чные regular terms, usual (normal) conditions (terms)
~я, обяза́тельные obligatory conditions; mandatory provisions
~ о переусту́пке *страх.* assignment clause
~ о повыше́нии и́ли пониже́нии цены́ rise and fall clause
~ о покры́тии ри́ска (*во время доставки груза на портовых плавучих средствах*) craft clause
~ о продле́нии сро́ка provision prolonging the expiration date
~ о произво́дстве платежа́ ве́кселем (тра́ттой) draft terms
~я, оптима́льные optimal conditions, optimum
~ о разме́ре и поря́дке упла́ты фра́хта freight clause
~я, основны́е basic (main) conditions
~я, осо́бые special terms
~ «от всех ри́сков» "against all risks" condition
~я отгру́зки terms of shipment
~ относи́тельно поса́дки су́дна на мель *страх.* grounding clause
~я отпра́вки terms and conditions of dispatch
~я, первонача́льные original terms
~я перево́зки terms of transportation (carriage, conveyance, traffic), conditions of transportation (carriage), transport conditions; transport clause
~я платежа́ terms (conditions) of payment, payment terms (conditions), terms
~я платежа́ за и́мпорт това́ра terms of import payments
~я платежа́, ины́е alternative terms of payment
~я платежа́, обы́чные usual terms of payment
~я платежа́, отсро́ченные deferred terms of payment
~я платежа́, специа́льные special terms of payment
~я платежа́, типовы́е standard terms of payment
~я повыше́ния цен terms of escalation
~я пого́дные, неблагоприя́тные bad (adverse) weather conditions
~я погру́зки и вы́грузки у сте́нки quay terms
~я, подро́бные details, detailed conditions (terms)
~я, подходя́щие suitable conditions
~я пое́здки travel conditions
~я поку́пки conditions of purchase, purchase terms
~я по́лиса provisions of a policy
~я, после́дующие subsequent conditions

~я поста́вки terms of delivery, delivery terms, terms for the supply of

~я поста́вки, ба́зисные basis (basic) terms of delivery

~я, практи́ческие practical conditions

~, предвари́тельное preliminary (prior, *юр.* precedent) condition, pre-condition

~я предложе́ния terms (conditions) of an offer (a proposal), conditions of a bid (tender)

~я, предло́женные proposed terms

~я предоставле́ния фина́нсовых услу́г details of a financing package

~я, предусмо́тренные conditions stipulated (prescribed)

~я, преиму́щественные preferential terms

~я, преоблада́ющие prevailing conditions

~я, привлека́тельные attractive terms (conditions)

~я, прие́млемые acceptable (agreeable) conditions (terms), normal conditions

~я приёмки terms (conditions) of acceptance, acceptance terms (conditions)

~я, прича́льные berth terms; berthing clause

~я прода́жи terms (conditions) of sale, sale[s] terms (conditions)

~я прода́жи с аукцио́на terms of auction, auction sale conditions

~я продле́ния ча́ртера continuation clause

~я, прое́ктные project (design) conditions

~я, произво́дственные production conditions

~я рабо́ты conditions of work, work[ing] (operating, operational, job) conditions

~я рабо́ты, вре́дные unhealthy conditions of work

~я рабо́ты, норма́льные normal working conditions

~я рабо́ты, плохи́е poor working conditions

~я, равнопра́вные equal (competitive) conditions

~я, ра́вные equal terms

~я ра́нее вы́данного зака́за conditions of the previous order

~я расчёта settlement (payment) terms, terms of settlement (payment)

~я, расчётные design conditions

~я, реа́льные realistic conditions

~я ры́нка market (marketing) conditions

~я сда́чи в аре́нду lease conditions

~я сде́лки terms of a contract (business)

~я, согласо́ванные agreed terms and conditions

~я сотру́дничества conditions of cooperation

~я, социа́льно-бытовы́е social conditions

~я, специа́льные special (specific) provisions

~я, станда́ртные standard conditions (terms)

~я страхова́ния insurance conditions

~я страхова́ния, дополни́тельные insurance rider

~я страхова́ния, основны́е basic insurance conditions

~ страхово́го по́лиса о возмеще́нии затра́т по предотвраще́нию *или* **уменьше́нию убы́тков** sue and labour clause

~я, стро́гие stringent conditions
~я, существу́ющие в да́нной стране́ conditions prevailing in this country
~ тайм-ча́ртера о прекраще́нии опла́ты аре́нды off-hire clause
~я, техни́ческие technical conditions (terms, specifications), specifications
~я, техни́ческие вре́менные tentative specifications
~я, техни́ческие для обеспе́чения безопа́сности safety specifications
~я, техни́ческие на выполне́ние строи́тельных и монта́жных рабо́т specifications for the execution of civil and erection work
~я, техни́ческие произво́дственного проце́сса process specifications
~я, техни́ческие рабо́чие performance specifications
~я, технологи́ческие technological conditions
~я, типовы́е standard (model) conditions (terms)
~я торго́вли trade (trading) conditions, terms of trade; marketing facilities
~я транспортиро́вки (тра́нспортные) terms of transportation (carriage, conveyance, traffic), conditions of transportation (carriage), transport conditions; transport clause
~я труда́ labour (working) conditions
~я, устано́вленные defined (determined, stipulated) conditions
~я уча́стия в вы́ставке conditions (regulations) for participation, conditions of participation in (at) an exhibition
~я финанси́рования financing terms, terms of financing
~я финанси́рования и платежа́ finance and payment terms
~я фина́нсовые financial terms
~я фра́хта terms of freight
~я хозя́йствования conditions of management
~я хране́ния storage conditions
~я ча́ртера terms (conditions) of a charter, charter[-party] terms (conditions)
~я, ча́стные particular conditions
~я, экономи́ческие economic conditions
~я, эксплуатацио́нные service (operating, working) conditions
ана́лиз ~й окружа́ющей среды́ environmental analysis
аре́нда на ~и исчисле́ния пла́ты в проце́нтном отноше́нии к су́мме оборо́та (прода́ж) lease on a percentage-of-sales basis
влия́ние климати́ческих ~й climatic effect
заём с определёнными ~ями loan with strings attached
защи́та от неблагоприя́тных пого́дных ~й weather protection
измене́ние ~й modification of terms and conditions
наруше́ние ~й disregard of stipulations, infringement of conditions
невыполне́ние ~й non-fulfilment of provisions
несоблюде́ние ~й non-compliance with (non-observance of) conditions
облегче́ние ~й easing of conditions

поста́вка на ~ях ФОБ delivery FOB
приня́тие ~й acceptance of conditions
соблюде́ние ~й догово́ра adherence to (observance of, compliance with) contract specifications
согласова́ние ~й контра́кта contract negotiation, discussion of terms of a contract
сотру́дничество на подря́дных ~ях (~ях подря́да) cooperation on a contract basis (on contract terms), contract-based cooperation, cooperation by contract
цена́ при ~и опла́ты нали́чными cash price
арендова́ть на ~ях краткосро́чной *или* **долгосро́чной аре́ндной пла́ты** lease on short *or* long term rentals
быть действи́тельным при ~и, что това́р не бу́дет про́дан до получе́ния отве́та be subject to prior sale
быть ограни́ченным ~ем be subject to a condition
быть свя́занным ~ями be bound by conditions
включа́ть ~я include (incorporate) conditions (terms, stipulations, provisions)
включа́ть в ~я аккредити́ва incorporate in the L/C terms
включа́ть ~я дополни́тельно superimpose conditions, include additional conditions
вноси́ть попра́вки в ~я аккредити́ва amend a L/C
выдвига́ть ~я set forth (out) terms and conditions (requirements), place conditions
вызыва́ть измене́ния ~й соглаше́ния entail changes of the terms and conditions of an agreement
выполня́ть ~я meet (implement) conditions (provisions, terms)
выполня́ть ~я контра́кта observe (follow, fulfil) the terms and conditions of a contract (contractual provisions)
выполня́ть ~я креди́та honour the terms of credit
выполня́ть ~я платежа́ honour payment terms, meet payment conditions
выставля́ть ~я present conditions
выходи́ть за преде́лы ~й контра́кта be (fall) outside the terms and conditions of a contract (field of agreement)
де́йствовать в ра́мках ~й контра́кта act within the terms and conditions of a contract
де́йствовать в соотве́тствии с ~ями контра́кта act (perform) in accordance with a contract
де́лать твёрдое предложе́ние при ~и подтвержде́ния в тече́ние ... дней make a firm offer subject to confirmation within ... days
догова́риваться об ~ях negotiate terms
договори́ться о прие́млемых ~ях arrive at acceptable terms
запи́сывать ~я set down provisions
запреща́ть ~ями аккредити́ва prohibit by [the terms of] a L/C
заста́вить *кого-л.* **приня́ть ~я** bring *smb* to terms
изменя́ть ~я change (alter, modify) terms (conditions)
изуча́ть ~я study (make a study of) terms (conditions)
изуча́ть техни́ческие ~я examine technical specifications

изучáть экономи́ческие ~я study economic conditions
наблюдáть рабóту станкá в произвóдственных ~ях see a machine under production conditions
назначáть ~я quote terms, impose (lay down) conditions
намечáть ~я outline terms
нарушáть ~я infringe (violate, break) conditions
нарушáть ~я контрáкта infringe the terms and conditions of a contract, commit a breach of the terms and conditions of a contract
облегчáть ~я ease conditions
обсуждáть ~я negotiate terms and conditions
обучáть специали́стов в заводски́х ~ях train specialists in a plant
обуслóвливать (оговáривать) ~я specify (stipulate) terms
определя́ть ~я define terms
отвергáть ~я контрáкта reject (override) the terms and conditions of a contract
отвечáть ~ям meet conditions
откáзываться от ~й waive provisions
отступáть от ~й контрáкта depart from a contract, deviate from conditions of a contract
пересмáтривать ~я revise terms (conditions, provisions)
плати́ть на ~ях креди́та pay on credit terms
покупáть на вы́годных ~ях buy on easy terms
покупáть при ~и ски́дки в ... % buy subject to a discount of ... %
покупáть с ~ем предвари́тельного осмóтра и одобрéния buy subject to inspection and approval

пóльзоваться ~ями гарáнтии enjoy warranty provisions
поставля́ть товáр на ~ях ФОБ deliver goods FOB
предлагáть ~я offer (propose) terms
предлагáть бóлее вы́годные ~я offer more favourable terms, outbid
предлагáть дополни́тельные ~я propose additional terms
предоставля́ть ~я grant terms [and conditions]
предоставля́ть ~я гарáнтии offer warranty provisions
предоставля́ть необходи́мые ~я furnish necessary facilities
предоставля́ть сáмые благоприя́тные ~я give (grant) the best (most favourable) terms
предохраня́ть от неблагоприя́тных погóдных ~й protect from adverse weather conditions (the elements)
предусмáтривать ~я stipulate (provide, envisage) terms and conditions
придéрживаться ~й hold to terms
принимáть ~я accept conditions (terms, provisions)
приспосáбливать к мéстным ~ям adapt to local conditions
продавáть на вы́годных ~ях sell on easy terms
производи́ть страховáние на ~ях make insurance on the conditions of
пройти́ испытáния в лаборатóрных ~ях be laboratory proved
противорéчить ~ям спецификáции conflict with the provisions of a specification
рассмáтривать ~я consider terms and conditions

соблюда́ть ~я comply with (observe) terms and conditions, adhere to conditions
согласова́ть ~я контра́кта agree upon the terms and conditions of a contract
согласова́ть ~я контра́кта оконча́тельно finalize the terms and conditions of a contract
соглаша́ться на ~я agree to conditions (terms, provisions)
создава́ть ~я provide conditions (facilities)
создава́ть ~я для рабо́ты create conditions for work
соотве́тствовать ~ям conform to (comply with, meet) terms (conditions), be in accordance (conformity) with conditions
соотве́тствовать ~ям хране́ния, ука́занным в контра́кте conform to the contracted storage requirements
ста́вить ~ем stipulate
ста́вить ~я lay down terms (provisions), impose conditions
столкну́ться с ~ями encounter conditions
торгова́ть на ~ях консигна́ции trade (do business) on a consignment basis
удовлетворя́ть ~ям meet conditions
улучша́ть ~я improve conditions
формули́ровать ~я контра́кта word terms and conditions of a contract
храни́ть това́р в подходя́щих ~ях store goods in suitable conditions
в зави́симости от ~й subject to the terms and conditions
в соотве́тствии с ~ями in accordance with the terms, pursuant to provisions
в соотве́тствии с ~ями, существу́ющими на заво́де-изготови́теле under the existing conditions at the plant
в ~ях under conditions
во вла́жных ~ях under wet conditions
в произво́дственных ~ях under production conditions
в рабо́чих ~ях under working conditions
в реа́льных ~ях эксплуата́ции under actual operating conditions
на ~ях subject to the conditions of
на ~ях аре́нды on a rental (hire) basis, under lease
на ~ях ба́нковского креди́та under bank credit
на ~ях взаи́мности on the basis of reciprocity
на взаимосогласо́ванных ~ях on mutually agreed terms
на вы́годных ~ях on advantageous terms
на ~ях генера́льного подря́да on general contract terms
на ~ях консигна́ции on a consignment basis
на ~ях креди́та on credit terms
на льго́тных ~ях on easy (favourable) terms
на любы́х ~ях on any terms
на обы́чных ~ях on usual terms, *сокр.* u. t.
на основа́нии ~й under the conditions
на ~ях «под ключ» on a turn-key basis, on turn-key terms, on a "key-in-hand" basis
на ~ях, предусмо́тренных в контра́кте on the terms stipulated in a contract
на про́чих ра́вных ~ях on other equal terms

на сле́дующих ~ях on the following conditions (terms)
ни при каки́х ~ях under no circumstances
по ~ям контра́кта under (within) the terms [and conditions] of a contract
по ~ям стате́й under the provisions of clauses
при ~и under (on) condition, subject to
при ~и измене́ний subject to alterations
при ~и нали́чия subject to the availability of
при ~и неме́дленного уведомле́ния subject to prompt notice
при одно́м ~и upon (on) one condition
при ~и одобре́ния subject to approval
при ~и оконча́ния subject to termination
при определённых ~ях under certain conditions
при ~и пра́вильной поста́вки subject to proper delivery
при ~и пра́вильной техни́ческой эксплуата́ции on condition that proper technical operation is provided
при соблюде́нии сле́дующих ~й subject to the following conditions
при ~и, что (е́сли) provided, providing, on condition, subject to
с аналоги́чными ~ями similar in terms
с ~ем предупрежде́ния за 3 ме́сяца subject to three months' notice
согла́сно ~ям in accordance with (as per) conditions
е́сли ~я аккредити́ва не предпи́сывают ино́го unless the terms of the L/C provide otherwise
е́сли э́ти ~я всё ещё бу́дут существова́ть if these conditions persist
~я каса́ются provisions apply to

усло́вность reserve
снима́ть ~ с платежа́ lift the reserve

усло́вный conditional

услу́г/а service; (*одолжение*) favour
~и аге́нта services of an agent, agent's services
~и аге́нтства services of an agency
~и, ауди́торские auditing services
~и, ба́нковские banking (bank) accommodation[s] (facilities, services), financial services
~и, беспла́тные free (gratis) services
~и, взаи́мные reciprocal services
~и, внешнеторго́вые foreign trade services
~и в сфе́ре рекла́мы services in advertising (publicity)
~и, дополни́тельные additional (accessorial) services
~, дру́жеская friendly service
~и, инжене́рно-строи́тельные construction engineering services
~и, инжини́ринговые engineering services
~и, комме́рческие commercial (business) services
~и, ко́мплексные comprehensive services
~и, конкуре́нтные competitive services
~и, констру́кторские design services

~**и, консультацио́нные** consulting (consultation) services

~**и, ма́ркетинговые** marketing services

~**и, минима́льные** minimum facilities

~**и, «неви́димые»** invisible services

~**и, первоочередны́е** prior services

~**и персона́ла** services of personnel

~**и, пла́тные** paid services

~**и по обуче́нию** training services

~**и по организа́ции прода́жи** pre-sales services

~**и по перево́зке** transportation services

~**и по поддержа́нию** *чего-л.* support services

~**и по прода́же това́ра** distribution services

~**и, порто́вые** harbour services

~**и, посре́днические** intermediary services

~**и по страхова́нию** insurance services

~**и по убо́рке** cleaning services

~**и по фрахтова́нию** chartering services

~**и, предоста́вленные в соотве́тствии с усло́виями контра́кта** services supplied under a contract

~**и, произво́дственно-техни́ческие** industrial services

~**и, профессиона́льные** professional services

~**и, те́хнико-экономи́ческие** engineering and economic services

~**и, техни́ческие** engineering services; expertise

~**и, технологи́ческие** technological services

~**и, тра́нспортные** transport [-ation] services

~**и, туристи́ческие** tourist services

~**и, управле́нческие** management services

~**и, фина́нсовые** financial services

~**и, экспе́ртные** expert services

ассортиме́нт услу́г range of services

бюро́ услу́г service agency; (*на выставке*) service centre

возмо́жность предоставле́ния услу́г possibility of services

догово́р о предоставле́нии (оказа́нии) услу́г services agreement

и́мпорт услу́г import of services

коми́ссия за ~**и** commission for services, service commission

ко́мплекс услу́г package (complex) of services

номенклату́ра услу́г nomenclature of services

обеспе́чение услу́г provision of services

объём услу́г scope (volume, amount, range) of services

объём услу́г, максима́льный maximum services

оказа́ние услу́г rendering of services

опера́ции по торго́вле ~**ами** sales of services

опла́та услу́г payment for services

паке́т услу́г package of services

паке́т услу́г по пу́ску предприя́тия в эксплуата́цию plant start-up package

пакéт услу́г, предоставля́емых по лицéнзии licensing package
пла́та за ~и fee (charge) for services, services fee (charge); payment for services
пла́та за тамо́женные ~и customs fee
пла́та за экспеди́торские ~и forwarding charge (fee)
поку́пка тра́нспортных услу́г transportation purchases
полнота́ услу́г completeness of services
потреблéние услу́г use of services
предложéние услу́г offer of services
предоставлéние услу́г provision (furnishing, rendering) of services
прода́жа инженéрно-консультацио́нных услу́г sales of engineering-consultation services
прода́жа тра́нспортных услу́г transportation sales
распределéние услу́г services distribution
ры́нок услу́г services market
сто́имость услу́г cost of services (servicing)
сфéра услу́г services sector (industry)
торго́вля ~ами service trade, trade of services
упла́та коми́ссии за ~и payment of service commission
усло́вия предоставлéния фина́нсовых услу́г details of a financing package
хара́ктер услу́г nature of services
цикл услу́г, по́лный full service
э́кспорт услу́г export of services
быть к ~ам be at *smb's* service
взима́ть за ~и levy a charge for services, charge for services
воспо́льзоваться ~ами employ (make use of) services
выполня́ть ~и perform services
координи́ровать ~и coordinate services
назнача́ть цéну за ~и quote [*smb* with] service charges
обеспéчивать ~и provide services
ока́зывать ~и render (give, do) services, be of service to
опла́чивать ~и pay for services
опи́сывать ~и describe services
по́льзоваться ~ами use (make use of, utilize) services
предлага́ть ~и offer services
предлага́ть агéнтские ~и offer agency
предлага́ть ~и для вы́воза гру́за offer services for the picking up of cargo
предлага́ть пакéт услу́г offer (bid) a package
предоставля́ть ~и render services, provide (furnish, render) servicing, grant facilities
предоставля́ть ~и в *чьё-л.* **распоряжéние** place services at *smb's* disposal
предоставля́ть пакéт услу́г do package services
предоставля́ть ~и по проведéнию шеф-монта́жных рабо́т provide supervisory services
прибега́ть к ~ам resort to services; need (require) services
реклами́ровать ~и publicize services
согласо́вывать ~и coordinate services

к ва́шим ~ам at your disposal

усоверше́нствовани/е improvement, perfection

~, возмо́жное potential improvement

~, запатенто́ванное patented improvement

~ конте́йнерной слу́жбы containerization development

~ ме́тодов improvement[s] to the methods

~я, многочи́сленные numerous developments

~, но́вое new development

~, патентоспосо́бное patentable improvement

~ проду́кции product improvement

~ прое́кта improvements in the design

~я, те́хнико-экономи́ческие improvement of engineering and economic services

~, техни́ческое technical (technological) improvement

~, технологи́ческое technological improvement

пате́нт на ~ patent for improvement, improvement (modification) patent

рабо́та по ~ю work on the development of

внедря́ть ~я introduce (incorporate) improvements (advantages)

пока́зывать ~я disclose improvements

разрабо́тать ~ develop an improvement

сде́лать ~ make an improvement

уста́в charter, articles, statute, rules, regulations

~ акционе́рного о́бщества articles of association

~ корпора́ции *амер.* articles of incorporation, corporation bylaws

~ совме́стного предприя́тия charter of a joint venture

устано́вк/а 1. (*оборудования*) erection, fitting, installation, mounting, setting up **2.** (*инструкция*) direction, guideline, instruction[s]; **~и** (*директивы*) guidelines, directions

усто́йчивость stability, steadiness, soundness

~ку́рса валю́ты stability of exchange rate, rate stability

~ цен stability of prices, price stability

устрои́тель organizer

~, иностра́нный foreign organizer

~ я́рмарки organizer (promoter) of a fair

усту́п/ка 1. concession; *юр.* cession **2.** (*скидка*) rebate, discount

~ки, взаи́мные reciprocal concessions; give and take

~в цене́ price concession, concession on (in) the price, price discount, drawback

~, вы́нужденная forced concession

~, максима́льная maximum concession

~ки, нало́говые tax concessions

~ки, нетари́фные non-tariff concessions

~ пате́нта cession of a patent

~ки, специа́льные special concessions

~ки, тари́фные tariff concessions

де́лать ~ку make a concession; stretch a point

добива́ться ~ок seek concessions

догова́риваться о тари́фных ~ках negotiate tariff concessions
пойти́ на ~ку make (agree to) a concession, meet *smb* halfway
предлага́ть ~ки offer concessions
предоставля́ть ~ку make a concession

усу́шка shrinkage; evaporation

утвержда́ть 1. (*заявлять*) assert, state, maintain **2.** (*официально принимать, одобрять*) approve, confirm, pass, validate; (*ратифицировать*) ratify

утвержде́ни/е 1. (*заявление*) statement **2.** (*одобрение*) approval, confirmation, validation; maintenance; (*ратификация*) ratification
~ бюдже́та approval of a budget
~ догово́ра approval of a treaty
~ докуме́нтов validation of documents
~ констру́кции engineering approval
~, оконча́тельное final approval
вре́мя на ~е time for approval
нужда́ться в ~и require approval
представля́ть на ~ submit for approval
в ожида́нии ~я pending approval
несмотря́ на ~я, что despite allegations that
подлежи́т ~ю subject to approval

уте́чк/а leak[age], outage, wantage; drain, outflow; *страх.* ullage
~ валю́ты outflow of currency, flow of currency abroad (out of the country)
~ гру́за leakage of cargo
~ де́нежных средств leakage of money
~ капита́ла outflow of capital
~ [секре́тной] информа́ции leakage (disclosure) of [confidential] information
риск ~и risk of leakage
предотвраща́ть ~у информа́ции prevent disclosure of information

утра́та loss
~ гру́за loss of cargo
~, факти́ческая actual loss

утру́ска scattering, dissipation, spillage, wantage, outage
~ гру́за scattering (dissipation) of cargo

ухо́д 1. (*за машинами, технический*) maintenance **2.** (*с должности*) resignation, retiring
~, до́лжный proper maintenance
~ за обору́дованием maintenance of equipment, equipment maintenance
~ за прибо́рами maintenance of instruments
~, недоста́точный inadequate maintenance
~, обяза́тельный compulsory maintenance
~ су́дна из по́рта sailing
~, техни́ческий maintenance, servicing, up-keep
инстру́кции по ~у и эксплуата́ции operation and maintenance instructions, instructions for operation and maintenance
пра́вила ~а maintenance (service, servicing) regulations
расхо́ды по ~у за маши́нами и обору́дованием costs of servicing machinery and equipment
эксплуата́ция с минима́льным ~ом (*за машиной*) low-maintenance operation

обеспéчивать технúческий ~ за товáром, прóданным закáзчикам maintain products sold to customers
облегчáть технúческий ~ allow easy maintenance

ухудшáть aggravate, lower

ухудшáться become (grow) worse, deteriorate, decline

ухудшéние deterioration, aggravation, worsening
~ кáчества deterioration (lowering) of quality
~ отношéний deterioration of relations, aggravation in (of) relations
~ услóвий deterioration (worsening) of conditions

уцéнк/а price reduction, allowance; marking down
~ в согласóванном размéре price reduction at the agreed rate
~, соразмéрная adequate (commensurate) price reduction (allowance)
~ товáра price reduction, allowance off the price, reduction in the price; devaluation of goods
размéр ~и rate of [a price] reduction (allowance), extent of reduction
сýмма ~и amount of a price reduction
предлагáть ~у offer a price reduction
предостáвить ~у grant (give, make, allow) a price reduction, grant (give) an allowance
согласóвывать размéр ~и agree upon the rate of reduction
уплáчивать ~у pay a reduction

учáсти/е participation; share; partnership
~ в акционéрном капитáле shareholding[s]
~ в аукциóне participation in an auction
~ в вы́ставке participation in (at) an exhibition (a show)
~ в испытáниях participation in tests (test performance)
~ в международнóй организáции participation in an international organization
~, возмóжное possible participation
~, возобновлённое renewed participation
~ в предприя́тии interest in business, participation in a venture (project)
~ в прúбылях profit sharing, sharing (share, participation) in profits
~ в разрабóтке проéкта participation in a project
~ в расхóдах share in expenses
~ в сдéлке participation in a transaction
~ в совмéстных предприя́тиях participation (interest) in joint ventures
~ в строúтельстве participation (involvement) in construction
~ в торгáх participation in tenders
~ в торгáх, совмéстное joint bids (bidding)
~в финансúровании проéкта participation in financing a project
~, дéнежное financial participation
~, долевóе share
~, индивидуáльное individual participation
~, инострáнное foreign participation

~, коллекти́вное collective participation
~, кру́пное large-scale participation
~, непосре́дственное direct participation
~, официа́льное, на прави́тельственном у́ровне official government participation
~, поочерёдное alternating participation
~ раз в 2 го́да biennial participation
~, совме́стное combined (joint) participation
~, фина́нсовое financial participation
возмо́жность ~я possibility of participation
договорённость об ~и partnership arrangement
до́ля ~я share
до́ля ~я в акционе́рном капита́ле shareholding[s], stockholding[s], capital contribution
до́ля ~я в о́бщей ава́рии share of contribution to the general average
зая́вка на ~е application (request) for participation
ито́ги ~я в вы́ставке exhibit performance; commercial impact
масшта́б ~я scope (scale) of participation
наруше́ние пра́вил ~я в я́рмарке violation (contravention) of the fair regulations
наруше́ние усло́вий ~я infringement of the conditions of participation
облига́ция на ~ в при́былях компа́нии participating (profit sharing) bond
огово́рка об ~и страхо́вщика в расхо́дах по спасе́нию salvage clause
отка́з экспоне́нта от ~я withdrawal of an exhibitor
оформле́ние ~я в вы́ставке registration of exhibitors
план ~я в я́рмарках plan of participation in fairs
поступле́ние зая́вок на ~ inflow of applications for participation
пра́вила ~я rules (regulations) of participation
пра́во ~я продавца́ в прове́рке ка́чества това́ра seller's right to inspect the quality
разреше́ние на ~ admission
расхо́ды по ~ю participation fees
усло́вия ~я conditions (qualifications, regulations) for participation
усло́вия акце́пта зая́вки на ~ formalities of admission
возобновля́ть зая́вку на ~ reapply, renew the application
вы́йти из ~я в рабо́те над прое́ктом withdraw from a project
дава́ть зая́вку на ~ hand in an application for participation
назнача́ть люде́й для ~я designate (delegate, forward) people to participate
обоснова́ть ~ justify participation
отказа́ться от ~я withdraw from participation, withdraw interest in *smth*
отказа́ться от ~я в вы́ставке withdraw from the show (participation in the show), refuse to take part in the show (exhibition, fair), withdraw an application
подтвержда́ть ~ confirm participation
предлага́ть ~ offer participation

принимáть ~ participate, take part, assist
принимáть актúвное ~ take an active part
принимáть ~ в осуществлéнии прогрáммы assist in a programme
принимáть ~ в планúровании assist in planning
принимáть ~ в торгáх bid
принимáть приглашéние на ~ accept an invitation to participate
с ~ем инострáнных фирм with the participation of foreign firms

учáстник participant, party; (*партнёр*) [sharing] partner; *страх.* contributor
~ аукциóна participant of an auction, bidder
~ в совмéстных предприя́тиях participant in (party to) a joint venture
~ вы́ставки participant in (at) an exhibition (a show), exhibitor, exhibitioner
~ договóра contractor, party to an agreement
~, коллектúвный collective exhibitor
~, основнóй major (main) participant
~и переговóров parties to talks (negotiations), negotiating parties
~, постоя́нный permanent exhibitor
~, потенциáльный potential participant
~и, предполагáемые prospective participants
~и, равноправные equal parties
~и соглашéния parties to an agreement
~ торгóв bidder, tenderer, participant in tenders
~ торгóв, предложúвший наивы́сшую цéну the highest bidder (tenderer)
~, традициóнный exhibitor of long standing
~ я́рмарки participant in a fair
~ я́рмарки, нóвый newcomer to a fair
óбщее числó ~ов total participation
обя́занности ~а вы́ставки participant's responsibilities
регистрáция ~ов registration of participants
регистрáция ~ов вы́ставки registration of exhibitors
спúсок ~ов list of participants
исключáть из спúска ~ов exclude from the list of participants

учёт 1. accounting, records **2.** (*векселей*) discount, discounting, negotiation; discounting facilities **3.** (*регистрационная запись*) registration
~ без оборóта discount without recourse
~, бухгáлтерский [business] accounting, book (record) keeping, book (accounting) records, accounting work
~ векселéй discount[ing] (negotiation) of bills, bill discount[ing] (negotiation)
~, дéнежный money accounting
~ дéнежных поступлéний entry of payments received
~ затрáт, произвóдственных determination (assessment) of costs, cost accounting
~ кáдров personnel records
~ колúчества отрабóтанных часóв total operating hours, hours in operation, working hours

~ неиспра́вностей при эксплуата́ции faults in operation
~, операти́вный routine accounting
~, произво́дственный performance (production) records
~ рабо́ты operation records
~ спро́са demand records
~, статисти́ческий statistical accounting
~ тратт discount[ing] of drafts (bills [of exchange]), draft discounting
бланк ~а э́кспортных опера́ций export note
веде́ние ~а record-keeping, maintaining of records
ве́домость бухга́лтерского ~а account bill
ве́домость ~а вре́мени, затра́ченного на погру́зку и вы́грузку су́дна time sheet
ве́ксель, принима́емый ба́нком к ~у bank paper, bankable bill
ме́тоды бухга́лтерского ~а accounting practice
пери́од ~а (*векселя*) discount period
повыше́ние ста́вки ба́нковского ~а rise (increase) in the bank rate, raising of the bank rate
расхо́ды по ~у (*тратт*) discount charges
сто́имость ~а ве́кселя cost of discounting a bill
та́бель ~а отрабо́танных часо́в time sheet
тари́фная ста́вка с ~ом ски́док net rate
упла́та су́ммы с ~ом измене́ния обме́нного ку́рса payment of a sum for exchange rate variation
быть приго́дным к ~у be bankable (discountable)
вести́ ~ keep records
взя́ть на ~ register
предъявля́ть ве́ксель *или* **тра́тту к ~у** give a bill on discount, present a bill for discount
принима́ть к ~у take on discount
проводи́ть ~ take stock of
проекти́ровать с ~ом тре́бований design to the requirements of
производи́ть ~ ве́кселя discount, get a bill discounted
снима́ть с ~а write off, withdraw from records
станови́ться на ~ get registered
для ~а в бюдже́те for budget[ary] purposes
с ~ом ри́ска with an allowance for risk
с ~ом сезо́нных колеба́ний seasonally adjusted
с ~ом э́той возмо́жности with this possibility in mind
платежи́ бу́дут отсро́чены с ~ом заде́ржек из-за payment terms will be stretched (payments will be deferred) to accommodate delays due to

учётный 1. registration *attr.* **2.** *фин.* discount *attr.*

учи́тывать 1. consider, take into account (consideration) **2.** (*считать, проверять*) tally **3.** (*векселя*) discount, take on discount, provide discounting facilities

учреди́тель founder

учрежда́ть establish, found, form, set up, institute, constitute, start, build up

учрежде́ни/е 1. (*организация*) institution, agency, office, establishment **2.** (*установление*) establishment, founding, setting up, promotion

~, администрати́вное administrative office
~, госуда́рственное state (government) institution
~, заку́почное purchasing agency
~, компете́нтное competent authorities
~, креди́тное credit(lending) institution
~, креди́тно-фина́нсовое credit and financial institution
~, нау́чное scientific institution (establishment)
~, нау́чно-иссле́довательское research institution
~ по прода́же sales office
~, прави́тельственное government[al] office
~я, правовы́е legal institutions
~, сове́тское Soviet agency
~я, соде́йствующие прода́же това́ра sales promotion agencies
~, страхово́е insurance enterprise
~, фина́нсовое finance institute, financial institution, financing agency
зда́ние ~я office premises
расхо́ды по ~ю акционе́рного о́бщества expenses on promotion, promotion money
часы́ рабо́ты ~я office hours
звони́ть в ~ phone an office
снять помеще́ние под ~ rent an office

уще́рб 1. (*убыток*) damage, harm, loss, disadvantage, detriment 2. (*о правах*) prejudice
~, большо́й great (extensive, major) damage
~ в ви́де упу́щенной вы́годы loss of profit
~, возмо́жный possible damage
~ всле́дствие неисполне́ния обяза́тельств damage (loss) as a result of non-fulfilment of obligations (failure to meet obligations)
~, вы́званный damage caused (done, occasioned) by
~, дальне́йший (дополни́тельный) further damage
~, де́нежный monetary damage
~, значи́тельный substantial (significant) damage
~, ко́свенный indirect damage
~, кру́пный heavy damage
~, материа́льный material damage (loss)
~, минима́льный minimal damage
~, нанесённый actual damage, damage caused (done)
~, нанесённый водо́й damage by water, water damage
~, нанесённый неблагоприя́тной пого́дой weather damage
~, нанесённый сы́ростью wet damage
~, незначи́тельный minor damage
~, непоправи́мый irreparable damage
~ от выбра́сывания гру́за за́ борт damage by jettison
~ от пожа́ра fire damage, damage by fire
~ от што́рма storm (gale) damage
~ со́бственности damage to property
~, части́чный partial loss
возмеще́ние ~а damages, compensation for (reparation of) damages (losses), reimbursement of damages, indemnity, indemnification, restitution, recompense
доказа́тельство ~а [due] proof of loss

заявлéние об ~е report (notice) of damage, damage report
компенсáция за ~ damages; compensation for (reparation of) damages (losses)
обязáтельство возместúть ~ liability [to compensate] for damage
освидéтельствование ~а damage survey
ответственность за ~ responsibility for damage
оцéнка ~а assessment of damage, damage assessment
причúна ~а cause (reason) for damage
рабóта по возмещéнию ~а remedial work
размéр ~а extent of damage (loss), size of damage
ýровень ~а level of damage
харáктер ~а nature of damage
быть отвéтственным за ~ be responsible for damage
возмещáть ~ indemnify for (repair, remedy) the damage
дéйствовать в ~ *кому-л.* work to *smb's* disadvantage
застраховáть *когó-л.* **от ~а имýществу** *страх.* indemnify *smb* against damage to property
заявúть об ~е report damage
компенсúровать ~ indemnify for (repair, remedy) the damage
наносúть ~ damage, cause (inflict) damage (a loss), do damage
наносúть ~ интерéсам inflict damage to the interests
наносúть ~ правáм prejudice the rights
оцéнивать размéр ~а estimate (assess) the damage
понестú ~ suffer (experience) damage
предотвращáть ~ prevent a loss
причинять ~ damage, cause (inflict) damage (a loss), do damage
без ~а without detriment
без ~а для контрáкта without prejudice to the contract
без ~а для договóра страховáния without prejudice to the insurance
без ~а для позúций обéих сторóн without prejudice to positions of both parties
без ~а для посетúтелей without prejudice to visitors
без ~а для чáртер-пáртии without prejudice to the charter party
без ~а прав without any detriment (prejudice) to the rights
без ~а прав покупáтеля without prejudice to buyer's rights
в ~ to the prejudice of
в слýчае ~а in case of damage
наносящий ~ detrimental, prejudicial
бýдет нанесён огрóмный ~, éсли ... it would be extremely detrimental if ...

Ф

фáбрик/а factory, mill, plant, works
~, бумáжная paper mill
~, консéрвная cannery, packer, packing house (plant)
~, обогатúтельная concentrating (dressing) mill (plant), concentrator
~, óпытная pilot factory

~, **пряди́льная** spinning factory (mill)
~, **тексти́льная** textile mill (plant)
~, **тка́цкая** weaving factory
~, **хлопкопряди́льная** cotton spinning mill
~, **шёлкопряди́льная** silk mill
дире́ктор ~и plant manager
управля́ть ~ой manage (operate) a factory

фабри́чный factory *attr.*

факси́миле facsimile [signature]

факт fact; (*случай*) case; ~**ы** data, evidence; (*данные о ком-л.*) record
~, **ве́ский** momentous fact
~, **вышеупомя́нутый** the above fact
~, **достове́рный** established fact, certainty
~, **име́ющий отноше́ние к да́нному вопро́су** fact pertinent to this matter
~, **исхо́дный** datum
~, **малодостове́рный** not well-grounded fact
~, **неопровержи́мый** irrefutable fact
~, **общеизве́стный** fact of common knowledge
~, **отде́льный** instance
~**ы, реа́льные** real facts, realities
~, **соотве́тствующий** relevant fact
~, **устано́вленный** established fact
вы́явить ~ы elicit facts
искажа́ть ~ы distort facts
поста́вить пе́ред ~ом confront with a fait accompli
приводи́ть ~ы mention facts
ста́лкиваться с реа́льными ~ами face realities (facts)
стоя́ть пе́ред ~ом be faced with the fact
в соотве́тствии с ~ами under the facts
осно́ванный на ~ах well-founded (grounded)
~**ы говоря́т о том, что** facts show that
остаётся ~ом the fact remains

фа́ктор 1. (*агент, комиссионер*) factor **2.** (*движущая сила, причина*) factor, development
~, **благоприя́тный** positive (favourable, contributing) factor
~, **ва́жный** important factor
~, **вне́шний** external (outer) factor
~, **вну́тренний** internal factor
~ **вре́мени** time factor (element)
~, **второстепе́нный** secondary factor
~, **вышена́званный** the above factor
~ **долговре́менного де́йствия** long-term (run) factor
~ **кратковре́менного де́йствия** short-term (run) factor
~, **но́вый** new development
~, **основно́й** dominant (principal) factor
~, **побуди́тельный** incentive
~, **постоя́нно де́йствующий** permanent factor
~, **реша́ющий** decisive factor
~ **сбы́та** market factor
~, **случа́йный** chance factor
~ **сто́имости** cost factor
~, **челове́ческий** human factor
~, **учи́тываемый** accountable factor
~, **экономи́ческий** economic[al] factor

факто́ринг factoring

факту́р/а (*счёт, выписываемый продавцом на имя покупателя*) invoice, bill of parcels, note of charges

~, **заве́ренная** certified invoice
~, **комме́рческая** commercial invoice
~, **ко́нсульская** consular invoice
~ **на** invoice for
~ **на су́мму** invoice in the amount of (amounting to)
~, **оконча́тельная** final invoice
~, **ориентиро́вочная** proforma (no-charge) invoice
~, **предвари́тельная** proforma (preliminary, provisional, no-charge) invoice
~, **приме́рная** proforma (specimen) invoice
выпи́сывание ~ы invoicing, billing
да́та ~ы time of invoicing, invoice date
ко́пия ~ы invoice copy, copy of an invoice
оригина́л ~ы original invoice
оформле́ние ~ы issue of an invoice
су́мма ~ы invoice amount, amount of an invoice
включа́ть в ~у include in an invoice
выпи́сывать ~у invoice [an amount], make out (issue) an invoice, bill
переде́лывать ~у alter an invoice
прилага́ть ко́пию ~ы append a copy of an invoice
уменьша́ть су́мму ~ы reduce an invoice

факту́ра-лице́нзия invoice license
факту́ра-специфика́ция invoice specification
фактури́рование invoicing
~ **по завы́шенным це́нам** overinvoicing
факту́рный (*указанный в фактуре*) invoice *attr.*, invoiced
фасова́ть pack, prepack; fill
фасо́вк/а packing, prepacking; filling
~ **това́ра, ме́лкая** custom-size package
отде́л ~и и упако́вки packing department
федера́льный federal
федерати́вный *см.* **федера́льный**
фикса́ция (фикси́рование) fixation, fixing
~ **цен** fixing of prices, price fixing
фикси́рованн/ый fixed
фикси́ровать fix
фикти́вный bogus, fictitious
филиа́л affiliate, [affiliated] branch, subsidiary, filiation
~ **ба́нка** banking affiliate (subsidiary), branch of a bank, affiliate (branch) bank
~ **компа́нии** branch office (subsidiary) of a company (firm), sister company
~ **предприя́тия** branch office
руководи́тель ~а фи́рмы branch manager
финанси́ровани/е financing, financial backing, finance; financial (financing) package
~ **ассигнова́ний** financing of appropriations
~, **ба́нковское** bank financing
~, **безвозвра́тное** irretrievable (irrevocable) financing
~, **бюдже́тное** budgetary financing
~, **взаи́мное** back-to-back financing
~, **вне́шнее** external (foreign, outside) financing
~, **вну́треннее** internal (domestic) financing
~, **втори́чное** secondary finance

~, **госуда́рственное** state (public, government) financing
~, **долгосро́чное** long-term finance (financing)
~, **долево́е** participation financing
~, **дополни́тельное** additional financing
~ **заку́пок** financing for purchases
~ **и́мпорта** financing for import (of imports), import finance (financing)
~, **компенсацио́нное** compensatory financing
~, **краткосро́чное** short-term finance (financing)
~, **креди́тное** credit financing
~, **междунаро́дное** international financing
~, **сме́шанное** mixed financing
~, **совме́стное** joint financing, co-sponsoring
~ **с по́мощью вы́пуска а́кций** stock financing
~, **среднесро́чное** medium-term finance (financing)
~ **торго́вли** financing of trade, trade financing
~ **э́кспорта** finance of export trade, financing for export (of exports), export finance (financing)
исто́чники ~я sources of finance (financing), financial sources
компа́ния по ~ю поку́пок в рассро́чку finance house
компа́ния по ~ю прода́ж в рассро́чку instal[l]ment credit company, *амер.* sales finance company
объём ~я amount of finance (financing), size of financing
план ~я finance (financing) plan
разреше́ние на ~ financial authorization
усло́вия ~я terms of financing, financing terms
фо́нды ~я financing funds
фо́рмы и ме́тоды ~я forms and methods of finance (financing)
гаранти́ровать ~ guarantee (support) the financing of
договори́ться о ~и arrange for the financing of
обеспе́чивать ~ контра́кта provide finance for a contract
прекрати́ть ~ cut off funding

финанси́ровать finance, handle financing, provide finance, back, put up capital, sponsor

финанси́рующий financing

финанси́ст financier

фина́нсово-креди́тный financial (finance) and credit

фина́нсово-хозя́йственный financial and economic

фина́нсовый financial, fiscal

фина́нс/ы finance, finances
~, **госуда́рственные** public finance
Министе́рство ~ов Ministry of Finance, *англ.* the Exchequer, the Treasury, Board of Exchequer, Board of Treasury, *амер.* Department of the Treasury, the Treasury Department
Мини́стр ~ов Minister of Finance, *англ.* Chancellor of the Exchequer, *амер.* Secretary of the Treasury
отде́л ~ов и отчётности finance-and-accounts department

фи́рм/а firm, company, concern, house
~, **аге́нтская** agents, agency firm (company), brokerage house
~, **аре́ндная** leasing company, lessor

~, **аудиторская** auditor firm
~, **банковская** banking firm
~, **брокерская** broker, broker (broker's) firm, *амер.* commission house
~, **ведущая** leading firm
~, **венчурная** venture company
~, **внешнеторговая** foreign trade company
~, **выполняющая стивидорные работы** stevedoring company, stevedores
~, **государственная** state firm
~, **дочерняя** affiliated firm, subsidiary
~, **железнодорожная транспортная** railway company, rail carrier
~, **импортная** import firm, firm dealing in imports, import commission house, import merchants
~, **инженерно-консультационная** consulting engineering firm
~, **инжиниринговая** engineering firm
~, **иностранная** foreign firm
~, **капиталистическая** capitalist firm (company)
~**ы, конкурирующие** competing (competitive, rival) firms
~, **консультационная** consultation (consulting) firm, consultants
~, **кооперативная** cooperative company
~, **крупная** large (major) firm
~, **лизинговая** leasing company
~, **маркетинговая** marketing firm
~, **мелкая** small [business] firm
~, **местная** local firm
~, **национальная** national company
~, **начинающая** new company, entrant firm
~, **обанкротившаяся** bankrupt company (firm)
~, **оптовая** wholesale firm (house, merchant), wholesaler
~, **отраслевая производственная** firm in a branch of industry
~, **патентная** patent agency, patent law firm
~, **платёжеспособная** solvent firm
~, **подрядная** contractor
~, **посредническая** agency
~, **посылочная** mail-order house
~, **продающая лицензию** licensor
~, **производственная** production company
~, **промышленная** industrial firm
~, **розничная** retail firm
~, **сбытовая** selling company, marketing firm
~, **смешанная по капиталу** mixed company
~, **смешанная торговая** joint commercial firm
~**ы, совместные** joint firms
~, **солидная** reliable (solid) firm, safe house
~, **специализированная** specialized (specialist) firm
~, **средняя** (*по размеру*) medium (moderate)-sized firm
~, **стивидорная** stevedoring company
~, **страховая** insurance (assurance) company
~, **строительная** civil engineering firm, constructional engineers, constructors
~, **субподрядная** subcontractor
~, **судовладельческая** shipowners

~, **судохо́дная** shipping company
~ **с хоро́шей репута́цией** house of good standing, well-established company
~, **торго́вая** business (trading, trade, commercial) firm, trading company (house)
~, **тра́нспортная** transport company
~, **тра́нспортно-экспедицио́нная** forwarding company (agent), freight forwarder
~, **тураге́нтская** tour agent
~, **туристи́ческая** travel company
~, **универса́льная** universal firm (company)
~, **упако́вочная** packers, packing house
~, **фина́нсовая** financial firm, finance house (company)
~, **ча́стная** private firm
~, **э́кспортная** export firm, firm dealing in exports, export commission house, export merchants
аге́нт ~ы agent of a firm
банкро́тство ~ы bankruptcy of a firm
бланк ~ы form of a company
генера́льный дире́ктор ~ы general director of a firm
глава́ ~ы executive director; principal of a firm; senior partner
де́ятельность ~ы firm's (company's) operations (activity)
капита́л ~ы capital of a firm
ликвида́ция ~ы liquidation (closing down, winding up, dissolution) of a firm (company)
местонахожде́ние ~ы location of a company, business address, seat of a company, place of performance of a firm
назва́ние ~ы name of a firm, company title, trade name
отде́л ~ы department (section) of a firm
отделе́ние ~ы branch [business]
представи́тель ~ы representative of a firm, firm's (manufacturer's) agent
президе́нт ~ы president of a firm
репута́ция ~ы reputation (standing) of a firm
совладе́лец ~ы partner in a company
ста́тус ~ы status of a firm
структу́ра ~ы setup (structure) of a company
филиа́л ~ы branch office (subsidiary) of a company (firm), sister company
ште́мпель ~ы business stamp
возбужда́ть иск про́тив ~ы prosecute a firm
ликвиди́ровать ~у liquidate (close down, wind up, dissolve) a firm
осно́вывать ~у establish (set up, found) a company (firm)
переимено́вывать ~у alter (change) the name of a firm
представля́ть ~у represent a firm (company)
размеща́ть зака́з у ~ы place an order with a firm
регистри́ровать ~у register a firm
руководи́ть ~ой direct a business
сотру́дничать с ~ой cooperate (do business) with a firm

фи́рма-арендода́тель leasing company, lessor

фи́рма-изготови́тель manufacturing company, manufacturer, maker, producer

фи́рма-исполни́тель contractor

фи́рма-подря́дчик [engineering] contractor

фи́рма-покупа́тель purchasing firm
фи́рма-поставщи́к supplier, manufacturer
фи́рма-продуце́нт producer company
фи́рма-производи́тель producer company
фи́рма-уча́стница participating firm
~ **догово́ра** contracting firm
фи́рменный firm *attr.*
флот fleet
~, **возду́шный** air fleet
~, **морско́й** marine fleet
~, **наливно́й** bulk carriers, fleet of tankers
~, **нефтеналивно́й та́нкерный** oil tanker fleet
~, **океа́нский** ocean (sea)going fleet
~, **прико́льный** laid-up (inactive) fleet
~, **речно́й** river fleet (craft), inland water transport
~, **рыболо́вный** fishing fleet
~, **сухогру́зный** dry cargo transport
~, **та́нкерный** tanker fleet, fleet of tankers
~, **торго́вый** merchant marine (fleet, service, shipping), mercantile marine
фло́тский naval
фонд **1.** (*денежные средства*) fund; reserve, stock; **~ы** assets **2.** (*запас*) stocks; reserves; (*ресурсы*) resources **3.** (*ценные бумаги*) stocks, securities
~, **автомати́чески возобновля́емый** revolving fund
~, **амортизацио́нный** amortization (depreciation) fund
~, **ба́зовый** basic fund
~ы, ба́нковские funds of a bank
~ **валю́тного регули́рования** equalization (equalized, stabilization) fund, exchange stabilization fund
~, **валю́тный** currency (monetary) fund, currency reserve[s]
~ **валю́тных отчисле́ний** currency fund (reserves)
~, **выкупно́й** sinking fund (reserve)
~, **де́нежный** cash fund
~ы, дополни́тельные additional funds
~ы, заморо́женные frozen capital
~ **за́работной пла́ты** wage[s] (pay-roll) fund, wage bill
~ы, инвестицио́нные, откры́того ти́па open-end funds
~ы, инвестицио́нные, закры́того ти́па closed-end funds
~ы, иностра́нные foreign funds
~ **капита́ла, основно́го** capital fund
~ **капита́льных вложе́ний** [capital] investment fund
~, **компенсацио́нный** compensation (indemnification) fund
~, **консолиди́рованный** consolidated fund
~ы, креди́тные credit resources
~ы, ликви́дные liquid funds
~ **материа́льного поощре́ния** material incentive[s] fund
~ **накопле́ния** accumulation fund
~ы, недели́мые indivisible funds
~ы, оборо́тные circulating (floating, working) assets
~, **о́бщий** pool
~ы, обще́ственные public funds
~, **объединённый до́лларовый** dollar pool
~ы, основны́е capital (fixed, key) assets

~, пате́нтный collection of patents, patent file (stock)
~, пенсио́нный pension fund, retirement reserve
~ы, переходя́щие carry-over assets
~ погаше́ния redemption (sinking) fund
~ по́мощи relief fund
~ потребле́ния consumption fund
~ы, прави́тельственные government funds
~ы предприя́тия funds of an enterprise
~ премирова́ния (премиа́льный) bonus fund
~ы, произво́дственные production assets (facilities)
~ы, произво́дственные, основны́е basic production assets
~ рабо́чего вре́мени working time fund
~ разви́тия произво́дства production development fund, fund for the developing (development, expansion) of production
~, резе́рвный reserve [fund]; emergency fund; surplus fund
~, страхово́й insurance fund
~, уста́вный authorized (registered) fund
~ы финанси́рования financing funds
~, чрезвыча́йный contingency fund
~ экономи́ческого стимули́рования economic stimulation (incentive) fund
вклад в уста́вный ~ contribution to the authorized fund
движе́ние ~ов movement of funds
до́ля в уста́вном ~е share in the authorized fund
обновле́ние произво́дственных ~ов renewal of production assets
образова́ние ~ов asset formation
отчисле́ния в валю́тный ~ allocations into the currency fund
формирова́ние ~ов formation of funds
инвести́ровать ~ы invest funds
привлека́ть ~ы attract funds
создава́ть ~ы create (establish, set up, set aside, generate) funds

фонди́рование state funding

фо́ндовый share *attr.*, stock *attr.*

фондоотда́ч/а capital productivity, yield of capital investment, yield per unit of assets
увели́чивать ~у raise (increase) the returns on assets

фо́рм/а form, shape; (*образец*) form; (*метод*) method
~ докуме́нтов form of documents
~ квита́нции receipt form
~ коносаме́нта bill of lading form, form of a bill of lading
~ контра́кта contract form, form of a contract
~ контра́кта, станда́ртная standard form of a contract
~ы, организацио́нные organizational forms
~, печа́тная printed form
~ платежа́ form (method) of payment
~ платежа́ по лицензио́нному соглаше́нию form of payment by a license agreement
~, различи́тельная (*товарного знака*) distinct configuration [of a trademark]
~ распи́ски receipt form
~ расчёта manner (method, form, mode, way) of payment

~ расчёта, аккредити́вная payment by a L/C
~ расчёта, инка́ссовая payment for (by) collection
~ расчёта, кли́ринговая clearing payments
~ расчёта, че́ковая payment by (on) cheque
~ сотру́дничества form of cooperation
~ сотру́дничества, безвозме́здная gratuitous form of cooperation
~ сотру́дничества, возме́здная commercial form of cooperation
~ сотру́дничества, комме́рческая commercial form of cooperation
~ сотру́дничества, хозрасчётная self-supporting form of cooperation
~, типова́я standard form
~ торго́вли, консигнацио́нная consignment trade, trade on a consignment basis
~, узако́ненная (*о документе*) validated form
~ управле́ния form of management
~ы фирм, юриди́ческие legal forms of firms
~ ча́ртера charter-party form
в надлежа́щей ~е in due form
в пи́сьменной ~е in written form, in writing
по устано́вленной ~е in accordance with a set form

форма́льно formally
~ вручи́ть (*акт, договор*) deliver

форма́льност/ь formality
~и, ба́нковские bank formalities
~и, вступи́тельные admission formalities
~и, каранти́нные quarantine formalities
~и, необходи́мые necessary formalities
~и, пограни́чные border (frontier) formalities
~и, порто́вые port formalities
~и, санита́рные sanitary regulations
~и, свя́занные с поку́пкой purchasing arrangements
~и, тамо́женные customs (customhouse) regulations (formalities)
~, юриди́ческая legal formality
выполне́ние ~ей execution (fulfilment) of formalities (regulations)
выполне́ние тамо́женных ~ей fulfilment of customs formalities
наруше́ние ~ей violation of formalities
очи́стка от тамо́женных ~ей customs formalities clearance
соблюде́ние ~ей observance of (compliance with) formalities
выполня́ть ~и execute (fulfil, go through, do, carry out) formalities
выполня́ть тамо́женные ~и complete customs formalities
наруша́ть ~и ignore (disregard, violate, infringe) formalities
проходи́ть тамо́женные ~и (*о грузе*) be cleared through customs; (*о грузополучателе*) obtain [customs] clearance
соблюда́ть ~и observe (comply with) formalities
упроща́ть ~и simplify formalities
урегули́ровать ~и settle formalities

форма́льн/ый formal

фо́рмул/а formula
~ изобрете́ния formula of invention, claim

~ начисле́ния проце́нтов interest accrual formula
~, пате́нтная patent formula, claim
~ эскала́ции цен price escalation formula
формули́ровать formulate, word, phrase
формулиро́вк/а wording, formula
~ зака́за wording of an order
~, компроми́ссная compromise wording (formula)
~, но́вая fresh wording
~, оконча́тельная final wording
~, то́чная exact wording
форс-мажо́р (*обстоятельства непреодолимой силы*) force majeure
форфе́йтинг forfaiting
фотоко́пия photocopy
~ катало́га photocopy of a catalogue
франк franc
зо́на ~а franc area (zone)
франки́рование franking; prepayment of charges (freight)
франки́ровать (*ставить отметку на письме, спецпосылке, багаже, освобождающую от уплаты расходов по пересылке*) frank; prepay
~ письмо́ frank a letter
фра́нко free, ex
~-ба́ржа free into barge
~-борт, *сокр.* **ФОБ** free on board, *сокр.* FOB
~-борт и шти́вка free on board (free in) and [free] stowed, FOB with stowage
~-борт самолёта free on board airplane (airport)
~-бу́нкер free [into] bunker, *сокр.* f. i. b., free on board and trimmed
~-ваго́н free on car, *сокр.* FOC, free on truck, *сокр.* FOT, free on rail, *сокр.* FOR, free waggon (railway car), free on waggon
~-ваго́н грани́ца free on rail to the frontier
~ вдоль бо́рта су́дна, *сокр.* **ФАС** free alongside ship, *сокр.* FAS
~-вы́ставка free exhibition
~-га́вань free harbour
~-грани́ца franco border, ex (franco) frontier
~-грузови́к free on [board] truck (lorry)
~-док free dock, *сокр.* f/d
~-железнодоро́жная платфо́рма free on truck, *сокр.* FOT
~-железнодоро́жная ста́нция назначе́ния free carriage (*named destination*)
~-заво́д ex mill (factory, works), free factory
~-заво́д продавца́ ex vendor's mill (factory, works), free factory
~-ли́хтер ex lighter
~-ме́сто нахожде́ния това́ра loco
~-на́бережная ex quay, free on the quay, *сокр.* FOQ, free alongside quay, *сокр.* FAQ
~-порт назначе́ния ex ship (*named port*)
~-порт отправле́ния free port of departure
~-резервуа́р ex tank
~-склад ex warehouse (store, stock)
~-ста́нция отправле́ния free departure (dispatching, forwarding) station
~-строп су́дна в порту́ разгру́зки free overside
~-цисте́рна ex tank
~-доста́вка free delivery, free delivered

франши́за (*определённый процент стоимости груза, который не покрывается страховщиком в случае аварии*) franchise

~, безусло́вная unconditional franchise

~, усло́вная conditional franchise

проце́нт ~ы percentage of a franchise

разме́р ~ы extent of a franchise

су́мма ~ы amount of a franchise

предусма́тривать ~у be subject to a franchise

фрахт 1. (*груз*) freight, *сокр.* fgt., fr., frgt. **2.** (*плата за провоз*) freight, freight charge, freightage

~ «ад вало́рем» ad valorem freight

~, акко́рдный lump[sum] freight

~, ба́зисный basic rate of freight, base freight

~ в о́ба конца́ out-and-home freight, freight both ways

~ в оди́н коне́ц outgoing freight

~, двойно́й double freight

~, дистанцио́нный (*за расстояние*) distance (pro rata) freight

~ за транзи́тный прово́з гру́зов in-transit freight

~ и пла́та за просто́й су́дна freight and demurrage

~, исчисля́емый со сто́имости гру́за freight ad valorem

~, мёртвый dead freight, *сокр.* d. f.

~, морско́й, ocean (sea) freight

~, обра́тный back (return) freight, freight home, home[ward] freight

~, обусло́вленный agreed freight

~ по ча́ртеру charter freight

~, речно́й inland (river) freight

~, сквозно́й through freight

~, тра́мповый tramp (shipping) freight

~, упла́чиваемый в ме́сте назначе́ния freight payable at destination

~, упла́чиваемый в порту́ вы́грузки forward freight, freight forward

~, э́кспортный outbound freight

ава́нс ~а advance [of] freight, freight advance

взыска́ние ~а collection (collecting) of freight

дохо́ды от ~а freight revenues

коми́ссия с ~а freight commission

надба́вка к ~у surcharge on freight

нало́г на ~ tax on freight, freight tax

опла́та ~а collection (collecting, payment) of freight

опла́та ~а то́лько за погру́женное коли́чество payment of freight charges only for the loaded cargo

пла́та за ~ по ча́ртеру charter hire

поступле́ния от ~а receipts from freight, freight earnings

приба́вка к ~у (*за пользование грузовыми устройствами судна*) primage

разме́р ~а amount (rate) of freight

расчёт ~а calculation of freight

ски́дка с ~а freight rebate

ста́вки ~а freight (carrier, shipping) rates, rates of freight

усло́вия ~а terms of freight

взима́ть ~ пропорциона́льно

пройденному пути charge distance freight
повышать ~ increase freight
получить ~ receive (earn) freight
уплатить ~ pay freight
~ оплачен до freight paid to
~ оплачивается предварительно freight is prepayable
~ подлежит уплате грузополучателем в порту назначения freight collect (forward), collect freight

фрахтовани/е chartering, affreightment, freightage; (*сделка*) [marine] fixture
~ в тайм-чартер time chartering
~ на круговой рейс chartering on a round trip
~ на последовательные рейсы chartering on consecutive voyages, consecutive voyage charter
~, рейсовое voyage chartering
~ судна без экипажа bare-boat charter
~ судна необходимого тоннажа chartering a vessel of the required (necessary) tonnage
~ тоннажа freight booking
договор о ~и судна charter [party], freight contract
договор о ~и судна на время time charter
письмо, подтверждающее ~ fixing letter
сделки на ~ тоннажа booking of tonnage (freight), tonnage (freight) booking, freight business
стоимость ~я freightage
чартер на ~ судна на рейс туда и обратно trip charter
производить ~ судов perform chartering of vessels

фрахтовател/ь charterer, freighter, affreighter
агент ~я agent for the charterer, charterer's agent
брокер ~я charterer's broker
оговорка о прекращении ответственности ~я cesser (cease) clause
ответственность ~я по тайм-чартеру time-charterer's liability
по выбору ~я at (in) the charterer's option
согласно распоряжению ~ей as ordered by the charterers
пошлины подлежат оплате ~ем charterer pays dues, *сокр.* c.p.d.

фрахтовать charter, [af]freight

фрахтовщик (*перевозчик*) carrier, shipowner

фрахтовый freight *attr.*, charter *attr.*, chartering

фри-аут (*выгрузка за счёт фрахтователя*) free out and free discharge

фри-ин (*погрузка за счёт фрахтователя*) free in
~ со штивкой free in and stowed
~ с размещением free in and [free] trimmed

функционировать function

фунт 1. (*денежная единица*) pound (*обозначается знаком £ перед суммой фунтов*) **2.** (*мера веса*) pound, *сокр.* lb.
~, австралийский Australian pound, *сокр.* A£
~, египетский Egyptian pound, *сокр.* E£
~, новозеландский New Zealand pound, *сокр.* NZ£
~ стерлингов pound sterling
девальвация ~а стерлингов devaluation of the pound [sterling]
заём в ~ах стерлингов sterling loan, loan in sterling

кредит в ~ах стерлингов sterling credit (lending)
курс в ~ах стерлингов sterling rate
обратимость ~а стерлингов convertibility of the pound [sterling]
падение ~а стерлингов fall in the pound [sterling]
паритет ~а стерлингов parity of the pound [sterling]
платёж в ~ах стерлингов payment in pounds [sterling]
процент, исчисляемый с ~а стерлингов poundage
спрос на ~ы стерлингов demand for sterling
счёт в ~ах стерлингов sterling account
тратта с платежом в ~ах стерлингов sterling draft (bill)
обменивать ~ы на доллары convert pounds into dollars
разменять ~ change (give change for) a pound note
в ~ах стерлингов in pounds sterling, in terms of sterling

фьючерский (*срочный, на срок*) *бирж.* future

X

хайринг hiring

характеристика characteristics
~, качественная qualitative characteristics
~, подробная detailed characteristics
~, техническая technical characteristics
~, эксплуатационная operational (running) characteristics

хеджирование *бирж.* (*срочная сделка для страхования цены или прибыли*) hedging
~ покупкой buying hedge
~ продажей selling hedge

хищени/е plunder; (*растрата*) embezzlement, misappropriation
~ из отдельных мест груза *страх.* pilferage
страховать товар против ~я ensure goods against pilferage

ходатайств/о petition, application, request
~ об аннулировании petition for cancellation
~ об отсрочке application for a postponement (respite)
~ о возмещении убытков application for compensation
~ о выдаче патента application for grant of a patent
~ о пересмотре решения petition for review (reconsideration); petition for rehearing
~ о проведении экспертизы request for examination
~ о регистрации application for registration
обращаться с ~ом о *чём-л.* **к** *кому-л.* petition to *smb* for *smth*
отказывать в ~е refuse an application
подавать ~ make (lodge) a petition, petition
принимать ~ receive a petition
удовлетворять ~ grant a petition

ходк/ий marketable, sal[e]able
~ая продукция marketable products

хозрасчёт cost accounting, economic (self-sustained) accounting, profit-and-loss (self-

-supporting) basis, self-support, self-sufficiency
~, **внутрисисте́мный** intra-system cost accounting, self-supporting intra-system of working
~, **по́лный** complete (full, full-scale) cost accounting
перехо́д предприя́тия на ~ switch-over of an enterprise to the principle of profit-and-loss accounting
рабо́та на ба́зе ~а operation on a self-supporting basis
систе́ма ~а economic accounting system
быть на ~е operate on a cost accounting basis
переводи́ть на ~ transfer to cost accounting
переходи́ть на по́лный ~ switch (go over) to full (full-scale, complete) cost accounting
хозрасчётный self-supporting, self-sustaining
хозя́йственный economic
хозя́йств/о 1. (*экономика*) economy, industry **2.** (*производственная единица*) farm
~, **всеми́рное** world economy
~, **городско́е** municipal(city) economy
~, **зерново́е** grain[-growing] farm; grain economy
~, **лесно́е** forestry
~, **мирово́е** world economy
~, **многоотраслево́е** mixed (multiple) enterprise (farm)
~, **наро́дное** national economy
~, **натура́льное** natural economy
~, **о́пытное** pilot (experimental) farm
~, **пла́новое** planned economy
~, **рента́бельное** profitable (payable, paying) economy
~, **ры́бное** fish industry
~, **ры́ночное** market economy
~, **се́льское** agriculture, farming
~, **складско́е** storage facilities
~, **тра́нспортное** transportation facilities, transport equipment
веде́ние фе́рмерского ~а farming
внедре́ние в наро́дное ~ application in the national economy
пла́новая систе́ма ~а planned system of economy
разви́тие наро́дного ~а national economic development, development of the national economy
структу́ра ~а structure of economy
хозя́йствовани/е economic management
ме́тоды ~я methods of economic management
холст canvas
~, **упако́вочный** packing canvas
хране́ни/е (*грузов, товаров*) storage, storage arrangement, storing, keeping
~, **беста́рное** bulk storage
~ **в мешка́х** storage in bags
~, **вре́менное** temporary storage
~ **в холоди́льнике** cold storage
~ **гото́вой проду́кции на скла́де** shelf storage
~ **гру́за** storage of cargo
~ **гру́зов на при́стани** wharfage
~ **дел** keeping of documents
~, **дли́тельное (долгосро́чное)** long-term (indefinite, prolonged, stationary, dead) storage

~, закры́тое (*в помещении*) indoor storage
~ запа́сов storekeeping, inventory (stock) holding
~ запчасте́й parts storage, storage of spare parts
~, кратковре́менное (краткосро́чное) short-term storage
~ нава́лом *или* **на́сыпью** storage (storing) in bulk, bulk storage
~ на тамо́женном скла́де storage at a customhouse warehouse
~, небре́жное disorderly (negligent) storage
~, непра́вильное improper storage
~, несоотве́тствующее inadequate storage
~, норма́льное normal storage
~, ограни́ченное limited storage
~, откры́тое (под откры́тым не́бом) ground (outside) storage
~ проду́кции storage of goods
~ проду́кции ма́лыми па́ртиями small-lot storage
~, резе́рвное standby storage
~ ремо́нтного фо́нда awaiting-repair storage
~, складско́е warehousing, warehouse storage
~, соотве́тствующее proper (adequate) storage
~ с переходя́щим оста́тком carryover storage
~ та́ры на скла́де warehousing of tare
~ това́ров на скла́де storage of goods at a warehouse
~ у термина́ла terminal storage
догово́р ~я storage agreement
ка́чество ~я storage (keeping) quality, quality of storage
ме́сто для ~я storage (warehouse) space; (*на судне*) stowage
опера́ции ~я storage operations
опла́та ~я payment for storage
отде́л ~я storage department
пла́та за ~ storage (storing, warehouse, warehousing) charge, storage fee
пла́та за ~ гру́за на ж-д. ста́нции сверх сро́ка railroad demurrage
пра́вила ~я storage regulations
прове́рка ~я storage inspection
расхо́ды по ~ю storage (warehouse, warehousing) charges, storage expenses; cost of storage
систе́ма ~я storage (storekeeping) system
спо́соб ~я mode (manner) of storage (storing)
срок ~я period of storage (storing)
сто́имость ~я cost of (for) storage (storing)
температу́ра ~я storage temperatures
усло́вия ~я storage (storing) conditions
обеспе́чивать ~ provide (ensure) storage
опла́чивать ~ pay for storage
принима́ть на ~ accept for storage
сдава́ть на ~ (*на склад*) store, put in storage, turn in for storage, warehouse; deposit
на ~и у перево́зчика in carrier's custody

храни́лище (*склад*) storehouse, storage; depot; repository; (*водоём*) reservoir; (*документов*) depository

Ц

цвет colour
~, основно́й elementary (fundamental, primary) colour
измене́ние ~а discolouration
отклоне́ние (расхожде́ние) в ~е deviation (difference) in colour
отлича́ться по ~у differ in colour
в ~е in colour

целево́й target *attr.*, purpose-oriented

целесообра́зность expediency, expedience, advisability
~ патентова́ния expediency of patenting
~, экономи́ческая и технологи́ческая economic and technological expediency

це́лостность integrity

цен/а́ price, cost, charge; (*предложенная покупателем*) bid
~ авиабиле́та туда́ и обра́тно return air fare
~, ба́зисная base (basis, basic) price
~ без включе́ния *чего-л.* price excluding, price exclusive of
~ без включе́ния по́шлины inbond price
~ без обяза́тельства price without engagement (obligation)
~ без упако́вки price excluding packing
~, биржева́я quotation, stock [exchange] price
~, бро́совая dumping price
~ бру́тто gross price
~, бы́стро (стреми́тельно) расту́щая skyrocketing (soaring) price
~, валова́я gross price
~, валова́я на мирово́м ры́нке gross world market price
~ в валю́те price in foreign exchange
~, веду́щая guiding (guideline) price
~ ве́кселя price of a bill
~ы, взду́тые inflated prices (costs)
~, включа́ющая по́шлину duty-paid price
~, включа́ющая расхо́ды по доста́вке delivered price
~, включа́ющая фрахт и по́шлину price including freight and duty
~ы, внешнеторго́вые external prices
~ вну́треннего ры́нка national (home, domestic, internal) price
~ы, внутрифи́рменные transfer prices
~ы, возро́сшие increased prices
~ы в преде́лах ... % prices in the region of ... %
~ы в преде́лах от ... до ... prices ranging from ... to ...
~ы в предложе́нии prices in (on) the quotation
~ в фу́нтах сте́рлингов price in pounds sterling, sterling price, quotation in sterling
~, вы́годная advantageous (remunerative, bargain) price
~, вы́годная для покупа́телей buyers' price
~, вы́годная для продавцо́в sellers' price
~, выкупна́я redemption price
~, выпускна́я issue price, rate of issue
~, высо́кая high (stiff, heavy) price
~, вы́сшая top price
~ вы́ше номина́ла premium price
~, вышеука́занная above[-mentioned] price

~, гаранти́рованная guaranteed price
~, ги́бкая flexible price
~, глоба́льная global price
~ы, госуда́рственные state-[-set] prices
~, двойна́я (*официальная и рыночная*) dual price
~, действи́тельная real price
~, де́йствующая current (ruling, effective, existing, established) price
~, де́йствующая на день отпра́вки price ruling (in force) at the date of dispatch
~, де́йствующая на день поста́вки price ruling at the date of delivery
~, де́йствующая на день предложе́ния price ruling at the date of offer
~, де́мпинговая dumping price
~, ди́лерская dealer price
~ для опто́вых покупа́телей wholesale price
~ дня current price
~, догово́рная contract (contracted) price; negotiated price
~ до повыше́ния pre-increase price
~, дополни́тельная extra price
~, досту́пная reasonable (moderate) price
~, ду́тая fancy price
~, еди́ная uniform(flat) price
~, жела́емая desired price
~ за price (charge) for
~ за весову́ю едини́цу price for a weight unit
~ заво́да-изготови́теля factory (manufacturer's) price
~ за вы́четом ски́дки price less discount
~, завы́шенная overcharge, surcharge, overestimated price
~ за едини́цу това́ра unit price, price per unit of goods
~ за коли́чественную едини́цу price for a quantity unit
~ за компле́кт price per set
~, заку́почная purchase (purchasing) price
~ за метри́ческую то́нну price per metric ton
~ за нали́чные cash price
~, зани́женная undercharge, underestimated price
~, запра́шиваемая asking (asked) price
~, запрода́жная selling price
~ за фунт price per pound
~ за шту́ку price per piece
~ зо́лота price of gold
~, зона́льная zone price
~ы, изменя́ющиеся variable prices
~, и́мпортная import price
~, иску́сственно поддерживаемая на одно́м у́ровне pegged price
~, ито́говая total (aggregate) price
~ КАФ C&F price, price C and F
~, коле́блющаяся fluctuating price
~, конкре́тная specific price
~, конкуре́нтная (конкурентоспосо́бная) competitive price
~ конкури́рующей фи́рмы competitor's price
~, контра́ктная contract price
~ы, конъюнкту́рные market-determined prices
~, котирова́льная quoted price
~, кра́йне ни́зкая knock-out price
~, кра́йняя 1. (*минимальная*) the best (lowest, [rock-]bottom, bedrock) price **2.** (*максимальная*) the best (outside, ceiling) price

~ ло́ко loco price

~, лу́чшая the best price

~, льго́тная special (preferential, cut, reduced) price

~, максима́льная the highest (maximum, ceiling, peak) price, [price] ceiling

~, междунаро́дная world market (international) price

~, ме́стная local price

~ ме́стного ры́нка local market price

~, минима́льная minimum (the lowest, bottom, floor) price

~ мирово́го капиталисти́ческого ры́нка world capitalist market price

~ мирово́го ры́нка world market price, price on the world market

~, монопо́льная monopoly (exclusive, monopolistic) price

~ на price for (of, on)

~ на день отгру́зки price ruling at the time of shipment

~, назна́ченная quoted (fixed, set) price

~, наилу́чшая возмо́жная the best possible price

~ на мирово́м ры́нке price on the world market

~ы на потреби́тельские това́ры consumer prices

~ на рекла́му charge for advertising

~, нарица́тельная nominal price, face (nominal) value

~ы на с.-х. проду́кты agricultural (farm) produce prices

~ на това́р price for (of) goods, goods' price, commodity price

~ на това́ры, и́мпортные import prices

~ на това́ры, сырьевы́е raw material prices

~, нача́льная *бирж.* starting (initial) price

~, невысо́кая moderate price

~, неги́бкая non-flexible price

~, недосту́пная prohibitive price

~ы, незначи́тельно отлича́ющиеся друг от дру́га close prices

~, неизме́нная constant price

~ы, неконтроли́руемые uncontrollable prices; decontrolled prices

~, непоме́рная ramp

~, нереа́льная unreasonable (unrealistic) price

~ не́тто net price

~ы, неусто́йчивые (неста́бильные) fluctuating (unsettled, unstable) prices

~ ни́же ука́занной price below that stated

~, ни́зкая low (bargain, keen) price

~ы, но́вые recent (new) prices

~, номина́льная nominal price

~, норма́льная normal price

~, обозна́ченная marked price

~, обосно́ванная reasonable price

~ы, обсужда́емые prices in question

~, обусло́вленная stipulated price

~, о́бщая total (all-round) price

~ы, общедосту́пные popular prices

~, обы́чная conventional price

~, одина́ковая identical (flat) price

~, ожида́емая anticipated price

~, оконча́тельная close (final, last, end, net) price

~, опто́вая wholesale price

~, ориентиро́вочная approximate price, idea of a price
~, осо́бая extra price
~, отде́льная special (individual) price
~, относи́мая на счёт покупа́теля price chargeable to the buyer
~, относи́тельная relative price
~, отправна́я (*на аукционе*) starting price; (*низшая*) reserve price
~, официа́льная official price
~, официа́льно объя́вленная posted (published) price
~, парите́тная parity price
~, пауша́льная lump[sum] price
~, первонача́льная original price
~ы, переме́нные cost related prices
~ы, пересмо́тренные revised prices
~, пла́новая target price
~ по валю́тному ку́рсу дня price at the current exchange rate
~ы, повы́шенные increased (advanced) prices
~ы, подлежа́щие оконча́тельному подтвержде́нию prices subject to final confirmation
~, подписна́я price of subscription
~ы, подро́бные detailed prices
~, подтверждённая confirmed price
~, подходя́щая fair (applicable, right) price
~, позицио́нная item (itemized) price
~ по ка́ссовым сде́лкам spot price
~ по контра́кту contract price
~ покупа́теля buyer's price
~, покупна́я purchase price (cost, money), purchase (buying) price
~, по́лная full price, all-round (overhead) price
~, полу́ченная received price
~ы по пози́циям itemized prices
~ по прейскура́нту list (listed, standard list) price, price in (on, according to) a price-list
~ поря́дка ... price of the order of ...
~ по себесто́имости prime cost
~, после́дняя the last price
~ы по сро́чным сде́лкам terminal prices
~ поста́вки supply price
~, постоя́нная constant (fixed) price
~ по тари́фу tariff price
~, пошту́чная piece (individual) price, price per unit (item)
~, пра́вильная correct price (charge)
~, предвари́тельная preliminary price
~, предвари́тельная ито́говая estimated total price
~, преде́льная limit price
~, предлага́емая offered (quoted) price
~, предлага́емая изготови́телем ро́зничным торго́вцам suggested (recommended) price
~, предлага́емая покупа́телем bid
~, предлага́емая продавцо́м price offer (offering), offered price, offer of a price, quotation
~ предложе́ния price of an offer
~, предло́женная на торга́х tender price
~, предоставля́емая коне́чному потреби́телю price to the end user
~ предыду́щей сде́лки price

of the previous transaction
~, **прейскура́нтная** list (listed, standard list) price
~ы, **преоблада́ющие** prevailing (ruling) prices
~, **приблизи́тельная** approximate (rough) price, idea of a price
~, **привлека́тельная** attractive price
~, **прие́млемая** acceptable (fair, good) price
~ **при закры́тии би́ржи** closing price
~ **при откры́тии би́ржи** opening price
~ **при перепрода́же** resale price
~ **при прода́же с торго́в** tender price
~ **при упла́те нали́чными** cash price
~ **при усло́вии неме́дленной опла́ты нали́чными** spot price
~ **продавца́** seller's price
~, **прода́жная** selling (sale) price
~ **прое́кта** project price
~ **производи́теля** producer's price
~ **произво́дства** price of production; cost price
~ы, **публику́емые** published prices
~, **разу́мная** reasonable price
~ы, **расту́щие** rising prices (costs), escalating prices
~ы, **расчётные** accounting prices, settlement (setting, making up) prices, prices to be paid
~, **реализацио́нная** selling (sales) price, realizable value
~ы, **регули́руемые** controlled (administered) prices
~, **резерви́рованная** (*на аукционе*) reserve (reservation, upset) price
~ы, **рекоменду́емые** recommended prices
~, **ро́зничная** retail (consumer) price
~, **ры́ночная** [current] market (ruling) price, market (marketing) price (quotation, value)
~, **са́мая высо́кая** the highest price
~, **са́мая ни́зкая** bedrock (rock-bottom, the lowest, the keenest) price
~, **сбаланси́рованная** equilibrium price
~ **с ба́ржи** price ex lighter
~ **свобо́дного ры́нка** free-market price
~ **с вы́грузкой на бе́рег** landed price
~ **с доста́вкой** delivered price
~, **сего́дняшняя** today's price
~, **сезо́нная** seasonal price
~ **СИФ** CIF price, price [quoted] CIF (on the basis of CIF), quotation CIF
~ы, **скользя́щие** sliding (sliding-scale, escalating, escalation, escalator) prices
~, **скорректи́рованная** adjusted (corrected) price
~, **сли́шком высо́кая** unreasonable price
~, **сли́шком ни́зкая** undercharge
~, **сме́тная** budget (estimate[d]) price
~ **с надба́вкой** price plus markup, premium price
~ **с неме́дленной сда́чей** spot price
~ы, **снижа́ющиеся** falling (dropping, receding) prices
~, **сни́женная** cut (reduced) price
~ **со все́ми надба́вками** overhead (blanket) price
~, **согласо́ванная** agreed (mutually agreed upon) price

~, соответствующая appropriate price
~ы, сопоставимые comparable (comparative) prices
~ со скидкой discount[ed] price
~ со склада price ex warehouse
~ спасательных работ salvage price
~ с поправкой на фрахтовые ставки prices adjusted for shipping rates
~ с последующей фиксацией price with subsequent fixation (further fixing)
~ спот spot price
~, справочная advertized (posted) price
~ с приплатой cost plus [price]
~ спроса demand price
~ы с разбивкой по позициям breakdown prices
~, средняя average (mean, medium) price
~, средняя рыночная market average
~ с судна price ex ship
~, стабильная stable (steady) price
~ы, стандартные standard prices
~, существующая в период отгрузки price in effect at the time of shipment
~, существующая на день платежа price prevailing at the date of payment
~ы, существующие current (present, present-day, ruling, existing, prevailing, going) prices
~, сходная fair (reasonable) price
~, тарифная tariff price
~ тары package (packing) price
~, твёрдая firm (fixed, set, stable) price, fixed cost
~, текущая current price, price current at the time
~, типичная typical price
~ товара price of (for) goods, goods' (commodity) price
~, торговая trade price
~, точная correct charge, accurate (exact) price (bid)
~, требуемая продавцом asking (asked) price
~ы, удовлетворительные satisfactory prices
~, указанная price quoted, quoted price
~, указанная в предложении price quoted (shown) in (on) an offer
~, указанная в счёте-фактуре invoiced price (cost)
~, умеренная moderate (reasonable, fair) price
~, условленная agreed price
~, условная notional price
~ услуг price of services
~, установленная established price
~, устойчивая steady (strong, stable) price
~, фабричная first (factory, prime) cost, factory [list] price
~, фактическая actual price
~ фактической сделки price of the actual transaction
~, фактурная invoice (invoiced) price, invoice cost
~, фактурная за единицу invoice unit price
~ ФАС FAS price, price [quoted] FAS, quotation FAS
~ ФАС порт отгрузки, указанный продавцом price FAS port of shipment to be designated by the seller
~, фиксированная fixed (standard) price

~ **ФОБ** FOB price, price [quoted] FOB (on the basis of FOB), quotation FOB
~ **ФОБ без фабри́чной упако́вки** price FOB factory unboxed
~ **ФОБ со шти́вкой** price FOB stowed
~ **ФОР** FOR price, price FOR
~ **ФОТ** FOT price, price FOT
~ **фра́нко-ба́ржа** price ex lighter
~ **фра́нко-ваго́н** FOR price, price FOR
~ **фра́нко вдоль бо́рта** FAS price, price [quoted] FAS, quotation FAS
~ **фра́нко-грани́ца** free at border (frontier) price
~ **фра́нко-заво́д** ex works price, price ex works (factory), quotation ex mill
~ **фра́нко-при́стань** price ex quay
~ **фра́нко-склад** price (quotation) ex warehouse (store, stock)
~ **фра́нко-су́дно** price ex ship
~ **фра́хта** price of freight
~ **це́лой упако́вки това́ра** price of a pack, pack price
~, **чрезме́рная** excessive (exorbitant, outstanding) price, exorbitant cost
~, **шту́чная** piece price
~, **эквивале́нтная** parity price
~, **э́кспортная** export price
ба́за ~ы́ basis of a price
валю́та ~ы́ currency of a price
взви́нчивание цен *бирж.* squeeze of prices
возвра́т упла́ченной ~ы́ refund of a purchase price
война́ цен price war (warfare)
вопро́с ~ы́ price aspect, question of price
вы́чет из ~ы́ deduction from a price
гаранти́рование цен support of prices
да́нные о ~ах pricing data
движе́ние цен price movement[s], behaviour of prices, price development (range)
дина́мика цен dynamics of prices
дифференциа́ция цен price differentiation
договорённость о ~е́ agreement on (about) a price
завыше́ние цен overcharge, overpricing
замора́живание цен price freeze, freezing of prices
заниже́ние цен undercharge
измене́ние ~ы́ price change (alteration, modification, revision), change (alteration, modification, revision) of a price, price adjustment
измене́ние в ~е́ alteration (change) in the price
и́ндекс цен price index [number]
информа́ция о ~ах price information, information on prices
калькуля́ция цен calculation of prices, price calculation, pricing
катего́рия ~ы́ price category
колеба́ния цен fluctuations (variations) of (in) prices, price fluctuations (variations)
колеба́ния цен на ры́нке market fluctuations
коми́ссия, включённая в ~у commission included in the price
конкуре́нция по ~ам price competition
контро́ль над ~ами control over prices, price control
корректиро́вка цен adjustment of prices, price adjustment
лими́т цен price ceiling (limit)

маркиро́вка цен price marking
масшта́б цен scale (measure, standard) of prices
ме́тод калькуля́ции цен pricing method
механи́зм цен price mechanism
надба́вка к ~е́ [price] markup; additional (extra) charge
назначе́ние цен charging (quoting, fixing) of prices, pricing, quotation (indication) of prices
назначе́ние цен, завы́шенных overcharge
назначе́ние цен, зани́женных undercharge
назначе́ние цен не́тто net pricing
назначе́ние цен с надба́вкой cost plus pricing
наки́дка на ~у additonal (extra) charge, addition to a price
несоотве́тствие в ~ах discrepancy (maladjustment) of prices
неусто́йчивость цен instability of prices
но́жницы цен price scissors, gap (discrepancy) in prices
нормати́вы цен price normals
обзо́р цен price review
ограниче́ние цен restriction of prices
округле́ние цен rounding-up of prices
определе́ние ~ы́ determination of a price
опубликова́ние цен publication of prices
отклоне́ние цен от сто́имости deviation (divergence) of prices from value
оце́нка ~ы́ price evaluation
оши́бка в ~е́ error in a price
паде́ние цен fall (decline) in (of) prices; (*резкое*) slump, steep (sharp, sheer) fall in prices; (*значительное*) great (heavy) drop in prices
перегово́ры по ~ам price negotiations
пересмо́тр цен revision (review, reconsideration, renegotiation) of prices, price revision (review, reconsideration, renegotiation)
пересмо́тр цен, ежекварта́льный quarterly price review
пересмо́тр цен, совме́стный price renegotiation
платёж по согласо́ванным ~ам payment of mutually agreed upon prices
повыше́ние цен increase (advance, improvement, rise, raise) in (of) prices, price, increase (rise, advance), upward adjustment of prices
повыше́ние цен на погру́зочно-разгру́зочные рабо́ты increase in handling costs
повыше́ние цен по́сле сниже́ния recovery of prices, upward adjustment [of prices]
повыше́ние цен, ре́зкое sharp increase (rise) in prices, price hike (bulge)
поддержа́ние цен price maintenance (support), maintenance (support) of prices
подтвержде́ние ~ы́ confirmation of a price
поли́тика цен price (pricing) policy
пониже́ние цен fall (decline) in prices, price decline (weakness), downturn (downward movement) in prices; reduction (lowering) of prices, price reduction (cut), downward adjustment of prices
popра́вка в ~е́ adjustment in a price, price adjustment
попра́вка на измене́ние ~ы́ adjustment for price, price level adjustment

предложе́ние ~ы́ offer of a price, price offer (offering), cost proposal, quotation; bid; (*на аукционе*) bidding
предложе́ние по са́мой ни́зкой ~е́ the lowest offer; the lowest tender; the lowest bid
предложе́ние по сни́женной ~е́ reduced price offer
прейскура́нт ба́зисных цен base price-list, basis price schedule
прейскура́нт с ~ами СИФ CIF price-list
прейскура́нт с ~ами ФОБ FOB price-list
пункт об изме́нении цен price variation clause
разби́вка цен по коли́честву и сорта́м price breakdown (breakdown of prices) by quantity and grades
ра́зница в ~ах price difference (spread), price variation, difference (variation, differential) in (of) prices, cash difference
расхожде́ния цен (*на однородную продукцию*) differences in prices, price dispersion
расхожде́ние ~ы́ и сто́имости divergence of price from value
расчёт цен pricing, price calculation, calculation (computation) of prices (price level)
регули́рование цен price [level] adjustment (regulation, control), adjustment (regulation, control) of (in) prices
рекла́ма цен price advertising
реклама́ция по ~ам complaint on prices
рост цен price increase (rise, advance), increase (rise) in (of) prices, growth (escalation) of prices; surge in prices
систе́ма цен system of prices, price system
ски́дка с ~ы́ discount from (off, on) a price, reduction in a price, price reduction, rebate on a price
ски́дка с ~ы́ в ... % discount of ... % from the price
скольже́ние цен escalation of prices, price escalation
сниже́ние цен reduction in (of) prices, price reduction (cut); decline in prices
соотноше́ние цен parity of prices
сопоставле́ние цен comparison of prices
состоя́ние цен на ры́нке price position (situation)
спира́ль цен spiral of prices
стабилиза́ция цен stabilization of prices, price stabilization
стаби́льность цен price stability
структу́ра цен pattern of prices, price pattern
тенде́нция цен trend (tendency) in (of) prices, price trend (tendency)
тенде́нция цен, ры́ночных run of the market
увеличе́ние цен increase (escalation) in prices, price increase (escalation)
удержа́ние из ~ы́ deduction from a price
указа́ние цен indication of prices, price indication
указа́тель цен index of prices, price index
уменьше́ние цен decrease in prices
урегули́рование цен price adjustment
у́ровень цен price level, level for (of) prices
установле́ние цен fixing (establishing, setting) of prices, price-fixing, price-making, pricing

установле́ние цен, зона́льное zone pricing
усто́йчивость цен stability of prices, price stability
усту́пка в ~е́ price concession, concession on (in) a price, price discount, drawback
уторго́вывание ~ы́ bargaining over a price
уточне́ние цен adjustment in prices
фактури́рование по зани́женным ~ам underinvoicing
фикса́ция цен fixing of prices, price fixing
фо́рмула ~ы́ price formula
фо́рмула пересмо́тра цен price revision formula
эконо́мия на ~ах price saving
эскала́ция цен price escalation
этике́тка с ~о́й price ticket, tag
акцептова́ть ~у accept a price
бази́ровать ~у на base a price on
быть пропорциона́льно ~е́ be proportionate to a price
взви́нчивать ~ы send up (force up, push up, boost) prices, inflate
взима́ть ~у charge a price
включа́ть в ~у скры́тую коми́ссию incorporate an undisclosed commission into the price
включа́ть в ~у това́ра include in a price
возвраща́ть упла́ченную ~у refund the price
возмеща́ть ~у recover a price
выруча́ть ~у realize a price
выставля́ть ~ы set forth prices
вычита́ть из ~ы́ deduct from a price
гаранти́ровать ~ы guarantee prices
держа́ться ~ы́ keep to a price
диктова́ть ~ы dictate prices
доби́ться бо́лее высо́кой ~ы́ get (secure, obtain) a higher (better) price
доби́ться сниже́ния ~ы́ get (make) *smb* come down on a price
догова́риваться о ~е́ discuss (negotiate) a price
договори́ться о ~е́ agree [up]on a price, settle a price, come to an agreement (understanding) about a price
зави́сеть от ~ы́ depend on a price
завыша́ть ~у overcharge, overprice, overestimate a price
замора́живать ~ы freeze prices
занижа́ть ~у undercharge, underestimate a price
идти́ по бо́лее высо́ким ~ам command higher prices
изменя́ть ~у change (amend, alter, modify, revise) a price
исправля́ть непра́вильно ука́занную ~у correct a price incorrectly shown
калькули́ровать ~ы calculate prices
конкури́ровать по ~е́ compete with a price
контроли́ровать ~ы control (check) prices
корректи́ровать ~ы adjust (correct) prices
коти́ровать ~у quote a price, price *smth*
купи́ть по ~е́, ни́же предло́женной purchase at under the price offered
набавля́ть ~у raise a price; (*на аукционе*) bid up
набавля́ть к ~е́ add to a price
назнача́ть ~у charge (quote, fix, set) a price, quote for *smth*, price *smth*, charge *smth*, make a charge for *smth*

назнача́ть бо́лее ни́зкую ~у underquote
назнача́ть высо́кую ~у charge a high price, place at high value
назнача́ть завы́шенную ~у overcharge, overprice
назнача́ть ~у за едини́цу това́ра quote a unit
назнача́ть ~у за услу́ги charge with service prices
назнача́ть ни́зкую ~у quote a low price
назнача́ть но́вые ~ы requote prices
назнача́ть твёрдую ~у give a firm (fixed) price
обосно́вывать ~ы justify prices
ока́зывать влия́ние на ~ы affect prices
оконча́тельно договори́ться о ~е́ finalize a price
определя́ть ~у work out (determine) a price
опублико́вывать ~ы publish prices
осно́вывать ~у на base a price on
отража́ться в ~ах show up in (affect, have an effect on) prices
па́дать в ~е́ depreciate, fall (sink) in price
па́дать ре́зко в ~е́ slump, tumble
пересма́тривать ~ы reconsider (renegotiate, revise, review) prices
пересма́тривать ~ы в сто́рону повыше́ния revise prices upward
пересма́тривать ~ы в сто́рону пониже́ния revise prices downward
пересчи́тывать ~ы recalculate prices
плати́ть ~у pay (meet) a price
повыша́ть ~у increase (advance, raise, put up, lift) a price
повыша́ться в ~е́ rise in price
подде́рживать ~ы maintain (support, prop up, keep) prices
подде́рживать ры́ночные ~ы на одно́м у́ровне peg the market
поднима́ть ~у increase (advance, raise, put up, lift) a price
поднима́ть ~ы до *какого-л.* **у́ровня** level up prices
поднима́ть ~ы на ры́нке raise the market, raise prices on the market
поднима́ться в ~е́ rise in price, show (experience) an advance in price
подсчи́тывать ~у estimate a price
подтвержда́ть ~у confirm a price
пока́зывать ~у ка́ждой пози́ции в отде́льности itemize prices
покрыва́ть увеличе́ние ~ы́ absorb a price increase
покупа́ть по ~е́ buy at (for) the price of
покупа́ть по наибо́лее вы́годной ~е́ buy at best (on easy terms)
покупа́ть по ~е́ ни́же нарица́тельной buy *smth* for less than its face value
покупа́ть по ни́зкой ~е́ buy low, buy at a low price (figure)
покупа́ть по существу́ющим ~ам buy at ruling prices
получа́ть ~у get a price
понижа́ть ~ы до *какого-л.* **у́ровня** level down prices
понижа́ться в ~е́ sink in price
поставля́ть това́р по ... ~ам supply goods at ... prices

посчита́ть отде́льную ~у charge extra
превыша́ть ~у go beyond (exceed) a price
предлага́ть ~у offer (tender) a price; (*на аукционе*) bid, make a bid
предоставля́ть осо́бую ~у grant a special price
предоставля́ть твёрдую ~у бро́керам apply a firm price to distributors
представля́ть ~ы submit prices
представля́ть бюдже́тные ~ы supply budgeting prices
препя́тствовать паде́нию цен prevent decline in prices
приводи́ть ~ы в соотве́тствие со сто́имостью bring prices in line with the cost
приде́рживаться цен stand (keep, hold) to *one's* prices
применя́ть ~у к apply prices to
принима́ть ~у agree to a price
приобрета́ть по ~е́ buy at the price of
приходи́ть к ~е́ arrive at a price
проверя́ть ~ы check out prices
продава́ть вы́ше номина́льной ~ы́ sell at a premium
продава́ть ни́же номина́льной ~ы́ sell at a discount
продава́ть по ~е́ sell at the price of
продава́ть по бо́лее ни́зким ~ам undersell, undercut, sell at a lower price
продава́ть по высо́кой ~е́ sell at a high price
продава́ть по ни́зкой ~е́ sell at a low price
продава́ться по высо́кой ~е́ fetch a high price
производи́ть расчёт по ~е́ effect (make) payment at the price of
проси́ть ~у charge [a price], ask a price
проси́ть ~у за услу́ги charge for services
разбива́ть ~ы break down prices
рассма́тривать ~ы investigate prices
рассчи́тывать ~ы calculate prices
реализова́ть ~у realize a price
регули́ровать ~ы adjust (control) prices, make price adjustments
сбива́ть ~ы undercut, undersell, dump [prices], send down (force down, depress) prices
ска́зываться на ~е́ affect a price
снижа́ть ~ы reduce (lower, cut, depress) prices, bring (beat, put, scale, squeeze) down prices, make a reduction in prices, adjust prices downwards, mark down prices
согласи́ться на ~у argee to a price
согласова́ть ~ы agree [up]on prices
созда́ть конкуре́нцию по ~ам provoke a price competition
сообща́ть ~ы телегра́ммой cable prices
сохраня́ть ~ы (*на прежнем уровне*) maintain (sustain) prices
сра́внивать ~ы compare prices
стабилизи́ровать ~ы stabilize prices
сходи́ться в ~е́ come to terms, agree about a price
торгова́ться о ~е́ bargain
увели́чивать ~ы increase prices
увели́чивать ~у в 2 ра́за double a price, increase a price two-fold

увели́чивать ~у в 3 ра́за increase a price three-fold
увели́чивать ~у на ... % increase prices ... %
уде́рживать ~ы (*на прежнем уровне*) maintain (sustain) prices
уде́рживать из ~ы́ deduct from a price
ука́зывать ~у indicate (quote, charge, state, set out, show) a price, give an indication of a price
ука́зывать ~у в до́лларах show a price in dollars, charge *smth* in dollars
ука́зывать отде́льную ~у на *что-л.* price *smth* separately
уменьша́ть ~у decrease (reduce) a price
упоря́дочить ~ы rationalize prices
урегули́ровать ~у settle a price
устана́вливать ~у fix (determine, establish, set) a price
устана́вливать ограниче́ния на ~ы place price restrictions
уступа́ть в ~е́ give a discount on a price
уторго́вывать ~у bargain over a price
уточня́ть ~у specify a price, adjust a price
фикси́ровать ~у fix a price
эконо́мить на ~ах save (make savings) on prices
~ бази́руется на price is based on
~ы включа́ют ВАТ (*налог на добавленную стоимость*) prices are inclusive of VAT
~ы включа́ют коми́ссию в 5 %, нало́г с оборо́та, обы́чную упако́вку, ФОБ Ло́ндонская при́стань prices include a 5 % commission, sales tax, normal packing, FOB London Dock
~ы даны́ на обы́чных усло́виях ФОБ конте́йнерный порт Великобрита́нии, по́сле вы́чета ски́дки prices are on the usual terms FOB U.K. container port, net
~, действи́тельна до price is valid until
~ы действи́тельны при усло́вии получе́ния креди́та prices are subject to purchaser's credit being approved
~ы де́ржатся на высо́ком у́ровне prices are running high
~ы де́ржатся усто́йчиво prices keep steady
~ы за отде́льные ви́ды обору́дования даны́ отде́льно prices are individually listed as extras
~ы значи́тельно повы́сятся prices would substantially improve
~ы коле́блются prices fluctuate (hover, vary)
~ы коле́блются в преде́лах от ... до ... prices range between ... and ... (from ... to ...)
~ы мо́гут быть аннули́рованы и́ли изменены́ без предупреж-де́ния prices are subject to withdrawal or change without notice
~ы не включа́ют ВАТ (*налог на добавленную стоимость*) prices are exclusive of VAT
~ы осно́вываются на ста́вках зарпла́ты и сто́имости сырья́ на день предложе́ния prices are based upon rates of labour and cost of materials at date of tender
~ы остаю́тся без измене́ний prices are (remain) unchanged (stable, steady)
~ы остаю́тся неусто́йчивыми prices remain unsettled

~ы остаю́тся усто́йчивыми prices remain firm
~ы па́дают prices go down (fall)
~ы повы́сились prices are up, prices have advanced (improved)
~ы повы́сились на 10 % prices have increased by 10 %
~ы повы́сились с ... до ... prices ran up from ... to ...
~ подлежи́т измене́нию price is subject to adjustment (alteration)
~ы подлежа́т измене́нию без предупрежде́ния prices are subject to change without notice
~ы подлежа́т измене́нию в любо́е вре́мя prices are subject to change at any time
~ы подлежа́т пересмо́тру в сто́рону увеличе́ния prices are subject to review for escalation
~ы подлежа́т подтвержде́нию prices are subject to confirmation
~ы пони́зились prices are down (have weakened, have receded)
~ы примени́мы к prices apply to
без нарица́тельной ~ы́ no-par, no par value
без резерви́рованной ~ы́ without reserve
в сопостави́мых ~ах in comparable prices
ни́же нарица́тельной ~ы́ below par, at a discount
ни́же покупно́й ~ы́ below cost
по ~е́ at the price of
по ~е́ дня at value
по ~е́ ни́же изде́ржек произво́дства at a price lower than production costs
по ~е́ поря́дка at a price of the order of
по возро́сшей ~е́ at an increased price
по конкре́тной ~е́ at a specific price
по любо́й ~е́ at any cost
по максима́льной ~е́ at a maximum price
по минима́льной ~е́ at a minimum price
по нарица́тельной ~е́ at par
по ры́ночной ~е́ at the market price
по сни́женной ~е́ at a reduced price
по согласо́ванной ~е́ at an agreed price
по ука́занной ~е́ at the price quoted

ценз qualification
~, возрастно́й age qualification
~, иму́щественный income (property) qualification
~, нало́говый tax qualification
~, образова́тельный educational qualification

це́нник price list

це́нност/ь value
~и, валю́тные currency values (securities)
~и, зало́женные mortgaged valuables
~ изобрете́ния value of invention
~, материа́льная material value
~ пате́нта value of a patent
~, реа́льная real value
~, страху́емая value for insurance
едини́ца ~и unit of value
обме́н материа́льными ~ями exchange of material values
переоце́нка ~ей reappraisal of values

ссу́да под това́рно-материа́льные ~и loan against commodities and materials
депони́ровать ~и в ба́нке deposit valuables with a bank
име́ть большу́ю ~ be of great value
име́ть ма́лую ~ be of little value
не име́ть никако́й ~и be of no value, be worthless
не представля́ть никако́й ~и be of no value
определя́ть ~ determine value
не име́ющий ~и valueless, worthless

це́нный valuable

ценообразова́ни/е pricing, price formation
~, конкуре́нтное competitive pricing
мето́дика ~я methods of price formation
пра́ктика ~я pricing practice
при́нципы ~я principles of price formation

центр centre, *амер.* center
~, вы́ставочный exhibition centre
~, вычисли́тельный computer centre
~, делово́й business centre
~, информацио́нно-вычисли́тельный data-processing centre
~, информацио́нный information centre
~, комме́рческий commercial (trade) centre, centre of commerce
~, координацио́нный coordination centre
~, культу́рный cultural centre
~ междунаро́дной торго́вли world trade centre
~, нау́чно-иссле́довательский research centre
~, нау́чно-техни́ческий scientific and technical centre
~ обуче́ния training centre
~ по профессиона́льной подгото́вке training centre
~, промы́шленный industrial centre
~ распределе́ния distribution centre
~, рекла́мный advertising (publicity) centre
~, техни́ческий technical (engineering) centre
~, технологи́ческий technological centre
~, торго́вый trade (business, trading) centre, mart; shopping centre
~, фина́нсовый financial centre
в ~е in the centre of
ме́сто в ~е central site
бы́ть в ~е внима́ния be in the highlight (limelight)

централизо́ванный centralized

центра́льный central; main, principal

цепно́й (*магазин, система*) chain *attr.*

це́ссия *юр.* (*уступка*) cession, assignment, transfer

цикл cycle
~ това́ра, жи́зненный product life cycle

циркуля́р circular

циркуля́рный circular

циркуля́ция circulation
~ де́нег circulation of money

цисте́рн/а tank, cistern
~, железнодоро́жная tankcar
ёмкость ~ы tank capacity
перевози́ть в ~е carry in tanks
храни́ть в ~е tank, store in tanks
в ~ах in tanks
фра́нко-~ ex tank

ци́фр/а figure, number, numeral
~ы, валовы́е gross figures
~ы, вышеука́занные above figures

~, **действи́тельная** actual figure
~, **коне́чная** eventual figure
~**ы, контро́льные** target (control) figures, estimated (scheduled) figures
~**ы, кру́глые** round figures (numbers)
~**ы, малодостове́рные** not well-founded figures
~**ы, малоубеди́тельные** unconvincing figures
~, **наме́ченная** target figure
~ **перено́са** *бухг.* carry digit
~, **пла́новая** target figure, financial target
~, **предвари́тельная** provisional figure
~, **приблизи́тельная** approximate figure
~**ы с попра́вкой на сезо́нные колеба́ния** adjusted figures
~**ы, сравни́тельные** comparable figures
су́мма ~**ами** amount in figures, value in numbers
вы́черкнуть ~**у** delete a figure
дать то́чную ~**у** give an accurate (exact) figure
представля́ть ~**ы** submit (present) figures
представля́ть ~**ы в ви́де табли́цы** tabulate
установи́ть факти́ческую ~**у** establish the actual figure
в кру́глых ~**ах** in round numbers
~**ами** in figures

цифров/о́й digital, numerical
~**а́я вычисли́тельная маши́на** digital computer

Ч

ча́ртер (*договор о фрахтовании судна*) charter, charter-party
~, **ба́нковский** bank charter
~ **бэрбо́ут** bare-boat (hull, pole) charter
~, **генера́льный** general charter
~, **долгосро́чный** long-term (time) charter
~, **зернов́ой** grain charter
~, **лесно́й** wood (timber) charter
~, **лине́йный** berth charter
~ **лу́мпсум** lumpsum charter
~, **морско́й** marine charter
~ **на срок** time charter
~, **откры́тый** open charter
~, **порто́вый** port (harbour) charter
~, **прича́льный** berth (berthing) charter
~, **ре́йсовый** [single-]trip (voyage) charter
~, **речно́й** river charter
~, **специа́льный** special charter
~ **с посу́точной опла́той** daily hire charter
~, **сухогру́зный** dry cargo charter
~, **типово́й** standard (uniform) charter; form of a charter, charter form
~, **у́гольный** coal charter
~ **фрахтова́ния су́дна без экипа́жа** bare-boat charter
~ **фрахтова́ния су́дна на рейс в о́ба конца́** round-trip charter
~, **хле́бный** grain charter
~, **чи́стый** clean charter
~, **широ́кий** broad charter
аннули́рование ~**а** cancellation of a charter
отве́тственность по ~**у** liability on a charter
профо́рма ~**а** proforma charter
усло́вия ~**а** terms of a charter, charter terms (conditions)

усло́вия в ~**е о фрахто́вой**

ста́вке и поря́дке упла́ты фра́хта freight clause
фо́рма ~а form of a charter, charter form
фрахт по ~у charter freight
аннули́ровать ~ cancel (annul) a charter
брать су́дно в ~ charter a vessel
владе́ть ~ом hold a charter
подпи́сывать ~ sign a charter
расторга́ть ~ cancel (annul) a charter
сдава́ть су́дно в наём по ~у charter a vessel
составля́ть ~ make a charter

ча́ртер-па́ртия *см.* **ча́ртер**

час hour
~ы́ ба́нка, рабо́чие banking hours
~ы́, накопи́вшиеся cumulative hours
~ы́, нарабо́танные hours worked, worked hours
~ы́, нерабо́чие off hours
~ы́, прису́тственные office (official) hours
~ы́, прорабо́танные hours worked, worked hours
~ы́ просто́я idle hours
~ы́ рабо́ты hours of work, working (office, busy) hours
~ы́, сверхуро́чные overtime hours
~ы́, свобо́дные off hours
~ы́, служе́бные office hours, hours of attendance
~ы́, факти́чески прорабо́танные actual hours worked
вне рабо́чих ~о́в ба́нка outside banking hours
за (в) ~ per hour

части́чно in part, partly, partially
~ за́нятые слу́жащие part-time employees
~ отгру́женная па́ртия това́ра part load consignment
~ принадлежа́щий *кому-л.* partly-owned by
а́кции, ~ опла́ченные partlypaid (part-paid) shares (stock)
выполня́ть обяза́тельства ~ fulfil engagements (commitments, obligations) partly (partially)
изменя́ть ~ modify partly (partially)
спи́сывать ~ со счёта write down
удовлетворя́ть ~ meet (satisfy) in part (partly)

части́чный partial, part *attr.*

частновладе́льческий privately-owned

ча́стный private, privately-owned

част/ь part; portion; allotment; lot; (*взнос*) instal[l]ment; (*доля*) share
~ аккредити́ва, переводно́го fraction of a transferable L/C
~ акционе́рного капита́ла, неопла́ченная unpaid capital
~, бо́льшая bulk, the greater (most) part of
~и, быстроизна́шивающиеся quick-wearing (rapid[ly]-wearing) parts
~, ва́жная vital part
~ гру́за part (portion) of cargo, parcel
~ гру́за, бо́льшая bulk of cargo
~ гру́за, недопоста́вленная short-shipped goods
~ гру́за, не при́нятая на су́дно short shipment
~и, дефе́ктные defective (faulty) parts
~и, запасны́е spare (replacement) parts, spares, replacements *см. также* **запча́сти**
~, значи́тельная substantial part

~ контрáкта part of a contract, contract part
~ контрáкта, коммéрческая commercial part of a contract
~ контрáкта, техни́ческая technical part of a contract
~, мéньшая the lesser part
~, неотъéмлемая integral part, part and parcel
~, основнáя major (main, principal) part
~ при́были share (proportion) of profits
~ при́были, небольшáя small [pro]portion of profits
~ продýкции portion (part) of production
~ ры́нка segment of a market
~, смéнная replacement part
~, составнáя component (constituent) part, ingredient
~ фрáхта, пропорционáльная pro rata freight
платёж ~я́ми payment by (in) instal[l]ments, instal[l]ment payment
постáвка по ~я́м delivery by instal[l]ments (in lots)
сдáча по ~я́м delivery by instal[l]ments
выплáчивать ~я́ми pay by (in) instal[l]ments
перевози́ть ~ грýза transport part of the goods
разбирáть на ~и take to pieces
по ~я́м in parts

чек cheque, *амер.* check
~, акцептóванный accepted cheque
~, бáнковский bank (banker's, treasurer's, cashier's) cheque
~ без прáва передáчи non-negotiable cheque
~, блáнковый blank cheque
~, валю́тный currency cheque
~, возврáтный redemption cheque
~, возвращённый (*выданный при отсутствии средств на счёте*) returned cheque
~ в погашéние cheque in settlement
~ в счёт сýммы cheque on account
~ в уплáту cheque in payment
~ в уплáту акцептóванной трáтты cheque towards retiring the acceptance
~, вы́данный отдéльным лицóм personal cheque
~, вы́писанный в уплáту по нéскольким сдéлкам multiple-payment cheque
~, вы́писанный для уплáты по однóй сдéлке single-payment cheque
~, вы́писанный на банк cheque drawn on a bank
~, вы́писанный на предъяви́теля cheque to bearer, bearer cheque
~, вы́ставленный бáнком на другóй банк banker's (bankers') cheque
~, вы́ставленный в однóм экземпля́ре sola [cheque]
~, дати́рованный бóлее пóздним числóм postdated cheque
~ для получéния нали́чных дéнег open cheque
~, дорóжный traveller's cheque
~, еди́ный, на произвóдство нéскольких платежéй single multipayment cheque
~, именнóй cheque payable to
~, инострáнный foreign cheque
~, кросси́рованный cross[ed] cheque
~ на предъяви́теля cheque to bearer, bearer cheque

~ на сýмму cheque for, cheque in the amount of, cheque to the value of
~, недействи́тельный cancelled cheque
~, незапóлненный blank cheque
~, некросси́рованный open (uncrossed) cheque
~, неоплáченный outstanding cheque
~, непередавáемый non-negotiable cheque
~, непокры́тый (*без достаточных средств на счёте*) cheque without sufficient funds
~, не при́нятый к оплáте бáнком dishonoured cheque
~, оплáченный paid (cancelled) cheque
~, опротестóванный protested (dishonoured, bad) cheque
~, óрдерный cheque to order, order cheque
~, откры́тый open cheque
~, передéланный altered cheque
~, погáшенный cancelled cheque
~, поддéльный forged cheque, *амер.* raised check
~, подтверждённый бáнком marked cheque
~ по кли́ринговым расчётам clearing [house] cheque
~, по котóрому приостанóвлен платёж stopped cheque
~, предъяви́тельский cheque to bearer, bearer cheque
~, просрóченный stale cheque
~, расчётный cheque in settlement, clearing house cheque
~, тури́стский traveller's (international) cheque
~, удостовéренный (*с надписью банка о принятии к платежу*) certified cheque
~, фикти́вный (*не имеющий покрытия*) kite (rubber) cheque
аллóнж к ~у allonge on a cheque
бланк ~а cheque form
валю́та ~а currency of a cheque
вы́плата по ~у negotiation of a cheque
зачёт ~ов clearance of cheques
индоссамéнт на ~е cheque endorsement
инкасси́рование ~а по номинáлу (*без вычета комиссии*) par collection of a cheque
корешóк ~а cheque counterfoil
кросси́рование ~а crossing of a cheque
курс ~ов cheque rate, rate for cheques, cash rate
нóмер ~а cheque number
обращéние ~ов cheque currency
оплáта ~а payment on (of) a cheque, cheque payment, settlement (collection) of a cheque
оплáта ~ом payment by (on) cheque
откáз в оплáте ~а refusal to pay a cheque
переводí ~ом transfer by cheque
передáточная нáдпись на ~е cheque endorsement
передáча ~а negotiation of a cheque
платёж ~ом payment by (on) cheque
поддéлка ~а forgery of a cheque, *амер.* raising a check
вручáть ~ hand a cheque
выдавáть (выпи́сывать) ~ draw (issue, write out, make out) a cheque
выпи́сывать ~ в пóльзу draw a cheque in favour of

выпи́сывать ~ в су́мме draw a cheque for the sum of (in the amount of)
выпи́сывать ~ на банк draw a cheque on a bank
выпи́сывать ~ прика́зу draw a cheque to the order of
выпи́сывать ~ сверх оста́тка на теку́щем счету́ overdraw an account
выпла́чивать по ~у negotiate a cheque
выставля́ть ~ draw (issue, write out, make out) a cheque
индосси́ровать ~ endorse a cheque
инкасси́ровать ~ (*через банк*) collect a cheque
кросси́ровать ~ cross a cheque
обме́нивать ~и exchange cheques
опла́чивать ~ pay (honour) a cheque
опла́чиваться ~ами be paid in (by) cheques; be redeemable in cheques
опротесто́вывать ~ protest a cheque
отка́зываться от упла́ты ~а refuse to pay a cheque
отменя́ть ~ cancel a cheque
передава́ть ~ negotiate a cheque
пересыла́ть ~ remit a cheque
пересыла́ть де́ньги ~ом remit money by cheque
плати́ть ~ом pay by cheque
погаша́ть ~ cancel (pay) a cheque
подде́лывать ~ forge a cheque, *амер.* raise a check
подпи́сывать ~ sign a cheque
получа́ть де́ньги по ~у change (cash, collect, negotiate) a cheque, get a cheque cashed
посыла́ть ~ в банк forward a cheque to a bank
посыла́ть ~ за това́ры remit a cheque for the goods
посыла́ть ~ обра́тной по́чтой forward a cheque by return [of] mail
представля́ть (предъявля́ть) ~ к опла́те present a cheque for payment
прекрати́ть платёж по ~у stop [payment of] a cheque
разме́нивать ~ negotiate (change) a cheque
трасси́ровать ~ на банк draw a cheque on a bank
упла́чивать ~ом pay by cheque
упла́чивать по ~у pay [on] a cheque, honour a cheque

че́ковый cheque *attr.*, *амер.* check *attr.*
чекода́тель drawer of a cheque
чекодержа́тель holder of a cheque
челове́ко-день man-day
челове́ко-ме́сяц man-month
челове́ко-неде́ля man-week
челове́ко-час man-hour
че́стный fair, honest
чехо́л cover, covering, sheeting
~, брезе́нтовый tarpaulin (canvas) cover
~, вне́шний outer (external) covering
~, плёночный plastic covering
~, полиэтиле́новый polythene (polyethylene) sheeting
чи́сленность number, quantity
~, о́бщая total number
~, факти́ческая actual number
~, шта́тная number of regular staff
числ/о́ 1. (*количество*) number; quantity **2.** (*дата*) date
~, дро́бное fractional number
~, максима́льное maximum number

~ мест (*груза*) number of cases (packages)
~, **минима́льное** minimum number
~, **нечётное** odd number
~, **о́бщее** total number (quantity)
~, **округлённое** round figure (number)
~, **поря́дковое** ordinal number
~, **постоя́нное** fixed number
~, **реко́рдное** record number
~, **сре́днее** average number, *сокр.* avg.
~, **чётное** even number
выводи́ть сре́днее ~ strike an average
дати́ровать бо́лее по́здним ~**о́м** post-date, date forward
дати́ровать бо́лее ра́нним ~**о́м** predate, antedate
дати́ровать за́дним ~**о́м** date back, predate, antedate
помеча́ть ~**о́м** date
превосходи́ть ~**о́м** exceed in number, outnumber
без ~**а́** without date, undated
поме́ченный бо́лее по́здним ~**о́м** post-dated

чи́стый 1. clean **2.** (*о доходе, прибыли, весе*) net; **3.** (*без примеси*) pure

член member
~ **без пра́ва го́лоса** non-voting member
~ **колле́гии** collegium member, member of a board (collegium)
~ **конгре́сса** member of Congress
~ **парла́мента** member of Parliament, *сокр.* MP, parliamentary
~, **полнопра́вный** full[-fledged] member
~, **постоя́нный** permanent member
~ **правле́ния** member of the board, board member
~ **экипа́жа** crew-member
вступа́ть в ~**ы** become a member, join *smth*

чле́нский membership *attr.*

чле́нство membership

чрезвыча́йный extraordinary, emergency *attr.*

чрезме́рный excessive, exorbitant

Ш

швартова́ться moor, berth, tie up

швартóвк/а mooring, berthing
ме́сто ~**и** berthing place

шефмонта́ж (*руководство, надзор за монтажом*) supervision of erection, contract supervision
~, **компете́нтный** competent supervision of erection work
~, **по́лный** complete supervision of erection work
гра́фик проведе́ния ~**а́** erection schedule, schedule of erection work
да́та нача́ла ~**а́** date of the beginning (commencement) of supervision of erection work
проведе́ние ~**а́** carrying out (performance, performing) of supervision of erection work
обеспе́чивать ~ provide supervision of erection work
опла́чивать ~ pay for supervision of erection work
осуществля́ть ~ carry out (provide, perform) supervision of erection work, supervise erection work

шефмонтёр [erection] supervisor
~, **ста́рший** senior supervisor
по́льзоваться услу́гами ~**а** employ the services of an erection supervisor

шефперсона́л supervisory personnel
~ продавца́ seller's supervisory personnel
~, соотве́тствующий appropriate supervisory personnel
шипча́ндлер (*поставщик товаров на судно*) ship chandler
ширина́, габари́тная overall width
шифр cipher; code
~ едини́цы обору́дования machine code
ключ к ~у cipher-key, key to a cipher
~ом in cipher
шифро́ванный ciphered; coded
шифро́вка 1. (*действие*) ciphering; coding **2.** (*зашифрованное сообщение*) ciphered message; coded message
шкала́ scale, escalation
~ вмести́мости tonnage scale
~, вну́тренняя internal scale
~ водоизмеще́ния displacement scale
~ вы́грузки discharge scale
~, грузова́я deadweight scale
~ за́работной пла́ты scale of wages, wage scale
~ комиссио́нного вознагражде́ния scale of commission
~ надба́вок и ски́док escalation
~ опла́ты pay scale
~, официа́льная official scale
~ распределе́ния расхо́дов schedule of apportionment
~ расхо́дов scale of charges
~ сбо́ров scale of charges
~ ски́док scale of discounts
~ ски́док на отде́льные ви́ды упако́вок discount scale for different kinds of packing
~, скользя́щая sliding scale
шо́у, рекла́мное advertising show, marketing programme, music marketing push, consumer promotion
шпага́т twine, cord, string
~, увя́зочный binder twine
штабели́ровать (*укладывать в кипы*) stack, pile up
шта́бел/ь (*кипа*) stack, pile
укла́дывать в ~я́ stack, pile up
штамп stamp
~, гаранти́йный guarantee stamp
~, кру́глый round stamp
заверя́ть ~ом certify with a stamp
ста́вить ~ stamp, affix a stamp
штампова́ть stamp
штат (*персонал*) personnel, staff
~, высококвалифици́рованный highly skilled (highly qualified, efficient) staff
~, основно́й basic staff
~, постоя́нный permanent staff
~, произво́дственный production (fabrication) personnel
~, «разду́тый» overmanned staff
~ техни́ческих сотру́дников technical staff
набо́р ~а personnel recruitment
бы́ть в ~е be on the staff
зачисля́ть в ~ take on the staff
сокраща́ть ~ reduce the staff
шта́тный regular, on the staff
штемпелева́ть stamp, impress
ште́мпел/ь stamp, impress
~ ба́нка stamp of a bank
~, контро́льный control stamp
~ о ве́се weight stamp
~ перево́зчика reception stamp of a carrier
~, почто́вый postmark, postage stamp
да́та ~я пограни́чной ста́нции date of the stamp of a border station

да́та почто́вого ~я date of a postmark

проставля́ть ~ stamp

шти́вк/а (*укладка*) stowage, stowdown, stowing

~, небре́жная negligent stowage

~, непра́вильная improper stowage

~, специа́льная special stowage

свиде́тельство о ~е stowage certificate

сто́имость ~и stowage

цена́ ФОБ со ~ой price FOB stowed

производи́ть ~у stow

ФОБ, включа́я ~у free on board and stowed

фри ин со ~ой free in and stowed

шторм storm, gale

~, си́льный heavy storm

штраф fine, penalty, penalty charges, surcharge

~, де́нежный fine, pecuniary penalty

~, догово́рный contractual fine

~ за заде́ржку penalty for delay, delay penalty

~ за заде́ржку поста́вки [late] delivery penalty

~ за заде́ржку разгру́зки detention charges

~ за невыполне́ние догово́ра penalty for non-performance of a contract

~ за просро́чку платежа́ penalty for delay in payment

~ за просро́чку поста́вки penalty for delay in delivery

~ за просто́й demurrage; detention

~, обы́чный conventional penalty

~, тамо́женный customs penalty

наложе́ние ~а imposition of a penalty (fine), penalizing

начисле́ние ~а penalty calculation; penalty charging

освобожде́ние от упла́ты ~а relief from a fine, remission of a penalty

пра́во на получе́ние ~а right of penalty

пункт о ~ах penalty clause

разме́р ~а penalty size (amount, rate), size (amount, rate) of penalty

су́мма ~а amount of penalty

упла́та ~а payment of a penalty

взы́скивать ~ enforce payment of a penalty, collect a penalty

исчисля́ть ~ со сто́имости calculate a penalty on the cost of

налага́ть ~ impose a fine (penalty), fine, penalize

начисля́ть ~ calculate (compute) a penalty; charge a penalty

отка́зываться от упла́ты ~а renounce a penalty

плати́ть ~ pay a penalty (a fine, charges)

подверга́ть ~у impose a fine (penalty), fine, penalize

подверга́ться ~у incur a penalty

признава́ть ~ accept penalty charges

применя́ть пункт о ~ах apply the penalty clause

уплати́ть ~ в разме́ре pay a penalty in the amount of

подлежа́щий ~у liable to fine

штрафно́й penal

штрафова́ть fine, penalize, surcharge

шту́ка piece, unit, individual item

штýрман navigating mate, navigator, navigation officer
штýчный piece *attr.*

Щ

щит, реклáмный publicity board, billboard

Э

экземпля́р (*образец*) specimen; (*документа, книги*) copy
~ вéкселя copy of a bill
~, вторóй second copy
~, действи́тельный negotiable copy
~ докумéнта copy of a document
~, еди́нственный single copy
~ коносамéнта copy [of a] bill of lading
~ коносамéнта, судовóй shipped bill of lading
~, контрóльный checking (control) copy, copy on approval
~, недействи́тельный non-negotiable copy
~, основнóй major copy
~, отмéченный marked copy
~, офóрмленный executed copy; registered copy
~ перевóдного вéкселя, вторóй second bill of exchange
~ перевóдного вéкселя, пéрвый first bill of exchange
~ перевóдного вéкселя, трéтий third bill of exchange
~, пéрвый the first copy
~, послéдний the last copy
~, реклáмный complimentary copy
~, сигнáльный advance (preliminary) copy, pre-print
~, тождéственный identical copy
~ трáтты, еди́нственный single bill
~, уникáльный unique copy
коли́чество ~ов number of copies
комплéкт ~ов перевóдного вéкселя set of bills, set of exchange
выставля́ть трáтту в трёх ~ах issue (draw) a bill in a set of three (in three copies)
приложи́ть докумéнты в трёх ~ах enclose documents in triplicate
в двух ~ах in duplicate, in two copies
в пяти́ ~ах in five copies
в трёх ~ах in triplicate, in three copies
в четырёх ~ах in quadruplicate, in four copies
оди́н ~ коносамéнта из комплéкта, состоя́щего из трёх ~ов one copy of a bill of lading out of a set of three
экипáж (*судов*) crew
эконóмик/а economy; (*дисциплина*) economics
~ внешнеторгóвой реклáмы economy of foreign advertising
~, внýтренняя domestic (home) economy
~, застóйная stagnant (sick) economy
~и, конкури́рующие competitive economies
~ контроли́руемая controlled (directed) economy

~, мировáя (мировóго хозя́йства) world (international, global) economy
~, многоотраслевáя diversified (multi-branch) economy
~, национáльная national economy
~, неустóйчивая unstable economy
~, отстáлая backward economy
~, плáновая planned economy
~, предпринимáтельская business economy
~, промы́шленная industrial economy
~, процветáющая thriving economy
~, развивáющаяся developing economy; expanding economy
~, развитáя developed (advanced) economy
~, ры́ночная market economy
~, самообеспéченная self-sufficient economy
~, товáрная commodity economy
~, устóйчивая stable (stationary, steady, well-balanced) economy
~, централизóванно планиру́емая centrally-planned economy
диверсификáция ~и diversification of the economy
оживлéние ~и economic (business) revival (recovery), revival (recovery) of the economy
оздоровлéние ~и economic revival (recovery), improvement of the economy
óтрасли ~и branches of the economy
перестрóйка ~и restructuring of the economy
плáновое ведéние ~и planned economy
разви́тие ~и development of the economy
сéктор ~и, госудáрственный public (state) sector of the economy
сéктор ~и, чáстный private sector of the economy
состоя́ние ~и state of the economy
стрáны с ры́ночной ~ой [countries with] market economies
укреплéние ~и strengthening of the economy
оживля́ть ~у revive the economy
перестрáивать ~у reorganize (reconstruct, restructure) the economy

экономи́ст economist
~, глáвный group economist
~, промы́шленный business economist
~, стáрший senior economist

эконóмить save, economize, make economy
~ на *чём-л.* economize on *smth*

экономи́ческий economic

экономи́чно economically

экономи́чност/ь economical efficiency, profitability
определéние ~и calculation of profitability
повышéние ~и improvement of economy

экономи́чный economical, thrifty

экономи/я economy, economies, saving
~, валю́тная currency saving
~ в расхóдах saving of expense
~ в результáте сокращéния объёма запáсов saving of inventory

~ вре́мени saving of time
~, годова́я annual saving
~, значи́тельная considerable saving
~, максима́льная maximum economy
~ материа́ла saving of (in) material, economizing on material
~ материа́льных ресу́рсов saving on material resources
~ ме́ста space saving
~ на изде́ржках saving of expense (in cost), cost saving
~ на изде́ржках, торго́вых saving in selling expenses
~ на це́нах price saving
~, незаплани́рованная unintended saving
~, обусло́вленная специализа́цией economies of specialization
~ от разделе́ния труда́ economies of division of labour
~, стро́гая strict (rigid) economy
~ фина́нсовых ресу́рсов saving of financial resources
ме́ры ~и economy (economies) measures
оце́нка ~и estimate of the economies
режи́м ~и policy (regime) of economy, economy regime (drive)
гаранти́ровать ~ю ensure economy
доби́ться ~и средств achieve savings
осуществля́ть ~ю economize, save
получа́ть ~ю на achieve savings on

эконо́мный economical, saving, thrifty

экспа́нсия expansion
~, внешнеторго́вая foreign trade expansion
~, креди́тная credit expansion
~, экономи́ческая economic expansion

экспеди́тор (*агент по отгрузке и отправке товаров*) shipping (forwarding) agent, [freight] forwarder, agent of a vessel
~, генера́льный general forwarding agent
~ гру́за freight forwarder
~ по сбо́рным отпра́вкам groupage operator
поруче́ние ~у order to a forwarding agent
распи́ска ~а forwarding agent's (forwarder's) certificate of receipt
быть назна́ченным ~ом be designated to act as forwarder
выступа́ть в ка́честве ~а act as forwarder

экспеди́торск/ий forwarding

экспе́рт expert, consultant, specialist, examiner
~, владе́ющий не́сколькими языка́ми multi-lingual expert
~, гла́вный primary examiner, examiner-in-chief
~, комме́рческий commercial expert
~ пате́нтного ве́домства patent examiner
~ по оце́нке (*недвижимого имущества*) assessor
~ по перево́зкам гру́зов traffic expert
~ по [промы́шленным] образца́м design expert
~, постоя́нный resident expert
~ по това́рным зна́кам trademark expert
~ по экономи́ческим вопро́сам economic expert
~, техни́ческий technical expert
~, торго́вый commercial expert

~, **тра́нспортный** transport expert
возраже́ния ~а examiner's objections
гру́ппа ~ов panel of experts
заключе́ние ~а expert's report (opinion, conclusion), opinion of an expert
коми́ссия ~ов commission of experts, expert commission
показа́ния ~а expert's (expert) evidence
помо́щник ~а assistant examiner
консульти́роваться с ~ом consult an expert (a specialist)
назнача́ть ~а nominate (appoint) an expert
посыла́ть ~ов send experts

эксперти́з/а [expert] examination, examining, expertise
~, **госуда́рственная** state examination
~, **заключи́тельная** final examination
~ **зая́вки** examination of an application
~, **контро́льная** control examination
~ **на новизну́** examination as to novelty
~ **на осуществи́мость** examination as to practicability (feasibility)
~ **на патентоспосо́бность** examination of (as to) patentability
~, **незави́симая** independent examination
~, **объекти́вная** fair examination
~, **оконча́тельная** final examination
~, **отсро́ченная (отло́женная)** postponed examination
~, **пате́нтная** patent examination (expertise)
~, **повто́рная** follow-up (repeated, second) examination
~, **предвари́тельная** preliminary examination
~, **специа́льная** specialized examination
~, **сро́чная** prompt (urgent) examination
~, **техни́ческая** technical expertise (examination)
~ **това́рного зна́ка** trademark examination
~, **тща́тельная** strict examination
~, **форма́льная** formal examination
акт ~ы examiners' (experts', expert's) statement (report, certificate), examination report, act (report, certificate) of examination
гру́ппа ~ы examining group
заключе́ние ~ы opinion (conclusion, decision) of a commission of experts, expert evidence (findings)
отде́л ~ы examination (examining) department
проведе́ние ~ы execution of an examination
пункт реше́ния ~ы clause (article) of an expert's decision
результа́ты ~ы results of an examination
реше́ние ~ы expert's decision
возобновля́ть ~у resume examination
затре́бовать ~у request an expert's opinion
назнача́ть ~у appoint experts; schedule an examination
нужда́ться в техни́ческой ~е require technical expertise
откла́дывать ~у postpone examination
подверга́ть ~е examine; obtain an expert's opinion
прекраща́ть ~у stop an examination

приостанáвливать ~у withhold an examination
проводúть ~у make (conduct, carry out) an examination, give an expert's opinion, carry out an expertise
проходúть ~у undergo an examination

экспéртный expert *attr.*

эксплуатáци/я (*работа*) operation, running, working, service; use, utilization; (*уход*) maintenance
~, бесперебóйная trouble-free operation (running)
~, гарантúйная guarantee operation
~ завóда maintenance of a plant
~ международнóй лúнии international operation
~, неправúльная misuse
~, нормáльная normal operation
~, промышленная commercial operation
~ установки plant operation
ввод в ~ю putting into operation (service), commissioning
врéмя ~и operating (usable, usage) time, operating (operation) period, period of operation
вывод из ~и removal from service
дáта пýска в ~ю operational (start-up, commissioning) date
мéтод ~и method of operation
óпыт ~и service experience
отчёт об ~и operational report
перúод ~и operating (operation) period, period of operation
поведéние оборýдования при ~и behaviour of equipment in service
прáвила ~и service regulations, operating rules
прáво на ~ю operating right
прáктика ~и operational practices
прогрáмма ввóда в ~ю commissioning programme
процéсс ~и operating process
пуск завóда в ~ю start-up (starting up) of a plant, plant start-up, commissioning of a plant, plant commissioning
руковóдство по ~и operation (operating, operators', performance) manual, operation (operating) instructions, service (servicing) manual (instructions)
тéхника ~и operational (operating) techniques
тéхника ~и и монтажá оборýдования engineering of a plant
услóвия ~и service (operating, working) conditions
вводúть в ~ю put (place) into [productive] operation (service, operating condition, commission), commission; (*постепенно*) phase in
вступáть в ~ю go into operation, become operational, go into production (on line), be put (come) into service; come (go) on stream
выводúть из ~и remove from (take out of, place out of) service, put out of operation
находúться в ~и be in operation (service)
пускáть в ~ю в назнáченный срок meet the operational date
сдать в ~ю put into operation
в услóвиях ~и under operation, under field conditions
гóдный к ~и suitable for operation, serviceable, operable
готóвый к ~и ready for operation (use, service)
надёжный в ~и reliable in operation

ненадёжный в ~и unreliable in operation

непригóдный к дальнéйшей ~и unfit for further service

предназнáченный для ~и designed for operation

эксплуатúровать operate, run, work; exploit, make use of; maintain, service

экспозúци/я exposition, exhibit, display

~ витрúны window display

~, вы́ставочная exposition of an exhibition

~, графúческая graphic exposition

~, коллектúвная collective exhibit (exposition)

~, национáльная national exposition

~, совмéстная joint display (exposition)

~, традициóнная traditional exposition (exhibits)

подготóвка ~и preparation of an exposition (a display)

раздéл ~и section of an exposition

организовáть ~ю arrange an exposition

осмáтривать ~ю inspect an exposition

покáзывать ~ю show an exposition

устрáивать ~ю hold (arrange) an exposition

экспонáт exhibit, sample on display

~, вы́ставочный display unit, exhibit

~, глáвный major exhibit

~, дéйствующий working exhibit

~, конкурентоспосóбный competitive exhibit

~ы на вы́ставке displays (exhibits) at an exhibition, display units, samples on display

~, рекомендýемый recommended exhibit

ассортимéнт ~ов range of exhibits

демонстрáция ~ов demonstration of exhibits

отбóр ~ов selection (choosing) of exhibits

подáча ~ов presentation of exhibits

подбóр ~ов selection (choosing) of exhibits

подготóвка ~ов preparation of exhibits

покáз ~ов, откры́тый open display of exhibits

продáжа ~ов со стéнда sale ex-stand, off-the-floor sale

расположéние ~ов layout (arrangement) of exhibits

выставля́ть ~ы display (feature) exhibits, put exhibits on display (view)

демонстрúровать ~ы show exhibits

отбирáть ~ы select exhibits

представля́ть ~ы present exhibits

размещáть ~ы place (arrange) exhibits

экспонéнт exhibitor, exhibitioner

~ вы́ставки exhibitor, exhibitioner, participant in the exhibition

~, выставля́ющий в пéрвый раз first-time exhibitor

~, глáвный major (main) exhibitor

~, заграни́чный (зарубéжный) foreign exhibitor

~, индивидуáльный individual exhibitor

~, коллектúвный collective exhibitor

~, **основно́й** major (main) exhibitor

~, **оте́чественный** domestic (national, local) exhibitor

~, **постоя́нный** permanent (regular) exhibitor

~, **прямо́й** direct exhibitor

экспони́рование exhibiting, displaying, presenting, demonstrating, showing

экспони́руемый on display, on show

э́кспорт export, exportation; (*стоимость или количество вывезенных товаров*) exports

~, **беспо́шлинный** duty-free export (exportation)

~, **бро́совый** (*товарный демпинг*) dumping

~, **значи́тельный** heavy (considerable) export[s]

~, **ко́свенный** indirect export

~, **малопри́быльный** exports bringing little profit

~ **маши́н и обору́дования** export (exportation) of machinery and equipment

~ **наукоёмкой проду́кции** export of high-technology (science-intensive) products

~ **нау́чно-техни́ческих результа́тов** export of research and development products

~, **неви́димый** invisible exports

~, **неопла́ченный** unpaid (unrequitted) exports

~, **несельскохозя́йственный** non-agricultural export

~, **обра́тный** reexport

~, **о́бщий** total exports

~ **по всему́ ми́ру** world-wide exports

~ **продово́льствия** food exports, export of foodstuffs

~ **проду́кции се́льского хозя́йства** agricultural export

~, **прямо́й** direct export

~, **расту́щий** increasing (growing) exports

~ **результа́тов тво́рческой де́ятельности** export of the results of creative activities

~, **техни́ческий** technical export

~ **техноло́гии** export of technology

~ **това́ров и услу́г** export of goods and services

~, **традицио́нный** traditional export

~ **услу́г** export of services

~ **че́рез сме́шанные о́бщества** export through mixed firms

возмо́жность ~а export possibilities, possibility of exportation

вопро́сы ~а export matters

диверсифика́ция ~а diversification of export[s]

до́ля ~а share (proportion) of exports

запре́т на ~ export prohibition, prohibition of export, ban (embargo) on export[s]

зая́вка на ~ application for exportation, export application

ка́чество ~а quality of exports

контро́ль за ~ом control over export

кредитова́ние ~а export credit, crediting of export

оборо́т по ~у export turnover

объём ~а export volume, volume of exports, total exports

ограниче́ние ~а export restrictions

паде́ние ~а decline in exports

план ~а [това́ров] export plan (project, programme); export targets

поступле́ния от ~а proceeds from export, export proceeds (earnings, income)

превышение ~а над импортом surplus of exports, export surplus, excess of exports over imports, export balance [of trade]
предметы ~а exports, export goods (articles, items), articles of exportation
продажа на ~ export sale, shipment sale
производство на ~ production for export
развитие ~а development of export (exportation)
рационализация ~а rationalizing of the export of goods
сделки на ~ shipment business
содействие ~у export promotion
сокращение ~а reduction (decline) in exports; curtailment of exports
спрос на ~ export demand
статьи ~а exports, items of export
стимулирование ~а export promotion (encouragement), promotion (encouraging) of export [trade]
стоимость ~а value of exports, export value
страна ~а country of export[ation]
структура ~а structure (composition) of exports
товары традиционного ~а traditional export goods
удорожание ~а rise in export prices
ужесточение ~а restricting the export
финансирование ~а export finance (financing), finance of export trade, financing for (of) exports
эмбарго на ~ export embargo
быть упакованным для ~а be packed for export
заниматься ~ом be engaged in the export of, handle export matters
иметься в наличии для ~а be available for export
наращивать ~ increase exports
ограничивать ~ put restrictions on export
паковать на ~ perform export packing, pack goods for export
расширять ~ expand exports
сокращать ~ reduce (curtail) exports
увеличивать объём ~а increase exports
упаковывать на ~ perform export packing, pack goods for export
финансировать ~ finance export

экспортёр exporter
~, единственный sole exporter
~, исключительный sole (exclusive) exporter
~ продовольственных товаров exporter of foodstuffs
~ промышленных товаров exporter of industrial products
~ сырьевых товаров exporter of raw materials

экспортировать export
экспортно-импортный export-import *attr.*
экспортный export *attr.*, exportable
экспресс-служба express service
экстенсивный extensive
экстренный emergency *attr.*, urgent
эмбарго embargo
~ на экспорт export embargo
политика ~ embargo policy
наложить ~ embargo, lay (place, put) an embargo
снимать ~ lift (raise, remove, take off) an embargo

эмиссионный issuing

эми́ссия (*выпуск*) issue, emission
~ банкно́т issue of [bank]notes
~ де́нег emission, issue of money (currency), currency issue
~ це́нных бума́г issue of securities
энергоёмкость power (energy) consumption, power intensity
эскала́ци/я (*шкала надбавок и скидок*) escalation
~ цен price escalation
фо́рмула ~и цен price escalation formula
подлежа́ть ~и be subject to escalation
этике́тк/а (*товарная*) label; (*привязываемая к предмету*) tag
~ багажа́ luggage tag
~, бума́жная paper label (tag)
~ гру́за cargo (goods) label
~ «кра́сная» (*для пожароопасных грузов*) red label
~, маши́нная machine label
~ ме́ста package label
~ на за́дней ча́сти упако́вки back label
~, описа́тельная descriptive label
~, подро́бная detailed label
~, прилага́емая enclosed label
~ с арти́кулом label bearing a code number
~ с назва́нием ка́ждой ча́сти обору́дования label bearing denomination of each item of equipment
~, содержа́щая реце́пт для приготовле́ния проду́кта recipe label
~ с ценой price ticket (tag)
накле́ивать ~у label, attach a label to
прикрепля́ть ~у apply (fix) a label to
без ~ок without labels, unlabelled
с ~ами with labels, labelled
эффе́кт (*результат*) effect, result, gain
~, вне́шний экономи́ческий external benefit
~ искаже́ния цены́ price distorting effect
~, о́бщий cumulative effect
~, побо́чный collateral (spillover) effect
~, положи́тельный positive effect
~, техни́ческий technical effect
~, экономи́ческий economic effect
дава́ть экономи́ческий ~ be economically effective
обеспе́чивать экономи́ческий ~ yield an economic effect
эффекти́вност/ь effectiveness, efficiency
~, высо́кая high efficiency
~ изобрете́ния efficiency of an invention
~ информа́ции effectiveness of information
~ капиталовложе́ний efficiency of investments
~, комме́рческая commercial effectiveness
~ лицензи́рования effectiveness of licensing
~ модифика́ции effectiveness of modification
~, о́бщая general effectiveness
~, оптима́льная optimum efficiency
~ осуществле́ния платеже́й efficiency of payments
~ патентова́ния effectiveness of patenting
~ произво́дства efficiency of production, production efficiency

~ **рекла́мы** ad effectiveness, effectiveness of an advertisement
~ **систе́мы** system effectiveness
~ **снабже́ния** supply effectiveness
~ **сотру́дничества** efficiency of cooperation
~, **те́хнико-экономи́ческая** technical and economic efficiency (effect)
~ **упако́вки** packing efficiency
~, **экономи́ческая** economic efficiency
~, **эксплуатацио́нная** operational effectiveness
~ **э́кспорта** effectiveness of exports
коэффицие́нт ~и effectiveness ratio
повыше́ние ~и increase in (of) efficiency
расчёт [экономи́ческой] ~и calculation of [economic] efficiency
сниже́ние ~и decline in efficiency
у́ровень ~и level of efficiency
определя́ть ~ determine effectiveness

эффекти́вный effective, efficient, effectual

Ю

юриди́чески juristically

юриди́ческ/ий juridical, legal, juristic[al], law *attr.*
с ~ой то́чки зре́ния from a legal standpoint

юрисди́кци/я jurisdiction
~, **госуда́рственная** state jurisdiction
~, **гражда́нская** civil jurisdiction
~, **иностра́нная** foreign jurisdiction
~, **исключи́тельная** exclusive jurisdiction
~, **ко́нсульская** consular jurisdiction
~, **консультати́вная** advisory jurisdiction
~, **национа́льная** national jurisdiction
~, **о́бщая** general jurisdiction
подпада́ть под ~ю fall within jurisdiction

юриско́нсульт expert on legal questions, legal adviser; company lawyer
~, **вне́шний** outside counsellor, counsellor outside the company
~, **генера́льный по пате́нтам** general patent counsellor

юри́ст lawyer
консульта́ция ~а legal advice

Я

ярлы́к label; (*привязываемый к предмету*) tag; tally
~, **бума́жный** paper label
~, **инвента́рный** inventory tag
~, **металли́ческий** metal tag, tin plate
~, **отрывно́й** tear tag
~, **пластма́ссовый** plastic tag
~ **с указа́нием цены́** price tag
~, **това́рный** label; (*отрывной*) tear tag
накле́ивать ~ tag, label, apply (attach) a label

я́рмарк/а fair
~, **весе́нняя** spring fair
~, **всеми́рная** world fair
~, **ежего́дная** annual fair
~ **изготови́телей, предназна́ченная для промы́шленных фирм** producers' fair

~, **междунаро́дная** international fair
~ **образцо́в** sample fair
~, **опто́вая** wholesale fair
~, **осе́нняя** autumn fair
~, **отраслева́я** specialized fair, trade event
~, **предстоя́щая** forthcoming fair
~, **региона́льная** regional fair
~, **специализи́рованная** specialized fair
~, **техни́ческая** technical fair
~, **торго́вая** trade fair
~, **традицио́нная** traditional fair
~, **юбиле́йная** jubilee fair
администра́ция ~и management (administration) of a fair, fair administration (authorities)
дни рабо́ты ~и, отведённые для бизнесме́нов trade days
закры́тие ~и closure (closing) of a fair
зая́вка на уча́стие в ~е application for participation in a fair
комме́рческий центр ~и commercial centre of a fair
о́бщий план ~и general plan of a fair
организа́торы ~и organizers (promoters, sponsors) of a fair
осмо́тр ~и tour of a fair
осмо́тр ~и официа́льными ли́цами в день откры́тия inaugural tour
откры́тие ~и opening of a fair
план уча́стия в ~ах plan of participation in fairs
пло́щадь ~и area of a fair
Положе́ние о ~ах Status of Fairs
про́пуск на ~у fair card
разде́л ~и [display] section of a fair
специали́ст по ~ам fair practitioner
террито́рия ~и fair grounds (area)
уча́стие в ~е participation in a fair
уча́стники ~и participants in a fair
экспози́ция ~и exposition of a fair
осмотре́ть ~у tour a fair
открыва́ть ~у open a fair
принима́ть уча́стие в ~е take part (participate) in a fair
проводи́ть ~у hold (arrange) a fair
устра́ивать ~у arrange a fair
на ~е at a fair

я́рмарка-вы́ставка fair; show

я́рмарочный fair *attr.*

я́щик (*маленький*) box; (*большой*) case
~, **водонепроница́емый** watertight (water-resistant) case
~, **деревя́нный** wooden box
~ **для морско́й перево́зки** overseas case (box, trunk)
~, **карто́нный** carton, cardboard (fibreboard) box
~, **металли́ческий** metal box
~, **многооборо́тный** returnable (multi-use) case
~, **негабари́тный** ovesize (oversized, over-dimensional, non-standard) case
~, **непро́чный** weak case
~ **однора́зового по́льзования** disposable case
~, **повреждённый** damaged case
~, **почто́вый** (*предприятия*) post-office box, *сокр.* P.O.B.
~, **про́чный** strong (heavy, stout, heavy-duty, sturdy) case
~, **разбо́рно-складно́й** box with folding sides
~, **разбо́рный** collapsible case (box)

~, решётчатый crate, skeleton case
~, складно́й folding (collapsible) case
~ со съёмной кры́шкой box with a folding (hinged) lid
~, стально́й steel box
~, станда́ртный standard box
~, тёсовый timber case
~, упако́вочный packing case
~, фане́рный plywood box
~, щитово́й panel case
~, э́кспортный export case
вес ~а weight of a case
габари́ты ~а case dimensions, size (dimensions) of a case
идентифика́ция ~ов identification of cases
компле́кт из не́скольких ~ов set of cases
кры́шка ~а box top
разме́р ~а case dimensions, size (dimensions, measurements) of a case
содержи́мое ~а contents of a case
това́р в ~ах cased goods
упако́вка в ~и boxing, packing in boxes (cases)
вскрыва́ть ~и open boxes
вскрыва́ть ~и для взя́тия образцо́в break bulk
забива́ть ~ nail down (up) a case
маркирова́ть ~ mark [conditions on] a case
перевози́ть в ~ах carry in cases
сортирова́ть ~и sort cases
укла́дывать ~и stack cases
укла́дывать това́р в ~и pack goods in cases, box goods
упако́вывать това́р в ~и pack goods in cases, box goods
~ име́ет пя́тна от морско́й воды́ the case is marked by sea water
~ име́ет следы́ те́чи the case is leaking
~и повреждены́ the cases are damaged

я́щик-лото́к pallet

я́щичный box *attr.*

ПРИЛОЖЕНИЯ

СПИСОК СОКРАЩЕНИЙ

АМА, Американская ассоциация по маркетингу American Marketing Association

А/О, акционерное общество [joint] stock company

АСТЭС, Американо-советский торгово-экономический совет US-USSR Trade and Economic Council

АСУ, автоматизированная система управления Automatic (Automated) Control System

БММК, Балтийская и международная морская конференция BIMK, Baltic and International Maritime Conference

БМР, Банк международных расчётов BIS, Bank for International Settlements

ВАИТРО, Всемирная ассоциация организаций промышленных и технических исследований WAITRO, World Association of Industrial and Technological Research Organizations

ВАТ, налог на добавленную стоимость VAT, value-added tax

ВВП, валовой внутренний продукт G.D.P., gross domestic product

ВНП, валовой национальный продукт G.N.P., gross national product

В/О Всесоюзное хозрасчётное объединение All-Union Self-Supporting Association

ВОИС, Всемирная организация по охране интеллектуальной собственности WIPO, World Intellectual Property Organization

ВПС, Всемирный продовольственный совет (*ООН*) I.E.F.C. International Emergency Food Council

ВТАК, Внешнеторговая арбитражная комиссия FTAC, Foreign Trade Arbitratin Commission

ВТО, Всемирная туристская организация WTO, World Tourism Organization

ВЦ, вычислительный центр computing (computation) center

ВЦКП, Вычислительный центр коллективного пользования CSDPC, Collective Service Data Processing Center

ГАТТ, Генеральное соглашение по тарифам и торговле GATT, General Agreement on Tariffs and Trade

ГВК, Государственная внешнеэкономическая комиссия State Foreign Economic Commission

ГКНТ, Государственный комитет СССР по науке и технике State Committee of the USSR for the Science and Technology

ГПС, гибкие производственные системы flexible production systems

ГСС, Государственная система стандартизации State System of Standardization

ДОПОГ, Европейское соглашение о международной дорожной перевозке опасных грузов ADR, European Agreement concerning the International Carriage of Dangerous Goods by Road

ЕАСТ, Европейская ассоциация свободной торговли EFTA, European Free Trade Association

ЕБРР, Европейский банк рекон-

струкции и развития International Bank for Reconstruction and Development

ЕВС, 1. Европейское валютное соглашение EMA, European Monetary Agreement **2. Европейская валютная система** EMS, European Monetary System

ЕИБ, Европейский инвестиционный банк EIB, European Investment Bank

ЕПС, Европейский платёжный Союз EPU, European Payments Union

ЕС, Европейский Совет CE, Council of Europe

ЕФВС, Европейский фонд валютного сотрудничества E.M.C.F., European Monetary Cooperation Fund

ЕЭК, Европейская экономическая комиссия ООН ECE, Economic Commission for Europe

ЕЭС, Европейское экономическое сообщество (Общий рынок) EEC, European Economic Community

ИМКО, Межправительственная морская консультативная организация IMCO, Inter-governmental Maritime Consultative Organization

КАФ, стоимость и фрахт C & F, c. a. f., cost and freight

КЕС, Комиссия Европейских сообществ CEC, Commission of the European Communities

КОКОМ, Комитет по координации экспорта стратегических товаров в коммунистические страны COCOM, Coordinating Committee of East-West Trade Policy

КОТИФ, соглашение о международных железнодорожных перевозках COTIF, Convention Concerning International Carriage by Rail

КПП, Конгресс производственных профсоюзов *США* CIO, Congress of Industrial Organizations

КТМ, кодекс торгового мореплавания СССР USSR Merchant Shipping Code

КЦ, консультационный центр CC, Consultation Center

МАГАТЭ, Международное агентство по атомной энергии IAEA, International Atomic Energy Agency

МАК, Морская арбитражная комиссия MAC, Maritime Arbitration Commission

МАР, Международная ассоциация развития IDA, International Development Association

МБР, Межамериканский банк развития IDB, Inter-American Development Bank

МБРР, Международный банк реконструкции и развития IBRD, International Bank for Reconstruction and Development

МВФ, Международный валютный фонд IMF, International Monetary Fund

МВЭС СССР, Министерство внешних экономических связей СССР USSR Ministry for Foreign Economic Relations

МГЭО, межгосударственные экономические организации Interstate Economic Organizations

МЖВС, Соглашение о прямом международном смешанном железнодорожно-водном сообщении AIRWT, Agreement on Through International Mixed Rail-Water-borne Transport

МИБ, Международный инвестиционный банк IIB, International Investment Bank

ММК, Международный морской комитет CMI, International Maritime Committee

МНПО, международные научно-производственные объединения International Scientific and Production Associations

МОС, Международная организация по стандартизации ISO, International Organization for Standardization

МОТ, Международная организация труда International Labour Organization

МПП, Мировая продовольственная программа WFP, World Food Programme

МСК, Международное соглашение по какао International Cocoa Agreement

МСО, Международное соглашение по олову International Tin Agreement

МСОК, Международная стандартная отраслевая классификация ISIC, International Standard Industrial Classification

МСТА, Международный совет по торговому арбитражу ICCA, International Council for Commercial Arbitration

МСТК, Международная стандартная торговая классификация SITC, Standard International Trade Classification

МТП, Международная торговая палата ICC, International Chamber of Commerce

МТС, Международное товарное соглашение ICA, International Commodity Agreement

МТТ, Международный железнодорожный транзитный тариф ITT, International Railway Transit Tariff

МТЦ, Международный торговый центр International Trade Center

МФД, Международная федерация по вопросам документации IFD, International Federation for Documentation

МФК, Международная финансовая корпорация IFC, International Finance Corporation

МХО, Международные хозяйственные организации International Economic Organizations

МЭА, 1. Международная экономическая ассоциация IEA, International Economic Association **2. Международное энергетическое агентство** IEA, International Energy Agency

МЭО, 1. Международные экономические организации International Economic Organizations **2. Международные экономические отношения** international economic relations

НИОКР, Научно-исследовательские и опытно-конструкторские работы R and D, research and development work[s]

НИС, Национальные информационные системы NATIS, National Information Systems

НПО, научно-производственное объединение Scientific and Production Association

НТП, научно-технический прогресс STP, Scientific and Technological Progress

ОДП, ограничительная деловая практика RBP, Restrictive Business Practices

ООН, Организация Объединённых Наций UNO, United Nations Organization

ОПВ, общий парк грузовых вагонов CWP, Common Waggon Pool

ОПЕК, Организация стран-экспортёров нефти OPEC, Organization of Petroleum Exporting Countries

ОТК, отдел технического контроля Inspection Department

ОЭСР, Организация экономического сотрудничества и развития OECD, Organization for Economic Cooperation and Development

ПКВТ, Постоянная Комиссия СЭВ по внешней торговле SMEA Standing Commission of Foreign Trade

ПО, производственное объединение Production Association

ПРООН, Программа развития ООН UNDP, United Nations Development Programme

ППТ, Промышленно-торговая палата Chamber for Industry and Commerce

СДР, специальные права заимствования S. D. R., Special Drawing Rights

СИФ, включая комиссию посредника c.i.f.c., c.i.f. & c., cost, insurance, freight and commission

СИФ, включая курсовую раз-

ницу c.i.f. & e., cost, insurance, freight and exchange

СИФ, стоимость, страхование, фрахт SIF., c.i.f., cost, insurance, freight

СМГС, Соглашение о прямом международном ж.-д. сообщении AIRT, Agreement on Through International Railway Transportation

СМП, система материального производства MPS, Material Products system

Сн и П, строительные нормы и правила construction rules and regulations

СНС, система национальных счетов SNA, System of National Accounts

СП, совместное предприятие JV, Joint Venture

СЭВ, Совет Экономической Взаимопомощи CMEA, Council for Mutual Economic Assistance

ТИР, тир карнет (*таможенное разрешение на провоз груза через границу автомобильным транспортом при минимальных формальностях*) T.I.R., Transport International Routier (*a carnet*)

ТНК, транснациональные корпорации transnational corporations

ТПП СССР, Торгово-промышленная палата СССР USSR Chamber of Commerce and Industry

ТЭО, технико-экономическое обоснование technical-economical basis; feasibility study (report)

ТЭЦ, Транспортно-экспедиторский центр forwarding center

ФАО, Продовольственная и сельскохозяйственная организация ООН FAO, Food and Agricultural Organization

ФАС, свободно вдоль борта судна free alongside ship

ФЕОГА, Европейский фонд ориентации и гарантирования сельского хозяйства FEOGA, European Agricultural Guidance and Guarantee Fund

ФИАТА, Международная федерация экспедиторских ассоциаций FIATA, Federation Internationale des Agents de Transport

ФИДИК, Международная федерация инженеров-консультантов FIDIC, International Federation of Consulting Engineers

ФИО, свободен от расходов по погрузке и выгрузке free in & out

ФОБ, франко-борт FOB, f.o.b., free on board

ФРС, Федеральная резервная система *США* Fed. Res. Sys., Federal Reserve System

ЦДУ, Центральное диспетчерское управление объединённых энергетических систем CDB, Central Dispatching Board

ЦМТ, Центр международной торговли WTC, World Trade Center

ЧИПС, Электронная система межбанковских клиринговых расчётов CHIPS, Clearing House Interbank Payments System

ЭВМ, электронная вычислительная машина electronic computer

ЭИБ, Экспортно-импортный банк *США, Япония* Export-Import Bank, Eximbank

ЭКА, Экономическая комиссия ООН для Африки ECA, Economic Commission for Africa

ЭКЕ, Экономическая комиссия для Европы ECE, Economic Commission for Europe

ЭКЛАК, Экономическая комиссия ООН для стран Латинской Америки и Карибского бассейна United Nations Economic Commission for Latin America and the Carribean

ЭКОСОС, Экономический и Социальный совет ООН ECOSOC, Economic and Social Council

ЭКЮ, Европейская валютная единица ECU, European Currency Unit

ЭСКАТО, Экономическая и социальная комиссия ООН для Азии и Тихого Океана ESCAP, Economic and Social Commission for Asia and the Pacific

ЮНЕСКО, Организация Объединённых Наций по вопросам просвещения, науки и культуры UNESCO, United Nations Educational, Scientific and Cultural Organization

ЮНИДО, Организация Объединённых Наций по промышленному развитию UNIDO, United Nations Industrial Development Organization

ЮНИСЕ, Союз конфедераций промышленников ЕЭС UNICE, The Union of Community Industrial Federation

ЮНИСИСТ, Межправительственная программа сотрудничества в области научной и технической информации UNISIST, Intergovernmental Programme for Cooperation in the Field of Scientific and Technological Information

ЮНИТАР, Учебный и научно-исследовательский институт ООН United Nations Institute for Training and Research

ЮНКТАД, Конференция ООН по торговле и развитию UNCTAD, United Nations Conference on Trade and Development

ЮНСИТРАЛ, Комиссия ООН по праву международной торговли UNCITRAL, United Nations Commission on International Trade Law

ЮСП, Единообразные обычаи и практика, касающиеся документарных аккредитивов UCP, Uniform Customs and Practice for Documentary Credits

СИСТЕМА ИЗМЕРЕНИЙ

ЛИНЕЙНЫЕ МЕРЫ	LINEAR MEASURE
ГЕКТОМЕТР	hectometre, *сокр.* hm
1 гектометр = 10 декаметров = = 100 метров	1 hectometre = 10 dekametres = = 100 metres
ДЕКАМЕТР	dekametre, *сокр.* dam
1 декаметр = 10 мéтров	1 dekametre = 10 metres
ДЕЦИМЕТР	decimetre, *сокр.* dm
1 дециметр = 10 сантиметров = = 100 миллиметров	1 decimetre = 10 centimetres = = 100 millimetres
ДЮЙМ	inch, *сокр.* in
1 дюйм = 2,54 сантиметра	1 inch = 2.54 centimetres
КИЛОМЕТР	kilometre, *сокр.* km
1 километр = 10 гектометров = = 1000 метров	1 kilometre = 10 hectometres = = 1,000 metres
МЕТР	metre, *сокр.* m
1 метр = 10 дециметров = 100 сантиметров	1 metre = 10 decimetres = 100 centimetres
МИЛЛИМЕТР	millimetre, *сокр.* mm
1 миллиметр = 0,1 сантиметра	1 millimetre = 0.1 centimetre
МИЛЯ, уставная	land (statute) mile, *сокр.* ml
1 миля = 5280 футов = 1760 ярдов = 1609 метров	1 mile = 5,280 feet = 1,760 yards = = 1,609 metres
МИЛЯ, морская	nautical mile, *сокр.* nm

1 морская миля = 6,080 фута = = 1852 метра	1 nautical mile = 6.080 feet = = 1,852 kilometres
САНТИМЕТР	centimetre, *сокр.* cm
1 сантиметр = 10 миллиметров	1 centimetre = 10 millimetres
ФУТ	foot, *сокр.* ft
1 фут = 12 дюймов = 30,48 сантиметра	1 foot = 12 inches = 30.48 centimetres
ЯРД	yard, *сокр.* yd
1 ярд = 3 фута = 36 дюймов = = 91,44 сантиметра	1 yard = 3 feet = 36 inches = = 91.44 centimetres
МЕРЫ ПЛОЩАДИ	**SQUARE MEASURE**
АКР	acre, *сокр.* a
1 акр = 4,8 кв. ярда = 43,6 кв. фута = 0,405 гектара = 4,047 кв. метра	1 acre = 4.8 square yards = = 43.6 square feet = 0.405 hectare = 4.047 square metres
АР	are, *сокр.* a.
1 ар = 100 кв. метров	1 are = 100 square metres
ГЕКТАР	hectare, *сокр.* ha
1 гектар = 100 ар = 10000 кв. метров	1 hectare = 100 ares = 10,000 square metres
ДЮЙМ, квадратный	square inch, *сокр.* sq. in, in^2
1 квадратный дюйм = 0,007 кв. фута = 6,45 кв. сантиметра	1 square inch = 0.007 square feet = 6.45 square centimetres
КИЛОМЕТР, квадратный	square kilometre, *сокр.* sq. km, km^2
1 кв. километр = 100 гектаров = = 1000000 кв. метров	1 square kilometre = 100 hectares = 1,000,000 square metres
МЕТР, квадратный	square metre, *сокр.* sq. m, m^2
1 кв. метр = 10000 кв. сантиметров	1 square metre = 10,000 square centimetres
МИЛЛИМЕТР, квадратный	square millimetre, *сокр.* sq. mm, mm^2
1 кв. миллиметр = 0,01 кв. сантиметра	1 square millimetre = 0.01 square centimetre
МИЛЯ, квадратная	square mile, *сокр.* sq. ml, ml^2
1 кв. миля = 640 акров = 259 гектаров = 2,59 кв. километра	1 square mile = 640 acres = = 259 hectares = 2.59 square kilometres
САНТИМЕТР, квадратный	square centimetre, *сокр.* sq. cm, cm^2
1 кв. сантиметр = 100 кв. миллиметров	1 square centimetre = 100 square millimetres
ФУТ, квадратный	square foot, *сокр.* sq. ft, ft^2
1 кв. фут = 144 кв. дюйма = = 0,111 кв. ярда = 929 кв. сантиметров = 0,093 кв. метра	1 square foot = 144 square inches = 0.111 square yards = = 929 square centimetres = = 0.093 square metre
ЯРД, квадратный	square yard, *сокр.* sq. yd, yd^2
1 кв. ярд = 1296 кв. дюймов = = 9 кв. футов = 0,836 кв. метра	1 square yard = 1,296 square inches = 9 square feet = 0.836 square metre

МЕРЫ ОБЪЁМА	**CUBIC MEASURE**
БАРРЕЛЬ	barrel, *сокр.* bar
1 баррель = 5—8 куб. футов = = 0,14—0,224 куб. метра	1 barrel = 5—8 cubic feet = 0.14—0.224 cubic metre
ДЕЦИМЕТР, кубический	cubic decimetre, *сокр.* cu dm, dm^3
1 куб. дециметр = 1000 куб. сантиметров = 1000000 куб. миллиметров	1 cubic decimetre = 1,000 cubic centimetres = 1,000,000 cubic millimetres
ДЮЙМ, кубический	cubic inch, *сокр.* cu in, in^3
1 куб. дюйм = 16,39 куб. сантиметра	1 cubic inch = 16.39 cubic centimetres
КОРД, большой (*для дров*)	gross cord
1 большой корд = 128 куб. футов = 3,624 куб. метра	1 gross cord = 128 cubic feet = = 3.624 cubic metres
КОРД, малый (*для круглого леса*)	short cord
1 короткий корд = 126 куб. футов = 3,568 куб. метра	1 short cord = 126 cubic feet = = 3.568 cubic metres
ЛОУД (*для круглого леса*)	load
1 лоуд = 40 куб. футов = 1,12 куб. метра	1 load = 40 cubic feet = 1.12 cubic metres
ЛОУД (*для пиломатериалов*)	load
1 лоуд = 50 куб. футов = = 1,416 куб. метра	1 load = 50 cubic feet = 1.416 cubic metres
МЕТР, кубический	cubic metre, *сокр.* cu m, m^3
1 куб. метр = 1000 куб. дециметров = 1000000 куб. сантиметров	1 cubic metre = 1,000 cubic decimetres = 1,000,000 cubic centimetres
МИЛЛИМЕТР, кубический	cubic millimetre, *сокр.* cu mm, mm^3
1 куб. миллиметр = 0,001 куб. сантиметра	1 cubic millimetre = 0.001 cubic centimetre
РОД	rod, *сокр.* rd
1 род = 10 регистровых тонн = = 1000 куб. футов = 28,3 куб. метра	1 rod = 10 register tons = 1,000 cubic feet = 28.3 cubic metres
САНТИМЕТР, кубический	cubic centimetre, *сокр.* cu cm, cm^3
1 куб. сантиметр = 1000 куб. миллиметров	1 cubic centimetre = 1,000 cubic millimetres
СТАНДАРТ (*для пиломатериалов*)	standard
1 стандарт = 165 куб. футов = = 4,672 куб. метра	1 standard = 165 cubic feet = = 4.672 cubic metres
СТЕК	stack
1 стек = 108 куб. футов = 4 куб. ярда = 3,04 куб. метра	1 stack = 108 cubic feet = 4 cubic yards = 3.04 cubic metres
ТОННА, регистровая	register ton[ne]
1 регистровая тонна = 100 куб. футов = 2,83 куб. метра	1 register ton[ne] = 100 cubic feet = 2.83 cubic metres

ТОННА, фрахтовая (корабельная)	freight ton[ne]
1 фрахтовая тонна = 40 куб. футов = 1,13 куб. метра	1 freight ton[ne] = 40 cubic feet = = 1.13 cubic metres
ФАТОМ, кубический (*для круглого леса*)	cubic fathom, *сокр.* cu f, f^3
1 куб. фатом = 216 куб. футов = = 6,116 куб. метра	1 cubic fathom = 216 cubic feet = = 6.116 cubic metres
ФУТ, кубический	cubic foot, *сокр.* cu ft, ft^3
1 куб. фут = 0,028 куб. метра	1 cubic foot = 0.028 cubic metre
ЯРД, кубический	cubic yard, *сокр.* cu yd, yd^3
1 куб. ярд = 27 куб. футов = = 0,76 куб. метра	1 cubic yard = 27 cubic feet = = 0.76 cubic metre

МЕРЫ ВЕСА (МАССЫ)	WEIGHT MEASURE
ВЕЙ	wey
1 вей = 101,6—152,4 килограмма	1 wey = 101.6—152.4 kilogram[me]s
ГЕКТОГРАММ	hectogram[me], *сокр.* hg
1 гектограмм = 10 декаграммов = 100 граммов	1 hectogram[me] = 10 dekagram[me]s = 100 gram[me]s
ГРАММ	gram[me], *сокр.* g
1 грамм = 10 дециграммов = = 1000 миллиграммов	1 gram[me] = 10 decigram[me]s = = 1,000 milligram[me]s
ГРАН	grain, *сокр.* gr
1 гран = 64,8 миллиграмма = = 0,0648 грамма	1 grain = 64.8 milligram[me]s = = 0.0648 gram[me]
ДЕКАГРАММ	dekagram[me], *сокр.* dag
1 декаграмм = 10 граммов	1 dekagram[me] = 10 gram[me]s
ДЕЦИГРАММ	decigram[me], *сокр.* dg
1 дециграмм = 10 сантиграммов = 100 миллиграммов	1 decigram[me] = 10 centigram[me]s = 100 milligram[me]s
ДРАХМА	drachm, dram, *сокр.* dr
1 драхма = 27,344 грана = = 0,0625 унции = 1,772 грамма	1 drachm = 27.344 grains = = 0.0625 ounce = 1.772 gram[me]s
КВАРТЕР, длинный	gross quarter
1 квартер = 28 фунтов = 12,7 килограмма	1 quarter = 28 pounds = 12.7 kilogram[me]s
КВАРТЕР, короткий	short quarter
1 квартер = 25 фунтов = 11,34 килограмма	1 quarter = 25 pounds = 11.34 kilogram[me]s
КВИНТАЛ	quintal
1 квинтал = 112 фунтов = 50,8 килограмма (*амер.* 100 фунтов = = 45,36 килограмма)	1 quintal = 112 pounds = 50,8 kilogram[me]s (*амер.* 100 pounds = 45.36 kilogram[me]s)
КИЛОГРАММ	kilogram[me], *сокр.* kg
1 килограмм = 10 гектограммов = 1000 граммов	1 kilogram[me] = 10 hectogram[me]s = 1,000 gram[me]s
МИЛЛИГРАММ	milligram[me], *сокр.* mg
1 миллиграмм = 0,1 сантиграмма	1 milligram[me] = 0.1 centigram[me]

САНТИГРАММ	centigram[me], *сокр.* cg
1 сантиграмм = 10 миллиграммов	1 centigram[me] = 10 milligram[me]s
СТОУН, СТОН	stone
1 стоун = 14 фунтов = 6,35 килограмма	1 stone = 14 pounds = 6.35 kilogram[me]s
ТОННА, длинная (большая)	long (gross) ton[ne], *сокр.* tn
1 длинная тонна = 2240 фунтов = = 1016 килограммов	1 long (gross) ton[ne] = 2,240 pounds = 1,016 kilogram[me]s
ТОННА, короткая (малая)	short (net) ton[ne], *сокр.* sh. tn
1 короткая тонна = 2000 фунтов = 907,18 килограмма	1 short (net) ton[ne] = 2,000 pounds = 907.18 kilogram[me]s
ТОННА, метрическая	metric ton[ne], *сокр.* t
1 метрическая тонна = = 2204,6 фунта = 1000 килограммов	1 metric ton = 2,204.6 pounds = = 1,000 kilogram[me]s
УНЦИЯ	ounce, *сокр.* oz
1 унция = 28,35 грамма	1 ounce = 28.35 gram[me]s
ФУНТ	pound, *сокр.* lb
1 фунт = 16 унций = 453 грамма = 0,453 килограмма	1 pound = 16 ounces = 453 gram[me]s = 0.453 kilogram[me]
ХАНДРЕДВЕЙТ, большой (длинный)	gross (long) hundredweight, *сокр.* cwt
1 большой хандредвейт = = 112 фунтов = 50,8 килограмма (*амер.* 45,36 килограмма)	1 gross (long) hundredweight = = 112 pounds = 50.8 kilogram[me]s (*амер.* 45.36 kilogram[me]s)
ХАНДРЕДВЕЙТ, малый (короткий)	net (short) hundredweight, *сокр.* cwt
1 малый хандредвейт = 100 фунтов = 45,36 килограмма	1 net (short) hundredweight = = 100 pounds = 45.36 kilogram[me]s
ЦЕНТАЛ	cental
1 центал = 100 фунтов = 45,36 килограмма	1 cental = 100 pounds = 45.36 kilogram[me]s
МЕРЫ ЖИДКОСТЕЙ	**LIQUID MEASURE**
БАРРЕЛЬ	barrel, *сокр.* bbl
1 баррель = 31—42 галлонов = = 140,6—190,9 литров	1 barrel = 31—42 gallons = = 140.6—190.9 litres
БАРРЕЛЬ (*для жидкостей*)	barrel
1 баррель = 36 англ. галлонов = = 163,6 литра (*амер.* 31,5 галлона = 119,2 литра)	1 barrel = 36 Imperial gallons = = 163.6 litres (*амер.* 31.5 gallons = 119.2 litres)
БАРРЕЛЬ (*для сырой нефти*)	barrel
1 баррель = 34,97 галлона = = 158,988 литра (*амер.* 42,2 галлона = 138,97 литра)	1 barrel = 34.97 gallons = = 158.988 litres (*амер.* 42.2 gallons = 138.97 litres)
БАТ	butt
1 бат = 108—140 галлонов = = 490,97—636,44 литра	1 butt = 108—140 gallons = = 490.97—636.44 litres

ГАЛЛОН	gallon, *сокр.* gal
1 галлон = 4 англ. кварты = = 8 пинт = 4,546 литра (*амер.* = = 0,833 англ. галлона = 3,785 литра)	1 gallon = 4 Imperial quarts = = 8 pints = 4.546 litres (*амер.* 0.833 British gallon = 3.785 litres)
ГЕКТОЛИТР	hectolitre, *сокр.* hl
1 гектолитр = 10 декалитров = = 100 литров	1 hectolitre = 10 decalitres = = 100 litres
ДЕКАЛИТР	decalitre, *сокр.* dal
1 декалитр = 10 литров	1 decalitre = 10 litres
ДЕЦИЛИТР	decilitre, *сокр.* dl
1 децилитр = 10 сантилитров = = 100 миллилитров	1 decilitre = 10 centilitres = = 100 millilitres
ДЖИЛЛ, гилл	gill
1 джилл = 1/4 пинты = 0,142 литра (*амер.* 0,118 литра)	1 gill = 1/4 pint = 0.142 litre (*амер.* 0.118 litre)
ДРАХМА, жидкая	fluid drachm (dram), *сокр.* fl dr
1 жидкая драхма = 1/8 жидкой унции = 3,55 миллилитра (*амер.* 2,96 миллилитра)	1 fluid drachm = 1/8 liquid ounce = 3.55 millilitres (*амер.* 2.96 millilitres)
КВАРТА	quart, *сокр.* qt
1 кварта = 1/4 галлона = 2 пинты = 1,14 литра = 40 англ. жидких унций (*амер.* 0,83 англ. кварты = 0,946 литра = 2 амер. пинты = 32 амер. жидких унции)	1 quart = 1/4 gallon = 2 pints = = 1.14 litres = 40 British fluid ounces (*амер.* 0.83 British quart = = 0.946 litre = 2 US pints = 32 US fluid ounces)
КИЛДЕРКИН	kilderkin
1 килдеркин = 16—18 галлонов = 72,7—81,8 литра	1 kilderkin = 16—18 gallons = = 72.7—81.8 litres
КИЛОЛИТР	kilolitre, *сокр.* kl
1 килолитр = 10 гектолитров = = 1000 литров	1 kilolitre = 10 hectolitres = = 1,000 litres
ЛИТР	litre, *сокр.* l
1 литр = 10 децилитров	1 litre = 10 decilitres
МИЛЛИЛИТР	millilitre, *сокр.* ml
1 миллилитр = 0,1 сантилитра	1 millilitre = 0.1 centilitre
ПАЙП	pipe
1 пайп = 105 галлонов = = 477,33 литра	1 pipe = 105 gallons = 477.33 litres
ПИНТА	pint, *сокр.* pt
1 пинта = 1/8 галлона = 0,57 литра (*амер.* 1/8 амер. галлона = = 0,47 литра)	1 pint = 1/8 gallon = 0.57 litre (*амер.* 1/8 US gallon = 0.47 litre)
САНТИЛИТР	centilitre, *сокр.* cl
1 сантилитр = 10 миллилитров	1 centilitre = 10 millilitres
УНЦИЯ, жидкая	fluid ounce, *сокр.* fl oz
1 жидкая унция = 28,4 миллилитра = 0,028 литра (*амер.* 1,041 англ. жидкой унции = = 29,57 миллилитра = 0,029 литра)	1 fluid ounce = 28.4 millilitres = = 0.028 litre (*амер.* 1.041 British fluid ounce = 29.57 millilitres = = 0.029 litre)

ФИРКИН	firkin
1 фиркин = 8—9 галлонов = = 36,3—40,9 литра	1 firkin = 8—9 gallons = 36.3—40.9 litres
ХОГЗХЕД	hogshead, *сокр.* hhd
1 хогзхед = 52,5 англ. галлона = 238,67 литра	1 hogshead = 52,5 Imperial gallons = 238.67 litres

МЕРЫ СЫПУЧИХ ТЕЛ	DRY MEASURE
БАРРЕЛЬ	barrel, *сокр.* bbl
1 баррель = 163,6—181,7 литра (*амер.* 117,3—158,98 литра)	1 barrel = 163.6—181.7 litres (*амер.* 117.3—158.98 litres)
БУШЕЛЬ	bushel, *сокр.* bu
1 бушель = 36,35 литра (*амер.* 35,2 литра)	1 bushel = 36.35 litres (*амер.* 35.2 litres)
ГАЛЛОН	gallon, *сокр.* gal
1 галлон = 4,546 литра (*амер.* 3,785 литра)	1 gallon = 4.546 litres (*амер.* 3.785 litres)
КВАРТА	quart, *сокр.* qt
1 кварта = 1,14 литра (*амер.* 1,101 литра)	1 quart = 1.14 litres (*амер.* 1.101 litres)
КВАРТЕР	quarter
1 квартер = 8 бушелей = 291 литр	1 quarter = 8 bushels = 291 litres
ПЕК	peck, *сокр.* pk
1 пек = 8,81 литра (*амер.* 7,7 литра)	1 peck = 8.81 litres (*амер.* 7.7 litres)
ПИНТА	pint, *сокр.* pt
1 пинта = 0,568 литра (*амер.* 0,55 литра)	1 pint = 0.568 litre (*амер.* 0.55 litre)

ВАЛЮТЫ И БАНКИ СТРАН МИРА

Страна		Валюта		Банки	
Австралия	Australia	австралийский доллар	Australian Dollar	Резервный банк Австралии	Reserve Bank of Australia
				Коммонуэлс Бэнкинг Корпорейшн	Commonwealth Banking Corp.
Австрия	Austria	шиллинг	Schilling	Австрийский национальный банк	Oesterreichische Nationalbank
				Кредитанштальт-Банкферайн	Creditanstalt-Bankverein
Алжир (Алжирская Народная Демократическая Республика)	Algeria (Algerian People's Democratic Republic)	алжирский динар	Algerian Dinar	Центральный банк Алжира	Banque Centrale d'Algérie
				Национальный банк Алжира	Banque Nationale d'Algérie
				Банк для внешней торговли	Banque pour le Commerce Extérieur
Арабская Республика Египет	Arab Republic of Egypt	египетский фунт	Egyptian Pound	Центральный банк Египта	Central Bank of Egypt
				Национальный банк Египта	National Bank of Egypt
				Арабо-африканский международный банк	Arab-African International Bank
Аргентина	Argentina	[новое] песо	[New] Peso	Центральный банк Аргентинской Республики	Banco Central de la República Argentina
Бангладеш	Bangladesh	така	Taka	Банк Бангладеш	Bangladesh Bank

Продолжение

Страна		Валюта		Банки	
Бахрейн	Bahrein	бахрейнский динар	Bahrein Dinar	Арабская банковская корпорация	Arab Bank Corporation
				Галф интернэшнл бэнк	Gulf International Bank
				Национальный банк Бахрейна	National Bank of Bahrein
Бельгия	Belgium	бельгийский франк	Belgium Franc	Национальный банк Бельгии	Banque Nationale de Belgique
				Кредитный банк	Kreditbank
Болгария	Bulgaria	лев	Lev	Болгарский народный банк	National Bank of Bulgaria
				Болгарский внешнеторговый банк	Bulgarian Foreign Trade Bank
Бразилия	Brazil	[новый] крузейро	[New] Cruzeiro	Центральный банк Бразилии	Banco Central do Brasil
Великобритания (Соединённое Королевство Великобритании и Северной Ирландии)	Great Britain (United Kingdom of Great Britain and Northern Ireland)	фунт стерлингов	Pound Sterling	Барклайз бэнк	Barclays Bank
				Нэшнл Вестминстер бэнк	National Westminster Bank
				Мидлэнд бэнк	Midland Bank
				Ллойдз бэнк	Loyds Bank
				Стэндард Чартед бэнк	Standard Chartered Bank
				Ройял бэнк оф Скотлэнд	Royal Bank of Scotland

Венгрия	Hungary	форинт	Forint	Венгерский национальный банк	Magyar Nemzeti Bank
				Венгерский кредитный банк	Magyar Hitelbank
Венесуэла	Venezuela	боливар	Bolivar[es]	Центральный банк Венесуэлы	Banco Central de Venezuela
				Банк Венесуэлы	Banco de Venezuela
Гамбия	Gambia	гамбийский фунт	Gambian Pound	Центральный банк Гамбии	Central Bank of Gambia
				Гамбия коммершл энд девелопмент бэнк	Gambia Commercial and Development Bank
Гана	Ghana	[новый] седи	[New] Cedi	Банк Ганы	Bank of Ghana
Греция	Greece	драхма	Drachma	Банк Греции	Bank of Greece
				Коммерческий банк Греции	Commercial Bank of Greece
Дания	Denmark	датская крона	Danish Krone[r]	Национальный банк Дании	Denmarks Nationale Bank
Доминиканская Республика	Dominican Republic	доминиканское песо	Dominican Peso	Центральный банк Доминиканской Республики	Banco Central de la República Dominicana
Израиль	Israel	шекель	Sheikel	Банк Израиля	Bank of Israel
Индия	India	индийская рупия	Indian Rupee	Стейт Бэнк оф Индия	State Bank of India
Индонезия	Indonesia	индонезийская рупия	Rupiah	Банк Индонезии	Bank of Indonesia
				Государственный банк Индонезии	Bank Negara Indonesia
				Государственный торговый банк	Bank Dagang Negara

Продолжение

Страна		Валюта		Банки	
Иордания	Jordan	иорданский динар	Jordan Dinar	Центральный банк Иордании	Central Bank of Jordan
Ирак	Iraq	иракский динар	Iraq Dinar	Центральный банк Ирака	Central Bank of Iraq
Иран	Iran	риал	Rial	Центральный банк Ирана	Central Bank of Iran
				Национальный банк	Bank Melli Iran
				Экспортный банк	Bank Saderat Iran
Ирландия	Ireland	ирландский фунт	Irish Pound	Центральный банк Ирландии	Central Bank of Ireland
Исландия	Iceland	крона	Krona	Центральный банк Исландии	Central Bank of Iceland
				Национальный банк Исландии	National Bank of Iceland
Испания	Spain	испанская песета	Peseta	Банк Испании	Banco de España
				Банко сентраль	Banco Central
				Банко испано-американо	Banco Hispano-Americano
				Банко эспаньол де кредито	Banco Español de Credito
Италия	Italy	итальянская лира	Italian Lira	Банк Италии	Banca d'Italia
				Банко ди Рома	Banco di Roma
				Банка Коммерчиале Итальяна	Banca Commerciale Italiana

				Кредито Итальяно	Credito Italiano
				Банка национале дель Лаворо	Banca Nazionale del Lavoro
Канада	Canada	канадский доллар	Canadian Dollar	Банк Канады	Bank of Canada
				Ройял бэнк оф Кэнада	Royal Bank of Canada
				Канэдиан империал бэнк оф коммерс	Canadian Imperial Bank of Commerce
				Бэнк оф Монреаль	Bank of Montreal
				Бэнк оф Нова Скотья	Bank of Nova Scotia
				Торонто Доминион бэнк	Toronto Dominion Bank
Кения	Kenya	кеннийский шиллинг	Kenyan Shilling	Центральный банк Кении	Central Bank of Kenya
				Кенийский коммерческий банк	Kenya Commercial Bank
				Национальный банк Кении	National Bank of Kenya
Кипр	Cyprus	кипрский фунт	Cyprus Pound	Центральный банк Кипра	Central Bank of Cyprus
				Банк Кипра	Bank of Cyprus
				Кипрский народный банк	Cyprus Popular Bank
Китай (Китайская Народная Республика)	China (Chinese People's Republic)	юань	Yuan	Народный банк Китая	Bank of China
				Инвестиционный банк Китая	Investment Bank of China

Продолжение

Страна		Валюта		Банки	
Конго (Народная Республика Конго)	Congo (People's Republic of Congo)	франк КФА	CFA Franc	Конголезский коммерческий банк	Banque Commerciale Congolaise
				Национальный банк развития	Banque Nationale de Developpement
				Международный банк Конго	Banque Internationale du Congo
Корейская Народно-Демократическая Республика	Korean People's Democratic Republic	вона	Won	Центральный банк КНДР	Central Bank of the Korean People's Democratic Republic
Коста-Рика	Costa Rica	колон	Colón	Центральный банк Коста-Рики	Banco Central de Costa Rica
				Национальный банк Коста-Рики	Banco Nacional de Costa Rica
				Банк Коста-Рики	Banco de Costa Rica
Куба	Cuba	кубинское песо	Cuban Peso	Национальный банк Кубы	Banco Nacional de Cuba
				Банко финансьеро насьональ	Banco Financiero Nacional
Кувейт	Kuwait	кувейтский динар	Kuwaiti Dinar	Центральный банк Кувейта	Central Bank of Kuwait
				Народный банк Кувейта	Alahli Bank of Kuwait
Ливан	Lebanon	ливанский фунт	Lebanese Pound	Банк Ливана	Bank of Lebanon

				Кредито Итальяно	Credito Italiano
				Банка национале дель Лаворо	Banca Nazionale del Lavoro
Канада	Canada	канадский доллар	Canadian Dollar	Банк Канады	Bank of Canada
				Ройял бэнк оф Кэнада	Royal Bank of Canada
				Канэдиан империал бэнк оф коммерс	Canadian Imperial Bank of Commerce
				Бэнк оф Монреаль	Bank of Montreal
				Бэнк оф Нова Скотья	Bank of Nova Scotia
				Торонто Доминион бэнк	Toronto Dominion Bank
Кения	Kenya	кеннийский шиллинг	Kenyan Shilling	Центральный банк Кении	Central Bank of Kenya
				Кенийский коммерческий банк	Kenya Commercial Bank
				Национальный банк Кении	National Bank of Kenya
Кипр	Cyprus	кипрский фунт	Cyprus Pound	Центральный банк Кипра	Central Bank of Cyprus
				Банк Кипра	Bank of Cyprus
				Кипрский народный банк	Cyprus Popular Bank
Китай (Китайская Народная Республика)	China (Chinese People's Republic)	юань	Yuan	Народный банк Китая	Bank of China
				Инвестиционный банк Китая	Investment Bank of China

Продолжение

Страна		Валюта		Банки	
Конго (Народная Республика Конго)	Congo (People's Republic of Congo)	франк КФА	CFA Franc	Конголезский коммерческий банк	Banque Commerciale Congolaise
				Национальный банк развития	Banque Nationale de Developpement
				Международный банк Конго	Banque Internationale du Congo
Корейская Народно-Демократическая Республика	Korean People's Democratic Republic	вона	Won	Центральный банк КНДР	Central Bank of the Korean People's Democratic Republic
Коста-Рика	Costa Rica	колон	Colón	Центральный банк Коста-Рики	Banco Central de Costa Rica
				Национальный банк Коста-Рики	Banco Nacional de Costa Rica
				Банк Коста-Рики	Banco de Costa Rica
Куба	Cuba	кубинское песо	Cuban Peso	Национальный банк Кубы	Banco Nacional de Cuba
				Банко финансьеро насьональ	Banco Financiero Nacional
Кувейт	Kuwait	кувейтский динар	Kuwaiti Dinar	Центральный банк Кувейта	Central Bank of Kuwait
				Народный банк Кувейта	Alahli Bank of Kuwait
Ливан	Lebanon	ливанский фунт	Lebanese Pound	Банк Ливана	Bank of Lebanon

				Кредито Итальяно	Credito Italiano
				Банка национале дель Лаворо	Banca Nazionale del Lavoro
Канада	Canada	канадский доллар	Canadian Dollar	Банк Канады	Bank of Canada
				Ройял бэнк оф Кэнада	Royal Bank of Canada
				Канэдиан империал бэнк оф коммерс	Canadian Imperial Bank of Commerce
				Бэнк оф Монреаль	Bank of Montreal
				Бэнк оф Нова Скотья	Bank of Nova Scotia
				Торонто Доминион бэнк	Toronto Dominion Bank
Кения	Kenya	кеннийский шиллинг	Kenyan Shilling	Центральный банк Кении	Central Bank of Kenya
				Кенийский коммерческий банк	Kenya Commercial Bank
				Национальный банк Кении	National Bank of Kenya
Кипр	Cyprus	кипрский фунт	Cyprus Pound	Центральный банк Кипра	Central Bank of Cyprus
				Банк Кипра	Bank of Cyprus
				Кипрский народный банк	Cyprus Popular Bank
Китай (Китайская Народная Республика)	China (Chinese People's Republic)	юань	Yuan	Народный банк Китая	Bank of China
				Инвестиционный банк Китая	Investment Bank of China

Продолжение

Страна		Валюта		Банки	
Конго (Народная Республика Конго)	Congo (People's Republic of Congo)	франк КФА	CFA Franc	Конголезский коммерческий банк	Banque Commerciale Congolaise
				Национальный банк развития	Banque Nationale de Developpement
				Международный банк Конго	Banque Internationale du Congo
Корейская Народно-Демократическая Республика	Korean People's Democratic Republic	вона	Won	Центральный банк КНДР	Central Bank of the Korean People's Democratic Republic
Коста-Рика	Costa Rica	колон	Colón	Центральный банк Коста-Рики	Banco Central de Costa Rica
				Национальный банк Коста-Рики	Banco Nacional de Costa Rica
				Банк Коста-Рики	Banco de Costa Rica
Куба	Cuba	кубинское песо	Cuban Peso	Национальный банк Кубы	Banco Nacional de Cuba
				Банко финансьеро насьональ	Banco Financiero Nacional
Кувейт	Kuwait	кувейтский динар	Kuwaiti Dinar	Центральный банк Кувейта	Central Bank of Kuwait
				Народный банк Кувейта	Alahli Bank of Kuwait
Ливан	Lebanon	ливанский фунт	Lebanese Pound	Банк Ливана	Bank of Lebanon

Ливия	Libya	ливийский фунт	Libyan Pound	Центральный банк Ливии	Central Bank of Libya
				Национальный коммерческий банк	National Commercial Bank
Люксембург	Luxembourg	люксембургский франк	Luxembourg Franc	Международный банк Люксембурга	Banque Internationale du Luxembourg
				Генеральный банк Люксембурга	Banque Générale du Luxembourg
				Кредитный банк	Banque du Crédit
Мальта	Malta	мальтийская лира	Maltese Lira	Центральный банк Мальты	Central Bank of Malta
				Банк Валетты	Bank of Valetta
				Банко ди Сичилиа	Banco di Sicilia
Марокко	Morocco	дирхам	Dirham	Банк Марокко	Banque d'Etat du Maroc
				Банк для внешней торговли Марокко	Banque Marocaine du Commerce Extérieur
Мексика	Mexico	мексиканское песо	Mexican Peso	Банк Мексики	Banco de Mexico
				Банко де Комерсио	Banco de Comercio
				Банко насьональ де Мехико	Banco Nacional de Mexico
Монголия	Mongolia	тугрик	Tughrik	Государственный банк Монгольской Народной Республики	State Bank of the Mongolian People's Republic
Нигер	Niger	франк КФА	CFA Franc	Арабский ливийско-нигерский банк для внешней торговли и развития	Banque Arab Lybienne Nigerienne pour le Commerce et le Développement

Продолжение

Страна		Валюта		Банки	
Нигерия	Nigeria	найра	Naira	Центральный банк Нигерии	Central Bank of Nigeria
				Африкен континентл бэнк	African Continental Bank
				Нэшнл бэнк оф Найджирия	National Bank of Nigeria
Нидерланды	Netherlands	гульден	Gulden	Нидерландский банк	Nederlandsche Bank
				Альгемене банк Нидерланд	Algemene Bank Nederlands
				Амстердам-Роттердам банк (Амробанк)	Amsterdam-Rotterdam Bank
Никарагуа	Nicaragua	кордоба	Córdoba	Центральный банк Никарагуа	Banco Central de Nicaragua
Новая Зеландия	New Zealand	новозеландский доллар	NZ Dollar	Банк Новой Зеландии	Bank of New Zealand
				Национальный банк Новой Зеландии	National Bank of New Zealand
Норвегия	Norway	норвежская крона	Nrwg Krone	Норвежский банк	Norges Bank
				Бергенс приватбанк	Bergens Privatbank
				Ден Норске кредитбанк	Den Norske Creditbank
Объединенные Арабские Эмираты (ОАЭ)	United Arab Emirates	дирхам ОАЭ	UAE Dirham	Национальный банк Абу-Даби	Abu Dhabi National Bank

Пакистан	Pakistan	пакистанская рупия	Pakistan Rupee	Государственный банк Пакистана	State Bank of Pakistan
				Национальный банк Пакистана	National Bank of Pakistan
Панама	Panama	бальбоа	Balboa	Национальный банк Панамы	Banco Nacional de Panama
Парагвай	Paraguay	гварани	Guarani	Центральный банк Парагвая	Banco Central del Paraguay
				Банко де Асунсьон	Banco de Asuncion
				Банко реал дель Парагуай	Banco Real del Paraguay
Перу	Peru	инти	Inti	Банко де ла насьон	Banco de la Nacion
				Банко сентраль де ресерва дель Перу	Banco Central de Reserva del Perú
Польша	Poland	злотый	Zloty	Польский Национальный банк	Narodny Bank Polski
Португалия	Portugal	португальское эскудо	Portuguese Escudo	Банк Португалии	Banco do Portugal
Руанда	Rwanda	франк Руанды	Rwanda Franc	Национальный банк Руанды	Banque Nationale du Rouanda
Румыния	Romania	лей	Leu	Национальный банк Румынии	Banca Nationalǎ Românǎ
				Румынский банк для внешней торговли	Banca Românǎ pentru Comert Exterior
Сальвадор	El Salvador	колон	Colón	Центральный резервный банк Сальвадора	Banco Central de Reserva del Salvador

Продолжение

Страна		Валюта		Банки	
				Коммерческий банк Сальвадора	Banco de Comercio del Salvador
Саудовская Аравия	Saudi Arabia	риял Саудовской Аравии	Ryal SA	Валютное агентство Саудовской Аравии	Saudi Arabian Monetary Agency
				Национальный коммерческий банк	National Commercial Bank
				Рияд бэнк	Riyad Bank
				Арабский Национальный банк	Arab National Bank
				Саудовско-американский банк	Saudi-American Bank
				Саудовско-британский банк	Saudi-British Bank
Сенегал	Senegal	франк КФА	CFA Franc	Сосьете женераль де банк о Сенегал	Société Générale des Banques au Sénégal
				Банк интернасьональ пур лё комерс е л'индюстри дю Сенегал	Bank Internationale pour le Commerce et l'Industrie du Sénégal
Сингапур	Singapore	сингапурский доллар	Singapore Dollar	Валютное управление Сингапура	Monetary Authority of Singapore
Сирия (Сирийская Арабская Республика)	Syria (Syrian Arab Republic)	сирийский фунт	Syrian Pound	Центральный банк Сирии	Banque Centrale de Syrie
				Коммерческий банк Сирии	Banque Commerciale de Syrie
				Промышленный банк Сирии	Banque Industrielle de Syrie

Соединенные Штаты Америки (США)	United States of America (USA)	доллар США	US Dollar	Федеральный резервный банк Нью-Йорка	Federal Reserve Bank of New York
				Экспортно-импортный банк США	Export-Import Bank of the USA (Eximbank)
				Ситибэнк	Citybank
				Бэнк оф Америка	Bank of America
				Чейз Манхэттен Бэнк	Chase Manhattan Bank
				Фёрст нэшнл бэнк оф Чикаго	First National Bank of Chicago
Сомали	Somalia	сомалийский шиллинг	Somali Shilling	Национальный банк Сомали	National Bank of Somalia
				Национальный коммерческий банк	National Commercial Bank
Союз Советских Социалистических Республик (СССР)	Union of Soviet Socialist Republics (USSR)	рубль	Rouble	Государственный банк СССР	The State Bank of the USSR
				Банк внешнеэкономической деятельности СССР	The Bank for Foreign Economic Affairs of the USSR
				Промышленно-строительный банк СССР	The Industry and Construction Bank of the USSR
				Агропромышленный банк СССР	The Agroindustrial Bank of the USSR
				Банк жилищно-коммунального хозяйства и социального развития СССР	The Bank for Housing, Municipal Services and Social Development of the USSR
				Банк трудовых сбережений и кредитования населения СССР	The Savings Bank of the USSR

Продолжение

Страна		Валюта		Банки	
Сьерра-Леоне	Sierra Leone	леоне	Leone	Банк Сьерра-Леоне	Bank of Sierra Leone
				Коммерческий банк Сьерра-Леоне	Sierra Leone Commercial Bank
				Международный торгово-промышленный банк	International Bank for Trade and Industry
Таиланд	Thailand	бат	Baht	Банк Таиланда	Bank of Thailand
				Бангкок бэнк лтд.	Bangkok Bank Ltd.
Танзания	Tanzania	танзанийский шиллинг	Tanzanian Shilling	Бэнк оф Танзаниа	Bank of Tanzania
				Национальный коммерческий банк	National Bank of Commerce
Того	Togo	франк КФА	CFA Franc	Тоголезский союз банков	Union Togolaise des Banques
Тринидад и Тобаго	Trinidad and Tobago	доллар Тринидада и Тобаго	Trin. and Tobago Dollar	Центральный банк Тринидада и Тобаго	Central Bank of Trinidad and Tobago
				Национальный коммерческий банк Тринидада и Тобаго	National Commercial Bank of Trinidad and Tobago
Тунис	Tunisia	тунисский динар	Tunisian Dinar	Центральный банк Туниса	Banque Centrale de Tunisie
				Национальный банк Туниса	Banque Nationale de Tunisie
Турция	Turkey	турецкая лира	Turkey Lira	Центральный банк Турецкой Республики	Turkiye Cumhuriyet Merkez Bankasi

Уганда	Uganda	угандский шиллинг	Uganda Shilling	**Банк Уганды**	**Bank of Uganda**
				Угандский коммерческий банк	Uganda Commercial Bank
Уругвай	Uruguay	новое уругвайское песо	New Uruguay Peso	Центральный банк Уругвая	Banco Central del Uruguay
				Коммерческий банк	Banco Commercial
Федеративная Республика Германии	Federal Republic of Germany	марка ФРГ	Deutsche Mark	Немецкий федеральный банк	Deutsche Bundesbank
				Дойче банк	Deutsche Bank
				Коммерцбанк	Commerzbank
Фиджи	Fiji	доллар Фиджи	Fiji Dollar	Резервный банк Фиджи	Reserve Bank of Fiji
Филиппины	Philippines	филиппинское песо	Ph. Peso	Центральный банк Филиппин	Central Bank of the Philippines
				Филиппинский национальный банк	Philippine National Bank
Финляндия	Finland	финляндская марка	Markka	Банк Финляндии	Bank of Finland
				Национальный акционерный банк	Konsallis Osake-Pankki
				Банк Хельсинки	Helsingin Osake-Pankki
				Почтовый банк (Постипанки)	Postipankki
Франция	France	франк	Franc	Банк Франции	Banque de France
				Банк Насьональ дё Пари	Banque Nationale de Paris
				Креди лионнэ	Crédit Lyonnais

Продолжение

Страна		Валюта		Банки	
				Сосьете женераль	Société Générale
				Банк Париба	Banque Paribas
Центрально-африканская Республика	Central African Republic	франк КФА	CFA Franc	Центральноафриканский национальный банк депозитов	Banque Nationale Centrafricaine de dépôts
				Банковский Союз Центральной Африки	Union Bancaire en Afrique Centrale
Чад	Chad	франк КФА	CFA Franc	Чадский кредитно-депозитный банк	Banque Chadienne de crédits et de dépôts
Чехословакия	Czechoslovakia	чехословацкая крона	Koruna	Государственный банк Чехословакии	Státní banka československá (SBČ)
				Чехословацкий торговый банк	Československá obchodní banka (ČSOB)
Чили	Chile	чилийское песо	Chilean Peso	Банко сентраль де Чиле	Banco Central de Chile
				Банко дель Эстадо де Чиле	Banco del Estado de Chile
				Банко Консепсьон	Banco Concepción
				Банко де Чиле	Banco de Chile
Швейцария	Switzerland	швейцарский франк	Swiss Franc	Швейцарский национальный банк	Schweizerische Nationalbank
				Швайцерише банкгезельшафт	Schweizerische Bankgesellschaft

				Швайцеришер банкферайн	Schweizerischer Bankverein
				Швайцерише кредитанштальт	Schweizerische Creditanstalt
Швеция	Sweden	шведская крона	Swedish Krona	Шведский государственный банк	Sveriges Riksbank
				Скандинависка эншильда банкен	Skandinaviska enskilda Banken
				Свенска хандельсбанкен	Svenska Handelsbanken
				Пост ок кредит банкен (ПКбанкен)	Post-Och Kreditbanken (PK Banken)
Шри-Ланка	Sri Lanka	рупия Шри-Ланки	Rupee SL	Центральный банк Цейлона	Central Bank of Ceylon
				Банк Цейлона	Bank of Ceylon
				Народный банк	People's Bank
				Коммерческий банк Цейлона	Commercial Bank of Ceylon
Эквадор	Ecuador	сукре	Sucre	Центральный банк Эквадора	Banco Central del Ecuador
Эфиопия	Ethiopia	эфиопский быр	Ethiopian Birr	Национальный банк Эфиопии	National Bank of Ethiopia
				Коммерческий банк	Commercial Bank
Югославия	Yugoslavia	югославский динар	Yugoslavian Dinar	Народный банк Югославии	Narodna Banka Jugoslavije
				Югославский банк международного экономического сотрудничества	Jugoslovenska Banka za spoljno-ekonomsku saradnju

Продолжение

Страна		Валюта		Банки	
Южная Корея	South Korea	вона	Won	Банк Кореи	Bank of Korea
Южно-Африканская Республика	South African Republic	ранд	Rand	Южно-Африканский резервный банк	South African Reserve Bank
Ямайка	Jamaica	ямайский доллар	Jmca Dollar	Банк Ямайки	Bank of Jamaica
				Ямайский банк развития	Jamaica Development Bank
				Ямайский ипотечный банк	Jamaica Mortgage Bank
				Нэшнл коммершл бэнк оф Джамэйка	National Commercial Bank of Jamaica
Япония	Japan	иена	Yen	Банк Японии	Bank of Japan
				Бэнк оф Токио лтд.	Bank of Tokyo, Ltd
				Мицубиси бэнк	Mitsubishi Bank
				Мицуи бэнк	Mitsui Bank
				Сумитомо бэнк	Sumitomo Bank
				Фудзи бэнк	Fuji Bank

ENGLISH INDEX

A

B

D

E

F

G

J

K

L

N

O

Q

R

S

V

W

СПРАВОЧНОЕ ИЗДАНИЕ

Ирина Федоровна
ЖДАНОВА
Ирина Николаевна
БРАСЛОВА
Нина Павловна
ВАСИЛЬЕВА и др.

РУССКО-АНГЛИЙСКИЙ ВНЕШНЕТОРГОВЫЙ И ВНЕШНЕЭКОНОМИЧЕСКИЙ СЛОВАРЬ

Зав. редакцией
Т. М. НИКИТИНА
Редакторы
Т. М. НИКИТИНА
Н. Н. ЛИВЕНЦЕВ
Е. Ф. ЖЕСТКОВА
М. Ю. КИЛОСАНИДЗЕ
Л. ГУРЬЕВА
Л. В. РЫСЕВА
Художественный редактор
Н. И. ТЕРЕХОВ
Технический редактор
И. В. БОГАЧЕВА
Корректоры
Г. Н. КУЗЬМИНА,
Н. Н. СИДОРКИНА

ИБ № 5300

Сдано в набор 17.01.91. Подписано в печать 20.08.91. Формат 84×108/32. Бумага типограф. № 1. Гарнитура кудряш.-энцикл. Печать высокая. Усл. печ. л. 53,76. Усл. кр.-отт. 53,76. Уч.-изд. л. 70,88. Тираж 40 000 экз. Заказ № 503. Цена 20 руб.

Издательство «Русский язык» В/О «Совэкспорткнига» Государственного комитета СССР по печати. 103012, Москва, Старопанский пер., 1/5.

«Печатный Двор». 197110, Санкт-Петербург, П-110, Чкаловский пр., 15.

«ДЛЯ ЗАМЕТОК»

«ДЛЯ ЗАМЕТОК»